Reclams Konzertführer

Reclams Konzertführer

Orchestermusik

Von Klaus Schweizer und
Arnold Werner-Jensen

Mit 366 Notenbeispielen

16., völlig neu bearbeitete Auflage

Philipp Reclam jun. Stuttgart

Noten: Peter Wondra, Köngen
Satz und Druck: Reclam, Ditzingen
Buchbinderische Verarbeitung: Kösel, Kempten
Printed in Germany 1998
RECLAM ist eine eingetragene Marke
der Philipp Reclam jun. GmbH & Co., Stuttgart
ISBN 3-15-010434-3

Inhaltsübersicht

Vorbemerkung

In seiner 16. Auflage stellt *Reclams Konzertführer* ein von Grund auf neu verfaßtes Kompendium der Orchestermusik dar. 1952 erstmals erschienen, gänzlich von dem Musikschriftsteller und Kapellmeister Hans Renner verfaßt und von ihm für acht Auflagen revidierend, ergänzend und erweiternd betreut, erhielt das Buch nach Hans Renners Tod 1971 einen Anhang über jüngere Werke der Neuen Musik und schließlich in der 10. Auflage 1976 unter anderem einen neu verfaßten Abschnitt über die nach 1873 geborenen Komponisten, beide von dem Musikwissenschaftler und Hochschullehrer Klaus Schweizer.

Prof. Dr. Schweizer hat seine von Auflage zu Auflage aktualisierten Texte für die 16. Auflage weitgehend in der Auswahl der Werke und ihrer Urheber neu gestaltet. Er hat sie darüber hinaus erweitert um die Artikel über die Komponisten der Generation seit 1860, beginnend bei Hugo Wolf.

Für die Epochen »von den Anfängen« (im Barock) bis 1860 enthält die 16. Auflage des *Konzertführers* völlig neue Darstellungen von Dr. Arnold Werner-Jensen, Professor für Musikdidaktik und (als Pianist und Cembalist) ausübender Musiker. Der historische Rahmen wurde von ihm erweitert um eine Einführung in die Gattungsgeschichte der Orchestermusik.

Damit sind an die Stelle der Texte Hans Renners, die in ihrer Zeit als Exempla der beschreibenden Musikdeutung gerühmt wurden, durchweg neue Darstellungen getreten, welche die Veränderungen des Repertoires, aber mehr noch den Zugewinn an wissenschaftlicher Erkenntnis und den Wandel in der schriftstellerischen Musikinterpretation bezeugen. Unter dem alten, seit Jahrzehnten eingeführten Titel wird ein völlig neues Buch vorgelegt.

Der Verlag

Vorwort

Die Werkauswahl eines Konzertführers für Orchestermusik basiert auf zwei Voraussetzungen: zum einen auf einer Definition des Begriffs »Orchestermusik«, zum andern auf den Gepflogenheiten des heutigen Konzertlebens und des Tonträgermarktes. Hinzu kommen Umfangsvorgaben, die dem vorliegenden Buch Handlichkeit und Preiswürdigkeit erhalten sollen. So ergibt sich ganz selbstverständlich der Zwang zur (sinnvollen) Auswahl, welche vorzunehmen vor allem an den chronologischen Rändern – also sowohl bei der Musikproduktion unserer Tage als auch in den historischen Frühphasen – nicht einfach ist.
Die »Neue Musik« von heute ist ständig in Bewegung, vielfältige stilistische Strömungen existieren nebeneinander, und vielfach fehlen noch alle Maßstäbe und Bewertungskriterien dafür, ob es sich um wichtige, die aktuellen Modeströmungen überdauernde Werke handelt oder um Eintagsfliegen. Auch bedarf gerade die zeitgenössische Musik in erhöhtem Maße der erläuternden Hilfestellung. Andererseits ist festzustellen, daß es im engeren Sinne eine Orchestermusik erst etwa seit Beginn des 18. Jahrhunderts gibt, obwohl immer wieder auch Kompositionen aus früherer Zeit aufgeführt werden. Allerdings ist mit der Verbreitung einer wachsenden Zahl von Werken der sogenannten Barockepoche, vor allem auf Tonträgern, der Kenntnisstand des Publikums so sehr gewachsen, daß elementare Erläuterungen zu jedem einzelnen Werk dieser Zeit heute nicht mehr so notwendig erscheinen wie noch vor wenigen Jahrzehnten. Auch ist zu beobachten, daß gerade den Kompositionen des Barock ein besonders hohes Maß an Typisierung, an Standardisierung der formalen und strukturellen Elemente gemeinsam ist, so daß hier vor allem ein grundlegendes Verständnis befördert werden soll. Wenn diese grundsätzliche Einsicht in die Formmerkmale vorhanden ist, dann dürfte das Verständnis des individuellen Werkes kaum noch Probleme bereiten. So erscheint es gerechtfertigt, einen modernen Orchestermusikführer erst mit dem 18. Jahrhundert beginnen zu lassen.
Dem Hauptteil, der sich mit der Orchestermusik im eigentlichen Sinn auseinandersetzt, wird eine ausführliche Einfüh-

rung vorangestellt, in der die historischen Vorstufen exemplarisch und grundsätzlich vorgestellt werden, mit gesonderter Hervorhebung einzelner herausragender Komponisten. Im zweiten Abschnitt des vorliegenden Konzertführers wird dann der Ansatz eines zusammenfassenden Überblicks verlassen zugunsten von Einzeldarstellungen über Komponisten und ihr Schaffen. Wir folgen damit der historischen Tendenz zum individuell bedeutenden und unterscheidbaren Opus. Es kann jedoch auf keinen Fall Anliegen eines im Umfang begrenzten Führers sein, enzyklopädisch alle jene Kompositionen zu erfassen, die jemals in orchestraler Besetzung in einem Konzert erklungen sein könnten.

Arnold Werner-Jensen

Vor allem bei den Darstellungen zur Musik des 20. Jahrhunderts wird manch ein Leser viele Namen und Werktitel vermissen. Zu zahlreich und kurzlebig, zu sehr aufs Regionale beschränkt und kontrovers bewertet nimmt sich die Flut auszumachender Strömungen aus, um auch nur den Versuch einer gewissen Vollständigkeit wagen zu können. Der lexikalische Anspruch hatte entschieden hinter dem Ziel eines selektiven, auf Wesentliches bedachten Handbuches zurückzustehen. Daher entfiel auch der »Musikgeschichtliche Überblick« früherer Auflagen, der sich mehr und mehr zum bloßen Länder-, Namens- und Werkregister entwickelt hatte, ohne die dahinter verborgene Musik in sinnvoller Weise vergegenwärtigen zu können.

Am Prinzip, die Komponisten in der Abfolge ihrer Geburtsdaten defilieren zu lassen, wurde großenteils festgehalten. Es ist in diesem Zusammenhang das einzige Mittel, die Generationenfolgen sichtbar werden zu lassen, und erwies sich als unverfänglich genug, um zweifelhafte nationale Schulen und ideologische Gruppen aufzulösen. Rachmaninow und Schönberg, aber auch John Cage und Jean Françaix, in ihren Zielsetzungen denkbar verschieden, begegnen sich so als Nachbarn in freundlicher Koexistenz.

Bei der Auswahl der mit Einführungstexten bedachten Werke durfte der Begriff »Orchestermusik« großzügig ausgelegt werden. Weberns späte *Kantaten* fanden daher ebenso Berücksichtigung wie Manuel de Fallas *Cembalokonzert*, dessen Orchester lediglich 5 Instrumente vorsieht. Beide Male sagen die Werke

wohl ebensoviel über die orchestrale Denkweise ihrer Autoren aus wie Partituren mit üblicher sinfonischer Besetzung. Bühnenwerke allerdings sollten ausführliche Erwähnung nur finden, wenn sie sich im Konzertsaal einbürgern konnten (z. B. Debussys Ballett *Jeux*) oder wenn ihre Komponisten eigens konzertante Fassungen schufen (z. B. Strawinsky mit den *Feuervogel*-Suiten, Berg mit den *Wozzeck*-Bruchstücken). In den Werkregistern erscheinen Operntitel am Rande lediglich dann, wenn es sich um signifikante Einzelwerke handelt (z. B. Wolfs *Corregidor*, Zimmermanns *Soldaten*).
Die beigegebenen Aufführungsdauern sind als praxisdienliche Näherungswerte zu verstehen, wie sie sich jeweils aus mehreren vergleichbaren, zumeist auf CDs zugänglichen Darstellungen ermitteln lassen. Wer jedoch bedenkt, daß das *Adagio* aus Mahlers *10. Sinfonie*, das keine Wiederholungsteile aufweist, unter Boulez' Leitung gerade 21 Minuten, unter Rickenbacher jedoch über 32 Minuten beansprucht, der erhält eine deutliche Vorstellung vom Ausmaß interpretatorischer Freiräume und von der Verbindlichkeit solcher Zeitangaben.

Klaus Schweizer

Orchester und Orchestermusik

»Orchestra« war in der Antike nicht die Bezeichnung eines Ensembles, sondern der Name für einen räumlichen Bestandteil des Theaters: vor der eigentlichen Spielfläche gab es die abgeteilte Auftrittsfläche für den Chor; und »Orchester« nannte man bis ins 18. Jh. noch diesen Platz vor der Bühne, dort, wo bis heute tatsächlich das Orchester in der Oper sitzt. Erst seit dieser Zeit übertrug man immer häufiger diesen Begriff auch auf das Ensemble, das an dieser Stelle wirkte. Vorher fand man eine Vielzahl von Termini für die gemeinsam musizierenden Instrumentalisten: Concerto, Consort, Symphonie, Chorus instrumentalis, Grand chœur usw., je nach Region und Stil. Diese Vielfalt ist symptomatisch dafür, daß kein einheitlicher Typ von Orchester existierte, sondern statt dessen farbige Besetzungsvielfalt, abhängig von Anlaß, Mitteln und musikalischer Faktur. Jeder Hof, jeder Fürst oder Bischof, der sich ein Ensemble hielt, hatte seine individuelle Besetzung, die der jeweilige »Hofcompositeur« dann nach besten Kräften in seinen aktuellen Werken zu berücksichtigen hatte.
Diese Ensembles waren in aller Regel klein, mit – aus heutiger Sicht gesehen – wenigen festen Mitgliedern, die häufig mehrere, abwechselnd zu spielende Instrumente beherrschten. Und sie waren eher solistisch als chorisch besetzt. Daraus folgt, daß es eine spezifische Schreibweise für Orchestermusik noch gar nicht geben konnte; es gab »das« Orchester eben nicht. Die spätere Einheit von musikalischem Satz und Klanggewand, die untrennbar mit einer ganz bestimmten klanglichen Erscheinungsform verbundene musikalische Erfindung, ist eine Errungenschaft des späteren 18. Jh. Etwas vereinfacht gesagt, gab es zuvor statt dessen den unabhängigen, gleichsam abstrakten Tonsatz, der dann mit den jeweils vorhandenen Instrumenten realisiert wurde. Demzufolge war die Instrumentation bis zu einem gewissen Grad austauschbar, besaß sie ein gewisses Maß an Beliebigkeit. Zu dieser Freiheit gehörte selbstverständlich auch die Wahl, ein Stück solistisch oder chorisch auszuführen – die Schreibweise unterschied hier in vielen Fällen noch nicht. Insofern ist eine systematische Trennung in »Kammermusik« und »Orchestermusik« noch gar

nicht möglich: »Kammermusik« war lediglich all jene Musik, die in der »Kammer«, d. h. in den Räumen weltlicher Herrscher, aufgeführt wurde, im Gegensatz zur Kirchenmusik. Berühmteste Beispiele hierfür sind Bachs Brandenburgische Konzerte, die heute traditionell von (Kammer-)Orchestern gespielt werden und von denen man doch weiß, daß sie am Köthener Hof überwiegend solistisch aufgeführt wurden, denn man kennt die Zahl und die Auswahl der dort fest angestellten Musiker, die Bach berücksichtigte.
Dieses wie auch immer zusammengefügte »barocke« Ensemble hatte nicht zuletzt wegen seiner Besetzungsvielfalt, wegen des umstandsbedingten Fehlens einer Normung, ein um so stabileres Fundament: den Generalbaß, auch »Basso continuo« genannt, der allen Kompositionen gemeinsam war. Dieses Fundament bestand immer aus einer auskomponierten Baßmelodie sowie einer hinzugefügten harmonischen Bezifferung, die während der Aufführung improvisiert in Akkorde umzusetzen war. Hieraus ergab sich zwingend die Besetzung des Generalbasses: er bestand immer aus je einem tiefen Melodie-Instrument (Violoncello, Viola da Gamba, Kontrabaß) sowie einem Harmonie-Instrument (Cembalo, Orgel, Harfe, Laute). Man sieht: selbst beim unerschütterlichen kompositorischen Fundament der Musik war die Besetzung noch variabel, lediglich das Prinzip (je ein Melodie- und ein Harmonie-Instrument) mußte eingehalten werden. Man nennt die Barockepoche deshalb auch häufig das »Generalbaßzeitalter«, als ausdrücklichen Hinweis auf ihr wichtigstes Stilmittel, die Baßbetontheit. Der Generalbaß erscheint erstmals um 1600 in Italien; seine Existenz ist somit auch ein zeitliches Definitionsmittel für die Barockepoche. Ensembles gab es natürlich auch vorher; und auch das Ensemble der Renaissance zeichnet sich durch Vielfalt aus, wobei man grundsätzlich zwei Typen unterscheiden kann: man sprach von »whole consort«, wenn nur Instrumente der gleichen Familie mitwirkten, und von »broken consort«, wenn Instrumente unterschiedlicher Familien – also etwa Streicher und Bläser – eingesetzt wurden. Chorische Besetzung war äußerst selten, wohl besonderen festlichen Anlässen mit entsprechend hohem Aufwand vorbehalten. Die Renaissance liebte starke, farbige Kontraste, und so waren die damals eingesetzten Instrumente wesentlich charakteristischer unterschieden, greller in ihren Farbwerten: man bevorzugte näselnde, schnarrende, rasselnde Klänge, und die Zupfinstru-

mente spielten eine große Rolle. Daraus wiederum folgt, daß ein Mischklang, wie er später zum Ideal des Orchesters werden sollte, nicht angestrebt wurde.

Der Weg vom »Spaltklang« der Renaissance-Ensembles über die Barockzeit hinweg zum modernen Sinfonieorchester wird begleitet von einer zielstrebigen und äußerst weit gespannten Weiterentwicklung aller Instrumente. Dabei bleiben einige auf der Strecke (wie die Familie der Gamben, mit Ausnahme des Kontrabasses); im übrigen erfolgen vor allem mechanische, spieltechnische Verbesserungen, die jedoch überwiegend mit einem spürbaren Verlust an individuellem Klangreiz einhergehen, so daß man diese Entwicklung im Instrumentenbau keinesfalls nur unter evolutionärem Aspekt, also im Sinne eines »Fortschritts«, sehen sollte. Die Instrumente einer Epoche sind vielmehr immer auch Ausdruck einer bestimmten, andersartigen Ästhetik: der Ästhetik nur dieser jeweiligen Epoche.

Jenes Orchester, das uns bis heute als modernes Sinfonieorchester geläufig und vertraut ist, hat seine Wurzeln in der 2. Hälfte des 18. Jh., vor allem in Mannheim und in Paris. Die berühmte Mannheimer Hofkapelle, die ursprünglich durch die Zusammenlegung der Innsbrucker und Düsseldorfer Hofkapellen entstanden ist, wurde während der Regierungszeit Carl Theodors (1743–78) allgemein als das beste Orchester in Europa angesehen. Hier entstand das, was man mit dem Begriff »Orchesterkultur« oder auch »Spielkultur« bezeichnet: die perfekte Ausgewogenheit des Zusammenspiels, ermöglicht durch hochrangige Instrumentalisten und günstige Arbeitsbedingungen. Hinzu kam als Besonderheit, daß in diesem Orchester eine ganze Reihe prominenter Komponisten mitwirkte (u. a. Cannabich, Fränzl, Toeschi, Holzbauer, Vogler).

Über die Besetzungsstärke dieses Orchesters gibt Mozarts berühmter Brief an seinen Vater vom 4. November 1777 Aufschluß: pro Stimme 10 bis 11 Geigen, 4 Bratschen, 4 Violoncelli, 4 Kontrabässe, je 2 Flöten, Oboen, Klarinetten und Hörner sowie 4 Fagotte; hinzu kamen Trompeten und Pauken. Man erkennt also eine ausgewogene chorische Besetzung der Streicher sowie ein starkes Baßfundament, vielleicht als Relikt des Generalbaßzeitalters.

Und auch in Paris fand Mozart auf seiner Reise mit der Mutter ein Orchester vor, das ihn begeisterte und inspirierte und

das für ihn hinsichtlich seiner Spielkultur und seiner für damalige Verhältnisse sehr großen Besetzung zum Maßstab werden sollte. Bei der Entstehung des modernen Orchesters handelt es sich also um eine fruchtbare Wechselwirkung: Haydn, Mozart und eine Reihe weiterer bedeutender Komponisten vor allem in den Musikzentren Mannheim, Wien und Paris ließen sich durch moderne Ensembles und die von ihnen gebotenen Musiziermöglichkeiten anregen; zugleich entwickelten sich die Orchester durch die praktische Auseinandersetzung mit zeitgenössischen Kompositionen weiter. Diese Entwicklung erfolgte in einem erstaunlich kurzen Zeitraum, so daß der Prozeß einer gewissen Standardisierung von Besetzung und Klangidee bereits zu Beginn des 19. Jh. weitgehend abgeschlossen war: Beethoven übernahm schon eine »klassische« Formation (Streichquartett bzw. -quintett, doppelte Holzbläser einschließlich der noch jungen Klarinetten, je 2 Hörner, Trompeten und Pauken); auch Haydns späte Londoner Sinfonien sind genauso besetzt.
Ein solches »genormtes« Ensemble löste bei den Komponisten sehr schnell eine neuartige, ganz spezifische Schreibweise aus; erst seit dieser Zeit kann man mit Fug und Recht von einem typischen Orchestersatz sprechen, der sich deutlich von solistischer Schreibweise unterscheidet. Es liegt auf der Hand, daß eine chorische Orchesterstimme für Geigen anders gefügt sein muß als eine solistische (etwa hinsichtlich Umfang und Virtuosität bzw. Beweglichkeit); es entwickelt sich eine klare Hierarchie zwischen jeweils 1. und 2. Bläserstimme, es werden zahlreiche neue Farbmischungen zwischen den einzelnen Instrumenten erprobt und als mehr oder weniger gut erkannt (Holzbläser mit Holzbläsern, Holzbläser mit einzelnen Streicherstimmen, Holz mit Blech); es wird zunehmend differenziert zwischen solistischem und Tutti-Spiel in zahlreichen Abstufungen. Insgesamt aber ist wohl die entscheidende Neuerung gegenüber allen vorausgegangenen Ensembles früherer Jahrzehnte und Jahrhunderte die Kunst der Farbmischungen, das Spiel mit den Orchesterinstrumenten wie auf einer großen Klangpalette – eine Entwicklung, die mit Mozart beginnt und ihren Höhepunkt im französischen Impressionismus und bei Richard Strauss zu Beginn des 20. Jh. hat. Diese Phase also ist die eigentliche Epoche des klassischen Orchesters, und sie steht im Mittelpunkt dieses Musikführers.

Konzertformen der Barockepoche

Die Barockepoche in der Musik übernimmt diese Bezeichnung von der Kunstgeschichte. Der alternative Stilbegriff »Zeitalter des Generalbasses« betont ein wesentliches Kompositionsmerkmal der meisten in diesem Zeitraum von anderthalb Jahrhunderten entstandenen Werke, nämlich ihre Baßbetontheit; das gesamte melodische und vor allem harmonische Geschehen wird vom Fundament des Basso continuo getragen und beeinflußt. Eine weitere Variante ist die Bezeichnung »Konzertanter Stil«, die auch gelegentlich verwendet wird. Damit sind wir bereits mitten in der formalen Problematik dieser Epoche, denn das konzertante Prinzip ist ebenfalls ein wesentliches Kennzeichen barocken Musizierens und weist zugleich auf zwei der drei tragenden Formmodelle jener Zeit hin: auf das Concerto und auf das Concerto grosso. Als drittes Modell tritt die Suite (Ouvertüre) hinzu. Alle wesentlichen, zumindest heute in der Regel von orchestralen Ensembles vorgetragenen Werke sind einem dieser drei Modelle zuzurechnen; wir haben es in dieser musikgeschichtlichen Epoche mit einem beträchtlichen Maß an Normierung im Bereich des Formverlaufs zu tun. Insofern ist es für den aufmerksamen Hörer wichtig, diese drei Formmodelle genau zu kennen; eine Anwendung dieser Prinzipien auf die in der Regel recht kurzen Einzelkompositionen ist dann nicht mehr sehr schwierig. Man braucht deshalb noch lange nicht so weit zu gehen, daß man polemisch behauptet, Vivaldi habe im Grunde nur 450mal dasselbe Konzert geschrieben, nur eben mit jeweils anderen Melodien. Wenn man diese Behauptung umkehrt, dann trifft sie zu: Sobald man die Form des Solo-Konzertes verstanden hat, sollte man jedes einzelne Konzert strukturell leicht nachvollziehen können.

Das Concerto (Solo-Konzert)

Die etymologische Ableitung dieser Bezeichnung ist nach wie vor nicht gesichert: entweder man führt sie auf das mittellateinische und italienische »concertare« im Sinne von »übereinstimmen« zurück und meint dann das Prinzip des Zusammenspielens mehrerer (unterschiedlicher) Instrumente(ngruppen). Oder man deutet »concertare« lateinisch als »wettstreiten« und hat damit das Grundelement des Solo-

Konzertes angesprochen, nämlich das Mit- und vor allem Gegeneinander von Solo und Tutti.
Wie alle Instrumentalmusik der Barockzeit hat auch das Concerto seine Vorläufer in der Vokalmusik; das vokale Concerto kulminierte in den mehrchörigen Werken von **ANDREA** und **GIOVANNI GABRIELI**, die bereits gemischt vokal und instrumental über einem Baßfundament komponiert waren und in denen es auch passagenweise zu solistischem Hervortreten einzelner Stimmen kam. Daneben gab es das »Geistliche Konzert« mit seinem Höhepunkt bei **HEINRICH SCHÜTZ** (1585–1672), mit seinen solistisch zum Generalbaß gesungenen *Kleinen Geistlichen Konzerten* sowie seinen größer dimensionierten *Symphoniae Sacrae*, in denen auch Instrumente und Chor eingesetzt waren. War das konzertante Prinzip also bereits vokal ausgebildet und ausgereift, so übertrug man seine Merkmale auf den instrumentalen Bereich zunächst in der Canzona, der Sinfonia und der Sonata. Ein weiterer Schritt in der musikalischen Praxis liegt auf der Hand: die eine oder andere schwierige Passage ließ man von Solisten musizieren, die aus dem Ensemble hervorragten. So entstand im strukturellen Ablauf der Musik der Wechsel von Tutti- und Solo-Episoden, deren Reihung innerhalb der einzelnen Sätze alsbald systematisiert wurde. Man spricht hier von der »Ritornellform«, in deren Ablauf die Wiederkehr des Orchesterritornells zugleich einen einfachen Modulationsplan ergibt, unterbrochen durch die Solo-Episoden, die insgesamt motivisch beweglicher, zunehmend virtuos und ebenfalls modulatorisch angelegt sind.
Das am frühesten eingesetzte Solo-Instrument war in Italien die Trompete, deren Part recht bald alternativ von Violine oder Oboe übernommen wurde. Zum wichtigsten Solo-Instrument wurde dann die Violine; hinzu kamen bald Konzerte für Violoncello, aber auch für Viola d'amore, Flöte, Oboe und Fagott sowie für Mandoline, wobei durchaus ein Instrument das andere ersetzen konnte (z. B. Oboe oder Flöte statt Violine).
Die Ritornellform gilt für die beiden Ecksätze des 3sätzigen Solo-Konzertes; der Mittelsatz ist formal meist recht einfach gebaut und gibt dem Solo-Instrument Gelegenheit zur Entfaltung seiner Kantabilität über einem ruhigen Generalbaßfundament. Die wichtigsten Komponisten des barocken Solo-Konzertes (das zunächst als Vorspiel von Theateraufführungen gedacht war) waren zunächst **TORELLI** und **JACCHINI**, dann vor allem **VIVALDI**; nach ihm kommen **DALL'ABACO**,

Veracini, **Locatelli**, **Tartini**, **Pugnani** und **Nardini**, in Deutschland neben **Graupner** und **Telemann** auch **Fasch** und **Pisendel** und vor allem **J. S. Bach**, in Frankreich **Leclair**.

Das Concerto grosso

Mit dem Solo-Konzert hat das Concerto grosso das Alternieren von Tutti und Solo gemeinsam; im Gegensatz hierzu bilden nun mehrere, zumeist 3 Solo-Instrumente eine Kleingruppe, das sogenannte Concertino, das dem Tutti, genannt Ripieno, konzertierend gegenübertritt. Das Concertino ist häufig mit 3 Streichinstrumenten, nämlich mit 2 Violinen und einem Violoncello (aber ohne Viola), besetzt; es gibt aber auch gemischte Besetzung mit Streichern und Holzbläsern oder reine Holzbläserbesetzung, wobei wie so oft in jener Zeit Besetzungen auch ausgetauscht werden konnten.
So wie Canzona, Sinfonia und Sonata Ausgangspunkte des konzertanten Prinzips waren, so sind in diesen Gattungen in der 2. Hälfte des 17. Jh. solistisch besetzte Passagen zu beobachten, als erste Vorläufer der kommenden Concertino-Besetzungen. Die Bezeichnung »Concerto grosso« ist zum ersten Mal für das Jahr 1698 nachgewiesen. In der Komponistenchronologie steht **Stradella** ganz am Anfang; ihm folgen als wichtige Namen vor allem **Corelli**, aber auch **Torelli** und wieder **Vivaldi**, später dann u. a. **Marcello**, **Manfredini**, **Albinoni**, **Geminiani**, **Locatelli**, in Deutschland neben **Telemann** und **Bach Graupner** und **Fasch**, in England vor allem **Händel**, aber auch beispielsweise **Boyce**. Gegenüber dem Concerto zeigen übrigens gerade die Concerti grossi Händels eine abwechslungsreichere und farbigere Satzfolge, in die auch einzelne Suitensätze aufgenommen werden können.

Die Orchestersuite (Ouvertürensuite)

Die Orchestersuite, vor allem in ihrer speziellen Ausprägung als Ouvertürensuite nach französischem Vorbild, war im 17. und früheren 18. Jh. eine besonders beliebte Form der Orchestermusik. Mit »Suite« bezeichnet man generell eine Folge von ursprünglich tatsächlich als Tanzmusik gedachten Tanzsätzen; sie wurde im Lauf der Geschichte mehr und mehr stilisiert und ergänzt durch weitere tanzfremde Sätze. Für jeden Tanztyp gab es ein bestimmtes Takt- und Rhythmusprofil;

oft wurden Tänze zu Paaren oder Gruppen zusammengefaßt (Pavane – Gaillarde; Tanz (ein beliebiger) – Hupfauf; Allemande – Courante). Ihren Höhepunkt hatte die Suitenkomposition sowohl in Italien, wo sie als Sonata da camera eine wichtige Rolle spielte, als auch in Frankreich, wo sie als Ouvertürensuite besonders durch **Lully** geprägt wurde. Eine Ouvertürensuite, oder auch nur Ouvertüre, erhält ihren Namen von ihrem 1. Satz, der als Französische Ouvertüre 3teilig angelegt ist: mit einer langsamen Einleitung im charakteristischen punktierten Rhythmus, einem nachfolgenden bewegten Teil, der oft im Dreiertakt und imitatorisch-fugiert ausgeformt ist, sowie einem abschließenden langsamen Teil, der häufig thematisch auf den Anfangsabschnitt zurückgreift. Ursprünglich handelte es sich hier um das Vorspiel zu einem Ballett; in seiner Herkunft ist die Ouvertüre also mit dem Concerto vergleichbar: beide waren ursprünglich als 3teiliges Eröffnungsstück für eine Theateraufführung (Oper oder Ballett) gedacht. Wichtig für die Herausbildung des Typus waren in Frankreich die Werke **Lullys** und **Rameaus**, in England nächst **Purcell** vor allem **Händel**, in Italien **Corelli** und in Deutschland nach **Schein**, **Scheidt**, **Hassler** und **Praetorius** vor allem **Telemann** und **J. S. Bach**.

Während das Concerto in der Regel in reiner Streicherbesetzung erscheint – also mit 2 Violinstimmen und meistens Viola über dem Generalbaßfundament –, gibt es im Concerto grosso neben der ebenfalls häufigen reinen Streicherbesetzung auch mehr oder weniger reiche gemischte Besetzungen, wobei zu den Streichern die Holzbläser (in erster Linie Oboen und Fagotte) hinzutreten, bisweilen auch noch zusätzliche Blechblasinstrumente (Hörner, Trompeten) und Pauken. Ein Gleiches gilt für die Besetzung der (Ouvertüren-)Suite.
Natürlich sind in jener Zeit die Begriffe und damit bis zu einem gewissen Grad auch die Formmodelle nicht immer eindeutig voneinander abgegrenzt. So gibt es durchaus auch Concerti, in denen kaum solistische Passagen vorkommen, z. B. op. 10 von Albinoni, die also eher als Vorläufer der kommenden Sinfonia anzusehen sind. Ferner gibt es gelegentlich den Namen »Sonata«, etwa bei Biber, für einige Kompositionen, die erkennbar zwischen den Gattungen stehen, oder bei Charpentier, der unter diesem Titel Suiten veröffentlichte.

Konzertformen am Ende des 16. und zu Anfang des 17. Jahrhunderts

Im Riemann-Musiklexikon heißt es lapidar: »Die Anwendung des Concerto-Prinzips in Ausführung (instrumentale Besetzung) und Komposition auf die instrumentalen Formen der Kanzone, Sonata und Sinfonia führte zur Entstehung der Gattungen Concerto grosso und Solo-Concerto.« Allerdings gehört **Girolamo Frescobaldi** (1583–1643) mit seinen instrumental gesetzten Kanzonen noch zu den Vorläufern, denn diese Kanzonen orientieren sich noch eindeutig am Vorbild der Vokalkanzone und weisen keine konzertanten Merkmale auf. Seine erste Sammlung – *Il primo libro delle canzoni* (1628) – enthält 35 Titel, die jeweils zum Generalbaß 1- bis 4stimmig gesetzt sind und aus miteinander kontrastierenden Abschnitten zusammengefügt sind. Die andere Sammlung *Canzoni alla francese* wurde 1645 postum herausgegeben.

Neben und nach seinem Onkel **Andrea Gabrieli** (um 1510–86) war **Giovanni Gabrieli** (1553/56–1612/13) der Meister der venezianischen Mehrchörigkeit, die er sowohl vokal wie auch instrumental pflegte. Außer seinen zahlreichen Vokalwerken, deren Mehrchörigkeit nicht zuletzt durch die Emporen von S. Marco in Venedig angeregt worden ist, gibt es auch eine Reihe instrumentaler Sonaten und Kanzonen, deren genaue Besetzung nur gelegentlich überliefert ist; es wechseln reine Blechbläserbesetzungen von Zink und Posaunen mit gemischten Kombinationen von Violinen und Blechbläsern und auch reinen Streicherensembles mit Generalbaß. Manchmal gibt es auch den ausdrücklichen Hinweis »con ogni sorte di stromenti«, »mit jeder Art von Instrument (zu spielen)«, also eine Ad-libitum-Regelung, die auch Tasteninstrumente mit einschließt.

Eine stilistische Abgrenzung zwischen Canzona und Sonata ist bei Gabrieli nur ansatzweise möglich; so ist in den Kanzonen die imitatorische Stimmführung ein wenig ausgeprägter, während die Sonata schon durch ihre im Regelfall mindestens 8stimmige Besetzung vollstimmiger, also eher ein »Klangstück« ist, wie ihr Name, abgeleitet von »sonare«, ursprünglich ja auch meinte. Sonaten erschienen sowohl in den *Symphoniae Sacrae I* von 1597 als auch in einer postumen Sammlung unter der Überschrift *Canzoni e Sonate . . .* von 1615, darunter eine prächtig mit 22 Stimmen besetzte, als anderes Extrem

eine für 3 Violinen und Generalbaß vorgesehene Sonata. Bekannt geworden ist auch wegen ihres Titels die *Sonata pian e forte*, in der zum ersten Mal dynamische Bezeichnungen auftauchen, die jedoch den Laut-Leise-Bereich nur indirekt regeln, denn sie beziehen sich lediglich auf den Wechsel zwischen Tutti und Einzelchor; sie ist mit 2 Chören besetzt, deren erster aus Zink und 3 Posaunen und deren zweiter aus Violine und 3 Posaunen besteht. Im Wechsel zwischen Alternieren und Miteinander der Chöre in den Kanzonen und Sonaten kann man bereits eine Vorform des Konzertierens erkennen.
Unter den zahlreichen Kanzonen der verschiedenen Sammlungen trägt eine Reihe im Titel den Zusatz »per sonar« – sozusagen eine historische Reminiszenz, ein Verweis auf die Herkunft der Gattung aus dem Vokalbereich: Ihr Vorläufer war die mehrstimmige französische Chanson, was man einigen Kanzonen noch an Einzelmerkmalen anmerkt (Stimmumfang und -lage, Kantabilität). Auf andere Weise herausgehoben ist die *Canzon per sonar in echo* aus den *Symphoniae Sacrae I* mit detailliert überlieferter Besetzung für 2 Chöre zu je 4 Zinken und Posaune; zugleich gibt es eine originale Orgelfassung. »Echo« meint hier ein subtil auskomponiertes Alternieren und Sich-Ablösen der beiden Chöre im (Kirchen-)Raum.

Wichtige deutsche Meister des Frühbarock, die erkennbar an den Vorarbeiten italienischer Musiker wie Frescobaldi und vor allem G. Gabrieli anknüpften, waren Johann Hermann Schein und Samuel Scheidt. Von **Johann Hermann Schein** (1586–1630) kennen wir aus seiner frühen Sammlung *Venus Kräntzlein* von 1609 neben Vokalsätzen auch 8 instrumentale Ensemblestücke, darunter neben 4 Intraden und 2 Galliarden auch 2 Kanzonen: eine 5stimmige Canzona in mosaikartig bunter Reihung einzelner heterogener Abschnitte sowie eine 6stimmige, 9teilige Canzona, die abschnittweise als Vorstufe der kommenden Fugenform anzusehen ist. Gleiches gilt auch für eine spätere 5stimmige Canzona, die in der 1615 erschienenen Sammlung *Cymbalum Sionium* enthalten ist, in der Kompositionsprinzipien der Fuge wie Umkehrung, Vergrößerung und Verkleinerung sowie eine erkennbare Gliederung in Durchführungen und Zwischenspiele auftauchen.
Von **Samuel Scheidt** (1587–1654) wiederum kennen wir im-

merhin 70 *Sinfonien »auff Concerten manier«*, die allesamt aus einem einzigen Satz bestehen und wohl als Einleitungssätze oder auch Zwischenspiele zu seinen vokalen *Geistlichen Konzerten* gedacht waren; ihre Instrumentation sieht 2 Violinen und den Generalbaß vor. Die musikalischen Stilmittel dieser kurzen Sätze sind vielfältig und in der Sammlung zugleich systematisch geordnet: Homophonie neben Polyphonie, chromatisch und eher diatonisch gefärbte Harmonik, Echo-Effekte und kontrapunktische »Kunststücke« wie Spiegelung und Umkehrung. Es ist kein Entstehungsdatum, nur das Erscheinungsjahr 1644 bekannt.
1621 erschien darüber hinaus eine Sammlung von 4- bis 5stimmigen *Cantus*: insgesamt 32 Sätze, entweder im Tanzcharakter oder fantasieartig frei; eine Besetzungsangabe ist nicht überliefert. Bezug zur Vokaltradition besitzen einige Titel dadurch, daß sie weltliches Liedgut variieren, darunter jenes *Kraut und Rüben haben mich vertrieben*, das ein Jahrhundert später im abschließenden Quodlibet von Bachs *Goldberg-Variationen* wieder auftaucht.

In den gleichen Zeitraum gehört auch **John Dowland** (1562/63–1626), der wohl bedeutendste englische Komponist des frühen Barock. Eines seiner populärsten Stücke ist das Lied *Flow, my tears*, enthalten in seinem 2. *Book of Songs or Ayres* von 1600; dessen Melodie nahm er wenig später (1605) zur Grundlage seiner 7 Pavanen mit dem Titel *Lachrymae Or Seven Tears*. Es handelt sich um 5stimmige, im gemäßigten Tempo des Schreittanzes daherkommende Kompositionen von großem Ernst und Ausdruck, auszuführen von einem sogenannten »mixed consort« von Gamben und Flöten, in der Regel wohl solistisch.

Die Meister der Instrumentalmusik um die Mitte des 17. Jahrhunderts

Unter den deutschen Komponisten der nächsten Generation verschmolz **Johann Rosenmüller** (1619–84) italienische und deutsche Stileinflüsse in seinem Werk miteinander. 1682, als er am Hof von Wolfenbüttel seinen Dienst antrat, veröffentlichte er *Sonate a 2, 3, 4 et 5 Stromenti*, mehrsätzige Zyklen ohne Tanzcharakter, während seine überwiegend 5sätzigen

Sonate da camera von 1667 immer mit einer Sinfonia begannen und dann im Sinne der Suite Allemanda, Correnta, Ballo und Sarabanda aufeinanderfolgen ließen; gelegentlich gab es an vierter Stelle eine festliche Intrada. Zum Basso continuo waren Streicher mit doppelten Violen vorgesehen, Bläser konnten hinzugefügt werden.

Ein aus Österreich stammender Zeitgenosse war **Johann Heinrich Schmelzer** (um 1620–80), der als Geiger und Komponist in Wien wirkte und zahlreiche Instrumentalwerke hinterließ. Darunter sind bemerkenswert die 150 *Ballettsuiten* sowie seine *Sonaten* in wechselnden Besetzungen. Einige davon sind enthalten im *Sacro-profanus Concentus musicus* (1662); in ihnen sind Einflüsse der italienischen Mehrchörigkeit spürbar, sie stehen der mehrteiligen venezianischen Canzona nahe. Es gibt reine Streicher- neben gemischten Besetzungen, aber auch die prächtige Zusammenstellung von je 2 Zinken, Trompeten und 3 Posaunen. In seinen Suiten stehen gängige Satzformen (Courante, Sarabande) neben tanzfernen Sätzen (wie z. B. Aria).

Heinrich Ignaz Franz Biber (1644–1704) ist um eine Generation jünger, stammt aus Böhmen und wirkte in Salzburg. Als Violinspieler und -komponist beeinflußte er nachhaltig die Geigentechnik seiner Zeit. Orchestral ausführbar sind beispielsweise seine um 1681 komponierten 5stimmigen *Sonaten*, die er unter einem weitschweifigen lateinischen Titel (*Fidicinium sacroprofanum . . .*) veröffentlichte und die sowohl im weltlichen wie im geistlichen Rahmen aufgeführt wurden. Sie sind alle mehrsätzig und kontrastreich angelegt, dabei melodisch und formal durchaus originell. Programmatische Momente enthalten die *Battalia* von 1673 – eine frühe »Schlachten-Musik« – ebenso wie seine recht parodistisch wirkende Sonata *Pauernkirchfahrt*. Was häufig als *Trompetenkonzert* aufgeführt wird, ist in Wirklichkeit eine 6sätzige Sonata aus einem 12teiligen Sonatenzyklus; neben der Trompete ist auch eine Violine solistisch eingefügt.

Unter den Werken von **Georg Muffat** (1653–1704), einem bedeutenden süddeutschen Komponisten, der bei Lully in Paris gelernt hat und zugleich italienische Einflüsse spüren läßt, gibt es sowohl *Suiten* (u. a. zusammengefaßt in den beiden Teilen seines *Florilegium*) als auch *Concerti grossi*, die als wichtige Vorläufer Händels anzusehen sind, u. a. in gleicher Besetzung wie dessen berühmtes op. 6.

Der gleichaltrige **Johann Pachelbel** (1653–1706) hinterließ wenige orchestrale Instrumentalwerke, darunter seine Suitensammlung *Musicalische Ergötzung*; bis heute bekannt blieben *Kanon und Gigue* für 3 hohe (Violin-)Stimmen und Generalbaß, ein in kunstvollem Kontrast gefügtes Satzpaar, dessen erster Teil eine Kombination von Kanon und Chaconne darstellt.

In Frankreich ist der wichtigste Kopf der gebürtige Italiener **Jean-Baptiste Lully** (1632–87), am Hof von Paris der unbestrittene Meister des Balletts und der Oper. Reine Instrumentalmusik gibt es von ihm kaum, bis auf einzelne suitenartige Zusammenstellungen von Sätzen aus Opern oder Balletten, etwa die Suite *Le Divertissement de Chambord*. Die sogenannte Französische Ouvertüre, wie dann die große Orchestersuite bis zu Bach bezeichnet wurde, geht dennoch auf Lully zurück, nämlich auf seine charakteristisch ausgeprägte Opernouvertüre: Sie beginnt mit einem pompösen, langsamen Einleitungsteil im typischen punktierten Rhythmus, dem der bewegte, fugierte Mittelteil folgt; am Ende gibt es die unveränderte oder auch veränderte Wiederkehr des Beginns.
Auch **Marc-Antoine Charpentier** (um 1645–1704) hinterließ nur wenige Instrumentalwerke neben seinem dominierenden geistlichen Schaffen. Seine erst 1978 wiederaufgefundene *Sonate à Six* ist eher ein suitenartiges Kammermusikwerk; im übrigen sind im Manuskript erhalten etwa 70 instrumentale *Ouvertüren* und *Vorspiele* zu weltlichen und geistlichen Werken (darunter ein *Tedeum*, dem die populäre Eurovisionsmelodie entnommen wurde).

Von den Instrumentalwerken des bedeutendsten englischen Komponisten dieser Zeit, **Henry Purcell** (wohl 1659–95), begegnen uns heute in Konzerten in der Regel zu Suiten zusammengestellte Teile aus seinen Opern, am bekanntesten unter ihnen wohl die beiden Suiten aus *The Fairy Queen* (1692) mit ihren 4 bzw. 5 kontrastreichen Streichersätzen; einzeln gespielte Ouvertüren folgen in der Regel dem Typus der Französischen Ouvertüre. Frühwerke sind die 13 *Fantazias* und 2 *In Nomines* für Streicherensemble, wobei hier wohl in erster Linie an Gamben zu denken ist. Bis heute populär geblieben sind *Pavane* und *Chaconne g-Moll*, deren Zusammengehörigkeit nicht bewiesen ist, die sich gleichwohl aber musikalisch in ihrer tiefernsten Grundhaltung gut zusammenfügen. Heutige reisende Trompeter greifen gern auf die einzelne 3sätzige *Sonata für Trompete, Streicher und Generalbaß D-Dur* zurück, die ursprünglich jedoch Bestandteil einer größeren Ode gewesen ist.

In Italien bereitete **Alessandro Stradella** (1644–82) die Gattung *Concerto grosso* vor. Eine andere für die Weiterentwicklung der beiden barocken Sonatentypen (Kammer- und Kirchensonate) wichtige Komponistenpersönlichkeit war **Giovanni Battista Vitali** (um 1644–92); er schrieb meist für solistische Besetzung, trotzdem sind seine *Sonaten* je nach Umstand auch in chorisch-orchestraler Ausführung denkbar. An beide knüpft **Arcangelo Corelli** (1653–1713) an, innerhalb und außerhalb seines Heimatlandes der stilbildende Meister der Instrumentalmusik von größtem Einfluß. Neben der kammermusikalischen *Triosonate* stehen im Zentrum seines Schaffens die 12 *Concerti grossi op. 6*, die erst postum 1714 erschienen sind. In der Form unterscheiden sie sich deutlich: die ersten 8 sind dem Vorbild der Kirchensonate angepaßt, allerdings mit phantasievoll-vielgliedrigen Satzcharakteren; die letzten 4 folgen dagegen der suitenartigen Kammersonate mit einleitendem Preludio und nachfolgenden Tanzsätzen. Das solistische Concertino ist mit 2 Violinen und Violoncello besetzt, und ihm ist überwiegend das musikalische Geschehen dieser so unmittelbar eingängigen Werke anvertraut, gestützt und getragen von den gliedernden Einwürfen des Streichertuttis. Unter den Concerti ist die *Nr. 8 g-Moll »fatto per la notte di natale«* als *Weihnachtskonzert* mit abschließendem zarten $^{6}/_{8}$-Pastorale (»ad libitum«) besonders populär geworden.
An Corelli knüpfte wiederum **Giuseppe Torelli** (1658–1709) an; unter seinen 12 *Concerti musicali op. 6* finden sich 3 frühe Vorstufen des kommenden Violinkonzertes, denn in ihnen (Nr. 6, 10, 12) tritt ein Violinsolo passagenweise aus dem Tutti hervor. Seine 12 um 1705 entstandenen *Concerti grossi op. 8* führen diesen Weg weiter, wobei der Titel dem postumen Druck beigefügt wurde; in Wirklichkeit handelt es sich um Konzerte für eine oder 2 Violinen mit Streichern. Konzert Nr. 5 gibt es auch für 4 Sologeigen; alle Konzerte folgen der typischen 3sätzigen Form (schnell – langsam – schnell). Wie bei Corellis op. 6 gibt es auch in diesem Zyklus ein *Weihnachtskonzert* (Nr. 12 g-Moll: *Una Pastorale per il santissimo Natale*). Populär geworden im Zuge der heutigen Trompetenmode

sind Torellis *Sonaten a 5* für Solo-Trompete und Streicher, wobei der Solist Gelegenheit erhält, in kurzen Sätzen im hohen diatonischen Bereich mit charakteristischen Motiven zu brillieren. Mit Rücksicht auf die D-Trompete stehen alle betreffenden Sonaten in D-Dur.

Die hohe Zeit der barocken Instrumentalmusik am Ende des 17. und in der 1. Hälfte des 18. Jahrhunderts

Italien

Alessandro Scarlatti (1660–1725) komponierte zwar in erster Linie Vokalwerke und wurde vor allem berühmt als Mitbegründer der neapolitanischen Opernschule. Mit der von ihm ausgeformten italienischen Opernouvertüre wurde er aber zum wichtigsten Ahnherren der klassischen Sonate und der Sonatensatzform. Diese Ouvertüre war 3teilig (schnell – langsam – schnell) und entsprach damit den Konturen der Concerto-Form. In ihrem Kopfsatz konstituierte sich die Sonatenform (vgl. S. 117). Der Einfluß der Ouvertürenform wird allerdings auch in seinen reinen Orchesterwerken spürbar, etwa in den 12 *Sinfonie di Concerto grosso*. Sie sind in der Mehrzahl 5sätzig, wobei in der Mitte eine von 2 langsamen Sätzen eingerahmte Fuge steht, während die schnellen Ecksätze in ihrer Tonsprache deutlich an die Ouvertüre erinnern. Neuartig ist außerdem der Einsatz von Blasinstrumenten (vor allem Flöte, aber auch Oboe und Trompete) im solistischen Concertino. Früher, wohl vor 1710, entstanden sind Scarlattis 6 *Concerti grossi*, die erst 1740 postum gedruckt wurden. Sie setzen das Corellische Modell phantasievoll fort und reihen sehr unterschiedliche Satztypen aneinander, wobei dem Concertino (2 Violinen, Cello) nur eine vergleichsweise untergeordnete Rolle zukommt. Auffällig sind die vielen fugiert-kontrapunktischen Passagen; in der Satzreihung sind Einflüsse sowohl der Kirchen- wie der Kammersonate erkennbar.
Der Venezianer **Alessandro Marcello** (1669–1747) wurde bekannt durch seine Konzertsammlung *La cetra*; sein *Oboenkonzert d-Moll* von 1716 hat J. S. Bach zu einer Bearbeitung veranlaßt, die es bis in unsere Tage recht eigentlich

erst bekannt gemacht hat. Alessandros jüngerer Bruder **Benedetto Marcello** (1686–1739) war Dichter, Jurist und Komponist, überdies ein sehr guter Geiger. Von ihm stammen neben *Sinfonien* für 4–5 Streicher und Basso continuo auch einige *Konzerte* für verschiedene Solo-Instrumente, darunter ein recht bekanntes für *Violine, Streicher und Generalbaß D-Dur*, das in seinen stürmisch bewegten Ecksätzen sowohl in der sequenzierenden Motivik wie auch, im ersten der beiden rahmenden Presto-Sätze, in seiner zu ahnenden Unwetter-Programmatik an Vivaldi erinnert. Im Adagio wird die kantable Violinlinie von den punktierten Ostinato-Ansätzen des Orchesters gestützt.
Corellis Einfluß ist auch in den Werken von **Antonio Veracini** erkennbar, der vorwiegend Kammermusik hinterließ und dessen Lebensdaten unbekannt sind (* um 1650); sein Neffe **Francesco Maria Veracini** (1690–1768) lernte bei ihm und schrieb einige *Violinkonzerte* und *Sinfonien*. Sinfonien gibt es auch von **Antonio Caldara** (um 1670–1736), der in Wien wirkte und dort starb. Er war Schüler von **Giovanni Legrenzi** (1626–90), von dem bekannt ist, daß er das Orchester von S. Marco in Venedig auf 34 Spieler erweitert hat.
Wichtigstes Mitglied der Familie **Bononcini** war **Giovanni Battista** (1670–1747), der vor allem durch einen Zwist mit Händel bekannt wurde und von dem es außer Vokalwerken eine ganze Reihe von Instrumentalkompositionen gibt, die jedoch durchweg eher der Kammermusik zuzurechnen sind.
Tommaso Albinoni (1671–1751) wurde vorrangig als Opernkomponist berühmt. Sein heutzutage populärstes Werk, das *Adagio g-Moll für Streicher*, ist das Arrangement eines fragmentarisch überlieferten Trio-Satzes, der erst im 20. Jh. ergänzt wurde. Original und bedeutend sind dagegen Albinonis 4 Dutzend *Concerti*, die – wie in jener Zeit üblich – zu je 12 zusammengefaßt und nacheinander veröffentlicht wurden. Bei den 12 *Sinfonie e concerti a 5 op. 2* von 1700 unterscheiden sich die beiden Werktypen in Besetzung und Faktur: Die 6 Concerti sind Solo-Konzerte für Violine, Streicher und Basso continuo, während die 6 Sinfonien für ein geschlossenes Streicherensemble mit zusätzlicher 2. Bratschenstimme vorgesehen sind. In den Konzerten gibt es Abstufungen in der solistischen Ausformung des Violinparts, so daß wir hier sozusagen einen gleitenden Übergang vom Ensemble- zum Solo-Stück vorfin-

den. Sie sind in der Mehrzahl 3sätzig (schnell – langsam – schnell); *Konzert Nr. 2* ist 5sätzig im symmetrischen Tempowechsel, ebenso die *Nr. 12 D-Dur*. In den 6 *Sinfonien*, die jeweils noch den Zusatz »Sonata« tragen, ist dem 3sätzigen Modell immer eine langsame Einleitung vorangestellt. In ihrer Konzeption sind sie Kirchensonaten; ihre Finalsätze sind fugiert, dabei nie trocken, sondern auf phantasievollste Weise durchgestaltet.

In Albinonis *op. 7* (um 1715) sind verschiedene Concerto-Formen in Dreiergruppierung angeordnet: zuerst die reine Streicherformation, danach Konzerte mit jeweils 2 Oboen und Streichern sowie mit einer Oboe und Streichern. In allen Konzerten dominieren die Streicher; die Oboen greifen unterschiedlich stark und eigentlich nie wirklich virtuos die motivischen Ansätze der Streicher auf und führen sie selbständig weiter, ohne daß man deshalb schon von echten Solo-Konzerten sprechen könnte. Eine offensichtliche Annäherung an das Concertino im Concerto grosso versucht Albinoni im *Konzert Nr. 3 B-Dur*, wo er der solistischen Oboe eine Solo-Violine hinzufügt. Alle Konzerte mit Ausnahme des 6. sind 3sätzig, mit bisweilen extrem kurzen Mittelsätzen (Nr. 1); allein Nr. 6 ist in regelmäßiger Bogenform 5sätzig. In Nr. 7, einem der Streicherkonzerte, tritt immer wieder passagenweise eine Solo-Violine hervor. In unseren Tagen führen reisende Trompetenvirtuosen einzelne der Konzerte mit Solo-Oboe auf ihrem Instrument aus, um ihr begrenztes Repertoire anzureichern; ihnen kommt die durchweg fehlende Virtuosität zugute.

Auch die 12 *Konzerte op. 9* (1722) sind in ähnlicher Weise dreifach gruppiert. Sowohl in den Konzerten mit einer oder auch 2 Oboen wie auch und vor allem in den Violinkonzerten wird der Weg zum echten Solo-Konzert konsequent weiter beschritten. Die Solo-Geige produziert sich in den beiden schnellen Rahmensätzen durchaus virtuos, und die langsamen Mittelsätze haben erkennbar an Eigenständigkeit und Ausdruckstiefe gewonnen. Einen Sonderfall stellt das 3. Konzert dar, weil hier zu den beiden Oboen noch 2 solistische Violinen hinzutreten und mit ihnen gemeinsam ein 4stimmiges Concertino bilden. Das gewichtigste und originellste der Konzerte ist sicher die *Nr. 7 D-Dur*.

Erst 1966 entdeckte der niederländische Forscher Albert Dunning ein weiteres Dutzend Albinoni-Konzerte, nämlich sein *op. 10*, komponiert um 1735. Alle sind für Streicherensemble gesetzt; in den Konzerten 8 und 12 tritt eine Solo-Geige stark hervor, sonst gibt es alle Abstufungen bis zum reinen Streicher-Tutti ohne jedes Solo. Stilistisch handelt es sich um Werke des Überganges vom Barock zur Klassik. Außerdem existiert noch eine einzelne *Sinfonia B-Dur*, die zwischen 1715 und 1722 entstanden sein dürfte, in reiner Streicherbesetzung und mit 2 längeren Ecksätzen, die ein winziges Adagio einrahmen.

Ein nur wenig jüngerer Zeitgenosse Albinonis ist **Evaristo Felice dall'Abaco** (1675–1742), der 1704 nach München zog und am dortigen Hof mit wenigen Unterbrechungen bis zu seinem Lebensende wirkte. Im Gegensatz zu Albinoni widmete er sich ausschließlich der Instrumentalmusik. Seine *Concerti op. 2* sowie *op. 5* stehen dem Typus Concerto grosso nahe, während das ebenfalls als *Concerti* betitelte *op. 6* Violinkonzerte enthält. Dall'Abaco baute in seinen Konzerten auf den Erfahrungen Torellis auf und verband auf glückliche Weise kontrapunktische Strenge mit italienischem melodischen Charme. In der Satzfolge zeichnen sich Einflüsse sowohl der Kirchen- wie der Kammersonate ab (Drei- und Viersätzigkeit, freie und Tanzsätze).

Francesco Geminiani (1687–1762), Schüler von Corelli und A. Scarlatti und berühmter Violinvirtuosen, wurde überdies mit einigen theoretischen Schriften bekannt. Seine Concerti grossi orientieren sich naheliegenderweise an denen seines Lehrers Corelli, dessen Violinsonaten op. 5 er, sozusagen als Vorstudien, zu Concerti bearbeitete. In seinen 6 *Concerti grossi op. 2* (1732) ist das Concertino mit 2 Violinen, Viola und Cello 4stimmig. Die Werke sind überwiegend 4sätzig nach dem Muster der Kirchensonate; dreimal ist der 2. Satz fugiert (Nr. 2, 4, 5), Nr. 6 beginnt ungewöhnlicherweise mit einem Menuett, Nr. 3 endet mit einem solchen. Die 6 *Concerti grossi op. 3* (entstanden vor 1733) wurden vom Komponisten selber, wie so manches seiner anderen Werke, später überarbeitet, wobei er unter anderem die Rolle der Solo-Stimmen stärker herausstrich. Die Konzerte sind alle 4sätzig (langsam – schnell – langsam – schnell), mit allerdings höchst individuell unterschiedenen Satzcharakteren in jedem einzelnen Stück. *Nr. 1* war ursprünglich eine Violinsonate und wirkt deshalb wie ein Violinkonzert. *Nr. 3* lebt vom effektvollen Kontrast zwischen seinen beiden Fugen und dem so populär gewordenen ausdrucksvollen Adagio. Am vielseitigsten in Form und Ausdruck ist gewiß das letzte Konzert (*Nr. 6 e-Moll*) angelegt, in dem auf eine einleitende Sinfonia eine veritable Doppelfuge folgt. Von bewunderungswürdiger Vielfalt in Aussage und Struktur sind schließlich Geminianis eigene Bearbeitungen von Violinsonaten zu Concerti grossi (1739–43), mit weitem Radius zwischen kontrapunktischen und kantablen, tänzerischen und getragenen Sätzen. Ein aufführungspraktisches Detail im 1. Satz des *D-Dur-Konzertes (Nr. 1)* ist bemerkenswert: Geminiani schreibt ausdrücklich als besonderen Effekt dem Solisten das Vibrato vor, nach derzeitigem Forschungsstand erstmalig in der Musikgeschichte.

Antonio Vivaldi

* 4. März 1678 in Venedig
† 28. Juli 1741 in Wien

Vivaldi wurde 1703 zum Priester geweiht und erhielt von seinem Vater Violinunterricht. Die längste Zeit seines Lebens wirkte er am Ospedale della Pietà in Venedig, zeitweise auch als Impresario am Teatro Sant'Angelo der Stadt. 1717 ging er als Kapellmeister an den Hof in Mantua, um 1720 wieder an das venezianische Theater zurückzukehren. 1729 begab er sich für kurze Zeit nach Wien und besuchte Prag. 1735 kehrte er an seine alte Wirkungsstätte an der Pietà in Venedig zurück und wurde 1738, nach einer Reise nach Amsterdam, wieder Theater-Impresario. Das letzte Jahr vor seinem Tod verbrachte er in Wien.

Orchesterwerke: 75 Sonaten, 23 Sinfonien (Ouvertüren), 446 Konzerte.

»Il prete rosso«, der »rote Priester«, wie man Vivaldi wegen seiner roten Haare nannte, wurde zu Lebzeiten berühmt durch seine Tätigkeit als Komponist und Orchesterleiter am Ospedale della Pietà in Venedig. Als angesehener Violinvirtuose verband er die instrumentale Praxis mit seiner fruchtbaren Kompositionstätigkeit und wurde auf dem Gebiet des Instrumentalkonzertes zum Lehrmeister seiner Zeit, bis zu J. S. Bach. Zwar ist er nicht der »Erfinder« des frühen Solo-Konzertes, aber er prägte es in allen seinen strukturellen Merkmalen entscheidend, ebenso in den spieltechnischen Aspekten. Charakteristisch am Konzert Vivaldischen Typus ist die kontrastierende Dreisätzigkeit, wobei die schnellen Rahmensätze in der Ritornellform ablaufen, also in modulierender Rondo-Form, mit mehrmals wiederkehrendem Tutti-Ritornell und solistischen Passagen. Vorbildcharakter hat auch die Melodiegestaltung Vivaldis, mit ihrer prägnanten, motivgeprägten Ausformung in häufigen Sequenzketten und angereichert durch farbige Spieleffekte. Neben den besonders zahlreichen Konzerten für eine oder mehrere Violinen gibt es Konzerte für Violoncello, für Viola d'amore, für die verschiedenen Flötenarten, aber auch für Oboe und Fagott, sogar für die noch junge Klarinette, sowie für Trompete und Mandoline, jeweils begleitet vom Streicherensemble auf Generalbaßbasis. Beeindruckend ist dabei Vivaldis weite Ausdrucksskala, getragen von inspirierter melodischer Erfindungskraft und farbiger Instrumentation, so daß – trotz der grundsätzlichen Übereinstimmung der formalen Prinzipien – jedes einzelne Konzert zu einem Individuum wird.

Vivaldis Konzerte sind in der Regel, dem Brauch der Zeit entsprechend, in Sammlungen zusammengefaßt und veröffentlicht worden. Besonders populär sind dabei verständlicherweise die Werke mit programmatischen Titeln und Bezügen, allen voran seine 4 Violinkonzerte *Die vier Jahreszeiten*.

Insgesamt schrieb Vivaldi etwa 40 Konzerte mit programmatischem Titel (»Concerti con titoli«), verteilt auf die unterschiedlichen Sammlungen oder auch einzeln stehend, wobei die Mehrzahl der Überschriften vom Komponisten stammt. Programmatisch im engeren Sinn sind nicht jene Namen, die sich auf Entstehungsanlässe beziehen, wie etwa beim originellen **Konzert D-Dur** (RV* 562) **»per la solennità di S. Lorenzo«** für 2 Hörner und Orchester. Am populärsten und eingängigsten zugleich sind jene Werke, die eine programmatische Beziehung zu Naturphänomenen oder -stimmungen herstellen. Dazu gehört neben den *Jahreszeiten* etwa **»La notte«**, das

* Ryom-Verzeichnis. Numerierung nach: Peter Ryom, *Antonio Vivaldi, Table de concordances des œuvres*, Kopenhagen 1973. – Dt.: *Verzeichnis der Werke Antonio Vivaldis. Kleine Ausgabe*, Leipzig 1974.

Konzert für Traversflöte g-Moll (op. 10 Nr. 2; RV 439); bemerkenswert ist dieses Werk nicht wegen seiner außermusikalischen Bezüge, sondern vor allem auch wegen der Auswirkungen, die diese außer auf Melodie und Ausdruck auch auf die formale Struktur haben. Die gewohnte 3teilige Form wird nämlich aufgegeben zugunsten einer überraschend vielteiligen Satzfolge, der überdies noch Detailüberschriften beigefügt werden. So scheint das eröffnende *Largo* im kontinuierlichen Decrescendo das Einschlafen auszumalen; darauf folgt – mit *»Fantasmi«* überschrieben – so etwas wie eine Folge von drei kontrastierenden Träumen (Presto – Largo –Presto). Am Ende steht *»Il sonno«* (»Der Schlaf«), dessen Schlußabschnitt (*Allegro*) allerdings unerwartete Lebhaftigkeit vorführt. Daneben gibt es ein zweites Konzert **»La notte«** (B-Dur), nämlich für Fagott (RV 501), das im musikalischen Material eng mit seinem Schwesterwerk verwandt ist. Auch **»La tempesta di mare«** – den »Seesturm« – gibt es mehrmals: als **Violinkonzert op. 8 Nr. 5 Es-Dur** (RV 253) sowie als **Flötenkonzert op. 10 Nr. 1 F-Dur** (RV 433). Einige Konzerte erhielten ihre Namen als Bezug auf bestimmte assoziative Motive, die an Vogelstimmen erinnern, wie die beiden **Violinkonzerte in A-Dur »Der Kuckuck«** (RV 335) und **»Die Nachtigall«** (RV 335a). Mit Instrumentaleffekten spielt **»Das Posthorn«**, ebenfalls ein Violinkonzert (B-Dur, RV 363); das **Violinkonzert op. 8 Nr. 7 d-Moll** (RV 242) heißt **»Die Jagd«**.

Eine weitere Gruppe von Konzerten trägt Bezeichnungen, die eher abstrakt erscheinen und ganz allgemein Stimmungen markieren, die nicht in jedem Fall in der Musik wiedererkannt werden können, etwa **»Die Zurückgezogenheit«** (RV 256 und 294) oder **»Der Liebhaber«** (RV 271).

Vivaldis **op. 3** entstand zwischen 1712 und 1715 und wurde unter dem Titel **»L'estro armonico«** (»Die harmonische Laune«) veröffentlicht. Die Konzerte wurden rasch populär und blieben es bis heute; J. S. Bach bearbeitete 6 von ihnen. Unter der Bezeichnung Concerti grossi verbergen sich Werke unterschiedlicher Besetzung und unterschiedlichen Charakters: es gibt je 4 Solo- und Doppelkonzerte für Violine und Streicher mit Basso continuo sowie 4 Konzerte für 4 Violinen. Manches, auch in der Satzfolge, steht dem Corellischen Concerto grosso nahe; demgegenüber gibt es reine 3sätzige Violinkonzerte wie das allen Violinschülern geläufige **a-Moll-Konzert** (RV 356), in dem 2 schnelle Sätze ein empfindsames Largo einrahmen.

Es handelt sich hier um ein sehr frühes Dokument gelungener pädagogischer Musik: über dem kaum vermeidbaren Abnützungseffekt der ständigen Wiederaufführung wird allzu leicht übersehen, wie virtuos und originell Vivaldi gerade in diesem Konzert die typische 3sätzige Struktur bewältigt. So erscheint das Tutti-Ritornell im 1. *Allegro* jedesmal phantasievoll variiert, und auch die Solo-Stimme beteiligt sich konstruktiv am motivischen Spiel, das sich immer wieder aus dem bekannten Hauptthema ableitet.

Das *Largo* ist eine deklamierende Gesangsszene, die sich bis zu beträchtlicher Erregung steigert.
Neben diesem »modernen« Solo-Konzert stehen im op. 3 einige Werke, die schon von ihrer Besetzung her deutlich an den Concerto-grosso-Typus erinnern. So tritt in **Nr. 1 D-Dur** (RV 549) zu den 4 Solo-Violinen partiell noch ein Solo-Cello; das zentrale h-Moll-*Largo* beeindruckt durch sein lastendes, chromatisch in die Tiefe sinkendes Unisono-Thema. Und **Nr. 4 e-Moll** (RV 550) unterstreicht zusätzlich auch in seiner Viersätzigkeit den Concerto-grosso-Charakter. Unter den Doppelkonzerten sticht besonders **Nr. 8 a-Moll** (RV 522) hervor, das im ausgefeilten Mit- und Gegeneinander der beiden Solo-Stimmen und des Orchesters ein echtes Konzert ist; auch hier wird der langsame Satz (*Larghetto*, d-Moll) zum tiefernsten Mittelpunkt, mit hochexpressivem Solo-Duett und einem kurzen einprägsamen Ostinato-Motiv, das den Satz einrahmt und im Satzverlauf immer wieder, nur in den höheren Streichern, kontrapunktiert.

Besonders eindringlich, dabei eher im alten Corelli-Stil gehalten, ist schließlich auch **Nr. 11 d-Moll** (RV 565), in dem wiederum die beiden Solo-Violinen durch ein Solo-Cello zum traditionellen Concertino ergänzt werden. Ungewöhnlich originell ist der *Kopfsatz*, in dem nach 20 gleichsam präludierenden, die Tonart festigenden Takten eine Fuge beginnt.

Auch die 12 Violinkonzerte **op. 4** stehen in manchen Details zwischen Concerto grosso und Solo-Konzert neuer Prägung. So tritt der Solo-Violine gelegentlich eine zweite zur Seite; die Satzfolge ist noch nicht »standardisiert«, sondern wechselt manchmal recht sprunghaft wie etwa im Kopfsatz des Konzerts **Nr. 8 d-Moll** (RV 383a). Op. 4 steht unter dem rätselhaften Gesamttitel **»La stravaganza«** – es findet sich in dieser Musik zwar manches überraschende, phantasievolle Detail, doch insgesamt »extravagant« ist sie zweifellos nicht.
Wesentlich später, nämlich zwischen 1716 und 1721, sind die 6 Violinkonzerte **op. 6** entstanden; sie sind in ihrer Gesamtkonzeption dem op. 4 verwandt, dabei durchweg 3sätzig. Gleiches, auch bezüglich der Entstehungszeit, gilt für die unmittelbar folgenden 12 Konzerte **op. 7**, unter denen allerdings 2 Oboenkonzerte sind. Auffällig an ihnen ist der ziemlich sparsame Einsatz der Solo-Oboe, was auf eine besonders frühe Entstehungszeit der Werke hindeutet; manche Forscher haben auch Vivaldis Urheberschaft angezweifelt. Darüber hinaus gibt es im op. 7 eine Reihe von Sätzen, die auch in anderen Fassungen vorliegen, wobei nicht bekannt ist, ob diese Varianten früher oder später entstanden sind.
Die 12 Violinkonzerte **op. 8** sind zwischen 1700 und 1721 entstanden; die Sammlung trägt den verheißungsvollen Titel **»Il cimento dell'armonia e dell'inventione«**, der als kräftige Werbung aufgefaßt werden darf, indem er einen »Höhepunkt in Harmonie und Erfindung« ankündigt. Als Besonderheit sind hier die ersten 7 Konzerte programmatisch gekennzeichnet, und der angezeigte besondere Höhepunkt findet sich auch sogleich in den ersten 4 Werken, den berühmten **»Vier Jahreszeiten«**-Konzerten für Violine, Streicher und Basso continuo.
Das Besondere an diesen Werken ist jedoch weniger ihre Beziehung zu einem Programm als vielmehr die Art, in der es verwirklicht wird. So stellte Vivaldi jedem der 4 Konzerte ein Sonett voran, dessen einzelne Zeilen in der Partitur wieder auftauchen und so eine zweifelsfreie Zuordnung von Programm und Musik bewirken. Die Herkunft der Sonette ist bis heute nicht geklärt; viel spricht dafür, daß sie vom Komponisten selber verfaßt wurden. Zugrunde liegt allen 4 Konzerten die typische 3sätzige Konzertform mit ihrem klar gliedernden Ritornell-Prinzip vor allem in den schnellen Ecksätzen; bemerkenswert und eminent zukunftsträchtig im Sinne der Pro-

grammusik ist jedoch die Tatsache, daß diese außermusikalischen Zwischentitel immer wieder zu besonderen Freiheiten im Umgang mit der zugrunde liegenden Form führen, zu kleinen, aber in jedem Fall auffälligen Besonderheiten der Struktur.

Konzert Nr. 1 E-Dur (RV 269) **»Der Frühling«** gibt in seinem 1. *Allegro* ein Stimmungsbild des nahenden Frühlings, zunächst symbolisiert im markanten Ritornell-Thema, das verändert und verkürzt 5mal erklingt. Dem Violin-Solo bleiben gleichsam die liebevollen Details vorbehalten: das Vogelgezwitscher oder auch später die Blitze, während die Tutti-Streicher die »murmelnden Quellen« oder auch das drohende Unwetter malen. Dem 1. Satz ist der größte Teil des Sonettes zugeordnet; dagegen bieten 2. und 3. Satz jeweils ein einzelnes Stimmungsbild: im cis-Moll-*Largo* singt die Violine dem schlafenden Hirten ein Schlummerlied, wobei die Violen hier den Baß vertreten und mit einem kurzen Rhythmus-Motiv ein verhaltenes Hundegebell markieren. Das Finale – *Allegro: Danza pastorale* – ist eine lieblich-ländliche Genreszene im Stil eines tänzerischen Siciliano.

Dieses Prinzip der gleichsam programmatischen Kopflastigkeit ist auch im folgenden **Konzert g-Moll** (RV 315) **»Der Sommer«** beibehalten und führt am Anfang zu einem farbigen, kaleidoskopartigen Gebilde wechselnder Stimmungen und Details, mit wechselnden Tempi und Taktvorschriften, wobei die lähmende Hitze des Sommertages wie ein Leitmotiv im zögernden *Andantino mosso* mehrfach wiederkehrt. Schmeichelnder Zephir und kalter Nordwind kontrastieren heftig, man hört den Kuckuck (Viola), Taube und Distelfink (Solo), und der wegen der Witterungsunbilden weinende Hirte singt sein Klagelied in der Violine zu verhangener Begleit-Chromatik. Auch der Mittelsatz ist aus heterogenen musikalischen Elementen zusammengefügt (*Adagio – Presto*), die innere Unruhe signalisieren angesichts drohender Plagen wie Unwetter und Ungeziefer. Blitz, Donner und Sturm brechen dann im Finalsatz (*Presto. Tempo impetuoso d'estate*) mit musikalischer Urgewalt herein und ergeben eine der frühesten klassischen Unwetter-Kompositionen.

»Der Herbst«, das **3. Konzert F-Dur** (RV 293), beginnt mit einem tänzerisch-derben »Erntedankfest« der Bauern, in dessen Verlauf die Wirkung des Weins drastisch hörbar wird: gegen Ende scheint die Solo-Violine zunächst das weinselige

Schwanken zu illustrieren, dann leitet sie über zur verklärten Schlaf- und Traumszene des folgenden *Adagio*-Satzes; seine zarten Sordino-Klänge lassen auf einmal das Continuo-Cembalo hörbar werden. Attacca folgt ein äußerst lebhaftes Jagd-Finale (*Allegro La caccia*), mit Hörnerklängen in den Ritornellen und abwechslungsreicher Schilderung der einzelnen Abenteuer im kontrastreichen Wechsel der Ritornelle mit den Solo-Passagen.

Der *Kopfsatz* des letzten **Konzertes f-Moll »Der Winter«** (RV 297) weicht am weitesten von der rondoartigen Ritornell-Form ab, weil er das Programm besonders sorgfältig nachzeichnet. Der packende Beginn mit seinen ostinat pochenden Dissonanzklängen malt eindrucksvoll die in Kälte erstarrte Welt; Zähneklappern, eisige Winde, Fußestampfen – alle Einzelheiten werden drastisch hörbar gemacht und fügen sich zu einem ungemein originellen Naturgemälde von höchster Ausdruckskraft. Um so friedlicher klingt danach die häusliche Szene am Kamin mit ihren schmeichelnden Violinfiguren zu den Pizzicato-Regentropfen der Streicher (*Largo*). Überraschend detailreich ist das Programm des *Finalsatzes*, der gleichsam eine tänzerische Studie über Lust und Leid des Eislaufens ist: in sinnfällig kreisenden Sechzehntel-Figuren, die hin und wieder zögernd – aus Angst vor Stürzen – und hektisch – wenn das Eis bricht – unterbrochen werden (*Allegro*).

Vivaldis **op. 9** von 1727 enthält wiederum 12 Violinkonzerte, davon ein **Doppelkonzert Nr. 9 B-Dur** (RV 530); ihr gemeinsamer Titel **»La cetra«** bedeutet »Die Leier« und war ein seinerzeit üblicher Name für Sammlungen. Darunter befinden sich zwei Kompositionen, in denen die »Scordatura« für das Solo-Instrument vorgeschrieben ist (**Nr. 6** und **12**, RV 348, 391): hier müssen zwei (verschiedene) Saiten um einen Ton herauf- bzw. heruntergestimmt werden; auf diese Weise ergeben sich zusätzliche Akkordgriffe auf dem Instrument. Alle Konzerte folgen dem 3sätzigen Modell; allerdings ist dem Kopfsatz von **Nr. 5 a-Moll** (RV 358) eine Adagio-Einleitung vorangestellt.

Op. 10 umfaßt 6 Konzerte für die Traversflöte (um 1728). Nach heutigem Wissensstand sind alle Kompositionen außer Nr. 4 Eigenbearbeitungen anderer Konzerte. Darunter befinden sich im übrigen einige »Concerti con titoli«, so Versionen von **»La tempesta di mare« (Nr. 1 F-Dur**, RV 433), **»La notte«**

(**Nr. 2 g-Moll**, RV 439), **»Il gardellino«** (»Der Distelfink«, **Nr. 3 D-Dur**, RV 428). Wohl im Jahr darauf, 1729, entstanden die beiden Sammlungen op. 11 und 12, die wie op. 10 von einem Amsterdamer Verleger, möglicherweise ohne Zustimmung und Kontrolle Vivaldis, herausgebracht wurden. **Op. 11** umfaßt 6 Konzerte für Violine (oder Oboe: Nr. 6); in **op. 12** umschließen 5 Violinkonzerte ein reines Streicherconcerto; alle Werke außer Nr. 4 (RV 173, 4sätzig) sind 3sätzig.

Unter den zahlreichen übrigen Konzerten Vivaldis gibt es in unterschiedlicher Häufigkeit Kompositionen für alle wichtigen Instrumente mit Streichern und Basso continuo. Besonders hervorzuheben sind gewiß die Konzerte für Viola d'amore, jenes 6saitige Instrument, das Vivaldi selber unterrichtete und dessen spezifischer Klang u. a. durch die mitschwingenden Aliquotsaiten hervorgerufen wird. In einem der Konzerte (**d-Moll**, RV 540) wird im Orchester eine Laute eingesetzt. Die immerhin 27 Konzerte für Violoncello sind ein wichtiger Beitrag zum Repertoire aller Cellovirtuosen, die im Vergleich zur Violine ja mit einem wesentlich bescheideneren Vorrat an Solo-Konzerten leben müssen. Bemerkenswert ist die Tatsache, daß die technischen Anforderungen an den Solisten äußerst vielfältig, anspruchsvoll und auch zukunftweisend sind, mit Ausnahme allerdings der sogenannten **»Wiesentheid-Konzerte«**: hier handelt es sich um 8 Werke, die ein venezianischer Händler an einen der deutschen Grafen Schönborn zu Wiesentheid vermittelte, einen Cello spielenden Dilettanten.

Einigen der 20 Oboenkonzerte hingegen merkt man an manchen Figuren und Wendungen an, daß sie ursprünglich für Violine entstanden waren; dennoch bieten sie reizvoll virtuose Aufgaben. Dies gilt in noch höherem Maße für die 39 Fagottkonzerte, die für dieses Instrument, historisch betrachtet, recht eigentlich den Durchbruch zum ernsthaften Solo-Instrument bedeuten. Unter ihnen ist besonders das 5sätzige Konzert **B-Dur »Die Nacht«** (RV 501) hervorzuheben. Im Falle der Flöte berücksichtigte Vivaldi mehrere verschiedene Gattungen: so gibt es neben 2 Konzerten für Blockflöte eine größere Anzahl für Traversflöte (u. a. in op. 10), ferner 3 Konzerte für »Flautino«, womit aller Wahrscheinlichkeit nach das Sopranino gemeint ist.

Einen besonderen Farbakzent in der langen Konzertreihe bedeuten natürlich die Werke mit Zupfinstrumenten (Laute,

Mandoline), so das **Doppelkonzert für 2 Mandolinen G-Dur** (RV 532) oder die 4 Werke für **Violine und Laute**, von denen 2 (RV 82, 83) als »Trio« bezeichnet sind. Heute werden diese Kompositionen gern auf der Gitarre ausgeführt.
Unter den zahlreichen Konzerten mit mehreren Solo-Instrumenten gibt es manche Besonderheit; hervorzuheben ist der mehrfache Einsatz von Theorben und, in RV 558 u. a. neben Blockflöten und Mandolinen, einer Baßlaute; beachtliche Virtuosität wird von den beiden Hornisten im Konzert **F-Dur** (RV 538) verlangt. Schließlich gibt es noch in 6 Konzerten die ungewöhnliche Besetzung von Violine und Orgel, in denen die beiden Solo-Instrumente sehr individuell und instrumententypisch voneinander abgehoben werden. Und wie wach Vivaldi die Entwicklung auf dem »Instrumentenmarkt« insgesamt beobachtete, zeigt sich am frühen, wenn auch vereinzelten Einsatz zweier Klarinetten (RV 559).

Francesco Manfredini (1684–1762) aus Pistoia war Schüler von Torelli, unter anderem Mitglied der Accademia filarmonica in Bologna und wirkte auch eine Zeitlang am Hof in München. Er hinterließ ein relativ schmales Lebenswerk. Darunter befindet sich auch eine Sammlung von 12 *Concerti grossi* (op. 3), unter denen auch 3 Violinkonzerte und 3 Doppelkonzerte für 2 Violinen eingereiht sind. Am berühmtesten wurde das sogenannte *»Weihnachtskonzert« Nr. 12 C-Dur*, das 3sätzig ist: zu Beginn steht ein sicilianohaftes 6/8-Largo als weihnachtlich-pastoraler Satz von großer melodischer Schönheit. Neben einem *Konzert für Violine und Oboe* sowie einem *Violinkonzert* wurde besonders sein *Konzert B-Dur für 2 Trompeten* aus dem Jahr 1711 populär. Es ist 3sätzig, wobei die Trompeten im kurzen Largo schweigen und in den beiden rahmenden Allegro-Sätzen durch Solo-Violinen ergänzt werden.
Giuseppe Tartini (1692–1770) trat nicht nur als Instrumentalist und Komponist, sondern auch als Autor musiktheoretischer Schriften hervor. Bis zu einer Verletzung 1740 unternahm er als gefeierter Geiger große Konzertreisen. Er veröffentlichte 18 *Concerti op. 1* in 3 Bänden, 6 *Concerti op. 2* sowie 2 weitere einzelne Concerti, dazu neben 2 *Flötenkonzerten* und je einem *Viola-* und *Violoncellokonzert* nicht weniger als 135 *Violinkonzerte*.
In seinen Konzerten steht er in der Nachfolge Vivaldis, dessen

3sätzigen Typus er übernahm. Kennzeichen seiner Musik ist ein eigenwilliger, bisweilen das Bizarre streifender Stil voll überraschender harmonischer Wendungen und virtuoser Aufgaben für den Solisten. Häufig stehen Verszeilen zu Beginn seiner Konzerte, die poetisierende Hinweise auf den Affektgehalt der Musik vermitteln sollen. In seinen späteren Werken nähert sich sein Stil der Frühklassik und entfernt sich zugleich von den barocken Vorbildern.

LEONARDO LEO (1694–1744) wirkte in Neapel und war ein Meister der Opera buffa. Daneben hinterließ er 4 *Violinkonzerte* und bereicherte vor allem die Literatur für *Cello* um 6 Konzerte, neben Vivaldi als Pionier dieser Gattung. Diese Konzerte sind alle, bis auf das sogar 5sätzige *D-Dur-Konzert*, im Gegensatz zur Praxis der Zeit 4sätzig und zeichnen sich durch ein hohes Maß an Virtuosität und vielseitige melodische Phantasie aus.

PIETRO ANTONIO LOCATELLI (1695–1764) wurde ebenfalls als violinspielender Komponist berühmt und war möglicherweise Schüler Corellis. Nach Tätigkeit in Mantua ließ er sich 1729 in Amsterdam nieder, wo er auch starb. Wie Tartini war er einer der großen Neuerer der Violintechnik und demonstrierte seine virtuosen Ideen exemplarisch in zahlreichen Kompositionen.

Neben einigen nicht gesicherten Sinfonien schrieb er mehrere Sammlungen von *Concerti grossi*, ein *Flötenkonzert* und 2 bis heute verschollene Violinkonzerte. In seinen Concerti stützte er sich auf das Vorbild Corellis und führte es phantasievoll weiter. So erweiterte er das Concertino um die Viola. Bemerkenswert sind seine 12 *Concerti op. 3 »L'Arte del violino«* mit 24 Capricci ad libitum, die als pädagogisches Kompendium anzusehen sind und voller Eigenwilligkeiten stecken. Das letzte der Konzerte trägt eine Überschrift: *»Il labirinto armonico. Facilis aditus, difficilis exitus«* – gemeint also als »harmonisches Labyrinth mit leichtem Beginn, aber kompliziertem Ende«.

GIUSEPPE SAMMARTINI (1695–1750) wirkte seit 1728 als Oboist in London, wo er auch starb. Er gilt wie Händel durchaus als englischer Komponist und hinterließ ein äußerst umfangreiches Instrumentalwerk, darunter *Concerti grossi* in der Corelli- und Händel-Nachfolge, *Ouvertüren* und *Tänze*, *Cembalo-* und *Orgelkonzerte* sowie 3 *Flöten-* und 2 *Oboenkonzerte*. Als Neuerung führte er die Rondo-Form (s. S. 119) in seine Konzerte ein.

Sein jüngerer Bruder **Giovanni Battista Sammartini** (1700–75) war ebenfalls Oboist und Kapellmeister und prägte sehr nachhaltig das Mailänder Musikleben seiner Zeit. Zu seinen Schülern gehörte Gluck. Er komponierte neben 76 *Sinfonien* auch *Concerti grossi* sowie 2 *Flötenkonzerte*, 6 *Violinkonzerte* und ein *Konzert für Violoncello piccolo*, ferner 2 *Doppelkonzerte für 2 Violinen* und ein *Konzert für 2 Violinen und 2 Oboen*.

Sammartini markiert mit seinen zahlreichen Sinfonien bereits das Übergangsstadium zur Klassik. Sie sind in der Regel 3sätzig und stehen in der Frühphase noch deutlich barocken Gattungen wie Ouvertüre und Concerto nahe. Charakteristisch wird sehr bald die voll ausgeprägte Form des Sonatensatzes (s. S. 116 ff.) mit Exposition, Durchführung und Reprise. Im Orchester erweitert sich die Besetzung von der anfänglichen kleinen Streichergruppe allmählich um Oboen und Hörner. Als Finale erklingt häufig ein ruhiges Menuett. Nicht zuletzt in seiner melodischen Erfindungskraft weist Sammartini auf Mozart voraus, auch Haydns sinfonisches Schaffen ist kaum ohne seinen Einfluß denkbar. Sein *Konzert für Violoncello piccolo* ist nicht unbedingt eine einzelne historische Kuriosität, sondern steht innerhalb einer kleinen Traditionskette. Anzunehmen ist hier ein in Armhaltung gespieltes Instrument, das im Violinschlüssel notiert ist.

Baldassare Galuppi (1706–85) war Venezianer, wirkte u. a. in London, länger in seiner Heimatstadt und 1765–68 in St. Petersburg. Berühmt wurde er vor allem als Komponist von mehr als 90 Opern, schrieb jedoch wenige Instrumentalwerke, darunter eine Reihe von *Concerti (a quattro)*, die erkennbaren Einfluß auf die Entstehung des klassischen Streichquartetts ausgeübt haben.

Giovanni Battista Pergolesi (1710–36) gehört mit seinen 26 Lebensjahren zur prominenten Reihe frühverstorbener (frühvollendeter?) Komponisten wie Mozart und Schubert. Sein Ruhm basiert in erster Linie auf seinem Opernschaffen, als Meister der Opera buffa. Aufgrund seiner Popularität gibt es eine ganze Reihe von Werken, die fälschlich unter seinem Namen bekannt gemacht wurden. So wird Pergolesis Autorschaft bei den beiden *Flötenkonzerten in G-Dur* und *D-Dur* angezweifelt, während ein *Violinkonzert* und ein *Konzert für 2 Cembali* gesichert sein dürften. Nach wie vor unter seinem Namen werden die 6 *Concerti armonici* aufgeführt, obwohl in-

zwischen als gesichert gelten kann, das sie von dem sonst völlig unbekannten Niederländer Unico Wilhelm van Wassenaer (1692–1766) stammen. Diese ungemein originellen und klanglich reizvollen Werke fallen durch ihre Besetzung mit 4 chorischen Violinstimmen auf und zeichnen sich durch ihre Viersätzigkeit nach dem Muster der Kirchensonate aus. Stilistisch stehen sie zwischen bewährter barocker Tradition und Ausblicken auf die Frühklassik. Dem Vorbild Vivaldis folgt Pergolesis einziges *Violinkonzert in B-Dur.*
Pietro Nardini (1722–93), der in seiner Heimatstadt Livorno als Geiger und Komponist tätig war, wirkte später in Dresden und Stuttgart und folgte schließlich einem Ruf als großherzoglicher Konzertmeister nach Florenz. Nardini steht in der Tradition seines Lehrers Tartini, den er in Padua bis zu dessen Tod pflegte; er komponierte neben 2 *Ouvertüren* insgesamt 16 *Violinkonzerte*, die seinen Ruf als eines Meisters seines Instrumentes in Europa verbreiten halfen. Stilistisch vermitteln sie zwischen Tartini und der sich ankündigenden Frühklassik, sind allerdings nicht so originell gehalten wie die Werke seines Lehrers. Mit ihrer eher unaufwendigen Virtuosität und Verinnerlichung sind sie nicht zuletzt für Mozart zum Vorbild geworden. – In der Tradition der italienischen Violinmeister folgte ihm **Giulio Gaetano Pugnani** (1731–98).

Frankreich

Hier ist zunächst **François Couperin** (1668–1733) zu nennen, der es zum königlichen Musiklehrer brachte und von Ludwig XIV. zum Hoforganisten ernannt wurde. Stilistisch orientierte er sich anfänglich an italienischen Vorbildern und hier besonders an Corelli. Berühmt wurden vor allem seine Cembalowerke mit ihren zahlreichen programmatischen Überschriften, daneben größere und kleinere Vokalwerke sowie eine Reihe von Instrumentalkompositionen, bei denen jedoch die Grenzen zwischen kammermusikalischer und orchestraler Besetzung, dem Stil der Zeit entsprechend, nicht immer exakt zu ziehen sind.
Ihm folgte **Jean-Philippe Rameau** (1683–1764) nach, der ebenfalls als Cembalomeister berühmt wurde, aber auch als Opernkomponist sowie als Theoretiker wirkte. Auch er lernte u. a. in Italien und lebte ab 1722 in Paris, wo er schließlich erst 1732 eine Anstellung als Organist fand. Seine Veröffentli-

chung *Traité de l'harmonie* fand große Beachtung; an den Pionier der Harmonielehre erinnert bis heute der »Rameausche Quintsextakkord«. Von Rameau sind insgesamt 16 *Orchestersuiten* bekannt, die alle programmatische Titel tragen (überwiegend mythologische Namen). In ihnen dokumentiert sich seine eigenwillige Orchesterbehandlung, die nicht mit besonderen Effekten wie Tremoli und großen Intervallsprüngen geizt; in manchen ihrer Sätze mögen sie als legitime Vorläufer der Programmusik kommender Epochen gelten. Solche Suiten waren im übrigen häufig nachträgliche Zusammenstellungen von Instrumentalsätzen aus Opern.

Jean-Marie Leclair (1697–1764) stammt aus Lyon, lernte in Italien und konzertierte ab 1728 von Paris aus. Nach einem Intermezzo in den Niederlanden kehrte er nach Paris zurück, wo er im Alter von 67 Jahren einem Mordanschlag zum Opfer fiel. Mit seinen je 6 *Violinkonzerten op. 7* und *10* steht er am Beginn der Tradition des französischen Violinkonzertes. Mit diesen Konzerten führte Leclair die Form des italienischen Solo-Konzertes nach dem Muster Vivaldis in Frankreich ein und bereicherte sie um einen eigenen Tonfall. Seine ausgeprägte Virtuosität ist ein gewichtiger Beitrag zur Weiterentwicklung der Violintechnik. Seine Konzerte sind in der Regel 3sätzig, mit einer gesangvollen Air in der Mitte sowie 2 bewegten, im Finale häufig tänzerisch ausgeprägten Rahmensätzen. Kennzeichnend ist die eingängige Melodik und eine Harmonik, die bisweilen auch chromatisch gefärbt sein kann.

England

Neben mehreren in England wirkenden Ausländern wie Georg Friedrich Händel oder Giuseppe Sammartini ist zunächst **Charles Avison** (1709–70) zu nennen, der u. a. bei Geminiani in London lernte. Berühmt wurde er als Komponist wichtiger Instrumentalwerke und gleichermaßen als Musikschriftsteller. Für die Verbreitung französischer und vor allem italienischer Musik sorgte er nicht zuletzt durch eine Reihe von Bearbeitungen, etwa die *Concerti grossi* von 1744, in denen er jeweils mehrere Sonaten Scarlattis für Orchester setzte. Daneben komponierte er etwa 60 Concerti grossi von eher konservativem Stil.

William Boyce (1711–79) gilt als wichtigster Komponist des späten englischen Barock, war Organist und stand in königlichen Diensten. Seine *Sinfonien op. 2* entstammen dem Zeitraum zwischen 1735 und 1760, wobei die älteren Titel der Sammlung (Nr. 5–8) im Stil auf Händel verweisen, während die neueren (Nr. 1–4) in der Tradition der italienischen Ouvertüre stehen. Dreisätzigkeit ist die Regel, die Besetzung auf der Basis von Generalbaß und Streichern bezieht wechselnd Holzbläser, Blech und auch Pauken mit ein.

Deutschland und Österreich

Nach Pachelbel geht es in der Chronologie der deutschsprachigen Komponisten weiter mit **Johann Joseph Fux** (1660–1741), der aus der Steiermark stammt und in Wien starb. Fux war in Wien Hofkapellmeister und Hofkomponist. Berühmt wurde er vor allem mit Opern und geistlicher Musik. Sein *Gradus ad parnassum* über die Kontrapunktik war ein wichtiges theoretisches Werk, das weit über das Jahrhundert hinaus von Bedeutung blieb.

Sein instrumentales Hauptwerk *Concentus musico-instrumentalis* entstand bis zur Jahrhundertwende und war aus mehreren zyklischen Kompositionen zusammengesetzt: die eröffnende, aus 17 Teilen zusammengefügte *Serenade à 8* gliedert sich in 3 tonartlich geschlossene Suiten, von denen die erste und letzte den festlichen Glanz der Trompeten einbezieht, während die mittlere als Französische Ouvertüre in die Paralleltonart ausweicht. Es folgt eine *Sinfonia in B-Dur*, deren krönender Abschluß eine ausgedehnte Ciacona ist. 4 selbständige Ouvertüren schließen sich an, gegliedert je in die eigentliche Ouvertüre und einige charakteristische Tanzsätze, weitgehend in Streicherbesetzung. Als Finale gibt es eine Triosonate (*Sinfonia F-Dur*) für Flöte, Oboe und Generalbaß. Gewidmet ist das umfangreiche Werk dem Kaiser Joseph I.

Der aus Böhmen stammende **Johann Caspar Ferdinand Fischer** (1662–1746) war beim badischen Markgrafen in Rastatt als Kapellmeister angestellt. Neben Opern schrieb er Instrumentalkompositionen, häufig für Tasteninstrumente, aber auch für Orchester. Hier wurde sein *Journal du printemps* besonders berühmt, in dem er stilistisch dem Vorbild Lullys folgt. Das Sammelwerk besteht aus einer Folge von 8 selbständigen Suiten, die jeweils mit einer Ouvertüre beginnen und zwischen 3 und 7 Sätze anschließen. Der Stil der Musik ist elegant und abwechslungsreich, dabei vorwiegend homophon ohne polyphone Gelehrsamkeit. Die beiden Rahmensuiten werden vom instrumentalen Glanz eines Trompetenpaares herausgehoben; das Streicherensemble besteht ungewöhnlicherweise aus 5 Stimmen, von denen die zweitunterste von einer Bratsche in Übergröße (Viola tenore) ausgeführt wurde.

Georg Philipp Telemann

* 14. März 1681 in Magdeburg
† 25. Juni 1767 in Hamburg

Nach einem unvollendeten Jurastudium wandte sich Telemann der Musik zu und trat bald als Operndirektor in Leipzig an die Öffentlichkeit, wo er auch mit seinem selbstgegründeten Collegium musicum Erfolge erzielte. Über Sorau, Eisenach und Frankfurt gelangte er nach Hamburg, wo er Kantor und Musikdirektor der fünf Hauptkirchen wurde und die Leitung der Oper am Gänsemarkt übernahm. Wie bei anderen Meistern seiner Zeit ist die Trennungslinie zwischen seiner Kammer- und Orchestermusik oft nicht deutlich, da chorische oder solistische Besetzung von den aktuellen Umständen abhingen, nicht jedoch immer von der Werkstruktur.

Als heute verfügbare Orchesterwerke sind zu nennen: 67 Orchestersuiten, 18 Solo-Konzertsuiten für je ein Solo-Instrument, Streicher und Generalbaß, 44 Konzertsuiten für doppelte bis mehrfache gleichartige oder gemischte Solo-Instrumente mit Begleitung; 44 Solo-Konzerte für Flöte, Oboe, Oboe d'amore, Trompete, Corno da caccia, Violine und Viola; 21 Doppelkonzerte für gleiche oder gemischte Solo-Besetzung, 22 Solo-Konzerte für mehr als 2 Solisten für Bläser und Streicher getrennt oder gemischt; 8 Concerti grossi.

Telemann steht heute zu Unrecht im Schatten seines Zeitgenossen J. S. Bach, den er zu Lebzeiten an Popularität und Ruhm überflügelte: Es ist bekannt, daß man in Leipzig Bach erst dann zum Thomaskantor berief, als Telemann abgesagt hatte. Im historischen Rückblick aber ist die Parallelität dieser beiden bedeutenden Komponisten besonders faszinierend und symptomatisch für die Vielseitigkeit dieser Epoche. Der

Ruf eines Vielschreibers unterhaltender, aber nicht allzu schwergewichtiger Kompositionen, der Telemann immer noch anhaftet, ist ungerecht und unhaltbar. Richtig ist vielmehr, daß er, anders als Bach, ein gewisses Maß an weltgewandter Leichtigkeit und Aufgeschlossenheit gegenüber allen modischen Strömungen besaß; er war in allen Bereichen und Gattungen zu Hause und verstand es wie kaum ein anderer, Tradition und Fortschritt miteinander zu verbinden. Stärker auch als Bach neigte er dem spielerischen, unterhaltenden Moment in der Musik zu, wobei man sich sehr bewußt sein muß, daß das Wort »Unterhaltungsmusik« erst in unseren Tagen einen negativen Beigeschmack erhalten hat. Vergleichbar mit Haydn hinterließ er eine schier unübersehbare Flut unterschiedlichster Kompositionen; in ihnen versammeln sich die überlieferten und in den führenden Musiknationen Europas gepflegten Formen und Stilmerkmale und führen zu Klängen, die dennoch kaum als epigonal oder eklektizistisch zu bezeichnen sind, weil Telemanns unverwechselbar eigener Tonfall immer erkennbar bleibt. Und anders als bei Bach, ähnlich wie bei Haydn, ist sein Personalstil immer nach vorn gerichtet und oft zukunftweisend; in ihm kündigt sich unüberhörbar der neue Stil des Galanten und Empfindsamen an – sogar Vorläufer des klassischen Sonatensatzes finden sich hier schon; in einigen Stücken fehlt der gewohnte Generalbaß, was damals wiederum gar nicht so neu war. Insgesamt gesehen, ist Telemann viel eher ein echter Zeitgenosse des 18. Jh. und damit des Überganges vom Barock zur Klassik als J. S. Bach.

Angesichts der schier unübersehbaren Fülle der Orchesterwerke Telemanns kann hier nur exemplarisch auswählend vorgegangen werden. Uns kommt dabei zu Hilfe, daß die Typisierung der einzelnen Gattungen zu jener Zeit weit fortgeschritten war, so daß vieles einmal Gesagte leicht übertragbar ist. Verständnisprobleme wirft die Musik Telemanns ohnehin nicht auf, denn sie ist stets von großer melodischer Eingängigkeit und formaler Übersichtlichkeit und Logik geprägt. Dabei ist die Vielseitigkeit des Ausdrucksgehaltes beeindruckend, den ganzen Radius zwischen Melancholie und Empfindsamkeit, Kraft und Temperament abschreitend. Insgesamt ist Telemanns Kompositionsstil nicht mit dem Klischee »Barock« zu fassen; er ist vielmehr ein eminent wichtiges Bindeglied zwischen dem Generalbaßzeitalter und dem Zeitalter der Empfindsamkeit, des Sturm und Drang. Seine Instrumentation ist farbig und kenntnisreich, dabei immer exakt auf die technischen Fähigkeiten oder Grenzen der jeweiligen Auftraggeber zugeschnitten.

Telemanns Ouvertürensuiten entstanden, wie auch seine übrigen Instrumentalkonzerte, jeweils im Auftrag seiner unterschiedlichen Dienstherren an verschiedenen Orten. Daraus resultiert auch ihre abwechslungsreiche Besetzungsvielfalt zwischen reinem Streichersatz und den verschiedensten Bläsererweiterungen. Stilistisch orientierte er sich am Vorbild der Französischen Ouvertüre Lullys, mit einer pompösen 3teiligen Reprisenform zu Beginn (langsam – schnell – langsam) und ihren charakteristischen Merkmalen des punktierten Rhythmus in den Rahmenteilen sowie des schnellen fugierten Mittelteils. Dieser Einleitung folgen in phantasievoll-abwechslungsreicher Reihung die Tanzsätze, ebenfalls überwiegend dem französischen Vorbild nachgestaltet. Unter den Suiten gibt es auch einige programmatische Ansätze, etwa in der **»Burlesque de Quixotte«** (TWV* 55/G10), die bisweilen parodistisch auf Personen und Situationen aus Cervantes' *Don Quijote*-Roman bezogen sind; oder in der Suite **»La Bizarre«** (TWV 55/G2), die in einer Reihe von charakteristischen Sätzen das Element des Bizarren in der Musik illustriert.
Die **»Wasser-Ouvertüre«** (TWV 55/C3) von 1723 entstand als Tafelmusik für das Hamburger Admiralitäts-Kollegium, bekannt auch unter dem Titel **»Hamburger Ebb und Fluth«**, und ist in ihrer Folge von 10 Sätzen ebenfalls ein Dokument früher und sehr subtiler »Programmusik«.
Unter den ebenfalls zahlreichen Instrumentalkonzerten Telemanns sind einige schon allein aufgrund ihrer Solo-Instrumente populär geworden, weil sie jeweils das bisweilen schmale Repertoire um das eine oder andere dankbare Exemplar bereichern. So gesehen, füllt das bekannte **Violakonzert G-Dur** mit seinen 4 Sätzen eine Lücke; es ist möglicherweise das älteste Violakonzert überhaupt. Es folgt dem Muster der Kirchensonate mit alternierend 2 langsamen und 2 schnellen Sätzen und orientiert sich an der Ritornell-Gliederung Vivaldis. Am bedeutendsten ist wohl sein *Presto-Finale*, das vermittelnd zwischen Konzertsatz und Sonatenansätzen steht.
Unter den Violinkonzerten sticht wiederum das 7sätzige

* *Telemann-Werkverzeichnis. Instrumentalwerke*, 2 Bde., hrsg. von Martin Ruhnke, Kassel [u. a.] 1984–92.

Konzert F-Dur hervor; seine Orchesterbesetzung ist besonders reich mit je 2 Flöten, 2 Oboen, 2 Hörnern und Pauken, und sein Solo-Part ist überraschend virtuos und glanzvoll gehalten. Mit diesem Werk nähert Telemann die Konzertform zugleich der ouvertürenhaften Reihung an. Exotischen Charakter hat der 2. Satz *»Corsicana«*, dessen Mittelabschnitt mit seiner Pizzicato-Begleitung und seiner intervallisch gespreizten Solo-Führung möglicherweise Bezug nimmt auf die Überschrift. Die 7gliedrige zyklische Form ist in diesem Werk überdies durch unterschwellige motivische Querverbindungen verknüpft. Das **Violinkonzert B-Dur** von 1719, bekannt als **»Pisendel-Konzert«**, ist dem befreundeten Geiger Johann Georg Pisendel gewidmet.

Unter den Bläserkonzerten ist dasjenige für **Oboe, Streicher und Generalbaß c-Moll**, wohl 1743 entstanden und erst 1974 wieder aufgetaucht, wie eine Kirchensonate 4sätzig und bei aller konzentrierten Kürze ein überaus dankbares Werk. Ihm zur Seite steht ein **Konzert A-Dur** für die selten solistisch eingesetzte **Oboe d'amore**, das ebenfalls 4sätzig ist – ein intimes Werk, dessen pastoraler Charakter sowohl im eröffnenden $^{6}/_{8}$-*Soave* wie auch im $^{12}/_{8}$-Finalsatz (*Presto*) besonders deutlich wird.

Eine wichtige und äußerst anregende Bereicherung der konzertanten Literatur bedeuten die Konzerte für mehrfache, oft phantasievoll gemischte Solo-Besetzungen. So ist das **Konzert für 2 Chalumeaux d-Moll** ein ganz frühes Dokument des gerade erst beginnenden Klarinettenzeitalters. Das Chalumeaux war ein noch sehr unvollkommener, im Tonvorrat äußerst begrenzter Vorläufer der Klarinette, den Telemann hier auch gleich in 4sätziger Folge erprobte. Sehr reizvoll ist auch die Kombination der beiden Flötentypen in einem **Doppelkonzert für Blockflöte und Querflöte e-Moll**, das wiederum 4sätzig ist und äußerst dankbare Aufgaben für die Solo-Partner bereitstellt. Ungewöhnlich ist auch die Kombination einer Querflöte mit einer Oboe d'amore und einer Viola d'amore im **Konzert E-Dur** – Dokument der vitalen Experimentierfreude des Komponisten, der eine ausgeprägte Lust an neuartigen Farbkombinationen besaß und sie phantasievoll konzertant erprobte (die Oboe d'amore war damals ein ganz neues Instrument).

Auch die Gruppe der Blechblasinstrumente wurde solistisch bedacht, sei es in einem festlich-repräsentativen **Konzert für 2**

Trompeten D-Dur oder in einem **Doppelkonzert für 2 Hörner D-Dur**, in dem Telemann geschickt mit dem schmalen Tonvorrat des ventillosen Naturinstrumentes umgeht; hier sind die beiden schnellen Sätze der italienischen Concerto-Form durch ein sehr kurzes Largo miteinander verknüpft.
Die berühmte 3teilige **»Tafelmusik«** stellte Telemann zur Matthäi-Mahlzeit des Senats 1724 zusammen. Das vielgliedrige Werk wurde in 3 Lieferungen zur Subskription angeboten und enthält neben einer Reihe von solistisch auszuführenden Soli, Trios und Quartetten als Rahmenteile auch einige Orchesterkompositionen: Jede Suite beginnt mit einer Ouvertürensuite, endet mit einer Conclusio und enthält in der Mitte ein oder mehrere Solo-Konzerte unterschiedlicher Besetzung.

Georg Friedrich Händel

* 23. Februar 1685 in Halle
† 14. April 1759 in London

Händel, der eigentlich Jurist werden sollte, erhielt aufgrund seiner außergewöhnlichen Begabung eine musikalische Ausbildung durch die Unterstützung des Herzogs von Sachsen-Weißenfels. 1720 übte er kurz das Amt eines Organisten aus, ging jedoch noch im gleichen Jahr als Geiger an das Opernhaus am Gänsemarkt in Hamburg und wurde dort bald auch »maestro al cembalo«. In Hamburg komponierte er seine ersten Opern und lernte berühmte Zeitgenossen (Mattheson, Keiser, Buxtehude) kennen.
Zwischen 1706 und 1709 hielt sich Händel an verschiedenen Orten in Italien auf. 1710 wurde er in Hannover beim Kurfürsten, dem künftigen König Georg I. von England, als Hofkapellmeister beschäftigt. Noch im gleichen Jahr war Händel zum ersten Mal in England, 1712 siedelte er endgültig nach London über. Nach seinem ersten bedeutenden Erfolg mit »Rinaldo« schuf er für das Theater am Haymarket eine Reihe von Opern. 1719 gründete er die Royal Academy of Music und leitete dieses Operninstitut bis 1728, als ihn finanzielle und künstlerische Probleme mit der Konkurrenz zur Aufgabe zwangen. 1727 wurde Händel englischer Staatsbürger. Seine letzten Lebensjahre waren von Krankheit – einem Schlag-

anfall 1737 und allmählicher Erblindung – gezeichnet, doch ließ seine Schaffenskraft bis zu seinem Tod nicht nach. Lediglich in den allerletzten Jahren zog sich der als größter englischer Komponist Gefeierte aus dem öffentlichen Leben zurück.

Orchesterwerke: Mehr als 24 Concerti, Suiten und Einzelsätze für Orchester, 24 Instrumentalkonzerte.

Händels große Orchesterwerke stellen den glanzvollen Abschluß der spätbarocken Instrumentalmusik dar. Ausgehend von italienischen Vorbildern wie Corelli und Vivaldi, komponierte er auf der überlieferten formalen Basis von Suite und Concerto grosso eine Fülle mehrsätziger Instrumentalwerke in wechselnden Orchesterbesetzungen, in denen er die strukturellen Vorgaben der zyklischen Formen nicht streng erfüllte, sondern sie phantasievoll variierte und bereicherte. Den Gewohnheiten seiner Zeit folgend, faßte er viele seiner Werke in Gruppen zu 6 oder 12 zusammen.

Concerti grossi

Unter der Opuszahl 3 werden 6 **Concerti grossi** (HWV* 312–317) zusammengefaßt, die seit ihrer Entstehung immer auch irreführend als Oboenkonzerte bezeichnet wurden, obwohl es sich eindeutig nicht um Solo-Konzerte handelt. Allerdings verfügen sie in ihrer Besetzung im Unterschied zu den Concerti op. 6 auch über Holzblasinstrumente, vor allem Oboen, aber auch Flöten und Fagotte. Die Forschung datiert diese Konzerte auf die Jahre vor 1734, vermutlich sogar vor 1720. Unklar ist auch das Zustandekommen der Sammlung, die der Londoner Verleger Walsh nach modischem italienischen Vorbild herausgab, wobei er allem Anschein nach zu diesem Zweck auf vorhandene verstreute Sätze aus der Feder Händels zurückgriff, die zum Teil als Zwischenaktmusiken für seine Opern vorgesehen waren. Wohl auch aus diesem Grund ist die Folge der einzelnen Sätze farbig und abwechslungsreich, dabei schwankt ihre Zahl zwischen 2 (Nr. 6) und 5 (Nr. 2 und 5).

Das 3sätzige **Concerto Nr. 1 B-Dur** gruppiert sich um ein zartes, klangsinnliches *Largo*; das **Concerto Nr. 2** in der gleichen Tonart ergänzt 2 Sätze, die Händel seiner eigenen Brockes-

* Händel-Werkverzeichnis. Numerierung nach: *Händel-Handbuch*, 4 Bde., hrsg. von Walter und Margret Eisen, Kassel [u. a.] 1978–86.

Passion entnahm, durch 3 weitere Teile im italienischen Stil. Das **3. Concerto G-Dur** ist eine Zusammenstellung des Verlegers, wobei der fugierte Schlußsatz sein Vorbild in einem Cembalosatz Händels hat. Das **4. Concerto F-Dur** ist Händels Oper *Amadigi* (1715) entnommen; das **5. Concerto d-Moll** endet, wie Nr. 3, in einer adaptierten Cembalofuge, während die übrigen Sätze Übernahmen aus Anthems sind. Das letzte (**6.**) **Concerto D-Dur** ist ungewöhnlicherweise nur 2sätzig. Während sein 1. *Vivace* aus der Oper *Ottone* (1723) stammt, basiert das abschließende *Allegro* auf einem Einfall, den Händel auch in seinem Orgelkonzert op. 7 Nr. 4 verwendet und der überdies auch in der Suite für Cembalo d-Moll wiederkehrt.
Die 12 **Concerti grossi op. 6** (HWV 319–330) entstanden 1739 in London und sind in ihrer Reihung wesentlich einheitlicher als die Concerti op. 3. Überdies sind sie in reiner Streicherbesetzung gehalten: dem 4stimmigen Streicher-Tutti (2 Violinen, Viola und Generalbaß mit Celli, Kontrabässen und Harmonie-Instrument) tritt im sogenannten Concertino eine 3stimmige Solo-Gruppe gegenüber (2 Violinen und Violoncello, jedoch ohne Viola). Formale Basis ist prinzipiell die 4sätzige Anlage der Sonata da chiesa (Kirchensonate) (langsam – schnell – langsam – schnell), die jedoch sehr häufig durch weitere Sätze angereichert wird: entweder durch einen zusätzlichen langsamen Satz oder auch unter dem Einfluß der Suite (Ouvertüre) durch eingefügte Tanzsätze wie die *Polonaise* (**Nr. 3**), die eröffnende *Ouvertüre* (**Nr. 5** und **10**), das *Menuett* (**Nr. 5** und **9**), die *Musette* (**Nr. 6**), eine *Hornpipe* (**Nr. 7**) oder eine *Gigue* zum Abschluß (**Nr. 9**). Ungemein vielgestaltig im Ausdruck sind in diesen Konzerten gerade die langsamen Sätze, in denen Händels eminente melodische Inspirationskraft zutage tritt, gekoppelt an seinen ausgeprägten Farbsinn im Umgang mit der reichen Streicherbesetzung, mit ihren vielfältig aufgefächerten und ineinander verzahnten Kombinationen. Dem gegenüber steht die kleinteilige Motivstruktur schneller Sätze, die oft fugiert durchgeführt werden und häufig sehr temperamentvoll und vital sind. Allen Concerti gemeinsam ist der Charakter einer im besten Sinn unterhaltenden, nie akademischen Tonsprache von bisweilen bemerkenswert kontrastierendem Charakter. Ihre thematische Erfindung ist dabei ungewöhnlich vielseitig, gelegentlich fast bizarr-parodistische Bereiche streifend. So setzt das *Allegro* des **7. Konzertes** mit einer sich beschleunigenden Tonrepetition ein,

während der ebenfalls fugierte *2. Satz* des **6. Konzertes** mit einem chromatisch gefärbten Thema beginnt:

Der fugierte *Schlußsatz* des **12. Konzertes** führt konsequent das Prinzip der Punktierung durch:

Daneben stehen wiederum Einfälle von geradezu volkstümlicher Eingängigkeit wie im *Schlußsatz* von **Nr. 10** oder die Trillerstudie im *vorletzten Satz* von **Nr. 5**:

Neben diesen beiden großen Sammlungen stehen noch einige einzelne größere Orchesterwerke, die aus unterschiedlichen Anlässen entstanden sind und auch unterschiedlich besetzt sind. So stammen die 3 **Concerti a due cori** (HWV 332–334) aus den Jahren zwischen 1746 und 1751 und stellen 2 Streichergruppen einander gegenüber. Im **1. Concerto B-Dur** (HWV 332) treten zu den beiden Chören als zusätzliche Farbreize je ein Oboenpaar und ein Fagott; in den beiden anderen Konzerten (beide **F-Dur**) gibt es im einen Chor 2 Oboen und Fagott, im anderen ein Hörnerpaar. Das 1. Konzert ist 7sätzig angelegt, mit einer eröffnenden *Ouvertüre* nach Suitenmuster und einem abschließenden *Menuett*. Die beiden anderen sind jeweils 6sätzig: das eine (HWV 333) beginnt mit einem mächtig im punktierten Rhythmus auftrumpfenden *Pomposo*, das zweite wiederum mit einer *Ouvertüre*. Die überwiegende Mehrzahl der Sätze entnahm Händel seinen Oratorien. In diesen Zusammenhang gehört auch das **Concerto C-Dur** (HWV 318) aus dem Jahr 1736; es trägt seinen Beinamen **»Alexander's Feast«**, weil es ursprünglich Bestandteil der gleichnamigen, 1736 von Händel vertonten Ode war.
Besonders populär wurden 2 weitere großangelegte Concerti nicht nur aufgrund ihrer jeweils phantasievoll-prächtigen Satzfolge, sondern auch wegen ihrer anekdotenhaften Entste-

hungsumstände. Sowohl *Wassermusik* als auch *Feuerwerksmusik* (HWV 351) sind sogenannte Freiluftkompositionen, entstanden aufgrund offizieller Anlässe für den englischen König und mit dementsprechendem festlichem Aufwand öffentlich aufgeführt. Die **»Wassermusik«** (HWV 348–350) entstand vermutlich 1715 oder 1717 für George I.; das reich mit Bläsern und Streichern besetzte Werk wurde von Musikern in mehreren Schiffen auf der Themse gespielt. Es handelt sich hierbei um eine mosaikartig abwechslungsreiche Folge von insgesamt 22 Einzelsätzen, meist von Tanzcharakter im Sinne der Suitentradition, prächtig und effektvoll instrumentiert und in ihrer melodischen Erfindung eingängig und gleichsam auf räumliche Fernwirkung angelegt. In der heutigen Konzertpraxis werden diese Sätze zu 3 einzelnen Suiten zusammengefaßt.

Noch reicher und strahlender besetzt ist die **»Music for the Royal Fireworks«**, die **»Feuerwerksmusik«** (HWV 351), aus dem Jahr 1749, die zu den vielfach besetzten 3 Oboenstimmen und den 3 je dreifach vertretenen Hörnerstimmen noch Trompeten und Pauken hinzufügt. König George II. feierte mit dieser pompösen Komposition den Sieg im Österreichischen Erbfolgekrieg (1741–48), an dem auch England beteiligt war. Zum Prachtfeuerwerk erklang zunächst eine reine Bläser- und Schlagwerkbesetzung in riesenhafter Zahlenstärke von 112 Mitwirkenden. Allerdings ist es überliefert, daß die musikalische Aufführung wesentlich besser klappte als das Feuerwerkspektakel, das eher ein Debakel gewesen sein muß. Händel ergänzte die ursprüngliche Bläserbesetzung dann, spätestens für eine zweite Freiluftaufführung 1749, um die solistischen und chorischen Streicher. Das repräsentative Werk besteht aus 6 Sätzen: einer mächtigen *Ouvertüre* in der traditionellen 3teiligen Gestalt (langsam – schnell – langsam), einer spielerischen *Bourrée*, einem empfindsamen *Siciliano* (*Largo*) mit dem Titel *La Paix*, das sich auf den aktuellen politischen Anlaß bezieht; es folgt ein festlich-klangprächtig auftrumpfendes *Allegro* (*»La Réjouissance*, eine Bezeichnung für einen heiteren Suitensatz). Den Abschluß bilden 2 in reizvollen Instrumentationsvarianten einander gegenübergestellte *Menuette*.

Orgelkonzerte

Eine weitere geschlossene Werkgruppe bilden die 6 **Orgelkonzerte op. 4** (HWV 289–294) aus den Jahren vor 1735. Händel war berühmt als Improvisator an der Orgel, und man erwartete von ihm improvisierte Einlagen auch während der Aufführungen seiner Oratorien. Aus diesen Improvisationen, die der Komponist auf einer eigens gebauten kleinen Orgel ohne Pedal und mit wenigen Registern vorführte, entstanden die Konzerte für Orgel und Streicher mit Generalbaß, die als op. 4 1738 im Druck erschienen. Im 1. **Konzert g-Moll** gibt es einen Satz für Orgel allein (*Adagio*), der sicher den gewünschten Anlaß zur Improvisation bot. 4 der 6 Konzerte folgen in ihrer 4sätzigen Reihung dem traditionellen Muster des italienischen Concerto grosso von Corelli mit ihrer aus der Kirchensonate übernommenen Folge langsam – schnell – langsam – schnell (**Nr. 1–3** und **5**); im Concerto **Nr. 4** schließen 2 bewegte Sätze 2 langsame ein, und das letzte Konzert folgt dem Prinzip des 3sätzigen Solo-Konzertes (schnell – langsam – schnell). Besonders populär sind die beiden letzten Konzerte der Reihe: **Concerto Nr. 5 F-Dur** geht auf eine Blockflötensonate zurück; im Mittelpunkt steht ein zartes d-Moll-*Siciliano*. **Concerto Nr. 6 B-Dur** beginnt mit einem »gebremsten« *Allegro* (*Andante allegro*) in ungemein eingängiger klanglicher und melodischer Gestalt:

Gerade dieses Konzert wird häufig auch mit solistischer Harfe aufgeführt. Aber auch jedes der übrigen Konzerte besitzt individuelle Merkmale: etwa die angedeuteten Vogelrufe zu Beginn von **Nr. 4 F-Dur**, oder der Einsatz von Solo-Violine und -Cello in 2 Sätzen von **Nr. 3 g-Moll**.
1761 ließ Händels Londoner Verleger dem op. 4 eine weitere Serie von 6 Orgelkonzerten folgen, unter denen sich 4 Werke befinden, die Bearbeitungen von Concerti grossi aus op. 6 sind; an diesen Arrangements ist Händels Mitarbeit nicht verbürgt. Im Druck stellt der Titel den Einsatz eines Cembalos alternativ neben die Orgel, einem Brauch der Zeit folgend. Lediglich das **Concerto Nr. 1 B-Dur** (HWV 306) aus dem Jahr 1740 verlangt ausdrücklich ein Orgelpedal; alle übrigen sind

manualiter gehalten und damit problemlos auf dem Cembalo (oder auch auf der Harfe) ausführbar. In allen Konzerten außer Nr. 3 sind Orgelimprovisationen als Überleitungen vorgesehen (»organo ad libitum«); im Orchester treten – anders als in op. 4 – jeweils 2 Oboen zu den Streichern hinzu. Mehrmals gibt es Variationssätze, so in **Nr. 1** eine *Passacaglia* und in **Nr. 5** ein *Andante larghetto e staccato* über einer Baßtonfolge.
Eine weitere 6teilige Werkgruppe mit Orgelkonzerten ohne Opuszahl erschien 1740; sie enthielt wiederum 4 Bearbeitungen aus den Concerti grossi op. 6, zusätzlich 2 weitere neue Konzerte (**F-Dur**, HWV 295, und **A-Dur**, HWV 296a). Das erste trägt den Beinamen **»Der Kuckuck und die Nachtigall«** aufgrund zweier kleiner prägnanter Motive (Kuckucksterz und punktierter Nachtigallenruf) im *Allegro*, an 2. Stelle des 4sätzigen Werkes. Forschungen haben ergeben, daß sich Händel hier aus einem Orgelwerk von Johann Kaspar Kerll (1627–93) bedient hat. Die beiden Rahmensätze entstammen dagegen Händels eigener Triosonate HWV 401. Das 2. der Konzerte (**A-Dur**, HWV 296a) entstand 1739 und ist möglicherweise als Einlage für eine Aufführung des *Alexanderfestes* komponiert worden. Hier umschließen 2 getragene Sätze (*Largo e staccato* und *Andante*) eine Orgelimprovisation; für das Andante griff Händel auf Themen von Johann Kuhnau zurück. 2 weitere Orgelkonzerte (**d-Moll**, HWV 304, und **F-Dur**, HWV 305a) wurden erst nach Händels Tod von Samuel Arnold veröffentlicht. Das erste verarbeitet Einfälle von Telemann in 2 rahmenden Sätzen, während die beiden Binnensätze vom Organisten improvisiert werden sollen (ein *Adagio* und eine *Fuge*). Die 4 Sätze des anderen Konzertes sind hingegen Arrangements anderer Werke.

Die 3 **Oboenkonzerte** HWV 301, 302a und 287 sind Frühwerke aus den Jahren zwischen 1703 und 1720; sie sind alle 4sätzig und unterstreichen Händels bekannte Zuneigung zu diesem Instrument. Eine 3sätzige **Sonate B-Dur** (HWV 288) setzt ausnahmsweise eine einzelne Solo-Violine ein; sie entstand um 1706.

Johann Sebastian Bach

* 21. März 1685 in Eisenach
† 28. Juli 1750 in Leipzig

Bach entstammt einer alten und weitverzweigten Familie, in der die Musik, einem Handwerk vergleichbar, seit langem verwurzelt war. Sein Vater Johann Ambrosius brachte es vom »Stadtpfeifer« zum Hofmusiker und vermittelte seinem Sohn die Grundlagen seiner Kunst. Nach dem frühen Tod von Vater und Mutter wuchs Johann Sebastian seit seinem 10. Lebensjahr bei seinem Bruder Johann Christoph in Ohrdruf auf, der ihn im Klavier- und Orgelspiel und in der Komposition unterwies. Ab 1700 folgten 3 weitere Gymnasialjahre in Lüneburg, von wo aus Bach auch die berühmte Hamburger Orgeltradition studieren konnte.
Die erste Station seines bewegten Berufslebens war 1703 in Weimar die Privatkapelle des Herzogs Johann Ernst; nach wenigen Monaten wechselte er bereits als Organist nach Arnstadt. Von hier aus unternahm er seine bekannte Fußreise zu Dietrich Buxtehude nach Lübeck und handelte sich wegen des dabei überzogenen Urlaubs großen Ärger ein. 1707 wurde Bach Organist in Mühlhausen und heiratete Maria Barbara. 1708 kehrte er als Hoforganist und Kammermusiker nach Weimar zurück; 1714 wurde er Konzertmeister. Nach einem Zerwürfnis mit seinem Herzog übernahm Bach 1717 in Köthen die Stelle des Hofkapellmeisters und des »Direktors der Kammermusiken« und schuf hier für die Kapelle des Fürsten Leopold eine Reihe seiner bedeutendsten Instrumentalwerke. Nach dem Tode seiner ersten Frau heiratete er Anna Magdalena Wilcken. 1722 schließlich wechselte Bach noch ein letztes Mal vom weltlichen in den geistlichen Dienst, als Kantor der Thomaskirche und Musikdirektor der städtischen Hauptkirchen in Leipzig. In den letzten Lebensjahren führte ein Augenleiden zur allmählichen Erblindung.

Orchesterwerke: 6 Brandenburgische Konzerte, 3 Violinkonzerte, Konzert für Violine und Oboe, Konzerte für 1 bis 4 Cembali, 4 Orchestersuiten.

Als Instrumentalist und Komponist hatte Bach an seinen vielen Wirkungsstätten fest umrissene Aufgaben, von denen immer die Art der Musik abhing, die er zu komponieren und aufzuführen hatte. So stammen die meisten Orchesterwerke aus seiner Köthener Zeit (1717–23), wo er für die Instrumentalisten des Fürsten Leopold von Anhalt-Köthen den aktuellen Bedarf an Kompositionen zu decken hatte. Bekanntlich gab es damals noch kein »Repertoire« und keinen Musikalienhandel, so daß man ständig selber für »neue Musik« sorgen mußte.

Oft ist die genaue Datierung der Stücke recht schwer und nur hypothetisch. Hinzu kommt, daß Bach gerade im Falle seiner Solo-Konzerte und hier insbesondere bei seinen Cembalokonzerten gern eigene oder auch fremde Werke bearbeitete, was damals durchaus an der Tagesordnung war und keinerlei Fragen nach Urheberschaft oder Originalität aufwarf. So ist oft nicht mehr mit Sicherheit zu klären, welches die »Original-« und welches die Zweit- oder gar Drittfassung ist und woher überhaupt der eine oder andere Satz stammt. Darüber hinaus stellt sich vor allem bei den Brandenburgischen Konzerten immer wieder die Frage nach den Gattungsgrenzen zwischen Orchester- und Kammermusik; sie ist im heutigen eindeutigen Sinne auch gar nicht zu beantworten. Die Grenzen waren seinerzeit fließend: man schrieb »Musik für die Kammer« und besetzte innerhalb dieses weltlichen Genres – hierfür nämlich steht diese Bezeichnung, im Kontrast zur Kirchenmusik – die einzelnen Werke entweder solistisch oder chorisch, abhängig unter anderem auch von der Zahl der vorhandenen Instrumentalisten.

Man hört sehr oft die Meinung, Bach sei kein Revolutionär gewesen, sondern eher ein Vollender, der seine Epoche noch einmal auf meisterhafte Weise zusammenfaßte. Das ist eine zumindest einseitige Sicht: statt vom »Revolutionär« sollte man besser vom »Neuerer« und »Pionier« Bach sprechen. Zwar bediente sich Bach der überlieferten und vielfach bewährten Gattungsmuster auch im Bereich der Orchestermusik, doch läßt sich an allen einzelnen Beispielen belegen, wie originell und über alle Vorläufer hinaus Bach die jeweiligen Gattungsgrenzen ausgeweitet und mit neuen Inhalten gefüllt hat. So gibt es weit und breit keine Concerti (grossi) für Orchester, die in den engen Grenzen einer Sechsergruppe derart unterschiedliche und phantasievolle Besetzungsvarianten und Satztypen ausprobieren wie seine Brandenburgischen Konzerte. Und experimentelle Züge lassen sich auch in seinen Solo-Konzerten nachweisen. Auf der anderen Seite ist es nicht zu leugnen, daß in den späteren Lebensjahren Bachs, in denen seine Meisterwerke wie die *Kunst der Fuge* oder das *Musikalische Opfer* entstanden sind, um ihn herum andere Komponisten, nicht zuletzt seine eigenen Söhne, bereits in einem neuen

Stil komponiert haben, dem er nicht mehr folgen wollte. Diese Gleichzeitigkeit mehrerer konkurrierender Stilrichtungen in der 1. Hälfte des 18. Jh. ist eine der faszinierendsten Erscheinungen der europäischen Musikgeschichte.

Die Brandenburgischen Konzerte

Im Autograph von Johann Sebastian Bach heißen die 6 Konzerte schlicht *»Six Concerts avec plusieurs instruments«*, erst Philipp Spitta steuerte in seiner Bach-Biographie (1873) den wohlklingend populären Namen »Brandenburgische Konzerte« bei, der auf direkte Weise Bezug nimmt auf den Widmungsträger der Werkgruppe, den Markgrafen Christian Ludwig von Brandenburg, einen Sohn des Großen Kurfürsten. Für die nur 6 Hofmusiker des Berliner Markgrafen war die ihm zugeeignete Werksammlung jedoch zu aufwendig besetzt: Bach war von den Möglichkeiten der Köthener Hofkapelle ausgegangen, welche die Brandenburgischen Konzerte in seinen Köthener Dienstjahren (1717–23) aufgeführt hat. So ist es gut denkbar, daß Bach sie auch eigens für diesen Hof und jeweils zu gegebenem Anlaß komponiert hat. Die handgeschriebene Partitur trägt das Datum »24. März 1721«.
In diesen Konzerten ist der Einfluß des italienischen Stils, den Bach so hoch schätzte und den er sehr genau kannte, zwar ständig gegenwärtig. Dennoch wäre es eine starke Vereinfachung, wenn man in ihnen lediglich eine Konkretisierung der italienischen Concerto-Form sähe: Weder geht es eindeutig um Concerti grossi noch um Solo-Konzerte, obwohl von beiden Gattungen wesentliche Merkmale vorhanden sind. Darüber hinaus markieren zumindest einige der Konzerte den Anfang der kommenden großen Orchestermusik, ohne daß man die 6 Werke pauschal dieser Orchestermusik zurechnen dürfte. Viel eher handelt es sich um äußerst reizvolle Grenzfälle zwischen Orchester- und Kammermusik, was eine gewisse Variabilität in der Besetzungsstärke möglich macht. Die Verhältnisse in der Köthener Hofkapelle, deren Besetzung 2 Jahre vor Bachs Dienstantritt auf 17 Musiker erhöht worden war, deuten jedenfalls eher in Richtung Kammermusik. Unter den Mitgliedern gab es Solisten und Ripienisten (Tutti); manche beherrschten mehrere Instrumente – so spielten die Trompeter vermutlich auch Oboe –, und von Fall zu Fall wurden Gäste engagiert (Hornisten); Bach selber leitete mit der Viola das Ensemble.

1. Konzert F-Dur (BWV* 1046)

1. (*Allegro*) – 2. *Adagio* – 3. *Allegro* – 4. *Menuett* – 5. *Trio* – 6. *Polonaise* – 7. *Trio*.

Das 1. Konzert zeigt die deutlichste Tendenz zum Orchesterwerk, denn es fügt dem Fundament der 5 Streichinstrumente – 2 Violinen, Viola, Violoncello und Kontrabaß mit Continuo-Cembalo – eine überaus reiche und ungewöhnliche Bläserbesetzung hinzu: 2 Hörner, 3 Oboen und ein Fagott, zu denen sich solistisch ein Violino piccolo gesellt, eine französische Sonderform der Geige, die eine kleine Terz höher gestimmt ist. Das Werk läßt sich recht exakt datieren, denn es existiert eine Frühfassung aus dem Jahre 1716 in Gestalt der Sinfonia zur Jagdkantate BWV 208, jedoch noch ohne die Solo-Violine und in reduzierter Satzanzahl. In Dresden (1717) kamen dann das Allegro (3. Satz) und die Polonaise hinzu.
Auf diese Weise entstand eine recht phantasievolle und eigentlich heterogene Satzfolge, die vom stilistischen und farblichen Kontrast lebt. Der *eröffnende ¢-Satz* – in angenommener Allegro-Bewegung, jedoch ohne Tempobezeichnung – ist ein großangelegter klangmächtiger Concerto-grosso-Satz, in dem auf höchst wirkungsvolle Weise die einzelnen Instrumentalgruppen alternieren, sich registerartig voneinander abheben und sich immer wieder im Tutti vereinigen. Zugleich überlagert sich diesem Concerto-grosso-Aspekt auf sehr reizvolle Manier zumindest ansatzweise die Idee des Solo-Konzertes in Gestalt des individuell geführten Violino piccolo. Das Anfangs-Tutti und seine reprisenartige Wiederkehr am Ende umrahmen die mehrteilige Form des Satzes:

Sein markantes Hauptthema (a) schreitet nachdrücklich die Grundtonart ab und enthält zugleich als Kontrapunkt in den Oboen ein Gegenthema (b); ihm folgt sogleich ein tonleiterartiger Gedanke, der im Satzverlauf ebenfalls thematische Funktion hat (c). Die beiden Jagdhörner steuern immer wie-

* Bach-Werke-Verzeichnis. Numerierung nach: Wolfgang Schmieder, *Thematisch-systematisches Verzeichnis der musikalischen Werke von Johann Sebastian Bach*, Leipzig 1950 (mehrfach nachgedruckt).

der mit signalartigen Tonrepetitionen und mit triolisch sich gegen den vorherrschenden Zweierrhythmus stemmenden Einwürfen Unruhe bei. – Sie schweigen im folgenden *Adagio* (d-Moll, 3/4), einem melismatisch ausgezierten kantablen Duett von 1. Oboe und Solo-Violine, an dem sich 3mal auch thematisch der Baß beteiligt, von den übrigen Oboen und Streichern dezent begleitet. – Das anschließende 6/8-*Allegro* ist der konzertnächste Satz des Werkes, in dem die Solo-Violine über weite Strecken dominiert, gelegentlich vom 1. Horn und der 1. Oboe kontrapunktiert. – In höfischer Stilisierung kommt das *Menuett* daher, getragen vom Tutti-Klang aller Instrumente, von dem sich sodann die individuellen Gestalten der 3 Triosätze abheben; 2 von ihnen – die beiden ursprünglich vorhandenen – sind auch in der Besetzung echte *Trios*: das 1. (d-Moll) als zartes Oboenduett über dem in Vierteln schreitenden Fagott, das 3. (2/4) als schmetternde Jagdmusik der beiden Hörner über einer eifrig lärmenden Unisono-Linie der 3 Oboen. – Die später komponierte *Polonaise* (3/8) ist ein weich timbriertes Ensemblestück für die Streicher allein, zunächst über einem langen Grundton-Orgelpunkt mit zart schwingender Oberstimmenmelodik; nur einmal im zweiten Teil unterbrechen 4 energisch rhythmisierte Forte-Takte das ausdrücklich vorgeschriebene »piano«.

1726 und 1729 verwendete Bach 3 Sätze dieses Konzertes noch einmal neu: das 3. (Hörner-)Trio sowie das Allegro (3. Satz) in seiner Kantate *Vereinigte Zwietracht* (BWV 207), den Eröffnungssatz als Sinfonia der Kantate *Falsche Welt, dir trau ich nicht* (BWV 52).

2. Konzert F-Dur (BWV 1047)

1. (*Allegro*) – 2. *Andante* – 3. *Allegro assai.*

Während das 1. Konzert deutlich über die instrumentalen Gegebenheiten des Köthener Hofes hinausgeht – vielleicht war der Anlaß ein durchreisender, gastierender Virtuose? –, ist das 2. Konzert ganz auf die Besetzung der Hofkapelle zugeschnitten. In diesem Ensemble übernahm Bach selber die Viola, auch die Namen der übrigen Spieler sind uns durch zeitgenössische Notizen und Rechnungen überliefert. Aus diesen Unterlagen ergibt sich zweifelsfrei die solistische Besetzung der historischen »Uraufführungs-Situation«. Natürlich kann man diese Musik auch chorisch besetzen, doch man muß sich dar-

über im klaren sein, daß sich dann – zumal mit modernen Streichinstrumenten – die klanglichen Proportionen zugunsten des Streicherapparates verschieben.
Dieses 2. Brandenburgische Konzert vertritt den Typus des Concerto grosso, zumindest in seinem *1.*, unbezeichneten ¢-*Satz*: Violinen, Viola, Continuo mit Violoncello und Kontrabaß tragen den Vermerk »in ripieno«; ihnen gegenüber stehen die 4 konzertierenden Solo-Instrumente – Trompete, Flauto dolce, Oboe und Solo-Violine –, die sich einzeln und als Gruppe deutlich vom Ripieno abheben.
Das den Satz markant gliedernde Tutti-Thema

schreitet einprägsam den F-Dur-Tonraum ab, mit Dreiklangsbrechungen und Tonleitermotiven sowie einer kleinen charakteristischen Figur (a), die den ganzen Satz unüberhörbar prägt und die im Lebenswerk Bachs eine immer wiederkehrende wichtige Funktion hat. Die Solo-Geige stellt alsbald allein ein neues deklamierendes Thema vor:

das sogleich nacheinander durch die Solo-Instrumente wandert, unterbrochen jeweils durch den Anfang des Ripieno-Blockes. Und nun entfaltet sich ein farbiges Wechselspiel der Gruppen und Einzelstimmen im Mit- und Gegeneinander. Kurz vor Schluß erscheint das Tutti-Thema fast triumphierend im Unisono aller Instrumente. – Im *Andante* (d-Moll, 3/4) schließen sich die 3 stilleren Solo-Instrumente, also ohne die Trompete, zu einem vorhaltsseligen Terzettieren zusammen, getragen vom gemächlich in fast ununterbrochenen Achteln schreitenden Continuo, während das Ripieno pausiert – ein Satz reiner Kammermusik. – Das Schluß-*Allegro* (*assai*, 2/4) ist nun nicht ein weiterer Concerto-grosso-Satz, sondern viel eher eine locker gefügte Fuge über ständig mitlaufendem Basso continuo, schmetternd eröffnet von der Trompete und im wesentlichen von den 4 Solisten getragen, die sich ungemein spielfreudig und virtuos die Linien weiterreichen. Die Ripieno-Gruppe dagegen beschränkt sich in diesem Satz überwiegend auf untergeordnete Begleitfunktionen. Und wie eine Siegesfanfare, korrespondierend mit den Anfangstakten, beendet die Trompete, motivisch die Quinte der Tonika umkreisend, das mitreißende Spiel.

3. Konzert G-Dur (BWV 1048)

1. (*Allegro*) – 2. (*Adagio*) – 3. *Allegro*.

Wiederum eine völlig andere klangliche und damit auch strukturelle Anlage weist das 3. Konzert auf. Bach verzichtet hier ganz auf eine Tutti-Solo-Gliederung, die Funktionen von Concertino und Ripieno sind nun untrennbar miteinander verschmolzen. 9 gleichberechtigte und in 3 paritätische Streichergruppen zusammengefaßte Linien werden von je 3 Violinen, Bratschen und Violoncelli ausgeführt, gestützt vom Generalbaß mit Kontrabaß und Cembalo. Jede dieser Stimmen hat zugleich Solo- und Ripieno-Aufgaben, und diese beiden Bereiche verzahnen sich dadurch auf unerhört kunstvolle und neuartige Weise, so daß sich ein ständiges Pulsieren und Changieren ergibt. Dabei bleibt die Dreiergruppierung über weite Strecken zumindest latent erhalten, denn die je 3 Instrumente gleicher Bauart demonstrieren immer wieder den inneren Zusammenhang ihrer Gruppe. Motivisch erreicht Bach die Konzentration und Dichte dieser spielerischen und zugleich doch strengen Musik durch die Allgegenwart jenes kleinen Ureinfalles (a) im *1. Satz*, der uns so häufig in seinen Werken begegnet:

Zwischen dem 1. (unbezeichneten) und dem 2. *Allegro* stehen, wie das Konzentrat eines langsamen Satzes, 2 Adagio-Akkorde – a-Moll und H-Dur –, die auf die Parallele e-Moll (zu G-Dur, der Tonart auch des 2. Satzes) verweisen, ohne sie jedoch zu berühren. Möglicherweise hat Bach hier eine kurze improvisierte Kadenz einer Violine oder auch des Cembalos vorgesehen. Gleichwohl reichen diese beiden ein wenig entfernteren Akkorde aus, um zwischen den Allegro-Sätzen ge-

nügend Distanz zu schaffen. – Der vitale *Schlußsatz* steigert die Spiellaune nun zur permanenten Motorik einer 12/8-Gigue, mit pausenlos dahinjagenden Sechzehntel-Figurationen und gegen sie gesetzten Achteln – die Thematik dieser Musik ist fast ganz auf eher formelhafte Spielfiguren reduziert, dabei ständig farbig in engerem und weiterem Radius die Grundtonart G-Dur umkreisend.
Den 1. Satz dieses Konzertes formte Bach 1729 zur Sinfonia seiner Kantate *Ich liebe den Höchsten* (BWV 174) um, wobei er die reine Streicherbesetzung um je 2 Hörner und Oboen, Oboe de caccia und Fagott erweiterte.

4. Konzert G-Dur (BWV 1049)

1. *Allegro* – 2. *Andante* – 3. *Presto*.

Das 4. Konzert knüpft in seiner Besetzung am Modell des 2. Konzertes an: Dem Streicher-Ripieno stehen als Solisten die Violine und 2 Blockflöten gegenüber. Dieses Concertino eröffnet auch sogleich den 1. Satz (*Allegro*, 3/8), mit der zart in Terzen wiegenden Flötenmelodik, die alsbald die Führung an die Solo-Violine abgibt. Das Ripieno beteiligt sich nur sporadisch am thematischen Geschehen und übernimmt überwiegend Begleitfunktionen. Flötenpaar und Violin-Solo gehen meistens charakteristisch getrennte Wege; der Eindruck eines Violinkonzertes, den manche Passagen dieses Satzes vermitteln, rückt im Schluß-*Presto* (¢) noch ausgeprägter in den Vordergrund; zwar beginnt dieses Presto in der Art einer Fuge im Ripieno, wo das markant mit der anspringenden Quarte (Dux) oder Quinte (Comes) einsetzende Thema sich im stürmischen Wettlauf der Linien den Achtel-Passagen einprägsam entgegenstemmt:

Auch das kleine Bach-Motiv (⌐¬) spielt eine Rolle. Doch im weiteren Ablauf dominiert eindeutig das virtuose Figurenwerk der Solo-Violine, während das Duett der Flöten eher kontrapunktisch angelegt ist. – Das zwischen den bewegten Ecksätzen stehende e-Moll-*Andante* (3/4) wird von weich fließenden, in Zweiergruppen phrasierten Achtel-Wendungen geprägt, im dicht gefügten Miteinander von Solo- und Ripieno-

Stimmen und mit dezenten Echowirkungen. Eine 2taktige Solo-Kadenz der 1. Blockflöte mündet in 2 Akkorde – a-Moll und H-Dur –, die genau jenen beiden in der Mitte des vorigen Konzertes entsprechen.
In Leipzig bearbeitete Bach dieses Konzert für Solo-Cembalo und transponierte es nach F-Dur (BWV 1057).

5. Konzert D-Dur (BWV 1050)

1. *Allegro* – 2. *Affettuoso* – 3. *Allegro*.

Das 5. Konzert ist möglicherweise als letztes der Sechsergruppe entstanden. Es ist zumindest das kühnste und originellste unter ihnen, denn es scheint ein veritables Cembalokonzert in den Rahmen eines Concerto grosso »einzumontieren«. Am Hof von Köthen hat Bach den Cembalopart mit Sicherheit selber ausgeführt, und zwar auf jenem kostbaren neuen Berliner Cembalo, das er 1718/19 bestellt und abgeholt hatte. Aus diesem Grunde mußte nun der Spieler der 2. Violine den Ripieno-Part der Viola, den Bach sonst zu spielen pflegte, übernehmen, so daß in diesem Konzert die 2. Tutti-Violine ausgespart blieb. Im übrigen stellte Bach für das Concertino dem Cembalo noch eine Solo-Violine und – erstmals – eine Querflöte (Flauto traverso) an die Seite.
Im eröffnenden *Allegro* (¢) entfaltet sich ein immer wieder vom vollen Ripieno-Klang unterbrochenes weitverzweigtes Linienspiel von eminenter Ausgewogenheit der motivischen Substanz, wobei das Cembalo neben seinen Solo-Passagen auch noch phasenweise die Continuo-Funktion mit übernehmen muß. Im Mittelteil des Satzes kommt es zu ganz eigentümlichen schwerelos schwebenden Klangwirkungen (T. 71 ff.), wenn die Ripieno-Streicher einen in Achteln pulsierenden Klangteppich legen und die Solo-Instrumente jeweils individuelle Ostinati beisteuern: das Cembalo Dreiklangbrechungen und die beiden Melodie-Instrumente im taktweisen Alternieren ein melodisches Motiv.
Nach langen Takten dieser Fortspinnung und einer bemerkenswerten chromatisch changierenden Passage unter Flötentrillern kommt es auf der Dominante zur Reprise, die unvermittelt im Piano abgeblendet wird, so daß die virtuosen Figurationen des Cembalos hervortreten können. Schließlich scheinen die Tonfolgen der übrigen begleitenden Instrumente gleichsam im Sande zu verlaufen, und es beginnt ein ausge-

dehntes Cembalo-Solo. Bei ihm handelt es sich genaugenommen nicht um eine Kadenz, sondern viel eher zunächst um ein die Motivik des Satzes aufgreifendes und konzentriert weiterführendes Capriccio, das erst am Ende in ein phantasie- und toccatenhaftes Passagenwerk mündet. Diese mehr als 60 Solo-Takte scheinen alle Satz-Proportionen zu sprengen und fügen sich doch organisch ein, weil sie thematisch eingebunden sind und im ersten Teil des Satzes allmählich immer deutlicher vorbereitet werden. Die Takte des Anfangs-Tutti beenden dann energisch den Satz. – Der *Mittelsatz* (4/4) in h-Moll ist danach ein ganz verinnerlichtes Trio der 3 Solo-Instrumente ohne eine Ripieno-Stütze, ein Dokument der Kammermusik in der Art der Triosonate aus dem *Musikalischen Opfer*, in konsequenter imitatorischer Linearität der 4 Melodiestimmen (einschließlich der Baßstimme). – Das abschließende *Allegro* beginnt als Fuge im Bewegungsablauf einer Gigue:

Sein kurzes Thema mündet alsbald in einen Kontrapunkt, der ein neues Motiv (a) einführt, mit dem sich dann der ausgedehnte Mittelteil des Satzes beschäftigt, so daß die Formanlage 3teilig wird, A – B – A. In diesem Satz bleibt die Virtuosität des Cembalos bis auf wenige sporadische Sechzehntel-Passagen gebändigt und den übrigen Solo-Instrumenten angepaßt.

Die Probleme der klanglichen Balance, die der exponierte Einsatz des Cembalos in diesem Konzert mit sich bringt, sind in Aufführungen mit modernen Streichinstrumenten und heutiger Querflöte kaum zu lösen, wenn nicht alle Spieler sich sehr zurückhalten und sorgfältig darauf achten, daß der Cembalopart Ton für Ton wahrnehmbar wird; zu lösen ist die Situation eigentlich nur durch den Einsatz durchweg historischer (oder am historischen Vorbild orientierter) Instrumente. So ist gerade dieses Konzert ein unwiderlegbarer Beweis dafür, daß seinerzeit völlig andere klangliche Dimensionen und Proportionen vorherrschten – könnte jemand im Ernst annehmen, Bach hätte einen so anspruchsvollen und permanent gegenwärtigen Cembalopart für sich komponiert, wenn man ihn allenfalls als undifferenziertes Hintergrundgeräusch wahrnehmen könnte, wie in der überwiegenden Mehrzahl heutiger Aufführungen?

6. Konzert B-Dur (BWV 1051)

1. (*Allegro*) – 2. *Adagio ma non tanto* – 3. *Allegro.*

Fürst Leopold von Anhalt-Köthen spielte die Gambe, wenn auch nicht virtuos, so doch immerhin achtbar. So lag es für Bach nahe, ihm Gelegenheit zur Mitwirkung im fürstlichen Ensemble zu geben. Die Partitur des 6. Brandenburgischen Konzertes zeigt, wie er diese Aufgabe auf elegante Weise zu lösen verstand: Er setzte je ein Bratschen- und Gambenpaar ein, und die 1. Viola da gamba hielt er, obwohl führend, technisch in den Grenzen, die dem Fürsten zugänglich waren. Hinzu kamen eine Violoncello-Stimme und der Generalbaß mit Kontrabaß und Cembalo. Der Komponist selber schrieb sich den anspruchsvollen Part der »Viola da braccio I« auf den Leib, und so musizierten Feudalherr und angestellter Hofmusicus im gleichen Ensemble.
Im ganzen Konzert dominiert das Bratschenpaar, während die übrigen Instrumente sich ihnen abgestuft unterordnen; im *Eröffnungssatz* (¢, ohne Tempobezeichnung) jagen sie einander zunächst im imitatorischen Abstand eines Achtels nach. Je nachdem, ob die beiden Gamben sich nun am Motivspiel beteiligen oder es lediglich in Achteln begleiten, ergeben sich andeutungsweise Tutti- oder Solo-Passagen, denen jedoch immer große Durchsichtigkeit des Satzgefüges gemeinsam ist – alle Stimmen waren mit Sicherheit von Bach solistisch gemeint. – Im Es-Dur-*Adagio* (*ma non tanto*) verschlingen sich die beiden kontemplativen Melodielinien der Bratschen; das Violoncello stützt das Oberstimmenduett zunächst durch eine schreitende Viertellinie, deren Kerntöne der Generalbaß in halben und ganzen Noten beisteuert. Immer wieder – insgesamt 6mal – setzt das imitatorische Duett neu an, und jede Phrase wird durch eine Kadenz gliedernd von der vorigen abgesetzt. Den 5. Einsatz übernehmen als Ausnahme Violoncello und Continuo-Gruppe im Einklang. – 3teilig mit reprisenartiger Wiederkehr des Anfanges ist schließlich das Schluß-*Allegro*, dessen triolisch laufende $^{12}/_{8}$-Bewegung an das Vorbild der Gigue erinnert. Bald steigert sich das beherrschte

Achtel-Metrum zu laufenden und sich verschlingenden Sechzehntel-Ketten der Bratschen, denen sich auch das Violoncello anschließt. Der Mittelteil weicht nach d-Moll aus und steigert die Virtuosität der Bratschen noch ein wenig.

Violinkonzerte

Die 3 überlieferten Violinkonzerte Bachs sind sozusagen der Restbestand eines ursprünglich wesentlich größeren Vorrates an Werken dieser Gattung; einen nicht unbeträchtlichen Teil davon kennen wir in der Eigenbearbeitung durch den Komponisten zu Cembalokonzerten, bei denen man gelegentlich auch den Versuch einer Rückübertragung in die Urfassung unternommen hat. Legitimiert wird ein solches Verfahren dadurch, daß man als Muster zusätzlich auch eine jeweils originale Cembalofassung der heute bekannten Violinkonzerte kennt, an der man sich orientieren kann.
Bachs Konzerte basieren auf dem Modell der italienischen Concerto-Form, wie sie vor allem in den zahlreichen Solo-Konzerten Vivaldis überliefert ist. Dieses Muster ist stets 3sätzig (langsam – schnell – langsam) und gliedert den Ablauf der schnellen Ecksätze in ein oft recht stereotypes Wechselspiel von Orchesterritornellen (Tutti) und Solo-Episoden, die weitgehend unverbunden nebeneinander stehen. Bach jedoch begnügte sich nicht mit der Befolgung dieses Prinzips, sondern erweiterte es, indem er die Trennung von Tutti und Solo lokkerte und sie einander annähern und durchdringen ließ, im Sinne eines Miteinander-Konzertierens und einer gelegentlich durchführungsähnlichen Verarbeitung des motivischen Materials. Insofern sind Bachs Solo-Konzerte die historisch eminent wichtigen Bindeglieder zwischen dem barocken und dem klassischen Solo-Konzert.
Seine Violinkonzerte schrieb Bach zwischen 1717 und 1723 während seiner Tätigkeit am Köthener Hof.

Violinkonzert a-Moll (BWV 1041)

1. *Allegro* – 2. *Andante* – 3. *Allegro assai.*

Zu diesem Konzert für Solo, Streicher und Basso continuo hat sich ein originaler Stimmensatz von 1730 erhalten, der neben Handschriften von C. P. Bach und J. L. Krebs auch einzelne Stimmen von der Hand J. S. Bachs enthält.

Das Prinzip der konsequenten motivischen Durcharbeitung wird sogleich im *Kopfsatz* dieses Werkes deutlich: Die Orchesterexposition setzt mit 4 sehr markanten Takten ein, die vor allem durch den anspringenden Achtel-Auftakt geprägt werden und die für den weiteren Satzverlauf das grundlegende Motivmaterial bereitstellen. Der erste Einsatz der Solo-Violine bringt sodann ein eigenes geschmeidigeres Thema, das im Kern jedoch mit dem Tutti-Gedanken verwandt ist, ebenso wie im weiteren Verlauf der zweite Solo-Einfall. Durch diese verwandtschaftlichen Querverbindungen und durch subtile motivisch-thematische Verknüpfungen ergeben sich immer wieder durchführungsähnliche Passagen. – Der C-Dur-*Mittelsatz* lebt von der Spannung zwischen seinen beiden gegensätzlichen thematischen Elementen: der quasi ostinat deklamierenden Basso-continuo-Ebene, die von den Akkorden der höheren Streicher begleitet wird, und von einer sich frei darüber entfaltenden Triolenkantilene der Solo-Violine. – Der *Schlußsatz* wird durchgehend geprägt von einer ständigen Triolenfiguration in der Art einer 9/8-Gigue, die immer wieder durch Fugato-Ansätze überlagert wird. Zwischen den Wiederholungen des Ritornells hat das Solo-Instrument immer wieder Gelegenheit zu gemäßigter Virtuosität, in bewegter Umspielung des zugrunde liegenden motivischen Materials.

Violinkonzert (E-Dur) (BWV 1042)

1. *Allegro* – 2. *Adagio* – 3. *Allegro assai.*

Die Form des eröffnenden *Allegro*-Satzes ist 3teilig als Dacapo angelegt: der Anfangsteil wird abschließend wörtlich wiederholt. Der thematische Kern des Satzes wird in den ersten Takten vorgestellt: nach dem mächtig aufstrebenden, für Bach sehr charakteristischen Dreiklangsbeginn folgt sogleich das bekannte kleine auftaktige Bewegungsmotiv, das so viele Instrumentalsätze Bachs dominiert:

Beim ersten Einsatz der Solo-Violine werden diese Bausteine umgehend miteinander kombiniert. – Ähnlich wie im a-Moll-Konzert bildet im *Adagio* eine ostinatoartige Baßtonfolge das

Fundament, das insgesamt 17mal wiederholt wird und zu dem der Solist seine eindringliche Solo-Kantilene hinzufügt. – Im *Finalsatz* wird die Virtuosität des Solo-Instrumentes gegenüber dem Schwesterwerk beträchtlich gesteigert; er ist rondomäßig angelegt, wobei das beschwingte Hauptthema den Tonika-Dreiklang umspielt und auf diese Weise eine latente motivische Beziehung zum Kopfsatz herstellt. In den alternierenden, sehr abwechslungsreich gefügten Zwischenteilen wachsen die Ansprüche bis zu ambitioniertem Doppelgriffspiel, ohne daß der spieltechnische Aspekt zu sehr in den Vordergrund gerückt würde.
Die Cembalofassung dieses Konzertes, ebenfalls mit Begleitung von Streichern und Basso continuo, steht in D-Dur (BWV 1054).

Konzert für 2 Violinen d-Moll (BWV 1043)

1. *Vivace* – 2. *Largo ma non tanto* – 3. *Allegro*.

Im kontrapunktisch dichten Satzgefüge des Doppelkonzertes präsentiert das erste Tutti im *Kopfsatz* das ungemein plastisch deklamierende und harmonisch farbige Hauptthema, das nacheinander in den beiden Violinstimmen und im Baß erscheint und im weiteren Satzverlauf im wesentlichen dem Orchester vorbehalten bleibt:

Die beiden Solisten stellen ihr eigenes Thema vor, einprägsam untergliedert in eine abwärts gerichtete Tonleiter – als Kontrast zur Aufwärtstonleiter im Tutti! – und sequenzierte Dezimensprünge. Die kanonische Einsatzfolge beider Solo-Geigen bleibt für den ganzen Satzverlauf charakteristisch; sie sorgt für absolute Gleichberechtigung beider Stimmen und verbindet sie zugleich so eng miteinander, daß sie gemeinsam dem begleitenden Orchester Widerpart und Partner sein können. – Ein abgeklärter, weit ausschwingender Kanon der beiden Solo-Violinen ist dann das berühmte *Largo* (F-Dur, 12/8), angeführt von der 2. Violine und in immer neuen Aufschwüngen bis zu fast hymnischer Verdichtung gesteigert, nach denen alsbald immer wieder Gelassenheit und Ruhe einkehren; der schwebende Rhythmus der pastoralen Siciliano-Bewegung beherrscht den ganzen Satz. Während das Orchester sich mit einem fast ostinaten Viertel-Achtel-Pendeln begnügt, kosten die beiden Geigenlinien das Spannungsfeld zwischen langen Bögen der Ruhe und lebhafter Sechzehntel-Figuration aus. – Geradezu stürmisch und dramatisch verläuft anschließend, im denkbar großen Kontrast zum Largo, das *Allegro*. Ohne separates Anfangs-Tutti beginnen sich die beiden Solo-Geigen sogleich im Abstand eines Viertels nachzujagen; das mordentartige Kopfmotiv der absteigenden Treppentonleiter wird bereits hier abgespalten und zum zentralen Begleitungsmotiv für das Orchester verwendet. Auf diese Weise durchzieht es allgegenwärtig den ganzen temperamentvollen Satz. Das neue Thema, mit dem dann bald die beiden Solisten, einander kanonisch antwortend, ihr erstes eigentliches Solo antreten, ist in Wirklichkeit bereits in Umrissen im einleitenden Ritornell enthalten (T. 5 ff.). Durch zwei weitere Elemente wird der Satz mehrfach mit Energie aufgeladen: durch die parallel auffahrenden Triolen-Ketten und durch dic bcidcn cnergisch gestrichenen Passagen mit Achtel-Ketten in Doppelgriffen, denen sich der Kopf des Hauptthemas jeweils im Orchester entgegenstemmt. Eine unerhört zwingende Schlußwirkung ergibt sich am Ende des eröffnenden Ritornells durch 3 Unisono-Takte von Solo- und 1. Orchester-Violine, mit denen dann auch der Satz nach der Reprise zu Ende geht. Es handelt sich im letzten Takt übrigens tongetreu um die absteigende Treppentonleiter vom Beginn des Satzes; so ergibt sich eine geradezu klassische, suggestive Schlußwirkung ohne Beispiel.

Das bekannte **Konzert für Violine, Oboe, Streicher und Basso continuo** (BWV 1060R) ist die verlorene, aber rekonstruierte Urfassung des Konzerts für 2 Cembali BWV 1060 (2 Fassungen: c-Moll, d-Moll).

Cembalokonzerte

Von Bachs Beiträgen zu dieser Gattung – zumindest von den Konzerten für *ein* Cembalo – ist keines ein »Original«. Es sind Eigenbearbeitungen von hohem Rang. Eventuelle Vorbehalte wegen angeblich fehlender Originalität sollten gegenstandslos sein, weil hier Bachs wichtiger Beitrag zur Entwicklung der Gattung Klavierkonzert vorliegt.

Nicht nur wegen ihres Charakters als Bearbeitungen läßt sich die Entstehungszeit der Werke nicht genau fixieren. Zwar hat sich eine autographe Partitur aus dem Zeitraum zwischen 1735 und 1744 erhalten; hieraus und aus den näheren biographischen Umständen ist auf die Jahre vor 1735, genauer 1730 bis 1733, als Kompositionsphase zu schließen.
So ergibt sich der ungewöhnliche historische Tatbestand, daß eine zentrale Gattung – das Klavierkonzert – völlig neu und ohne erkennbare Vorbilder entstehen konnte, ohne daß an diesem Anfang »Originale« stehen. Innerhalb des Bachschen Konzertschaffens markieren die Cembalokonzerte End- und Zielpunkt. Gerade durch die Wahl des akkord- und polyphoniefähigen Tasteninstrumentes, jeweils begleitet von Streichern und Basso continuo, wird Bachs Tendenz bestätigt und verstärkt, die Tradition des italienischen Solo-Konzertes weiterzuführen und es zugleich kontrapunktisch und motivisch-thematisch zu vertiefen und zu vergeistigen.
Bei der heutigen Aufführung dieser Konzerte ist es nützlich und eigentlich unabdingbar, sich die historischen Gegebenheiten und Aufführungsorte vor Augen zu führen: Diese Musik erklang entweder in Bachs Wohnung oder in Leipziger Cafés und Cafégärten oder auch – zuvor – in der höfischen »Cammer« zu Köthen, nie also in Kirchen oder Konzertsälen. Die Besetzung der Streicher war entweder solistisch oder, wie nachgewiesenermaßen in der Köthener Hofkapelle, paarweise pro Violinenpult; also wäre dies nach heutigen Begriffen »Kammermusik«. In diesem Rahmen war die Durchhörbarkeit immer gewährleistet, zumal die historischen Streichinstrumente aufgrund ihrer anderen Mensur und Besaitung eine intimere Klanglichkeit aufwiesen. Heutige Aufführungen mit mehrfach besetzten Streicherstimmen bis hinab zu den Violoncelli unter Verwendung moderner Instrumente stellen eine grobe Verfälschung dar, und man darf es dann weder Bach noch dem Cembalo anlasten, wenn man das Solo-Instrument fast nicht hört.

Cembalokonzert d-Moll (BWV 1052)

1. *Allegro* – 2. *Adagio* – 3. *Allegro*.

Manche Einzelheiten dieses berühmtesten unter Bachs Cembalokonzerten deuten auf eine späte Entstehungszeit. Die Frage von Original und Bearbeitung ist in diesem Fall recht

verworren: So gibt es eine frühe Fassung des Konzertes (BWV 1052a), und 2 seiner Sätze erscheinen in Kantaten (einer oder auch alle 3 Sätze sollten als Sinfonia zur Kantate *Ich habe meine Zuversicht*, BWV 188, erklingen, doch sind von diesem Projekt nur wenige Takte erhalten; die beiden ersten Sätze der Frühfassung erscheinen als Sinfonia und Chor in der Kantate *Wir müssen durch viel Trübsal*, BWV 146). Nach dem aktuellen Stand der musikwissenschaftlichen Forschung wird aus allen Indizien auf eine Vorlage aus der Köthener Zeit in Gestalt eines Violinkonzertes geschlossen, das allerdings auch von einem anderen – hochbedeutenden! – Komponisten der Bach-Zeit stammen könnte. Manche stilistische Eigentümlichkeit dieser Musik deutet in der Tat auf einen möglicherweise jüngeren Schöpfer als Bach, denn der Tonfall und zahlreiche strukturelle Details sind sonst bei Bach nicht zu finden, auch das affektgeladene Pathos und die Leidenschaftlichkeit aller 3 Sätze erscheinen in ihrer Häufung ungewöhnlich.
Von großer Eindringlichkeit und Düsterkeit ist der Unisono-Beginn des Orchesters, der den *1. Satz* auch tongetreu beendet:

Neben reinen Begleitpassagen verwendet Bach das markante Kopfmotiv dieses Themas häufig, fast im Sinne motivisch-thematischer Arbeit, als Kontrapunkt zum Solo, dem im übrigen vor dem Schluß-Ritornell eine tokkatenhafte Kadenz zufällt. – Auch Vor- und Nachspiel des *Adagio*-Mittelsatzes (g-Moll, ¾) deklamieren im pathetischen Streicher-Unisono, während die ausgezierten Arabesken der rechten Cembalohand durchaus an das verschollene Violinoriginal erinnern könnten. – Das abschließende *Allegro* wird nachdrücklich von hinabstürzenden Tonleiter- und Dreiklangableitungen charakterisiert. Seine vorandrängende Bewegungsenergie basiert ganz entscheidend auf der systematischen Reihung des Anapäst-Rhythmus in Tutti und Solo (♫♪).
Im Rahmen der Neuen Bach-Ausgabe wurde ein Rekonstruktionsvorschlag zum vermuteten ursprünglichen d-Moll-Violinkonzert vorgelegt.

Cembalokonzert E-Dur (BWV 1053)

1. *Allegro* – 2. *Siciliano* – 3. *Allegro*.

Alle 3 Sätze dieses Konzertes erscheinen in Kantaten. Der 1. und 2. in BWV 169 *Gott soll allein mein Herze haben*, der 3. in BWV 49 *Ich geh und suche mit Verlangen*, jeweils mit konzertierender Orgel; man vermutet, daß es sich hier bereits um Bearbeitungen eines Violinkonzerts der Köthener Zeit handeln könnte. Auffällig ist, daß Bach in den beiden schnellen Sätzen die traditionelle Konzertform erstaunlich dicht an die Sonatensatzform annäherte. Zugleich ist dieses klangprächtige Konzert das längste und durchstrukturierteste dieser Reihe. Sein Cembalopart ist anspruchsvoll, und der Orchestersatz ist sehr subtil in Tutti- und Begleitpassagen abgestuft. Das Orchester-Ritornell, das den *1. Satz* eröffnet und auch abschließt, enthält bereits die wesentlichen motivischen Bausteine des ganzen kommenden Satzgefüges, wobei in den beiden ersten Takten in aller Ausführlichkeit die Grundtonart E-Dur ausgebreitet wird. Der Mittelteil färbt sich modulierend in verwandte Kreuztonarten (fis-Moll, A-Dur, cis-Moll), bevor ein halber Takt Adagio zur ausführlichen Reprise zurückleitet. – Ein zartes cis-Moll-*Siciliano* wird eingerahmt von wiegend-punktiertem Linienspiel der 3 hohen Streicherstimmen, dem das Cembalo seine lautenähnlichen Sechzehntel-Figurationen entgegensetzt. Der ausgedehnte Mittelteil gehört der ausgezierten Oberstimme des Solo-Instrumentes, während Streicher und Generalbaß dezent akkordisch begleiten. – Das Schluß-*Allegro* (3/8) baut noch entschiedener auf diatonische Dreiklangmelodik und entfaltet im Cembalo ein beträchtliches Maß an Virtuosität, voll von Laufwerk und Arpeggienfiguren. Auch dieser Satz weist in seinem modulierenden Mittelteil Durchführungsansätze auf, wobei der kurze Tonleiterausschnitt aus dem 2. Takt des Themas sich verselbständigt und motivisch im Solo-Part immer neu dem Orchester entgegengestellt wird:

Cembalokonzert A-Dur (BWV 1055)

1. *Allegro* – 2. *Larghetto* – 3. *Allegro ma non tanto.*

Auch dieses Konzert geht auf ein Original für ein Melodie-Instrument zurück, das jedoch bis heute unbekannt blieb; möglicherweise handelt es sich um die Oboe d'amore, eine solche rekonstruierte Fassung legt die Neue Bach-Ausgabe vor. Aufgrund seiner relativ einfachen und deutlich »italienisierenden« Struktur hat man Bachs Autorschaft angezweifelt.
Der *1. Satz* (¢) ist knapp und kurzgliedrig gebaut, fast stereotyp auf einem einzigen Motiv basierend, mit dem auch das erste Tutti einsetzt. – Im 12/8-*Mittelsatz* (fis-Moll) kostet der Komponist liebevoll den Siciliano-Charme aus und läßt die Oberstimme des Cembalos über chromatisch gefärbter Baßlinie in langen Sechzehntel-Girlanden singen. – Charakteristisch für das folgende *Allegro* (3/8) sind die immer wieder im Taktschwerpunkt gestauten Zweiunddreißigstel-Figuren. Bachs Zusatz *ma non tanto* unterstreicht den beherrscht zurückgenommenen Charakter dieser Musik, die bisweilen fast an einen höfisch gezierten Tanz gemahnt, in der immer wieder biegsame Triolenketten des Solo-Instrumentes von weich schwingenden oder auch akzentuiert abgesetzten Achteln des Orchesters begleitet werden.

Cembalokonzert f-Moll (BWV 1056)

1. *Allegro* – 2. *Largo* – 3. *Presto.*

Bei diesem Konzert spricht viel für die Annahme, daß ihm wieder ein verschollenes Violinkonzert (in g-Moll) zugrunde liegt. Die ganze Anlage und thematische Struktur deuten auf ein Melodie-Instrument als Vorbild, dessen Linie in die Oberstimme des Cembalos übertragen wurde, während die linke Hand überwiegend den Generalbaß verstärkt.
Der schwermütige Grundton des konzentrierten, knappen Konzertes wird sogleich in den ersten Tutti-Takten angeschlagen, deren charakteristischer Anfang seine Wirkung aus der synkopischen Überbindung zum zweiten Taktteil bezieht; die triolische Schlußfloskel wird sogleich als Echo im Cembalo imitiert:

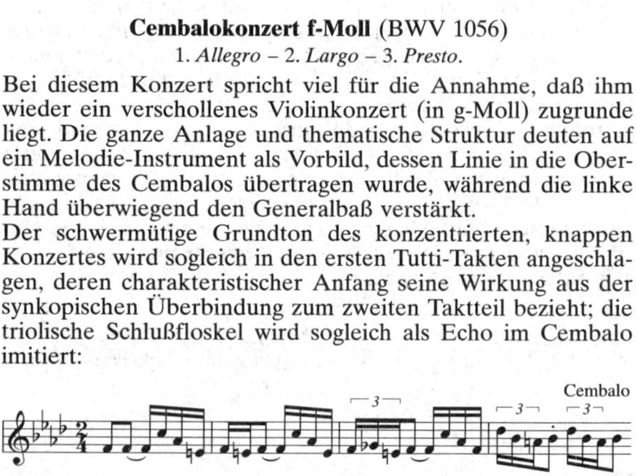

Im Sinne eines Concerto-Satzes nach italienischem Muster werden die einzelnen deutlich abgesetzten Soli mehrfach durch Tutti-Einblendungen voneinander abgehoben. Die Solo-Episoden verlaufen überwiegend im geschmeidigen Triolenfluß, während das Orchester behutsam kleine und kleinste motivische Absplitterungen aus der Tutti-Thematik dagegensetzt. – Das As-Dur-*Largo* (4/4) ist eine bezaubernd melancholische Ständchen-Musik, voll reicher Melismen in der Cembalo-Oberstimme und durchweg pizzicato begleitet. Es endet harmonisch offen auf der Dominante C-Dur zur Grundtonart f-Moll des folgenden *Abschlußsatzes*. Auch dieser spielt motivisch mit der Wirkung synkopischer Überbindung. Die aufstrebende Tonleiter des Beginns kippt nach 8 Takten in die Umkehrung. Auch der Echo-Effekt aus dem 1. Satz kehrt wieder, diesmal ist er den Violinen vorbehalten und im weiteren Verlauf in der Begleitung fast durchführungsmäßig wiederholt. Dieser Satz ist ebenfalls sehr konsequent und konstruktiv motivisch durchgestaltet, ein Spiel, an dem sich der Solist nachdrücklich beteiligt. So werden die Tonleiterelemente imitatorisch verarbeitet, und die beiden Achtel-Akkorde, mit denen das Anfangsthema endet, tauchen allenthalben wieder auf, sowohl an den erwähnten Echostellen, wie auch zweimal gemeinsam in Tutti und Solo als regelrechte Akkordblöcke.
Der langsame Satz begegnet uns wieder in einer F-Dur-Version für Oboe und Streicher als Sinfonia zur Kantate BWV 156 von 1729 (*Ich steh mit einem Fuß im Grabe*). Die vermutete Urfassung mit Violine liegt in einem Rekonstruktionsvorschlag der Neuen Bach-Ausgabe vor.

Das **Cembalokonzert D-Dur** (BWV 1054) ist eine Bearbeitung des Violinkonzertes E-Dur (BWV 1042). **BWV 1058 g-Moll** ist eine Umarbeitung des Violinkonzertes a-Moll (BWV 1041). Das **Konzert F-Dur** (BWV 1057) ist eine durchaus reizvolle, wenngleich leider selten aufgeführte Neufassung des 4. Brandenburgischen Konzertes. Unter **BWV 1059** wird schließlich ein 9taktiges Fragment geführt (d-Moll).

Konzert für 2 Cembali c-Moll (BWV 1060)

1. *Allegro* – 2. *Largo ovvero adagio* – 3. *Allegro*.

Die Urfassung dieses Doppelkonzertes war wohl mit Violine und Oboe, zumindest aber mit zwei Melodie-Instrumenten besetzt und ist mit einiger Sicherheit in die Köthener Periode

1717–23 zu datieren. Man hat diese Version rekonstruiert, und in dieser Fassung ist das Werk heute häufiger zu hören als in der Cembalobearbeitung.
Der beschwingte *Kopfsatz* lebt ganz von der empfindsamen Eindringlichkeit seines feingliedrigen Hauptthemas mit seinen beiden Echo-Einwürfen, die natürlich auf zwei Melodie-Instrumenten ungleich eindrucksvoller wirken als auf den Cembali. Andererseits bringen die beiden Tasteninstrumente ein beträchtliches Maß an vielstimmiger Vollgriffigkeit ein, die doch den Mangel an linearer Kantabilität bis zu einem gewissen Grad ausgleicht. Das Orchester begleitet das von nur wenigen abwechselnden Pausen durchbrochene Duett der beiden Solo-Instrumente motivisch sehr konsequent, wobei seine Motivik aus dem im Eröffnungs-Tutti vorgestellten Material abgeleitet wird. – Im $^{12}/_{8}$-*Largo* (Es-Dur) wird das fein abgestimmte Linienspiel der 4 Cembalostimmen durchgehend pizzicato begleitet. Lediglich wenige Takte in der Satzmitte und die beiden Schlußakkorde heben sich hiervon coll'arco ab. Der Satz endet harmonisch offen auf der Dominante des folgenden *Allegro*-Satzes. Auch dieser ist sehr konsequent und sparsam aus der Motivik seines Anfangs-Tuttis abgeleitet: Die beiden prägenden Bausteine, vor allem auch für das begleitende Orchester, sind in den beiden ersten Takten enthalten, nämlich die abwärtsgerichteten Achtel-Sprünge und die anschließende in Sechzehnteln ausgeführte Trillerfigur.
Die bezwingende Wirkung dieses Konzertes beruht auf der großen thematischen und formalen Konzentration der beiden Ecksätze im direkten Kontrast zur gelösten, ständchenhaften Kantabilität des Mittelsatzes. Gleichwohl verdiente die Fassung für 2 Cembali stärkere Beachtung, denn auch so vermag diese Komposition durch ihre geschlossene Eindringlichkeit zu wirken. – Rekonstruktionen der ursprünglichen Fassung als Doppelkonzert für Violine, Oboe und Streicher mit Continuo gibt es in c-Moll und in d-Moll.

Konzert für 2 Cembali solo C-Dur (BWV 1061)

1. *Allegro* – 2. *Adagio ovvero largo* – 3. *Fuga.*

Konzert für 2 Cembali C-Dur (BWV 1061a)

Dieses bedeutende Konzert dürfte als eines der frühesten um 1730 entstanden sein und ist in 2 Fassungen überliefert, einmal in einem originalen Stimmensatz von der Hand Anna

Magdalenas und Johann Sebastians als Konzert für 2 Cembali solo ohne Orchesterbegleitung, dann in Abschriften (nach 1750) als Konzert mit Streicher-Ripieno und Basso continuo, wobei diese Version wohl die spätere sein dürfte.
Die Cembalostimmen sind in beiden Bearbeitungen bis auf winzige Details identisch. Der langsame Satz verzichtet auch in der Orchesterfassung völlig auf Streicherbegleitung. In den beiden Ecksätzen sind die Streichinstrumente auffallend sparsam und auch äußerst überlegt und akzentuiert eingesetzt. Die Fuge beginnt zunächst überhaupt 32 Takte lang solistisch und verstärkt danach im wesentlichen die polyphonen Strukturen durch paralleles Mitgehen der Streicher, immer wieder unterbrochen durch ausgedehnte solistische Duo-Passagen. Auf diese Weise ergibt sich eine markante Gliederungswirkung, wodurch die Form jeweils sehr klar und übersichtlich zutage tritt – was auf den ersten Blick als Mangel erscheinen mag, erweist sich im Effekt geradezu als Kunstgriff.
Im übrigen zeichnet sich der *Kopfsatz* durch sehr dichte thematische Arbeit aus, durch ein echtes und im besten Sinne konzertierendes Miteinander der beiden Solo-Stimmen. Dabei fehlen alle äußerlich virtuosen Elemente, anspruchsvoll ist hier die geistige Grundhaltung, die konzentrierte Hochspannung vom ersten bis zum letzten Takt. Auch die Konturen des kommenden Sonatensatzmodells lassen sich zumindest im harmonischen Ablauf ahnen, der Haupt- und Seitensatz (Tonika – Dominante) andeutet und auch durchführungsähnliche Aspekte enthält. – Das *Adagio* (a-Moll, $^{6}/_{8}$) ist danach keineswegs eine serenadenhafte Siciliano-Entspannung, sondern ein eher herbes, streng lineares Gebilde von fast kontemplativer Verinnerlichung mit kanonischen Verdichtungen und in angedeuteter Dreiteiligkeit der Großform. Bach gelingt hier das Meisterstück eines über weite Strecken hin linear-4stimmigen Satzes ohne Fugenansätze; im Grunde schreibt er hier eine singuläre 4stimmige Invention. – Auch das *Finale* vermag diese Spannung aufrechtzuerhalten und vertieft die Konzentration durch den Einsatz der Fugentechnik: Jedes der beiden Solo-Instrumente bringt zunächst eine 3stimmige Fugenexposition, wobei das 2. Cembalo die Reihenfolge der Einsätze vertauscht. Unmerklich aber lockert sich im Satzverlauf das strenge Fugenprinzip und wird gleichsam überlagert von Elementen »modernerer« motivischer Durchführungsansätze – die einzelnen Stimmen beginnen sich auf einmal, ganz fugen-

fern, für einzelne motivische Bestandteile zu interessieren. So trägt dieser *Fuga* betitelte Satz doch zugleich Aspekte des Konzertsatzes in sich. Und sein Schluß wirkt wie ein krönender Abschluß, wenn die mehrfache aufsteigende Themensequenzierung in 2½ fast spielerisch gelöste homophone Schlußtakte mit einander nachklappenden Akkordblöcken mündet.

Das **Konzert c-Moll** (BWV 1062) ist eine Eigenbearbeitung des Doppelkonzertes für 2 Violinen d-Moll (BWV 1043).

Konzert für 3 Cembali d-Moll (BWV 1063)

1. *Allegro* – 2. *Alla Siciliana* – 3. *Allegro*.

Bach soll die beiden Konzerte mit 3 Cembali für den Klavierunterricht seiner beiden Söhne Wilhelm Friedemann und Carl Philipp Emanuel geschrieben haben. Wenn das zutrifft, könnte man ihre Entstehung etwa auf die Zeit um 1730 datieren. Nicht geklärt ist bislang, ob es sich um Originalkompositionen oder um Eigenbearbeitungen handelt. Man vermutete beim d-Moll-Konzert sogar die kompositorische Mitarbeit der Söhne, ohne sie jedoch beweisen zu können.
Dieses Konzert ist von außerordentlich konzentrierter, fast wuchtiger Wirkung, mit seinem dichten, dabei fein aufeinander abgestimmten Cembalo-Trio und den sie sparsam unterstützenden Streichern. Unerhört eindrucksvoll ist der mächtige Unisono Beginn (*Allegro*) aller Instrumente über 15 Takte hin, der, einem Rahmen gleich, auch den 1. Satz beschließt. Das 1. Cembalo hat ein leichtes Übergewicht und tritt mit 2 solistischen Kadenzen hervor – ein möglicher Hinweis auf J. S. Bach selber als Ausführenden. Im übrigen sind die 3 Parts sehr subtil aufeinander abgestimmt und verlaufen über weite Strecken parallel, mit immer wieder einmal gemeinsamer Baßstimme. – Der langsame *Mittelsatz* (F-Dur, 6/8) bietet in der vorliegenden überlieferten (fragwürdigen?) Fassung kaum lösbare aufführungstechnische Probleme. In dieser Form dürfte er von Bach nicht gemeint gewesen sein: Alle 3 Cembali spielen zunächst 40 Takte lang völlig identische Partien, sowohl mit der Siciliano-Melodie, die überdies noch von der ersten Violinstimme übernommen wird, als auch in der akkordischen Begleitung. Wollte man es so ausführen, entstünde ein massiger und völlig undifferenzierter Klang ohne

jeden farblichen Reiz. Erst ab Takt 41 geht die Führung allein an das 1. Cembalo über, mit von hier an gelöst fließenden, pausenlosen Sechzehntel-Ketten und bei akkordisch sich ergänzender Begleitung durch die beiden anderen Cembali sowie schweigenden hohen Streichern. Eine 2taktige Solo-Kadenz des 1. Cembalos vermittelt zum Adagio-Schluß auf der Dominante A-Dur des folgenden Schlußsatzes – auch formal verläuft dieses Siciliano also in ungewohnten Bahnen und entbehrt überdies auf seltsame Weise des gewohnten, diesem Satztypus eigenen Charmes. – Der *Schlußsatz* (2/4) führt die entschlossene Ernsthaftigkeit des ersten fort und differenziert dabei ein wenig stärker. Prägendes Element ist das synkopisch einsetzende Anfangsthema, imitatorisch nacheinander in den 3 Solo-Instrumenten vorgestellt und jeweils von einer Streicherstimme unterstützt. Im Satzverlauf enthält jedes der Cembali eine ausgedehntere Solo-Episode zugewiesen. Sie sind voneinander abgesetzt durch das synkopische Tutti-Ritornell und durch einige durchführungsartig durchbrochene Takte aller Instrumente. Das konzertante Element tritt also im Finale dieses insgesamt eher spröden und un-konzertanten Werkes am deutlichsten in Erscheinung. Gleichwohl zeichnet sich diese Musik durch ihre kompromißlose Direktheit und ihre sorgfältige strukturelle Durchgestaltung aus und hat zweifellos ihren ganz eigenen Reiz, vor allem für die Ausführenden.

Konzert für 3 Cembali C-Dur (BWV 1064)

1. *Allegro* – 2. *Adagio* – 3. *Allegro*.

Ist das d-Moll-Werk ganz nach innen gekehrt und von ausgesprochen sprödem Charme, so bildet das C-Dur-Konzert sein prächtiges und in jeder Hinsicht effektvolleres Gegenstück. Auffallend ist vor allem am *1. Satz*, daß die 3 Cembali meist als geschlossenes Concertino dem Orchester gegenübertreten; nur an ganz wenigen und kurzen Stellen treten sie schlaglichtartig einzeln hervor. Darüber hinaus verlaufen ihre Baßstimmen parallel, so daß sich der Eindruck eines kompakten 4stimmigen Satzgefüges ergibt. Auffällig sind dabei sowohl die gelegentlichen, äußerst charakteristischen Blöcke paralleler Spielfiguren, die einen ganz eigenen, fast statisch auf der Stelle tretenden Effekt erzeugen, und die formgliedernden Unisono-Einwürfe des streng diatonischen C-Dur-

Anfangsthemas, dem jeweils die führende Violinstimme einen charakteristisch ausgezierten melodisch-synkopischen Kontrapunkt entgegenstellt:

Ungewöhnlich ist überdies, daß das eröffnende Tutti-Ritornell sehr ausgedehnt ist (42 Takte) und bereits eine durchführungsartige Auseinandersetzung mit dem Thema bringt. Thematisch-motivische Arbeit kennzeichnet auch den weiteren Verlauf des ganzen Satzes. – Das *Adagio* (a-Moll, 4/4) ist auch in diesem Konzert kein freundliches Intermezzo, sondern ein eher nach innen gekehrter und ungemein sorgfältig durchgearbeiteter Satz. Sein Fundament ist ein ostinater Baß, gemeinsam von allen 3 Cembalisten und dem Orchesterbaß vorgetragen, der einen ausgeprägt eigenständigen, geradezu deklamatorischen Charakter hat. Darüber entfalten die 3 Solo-Oberstimmen ihr subtil aufeinander abgestimmtes, aber eher abstraktes als inniges Linienspiel voll chromatischer Abtönungen. – Der *Schlußsatz* (¢) verbindet wie gewohnt Fugenansätze mit Elementen des Konzertsatzes. Das lineare Fugenprinzip weitet Bach hier bis zur Sechsstimmigkeit im Anfangs-Tutti aus, über einem markant in ganzen Noten vom Grundton zur Quinte hinabsteigenden Baßfundament. Das abschließende Tutti-Ritornell endet überraschend fast spielerisch mit jeweils eintaktigen Triolenpassagen der 3 Solo-Instrumente, so als wollten sie sich augenzwinkernd und locker nach der geballten geistigen und spieltechnischen Hochspannung verabschieden. Jedem der 3 Cembali fällt danach ein eigenes individuelles Solo zu, wobei sie sich nacheinander sowohl in der Virtuosität wie in der harmonischen Farbigkeit steigern, mit dem Part des 1. Cembalos als krönendem Abschluß.

Konzert für 4 Cembali a-Moll (BWV 1065)

1. *Allegro* – 2. *Largo* – 3. *Allegro*.

Die Vorlage dieser Bearbeitung ist ein Konzert h-Moll (op. 3 Nr. 10) von Antonio Vivaldi. Bekanntlich beschäftigte sich Bach in seinen Weimarer Jahren mit Vorliebe mit Vivaldis

Konzerten und arrangierte sie für Solo-Cembalo. Auch diese spätere Bearbeitung, wohl zwischen 1730 und 1733 entstanden, ist ein überzeugendes Beispiel für Bachs Fähigkeit, ein fremdes Original in seinen eigenen Stil einzuschmelzen und es mit seinen durchdachten Veränderungen und Hinzufügungen neu erstehen zu lassen. Dabei wandelt sich Vivaldis lapidare und bisweilen plakativ-schlichte Tonsprache zu differenzierterer und vor allem kontrapunktischer Struktur, ohne die Großform in Frage zu stellen. Auch die Umsetzung der Violinfigurationen in charakteristische Cembalopassagen geschieht völlig unschematisch, statt dessen phantasievoll und mit Einfühlungskraft; ein gleiches gilt für die Neuformulierung der nun hinzutretenden Baßlinien der Tasteninstrumente. Grandios sind die gleichsam stehenden und doch pulsierenden Klangflächen, zu denen sich die Figuren der 4 obertonreichen Zupfinstrumente immer wieder zusammenschließen. Dieser Effekt beherrscht vor allem den fast majestätisch-prächtigen *Mittelsatz*, der immer wieder von mächtigen punktierten Akkordblöcken aller Instrumente unterbrochen und gegliedert wird. Und auch das *Finale* ist ein Fest des spielerisch-aufrauschenden, flimmernden Klanges ohne jede Monotonie, aber auch völlig ohne individuelle virtuose Glanzlichter – vor allem gemeinsam, als Concertino, sind die 4 Cembalisten stark!

Das **Tripelkonzert a-Moll für Cembalo, Flöte, Violine mit Streichern und Basso continuo** (BWV 1044) ist eine Eigenbearbeitung Bachs. Für die beiden Ecksätze verwendete er Präludium und Fuge a-Moll für Cembalo (BWV 894) und fügte als Mittelsatz den langsamen Satz aus der Triosonate für Orgel d-Moll (BWV 527) ein. Die kompositorischen Eingriffe und Erweiterungen Bachs sind zumindest in den Ecksätzen jedoch so groß, daß man von einer Neuschöpfung sprechen sollte. Auf diese Weise wuchs beispielsweise der Umfang des Kopfsatzes (*Allegro*) um etwa die Hälfte von 99 auf 149 Takte – Bach übernahm den Verlauf nur in großen Zügen und keineswegs tongetreu, fügte eigenständige Orchester-Ritornelle hinzu; ein direkter Vergleich der Cembalostimme zeigt zahllose größere und auch feinste Differenzen. Der Einsatz des begleitenden Orchesters ist äußerst feingliedrig und subtil, mit oft sparsam markierenden Einwürfen und kurzphasigen Pizzicato-Passagen. Die große Solo-Kadenz des Cembalos übernahm Bach ebenfalls mit zahlreichen Retuschen und begleitet sie sehr effektvoll mit dem zupfenden Orchester. – Auch das *Adagio ma non tanto e dolce* (C-Dur, 6/8) ist mehr als ein Arrangement: Da Bach 3 Solo-Instrumente, aber 4 Stimmen zur Verfügung standen, erweiterte er den ursprünglichen Trio-Satz um eine zusätzliche charakteristisch sich abhebende Stimme, abwechselnd Pizzicato oder Staccato auf Violine und Flöte verteilt. Darüber hinaus ergeben sich manche Retuschen aus dem jeweils andersartigen Instrument. So änderten sich die typischen Treppentonleitern und die auffälligen gebrochenen Oktaven des Orgelpedals (3/4-Takt) in eine fließende Zweierbewegung in der Cembalo-Unterstimme:

Und die im Orgeloriginal vorgeschriebenen Wiederholungen der beiden Teile (A – B – A) schreibt Bach aus und nutzt die Wiederholungen zu mehrfachem Tausch in der Instrumentalzuordnung der Stimmen. Die Substanz dieses Triosatzes aber ist unverändert geblieben. – Die Fuge (*Alla breve*) erweiterte Bach durch neukomponierte Orchester-Vor- und -Zwischenspiele zum Konzertsatz, die eigentliche Fuge aber überließ er fast unverändert dem durchgehend beschäftigten Solo-Cembalo, mit zunächst nur ganz geringfügigen Retuschen und einer Versetzung von 12/16 nach ¢ mit Triolenunterteilung, wohl aus Gründen der besseren Lesbarkeit. Auch hier begleiten die Streicher häufig mit dezentem Pizzicato, die beiden anderen Solo-Instrumente steuern lediglich Kontrapunkte bei. Der einzige größere substantielle Eingriff erfolgt am Ende: Ab Takt 199 schlägt die bisher pausenlose Dreierbewegung in Sechzehntel um, was als suggestive Steigerung vor dem bevorstehenden Höhepunkt wirkt, der Solo-Kadenz, die ganz neu vor das abschließende Orchester-Ritornell gesetzt wird. Leider wird dieses ungemein originelle und anspruchsvolle Konzert selten aufgeführt, einesteils wohl wegen der 3 benötigten Solo-Partien, andererseits, weil ihm der scheinbare Makel einer Bearbeitung anhaftet, was aber aus der Sicht unserer originalsüchtigen Epoche eine Verkennung der historischen Realität bedeutet. Es kann kein Zweifel daran bestehen, daß für J. S. Bach und seine Zeit in der Regel keine Rangfolge zwischen verschiedenen Fassungen bestand, zumal wenn sie so eigenständig sind wie im vorliegenden Fall.

Ouvertüren (Orchestersuiten)

Die Geschichte der Orchestersuite reicht bis in die 1. Hälfte des 16. Jh. zurück und hat auch eine eigene, recht intensive deutsche Tradition, vor allem in der 1. Hälfte des 17. Jh. Von Lully stammt dann jene charakteristische Form der sogenannten Französischen Ouvertüre mit ihrer 3teiligen Anlage, die Bach als 1. Satz seiner Orchestersuiten übernahm und von der diese dann insgesamt ihren Namen erhielten: 2 pompös-repräsentative Grave-Teile umrahmen ein bewegtes fugiertes Allegro (A – B –A); charakteristisch ist im Grave der scharf punktierte Rhythmus mit seinen auffälligen Zweiunddreißigstel-»Anläufen«, als Kennzeichen des »stile francese«.
Die Entstehungsgeschichte der 4 großen Orchestersuiten Bachs liegt weitgehend im dunkeln, stilistische Hinweise grenzen den Zeitraum in etwa auf die Köthener Zeit ein. Die handschriftlichen Partitur-Originale sind nicht mehr vorhanden; die verfügbaren Quellen – u. a. Stimmensätze – stammen aus späteren Jahren.
Bach übernahm also Lullys Ouvertürenform, weitete sie allerdings sogleich strukturell und vor allem gehaltlich so weit aus, daß sie ihren äußerlich-repräsentativen Vorspielcharakter überwanden und zum Zentrum der jeweiligen Komposition wurden. An die traditionelle Suitenreihe mit ihren gleichsam standardisierten Sätzen Allemande, Courante, Sarabande und Gigue hielt er sich im übrigen nur sehr andeutungsweise und locker – die Allemande erscheint überhaupt nicht, Courante und Gigue erklingen nur je einmal in den 4 Orchesterwerken. Statt dessen bevorzugte er die »modischeren«, in der Regel zwischen Sarabande und Gigue eingeschobenen Tanzmodelle und reihte sie häufig paarig (etwa Gavotte I, Gavotte II, Gavotte I da capo). Die Orchesterbesetzung variiert in allen 4 Werken mehr oder weniger: Die individuellste Instrumentation mit einer konzertierenden Flöte weist die h-Moll-Suite auf; die übrigen 3 verfügen über 2 oder auch 3 Oboen; in den beiden D-Dur-Suiten treten Trompeten und Pauken hinzu, wobei BWV 1069 mit je 3 Trompeten und Oboen sowie Pauken und Fagott am klangmächtigsten ausgestattet ist.

Suite Nr. 1 C-Dur (BWV 1066)

1. *Ouvertüre* – 2. *Courante* – 3. *Gavotte I und II* – 4. *Forlane* – 5. *Menuett I und II* – 6. *Bourrée I und II* – 7. *Passepied I und II.*

Hier deutet ein überlieferter Stimmensatz zumindest an, daß Bach auch in seiner Leipziger Zeit (1723/24) Bedarf an weltlicher Instrumentalmusik hatte; die Entstehungszeit dieser Suite dürfte jedoch eher in die Köthener Jahre (1717–23) fallen. Das Holzbläsertrio (2 Oboen und ein Fagott), das hier den Streichern an die Seite tritt, wird auf charakteristisch unterschiedliche Weise eingesetzt, im Tutti – etwa den »Grave«-Partien der *Ouvertüre* – verstärken die Oboen unisono die führende 1. Violine, und das Fagott komplettiert die Continuo-Gruppe, im Allegro-Mittelteil kommt es dagegen bereits zweimal zu selbständigem concertinoartigen Einsatz des Bläserterzetts, so daß innerhalb der Suite auf einmal ein neues konzertierendes Element erkennbar wird, mit Tendenz zum Concerto grosso. In der Mehrzahl der folgenden Sätze bleibt die Tutti-Registrierung der »Grave«-Teile das Vorbild. Hiervon heben sich im Sinne des reizvollen Farbkontrastes einige Tanzsätze ab, nämlich die *Gavotte II* mit ihren beiden selbständig und überwiegend in Terzen und Sexten parallel geführten Oboen, das reine Holzbläser-Trio der *Bourrée II* oder auch der reine Streichersatz des *2. Menuetts*. Die seltene *Forlane*, ein schneller italienischer Tanz (6/4), erhält ihren eigentümlichen Reiz aus der in paarigen Achtel-Gruppen phrasierten doppelten Gegenstimme von 2. Violine und Viola. Die beiden *Passepieds* sind durch einen kompositorischen Kunstgriff miteinander verknüpft: Im Passepied II wird die Melodiestimme aus Passepied I eine Oktave tiefer in der Mittellage der Violinen und Violen unisono wiederholt, während sich darüber ein neuer Achtel-Kontrapunkt der Oboen bewegt.

Suite Nr. 2 h-Moll (BWV 1067)

1. *Ouvertüre* – 2. *Rondeau* – 3. *Sarabande* – 4. *Bourrée I und II* – 5. *Polonaise* – 6. (*Double*) – 7. *Menuett* – 8. *Badinerie.*

Die 2. Suite ist wegen ihrer Besetzung mit solistischer Flauto traverso besonders populär geworden. Bach gelang hier die Synthese der französischen Ouvertürensuite mit dem konzertierenden Prinzip – in den spieltechnischen Ambitionen bilden manche dieser Sätze ein virtuoses Flötenkonzert.
In der *Ouvertüre* selber wird die Flöte zunächst lediglich als fär-

bendes Register der 1. Violinstimme hinzugefügt, doch bereits im Allegro-Mittelteil kommt es zu mehreren ausgedehnten solistisch-konzertierenden Zwischenspiel-Episoden. Im *Rondeau* (¢) mit seinem der Gavotte verwandten Metrum sorgt die Continuo-Stimme mit ihren synkopischen Überbindungen für rhythmische Spannung. Völlig untypisch mit ihrer auftaktigen und punktierten Bewegung ist danach die *Sarabande*. In der ganz durchsichtig und durchbrochen begleiteten *Bourrée II* bietet die Solo-Flöte eine durchgehende behende Achtel-Kette. Zur *Polonaise* (»lentement«) tritt, anstelle eines zweiten Alternativsatzes, ein *Double*, in dem die melodische Linie der Polonaise tongenau in die Baßstimme wandert und dazu die Flöte eine solistische arabeskenhaft gezierte Gegenstimme spielt. Das höfische *Menuett* im flötengefärbten Tutti-Klang ist ein Moment der retardierenden Besinnlichkeit vor dem atemlosen virtuosen Sturmlauf der abschließenden *Badinerie*, dem dritten reinen Solo-Satz der Flöte (nach Polonaisen-Double und Bourrée II). Wenn man auf diese Musik die Prinzipien barocker Artikulation und melodischer Deklamation anwendet, dann verbietet sich allerdings das rasende Tempo von selber, das von manchen heutigen Flötenvirtuosen hier angeschlagen wird!

Suite Nr. 3 D-Dur (BWV 1068)

1. *Ouvertüre* – 2. *Air* – 3. *Gavotte I und II* – 4. *Bourrée* – 5. *Gigue.*

Dies ist die 1. der beiden aufwendig instrumentierten Suiten mit Pauken und Trompeten (neben 2 Oboen). Und es ist sehr aufschlußreich, wie Bach gleich in der *Ouvertüre* diese Instrumentengruppen einsetzt: nämlich überwiegend als festlich-repräsentative Register, die dem Orchester Glanz und rhythmische Akzente hinzufügen; in den »Grave«-Teilen markieren sie vor allem die punktierten Rhythmen, und die Pauke lärmt mit langen Wirbeln und schnellen Repetitionen. Der fugierte Mittelteil dagegen wird zur Domäne der ungemein anspruchsvoll und virtuos geführten 1. Violinstimme, die in den Zwischenspielen deutlich konzertanten Charakter annimmt. Das Thema dieses mit »vite« überschriebenen Abschnitts ist streng motivisch gereiht aus jenem Ureinfall, der bei Bach eine so zentrale Rolle spielt:

Die folgende *Air* ist, ganz ohne Pauken und Bläser, zum wohl populärsten Bachschen Orchesterstück geworden – zu Recht, muß man wohl zugestehen, denn hier sind in perfekter Manier melodische Ausdruckskraft und satztechnische Meisterschaft eine Synthese eingegangen, als seltenes Beispiel dafür, daß Popularität und hoher Rang sich nicht unbedingt ausschließen müssen. Ihre einzigartige Wirkung bezieht diese Musik aus wenigen, ganz konsequent eingesetzten und durchgeführten Elementen: die Baßlinie schreitet unbeirrt in jeweils oktavversetzten Achteln dahin, gelegentlich chromatisch angereichert; darüber bewegen sich in enger Lage die einander subtil ergänzenden Linien der 3 hohen Streicher, angeführt von den Melismen der 1. Violine. – In den beiden *Gavotten* werden die 3 Trompeten und die Pauken jeweils nur effektvoll akzentuierend eingesetzt, als Glanzlichter auf einer lebenslustigen und zur verinnerlichten Air in direktem Kontrast stehenden Tanzmusik. Und auch *Bourrée* und abschließende *Gigue* sind charakteristische Beispiele einer weltlich-festlichen Tanzmusik, zwar künstlerisch stilisiert, doch nur so weit, daß man sie sich dennoch auch als Gebrauchsmusik im höfischen Rahmen vorstellen könnte.

Suite Nr. 4 D-Dur (BWV 1069)

1. *Ouvertüre* – 2. *Bourrée I und II* – 3. *Gavotte* – 4. *Menuett I und II* – 5. *Réjouissance.*

Auch die 4. Suite steht wegen der 3 Trompeten in D-Dur. Ihre *Ouvertüre* fällt ein wenig aus dem Rahmen des Üblichen, denn ihr schneller Mittelteil ist ganz im triolisch fließenden Metrum einer Gigue (9/8) angelegt. In diesem Satz löst Bach zugleich am vollkommensten ein, was er in den 3 anderen Ouvertürensätzen bereits angekündigt hat: die Verschmelzung des fugierten Ouvertüren-Allegros mit dem Prinzip des italienischen Concertos. Ungemein abwechslungsreich werden die Kontrastfarben der 3 Instrumentengruppen gegeneinander abgesetzt und miteinander kombiniert. So bilden in der ersten Episode (T. 45/47 ff.) die 4 Holzblasinstrumente (3 Oboen und Fagott) ein selbständiges Quartett; wenig später alternieren die 3 Gruppen der Blech-, Holz- und Streichinstrumente als 3 individuelle Chöre in oft eintaktigem Wechsel (T. 87 ff.); schließlich gibt es danach noch eine eigene Streicherepisode (T. 128 ff.), bevor sich in wohlkalkulierter langer Steigerung erst die Holzbläser (T. 147), dann die Pauken und Trompeten anschließen (T. 157). Sicher ist dies Bachs effektvollste und souveränste Ouvertüre. – Auch in den folgenden Tanzsätzen werden die Instrumentalfarben sehr kalkuliert und ausgewogen eingesetzt. In der *Bourrée I* alternieren Holzbläser und Streicher, während die *Bourrée II* dazu eine Art Trio darstellt. Sie ist konsequent in drei Ebenen gegliedert:

Die 3 Oboen bilden mit dem Generalbaß das melodisch-harmonische Fundament; darunter steuert das solistische Fagott einen ununterbrochenen, eifrigen Achtel-Kontrapunkt bei, und die vereinigten Violinen und Violen werfen taktweise eine unruhestiftende Doppelschlagfigur ein. In der *Gavotte* deutet der Einsatz von Pauken und Trompeten mit harmonischen Liegetönen weit in die Zukunft des klassischen Orchestersatzes mit seinem Mischklang. Ein motivischer Unruheherd ist in diesem Satz die sehr individuelle und kleinteilig gegliederte Baßlinie. – Das *1. Menuett* kommt ganz ohne Pauken und Trompeten aus und verbindet Holz und Streicher untrennbar und pausenlos; davon setzt sich das *2. Menuett* im reinen Streicherklang vor allem als Farbkontrast ab. – Keinen Tanzsatz hat die abschließende *Réjouissance* zum Modell, ihr Titel bedeutet, wörtlich übersetzt, »Lustbarkeit«. Und so klingt diese Musik auch, angetrieben von einer feingliedrig motivischen Thematik, aus der sich einzelne Bestandteile immer wieder verselbständigen und für Unruhe im Taktgefüge (¾) sorgen, indem sie sich über die Taktgrenzen hinweg unregelmäßig und einander imitierend verschieben:

Die äußerst spärliche Quellenlage dieses Werkes hat die Musikwissenschaft zu intensiven Recherchen angeregt. Dabei ist herausgekommen, daß Bach die Ouvertüre dieser Suite zur Sinfonia einer Weihnachtskantate (BWV 110 *Unser Mund sei voll Lachens*) umgearbeitet hat und erst bei dieser Gelegenheit – zum Fest der Geburt des Gottessohnes – Pauken und Trompeten einer vermutlichen Frühfassung der Suite hinzugefügt hat. Da die Kantate zu Weihnachten 1725 aufgeführt worden ist, ergibt sich demnach eine Entstehungszeit vor 1725.

Johann Georg Pisendel (1687–1755) war u. a. Schüler Torellis, leitete das Leipziger Collegium musicum und wurde schließlich Mitglied und Konzertmeister der Dresdner Hofkapelle. Zu seinen Schülern gehörten Benda, Graun und Quantz. Pisendel, dessen geigerisches Können auch Telemann und J. S. Bach hoch einschätzten, prägte den Violinstil im Deutschland seiner Epoche nachhaltig. Seine relativ wenigen Orchesterwerke entstanden erst in späteren Lebensjahren und zeigen Einflüsse vor allem von Vivaldi, bei dem er 1716/17 noch einmal auf einer Italien-Reise studierte. Frucht dieser Beschäftigung sind seine 10 *Violinkonzerte*, die eine wichtige historische Zwischenstellung zwischen den italienischen Vorbildern und Bach, aber auch der kommenden Zeit der Wiener Klassik einnehmen. Diese Konzerte sind alle 3sätzig, mit Ausnahme des *g-Moll-Konzertes*, das der 4sätzigen Form der Kirchensonate folgt. In späteren Jahren hat Pisendel eine Reihe seiner Konzerte zu 1sätzigen *Concerti grossi* umgearbeitet, wobei er durchaus größere Eingriffe in Form, Instrumentation und Ablauf vornahm. Einen Sonderfall stellt seine einzelne späte *Sinfonia B-Dur* mit ihren 3 Sätzen dar, die sich mit der italienischen Form der Sinfonia auseinandersetzt; schließlich gibt es noch ein einzelnes *Orchesterquartett c-Moll.*
Auch **Johann Friedrich Fasch** (1688–1758) gehört in den Umkreis der Metropole Leipzig und erhielt wie Pisendel seine wesentlichen musikalischen Anregungen hier und in Italien. Der heute fast vergessene Fasch war zu seiner Zeit ein bekannter und geehrter Komponist. Wichtigen Einfluß nahm er in seinen Orchesterkompositionen auf die Entwicklung des Orchesterklanges, wobei er eine reiche Bläserbesetzung bevorzugte. Auch im Hinblick auf die motivisch-thematisch entwickelnde Arbeit nahm er eine wichtige historische Stellung

ein. Er hinterließ 19 Sinfonien, 86 Ouvertürensuiten und 20 Orchesterkonzerte, ferner zahlreiche Solo-Konzerte in unterschiedlicher Besetzung (u. a. 17 Violin-, 7 Oboen-, 3 Fagottkonzerte sowie ein Lautenkonzert). Die *Sinfonien* sind überwiegend 3sätzig, einmal schiebt sich auch schon zwischen langsamen und Finalsatz ein Menuett. Ihre Kopfsätze zeigen lediglich in Einzelfällen erste Ansätze zur sonatensatzmäßigen Durchformung; als Finale erscheint oft eine Fuge. In seinen *Orchestersuiten* geht Fasch zwar von der traditionellen französischen Form aus, entwickelt sie jedoch phantasievoll weiter. Einzelne der Suiten sind lediglich 3- oder 4sätzig wie die Sinfonien. Bei den *Solo-Konzerten* ist naheliegenderweise der 3sätzige Vivaldi-Typus das Vorbild, wovon sich Fasch allmählich vor allem in seiner Melodie-Erfindung löst und häufig eine durchführungsähnliche Verarbeitung des thematischen Materials anstrebt.

Der Österreicher **Gregor Joseph Werner** (1693–1766) war zunächst Organist, ab 1728 Vorgänger Haydns bei den Esterházys in Eisenstadt. Eine Kostprobe seines musikalischen Humors und seiner kontrapunktischen Kunstfertigkeiten liefert sein *Musicalischer Instrumental-Calender*, der aus 12 kleinen Streichersuiten über die einzelnen Monate besteht und in denen jeder einzelne Satz eine charakteristische Überschrift trägt (z. B. »Der aberwitzige Bauer«, »Die Faßnacht«, »Das veränderliche Aprilwetter«, »Die Nachtigall«, »Ein Erdbeben«, »Ein Donnerwetter«, »Ein Sturmwetter auf See«, aber auch »Es lebe Ihro Majestät die Kaiserin Theresia«). Wir haben hier also ein frühes Exempel der naiven und bisweilen derb-drastischen Programmusik vor uns; Beispiele musikalischer Zahlensymbolik sind jeweils die Menuettsätze, die in den Taktzahlen ihrer Teile die Stundenverhältnisse von Tag und Nacht nachvollziehen.

Johann Melchior Molter (1696–1765) stammt wie Bach aus Eisenach und wirkte im wesentlichen am Hof des badischen Markgrafen in Karlsruhe. In Molters Werk vollzieht sich erkennbar der allmähliche Wandel vom Generalbaßzeitalter mit seiner dominierenden Kontrapunktik zum Zeitalter der Empfindsamkeit, wobei neben den Einflüssen italienischer Komponisten auch die neue Mannheimer Schule ihn prägte. Wegweisend für die Zukunft sind unter seinen Orchesterwerken (169 Sinfonien, 14 Ouvertüren, Concerti und Concertini a 3, 4 und 5) seine 4 spielfreudigen *Klarinettenkonzerte*, die als früheste Solo-Konzerte für dieses junge Instrument gelten können, wobei der Solo-Part jeweils für die später ungebräuchliche hohe D-Klarinette geschrieben ist.

Johann Joachim Quantz (1697–1773) ging in die Musikgeschichte als Flötenlehrer Friedrichs II. von Preußen ein und als Schöpfer eines kompendienhaft umfangreichen kompositorischen Lebenswerkes für sein Instrument (mehr als 200 Kammermusikwerke, 288 Solo-Konzerte). Auch konstruktiv und pädagogisch beschäftigte er sich mit der Querflöte: er entwickelte den Klappenmechanismus weiter und verfaßte den berühmten *Versuch einer Anweisung die Flöte traversière zu spielen* (1752). Stilistisch entfernte sich Quantz zunehmend von barocken Vorbildern und wurde zum wichtigen Vertreter der neuen empfindsamen und galanten Art, Musik zu machen, wobei gleichwohl Einflüsse aus Frankreich und Italien nachzuweisen sind und sich auf liebenswürdigste und selbstverständlichste Weise mit der kontrapunktischen Tradition Deutschlands vermischen. Die Musik von Quantz ist nie akademisch trocken, immer angenehm und niveauvoll unterhaltend, dabei anspruchsvoll in spieltechnischer Hinsicht und dankbar für alle Ausführenden. Formal folgen seine Konzerte dem 3sätzigen Muster Vivaldis. Neben den *Flötenkonzerten* gibt es vereinzelt Solo-Konzerte für andere Besetzung, die jedoch alle in ihrer Echtheit umstritten (Konzerte für Oboe und Horn) oder verschollen sind (Oboe d'amore). Darüber hinaus kennt man von Quantz noch 3 *Concerti grossi*, eine *Sinfonia* und ein *Pastorale* für Orchester.

Johann Adolf Hasse (1699–1783) war einer der bekanntesten und bedeutendsten Opernkomponisten seiner Zeit; er studierte in Italien bei Nicola Porporà und A. Scarlatti, wirkte in Hamburg, Braunschweig, Dresden und vor allem Venedig, wo er starb. Freundschaftlich verbunden war er mit dem Librettisten Pietro Metastasio. Neben seinen mehr als 50 Opern hinterließ er auch wenige Orchesterkompositionen: *Solo-Konzerte* überwiegend für die Flöte. Hier ist der Einfluß von Quantz zu vermuten, der zur gleichen Zeit wie Hasse in der Dresdner Hofkapelle mitwirkte. Diese Konzerte orientieren sich an der 3sätzigen Concerto-Form Vivaldis und sind insgesamt gute Beispiele für den gepflegten Bedarf an Gebrauchsmusik in höfischen Kreisen jener Zeit. Einzelne Konzerte gibt es auch in Bearbeitungen für Cembalo oder Orgel.

Johann Ludwig Krebs (1713–80) war einer der wichtigsten

Schüler J. S. Bachs, und so ist es zu verstehen, daß er sich stilistisch erkennbar an diesem Vorbild orientierte. Dennoch ist sein Bemühen deutlich, den Anschluß an den neuen Stil der Zeit nicht zu verpassen. Unter seinen Orchesterwerken finden sich auch einige Instrumentalkonzerte, die im Sinne einer Repertoire-Erweiterung auf Interesse stoßen können; hingewiesen sei zumindest auf seine originellen *Lautenkonzerte* – Krebs spielte das Instrument auch selber.

Andere Länder

Im böhmischen Raum ist an erster Stelle **Jan Dismas Zelenka** (1679–1745) zu nennen, dessen musikalisches Schaffen erst in den 70er Jahren des 20. Jh. wieder ins öffentliche Bewußtsein getreten ist. Seine Aktivitäten entfaltete er vorwiegend in Dresden, wo er bereits 1710 als Kontrabassist in die Hofkapelle aufgenommen wurde und dann bis zu seinem Tod mit Unterbrechungen wirkte. Er hinterließ vor allem geistliche Vokalmusik und Kammermusik (6 Triosonaten). Im Zuge seiner Wiederentdeckung sind auch vereinzelte Orchesterwerke wieder aufgetaucht. Aus dem Jahr 1723 stammen eine *Sinfonia a-Moll* und eine *Ouvertüre F-Dur*; beide Werke zeigen trotz erkennbarer stilistischer Vorbilder in Italien und Frankreich bereits deutlich den eigenwilligen, auch vor gewissen Bizarrerien vor allem im harmonischen Bereich nicht zurückschreckenden Stil. – Interessant an der *Sinfonia* ist die vielschichtige solistische Ausweitung der einzelnen Sätze und auch die beträchtliche Länge mancher der insgesamt 5 Sätze; andererseits kommt das Capriccio im Tempo di gavotta an dritter Stelle völlig ohne Soli aus und wird zum richtigen Orchestersatz. – In der *Ouvertüre* steht am Anfang, der Konvention folgend, eine Französische Ouvertüre mit ihren traditionellen 3 Teilen, ungewöhnlicherweise weichen die Mittelsätze jedoch von der Grundtonart auf reizvolle Weise ab. – Ferner haben sich 5 *Capricci* erhalten, wobei es sich auch hier jeweils um mehrsätzige Gebilde in phantasievoll farbiger Reihung handelt; hier treten in wechselnder Kombination Blasinstrumente zu Streichern und Basso continuo, die beiden Hörner allerdings sind in allen Capricci eingesetzt. – Ebenfalls von 1723 stammt ein einzelnes *Concerto a 8* für Oboe, Fagott, 4 Streicher und Generalbaß mit 3 Sätzen nach dem Muster der italienischen Concerto-Form. Gerade bei diesem Werk, das durchaus der historischen Vorlage verpflichtet ist, fällt um so stärker die individuelle Tonsprache Zelenkas auf: in origineller Harmonik und voller sprühender melodischer Erfindungskraft. – Schließlich gibt es aus dem gleichen Jahr noch eine *Hipocondrie A-Dur*, in der er den seelischen Zustand eines Hypochonders mit unerwarteten formalen und harmonischen Abläufen, auch mit ungemein phantasievoller, charakteristischer Themenerfindung darzustellen versucht.

Franz Ignaz Anton Tuma (1704–74), ebenfalls ein Böhme, studierte in Wien bei Fux und wirkte dort auch als Kapellmeister und Komponist. Der Schwerpunkt seines Schaffens liegt eindeutig auf der Kirchenmusik; daneben hinterließ er aber auch eine Reihe von Sinfonien, in denen er sich als ein wichtiger Meister des stilistischen Überganges darstellte, ferner Sonaten und Partiten für Orchester. Während die *Orchestersonaten* alle für den gottesdienstlichen Gebrauch bestimmt und als liturgischer Bestandteil der Messe jeweils 2teilig in eine Einleitung und ein Fugato gegliedert waren, gehören die *Sinfonien* der »weltlichen« Kammer an. Sie sind jeweils 3sätzig (schnell – langsam – schnell) nach dem Muster der italienischen Opernsinfonia. Am ehesten dem barocken Vorbild folgt seine einzelne *Partita d-Moll* mit ihren 5 Lied- und Tanzsätzen.

Unico Wilhelm van Wassenaer (1692–1766) war bis vor wenigen Jahren völlig vergessen, bis man ihn als Komponisten der bislang Pergolesi zugeschriebenen *Concerti armonici* identifizierte (s. S. 39 f.). Mit dieser Zuordnung erwies sich Wassenaer als wichtiger niederländischer Meister des späten Barock, der im übrigen seinen Lebensunterhalt als Diplomat in Paris und Düsseldorf verdiente.

Johan Helmich Roman (1694–1758) gilt als wichtigster schwedischer Komponist seiner Zeit. Er wirkte in Stockholm, unternahm jedoch auch Reisen ins europäische Ausland, vor allem nach England. Roman schuf Werke in allen Gattungen; in der Orchestermusik sind seine Solo-Konzerte und vor allem seine Sinfonien wichtig. Seine *Konzerte* setzen bevorzugt die Violine und die Oboe d'amore ein, sind 3sätzig und orientieren sich an der barocken Konvention. Seine 17 *Sinfonien* sind 3- und 4sätzig und stilistisch auf reizvolle Weise Grenzfälle zwischen Barock und Vorklassik: neben suitenartigen Tanzanklängen gibt es auch Ausblicke auf die kommende Sonatensatzform. Bekannt wurde besonders seine *Drottningholm-*

Musique von 1744, komponiert für eine königliche Hochzeit auf Schloß Drottningholm und demgemäß ein festlich-repräsentatives Werk mit der stattlichen Anzahl von 24 Sätzen. Diese Einzelsätze orientieren sich an den Vorbildern höfischer Tanz- und Charakterstücke; sie bilden gemeinsam eine abwechslungsreiche, unterhaltende Suite in großer Orchesterbesetzung.

Orchestermusik im 18. Jahrhundert zwischen Barock und Wiener Klassik

Die Zeitspanne zwischen etwa 1730 und 1775 ist eine hochinteressante, durchaus eigenständige und vielfältige Epoche, die in den zurückliegenden Jahren zunehmend ins Gesichtsfeld der Forschung und der Musikpraxis geraten ist. Ältere Publikationen behandeln die Musik dieser Zeit unter mehreren, nur Teilaspekte treffenden Bezeichnungen wie »Sturm und Drang«, »Zeitalter der Empfindsamkeit« oder auch schlicht »Vor-« (oder »Früh-)Klassik«, so eine ganze Epoche zur bloßen Vor-Stufe der »Wiener Klassik« (Haydn, Mozart, Beethoven) herabwürdigend. Dabei ist dieses ganze 18. Jh. ein von der Zahl und vom Rang seiner Musiker her ebenso vielseitiges und lebendiges Jahrhundert gewesen wie das vorangegangene 17. Von diesem unterscheidet es sich allerdings durch das Fehlen einer stilistischen Einheitlichkeit: alte Gattungs- und Kompositionsnormen und -prinzipien wurden in Frage gestellt, neue bildeten sich allerorten heraus, so daß ein reizvolles Nebeneinander von Alt und Neu, von Konservativ und Fortschrittlich entstand. Die Erfassung dieser Stile unter einem Epochenbegriff fällt in kaum einem anderen Zeitraum der Musikgeschichte so schwer.
Nun hat sich die Einsicht durchgesetzt, daß die klischeehafte Scheidung in Barock und Klassik nicht mehr haltbar ist, weil sie dem eigenständigen Rang einer ganzen Komponistengeneration nicht gerecht wird – seien es die Komponisten der Mannheimer Schule oder die so ausgeprägt individuellen Söhne J. S. Bachs. Zutreffend, wenn auch nicht gerade anschaulich und griffig wird heute von der Musikgeschichte des 18. Jh. gesprochen, in die Haydn und Mozart integriert sind, während Beethovens Schaffen nicht erst jetzt als Beginn des 19. Jh. erkannt und eingeordnet wird.

Die Ablösung des Generalbasses als fundamentalen Kompositionsprinzips in der Generation nach J. S. Bach war eines der wichtigsten stilistischen Ereignisse dieser Zeit. Noch zu Lebzeiten Bachs begann die Umorientierung weg vom Baßfundament und hin zur Melodiestimme mit Begleitung, von der Polyphonie zur Homophonie, wobei die Kenntnis und die Beherrschung des Kontrapunktes allerdings nie verlorenging und gerade im Werk der Wiener Klassiker aus neuer Sicht integriert wurde. Indem sie sich aus den strengen Fesseln der Kontrapunktik löste, wurde auch die melodische Erfindung flexibler, »empfindsamer«. Dem Prinzip der motivischen Reihung und Fortspinnung trat nun das Prinzip der periodischen Geschlossenheit, der ausgewogen symmetrischen Gliederung in Vorder- und Nachsatz und der u. a. am Volkslied orientierten Faßlichkeit und Sanglichkeit gegenüber.
Zugleich mit diesem Stilwandel wurden die alten Gattungen Concerto, Suite (Ouvertüre) und Concerto grosso abgelöst durch die Sinfonic (Sinfonia) und das Konzert. Beide aber tauchten nicht unvorbereitet auf, sondern entstanden in einer Evolution aus barocken Vorgängerformen: die Wurzel der klassischen Sinfonie ist die italienische Opernsinfonia mit ihren 3 kontrastierenden Teilen (schnell – langsam – schnell), und ihr allmählich eingeführter 4. Satz, das Menuett, entstammt der Suite und war ein höfischer Tanz. Das klassische Solo-Konzert wiederum ist ohne die Konstituierung des barocken Concerto-Prinzips ebenfalls nicht denkbar. Bei den Satzformen sowohl der Sinfonie wie des Konzertes ist eine Verwurzelung in der Tradition ebenfalls partiell erkennbar; Lied- und Rondo-Formen gab es lange. Allerdings änderte sich etwas Grundsätzliches: das Element der zielgerichteten Entwicklung trat nun auf den Plan. Der Satzverlauf nahm prozeßhafte Züge an, er konnte durchaus dramatischen, konflikthaften Charakter haben, mit der Folge, daß das Ende eines Satzes immer zugleich als Ergebnis, als Ziel verstanden und erlebt werden konnte. Dieses Prinzip findet exemplarische Verkörperung im Sonatensatz. Hier ist das in der Exposition dem Hörer bekannt gemachte thematische Material in der Regel kontrastreich erfunden, so daß sich aus ihm in der Durchführung dieser lebhafte Entwicklungsprozeß in Gang setzen läßt. Die nachfolgende Reprise rekapituliert das thematische Material und ermöglicht auf diese Weise den Vergleich mit der Exposition. Dem Zustand des Kennenlernens in

der Exposition steht also in der Reprise der Zustand der gewonnenen Erkenntnis gegenüber.
Es ist nicht auszumachen, wer diese Sonatensatzform, die künftig für mehr als ein Jahrhundert die wichtigste Norm wurde, »erfunden« hat. Sie findet sich in einer Vielzahl von einzelnen kompositorischen Schritten vorbereitet, übrigens auch beim »konservativen« Vater Bach (etwa in der Cembalo-Fantasia c-Moll BWV 906 oder in der kleinen Cembalo-Sinfonia Es-Dur). Es kann aber kein Zweifel daran bestehen, daß Joseph Haydn insgesamt den wesentlichen Beitrag dazu geleistet hat. Der Ort dieser Sonatensatzform war zunächst der 1. Satz innerhalb der zyklischen Form von Sinfonia und Konzert, weitete sich jedoch allmählich auf den langsamen und den bewegten Schlußsatz aus. Zu den beiden Formtypen kam als Zwischenglied die Sinfonia concertante, die ebenfalls barocke Wurzeln im Vorbild des Concerto grosso hat: zunächst trat aus dem Tutti eine kleine Solistengruppe, das Concertino, hervor. Indem nun das konzertante Prinzip im Sinne eines echten Dialoges zwischen den Partnern heranreifte, wurde die Sinfonia concertante zur eigenständigen und beliebten Gattung im 18. Jh.
Ein Charakteristikum dieses Jahrhunderts war es, daß sich musikalische Zentren herausbildeten; solche Schulen zogen berühmte Musiker an und wirkten jeweils im eigenen Rahmen stilbildend. Berühmtestes Beispiel eines solchen Zentrums war die »Mannheimer Schule«, weitere Mittelpunkte waren Wien mit dem benachbarten Böhmen und Norddeutschland um Berlin. Die zuvor dominierende Stellung Italiens und Frankreichs relativierte sich ein wenig, zumindest in der Instrumentalmusik.

Mannheim

Zwei Ereignisse leiteten 1742 die Glanzzeit der Mannheimer Hofmusik ein: die Eröffnung der Oper und der Regierungsantritt des Kurfürsten Carl Theodor. Seine Verpflichtung, das bayerische Erbe zu übernehmen, folglich mit seinem ganzen Hofstaat nach München überzusiedeln, beendete sie 1778. In dieser Ära wurde die Mannheimer Hofkapelle zu einem der bekanntesten und besten Orchester in Europa. Carl Theodor, der selber Flöte, Klarinette und Cello spielte, engagierte für sein Ensemble die besten Musiker und ließ sie mehrmals wöchentlich »Akademien«, d. h. Konzerte, veranstalten, in denen selbstverständlich neue Musik aufgeführt werden mußte;

sie wurde tonangebend in ganz Europa. Mannheim wirkte wie ein Magnet auf alle musikalische Prominenz; Mozarts Reisen nach Mannheim sind ein typisches Indiz.
Als Begründer der Schule darf **Johann Wenzel Stamitz** (1717–57) gelten, der aus einer böhmischen Musikerfamilie stammte und bereits seit 1741 Violinist in Mannheim war. Er wurde der Lehrer einer Reihe bedeutender Komponisten, unter ihnen Cannabich, Toeschi und Anton Fils. Sein umfangreiches Orchesterwerk gliedert sich in mehr als 70 Sinfonien, 10 Orchestertrios und etliche Solo-Konzerte (17 Violin- sowie 11 Flötenkonzerte sowie je eines für Oboe und Klarinette).
Die 6 *Orchestertrios op. 1* von 1755 zeichnen sich durch ihren durchsichtigen Orchestersatz aus, blieben aber als Gattung folgenlos – auf die Dauer setzte sich der 4stimmige Quartettsatz durch. Sie folgen mit der Auslassung der Bratsche italienischen Vorbildern und sind jeweils 4sätzig mit einem Menuett an dritter Stelle. Vor allem die beiden bewegten Rahmensätze sind in ihrer Thematik äußerst kontrastreich und dynamisch angelegt und kultivieren die Gleichberechtigung der 3 Stimmen ohne jeden archaisierenden Ansatz von Polyphonie. Indessen läßt sich besser als an ihnen die Reifung des neuen Stils an dem Kompendium seiner *Sinfonien* verfolgen, die allmähliche Herausbildung der Charakteristik einzelner Sätze sowie ganz allgemein die Ausformulierung des melodischen Gedankengutes: Die Kopfsätze präsentieren in der Regel ein energisch-dynamisches Hauptthema und ein eher lyrisch kontrastierendes Seitenthema auf der Dominante oder in der Paralleltonart; es kommt zu konflikthaften Durchführungen. Darüber hinaus ist im Orchestersatz die allmähliche Zurückdrängung des Generalbasses zu beobachten, mit der Folge, daß die Mittelstimmen lebendiger das Geschehen mitbestimmen dürfen. Ein weiterer wichtiger Aspekt ist die dynamische Feinausarbeitung, die auch vor überraschenden Kontrasteffekten nicht zurückscheut. Dagegen zeichnen sich die (gemäßigt) langsamen Sätze durch ihre empfindsame liedförmige Thematik aus, wie überhaupt die motivisch-thematische Satzgliederung immer mehr die symmetrische Regelmäßigkeit von Zwei- und Viertaktgruppen bevorzugt. In der Instrumentation treten nach anfänglich reiner Streicherbesetzung auch Bläserstimmen, darunter die neuen Klarinetten, hinzu. Unter den Solo-Konzerten stellt das 3sätzige *Klarinettenkonzert in B-Dur* eines der ersten wichtigen Dokumente für dieses Instrument dar.

Neben Johann Stamitz gehören zur ersten Generation der »Mannheimer« noch Richter und Holzbauer. Der aus Mähren stammende **FRANZ XAVER RICHTER** (1709–89) war Schüler von Fux und beendete seine Laufbahn nach den Mannheimer Jahren als Domkapellmeister in Straßburg. Sein Schaffen steht gleichrangig neben dem von Stamitz und ist auch ähnlich umfangreich mit mehr als 80 Sinfonien sowie Solo-Konzerten (darunter 14 für Cembalo und 8 für Flöte). Gegenüber Stamitz sind seine *Sinfonien* kontrapunktischer gearbeitet, ohne deshalb »altmodischer« zu wirken. Richters frühe Sinfonien aus der Vor-Mannheimer Zeit zeigen noch deutlichere barocke Einflüsse im motivischen Gestus und in ihrer Nähe zum Generalbaßfundament. Unter Mannheimer Einfluß wandelt sich dann erkennbar sowohl das dynamische als auch das melodische Erscheinungsbild der häufig nur 3sätzigen Sinfonien, die oft mit einem schlichten Menuett oder auch mit einer Fuge schließen, während die Kopfsätze zum Sonatensatz ausgebaut sind.
Der Wiener **IGNAZ HOLZBAUER** (1711–83) lernte ebenfalls bei Fux und studierte in Italien. Nach seiner Tätigkeit am Wiener Hoftheater und am Stuttgarter Hof gelangte er 1753 nach Mannheim. Neben seinen Sinfonien sind auch einige Solo-Konzerte bemerkenswert: so gibt es neben je einem *Violin-* und *Flötenkonzert* auch eines für Cello sowie als Besonderheit ein *Doppelkonzert für Bratsche und Cello*. Seine *Sinfonien* folgen der Tradition der 3teiligen Opernsinfonia, wie er sie in Italien kennengelernt hatte. Besetzt sind sie mit Streichquartett und zusätzlich öfter mit je 2 Oboen und Hörnern.
In der nächsten Generation der Mannheimer stehen Komponisten, von denen manche bereits Schüler von Stamitz waren. Zu ihnen gehört an erster Stelle der Mannheimer **CHRISTIAN CANNABICH** (1731–98). Nach Lehrjahren in Italien wurde er Konzertmeister und später Dirigent der Hofkapelle, mit der er nach München übersiedelte. Als Orchesterleiter und Komponist führte Cannabich die von Stamitz begründete Tradition bruchlos fort. Er schuf mehr als 100 *Sinfonien*, dazu nach dem Vorbild von Stamitz *Orchestertrios*, ferner *Solo-Konzerte*. Seine eigentliche Leistung in der Weiterentwicklung der sinfonischen Gattung ist die Kultivierung der Instrumentation, mit einer weitergehenden Integration der Bläserfarben und hier besonders der Klarinetten. Seine Dynamik ist dementsprechend subtil ausgefeilt und effektvoll, seine Harmonik individuell und kontrastreich. Mit diesen Eigenschaften beein-

druckte er nicht zuletzt Mozart, der ihn in Paris und auch in Mannheim kennen- und schätzenlernte.

Im gleichen Jahr geboren wurde **Carlo Giuseppe Toeschi** (1731–88), der erst 1754 zu den Mannheimer Musikern stieß und sich in seinen Werken besonders mit der Flöte beschäftigte. Der gebürtige Italiener schrieb u. a. 63 *Sinfonien.* Toeschis Musik zeichnet sich durch starke dynamische Kontraste und überraschende harmonische und melodische Wendungen aus.

In einem dritten Generationsschritt folgten Musiker, die entweder mit dem Mannheimer Hof bald nach München wanderten oder sich nach einem anderen Wirkungskreis umschauen mußten. An erster Stelle sind hier die beiden Söhne von Johann Stamitz **Carl** (1745–1801) und **Anton Stamitz** (1754–1809?) zu nennen, die sich nach Paris orientierten. Wichtig sind die über 80 *Sinfonien* Carls, unter denen sich als Spezialität auch 26 *Sinfonie concertanti* befinden und je ein *Viola-* und *Fagottkonzert.* Sein Bruder Anton paßte sich mit seinen *Konzerten* (*für Klavier, Violine* und *Cello*) in gleicher Weise dem glänzenden und ein wenig äußerlichen Geschmack des verwöhnten Pariser Publikums an.

In jüngster Zeit hat sich das Interesse der musikalischen Öffentlichkeit auch wieder **Joseph Martin Kraus** (1756–92) zugewandt, der in Mannheim aufwuchs und später in Stockholm Hofkapellmeister wurde. Er hinterließ 11 *Sinfonien* und ein *Violinkonzert,* stilistisch bereits Dokumente der kommenden Jahrhundertwende; in manchem Detail zeigen sie die Hand des erfolgreichen Musikdramatikers, dessen Opern für Stockholm entstanden.

In den Mannheimer Umkreis gehört **Franz Danzi** (1763–1826), der bei Abbé Vogler lernte und im Abschiedsjahr 1778 zur Mannheimer Kapelle stieß, ihr jedoch erst nach 3 Korrepetitorjahren am Theater nachfolgte. Seine letzten Ämter waren die des Hofkapellmeisters in Stuttgart und Karlsruhe. In seinem umfassenden kompositorischen Lebenswerk stehen neben Opern auch 8 *Sinfonien* und *Solo-Konzerte* für unterschiedliche Instrumente. In der Besetzung und im Sinne des Repertoires interessant ist vor allem ein 3sätziges *Cellokonzert e-Moll,* mit ausgesprochen sinfonischer Orchesterbesetzung; es entstand um die Jahrhundertwende und kündigt deutlich den Typus des Virtuosenkonzertes an. Das Cello dominiert den Ablauf und drängt das Orchester in die Begleitrolle zurück, während der Solo-Part Danzis eigene Fähigkeiten als

Cellist bezeugt. Im gleichen Sinne bemerkenswert sind auch das *Hornkonzert E-Dur* mit einer 3teiligen kontrastreichen Romanze im Zentrum sowie die *Sinfonia concertante Es-Dur* für Flöte, Oboe, Horn und Fagott.

Österreich und Böhmen. Die Wiener Schule

Der Zeitraum, um den es hier geht, ist im wesentlichen die Regierungszeit der Kaiserin Maria Theresia (1740–80) und in der Musikgeschichte die Nachfolge von Caldara und Fux, die noch den österreichischen Barock verkörpert hatten. Nicht ganz einfach ist die Zuordnung des ältesten Komponisten der nachfolgenden Generation, der zwar lange Zeit (seit 1754) in Wien weilte und auch dort starb, der jedoch eher als europäisch wirksamer Musiker denn als im engeren Sinn der »Wiener Schule« zugehörig anzusehen ist: **Christoph Willibald Gluck** (1714–87). Der bedeutende Opernreformator ist im heutigen Konzertleben eigentlich nur mit einzelnen seiner Opernouvertüren vertreten, kaum jedoch als Komponist von ursprünglicher Orchestermusik. Immerhin hinterließ er 17 Sinfonien; das eine gelegentlich aufgeführte *Flötenkonzert G-Dur*, ein ausgewogenes und dankbares 3sätziges Werk, ist in seiner Echtheit nicht gesichert. Mit seinen *Sinfonien* gehörte er nicht zu den Pionieren der Gattung; sie sind vielmehr weitgehend zweckorientierte italienische Opernsinfonien, ursprünglich für Bühnenwerke bestimmt und von traditionell 3teiliger Anlage (schnell – langsam – schnell). Aus Glucks großen Ballettkompositionen hört man gelegentlich suitenartige Zusammenstellungen von einzelnen Instrumentalsätzen.
Zu den frühen Meistern der Wiener Orchestermusik aber gehörte **Georg Christoph Wagenseil** (1715–77), der in seiner Geburtsstadt Wien auch wirkte und starb. Seine Tätigkeit als Hofkomponist und Organist unterbrach er lediglich durch zwei große Italien-Reisen. Wagenseil durchmaß mit seinem reichen Lebenswerk die ganze Spannweite vom späten Barock bis an die Schwelle der Wiener Klassik. Er komponierte mindestens 100 *Sinfonien* und die gleiche Anzahl an *Instrumentalkonzerten*. In der Sinfonik entwickelte sich sein Stil aus der gleichsam objektiven, an Kontrapunktik und italienischer Opernsinfonia geschulten Frühphase zu einer eigenständigen und flexiblen Tonsprache; insbesondere die Ausformulierung des neuen Sonatensatzes ist mit sein Werk. Die Kopfsätze fol-

gen zunehmend diesem Muster, während in den langsamen Sätzen der Tonfall der Empfindsamkeit vorherrscht, getragen von liedhaft ausdrucksvoller Melodik und subtil abgetönter Harmonik und Dynamik. Unter seinen zahlreichen Solo-Konzerten finden sich auch Besetzungsraritäten: neben 3 *Cellokonzerten* und einem *Fagottkonzert* vor allem ein bemerkenswertes *Posaunenkonzert Es-Dur*, das in seinen 2 Sätzen alle spieltechnischen Register der damaligen Zeit zieht.
Sein Altersgenosse **Matthias Georg Monn** (1717–50) wirkte ebenfalls in Wien; der heute bekannte und zugängliche Teil seines orchestralen Lebenswerkes umfaßt neben 16 *Sinfonien* auch 8 *Cembalokonzerte* sowie je ein *Violin-* und *Cellokonzert*. Neben Wagenseil gehört er zu den frühen Pionieren der klassischen Sinfonik, der beispielsweise mit dazu beitrug, daß das Menuett ein fester Bestandteil der Sinfonie wurde.
Mit **Johann Georg Albrechtsberger** (1736–1809) betritt eine andere Gestalt von zentraler Bedeutung die Musikszene; sein Einfluß beruht vor allem auf seiner Wirkung als Lehrer und Theoretiker. Die Orchestermusik nimmt in seinem Lebenswerk nur einen vergleichsweise kleinen Platz ein; stilistisch sind seine *Sinfonien* und *Solo-Konzerte* deutlich der barocken Tradition verpflichtet. Bemerkenswert im Sinne des Repertoires ist sein *Posaunenkonzert B-Dur*.

Norddeutschland. Die Berliner Schule

Gleichzeitig zu Mannheim und Wien entwickelte sich in und um Berlin ein drittes eigenständiges Musikzentrum, das seine Anstöße natürlich primär vom preußischen Königshof erhielt. In der Atmosphäre (relativer) Aufklärung und ausgestattet mit den musikalischen Impulsen eines nicht nur musikliebenden, sondern auch -ausübenden Monarchen wie Friedrich II. konnte sich ein reiches Musikleben entfalten, das aufmerksam die Tendenzen in Europa beobachtete, ohne sich in allzu starke Abhängigkeit von italienischem oder französischem Geschmack zu begeben. Noch im ausgehenden Barock wirkten hier Meister wie der große Flötist Quantz (vgl. S. 88) und **Johann Gottlieb Graun** (1702 oder 1703–71). Graun war Schüler von Pisendel und Tartini und wirkte am Ende seines Lebens 30 Jahre lang als Konzertmeister der Königlichen Kapelle in Berlin. Im Gegensatz zu seinem jüngeren Bruder **Carl Heinrich Graun** (1703 oder 1704–59), der vorwiegend Vokalmusik hin-

terließ, komponierte Johann Gottlieb eine beeindruckende Fülle von Orchestermusiken für den Hof. Er ist ein typischer Vertreter jener Generation, die den Stilwandel vom Generalbaßzeitalter hin zur Empfindsamkeit, zur sogenannten Frühklassik, vollzogen. So erklärt sich in seinem Schaffen auch das Nebeneinander von einigen Concerti grossi und Französischen Ouvertüren auf der einen und rund 100 Sinfonien auf der anderen Seite, wobei das zahlenmäßige Übergewicht die stilistische Tendenz in die Zukunft andeutet. Ferner hinterließ Graun über 80 Instrumentalkonzerte, die das konzertante Repertoire in manchen Aspekten bereichern: neben den rund 60 Violinkonzerten stehen etwa 2 Cembalo-, ein Fagott-, ein Bratschen- und ein Gambenkonzert. Sein musikgeschichtlich bedeutsamster Beitrag sind ohne Zweifel die *Sinfonien*, mit denen er die noch junge Gattung als einer der Hauptvertreter der sogenannten Norddeutschen Schule voranbrachte. Sie sind überwiegend 3sätzig gehalten und durchweg in ihrer Tonsprache durch effektvolle Kontrastthematik geprägt. Die Besetzung wechselt zwischen reinem Streicherensemble und einer farbigen Ergänzung durch Bläser (Flöten, Oboen und Hörner). In den Kopfsätzen ist die Sonatensatzform zwar noch nicht voll ausgeprägt, doch finden sich manche Ansätze zu motivisch-thematischer Durchführung. Insgesamt ist Graun neben einigen Vertretern der Mannheimer und der Wiener Richtung als einer der wichtigen Wegbereiter der klassischen Sinfonik anzusehen.
An Grauns Ägide knüpften die zwei böhmischen Brüder Franz und Georg Benda an, von denen Georg allerdings seinen Wirkungskreis außerhalb Berlins fand. **FRANZ BENDA** (1709–86) kam über Prag, Dresden, Wien und Warschau an den preußischen Hof, wo er 1771 Konzertmeister wurde. Er profilierte sich mit Kammermusik, auch mit Orchesterwerken wie 18 Sinfonien und etlichen Solo-Konzerten (17 für Violine, 4 für die Flöte). Seine *Sinfonien* sind typische Beispiele eines vor- oder frühklassischen Stils, in der Regel 3sätzig und mit noch nicht voll ausgebildeten Sonatensätzen: ihnen fehlt zumeist noch eine echte Durchführung, oft auch ein eigenständiges Seitenthema; statt dessen wird häufig jeder der 2 oder auch 3 Satzabschnitte vom Hauptthema eröffnet. Auffällig ist die enge Bindung der beiden Violinstimmen aneinander, so daß sich oft mit Viola und Baß ein 3stimmiger Satz ergibt. Von eingängig-schlichter Liedhaftigkeit sind häufig die langsamen Sätze, während in den Finali immer wieder auch ein böhmi-

scher Tonfall aufhorchen läßt. Die Konzerte Bendas fügen sich in dieses Bild, wobei er die Violinkonzerte auf den eigenen Bedarf zuschnitt; in einigen Fällen wird von dem Solisten ein beträchtliches Maß an Virtuosität verlangt. Das 3sätzige *G-Dur-Violinkonzert* ist bei allem Verhaftetsein in der Tradition ein äußerst dankbares und im besten Sinne Spieler und Hörer unterhaltendes Werk, das im zentralen Largo durch Ausdruckstiefe und Deklamatorik beeindruckt; sein ungemein beredtes Hauptthema beinhaltet bereits die ganze emotionale Spannweite dieses Satzes in der Mollvariante der Grundtonart:

Georg Benda (1722–95) profilierte sich für die Musikgeschichte vor allem mit seinen Melodramen; er komponierte 22 Sinfonien und Solo-Konzerte, darunter 9 für Cembalo. Die ersten seiner *Sinfonien* entstanden noch in Berlin, die Mehrzahl dann in Gotha. In ihnen dominieren die Streicher, die von wenigen Bläsern eher registerartig verstärkt werden; sie sind normalerweise 3sätzig, mit einem empfindsamen, intimen langsamen Mittelsatz und häufig tänzerisch anmutenden Finali. In den Kopfsätzen nähert sich Benda der Sonatensatzform, allerdings oft ohne eigenständig profiliertes Seitenthema. Seine *Cembalokonzerte* schuf er sich für den eigenen Gebrauch als reisender Solist. Unter ihnen ist das *f-Moll-Konzert* ein besonders gewichtiges und dankbares Werk, mit einem äußerst kontrastreichen Kopfsatz, einem tiefsinnigen Larghetto in As-Dur und einem temperamentvoll dahinstürmenden Finale voll böhmischer Anklänge.

Von den beiden Bach-Söhnen, die mit Berlin in mehr oder weniger enger Verbindung standen, Wilhelm Friedemann und Carl Philipp Emanuel, führte **Wilhelm Friedemann Bach** (1710–84) ein ziemlich unruhiges Wanderleben, ehe er 1774 nach Berlin kam, wo er ohne feste Anstellung blieb. Sein Handwerk lernte er wie seine Brüder beim Vater, so auch die Kunst der Orgelimprovisation, mit der er sich Ruhm erwarb. Unter seinen Werken finden sich 9 Sinfonien, 6 Klavierkonzerte und eines für 2 Cembali. Seine Musik ist durchaus als Spiegelbild seiner unsteten, zerbrechlichen Persönlichkeit anzusehen, voll Herbheiten, andererseits aufbrausend oder auch verinnerlicht. Auch stilistisch sind seine Kompositionen schwer einzuordnen, denn sie beziehen sowohl die kontrapunktische Strenge des Vaters wie auch empfindsame Regungen mit ein. 2 seiner *Sinfonien* sind nur einsätzig; diese beiden d-Moll-Werke setzen sich jeweils aus 2 unterschiedlichen Hälften (langsam – schnell) zusammen und sind möglicherweise als Vorspiele zu anderen größeren Kompositionen gedacht. Unter ihnen ist die *Sinfonie d-Moll* (Falck-Verz.* 65) besonders eindrucksvoll mit ihrem tiefsinnigen, synkopisch seufzenden Adagio und der nachfolgenden Fuge mit ihrem von tiefem Ernst geprägten Thema:

Auch seine *Cembalokonzerte*, unter ihnen vor allem die beiden in *f-* und in *e-Moll*, sind wichtige Beiträge zur Gattungsgeschichte und setzen einen ganz eigenen Akzent. Es handelt sich hier um alles andere als Virtuosenkonzerte, doch sind sie in einem höheren Sinn anspruchsvoll für Hörer und Ausführende; das f-Moll-Konzert galt bis vor kurzem als Komposition des Bruders Carl Philipp Emanuel, wurde aufgrund stilkritischer Untersuchungen jedoch neu zugeordnet.

Carl Philipp Emanuel Bach

* 8. März 1714 in Weimar
† 14. Dezember 1788 in Hamburg

Carl Philipp Emanuel wurde als zweiter Sohn J. S. Bachs geboren und erfuhr seine umfassende musikalische Ausbildung beim Vater, studierte aber zusätzlich Jura in Leipzig. Ab 1738 war er Cembalist am Hofe Friedrichs II., damals noch Kronprinz; ab 1741 war er Kammercembalist. 1768 wurde er Nachfolger Telemanns als Musikdirektor der fünf Hamburger Hauptkirchen.

* Martin Falck, *Wilhelm Friedemann Bach. Sein Leben und seine Werke mit thematischem Verzeichnis seiner Kompositionen und zwei Bildern*, Lindau 1956.

Orchesterwerke: 19 Sinfonien und weitere Einzelstücke für Orchester, 13 Sonatinen für Cembalo und Orchester, 2 Sonatinen für 2 Cembali und Orchester; zahlreiche Solo-Konzerte (für Cembalo, Flöte, Oboe, Cello), 2 Doppelkonzerte für 2 Cembali und für Cembalo und Hammerklavier.

Das eigentliche Wunder der Musikgeschichte ist weniger die Tatsache, daß J. S. Bach komponierende Söhne hatte, sondern daß zumindest zwei von ihnen eine nahezu gleichrangige Position neben und nach ihrem Vater erringen konnten; wenigstens Philipp Emanuel und Johann Christian gehören in die vorderste Reihe ihrer Komponistengeneration und haben den Stil um die Mitte des 18. Jh. ganz nachdrücklich mitgeprägt. Daß sie im heutigen öffentlichen Konzertleben immer noch nicht angemessen repräsentiert sind, hat wohl mehr mit einer gewissen Trägheit und Gewöhnung an ausgefahrene Repertoiregleise zu tun als mit Erkenntnis. Unter den Bach-Söhnen ist Carl Philipp Emanuel wohl derjenige, auf den die Etikette »Empfindsamkeit« und »Sturm und Drang« am besten zutreffen. Insbesondere in seinen zahlreichen Werken für Cembalo solo kommt sein eigenwilliges und bisweilen ein wenig das Bizarre streifendes Ausdrucksbedürfnis besonders gut zur Geltung. Dagegen erscheinen seine Sinfonien und Konzerte eher als Dokumente des »offiziellen« Musiklebens seiner Zeit, ohne daß man ihnen im mindesten Individualität absprechen kann. Im Gegenteil: im Vergleich zur zeitgenössischen Produktion sind sie herausgehoben durch ihre unverwechselbare Originalität. Seine Sinfonien erschienen sowohl einzeln als auch in Gruppen; nach den Einzelwerken, die zwischen 1741 und 1762 entstanden, gibt es 2 Sammlungen zu 6 (Wq* 182) und 4 Sinfonien (Wq 183), die 1773 und 1775/76 erschienen. Ausgangsbasis dieser Werke ist in der Regel die 3sätzige italienische Opernsinfonia (schnell – langsam – schnell). Die ersten 9 Einzelwerke entstanden in Bachs Berliner Phase, die Gruppen dann alle in Hamburg.
Die Werkgruppe **Wq 182** ist für eine reine Streicherbesetzung geschrieben und führt trotz dieser farblichen Einschränkung die ganze breite Ausdrucksskala in einer ungemein vielseitigen Folge von individuellen Einzelsätzen vor, zwischen den Extremen von Innigkeit und Pathos, Zärtlichkeit und Dramatik, Verspieltheit und Wildheit. Hierzu bedient sich Bach be-

* Alfred Wotquenne (Hrsg.), *Thematisches Verzeichnis der Werke von Carl Philipp Emanuel Bach (1714–1788)*, Leipzig [u. a.] 1905.

sonders gern des Kontrastprinzips auf allerengstem Raum: schroffe dynamische Gegensätze prallen unmittelbar aufeinander, häufig noch unterstrichen durch mächtige Unisono-Gebärden des ganzen Orchesters und durch expressiv überhöhte, weite Intervallschritte sowie durch überraschende harmonische Wendungen. Die **Sinfonia Nr. 3 C-Dur** (Wq 182/3) ist hierfür ein gutes Beispiel. Ihr bewegter Kopfsatz (*Allegro assai*) beginnt energisch und vorwärtsdrängend und doch zugleich auch spielerisch bewegt; das zentrale *Adagio* wird nahtlos über einen Trugschluß angeschlossen und mutet an wie eine aufs Orchester übertragene Cembalofantasia, voll großer Intervallgebärden, Trillerfiguren, pathetischer Unisoni und melancholischer Seufzer. Unvermutete Entspannung bringt schließlich das *Allegretto*-Finale mit seinem eingängig-liedhaften Hauptthema, dem jedoch im Satzverlauf immer wieder überraschende Kontrasteffekte folgen. Wieder eine völlig andere Stimmungswelt eröffnet sich beispielsweise zu Beginn der **4. Sinfonia A-Dur** (Wq 182/4), deren *Kopfsatz* mit leicht hingeworfenen Dreiklangfigurationen ganz spielerisch einsetzt und sogleich beantwortet wird durch ein auffahrendes Unisono und kleine Seufzerfiguren. Auch im folgenden *Largo ed innocentemente* kommt es zu solchen die friedliche Gesangsszene aufbrechenden Unisono-Reaktionen und energischen Punktierungen. Angesichts solcher Details bedauert man, daß Bach – wie sein Vater – sein theatralisches Temperament und seine Fähigkeit zu ausgeprägt individueller Charakterisierung niemals in den Dienst der Oper gestellt hat.
Die Vierergruppe der **Sinfonien Wq 183** setzt nun im Orchester zum Streicherapparat auch je 2 Flöten und Oboen sowie Fagott und ein Hörnerpaar ein – der genaue Titel der Sammlung lautet denn auch **»mit zwölf obligaten Stimmen«**. Insgesamt führen sie die Sprache der vorangehenden Sechsergruppe logisch fort, bei womöglich noch gesteigerter emotionaler Intensität. Hinzu kommt nun natürlich die Ausnützung der gegebenen reicheren Farbpalette, die den zusätzlichen Bläsern – hier vor allem dem Holz – relative Eigenständigkeit zubilligt und überdies immer wieder zu aparten Klangkombinationen führt. Von verblüffender Weite ist der Horizont der melodischen Erfindungskraft in allen Sätzen; nebeneinander stehen so extreme Einfälle und, man muß wohl auch sagen: Konstruktionen wie die Anfänge der **Sinfonia Nr. 1** mit ihrer sich immer mehr beschleunigenden Synkopenrepetition:

von **Nr. 2** mit ihrer endlos im Tremolo herabstürzenden Tonleiter, die in aufbegehrende Trillerfiguren mündet:

oder die beiden Finali von **Nr. 3** in dahinjagender Zweierphrasierung:

und von **Nr. 4**, ebenfalls im Presto, mit reiner Dreiklangerfindung:

Auffällig ist in diesen Sinfonien das Bestreben, einzelne Sätze durch Überleitungen und unmittelbare Anschlüsse miteinander zu verbinden. Die Bedeutung dieser Werke ist gewiß weniger in ihrer stilistischen Mittelstellung zwischen Tradition und Zukunft zu sehen als vielmehr in ihrer ganz einzigartigen individuellen Ausformulierung. Von hier aus führen Linien in bestimmte Bereiche fantastischer Romantik; ein direkter Ver-

gleich etwa mit gleichzeitig entstandenen Sinfonien Haydns offenbart, daß hier zwei völlig unterschiedliche Ausdrucks- und Musizierideale nebeneinander existiert haben.
Schier unübersehbar und für unser heutiges Konzertleben noch überhaupt nicht ausgewertet oder gar erschöpft ist der Fundus der 52 Klavierkonzerte Philipp Emanuels. Zu einem großen Teil sind sie zum Eigengebrauch komponiert und dokumentieren damit die geistvolle Virtuosität des berühmten Cembalisten. Struktureller Ausgangspunkt dieser Werkkette ist das barocke Konzertmodell des Vaters. So gibt es auch hier immer noch in den Ecksätzen die traditionelle Gliederung in einzelne Tutti-Ritornelle und eingefügte Soli. Ausgeformte Sonatensätze erscheinen noch kaum, doch nähert sich der Stil diesem Prinzip durch einzelne durchführungsähnliche Passagen und durch Ansätze von motivisch-thematischer Arbeit. Ein charakteristisches Beispiel dieser Gattung ist das **Cembalokonzert d-Moll** (Wq 23), das 1738 in Potsdam entstand und mit pompösem barocken Gestus über pochender Achtel-Motorik einsetzt (a):

a

b

Im weiteren Satzverlauf ist eine besonders enge Verzahnung von Solo und Tutti zu beobachten, mit dem Ergebnis einer sehr hohen Konzentration und Dichte des musikalischen Geschehens. Im folgenden *Poco andante* dagegen herrscht ein Grundton der Emphase vor, der durch den fantasieartig freien Formverlauf nachdrücklich unterstrichen wird. Das *Finale* knüpft an die temperamentvolle und energische Grundhaltung des Kopfsatzes an und greift motivisch sogleich das Element der abspringenden Oktave wieder auf, wobei sein pausendurchsetztes Hauptthema das Moment des Spielerischen einbringt (b).
Ein stilistisches Unikum ist das **Konzert Es-Dur für Cembalo und Hammerklavier (Fortepiano)** (Wq 47) von 1788, das alte und neue Zeit aufeinanderprallen läßt: das Cembalo – Standardinstrument bis zur Mitte des Jahrhunderts und noch bis in

die 70er Jahre allenthalben in Gebrauch – wird nun abgelöst durch das neue Hammerklavier, das im Sinne der neuen »Empfindsamkeit« in der Lage war, forte und piano zu spielen, wenn auch noch in bescheidenem Rahmen. Im ganzen Konzert sind die beiden unterschiedlichen Instrumentencharaktere prinzipiell gleich behandelt, was motivischen Vorrat, Phrasierung und Spieltechnik angeht, und dennoch will es scheinen, als neige die Waagschale sich bis zum Finale eher dem »Fortepiano« zu, dessen historischer Sieg ohnehin zu diesem Zeitpunkt nicht mehr in Frage stand. Im übrigen gibt es keinen Zweifel, daß gerade für den so hochempfindsamen und bisweilen exzentrischen Ausdrucksstil C. P. E. Bachs das Hammerklavier das angemessene Interpretationsmedium war. Das 3sätzige Werk hätte es aber auch unabhängig von dieser originellen Besetzung verdient, öfter aufgeführt zu werden; als konzertantes Werk aus dem Todesjahr des Komponisten zieht es gleichsam noch einmal die Bilanz dieser von Bach so reich bedachten Gattung.
Hingewiesen sei noch auf die übrigen Konzerte Bachs für Flöte (5), Oboe (2) und Cello (3), die alle auch in Bearbeitungen für das Cembalo vorliegen. Und schließlich existiert in Gestalt des *Versuchs über die wahre Art das Cembalo zu spielen* (1753) ein bis heute anregendes und hilfreiches Lehr- und Theoriewerk zur Kunst des Cembalospiels, aus dem nicht zuletzt die aktuelle Bewegung der historischen Aufführungspraxis eine Fülle von konkreten Anregungen bezogen hat.

Zur Berliner Schule gehörte auch **JOHANN PHILIPP KIRNBERGER** (1721–83), der jedoch bereits zu Lebzeiten in erster Linie als Theoretiker Bedeutung und Einfluß erlangte, während seine Kompositionen vergessen sind.
Kompositionen des Königs **FRIEDRICH II. VON PREUSSEN** (1712–86), des sozusagen »offiziellen« Oberhaupts der Berliner Schule, werden dagegen hin und wieder auch heute aufgeführt, wobei wohl nicht in erster Linie ihr (eher geringer) Rang als vielmehr die ungewöhnliche Tatsache des komponierenden Monarchen Anlaß sein dürfte. Friedrich war als Flötist und auch Komponist Schüler von Quantz und hinterließ neben 4 Sinfonien auch 4 Flötenkonzerte. In ihnen zeigt sich denn doch eine deutlich über das Dilettantentum hinausragende künstlerische Phantasie und Gestaltungskraft.

Carl Friedrich Abel (1723–87) stammt aus Köthen, wurde wie sein Vater Gambist und erwarb sich mit seinem Instrument großen Ruhm. Eine Zuordnung zu einer Schule ist bei ihm schwierig: nach Tätigkeiten in Leipzig und Dresden führten ihn seine Konzertreisen nach Paris und London, wo er sich niederließ und gemeinsam mit J. C. Bach die sogenannten »Bach-Abel-Konzerte« durchführte. Er komponierte 46 Sinfonien, 2 konzertante Sinfonien, 6 Cembalo- und 2 Cellokonzerte. Seine Orchesterwerke harren noch der Wiederentdeckung; stilistisch stehen sie sowohl J. C. Bach wie auch manchen Mannheimer Komponisten nahe und bilden insgesamt eine liebenswürdige Facette in der Stilentwicklung dieses Jahrhunderts.
Der »Bückeburger Bach«, **Johann Christoph Friedrich Bach** (1732–95), gehört in den weiteren Umkreis der Berliner Schule und war Kammermusikus in der Hofkapelle des Grafen zu Schaumburg-Lippe (daher sein Beiname). Er war ein gefeierter Cembalovirtuose und dokumentierte sein Können in 6 Konzerten, von denen 2 verschollen sind. Auch von seinen insgesamt 20 Sinfonien haben sich nur 8 erhalten. Der Grad seiner heutigen relativen Unbekanntheit entspricht möglicherweise nicht ganz seiner Bedeutung. Seine Sinfonien zeigen die ganze Skala stilistischer Einflüsse seiner Epoche, basieren zunächst auf dem italienischen Ouvertürenmodell und wenden sich später der Viersätzigkeit mit Menuett zu. Seine Klavierkonzerte sind Dokumente der eigenen Spielfreude und -technik und verdienen zweifellos aufmerksame Zuwendung im Sinne einer Repertoireergänzung. Bemerkenswert ist hier sein letztes Klavierkonzert mit dem Titel *Concerto grosso per il Cembalo o Piano-Forte Es-Dur* (II/5) von 1792, ein effektvolles und dankbares Werk, das die ausgeprägte Virtuosität völlig in den Dienst des musikalischen Zusammenhanges stellt und darüber hinaus in den Ecksätzen beachtliche Ansätze zu motivisch-thematischer Arbeit zeigt, während die empfindsame Romanze in der Mitte einen intimen, melodiegeprägten Ruhepunkt darstellt.

Italien

Die Wurzeln von Sinfonia und Concerto liegen zwar in Italien, doch liegt die Führung des stilistischen Geschehens auf dem Gebiet der Instrumentalmusik nun zunehmend in anderen europäischen Zentren. Noch in der Barockepoche gingen hier

wichtige Impulse von Komponisten wie dem Italiener Vivaldi oder dem Franzosen Lully aus. Die Anstöße zur Entstehung der Sinfonie beschränkten sich dann aber vorrangig auf den formalen Aufbau, die bekannte Dreiteiligkeit (schnell – langsam – schnell), schlugen sich jedoch in erster Linie zweckgebunden in der Opernouvertüre z. B. eines Giovanni Paisiello (1740–1816) nieder.
Der wichtigste italienische Komponist der Übergangszeit zwischen Barock und Klassik ist **Luigi Boccherini** (1743–1805), ein Zeitgenosse Haydns und Mozarts, den Friedrich Wilhelm II. von Preußen 1786 zum Hofcompositeur (in Abwesenheit) ernannte. Gerade auf dem Gebiet der Sinfonie hat er eine große Anzahl gewichtiger Werke hinterlassen: Neben den Sechsergruppen der Opera 12, 21 und 35 aus den 70er Jahren gibt es weitere einzelne Sinfonien, ferner Divertimenti, Serenaden und Instrumentalkonzerte, darunter allein 10 Cellokonzerte. Boccherinis große Popularität bereits zu Lebzeiten beruht gewiß auf seiner charmant-einschmeichelnden, immer im besten Sinne unterhaltenden Tonsprache von großer melodischer Eindringlichkeit und Beredtheit. Überdies zeichnen sich gerade auch die Sinfonien durch ein beachtliches Maß an instrumentaler Virtuosität aus, die immer wieder zu Grenzüberschreitungen in Richtung zur Sinfonia concertante führt. Bemerkenswert sind auch seine oft zwischen Dur und Moll changierenden harmonischen Wendungen und eine fein abgestufte Dynamik. Hingegen gilt der motivisch-thematischen Verarbeitung weniger Boccherinis Neigung, auch formalen Experimenten gegenüber zeigt er sich wenig aufgeschlossen. Auffällig ist die Tatsache, daß seine Musik sich im Laufe der Jahrzehnte eigentlich nicht wirklich weiterentwikkelt hat – möglicherweise eine Folge der Isolierung vom musikalischen Geschehen im übrigen Europa aufgrund seines Wohnsitzes in Madrid seit 1769.
Seine 6 *Sinfonien op. 12* sind 3- und 4sätzig und verfügen zu den Streichern, bei denen Celli und Bässe oft getrennte Wege gehen, über Flöten (Oboen) und Hörner. Konzertant-solistische Passagen ersetzen bis zu einem gewissen Grade die sinfonische Durcharbeitung; mehrmals gibt es langsame Einleitungen. – Die 6 *Sinfonien op. 21* dürften etwas später (1775) entstanden sein und zeichnen sich, wie auch die *Sinfonien op. 35*, durch ihre gefällige Eingängigkeit und die abwechslungsreiche Binnenstruktur der einzelnen Sätze aus. In Einzelfällen han-

delt es sich bei Sinfonien auch um Ouvertüren, wie bei der späten *D-Dur-Sinfonie* von 1790 (op. 43), deren 3 Formteile pausenlos miteinander verbunden sind. – Unter den *Cellokonzerten* ist das *B-Dur-Werk Nr. 9* eines der populärsten überhaupt; allerdings handelt es sich hierbei um kein Original, sondern um eine ziemlich tiefgreifende Bearbeitung mehrerer Vorlagen durch den Cellisten Friedrich Grützmacher. Dennoch gibt das Werk einen recht charakteristischen Eindruck von Boccherinis virtuosen Ansprüchen an das Solo-Instrument und an seine melodische Intensität; das Orchester hält sich insgesamt weitgehend zurück, am effektvollsten ist gewiß das abschließende Rondo mit seinem fast reißerischen Hauptthema.

Domenico Cimarosa (1749–1801) war in allererster Linie Opernkomponist; seine wenigen Instrumentalwerke sind eher als Gelegenheitskompositionen anzusehen. Seine beiden überlieferten *Solo-Konzerte* – für *Cembalo B-Dur* und für *2 Flöten G-Dur* – sind liebenswürdige Dokumente einer Auseinandersetzung mit dem klassischen Konzertideal, wie wir es von Mozart her kennen. Seit einiger Zeit kennt man auch einige Sinfonien Cimarosas, die verschollen waren und ausgesprochen frühklassischen Charakter haben.

Von **Antonio Salieri** (1750–1825) ist in unseren Tagen mehr als dem vermeintlichen Mörder Mozarts die Rede als von seiner Musik. Man kann ihn mit gutem Recht unter den Wiener Komponisten der Zeit aufführen, denn er gelangte bereits 1766 dorthin und errang dann seinen Ruhm vor allem mit seinen Opern. Seine relativ wenigen Orchesterwerke spielen im heutigen Konzertleben keine Rolle; immerhin verdienten die beiden *Konzerte für Flöte und Oboe* sowie für *Violine, Oboe und Cello* Beachtung, weil sie das Repertoire zwischen Sinfonie und Konzert dankbar bereichern. Auch in diesen Werken kann der Komponist seine Vorliebe für die Oper nicht verleugnen, denn sie sind reich an spannungsvollen Kontrasten und opernhafter Deklamatorik.

Der Römer **Muzio Clementi** (1752–1832) wurde vor allem berühmt als Pianist und Klavierlehrer und bereiste als Virtuose Europa. Vergessen sind dagegen seine Orchesterwerke, unbekannt ist heute die Tatsache, daß er insgesamt 6 Sinfonien komponierte. Von Clementis *Klavierkonzerten* kennt man heute nur noch eins (*C-Dur*), das der Komponist selber 1790 in London uraufführte und das insgesamt in traditioneller Formanlage ein Dokument der Clementischen Virtuosität ist.

Giovanni Battista Viotti (1755–1824) genoß zu seinen Lebzeiten einen beinahe legendären Ruf, in erster Linie als Violinvirtuose, aber auch als Komponist und Pädagoge. Er prägte den Violinstil seiner Epoche ganz nachhaltig und widmete sich in seinem kompositorischen Schaffen auch überwiegend der Gattung des Violinkonzertes. Hier umfaßt sein reichhaltiges Lebenswerk 29 Titel, von denen mehrere auch als Eigenbearbeitungen zu Sinfonie concertanti und zu Klavierkonzerten überliefert sind. Im Laufe der Entwicklung zeichnete sich die Tendenz zum großen romantischen Solo-Konzert ab, mit deutlich gesteigerten virtuosen Anforderungen und mit sorgfältig ausgefeilter Orchesterbehandlung. Als sein bedeutendstes *Violinkonzert* darf die *Nr. 22 in a-Moll* gelten (1792/93), mit 3 phantasievoll kontrastierenden Sätzen, von denen die beiden bewegten Ecksätze das virtuose Element besonders herausstreichen. Stilistisch nehmen diese Werke eine wichtige Stellung innerhalb der klassischen Epoche ein, werden heute jedoch zu Unrecht im Konzertleben sehr vernachlässigt.

Luigi Cherubini (1760–1842) blieb bis heute ein Begriff als Komponist von großen Opern wie *Medea*, während seine Instrumentalmusik eher sporadisch wahrgenommen wird. Seit 1788 lebte und wirkte Cherubini in Paris, von wo aus sein Ruhm bis Wien reichte: Beethoven sah in ihm einen wichtigen Kollegen. Seine einzige *Sinfonie D-Dur* entstand 1815 in London und ist ein Dokument der konstruktiven Auseinandersetzung mit Beethovens Sinfonik, insbesondere dessen Vierte hinterließ hier erkennbare Spuren. In ihren 4 Sätzen beweist Cherubini sein immenses handwerkliches Können und seine Fähigkeit, großräumige strukturelle Abläufe zu konzipieren: Dem Kopfsatz ist eine langsame Einleitung vorangestellt, der folgende Sonatensatz ist vielgliedrig und kontrastreich gestaltet und durchweg kontrapunktisch geprägt. Dem kantablen Larghetto cantabile folgt ein eher verspielt-temperamentvolles Scherzo mit einem subtil instrumentierten Trio. Im Finale bilden zwei Motive den Ausgangspunkt für die ganze Satzentwicklung: ein ostinater Baßrhythmus (♩. ♪ ♩. ♪) und eine kleine Drehfigur, mit der das Hauptthema einsetzt.

Frankreich

In Frankreich konzentriert sich seit jeher das Musikgeschehen in der Hauptstadt Paris, die in großer Zahl auch ausländische Künstler anzog. Im Nachlauf der Barockepoche ist als erster **Louis-Gabriel Guillemain** (1705–70) zu nennen, der mit seinen *Symphonies dans le goût italien en trio op. 6* und *14* sowie den *Symphonies en forme de concerto op. 16* den italienischen Stil in Paris mit einführte.
Bereits der nächsten Generation gehört **François-Joseph Gossec** (1734–1829) an, der aus Belgien stammte, aber in Paris lebte und wirkte. Sein umfangreiches sinfonisches Schaffen – rund 50 *Sinfonien* entstanden im Verlauf der 2. Jahrhunderthälfte – hat für die Geschichte der Gattung große Bedeutung. Diese Werke vertreten bereits überwiegend den 4sätzigen Typus und zeichnen sich durch ihre ungemein ausgefeilte, farbige Instrumentation aus, in der vor allem die Bläser zunehmende Gleichberechtigung erreichen. An stilistischen Einflüssen sind vorrangig die Mannheimer Komponisten und Haydn zu nennen; angesichts der großen Anzahl von durchaus eigenständigen und abwechslungsreichen Werken ist hier im Konzertleben außerhalb Frankreichs noch mit einem Nachholbedarf zu rechnen. Gemeinsam mit Devienne und Pleyel hat gerade auch Gossec Bedeutung für die Entwicklung der Sonderform Sinfonia concertante und beeinflußte hier wiederum auf umgekehrtem Wege beispielsweise die Mannheimer Komponisten und sogar Mozart.
Von seinem Landsmann **André Grétry** (1741–1813), einem Opernkomponisten, stellt das *Flötenkonzert C-Dur* (1765) ein interessantes Werk auf der Grenze zwischen den Stilen dar; es zeigt in den Ecksätzen bereits die Konturen des Sonatensatzes.
Ignaz Pleyel (1757–1831), in seiner Heimat Österreich Schüler von Vanhal und Haydn, übersiedelte nach Stationen in Straßburg und London nach Paris, wo er einen Musikalienhandel und eine Klavierfabrik gründete. Pleyel produzierte mit offensichtlich leichter Hand eine große Anzahl von Sinfonien (29), Konzertanten Sinfonien (5) und Instrumentalkonzerten (8), wobei sich seine Geschäftstüchtigkeit darin niederschlug, daß er manche seiner Konzerte gleich in Versionen für mehrere alternative Solo-Instrumente anlegte. Ein solches Werk ist das *Klarinettenkonzert C-Dur*, das auch für Flöte und Violine ausführbar ist und deshalb die solistisch eher unge-

bräuchliche C-Klarinette einsetzt; in einer neu bearbeiteten Version ist es nach B-Dur transponiert worden.
Auch **François Devienne** (1759–1803) wurde für die Ausformung der Sinfonia concertante wichtig, die er vornehmlich in der Besetzung mit Bläsern pflegte; außerdem hinterließ er eine Reihe von Sinfonien sowie Flötenkonzerte, die nicht nur aus Repertoiregründen, sondern durchaus auch aufgrund ihres künstlerischen Wertes beachtet werden sollten.

England (London)

Wie in Frankreich spielte sich das repräsentative englische Musikleben im 18. Jh. vorwiegend in der Metropole ab, wohin es schon seit jeher auch berühmte ausländische Musiker gezogen hatte. Händel war seinerzeit das eindrucksvollste Beispiel eines zugereisten und dann assimilierten Komponisten. Überdies gab es in London mehrfach rührige und einfallsreiche Konzertunternehmer wie beispielsweise Johann Peter Salomon, dem es gelang, Joseph Haydn zu zwei England-Reisen zu bewegen. In der 2. Hälfte des 18. Jh. wurde einer der berühmten Söhne J. S. Bachs zur zentralen Gestalt mit weitreichender Ausstrahlung über ganz Europa:

Johann Christian Bach

* 5. September 1735 in Leipzig
† 1. Januar 1782 in London

Johann Christian erhielt wie sein älterer Bruder Carl Philipp Emanuel seine musikalische Ausbildung beim Vater und führte sie dann bei diesem Bruder in Berlin fort. Es folgte eine Studienzeit in Italien (u. a. bei Padre Martini) sowie eine erste Anstellung als Organist am Mailänder Dom (»Mailänder Bach«). Einen ersten Schwerpunkt in seinem kompositorischen Schaffen bildeten Opern. 1762 ging er nach London, wo er gemeinsam mit C. F. Abel die »Bach-Abel-Konzerte« ins Leben rief. Bei nachlassendem Ruhm zog er sich am Ende seines Lebens aus seinen öffentlichen Wirkungsfeldern zurück.

Orchesterwerke: Mehr als 90 Sinfonien, konzertante Sinfonien, Ouvertüren; Solo-Konzerte (vor allem für Klavier, 1 für Oboe, 2 für Fagott).

Im Bewußtsein der musikliebenden Welt unserer Tage ist Johann Christian Bach jener Musiker geblieben, der auf den jungen Mozart den wohl wichtigsten Einfluß ausgeübt hat. Charakteristisch ist der Tonfall seines »singenden Allegros«, jenes beschwingten kantablen Fließens und melodischen Strömens, das der junge Johann Christian als wichtigste Errungenschaft aus Italien mitgebracht hatte und das seine Wurzeln vor allem in der italienischen Oper besitzt. Mozart hat seine außerordentliche Zuneigung zum »Londoner Bach« mehrfach zum Ausdruck gebracht, und die Spuren seiner Musik sind an vielen Stellen in seinem Werk nachweisbar.
Ein Teil seiner Sinfonien ist in Gruppen, dem Brauch der Zeit folgend, zusammengefaßt. Vor 1765 entstanden die 6 **Sinfonien op. 3**, die ausschließlich in Dur-Tonarten stehen und alle dem 3sätzigen italienischen Modell folgen. Diese Werkgruppe zeigt den Komponisten stilistisch noch auf der Suche. So finden sich manche Ansätze zum neuen Sonatensatzprinzip, aber noch kaum ausgeprägte Durchführungen oder auch nur wirklich selbständige Seitensätze; die beiden Oboen und Hörner passen sich noch relativ eng dem führenden Streichersatz an.
Die in gleicher Besetzung notierten 6 **Sinfonien op. 6** stammen bereits aus der Londoner Zeit; sie zeigen alle wesentlichen Merkmale des Bach-Stils, die für seinen Erfolg wesentlich waren: Eleganz und Eindringlichkeit der melodischen Erfindungskraft, konzentrierte Formbeherrschung ohne allzu viel »Gelehrsamkeit« und eine effektvolle Brillanz des Orchestersatzes. Stilistisch sind die 6 Werke durchaus uneinheitlich; ein herausragendes Unikum von zukunftsträchtiger Bedeutung ist allerdings die **Sinfonie Nr. 6 in g-Moll**, die erkennbare Verwandtschaft zu Mozarts Jugendsinfonie in gleicher Tonart (KV 183) besitzt und durch das gleiche ungestüme »Sturm und Drang«-Temperament ausgezeichnet wird. Ihr bewegter Kopfsatz (*Allegro*) im Allebreve-Takt setzt mit einem energischen Motto ein, das alsbald in ein unruhig vorandrängendes Piano umschlägt. Auch durch die dissonanzenreiche Harmonik wird die dramatische und leidenschaftliche Energie dieses Satzes unterstrichen. Der langsame Mittelsatz, der sehr deut-

lich zum Adagio tendiert (*Andante più tosto adagio*), steht ungewöhnlicherweise in der Moll-Subdominante und ist alles andere als ein zärtliches Intermezzo; die eindringliche melodische Gebärde seines Beginns ist von tiefem Ernst geprägt und durchzieht das ganze Gebilde in immer neuen Wendungen:

Sowohl dieser Satz wie auch das stürmisch dahinjagende Finale (*Allegro di molto*) enden unerwartet im Pianissimo.
Die 3 zwischen 1765 und 1770 entstandenen **Sinfonien op. 9** setzen zu den obligaten Streichern Flöten, Oboen und Hörner ad libitum ein, was auf die untergeordnete Rolle der Bläser hinweist. Die wiederum 6 **Sinfonien op. 18** wurden zwischen 1774 und 1777 komponiert, 3 von ihnen setzen ein Doppelorchester voraus. Bei letzteren stehen sich in 2 Gruppen Streicher, Oboen, Fagotte und Hörner auf der einen, Streicher und Flöten auf der anderen Seite gegenüber. Mit diesen beiden selbständigen Klangkörpern wird nun ein unterhaltendes Wechselspiel mit vielen reizvollen Klangeffekten getrieben. Prägendes Merkmal ist die verschwenderische Fülle an melodischen Einfällen, während die Aspekte der motivisch-thematischen Durchführung wiederum eher in den Hintergrund treten. Bisweilen stellt sich durch den alternierenden Einsatz der Instrumente ein durchaus konzertanter Eindruck ein. Unverkennbar ist in einigen der Sätze ein kapriziöser Serenadentonfall, wie etwa im *Andante*-Mittelsatz der **Nr. 1** mit seiner leichtfüßigen Triolenthematik. **Sinfonie Nr. 2** war ursprünglich Ouvertüre zur Oper *Lucio Silla*, **Nr. 3** Ouvertüre zu *Endimione*. Die größte Orchesterbesetzung weist die **Nr. 4 D-Dur** auf; mit je 2 Oboen, Fagotten, Hörnern, Trompeten und Pauken nähert sie sich klassischem Standard. Ihr mittleres *Andante* entstand ursprünglich als Ouvertüre der Oper *Temistocle* für Mannheim. Als einzige 4sätzige Sinfonie enthält die **Nr. 6 D-Dur** jedoch kein Menuett, sondern eine Art Gavotte in Rondoform.
Einen wichtigen Akzent im Schaffen Johann Christian Bachs stellen auch die Sinfonie concertanti dar. 11 Werke entstanden für die Bach-Abel-Konzerte und weisen abwechslungsreiche Besetzungen der Solistengruppen auf: nur für Streicher (2 Violinen oder Violine und Cello) oder in gemisch-

ter Besetzung (z. B. Flöte, Oboe, Violine und Cello oder Oboe und Cello).

Ein drittes Zentrum seiner Orchestermusik sind die Klavierkonzerte der Londoner Zeit, die sowohl in 3- wie auch in 2sätziger Gestalt vorliegen. Die ganze Faktur dieser Musik ist offensichtlich bereits auf die Bedürfnisse des neuen Hammerflügels abgestimmt, der Klaviersatz ist dankbar und klangvoll, dabei von Werk zu Werk durchaus unterschiedlich im spieltechnischen Anspruch. Diese Differenzierung im Schwierigkeitsgrad deutet bei der Werkgruppe der Konzerte **op. 1** (1763) auf die Widmungsträgerin, die Königin Charlotte. Auffällig ist ein Zug zur kammermusikalischen Intimität, der sich auch in der reinen Streicherbesetzung – in den Gruppen **op. 1** und **op. 7** sogar ohne Bratschen – und in Bläsern ad libitum (**op. 13**) äußert. Formal zeigen die Kopfsätze häufig Sonatensatzzüge, die Schlußsätze oft Menuettcharakter und Rondo-Anlage; liedförmig oder auch als Variationen erscheinen langsame Sätze. Selbst wenn op. 1 noch ausdrücklich für Cembalo bestimmt ist und die späteren Konzerte alternativ für Cembalo oder Fortepiano, so ist doch das Hammerklavier gemeint, denn seine empfindsam im engen Rahmen abgestufte Dynamik ist dem biegsamen, expressiv-empfindlichen Stil dieser Musik angemessener; es setzte sich jedoch erst im Laufe der 70er Jahre in größerem Umfang durch.

Die Wiener Klassik

Joseph Haydn

* 31. März 1732 in Rohrau (Niederösterreich)
† 31. Mai 1809 in Wien

Haydn, als 6. Kind einer Handwerkerfamilie geboren, wurde bereits 1740 in Wien Chorknabe. Seit etwa 1755 war Nicola Porporà sein Kompositionslehrer. Die erste Anstellung fand er 1759 als Kapellmeister beim Grafen Morzin; 1761 wurde er Vizekapellmeister, 1766 Kapellmeister am Hofe der Fürsten Esterházy – eine Tätigkeit, die Haydn bei aller Abgeschiedenheit doch allmählich großen Ruhm in ganz Europa einbrachte. Nach dem Tode des Fürsten Nikolaus 1790 behielt er zwar Titel und Gehalt, übersiedelte jedoch nach Wien. Der englische Konzertunternehmer Johann Peter Salomon überredete ihn zu zwei überaus erfolgreichen Konzertreisen nach London (1791/92 und 1794/95). Anschließend übertrug ihm Fürst Nikolaus II. Esterházy noch einmal die Leitung der wiederzubegründenden Hofkapelle. Während Napoleons Truppen Wien belagerten und eroberten, starb Haydn als berühmtester Komponist seiner Epoche.

Orchesterwerke: mehr als 104 Sinfonien, Instrumentalkonzerte (darunter zahlreiche Klavier- und Violinkonzerte, Cellokonzerte, 1 Trompetenkonzert), Divertimenti.

Oft wird lapidar festgestellt: Joseph Haydn hat die Sinfonie erfunden. In dieser verkürzten Form trifft die Aussage zwar nicht zu, doch steckt in ihr ein wahrer Kern. Zwar entstand die Gattung Sinfonie – wie alle anderen Gattungen – im Verlauf eines längeren Entwicklungsprozesses, der bald nach Beginn des 18. Jh. einsetzte und an dem eine ganze Reihe von Komponisten in den verschiedensten Musikzentren mehrerer Länder beteiligt waren. Nach einhelliger Auffassung ist der wichtigste Vorläufer der Sinfonie und zugleich ihre formale Wurzel die 3sätzige neapolitanische Opernsinfonia (schnell – langsam – schnell). Neben diesem 3teiligen Typus, der vor allem in Italien und auch in Norddeutschland gepflegt wurde, entwickelte sich die 4sätzige Form durch Einfügung eines Menuetts mit Trio, bevorzugt vor allem in Mannheim. Und auch die für das ganze kommende 19. Jh. zentrale Sonatenhauptsatzform konstituierte sich vor Haydn, ebenfalls in der Opernsinfonia, aber auch an anderen Stellen, beispielsweise auch bei J. S. Bach (Fantasie c-Moll für Cembalo, BWV 906). Dieses Sonatensatzprinzip dominierte zunächst den 1. Satz, eroberte aber recht bald auch den langsamen Satz und das Finale.
Deshalb ist es für das Verständnis der klassischen Sinfonie (und überhaupt aller zyklischen Orchesterwerke, also vor allem des Solo-Konzertes, aber auch der Divertimenti und Serenaden) von entscheidender Bedeutung, daß der Hörer den Aufbau dieser Sonatensatzform durchschaut und nachvollziehen kann – gerade die Sinfonie Haydns beweist in ihrem so durchdachten, dabei häufig überraschenden und immer geistreichen Ablauf, daß ihr Komponist immer mit einem mitdenkenden, intellektuell hellwachen Zuhörer rechnete, dem Musikhören nicht in erster Linie oder gar ausschließlich emo-

tionalen Genuß, sondern geistiges Vergnügen auf höchstem Abstraktionsniveau bedeutet. An Haydns Musik läßt sich am besten das verbreitete Vorurteil widerlegen, Kunst wende sich in erster Linie an das Gefühl und nicht an den Verstand.
Diese Sonatenhauptsatzform oder auch Sonatensatzform (im Gegensatz zur Sonatenform, die sich auf die gesamte zyklische Anlage der Sinfonie mit ihren 3 oder 4 Sätzen in bestimmter Reihenfolge bezieht) sieht folgendermaßen aus: Die große Anlage ist 3teilig, bestehend aus Exposition, Durchführung und Reprise. In der Exposition wird das musikalische »Material« vorgestellt, dem Hörer bekannt gemacht. Dabei handelt es sich in der Regel um zwei oder auch mehrere Themen, die häufig (aber keineswegs immer!) miteinander kontrastieren – ein Thema ist ein charakteristischer, in sich abgeschlossener melodischer Gedanke, der den Ablauf des ganzen Satzes prägt. Ordnungsprinzip klassischer Themen ist in der Regel die symmetrische Teilbarkeit (8 Takte, die in 4- und 2taktige Einheiten gliederbar sind, das sogenannte periodische Prinzip). Häufig, aber nicht immer, bestehen solche Themen aus Motiven; so bezeichnet man in der Musik die kleinsten, nicht mehr teilbaren melodischen Sinneinheiten. Die Exposition basiert in der Klassik immer auf einem festgelegten harmonischen Verlaufsplan: ihr erster Abschnitt (Hauptsatz) steht in der Grundtonart (Tonika); nach einem Modulationsteil folgt der zweite Hauptabschnitt (Seitensatz) auf der Dominante, in Moll-Sätzen auf der parallelen Durtonart, wo die Exposition auch immer in einer diese Tonart bekräftigenden sogenannten Schlußgruppe endet. In vielen Expositionen stehen sich zwei Themen mehr oder weniger kontrastierend gegenüber (früher sagte man dazu »männlich«/»weiblich«, »energisch«/»lyrisch« usw.), das erste im Hauptsatz auf der Tonika, das zweite im Seitensatz auf der Dominante bzw. in der Paralleltonart.
Allerdings ist diese auch in zahlreichen Formenlehrbüchern bis zum heutigen Tag vorgenommene Festlegung auf zwei Themen bei der Analyse sinfonischer Sätze eher hinderlich, weil sie Erwartungen weckt, die dann in der lebendigen Musik nicht eingelöst werden: So gibt es bei Haydn zahlreiche Sonatensätze, deren Exposition nur ein einziges Thema enthält, das auch im Seitensatz, eventuell variiert, wiederkehrt; dagegen komponierte Mozart gern Expositionen, in denen vier oder fünf Themen in der Exposition aufeinanderfolgen – zwei im Hauptsatz, zwei im Seitensatz und noch eins in der Schluß-

gruppe. Eins aber haben alle diese Expositionen gemeinsam: den schematischen harmonischen Ablauf.
Die Exposition wird in dieser historischen Phase (fast) immer wiederholt. Dafür gibt es einleuchtende Gründe: der mitdenkende Hörer kann den weiteren Verlauf des Satzes, also vor allem seine Durchführung, nur dann verstehen, würdigen und auch genießen, wenn er das musikalische Material der Exposition genau kennt, also muß er sie mindestens zweimal bewußt anhören. Hinzu kommt, daß man zu Haydns Zeit im Konzert in der Regel Uraufführungen zu hören bekam, also völlig neue, unbekannte Musik, während dem heutigen Hörer überwiegend bekannte Kompositionen geboten werden – eine Tatsache, welche die aktuelle, oft so akademisch geführte Diskussion darüber, ob man Expositionen wiederholen soll oder nicht, relativiert.
Es folgt die Durchführung, in deren Verlauf musikalisches Material, also Themen oder Motive aus allen Teilen der Exposition, »durchgeführt«, d. h. verarbeitet werden: sie werden auf phantasievolle Weise verändert, etwa durch Abspaltungen, Verkleinerung oder Vergrößerung (d. h. Halbierung oder Verdoppelung der Notenwerte), Kombination und vor allem Modulation (d. h. Tonartwechsel). Während die Exposition harmonisch stabil nach einem festgelegten Plan abläuft, ist die Durchführung in ihrem ganzen Verlauf offen und frei angelegt, dynamisch sich weiterentwickelnd; häufig spielen in ihr ursprünglich recht unscheinbare, in der Exposition eher beiläufig erklingende Motive die wichtigste Rolle.
Darauf folgt die Reprise, die im wesentlichen eine nicht oder wenig veränderte Wiederkehr der Exposition ist; allerdings erklingen hier Seitensatz und Schlußgruppe ebenfalls auf der Tonika, damit der Satz auch in der Grundtonart enden kann. Zunächst wenige bekräftigend angefügte Schlußtakte können als »Coda« noch folgen; erst im weiteren Verlauf der Gattungsgeschichte, vor allem seit Beethoven, wächst die Coda gelegentlich zu einem eigenständigen vierten Formabschnitt heran. Zunächst, noch bei Haydn und Mozart, wurden auch Durchführung und Reprise gemeinsam wiederholt.
Diese Sonatenhauptsatzform eroberte nach und nach auch den langsamen und den Schlußsatz der Sinfonie; dem Kopfsatz wurde gerade von Haydn häufig eine langsame Einleitung vorangestellt. Den langsamen Mittelsatz prägt häufig die Liedform (2- und vor allem 3teilig), das Finale die

Rondo-Form, in der ein mehrfach wiederkehrendes Ritornell durch kontrastierende Abschnitte unterbrochen wird (A – B – A – C – A – D – A oder A – B – A – C – A – B – A), gelegentlich durch Sonatensatzelemente angereichert (Sonatenrondo). Das Hauptgewicht der ganzen Sinfonie liegt bei Haydn und Mozart, wie auch beim früheren Beethoven, eindeutig auf dem Kopfsatz. Alle Sätze außer dem langsamen stehen in der Grundtonart; der langsame Satz weicht in eine verwandte Tonart aus (Dominante, häufig Subdominante, auch Paralleltonart). Im Gegensatz zum 17. und frühen 18. Jh. bevorzugte Haydns Epoche ganz eindeutig die Durtonarten; Sinfonien in Moll waren die großen – und meistens sehr gewichtigen – Ausnahmen von der Regel. Erst im 19. Jh. schwang das harmonische Pendel wieder verstärkt zur Moll-Seite hin.

Dieses Formschema konstituierte sich also in der 1. Hälfte des 18. Jh.; Haydn aber formte die Sinfonie zur zentralen Gattung und verlieh ihr jene Bedeutung, die ihren Vorrang in der Musikgeschichte für mehr als ein Jahrhundert sicherte; von ihm lernten alle kommenden Komponisten, er setzte die Maßstäbe. Auch die Besetzung des spezifischen sinfonischen Orchesters fügte sich in diesen Jahren und wurde schließlich in seinen späteren Sinfonien zum Standard. Ihr Fundament ist das chorisch besetzte Streichquartett, aus dem durch Verselbständigung der Kontrabaßstimme allmählich ein Quintett wurde; hinzu traten zunächst je 2 Oboen und Hörner als klangliche und farbliche Ergänzung und Abrundung; dynamische und rhythmische Akzente setzten in den Ecksätzen auch je 2 Trompeten und Pauken, die jedoch in den langsamen Sätzen schwiegen. Das Fagottpaar verstärkte zunächst das Baßfundament; der Generalbaß jedoch verschwand, denn der musikalische Stil wandelte sich, die Baßorientierung wich der Führung durch die Melodiestimme, deren harmonische Begleitstimmen nun im vollen Streichersatz (2 Violinen, Bratschen) auskomponiert wurden.

Die neuen Klarinetten wurden vor allem am Mannheimer Hof ins Orchester als wichtige farbliche Bereicherung aufgenommen; seit den späten Haydn-Sinfonien gehören sie als Paar zum Besetzungsstandard. Dieser Standard beinhaltet also neben dem Streichquartett (-quintett) im Ergebnis die paarweise Holzbläserbesetzung (Flöten, Oboen, Klarinetten, Fagotte) sowie je 2 Hörner, Trompeten und Pauken. Zugleich ist eine zunehmende Selbständigkeit der Holzbläser und später auch zumindest der Hörnerstimmen zu beobachten, die allmählich eigenständig am motivisch-thematischen Geschehen beteiligt werden und sich auf höchst farbige Weise untereinander und mit einzelnen Streicherstimmen mischen – das historische Ergebnis dieser Instrumentationsentwicklung ist der charakteristische sinfonische Mischklang, in dessen reicher Farbpalette alle individuellen Instrumentencharaktere aufgehen und der in den Partituren von Debussy, Wagner und Strauss seinen Abschluß findet.

Sinfonien

Joseph Haydn komponierte seine Sinfonien zwischen 1757 und 1795. Bis heute werden sie von 1 bis 104 im Hoboken-Verzeichnis (Abt. I) durchnumeriert.* (So erscheint die Sinfonie Nr. 100 mit dem Zusatz: Hob. I:100.) Doch hat die Haydn-Forschung die Chronologie vor allem der frühen Sinfonien korrigieren und präzisieren können, so daß die Numerierung in weiten Teilen nicht mehr der tatsächlichen Reihenfolge entspricht. So sind zu Beginn der langen Reihe zwei mit »A« und »B« bezeichnete Sinfonien hinzugekommen, ferner gibt es noch eine Sinfonia concertante.

Mit Form und Instrumentation hat Haydn sein langes Leben hindurch experimentiert; Sinfonie bedeutete für ihn eine ständige Herausforderung und Weiterentwicklung. Diese Lust am Experiment, an der Kreativität wurde entscheidend begünstigt durch die jeweiligen Dienstorte und Dienstherren, an denen und für die er arbeitete. So entstanden die frühesten Sinfonien in seiner Position als Musikdirektor (1757–61) am Hof des Grafen Morzin bei Pilsen; 1761 trat er seinen Dienst beim Fürsten Esterházy in Eisenstadt an, an dessen und seines Nachfolgers Hof er fast drei Jahrzehnte lang wirken konnte und wo er aufgrund der abgeschiedenen geographischen Lage, aber auch weil der Fürst ihm den nötigen künstlerischen Freiraum ließ, »original« werden konnte, wie er selber über sich sagte. Mit zunehmendem internationalen Ruhm schuf Haydn auch Sinfonien auf auswärtigen Auftrag hin, so seine 6 Pariser Sinfonien (1785/86), 2 Werke für den Wiener Johann Tost (1787) sowie 3 weitere Kompositionen für Paris (1788/89).

* Anthony van Hoboken, *Joseph Haydn. Thematisch-bibliographisches Werkverzeichnis*, 3 Bde., Mainz 1957–78.

Seine letzten Sinfonien tragen den Beinamen »Londoner« und entstanden zu je 6 für zwei Reisen nach England in den Jahren 1790–92 und 1794/95.

Die beiden der Chronologie vorangestellten **Sinfonien »A«** und **»B«** verfügen beide über die gleiche Besetzung mit je 2 Hörnern und Oboen sowie einem mit dem Streicher-(General-)Baß gehenden Fagott. **»A«** (**B-Dur**) ist 3sätzig, mit einem modellhaft knappen Sonatensatz zu Beginn, dessen straffes Dreiklangs-Hauptthema in der Durchführung sogleich mit dem Doppelschlagmotiv aus dem Seitensatz kombiniert und enggeführt wird. Nach einem reinen Streicher-*Andante* folgt als *Finale* ein weiterer Sonatensatz in spielerischer 6/8-Bewegung. In Sinfonie **»B«** (**B-Dur**) rückt das *Menuett* an die zweite Stelle; sein *Trio* wird durch reizvolle solistische Fagotteinwürfe gefärbt. Der *Mittelsatz* ist ein schwingendes 6/8-Siciliano für Streicher allein.

Ebenfalls für den Grafen Morzin entstanden die Sinfonien 1–5 sowie 10 und 11, aber wohl auch die Nummern 32, 33 und 37. Wir folgen angesichts der weithin ungesicherten und hypothetischen Entstehungszeit vor allem der früheren Sinfonien bei unserer Kommentierung der traditionellen Zählung.

In **Nr. 1 D-Dur** überrascht die Fülle der thematischen Einfälle, die Haydn über Exposition und auch Durchführung des *Kopfsatzes* ausbreitet, sowie das ungewohnte »Mannheimer« Crescendo zu Beginn. Das Werk ist wie **Nr. 2 C-Dur** 3sätzig mit einem Streicher-*Andante* in der Mitte, wobei das Andante in Nr. 2 die Bezeichnung »sempre piano« trägt und in streng durchgehaltener Zweistimmigkeit von bewegter Sechzehntel-Linie (Violinen) und schreitendem Baß (Viola und Bässe) abläuft. Der *Kopfsatz* von **Nr. 3 G-Dur** zeigt kontrapunktische Züge in seiner thematischen Anlage: zu den langen Tönen der führenden Violinstimme tritt eine in Achteln bewegte Gegenstimme. Das g-Moll-*Andante* (*moderato*) beginnt wie ein Dialog mit deklamierender 1. Violine und eher lyrischer 2. Violine alternierend. Das *Trio* im *Menuett* spielt mit den reizvoll sich ablösenden Farben der Oboen- und Hörnerpaare sowie der Streicher im zart durchbrochenen Satz. Ebenfalls kontrapunktische Satzkünste führt das *Finale* vor, im frühen Vorgriff auf Mozarts späte »Jupiter-Sinfonie«: ein lapidares Vier-Noten-Thema beherrscht den ganzen Satz, wandert durch alle Stimmen und wird von lebhaften Gegenstimmen kontrapunktiert.

Die 3sätzige **Sinfonie Nr. 4 D-Dur** faßt Menuett und Finalsatz in einem *Tempo di Menuetto* zusammen; ihr *Kopfsatz* zeichnet sich durch ausgeprägte Themenbildung aus, wobei der Seitensatz überraschend in Moll daherkommt und die bewegte Durchführung gar zwischen pp und ff schwankt. Im d-Moll-*Andante* (*con sordino*) schwingt sich die Melodielinie der 1. Violine auf über den beiden synkopisch gegeneinander versetzten tiefen Begleitstimmen. **Nr. 5 A-Dur** folgt mit ihrem einleitenden *Adagio*-Satz dem Muster der traditionellen Kirchensonate; hier fallen die mehrfachen solistisch eingefügten Hörnerpassagen auf. Im folgenden ¾-*Allegro* ist die Exposition von starken Kontrasten und ungestümem Temperament geprägt: dem stürmischen Hauptthema steht ein filigraner Seitensatz gegenüber; die Durchführung rückt ein eher beiläufiges Tonleitermotiv als Gegenstimme ins Licht. Im *Trio* des *Menuett*-Satzes begleiten die Streicher das solistische Hörnerpaar und eine Solo-Oboe. Das *Finale* ist die 59taktige Miniatur eines Sonatensatzes mit kleinen kontrapunktisch synkopierten Einsprengseln.
Die 3 **Sinfonien Nr. 6–8** sind besondere Kostbarkeiten, komponiert gleichsam als meisterhafte Eigenwerbung Haydns zum Beginn seiner Tätigkeit in Esterházy. Dort fand er ein kleines, aber feines Orchester vor, in dem einige Musiker mit solistischen Fähigkeiten saßen, die er offensichtlich herauszustreichen gedachte. Auf diese Weise ergab sich zugleich eine reizvolle Mischung zwischen den Modellen der Sinfonia und der Sinfonia concertante. Die 3 Werke tragen überdies die programmatischen Titel **»Le matin«** (»Der Morgen«), **»Le midi«** (»Der Mittag«) und **»Le soir«** (»Der Abend«), und einige Passagen nehmen denn auch recht deutlich Bezug zu dieser Vorgabe: Die 6 Takte kurze *Adagio*-Einleitung in **Nr. 6 D-Dur** malt mit einem ausinstrumentierten Crescendo den Sonnenaufgang und nimmt damit die entsprechende Passage aus der späten *Schöpfung* effektvoll vorweg; und das Finale (*Presto*) der »Abend«-Sinfonie (**G-Dur**) mit der Bezeichnung *La tempesta* reiht sich ein in die eigentlich noch barocke Tradition der Gewitter- und Unwettermusiken, mit gezackt herabfahrenden Blitzfiguren in der Flöte sowie mit abstürzenden Unisono-Tonleitern und Tremolo-Effekten. Im übrigen reihen sich lauter phantasievolle, melodisch und vor allem in der Instrumentation sehr farbige Sätze aneinander. Die Besetzung ist jetzt erweitert: um eine Flöte (Nr. 6 und 8) oder auch 2 so-

wie um aus den Tutti-Gruppen hervortretende Solo-Streicher, die Haydn wie im alten Concerto grosso ausdrücklich vom Ripieno unterscheidet. Sogar der Kontrabaß wird jeweils in den 3 *Trios* solistisch bedacht. Und allenthalben, immer wieder auch überraschend mitten im orchestralen sinfonischen Zusammenhang, treten Einzelstimmen solistisch aus dem Ensemble hervor: so führt die Flöte sogleich den Hauptsatz im *Kopfsatz* von Nr. 6 an, und es kommt zu Ansätzen von durchbrochener Arbeit zwischen Bläsern und Streichern. Der *Andante*-Satz, mit umrahmendem Adagio, wird von der Solo-Violine angeführt, der sich bald das Solo-Cello hinzugesellt. Im aparten d-Moll-*Trio* begleiten die gezupften Streicher die Figurationen des Solo-Kontrabasses und des Fagotts; und das Final-*Allegro* enthält konzertant-virtuose Passagen von Violine und Flöte.

Der ausgedehnte *Kopfsatz* von **Nr. 7 C-Dur** bindet die solistischen Bläser- und Streicherstimmen auf ganz selbstverständliche Weise konzertant in das Sonatensatzgefüge ein, im Anschluß an eine majestätisch punktierte Adagio-Einleitung. Das folgende *Adagio* ist dann ein ganz ungewöhnliches Gebilde heterogener Elemente: zu Beginn steht ein »Recitativo«, in dem die deklamierende Solo-Geige den begleitenden Einwürfen des Orchesters wie in einer Opernszene gegenübertritt; der nachfolgende Hauptteil ist dann ein konzertant-melismatisches Duett von Solo-Geige und -Cello, ergänzt durch die Einwürfe des Flötenpaares. Eine auskomponierte Kadenz der beiden Streichersolisten steht am Ende. Auch im *Finale* besteht das »Concertino« im Sinne des barocken Concerto grosso aus Violine, Flöte und Cello.

Während im eröffnenden 3/8-*Allegro* von **Nr. 8 G-Dur** sich Flöten und Oboen immer wieder vom bewegten Streichersatz abheben, beschränkt sich das Hörnerpaar auf harmonische Fülltöne. Das *Andante* des Concertinos bestreiten 2 Solo-Geigen und das Cello, dem sich immer wieder das einzelne Fagott anschließt. Insgesamt sind diese 3 Sinfonien so etwas wie kostbare Proben aus dem Musterkoffer eines Meisters der Tonkunst, ohne jede akademische Strenge, voll jugendlich sprühender Phantasie und Musizierlaune.

Die 3sätzige **Sinfonie Nr. 9 C-Dur** endet ausnahmsweise mit dem *Menuett*, dessen *Trio* ein reizvoller gemischter Bläsersatz ist. Der *Kopfsatz* von **Nr. 10 D-Dur** lebt von starken, auch dynamischen Kontrasten; in dieser wie in vielen anderen Sinfonien ist das Finale ein bewegtes 3/8-*Presto*. Die Bläserstimmen sind in den Ecksätzen eher registerartig färbend eingesetzt. **Nr. 11 Es-Dur** folgt mit dem eröffnenden *Adagio cantabile* dem Modell der Kirchensonate; den Anfang macht die 2. Violine, erst dann übernimmt die 1. Violine die melodische Führung. Im folgenden *Allegro* taucht das Hauptthema auch im Seitensatz wieder auf, nun polyphon von einer Gegenstimme begleitet. Im *Trio* des *Menuetts* fällt die synkopiert verschobene Begleitung auf, und auch die Thematik des *Finalsatzes* ist synkopisch geprägt.

Recht bedeutend und im Stil zukunftsträchtig ist **Nr. 12 E-Dur**, mit ausgewogen periodischer Thematik, im *Allegro* im satten Streichersatz beginnend; die Oboen greifen selbständig erst in der Schlußgruppe ein und beschränken sich ansonsten auf registerartige Färbung. Das *Adagio* in e-Moll ist ein zartes Streicher-Siciliano in Sonatensatzform, wobei auch der Seitensatz in (h-)Moll erklingt. Die aufstrebende Zweiunddreißigstel-Tonleiter aus dem Hauptsatz wird in der Durchführung dann zur energischen Forte-Wendung im Unisono. Als Finale gibt es ein 2/4-*Presto*.

Sinfonischen Anspruch und Ernsthaftigkeit spürt man in der **Sinfonie Nr. 13 D-Dur** mit ihren 4 Hörnern und dem Paukenpaar (1763). Klassisch-festliche Klanglichkeit prägt den *Kopfsatz* mit seinen gehaltenen Bläserakkorden zum Forte-Tutti, dem dann im Seitensatz durchbrochene Instrumentation von einander antwortenden Oboen und Violinen folgt. Das *Adagio* ist mit seiner durchgehend solistisch geführten figurierten Cello-Solo-Stimme ein reiner Konzertsatz. Das *Menuett* knüpft klanglich am Kopfsatz an und ist zu sinfonischen Dimensionen herangewachsen, während das *Trio* ein konzertanter Flötensatz ist. Völlig überraschend ist der zentrale Gedanke des *Finalsatzes* dann jenes Vier-Noten-Motto, das Mozart am Ende seiner »Jupiter-Sinfonie« in den Mittelpunkt rücken wird:

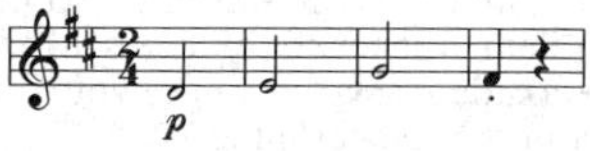

Auch hier bei Haydn hat es bereits kontrapunktische Gegenstimmen und beherrscht weite Passagen des Satzes, nicht zuletzt seine Durchführung; darüber hinaus sorgt das Element der Synkope immer wieder für spielerische Unruhe.

Nr. 14 A-Dur ist ebenfalls 4sätzig; im 1. *Allegro molto* greift die Durchführung das imitatorisch einsetzende Seitenthema vom Beginn wieder auf. Das *Andante* ist in seiner schlichten, eingängigen Melodik (Violine und Cello) prototypisch, während in *Menuett* (Hörner) und *Trio* (1. Oboe) die Bläserfarben solistisch hervortreten. Das kontrapunktische *Finale* im Charakter einer Gigue (6/8) rückt die absteigende Tonleiter ins Zentrum des Geschehens. Der 3teilige Kopfsatz (*Adagio – Presto – Adagio*) von **Nr. 15 D-Dur** ruft die barocke Französische Ouvertüre in Erinnerung. Trotz seiner sinfonischen Ausmaße folgen 3 weitere Sätze: ein scharf punktiertes *Menuett*, ein deklamierendes Streicher-*Andante* und ein 3/8-*Presto*; in seiner Mitte steht ein leicht exotisch gefärbter d-Moll-Teil für Streicher allein, mit einer eigentümlich tänzerisch-federnden Melodie in der 1. Violine, die von flüsternden Sechzehntel-Ketten der 2. Violine und getupftem Baßfundament begleitet wird.

Im doppelten Kontrapunkt beginnt der *Kopfsatz* von **Nr. 16 B-Dur** sehr ambitioniert, trotz knapper Dimensionen. Das zarte Streicher-*Andante* erhält seinen besonderen Reiz durch das in der tieferen Oktave ständig an die Violinen gekoppelte Solo-Cello. Das *Presto* ist wieder ein schwungvolles 3/8-Finale, vergleichbar dem Schlußsatz der folgenden **Sinfonie Nr. 17 F-Dur**. Hier steht in der Mitte ein f-Moll-*Andante* für Streicher allein. **Nr. 18 G-Dur** aus derselben Entstehungszeit um 1760 greift deutlich historisierend auf alte Formprinzipien zurück, indem sie nach dem Muster der Kirchensonate mit einem langsamen Satz beginnt (*Andante moderato*), der in seiner Stimmführung zumindest partiell an die drei Ebenen der Triosonate anknüpft: die beiden oft einander imitierenden, gelegentlich parallelen Violinstimmen werden vom Baßfundament getragen, die Bläser sind nur Ergänzung. Nach dem *Allegro*-Satz beendet ein *Tempo di Minuetto* mit apartem g-Moll-Mittelteil als Trio-Vertretung das Werk.

Eher bescheidene Ausmaße hat **Nr. 19 D-Dur** in der typischen 3sätzigen Ouvertürenanlage: 2 schnelle Sätze – der erste mit energischer Dreiklangthematik und feiner Imitation im Seitensatz – umrahmen ein d-Moll-*Andante* mit nachdrücklich betonten Vorhalten und einem synkopisch verschachtelten kleinen Seitensatz. Die **Sinfonie Nr. 20 C-Dur** kostet mit Pauken und Trompeten genüßlich den Glanz der Tonart aus. Das *Andante cantabile* ist in drei Klangebenen registriert: dekla-

mierende 1. Violine, in Achteln laufende 2. Violine als Gegenstimme sowie ein sparsamer Pizzicato-Baß. Das *Finale* hat einen Moll-Mittelteil. **Nr. 21 A-Dur** (1764) hat die kleine Standardbesetzung mit Oboen und Hörnern; der langsame *Kopfsatz* ist quasi monothematisch angelegt, mit immer neuen Gegenstimmen und Kombinationen und mit subtil vorgezeichneter Dynamik bis zum seltenen Pianissimo sowie mit partiell sehr selbständig geführten Bläsern. Es folgen *Presto* und *Menuett* mit a-Moll-*Trio* sowie ein bewegter *Finalsatz*, dessen Seitensatz die Atmosphäre auf einmal chromatisch und synkopisch verdunkelt. Daß der Anfang des Menuetts auf den entsprechenden Satz aus Mozarts *Kleiner Nachtmusik* vorausweist, wurde schon wiederholt bemerkt.
Manche Besonderheiten weist die **Sinfonie Nr. 22 Es-Dur** auf, deren Beiname **»Der Philosoph«** zwar nicht authentisch ist, aber dem ein wenig grüblerisch verhangenen Charakter der Musik doch nahekommt. Zu Beginn gibt es so etwas wie ein Choralvorspiel, dessen archaisierender Stil noch durch die ausgefallene Instrumentation mit einem Englischhornpaar unterstrichen wird. Wesentlich diesseitiger wirken dann das wirbelnde *Presto* und das *Menuett*, die beide die Klangfarbe des Englischhorns weidlich ausnützen. Das *Trio* führen sie gemeinsam mit den Hörnern an; und das *Presto*-Finale weckt mit seinen Bläsereinwürfen im 6/8-Temperament Jagd-Assoziationen. Zu diesem Werk gibt es übrigens Alternativstimmen – 2 Flöten anstelle der Englischhörner – sowie eine ganze Alternativfassung, in der die 2 schnellen Sätze einen neuen menuettartig graziösen Mittelsatz umrahmen.
Sinfonie Nr. 23 G-Dur von 1764 ist 4sätzig in kleiner Besetzung. Im *Andante* führen die beiden Stimmpaare (Violinen I und II, Viola und Bässe) einen regelrechten Dialog, wobei der Baßgruppe die Rolle eines Störenfriedes mit barsch auf und ab fahrenden Tonleitereinwürfen zufällt. *Menuett* und *Trio* sind streng imitatorisch geführt, das *Finale* bringt wirbelnde 6/8-Entspannung. In **Nr. 24 D-Dur** ist im *Kopfsatz* die Durchführung wild und erregt mit ihren tremolierenden Violinen über chromatisch pochenden Bässen im Fortissimo, und die Reprise spart dann überraschend die ersten Takte aus und setzt in d-Moll ein. Der **Sinfonie Nr. 25 C-Dur** (mit ungewisser Datierung 1760–64) fehlt der langsame Satz; dafür geht dem ersten *Allegro molto* eine versponnene Adagio-Einleitung voraus. Das *Menuett* folgt bereits an zweiter Stelle mit einem

Trio für die beiden solistischen Oboen- und Hörnerpaare, pizzicato begleitet. Das *Presto*-Finale hat ein lapidares Vier-Noten-Motiv, das von Achtel-Lebhaftigkeit umgeben ist.
Die ungewöhnliche **Sinfonie Nr. 26** trägt ihren Beinamen **»Lamentatione«** als Bezug auf ihre beiden ersten Sätze, in denen liturgische Passionsmelodien zitiert und in der Art von Choralbearbeitungen eingefügt werden. Das Werk aus dem Jahr 1768 beginnt mit einem synkopisch unruhigen *Allegro assai con spirito* in d-Moll, in dem der Passionschoral als Seitensatz in Oboe und 2. Violine unisono erklingt. Die gleiche Instrumentenkombination bringt im zentralen *Adagio* auch den ständig wiederkehrenden Cantus *Incipit lamentatio*; die triolischen Figurationen der 1. Violine stellen ihm ein eigentümliches Unruhemoment entgegen. Ein d-Moll-*Menuett* steht am Schluß und weicht bereits in der ersten Phrase in den neapolitanischen Sextakkord aus; in der Reprise wird die Ernsthaftigkeit dieser Musik durch kompromißlose Imitation zwischen den beiden hohen und tiefen Streicherblöcken unterstrichen.
Nr. 27 führt wieder etwa ins Jahr 1760 zurück; ihr 1. *Allegro molto* zeigt im Seitensatz polyphone Ansätze. Vor das *Presto*-Finale schiebt sich ein zart wiegendes Siciliano-*Andante con sordino* mit Pizzicato-Begleitung der Baßgruppe. Die folgenden 4 Werke sind im Autograph erhalten und exakt auf 1765 datierbar. Unter ihnen ist nur **Nr. 30** 3sätzig. Der dicht und ambitioniert gearbeitete *Kopfsatz* von **Nr. 28 A-Dur** wird überwiegend von jenem kleinen auftaktigen Vier-Noten-Motiv beherrscht, das später in Beethovens Fünfter so populär werden sollte; im *Poco adagio* steht den beiden überwiegend unisono oder parallel geführten Violinen die Baßgruppe gegenüber. Das *Menuett* spielt mit Bariolage-Effekten, im a-Moll-*Trio* schwebt ein einziges wiederkehrendes Motiv über der weichen Ländlerbegleitung der übrigen Streicher. Jagende 6/8-Bewegung kennzeichnet den *Presto assai*-Ausklang. Der *Kopfsatz* von **Nr. 29** im seltenen **E-Dur** ist aus einem einzigen Einfall abgeleitet. Das *Andante* beginnt dialogisierend zwischen den beiden Violinstimmen; die Baßstimme führt im ganzen Satz ein ausgeprägtes Eigenleben und gliedert ihn überdies durch ihr markantes Doppelschlagmotiv.
Auch die **Sinfonie Nr. 30 C-Dur** hat einen liturgischen Bezug, der ihr zum Beinamen **»Alleluja«** verholfen hat: in ihrem *Kopfsatz* steht der gregorianische Osterchoral im Mittelpunkt;

er prägt Haupt- wie auch Seitensatz, zunächst in der 2., dann auch in beiden Violinen, jeweils in zusätzlicher Bläserkolorierung und Violinfigurierung, in der Art einer Choralbearbeitung. Das *Andante* ist ein Konzertsatz für Flöte und Streicher, mit solistischen Hörnereinwürfen und phantasievoller Begleitung; als farbiger Schlußsatz schließt sich ein vielgestaltiges *Tempo di Menuet* an, mit koloristischem und auch solistischem Einsatz der Bläser, u. a. mit mitgehender Flöte im 1. *Trio*, während das 2. (a-Moll-)Trio überwiegend den Streichern gehört.
Aus dem gleichen Jahr 1765 stammt **Nr. 31 D-Dur »mit dem Hornsignal«**: Jagdrufe und -signale des Hörnerquartetts dominieren den *Kopfsatz*; dazu gesellt sich auch eine solistisch geführte Flöte mit besonderer Vorliebe für Tonleitern. Kernstück ist das 6/8-*Adagio* in der Art der Sinfonia concertante mit dem Hörnerquartett und den Solisten Violine und Cello; die Streicher begleiten alternierend coll'arco und pizzicato. Durch seine subtilen Bläserfarben hebt sich das *Trio* vom umgebenden *Menuett* ab. Vollends zum kunstvollen und abwechslungsreichen konzertanten Gebilde wird das *Finale*: erstmals gibt es in der Sinfonie bei Haydn Variationen. Ihr Thema ist sehr volkstümlich schlicht, um so raffinierter sind dann die eingesetzten koloristischen Effekte, und am Ende zitiert Haydn gar den Anfang der Sinfonie – ein weiter Vorgriff in die sinfonische Zukunft, im Sinne der zyklischen Geschlossenheit!
Nr. 32 C-Dur entstammt früherer Zeit (um 1760), ist 4sätzig und enthält, außer im langsamen Streichersatz an dritter Stelle, zusätzlich Trompeten und Pauken. Im 1. *Allegro* wird der Seitensatz mit einem zweiten Moll-Gedanken überraschend fortgeführt, der dann auch in der Durchführung auftaucht, jedoch in der Reprise entfällt. Unter den 3 übrigen Sätzen besticht das *Trio* mit seiner expressiven Violinmelodie.
Nr. 33 C-Dur dürfte der gleichen Zeit entstammen und verfügt ebenfalls über die strahlende Trompeten- und Paukenbesetzung. Die Ecksätze sind von federnder Lebhaftigkeit geprägt, oft vorangetrieben von der charakteristischen Motorik der Achtel-Repetitionen, wobei das *Trio* eine kleine Synkopenstudie für Streicher ist. Um 1766 entstand Haydns erste Moll-Sinfonie **Nr. 34 d-Moll**; ihr Kopfsatz ist ein *Adagio*, in dem sich der tiefe Ernst des Hauptsatzes wirkungsvoll von den beweglichen Violinarabesken des Seitensatzes abhebt. Ungemein kontrastreich ist das nachfolgende *Allegro* mit seinen weiten

Sprüngen im Hauptsatz und seiner durchbrochenen Anlage mit solistischen Oboen im Seitensatz voller Akzente, Tremoli und zupackender Motivik. Die weiten Sprünge tauchen im *Menuett* wieder auf, während im *Trio* die Bläser solistisch beschäftigt werden; das Dur-*Finale* ist, obwohl in 2/4 angegeben, eigentlich ein 6/8-Perpetuum mobile in der Manier einer Tarantella mit d-Moll-Mittelteil.

Neues Gewicht erhält die auf den 1. Dezember 1767 datierte **Sinfonie Nr. 35 B-Dur**, deren Kopfsatz die Idee der Monothematik kultiviert; beträchtliche äußere Dimensionen, kontrapunktische Ansätze und Engagement in der Durchführung zeugen von gewachsenen sinfonischen Ambitionen. Ein kleines Bewegungsmotiv wird für den Ablauf wichtig und weist überdies auf Mozart, wie überhaupt der ganze Tonfall an ihn und J. C. Bach erinnert. Das ernsthafte Streicher-*Andante* wird sehr stark von seiner melodischen Anfangsgeste beherrscht, die dann auch das letzte Wort erhält. Es folgen ein *Menuett* mit einem Triolen-*Trio* sowie das eilfertige *Presto*-Finale.

Etwas früher, zwischen 1761 und 1765, dürfte **Nr. 36 Es-Dur** entstanden sein, in der nach einem ambitionierten 1. *Vivace* überraschend ein quasi historisierender Konzertsatz für Solo-Violine und -Violoncello auftaucht, der von einer ernsthaften punktierten Motivgebärde des Streicher-Tutti gegliedert wird. Nach dem *Menuett* verblüfft das *Allegro*-Finale mit motivisch-kontrapunktischer Feinarbeit und einem Haupteinfall, der, nach Dur gewendet, das aufsteigende Dreiklangthema aus dem Finale von Mozarts g-Moll-Sinfonie (KV 550) vorwegnimmt. Früher, nämlich in der Morzin-Zeit bis 1761, ist wohl **Nr. 37 C-Dur** entstanden, alternativ mit Hörnern allein oder mit Trompeten und Pauken besetzt. Daß hier das *Menuett* an die zweite Stelle vorgezogen wird, liegt wohl an der verwandten, wenn auch schnelleren 3/8-Bewegung im *Presto*-Finale. Im *Kopfsatz* überraschen eine g-Moll-Wendung im Seitensatz sowie die imitatorische Wiederkehr des Anfangsmotivs.

Die **Sinfonie Nr. 38 C-Dur**, um 1766–68, zieht tonartgemäß wieder Trompeten und Pauken heran; sie beginnt mit geradezu lärmender Fröhlichkeit, hinter der jedoch große sinfonische Ernsthaftigkeit steckt, die sich vor allem in der langen Durchführung dokumentiert. Das *Andante molto* ist ein Kabinettstück konsequenter Echo-Registrierung: 1. Violine senza, 2. Violine con sordino, die sich engräumig antworten. Im *Trio*

des *Menuetts* führt die Solo-Oboe, die im *Finale* dann passagenweise wie in einem Konzertsatz auftritt.
Ein Meisterstück ist dann die **g-Moll-Sinfonie Nr. 39** von 1768, die sozusagen den Anfang einer g-Moll-Tradition bis zu Mozarts KV 550 markiert: ganz »Sturm und Drang«, treibt der unruhige *Kopfsatz* in stetigem Achtel-Pochen dahin, auch im Seitensatz von seinem charakteristisch drängenden einzigen Thema geprägt; wie Mozart in KV 550 setzt Haydn auch hier 2 unterschiedlich gestimmte Hörnerpaare ein. Die beiden Mittelsätze bringen eher intermezzohafte Entspannung: das *Andante* im geziert-beherrschten Tanzschritt, das *Menuett* allerdings schon wieder im entschlossenen Moll, mit der lichten Bläserepisode des *Trios*. Das Finale (*Allegro molto*) knüpft dagegen nahtlos an die Stimmung des Kopfsatzes an, mit aufgeregtem Tremolo und bizarren Sprüngen, dabei in der Exposition fast pausenlos im Forte; lediglich der Anfang der im übrigen recht dramatischen Durchführung ist eine Piano-Atempause.
Nr. 40 F-Dur stammt dagegen noch von 1763; in ihrem 1. *Allegro* geht die stärkste Bewegungsenergie vom Seitensatz aus. Dagegen ist das *Andante* fast so etwas wie eine monorhythmische Studie in schreitenden Achteln (*più tosto allegretto*!), mit monoton führender Baßstimme. Vom *Trio* gibt es eine Version für Bläser allein; das Finale ist, seiner Überschrift *Fuga* folgend, eine Kontrapunktstudie, mit wenigen homophonen Einbrüchen.
Weiter geht es im Sturm und Drang: 1769 entsteht die **C-Dur-Sinfonie Nr. 41**, natürlich mit Pauken und Trompeten; entsprechender Orchesterglanz wird im *1. Satz* entfaltet, der im übrigen im Sinne der Gattungsentwicklung am zukunftsträchtigsten ist: Seine Themen nähern sich erkennbar der klassischen Periodik, der Klang ist ungemein ausbalanciert, mit der stillen Episode des Seitensatzes als Kontrast; die Durchführung beginnt im geheimnisvollen Aufstieg durch den verminderten Septakkord im Unisono und verblüfft alsbald durch eine Scheinreprise, sogleich gebremst durch zwei Fermaten. Der *langsame Satz* ist über weite Strecken dagegen ein Konzertstück für Solo-Flöte; *Menuett* und flinkes ⁶⁄₈-*Finale* halten sich im Rahmen des bisher Gewohnten.
Mit der **Sinfonie Nr. 42 D-Dur** (1771) ist ein gleiches hohes Niveau in allen 4 Sätzen erreicht. Großes Format hat der *Kopfsatz*, temperamentvoll über pochenden Achteln vorantrei-

bend, mit flächig pompösen Steigerungen und einem stillen Ausklang in der Schlußgruppe; die Durchführung ist harmonisch farbig und streift auch geheimnisvolle Regionen, bevor die leicht veränderte Reprise eintritt. Das ausgedehnte *Andantino cantabile* reicht in beträchtliche Ausdruckstiefen, vor allem in der mollgetönten Durchführung, aus der heraus unvermittelt die Reprise einsetzt. Das *Menuett* wird von einem kecken Triolenmotiv beherrscht, und das Finale (*scherzando e presto*) bringt eine frühe Version der typisch Haydnschen Rondo-Form, mit einem charakteristischen Kehrausthema und einer reinen Bläserepisode an zweiter Stelle.
Ebenfalls um 1771 ist **Nr. 43 Es-Dur** entstanden. Ihr *Kopfsatz* hat einen auffallend stillen Beginn, Vitalität strahlt erst die Überleitung aus. Der Seitensatz spinnt dann den Hauptgedanken weiter zur lyrischen Geschlossenheit, die allerdings nicht 8, sondern jeweils 9 Takte umfaßt. Das *Adagio con sordini* ist ein melancholisch nach innen gekehrter Satz, in dessen Zentrum ein kleines klagendes Motiv (♬|♫) steht. Das *Trio* im repräsentativen *Menuett* kehrt in jedem seiner Teile c-Moll schon nach 2 Takten den Rücken. Und im *Finale* gibt es ganz überraschend am Ende noch eine zunächst recht zögerliche Coda.
Der Name **»Trauer-Sinfonie«** für **Nr. 44 e-Moll** (um 1771) ist zumindest ungenau. Insgesamt überwiegen viel eher Trotz und Düsterkeit, mottoartig zusammengefaßt in der lapidaren Anfangsgeste des Kopfsatzes (*Allegro con brio*):

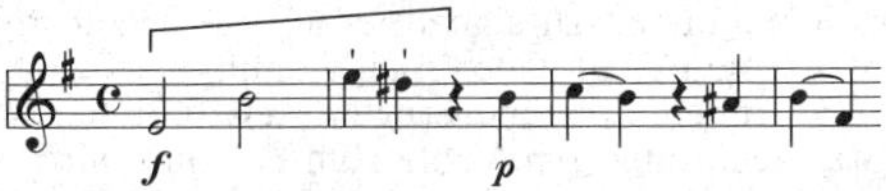

Diese Tonfolge prägt den ganzen Satz, kulminiert noch einmal in der imitatorischen Coda und kehrt auch im Seitensatz wieder. Die Exposition endet seltsam verhalten, wie mit einem Fragezeichen. Das *Menuett* an zweiter Stelle unterstreicht seinen unerbittlichen Ernst durch die Form des streng durchgehaltenen Oktavkanons zwischen hohen und tiefen Streichern, kontrastiert durch ein E-Dur-*Trio*. Das *Adagio* wird von der expansiven führenden Melodiestimme beherrscht; das schroffe *Finale* gibt sich in seiner Monothematik äußerst grimmig und entschlossen, ein Satz von ungewöhnlicher Dichte und Konzentration, dessen Reprise ganz versteckt passiert. Den Aspekt der Trauer mag man allenfalls anekdotisch ableiten: Haydn wünschte sich angeblich das Adagio als Abschiedsmusik zu seiner Totenfeier.

Der Ruhm der **»Abschieds-Sinfonie« Nr. 45 fis-Moll** (1772) gründet zwar ebenfalls auf einer Anekdote, doch verdeckt er leider ihre musikalische Bedeutung. Ihr genialer Kopfsatz (*Allegro assai*) ist von seltener Geschlossenheit: er wird ganz monothematisch von seinem über fast 2 Oktaven hinabstürzenden Hauptgedanken geprägt; Haupt- und Seitensatz gehen gleichsam unauffällig ineinander über, und ein kontrastierendes neues, lyrisches Seitenthema wird erst im zweiten Teil der Durchführung eingeführt. Das Durchführungsprinzip erfaßt überdies auch die veränderte Reprise. Die graziöse Grundhaltung des *Adagios* täuscht darüber hinweg, daß auch hier bald die Schatten fallen; seine verhaltene, verklärte Heiterkeit wird immer wieder harmonisch getrübt. Ein kleines Motiv, das vorausweist auf den langsamen Satz von Mozarts g-Moll-Sinfonie, taucht immer wieder auf (♫.♫.♫.). Das Fis-Dur-*Menuett* gibt sich energisch und entschlossen, während das *Trio* in gleicher Tonart von Hörner-Soli eingeleitet und beendet wird. Das *Finale* beginnt mit einem beflissenen typischen Haydn-Thema und leitet einen Sonatensatz ohne selbständiges Seitenthema ein. Unvermittelt folgt – quasi als 5. Satz – jenes stille, unauffällig von A-Dur nach Fis-Dur zurückfindende *Adagio*, in dem sich nacheinander alle Instrumente, sogar der eigens solistisch bemühte Kontrabaß, verabschieden – angeblich, um dem Fürsten zu signalisieren, wie urlaubsreif seine Musikanten seien. Auf jeden Fall komponierte Haydn bei dieser Gelegenheit den überzeugendsten und tiefsinnigsten Schluß, der auch ohne Anekdote zum Erlebnis wird.

Vielleicht ist es die seltene Tonart H-Dur: auf jeden Fall läßt an der **Sinfonie Nr. 46** (1772) ein neuer Ton der Empfindsamkeit aufhorchen, sie ist sensibler, inniger in Melodie und Kolorit. Ihr Kopfsatz (*Vivace*) hat ein in sich kontrastierendes Thema: es beginnt mit einem markanten »Motto«, das in der Durchführung und der Reprise eine wichtige Rolle spielt und in der Durchführung auch noch weitergeführt wird. Im bezaubernden h-Moll-*Adagio* korrespondieren Violinen und Bässe in einer bisweilen elegischen Ständchenmusik. Auch das *Menuett* zeigt Züge der Empfindsamkeit, mit einem seltsam choralartigen *Trio*. Kurz vor dem Ende des fast monomanisch auf einen einzigen Einfall kaprizierten Final-*Prestos* (*scherzando*) wird völlig überraschend noch einmal das Menuett zitiert. Immer wieder unterbrechen zögernde Pausen den Ablauf, und die einzelnen Abschnitte scheinen jeweils gleichsam ratlos auf der Stelle zu treten – Haydns hintergründig-geistreicher Humor!

Die **Sinfonie Nr. 47 G-Dur** (1772) hat Mozart manches Anregende geboten: der charakteristische Marschrhythmus des *Kopfsatzes* begegnet uns in zahlreichen seiner Klavierkonzerte wieder. Bei Haydn erklingt der punktierte Rhythmus als Kernmotiv des ganzen Satzes zu Beginn signalartig in den Hörnern; als Kontrast stehen dagegen die Triolen des Seitensatzes, und beide Prinzipien prallen dann in der langen Durchführung aufeinander. Das Liedthema des folgenden *Variationensatzes* hat Mozart ganz offensichtlich in seiner Serenade KV 361 aufgegriffen; bei Haydn wird es abwechselnd in Violine und Bässen figuriert, kehrt dann unverändert wieder und endet in einer versonnenen Coda. Auch das Kunststück des *Menuet al roverso* taucht in einer Mozartschen Bläserserenade wieder auf (KV 388): Menuett und Trio erklingen sogleich noch einmal im wörtlichen Rücklauf. Das effektvolle *Finale* ist ein stürmischer monothematischer Sonatensatz mit einer charakteristischen Prise »all'ongarese«, dem man seine Kunstfertigkeit überhaupt nicht anhört.

Das Werk **Nr. 48 C-Dur** kann man getrost als erste große Haydn-Sinfonie bezeichnen, angesichts derer man sich erneut fragt, warum im Konzertleben fast ausschließlich eine Handvoll später Haydn-Sinfonien aufgeführt wird. Sie stammt aus der Zeit um 1769 und beginnt ihren *Kopfsatz* mit triumphalen Fanfarenklängen, die einen von kontrastreichen Einfällen geradezu strotzenden Sonatensatz einleiten. In seinem strahlenden C-Dur-Charakter und seiner Gedankenfülle weist er weit voraus auf Mozarts großes Schwesterwerk KV 551, mit dem dieser Satz auch ein kleines »Ur-Motiv« (♬|♩) gemeinsam hat. Das *Adagio* ist voll strömenden Wohllautes, mit wenigen markanten Bläsereinsätzen zum klangvollen Streichersatz; auffällig sind in diesem Satz die zahlreichen, immer neuen Trugschlußwendungen. Zum prächtigen *Menuett* kontrastiert ein c-Moll-*Trio* mit signalartigen Unisono-Rufen zu Beginn seiner Abschnitte. Das Final-*Allegro* führt die festliche C-Dur-Atmosphäre in wirbelndem Temperament fort und verwendet auch wieder jenes kleine »Ur-Motiv« aus dem 1. Satz.

Nr. 49 »La Passione« (1768) steht in der »Passionstonart« f-Moll; nach Art der Kirchensonate beginnt sie mit einem *Adagio*, das ganz von der Leidensrhetorik ihrer Violinmelodik getragen wird. Im folgenden *Allegro di molto* kontrastieren Haupt- und Seitensatz in Phrasierung und Dynamik sehr deutlich. Der Moll-Ernst des *Menuetts* wird von den Bläserfarben im Dur-*Trio* gemildert; und auch das finster dahinstürmende *Presto*-Finale beginnt und endet in f-Moll – eine echte Sturmmusik über ständig vorantreibenden Baßvierteln.
Auf die **Sinfonie C-Dur Nr. 50** (1773) hat Haydns Tätigkeit für Oper und Schauspiel in diesen Jahren abgefärbt: ihr Beginn war die Ouvertüre zu einer Marionettenoper, mit majestätisch punktierten C-Dur-Fanfaren im einleitenden *Adagio* und einem relativ kurzen *Allegro*-Satz danach. Dem *langsamen Satz* verleiht das ständig mit den 1. Violinen mitgehende Solo-Cello seine eigentümliche Farbe. Das *Menuett* ist großdimensioniert, und als Besonderheit beginnt das *Trio* zunächst noch einmal wie das Menuett, bevor es mit seiner Solo-Oboe gleichsam verspätet einsetzt. Das bedeutende *Finale* ist monothematisch angelegt, mit kontrastreicher, phantasievoller Durchführung und einer kurzen auftrumpfenden Coda.
Die **Sinfonie Nr. 51 B-Dur** (um 1771–73) beginnt mit einem sehr aparten, vielgestaltigen Satz, der in der Überleitung bereits überraschend die parallele Molltonart berührt, den eigentlichen durchbrochenen Seitengedanken sehr spät bringt und am Ende der Exposition mit einem Calando-Effekt (d. h. abnehmend an Lautstärke und Lebendigkeit) auf längerer Tonrepetition stehenzubleiben scheint. Die Durchführung ist ebenso kühn, bisweilen enharmonisch, die Reprise variantenreich. Der *langsame Satz* dagegen kokettiert mit den extrem eingesetzten höchsten und tiefsten Tönen der Hörner und stellt ihnen eine konzertante Oboe sowie lange Violinarabesken an die Seite. Das *Menuett* hat gar 2 *Trios*, deren zweites wieder solistische Horn-Akrobatik bietet. Das *Finale* gibt sich in schlichter liedhafter Rondo-Reihung mit einem recht deftigen g-Moll-¢-Teil.
Dunkles Gegenstück dazu ist **Nr. 52 c-Moll** aus dem gleichen Zeitraum, ein kompromißloses Nachtstück, dessen ruheloser Charakter sich bereits in der detaillierten Tempoangabe *Allegro assai con brio* für den Kopfsatz niederschlägt. Das *Andante* wirkt schlicht und zart und ist doch hintergrün-

dig in seinem ständigen Spiel mit kleinen beweglichen Auftaktfiguren. Es folgt ein bizarres *Menuett* mit verquer verschlungener Melodik und einem milderen C-Dur-*Trio*. Auch das fatalistische *Finale* beginnt und endet kompromißlos in c-Moll.

Die **Sinfonie Nr. 53 D-Dur** trägt einen jener Titel (**»L'Imperiale«**), deren Herkunft im dunkeln liegt. Insgesamt hat sie einen sehr eingängigen, eleganten Charakter, mit einer kurzen langsamen Einleitung zum 1. *Vivace*, das sogleich sein Spiel mit Dreiklangbrechungen beginnt und die Bläserstimmen wie mit breitem farbigen Pinsel einfügt. Volksliedhafte Variationen gibt es im *Andante*; im *Trio* des *Menuetts* begegnet uns als haydntypische »Registrierung« die Kombination Flöte/Violine. Vom *Finale* gibt es 3 Varianten: eine mit dem etwas unverständlichen Titel »Capriccio«, dessen Mittelteil nach d-Moll ausweicht, eine vitale Presto-Version sowie eine 3., von der Wissenschaft angezweifelte Version c.

1774 entstanden insgesamt 7 Sinfonien (Nr. 54–57 und 60); unter ihnen ist die **Nr. 54 G-Dur** die längste und zugleich gewichtigste, ohne daß sie deshalb heute in den Konzertprogrammen häufig berücksichtigt würde. Auch in ihrer großen Besetzung fällt sie aus dem Rahmen: mit je doppelten Flöten, Oboen, Fagotten, Hörnern, Trompeten und Pauken. Die langsame Einleitung mit ihren pompösen Punktierungen wurde erst später hinzugefügt; ihr folgt in effektvollem Kontrast ein temperamentvoll quirliges *Presto*, das von einem fanfarenartig auffahrenden Dreiklangmotiv beherrscht wird. Das folgende *Adagio assai*, ebenfalls ein Sonatensatz, wird mit seinen zarten triolischen Figurationen zum emotionalen Mittelpunkt des Werkes. Das *Menuett* charakterisieren neckische Vorschläge und ein permanentes Doppelschlagmotiv; sein *Trio* in gleicher Tonart koppelt Fagott und Violine in reizvoller Farbmischung aneinander. Das turbulente *Presto*-Finale schließt sich atmosphärisch bruchlos an das eröffnende Presto an und ist zugleich der dritte ausgebaute Sonatensatz der Sinfonie.

Nr. 55 Es-Dur trägt ihren Beinamen **»Der Schulmeister«** möglicherweise wegen ihres langsamen Satzes, dessen Variationen – obwohl *Adagio ma semplicemente* überschrieben – voll feinsinnigen und durchaus hintergründigen Humors sind. Vielleicht ist auch ein programmatischer Bezug erfühlbar in der leicht bizarren Ernsthaftigkeit des *Menuetts*; sein *Trio* besteht wirklich aus nur 3 Streicherstimmen. Das geschäftig dahin-

eilende *Presto*-Finale trägt Rondo-Züge, während das eröffnende *Allegro di molto* im ¾-Metrum der einzige Sonatensatz des Werkes ist.
In der **Sinfonie Nr. 56 C-Dur** setzt Haydn in beiden Ecksätzen ganz auf die Klangpracht der obligaten Trompeten und Hörner: majestätisch schmetternd im *1. Sonatensatz*, dessen Seitensatz sich wirkungsvoll im reinen Streichergewand absetzt, und im mitreißenden Sturmlauf der permanenten Triolen im *Prestissimo*-Finale, ebenfalls einem Sonatensatz. Der empfindsame Mittelsatz (*Adagio*, F-Dur) ist durch seine feinsinnige Instrumentation herausgehoben, mit zart gewobenen Oboenlinien und einem leicht das Bizarre streifenden Solo-Fagott, das die Streicher federnd begleiten. Das *Menuett* nimmt bereits die Triolen des *Finales* vorweg, während die Ländlermelodie im *Trio* von Oboe und Violine vorgetragen wird.
Die **Sinfonie D-Dur Nr. 57** weist im Autograph nur eine sparsame Bläserinstrumentierung auf; später hinzugefügte Trompeten und Pauken waren zunächst verloren, tauchten aber teilweise (Pauken) erst im 20. Jh. wieder auf. Dem *1. Sonatensatz* geht eine harmonisch farbige und vielgestaltige Adagio-Einleitung voraus; das *Allegro* wird danach vor allem durch die ständigen pulsierenden Achtel-Ketten geprägt. Die folgenden *Adagio*-Variationen finden überwiegend im Streichersatz statt, behutsam mit Bläserfarben koloriert. Das *Menuett* umschließt ein reines Streicher-*Trio*, das ganz sparsam aus den Elementen von Dreiklang und Doppelschlag gefügt ist; das Finale wird im *Prestissimo* zu einer diffizilen Triolenstudie für die Streicher.
Die Sinfonien 58 und 59 werden von der Wissenschaft auf 1766–68 datiert. Indiz ist hierfür vor allem das *Menuetto alla zoppa* aus **Nr. 58 F-Dur** mit seinem punktiert »hinkenden« Rhythmus, das auch im Barytontrio Nr. 52 auftaucht. Wie dieser Satz sind auch die übrigen eher Miniaturen vergleichbar und in äußerster Ökonomie der Mittel auf wenige Motive reduziert: der *Kopfsatz* von Triolen durchzogen, das *Andante* dann in seinem zweiten Teil fast eine vibrierende Triolenstudie, und auch das geschwinde *Presto*-Finale steht im Dreiermetrum. Größer dimensioniert und vor allem dramatischer mit erkennbarem Hang zur außermusikalischen Programmatik ist dagegen **Nr. 59 A-Dur** mit dem Titel **»Feuer-Sinfonie«**, die möglicherweise von Haydn als Zwischenaktmusik zu ei-

nem Schauspiel eingesetzt wurde. Nach dem aufgeregten *Kopfsatz* beginnt das *Andante o più tosto allegretto* in a-Moll mit der gleichen melodischen Geste wie das *Menuett*:

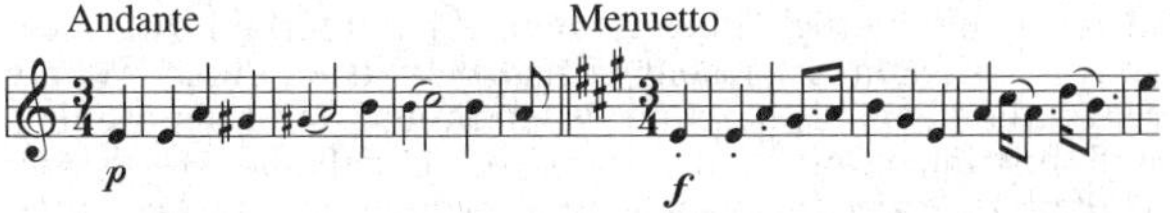

Das Finale (*Allegro assai*) setzt mit solistischen Hornquinten und Oboen ein und schließt auch mit ihnen; in der Durchführung verblüffen die kontrapunktischen Ansätze.

Nr. 60 C-Dur dagegen ist eine echte Bühnenmusik, komponiert für ein zeitgenössisches Theaterstück mit dem Titel *Der Zerstreute*; so entstand eine ungemein farbige, abwechslungsreiche 6sätzige Sinfonia: dem schnellen *Kopfsatz* geht eine Adagio-Einleitung voraus; *Andante*, *Menuett* und *Presto* runden das Werk zunächst zur scheinbar regulären Viersätzigkeit, doch dann folgt überraschend ein *Adagio di lamentatione*, dessen zarte Serenadeninnigkeit mehrfach durch dramatische Einwürfe gestört wird. Auffällig sind in fast allen Sätzen, so auch im abschließenden Presto, die immer wiederkehrenden Unisono-Abschnitte, wie etwa zu Beginn des c-Moll-*Trios* im Menuett.

In **Nr. 61 D-Dur** fügt Haydn der Standardbesetzung von Oboen, Fagotten und Hörnern noch eine Querflöte und Pauken hinzu (1776). Eindrucksvoll großformatig ist der *1. Sonatensatz*, dessen Exposition sehr stark durch die motivische Geste seiner Anfangstakte geprägt wird und in dem Seitensatz und Schlußgruppe überraschend vielgestaltig im Einsatz der Bläserfarben und chromatischer Linien sind. Auch *Adagio* und *Menuett* haben durchaus sinfonische Dimensionen; im *Trio* singt die Oboe gemeinsam mit den Violinen die Melodie. Im spritzigen Schluß-*Prestissimo* werden die einzelnen Rondo-Abschnitte durch aparte Überleitungen verbunden. **Nr. 62 D-Dur** (um 1780) und **63 C-Dur** (1777) sind jeweils als Gelegenheitswerke aus Einzelsätzen zusammengestellt und stellen dabei aus wissenschaftlicher Sicht in ihren Fassungen (vor allem bei Nr. 63) ein Problem dar. In **Nr. 62** wurde ein bereits mehrfach, unter anderem als Ouvertüre verwendeter *1. Satz* mit 3 weiteren zusammengefügt: mit einem zum *Allegretto* beschleunigten anstelle des langsamen Satzes, einem *Menuett* mit einem apart von Fagott und Violine angeführten *Trio* und einem *Finale*, dessen Hauptthema zunächst in ungewohnter Dreitaktigkeit daherkommt. **Nr. 63** erhielt ihren Beinamen **»La Roxelane«** von ihrem 2. Satz, einem *Allegretto* (*o più tosto allegro*), als zierlich hingetupftem Charakterbild zu einem zeitgenössischen Schauspiel. Ergänzt wird er durch weitere Sätze, die ebenfalls bereits existierten und deren Anordnung und Instrumentation umstritten ist, so daß die Haydn-Gesamtausgabe zwei verschiedene Versionen des Werkes vorlegen mußte.

Nr. 64 A-Dur entstand wohl 1773; geheimnisvoll ist ihr originaler Titel **»Tempora mutantur«** – vielleicht ist er ein dezenter Hinweis auf das ungewöhnlich tiefsinnige *Largo* an zweiter Stelle, in dem die Bläser nur ganz sparsam hinzutreten. Zwei temperamentvoll inspirierte schnelle Sätze rahmen das Werk ein, wobei das *Presto*-Finale mit zwei eigenwilligen 6taktigen Phrasen beginnt. Noch etwas früher – um 1771–73 – und in gleicher sparsamer Instrumentierung schrieb Haydn die **Nr. 65 A-Dur**; ihr zarter *Andante*-Satz wird von jener kleinen Triolenfigur beherrscht und durchzogen, mit dem auch sein gewundenes Hauptthema einsetzt. Inmitten des energischen *Menuetts* steht ein etwas exotisch anmutendes a-Moll-*Trio* mit insistierenden Vorschlagsketten. Hörner- (und Oboen-)Geschmetter und geschwinder 6/8-Takt kennzeichnen das abschließende *Presto* als modisch unterhaltende Jagdmusik.

Nr. 66 B-Dur (um 1778) beginnt mit einem ungemein vitalen und lebenslustigen *Allegro con brio* mit variantenreicher Reprise; in der Durchführung fallen um so mehr die ernsthaften Molltöne auf. Solche Molleintrübungen im Mittelteil sind im übrigen geradezu Kennzeichen dieses Werkes, denn es gibt sie auch im stimmungsvollen *Adagio*, das ansonsten zierlich im Serenadentonfall dahinfließt, sowie im *Menuett* mit seinem charakteristischen Doppelschlagmotiv. Das rondomäßige *Finale* überrascht entgegen seiner Überschrift *scherzando e presto* mit kontrapunktischen Ambitionen und mit einem Hauptthema, das aus zwei Fünftaktphrasen gebaut ist.

Verwandt an Gewicht und Phantasie ist **Nr. 67 F-Dur** aus dem gleichen Entstehungszeitraum. Ihr Kopfsatz im 6/8-*Presto* ist eine turbulente und virtuose Buffo-Szene. Das *Adagio* entwickelt sich im zierlichen Achtel- und Sechzehntel-Schritt und klingt bisweilen ein wenig bizarr, vor allem mit den humoristischen Bläsereinwürfen in der Schlußgruppe und mit dem frappierenden Effekt einer »col legno«-Passage (mit dem Bogenholz) in den Schlußtakten. Ebenso ungewöhnlich sind die 2 solistischen Violinen, die allein das *Trio* bestreiten, wobei die zweite ihre G-Saite einen Ton hinabstimmen muß, um den ostinaten Drehleiereindruck bringen zu können. Und mitten in den schnellen *Finalsatz* schiebt sich ein *Adagio e cantabile* mit solistischem Streichtrio und Solo-Bläsern – der experimentelle Charakter dieser Sinfonie erinnert stark an manche der frühen Haydn-Sinfonien!

Im *Kopfsatz* der **Nr. 68 B-Dur** (um 1778) sind die Holzbläserfarben besonders wichtig, und der verzierende Doppelschlag wird motivisch hervorgehoben. Das eher nach innen gekehrte *Menuett* rückt an die zweite Stelle vor; das hochbedeutende und ausgedehnte *Adagio cantabile* lebt ganz von der Pendelbewegung seiner Begleitung:

die motivisch zum wichtigsten Element wird und deren Einsatz bisweilen fast parodistisch den vorherrschenden Serenadenton aufbricht. Und auch im *Presto*-Finale in rondomäßigem Ablauf blitzt immer wieder intelligenter musikalischer Humor auf, etwa im Auftritt des witzigen Fagottpaares oder in den originellen solistischen Echopassagen am Schluß.

Der Beiname **»Laudon«** für **Nr. 69 C-Dur** (um 1778) verweist ausdrücklich auf einen zeitgenössischen österreichischen Feldherrn, der eigentlich Loudon hieß. Pauken und Trompeten verleihen dreien der 4 Sätze festlichen Glanz. Der langsame Satz (*Un poco adagio più tosto andante*) wird zum empfindsamen Mittelpunkt und hat ein ebenso ausgeprägtes Dreiklangthema wie das Adagio der vorigen Sinfonie; inmitten des eher offiziellen *Menuetts* steht ein in ständigen Achteln plauderndes Oboen-*Trio*.

Nr. 70 D-Dur ist in den originalen Stimmen mit »18. Dezember 1779« datiert. Ihre 4 Sätze haben höchst ungleiches Gewicht und ergänzen sich gerade deshalb besonders gut: ihr knapper Kopfsatz wirkt wie ein derbes Scherzo (*Vivace con brio*) und spielt ständig mit einem Zwei-Noten-Motiv (♩♩𝄽), während das folgende d-Moll-*Andante*, das mit seiner Überschrift »Specie d'un canone in contrapunto doppio« bereits auf die Kunstfertigkeit des doppelten Kontrapunktes hinweist, die einzelne Passagen dieses ernsthaften Satzes beherrscht. Und nach dem eher unauffälligen *Menuett* steigert das *Finale* dann die kontrapunktischen Ambitionen zu ausgearbeiteter Drei-Themen-Fülle ebenfalls im doppelten Kontrapunkt und dominiert vom witzigen Motiv der Tonwiederholung.

Um 1779/80 entstand **Nr. 71 B-Dur**. Ein Adagio leitet den *1.* schnellen *Sonatensatz* ein, der facettenreich gefügt ist: mitten in der Durchführung gibt es eine Scheinreprise, dafür ist die Reprise dann verkürzt. Es folgt ein phantasievoll ausfiguriertes *Adagio* (F-Dur), dessen Thema aus zwei 5taktigen Hälften besteht. Im *Trio* des *Menuetts* treten auf altertümelnde Weise 2 Solo-Violinen dem Ripieno gegenüber; zum Schluß gibt es einen *Sonatensatz*, dessen Seitensatz zunächst mit dem variierten Hauptthema einsetzt, während in der Schlußgruppe ein eigenes, den Bläsern vorbehaltenes Thema erklingt.

Viel früher, um 1763–65, entstand **Nr. 72 D-Dur**; dieses originelle Werk im Stil einer Jagdmusik diente offensichtlich dazu, vier meisterhafte neu engagierte Hornisten der Esterházyschen Hofkapelle ins rechte Licht zu rücken: mit teilweise akrobatischen Passagen melden sie sich gleich im *Kopfsatz* zu Wort, ebenso beherrschen sie das *Menuett* und vor allem sein *Trio*, das sie gemeinsam mit dem Oboen- und Paukenpaar allein bestreiten. Im *Andante* konzertieren auf barocke Weise Violine und Flöte mit ständigen Solo-Figurationen. Das *Finale* bringt 6 Variationen über ein volkstümlich in Achteln dahintrottendes Thema, wobei in jeder Variation andere Instrumente solistisch hervortreten, darunter wieder das Hornquartett, aber auch je einmal Cello und Kontrabaß.

Hierzu die direkte Fortsetzung ist **Nr. 73 D-Dur** (um 1781), deren Finale »La chasse« heißt und zunächst als Ouvertüre zur Oper *La fedeltà premiata* komponiert wurde. Innerhalb des dahinjagenden 6/8-Satzes zitieren die solistisch eingefügten Bläserpassagen einen alten Jagdruf. Dem *Kopfsatz* geht eine langsame Einleitung (*Adagio*) voraus; der folgende Sonatensatz wird auffällig durch den repetierenden Auftakt seines Hauptthemas geprägt, dessen ständiges Pochen bisweilen fast wie eine Vorwegnahme des Spottchores aus Webers *Frei-*

schütz anmutet (»Hehehe ...« ♫♪ | ♩). Der langsame Satz ist ein ganz typisches »marschierendes« Haydn-*Andante*, für dessen Thema er auf ein eigenes Lied (*Gegenliebe*) zurückgriff; im *Menuett* fällt die chromatische Linienführung auf, während im *Trio* Oboe und Fagott ein gemächliches Duett vortragen.

Die **Sinfonie Nr. 74 Es-Dur** entstand um 1780; ihr *Kopfsatz* lebt stark vom dualistischen Prinzip des dynamischen Kontrastes, das sogleich in den Anfangstakten vorgestellt wird. Im *Adagio cantabile* (B-Dur) durchzieht eine in Sechzehnteln pendelnde Begleitfigur den ganzen Satz; sie erklingt gegen Ende ganz apart noch einmal im reinen Bläsersatz zu den Imitationen des ausdrucksvollen Hauptthemas. Im *Menuett* dominiert eine kleine Vorschlagfigur, während das *Trio* von der charakteristischen Farbkoppelung von Violine und Fagott lebt. Ein eilfertig dahinhuschendes 6/8-*Finale* steht am Schluß.

Nr. 75 F-Dur (um 1780) beginnt mit einem besinnlich-grüblerischen *Grave*-Teil, bevor ein wirbelnder *Presto*-Sonatensatz einsetzt, der gleichwohl einige chromatische Zwischentöne enthält. Im Mittelpunkt des Werkes stehen die 4 Variationen über ein sehr getragenes und gesangvolles Thema (Poco adagio, G-Dur), wobei phantasievoll kontrastierende Veränderungen geboten werden: etwa mit kraftvollen Bläserrhythmen (Var. 2) oder in barocker Concerto-grosso-Besetzung mit 2 Solo-Violinen und einem Solo-Cello (Var. 3). Im *Trio* des *Menuetts* kommt es zu einer besonders intim-aparten Koppelung von Solo-Flöte und -Violine. Das Finale ist ein launiges *Rondo* mit Molleinschub und einigen überraschenden, pausendurchsetzt stockenden Schlußtakten.

Die nächsten 3 Sinfonien komponierte Haydn für eine geplante, aber nicht zustande gekommene London-Reise (1782); sie erschienen statt dessen im folgenden Jahr bei einem Pariser Verleger. **Nr. 76 Es-Dur** kostet in ihrem temperamentvollen 1. *Allegro* mit Dreiklangthematik die Tonart sehr bewußt aus; ein punktiertes Motiv wird zum Bewegungsmotor (♬|♩), und der Seitensatz ist deutlicher gesanglicher Kontrast zum Hauptsatz. Der langsame Satz (*Adagio ma non troppo*, B-Dur) zeigt Haydns ganze Kunst der Figuration und führt im g-Moll-Mittelteil zu einem stürmisch bewegten Ausbruch des ganzen Orchesters. Im *Trio* schließen sich Flöte, Fagott und Violine reizvoll aneinander, unterstützt vom Hörnerpaar. Der

abschließende Sonatensatz (*Allegro ma non troppo*) spielt ständig mit kleinen Schleifer-Vorschlagsfiguren, überrascht in den Schlußgruppen mit wenigen solistischen Bläsertakten und stockt in der Durchführung mit einigen Fermaten.
Der *Kopfsatz* von **Nr. 77 B-Dur** hat ein weitgesponnenes Hauptthema und ist formal sehr überschaubar mit eigenem Seitensatzthema gegliedert; die Durchführung setzt sich mit unverhoffter kontrapunktischer und harmonischer Ernsthaftigkeit nacheinander mit beiden Themen auseinander; fermatendurchsetzt stockend kehrt der Seitensatz in der Reprise wieder. Das weitgeschwungene *Andante sostenuto* im graziösen 3/8-Takt (F-Dur) trennt behutsam Cello- und Kontrabaßpartie und zeigt ebenfalls polyphone Ansätze. Das *Menuett* spielt mit einem kleinen auftaktigen Motiv, während das *Trio* zur Pizzicato-Begleitung solistische Holzbläserfarben an die Violinen koppelt. Und selbst im Finale (*Allegro spiritoso*) mit seinem so vertraut im Haydn-Tonfall plaudernden Thema kommt es in der Durchführung zu intensiven Imitationen.
Ungewohnter Ernst prägt die **c-Moll-Sinfonie Nr. 78** gleich zu Beginn: Nach einem lapidaren Unisono-Motto und dessen pp-Antwort beginnt alsbald ein Imitationsspiel mit dem Kernmotiv. Auch die sich anschließende Überleitung gibt sich kontrapunktisch; sie führt überraschend über As-Dur zum Es-Dur-Seitensatz mit seinem markant auftaktigen Bewegungsmotiv. Dieses prägt dann auch in Kombination mit dem Anfangsmotto weite Teile der konfliktreichen Durchführung und dringt sogar völlig überraschend in den Beginn der verkürzten und veränderten Reprise ein. Ein wirklicher langsamer Satz (*Adagio*, Es-Dur) mit weit gespanntem Ausdrucksradius und mit mehrfachen Fortissimo-Ausbrüchen steht an zweiter Stelle. Das *Menuett* verbreitet unerwarteten C-Dur-Glanz, wovon sich das *Trio* – ebenfalls in C-Dur – in seiner Oboen-Violinen-Linie intimer abhebt. Das rondomäßige *Finale* beginnt zwar in c-Moll und enthält in der Mitte auch kleinere polyphone Konflikte, wendet sich jedoch bereits im B-Teil und vor allem am Ende energisch nach C-Dur.
Die nächsten 3 Werke werden von der Wissenschaft aufgrund von Indizien auf 1783/84 datiert. Der *Kopfsatz* von **Nr. 79 F-Dur** beginnt mit einem ungemein sprechenden Hauptthema, während der Seitensatz mit einem absteigenden Unisono-Dreiklang einsetzt. Motivisch besonders wichtig wird für

den ganzen Satz ein kleines Doppelschlagmotiv vom Ende des Hauptthemas: es prägt die Überleitung sowie Teile von Seitensatz und Durchführung, gemeinsam mit einer kleinen Drehfigur ebenfalls aus dem Hauptsatz:

a

b

Das *Adagio cantabile* (B-Dur) erinnert in seinem Melodiegestus, in seinen Punktierungen und auch in manchen Bläserfarben an den Mittelsatz von Mozarts später Es-Dur-Sinfonie (KV 543), mündet am Schluß jedoch völlig überraschend in ein volkstümlich plauderndes *Un poco allegro*. Sein Auftaktmotiv taucht dann noch einmal im Oboen-*Trio* des *Menuetts* auf. Das charakteristische Final-*Rondo* wendet sich im B-Teil abrupt nach f-Moll, während vor allem gegen Ende sein spielerisches Hauptthema in immer neuen geistvollen und instrumentatorischen Wendungen dominiert, bis sich kurz vor dem letzten Durchgang sein Auftakt motivisch verselbständigt und den ganzen Ablauf zum Stocken bringt.

Nr. 80 d-Moll stellt in seinem *Kopfsatz* das in Vierteln allmählich aufwärtsdrängende Hauptthema zunächst im Baß vor; der Dur-Seitensatz beginnt wie das 1. Thema mit drei aufsteigenden Viertel-Schritten. Ganz unerwartet wird das eher verspielte Schlußgruppenthema mit seinen kleinen Vorschlägen sodann zum »Motor« der gesamten Durchführung; der Satz endet entschieden in D-Dur. Der eher besinnlich-kantable Beginn des folgenden *Adagio*-Satzes (B-Dur) wird mehrfach durch starke emotionale Entladungen des ganzen Orchesters unterbrochen. Zum recht kantigen *Menuett* kontrastiert im *Trio* die eher zarte, allerdings von einigen Akzenten gestörte Linienführung über wiegender Mittelstimmenbegleitung. Das *Finale* ist eine auch spielerisch heikle Synkopenstudie in der Dur-Tonika.

Originell ist der Beginn von **Nr. 81 G-Dur**: Nach dem ersten Tonika-Akkord wird unvermutet über pochendem Orgelpunkt zunächst die Septime eingeführt, bis dann, wie durch eine Seitentür von der Quart aus, das Thema einsetzt:

Das Seitenthema erklingt erst kurz vor Ende der Exposition und hat zärtlichen Serenadentonfall. Die Reprise erfolgt ganz versteckt und stellt das Hauptthema erst ganz an den Schluß. Das *Andante* bringt 4 Variationen über ein sicilianohaftes Thema, wobei die 2. d-Moll-Veränderung »dorisch« ohne Vorzeichen notiert ist. Ein stampfendes *Menuett* mit insistierenden Tonrepetitionen umschließt ein fagottgefärbtes *Trio*. Und als *Finale* gibt es einen überraschend ernsthaften Sonatensatz mit stürmischer Durchführung.

Die Sinfonien Nr. 82–87, bekannt als »Pariser Sinfonien«, komponierte Haydn 1785 und 1786 im Auftrag des Comte d'Ogny, eines Mäzens der bekannten »Concerts de la Loge Olympique«, wo man seinerzeit über ein hervorragendes und sehr großes Orchester verfügte, unter dessen Geigern sich Luigi Cherubini befand. 1787 dürften die Werke dort uraufgeführt worden sein; die öffentlichen Reaktionen auf die Sinfonien des berühmten Meisters waren enthusiastisch.

Der Beiname **»L'Ours«** (»Der Bär«) für **Nr. 82 C-Dur** (1786) ist eine spätere Zutat; er bezieht sich auf die kleinen knurrenden Vorschläge der Bässe im *Finale*, die ständig im ganzen (Sonaten-)Satz wiederkehren und daher auch motivische Funktion haben. In prächtig glänzendem C-Dur setzt der *Kopfsatz* ein, sogleich mit einer kleinen empfindsamen Wendung beantwortet, bevor das rauschende Tutti wiederkehrt. Bewunderungswürdig ist die Balance, mit der die verschiedenen kontrastierenden Elemente kombiniert und aneinandergefügt werden, sowie die subtile Feinarbeit der Instrumentation. Es folgt kein wirklicher langsamer Satz, sondern ein rondoartiges *Allegretto*, in dem zum F-Dur-Hauptteil zweimal eine variierte f-Moll-Strophe kontrastiert, jeweils in phantasievollen Nuancen variiert. Das *Menuett* gibt sich gesellschaftlich mit vornehmer Gebärde ohne alle Derbheit; sein *Trio* lebt von abgestuften Bläserfarben und reizvollen harmonischen Wendungen. In dieser Sinfonie schreibt Haydn übrigens

2 Hörner oder Trompeten alternativ vor, wobei vor allem in den Ecksätzen wohl die Trompeten vorzuziehen sind.
Auch der Beiname **»La Poule«** (»Die Henne«) für **Nr. 83 g-Moll** (1785) ist nicht original; er bezieht sich auf das Seitenthema des *1. Satzes* mit seinen spitzen Vorschlagmotiven und, bei der Wiederkehr, punktierten ostinaten Tonwiederholungen, die es in der Oboe begleiten. Es handelt sich um ein konzentriertes Musizierstück von ausgesprochen sinfonischer Ernsthaftigkeit, die sich am besten in der mottoartigen Anfangswendung des 1. Themas ausdrückt, die dann auch in der Durchführung eine wichtige Rolle spielt:

Das Es-Dur-*Andante* verbindet Sonatensatz- und Variationselemente miteinander, edel in der Melodik und in der instrumentalen Färbung; die auffallende Mozart-Nähe dieser Musik ist oft genug und mit Recht hervorgehoben worden. Im *Menuett* fällt die Raffinesse auf, mit der ein an sich unauffälliges kleines Motiv im Taktgefüge verschoben wird:

Im *Trio* verschmelzen Flöte und Violinen zu einer eigenen Farbe. Im turbulenten 12/8-Jagd-*Finale* gehen galantes und gelehrtes Prinzip eine unlösbar perfekte Verbindung ein; Basis ist das Sonatensatzmodell, wobei Haupt- und Seitensatz den gleichen motivischen Grundeinfall benutzen, so daß Rondo-Assoziationen aufkommen können. Insgesamt handelt es sich hier, trotz des Moll-Anfanges, um ein eher konstruktiv-optimistisches Werk.
Unterhaltend, bisweilen fast serenadenhaft gibt sich der *Kopfsatz* der Sinfonie **Nr. 84 Es-Dur** (1786): nach einigen Largo-Takten setzt das Hauptthema ein, das als Seitensatz in den Holzbläsern später wiederkehrt und anders weitergeführt wird. Die kontrastreiche Durchführung beschäftigt sich mit Elementen von Haupt- und Seitensatz, ohne alle akademische Bemühtheit und doch ungemein kunstvoll. Das B-Dur-*An-*

dante stellt eine schlichte 6/8-Melodie vor, allerdings mit kleinen widerborstigen Ausdrucksakzenten gegen den Takt. Es folgen sehr individuelle Variationen, wobei die 1. sich sogleich nach g-Moll wendet. Die eigenwilligen Ausdrucksakzente kehren dann im *Trio* des *Menuett*-Satzes wieder. Am Ende steht wiederum ein *Sonatensatz*, dessen Seitenthema sich eng an das Hauptthema anlehnt. In der Hinführung zum Seitensatz ereignen sich aparte harmonische Wendungen, die dann vor allem in der Durchführung aufgegriffen werden und den Satz reizvoll färben. **Nr. 85 B-Dur** (1785/86) heißt **»La Reine de France«**, weil sie Marie Antoinette, der Gemahlin Ludwigs XVI., besonderen Eindruck gemacht hatte. Ein prächtiges punktiertes *Largo* geht dem übersichtlichen und eingängig-schlichten 3/4-*Vivace* voraus; sein kantables Hauptthema kehrt im Seitensatz in der Oboe wieder, nachdem ein dramatischer f-Moll-Überleitungsteil für Unruhe gesorgt hat. Nach fast lärmendem Beginn schlägt die Durchführung dann bald eher stille Töne an und verarbeitet thematisches Material auch polyphon. »Romance« nennt Haydn das folgende *Allegretto*, eine Reverenz an das französische Publikum, denn hier gibt es Variationen über ein französisches Volkslied, die die Melodie farblich und figural behutsam verändern. Das *Menuett* mit seinen pikanten Vorschlägen umschließt ein ländlerndes *Trio* in charakteristischer Fagott-Violine-Färbung. Das *Finale* lebt ganz von seinem volkstümlichen Thema und täuscht damit eine Leichtigkeit vor, die sich strukturell nicht bestätigt: unter der harmlosen Oberfläche verbirgt sich eine raffinierte Kombination der Rondo-Form mit Sonatensatzelementen. Die langsame Einleitung von **Nr. 86 D-Dur** (1786) beginnt und endet im Piano und läßt in der Mitte ihre Trompeten- und Paukenbesetzung strahlen; es folgt ein ungemein vitales *Allegro spiritoso*, dessen Seitensatz zunächst wieder mit dem Hauptthema einsetzt, bevor ein neues Seitensatzthema erklingt. In der Durchführung werden alle wesentlichen Elemente der Exposition verarbeitet, darunter auch ein charakteristisches kleines Bewegungsmotiv aus der Überleitung (♫♪). Das folgende »Capriccio« (*Largo*, G-Dur) beginnt mit den gleichen im Dreiklang aufsteigenden Baßschritten wie die Einleitung und entwickelt daraus einen spannungsvollen und tiefsinnigen Sonatensatz, wobei der aus dem Dreiklang abgeleitete Hauptgedanke rondoartig immer wieder auftaucht. Das breit angelegte *Menuett* gibt sich sinfonisch mit Durchführungsansätzen in der Mitte; das *Trio* lebt von den Bläserfarben und seiner volkstümlichen Melodik. Auch das spritzige *Finale* ist ein Sonatensatz, dessen zweites Thema mit der gleichen Tonrepetition anhebt wie das erste; und dieser auffällige Baustein prägt auch konsequent den ganzen effektvollen Satz, bis er am Ende als Schlußstein gesetzt wird.

Der *Kopfsatz* der **Sinfonie Nr. 87 A-Dur** ist ganz durchzogen vom Pochen der repetierten Achtel; unauffällig und doch zwingend ist die motivische Verknüpfung aller Teile, sinnfällig im auf- und absteigend gegeneinander gerichteten Tonleiterausschnitt in der Schlußgruppe, der direkt aus dem Rhythmus des Hauptsatzes abgeleitet ist und der den Satz auch witzig beendet. Für ein wenig hintergründige Besinnlichkeit sorgt darüber hinaus ein Drei-Noten-Motiv aus dem beginnenden Seitensatz, mit dem vor allem in der Durchführung harmonische Trübungen einhergehen. Auffälligstes Merkmal des D-Dur-*Adagios* ist der ausgedehnte konzertante Einsatz von Holzbläsern, fast wie in einer Sinfonia concertante. Vom eher ernsthaften, mit einer kleinen Schleiferfigur spielenden *Menuett* hebt sich das Oboen-Solo im *Trio* unterhaltend ab. Das abschließende *Vivace* ist wiederum ein Sonatensatz mit einer ähnlich wie im Kopfsatz ständig vorandrängenden pulsierenden Rhythmik.

Die Sinfonien 88 und 89 sind untrennbar mit Johann Tost verbunden, einem Geiger aus Haydns Esterházy-Orchester, der sich als eine Art Musikmakler nach Paris begab und u. a. diese beiden Werke im Gepäck hatte. **Nr. 88 G-Dur** ist eine der populärsten Haydn-Sinfonien: faßlich und volkstümlich in ihrer Thematik und doch zugleich kunstvoll in ihrer motivischen Kombinatorik und in ihrem geistreichen Spiel mit formalen Vorgaben bestimmter Satzmodelle. Ein wenig grüblerisch klingt zunächst die langsame Einleitung (*Adagio*), zu der dann das den ganzen weiteren Verlauf beherrschende Hauptthema im *Allegro* mit seiner fast naiven Volkstümlichkeit in großem Gegensatz steht. Sein doppelter Achtel-Auftakt durchzieht den ganzen Satz; seine Durchführung greift die letzten fünf Töne, eine Trillerfigur, der Exposition auf und rückt sie ins Zentrum des Geschehens. Zum Eintritt der Reprise steuert die Flöte eine belebte Gegenstimme bei, die auf diese Weise den formalen Einschnitt überspielt. Völlig überraschend zieht Haydn zum *Largo* Trompeten und Pauken hinzu; sie bleiben bis zum Finale dabei. Der eindrucksvolle Satz lebt ganz von seinem sehnsuchtsvoll singenden Thema, das von Oboe und Solo-Cello vorgetragen wird und immer wieder unverändert wiederholt wird, umspielt von zarten Begleitungsvariationen und unterbrochen von einigen unwirschen Tutti-Einwürfen. Ein kleiner auftaktiger Schleifer prägt das festliche *Menuett*, in dessen Mittelteil sich einige Unregelmäßigkeiten im Periodenbau verstecken; im *Trio* wird die volkstümliche Melodik von einem Streicherbordun getragen. Das Finale (*Allegro con brio*) spannt mit seinem schlicht-eingängigen »Ohrwurm«-Thema den Bogen zum Beginn des 1. Allegros; in immer neuen Farbkombinationen plaudert es sich durch den eilfertigen Satz. Fast überraschend kommt es in der Mitte gar zu kontrapunktischen Verdichtungen; auf der anderen Seite spaltet sich ganz verspielt sein Zwei-Noten-Auftakt ab und wird wie ein Spielball zwischen den Instrumentgruppen hin und her geworfen – geistreiche Unterhaltungsmusik in ihrer reinsten Form!

Etwas im Schatten ihrer Schwester steht die andere Tost-Sinfonie **Nr. 89 F-Dur** aus dem gleichen Jahr 1787. Insgesamt scheint es sich eher um eine Gelegenheitsarbeit zu handeln, verwendete Haydn hier doch 2 Sätze aus seinem Konzert für 2 Lyren, Hörner und Streicher (1785) wieder: das *Rondo*-Finale ist für die Sinfonie etwas ergänzt worden, das Siciliano-*Andante* blieb unverändert. Der Kopfsatz (*Vivace*) ist ein perfekt ausbalancierter Sonatensatz, mit einem eher abstrakten 1. und einem persönlicher plaudernden 2. Thema. Im 3. Satz ist nicht nur das *Trio*, sondern das ganze *Menuett* selber von solistischen Bläserfarben geprägt.

Die 3 Sinfonien Nr. 90–92 entstanden 1788 wieder für den Pariser Comte d'Ogny und dessen »Concerts de la Loge Olympique«, zugleich aber auch für einen weiteren Haydn-Verehrer aus Österreich, den Fürsten Oettingen-Wallerstein. Die beiden ersten werden selten aufgeführt, sie stehen ein wenig im Schatten der dritten. **Nr. 90 C-Dur** ist eine zugleich festlich im Trompeten- und Paukenglanz erstrahlende und in ihrer schlichten Thematik unmittelbar ansprechende Sinfonie ohne allzu großen sinfonischen Tiefgang. Ihre langsame Einleitung ist latent motivisch durch ihre Achtel-Ketten mit dem Hauptthema des schnellen *Sonatensatzes* verknüpft, das im weiteren Satzverlauf immer wieder spielerisch in den Vordergrund tritt. Auffällig sind überdies die konzertanten Holzbläsereinsätze, die wirkungsvoll zu den prächtigen Tutti-Abschnitten kontrastieren. Das F-Dur-*Andante* mit seinem typischen schlichten Haydn-Thema ist eine Reihung von Variationen, abwechselnd in Dur und Moll, wiederum mit gelegentlicher konzertanter Behandlung der Holzbläser. Und auch im *Menuett* mit seinen sinfonischen Dimensionen spielen die Bläser eine besondere Rolle; die Nähe zum ursprünglichen Tanz ist eher noch im *Trio* mit seiner solistischen Oboe spürbar. Das temperamentvolle Finale (*Allegro assai*) überrascht trotz unterhaltender Leichtigkeit mit geistvoller motivischer Kombinationskunst: im Seitensatz fügt Haydn dem Hauptthema eine neue Gegenstimme zu, und bis in die auch harmonisch verblüffende Coda hinein wirkt ein kleines, zunächst eher unscheinbares Rhythmusmotiv (♪♬ ♫), das zum ersten Mal als 3. Gegenstimme zum Seitensatz erklingt. Die Reprise ist sehr stark verändert und hat auffällig Durchführungscharakter, wobei sie den eigentlichen Seitensatz ausspart.

Auch **Nr. 91 Es-Dur** ist ein Werk im Schatten berühmterer Schwestern. Ihr eröffnendes *Allegro assai* hat latente motivische Beziehungen zur vorangehenden Largo-Einleitung: der chromatische Anstieg entspricht als Umkehrung den absteigenden Tonfolgen zuvor; und gleich danach tauschen Ober- und Unterstimme im doppelten Kontrapunkt ihre Plätze. Anstelle eines eigenen Seitenthemas ergänzen weitere Stimmen dieses komplexe Gefüge. Harmonisch verwirrend verläuft dann die Schlußgruppe, die sich über Des-Dur, es-Moll, f-Moll und F-Dur erst ganz am Ende wieder der Dominante B-Dur nähert. Die Durchführung bemüht sich facettenreich um die einzelnen Elemente der Exposition; die Reprise ist stark verändert. Im B-Dur-*Andante* gibt es Variationen über ein schlichtes, gegen Ende allerdings harmonisch überraschendes Liedthema. Beträchtliche Dimensionen erreicht dann vor allem der stark ausgeweitete zweite Teil des *Menuetts* mit seinen auffälligen chromatischen Trübungen, wovon sich das Ländler-*Trio* volkstümlich abhebt. Das *Finale* baut völlig auf die gespreizte Intervallstruktur seines Hauptthemas, das in immer neuen Wendungen verbogen wird und in seiner ständigen Präsenz dem Sonatensatz fast Rondo-Charakter verleiht.

»Oxford-Sinfonie« heißt die **Nr. 92 G-Dur** (1789), weil sie 1791 zu Haydns Ehrenpromotion dort aufgeführt wurde – ein wahrhaft würdiges Werk zu dem hohen Anlaß! Eine eher stille und melancholisch mit chromatischen Zwischentönen angereicherte Adagio-Einleitung führt zum lebensfrohen *Allegro spi-*

ritoso, das des Komponisten ganze reife Meisterschaft im Umgang mit dem Sonatensatzmodell offenbart. Wie so oft erscheint das Hauptthema auch im Seitensatz wieder und ist bis zu dieser Stelle bereits vielfältig harmonisch und farblich nuanciert worden; sein Beginn erfolgt fast ein wenig scheu von der Septime des Dominantakkordes her absteigend und wieder hinaufpendelnd:

Ein einziges eher beiläufiges 2. Thema erklingt erst in den letzten Takten der Schlußgruppe. Es eröffnet auch die relativ knappe Durchführung, nun aber im drohenden Unisono-Forte, und sein Doppelschlagmotiv wird alsbald sehr ernsthaft mit dem Beginn des Hauptthemas verknüpft und verschränkt. Die Reprise ist verändert und ausgeweitet um eine durchführungsähnliche Coda, in der noch einmal der Seitengedanke wichtig wird – das durchführende Prinzip erstreckt sich in diesem Satz auf alle Formteile und bewirkt seine zwingende Geschlossenheit und Dichte. – Das *Adagio* (D-Dur) wird nun zum wirklichen, in sich ruhenden langsamen Zentrum der Sinfonie, in 3teiliger Formanlage, deren beide kantable Rahmenteile die emotionalen Erschütterungen des d-Moll-Mittelteils umschließen. Auch in diesem Satz setzt Haydn das komplette Instrumentarium mit Pauken und Trompeten auf höchst subtile Weise ein, mit markanten Akzenten im mächtigen Tutti und mit zarten Farbschattierungen vor allem in der variierten Reprise. – Das *Menuett* hat nun sinfonische Dimensionen, mit kunstvoller motivischer Feinarbeit vor allem in seinem zweiten Abschnitt; und auch das *Trio* gewinnt größeres Format, indem volkstümliche melodische Ansätze mit einem Synkopenmotiv in Konflikt zu geraten scheinen. – Das Finale ist ein furioses, technisch anspruchsvolles *Presto* in Sonatensatzform, mit zwei freundlich-spritzigen Themen, die jeweils leicht chromatisch getönt sind, gerade so deutlich, daß bestimmt kein Naivitätsverdacht aufkommen könnte – es handelt sich um einen jener Sätze, in denen Haydn mit äußerster Raffinesse den ganzen Reichtum seiner kompositorischen Feinarbeit, bis hin zu manchen kontrapunktischen Verzahnungen, eher verbirgt als offenbart.

Mit **Nr. 93 D-Dur** beginnt die Reihe der großen letzten, der

12 **»Londoner Sinfonien«**, die Haydn für den Konzertagenten und Geiger Johann Peter Salomon in London komponierte. Die ersten 6 entstanden 1791/92. Das Werk steht ein wenig im Schatten populärer Schwestern, ohne daß man es deshalb geringer einstufen sollte. Der *Kopfsatz* beginnt wieder mit einer langsamen Einleitung (Adagio), die mit zwei eröffnenden Unisono-Fermaten anhebt. Ihre absteigende Dreiklanggeste korrespondiert unauffällig mit dem aufsteigenden Viertelzug innerhalb des weitgeschwungenen Hauptthemas. Sein latenter Menuett-Charakter entwickelt sich im Seitenthema dann weiter zu tänzerischer Grazie, wohingegen die Durchführung den Ausdrucksradius in die Gegenrichtung treibt: nun gibt es auch dunklere Töne und ambitionierte motivisch-thematische Arbeit. – Das tiefsinnige *Largo cantabile* (G-Dur) stellt in seinem Thema, das insgesamt 5mal wiederholt wird, die abfallende Quarte in den Mittelpunkt; beim ersten Mal wird es von einem solistischen Streicher-Concertino vorgestellt, beim letzten Auftritt bleibt schließlich in motivischer Abspaltung nur noch sein Auftakt übrig. Zwischen die einzelnen Abschnitte schiebt sich jeweils ein in Triolen vibrierendes Forte-Tutti. – *Menuett* und *Trio* zeigen gleichermaßen das neugewonnene sinfonische Format dieses Satztypus, mit Durchführungsansätzen jeweils im Mittelabschnitt, wobei das Trio besonders vom starken Kontrast zwischen mehrfach wiederkehrenden Bläserfanfaren und zartem Streichermelos lebt; beides – Fanfaren und melodischer Kern – erinnern entfernt an das vorangehende Largo. – Das *Finale* mischt untrennbar Rondo- und Sonatensatzelemente, wobei der doppelte Auftakt seines Hauptthemas im Satzverlauf immer deutlicher zum Bewegungsmotor wird (♫|♩). Bemerkenswert ist insgesamt die feine farbliche Auffächerung des Orchesterapparates.

Sinfonie Nr. 94 G-Dur »mit dem Paukenschlag«

Entstanden 1791.

1. *Adagio / Vivace assai* – 2. *Andante* – 3. *Menuet: Allegro molto* – 4. *Finale: Allegro di molto.*

Wegen des einen kurzen namengebenden Momentes im Andante wird leicht die Bedeutung der gesamten Sinfonie übersehen. Sie beginnt mit einer harmonisch schillernden und insgesamt eher zurückgenommenen Einleitung; der folgende schnelle Sonatensatz ist ungewöhnlicherweise ein 6/8-*Vivace* und erinnert im Tonfall zunächst eher an ein Finale. Sein Hauptthema ist in den Umrissen der Anfangsgeste der Einleitung verwandt und bestimmt den weiteren Verlauf des ganzen lebendigen Satzes. Der Seitensatz verzichtet zunächst auf ein neues Thema, das statt dessen erst gegen Ende in der Schlußgruppe nachgereicht wird. Die Durchführung ist sehr dicht gearbeitet und setzt sich mit dem motivischen Basismaterial der Exposition auseinander. – Das *Andante* läßt das volkstümlich schlichte Thema 4mal im Licht verschiedener (Doppel-)Variationen erscheinen – eine Studie subtilster kompositorischer Durcharbeitung und feinster Klangschattierungen. Der berühmte Paukenschlag, anekdotisch bekanntlich als Schreck für ein eingeschlafenes Publikum gedacht, ist in Wirklichkeit ein ganzer Tutti-Schlag am Ende der wiederholten ersten Themenhälfte, einzigartig in seiner völligen Querlage zum musikalischen Kontext. – Das *Menuett* ist im Tempo in Richtung Walzer beschleunigt und spielt in seinem Mittelteil mit dem Auftaktmotiv des Themas, während das *Trio* Ländlercharakter hat und mit der beliebten Kombination Fagott/Violine spielt. – Im *Finale* erscheint das eilfertig plaudernde Hauptthema rondomäßig immer wieder in neuen Klangschattierungen und harmonischen Färbungen, wobei die Rondo-Reihung ständig aufs neue durch Durchführungsansätze in die Nähe des Sonatensatzes gerückt wird – ein exemplarischer Haydnscher Finalsatz voller geistreichen und im besten Sinne unterhaltenden Humors, in brillanter Orchestrierung und souverän in der Beherrschung aller kompositorischen Mittel.

Sinfonie Nr. 95 c-Moll

Entstanden 1791.

1. *Allegro moderato* – 2. *Andante cantabile* – 3. *Menuet* – 4. *Finale: Vivace.*

Nicht so populär, aber von gleich hohem Rang wie Nr. 94 ist die c-Moll-Sinfonie. Ungemein packend in seiner suggestiven Tonsprache und zugleich in hohem Maße durchkonstruiert ist der *1.* schnelle *Sonatensatz*, dem ausnahmsweise keine langsame Einleitung vorausgeht. Statt dessen beginnt er mit einer mottoartigen Unisono-Figur, die fast wie das Konzentrat einer Einleitung wirkt, vom Folgenden durch eine Generalpause abgesetzt ist und im weiteren Satzverlauf gegenwärtig bleibt. Das eigentliche Hauptthema beginnt piano und punktiert in den Streichern; in sehr freundlichem Dur-Kontrast erklingt in Terzen das 2. Thema; ihm geht das »Motto« unmittelbar voraus, und auch in der Schlußgruppe kehrt es verändert wieder. Ebenso beherrscht es die kontrastreiche Durchführung, deren Ende den Eintritt der Reprise sehr kunstvoll verbirgt und verzögert. Hier wandelt sich das c-Moll des Hauptthemas nach einer wundersam harmonisch schillernden Überleitung endgültig ins lichte C-Dur, das sogleich durch das freundliche 2. Thema bekräftigt wird. – Das *Andante* bringt Variationen über ein zart mit kleinen Doppelschlägen und Schleifern verziertes und allmählich in Dreiklängen absteigendes Thema: die 1. angeführt vom Solo-Cello, die 2. im finsteren Moll, die 3. bewegt ausfiguriert. – Das *Menuett* ist von ungewohnter Dunkelheit und greift gegen Ende den Einfall der Generalpause aus dem Kopfsatz wieder auf. Im eher spielerisch entspannten *Trio* wird das Solo-Cello pizzicato begleitet. – Das *Finale* beginnt sogleich in C-Dur, und sein freundliches Hauptthema läßt kaum die kontrapunktischen Verknüpfungen ahnen, denen es mehrmals ausgesetzt wird. Die Grundform ist die des Rondos, überlagert von Durchführungsansätzen und weitgehend monothematisch, wobei kleine motivische Bestandteile des Themas sich zu verselbständigen scheinen und ein teils witziges Eigenleben führen.

Sinfonie Nr. 96 D-Dur (»Le Miracle«)

Entstanden 1791.
1. *Adagio/Allegro* – 2. *Andante* – 3. *Menuetto: Allegretto* – 4. *Finale: Vivace assai.*

Der dramatische Vorfall, der diesem Werk seinen Beinamen »Das Wunder« gegeben hat, passierte in Wirklichkeit erst 1795 bei der Uraufführung der Sinfonie Nr. 102: ein Kronleuchter stürzte herab und verletzte wie durch ein Wunder niemanden. Die Uraufführung der Nr. 96 dagegen löste beim Publikum »nur« enthusiastischen Beifall aus.
Aus dem Motto des absteigenden Dreiklanges entwickelt sich die langsame Einleitung, die sich bald auch ins gleichnamige Moll wendet. Der folgende *Sonatensatz* ist von sprühender Vitalität geprägt und ganz auf die pausendurchsetzte, motivgeprägte Gestalt seines Hauptthemas ausgerichtet; vor allem zwei (im Notenbeispiel gekennzeichnete) rhythmische Bestandteile daraus werden für den Satzverlauf wichtig:

auch schon im überraschend vielgestaltigen und harmonisch farbigen Seitensatz. Gegen Ende der Durchführung lenkt eine Scheinreprise nach großer Generalpause den Hörer in die Irre. – Das G-Dur-*Andante* mit seinem in verspielter Kleinteiligkeit gegliederten Thema ist 3teilig mit einem g-Moll-Mittelabschnitt; das Ganze ist eine feinsinnige Instrumentationsstudie, die am Schluß im Einsatz zweier Solo-Violinen kulminiert. – Das *Menuett* beginnt pompös und setzt alsbald einen zarten Pianokontrast in Gestalt kleiner abwärtsgerichteter Achtel-Gesten dagegen; das *Trio* wird von der Solo-Oboe angeführt und verläuft bis auf einen einzelnen Unisono-Einwurf im Piano. – Das *Finale* lebt ganz von der Eilfertigkeit seines Hauptthemas, mit dessen Auftaktkopf neckische Spielchen getrieben werden. Das Ganze ist, wie so oft beim späten Haydn, ein Rondo mit sonatensatzähnlichen Durchführungsmomenten und einer eingeschobenen Mollepisode.

Sinfonie Nr. 97 C-Dur

Entstanden 1792.

1. *Adagio/Vivace* – 2. *Adagio ma non troppo* – 3. *Menuetto: Allegretto* – 4. *Finale: Presto assai.*

Wie alle Londoner Sinfonien außer der Nr. 95 beginnt auch dieses Werk mit einer langsamen Einleitung, die bis auf den eröffnenden Tutti-Akkord jedoch weniger auf die Strahlkraft der Tonart vertraut als vielmehr von fließendem Melos geprägt wird. Um so stärker trumpft alsbald der Beginn des *Sonatensatzes* mit Pauken und Trompeten und signalartigen Dreiklängen und Motiven im machtvollen Tutti auf (a). Erst danach antwortet ein absteigender Tonleiterausschnitt im Piano und mit zarten Farben als Kontrast (b):

a

b *(T.25)*

Ungewöhnlich ist der Einsatz eines ganz eigenständigen graziösen Seitenthemas, und auch die Schlußgruppe steuert noch einen eigenen Einfall bei. Die Durchführung setzt sich danach mit großem Ernst und harmonischer Kühnheit vor allem mit Elementen des Hauptthemas und seiner Tutti-Einleitung auseinander, von der sich vor allem ein kleines punktiertes Auftaktmotiv bemerkbar macht. – Dieses Element der Punktierung greift dann das Thema des *Adagios* auf, das überraschend vielgestaltig und komplex ist, anders als man es eigentlich für ein Variationenthema erwartet. Dreimal gibt es Veränderungen: zunächst in Triolenfiguration, dann nach Moll gerückt und schließlich in einer verblüffenden Instrumentationsstudie mit »sul ponticello« und »vicino al ponticello«-Effekten (»am Steg« und »nahe beim Steg«) der beiden Violinen. Eine längere Coda beschäftigt sich noch einmal mit einzelnen Motivbestandteilen. – Das *Menuett* ist ohne Wiederholungszeichen notiert: jeder Teil erklingt alsbald in farblich deutlich abweichender Variation; sein *Trio* trägt, von der Oboe angeführt, eine Ländlermelodie vor, am Ende von 2 Solo-Violinen fortgeführt, deren eine schließlich in die obere Oktave entschwebt (Hinweis in der Partitur auf den geigenden Londoner Mäzen: »Salomon Solo ma piano«!). – Ein typisches volkstümliches Finalthema eröffnet das *Presto* und gliedert dank seiner Eingängigkeit leicht nachvollziehbar die Rondo-Form, die wieder einmal in den Zwischenteilen durchführungsähnliche motivische Feinarbeit bietet und am Ende in der Coda zweimal in zwei Fermatenakkorden stockt.

Sinfonie Nr. 98 B-Dur

Entstanden 1792.

1. *Adagio/Allegro* – 2. *Adagio cantabile* – 3. *Menuetto: Allegro* – 4. *Finale: Presto*.

Die langsame Einleitung verläuft überwiegend im gravitätischen Unisono der Streicher und beginnt überraschend in Moll. Das leichtfüßige Allabreve-*Allegro* setzt mit dem wörtlichen Thema der Einleitung ein und führt es verspielt mit einem Doppelschlagmotiv weiter. Der Seitensatz greift das markante Kopfmotiv wieder auf und führt es später mit Seufzern und ein wenig Chromatik fort. Die Durchführung setzt sich kontrapunktisch ernsthaft mit den Bestandteilen des Hauptthemas auseinander; im ganzen Satz gibt es immer wieder zarte und harmonisch reizvolle Bläserepisoden. – Der *langsame Satz* (F-Dur) ist ein tiefsinniges Stimmungsbild von stiller Größe, vermutlich unter dem Eindruck von Mozarts Tod entstanden und in manchen Details vor allem dem Andante der »Jupiter-Sinfonie« verpflichtet, besonders aber im subtilen Gebrauch der Holzbläserfarben im Zusammenspiel mit den Streichern und auch in der edlen Melodieführung, die hier alle Naivität abgestreift hat. – Das *Menuett* setzt diesen ernsten Tonfall ansatzweise fort, vor allem in den polyphonen Passagen in seiner Mitte, wohingegen das *Trio* weitgehend unbeschwert im Ländlerton die Holzbläser singen läßt. – Das *Finale* verläuft höchst unerwartet und originell: im Prinzip handelt es sich um ein Rondo, dessen erster großer Abschnitt wiederholt wird; unmittelbar daran schließt sich tonartfremd ein As-Dur-Teil an, in dem sich eine Solo-Geige tummelt (vermutlich wieder, wie in Nr. 97, der Auftraggeber Mr. Salomon). Immer wieder kommt es zu witzigen Spielereien mit den Auftaktachteln des Themas; und am Ende setzt gar ein Cembalo ein, figurenreich das Thema begleitend – Haydn selber leitete bekanntlich seine Sinfonien vom Tasteninstrument aus und fügte diese Takte aus purer Lust am stilistischen Anachronismus ein.

Sinfonie Nr. 99 Es-Dur

Entstanden 1793.

1. *Adagio / Vivace assai* – 2. *Adagio* – 3. *Menuetto: Allegretto* – 4. *Finale: Vivace.*

Mit diesem Werk beginnt die zweite und letzte Sechsergruppe, geschrieben für Haydns zweite London-Reise 1794/95. Diese letzten Londoner Sinfonien bilden zugleich den Höhepunkt und das sinfonische Vermächtnis des Komponisten; ihr Ruhm setzte sogleich mit ihren Uraufführungen ein. Außer der Nr. 102 sind alle mit Klarinetten besetzt, die den Klang deutlich färben; auch Trompeten und Pauken gehören zur Grundausstattung.

Die expansive und hochexpressive langsame Einleitung bereitet weniger das 1. *Vivace* als vielmehr die Atmosphäre des langsamen Satzes vor, wobei ein kleines punktiertes Motiv zwischen mächtigen Akkordblöcken den ganzen Radius der Grundtonart abschreitet. Der folgende Sonatensatz hat zwei eigenständige Themen, dessen erstes immer wieder in ein Doppelschlagmotiv mündet, das für den Satzverlauf wichtig wird. Hier setzt auch die intensive Durchführung an, die auch das Seitenthema mit einbezieht und diese Elemente harmonisch und farblich verarbeitet, so daß ein insgesamt äußerst konzentrierter, dichter Satz zustande kommt. – Das im mediantischen (d. h. im Abstandsverhältnis der großen Terz) G-Dur angesiedelte *Adagio* ist der emotionale Mittelpunkt der Sinfonie. Der Satz ist 3teilig gebaut, wobei hinter der Liedform die Konturen eines Sonatensatzes mit zwei Themenkomplexen und einer Durchführungsandeutung erkennbar werden; die expansiven Melodielinien werden phantasievoll auf Streicher und Holzbläser verteilt, wobei es in der Reprise zu verblüffenden dynamischen Entladungen mit Pauken und Trompeten kommt. – Das mächtige und klangprächtige *Menuett* lebt vom Auf und Ab seiner thematischen Dreiklangbrechungen; dem *Trio* sind fünf Oboenoktaven vorangestellt, und am Ende komponiert Haydn erstmals eine rückführende Überleitung zum Menuett. – Das *Finale* ist wiederum ein Rondo, dessen Konturen von Durchführungsansätzen in Sonatensatznähe gerückt werden; sein faßliches, klar gegliedertes Thema ist so einprägsam, daß es die Form gut nachvollziehbar macht. Der ganze Satz ist ein ungemein geistvolles Spiel mit den motivischen Versatzstücken und dabei brillant instrumentiert, wobei die einzelnen Instrumentengruppen immer wieder im quasi durchbrochenen Satz alternieren – auch für die ausführenden Orchestermusiker eine immense Herausforderung!

Sinfonie Nr. 100 G-Dur (»Militär-Sinfonie«)

Entstanden 1794.

1. *Adagio/Allegro* – 2. *Allegretto* – 3. *Menuet: Moderato* – 4. *Finale: Presto*.

Ihren Beinamen erhielt diese Sinfonie recht bald wegen der frappierenden Einbrüche eines martialischen Instrumentariums von Triangel, Becken und Großer Trommel inmitten des Allegretto-Satzes. Über die Gründe, die Haydn zu diesem ungewöhnlichen Effekt bewogen haben könnten, ist viel und ohne Ergebnis spekuliert worden. Auf jeden Fall hat diese geradezu moderne »Collage«, die Montage einer so fremdartigen Klangebene in die »heile Welt«, bis heute nichts von ihrer Wirkung eingebüßt. Allerdings handelt es sich beim C-Dur-Allegretto auch nicht um einen langsamen Satz, sondern viel eher um einen stilisierten Marsch im Allabreve-Takt.

Dem *1. Sonatensatz* geht wieder eine langsame Einleitung voraus, die die ganze Palette des Orchesters einsetzt; um so größer ist der Überraschungseffekt, wenn das 1. Thema des folgenden *Allegros* dann im solistischen Holzbläsersatz einsetzt. Seine 8 Takte sind seltsamerweise auch nicht im Ansatz in periodischer Symmetrie gliederbar, sondern spannen vielmehr einen einzigartigen großen motivischen Bogen:

Ihm steht im scharfen Ausdruckskontrast ein fast triviales Seitenthema in der Dominante gegenüber; wie zur Rechtfertigung beginnt nach einer Generalpause die Durchführung dann just mit diesem 2. Thema, wendet es fast gewaltsam nach Moll und spaltet sein kleines Kopfmotiv ab. War bisher das ganze Orchester im Einsatz, so findet die folgende Verarbeitung des 1. Themas viel stärker im durchbrochenen Satz der Instrumentengruppen statt. – Das umfangreiche *Menuett* hat einen ausgedehnten durchführenden Mittelteil, der sich vor allem mit dem Doppelschlagmotiv aus der thematischen Substanz beschäftigt; das *Trio* spielt ständig, fast ostinat mit seinem punktierten Rhythmus und ist fern aller Ländlerseligkeit. – Das *Presto*-Finale schnurrt im schnellen $^6/_8$-Zeitmaß ab und überlagert wieder Sonatensatzansätze dem Rondo-Modell; eher beiläufige Tonfolgen werden unvermutet zum Kern fugierter Entwicklungen, und schon recht früh kündigt ein plötzliches kurzes Pauken-Solo den späteren erneuten Einfall der Kriegsmusik an, die den ganzen Schlußabschnitt des Satzes lärmend begleitet.

Sinfonie Nr. 101 D-Dur (»Die Uhr«)

Entstanden 1794.

1. *Adagio/Presto* – 2. *Andante* – 3. *Menuet: Allegretto* – 4. *Finale: Vivace.*

Ungewöhnlich schwerblütig und versonnen klingt die langsame Einleitung dieser Sinfonie, die überraschend in der Moll-Variante der Grundtonart beginnt. Erst der Einsatz des schnellen Sonatensatzes, ebenfalls ungewohnt mit *Presto* überschrieben, bringt die Wendung zum Diesseitigen, zur Lebenslust und zugleich zu einer betont orchestralen Virtuosität.

Das Hauptthema läßt eher einen Finalsatz als einen gewichtigen Kopfsatz erwarten. Das Seitensatzthema ist dem ersten Gedanken in seiner geschwinden Metrik eng verwandt. In der Durchführung aber kehrt zumindest partiell Ernsthaftigkeit ein, wenn zunächst kontrapunktische Arbeit beginnt, bis allmählich in einer großen Steigerungswelle sich der Glanz des Tuttis einstellt. Die Reprise ist ein wenig variiert und schließt, abweichend von der Exposition, polyphone Ansätze nicht mehr aus. – Ihren Beinamen hat die Sinfonie von ihrem *langsamen Satz* (G-Dur), den eine pendelnde Achtel-Begleitung durchzieht, die zweifellos an das Ticken einer großen Uhr erinnert. Die Form ist 3teilig, mit einem etwas gezierten, graziösen Thema. Nach seinem ersten Auftreten folgt ein g-Moll-Abschnitt mit markant-heftigen Punktierungen und ein wenig aufgesetzter Dramatik. Die Reprise erfolgt zunächst im solistischen Quartettsatz wie in einem Concerto grosso, mit Holzbläsern und der 1. Violine; ein triolisch vibrierendes Tutti beendet dieses aparte Charakterstück. – Das *Menuett* hat wiederum sinfonischen Anspruch fern aller tänzerischen Herkunft; das *Trio* ist ebenfalls recht ausgedehnt und spielt fein mit individuellen Farbwerten und motivischen Teilchen sowie ostinaten Begleitungsklängen und führt bis zum mächtigen Tutti-Klang. – Das *Finale* kehrt Haydns Prinzip um: zugrunde liegt ein Sonatensatz mit einem Seitenthema, das eher eine variierte Weiterführung des Hauptthemas ist. Dieses Muster wird nun mit Elementen der Rondo-Form erweitert; zunächst folgt auf den Seitensatz noch einmal energisch das 1. Thema, das bald in einen aufgeregten Mollabschnitt mündet. Diesem wiederum schließt sich unerwartet ein längeres Fugato über das Thema mit einem bewegten Kontrasubjekt an; dieser Teil ersetzt sozusagen die Reprise, die völlig auf den Seitensatz verzichtet – ein ebenso temperamentvoller wie kunstvoll konstruktiver Satz.

Sinfonie Nr. 102 B-Dur

Entstanden 1794.

1. *Largo / Allegro vivace* – 2. *Adagio* – 3. *Menuetto: Allegro* – 4. *Finale: Presto*.

Ein Meisterwerk ganz ohne schmückenden Beinamen ist die späte B-Dur-Sinfonie; als erste der drei letzten Londoner Sinfonien entstand sie für die »Opera Concerts« im King's Theatre. Als einzige verzichtet diese Partitur auf Klarinetten. Die

Einleitung ist in ihrem Linienzug eng mit dem Hauptthema des folgenden *Sonatensatzes* verbunden. Darüber hinaus ist sie eine faszinierende Klangstudie, mit zweimaligem an- und abschwellenden Grundton im Unisono des ganzen Orchesters und einer farblich changierenden, grüblerischen Auseinandersetzung mit dem thematischen Grundeinfall. Eine kleine aufsteigende Flötenkadenz, die das Thema nun spontan und lebhaft in eine periodische Form umwandelt, leitet zum Vivace über:

Die Wendung zur Dominantebene des Seitensatzes erfolgt im Tutti der Überleitung mit einem kräftigen Tonleitermotiv, das in den Außenstimmen der Streicher gegeneinandergeführt wird. Der eigentliche Seitengedanke zitiert mit zwei markanten Unisono-Tuttis die Einleitung und läßt ihnen jeweils nach einer Pause eine verhaltene Wendung folgen, von d-Moll aus erst am Ende F-Dur erreichend. Die Durchführung ist sehr weiträumig und bewegt: sie setzt sich sowohl mit dem Seitengedanken wie mit Elementen des Hauptthemas auseinander, wobei sie in der Mitte durch eine Pause und den vollständigen Einsatz des Hauptthemas in der Solo-Flöte, also in der Art einer Scheinreprise (C-Dur), gegliedert wird. – Das F-Dur-*Adagio* kennt man auch aus einer Version für Klaviertrio (Hob. XV:26). Es ist einer der poetischsten langsamen Sätze Haydns; er lebt ganz von der anrührenden melodischen Geste des Doppelschlages und der doppelten Punktierung in seinem Hauptthema, sowie von der charakteristischen Färbung dieser Melodie mit Violinen und Flöte, die dauerhaft aneinander gekoppelt sind. Ein Solo-Cello steuert den triolisch wiegenden Untergrund bei, der in den Moll-Zwischenteilen in den Vordergrund tritt; die Form ist eine einfache rondoähnliche Reihung. – *Menuett* und *Trio* leben vom Kontrast zwischen stampfender Metrik und melodiöser Lieblichkeit, die im Trio vor allem in Oboe und Fagott erklingt. – Ein kroatisches Liedthema eröffnet den virtuosen *Schlußsatz* und leitet ein Rondo ein, dessen formale Faßlichkeit mit den durchführenden Ambitionen des Sonatensatzes kombiniert wird. Kleine

Motivspielereien mit dem Themenkopf (♫ | ♪) erheitern in den Überleitungen und vor allem in der Coda, wo das Geschehen motivisch regelrecht stockt und stehenzubleiben scheint.

Sinfonie Nr. 103 Es-Dur »mit dem Paukenwirbel«

Entstanden 1795.

1. *Adagio / Allegro con spirito* – 2. *Andante più tosto allegretto* – 3. *Menuetto* – 4. *Finale: Allegro con spirito.*

11 Jahre nach der Uraufführung widmete Haydn diese Sinfonie Luigi Cherubini, der ihm eine Auszeichnung des Pariser Konservatoriums überbrachte. Der Beiname verweist auf die auffälligste Passage des Werkes: auf den Paukenwirbel, mit dem die langsame Einleitung ungemein originell eröffnet wird und der auch die ebenso unerwartete Wiederkehr der Einleitung unmittelbar vor der Coda des Satzes kennzeichnet – Signal und Ausrufezeichen zu Beginn einer hochbedeutenden Komposition und zugleich durch den Zusatz »Intrada« auch als historischer Rückbezug auf frühere musikalische »Eingänge« zu verstehen. Eigentümlich ist auch der weitere Verlauf der Einleitung mit ihren kreisenden, lastenden Tonfolgen, zunächst in den Bässen, danach, synkopisch begleitet, in den Violinen. – Es folgt ein konzises 6/8-*Allegro*, in dessen thematischer Substanz man vielleicht Anklänge an das Einleitungsthema erkennen kann, etwa kurz vor dem Seitensatz oder auch in Passagen der Durchführung, nach einer auffälligen Fermate. Im übrigen ist der ganze Satz von unerhörter tänzerischer Leichtigkeit, kulminierend im graziösen Seitenthema, was Haydn jedoch nicht hindert, in der Durchführung kontrapunktisch mit den motivischen Grundelementen zu spielen. – Im beschleunigten *langsamen Satz* wird ein kapriziöses c-Moll-Thema mit charakteristischer erhöhter Quarte in der Art von Cantus-firmus-Variationen abwechselnd in Dur und in Moll vorgetragen; man kann auch von zwei aus gleicher Quelle hervorgegangenen Themen sprechen, die sich dann jeweils zu Doppelvariationen ergänzen, wobei die folkloristische Herkunft offenkundig ist. Die bisweilen ein wenig exotisch anmutende Harmonisierung, der latente Marschschritt und die spannungsreiche und lange Coda machen diesen Satz zu einem besonderen musikalischen Ereignis. – Das *Menuett* zeigt wieder sinfonischen Anspruch in der Verarbeitung seiner kleinen Schleifer und Tonfloskeln und überrascht zu Beginn

des Mittelteils durch die frappierende Ausweichung nach Ges-Dur; das klarinettengetönte *Trio* spielt mit ineinander verzahnten Dreiklangbrechungen und Tonrepetitionen. – Das *Finale* ist der wohl originellste Sinfoniesatz des Komponisten, ein formales Unikum zwischen allen Mustern, abgestellt auf ein einziges Thema, das jedoch aus zwei komplementären Elementen besteht: den »Hornquinten« und einer Gegenstimme in den Violinen:

Aus dem Kopf des Streicherthemas löst sich alsbald die Tonrepetition und verselbständigt sich so weit, daß sie den ganzen Satz durchzieht und zum Vibrieren bringt. Homophones Temperament wird immer wieder überlagert durch kontrapunktische Verwicklungen. Hierzu sind zwei verschiedene Schlußvarianten überliefert, von denen die längere einen etwas größeren harmonischen und motivspielerischen Umweg nimmt als die andere.

Sinfonie Nr. 104 D-Dur (»Londoner Sinfonie« oder »Salomon«)

Entstanden 1795.
1. *Adagio/Allegro* – 2. *Andante* – 3. *Menuetto: Allegretto* – 4. *Finale: Spiritoso.*

Wenn es so etwas wie einen klassischen Modellfall der Sinfonik geben sollte, dann wäre gewiß diese Sinfonie die erste Anwärterin: ihre Ausgewogenheit in der Balance aller Stilmittel und Proportionen ist unübertroffen, zugleich faßt sie brennspiegelartig alle individuellen Errungenschaften Haydns noch einmal abschließend in 4 Sätzen zusammen. Ihr hervorstechendstes Merkmal ist die perfekte Synthese, die hier Geist und Empfindsamkeit, Struktur und Emotion eingehen, wie zum Beweis, daß Kunst sich immer zugleich an Verstand und Herz wenden muß, wenn sie bedeutend sein soll.

Die langsame Einleitung dokumentiert dies sogleich, indem sie ein einziges Motiv in unerhörter Vielseitigkeit einsetzt: zweimal als doppeltes und einmal als einfaches Signal, zuerst auf Grundton und Quinte ohne Terz, also weder Dur noch Moll!

Dazwischen verzahnt es sich grüblerisch und zugleich in Umkehrung und Verkleinerung geheimnisvoll in den Streichern – ein vollständiger Mikrokosmos für sich und doch am Ende mit einem auskomponierten Fragezeichen auf der Dominante. Das *Allegro* ist dann der exemplarische Fall eines monothematischen Satzes, der nicht nur auf einem einzigen vielgestaltigen Thema basiert, sondern in seinem Verlauf schließlich sogar nur noch ein einziges Motiv aus diesem Thema triumphieren läßt: sein 3. und 4. Takt entwickeln sich immer stärker zum Motor und Motto, das fanfarengleich am Ende den Sieg davonträgt:

Das Thema fungiert auch als Seitensatz und wird dort alsbald kontrapunktisch behandelt; und noch das nachgereichte Schlußgruppenthema (T. 266 ff.) ist motivisch vom Hauptthema ableitbar. Die Durchführung verarbeitet dynamisch kontrastreich und modulierend Bestandteile des Hauptthemas, die jedoch auch in Exposition und Reprise so allgegenwärtig sind, daß die Durchführung sich nicht mehr stark abhebt. Ein kleiner typischer Haydn-Einfall ist der auf der Stelle tretende Einsatz des Seitensatzes in der Reprise. – Das Thema des G-Dur-*Andantes* greift in Umrissen den Beginn des Allegro-Themas wieder auf und wird behutsam und feinsinnig bei jeder Wiederkehr variiert. Der Satzaufbau ist 3teilig, mit einem unruhigen, zunächst von Bläsern eingeleiteten und dann nervös im Orchester-Tutti wogenden g-Moll-Mittelteil. Bemerkenswert sind die jedes Mal stärker gedehnten und schließlich frei kadenzierenden Überleitungen im reprisenartigen Schlußteil des 3teiligen Themas. Über einem Orgelpunkt beschließt eine weich pulsierende Coda den Satz, in den letzten Takten in zarten Hornquinten ausklingend. – Auch das *Menuett* steckt voll Überraschungen: so macht sich sein Auftakt im Mittelteil selbständig und wird »störend« gegen den Takt verschoben, und der A-Teil wird mit wiederholten Trillern und abrupten Pausen unterbrochen. Im *Trio* macht sich der Auftakt der Ländlermelodie selbständig: erst beim dritten Ansatz kann die Melodie laufen, und in der auskomponierten Überleitung zum Menuett bleibt allein dieser Themenkopf übrig. – Ostinato-Oktaven und -quinten sowie eine Volksliedmelodie als Hauptthema können nicht darüber hinwegtäuschen, daß auch das *Finale* ein bis ins letzte durchkonstruierter Sonatensatz ist. Sein Themenkopf geistert durch alle Abschnitte, gemeinsam vor allem mit einem behenden Tonleiterausschnitt, der aus der Gegenstimme zum Thema abgeleitet ist. Lediglich das eigentümlich sich abhebende Seitensatzthema markiert im temperamentvollen Satzverlauf jeweils so etwas wie eine innige Zäsur, die sich am Ende der Durchführung zu einem dichten Streichergewebe steigert. Homophonie und Polyphonie gehen eine letzte untrennbare Synthese ein, am Ende triumphiert das Hauptthema im festlichen D-Dur-Tutti.

Ebenfalls für die Londoner Konzerte Salomons komponierte Haydn 1792 in London eine **Sinfonia concertante** (B-Dur, Hob. I:105). Es handelt sich um ein 3sätziges Werk für Violine, Violoncello, Oboe und Fagott, in dessen beiden bewegten Rahmensätzen (*Allegro* und *Allegro con spirito*) die 4 Solisten sehr ausgeglichen mit dankbaren Solo-Aufgaben bedacht werden und eigentlich ständig im Einsatz sind, gestützt vom großbesetzten Orchester; im Final-*Rondo* fallen jeweils im ersten und letzten Ritornell die kurzen Adagio-Rezitative der Solo-Geige auf. Das F-Dur-*Andante* ist ein liebenswürdiger, pastoral im $^{6}/_{8}$-Takt ausschwingender Satz, in dem die zarten Figurationen der Solisten abwechselnd pizzicato und gestrichen begleitet werden.

Instrumentalkonzerte

Der Schwerpunkt der Orchestermusik Haydns liegt eindeutig auf sinfonischem Gebiet; seine nicht unbeträchtliche Anzahl von Solo-Konzerten dagegen erreicht nicht vergleichbare Bedeutung, es handelt sich insgesamt eher um liebenswürdige Gelegenheitswerke im besten Sinne von Gebrauchsmusik. Unter seinen zahlreichen Konzerten für Klavier und Orchester (Hob. XVIII) erschienen zu seinen Lebzeiten nur zwei im Druck: neben dem Konzert **Nr. 4 G-Dur** ist das bekannteste **Nr. 11 D-Dur**, dessen Entstehungszeit im Ungewissen liegt (um die 70er Jahre): da das Hammerklavier sich erst allmählich in diesen Jahren durchsetzte, ist es mit Sicherheit alternativ auch für Cembalo gedacht (wie vergleichsweise auch die Klaviersonaten jener Phase). Der Kopfsatz (*Allegro moderato*) verläuft in konzertanter Sonatensatzform und wird nachdrücklich von seinem eingängigen und energischen Hauptthema geprägt. Nach einem kantabel ausschwingenden langsamen Satz (*Un poco adagio*, G-Dur) folgt ein modisches Rondo all'ungarese (*Allegro assai*) mit zwei kontrastierenden Mollepisoden.

3 Konzerte für Violine und Orchester (Hob. VIIa) sind bis heute als echt verbürgt; alle 3 entstanden bis 1770 in Esterháza und werden lediglich vom Streichorchester begleitet. Neben einem **Konzert in C-Dur** (Hob. VIIa:1) und einem in **A-Dur** (Hob. VIIa: 2), die beide noch stark vom Prinzip des barocken Solo-Konzertes zehren, ist das **Konzert G-Dur** (Hob. VIIa:4) am bekanntesten geworden, nicht zuletzt, weil es aufgrund seiner relativ geringen technischen Anforderungen als dankbares und wertvolles Schülerkonzert beliebt ist. Alle 3 Sätze leben von ihrer prägnanten, eingängigen Thematik und sind Dokumente einer Übergangsphase vom barocken Concerto zum klassischen Solo-Konzert.

Von den beiden Konzerten für Violoncello und Orchester (Hob. VIIb) ist das frühere in **C-Dur** (Hob. VIIb:1, um 1765) erst 1962 wiedergefunden worden und bereichert seitdem das schmale solistische Konzertrepertoire der reisenden Cellisten. Es ist deutlich ein Werk der Übergangszeit, erkennbar etwa an den Sonatensatzstrukturen im Kopfsatz (*Moderato*), die immer wieder von eher barocken Spielfiguren überlagert werden. Der F-Dur-*Mittelsatz* lebt von seinen edlen Melodielinien und treibt den Solisten immer wieder in exponierte

Lagen. Das temperamentvolle Finale (*Allegro molto*) ist ein effektvoller »Rausschmeißer« voller Spielwitz und respektabler Virtuosität. Ungleich bedeutender und infolgedessen auch bekannter ist das 2. **Cellokonzert D-Dur** (Hob. VIIb:2) von 1783, dessen 3 Sätze jeweils auf eingängig singenden Themen basieren. Vor allem die beiden ersten Sätze (*Allegro moderato* und *Adagio*) rücken die kantablen Qualitäten des Solo-Instrumentes in den Vordergrund, dabei häufig im parallelen Terzabstand vom Orchester begleitet, während das Finale (*Allegro*) ein wenig mehr Virtuosität und Spielwitz hervorkehrt; es handelt sich um ein Rondo mit einer im Charakter deutlich kontrastierenden Mollepisode.

Haydns letztes Solo-Konzert ist jenes für **Trompete und Orchester Es-Dur** (Hob. VIIe:1) von 1796, komponiert für eine kurz zuvor konstruierte Trompete mit Klappenmechanismus (von Anton Weidinger). Gerade dieses eine späte Konzert dokumentiert überzeugend den Verlust, den die Musikgeschichte dadurch erlitten hat, daß Haydn zuvor nur für bestimmte Anlässe konzertant komponiert hat: hier zeigt er sich ganz auf der kompositorischen Höhe seiner letzten großen Sinfonien und kombiniert die dort gewonnenen strukturellen Errungenschaften mit den Anforderungen eines Bläsersolisten mit gewissen instrumententypischen Grenzen (Tonvorrat, Atemtechnik). Beweglichkeit und Strahlkraft der Trompete werden im Kopfsatz (*Allegro*) kunstvoll mit den Normen des konzertanten Sonatensatzes verknüpft, mit weitgehend monothematischer Anlage und Ausflügen in Mollregionen in der Durchführung. Dagegen dokumentiert das eher pastorale As-Dur-*Andante* die kantablen Möglichkeiten des Solo-Instrumentes, während im Rondo-Finale (*Allegro*) schließlich der Virtuosität gehöriger Respekt gezollt wird.

Unter den übrigen Solo-Konzerten Haydns, die allesamt im heutigen Konzertleben kaum eine Rolle spielen, gibt es solche für so ausgefallene und vergessene Instrumente wie das Baryton oder die Radleier; eine Reihe dieser Konzerte, darunter auch eines für **Oboe, C-Dur** (Hob. VIIg:1), sind in ihrer Authentizität angezweifelt oder auch, wie im Falle einiger Violinkonzerte, inzwischen als Werke anderer Komponisten entlarvt worden.

Als Grenzfälle zwischen Orchester- und Kammermusik sind die zahlreichen Divertimenti anzusehen, die sich erhalten haben. Ein einzelnes weiteres Orchesterwerk in sehr ungewöhnlicher Gestalt erlangte Bekanntheit auch in seiner Streichquartettfassung: **»Die sieben letzten Worte unseres Erlösers am Kreuz«** (Hob. XX:1). Komponiert wurde das Werk 1785/86 im Auftrag eines Domherrn aus Cádiz als Meditationsmusik für den Karfreitag, in 7 langsamen und ausdrucksvollen Instrumentalsätzen den biblischen Texten nachsinnend, ohne sie programmatisch und im Detail ausdeuten zu wollen. Insofern sind diese Sätze genausogut als »absolute« Kompositionen zu würdigen und zu genießen. Zu Beginn steht eine pathetische langsame Einleitung; es folgen – eine kaum lösbare kompositorische Aufgabe, der nur ein singulärer Meister wie Haydn in seiner reifsten Phase gewachsen sein konnte – 7 langsame Sonatensätze nacheinander. Auf diese Weise entsteht eine Reihe von dennoch individuellen Sätzen, die den ganzen möglichen emotionalen Radius getragener Musik umschreiten, zwischen Pathos und Idylle, Schmerz und Seligkeit, im übrigen auch für die Interpreten eine äußerst diffizile Aufgabe, wenn Monotonie und gar Langeweile vermieden werden sollen. Zum Schluß gibt es gleichsam als programmatische und eher äußerlich-naive Zugabe die Schilderung des biblischen Erdbebens (*Presto e con tutta forza*). Eine Oratorienfassung dieses Werkes stellte Haydn selber erst 10 Jahre später her.

Joseph Haydns jüngerer Bruder **MICHAEL HAYDN** (1737–1806) steht insgesamt gerechterweise im Schatten des älteren. Doch er schuf mit seinen *Sinfonien*, *Serenaden* und *Solo-Konzerten* Beispiele gepflegter höfischer Gebrauchsmusik in gediegener handwerklicher Qualität und strukturell auf der Höhe der Entwicklung. So pflegte er in den Kopfsätzen das Sonatenprinzip, zeigte sich in den langsamen Sätzen als phantasievoller Melodiker und erweiterte die Form insgesamt um das Menuett zur Viersätzigkeit.

Mit dem Böhmen **JOHANN BAPTIST VANHAL** (1739–1813) folgt ihm wieder ein Komponist, der in der Geschichte der Sinfonik und auch des Instrumentalkonzertes eine wichtige und durchaus individuelle Stellung einnimmt. Er führte ein unruhiges Leben zwischen seiner Heimat, Italien, Ungarn und Wien und schuf insgesamt 76 *Sinfonien*, darunter auch *Sin-*

fonie concertanti, ferner *Serenaden* und *Kassationen* sowie abwechslungsreiche *Instrumentalkonzerte* (darunter *Klavier-* bzw. *Cembalo-* und *Orgelkonzerte*, Konzerte für verschiedene *Holzbläser* und neben *Violin-* und *Cellokonzerten* auch je ein *Bratschen-* und ein *Kontrabaßkonzert*). Von besonderer Bedeutung sind seine zwischen 1770 und 1780 entstandenen *Sinfonien*. Bei überwiegend 3sätziger Anlage, nur gelegentlich mit Menuett, tendieren die Ecksätze und immer wieder auch der langsame Mittelsatz zum Sonatensatzprinzip. Die Orchesterbesetzung erweitert das Streichquartett zunächst um je 2 Oboen und Hörner, wozu fallweise auch Trompeten und Pauken treten sowie ausnahmsweise Hörner. Nicht zu überhören ist bei Vanhal der böhmische Tonfall seiner Melodie-Erfindung. Beachtenswert sind unter den Sinfonien die Werke in Molltonarten, als wichtige Parallelfälle zu den vereinzelten Mollsinfonien Haydns und auch Mozarts (KV 183). Seine *Sinfonia g-Moll* aus der Zeit um 1770 beispielsweise ist ein ungemein packendes und persönliches Werk; Vanhals klangliche Phantasie und Eigenwilligkeit äußert sich hier etwa auch im Einsatz zweier verschiedener Hörnerpaare (in G und B), wie wir sie später in Mozarts großer g-Moll-Sinfonie wiederfinden, und die Tonsprache ist insgesamt fast prototypisch für den musikalischen »Sturm und Drang«.

Einen individuellen Akzent in der Chronologie der Konzertmuster setzte wiederum **Karl Ditters von Dittersdorf** (1739–99); der gebürtige Wiener schrieb eine beträchtliche Anzahl von Sinfonien, von denen mindestens 120 verbürgt sind und unter denen einige durchaus den Charakter von konzertanten Sinfonien haben. Bemerkenswert sind überdies seine 6 *Sinfonien nach Ovidschen Metamorphosen*, die im engeren Sinne zwar nicht als Programmusik anzusehen sind, aber doch eine Reihe außermusikalischer Effekte enthalten. Dittersdorf ist als Zeitgenosse Haydns und Mozarts in manchem Detail diesen beiden bedeutenderen Kollegen verpflichtet. Unter seinen liebenswürdigen und eingängigen Solo-Konzerten gibt es manche Rarität: so neben allein 5 *Bratschenkonzerten* noch 2 für *Kontrabaß* sowie ein *Doppelkonzert für Viola und Kontrabaß* und ein *Konzert für Streichquartett und Orchester*. Insbesondere das Opus für Viola und Kontrabaß, das um 1780 entstand, ist als echte Repertoirebereicherung anzusehen; es ist wie eine Sinfonie 4sätzig, mit einem Menuett an dritter Stelle, und stellt in den beiden rahmenden Sonaten-

sätzen die beiden Solisten wie ein Concertino dem Tutti gegenüber. Das Werk vereinigt die Merkmale von Konzert und Sinfonia concertante in sich.
Eher in den böhmischen Kulturkreis gehört **FRANZ ANTON RÖSSLER** (1746 oder 1750–92), der seinen italianisierten Namen **ANTONIO ROSETTI** mit vier weiteren Musikern gemeinsam hatte. Von ihm kennt man neben 34 *Sinfonien* eine ganze Anzahl von *Solo-Konzerten*, vorwiegend für Bläser.
LEOPOLD KOZELUCH (1752–1818) gehört wiederum einer jüngeren Generation an, stammte aus Böhmen und wirkte als Kapellmeister und Komponist in Wien. Kompositorisch orientierte er sich an Haydn und Mozart und folgte letzterem im Amt des Kaiserlichen Kammerkomponisten nach. Er schrieb um 30 *Sinfonien* sowie eine Reihe von Solo-Konzerten, darunter neben 13 *Klavier-* und 6 *Cellokonzerten* auch solche für *Klarinette* und für *Bassetthorn*.

Wolfgang Amadeus Mozart

* 27. Januar 1756 in Salzburg
† 5. Dezember 1791 in Wien

Wolfgang Amadeus entwickelte sich unter strenger und doch umsichtiger Aufsicht und Erziehung des Vaters Leopold Mozart früh zum gefeierten Wunderkind. Erste Kompositionen sind bereits vom Fünfjährigen überliefert; zahlreiche strapaziöse Konzertreisen führten ihn im jugendlichen Alter durch Europa, u. a. mehrmals nach Italien und nach Paris. Seit 1768 war er Konzertmeister beim Erzbischof von Salzburg, von dem er sich 1777 im Streit trennte; er siedelte nach Wien über. Dort heiratete er 1782 Konstanze Weber und wurde vorübergehend Kammerkomponist bei Hofe (1787). Gegen Ende seines kurzen Lebens plagten ihn Geldsorgen, obwohl er immer weiter Aufträge erhielt und Konzertreisen unternahm (1787 nach Prag, 1788 nach Berlin, 1790 nach Frankfurt a. M.).

Orchesterwerke: Über 50 Sinfonien, 21 Klavierkonzerte, 5 Violinkonzerte, 5 Sinfonie concertante, Konzerte für verschiedene Solobläser, Divertimenti; zahlreiche Serenaden, Cassationen und weitere kleinere Kompositionen; Tänze.

Mozart war von frühen Jahren an auf allen Gebieten der Orchestermusik tätig, wobei die Häufigkeit in den einzelnen Gattungen, durchaus zeittypisch, jeweils anlaßbedingt schwankte. Mozart war als Komponist und ausübender Musiker immer an Aufträge gebunden, und der durchaus nicht freiwillige Versuch, in den späteren Wiener Jahren als freischaffender Künstler sein Auskommen zu finden, war nicht von Erfolg gekrönt. So entstand der weitaus überwiegende Teil seiner Orchesterwerke auf einen Auftrag hin, was bei den zahlreichen Divertimenti und Serenaden in ihrer dem Anlaß angepaßten Besetzung besonders offensichtlich war, seien es private Familienfeiern höhergestellter Persönlichkeiten oder offizielle Ereignisse. Seine Solo-Konzerte schrieb er meist für den eigenen Gebrauch, zunächst als Geiger, dann als gefeierter Pianist. Auf diese Weise entstand die stattliche Reihe seiner bedeutenden Klavierkonzerte, die unter allen Werkgruppen vielleicht als die wichtigste und am weitesten in die Zukunft weisendc anzusehen ist.
Der Vater Leopold führte seinen Sohn systematisch durch Unterricht und Reisen in die kompositorischen Traditionen und zeitgenössischen Moden ein; auf diese Weise sah sich Mozart einer Fülle heterogener stilistischer Einflüsse ausgesetzt, die er allesamt verarbeitete und auf unnachahmliche Weise in einen unverwechselbaren Personalstil einband. Als ein Vorbild zu nennen ist vor allem der »Londoner Bach« Johann Christian, dessen singender Tonfall in früheren Mozart-Werken allenthalben seine Spuren hinterlassen hat. Künstlerische Neugier und die Fähigkeit, musikalische Anstöße sinnvoll und konstruktiv zu verarbeiten, ohne auch nur die Andeutung von Epigonentum zu zeigen, sind hervorstechende Eigentümlichkeiten dieser Persönlichkeit. Hierzu paßt es durchaus, daß Mozart nie so deutlich und bewußt Pionier und Neuerer war wie neben ihm der verehrte ältere Freund Haydn oder nach ihm dann Beethoven. Dennoch sind seine Beiträge zu den einzelnen Gattungen wichtige Meilensteine, ohne die ihre historische Entwicklung jeweils eine andere Richtung genommen hätte. Das gilt für die Sinfonie und vor allem für das Instrumentalkonzert.
Besonders hervorzuheben ist Mozarts eminente Fähigkeit im Umgang mit der großen Orchesterbesetzung, die ihn zu einem der größten Meister der Instrumentation machte. Anders als bei Haydn und selbst noch bei Beethoven kommt der singulä-

ren Besetzung ganzer Werke und auch einzelner Sätze besondere Bedeutung zu; sein Orchester klingt immer individuell und durchsichtig, in feinsten Abstufungen der Instrumente untereinander, und hier besonders bei den Holzblasinstrumenten. So besitzt jede seiner 4 letzten Sinfonien ihren eigenen Charakter allein schon dank der Besetzung. Neben solcher Kunstfertigkeit ist die melodische Erfindungskraft eine herausragende Eigenschaft Mozarts. Seine Eingebungen unterscheiden sich merklich von denen Haydns und Beethovens, bei denen jeweils der konstruktive Gesichtspunkt, die Eignung zur motivisch-thematischen Detailarbeit, etwa im Sonatensatz, vorrangig ist. Mozarts Themen dagegen weisen in der Regel eine große innere und äußere Geschlossenheit auf; logischerweise liegt das Gewicht seiner Kompositionen denn auch weniger auf den durchführenden Partien. Und seine Sonatensatzdurchführungen kehren wesentlich stärker die Parameter Farbe und Harmonik hervor, als daß sie Motive abspalteten oder veränderten.

Über allen großen Werken Mozarts liegt der verklärende Glanz des Wunders, des Unbegreiflichen. Mozart gilt als Prototyp des genialen, musikalische Offenbarungen empfangenden Künstlers; dabei weiß man aus eigenen Äußerungen, daß auch er sich sein Metier erarbeitete und Fleiß als eine der wichtigsten Voraussetzungen für den Erfolg ansah. In einigen Fällen belegen erhaltene Skizzen, daß er sich sehr wohl über Satzkonstruktionen und Formabläufe intensiv Gedanken machte, also in einer Weise und in einem Maße arbeitete, wie sie dem Klischee vom Künstlergenie als einem Gefäß göttlicher Eingebungen ganz und gar nicht entsprachen. Unter den drei Wiener Klassikern folgt seine Musik gewiß ganz besonders den Kriterien, die in der Kunst eine »Klassik« definieren: Ebenmaß und Ausgewogenheit der Proportionen im Großen und im Kleinen, im sinfonischen Zyklus wie in der melodischen Periode; hinzu kommen Wohlklang und eine emotionale Beherrschtheit, die niemals Grenzen wirklich überschreitet – Häßlichkeit war hier noch keine Kategorie des Ästhetischen! Allerdings haben die heutigen Interpretationsansätze im Zuge der historischen Aufführungspraxis doch zutage gefördert, daß Mozarts Musik nicht gleichzusetzen ist mit schlackenloser Schönheit und Makellosigkeit im Sinne des späteren Belcanto. Vielmehr gehören in sein Repertoire immer auch Energie und Kraft, Ecken und Kanten, die durch den Einsatz alter oder nachgebauter Instrumente leichter lebendig werden und dem Bild seines Schaffens neue, das Verständnis bereichernde Facetten hinzufügen können. Es spricht für die überzeitliche Größe seiner Musik, daß sie immer wieder neu gedeutet werden kann und dabei offensichtlich nicht altert.

Sinfonien

Mozarts letzte Sinfonie, die »Jupiter-Sinfonie«, trägt zwar nach offizieller Zählung bis heute die Nummer 41, doch gibt es nach aktuellem Wissensstand mindestens 55 Werke dieser Gattung; auch die durch die KV-Nummern* suggerierte Chronologie ist längst durchbrochen, dieses Verzeichnis nur noch als grobe Orientierung hilfreich. Als »sinfonisch« im engeren Sinn, sozusagen im Rückblick aus der gewichtigen Gattungstradition des 19. Jh., sind unter Mozarts Sinfonien lediglich die letzten 4 zu bezeichnen; im heutigen Konzertleben spielen 6 bis 8 seiner Sinfonien eine große Rolle, alle übrigen liegen jedoch inzwischen im Zuge der historisch-kritischen Aufführungspraxis in guten Einspielungen vor.
Als Jugendwerke im engeren Sinn, so problematisch dieser Begriff auch gerade bei Mozart sein mag, sind alle Sinfonien bis 1773 zu bezeichnen, wenngleich es innerhalb dieser Gruppe beträchtliche Qualitäts- und Stilunterschiede gibt. Zwei Typen sind zu unterscheiden: das 3sätzige Modell (schnell – langsam – schnell) nach dem Vorbild der italienischen Opern-Sinfonia und die 4sätzige, um ein Menuett mit Trio erweiterte »Wiener Sinfonie«. Bei einigen unter den 3sätzigen Werken handelt es sich in der Tat um Ouvertüren oder Teile von solchen (etwa KV 45, 74, 102, 120, 163, 181) zu eigenen oder auch fremden Opern.
Die Jugend-Sinfonien entstanden gruppenweise ab 1765, in der Regel in sparsamer Besetzung mit Streichern und je einem Oboen- und Hörnerpaar. Unter den 45 Werken gibt es einige, von denen lediglich die Anfangstakte erhalten sind. Häufig entstanden Werkgruppen im Zusammenhang mit einer von Mozarts Reisen. So stehen am Anfang 6 Sinfonien, die 1765 (1764?) in London und Den Haag komponiert wurden, darun-

* KV: Köchel-Verzeichnis. Numerierung nach: Ludwig Ritter von Köchel, *Chronologisch-thematisches Verzeichnis sämtlicher Tonwerke Wolfgang Amadé Mozarts*, Leipzig 1862 (mit Nachträgen; mehrfach nachgedruckt und ergänzt).

ter der Erstling **KV 16 (Es-Dur)** mit einem empfindsamen c-Moll-Andante in der Mitte; auch **Nr. 5 KV 22 (B-Dur)** enthält einen g-Moll-Mittelsatz.
1767/68 reiste Mozart nach Wien, und hierher gehört eine zweite Werkgruppe von wiederum 6 Titeln, unter ihnen **Nr. 43 KV 76 (F-Dur)**, zur Viersätzigkeit erweitert durch das *Menuett* mit seinem überraschenden d-Moll-*Trio*. Auch das in der Chronologie folgende **Nr. 6 KV 43 (F-Dur)** hat 4 Sätze, verwendet im *Andante* statt der Oboen Flöten und teilt die Bratschenstimme. Hier zeigt sich, wie gut Mozart das Vorbild der »Wiener Sinfonie« bereits studiert hatte. **Nr. 7 KV 45 (D-Dur)** ist die Erstfassung der Ouvertüre zur Oper *La finta semplice*.
Es folgt eine 10teilige Werkgruppe, die im Zusammenhang mit den ersten beiden Italien-Reisen (1769–71) entstanden ist. 3sätzig nach dem Vorbild des Gastlandes sind **Nr. 10 KV 74 (G-Dur)**, **Nr. 44 KV 81** und **Nr. 11 KV 84** (je **D-Dur**), wobei KV 74 2sätzig erscheint, da die ersten beiden Teile miteinander verbunden sind. Mozart scheint sich auf souveräne Weise den Gepflogenheiten Italiens anzupassen, denn sein Stil ist hier voll unterhaltender Eleganz in der thematischen Erfindung, locker und zugleich kontrastreich gefügt und behutsam mit durchführungshaften und kontrapunktischen Ansätzen; Sonatensätze sind gelegentlich unvollständig, die Finali von **Nr. 45 KV 95** und **Nr. 47 KV 97** verzichten auf die Durchführung, und in KV 95 erklingt statt der Reprise des Kopfsatzes sogleich das *Andante*; im gleichen Werk enthält das *Menuett* ein d-Moll-*Trio*. **Nr. 44 KV 81** halten einige Forscher für eine Komposition von Vater Leopold Mozart.
2 Sinfonien schrieb Mozart allem Anschein nach zwischen den beiden Italien-Reisen in Salzburg: In **Nr. 42 KV 75 (F-Dur)** steht das *Menuett* ausnahmsweise an zweiter Stelle; auf diese Weise kontrastiert seine absteigende Tonleitermelodik mit der aufstrebenden Dreiklangfigur des vorangehenden Sonatensatzes. In **Nr. 12 KV 110** fallen dagegen die kanonischen Stimmführungskünste vor allem im *Andante* und im *Menuett*, aber auch im *Finale* auf. Das *Trio* in e-Moll besticht durch seine latente Chromatik. **Nr. 46 KV 96** und **Nr. 13 KV 112** sind jeweils 4sätzig, wobei das c-Moll-*Andante* von KV 96 durch seine widerspenstigen Ausdrucksakzente auffällt. In dieser und der folgenden Werkgruppe gibt es nun häufiger die große Besetzung mit Pauken und Trompeten.

Die folgenden 8 Werke entstanden 1771/72 in Salzburg und lassen zunehmend den Wiener Einfluß, vor allem den Joseph Haydns, spüren. In **Nr. 14 KV 114 (A-Dur)** gibt es Imitationsansätze in den 3 ersten der 4 Sätze sowie ein phantasievolles, triolendurchwirktes *Trio*. **Nr. 15 KV 124 (G-Dur)** überrascht mitten in der Durchführung des *Kopfsatzes* mit einer Scheinreprise nach g-Moll; im chromatischen *Andante* leuchten die Bläserfarben. Das eröffnende *Allegro* von **Nr. 16 KV 128 (C-Dur)** ist sehr gewichtig in der Struktur, harmonisch farbig und dicht in der Instrumentation, das nachfolgende zierliche *Andante* verzichtet auf die Bläser. Wie dieses Werk ist auch **Nr. 17 KV 129 (G-Dur)** 3sätzig, im *Kopfsatz* mit einem charakteristischen Orchester-Crescendo nach Mannheimer Muster. In **Nr. 18 KV 130 (F-Dur)** verschieben sich die Gewichte, wie in manchem seiner Schwesterwerke, zum anspruchsvollen Sonatensatz-*Finale* hin, ihm voraus geht ein intimes *Andante »con sordino«*; erstmals setzt Mozart hier wie im folgenden **Nr. 19 KV 132 (Es-Dur)** 2 Hörnerpaare ein. Dessen *Allegro*-Beginn weist charakteristisch voraus auf spätere sinfonische Es-Dur-Klänge:

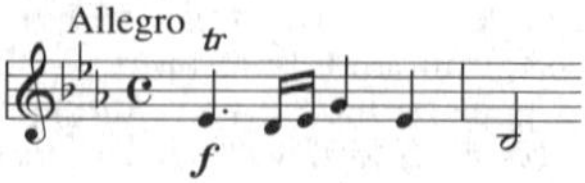

Gerade in dieser Sinfonie mehren sich die Zeichen gewonnener kompositorischer Reife: etwa im *Andante* mit seiner auffälligen Ausdrucksintensität oder im imitatorisch-motivischen Spiel des *Menuetts* mit seinem c-Moll-*Trio* für Streicher allein. Hier knüpft auch **Nr. 20 KV 133 (D-Dur)** im strahlenden Trompetenglanz an, mit einer langen, dichten Durchführung im *Kopfsatz*, einem zart singenden *Andante* sowie einem rhythmisch verzwickten *Menuett*, in dem das Zweiermetrum der Oberstimme den Dreiertakt überlagert. **Nr. 21 KV 134 (A-Dur)** nannte Alfred Einstein »kokett« und sprach von einem neuen »Typ der Kantabilität« und einem feineren Sinn für Imitation, wofür sich Belege in allen 4 Sätzen finden lassen.
Von den 7 Sinfonien des Jahres 1773 sind 6 3sätzige Ouvertüren oder ouvertürenähnlich, besonders offensichtlich durch die motivische Verklammerung von 1. und letztem Satz in

Nr. 22 KV 162 (C-Dur). Nr. 26 KV 184 (Es-Dur) verfügt über große Besetzung mit Flöten, Oboen, Fagotten, Hörnern und Trompeten; das c-Moll-*Andante* setzt sich aus lauter kleinen flehenden Motivgesten zusammen. In **Nr. 27 KV 199 (G-Dur)** wird das *Andantino grazioso* noch stärker zum Zentrum, ein seltsam exotisch-fremdartig anmutender Satz voller harmonischer Überraschungen und Instrumentationseffekte. Der *Mittelsatz* von **Nr. 23 KV 181 (D-Dur)** ist ein Ständchen mit einer Solo-Flöte, ähnlich wie in **Nr. 24 KV 182 (B-Dur)**, dessen *Andantino grazioso* gedämpfte Streicher über gezupften Bässen klingen läßt.
Den Abschluß dieser Reihe bildet ein unvergleichliches und vor allem völlig unerwartetes Meisterwerk, Mozarts erste Moll-Sinfonie **Nr. 25 KV 183 (g-Moll)**, die energisch den eher konventionellen Rahmen der vorangehenden Ouvertüren-Sinfonien sprengt und einen gebieterischen Blick in die Zukunft der Gattung gewährt. Leidenschaftliche Bewegtheit kennzeichnet sogleich den Beginn des *Allegro con brio*, in synkopischer Unruhe, mit Tremolo-Effekten und starken dynamischen Kontrasten. In diesem Satz wechseln scheinbare Ruhemomente, Augenblicke des Retardierens ständig ab mit Phasen des Voranstürmens und Beschleunigens. Im Satzverlauf wichtig wird vor allem der Harmonienkontrast zwischen Moll-Tonika und Dur-Parallele (Haupt- und Seitensatz). Dagegen ist eine Zuordnung von erstem und zweitem Thema eher nebensächlich: Anstelle des erwarteten zweiten Themas beginnt zunächst eine Entwicklungsphase, die durch ein einziges charakteristisches Motiv vorangetrieben wird. Die modulatorische Durchführung ist kurz, denn das eigentliche Geschehen ereignet sich in diesem Satz in Exposition und Reprise. Im intermezzoartigen *Andante* (Es-Dur, $2/4$) wird ständig ein kleines flehendes Motiv gereiht; dagegen trumpft das düstere *Menuett* fern aller höfischen Verbindlichkeit auf, mit einem lyrischen Bläser-*Trio* in der Mitte. – Das Allabreve-Finale (*Allegro*, $4/4$) ist durch rhythmische und motivische Verwandtschaft mit dem Kopfsatz verbunden, führt knapp und gegensatzreich die Konturen des Sonatensatzes vor und endet unerbittlich und konsequent in Moll.
Im Jahr 1774 gibt es 3 weitere Salzburger Sinfonien, unter denen eine, **Nr. 29 KV 201 (A-Dur)**, herausragt und gern aufgeführt wird, wodurch die beiden anderen zu sehr in ihren Schatten geraten sind: **Nr. 28 KV 200 (C-Dur)** beginnt

mit einem 3/4-*Allegro* (*spiritoso*), das seine Wirkung aus den wohldosiert eingesetzten dynamischen und motivischen Kontrasten bezieht. Ein markanter Hornruf gliedert das *Menuett*, dessen *Trio* auf alle Bläser verzichtet. Das Finale (*Presto*, ¢) greift auf das charakteristische Trillermotiv aus den Anfangstakten der Sinfonie zurück und zeichnet sich durch virtuose Lebhaftigkeit und durchsichtige Orchestrierung aus.
Von gleichem Rang wie die g-Moll-Sinfonie und doch von Grund auf gegensätzlich angelegt ist die **A-Dur-Sinfonie (Nr. 29, KV 201)** mit ihren 4 fein aufeinander abgestimmten und sich ergänzenden Sätzen. Kennzeichen ihrer so individuellen und zugleich intimen Tonsprache ist die subtile Durcharbeitung des Stimmengefüges: hier lebt jede einzelne Orchesterstimme ihr eigenes Leben, atmet zugleich den Geist der Kantabilität und der Deklamation. Ungemein sprechend ist bereits der Beginn des ersten *Allegro* (*moderato*) mit seinen ständig repetierten Achteln und Oktavsprüngen, zunächst im Piano präsentiert, gleich anschließend dann im Forte und in der halbtaktigen Engführung wiederholt. Der kontrastierende lyrische Grundton des Seitensatzes wird dann im folgenden *Andante*, das wie der Kopfsatz und das Finale der Sonatensatzform huldigt, fortgesponnen und vertieft. Es erhält seine individuelle Färbung durch die gedämpften Violinstimmen und durch seine drei Themen, deren erstes in weicher Punktierung daherkommt, während das zweite und dritte auf der Seitensatzebene zunächst mit verhaltener Emphase, dann im verspielten Serenadenton anklingen. Triolen- und Trillerfiguren aus der überleitenden Schlußgruppe beherrschen sodann die Durchführung; die Coda wird von den beiden solistischen Bläserpaaren im Forte angekündigt, bevor die Streicher in ganz neuer Helligkeit ohne die Dämpfer den Satz zu Ende führen. – *Menuett* und *Trio* setzen auf Kontrast und basieren doch auf einem gemeinsamen motivischen Kern in Gestalt des punktierten Rhythmus: er prägt vor allem das Menuett und wird an jedem seiner Abschlüsse sozusagen auf seinen monotonen rhythmischen Kern reduziert. Dem Staccato des Hauptteils setzt das Trio dann seinen Legato-Kontrast entgegen. – Auch das wirbelnde Finale (*Allegro con spirito*, 6/8) hat die gleiche sparsame Instrumentierung mit 2 Oboen und Hörnern und ist ein Kabinettstück höchster Orchestervirtuosität. Das Hauptthema mit seinem kecken Achtel-Auftakt und der abspringenden Oktave steuert mit zwei kleinen Motivbestand-

teilen den weiteren Verlauf des Satzes, bevor die Coda phantasievoll und originell das Werk beendet.
Die **D-Dur-Sinfonie (Nr. 30 KV 202)** hält im direkten Vergleich nicht, was ihre beiden auf so unterschiedliche Weise herausragenden Schwestern KV 183 und 201 versprechen: Insgesamt bedeutet sie einen kleinen Schritt zurück hinter die Grenzen der Konvention, wobei ihre 4 Sätze etwas unpersönlicher wirken und sich auch stärker an historischen Vorbildern orientieren. Der gewichtigste Satz ist der 1., der mit dem Finale allerdings unauffällig durch sein punktiertes Kopfmotiv verknüpft ist.
Erst 4 Jahre später, 1778, wandte sich Mozart wieder dem sinfonischen Schaffen zu, als er sich mit seiner Mutter in Paris aufhielt und für die »concerts spirituels« seine später sogenannte **»Pariser Sinfonie« Nr. 31 D-Dur (KV 297)** schuf – für ein ungewohnt reich besetztes Orchester, das er in einem Brief an den Vater begeistert schildert. Das Werk ist 3sätzig und reagiert erkennbar, fast spielerisch und im Finale augenzwinkernd, auf die Hörgewohnheiten des verwöhnten Publikums: Der Kopfsatz (*Allegro assai*) setzt mit dem berühmten »coup d'archet« ein, jenem energischen Unisono mit anschließendem rauschenden Tonleiteraufstieg, den Mozart dann zu Beginn des Finalsatzes zunächst im flüsternden Piano umging, bevor er ihn um so effektvoller im Forte nachreichte, zur Befriedigung seiner verdutzten Zuhörer. – Das Pariser Orchester war nicht nur an Zahl umfangreich, sondern auch reich an Holz- und Blechbläserfarben (mit je 2 Flöten, Oboen, Klarinetten und Fagotten), was Mozart mit spürbarer Begeisterung auskostete: bereits im Kopfsatz kommt es bisweilen zu fast konzertanter Vielfarbigkeit, getragen von der Fülle verschiedenartigster motivischer Einfälle. Dabei beherrschen die markanten Anfangstakte weite Teile des Satzes. Im *Andantino* (G-Dur, 6/8) werden Pauken und Trompeten ausgespart; es lebt ganz von der eindringlich flehenden Geste seines Hauptthemas und von der feinsinnigen Abstufung seiner Streicher- und Bläserfarben. – Das Finale (*Allegro*, ¢) ist ein effektvoll wirbelnder Ausklang, spielerisch und virtuos zugleich, dabei noch stärker mit dynamischen Kontrasten arbeitend. Im Seitensatz wird der Beginn einer Fugenexposition vorgetäuscht; sie steigert ihre polyphonen Verflechtungen in der Durchführung und entfällt dafür in der verkürzten Reprise. – Der Mittelsatz kam beim Publikum der Uraufführung übrigens nicht recht an, so daß Mozart für die zweite Aufführung am 15. August 1778 einen neuen kompo-

nierte. Obwohl er, ebenso wie sein Publikum, diesen bevorzugte, hat sich in heutigen Aufführungen der ursprüngliche Satz als die überzeugendere Alternative durchgesetzt.
Die folgenden 3 Salzburger Sinfonien spielen dagegen eher eine Nebenrolle im Konzertleben unserer Tage; sie sind alle 3sätzig angelegt. **Nr. 32 KV 318 (G-Dur)** stellt eigentlich einen stilistischen Rückfall dar, denn sie ist im Grunde eine italienische Opernouvertüre, allerdings kennt man ihre eventuelle Zweckbestimmung nicht. Der Tradition folgend, gehen die 3 Sätze ineinander über, wobei das *Finale* eine variierte Wiederholung des Kopfsatzes ist, mit dem zarten Intermezzo des *Andante*-Satzes als Kontrast in der Mitte. Das theatralische Hauptthema vom Beginn kehrt im Schlußsatz überraschend erst nach dem Seitensatz, in der Coda, wieder.
Der **Sinfonie Nr. 33 B-Dur (KV 319)** von 1779 fügte Mozart anläßlich einer Wiener Aufführung 1782 nachträglich ein Menuett ein, in gleicher sparsamer Instrumentation ohne Pauken und Trompeten. Der Kopfsatz (*Allegro assai*, 3/4) ist überaus vielgestaltig mit kontrastierendem Themenmaterial ausgestattet, das sich aus vielfältigen Motiven zusammenfügt; vor allem der Seitensatz ist ungewöhnlich reich an mosaikartig gefügten Bausteinen, und auch die Schlußgruppe spart nicht mit neuen Einfällen und zitiert sogar noch einmal das Ende des Hauptthemas. Die durchsichtig-polyphone Durchführung wird überraschend geprägt durch das markante Vier-Ton-Motiv, das später den motivischen Kern im Finale der »Jupiter-Sinfonie« bilden wird. Die Reprise ist variiert, Formwiederholungen sieht Mozart hier nicht mehr vor; trotz sparsamer Instrumentierung ist die Farbpalette reich und differenziert. – Das *Andante moderato* (Es-Dur, 2/4) basiert auf dem satten Grundklang des Streicherensembles und fügt ihm dezente Bläserfarben hinzu; die Form ist 3teilig, mit einer in der Reihenfolge umgekehrten Reprise und neuem thematischen Material im kurzen Mittelteil, das seine Vorbilder in den Figuren barocker Leidensrhetorik zu haben scheint. – Das nachkomponierte *Menuett* lebt von den witzigen Auftaktakzenten zu Beginn seiner melodischen Phrasen, während das *Trio* eher auf die Wirkung seiner holzbläsergefärbten, an Haydn erinnernden Melodielinien setzt. – Das Finale (*Allegro assai*, 2/4) ist wiederum ein Sonatensatz voll stimmführungstechnischer Feinheiten und fast kammermusikalischer Satzkünste. In der Durchführung taucht wie im Kopfsatz ein neuer Gedanke auf, der kon-

trapunktisch verarbeitet und dann mit der charakteristischen Triolenbewegung aus der Exposition kombiniert wird. – Unter diesen 3 weniger bekannten Sinfonien ist KV 319 gewiß die bedeutendste, fast experimentell anmutend, eine »außerordentlich subtile Kammersymphonie« (Ludwig Finscher).
Auch die **C-Dur-Sinfonie (Nr. 34 KV 338)** ist ein vernachlässigtes Meisterwerk. Über das fehlende Menuett ist viel spekuliert worden, zumal eine erste Menuettseite im Autograph an zweiter Stelle enthalten ist, die später durchgestrichen worden ist. Alfred Einsteins Vorschlag, das einzelne Menuett KV 409 einzufügen, ist umstritten. Im Kopfsatz (*Allegro vivace*) kontrastieren die beiden thematischen Einheiten sehr deutlich, fast schulbuchmäßig. Die Durchführung ist danach weniger eine Verarbeitung des vorgestellten Materials als eine phantasievolle Weiterführung voll überraschender Ausbrüche, harmonischer Eintrübungen und gelegentlicher Triolenunruhe in den Mittelstimmen. Das *Andante di molto* (F-Dur) ist der kantable Ruhepunkt im vollen, wohlausbalancierten Streichersatz mit doppelter Bratschenstimme und baßverstärkendem Fagott. Auch das Finale ist ein Sonatensatz (*Allegro vivace*), eine geistvoll-delikate 6/8-Studie in ständig dahinstürmender, jedoch nie monotoner Triolenmotorik.

Sinfonie Nr. 35 D-Dur (»Haffner-Sinfonie«) (KV 385)

Entstanden im Juli 1782.

1. *Allegro con spirito* – 2. *Andante* – 3. *Menuetto* – 4. *Presto.*

Mozarts erste Wiener Sinfonie trägt ihren Beinamen nach jener reichen Salzburger Kaufmannsfamilie, für die er auch die Haffner-Serenade KV 250 komponierte. Eigentlich handelt es sich ebenfalls um eine Serenade mit 6 Sätzen, von denen das 2. Menuett verloren ist; der ursprünglich einleitende Marsch hat im KV die Nummer 385a. Trotz ihrer Serenadenbestimmung ist das Werk eine ganz wichtige Standortmarkierung für die junge Gattung Sinfonie. Verblüffend ist dabei, daß man der Musik die Eile überhaupt nicht anmerkt, mit der sie in wenigen Tagen entstanden ist. Serenadenhaft ist gewiß der liebenswürdig unbeschwerte Tonfall, der alle Sätze prägt. Der festlich-repräsentative Charakter der Musik wird noch unterstützt durch die große Orchesterbesetzung mit Pauken und Trompeten; Flöten und Klarinetten hat Mozart in den Ecksätzen später hinzugefügt.

Temperament und Feuer zeichnen den über zwei Oktaven hinauf- und hinabspringenden Satzbeginn im Unisono des ganzen Orchesters aus:

Ein eigenständiges 2. Thema sucht man vergebens; statt dessen kehrt der Hauptgedanke immer wieder, modulierend und imitierend. Auffällig ist, daß die Musik sich immer wieder, nach kürzeren Piano-Episoden, zu neuen Forte-Höhepunkten aufschwingt. Die kurze Durchführung vertieft den fast monothematischen Eindruck noch durch die ständige imitatorische Präsenz des Hauptthemas. – Das *Andante* (G-Dur, 2/4) beschwört schwärmerischen Serenadentonfall, voll zärtlicher melodischer Gesten, verspielt plaudernder Motivik und dezenter Höhepunkte in verhaltener Emphase. Die Form ist 3teilig, mit eincm nur 14taktigen Mittelteil, der eher Fortspinnung denn Durchführung genannt werden kann. – Das *Menuett* ist in serenadenhafter Knappheit 3teilig: das Menuett selber ist auf die unbedingt erforderlichen 24 Takte (A – B – A) reduziert, sein um 4 Takte gedehntes Trio *verharrt* im intimeren Tonfall eines Ländlers, in dem die Farben von Oboe und Fagott sich mit der führenden Violine mischen. – Das *Finale* (4/4) wollte Mozart »so geschwind als es möglich ist«, gespielt wissen. In solch atemberaubendem Grundtempo ist es ein heikles, aber ungemein effektvolles Bravourstück, sehr verwandt der *Figaro*-Ouvertüre. Seine Form ist eine einfache rondomäßige Reihung, die in erster Linie durch das Hauptthema und sein wirkungsvoll stockendes Pendant entsteht, das im Mittelteil nach h-Moll ausweicht und auf einmal einen chromatisch absteigenden Baß erhält. Eine wirbelnde Coda bildet den Abschluß.

Sinfonie Nr. 36 C-Dur (»Linzer Sinfonie«) (KV 425)

Entstanden im Oktober/November 1783.

1. *Adagio / Allegro spiritoso* – 2. *Andante* – 3. *Menuetto* – 4. *Presto*.

Auch diese Sinfonie entstand »über hals und kopf« in wenigen Tagen, als Mozart auf der Reise von Wien nach Salzburg schnell in Linz ein Konzert einschieben wollte und keine Sinfonie bei sich hatte. Zum ersten Mal stellt Mozart hier einer

Sinfonie eine gewichtige langsame Einleitung voran. Eine doppelt punktierte Fanfare des großen Orchesters mit Pauken und Trompeten steht zu Beginn; ihr folgen zart-besinnliche Takte, in denen sich Streicher und Bläser (Oboen und Fagotte) durchsichtig ergänzen und deren Ausdruck sich weitgespannt zwischen »süßester Sehnsucht und unheimlicher Erregung« (Alfred Einstein) bewegt. Die Exposition des folgenden *Sonatensatzes* ist vielgestaltig und voll abwechslungsreicher melodischer Einfälle, so daß eine Abgrenzung von Haupt- und Seitenthema, wie so oft bei Mozart, kaum möglich ist. Bereits das 1. Thema besteht aus mehreren, zum Teil gleichzeitig erklingenden Elementen, die den weiteren Satzverlauf prägen. Ein fanfarenartiger Gedanke schließt sich an und wird überleitungsartig weitergeführt. Dann scheint die Allegro-Bewegung zu stocken; einem gemächlichen Dominanteinfall folgt eine kurze e-Moll-Passage, die mit der Instrumentation auch ihren Charakter verändert. In der Schlußgruppe treibt ein markantes Fünf-Ton-Motiv die Entwicklung voran. Am Ende der Exposition führt eine Violinüberleitung in Gestalt einer aufsteigenden Treppentonleiter zur kurzen Durchführung, wird dort überraschend selber substantieller Bestandteil und bestreitet im wesentlichen auch noch die Coda – ein klassisches Beispiel dafür, daß eine an sich ganz unscheinbare Tonfolge in der Durchführung zentrale Bedeutung erhalten kann. – Das *Poco adagio* im Siciliano-Rhythmus wird zum Ruhepunkt von zarter Süße des melodischen Ausdrucks:

Es folgt wiederum dem Sonatensatzmodell. Sein Seitensatz führt kurzzeitig auch in dunklere c-Moll-Regionen, an die dann die Durchführung anknüpft und sie noch geheimnisvoll vertieft. Hier spielt zunehmend eine aufsteigende Molltonleiter eine Rolle, die in der Exposition eher beiläufig auftauchte und die nun in emphatischen Oktavsprüngen kulminiert und sich gleichzeitig im Streichersatz verdichtet. Auch in diesem Satz setzt Mozart behutsam Pauken und Trompeten ein. – Das festliche *Menuett* und sein *Trio* folgen jeweils dem traditionellen 3teiligen Muster. Der Effekt einer reduzierten Trio-Besetzung ergibt sich aus der abwechselnden und gemeinsamen Koppelung von solistischer Oboe und Fagott an die ländlerische Violinmelodie. – Das *Finale* ist ein temperamentvoller Ausklang voll Spielwitz und Orchesterbrillanz, dessen glanzvolle Fassade über seine strenge formale Durcharbeitung als Sonatensatz hinwegtäuscht. Eine Fülle von Themen und Motiven reihen sich in der Exposition organisch aneinander oder scheinen eines aus dem anderen hervorzuwachsen. Nach einem kleinen Fugato erklingt sogar abschließend noch einmal das Hauptthema im Tutti. Wie im Kopfsatz wird auch hier ein eher beiläufiges Motiv aus der Exposition zum Motor der Durchführung; es stammt aus der ersten Tutti-Passage des Satzes (T. 28 ff.), seine beiden Anfangstakte sind zugleich eine variierte Weiterführung des Hauptthemenkopfes:

Nun wird es in der Durchführung instrumentatorisch, imitatorisch und von Tremolo-Effekten der Streicher begleitet, verarbeitet. Am Ende der Reprise weitet sich die abschließende Wiederkehr des Hauptthemas im Tutti triumphal aus und spannt auf diese Weise den großen Bogen bis zum Satzende.

Sinfonie Nr. 38 D-Dur (»Prager Sinfonie«) (KV 504)

Entstanden im Dezember 1786.

1. *Adagio/Allegro* – 2. *Andante* – 3. *Presto*.

Die »Prager Sinfonie« ging den letzten 3 Sinfonien um anderthalb Jahre voraus; von der Bedeutung her gibt es aber keinen Anlaß zu einer wertenden Differenzierung; sie steht vielmehr gleichrangig neben ihren 3 berühmteren Schwestern. Ihren Beinamen erhielt sie, weil sie am 19. Januar 1787 in Prag ihre Uraufführung erlebte. Es war allem Anschein nach Mozarts volle künstlerische Absicht, eine Sinfonie ohne Menuett zu schreiben. Die Begründung für diese Ausnahme ist wohl weniger in einem historisierenden Rückgriff auf die italienische Tradition der Dreisätzigkeit zu suchen als vielmehr in der

Musik selber: Dimensionen und Struktur der vorliegenden Sätze machen eine Ergänzung schlicht überflüssig. Überdies nähert sich das Metrum des langsamen Satzes ein wenig der gemessenen Dreierbewegung des klassischen Menuetts an. In der Orchesterbesetzung verzichtet Mozart auf die Klarinetten.

Dem *1. Sonatensatz* ist eine lange und gewichtige langsame Einleitung vorangestellt, die mit dem gleichen Ur-Motiv beginnt wie die »Jupiter-Sinfonie« oder das d-Moll-Klavierkonzert, allerdings hier im Adagio. Damit beginnt eine fast grüblerische, äußerst vielgestaltige Entwicklung, die in einer stark modulatorischen, durchführungsähnlichen Sequenz kulminiert: In ihr werden 2taktige, jeweils zweigliedrige Einheiten spannungsvoll aneinandergereiht, bestehend aus einem machtvollen Forte- und einem Piano-Takt, den ein kleines Doppelschlagmotiv ausfüllt. Über eine Dominantfermate wird der äußerst komplexe Sonatensatz erreicht. Ihn prägen mehrere heterogene motivisch-thematische Elemente, die ihm, unterschiedlich häufig erscheinend, große Dichte verleihen: zunächst das mehrschichtige Hauptthema, dessen Achtel-Motorik an den Allegro-Teil der *Zauberflöten*-Ouvertüre erinnert; seine konstruktiven Bestandteile sind der melodische Gestus der Mittelstimmen (a), der lebhafte Achtel-Kontrapunkt der 1. Violine (b), Trompeten- und Hörnerfanfaren (c/d) und die gleichzeitige Holzbläserlinie (e):

Bereits bei der unmittelbaren Wiederholung dieses thematischen Gefüges tritt eine ausdrucksvolle Gegenmelodie in der Oboe hinzu. Im Überleitungsteil werden dann zwei kleine Bewegungsmotive wirksam, die jedoch zunächst auf der erwarteten Dominante noch einmal zum Hauptthema zurückführen, das nun einen imitatorischen Prozeß durchläuft. Auch der Seitensatz ist mehrgliedrig, denn zunächst stellt sich eigentlich sein Kontrapunkt vor, bevor in Takt 112 der eigentliche melodische Einfall folgt. Die Schlußgruppe bedient sich wieder in der gleichen Reihenfolge der beiden Überleitungsmotive, bevor noch einmal fast hymnisch das Hauptthema (a) anklingt. Hauptkennzeichen der Durchführung, und überhaupt aller Sätze der Sinfonie, ist die kontrapunktisch-harmonische Verarbeitung des thematischen Materials, die umweglos nach dem Doppelstrich einsetzt und sich aller wesentlichen Details der Exposition in wechselnder Verknüpfung bedient, mit Ausnahme des lyrischen Seitensatzes. Die Reprise »gelingt« erst nach einem Täuschungsversuch auf der Dominante im zweiten Anlauf, hier allerdings geradezu suggestiv vorbereitet durch die sich verdichtende Abwärtsbewegung in den vorangehenden Takten. Sie entspricht weitgehend der Exposition, verzichtet aber auf die Wiederholung des Hauptsatzes zu Beginn des Seitensatzes – eine logische Kürzung, da das Hauptthema in der Durchführung so eindeutig dominierte.

Auch das *Andante* ohne Pauken und Trompeten ist ein ähnlich komplexer Sonatensatz, in dem nicht nur zwei mehr oder weniger gegensätzliche Themen, sondern eine ganze Reihe motivischer Einfälle eine wichtige Rolle spielen. Da ist zunächst ein sehnsüchtiger, chromatischer Gedanke, dem als energischer Kontrast ein Unisono-Achtel-Motiv gegenübergestellt wird. Bereits hier setzt wieder das für diese Sinfonie charakteristische Stilmittel der Imitation, der polyphonen Verflechtung ein. Das Seitenthema verwandelt sodann, nach motivisch individuell gegliederter Überleitung, die vorherige energische Achtel-Bewegung in eine weich fließende Legato-Linie, die im Holz zu Ende geführt wird. Aus der melodisch wiegenden Schlußgruppe wächst unmittelbar die Durchführung hervor, die überraschenderweise weitgehend auf kontrapunktische Verwicklungen verzichtet und dafür das neue Element der Klangfarbe einbringt. Vor allem das Hauptthema erscheint nun in immer neuen eigentümlichen Instrumentenkombinationen zwischen Streichern und Holz und weicht

dabei auch in Moll-Regionen aus. Nach der weitgehend wörtlichen Reprise endet die Miniatur-Coda mit dem Achtel-Motiv aus der Überleitung.
Alle Register der Polyphonie zieht das turbulente *Finale*, das in seiner übermütigen Lebhaftigkeit eher an ein Rondo denken läßt als an einen »ernsthaften« Sonatensatz. Dieser Satz ist eine jener unnachahmlichen Meisterleistungen Mozarts, in denen kompositorische Gelehrsamkeit und Unterhaltungswert eine vollkommene Synthese eingehen, als geistvolles kompositorisches Kabinettstück der Kombinatorik und der motivischen Verarbeitung und zugleich als eminente virtuose Herausforderung des Orchesters. Eine der seltenen erhaltenen Skizzen Mozarts zeigt den Entwurf der kontrapunktischen Struktur dieses Satzes. Sein Hauptthema lebt von der diffizilen Synkopenverzahnung der Instrumente, wobei das anspringende Achtel-Motiv im 1. Takt zum Bewegungsmotor des ganzen Verlaufs wird. Ihm steht in wiegenden Terzen und Sexten das melodische Seitenthema gegenüber, das abwechslungsreich auf Streicher und Holzbläser verteilt ist. Bis zum Ende der Exposition aber ist ständig das Bewegungsmotiv des Anfangs mit seiner Synkopenfortsetzung präsent, kontrapunktiert von einer pizzicato begleiteten flüchtigen Triolenlinie, die in einige Triller mündet. Die Durchführung setzt auf starke Tutti-Solo-Kontraste und schreckt auch nicht vor polyphonen und daraus resultierenden harmonischen Härten zurück, immer neu angetrieben vom allgegenwärtigen Kopfmotiv. Die Energie der Durchführung reicht sogar bis in die Reprise hinein, in der nach wenigen Takten die Tutti-Solo-Gegensätze wiederkehren. In kräftigen taktelangen D-Dur-Dreiklangformationen endet das turbulente Geschehen.

Sinfonie Nr. 39 Es-Dur (KV 543)

Entstanden im Juni 1788.

1. *Adagio/Allegro* – 2. *Andante con moto* – 3. *Menuetto* – 4. *Allegro.*

Im Sommer 1788 komponierte Mozart innerhalb von knapp 2 Monaten seine 3 letzten Sinfonien. Es ist kein äußerer Anlaß, kein Auftrag bekannt, und es gibt zumindest bis heute keinen schlüssigen Beweis dafür, daß der Komponist diese 3 Meisterwerke je in seinem Leben gehört hätte. Mit der »Prager Sinfonie« gemeinsam wirken sie wie die Vorboten der neuen Zeit, wie ausgeprägte Individuen und nicht wie Glieder

in einer traditionellen Gattungskette. Sie führen, gemeinsam mit einigen der letzten Haydn-Sinfonien, auf direktem Wege zu Beethovens Sinfonik. Jedes der 3 Werke zeigt, ergänzend zur jeweils so individuellen musikalischen Physiognomie, seine eigene Orchesterbesetzung. In der Es-Dur-Sinfonie prägt das Klarinettenpaar ganz nachdrücklich den Klang neben einer Flöte und Fagotten, jedoch ohne Oboen. Zu den Hörnern treten ferner, den festlichen Glanz unterstreichend, noch Pauken und Trompeten. Die Klangwelt der *Zauberflöte* wird hier gleichsam vorweggenommen und zu Beginn der Einleitung mit fanfarenartiger Punktierung gefestigt. Der punktierte Rhythmus färbt ostinatoartig den weiteren Verlauf gemeinsam mit zunächst ab-, später aufsteigenden Tonleitern. Eine gedehnte, in geheimnisvoller Chromatik absinkende Linie beendet die Einleitung in seltsam zwielichtigem Kontrast zur vorangehenden Festlichkeit.
Der *Sonatensatz* steht im selteneren ¾-Takt und beginnt mit einem Thema von großer Zartheit, dessen Anfang sogleich in den Hörnern imitiert wird. Erst im 29. Takt erklingt das erste Tutti im Forte, und bald danach begegnen uns auch wieder die Tonleitern aus der Einleitung. Ein kleines spielerisches Bewegungsmotiv taucht gegen Ende der Überleitung auf und sorgt später auch in der Durchführung für Unruhe:

Der Seitensatz ist melodisch mehrfach gegliedert: dem eigentlichen Thema ist über einem pochenden Achtel-Orgelpunkt der Baßgruppe eine subtil auf Streicher und Bläser verteilte Linie vorangestellt. Dem betörend süßen Seitenthema verleiht das Pizzicato der Bässe und Celli Durchsichtigkeit; es stellt gegenüber dem Hauptthema keinen Kontrast dar, sondern eher eine lyrische Intensitätssteigerung. Dagegen bringen die Schlußtakte der Exposition wieder strahlendes Forte, Punktierungen und Tonleitern sowie im Abschlußtakt das kleine Bewegungsmotiv. Die Durchführung ist nicht allzu lang; sie greift sofort das Bewegungsmotiv auf und führt es dann, nach einer Episode mit dem lyrischen Seitensatz, im Tutti modulierend, durch nicht weit entfernte Tonarten. Die Reprise entspricht weitgehend der Exposition und wird ohne Coda lediglich durch einige leuchtende Tutti-Akkorde abgeschlossen.

Das *Andante con moto* (As-Dur, 2/4) ohne Pauken und Trompeten basiert äußerlich auf einer schlichten 2teiligen Liedform. Das eigentliche Thema des Satzes ist seinerseits 3teilig und beschränkt sich im Piano völlig auf die Streicher; sein individuelles Kennzeichen ist die ständige Punktierung, die zugleich dem ganzen Satz große Einheitlichkeit verleiht. 2 überleitende Bläsertakte scheinen danach unvermittelt ein Tor zu einer anderen Ausdruckswelt aufzustoßen: Auf einmal wandelt sich die vornehm beherrschte Attitüde in schmerzliche Intensität; über scharf punktierte, auf und ab fahrende Motivik wird, von f-Moll ausgehend, über es-Moll schließlich B-Dur erreicht. Hier beginnt ein durchführungsartiges Spiel mit dem Kopf des Hauptthemas, das seinerseits in ein zweites trotziges Aufbegehren des ganzen Orchesters mündet. Eine 3taktige punktierte Überleitungslinie führt dann, quasi improvisierend, zu einem epilogartigen Thema in den Holzbläsern, die einander ständig imitierend antworten. Im zweiten vollständigen Durchgang des Satzes ändern sich anschließend zahllose, vor allem farbliche Einzelheiten, ohne daß der Gesamtverlauf angetastet würde: Es gibt auf einmal eine dezente Gegenstimme zum 1. Thema und ganz unvermittelte enharmonische Modulationen von Es-Dur nach H-Dur. Auch die Intensität der aufbegehrenden Zwischentakte ist jeweils noch eine Spur dramatischer und nachdrücklicher geworden – man sehe sich einmal an, auf welch verschlungenen Wegen Mozart vom ersten h-Moll-Takt (T. 96) zur Grundtonart (T. 108) zurückfindet! In einer Coda kehrt zum letzten Mal das Hauptthema wieder und beschließt mit seinen Punktierungen den Satz.

Das *Menuett* scheint in seiner wohligen Klangpracht ausschließlich daraufhin angelegt zu sein, die Leuchtkraft des großen Orchesters in der Tonart Es-Dur zur Geltung zu bringen. Dabei liegt repräsentativer Glanz unmittelbar neben gemächlich wiegender Ländlerseligkeit. Vollends zum Wiener Ländler wird dann das berühmte Klarinetten-*Trio* mit seiner volkstümlich-unbekümmerten Melodie über dudelnder Tanzbegleitung. Doch auch hier gibt es im kurzen Mittelstück einige Takte momentaner Verinnerlichung in den Streichern, ein deutliches stilisierendes Abrücken vom allzu weltlichen Tanz, bevor geradezu klassische Hornquinten die Reprise der Klarinettenmelodie einleiten.

Der Beginn des 2/4-Finales (*Allegro*) scheint ein Rondo anzukündigen, statt dessen aber bestätigt sich sinfonisches Gewicht durch einen weiteren, freilich sehr originellen Sonatensatz. Sein verspieltes, temperamentvolles Thema ist zugleich sein einziges; seine Sechzehntel-Bewegung beherrscht den ganzen Satz buchstäblich bis zum letzten Takt. Und auch der Seitensatz ist nichts als eine phantasievolle Weiterführung des gleichen Gedankens, der in der Folge dann übermütig durch die Holzbläserstimmen geistert und schließlich über einem pochenden Dominant-Orgelpunkt die Exposition beendet. In der ziemlich kurzen Durchführung setzt das gleiche Thema dann überraschende Energien frei, versteigt sich gleich enharmonisch zu recht weit entfernten Tonarten und zu ungemein aufgeregten Imitationen. Eine seltsam verhangene Klarinetten- und Fagott-Episode, unter der das Thema rumort, mündet unversehens in die Reprise. Eine zweimalige energische Wiederholung des Themenkopfes beschließt anstelle einer Coda diesen monothematischen Satz.

Sinfonie Nr. 40 g-Moll (KV 550)

Entstanden im Juli 1788.

1. *Molto allegro* – 2. *Andante* – 3. *Menuetto: Allegretto* – 4. *Allegro assai.*

Das Autograph der g-Moll-Sinfonie, das einmal Johannes Brahms gehörte und von ihm an die »Gesellschaft der Musikfreunde« in Wien überging, trägt das Datum 25. Juli 1788. Dieses Werk hat im Laufe seiner Rezeptionsgeschichte die unterschiedlichsten, ja gegensätzlichsten Interpretationen erfahren. Wenn uns auch heute Schumanns Äußerung von der »griechisch-schwebenden Grazie« am Kern der musikalischen Aussage vorbeizugehen scheint, so belegen konträre Deutungen doch gerade ein wichtiges Wesensmerkmal musikalischer Kunstwerke: ihre Vielschichtigkeit und folglich Mehrdeutigkeit. Die düstere, traurige Grundstimmung des Werkes scheint durch Mozarts bedrängte, aussichtslose Lebenslage dieser Zeit bestätigt zu werden, doch die nahezu zeitgleiche Es-Dur-Sinfonie widerlegt einen solchen vermuteten biographischen Bezug.

Gewisse Hinweise deuten darauf, daß die g-Moll-Sinfonie in einem Konzert der Künstlersozietät im Wiener Hofburgtheater am 16./17. April 1791 gespielt worden ist. Da hierbei die beiden Klarinettisten Johann und Anton Stadler mitwirkten, ist zu vermuten, daß Mozart für diesen Anlaß die ursprüngli-

che Fassung um die beiden Klarinettenstimmen ergänzte und gleichzeitig die Oboenpartien überarbeitete. Heute wird meist – ein wenig gedankenlos – die Klarinettenfassung aufgeführt, doch ist die erste Version ohne Klarinetten in ihrer etwas spröderen Klanglichkeit als gleichwertig anzusehen. Auf Pauken und Trompeten verzichtete Mozart völlig und führte dafür die beiden Hörner (in B und G) ungewöhnlich individuell.
Der 1. Satz, dessen Tempobezeichnung Mozart von »Allegro assai« in »*Molto allegro*« (¢) abänderte (und beschleunigte!), beginnt mit einem reinen Begleitungstakt der tiefen Streicher, deren unruhig pendelnde Achtel-Bewegung den Pulsschlag des ganzen Satzes prägt. Darüber setzt auftaktig das Hauptthema ein, dessen Linie – wie ganz selten bei Mozart – aus einer kleinteiligen motivischen Reihung entsteht:

Es endet mit leichter chromatischer Eintrübung auf der Dominante. Vor seiner Wiederholung, die durch zarte Liegetöne der Holzbläser gefärbt wird, markieren 4 Forte-Takte eine Zäsur, und bereits hier beginnt das keimzellenartige Ur-Motiv aus dem Thema (a) rhythmisch weiterzuwirken. Dramatik prägt die Überleitung im Tutti zum Seitensatz in der Dur-Parallele: Dieser erklingt im subtil durchbrochenen Satz von Streichern und Bläsern; und unüberhörbar überlagert abwärtsziehende Chromatik ständig das hellere Dur. In der Schlußgruppe kehrt das Drei-Noten-Motiv wieder zurück und stellt nach einem Tutti-Höhepunkt die Weiche entweder zur Wiederholung der Exposition oder zur Durchführung. Nach zwei harten Akkorden und über einem gedehnten Bläserabstieg finden wir uns unversehens in fis-Moll, und es beginnt ein äußerst konfliktreicher Teil, der sich ausschließlich aus dem Energiepotential speist, das dem Hauptthema und seiner motivischen Struktur innewohnt. Zunächst wird das Thema als Ganzes schrittweise chromatisch abwärts gedrängt; dann beteiligt sich das ganze Orchester in aufgeregter Bewegung am motivisch-thematischen Geschehen, und schließlich spalten sich immer kleinere Bestandteile des Themas ab und verselbständigen sich in engräumigem chromatischen Auf und Ab. Unmerklich wächst die Reprise aus einem letzten sugge-

stiven Abwärtszug der chromatisch verzahnten Holzbläser hervor. Die Reprise folgt dem Verlauf der Exposition mit charakteristischen Abweichungen: so wird dem Hauptthema sogleich eine anrührende Gegenstimme im Fagott hinzugefügt. In der Überleitung zum Seitensatz werden noch einmal, stärker als in der Exposition, Konflikte ausgetragen, und das Seitenthema wirkt nun in der endgültigen g-Moll-Färbung ungleich fatalistischer, resignierter. Die Coda beginnt mit einigen synkopisch und in widerborstiger Punktierung gegeneinanderstehenden Takten; nach einer ganz kurzen, farblich aufgelichteten Streicherepisode dominiert endgültig der »Schicksalsrhythmus« des Kopf-Motivs.
War der Kopfsatz durchgehend vom Dreierrhythmus seines Kernmotivs geprägt, so lebt das *Andante* (im etwas abgelegenen Es-Dur) ebenso eindeutig von seiner fast monotonen 6/8-Bewegung, die ihren Charakter jedoch ständig nuanciert: zwischen weichem Strömen und unerbittlich hartem, fast stampfendem Hämmern, vor allem in der Durchführung dieses 2. Sonatensatzes. Sein Hauptthema ist keine einzelne, begleitete melodische Linie, sondern zu Beginn ein kunstvolles, mehrschichtiges Liniengeflecht, das in zwei ausdrucksvollen Seufzergebärden weitergeführt wird. Ihnen sind wiederum zwei kleine Zweiunddreißigstel-Figuren angefügt, die ihrerseits nach chromatischem Abstieg auf einem Halbschluß enden – ein ungemein komplexes thematisches Gebilde, das so gar nicht dem gewohnten periodischen Melodie-Idealfall der Klassik zu entsprechen scheint. Seine Wiederkehr wird in allen Teilen durch Gegenstimmen angereichert. Die folgende Überleitung wird von jenem unscheinbaren kleinen Zweiunddreißigstel-Motiv aus dem 7. Takt des Themas völlig beherrscht, das sich unmerklich zu angedeuteten melodischen Linien zusammenfügt. Das Seitenthema ergibt sich aus der variierten Reihung eines schlichten, gleichsam flehenden Quartfalles. Bei seiner unmittelbaren Wiederholung wird es durch alternierende Holzbläserregister gefärbt. Die Durchführung stellt einen recht kompromißlosen Extremwert in Mozarts Musik dar, denn sie ist genaugenommen völlig amelodisch. In unerbittlicher Monotonie verknüpft sie das 6/8-Schreiten mit dem ständigen bohrenden Abwärtszug des Zweiunddreißigstel-Motivs, im fast ungebrochenen Forte des ganzen Orchesters. Der weitere Verlauf bleibt dann ganz im Piano und verbindet, chromatisch gefärbt, Elemente des Hauptthemas mit

der immer gegenwärtigen Zweiunddreißigstel-Figur. Mit diesem Satz scheint Mozart geradezu den Beweis antreten zu wollen, daß Ausdrucksintensität keineswegs abhängig ist von melodischer Intensität. Zugleich wird deutlich, daß die Klangfarbe zum integralen, gleichberechtigten Bestandteil der musikalischen Erfindung, der kompositorischen Substanz geworden ist – der absolute Vorrang der Streicher ist gebrochen, Streichinstrumente und (Holz-)Bläser gehen eine höhere, strukturell bedingte Einheit ein.

Das *Menuetto* (Allegretto) hat nun mit dem Muster des höfischen Tanzes nur noch die Äußerlichkeiten Takt und Form gemeinsam. Bereits sein synkopisch den Dreiertakt überlagerndes störrisches Thema signalisiert die Emanzipation zum gleichgewichtigen Sinfoniesatz. Endgültig vollzogen wird dieser Schritt dann in seinem sich ständig verdichtenden zweiten Teil, in dem zunächst frei einsetzende Sekund-Dissonanzen die Spannung verschärfen; bei der Wiederkehr des A-Teils scheinen sich dann nicht enden wollende Imitationen übereinanderzutürmen, obwohl sich doch nur 2 Stimmen abwechselnd nachahmen. Ein chromatisch getönter Epilog gehört den Holzbläsern. Das *Trio* ist der einzige ungetrübte Moment der ganzen Sinfonie, mit zarten Oboenfarben und, in der Reprise, einem äußerst heiklen Horn-Solo.

Auf das im Dreiklang aufsteigende Hauptthema des Finales (*Allegro assai*, ¢)

scheint Schumanns Diktum von der griechischen Grazie zunächst noch am ehesten zu passen, doch zeigt die weitere Entwicklung, vor allem in der Durchführung, welche form- und harmoniesprengenden Kräfte ihm eigen sind. Zu Beginn jedenfalls ist es durch ausgewogene Periodik gegliedert und gebändigt, und nur die ständigen regelmäßigen Piano-Forte-Wechsel deuten kommende Ausbrüche an. Die ausgedehnte Überleitung wird in ihrem ruhelosen Vorwärtsdrang durch den zweiten Teil des Themas ausgelöst, der sich gleichsam zu verselbständigen scheint. Der Seitensatz ist – zunächst allein in den Streichern, dann in den solistischen Holzbläsern – eine ausdrucksvoll deklamierende melodische Gebärde von seltener Eindringlichkeit, ein vergebliches Aufbegehren gegen das ständige Voranstürmen des Satzes. Und es bleibt denn auch eine Episode, die nur noch einmal in der Reprise wiederkehrt, resigniert nach Moll gewendet und nun stärker chromatisch gefärbt. Die Durchführung ist wohl die kühnste Passage in Mozarts Orchesterwerken überhaupt: Sogleich nach dem Doppelstrich scheint sich das Hauptthema, nach kurzem, entschlossenem Unisono-Aufstieg des ganzen Orchesters, in seine Einzeltöne aufzulösen und auch harmonisch völlig den Halt zu verlieren. Die nachfolgenden kontrapunktischen Kreuzungen bringen in immer neuen Anläufen den gleichen Themenkopf und führen ihn polyphon weiter, bisweilen von bizarren Hornrufen »gestört«. Sie gipfeln in engräumigen Imitationen des ganzen Orchesters, die sich fast ausweglos bis in entlegenste Kreuztonarten verrennen. Die letzten Takte dieser Durchführung klingen fast wie ein Aufschrei; so kompromißlos war Mozarts Musik nie zuvor und nie wieder. Die Ästhetik der Schönheit gilt nicht mehr, es klingt wie ein prophetischer Blick in die Zukunft, in der einmal Häßlichkeit zum gleichberechtigten Stilmittel erhoben sein wird. Doch mit 4 energischen Takten rafft Mozart die aus den Fugen geratene Musik wieder zusammen und zwingt sie kadenzierend zur Reprise. Sie ist gegenüber der ausgebreiteten Exposition besonders im 1. Thema fast zur Flüchtigkeit gekürzt. Erschütterung löst dann vor allem die unerbittliche Endgültigkeit aus, mit der auch das 2. Thema in Moll verharrt; ein konventioneller Dur-Schluß ist hier nicht mehr vorstellbar!

Sinfonie Nr. 41 C-Dur (»Jupiter-Sinfonie«) (KV 551)

Entstanden im August 1788.

1. *Allegro vivace* – 2. *Andante cantabile* – 3. *Menuetto: Allegretto* – 4. *Molto allegro*.

Dieser Höhepunkt Mozartscher Sinfonik ist auf dem Autograph mit dem 10. August 1788 datiert. Der Beiname »Jupiter-Sinfonie« geht nicht auf Mozart zurück; es gibt Hinweise auf den Londoner Konzertunternehmer Salomon als möglichen Urheber des Titels, der auf unbestimmte Weise göttliche Größe suggeriert und zu mancherlei Spekulationen Anlaß gegeben hat. Im übrigen wirkt das ganze Werk wie eine Apologie der Tonart C-Dur, ihres strahlenden Glanzes und ihres facettenreichen harmonischen Umfeldes, voll der Kontraste und feinen Abstufungen des Ausdrucks, jedoch sorgfältig, bis auf wenige Takte im langsamen Satz, alle dunkleren Gefühlsabgründe meidend.

Das Hauptthema des Kopfsatzes (*Allegro vivace*, 4/4) ist in sich bereits dualistisch angelegt, kraftvoll mit jenem gleichsam »neutralen« Ur-Motiv aus dem d-Moll-Klavierkonzert (KV 466) und der Prager Sinfonie (KV 504) beginnend und im zarten Streicher-Piano antwortend:

Der punktierte Violinaufstieg im 3. Takt wird dann für die Überleitungsteile des Satzes motivisch wichtig. Die nachdrückliche Pause zwischen beiden thematischen Bestandteilen wird im Satzverlauf zum prägenden Element, denn immer aufs neue unterbrechen und gliedern zäsurähnliche Pausen die Musik. Bei seiner zweiten leisen Wiederholung, unmittelbar nach dem ersten auftrumpfenden Orchester-Tutti, wird das Thema gleich von zwei Bläserkontrapunkten flankiert, bereits ein wenig durchführungsmäßig weitergeführt und wiederum ins Forte gesteigert. Nach gliedernder Pause setzt das erste der Seitenthemen mit chromatischer Geste und sich alsbald in den Bässen selber imitierend ein und wird, dann mit zusätzlichen Holzbläserfarben schattiert, wiederholt. Es endet harmonisch offen, wie ein Fragezeichen, vor einem Takt Generalpause, und wieder folgt der starke Tutti-Kontrast, der seinerseits in fragender Unaufgelöstheit, mit einer absteigenden Dominantsept-Dreiklangsbrechung abbricht. Hier erklingt das eher verspielte zweite Seitenthema, dessen ständige Wiederholung besonders reizvoll instrumental variiert wird: Den Vortrag der beiden Violinstimmen im Oktavabstand begleiten zunächst gezupfte Bratschen und Bässe, während die Celli streichen; dann treten unmerklich nacheinander Holzbläserfarben hinzu.

An dieses dritte Thema knüpft nach einer unvermittelten Kurzmodulation in Es-Dur die Durchführung an, die sich bald zu polyphoner Verdichtung steigert und vor allem in der Achtel-Schlußwendung sich dieses Einfalls bemächtigt. Eine Scheinreprise auf der Subdominante markiert den zweiten Teil der Durchführung, der vorwiegend vom Kopfmotiv des

Hauptthemas geprägt wird und mit großer Ernsthaftigkeit allmählich chromatisch zur Dominante herabsinkt. Die Schlußwendung des dritten Themas taucht erneut auf und führt schließlich die »echte« Reprise herbei. Sie läßt in aller Ausführlichkeit sämtliche Teile der Exposition auf der Tonikabasis wiederkehren und krönt sie durch wenige festliche fanfarenartige Coda-Takte.

Das *Andante cantabile* (F-Dur, 3/4) ist ein Satz voll zauberhafter Klangpoesie, getragen von einer abgeklärten inneren Gelassenheit und Ruhe, unter deren Oberfläche gleichwohl seelische Erregtheit zu vibrieren scheint. Die beiden Violinstimmen tragen den Zusatz »con sordino«; im Orchester unserer Tage werden oft auch die tieferen Streicher gedämpft, aus Gründen der Klangbalance und Homogenität der modernen Instrumente. Die Kunst der Instrumentation, die einsame Höhe der Meisterschaft in der abgestuftesten Mischung von Bläser- und Streicherfarben, die Mozart mit diesem Werk und vor allem in diesem Satz erreicht hat, entzieht sich der Nachzeichnung mit Worten. So muß es beim nachdrücklichen Hinweis bleiben, daß nur ein intensives Hineinhören in die Farbenwelt dieser Komposition alle ihre Feinheiten enthüllen kann. Dabei sollte sich die Aufmerksamkeit auch auf die phantasievolle Vielfalt der begleitenden, in sich oft vielfach bewegten Klangflächen richten, die unter den Melodien verborgen liegen. Formal handelt es sich um einen Sonatensatz mit zwei deutlich voneinander abgehobenen Themenbereichen, die beide jedoch zugleich in einen ständigen melodischen Fluß eingebettet sind. In der vermittelnden Überleitung zwischen beiden Themen steckt der Keim zu jenen schattenhaften Eintrübungen der Stimmung, die uns in dieser Sinfonie nur im langsamen Satz begegnen: Unvermittelt wendet sich das Geschehen nach c-Moll (Takt 19), und unruhige Synkopen und stockende Triolenfiguren stören das friedliche Fließen der Musik. Hieran knüpft die Durchführung an und verstärkt die Wirkung dieser Passage noch durch ein wenig Chromatik und durch metrische Verkürzung der Dreier- zur Zweierbewegung. Die Reprise ist gegenüber der Exposition durch zusätzliche Gegenstimmen und Farbnuancen variiert und durch eine ganz friedlich verklingende Coda verlängert.

Das *Menuetto* (*Allegretto*) mit seinem Thema voller sehnsüchtiger Chromatik enthält Musik von schwereloser Grazie, mit sich verdichtender, aber nie lastender Chromatik im Mittelteil und gegliedert durch sparsame Fanfarenakzente. Die Reprise des A-Teils wird zunächst durch Imitation gesteigert und dann durch eine eingeschobene Holzbläserepisode kontrastreich gedehnt. Das Trio überrascht, nach der Verspieltheit seines Anfanges, durch die unvermittelte Energie seines Mittelteils, in dem auf einmal in ganztaktigen Akzenten das folgende Finalthema vorweggenommen wird.

Dieses Finale (*Molto allegro*, ¢) gilt mit Recht als Mozarts bedeutendster und kunstvollster Sinfoniesatz. Zum ersten Mal in der Geschichte der Gattung erhält ein Sinfonie-Finale gleiches, wenn nicht größeres Gewicht als der erste Satz und nimmt somit die Lösung eines Problems vorweg, das die großen Sinfoniker des 19. Jahrhunderts bis zu Bruckner und Mahler beschäftigen sollte. Mozart versucht und meistert darüber hinaus eine zuvor unlösbar scheinende Aufgabe: die Synthese von Homophonie und Polyphonie, von Sonatensatz und Fuge, von Barock und Klassik oder – auf höchster Ebene – von »galant« und »gelehrt«. Und das eigentliche Ereignis dieses Satzes ist nicht einmal die Tatsache, daß diese Aufgabe gelöst wird, sondern vielmehr auf welche atemberaubend selbstverständliche Art und Weise das alles geschieht: mit jener fast spielerischen, völlig gelösten Eleganz und Natürlichkeit, die höchste Kunstfertigkeit auf einmal ganz schlicht erscheinen läßt.

Der musikalische Verlauf läßt sich mit wenigen Sätzen umreißen; die unübersehbare Vielzahl der kompositorischen Details bleibt der gründlichen taktweisen Analyse vorbehalten. Auf jeden Fall handelt es sich hier um einen eindeutigen, voll ausgebauten Sonatensatz mit mehreren Themenbereichen und Motiven, die alle zunächst einzeln in der Exposition vorgestellt werden. Aus der strukturellen Sicht des Sonatensatzes gibt es das 1. Thema mit seinem Kernmotiv (a) und das Seitenthema (b; T. 74 ff.); dazwischen schieben sich die folgenden weiteren Themen und Motive, T. 19 (c) und T. 56 (d), sogleich in der Imitation vorgeführt:

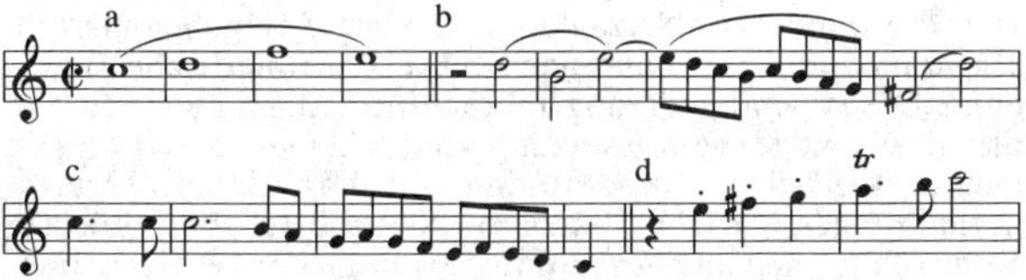

Bereits in der Exposition folgen einander mehrere kürzere Passagen hoher kontrapunktischer Verdichtung: eine veritable kleine Fugenexposition des ersten Themas (T. 36), Imitationen der Themen d (T. 56) und c (T. 64) und auch die Gleichzeitigkeit von Grundgestalt und Umkehrung (Thema c, T. 135 ff.) sowie erste Kombination mehrerer Gedanken (ab T. 74), als Begleiterscheinung zum Seitensatz.
Bewundernswert ist die Ökonomie, mit der Mozart den ganzen Satzverlauf durch den wohldosierten Einsatz der kontrapunktischen Mittel innerhalb des eigentlich klassisch-homophonen Rahmens gestaltet. Die Durchführung bedeutet unter diesem Aspekt gegenüber der Exposition eine erste, aber noch nicht endgültige Steigerung. Zugleich ist sie kleinteiliger gegliedert, abwechslungsreicher in der Unregelmäßigkeit ihrer Abschnitte und äußerst farbig in ihrer durchbrochenen Instrumentation. Sie befaßt sich fast ausschließlich mit dem Gedanken (c) der Exposition und seinem markanten punktierten Motivkopf. In der Reprise beginnt dann erst, gleichsam »verspätet«, die intensivere Beschäftigung mit den Kräften, die in den vier ganzen Noten des Hauptthemas stecken und mit denen Mozart zuvor auch schon die Durchführung einleitete. Insgesamt bedeutet die Reprise wiederum eine kontrapunktische Intensitätssteigerung gegenüber der Exposition, wobei hier nun, wiederum sozusagen verspätet, auch das eigentliche Seitenthema in vielfacher Imitation durchgeführt wird. Durch diese ökonomische Verteilung der Gedanken scheinen sich die drei Hauptteile des Sonatensatzes einander in Gewicht und Substanz merklich anzugleichen.
Den eigentlichen Höhepunkt spart sich Mozart für die ausgedehnte Coda auf, die – lange vor Beethovens »Eroica«! – zu einem eigenständigen Formteil anwächst und in einem letzten Kraftakt noch einmal alle kontrapunktischen Künste konzentriert. Dieser Höhepunkteffekt wird zusätzlich noch dadurch herausgehoben, daß alle Bewegung zunächst einmal zu erstarren scheint und nur noch in mehrfacher leiser Schichtung die vier Kopfnoten des Satzanfanges erklingen – geheimnisvoll, schwerelos und fast ohne nachvollziehbare metrische Bewegung. Die folgenden dreißig Takte bringen dann kulminierend die gleichzeitige Verschränkung aller Themen des Satzes in äußerster geistiger Konzentration und Abstraktheit. Und innerhalb eines einzigen Taktes (T. 401) schlägt diese höchste Komplexität beinahe vermittlungslos in fast naive Homopho-

nie um, in einen festlich lärmenden Schluß mit Pauken und Trompetengeschmetter, so als sei alles Vorangegangene ein Traum, ein Spuk und nicht der Rede wert. Man könnte auch Verdi mit dem »Falstaff«-Schluß zitieren: »tutto nel mondo è burla« – alles ist Spaß auf Erden.

Klavierkonzerte

Eine der zukunftweisenden und bedeutendsten Leistungen Mozarts betrifft das Klavierkonzert, eine Gattung, die recht eigentlich sein Werk und geistiges Eigentum ist, auch wenn es in Gestalt der Cembalokonzerte von J. S. Bach und einiger weiterer Klavierkonzerte etwa von J. C. Bach immerhin Wegbereiter gegeben hat. Hierin ist Mozart etwa Haydn vergleichbar, der auch nicht im strengen Sinn das Streichquartett »erfunden« hat und doch sein eigentlicher Vater und Urheber genannt werden muß.

Mozarts Leistung läßt sich stichwortartig wie folgt umreißen: Er schuf das klassische Formmodell des konzertierenden Sonatenhauptsatzes mit seinen zwei individuellen Expositionen des Orchesters und des Solisten, und er erhob es zur ständig variierten und weiterentwickelten Norm; er erdachte dem Solo-Instrument sein ganzes phantasievolles Repertoire an Spielfiguren und instrumententypischen Wendungen; er erweckte das Orchester vom stichwortliefernden, eher rahmenden Begleiter zum vielseitigen, selbstbewußten und, vor allem, sinfonischen Partner; er fächerte es auf in alle individuellen Instrumentalfarben und erhob besonders die Holzblasinstrumente zur Selbständigkeit und Gleichberechtigung; nicht zuletzt stattete er die Gattung mit der ganzen ihm zu Gebote stehenden, einzigartigen emotionalen Vielfalt aus, die zuvor in der Musik unbekannt war. Auf diese Weise verlieh er ihr alle wesentlichen Kennzeichen und Merkmale klassischer Größe und Zeitlosigkeit.

Erste Gehversuche unternahm der jugendliche Komponist, indem er einzelne Sätze zeitgenössischer Komponisten, vor allem Sonaten seines Vorbildes Johann Christian Bach, mit Orchester arrangierte. Insgesamt vollendete er danach 21 Klavierkonzerte, die alle, äußerlich betrachtet, dem gleichen Formmuster folgen: Sie sind 3sätzig, jeweils mit einem großformatigen Sonatenhauptsatz zu Beginn, einem empfindsamen langsamen Mittelsatz und einem bewegten Finale, ent-

weder in Rondo-, Sonatensatz- oder Variationenform. Die Orchesterbesetzung ist von Konzert zu Konzert abgewandelt, jeweils das gleiche Prinzip variierend: von der selteneren, umständebedingten reinen Streicherbesetzung, manchmal mit Ad-libitum-Bläsern, bis zum kompletten sinfonischen Apparat, bestehend aus unterschiedlich zusammengesetztem Holzbläserensemble, Hörnern, Trompeten und Pauken.
Mozarts erstes eigenes Klavierkonzert ist das **Konzert Nr. 5 D-Dur** (KV 175) aus dem Salzburger Jahr 1773. Mit ihm ereignet sich das musikgeschichtliche Wunder, daß sich die Gattung bereits mit allen ihren wesentlichen Merkmalen zu erkennen gibt. Vor allem das dialogisierende Prinzip – so bezeichnet man das charakteristische Mit- und Gegeneinander von Solo-Instrument und Orchester – ist geboren: ein Dialog von gleichberechtigten, aber zugleich höchst verschiedenartigen Partnern. Dieses Dialogisieren äußert sich auf mehrfache Weise: als Alternieren im jeweils solistischen Auftritt, als gleichberechtigtes Miteinander und als gegenseitiges Begleiten, also Unterordnen. Zugleich formuliert Mozart das Figurenrepertoire des Klaviers aus, das aus einer Reihe typischer, bisweilen formelhaft wiederkehrender Floskeln und Motive besteht und häufig vom Anspruch des Virtuosen geprägt ist, aber auch mit den Möglichkeiten des »Schlaginstrumentes« Klavier Kantabilität und Empfindsamkeit auszudrücken vermag.
Der Kopfsatz des Konzertes (*Allegro*) trumpft mit Pauken und Trompeten auf und ist durchaus sinfonisch angelegt. Die beiden separaten Expositionen des Orchesters auf der Tonika und des Solisten mit dem Seitensatz auf der Dominante sind ausgeprägt erkennbar; inmitten der Durchführung gibt es eine Scheinreprise, die den Hörer irreführt. Nach dem zart verhaltenen *Andante* (G-Dur, ¾) kommt es zu einem temperamentvollen Final-*Allegro* (¢), hinter dessen spielfreudiger Fassade gleichwohl kompositorische Gelehrsamkeit aufscheint; so imitieren bereits in den ersten Takten die tiefen Streicher das Unisono-Motiv der hohen. Dieses so kontrapunktische Finale ersetzte Mozart für zwei Wiederaufführungen (1782 und 1783) durch ein Variationen-Rondo (KV 382) über ein liedhaft schlichtes Thema. Heute allerdings bevorzugt man zu Recht den originalen Schlußsatz.
Die beiden folgenden Klavierkonzerte KV 238 und 246 entstanden im Frühjahr 1776, den Violinkonzerten benachbart

und ihnen stilistisch auch nicht unähnlich, vor allem in ihrer Melodiesprache und in der Anlage der Finalsätze. In beiden Konzerten ist die Besetzung neben den Streichern auf je 2 Oboen und Hörner reduziert, die sich jedoch noch nicht selbständiger entfalten dürfen.
Das **Konzert Nr. 6 B-Dur** (KV 238) beginnt wie sein Schwesterwerk mit einem *Allegro aperto* (und erinnert also auch in dieser Satzbezeichnung an die benachbarten Violinkonzerte) und hat in seiner Mitte einen poetisch zarten *Andante*-Satz (*un poco adagio*, Es-Dur, ¾), in dem die Oboen durch 2 Flöten ersetzt werden; die 1. Geigen führen das melodische Geschehen gedämpft über wiegenden Pizzicato-Triolen an. Das **Konzert Nr. 8 C-Dur** (KV 246) trägt den Beinamen **»Lützow-Konzert«**, gemäß seinem Entstehungsanlaß als Unterrichtsstück für die Gräfin Antonia Lützow, und entsprechend anspruchslos ist denn auch die Spieltechnik. Wie in KV 238 steht auch hier am Schluß ein französisch gefärbtes »Rondeau«, diesmal als *Tempo di Menuetto*. In beiden Konzerten stammen die überlieferten Kadenzen vom Komponisten.
Auch das folgende **Konzert Nr. 7 für 3 Klaviere und Orchester** (KV 242) mit dem Beinamen **»Lodron-Konzert«** ist ein Gelegenheitswerk, komponiert für drei unterschiedlich fortgeschrittene Klavierdilettanten, nämlich die Gräfin Lodron mit ihren Töchtern; der 3. Solo-Part ist der anspruchsloseste, und Mozart reduzierte das Trio denn auch später auf eine Fassung für 2 Klaviere. Er schätzte das liebenswert schlichte Werk offensichtlich, denn er führte es zu wiederholten Malen auf. Auch hier folgt wiederum ein Rondeau (*Tempo di Menuetto*) auf *Allegro* und *Adagio*.

Klavierkonzert Nr. 9 Es-Dur (»Jeunehomme-Konzert«) (KV 271)

Entstanden: Januar 1777.
1. *Allegro* – 2. *Andantino* – 3. *Rondo: Presto*.

Von ganz anderem Anspruch als das vorhergehende ist dieses Konzert: die Pariser Pianistin, für die es Mozart komponierte, war offensichtlich eine brillante Solistin, so daß auf diese Weise ein weiterer Meilenstein der Gattung nach KV 175 entstehen konnte. Die spieltechnische Inspiration wirkte sich in gleicher Weise auf die Erfindungskraft aus; bereits der Beginn des *Kopfsatzes* ist unerhört originell und zukunftweisend: das

Solo-Instrument wird unmittelbar nach der eröffnenden Fanfare des Orchester-Tuttis eingesetzt und antwortet mit seiner individuell sich abhebenden Wendung:

Zwei gleichberechtigte und selbstbewußte Partner messen sich aneinander in ihrer jeweils persönlichen Sprache. Erst danach beginnt die eigentliche Orchesterexposition. Und noch vor dem Ende dieses Abschnittes setzt das Klavier »verfrüht« trillernd und präludierend ein, bevor es seine eigene Solo-Exposition beginnt. Übrigens wird die Reihenfolge der 4 Anfangstakte in der Reprise ein einziges Mal vertauscht – erst Klavier, dann Orchester (T. 196 ff.). Auffällig ist auch der chromatische Unisono-Aufstieg, mit dem genau wie im Konzert KV 466 zur Reprise hingeführt wird. – Das folgende *Andantino* (c-Moll, 3/4) wird dann zum tiefsinnigen Ausdrucksschwerpunkt, als erster jener Reihe von gewichtigen Moll-Mittelsätzen des Komponisten. Sein ständig vorherrschender rezitativischer Tonfall weist in die Zukunft (etwa zu den Instrumentalrezitativen bei Beethoven, z. B. in op. 110). Angelegt ist dieser Gestus bereits in der stockenden Achtel-Bewegung des kanonisch geführten Hauptthemas. In den unbegleiteten Schlußtakten steigert sich diese Haltung zu einem regelrechten kurzen Instrumentalrezitativ. Die Kadenz ist, wie in den übrigen Sätzen, original und mündet überraschend nicht in das Orchestertutti, sondern wird vom Klavier allein weitergeführt – auch das ist ein emotional höchst wirkungsvoller Moment! – Das Final-Rondo (*Presto*) ist ein zugleich hochvirtuoses und geistvolles Musizierstück; als effektvoller Kontrast ist als C-Mittelteil des Rondos ein graziös stilisiertes Menuett eingeschoben, vom Klavier melodisch geführt und von den gezupften und gestrichenen Streichern duftig begleitet. Über weite Passagen des Satzes beherrscht ein kleines Achtel-Motiv, das dem Hauptthema entstammt, das Geschehen; es ist in seiner Bedeutung dem Hauptmotiv aus der großen g-Moll-Sinfonie (KV 550) vergleichbar; es dominiert bis in die ungewöhnlicherweise im Pianissimo verklingenden Schlußtakte des Satzes.

Konzert Nr. 10 für 2 Klaviere und Orchester Es-Dur (KV 365)

Entstanden Anfang 1779.

1. *Allegro* – 2. *Andante* – 3. *Rondo: Allegro.*

Dieses hochbedeutende Doppelkonzert entstand als Schwesterwerk zur Sinfonia concertante KV 364 und war wohl für die beiden Klavier spielenden Mozart-Geschwister bestimmt. Zumindest weist die ausgefeilte und anspruchsvoll-dankbare Klaviertechnik auf zwei gleichberechtigte Virtuosen von hohen Graden. Die Verdoppelung des Klaviers führt auf ganz selbstverständliche Weise zu einem partnerschaftlich wetteifernden Konzertieren, zum spielerisch gelösten Mit- und Gegeneinander; beide Soli wechseln sich ständig in der musikalischen Führung ab, queren und kreuzen sich motivisch, spielen sich immer wieder die Führung zu. Unter diesem Spiel weiten sich unmerklich die Satzdimensionen aus, weil alle Einfälle mehr oder weniger variiert doppelt ausgesprochen werden.
Das Hauptthema des *Kopfsatzes* ist in sich dualistisch angelegt wie das Eröffnungsmotto von KV 271:

Das besinnlich-kantable Moment (b), das der Anfangsfanfare antwortet, gewinnt im Satzverlauf große motivische Bedeutung und trübt sich zu Beginn der Reprise auch einmal nach Moll ein. – Der *langsame Satz* (B-Dur) bedeutet vor allem in der subtilen Ausinstrumentierung einen deutlichen Fortschritt, denn hier zeigen sich zum ersten Mal jene fein aufeinander abgestimmten Holzbläserfarben, die alle späteren Konzerte prägen. So fällt das 2. Thema in parallelen Terzen den solistischen Oboen zu, die von dezenten Klavierpassagen getragen werden. Es steht in der Tonika wie das 1. Thema, obwohl die Satzkonturen dem Sonatensatzmodell folgen, mit einer vorwiegend von den Klavieren vorgetragenen Durchführung und einer phantasievoll variierten Reprise. Auffälligstes Kennzeichen dieses ungemein poetischen Satzes ist die Kunst des ständigen Veränderns und farblichen Kombinierens der melodischen Linien. – Das Final-*Rondo* betont danach im wirkungsvollen Kontrast wieder die virtuose Komponente, im geistvollen Wechselspiel aller Instrumentalpartner. Die Kadenzen aller Sätze stammen vom Komponisten und sind damit fester Bestandteil der Satzstruktur. Zur ursprünglichen Besetzung mit Oboen, Fagotten und Hörnern fügte Mozart übrigens später noch Klarinetten, Trompeten und Pauken hinzu, so daß wir hier zum ersten Mal in einem der Konzerte die volle klassische Orchesterbesetzung vorfinden.

Klavierkonzert Nr. 11 F-Dur (KV 413)
Entstanden um die Jahreswende 1782/83.
1. *Allegro* – 2. *Larghetto* – 3. *Tempo di Menuetto.*

Klavierkonzert Nr. 12 A-Dur (KV 414)
Entstanden im Dezember 1782 (?).
1. *Allegro* – 2. *Andante* – 3. *Rondo: Allegretto.*

Klavierkonzert Nr. 13 C-Dur (KV 415)
Entstanden um die Jahreswende 1782/83.
1. *Allegro* – 2. *Andante* – 3. *Allegro.*

Diese 3 Konzerte markieren den Beginn der berühmten Reihe der 17 Wiener Klavierkonzerte, mit denen Mozart sich als Solist und Komponist dem verwöhnten Publikum vorstellte und seinen Ruhm begründete. Die Reihenfolge der Entstehung entspricht nicht der Köchel-Chronologie, denn allem Anschein nach ist KV 414 im Dezember 1782 komponiert worden, die beiden anderen folgten im Januar 1783. Oft zitiert werden Mozarts briefliche Äußerungen zu den Werken, worin er sehr deutlich auf die bekannten Bedürfnisse des Wiener Publikums reagiert und seine Musik so charakterisiert (28. Dezember 1782): »Die Conzerten sind eben das Mittelding zwischen zu schwer, und zu leicht – sind sehr Brillant – angenehm in die ohren – Natürlich, ohne in das Leere zu fallen – hie und da – können auch kenner allein satisfaction erhalten.« Ein späterer brieflicher Hinweis an den Pariser Verleger Sieber weist dann auf eine Instrumentationsbesonderheit hin, die ebenfalls als kalkulierte Reaktion auf die Bedürfnisse des Musikmarktes zu verstehen ist: die 3 Konzerte können nämlich sowohl »mit ganzem Orchester als mit Oboen und Horn – wie auch à quatro produciert werden« –: man darf also die Bläserstimmen bei Bedarf weglassen, was allerdings bei der vollen Ausstattung von KV 415 mit Fagotten, Trompeten und Pauken eher eine unbefriedigende theoretische Möglichkeit sein dürfte.
In **KV 413** fällt die sorgsame Balance der drei Zeitmaße auf: je ein schneller und ein gemäßigter (»Menuetto«) Dreiertakt

umrahmen das ¾-Larghetto. Der *Kopfsatz* zeigt sogleich jene Mischung aus »galant« und »gelehrt«, mit der Mozart die Wiener zu gewinnen gedachte: mit imitatorischen Ansätzen im Orchester-Tutti und schmeichelnden Zwischentönen gleich nach den unisono absteigenden Tonleiterausschnitten, die mottoartig den Satz einleiten und ihn immer wieder gliedern, aber auch im zierlich trillernden Seitenthema, bei der wiegenden Hinführung zum ersten Solo-Einsatz. Die Durchführung wird überwiegend vom Solo-Instrument bestritten, die Reprise ist verkürzt. – Im *langsamen Satz* (B-Dur) prägt die echoartige Beantwortung motivischer Schlußwendungen den Charakter; so antworten zu Beginn die Holzbläser, später dann die Streicher dem Klavier. – Im *Finale* wird die Rondo-Form durch Sonatensatzelemente angereichert, und die spielerische Lust wird insgesamt ein wenig durch den dominierenden Menuett-Gestus gebremst.
Auch **KV 414** ist ohne Bläser, also als Klavierquintett aufführbar; insgesamt reiht sich dieses Werk nahtlos ein in die freundliche Atmosphäre der anderen A-Dur-Kompositionen Mozarts, und das schwerelos fließende Hauptthema des *Kopfsatzes* weist gar weit voraus auf das letzte Wiener Klavierkonzert KV 595. Im Orchester fallen die häufigen das Metrum verschleiernden Klangteppiche auf, während man die in Mozarts Frühwerk charakteristischen pochenden Achtel-Bewegungen kaum noch entdecken kann. – Der langsame *Mittelsatz* (D-Dur) kontrastiert im Dreiermetrum zu den geradtaktigen Ecksätzen und berührt in seinem Mittelteil auch Mollregionen. – Ursprünglich stand anstelle des endgültigen *Finales* das Rondo KV 386, das 2 Monate zuvor entstanden war. Das Hauptthema des neuen Rondos kommt mit graziösen Trillern daher und mündet sogleich in einen geheimnisvoll drehenden Unisono-Gedanken, der den ganzen Satz sehr nachdrücklich prägt, sogar in Engführungen und auch in der Originalkadenz:

von der es übrigens zwei verschieden lange Fassungen gibt.
Pianistische Brillanz und äußerlicher, trompeten- und paukenverstärkter Orchesterglanz dürfen beim 3. Konzert, **KV 415**, nicht den Blick verstellen für die kompositorische Meister-

schaft, die Mozart im Umgang mit dem Konzertsatz inzwischen erreicht hat. Bemerkenswert ist gerade die Balance zwischen den Effekten der Virtuosität und der Detailarbeit sowie der subtilen klanglichen Ausfeilung. In der Exposition des *1. Satzes* kommt es fast zu einer Aufgabenteilung, denn das motivische Geschehen ereignet sich vorrangig im Orchester, während im Klavier die virtuosen Spielfiguren dominieren. Das Hauptthema wird zunächst allein in den Violinen, sodann in einer Terzimitation vorgestellt, und noch in der Orchesterexposition kommt es zu mehrfachen imitatorischen Ansätzen und kontrapunktisch gefügten Passagen. Auch in der Durchführung bleibt diese Aufgabenteilung erhalten, während in der variierten Reprise sich das Klavier endlich mehr am motivischen Ablauf beteiligt. – Im *Andante* (F-Dur) entwickelt sich ein zartes Zwiegespräch zwischen Klavier und Streichern, während die Holzbläser registerartig ihre Farben beisteuern, aber noch kaum selbständig eingesetzt werden. Die Form ist 3teilig, mit 2 solistisch kadenzierenden Einschüben. – Das *Rondo*-Finale ist wiederum im französischen Gusto gehalten. Zweimal unterbricht ein c-Moll-Abschnitt den temperamentvollen 6/8-Hauptteil; dessen Hauptthema

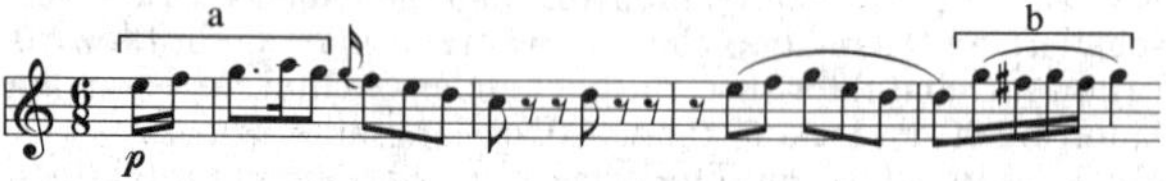

liefert schließlich das Material für den originellen Satzschluß: die abschließende Trillerfigur wird in den Streichern ostinatoartig gereiht, während das Klavier dazu dem punktierten Anfangsmotiv immer neue aparte Abschiedswendungen im verklingenden Pianissimo abgewinnt. Das Konzert wurde in Mozarts Akademie am 23. März 1783 in Anwesenheit des Kaisers und unter begeistertem Beifall uraufgeführt.

Klavierkonzert Nr. 14 Es-Dur (KV 449)

Entstanden am 9. Februar 1784.

1. *Allegro vivace* – 2. *Andantino* – 3. *Allegro ma non troppo.*

Obwohl Mozart auch für dieses Konzert die Reduzierung auf reine Streicherbegleitung vorgesehen hat, unterscheidet es sich von den 3 Vorgängerwerken doch gründlich: Die Bläserfarben sind zwar sehr sparsam, aber doch recht charakteristisch eingesetzt, und der Tonfall dieser Musik ist bei weitem nicht so gefällig, verbindlich und auf äußere Effekte abgestellt wie dort. Gleichwohl sind die pianistischen Ansprüche nicht unerheblich, die Mozart an seine Schülerin Barbara Ployer stellte, für die er das Konzert schuf.

Ein großangelegter *Sonatensatz* mit doppelter Exposition steht zu Beginn, und er steckt von den ersten Takten an voll motivisch-thematischer Arbeit: das Trillermotiv aus dem Hauptthema beispielsweise spielt im ganzen Satzverlauf und vor allem in der Durchführung eine wichtige Rolle. Sein schmeichelnder Gegensatz ist das terzen- und sextenselige Seitenthema, dessen punktierte Überleitungsfigur auf den Mittelsatz der Es-Dur-Sinfonie (KV 543) vorausweist. Und das kurz danach erklingende energische Tutti-Motiv deutet auf ein Terzett aus *Figaros Hochzeit* (2. Akt, Nr. 13, T. 63/64). Zur Reprise leitet eine schillernde, chromatisch-kontrapunktische Klavierpassage zurück, und unmittelbar vor der Kadenz rückt das Orchester-Tutti fast gewaltsam nach c-Moll. – Der ausdrucksstarke *langsame Satz* (B-Dur) ist 3teilig geformt, wobei sich das Klavier im Rollentausch in der Reprise dem Orchester begleitend unterordnet. Das Hauptthema ist durch das Element der Synkope gekennzeichnet und weicht bereits nach 4 Takten nach c-Moll aus. – Den Schluß bildet ein erstaunlich strenger und zugleich pianistisch sehr brillanter *Rondo*-Satz, dessen in barocker Motorik gefügtes Hauptthema bei jeder Wiederkehr variiert wird. In der Satzmitte lockert sich die Strenge unmerklich durch weichere Triolen und Moll-Ausweichungen; und erst ganz am Ende, nach einer Dominatseptfermate, kommt es zu einem wirbelnden $\frac{6}{8}$-Finale – ein durchaus beifallheischender Effekt nach der relativen Kompromißlosigkeit alles Vorangegangenen!

Klavierkonzert Nr. 15 B-Dur (KV 450)

Entstanden am 15. März 1784.

1. *Allegro* – 2. *Andante* – 3. *Allegro*.

Das B-Dur-Konzert steht dem Vorgängerwerk an Aussagekraft und vor allem an spieltechnischem Anspruch in nichts nach – Mozart nannte solche Musik »Concerten, welche schwizen machen«, womit er selbstverständlich den Spieler, nicht den Hörer meinte. Neu an diesem Konzert aber ist die endgültig gewonnene Selbständigkeit, die aktive Beteiligung der Bläserstimme am melodischen Geschehen. In dieser Hinsicht klingen die ersten Takte des *Kopfsatzes* geradezu programmatisch: wenn nämlich die beiden Holzbläserpaare (Oboen und Fagotte) jeweils die erste Hälfte der Periode in chromatischen Terzparallelen übernehmen, während den Streichern die Antwort zufällt:

Das Seitenthema wiederum wird zuerst von den Streichern vorgestellt, ehe es dann von den Bläsern übernommen wird, während die Streicher nun eine biegsame Achtel-Linie beisteuern. Das Solo-Instrument stellt sich zu Beginn seiner Exposition quasi kadenzierend vor, ehe es thematisch eingesetzt wird. Das Seitenthema allerdings wird übergangen und vom Klavier erst in der Reprise aufgegriffen. Insgesamt führt das Solo-Instrument über weite Strecken das musikalische Geschehen an; in der Durchführung kommt es zu einem reizvollen Wechselspiel zwischen Klavier und solistischen Holzbläsern. – Das *Andante* (Es-Dur) beginnt mit einer liedhaft schlichten und pausendurchsetzten, 2taktig gegliederten Melodie, die im weiteren Verlauf in der Art von Cantus-firmus-Variationen verändert wird, jeweils im fein abgestimmten Zusammenspiel von Klavier und Orchester. In 2 Variationen werden die einzelnen Liedzeilen jeweils zweimal verschieden variiert; ein besonders aparter Effekt ist es, wenn die Oboen die Melodie über perlenden Passagen des Klaviers und pizzicato von den Streichern begleitet singen. – Das *Finale* ist ein typisches, modisches Jagdfinale, voll stilisierter Jagdsignale und -rufe, die sich motivisch bereits im 1. Satz, jeweils in den Schlußtakten von Exposition und Reprise, angekündigt haben. Hinter der effektvollen und farbig glitzernden Fassade verbirgt sich jedoch ein äußerst origineller und phantasievoller Satz, dessen Rondo-Grundmuster durch Sonatensatzelemente angereichert wird, vor allem im durchführungsartigen Mittelteil. Besonders reizvoll sind die Schlußtakte geraten, in denen leise Hornrufe noch einmal die Jagdatmosphäre beschwören.

Klavierkonzert Nr. 16 D-Dur (KV 451)

Entstanden im Frühjahr 1784

1. *Allegro assai* – 2. *Andante* – 3. *Allegro di molto.*

Wiederum einen anderen und eigenen Charakter hat das unmittelbar folgende Konzert; in ihm gesellt sich zum Holz nun durchgehend die Flöte, und es werden Trompeten und Pauken hinzugefügt, die den Ecksätzen Glanz und Pracht verleihen. Insgesamt wirkt dieses Konzert gleichsam offizieller und äußerlicher, vor allem im *1. Satz* mit seinem marschartigen Tonfall, seinen mächtigen Steigerungen und seiner kontrastreichen Anlage. Auch fällt es auf, daß die melodische Erfindung sich hier häufig auf die Elemente von Tonleiter und Dreiklang stützt und weitgehend auf die persönlichen Zwischentöne verzichtet, die für Mozart sonst so charakteristisch sind. – Hiervon hebt sich allerdings das *Andante* (G-Dur) ab, denn auf einmal blühen Holzbläserfarben auf, vor allem im Dialog mit dem Klavier. Das einleitende Terzenthema mit seinen chromatischen Zwischentönen wird sogleich 4mal farbig und dynamisch variiert. Ab Takt 56 gibt es übrigens eine Auszierungsvariante vom Komponisten, mit der er einem Wunsch seiner Schwester entsprach und die uns einen seltenen Einblick in Mozarts Improvisationspraxis gibt – so ähnlich dürfte er gespielt haben, wenn er eigene Werke aufführte, von denen er bekanntlich sehr oft nur den Rahmen notierte, um sie dann aus dem Augenblick heraus auszuschmücken. – Das Final-*Rondo* greift den Tonfall des Kopfsatzes wieder auf und fügt ihm Spielwitz, Humor und Virtuosität hinzu, ausgehend von einem volkstümlich naiven Dreiklangthema. Die originale, partienweise sogar überraschend kontrapunktisch und tiefsinnig angelegte Kadenz mündet in eine turbulente $3/8$-Stretta.

Klavierkonzert Nr. 17 G-Dur (KV 453)

Entstanden im April 1784.

1. *Allegro* – 2. *Andante* – 3. *Allegretto.*

Wiederum einen Gegensatz zum vorigen stellt das G-Dur-Konzert dar, das nun eher nach innen gekehrt, stellenweise geradezu intim wirkt, ohne jede auftrumpfende Geste. Dafür lebt es besonders von der subtilen Abstufung der Instrumentalfarben; die Balance zwischen den einzelnen Instrumentengruppen und dem Klavier ist perfekt, und vor allem die Behandlung der Holzbläserstimmen führt zu einer zuvor nicht

bekannten Leuchtkraft und Farbigkeit des Orchestersatzes. Darüber hinaus schillert die melodische Erfindungskraft in allen nur denkbaren Zwischentönen, die Nähe zur Opera buffa ist unüberhörbar.
Wie anders als in KV 451 mutet der Marschrhythmus an, mit dem auch dieses erste *Allegro* einsetzt: hier spielen ihn die ersten Geigen allein und führen ihn sogleich zu einer innigen, vorhaltreichen Melodie weiter. Das überraschende Ausweichen zur Subdominante bereits im 4. Takt weist voraus auf die zahlreichen harmonischen Feinheiten und Modulationen, vor allem in der Durchführung, die neben der instrumentalen Farbigkeit das zweite tragende Element der Musik darstellen. Zu diesem Satzcharakter paßt es, daß die Virtuosität eher zurückgenommen wirkt und unauffällig, ohne im Anspruch gering zu sein. – Das *Andante* (C-Dur) variiert auf sehr freie Weise das Hauptthema, das mit seinem Fermatenausklang wie eine Frage wirkt und im weiteren Verlauf immer wieder neu beantwortet und weitergeführt wird. Insgesamt ist es eine meisterhafte Klangstudie für Klavier und obligate Solo-Bläser über dem zarten Streichergrund. Die Form verbindet Rondo- und Sonatensatzelemente mit dem Prinzip der Variation. Immer wieder führen Episoden in abseitige harmonische Regionen (Gis-Dur!) und auch in unerwartete Stimmungsabgründe wie das d-Moll des Klaviers (T. 69). – Das *Finale* wird danach zum erlösenden Dokument ungetrübter Heiterkeit. Sein Hauptthema erinnert an Papagenos Auftrittslied; es ist ein mit zahlreichen kleinen Vorschlägen daherhüpfendes Liedthema, das spielerisch und virtuos zugleich variiert wird. Und zum Schluß gibt es dann noch so etwas wie ein regelrechtes Opernfinale, turbulent und lebenslustig (*Presto*), mit einem eigenen Thema und ganz am Ende einer letzten Reminiszenz an das Hauptthema. Eine Kadenz fehlt diesmal, denn die Spiellust hat sich ohnehin genügend ausleben können.

Klavierkonzert Nr. 18 B-Dur (KV 456)

Entstanden im September 1784.

1. *Allegro vivace* – 2. *Andante un poco sostenuto* – 3. *Allegro vivace.*

Der Zweck gab wieder einmal den Ton an: dieses Konzert schrieb Mozart für eine französische Pianistin, für deren Pariser Konzerte es dann allem Anschein nach nicht fertig wurde. Sein Tonfall ist noch ein wenig repräsentativer und glänzender, aber dennoch sehr differenziert. Auch hier beginnt das 1. *Allegro* mit dem seinerzeit so beliebten punktierten Marschrhythmus, ohne ihn allerdings im weiteren Verlauf allzu sehr in den Vordergrund zu rücken. Die Holzbläser (ohne Klarinetten) sprechen in der subtilen Farbauffächerung des Orchestersatzes ein gewichtiges Wort mit; so ist vor allem der Seitensatz auf spielerische Weise durchbrochen gearbeitet; in der Solo-Exposition ist ihm im Klavier noch ein eigener Gedanke vorangestellt. 3 Solo-Kadenzen von der Hand Mozarts sind zum 1. Satz überliefert. – Der *langsame Satz* (g-Moll) verströmt sowohl Melancholie wie auch unvermutete Dramatik; er steht im parallelen g-Moll, und sein Thema ist direkt verwandt mit Barbarinas Canzonetta aus *Figaros Hochzeit.* Es wird 5mal variiert; dabei stehen die gegensätzlichsten Variationen direkt nebeneinander: die geballte Dramatik der auf und ab fahrenden Passagen (Nr. 3) vor der lieblichen Dur-Zwiesprache der Holzbläser und des Klaviers. Eine verhangene Coda läßt den zarten Satz ganz still auslaufen. – Das *Finale* ist ein virtuos perlendes $^6/_8$-Rondo voll Spielwitz und mancher Überraschung, etwa der frappierenden Überlagerung des $^6/_8$-Taktes (Orchester) durch ein $^2/_4$-Metrum (Klavier).

Klavierkonzert Nr. 19 F-Dur (»Krönungskonzert«) (KV 459)

Entstanden im Dezember 1784.

1. *Allegro* – 2. *Allegretto* – 3. *Allegro assai.*

Dies ist neben KV 537 das andere **»Krönungskonzert«**, denn Mozart spielte beide Werke 1790 wohl zur Krönung Leopolds II. in Frankfurt; zugleich ist es das letzte von 6 Klavierkonzerten aus dem erfolgreichen Konzertjahr 1784. Trotz des wiederum umweglos einsetzenden Marschrhythmus, den er mit seinen Vorgängerwerken gemeinsam hat, geht der *Kopfsatz* erneut andere Wege – Zeichen für die schier unerschöpfliche Phantasie, mit der Mozart den inzwischen fixierten formalen Rahmen des konzertanten Sonatensatzes füllt. So ist das Metrum nun ein Allabreve, was dem Rhythmusmodell alle Schwere nimmt und den ganzen Satz trotz seiner auffälligen Dominanz nie martialisch wirken läßt. Zwar bestimmt der Marschrhythmus weite Passagen, doch sind ihm mehrere individuelle Gedanken an die Seite gestellt, darunter in der Orchesterexposition eine in Triolen (Holz) und Achteln (Streicher) gleichzeitig sich wiegende Melodie. Die nachfolgende Solo-Exposition unterscheidet sich deutlich. Die Durchführung wird wiederum durch das modulierend auftretende Marschmotiv gegliedert, wovon sich das Klavier durch seine Spielfiguren abhebt – unter anderem durch Triolenpassagen, die auf den Mittelteil der Romanze von KV 466 vorausweisen. – Das *Allegretto* (C-Dur) ist ein zartes, fein in seinen Farben abgestimmtes Genrebild. Auch hier ist wieder ein Vorgriff auf *Figaros Hochzeit* enthalten, wenn die imitatorisch sich verschlingenden Bläserlinien an Susannas Rosenarie erinnern. Eine Seltenheit bei Mozart ist das ausdrücklich vorgeschriebene Crescendo im Kopfmotiv des Hauptthemas. Der Mittelteil des Satzes verdunkelt sich nach Moll, durchbricht jedoch an keiner Stelle den verhaltenen Serenadentonfall, schattiert ihn eher behutsam ab. – Ausgelassen und spielerisch setzt das Final-*Rondo* ein, um alsbald überraschende kontrapunktische Verwicklungen bereitzuhalten. So entsteht ein ständiges Balancieren zwischen Unterhaltsamkeit und polyphoner Ernsthaftigkeit, wobei dem Orchester die Rolle des zur Strenge mahnenden Partners zufällt, während das Klavier immer wieder übermütig ausbricht, vor allem im durchführungsähnlichen Mittelabschnitt. Die Kunst des Dialogisierens – hier ist sie zu elegantester Perfektion entwickelt.

Klavierkonzert Nr. 20 d-Moll (KV 466)
Entstanden im Februar 1785.
1. *Allegro* – 2. *Romanze* – 3. *Rondo / Allegro assai.*

Das d-Moll-Konzert, erstes von Mozarts beiden einzigen Moll-Konzerten, ist – wenn man überhaupt werten wollte – vielleicht sein bisher bedeutendstes Klavierkonzert. Wie das verwöhnte Wiener Publikum dieses Werk aufgenommen hat, kann man heute nur vermuten; ob die neuartigen, so individuellen und bisweilen alles andere als unterhaltenden Töne eher erschreckt denn geschmeichelt haben? Im 19. Jh. wurde gerade dieses Konzert wegen seiner dunklen, »romantischen« Farben verständlicherweise besonders geliebt, vergleichbar mit Mozarts *Don Giovanni*, dessen Tonfall es in manchen Einzelheiten vorwegnimmt.
Kein Marschrhythmus markiert mehr den Beginn des *Kopfsatzes*, vielmehr ein geheimnisvoll mehrschichtiges Gebilde aus Synkopen und jener motivischen Keimzelle, die in zahlreichen Werken nicht nur Mozarts eine wichtige Rolle spielt, dem aufsteigenden auftaktigen Vier-Ton-Schleifer:

Das Seitenthema im parallelen F-Dur ist alternierend auf Oboen, Flöte und dann auch Streicher aufgeteilt und bleibt Episode in dunkler Moll-Umgebung. Die Exposition wird überraschend vom Solo-Klavier eingeleitet; es stellt ein eigenes, ungemein deklamierendes Thema vor, das im ganzen Satzverlauf ausschließlich dem Solo-Instrument vorbehalten bleibt und das vor allem in der Durchführung in immer neuen Schattierungen vorgetragen wird. – Die B-Dur-*Romanze* ist 3teilig; ihre beiden Rahmenteile schwingen in periodischer Melodik aus und verheißen innere Ruhe und Abgeklärtheit. Um so schärfer wirkt der Kontrast des g-Moll-Mittelabschnitts mit seinen unruhig auf und ab fahrenden Klavierfiguren, die den melodisch führenden Bläserlinien gegenübertreten. Die Rückführung zum friedlichen Beginn geschieht in kunstvoll auskomponiertem Ritardando. – Das über anderthalb Oktaven in stürmischer Akkordbrechung auffahrende Thema des Final-*Rondos* weist deutlich voraus auf den Beginn des Finales der großen g-Moll-Sinfonie KV 550; es ist zwar auf charakteristische Weise pianistisch erfunden, wird aber sogleich mit finsterem Ernst im Orchester-Tutti kontrapunktisch verarbeitet. Nach der Kadenz kommt es überraschend zu einer Dur-Coda, in der gegen Ende immer deutlicher ein kleines Trompetensignal dominiert. Zum 1. und letzten Satz schrieb übrigens Beethoven 2 einfühlsame und originelle Kadenzen; ihnen stehen 2 wesentlich weniger inspirierte von Hummel gegenüber.

Klavierkonzert Nr. 21 C-Dur (KV 467)

Entstanden im März 1785.

1. *Allegro* – 2. *Andante* – 3. *Allegro vivace assai.*

Das C-Dur-Konzert, das kaum einen Monat nach dem d-Moll-Konzert entstand, ist der denkbar größte Gegensatz hierzu und dokumentiert zugleich auf exemplarische Weise die ganze Ausdrucksvielfalt Mozarts, seinen weitgespannten Radius in der souveränen Beherrschung dieser jungen Gattung. Sein *1. Satz* beginnt wieder mit dem so beliebten Marschrhythmus: zuerst wie von ferne im Piano, danach im strahlenden Tutti, jedoch mit einem aufstrebenden melodischen Kontrapunkt. Im übrigen ist der ganze Satz mit einer überwältigenden Fülle von melodischen Einfällen ausgestattet. So weichen die beiden Expositionen deutlich voneinander ab, etwa durch 2 verschiedene Seitenthemen; und in der Klavierexposition kommt es an einer Stelle zu einem regelrechten Gefühlseinbruch, der motivisch frappierend an die späte g-Moll-Sinfonie erinnert und der auch nur ein einziges Mal aufscheint. Die Durchführung streift auch entlegene harmonische Bereiche und setzt den ganzen Farbenreichtum der Orchesterpalette ein. – Das *Andante* (F-Dur) ist ein zauberhaftes Stimmungsbild, dessen *Figaro*-Nähe unüberhörbar ist, mit solistisch geführten Holzbläsern über gezupften Bässen, mit einer vibrierenden Triolengrundierung und geheimnisvollen chromatischen Zwischentönen. – Dagegen betont der *Schlußsatz* die virtuose Komponente und ist dennoch immer wieder chromatisch gefärbt. Im logischen Kontrast zum Kopfsatz ist die Themenfülle hier begrenzter; seine Basis ist das Rondo-Modell, das jedoch kunstvoll mit Sonatensatzelementen angereichert ist. Mozart schrieb dieses Konzert übrigens für eine eigene Akademie, weshalb die Klavierstimme mehr oder weniger skizzenhaft angedeutet ist; sie bedarf deshalb der behutsamen Ergänzung und Auffüllung, auch fehlen alle originalen Kadenzen und »Eingänge«.

Klavierkonzert Nr. 22 Es-Dur (KV 482)

Entstanden im Dezember 1785.
1. *Allegro* – 2. *Andante* – 3. *Allegro*.

Erst ein Dreivierteljahr später entstand das »große« Es-Dur-Konzert während Mozarts Arbeit am *Figaro*; auch hier deuten wieder einige skizzenhafte Passagen in den Ecksätzen an, daß Mozart das Werk für den konzertanten Eigenbedarf verfaßt hat.

Ein wesentliches Charakteristikum ist der Einsatz des Klarinettenpaares anstelle der Oboen, wodurch das Orchester sein ganz eigenes Timbre erhält, vergleichbar mit manchen anderen späten Es-Dur-Werken (so KV 543). Überhaupt ist dies eine ganz typische Es-Dur-Komposition mit ihrer Mischung aus Festlichkeit und Intimität. Geradezu leitmotivisch klingt dieses Prinzip in den Eröffnungstakten an, wo der Tutti-Fanfare sogleich ein leiser Bläserdialog folgt. Wieder gibt es zwei höchst unterschiedliche Expositionen mit einer Fülle individueller Themen, unter ihnen auch zwei verschiedene Seitenthemen. Dagegen ist die Durchführung relativ unaufwendig gehalten; sie knüpft eher beiläufig an kleinen Motiven an und befaßt sich vorwiegend mit pianistischen Spielfiguren und Akkordbrechungen in den Bläsern. – Das *Andante* (c-Moll) ist dagegen der emotionale Höhepunkt des Konzertes, zugleich einer der ganz wenigen Moll-Mittelsätze. Sein 32taktiges, 3teiliges Liedthema wird zum Ausgangspunkt einer Variationenkette, in deren Verlauf aller Farbenzauber des späten Mozart-Orchesters ausgekostet wird. So klingt nach der eröffnenden Solo-Variation des Klaviers die 2. gar wie ein Satz aus einem Bläser-Divertimento. Kürzere eingeschobene freie Passagen erweitern die Form auf behutsame Weise rondoartig; eine trotzige c-Moll-Variation setzt konzertant alle Orchestergruppen ein, und die Coda verklingt in zarten Zweiunddreißigstel-Figuren. – Im virtuosen Final-*Rondo* nähert sich Mozart wieder einmal der seinerzeit so beliebten Jagdmusik; doch dann unterbricht auf einmal, wie ein historisierendes Stilzitat, ein menuettartiger Einschub den wirbelnden Lauf (Andantino cantabile), in dem die Holzbläser unter Führung der Klarinetten mit dem Klavier alternieren. – Insgesamt ist dieses Konzert sicher so etwas wie eine versöhnende Geste an das Wiener Publikum, nach dem »Affront« des düsteren d-Moll-Konzertes; daß es dennoch keinerlei Züge eines künstlerischen Kompromisses an sich hat, macht Mozarts einsame Größe aus.

Klavierkonzert Nr. 23 A-Dur (KV 488)

Entstanden im März 1786.

1. *Allegro* – 2. *Adagio* – 3. *Allegro assai.*

Ein Gleiches gilt auch für dieses Konzert: Es ist von bezwingender Heiterkeit, umweglos eingängig. Gegenüber dem vorangehenden Schwesterwerk ist es intimer, was sich auch äußerlich im völligen Verzicht auf alle »Lärminstrumente« (Pauken und Trompeten) dokumentiert sowie im Einsatz des Klarinettenpaares anstelle der Oboen. Auffällig ist auch, daß bei aller Virtuosität sich die konzertanten Anforderungen an den Solisten auf selbstverständliche Weise dem musikalischen Ablauf unterordnen. Alle melodischen und strukturellen Elemente sind in perfekter Balance aufeinander bezogen; das Hauptthema ist einer jener klassisch in sich ruhenden Gedanken, wie sie uns auch in Mozarts letztem Klavierkonzert oder im Klarinettenkonzert begegnen; es wird zunächst in den Streichern, dann in den Bläsern präsentiert; und damit beginnen die beiden kaum voneinander abweichenden Expositionen, in denen auch die Seitenthemen gleich sind. Fast kammermusikalisch verläuft die unaufwendige Durchführung, die unauffällig von einem neuen Gedanken eingeleitet und geprägt wird. – Der Mittelsatz steht im seltenen fis-Moll und ist ein sanft ausschwingendes, melancholisches Siciliano im Gewand zarter Holzbläserklänge. Seine emotionale Tiefe dokumentiert sich auch in der bewußt bremsenden Bezeichnung *Adagio*; lediglich im Mittelteil mit seinen wehmütigen Bläserterzen weicht die Musik nach A-Dur aus, bevor sie in Reprise und Coda in ungewohnter Endgültigkeit nach fis-Moll zurückfindet und dort auch verharrt. – Das Final-*Rondo* knüpft mit seiner diesseitigen, doch eher stillen Heiterkeit direkt beim Kopfsatz an, mit einem kleinen Plus an virtuoser Spielfreude und mit nur wenigen Mollschatten und Durchführungsansätzen. Zum ersten Mal klammert Mozart hier eine Solo-Kadenz aus; im 1. Satz gibt es eine Originalkadenz.

Klavierkonzert Nr. 24 c-Moll (KV 491)

Entstanden im März 1786.

1. *Allegro* – 2. *Larghetto* – 3. *Allegretto.*

Noch im gleichen Monat komponierte Mozart sein c-Moll-Konzert, im direkten Kontrast wie das nächtliche Pendant zum lichten A-Dur-Werk. Zugleich rundet es sozusagen gemeinsam mit dem ein Jahr zuvor entstandenen d-Moll-Konzert Mozarts Kosmos an abgründiger Ausdruckskraft ab; neben diesem ist es ein ganz eigenes Individuum, mit wesentlich stärkeren Akzenten auf Pathos und Leidenschaft. Auffällig ist auch, daß hier zum ersten Mal das Orchester zu seiner vollen klassischen Klangstärke angewachsen ist, also mit Oboen und Klarinetten gleichzeitig sowie mit Pauken und Trompeten, die auch alle gleichberechtigt am musikalischen Geschehen beteiligt werden.

Zu Beginn des *Kopfsatzes* im ungewöhnlichen Dreiertakt gibt es eine ungemein dichte Orchesterexposition, die vom zunächst energisch aufsteigenden, dann allmählich chromatisch absteigenden Hauptthema geprägt wird. Seine motivische Durchformung ist offensichtlich und wird auch sogleich in durchführungsähnlicher Weiterverarbeitung erkennbar:

Hinter ihm treten die Seitenthemen in den beiden Expositionen zurück. Und wie im d-Moll-Konzert betritt der Solist die Bühne mit einer eigenen melodischen Wendung, die später auch die Durchführung einleitet. In ihr halten sich dann sinfonische und konzertante Aspekte in perfekter Balance, hier geht es längst nicht mehr um Spielfiguren und Virtuosität, sondern es kommt zu kraftvollen Auseinandersetzungen von großem Ernst und hoher Dramatik. – Gegenüber der wuchtigen Geschlossenheit des 1. Satzes fächert sich das Orchester im *Larghetto* (Es-Dur) in seine individuellen Farben auf; vor allem die Oboen und Klarinetten werden auf ganz unterschiedliche, charakteristische Weise eingesetzt. Die Form des Satzes ist rondoartig mit Coda, seine verhalten-ausdrucksvolle Stimmung steht im wirkungsvollen Kontrast zum Kopfsatz. – Das *Finale* ist ein Variationensatz mit rondoähnlichen Ausweitungen; sein regelmäßig gebautes Thema wird teilweise in Doppelvariationen verändert: im Wechsel zwischen Tutti und Solo jeweils noch einmal das Veränderungsprinzip wechselnd. Dabei ist die Ausdrucksskala sehr weit gespannt, zwischen spielerischer Figuration, pathetischem Auftrumpfen, Serenadentonfall, kontrapunktischer Vielschichtigkeit und den zärtlichen, aber trügerischen C-Dur-Klängen in Variation 6; in der nur scheinbar spielerisch im $\frac{6}{8}$-Metrum laufenden Stretta kehrt die Musik ins unerbittliche Moll zurück.

Klavierkonzert Nr. 25 C-Dur (KV 503)

Entstanden im Dezember 1786.

1. *Allegro maestoso* – 2. *Andante* – 3. *Allegretto.*

Mit diesem Werk endet die große Serie der Wiener Klavierkonzerte: Mozart hatte keinen Bedarf mehr für Konzerte zum eigenen Gebrauch. Zu Beginn des C-Dur-Konzertes steht ein sehr komplexer *Sonatensatz*, der facettenreich den ganzen Ausdrucksreichtum der Tonart ausbreitet. Sein Hauptthema ist so gar nicht »mozartisch« in seiner amelodischen, dafür um so konstruktiveren Anlage, aus der sich allmählich ein charakteristisches Motiv mit 3 Auftaktachteln herauslöst:

Es gleicht rhythmisch dem »Schicksalsmotiv« aus Beethovens Fünfter und wird auch im weiteren Satzverlauf auf ähnlich systematisch prägende Weise eingesetzt. Und auch das Seitenthema beginnt mit dem gleichen Motiv, bevor es nach einem Umweg über c-Moll nach Dur zurückkehrt. Nach quasi improvisierendem Beginn gibt es in der Solo-Exposition neue melodische Einfälle und auch ein eigenes Seitenthema. Die durchsichtige Durchführung wird über weite Strecken vom Anfangsmotiv beherrscht, in immer neuen Farbkombinationen des Orchesters (ohne Klarinetten!) und unter pianistischen Figurationen. – Der *langsame Satz* (F-Dur) nähert sich dem Sonatensatzmodell, denn er enthält neben 2 Expositionen auch eine angedeutete Durchführung und ist ebenfalls sehr sinfonisch angelegt, wobei das Klavier völlig in den Orchesterapparat integriert wird. Und andeutungsweise gibt es sowohl im Hauptthema wie auch an vielen anderen, eher beiläufigen Stellen, besonders in der Coda, Anklänge an das Kernmotiv des 1. Satzes. – Das *Finale* ist ein Rondo von wahrhaft klassischer Ausgewogenheit; in ihm sind alle Elemente – Form, Harmonie, Instrumentation, Virtuosität – in perfekter Balance gehalten, ohne daß auch nur im mindesten der Eindruck von Glätte aufkäme. Sein Mittelteil (a-Moll/F-Dur) streift entlegenere Ausdrucksregionen, ohne die Ausgewogenheit zu gefährden.

Klavierkonzert Nr. 26 D-Dur (»Krönungskonzert«) (KV 537)

Entstanden im Februar 1788.

1. *Allegro* – 2. *Larghetto* – 3. *Allegretto*.

Auch dieses Konzert spielte Mozart wahrscheinlich in Frankfurt anläßlich der Kaiserkrönung (wie KV 459), jedoch nicht, wie ursprünglich geplant, in Wien. Wie kein anderes der Konzerte trägt es, da zum eigenen Gebrauch bestimmt, die Züge des Flüchtigen, Improvisierten, Unfertigen, vor allem im nur skizzierten Solo-Part. Heute wird er zumeist so ausgeführt, wie ihn der erste Verleger André mit mehr oder weniger Geschick ergänzte. Den kompletten Bläsersatz versah Mozart überdies mit dem Zusatz »ad libitum«; und so sind die Bläserstimmen in allen Sätzen lediglich registerartig färbend, jedoch nicht solistisch eingesetzt.

Der *Kopfsatz* folgt den inzwischen etablierten Regeln des konzertanten Sonatensatzes mit 2 Expositionen, wobei dem Klavier wiederum ein eigenes Seitenthema zufällt. Ein neues Motiv wird zu Beginn der Durchführung eingeführt:

Es stammt vom Schluß der Exposition und prägt den weiteren Verlauf vor allem modulierend. – Die Tempobezeichnung des schlichten, zarten *langsamen Satzes* (A-Dur) stammt nicht vom Komponisten; in einer Skizze nannte ihn Mozart recht passend »Romance«. Die Form ist 3teilig, mit einem Hauptthema von verträumter Verspieltheit und einem ausdrucksvollen Solo der rechten Klavierhand über dezenter Streicherbegleitung. – Das *Finale* zeichnet sich durch große Klangfülle und Einfallsreichtum aus, trotz seines eher unscheinbaren, liedhaften Hauptthemas. Formal pendelt es zwischen Rondo und Sonatensatz: Es gibt zwar die rondomäßige Reihung der Teile, auch manche Durchführungsansätze, jedoch keinen kontrastierenden Mittelabschnitt.

Klavierkonzert Nr. 27 B-Dur (KV 595)

Entstanden Anfang 1791.

1. *Allegro* – 2. *Larghetto* – 3. *Allegro*.

Mozarts letztes Klavierkonzert ist ein Werk des Abschieds und der Abwendung: Äußerlich gesehen, werden manche »Errungenschaften« der jungen Gattung geradezu zurückgenommen, etwa ihre sinfonische Ernsthaftigkeit, ihre Virtuosität oder auch das konzertante Prinzip. Statt dessen dominieren liedhafte Schlichtheit, apollinische Ausgewogenheit, gelegentlich gestreift von Moll-Schattierungen, die dem ganzen Werk einen Hauch von Melancholie, von Resignation verleihen. So entstand eine Komposition von ganz eigener Art, in manchem fast ein Gegenentwurf zum bisher Erreichten. Diesem Eindruck entspricht auch die reduzierte Besetzung des Orchesters, dem neben Trompeten und Pauken auch die Klarinetten fehlen.

Das *Allegro* setzt mit einem weich pulsierenden Klangteppich der Streicher ein, wie Mozart ihn – ins Dramatische gewendet – bereits kurz zuvor in der g-Moll-Sinfonie ausgebreitet hat. Nicht nur wegen dieser Verwandtschaft mag das B-Dur-

Konzert durchaus als lichtes Pendant zur düsteren sinfonischen Schwester erscheinen. Im Satzverlauf herrschen kammermusikalische Feingliedrigkeit und instrumentale Durchsichtigkeit vor. Organisch wachsen die melodischen Einfälle auseinander hervor, Bläserrufe gliedern den Ablauf; die 2. (Solo-)Exposition variiert auf phantasievolle Weise die 1., und nach dem Seitenthema erinnert ein kleines Bewegungsmotiv noch einmal nachdrücklich an die g-Moll-Sinfonie, wo es an zentraler Stelle im Finale auftaucht:

Die Durchführung ist 2teilig; zunächst wird das Hauptthema, auch in fernere Regionen modulierend, angeschlossen; der 2. Teil setzt behutsame kontrapunktische Akzente. Mozarts Originalkadenz fügt sich diesem Satz organisch ein, Thematisches und gemäßigt Virtuoses verknüpfend. – Das träumerische *Larghetto* (Es-Dur) verläuft in freier Dreiteiligkeit, in deren Mittelabschnitt das Klavier dominiert. Die Reprise besticht vor allem durch ihre farblichen, bisweilen fast in spröder Kargheit reduzierten Abstufungen. – Auch das *Finale* ist kein ausgelassen spielerisches Gebilde, und trotz 6/8-Metrik gibt es keine Jagd-Assoziationen. Grundlage ist jene Liedmelodie, die Mozart wenig später noch einmal in *Komm lieber Mai . . .* verwendete. Das Rondo verläuft unakademisch und ist in seiner Gliederung anhand des Liedthemas sehr gut nachzuvollziehen, mit dezenten Durchführungsansätzen aufgelockert.

2 einzeln veröffentlichte **Rondos für Klavier und Orchester** sind Alternativen zu Finalsätzen: **KV 382 D-Dur** sollte als phantasie- und humorvoller Variationensatz den ursprünglichen, kontrapunktisch anspruchsvollen Schlußsatz von KV 175 ersetzen. Und **KV 386 A-Dur** ist das ursprüngliche Finale von KV 414; der Satz liegt nur in einer nicht ganz vollständigen Skizze vor, die ergänzt wurde (u. a. von Alfred Einstein, Paul Badura-Skoda und Charles Mackerras) und dem neuen Finale des Konzertes an Wert nicht nachsteht.

Violinkonzerte

Ein einziges Mal hat sich Mozart nur der Gattung des Violinkonzertes zugewandt: als er nämlich 1775 in Salzburg als fürstbischöflicher Konzertmeister angestellt war. Aus dieser Zeit kennen wir 5 Konzerte, entstanden entweder zum eigenen Gebrauch oder für Antonio Brunetti, den späteren Konzertmeister der Salzburger Hofkapelle.

Gemeinsam ist allen 5 Konzerten die Orchesterbesetzung jeweils mit Streichern und hinzugefügten Oboen- und Hörnerpaaren sowie die 3sätzige Anlage. Gemeinsam ist ihnen auch die eher gemäßigte und ganz in den Dienst der musikalischen Entwicklung gestellte Virtuosität des Solo-Parts, dessen Ausformung einen guten Eindruck von Mozarts recht beachtlichen Fähigkeiten auf diesem Instrument vermitteln.

Stilistisch stellen vor allem die 3 letzten Konzerte die Bindeglieder dar zwischen den Violinkonzerten Vivaldis und Bachs und den großen Virtuosenkonzerten des 19. Jh.; zugleich merkt man ihnen an, daß Mozart die Konzertproduktion seiner Zeit, vor allem in Italien und in Frankreich, sehr genau studiert hat.

Das 1. **Konzert für Violine und Orchester B-Dur** (KV 207) entstand im April 1775; hier rahmen überraschenderweise 2 *Sonatensätze* ein ausdrucksvolles, melodiengeprägtes *Adagio* ein. Den Finalsatz ersetzte Mozart im folgenden Jahr 1776 durch ein *Rondo* (KV 269).

Genau 2 Monate nach dem 1. entstand das 2. **Konzert für Violine und Orchester D-Dur** (KV 211). Es beginnt mit einem vielgliedrigen *Allegro moderato*, in dem das Orchester relativ unauffällig begleitet und mit seinen Tutti-Passagen mit dem Solisten alterniert. Nach dem zarten *Andante* folgt als *Finale* nach damaliger Mode ein französisches Rondeau, dessen menuettartiger Hauptteil mit seinem anmutigen, chromatisch gefärbten Thema dreimal von kontrastierenden Mittelteilen unterbrochen wird, deren einer nach Moll ausweicht.

Mit Recht beliebt und vielgespielt sind die 3 folgenden Konzerte, die Mozarts Hauptbeitrag zur Gattung darstellen und insgesamt einen ersten Höhepunkt im Gesamtwerk des Komponisten bedeuten.

Das **Konzert für Violine und Orchester Nr. 3 G-Dur** (KV 216) entstand im September 1775. Sein Kopfsatz ist ein 3teiliges *Allegro*, das den Umrissen des Sonatensatzmodells folgt. Dabei fällt auf, daß sich die Solo-Violine mit großer motivischer Selbständigkeit gegenüber dem eigenständigen Orchesterpart behauptet und eine Vielzahl eigener Motive vorstellt; auch ist der Mittelteil – die Durchführung – relativ unabhängig vom thematischen Material der Exposition gehalten. Insgesamt dialogisieren Solo-Stimme und Tutti auf neuartige subtile Weise miteinander; und die beiden Bläserpaare werden auf ganz besonders phantasievolle und farbige Weise eingesetzt. Die Reprise wird völlig überraschend von 5 frei deklamierenden Takten der Solo-Violine in der Art eines »Recitativo in tempo« herbeigeführt. – Eine reizvolle Klangstudie ist danach das *Adagio* (D-Dur, 4/4), in dem statt der Oboen nun ein Flötenpaar eingesetzt wird – zur Mozart-Zeit waren die Oboisten durchaus in der Lage, zur Flöte zu wechseln! –, dazu zupfen die Kontrabässe, und die übrigen Streicher werden gedämpft. Über diesem weichen Klanggrund in zart pulsierenden Triolen entfaltet das Solo-Instrument nun seine weit geschwungenen Kantilenen und gibt die Führung auch in den letzten Takten des Satzes nicht ab. – Das abschließende 3/8-*Rondo* folgt stilistisch französischem Vorbild; es unterhält seine Zuhörer durch wirkungsvolle Kontraste: im Mittelteil (Andante, ¢) schlägt die Stimmung um in ein exotisch gefärbtes g-Moll mit Pizzicato-Begleitung der Streicher, das alsbald von einem tänzerischen Allegretto in Dur gefolgt wird – möglicherweise handelt es sich hierbei um französische Melodiezitate. Ein solistisches Bläsersignal beendet den Satz auf ungewöhnliche Weise.

Das folgende **Konzert für Violine und Orchester Nr. 4 D-Dur** (KV 218) beginnt marschartig, ähnlich wie eine ganze Reihe von Klavierkonzerten Mozarts. Das Modell der Sonatensatzform wird im eröffnenden 4/4-*Allegro* besonders frei gehandhabt: so steuert das Solo-Instrument zu den beiden Hauptthemen der Orchestereinleitung noch ein eigenes drittes bei; die Durchführung kümmert sich danach kaum um das Material der Exposition, und in der Reprise ändert sich die Reihenfolge der Themen, so daß der Satz unvermutet mit dem Hauptthema endet; auch ist der Eintritt der Reprise bis zur Unkenntlichkeit verschleiert. – Der Mittelsatz (*Andante cantabile*, A-Dur, 3/4) ist motivisch ungemein konzentriert angelegt und lebt überwiegend von den weichen Vorhalten seines thematischen Beginns; über weite Strecken führt die ausdrucksvolle Kantilene der Solo-Violine, und wenn man will, kann man an einigen Stellen latente motivische Querverbindungen zu den beiden Ecksätzen feststellen. – Das *Finale* variiert auf äußerst reizvolle Weise die Rondo-Tradition: Es beginnt Andante grazioso (2/4) und wechselt sehr plötzlich und unvermutet in eine ausgelassene 6/8-Bewegung (Allegro ma non troppo); nach zweimaligem Alternieren dieser beiden Teile folgt nun zwar im Grundtempo, aber alla breve, ein gavotteartiger Abschnitt, der seinerseits wiederum durch eine kurze Musette unterbrochen wird. Der gavotteähnliche Mittelteil war dem zeitgenössischen Publikum übrigens als »Straßburger« bekannt, und Mozart zitierte diesen »Schlager« nicht nur an dieser Stelle, sondern auch noch in seinem Kontratanz KV 269b:

Ohne die Qualität der beiden Vorgängerwerke schmälern zu wollen, möchte man doch dem **Violinkonzert Nr. 5 A-Dur** (KV 219) unter ihnen den höchsten Rang zusprechen. So ist die thematisch-motivische Anlage des Kopfsatzes (*Allegro aperto*, 4/4) noch charakteristischer und ausgeprägter, mit einem energisch durch die Dreiklangbrechung hinaufstrebenden 1. und dem eher spielerisch Dreiklang und Tonleiter miteinander verbindenden 2. Thema. Die Solo-Violine setzt überraschend zunächst mit einer ausdrucksvollen Adagio-Kantilene über murmelnden Streicher-Zweiunddreißigsteln ein, ehe sie sich ihrer regulären Solo-Exposition zuwendet. – Das folgende *Adagio* (E-Dur, 2/4) ist liedhaft angelegt, beginnt mit einer ausführlichen Orchesterexposition und überläßt danach das Geschehen weitgehend dem Solo-Instrument, das sich variativ mit den motivischen Elementen der Exposition auseinandersetzt. – Das *Finale* ist wiederum ein höchst origineller Satz, denn hier werden auf launige Weise das altertümliche Menuett und das französische Rondo miteinander verschmolzen (*Tempo di Menuetto*, 3/4). Sein Mittelteil unterhält hier einmal nicht mit kuriosen, mehr oder weniger geläufigen Zitaten, sondern kultiviert den modischen Alla-turca-Effekt im exotisch klingenden a-Moll; dabei ist er mehrteilig untergliedert in abwechselnde Solo- und Tutti-Passagen, voll ruppiger Kontraste und chromatischer Auf- und Abgänge. Dieser Mittelteil nimmt die Stelle eines ausgedehnten *Trios* inmitten

des liebenswürdigen Menuett-Rahmens ein. Wiederum ist das Satzende nicht auftrumpfend, sondern läuft im Piano aus. – Ende 1776 schuf Mozart für Antonio Brunetti ein neues *Adagio* (KV 261), das den originalen Mittelsatz in der Aufführungstradition zu Recht nie verdrängen konnte.
2 weitere Violinkonzerte erscheinen bis heute unter Mozarts Namen, sind aber – zumindest in der überlieferten Gestalt – nicht von ihm komponiert worden. Das **Konzert Nr. 7 D-Dur** (KV 271i) stößt vor allem in der Anlage des Solo-Parts auf erhebliche Zweifel; es ist ebenso 3sätzig gehalten wie das **Konzert Es-Dur** (KV 268/Anh. C 14.04), das eine mit Flöte und einem Fagottpaar erweiterte Orchesterbesetzung aufweist.
Neben den bereits erwähnten beiden Einzelsätzen **KV 261** und **KV 269** schrieb Mozart in Wien noch 2 weitere Sätze für Violine und Orchester: wiederum für Brunetti das **Rondo C-Dur** (KV 373) im April 1781; 1785 entstand das **Andante A-Dur** (KV 470), das nur als 4taktiges Fragment überliefert ist.

Sinfonie concertanti

Das **Concertone** (ital., »großes Konzert«) **für 2 Violinen C-Dur** (KV 190) entstand 1774; es steht der Sinfonia concertante nahe und verweist zugleich unüberhörbar zurück auf die Tradition des Concerto grosso. Den beiden Solo-Violinen treten noch eine solistische Oboe und ein Solo-Cello zur Seite, das sich jedoch im 1. Satz, einem *Allegro spiritoso* (4/4), kaum exponiert. Die Orchesterbesetzung weicht von den Normen ab, denn die Bratschenstimme ist geteilt (wie in KV 364), und das Blech wird noch durch 2 »trombe lunghe« (wohl Hinweis auf den geraden Verlauf des Schallrohres, im Gegensatz zur gewundenen Bauform) ergänzt. Das unterhaltende und durchaus einfallsreiche Werk zeigt erkennbare Nähe zur Sprache der Divertimenti und Solo-Konzerte; dem Allegro folgen noch ein *Andantino grazioso* (F-Dur, 3/4) und ein *Tempo di Menuetto* (Vivace).
In der Gattung der Sinfonia concertante versuchte sich Mozart noch mindestens weitere 4 Male. 2 dieser Werke blieben allerdings Fragmente, darunter die vielversprechenden 120 Takte eines **Konzertes für Klavier, Violine und Orchester** (KV 315f/Anh. 56).
Die **Sinfonia concertante für Violine, Viola und Orchester Es-Dur** (KV 364) entstand 1779 in Salzburg. Ihre Instrumentation

weist Besonderheiten auf: die solistische Violine wird um einen Halbtonschritt nach oben gestimmt, was ihr zu größerer tonlicher Brillanz und einer klanglichen Annäherung an die Violine verhilft; außerdem ist die Bratschenstimme im Orchester geteilt, so daß die Farbpalette zur Tiefe hin merklich erweitert wird. Zu Beginn steht ein vielgestaltiges und doch zugleich ungemein einheitliches *Allegro maestoso* (4/4). Zwei kontrastierende Themenbereiche charakterisieren die Orchesterexposition, die mit zwei Tutti-Takten zunächst klangmächtig die Tonalität festigt. Das Seitenthema ist eine subtile Klangstudie: hier wird das alternierende Solo der Hörner- und Oboenpaare vom Pizzicato der Streicher getragen. Unmerklich über einen längeren Triller führen sich die beiden Solo-Instrumente in das Geschehen ein, einander ständig imitierend. Im übrigen wachsen die Satzdimensionen gegenüber einem Solo-Konzert erkennbar an, weil alle Gedanken von den beiden Solisten nacheinander vorgestellt und verarbeitet werden. Die Kadenz wurde von Mozart für beide Instrumente auskomponiert und fügt sich auf diese Weise nahtlos in den motivisch-thematischen Satzverlauf ein. – Das *Andante* (c-moll, 3/4) ist einer von Mozarts tiefsinnigsten und schwermütigsten Moll-Sätzen; charakteristisch ist sein seufzender Anfang:

Hinter dieser emotionalen Fassade verbergen sich gleichwohl erstaunliche Satzkünste, wenn sich die beiden Solisten ständig imitieren und einander antworten. Auch die Originalkadenz ist imitatorisch geprägt; ihr folgt ein Epilog von großer Intensität, der sich, einem melancholischen Nachklang gleich, noch einmal auf das Hauptthema zurückbezieht. – Das Finale (*Presto*, 2/4) steht hierzu im denkbar größten Kontrast, indem es nun energisch die spielerisch-virtuose Komponente betont. Gerade hier fällt auf, daß Mozart in diesem Werk die spieltechnischen Ansprüche wesentlich höher schraubt, verglichen mit seinen Violinkonzerten. Diese Sinfonia stellt höchste Anforderungen an die beiden Solisten sowohl in ihrer individuellen Fertigkeit wie auch und vor allem in der Feinabstimmung des Zusammenspiels.

Die andere vollständige Sinfonia concertante ist das **Es-Dur**-Werk **für Oboe, Klarinette, Horn und Fagott** (KV 297b/Anh.

C 14.01), das zumindest in der überlieferten Fassung als nicht gesichert gilt und bis heute die Forschung beschäftigt. Mozart äußerte sich im April 1778 brieflich an seinen Vater über seine konzertante Sinfonie, deren Originalfassung für Flöte statt Klarinette jedoch bis heute verschollen ist; man vermutet nun, daß die Version mit Klarinette eine Umarbeitung der für Paris komponierten Sinfonie sei – entweder von Mozart selber oder von einem anonymen Bearbeiter. Auf jeden Fall aber handelt es sich bei dem vorliegenden Werk um eine bedeutende und originelle Komposition; auffällig ist, daß auch der melodienselige Mittelsatz (*Adagio*, 4/4) in der Grundtonart steht; sein Mittelteil weicht nach Moll aus. Exposition und Reprise enden jeweils mit einer innigen Melodie der Violinen über pochendem Achtel-Orgelpunkt: Kopfsatz und Finale stellen auf unterschiedliche Weise jeweils das Tutti und die 4 Solisten – einzeln und als Gruppe – gegeneinander. Dabei werden die Tonfälle des barocken Concertos und der neueren Serenadentradition reizvoll miteinander verbunden. Im eröffnenden *Allegro* steht am Ende eine auskomponierte Kadenz als subtil ausgefeilter Ensemblesatz; das Finale (*Andantino*, 2/4) läßt die Solo-Bläser allein und in Gruppen durch 10 Variationen ein volkstümlich-naives Thema verändern, das bei jedem seiner Auftritte im refrainartigen Tutti ausklingt. Auch das Horn beteiligt sich im Rahmen seiner spieltechnisch begrenzten Möglichkeiten an den Figurationen, und vor dem strettaartigen Ausklang im 6/8-Allegro mit zusätzlicher »più mosso«-Beschleunigung gibt es noch eine verkürzte Adagio-Variation.

Die Grenzen zwischen Sinfonia concertante und Solo-Konzert sind fließend und nicht exakt definierbar. Wie die Sinfonia concertante für Violine und Viola auch als Solo-Konzert fungieren kann, so darf man mit gleichem Recht das **Doppelkonzert für Flöte, Harfe und Orchester C-Dur** (KV 299) als »Konzertante Sinfonie« bezeichnen, entstanden 1778 für zwei adelige Dilettanten – Vater und Tochter – am Pariser Hof, eigentlich also eher eine Pflichtübung für zwei ohnehin nicht sonderlich geliebte Instrumente. Dennoch gelang Mozart hier ein geistvolles und im besten Sinne unterhaltendes Werk, das an die Solisten nicht zu hohe Anforderungen stellt und gleichwohl seinen besonderen Reiz aus der aparten Klangkombination dieser beiden Instrumente bezieht. Der Kopfsatz, ein *Allegro* (4/4), markiert zunächst die Strahlkraft der Tonart und reichert die Form des Sonatensatzes durch eine verschwenderische Fülle thematischer Einfälle an. Auffällig ist, daß die beiden Solo-Instrumente sehr konsequent alternierend und parallel eingesetzt werden und dabei ihre spezifischen Eigenarten immer ins rechte Licht setzen dürfen: während der solistische Anteil bei der Flöte deutlich höher bemessen ist, hält sich die Harfe eher begleitend zurück. – Im zarten *Andantino* (F-Dur, 3/4) verzichtet Mozart auf die beiden Bläserpaare (Oboen und Hörner) und begleitet nur mit den Streichern; die Form ist 3teilig variiert, die Solo-Stimmen dialogisieren ausdrucksvoll und eng aufeinander bezogen. – Das Final-Rondo (*Allegro*, ¢) wird von einem stilisierten Gavotten-Thema angeführt, die französische Zweckbestimmung dieser Musik prägt unüberhörbar den Charakter; die Zwischenteile der Rondo-Form kontrastieren wenig, und nur einmal weicht die Musik nach c-Moll aus; die Originalkadenzen von Mozart sind leider verloren.

Konzerte für Bläser

Daß Mozart die Querflöte nicht sonderlich liebte, ist ein oft strapazierter Befund, der sich aus seinen Briefen belegen läßt. Doch das Niveau seiner Musik ist so hoch und stabil, daß er es auch bei latenten Unlustgefühlen oder Abneigungen nicht zu unterschreiten bereit und in der Lage war. Hierfür sind die beiden Flötenkonzerte deutliche Belege: es handelt sich um charmante und gefällige Unterhaltungsmusik. Mozart erfüllte mit dem 1. der Konzerte den Auftrag eines holländischen Musikliebhabers; das **Konzert für Flöte und Orchester G-Dur** (KV 313) entstand wohl Anfang 1778 in Mannheim und ist wie üblich 3sätzig angelegt. Während der Solist in den Ecksätzen (*Allegro maestoso* und *Rondo: Tempo di Menuetto*) seine Virtuosität unter Beweis stellen darf, bevorzugt der langsame Mittelsatz (*Adagio non troppo*, 4/4) über gedämpfter Streicherbegleitung eher intime und kantable Melodiebögen. – Das 2. der Konzerte – **D-Dur** (KV 314) – ist ebenfalls 3sätzig und war in seiner Originalversion für die Oboe bestimmt: für seinen holländischen Auftraggeber arrangierte Mozart mit wenigen Handgriffen die Flötenversion. In der ursprünglichen Oboenfassung wird es häufiger gespielt und hat sich hier als dankbares Musizierstück mit effektvollen, wenngleich nicht übermäßig virtuosen Anforderungen erwiesen. Nach dem *Allegro aperto* und dem eher besinnlichen *Adagio ma non troppo* wird das »Rondeau« von einem Ritornell-Thema angeführt, das wie eine instrumentale Paraphrase von Blondchens Arie *Welche Wonne, welche Lust* ... aus dem 2. Akt der *Entführung aus dem Serail* klingt:

Ein einzelnes **Andante für Flöte und Orchester** (KV 315) soll als Ersatz für den langsamen Satz in KV 313 gedacht sein.
Die Fagottisten sind Mozart dankbar für sein einziges **Fagottkonzert B-Dur** (KV 191/186e), da ihr Solo-Repertoire sehr schmal ist. Das liebenswürdige und unterhaltende Werk entstand 1774 und geht sehr geschickt auf die Eigenarten des Instrumentes ein: in den bewegten Ecksätzen wird dem Solisten eine Menge Virtuosität abverlangt, und die charakteristischen Unterschiede der hohen und tiefen Lage kommen zum Ausdruck; im *Andante ma adagio* (F-Dur) bemüht sich das Fagott dagegen um seelenvolle Gesanglichkeit.
Mozarts Meisterwerk unter den Bläserkonzerten – und nicht nur unter diesen! – ist zweifellos das **Konzert für Klarinette und Orchester A-Dur** (KV 622), das er im Herbst 1791 für den befreundeten Klarinettisten Anton Stadler schrieb. Es ist zugleich sein letztes Solo-Konzert überhaupt und insofern ein würdiger Abschluß der Gattung. Ursprünglich war das Konzert für die sogenannte Bassettklarinette, mit größerem Umfang in der Tiefe, gedacht; eine solche Fassung des 1. Satzes existiert als Skizze von 1789, und man hat sie in unseren Tagen rekonstruierend zu Ende gedacht und aufgeführt. In diesem 3sätzigen Werk befinden sich alle Ansprüche an ein Solo-Konzert in perfekter Balance: der Solist darf immer wieder solistisch brillieren und sein Instrument mit seinen so charakteristisch unterschiedenen Lagen vorführen, ohne daß diese Äußerlichkeiten zum Selbstzweck verkommen. Sie ordnen sich vielmehr auf ganz selbstverständliche Weise der konzertanten Großform unter und verhelfen ihr zu großer Ausdruckskraft.
Mozarts konzertanter Spätstil verzichtet konsequent auf starke Kontraste und vertraut auf die Intensität der melodischen Erfindung und die innere Logik des motivischen Beziehungsgeflechtes. So ist der Kopfsatz (*Allegro*, 4/4) im Grunde monothematisch angelegt, denn sein Hauptthema kehrt im Seitensatz in 3facher Imitation wieder:

Die eher nach innen gekehrte Grundhaltung dieser Musik, die dennoch heiter, gelassen und fern aller Melancholie erscheint, dokumentiert sich auch in der sparsamen und subtil abgestimmten Orchestrierung, die den Streichern lediglich Flöten, Fagotte und Hörner hinzufügt. – Der Mittelsatz (*Adagio*, D-Dur, 3/4) ist in schlichter 3teiliger Liedform ganz auf die Kantabilität der edlen Klarinettenlinien ausgerichtet. Immer wieder gehen in diesem Satz Violoncelli und Kontrabässe eigene Wege, wobei letztere öfter auch schweigen, was zu einer hörbaren Auflichtung des Orchestersatzes führt. Nur im langsamen Satz überläßt Mozart dem Solisten Platz für eine Kadenz; in den Ecksätzen verzichtet er auf solcherart zur Schau gestellte Virtuosität und integriert sie auf ganz selbstverständliche Weise in den musikalischen Ablauf. – Das Rondo-*Finale* kreist um ein unbekümmertes, lebenslustiges 6/8-Thema, dessen Atmosphäre auch nicht durch einen kurzen Ausflug nach Moll im Mittelteil des Satzes getrübt wird.
Seine Konzerte für Horn und Orchester schrieb Mozart überwiegend für den befreundeten und oft auch liebenswürdig verspotteten Salzburger Hornisten Joseph Leutgeb. Das Horn verfügte zu jener Zeit (und noch bis etwa 1820) über keine Ventile und war deshalb zunächst auf die Naturtöne und zusätzliche Spielhilfen wie das Stopfen angewiesen. Diese eingeschränkten Möglichkeiten kannte Mozart sehr genau und lotete ihre Grenzen phantasievoll aus. Eine gewisse Einförmigkeit in der harmonischen Entwicklung wird durch die prägnante Kürze der formalen Anlage und durch Spielwitz und melodischen Einfallsreichtum kompensiert. Diese Konzerte entstanden in den Jahren zwischen 1782 und 1786. Das **1. Hornkonzert D-Dur** (KV 412/514) ist in dieser Form kein Original, vielmehr wurden die beiden unterschiedlich orchestrierten Sätze später von fremder Hand zusammengefügt; die Wissenschaft hegt Zweifel an der Authentizität des *Rondos* KV 514. Die 3 übrigen Konzerte sind jeweils 3sätzig und stehen alle in der bequemen Horn-Tonart **Es-Dur**. Alle 3 enden auch mit einem Jagdhorn-Finale in typischer 6/8-Thematik. **KV 417** enthält ein sehr verinnerlichtes 3/8-*Andante*; **KV 447** hebt sich von seinen Schwesterwerken durch die andersar-

tige Instrumentation ab: statt der gewohnten Oboen- und Hörnerpaare setzt Mozart hier Klarinetten und Fagotte ein, und auch die spieltechnischen Anforderungen weichen ein wenig von den anderen Konzerten ab. **KV 495** aus dem Jahr 1786 enthält in der Mitte eine poetische Waldhorn-»Romanze« (*Andante*, 3/4).

Serenaden und Divertimenti

Mozarts Divertimenti, Serenaden, Cassationen und Notturni stehen als unterhaltende Gebrauchsmusik zwar ganz in der Tradition des 18. Jh., überragen zugleich jedoch die Mehrzahl der vergleichbaren zeitgenössischen Kompositionen beträchtlich. Nach ihren abweichenden Bezeichnungen kann man sie nur unzureichend unterscheiden, denn die Grenzen zwischen den einzelnen Gattungen überschneiden und verwischen sich ziemlich stark.

Serenade und Divertimento bevorzugen in zwangloser historischer Fortführung der barocken Suitentradition Tanzsätze, unter ihnen vor allem das Menuett mit bis zu 3 Trios. Die Satzzahl steigt häufig über die sinfonische Viersätzigkeit hinaus, wobei sich eine Art Standardmodell herauskristallisiert hat: die Ausweitung mit zweitem Menuett und einem weiteren langsamen Satz zur Sechssätzigkeit (**KV 334**), die dann durch den einleitenden Marsch und manchmal noch einen weiteren schnellen Satz zur Sieben- bis Achtsätzigkeit anwachsen kann (**KV 185, 320**). Der Ständchencharakter einzelner Sätze oder auch ganzer Werke ist vor allem bei den Serenaden ausgeprägter; sie wurden häufig als Abendmusik im Freien aufgeführt. Einen Sonderfall stellen die sogenannten Finalmusiken dar, die in Salzburg für die Universität komponiert wurden, nachdem Studenten sie zu Ehren eines Professors und auch des Erzbischofs zum Ende des Studienjahres (»Final«) bestellt hatten (z. B. **KV 185, 203, 204, 251, 320**).

Mozarts Divertimenti neigen eher zur solistischen Streicher- und/oder Bläserbesetzung, während die Serenaden wohl überwiegend orchestral aufzuführen sind. Cassation und Serenade waren als »Abendmusiken« mit Ständchencharakter zur Aufführung im Freien bestimmt. Innerhalb der größeren Serenaden ist häufig ein sogenanntes Concertante enthalten, worunter man ein veritables mehrsätziges Violinkonzert verstand. Die Eingangsmärsche zahlreicher Serenaden sind übrigens

einzeln überliefert, ohne daß man bis heute den genauen Grund dafür kennt. In einzelnen Fällen ist nachträglich die Zuordnung solcher einzelnen Märsche gelungen. Mozarts eigentliche Leistung in seinen Serenaden und Divertimenti ist die bruchlose künstlerische Synthese zwischen unbekümmerter Unterhaltung und anspruchsvoller kompositorischer Durcharbeitung.
Als Gliederung bietet sich die jeweils unterschiedliche Besetzung der Werke an; wir ordnen unseren Kurzüberblick nach Titeln in reiner Streicherbesetzung, für Bläser allein und in gemischter Besetzung.

Streicher. Sehr beliebt bei Ausführenden und Hörern sind die 3 recht virtuosen und melodisch ungemein eingängigen sogenannten **»Salzburger Sinfonien« KV 136–138**, die dem 3sätzigen italienischen Vorbild folgen. Nicht minder berühmt ist die **Serenata notturna KV 239** von 1776, in der einem Streichorchester mit Paukenpaar ein Solo-Streichquartett mit Kontrabaß (anstelle des Violoncellos) gegenübertritt, in offensichtlicher Anlehnung an die Concerto-grosso-Praxis. Das liebenswürdige Werk gliedert sich in *Marsch*, *Menuett* und *Rondeau*. Mozarts bekannteste Serenade, die **»Kleine Nachtmusik« G-Dur** (KV 525) von 1787 war ursprünglich 5sätzig mit 2. Menuett; man kennt weder den Anlaß ihrer Entstehung noch ihrer Kürzung. Das eröffnende *Allegro* ist gleichsam ein Miniatur-Sonatensatz; die *Romanze* steht in der verkürzten Rondoform mit c-Moll-Mittelteil; das *Menuett* ist so knapp wie möglich gehalten, mit singendem *Trio* als starkem Kontrast zu den energischen Rahmenteilen. Das *Finale* nennt sich zwar Rondo, bezieht aber Sonatensatzelemente mit ein.

Bläser. Sehr gegensätzlich ist die Reihe der reinen Bläserwerke, zwischen den Extremen der schlichten, volkstümlichen und sehr knapp ausformulierten Divertimenti und den bedeutenden 3 letzten Bläserserenaden, die die Grenzen der höfischen Gebrauchsmusik zu sprengen scheinen. Nach den 2 5sätzigen Divertimenti von 1773 (**KV 166** und **186**), die mit je 2 Oboen, Klarinetten, Englischhörnern, Fagotten und Hörnern groß besetzt sind, gibt es aus den Jahren 1775 und 1777 die Reihe von 5 Divertimenti in Sextettbesetzung (**KV 213, 240, 252, 253, 270**), die bei aller kammermusikalischen Durchgestaltung doch eindeutig unterhaltenden Charakter haben. Über 4 zusätzliche Pauken verfügt dann das **C-Dur-Diverti-**

mento (KV 188), und die vielleicht 1783 in Wien entstandenen 5 **Divertimenti KV 439b** waren als Trios original möglicherweise mit 3 Bassetthörnern besetzt.
Höhepunkte dieser Gattung sind mit Sicherheit die 3 letzten Bläserserenaden, unter denen **KV 361 in B-Dur** die umfangreichste und auch ungewöhnlichste Besetzung aufweist, nämlich 12 Blasinstrumente und einen Kontrabaß (der heute oft durch das Kontrafagott ersetzt wird). In dieser **»Gran Partita«**, wie sie von fremder Hand bezeichnet wurde, hat Mozart das Problem der klanglichen Balance eines so großen und doch baßlastigen Ensembles auf staunenswerte Weise gelöst; das Ergebnis ist eine Instrumentationsstudie von bezaubernder Klangpoesie und gleichzeitiger Klangpracht und -gewalt. Das vielfarbige Ensemble wird in ständigem Wechsel immer neuer Farbkombinationen zwischen Solo, abgestufter Begleitung und Tutti vorgeführt; die besondere Note erhält das Werk durch den Einsatz der dunklen Bassetthörner und durch die Klangbasis von 4 Hörnern. Im kontrastreichen Wechsel folgen auf den einleitenden *Sonatensatz* mit vorangestellter Largo-Einleitung 6 weitere Sätze; im Zentrum steht, neben 2 *Menuetten* mit jeweils 2 *Trios*, das ausdrucksstarke *Adagio* mit seinem so kunstvoll organisierten Klangteppich als Begleitung für die Solo-Linien. Ein weiteres *Adagio* (»Romanze«) enthält als starken Kontrast einen bizarren Moll-Mittelteil. Nach einem abwechslungsreichen *Variationensatz* mit zahlreichen Solo-Episoden gibt es am Schluß ein leicht türkisch gefärbtes *Rondo*.
Die **Serenade Es-Dur** (KV 375) entstand 1781 als Sextett und wurde etwas später um 2 Oboen erweitert und zugleich überarbeitet. Mit seinen 5 serenadentypischen Sätzen handelt es sich um ein lebensfrohes und klangsinnliches Werk reinster kunstvoller Unterhaltungsmusik, bei auffälliger kammermusikalischer Durchgestaltung und sorgsamer klanglicher Ausbalancierung. Ihr nächtlicher Gegenentwurf ist die **Serenade c-Moll** (KV 388) von 1782, die so gar nichts mehr von einer höfischen Nachtmusik an sich hat. Ihr unerbittlicher, fast pessimistischer Tonfall, ihr fatalistischer Charakter, ihre ständige Chromatik, ihre starken dynamischen Kontraste und Akzente verweisen sie in den Bereich ambitionierter Kammermusik. Ein Wunder an 8stimmiger Klanglichkeit ist das Es-Dur-*Andante*; völlig aus dem gewohnten Rahmen fällt als kontrapunktische Studie das *Menuetto in canone*, in dem Hauptteil und *Trio* in konsequenter Imitationstechnik gearbeitet sind.

Am Schluß des 4sätzigen Werkes stehen Variationen über ein schlichtes Liedthema; der ein wenig lärmende Dur-Schluß wirkt wie ein Tribut an die Tradition.

Streicher und Bläser. Hierher gehören die großen »Finalmusiken«, die alle mit einem prächtigen Marsch eröffnet werden und danach eine beeindruckende Vielfalt von Satztypen aneinanderreihen. Am Anfang der langen Reihe stehen die beiden **Cassationen KV 63** und **99**, in denen jeweils in einem der beiden langsamen Sätze eine Solo-Violine konzertiert. Ebenfalls von 1769 stammt die 8sätzige **Serenade D-Dur KV 100** mit 3 Menuetten. **KV 113** ist 4sätzig und liegt in 2 Fassungen vor, mit und ohne Klarinetten. Das **D-Dur-Divertimento KV 131** fällt durch seine ungewöhnliche Bläserbesetzung auf: Neben je einer Flöte, Oboe und Fagott gibt es 4 Hörner, und Mozart setzt dieses Material äußerst abwechslungsreich und vielseitig ein. So gibt es in einem der 3 *Trios* des *1. Menuetts* das solistische Hörnerquartett, das 2. Trio bestreiten die Holzbläser, und im 3. werden sie alle kombiniert. Eine wichtige Rolle spielen die Hörner auch im *2. Menuett* und im *Finale*, das sie mit einem Horn-Adagio einleiten.
Dem **Divertimento D-Dur KV 205** fehlen die 2. Violinen – alle instrumentatorischen Besonderheiten weisen in der Regel auf Bedingungen des Auftrags oder Anlasses, die für den Komponisten zugleich Anreiz waren. **KV 185** ist ebenfalls eine Finalmusik mit einleitendem *Marsch* KV 189; in 2 Sätzen (*Andante* und *Allegro*, F-Dur) wird eine Solo-Violine eingesetzt. Die **Serenaden KV 203** und **204** ähneln sich in der Besetzung und in der Siebensätzigkeit; beide enthalten wieder je ein kleines Violinkonzert. Zur **»Lodronischen Nachtmusik«** (Divertimento) **F-Dur** (KV 247) gehört der *Marsch* KV 248; sie ist 6sätzig und verfügt zu den Streichern nur über 2 Hörner, die den Klang apart färben und auch die thematische Erfindung hörbar beeinflussen, etwa im Hörnerthema des *Finalsatzes*:

Die **»Haffner-Serenade« D-Dur** (KV 250) ist sicher neben der *Kleinen Nachtmusik* am populärsten geworden, 1776 für die Hochzeit der Salzburger Bürgermeistertochter Elisabeth

Haffner geschrieben und 9sätzig angelegt, mit dem *Marsch* KV 249 voran. Besetzung und kompositorischer Anspruch entsprechen dem repräsentativen Auftrag: mit 3 *Menuetten*, deren 2. ein zauberhaftes d-Moll-*Trio* enthält. Nach dem festlich-temperamentvollen *Kopfsatz* folgt unmittelbar ein 3sätziges Violinkonzert in G-Dur (*Andante, Menuett* und *Rondo*).
Ebenfalls 1776 entstand das andere **D-Dur-Divertimento KV 251**, mit solistischer Oboe zu Streichern und einem Hörnerpaar. Das 6sätzige Werk wird von einer *Marcia alla francese* eröffnet und beschlossen und enthält in der Mitte ein zart beschwingtes *Andantino* voller Grazie:

Ungewöhnlich ist die Besetzung des **Notturnos D-Dur KV 286** mit 4 Orchestern und jeweils 2 Hörnern, woraus Mozart reizvolle Klangeffekte ableitet. Das **B-Dur-Divertimento** (KV 287) entstand als **2. »Lodronische Nachtmusik«** wohl ebenfalls für die Gräfin Lodron und begnügt sich wie die 1. mit Streichern und Hörnern; sie ist noch kammermusikalischer angelegt und in ihrer virtuosen Beweglichkeit sehr gut solistisch denkbar. Die Satzfolge ist äußerst abwechslungsreich, mit Liedvariationen an zweiter Stelle und einem anspruchsvollen *Finale*, das ebenfalls auf ein Volkslied zurückgeht.
Die **»Posthorn-Serenade« D-Dur** (KV 320) entstand 1779 in Salzburg und hat ihren Beinamen vom Naturhorn, das mit seinen charakteristischen Signalen das 2. *Trio* im 2. *Menuett* beherrscht. Insgesamt aber handelt es sich bei diesem reich besetzten Werk (auch mit Trompeten und Pauken) um eines der bedeutendsten und abwechslungsreichsten Zeugnisse der Gattung. 3. und 4. Satz sind wieder ein »Concertante«, jedoch diesmal für solistische Holzbläser. Der *eröffnende Sonatensatz* ist sehr ambitioniert durchgeführt, mit einem in sich bereits kontrastierend aufgebauten Hauptthema und mit einer später im schnellen Tempo wiederholten Einleitung. Im 2. Trio des »Posthorn«-Menuetts geht ein »Flautino« in der höheren Oktave mit der Violinstimme – möglicherweise ist eine Sopranblockflöte gemeint. Auch das **D-Dur-Divertimento KV 334** ist ein Streichquartett mit 2 obligaten Hörnern, wobei die un-

gemein schwierige 1. Violinstimme auf solistische Besetzung hinweist. Das Werk zeichnet sich durch seine vollkommene Balance zwischen galanter Unterhaltung und kammermusikalischer Feinarbeit, zwischen klanglicher Poesie und instrumentaler Virtuosität aus.
Eher in den weiteren Umkreis der Divertimenti und Serenaden gehört der **»Galimathias musicum«** (KV 32) von 1766 mit seinen 18 Sätzchen über zeitgenössische Volksmelodien; Gleiches gilt für den populären 4sätzigen **»Musikalischen Spaß«**, auch bekannt als **»Dorfmusikanten-Sextett«** (F-Dur, KV 522, 1787). In ihm parodiert Mozart an einigen Stellen stümperhafte Musiker drastisch mit regelrecht »verrutschten« Tonfolgen, öfter aber mit subtilem Humor als boshafte Satire auf schlechte Komponisten, mit nichtssagenden Passagen, falscher Themenbildung und übertriebenen Harmoniefolgen.
Ein Gelegenheitswerk von ganz anderer Art ist die **»Maurerische Trauermusik« c-Moll** (KV 477), die Mozart 1785 zum Tod zweier Logenbrüder komponierte, ein kurzes und sorgfältig ausgefeiltes Orchesterstück von großem Tiefsinn und gekennzeichnet durch die »maurerische« Klangfarbe der beiden Bassetthörner.

Ludwig van Beethoven

getauft 17. Dezember 1770 in Bonn
† 26. März 1827 in Wien

Beethoven wurde als Sohn eines Bonner Musikers, des Tenoristen Johann, geboren, erhielt seine erste musikalische Ausbildung sehr früh und trat bereits im Alter von 8 Jahren, angepriesen als »Wunderkind« wie Mozart, in der Öffentlichkeit auf. Erst ab 1782 begann ein ordentlicher Musikunterricht bei Christian Gottlob Neefe, dem Bonner Vizeorganisten, der Beethoven zugleich mit dem bedeutenden Erbe J. S. Bachs bekannt machte. 1783 trat er seine erste Stelle als Organist und Cembalist in der Hofkapelle an. Ein erster kurzer Aufenthalt 1787 in Wien, wo Beethoven Mozart vorgestellt wurde, bei dem er eigentlich lernen sollte, wurde jäh unterbrochen durch den Tod der Mutter in Bonn. 1792 kehrte er endgültig nach Wien

zurück und wurde Schüler Joseph Haydns, den er bereits auf dessen Durchreise in Bonn kennengelernt hatte. Weitere Lehrer wurden Georg Albrechtsberger und Antonio Salieri. Nachdem die Unterstützung durch den Bonner Kurfürsten ausblieb, begann Beethoven in Wien und zunehmend auch auf Auslandsreisen als Pianist und Klavierlehrer für seinen eigenen Lebensunterhalt zu sorgen. Finanzielle Unterstützung fand er darüber hinaus bei adligen (später auch bürgerlichen) Gönnern, die ihm ein festes jährliches Gehalt garantierten und ihm die Entfaltung als freischaffender Komponist ermöglichten.
Parallel zum wachsenden Ruhm stellte sich jedoch ein rasch zunehmendes Gehörleiden ein, das schließlich 1819 zur völligen Taubheit führte und bereits 1814 seine öffentlichen Auftritte als Pianist und Dirigent beendet hatte. Beethovens Leben endete – im Widerspruch zu jenem großen Ruhm, den er als weltbekannter und gefeierter Komponist errang – in persönlicher Krise und Einsamkeit; er starb nach mehreren Operationen.

Orchesterwerke: 9 Sinfonien, Ouvertüren, 5 Klavierkonzerte, 1 Violinkonzert, 2 Violinromanzen, 1 Tripelkonzert.

Betrachtet man die Musikgeschichte der zurückliegenden 3 Jahrhunderte, dann erweist sich das Wirken Ludwig van Beethovens als Angelpunkt einer langfristigen und übergeordneten Entwicklung. Sein so vielseitiges und maßstabsetzendes Lebenswerk erscheint gleichermaßen als Zusammenfassung aller Ströme, die seit dem Tod Bachs auf ihn zuliefen, wie auch als entscheidende Leitlinie für das kommende 19. Jh. Als Basis seines Komponierens kristallisiert sich sehr schnell die zyklische Form der Sonate mit der zentralen Figur des Sonatensatzes heraus. Beides übernahm er von Haydn und Mozart, die hier gemeinsam und auf dem Fundament, das manche ihrer Zeitgenossen mit ihnen gelegt hatten, die Maßstäbe entwickelt haben. Dieses Sonatenmodell mit seiner Regelhaftigkeit von 3 oder 4 sowohl kontrastierenden als auch und vor allem einander zum Zyklus ergänzenden Sätzen findet sich in nahezu allen Instrumentalkompositionen Beethovens wieder, in seinen Sinfonien, Konzerten und Ouvertüren, und es wird in seinen strukturellen und gehaltlichen Aspekten dermaßen gründlich erprobt und weiterentwickelt, daß die Ergebnisse für mindestens ein Jahrhundert zum Maßstab kommender Komponistengenerationen wurden – entmutigend und gar abschreckend in ihrem einsamen Rang für die einen, ermutigend und anspornend für die anderen. Am deutlichsten wird diese Vorbildfunktion in der zentralen Gattung der Sinfonie, wo Beethovens Einfluß bis weit ins 20. Jh. spürbar geblieben ist.

Beethovens eigentliche, zukunftweisende Leistung ist es, die gleichsam bereits genormte Form der Sonate in die Individualität des jeweils singulären Einzelwerkes übergeführt zu haben. Jede seiner Sinfonien, jedes seiner späteren Konzerte ist eine unverwechselbare Werkpersönlichkeit mit ganz eigener Aufgaben- und Problemstellung und völlig individuellen Lösungswegen, von denen aus sich jeweils Linien in die Zukunft ziehen lassen. Man hat sich daran gewöhnt, der besseren Übersichtlichkeit halber seine Werke in drei Schaffensphasen zu gliedern, die freilich nicht säuberlich voneinander getrennt sind. Als »früh« bezeichnet man alle Kompositionen, die bis kurz nach der Jahrhundertwende entstanden sind, in jener Zeit, in der Beethoven nach seinen tastenden Bonner Versuchen zum eigenen Stil findet, der sich gleichwohl hörbar an zeitgenössischen Vorbildern (Haydn und Mozart vor allem) orientiert. Hierher gehören die beiden ersten Sinfonien und Klavierkonzerte.

Die mittlere Phase bedeutet danach einen energischen Schritt fort von der Tradition des 18. und öffnet die Tür weit ins 19. Jh. Die formalen Dimensionen wachsen beträchtlich, das konzertante Element meldet sich unüberhörbar zu Wort und drängt zur Synthese mit dem sinfonischen Prinzip. Zugleich zeichnet sich ein Weg ab, der von der eher spielerisch-absoluten Musikauffassung hinführt zu einer weltanschaulich geprägten, subjektiv bekenntnishaft und emotional angelegten Tonkunst. Gerade auf sinfonischem Gebiet entstehen charakteristische, über das rein Musikalische hinausweisende Dokumente wie die *Eroica* und die 5. Sinfonie, aber auch die *Pastorale* mit ihrer Nähe zur Programmatik. Hierher gehören neben der 3. bis 8. Sinfonie das 4. und 5. Klavierkonzert, das Violinkonzert sowie einige der Ouvertüren.

Beethovens letztes Lebensjahrzehnt, gezeichnet durch die Ertaubung und persönliche Schicksalsschläge, bringt dann die sogenannten Spätwerke mit den Opuszahlen über 100. Mit diesen Kompositionen werden zugleich nachdrücklich die Grenzen der sogenannten Wiener Klassik gesprengt; das Tor zur musikalischen Romantik wird weit geöffnet, und es ist kein Zufall, daß sich gerade an den Werken dieser Zeit die Diskussion immer neu entzündet, ob denn Beethoven nicht (zumindest auch) der Romantik zuzurechnen sei – Franz Schubert, der jüngere Zeitgenosse und Exponent der Romantik, starb nur ein Jahr nach ihm! Der ausgeprägte künstlerische Individualismus, dessen erster markanter Vertreter Beethoven war, dokumentiert sich auch in der Tatsache, daß es ihm als erstem gelang, als freischaffender Komponist nicht nur zu überleben, sondern auch erfolgreich zu bestehen. In dieser Phase entstehen Werke, die Maßstab und Ansporn für alle folgenden Komponistengenerationen werden sollten, darunter vor allem seine 9. Sinfonie, besonders aber auf dem Gebiet der Kammer- und der Klaviermusik. Seine späten Klaviersonaten und Quartette sind bis heute ehrfürchtig und bisweilen verständnislos betrachtete Zeugnisse eines einsamen Genies, das sich in seiner Taubheit nicht mehr um die Erwartungen und Bedürfnisse seines Publikums scherte, sondern nur eigener Inspiration traute. In diesen Werken sind neben zukunftweisenden (inhaltlichen und strukturellen) Elementen auch solche eingebunden, die konstruktiv in die musikalische Vergangenheit zurückweisen: kontrapunktische Prinzipien etwa, die übernommen und zugleich phantasievoll dem neuen Stil dienstbar gemacht werden, oder satztechnische Freiheiten und »Regelverletzungen«. Bemerkenswert an diesen Werken ist, daß sie auch heute keinerlei musealen Eindruck hervorrufen, sondern nach wie vor im Mittelpunkt einer reflektierenden, engagierten Musikrezeption stehen: sowohl im praktischen Musikleben wie in der Musikwissenschaft.

Sinfonien

1. Sinfonie C-Dur op. 21

Entstanden 1799/1800, gewidmet dem Freiherrn Gottfried van Swieten. 1. *Adagio molto / Allegro con brio* – 2. *Andante cantabile con moto* – 3. *Menuetto: Allegro molto e vivace* – 4. *Adagio / Allegro molto e vivace.*

Nach mehreren Anläufen entstand Beethovens Erste um die Wende zum neuen Jahrhundert und wurde am 2. April 1800 unter der Leitung des Komponisten in einer Burgtheater-Akademie uraufgeführt. Für sein Orchester verwendete er die Instrumentation, die sich bereits in den letzten Sinfonien Mozarts und Haydns bewährt hatte. Allerdings setzte er sie so originell und neuartig ein, daß die Zeitgenossen aufhorchten:

Hier war ein neuer Ton, der das Tor zum neuen Jahrhundert der Sinfonie aufstieß. Verblüffend auch der erste Schritt der langsamen Einleitung: im 6. Takt erklingt zum ersten Mal der Akkord der Tonika, das C-Dur; Anfangsklang ist statt dessen der Septakkord über C, also die Zwischendominante zur Subdominante, die alsbald folgt – ein Beginn, der das Neue, Unerhörte zu symbolisieren scheint, das diesen sinfonischen Erstling auszeichnet. Nach diesen eröffnenden Kadenzakkorden setzt melodisches Strömen ein, mündend in eine weitere pompöse Kadenz – das große Orchester hat sich vorgestellt; über einen langsamen Tonleiteraufstieg und einen kurzen schnellen Abschwung mündet sie in das Sonatensatz-*Allegro*. Seine Exposition ist vielfältig und doch überaus logisch gegliedert: das 1. Thema enthält im wesentlichen die Bewegungsenergie für den ganzen Satz, konzentriert im kleinen auftaktig punktierten Motiv:

Über zwei Anläufe und eine ff-Kadenz wird die Überleitung erreicht, die bereits mit dem Energiepotential des Kopfmotivs arbeitet. Seltsamerweise und entgegen der Regel moduliert diese Überleitung noch nicht endgültig in die Dominantebene; diese festigt sich erst mit dem Beginn des Seitensatzthemas, das durchbrochen in den Farben von Flöte und Oboe alterniert. Der Seitensatz insgesamt ist vielgestaltig; nach einem auftrumpfenden Streichertremolo verdunkelt sich die Szene zu einigen Molltakten; in den Bässen wird das Kernmotiv des Seitenthemas weitergeführt, und darüber schwingt sich eine Oboenkantilene. Schließlich markiert der überraschende Rückgriff auf das Rhythmusmotiv des Hauptthemas die Schlußgruppe. Die Durchführung setzt sich nun im Sinne der motivisch-thematischen Arbeit mit eben diesem Kopfmotiv und dem synkopischen Impuls aus der Fortführung des Seitenthemas auseinander und schreitet dabei äußerst planvoll quintenweise die näheren und ferneren Tonarten ab. Mit energischen Tonleiterwendungen, alternierend im Unisono der Streicher und in parallelen Bläserterzen wird zielstrebig die Reprise angesteuert. Sie folgt im wesentlichen den Konturen der Exposition, erweitert allerdings die Überleitung durch ein motivisches Spiel mit dem Tonleiterschleifer vom Ende der Einleitung. Und in der folgenden Coda werden noch einmal, auf der Basis der stabilen Tonika, die Energien des Hauptthemas freigesetzt, gestützt von mächtigen, an die Einleitung erinnernden Kadenzakkorden des Orchester-Tuttis.

Die Überschrift des folgenden *F-Dur-Satzes* kündigt ausdrücklich keinen langsamen, sondern einen durchaus bewegten Satz an. Auch er folgt zumindest in Umrissen dem Sonatensatzvorbild, freilich ohne die ihm eigentlich innewohnenden Konflikte auszutragen – ein insgesamt friedliches Gebilde fern von allem Pathos und allenfalls voll verhaltener Leidenschaft in wenigen Takten. Die Grundhaltung ist die des leicht gezierten höfischen Menuetts, an das auch der ruhige 3/8-Takt erinnert. Seine melodischen Elemente sind die der Dreiklangbrechung und der ständig variierten Tonleiterausschnitte. Wichtiger Bewegungsimpuls ist in diesem Satz die leichtfüßige Punktierung, die bereits im Hauptthema anklingt und im weiteren Verlauf in vielfältigen Nuancen eine Rolle spielt. Satztechnische Kunstfertigkeiten wie die Imitationsansätze zu Beginn und in der Durchführung bleiben eher unauffällig; diese stellt sich weniger als motivisch-thematische Arbeit dar denn als Weiterspinnung, als gleichgewichtiger Mittelteil einer 3teiligen Liedform, wie man den ganzen Satz auch deuten könnte.

Nach diesem »Menuett«-Zitat bricht danach das erste echte Beethoven-Scherzo im schnellen ganztaktigen Dreiertakt hervor, trotz der altertümelnden Bezeichnung *Menuett.* Auffällig an Hauptteil wie auch Trio ist das fast völlige Fehlen wirklicher thematischer Gebilde: hier ereignet sich sozusagen »Musik an sich«, gefügt aus geläufigen und eigentlich austauschbaren Versatzstücken, Tonleiter und Dreiklang, aber dabei so raffiniert verknüpft und so zwingend sich voranentwickelnd, daß der scheinbare Mangel zum positiven Charakteristikum wird. Während das eigentliche Scherzo seine Impulse aus der voranstürmenden und durch Akzente gegen das Metrum gestörten Viertel-Bewegung bezieht, setzt das *Trio* dagegen farblich zwischen Solo und Tutti abgestufte Bläserklangflächen, hinter denen bewegte Figuren der Violinen für Unruhe sorgen.

Das *Finale* ist wieder ein Sonatensatz, jedoch nicht von jener fast revolutionären Energie wie der Kopfsatz, sondern eher ein entspannt dahinwirbelndes Spiel in der Tradition der Finalsätze aus Haydn-Sinfonien. Die wenigen vorangestellten *Adagio*-Takte sind weniger als langsame Einleitung zu verstehen denn vielmehr als ein motivisch vorbereitendes witziges Spiel mit der allmählich aufsteigenden Tonleiter, die sich erst beim sechsten Anlauf vollständig in ihrer Länge und im *Allegro*-Tempo entfalten darf. Auch dieser Satz spielt auf delikate Art mit dem Basiselement der Tonleiter, im durchsichtig gefärbten und danach stürmisch aufbrausenden Gegen- und Nacheinander vor allem in der Durchführung, und schließlich noch ein letztes Mal mit aller Macht in der Coda, die nach einer überraschenden Fermatenstauung einsetzt und noch einmal alle Register der farbig durchsichtigen Instrumentationskunst zieht, den gewaltigen Schwung in einer Reihe mächtiger Tutti-Akkorde auffangend und beendend.

2. Sinfonie D-Dur op. 36

Entstanden 1801/02, gewidmet dem Fürsten von Lichnowsky.
1. *Adagio molto / Allegro con brio* – 2. *Larghetto* – 3. *Scherzo: Allegro* – 4. *Allegro molto*.

Daß diese am 5. April 1803 uraufgeführte Zweite – wie übrigens mehrere der sogenannten »geraden« Sinfonien Beethovens (Vierte und Achte!) – ein wenig im Schatten zu stehen scheint, liegt weniger an ihren eigenen Qualitäten als vielmehr an der erdrückenden Umgebung des überraschenden Erstlings und der übermächtigen *Eroica*. Man tut gut daran, nicht zu vergleichen, sondern individuell zu betrachten, um die Schönheiten dieses Werkes ganz würdigen zu können.
Die Einleitung, die auch diesem *Kopfsatz* vorangestellt ist, verströmt sich mit gelassener Würde und in feingliedrig aufgefächertem Netz aller Instrumentengruppen, rhythmisch subtil abgestuft in kleinsten Zwischenwerten, mit Trillerfiguren und schwirrenden Tonleitermotiven ausgeziert und zwischendurch auch in mächtiger Punktierung im Tutti auftrumpfend, dann wieder in Mollregionen ausweichend und Triolen- und Sechzehntel-Linien gegeneinander führend. Ein letzter Dominanttakt zielt im Crescendo und in suggestiv hinabstürzender Tonleiter auf den Sonatensatzbeginn. Dieser Sonatensatz wird von zwei sehr gegensätzlichen thematischen Bereichen ge-

prägt, wobei der Kontrast die traditionelle Reihenfolge im Gegensatzpaar gerade umkehrt: das Hauptthema, getragen vom vibrierenden Tremolo der übrigen Streicher, erklingt in Bratschen und Celli und enthält in seinem Kern eine kleine Drehfigur, doppelschlagähnlich den Grundton umspielend, im 4. Takt sogleich beantwortet von einer kreiselnden Violinpassage, deren Crescendo im Subito piano endet, worauf ein nächster Sequenzschritt des Themas anhebt:

Die kleine Drehfigur wird zum Motor des Satzes, in Grundgestalt und Umkehrung. Im Verlauf der recht dramatischen Überleitung wendet sie sich nach d-Moll und treibt das ganze Orchester zu einem ersten Höhepunkt, der das fanfarenartig im A-Dur-Dreiklang aufsteigende Seitenthema vorbereitet:

Auch hier erklingt wieder in den Violinen jene ausgeschriebene Trillerfigur, die bereits in der Weiterführung des Hauptthemas vorkam. Mächtige Tutti-Akkorde türmen sich schließlich auf, nach kurzem Abbrechen leitet eine aufsteigende Kette von Drehfiguren vom Pianissimo her die Schlußgruppe ein, die sich noch einmal mit kräftigen Akzenten und Dreiklanggängen aufbäumt. Im ersten Teil der Durchführung durchlaufen zunächst die motivischen Bestandteile des Hauptthemas dynamische, harmonische und auch kontrapunktische Verwicklungen, wobei sich das Drehmotiv immer stärker in den Vordergrund schiebt, bis es schließlich in dichter Engführung des ganzen Orchesters sich im Dominantseptakkord über D hinauf- und wieder hinabwindet. Einem Doppelpunkt gleich zielt diese Passage auf den zweiten Teil der Durchführung, die sich nun mit dem Fanfarenthema des Seitensatzes beschäftigt, es kleinteilig aufspaltet, mit zierlichen Triolengegenstimmen ausstattet und vor allem den Impuls seiner Punktierung nutzt. Mitten in die Energie einer Fortissimo-Entladung hinein verstummt das Geschehen auf einem leisen Liegeton, und ganz plötzlich zielen zwei verschieden schnelle gegenläufige Tonleitern trichterartig auf die Reprise. Sie wirkt mit ihren kleinen charakteristischen Änderungen wie eine bekräftigende Bestätigung der Exposition und mündet in eine recht ausgedehnte Coda, die noch einmal alle Energien bündelt, die vor allem in der Drehfigur und in der Punktierung stecken. Sie kulminiert in kraftvoll auftrumpfenden Schlußtakten, in denen Streicher und Bläser alternierend sich die Punktierungen zuwerfen, bevor sie sich zur Schlußgeste vereinigen.

Ein überaus kantables *Larghetto* in A-Dur bildet danach den weit ausschwingenden Ruhepunkt der Sinfonie, in dessen Verlauf die blühenden Farben der Streicher und vor allem der Holzbläser dankbar zur Geltung kommen. Während das Hauptthema sich gelassen und innig verströmt, zunächst phrasenweise jeweils in den Streichern allein und dann von den Bläsern beantwortet, kommt das E-Dur-Seitenthema ein wenig kleinteilig verspielter daher, neckisch mit kleinen Bläsereinwürfen garniert. In der Überleitung werden kurz Mollbezirke gestreift, mit einer gleichsam flehenden Motivgeste, die zwischen Bläsern und Streichern hin und her gegeben wird. Und auch nach dem Seitensatzthema ist der Melodienreichtum des Satzes noch nicht erschöpft: in seiner Weiterführung und einigen gegen den 3/8-Takt verschobenen Tonleiterwendungen klingt nach 2 Fortissimo-Takten auf einmal so etwas wie graziöser Serenadentonfall an, der zu einem ganz eigenständigen neuen Thema in den Celli führt. Ohne Wiederholung folgt die Durchführung, in der die überraschende melodische Vielfalt der Exposition reduziert wird auf wenige motivische Bestandteile, die allerdings in ungemein farbiger Weise durch emotionale Höhen und Tiefen geführt werden: überwiegend setzt sie sich mit dem aufsteigenden Kopf des Hauptthemas auseinander, voll harmonischer Trübungen und angereichert mit pochenden und stampfenden Gegenmotiven. Am Ende wird die ineinander verzahnte Fortführung des Seitenthemas noch einmal zu einer Steigerung benutzt, bevor wenige Takte zurückvermitteln zum friedlichen Eintritt der Reprise. Die Reprise löst nun gleichsam die »Versäumnisse« der Durchführung ein, indem sie sich verstärkt variativ und färbend den übrigen Abschnitten zuwendet; am Ende kehrt das Geschehen in einer Coda zum Anfangsthema zurück, angereichert durch zart hingetupfte Flötenarpeggien.

Das ganztaktig schnelle *Scherzo* ist ein ungemein geistreiches Spiel mit einem Drei-Ton-Motiv, das sich unmerklich zu periodischer Themenbildung fügt:

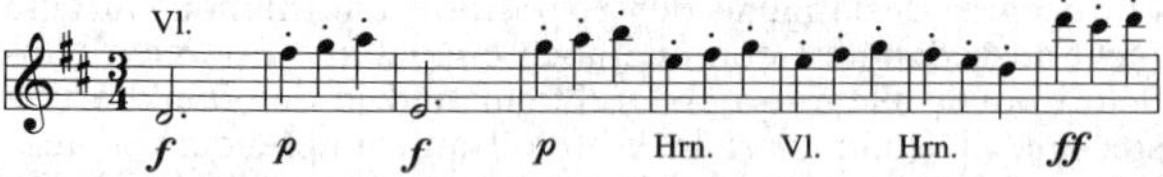

Nach einigen Takten im B-Teil taucht unversehens das kleine Drehmotiv aus dem Kopfsatz auf und leitet zur Reprise über, der ihrerseits noch einmal der variierte B-Teil angehängt wird. Das *Trio* beginnt als reiner Bläsersatz im symmetrischen Periodenbau, um sich im Mittelabschnitt einen kleinen akzentuierten Forte-Ausbruch der Streicher zu leisten und ins mediantische Fis-Dur auszuweichen. Am Schluß schließen sich die beiden Hörner der Melodie an; auch im Scherzo selbst hatten sie sich aktiv am Motivspiel beteiligt.
Das *Finale* ist ein hochvirtuoses Orchesterstück, das jedes Ensemble beim geforderten Tempo (♩ = 152!) an seine Grenzen zu bringen vermag. Ohne Wiederholungszeichen notiert, ist der Satz ein Sonatensatzgebilde mit starken Rondo-Zügen, die in erster Linie von der pointierten Wiederkehr seines Hauptthemas abhängen. Es ist in sich 2teilig gespalten: in einen kecken Forte-Anlauf und folgendes eilfertiges Achtelgeschnatter der 1. Violine:

Sein kurzer Auftakt (a) wird für den Satz zum wichtigen Antrieb. Nach einer Dominantkadenz setzt wiederum in der Grundtonart ein zweiter ausgeprägt kantabler Streichergedanke ein, der sich selber sogleich engräumig imitiert, worauf eine kurze dynamische Tutti-Überleitung endlich zum Seitensatz führt. Sein eigenes Thema ist wiederum gespalten, aber im Gegensatz zum ersten sozusagen horizontal: der gedehnte Holzbläsergesang erhebt sich über unruhig pulsierender Streicherbegleitung mit kleinen akzentuiert herausgehobenen, gleichsam »störenden« Tonleiterfloskeln. Nach einem weiteren Tutti führt ein delikates Fagott-Solo in Dreiklangbrechungen, kontrapunktiert von einer Kette thematischer Auftakte aus dem Hauptthema in den Violinen, zur wörtlichen Wiederkehr des Hauptthemas. Damit setzt zugleich die Durchführung ein, obwohl mit dieser Weichenstellung ja auch die Wiederholung der Exposition möglich wäre; sie fehlt jedoch, und so entsteht die Rondo-Wirkung. Nun werden die Bestandteile des Themas durcheinandergewirbelt: der Auftakt, der Triller und die Achtel-Kette, im weiteren Verlauf aber auch die Viertel-Begleitung aus dem Seitensatz als eigenständiges Element, und das alles in imitatorischen Verdichtungen und in weitem harmonischen Radius modulierend. Gegen Ende des Verlaufs dominiert immer stärker das Auftaktmotiv, steigert sich ins Unwirsche und Gewalttätige und kündigt zugleich die Reprise an. Hier ist vor allem der Seitensatz apart umgefärbt: nun beginnen die beiden Hörner die Gesangslinie, während die Flöte die kleine Tonleiterunruhe beisteuert. Am Ende erfolgt wieder das zum Hauptthema zurückführende Spiel mit dem Auftakt, so daß sich der Rondo-Eindruck immer mehr zu festigen scheint, trotz eindeutiger Sonatensatzkonturen. Das Hauptthema erscheint in der Coda jedoch nicht mehr vollständig, sondern wird bald auf Auftakt und Triller reduziert, ergänzt um die Viertel aus der Seitensatzbegleitung; dann drängt sich noch einmal das Streicherthema aus der Überleitung in den Vordergrund, endend in mächtiger Fermatensteigerung zunächst auf dem Dominantseptakkord, dann – wie ein Trugschlußecho – im Piano als Zwischendominante zur Dominantparallele Fis. Weiter geht es vorandrängend zum Spiel mit dem Auftaktmotiv, bis wieder ein scheinbarer Stillstand erreicht wird, indem sich gegeneinandergerichtete Tonleiterausschnitte verlangsamen und pianissimo im Streichertremolo verharren. Nach weiterem Sturmlauf des ganzen Orchesters stellt sich auf einmal beschwingte Leichtigkeit ein im Spiel mit dem Triller aus dem Hauptthema, noch eine letzte Fermatenstauung wieder auf Fis, ein stockend beginnendes letztes Spiel mit dem Auftakt, und das kadenzierende Abschluß-Tutti ist erreicht.

3. Sinfonie Es-Dur op. 55 (»Eroica«)

Entstanden 1802/03, gewidmet dem Fürsten von Lobkowitz.
1. *Allegro con brio* – 2. *Marcia funebre: Adagio assai* – 3. *Scherzo: Allegro vivace* – 4. *Finale: Allegro molto.*

Ob sich die Zeitgenossen, die im Januar 1805 die erste halböffentliche und die nachfolgende öffentliche Erstaufführung der »Sinfonia eroica, composta per festeggiare il souvenire di un

grand'uomo« (»Heroische Sinfonie zur Erinnerungsfeier für einen großen Menschen«) im Theater an der Wien miterleben durften, des musikhistorischen Fanals bewußt waren, dessen Zeugen sie soeben geworden waren? Auf jeden Fall überwogen im Publikum zunächst Ratlosigkeit und Verwunderung angesichts der neuartigen Abläufe und Dimensionen. Im geschichtlichen Rückblick muß man konstatieren, daß mit diesem Werk recht eigentlich die große Epoche der klassisch-romantischen Sinfonie begonnen hat. Bezüglich des Untertitels *Sinfonia eroica* haben sich einige Legenden gebildet. Bekannt ist, daß die ursprüngliche Widmung auf »Bonaparte« als Helden der Französischen Revolution lautete und Beethoven das so beschriftete Titelblatt zerriß, als er von Napoleons Krönungsplänen hörte. Inzwischen aber hat die musikwissenschaftliche Forschung zur Widmung an Lobkowitz ermittelt, daß sie dem Komponisten ein vorteilhaftes Salär, dem Fürsten das vorläufige Besitzrecht an dem Werk einbrachte. Überdies ist detailliert dargelegt worden, daß zwischen der *Eroica* und dem 1801 uraufgeführten Beethoven-Ballett *Die Geschöpfe des Prometheus* op. 43 mehr als nur eine oberflächliche Themenbeziehung (Thema des Finalsatzes) besteht und daß demnach auch eine inhaltliche Beziehung der Sinfonie zum antiken Heldenmythos von Prometheus anzunehmen ist. Als biographischer Kontrapunkt dazu ist das »Heiligenstädter Testament« anzusehen, das Beethoven als Ausdruck einer tiefen Lebenskrise zur Zeit seiner Arbeit an der Sinfonie verfaßte, wovon in ihr kaum Spuren zu finden sind.
Beängstigend für die Zeitgenossen waren allein schon die Dimensionen des neuen Werkes, das mit allen Wiederholungen fast eine Stunde dauert und damit doppelt so lange wie herkömmliche Sinfonien. Großen Raum nimmt bereits der *Kopfsatz* ein, der nach zwei Tutti-Schlägen umgehend im Piano mit dem Hauptthema einsetzt, das Beethoven Mozarts *Bastien und Bastienne* entnahm. Allerdings wird es erst durch seine unerwartete chromatische Weiterführung im Takt 6/7 interessant und dynamisch wirksam:

Sogleich wird es in Farbvarianten über irritierende Schwerpunktverschiebungen im Dreiertakt bis ins Tutti weitergeführt. Daraufhin stellt sich als Kontrast bereits auf der Dominante ein neuer Gedanke ein, flehend auf Holzbläserfarben verteilt:

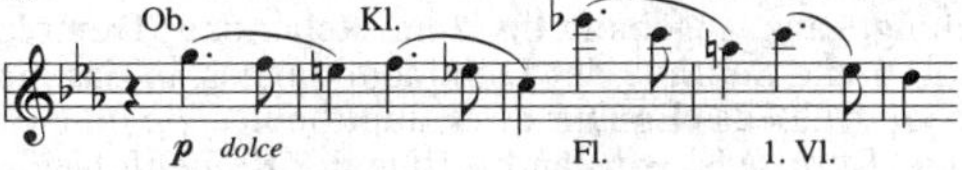

woraufhin eine weitere Steigerungswelle ein kleines, für den weiteren Verlauf wichtiges Rhythmusmotiv bereitstellt:

Erst jetzt wird die Dominantebene B-Dur kadenzierend bekräftigt und das eigentliche, in Holzbläsern und Streichern alternierende akkordische Seitenthema präsentiert. In erneuter dynamischer Steigerung wird die Schlußgruppe angesteuert, kulminierend in mächtiger Kraftentladung des ganzen Orchesters, mit 6 Tutti-Schlägen gegen den Takt. Eine harmonisch eingetrübte, geheimnisvolle Überleitung vermittelt entweder zur Wiederholung der Exposition oder zur Durchführung. Diese ist um die Hälfte länger als die Exposition und baut sich in mehreren großformalen Bögen auf, beschäftigt sich nacheinander zuerst mit dem flehenden Motiv, dann mit dem Hauptthema und verknüpft dieses bald mit dem Rhythmusmotiv. Charakteristisch für diese Musik sind die wellenförmig aufeinander folgenden Steigerungskurven: eine zweite beginnt wieder (T. 220) mit dem flehenden Motiv und führt es alsbald in ein Fugato, das seinerseits in eine lange Phase der Hochspannung voll erregender Taktverschiebungen mündet, an der das ganze Orchester beteiligt ist und die einen gewaltigen Höhepunkt im Satz ausmacht. Überraschende Entspannung bringt dann der Eintritt eines völlig neuen Themas, das aus zwei gegeneinander gerichteten Linien besteht und wie eine lyrische Oase anmutet:

Nach der Wiederkehr des Hauptthemas erklingt es erneut, um wieder zum Hauptthema zurückzufinden. Und am Ende der Durchführung wird nun auf unerhört kunstvolle Weise die Spannung ganz abgebaut bis zum stehenden Tremolo von Grundton und Septime des Dominantklanges, in das hinein 2 Takte »zu früh« das Es-Dur des Hauptthemas, pp im Horn, ertönt. Die Reprise ist vollständig, folgt der Reihenfolge der Exposition und mündet in eine ausgedehnte Coda, die oft als »zweite Durchführung« bezeichnet wird. Richtig daran ist, daß sie mit 134 Takten die gewohnten Dimensionen einer Coda sprengt und erneut motivisch-thematische Auseinandersetzungen stattfinden; dabei tritt auch noch einmal das Durchführungsthema in Erscheinung. Abweichend vom Durchführungsprinzip aber wird die Basis der Grundtonart, außer in den fast gewaltsam um eine große und eine kleine Sekunde nach unten rückenden ersten Takten, nicht mehr in Frage gestellt. Am Ende wird mit den Elementen des Hauptthemas und des Rhythmusmotivs dic Tonart Es-Dur unmißverständlich und grandios bestätigt.
Der folgende *Trauermarsch* läßt sich zwar stilistisch durchaus auf das modische Vorbild französischer militärischer Trauermusik zurückführen, ist aber zugleich fern aller Nachahmung oder Abhängigkeit. So ergreifend und aufwühlend die emotionale Wirkung dieser Musik ist, so schlicht ist ihr formaler Ablauf. Er folgt der 3teiligen Liedform, mit dem eigentlichen Trauermarschthema im düsteren c-Moll, gestützt von den unheimlichen Schleiffiguren der Bässe, alsbald von den Streichern in die Solo-Oboe übernommen. In der Mitte dieses Mollabschnitts erklingt in den Streichern eine emphatische Es-Dur-Passage, bevor reprisenartig der Trauermarsch zurückkehrt – also auch im kleinen gibt es die liedförmige Dreiteiligkeit A – B – A. Ins lichte C-Dur wendet sich der Mittelabschnitt mit seiner tröstlich-sehnsuchtsvollen Oboenmelodie, die von sanften Triolen und weich aufsteigenden Achteln in den Streichern getragen wird. Bis zum Ende steigert sie sich allerdings zum fanfarenartig-martialischen Höhepunkt, der jedoch abrupt abbricht und über 4 hinabsinkende Takte zur Wiederkehr des Trauermarsches vermittelt. Sie ist stark variiert und führt in eine emotional ungemein aufgeladene kontrapunktische Steigerung hinein. Die Wiederkehr des Hauptthemas zerrinnt nach 4 Takten, und nun erfolgt so etwas wie ein schicksalhaft-gewalttätiger

Einbruch im As-Dur-Fortissimo, eine gleichsam außermusikalische Störung des Geschehens – ein unerklärlicher Hinweis auf programmatische Hintergründe dieser Musik? Die Unruhe zittert noch lange nach, während sich die Musik wieder in den geordneten Bahnen der variierten Reprise bewegt. Von anrührender Innigkeit ist die Coda, wiederum vom trugschlußhaften As-Dur ausgehend, voll empfindsamer Seufzerfiguren und am Ende in einzelnen Bestandteilen des Themas erlöschend.

Das *Scherzo* an dritter Stelle ist der »normalste« Satz der Sinfonie, dem 3teiligen Schema mit kontrastierendem Trio folgend, allerdings formal recht ausgeweitet. Im Hauptteil dominiert die vorantreibende ganztaktige Viertel-Bewegung, die immer wieder »gestört« wird durch Akzentverlagerungen und, in der Reprise, gar einen kurzen 2/4-Einbruch. Die zugrunde liegende 2taktige Gliederung wird auf diese Weise immer aufs neue in Frage gestellt, ohne jedoch ernsthaft gefährdet zu sein. Im *Trio* wird klar, warum Beethoven für diese Sinfonie erstmals 3 Hörner benötigte: er setzt sie als selbständiges Trio ein und weckt so ganz ferne und höchst stilisierte Jagd-Assoziationen.

Am ungewöhnlichsten und neuartigsten ist schließlich das *Finale*, das allen strukturellen Hörerwartungen entgegenläuft und die Prinzipien von Fuge und Variation auf höchst originelle Weise miteinander verschmilzt. Einige stürmische einleitende Takte sind dem Satz in den Streichern vorangestellt und münden dominantisch wie ein erwartungsvoller Doppelpunkt in eine Fermate. Das aus dem *Prometheus*-Ballett übernommene thematische Material wird dann in zwei Teilen exponiert: zuerst der Baß des Themas allein, der in 2 separaten Variationen durchgeführt wird. Erst danach, in Variation 3, tritt das eigentliche, volksliedhaft eingängige und simple Hauptthema in Erscheinung:

das unmittelbare Lebensfreude auszustrahlen scheint. Eine kurze Überleitung führt zum ersten großen fugierten Abschnitt über den Themenbaß, dem ein kleiner Achtel-Kontrapunkt entgegensteht. Die Wiederkehr des Hauptthemas unterbricht das kontrapunktische Geschehen zugunsten durchführungsähnlicher Variationspassagen, bevor in einem zweiten Fugato-Ansatz nun die Umkehrung des Basses verarbeitet wird. Vor das strettahafte Schluß-Presto schieben sich überraschend noch Variationen im Andante-Tempo, einem langsamen Satz vergleichbar und zwischen den emotionalen Extremen der Empfindsamkeit und der großen Geste ausschwingend. Das Presto bricht mit den Sturmläufen des Satzbeginns herein, zitiert noch einmal das variierte Thema und kulminiert in einer schier unendlichen Reihe von Schlußakkorden. Sie sind nötig als »Ventil« für die überbordende Energie, die sich im Satz- und Sinfonieverlauf aufgestaut hat, obwohl sie – für sich allein betrachtet – fast wie die Parodie eines Satzschlusses wirken könnten: das fast ans Groteske reichende Einhämmern eines totalen Sieges.

4. Sinfonie B-Dur op. 60

Entstanden 1806, gewidmet dem Grafen Franz von Oppersdorff.
1. *Adagio / Allegro vivace* – 2. *Adagio* – 3. *Allegro vivace* –
4. *Allegro ma non troppo.*

Im Gegensatz zur *Eroica* und zur 5. Sinfonie fehlen der Vierten alle äußerlichen spektakulären Zutaten oder Beinamen, sie ist reine Musik ohne auch nur andeutungsweise vorhandene Programmatik. Vielleicht steht sie aus diesem Grund im Schatten ihrer Schwesterwerke; wie auch immer geartete Kriterien für eine Zurücksetzung gibt es freilich nicht.
Wie in den beiden ersten Sinfonien beginnt der *Kopfsatz* mit einer langsamen Einleitung; sie hat einen seltsam unbestimmten, geheimnisvoll suchenden Charakter, ganz ohne eigene Thematik, die sie mit dem folgenden Geschehen verbinden könnte. Das Pianissimo-b, mit dem sie einsetzt, als Liegeton in den Bläsern weitergehalten und durch einen Pizzicato-Akzent markiert, scheint der Doppelpunkt für alles Folgende zu sein, und die vor allem harmonischen und klangfarblichen Details, die nun folgen, breiten einen eigenartigen Zauber über die Musik. Vom Ton b aus sinkt nun eine Unisono-Figur langsam in den Streichern von der kleinen Sexte ges aus herab, gefolgt

von zunächst einzeln hingetupften Tönen, dann Akkorden – mehr geschieht eigentlich gar nicht. Die letzten Takte im Fortissimo dienen bereits der unmittelbaren Vorbereitung des Allegros: der zweimalige Aufwärtsschleifer kehrt 4 Takte lang im neuen schnellen Tempo wieder, bis aus ihm endlich das vorwärtsdrängende 1. Thema hervorbricht – wenn man will, kann man in ihm die beschleunigten Einzeltöne der Einleitung wiedererkennen:

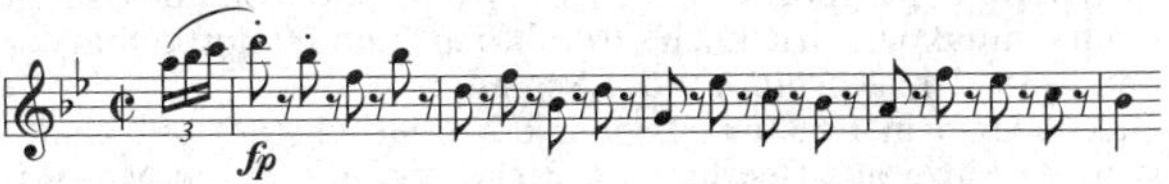

Es kehrt noch zweimal im Tutti-Forte wieder, unterbrochen durch eine Pianissimo-Passage voll Trillerfiguren, in der das Dreiklangelement des Hauptthemas nun begleitend im Fagott zu hören ist. Flächige Synkopenklänge, zunächst in den Bläsern, dann im Tutti, leiten die Beruhigung zum Seitensatz hin ein. Auf der Dominante, der Regel entsprechend, erklingt in durchbrochenem Holzbläsersatz das Seitenthema, mit drei sich imitierenden Anläufen und einer weichen Legato-Fortsetzung in der Solo-Flöte. Eine kleine Steigerungswelle, herauswachsend aus einem längeren, sich emporwindenden Streicher-Unisono, führt zu einem zweiten Seitensatzgedanken, in dem sich zunächst Klarinette und Fagott spielerisch imitieren:

Dynamisch kontrastreich verläuft die Schlußgruppe, die am Ende noch einmal im vollen Streicherklang die Synkope herausstreicht. Die Durchführung ist ein langes und ungemein geistreiches Spiel mit den motivischen Kernbestandteilen des Hauptthemas: dem Schleifer und der gleichmäßig vorantreibenden Viertel-Bewegung, vorwiegend in Dreiklangbrechungen. Das Ganze geschieht voll Klangphantasie und Instrumentationspoesie, die schlagend das Vorurteil widerlegt, das gelegentlich zu hören ist: Beethoven habe unbekümmert instrumentiert. In klaren, weiträumigen Modulationsschritten verläuft der harmonische Plan; und ganz überraschend setzt, als D-Dur erreicht ist (T. 221), in Violinen und Celli ein neues eindringliches Gesangsthema ein; es wandert über g-Moll nach Es-Dur und verstummt ohne Wiederkehr. Drei große Fortissimo-Ausbrüche leiten den Schlußabschnitt der Durchführung ein, in dem die Musik ins zarteste Pianissimo zurückgeführt wird; aus ihm heraus wird allmählich, im motivischen Spiel mit dem Auftaktschleifer und schließlich im grandiosen Crescendo, die Reprise erfolgen. Sie zeichnet getreulich die Vorgaben der Exposition nach; die glänzende Coda bekräftigt noch einmal nachdrücklich Grundtonart und Hauptthema, endend mit dem Kernmotiv des Schleifers.

Das *Adagio* in Es-Dur ist einer der poetischsten und klangvollsten Sätze aus Beethovens Orchesterwerken, ein Meisterstück subtilster Farbabstufungen und Instrumentationsnuancen. Formal handelt es sich um einen Sonatensatz mit freilich nur kurzer, eher marginaler Durchführung, in der auch kaum von motivisch-thematischer Arbeit gesprochen werden kann. Bevor das kantabel strömende Hauptthema einsetzt, erklingt in den 2. Violinen einen ganzen Takt lang jenes charakteristische Auftaktmotiv, das den ganzen Satz durchzieht und prägt, als eigenartiger Kontrast zum vorherrschenden lyrischen Sich-Verströmen (a):

Das Thema selber mag exemplarisch stehen für Beethovens Gabe, aus einfachsten Elementen melodische Qualität zu zaubern: im wesentlichen besteht es nämlich aus der Kontur einer ab- und wieder aufsteigenden Tonleiter (b), zunächst in der 1. Violine vorgestellt und mit einem in Gegenrichtung verlaufenden Kontrapunkt in der Viola versehen, ein zweites Mal dann vom Holzbläserchor übernommen. Die Überleitung steckt voller Unruhe in den Begleitfiguren, während das Seitenthema auf der Dominante B ein ganz versonnener solistischer Klarinettengesang ist, mit einem vom Hörnerpaar angestimmten Nachsatz. Die Wiederkehr des ausgezierten Hauptthemas in der Grundtonart markiert zugleich den Übergang zur kurzen Durchführung, in der es recht bald zu einem kurzen düsteren Tutti-Ausbruch in es-Moll kommt, bevor zart sich verschlingende Violinpassagen und das in der Pauke solistisch intonierte Rhythmusmotiv zur Reprise führen. Sie bringt dezent verzierende Veränderungen des im großen ganzen unveränderten Ablaufs. Dem Hörnernachsatz des Seitenthemas schließt sich ein Verklingen in alternierenden Violinarabesken an, das in die Coda mündet: ein letzter Ansatz des Hauptthemas im Holz, ein kleines Kadenzieren vom Horn über Violine und Holzbläser zu einem letzten Aufbäumen des ganzen Orchesters; wie ein fernes Echo ertönt in der Pauke noch einmal der charakteristische Rhythmus, geht in einen Wirbel über und mündet in die Schlußakkorde.

Im folgenden (nicht so bezeichneten) Scherzo (*Allegro vivace*) dominiert zunächst der Rhythmus, der sogleich in den Anfangstakten die vorherrschende Dreierbewegung durch eine dreimalige Zwei-Viertel-Figur in Frage stellt:

Das ein wenig verzögerte Trio (*Un poco meno allegro*) wird dagegen vom Bläserklang beherrscht und stellt insgesamt den Dreiertakt nicht zur Diskussion, während die Streicher durchlaufend durch ihre Achtel-Bewegung einen lebendigen Untergrund bereitstellen. Der Satz ist 5teilig, denn nach der Reprise des Scherzos kehrt das Trio noch einmal wieder, was zu einer zweiten Reprise führt.

Der turbulente, durch seine vorherrschende Sechzehntel-Bewegung charakterisierte *Schlußsatz* folgt der Sonatensatzform und ist ein äußerst virtuoses Orchesterstück. Die motorische Energie seines unmittelbar einsetzenden Hauptthemas treibt das Geschehen voran, während das eher beschauliche Seitenthema der Oboe über dudelnden Klarinettentriolen für die nötige Entspannung sorgt. Das kreisende Kopfmotiv vor allem setzt dann bereits in der Schlußgruppe, vor allem aber in der Durchführung kräftige Akzente, sorgt aber auch für einige stille und durchsichtige Takte. Die Reprise erfolgt nach dem kräftigen dynamischen Höhepunkt, an dem das ganze Orchester sich mit Hilfe des Drehmotivs in den dissonanten Klang des kleinen Septnonenakkordes der Dominante F steigert. Die Reprise erfolgt sozusagen überstürzt im Solo-Fagott, das den Themenkopf einen halben Takt zu früh anstimmt; ein Gleiches geschieht noch einmal in der Coda, nun in der Klarinette. Mehrere Fermaten stauen das wirbelnde Spiel noch einmal kurz vor dem Ende, bevor ein Tonleiterabsturz die Schlußtakte markiert.

5. Sinfonie c-Moll op. 67

Entstanden zwischen 1803 und 1808, gewidmet den Fürsten Lobkowitz und Rasumowsky.

1. *Allegro con brio* – 2. *Andante con moto* – 3. *Allegro* – 4. *Allegro*.

Diese am 22. Dezember 1808 unter Beethovens Leitung in Wien uraufgeführte Sinfonie umgibt ein Mythos, der mit Hilfe der musikalischen Analyse schwerlich ganz zu erhellen ist. Das Werk weist eine durchaus »regelgerechte« Struktur auf, wirkt aber andererseits spontan so überzeugend und in den außermusikalischen Perspektiven derart überrumpelnd, daß man Struktur und Aussage überhaupt nicht trennen kann. Unzweifelhaft ist die Sinfonie ausgerichtet auf eine zwar nicht konkret formulierbare, im Kern aber ganz offensichtliche Programmidee. Die so eindeutig zielgerichtete Tendenz eines Weges »durch Nacht zum Licht«, eines triumphal abgeschlossenen Ringens mit schicksalhaften Widerständen, erschließt sich jedem aufgeschlossenen Hörer auf direktem Weg und bedarf kaum analytischer Stützung. Eine bei Beethoven bisher unbekannte Reduktion auf die wesentlichen kompositorischen Elemente verleiht der Aussage Gewalt und fast plakative Direktheit.

Der *Kopfsatz* ist extrem kurz und überdies durch seine sozusagen monothematische Anlage auch ungewöhnlich dicht und geschlossen. Mottoartig steht zu Beginn auf Tonika und Dominante das zweimalige Pochen des auftaktigen Kopfmotivs, aus dem sich sodann das weitere Geschehen des ganzen Satzes ableiten läßt. Nach der zweiten, etwas länger gedehnten Fermate reiht es sich alsbald, auf die verschiedenen Streicherstimmen verteilt, zum Hauptthema. Bald stauen zwei weitere Fermaten den Vorwärtsdrang erneut, und nun beginnt mit Hilfe des pochenden Motivs eine erste Steigerungswelle, die über die Doppeldominante sehr schnell den Seitensatz erreicht. Sein Thema beginnt, fanfarenartig geweitet, wieder mit dem Kopfmotiv im Horn, weitergeführt jedoch im Kontrast einer weichen Kantilene. Im Untergrund allerdings rumort ständig das Motto, drängt sich immer stärker in den Vordergrund und beendet auch die Exposition ganz nachdrücklich.

Die knappe und konzentrierte Durchführung basiert weiterhin auf dieser Kernfigur des drängenden Auftakts, reduziert an ihrem Ende die ihm innewohnende Kraft auf bloße Akkorde, die zwischen den Instrumentengruppen alternieren und aus dem Hornsignal des Seitenthemas stammen. Aus dem Tiefpunkt eines ganz zurückgenommenen Klingens heraus entwickelt sich der gewaltige Ansturm zur Reprise hin, die im Fortissimo des ganzen Orchesters geschieht. Sie ist genauso knapp wie die Exposition, jedoch mit charaktervollen Varianten. So mündet die Fermate nach dem ersten Themendurchgang in eine anrührende kleine Oboenkadenz; und das Seitenthema setzt nicht im Hörner-, sondern im Fagott-Fortissimo ein: Lange Zeit glaubte man hier an einen Instrumentationsfehler Beethovens, mindestens an eine Nachlässigkeit, und retuschierte diese Stelle analog zur Exposition. Die ausgedehnte Coda führt den Satz im unerbittlichen c-Moll zu Ende, kulminierend in zwei mächtigen Fermatenstauungen, nachdem sich zuvor im Zuge der Fortentwicklung fast so etwas wie ein neuer Gedanke herausgebildet hat, entstanden aus dem ursprünglich so lyrischen Nachsatz des Seitenthemas. Eine Erklärung für die ungewöhnliche Dichte dieser Musik ist gewiß die konsequente Beschränkung auf die drei Notenwerte Achtel, Viertel und Halbe, gekoppelt an eine dichte Schwerpunktfolge im 2/4-Metrum.

Auch das nachfolgende eindringliche As-Dur-*Adagio* stellt sich als Reduktionsmodell dar: zwar handelt es sich rein formal um eine Variationsreihe, doch ist das Variationsprinzip hier selber reduziert – es geschieht, verglichen mit anderen Variationenketten – eigentlich überraschend wenig an Veränderung. Die Substanz des thematischen Materials wird vielmehr ständig mit eher peripheren Abwandlungen wiederholt. Allerdings ist das thematische Gebilde selber doch recht komplex: es beginnt mit einer fast geziert punktierten Melodielinie voll tänzerischer Anmut (»con moto«!), die jedoch einen sehnsuchtsvoll gedehnten Nachsatz hat, alternierend zwischen Holzbläsern und Streichern. Es folgt der zweite Abschnitt als dezent fanfarenartiger Gedanke in der Klarinette:

der sich unversehens zu einem mächtigen Orchestertriumph unter Führung der Trompeten aufbaut, ständig von triolischer Unruhe in der Begleitung getragen. Ganz zurückgenommen und still verklingt dieser erste Durchgang. Die 3 Großvariationen, die nun folgen, verändern nur untergeordnete Details: das Hauptthema wird nun schlicht in Achteln figuriert, später dann in Zweiunddreißigsteln. Beim zweiten Gedanken – der Fanfare – verändert sich hingegen zunächst nur die triolische Begleitung zu Zweiunddreißigsteln. Im zweiten Durchgang dagegen trumpft es völlig ohne diese Unruhe auf. Diese 2. Variation hat gleichzeitig phasenweise Durchführungscharakter im Spiel mit motivischen Bestandteilen und vor allem auch in subtil abgestuften Instrumentationseffekten zwischen den verschiedenen Gruppen des Orchesters. Ein Spiel mit den reinen Begleitfiguren leitet schließlich über zur 3. und letzten Variation, die das Hauptthema im Staccato gestoßen charakterlich abwandelt. Am Schluß beschleunigt es sich kurzzeitig (»più moto«) über synkopischer Unruhe, bevor sein empfindsamer Nachsatz durch vergrößerte Intervalle emphatisch gesteigert wird. Der punktierte Auftakt des Hauptthemas behält am Ende das letzte Wort.

Scherzo und *Finale* sind untrennbar miteinander verknüpft und dabei prozeßhaft aufeinander bezogen: noch einmal ertönt ausdrückliches düsteres c-Moll, das sich nach langer, quälend gebremster Überleitung ins strahlende C-Dur des Finales öffnet. Das Scherzo hat als thematisches Zentrum eine aufsteigende Dreiklangbrechung, die im Finale von Mozarts großer g-Moll-Sinfonie KV 550 vorgeprägt ist (a):

Hinzu tritt ein rhythmisches Motiv, das unmittelbar aus dem Kopfmotiv des ersten Satzes abgeleitet ist (b). Das *Trio* nimmt bereits C-Dur vorweg, jedoch ohne jede Triumphgeste, vielmehr eher nervös und voll aggressiver Unruhe, in den Bässen brodelnd und sich dann im ganzen Orchester auftürmend. Erst in der Rückführung zum Scherzo-Beginn verliert es seine Aggressivität und wird freundlich und verbindlich. Die Reprise des Scherzos ist stark verändert und verkürzt, von Beginn an ausgerichtet auf die kommende Überleitung zum

Finale, nur noch piano und ganz luftig instrumentiert. Mit einem Trugschluß von der Dominante nach As-Dur setzt in der Pauke, zunächst motivisch stockend, dann in dichter Viertel-Kette, ein Ostinato ein, hinter dem eine äußerst kunstvoll zurückgehaltene dynamische und farbliche Steigerung abläuft. Erst ganz am Ende erfolgt in wenigen Takten die Explosion, während zuvor sich lediglich die nach Dur gewandte Anfangsgeste des Scherzo-Themas, motivisch abgespalten, nach oben schiebt – ein Meisterstück der genauestens kalkulierten und registrierten Spannungsmaximierung.
Wie eine Befreiung erfolgt dann der fanfarenartige Eintritt des Finalthemas in seinen klaren Dreiklang- und Tonleiterschritten und scharfen Punktierungen, in geradezu plakativer Homophonie des ganzen Orchesters. Es eröffnet einen Sonatensatz, dessen strukturelle Details sich freilich konsequent dem übergeordneten Ziel der finalen Siegeshymne unterordnen. Dem Hauptthema gesellt sich bald ein zweiter Hauptsatzgedanke hinzu, mächtig in den Hörnern intoniert, von wo aus die Überleitung vorantreibend zur Dominantebene moduliert. Auch im Seitensatz erklingen zwei Themen: zunächst ein kleinteiliges, triolisch gegliedertes mit kräftigem Vorder- und stillerem Nachsatz; prägendes Element über diesen Abschnitt hinaus ist das zentrale Triolenmotiv:

Nach stürmischen Tonleitern hinauf und hinab und zwei kadenzierenden Tutti-Akkorden erscheint ein 2. Seitensatzthema, akzentuiert einsetzend und im Quartgang absteigend, mit einer kleinen Sechzehntel-Figur als Kontrapunkt:

Man könnte hier auch die Schlußgruppe beginnen lassen. Die Durchführung setzt sich im wesentlichen mit dem triolischen Seitenthema auseinander, wobei in ihren Steigerungen auf einmal ersichtlich wird, daß sein triolisch auftaktiger Kern eine weitere beziehungsreiche Variante des Mottos aus dem Kopfsatz darstellt, allerdings – ebenso wie das vergleichbare Motiv im Scherzo – akzentuiert beginnend und nicht in kontinuierlicher Steigerung. Völlig unerwartet kommt es dann zu einer Wiederkehr des Scherzos in stark verkürzter, eher andeutender Form und mit einer ebenfalls kürzeren variierten Steigerungsüberleitung zur Reprise hin, ein Kunstgriff, der den sieghaften Eindruck eines Triumphmarsches beim Wiedereintritt des Satzbeginns noch unterstreicht. Die Coda verläuft in zwei Steigerungswellen: zunächst mit Hilfe des zweiten thematischen Elementes aus dem Hauptsatz und mit glitzernden Läufen der Pikkoloflöte, die neben den Posaunen hier das Instrumentarium verstärkt; danach in einer sich überstürzenden Beschleunigung bis ins Presto mit einem kurzatmig vorwärtsdrängenden Motiv, das nichts anderes ist als die stark beschleunigte Variante des 2. Seitensatzthemas. Der ganze lange Schluß ist dann nichts mehr als grandioser C-Dur-Jubel ohne Grenzen, verständlich nur aus dem langen Zusammenhang heraus, für sich genommen aber, ähnlich wie und noch ausgeprägter als der Schluß der *Eroica*, fast parodistisch wirkend.

6. Sinfonie F-Dur op. 68 (»Pastorale«)

Entstanden zwischen 1803 und 1808, gewidmet den Fürsten Lobkowitz und Rasumowsky.

1. *Allegro ma non troppo (Erwachen heiterer Gefühle bei der Ankunft auf dem Lande)* – 2. *Andante molto mosso (Szene am Bach)* – 3. *Allegro (Lustiges Zusammensein der Landleute)* – 4. *Allegro (Gewitter. Sturm)* – 5. *Allegretto (Frohe, dankbare Gefühle nach dem Sturm).*

Es gibt kein gegensätzlicheres Geschwisterpaar in der Musikgeschichte als die beiden Sinfonien c-Moll und F-Dur von Beethoven. Sie entstanden im gleichen Zeitraum (vor allem im Jahr 1807) und wurden auch im gleichen Konzert am 22. Dezember 1808 im Theater an der Wien uraufgeführt. Und doch verhalten sie sich zueinander wie These und Antithese, haben so gut wie nichts außer der Orchesterbesetzung miteinander gemeinsam. Durch die Existenz dieser beiden gleichzeitigen Meisterwerke wird mit frappierender Eindringlichkeit der immense schöpferische Radius dieses Komponisten greifbar. Und der Betrachter erlebt staunend, daß jede einzelne seiner Sinfonien ein unverwechselbares Individuum ist, keine zwei folgen auch nur grob dem gleichen Ansatz, der gleichen Idee.

So entschieden Beethoven mit seiner Notiz in den Noten

»Mehr Ausdruck der Empfindung als Malerey« seine Hörer vor der Erwartung konkreter Programmatik gewarnt hat, so klar hat er andererseits durch die Satzüberschriften und zahlreiche musikalische Details zu erkennen gegeben, daß hier Außermusikalisches gemeint ist, daß die Töne etwas besagen, das über Klang und Struktur hinausgeht. Der bis heute andauernde akademische Streit, ob die *Pastorale* Programmusik sei oder nicht, kann aus historischer Sicht jedoch getrost zu den Akten gelegt werden; er hat mit dem Wert des Kunstwerks nichts zu tun.

Wollte man die Sinfonie in einer Sentenz zusammenfassen, könnte man sie am besten als »Ausdruck des (fast nicht gestörten) Wohlbefindens« schildern. Selbst das hereinbrechende Gewitter wirkt im nachhinein eher noch als eine Steigerung dieses Wohlbehagens. Hierzu paßt exakt Beethovens kompositorischer Ansatz, zumindest in den drei Hauptsätzen (1., 2. und 5.), die allesamt eher einen behaglichen Zustand als eine dynamische Entwicklung verkörpern. Hier werden nirgendwo motivisch-thematische, harmonische oder dynamische Konflikte ausgetragen, alle Verläufe wachsen gleichsam organisch auseinander hervor und ergänzen sich logisch.

Wie ein befreites Aufatmen erklingt die erste melodische Phrase, die zugleich das motivische Material des *1. Satzes* vorstellt und in einer Dominantfermate endet. Dann beginnt das kontinuierliche Motivspiel im stetigen friedlichen Wechsel von Tonika und Dominante, der nur an ganz wenigen herausgehobenen Stellen im ganzen Satz durch die Subdominante gefärbt wird. Das Hauptthema fügt sich aus zwei einander in den Violinstimmen ergänzenden Motiven zusammen:

die beide für sich oder gemeinsam den weiteren Ablauf vorantreiben. Leichte Unruhe kommt auf mit den Bläsertriolen, die zugleich den Beginn der Überleitung signalisieren und schon nach wenigen Takten zum Seitensatzthema führen. Es fügt sich aus zwei Linien zusammen, im 2taktigen Metrum und, anders als das Hauptthema, nun jeweils im Wechsel von Dominante und Tonika gegliedert:

Bereits in der Exposition wird ein wesentliches Gestaltungsmittel erkennbar, das dann in der Durchführung dominiert: die Aneinanderreihung von allmählich sich in Dichte und Dynamik steigernden Klangflächen, die durch ständige Wiederholung kleiner Motivbausteine zustande kommen und durch subtile Abstufungen der Instrumentation einen permanenten, dezenten Farbwechsel erfahren. Auch in der Durchführung, die in mehreren solcher Steigerungswellen verläuft, bleibt die Musik mit Ausnahme ganz weniger Takte in freundlichen Dur-Bezirken angesiedelt, schillernd zwischen eher statischen Viertel- und Achtel-Passagen und weicheren Triolen, die immer wieder auch einander oszillierend überlagern. Die Coda verhilft der Triole ein wenig zur Vorherrschaft und bekräftigt in solistischen Holzbläserphrasen die gewonnenen »heiteren Empfindungen«.

Die *Szene am Bach* ist ebenfalls ein (sehr langer) Sonatensatz, der im spontanen Höreindruck jedoch eher an eine Variationenkette denken läßt. Schier unerschöpflich ist die Phantasie, mit der die Wellenbewegung des fließenden Baches in den Streicherstimmen variiert wird. Feinsinniges klangliches Fundament des B-Dur-Satzes ist die vibrierende Streichergruppe, die hier um 2 Solo-Celli mit Dämpfer ergänzt wird. Die thematische Hauptsatzgruppe ist weiträumig gefügt aus eben dieser weit ausholenden Wellenbewegung, die weit mehr ist als Begleitung, und die durch Pausen getrennten kleinen Motivfiguren und Triller in der Oberstimme, die sich erst allmählich zum Melodiebogen fügen. Aus diesem fließenden Kontinuum

heraus wächst bruchlos das vorhaltreiche Seitenthema hervor, und ganz lang ausgebreitet und ruhevoll klingt die Exposition in der Schlußgruppe aus. In den weiteren Teilen des Satzes dominiert der Eindruck des Fließens und Strömens, des unendlichen melodischen Bandes. Zu Beginn der Durchführung ertönen in der Flöte mehrfach aufsteigende Dreiklangbrechungen, die bereits dezent Vogelstimmenimitationen vorwegzunehmen scheinen, die dann in der Coda ganz ausdrücklich (»Nachtigall, Wachtel, Kuckuck«) zu hören sind – heute würde man so etwas einen »Gag« nennen, einen liebenswürdigen Scherz, mit dem sich Beethoven bewußt und nur in ganz wenigen abgegrenzten Takten auf das Glatteis der Tonmalerei begibt. Könnte man den hohen ideellen Anspruch dieser Sinfonie – eben keine platte Programmatik zu bieten – besser unterstreichen? Die zweimalige Vogelepisode wird denn auch auf unnachahmliche Weise in den wenigen Takten danach relativiert und »richtiggestellt«.
Die 3 folgenden Sätze bilden eine übergeordnete Einheit in musikalischer und programmatischer Hinsicht. Das (nicht so bezeichnete) Scherzo (*Allegro*) ist ein recht derber, diesseitiger Bauerntanz, der auf drastische und zugleich geistreiche Weise mit der doppelten Hörerwartung spielt, zugleich Bauernmusik und Sinfoniesatz zu sein. Die bäurische Komponente kommt zu ihrem Recht durch unauffällige, aber gleichwohl spontan erlebbare metrische Verschiebungen im Ablauf und durch überraschende, »unmotivierte« Harmoniewechsel, bis hin zum scheinbar falsch ins Taktgefüge eingepaßten Oboeneinsatz. Dieser ist zugleich eine strukturelle Falle, denn sein Eintritt wirkt so neu, daß man hier bereits das Trio vermutet. In Wirklichkeit ist es ein im Formschema eigentlich nicht vorgesehener neuer Abschnitt des Hauptteils in der Grundtonart F-Dur, und er wird auch genüßlich weiter ausgespielt im Klarinetten- und Horn-Solo. Das eigentliche *Trio* aber kommt im stampfenden Zweiertakt als derber Springtanz daher. Nach typisch Beethovenscher Scherzo-Manier werden beide, Hauptteil und Trio, wiederholt, so daß ein dritter Scherzo-Durchgang zur kompletten Fünfteiligkeit nötig wäre. Was an dieser Stelle allerdings passiert, ist sozusagen der kurzzeitige Sieg der Programmatik über das sinfonische Prinzip; an keiner Stelle des Werkes sind wir so eng an der Programmusik wie hier: das zum dritten Mal ansetzende Scherzo verändert seinen Charakter bereits nach 8 Takten,

spürbare Nervosität kommt auf, und alsbald bricht mit zunächst leisem Tremolo und Tritonus-Motivfetzen das Unwetter herein. Dieser *4. Satz*, der über den kurzen Umweg Des-Dur bald nach f-Moll findet, ist ein Unikum unter allen Beethovenschen Sinfoniesätzen: an keinem traditionellen Formmodell mehr orientiert, zeichnet er in dennoch starker Stilisierung den Ablauf eines Gewittersturms nach. Er kommt dabei ganz ohne geschlossene Themen aus, begnügt sich mit Motivpartikeln und gleichsam musikalischem Elementarmaterial wie Tonleitern und Dreiklängen. Diese Elemente rufen in ihrer Kombination und Häufung, verbunden mit einer überaus effektvollen, das Geräuschhafte streifenden Instrumentation, eindeutige Naturassoziationen hervor, ohne jemals platt zu imitieren. Regen, Sturm, Blitz und Donner sind nachvollziehbar in feinsten Tremolo-Abstufungen, heulenden Pikkolo-Einsätzen, gezackten Motiven und Paukenwirbeln. Und so schnell, wie das Gewitter nahte, entschwindet es auch wieder: noch ein paar letzte Unruhemomente in den Streichern, dann scheint auf einmal in reinstem C-Dur die Sonne, und eine ganz schlichte, demütig-ergreifende Melodiegeste drückt Dankbarkeit aus.

Das *Finale* ist danach, wie der Kopfsatz, Ausdruck eines harmonischen Zustandes. Er konkretisiert sich in der natürlichen Form des Rondos, dessen wiederkehrendes Ritornell den Eindruck volkstümlichster Melodik durch seine schalmeienhaften Dreiklangfügungen weckt. Das 1. Rondo-Couplet ist ein wenig diesseitig belebter und kann sich zunächst kaum von der Grundtonart lösen; seine Deutung als Seitensatzthema einer Sonatensatzexposition ist deshalb auch strittig – wollte man gleichzeitig die Umrisse des Sonatensatzmodells in diesem Satz erkennen, dann müßte man das 2. Couplet, das die Klarinetten später in wohligen Sexten- und Terzenparallelen anstimmen, zum Durchführungsersatz deklarieren, wobei sich hier allerdings, vor allem harmonisch, nicht allzu viel Durchführungsunruhe einstellen will. Die mehrfache Wiederkehr des Ritornellthemas erfolgt stets leicht variiert, allerdings in erster Linie in der Begleitung. Und gelegentlich kommt es zu hymnischen, jedoch niemals dramatisch-konflikthaften Aufschwüngen. In der Coda steigert sich das Hauptthema noch einmal zu emphatischer Ausdrucksgebärde, dann verklingt es ganz still, von Streichergirlanden umspielt, im Solo-Horn, bevor zwei kurze Tutti-Akkorde das Spiel harmonisch beenden.

7. Sinfonie A-Dur op. 92

Entstanden 1811/12 in Wien, gewidmet dem Reichsgrafen Moritz von Fries. 1813

1. *Poco sostenuto / Vivace* – 2. *Allegretto* – 3. *Presto* – 4. *Allegro con brio.*

Wagners bekanntes Diktum, Beethovens Siebente sei eine »Apotheose des Tanzes«, ist nur einer von vielen (umstrittenen) Versuchen des 19. Jh., in dieser Sinfonie mehr als Musik zu entdecken. Es spricht für die Größe, die weitgespannte und anschauliche Struktur des Werks, daß es solche – im einzelnen erhellende, im ganzen fehlgehende – Deutungsversuche herausfordert.

Dem *Kopfsatz* der am 8. Dezember 1813 in Wien uraufgeführten Sinfonie ist eine Einleitung vorangestellt, deren Länge manche Betrachter zur Einschätzung als selbständigen 1. von insgesamt 5 Sätzen geführt hat. Wie der 1. Satz der *Eroica* beginnt sie auch mit mehreren Tutti-Akkorden, doch wachsen hier aus diesen Schlägen jeweils Oboen-, Klarinetten- und Hörnerkantilenen hervor – ein seltsam gespaltener Beginn zwischen Energie und Lyrik, Tutti und Solo. Erst danach beginnt die dynamische Vorwärtsentwicklung, in ständig emporstrebenden Staccato-Tonleitern, über denen schließlich im strahlenden Fortissimo der Kopf des ehemals lyrischen Anfangsthemas wiederkehrt. In einer Atempause wird die Kantabilität des Beginns, wiederum in den Bläsern, weitergesponnen, bis sich mit seiner Motivik in den Streichern eine zweite Steigerungswelle aufbaut. Erneutes kantables Piano, dann kündigt sich bereits in den Tonrepetitionen der Bläser die spannungsvolle Überleitung zum Hauptteil an. In diesen Takten geschieht auf der einen Seite so etwas wie ein musikalischer Stillstand, ein in sich kreisendes Spiel mit dem Ton e; zugleich konstituiert sich dabei unmerklich der Grundrhythmus des folgenden Allegros, der dann im neuen Tempo 4 Takte lang, immer weiter auf dem e, auf das Hauptthema zusteuert:

Sein motivischer Kern ist der punktierte Rhythmus, der vom 1. Takt an über alle Formabschnitte den ganzen Satz beherrscht – man könnte von einem monorhythmischen Gebilde sprechen, vergleichbar mit der Vorherrschaft des Mottos im Kopfsatz der Fünften. Nachdem das Thema ein zweites Mal im mächtigen Tutti triumphiert hat, geht es mit diesem Motiv in die Überleitung zum Seitensatz, der thematisch kaum Eigenständigkeit besitzt, sondern eher beiläufig das Motiv neu fügt. Dieser Eindruck der thematisch-motivischen Monotonie bleibt auch in den übrigen Formteilen erhalten und ist das gewollte Spezifikum dieses Satzes. Statt motivischer Arbeit im gewohnten Sinn ereignen sich vielfache Verschränkungen und Schichtungen in allen Farbebenen des Orchesters, gewaltige Ausbrüche und durchsichtigere Passagen in der Durchführung, und die Reprise erfolgt im geballten Tutti. In der Coda schließlich spreizt sich der Anfang des Hauptthemas in den Bässen zu gedehnter Chromatik und bahnt eine letzte große Steigerung an.

Der folgende Satz (*Allegretto*) vertritt den langsamen Satz, ohne langsam zu sein. In der Interpretationsgeschichte dieser Sinfonie ist sein Tempo immer umstritten gewesen: lastende Aspekte von Trauermarsch und Leid haben sich immer wieder vor den originalen Notentext mit seiner eindeutigen Tempovorschrift *Allegretto* geschoben. Dabei ist die Wirkung dieser Musik überhaupt nicht von einem (überdehnt) langsamen Tempo abhängig, wie es bis heute häufig praktiziert wird. Der immer wiederholte Hinweis auf den »daktylischen« Charakter dieser Sinfonie (in allen Sätzen) findet hier seine eindeutigste Stützung, denn sein zentrales Element ist wiederum, wie im Kopfsatz, so etwas wie »Rhythmus an sich«: nach dem seltsam fragenden Quartsextakkord der Bläser zu Beginn setzt dieser Rhythmus in den tiefen Streichern ein und fügt sich erst ganz allmählich und unauffällig zur Melodie. Wichtiger sind indessen seine dezenten Harmoniewechsel. Erst danach, beim zweiten Durchgang, tritt eine echte Melodie hinzu, die zu dem Rhythmusgedanken eine spannungsvoll gegensätzliche und doch ergänzende Beziehung aufbaut. In mehreren, allmählich in Instrumentation, Intensität und Dynamik anwachsenden Wellen baut sich allein durch stete Wiederholung dieses Doppelthemas eine riesenhafte Steigerung auf. Nach dem verhangenen a-Moll dieses ersten Teils beginnt danach der kontrastierende Mittelteil mit seiner ebenso schlichten wie eindringlichen C-Dur-Melodie der Holzbläser. Unter ihnen allerdings sorgen ständige weiche Triolen und vor allem der ostinate daktylische Rhythmus (♫ | ♩) für Unruhe. Im Nachsatz dieses Themas imitieren sich Klarinette und Horn in rhythmisch sehr biegsam zwischen Triolen und Achteln changierenden Tonleitern. Die anschließende Wiederkehr des a-Moll-Teils geschieht in freier Variation: Melodiebogen im Holz, Rhythmus in den Bässen und kleine, spielerische Unruhemomente in den Streichern dazwischen, mündend in ein Fugato des daktylischen Themas mit einem Sechzehntel-Kontrapunkt. Dieses führt wiederum zum mächtig aufgetürmten Tutti und einer Wiederkehr des lyrischen C-Dur-Mittelteils. Eine erneute Wiederholung des Beginns würde den Satz zur Fünfteiligkeit abrunden, doch kommt es statt dessen nur noch zu einer codaartigen Reminiszenz an das Kernmotiv, das durch die Instrumente wandert, wobei die bis dahin gezupften Streicher es ganz am Schluß, noch einmal gestrichen, einem Seufzer gleich, in den schwebenden Quartsextakkord des Beginns zurückführen, mit dem der Satz auch endet.

Das F-Dur-*Scherzo* folgt dagegen getreu dem Beethovenschen Muster der Fünfteiligkeit: zwei Trio-Durchgänge werden von drei Scherzo-Abläufen eingefaßt und kontrastieren ungemein scharf miteinander. Im Scherzo-Teil sind dem eigentlichen Thema 2 energische vorschlagbewehrte Takte vorgeschaltet, die im Dreiklang aufsteigen. Hier wie im Thema mit seinen flink herabsteigenden Vierteln, späteren kleinen Stauungen und abschließenden Trillern ist die metrische Grundeinheit immer 2taktig (leicht – schwer), wobei der Schwerpunkt sich im Satzverlauf irritierend verschieben kann, wenn Oboe und Fagott gleichsam gegen den Takt die Reprise anstimmen. Das etwas verlangsamte D-Dur-*Trio* (»assai meno presto«) zitiert choralartig ein altes österreichisches Wallfahrerlied, das sich aus der anfänglich eher lyrischen (»dolce«) Intonierung der Holzbläser zum gewaltigen Hymnus im Tutti aufschwingt. In der Coda am Ende der dritten Scherzo-Wiederkehr nimmt das Thema des Trios sogar noch einen dritten Anlauf, kippt jedoch sogleich nach Moll und weicht der Gewalt von fünf abschließenden Tutti-Schlägen.

Einen mitreißenden und zugleich unglaublich beherrschten und kontrollierten Ausbruch von wildem Temperament stellt schließlich das *Finale* dar, das sich formal zwischen Rondo und Sonatensatz bewegt. Dabei unterstreicht das an strukturellen Nahtstellen immer unverändert wiederkehrende Hauptthema mit seinen kreiselnden Sechzehntel-Figurationen vor allem den Rondo-Charakter. Der Impuls dieser Motivfigur stellt die gewaltige Energie für den ganzen Satz bereit, die bis zum letzten Takt in einem einzigen Sturmlauf durchhält, ohne echte Zäsuren oder Dehnungen. Einzig die beiden schmetternd vorangestellten Tutti-Takte markieren jeweils ein eher gewaltsames Innehalten, eine Stauung des Vorwärtsdranges. Eher episodisch bleiben daneben die beiden Bestandteile der Seitensatzebene, die nicht dominantisch daherkommt, sondern nach cis-Moll ausweicht:

Im Satzverlauf spielt im übrigen wieder der charakteristische daktylische Rhythmus eine wichtige Rolle, nicht allein in den Eröffnungstakten, sondern auch im Thema selber. Am Satzende kehrt sich sein Ablauf dann überraschend auftaktig in die Gegenrichtung um (♫ | ♪).

8. Sinfonie F-Dur op. 93

Entstanden 1811/12.

1. *Allegro vivace e con brio* – 2. *Allegretto scherzando* – 3. *Tempo di Menuetto* – 4. *Allegro vivace.*

Die F-Dur-Sinfonie ist Beethovens kürzeste, sie dauert noch nicht einmal eine halbe Stunde und entspricht damit klassischen Vorgängerinnen, nämlich den Sinfonien Haydns. Und diesem Erbe ist sie auch in anderer Weise verpflichtet, ohne deshalb im mindesten ihren Schöpfer zu verleugnen. Ihr auf den ersten Eindruck dominierender klassizistischer Aspekt und das völlige Fehlen programmatischer Vorgaben sind gewiß mit dafür verantwortlich, daß sie oft als sinfonisches Intermezzo mißverstanden wird. Natürlich, Beethoven hat Haydn sehr gründlich studiert und gekannt, aber er läßt doch nie einen Zweifel am sinfonischen Anspruch aufkommen. Seine Maximen scheinen hier gewichtige Knappheit und konzentrierte Kürze gewesen zu sein.

So springt der *Kopfsatz* mit einer direkten Attacke mitten in das Hauptthema hinein, läßt seinem energisch im Dreiklang herabkommenden Vordersatz erst den lyrischen Nachsatz in den Bläsern folgen. Und das Kopfmotiv mit seiner drehenden Achtel-Figur wird für den weiteren Verlauf des ganzen Satzes zum wichtigsten Bewegungsmotor:

Bereits in der nachfolgenden kurzen Überleitung zum Seitensatz fällt die Vorliebe für harte, scharfe Akzente gegen den Takt auf. Das freundlich-verspielt gewundene Seitenthema nimmt dann zunächst einen harmonischen Umweg über D-Dur, ehe es, nach einer aparten Verzögerung des Tempos, in die Dominante C-Dur einbiegt. Anschließend kehrt noch einmal das Motiv der Punktierung aus der Überleitung zurück, verselbständigt sich in einer hemiolischen Taktverschiebung, unterbrochen durch einen kleinen lyrischen Einwurf. Und am Ende kristallisiert sich ein auftaktiges viertöniges Rhythmusmotiv heraus, das alsbald in der Durchführung eine Rolle spielen soll (♪♪♪ | ♩). Hier dominiert ganz eindeutig der Kopf des Hauptthemas, in mehreren dynamisch kontrastierenden und modulierenden Schüben durchgeführt und farbig in Solo-Stimmen und Tutti gegeneinandergesetzt. Am Ende der Durchführung kulminiert die Entwicklung sogar dramatisch in f-Moll und führt das Motiv in einer Imitation zwischen Violinen und Bässen gegeneinander. Die Reprise variiert das Geschehen in erster Linie farblich in anderer Instrumentation. Die Coda setzt wie eine erneute Durchführung an, ist aber den Satzproportionen angemessen knapp und führt das Hauptmotiv in die Nähe heroischer Apotheose, bevor es still mit einer letzten Wiederholung seiner ersten Phrase erlischt.

Weiteres Kennzeichen dieser Sinfonie ist das Fehlen eines langsamen Satzes: man kann das vorgeschriebene Scherzando-Tempo des B-Dur-*Allegrettos* noch so sehr bremsen, es wird dann allenfalls fad und verliert seinen Charme. Die Legende eines Bezuges zum bekannten Mälzel-Kanon (*Tatata, mein lieber Mälzel* ...) ist inzwischen widerlegt: der Kanon ist nach der Sinfonie entstanden. Geblieben ist aber die eindeutige Motiv- und Charakterverwandtschaft: die in Sechzehntel-Schritten ständig pochenden Bläserakkorde gliedern die Zeit tatsächlich wie ein Meßinstrument. Im übrigen ist der intermezzohafte, von spitzbübischer Freundlichkeit geprägte Satz formal übersichtlich in zwei Teile gegliedert, wobei der zweite den ersten lediglich leicht variiert wiederholt. Aus kleinsten Motivpartikeln fügt sich das verspielte Hauptthema und intoniert gleich zu Beginn das zentrale Motiv, das im ganzen Satzverlauf unzählige Male erklingen wird. Ganz unauffällig hat dieses Thema übrigens einen gezupften Kontrapunkt in der 2. Violine:

In subtil durchbrochener Instrumentation setzt das Seitenthema nach einem drohenden Vierundsechzigstel-Gegrummel der Streicher ein; danach vermitteln weiche Klarinetten- und Fagotterzen schon zurück zur Reprise – wenn man so will: dem Miniatur-Sonatensatz fehlt einfach die Durchführung.
Altertümelnd wie ein historisches Zitat kommt der *3. Satz* daher. Nach 2taktigem Auftaktschunkeln setzt sein weich gewundenes Thema ein, von dem sich im Mittelabschnitt durchführungshaft das Kopfmotiv abspaltet; die Reprise des Anfangs erfolgt als Fagott-Solo. Ein Kabinettstück subtilster Instrumentation und zugleich verschmitzten Humors ist danach das *Trio*, das wirklich als solches angelegt ist und damit ebenfalls Historisches zitiert: es konzertieren miteinander in fast volkstümlichem Gesang das Hörnerpaar und die Klarinette, während im Mittelabschnitt die liebliche Melodie von der Violine übernommen wird. Immer aber geistert in der Cellostimme triolische Unruhe herum: man nimmt sie nicht bewußt wahr, aber sie »stört«.
Zweifellos von Haydn inspiriert sind manche hintergründig mit der Hörerwartung spielenden Überleitungen und motivischen Spielereien im *Finale*. Sein drängend verspieltes Hauptthema mit flirrenden Triolenauftakten überfordert in der Antwort die Bläser hörbar: sie wandeln die Achtel- in bequemere Viertel-Triolen um:

Und das Seitenthema nimmt zunächst einen trugschlußhaften Umweg über As-Dur, ehe es korrekt in der Dominante C-Dur »richtiggestellt« wird. Nach der couplethaften Wiederkehr des Hauptthemas beginnt mit scheinbar großem Ernst eine kontrapunktische Verwicklung über das motivische Material, die Durchführungscharakter hat. Daraufhin gibt es eine Reprise, die den Seitensatz ebenfalls nach einem analogen Umweg über Des-Dur in der Grundtonart bringt. Wichtig wird im Satzverlauf die motivisch sich verselbständigende hüpfende Oktave, der zuliebe ausnahmsweise das Paukenpaar in diesem Satz in Oktaven gestimmt wird; sie wird vor allem in den Überleitungen wichtig, auch im ausgedehnten codahaften Schlußabschnitt, der sich völlig überraschend nach fis-Moll verrennt. Auch er beginnt wieder mit dem Hauptthema, so daß sich durch seine insgesamt viermalige ausdrückliche Wiederkehr der Rondo-Charakter des Satzes einprägt, obwohl er gleichzeitig ebenso viele Sonatensatzmerkmale aufweist. Das ausgedehnte Satzende mit seinen Tonleitern, stehenden Klängen und Akkordschlägen wirkt ungemein irritierend, gleichsam wie die Parodie eines Sinfonieschlusses: andauerndes F-Dur, klopfende Oktaven, flimmernde Triolen, alternierend durch die Bläserfarben wandernde Terzen und kleinste Motivpartikel scheinen den Bezug zum vorausgehenden Sonatensatz fast in Frage zu stellen – die Nähe zum Absurden ist offensichtlich gesucht und fügt dem Bild des Komponisten eine überraschende Nuance hinzu!

9. Sinfonie d-Moll op. 125

Entstanden 1823/24, Vorarbeiten seit 1812, gewidmet dem König Friedrich Wilhelm III. von Preußen.

1. *Allegro ma non troppo, ma un poco maestoso* – 2. *Molto vivace* – 3. *Adagio molto e cantabile / Andante moderato* – 4. *Presto / Allegro assai* usw.

Die 9. Sinfonie, am 7. Mai 1824 in Wien erstmals aufgeführt, krönt die Reihe der bekenntnishaften Sinfonien Beethovens, die sie mit der *Eroica* und der Fünften bildet. Wie diese ist sie auf ein Ziel ausgerichtet, auf Sieg und Triumph über ein widriges Schicksal. Was sie jedoch von ihren Vorgängerinnen unterscheidet, ist die Art, wie diese Lösung im Finale gesucht wird: dort scheint Beethoven die Instrumentalmusik an den Grenzen ihrer Ausdrucksmöglichkeiten angelangt zu sehen und sich im Einsatz der Stimme, der Sprache, die äußerste Form der Mitteilung vorzustellen. Das Beben, das dieser Eingriff in die Substanz der bisher rein instrumentalen Gattung ausgelöst hat, wirkte nach bis zum Beginn des 20. Jh., bis zu Gustav Mahler, und darüber hinaus. Daß es die Gattung jedoch nicht wirklich in ihren Grundfesten erschüttern konnte, spricht für ihre Kraft. Und den Preis für diesen Umsturz mußte Beethoven selber entrichten, denn unter seinen Händen entstand in der Neunten ein Zwitter, ein strukturell unbefriedigendes Ergebnis zwischen Sinfonie und Kantate. Dieses monumentale Dokument angestrengten musikalischen Ringens um Ausdruck und Vermittlung von Ideen hat vielleicht aber gerade wegen seiner Brüche eine so tiefgehende, bis heute sich immer neu erweisende Kraft, ganz abgesehen von der überzeitlichen Wirkung der humanistischen Ideale in Beethovens Apotheose der Schillerschen Ode *An die Freude*.

In 3 sehr gegensätzlichen und sich deshalb komplementär ergänzenden Sätzen wird zunächst das ganze Potential instrumentaler Aussagekraft erprobt. Der *1. Satz* ist ein klassischer Sonatenhauptsatz, der mit den Mitteln dieser konflikthaften, dramatischen Form Düsternis, Kampf und Schrecken beschwört, durch ganz wenige vereinzelte Lichtblicke kaum gemildert. Er setzt ein mit der leer tönenden Quinte der Dominante, aus deren leisem Tremolo sich allmählich aus ersten Motivfetzen das gewaltige Hauptthema aufbaut, aus dem Kernmotiv des gezackt absteigenden kurzen Auftaktes, der sich immer mehr verdichtet, bis er schließlich nach 16 Takten über 2 Oktaven herunterstürzt:

Dieses Thema ist in seiner endgültigen Gestalt ungemein vielschichtig, aus zahlreichen einzelnen Motiven zusammengefügt, darunter kadenzierenden Akkordblöcken, eingeworfenen Signalen und einer abschließenden gebrochenen Tonleiter. In der Entwicklung zum Seitensatz hin taucht erstmals das charakteristische Element der Phrasierung »gegen den Takt« auf, das von nun an immer wieder für Unruhe sorgt ().

Am Ende des Überganges vermitteln weiche Bläserterzen zum freundlichen Seitensatz, der überraschend in B-Dur einsetzt und taktweise motivisch in den Holzbläsern zusammenwächst, freilich über Unruhe verbreitenden aufsteigenden Streicherfiguren im Untergrund. Zu diesem sehnsüchtigen Thema tritt eine Reihe weiterer konstituierender Elemente im Verlauf von Seitensatz und Schlußgruppe: gegeneinander gerichtete, wiederum widerborstig phrasierte Tonleitern, das erweiterte Signalmotiv (♪♫ ♪) aus dem Hauptthema, das engräumig mit einzelnen zarten Bläsertakten kontrastiert, und schließlich am Ende ein ständig sich wiederholendes flehendes Motiv:

Verschlungene Bläserlinien und das mächtig aufgetürmte Signalmotiv beenden die Exposition, die nicht wiederholt wird. Die Durchführung beginnt wie die Exposition und mündet nach Steigerung und zweimaligem Zögern in ein Fugato, das aus dem Hauptthema abgeleitet wird. Ein zweiter Spannungsbogen beginnt mit dem Seitenthema in den Bässen und endet schließlich im gewaltigen Fortissimo, aus dem heraus, zunächst noch in D-Dur, die Motivblitze des thematischen Auftaktes hervorzucken, bis über ständig tobendem Paukenwirbel die Reprise hereinbricht – ein furchterregendes Schreckensszenario von monumentaler Größe. Hier knüpft schließlich auch die unerbittlich im ostinaten d-Moll gehaltene Coda an, in der zunächst über bohrender Chromatik in den tremolierenden Streichern ein eigenes Trauermarschmotiv intoniert wird. Höhepunkt ist der Unisono-Einsatz des Hauptthemas, das jedoch alsbald motivisch zu zerfallen scheint, bevor seine 2. Phrase den Satz lapidar beendet.

Das *Scherzo*, ausnahmsweise an zweiter Stelle stehend, vermittelt fast monomanisch das Erlebnis rhythmischer Ekstase. Kompositorische Mittel hierzu sind das punktierte Kopfmotiv seines Themas, das zunächst mottoartig 4mal allein erklingt, wobei der 4. Einsatz sich metrisch um einen Takt verfrüht. Das vorwärtsdrängende vollständige Thema wird fugatoartig eingeführt, baut sich zu einer riesigen Steigerung auf und wird in einem fast ordinären Schleiferthema fortgeführt:

Die Ausmaße des Scherzo-Teils sind riesig; in seinem Mittelteil wechselt Beethoven von der bislang vorherrschenden Zweier- und Vierergruppierung der Takte zur Dreitaktigkeit. Ein Stringendo beschleunigt in wenigen Takten zum Presto-*Trio*, das kontrastierend im Allabreve-Takt steht und ganz von gesanglichem Strömen gekennzeichnet ist, bordunartig getragen von der ständig klingenden Quinte oder dem Grundton. In die Satzcoda nach der Reprise des Scherzos klingt noch einmal eine Trio-Reminiszenz herein.
Den dritten Aspekt, nach Chaos und wildem Tanz, bietet der *3. Satz* mit so weihevoll wie innig klingendem instrumentalen Gesang. Beethoven ersann dafür eine originelle Satzstruktur auf der Basis des Variationsprinzips: Grundlage ist eine Variationenreihe über das zu Beginn, nach einem aus lauter absteigenden Sekunden zusammengesetzten »Vorhang« in den Holzbläsern, vorgestellte Thema. Mit verhaltener Eindringlichkeit steigt es zunächst über 2 Quarten abwärts, um sich dann fast hymnisch aufzuschwingen:

Der Schlußtakt jeder einzelnen Phrase wird echoartig im Holzbläsersatz wiederholt. Wenn das Thema leise verklingt, rückt die Tonart kaum merklich von B- nach D-Dur – alle Parameter ändern sich: Takt, Tonart, Tempo. Aus dem in sich ruhenden Adagio wird ein sanft vorandrängendes Andante, obwohl das vorgeschriebene Grundzeitmaß nur um eine Nuance beschleunigt wird (♩ = 60/63). Das nun beginnende andere Thema ist gleichsam das irdischere, sinnlichere Gegenstück zum anfänglichen, abgeklärt dahinziehenden; es ist gekennzeichnet durch kleine flehende Gesten, synkopische Überbindungen und die ständig in den Bässen angestrichene Quinte a. Nach der 1., zart in der 1. Violine figurierten Variation des Hauptthemas kehrt das D-Dur-Gegenthema noch ein zweites Mal unverändert zurück und verstummt dann endgültig. Die 2. Variation (Es-Dur) ist ein Holzbläserchoral, der durch kleine auftaktige und trioli-

sche Pizzicato-Einwürfe der Streicher ein Moment der Unruhe erhält. Die 3. Variation kehrt nach B-Dur zurück, läßt das Thema im Holz strömen und unterlegt ihm eine fließende $^{12}/_8$-Bewegung. An ihrem Ende, nach stillem Verklingen, kommt es zu einem völlig unvorhergesehenen zweimaligen Ausbruch einer kriegerischen Fanfare, die den bisherigen Satzverlauf auf einmal als trügerische Idylle zu entlarven scheint. Still verklingt danach der Satz in einer Coda.
Mit der grellen Dissonanz der kleinen Sekunde im vollen Bläser-Tutti explodiert der Beginn des *Finales*. Eine exaltiert deklamierende Rezitativphrase in den Bässen antwortet, wieder ein wütender Ausbruch, noch ein Rezitativ, und dann werden nacheinander in 3 kurzen Einwürfen die Anfänge der 3 vorangehenden Sätze zitierend in Erinnerung gerufen – jedesmal auf unterschiedliche Weise, aber erkennbar ablehnend vom Instrumentalrezitativ kommentiert. Wie von ferne stimmt der Bläserchoral im 4. Ansatz den Anfang der »Freude«-Melodie an, und die hoffnungsvolle Zustimmung in den Bässen ist unüberhörbar: ist das die Lösung? Der Versuch wird mit dem neuen Thema gewagt: von den Bässen aus aufsteigend, entwickelt es sich durch alle Streicherstimmen in voller Länge, angereichert mit zarten Gegenstimmen und schließlich im Tutti erstrahlend. Eine sinfonisch weiterführende Entwicklung scheint sich anzubahnen, an der das ganze Orchester mit lebhaftem Engagement beteiligt ist. Da gebieten Paukenwirbel und erneut hereinbrechende Dissonanz diesem letzten instrumentalen Lösungsversuch Einhalt, und es beginnt der kantatenhaft vielgliedrige Vokalabschnitt des Finales. In seinem Mittelpunkt steht die Hymne *An die Freude* von Friedrich Schiller, allerdings auf höchst individuelle Weise gekürzt und auch umgestellt, angekündigt vom Bariton: »O Freunde, nicht diese Töne, sondern laßt uns angenehmere anstimmen und freudenvollere!« Die nun folgenden musikalischen Strophen folgen auf sehr eindringliche, bisweilen fast plakative Weise den Textinhalten, zunächst im Wechsel von Chor und Soli, die Melodie auch figurativ variierend (»Freude trinken alle Wesen«) und schließlich in mächtigen Akkordblöcken kulminierend (»Und der Cherub steht vor Gott«). Nun kündigt sich ein militärischer Geschwindmarsch an, zuerst wie von ferne, später dann mit allem rasselnden und klingenden Pomp des erweiterten Schlagzeugs (Tenorsolo: »Froh wie seine Sonnen . . .«). Nach martialischem Jubel (»wie ein Held zum Siegen«) kippt das Geschehen

bei gleichem Zeitmaß in ein aufgeregtes Fugato um, an dessen Ende sich hinter klingenden Hornsynkopen nach zwei motivischen Ansätzen auf einmal die erste »Freude«-Strophe aufschwingt. Diese Wiederholung der 1. Strophe wird jetzt aber triolisch begleitet. Große Emphase der Melodieführung zeichnet danach im Andante maestoso die nächste Strophe aus (»Seid umschlungen, Millionen«). Einige Passagen darin sind äußerst sinnfällige Textvertonungen: in flimmernder hoher Lage »überm Sternenzelt«, in drastischem Intervallabsturz »ihr stürzt nieder«. Beide Aspekte kehren noch einmal wieder nach der folgenden Chorfuge über 2 Themen und 2 Strophen, die miteinander verknüpft werden (»Freude, schöner Götterfunken« und »Seid umschlungen« / Allegro energico):

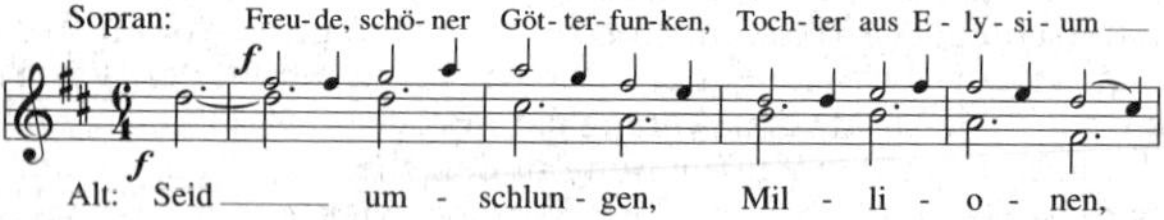

Die folgende ausgedehnte Schlußstretta (»Freude, Tochter aus Elysium«) wird zweimal wirkungsvoll retardierend gebremst: zunächst mit der innigen, arabeskenhaft verwobenen Geste der Solo-Stimmen (»Wo dein sanfter Flügel weilt«), dann ein letztes Mal (Maestoso) innerhalb des sich fast überschlagenden Schluß-Prestissimo (»Seid umschlungen«), unmittelbar vor den grenzenlos lärmenden Abschlußtakten des Satzes.

Klavierkonzerte

Klavierkonzert Nr. 1 C-Dur op. 15

Entstanden 1795/96 und 1798.

1. *Allegro con brio* – 2. *Largo* – 3. *Rondo: Allegro scherzando.*

Klavierkonzert Nr. 2 B-Dur op. 19

Entstanden 1790–95, bearbeitet 1798.

1. *Allegro con brio* – 2. *Adagio* – 3. *Rondo: Molto allegro.*

Den 5 bekannten Klavierkonzerten Beethovens ging 1784 ein Bonner Frühwerk des 14jährigen (WoO* 4) voraus, dem in der Chronologie der Gattung kaum Bedeutung zukommt. Die beiden ersten gültigen Konzerte erlebten ihre Uraufführun-

* Werk ohne Opuszahl.

gen in Prag und in Wien jeweils mit dem Komponisten am Klavier, wodurch dokumentiert wird, daß sie in der Tradition der Mozart-Konzerte stehen: komponiert zum eigenen Gebrauch eines bedeutenden und berühmten Pianisten. Vor allem dem C-Dur-Konzert, das entgegen der Opuszählung vor dem B-Dur-Konzert entstanden ist, merkt man diesen pianistisch virtuosen Aspekt in den beiden schnellen Ecksätzen ständig an, denn sie sind gleichsam Kompendien der seinerzeit aktuellen, durch den jungen Beethoven vertretenen Klaviertechnik im sich ankündigenden 19. Jh. Auch formal orientieren sich beide Werke in ihrer regelhaften Dreisätzigkeit an Mozarts Maßstab: mit einem schnellen Sonatensatz zu Beginn, dessen Exposition sich jeweils in einen Orchester- und einen Solo-Durchgang gliedert; mit einem zentralen langsamen Satz und einem abschließenden Rondo, das den spielerischen und den volkstümlich-unterhaltenden Aspekt betont. Allerdings unterscheiden sich beide Werke in ihrer Orchesterbesetzung: Nr. 2 ist sparsamer, intimer ausgestattet; ihm fehlen die Klarinetten, Trompeten und Pauken des C-Dur-Konzertes.

Das **C-Dur-Werk** lebt in seinem energischen *Kopfsatz* motivisch entschieden vom Eröffnungssignal der aufspringenden, repetierten Oktave. Ihm gegenüber steht das betont lyrisch-kantable Seitenthema, das in der Orchesterexposition erst in Es-Dur auftritt; als drittes thematisches Element erscheint in der Schlußgruppe ein fanfarenartig in den Bläsern intonierter Einfall, bevor das Anfangssignal diesen Abschnitt markant abschließt. Die Solo-Exposition wird dann von einem eigenen Gedanken des Klaviers eröffnet. Im weiteren Satzverlauf kommt es zum phantasievoll-konstruktiven Miteinander von Solo und Tutti, im Sinne eines dialogischen Konzertierens; zu diesem Satz sind mehrere Originalkadenzen erhalten. – Besinnlicher Mittelpunkt ist danach der nach As-Dur ausweichende *langsame Satz*, der als Kontrast zur virtuosen Brillanz der Ecksätze die lyrische Komponente, voll poetisch-zarter Arabesken und weitgeschwungener Melodiebögen, herauskehrt. – Das abschließende *Rondo* folgt dem klassisch vollständigen Formschema mit 2 kontrastierenden Couplets, deren 1. reprisenartig wiederkehrt: das Ritornell mit seinem spielerisch akzentuierten Scherzando-Thema, Teil B eher gesanglich auf der Dominante; nach der Wiederkehr von A dann der ein wenig exotisch ins parallele a-Moll ausweichende, von einem ständig wiederholten Motiv beherrschte C-Teil.

Die reguläre Reprise (A – B – A) bleibt in der Tonika; die Coda wird durch Kadenz, Fermaten und Adagio-Takte aufgelockert.

Das frühere intimere **B-Dur-Konzert** erlebte mehrere mehr oder weniger durchgreifende Umarbeitungen, wobei das ursprüngliche Finale (WoO 6) durch eine Neukomposition ersetzt wurde. In dieser Fassung ist das Werk überliefert. Sein bewegter *Kopfsatz* wird stark durch sein in sich auffällig kontrastierend gebautes Hauptthema geprägt, das in sich Energie und Innerlichkeit vereint und im Satzverlauf überwiegend dem Orchester vorbehalten bleibt. Einen Überraschungseffekt erzielt Beethoven dann mit dem Einsatz des kantablen Seitenthemas: eine f-Moll-Passage endet in 3 dominantischen Unisono-Schlägen auf c im Fortissimo, die plötzlich einen Halbton aufwärts ins Pianissimo gerückt werden, so daß das neue, freundlich schmeichelnde Thema nun in Des-Dur einsetzt. Die folgende Solo-Exposition geht dann mit diesem vorgegebenen Material recht freizügig-variativ um und führt noch ein 2. Seitensatzthema ein. Nach knapper Durchführung und Reprise überrascht die frappierend sinfonische Vorbereitung auf die Solo-Kadenz; sie ist original überliefert und beginnt mit einem ernsthaft ausgearbeiteten Fugato, dessen Thema das prägende Motiv aus dem Hauptthema aufgreift und durchführt. – Ein intimer, stark streicherbetonter Ruhepunkt ist danach das Es-Dur-*Adagio*, das in weitgespannten melodischen Bögen, voll zarter Verzierungen und perlender Girlanden abläuft und am Ende »con gran espressione« einige ganz tiefsinnige rezitativisch improvisierende Klaviertakte zwischen einzelne thematische Streichertakte einfügt – eine unnachahmliche stille Abschiedsgeste von bezwingender Eindringlichkeit. – Das Final-*Rondo* mit seinem widerborstig akzentuierten Ritornellthema verläuft, wie im C-Dur-Konzert, in vollständiger Reihung (A – B – A – C – A – B – A), bietet im 1. Couplet (B) ein wenig Gesanglichkeit und im Mittelabschnitt C (g-Moll) aufbegehrend-ungestüme Synkopenlaune. Eine kurze spielerische Coda bildet den Schluß und deutet einmal das energisch volltaktige Hauptthema in auftaktige Freundlichkeit um.

Klavierkonzert Nr. 3 c-Moll op. 37

Entstanden 1800, gewidmet dem Prinzen Louis Ferdinand von Preußen.

1. *Allegro con brio* – 2. *Largo* – 3. *Rondo: Allegro.*

Der eher zufälligen Jahreszahl 1800 kommt auch programmatische Bedeutung zu: mit diesem Werk wird gleichsam in dieser zentralen Gattung die Tür zum neuen Jahrhundert aufgestoßen. Bei allem erkennbaren verpflichtenden Erbe in der Nachfolge Mozarts wird hier erstmals ein bedeutender Schritt über das Vorbild hinaus getan. Neu ist zum einen die bewußte, alle Sätze durchdringende sinfonische Gestaltung im Sinne einer gleichberechtigten Partnerschaft von Solo und Orchester, eines ständigen Dialogisierens und einer weitergehenden Einbindung und Unterordnung des virtuosen Elementes. Zum andern wächst dem langsamen Satz eine neue Tiefendimension des Ausdrucks zu, die romantische Verklärung und quasireligiöse Emotionen mit einbezieht. Dabei ist gerade dieses anrührende Largo in seiner Klangsinnlichkeit Mozarts eminenter Kunst der Instrumentierung in höchstem Maße verpflichtet.

Der eröffnende *Sonatensatz* präsentiert das vielfältige motivisch-thematische Material 3mal in variiertem Ablauf: sowohl Orchester- als auch Solo-Exposition und Reprise unterscheiden sich zwar nicht grundlegend, aber subtil abgestuft voneinander. Dabei kommt dem im geheimnisvollen Unisono-Piano einsetzenden Hauptthema, dessen Nähe zum Beginn von Mozarts c-Moll-Konzert KV 491 immer wieder hervorgehoben wurde, für den ganzen Satzverlauf zunehmend prägende Bedeutung zu, hier vor allem dem rhythmisch markanten Abschlußtakt der ersten Phrase:

Nach der grandiosen Originalkadenz, die durchführungsartig konstruktiv das Geschehen noch einmal brennspiegelhaft zusammenfaßt, dient das Rhythmusmotiv schließlich ein letztes Mal als motivische Klammer und geheimnisvoller Impuls für die mächtige Schlußsteigerung. Aus dem Hauptthema heraus entwickelt sich zu Beginn eine ungemein logische, zwingend im großen Spannungsbogen aufgebaute Weiterführung des

musikalischen Geschehens, ein Exempel sinfonischer Meisterschaft, woraus sich schließlich das kantable Es-Dur-Seitenthema mit seinen sehnsüchtigen chromatischen Wendungen ergibt. Vor der abschließenden demonstrativen Wiederkehr des Hauptthemas am Ende der ausgedehnten Orchesterexposition gibt es noch einen retardierenden lyrischen, auf Bläser und Streicher verteilten neuen Einfall. Eindrucksvoll und originell ist dann der vehement in 3 aufwärtsstürmenden Oktavtonleitern erfolgende Klaviereinsatz bis zum Themeneintritt in 4fachem Oktav-Unisono. In der dichten Durchführung gewinnt der einfache oder doppelte Auftakt des 3. Thementaktes immer mehr an Gewicht; das Seitenthema bleibt auch in der Reprise charakteristisch in C-Dur.
Abgeklärte, weihevolle Ruhe verströmt das periodisch gebaute Thema des *Largos*, ansetzend im weit entfernten E-Dur, von wo aus überaus gewählte harmonische Schritte über die Subdominante und eine Zwischendominante zu Beginn des Nachsatzes zur Parallele cis-Moll führen. Gedämpfte Streicher wiederholen den Gesang, getragen von sanft wogenden Begleitfiguren. Der Satz ist in schlichter Dreiteiligkeit geformt, mit einem G-Dur-Mittelteil, in dem sich um den Gesang von Flöte und Fagott zarte Klavierarabesken ranken. Kadenzierende Klavierpassagen »con gran espressione« vermitteln zu den leisen Schlußtakten, bis ein einzelner ff-Akkord den überraschend energischen Schlußpunkt setzt.
Einen neuen Ton schlägt auch das *Finale* an, obwohl es der Form nach in den gewohnten Bahnen des vollständigen Rondos verläuft. Sein mit keckem Auftakt einsetzendes und sogleich in verminderter Septime abspringendes Ritornellthema besitzt zwar spielerischen Vorwärtsdrang, enthält aber doch ein gehöriges Maß an Unruhe und Aggressivität – man beachte nur die spitzen Akzente gegen das Metrum im 3. Takt. Aus ihm leitet sich bei aller Dur-Gegensätzlichkeit auch der melodische Einfall des zentralen As-Dur-Mittelteils (C) ab, den die Klarinette anstimmt:

Vermittelndes und sehr profiliertes Element ist ein punktiertes Motiv, das erstmals nach dem Anfangsritornell ertönt (♩ ♫ | ♩) und oft wiederkehrt. Das 1. Couplet dagegen kommt mit spielerischen Vorschlagsketten im erwarteten parallelen Es-Dur daher. Als effektvolle Stretta-Coda gibt es nach kurzer, quasi improvisierender Solo-Überleitung eine ins Presto gesteigerte stürmische 6/8-Variante des Hauptthemas, wobei sich die Grundtonart entschieden und endgültig nach C-Dur aufhellt.

Klavierkonzert Nr. 4 G-Dur op. 58

Entstanden 1805/06, gewidmet dem Erzherzog Rudolph von Österreich.

1. *Allegro moderato* – 2. *Andante con moto* – 3. *Rondo: Vivace.*

Der Schritt vom 3. zum 4. Klavierkonzert ist wiederum mindestens so groß wie der zwischen dem 3. und seinen Vorgängern. Das Werk wurde in einer musikgeschichtlichen Sternstunde am 22. Dezember 1808 im Theater an der Wien gemeinsam mit der 5. und der 6. Sinfonie sowie der Chorphantasie uraufgeführt; Beethoven saß selber am Klavier. Im Kontrast zum folgenden heroisch-leidenschaftlichen Es-Dur-Konzert ist die Domäne des G-Dur-Konzerts die Welt des Lyrischen, der Verinnerlichung und eher stillen Eindringlichkeit. Virtuosität ist vergleichsweise zurückgenommen zugunsten der intensiven, subtil und vielfältig abgestuften Ausdrucksgeste, einer ungemein sensiblen, beredten Tonsprache, in die auch dramatische Steigerungen völlig organisch eingebunden werden.

Bei durchaus traditionellem Satzverlauf und -aufbau führen die 3 Satztypen dennoch die überlieferten Modelle auf höchst individuelle und zukunftsträchtige Weise fort. So steht zwar am Anfang der gewohnte, um die doppelte Exposition (Orchester und Solo) erweiterte *Sonatensatz*, doch beginnt er mit einer vorangestellten kurzen Solo-Introduktion, die leitmotivisch den verhaltenen Grundton anschlägt und damit das pochende Hauptthema vorwegnimmt. In ihm verbirgt sich ganz unauffällig das »Motto« der 5. Sinfonie:

Das Orchester übernimmt leise diesen Gedanken, führt ihn phantasievoll weiter und vermittelt über eine dynamische Steigerung zu einem neuen Einfall, nach a-Moll ausweichend und zugleich das Element der Punktierung in den Vordergrund rückend (♫ ♩). Auch dieser Abschnitt steigert sich zu großer leidenschaftlicher Melodiegeste, bevor die erste Exposition epilogartig mit dem Zitat des Beginns endet. Dies wird wiederum motivisch vom Klavier aufgegriffen und verzierend umspielt. Über eine emphatisch im Klavierdiskant sich aufschwingende B-Dur-Kantilene und glitzerndes Passagenwerk wird schließlich das eigentliche Seitenthema auf der Dominante D erreicht, im satten Streichersatz angestimmt und sogleich vom Klavier figuriert. Erst danach ertönt das ursprüngliche Seitenthema aus der Orchesterexposition wieder, nun nach d-Moll gerückt. Die fein abgestufte, ganz durchsichtige Durchführung setzt ebenfalls mit dem pochenden Themenkopf ein und umgibt ihn im weiteren Verlauf mit perlenden Klavierfigurationen. Eine mächtige Steigerung leitet die Reprise im dichten Akkord-Tremolo des Solo-Instrumentes ein und mündet in eine farblich nuancierte Reprise, eine vor der Coda improvisierte Kadenz und den sich mächtig in stürmischen Läufen auftürmenden Abschluß.

Das folgende e-Moll-*Andante* hat zwar die Kürze, nicht aber den Charakter eines Intermezzos. Man könnte es mit »Dialog« überschreiben: zwei zu Beginn gegensätzliche Partner nähern sich im Satzverlauf einander an. Schroff und unerbittlich beginnt die Auseinandersetzung mit dem punktierten Streicher-Unisono, ungemein beredt deklamierend. Fast choralartig im weichen Akkordsatz antwortet das Klavier in regelmäßiger Periode. Die Entgegnung des Orchesters ist nun noch entschiedener und am Ende fast drohend auffahrend, das Klavier bleibt ganz verhalten und in sich gekehrt. Nun verkürzen sich die Dialogabschnitte deutlich, bis schließlich nur noch kurze Auftaktfiguren des Orchesters sich mit dem Klaviergesang mischen und die Streicher sich ganz ins Piano zurückziehen. Schließlich überlassen sie das Feld ganz dem Klavier, dessen ausdrucksstarke Figurationen in einer quasi improvisierenden Kadenz auslaufen. Im Orchesterepilog erinnern im dreifachen Pianissimo die punktierten Motivreste im Baß nur ganz entfernt an den drohenden Beginn; ein abschließendes e-Moll-Arpeggio im Klavier endet mit einem sehnsüchtigen Vorhalt.

Das *Finale* setzt daraufhin wie ein von ferne herannahender Marsch ein, wobei der spannungslösende Überraschungseffekt noch durch den langen Umweg über die Subdominante C-Dur betont wird: erst im 10. Takt stellt sich die Grundtonart G-Dur heraus, woraufhin das Klavier die vorangehende Streicherintonation des Marschthemas sogleich spielerisch aufgreift und variiert. Und auch der sich unmittelbar anschließende freundliche Legato-Gedanke der Streicher wird wieder vom Klavier übernommen. Die Überleitungen betonen jeweils das spielerisch-figurative Element; das Gegenthema auf der Dominante ist ein lyrischer Ruhepol aus zwei intensiv gegeneinander gerichteten Linien des Klaviers. Bis hierher könnte man an einen Sonatensatz mit zwei schulmäßig kontrastierenden Themen glauben; die Wiederkehr des Marschgedankens weist dann doch die Richtung zum Rondo. Allerdings hat der nun folgende Mittelabschnitt gar kein eigenes Thema, vielmehr zeigt er Durchführungscharakter. Und in der Reprise klammert Beethoven das Marschthema zunächst aus, ehe es dann am Ende, vor und nach der Kadenz, triumphal wiederkehrt. Überdies wird sein auftaktiges Kopfmotiv das dominierende Element des ganzen Satzes und behält schließlich auch das letzte Wort. Formal handelt es sich hier um die individuelle Variante eines Sonatenrondos.

Klavierkonzert Nr. 5 Es-Dur op. 73

Entstanden 1808/09, gewidmet dem Erzherzog Rudolph von Österreich.

1. *Allegro* – 2. *Adagio un poco moto* – 3. *Rondo: Allegro.*

Das Es-Dur-Konzert ist gleichsam das komplementäre Gegenstück zum G-Dur-Konzert; das gilt besonders für seinen *Kopfsatz*. Im Rahmen des gewohnten Sonatensatzmodells gelingt Beethoven hier eine völlig konträre Aussage von kämpferisch-heroischem Charakter, als Gegenentwurf zum stilleren G-Dur-Allegro. Monumental sind die Ausmaße des Satzes mit etwa 20 Minuten Dauer; souveräne Gelassenheit zeichnet den Umgang mit der Form aus – alle Details werden mit großem Atem und in aller Ausführlichkeit ausgebreitet und immer wieder im neuen farblichen und harmonischen Licht dargestellt. Zentrale Elemente sind innerhalb dieses breit aufgefächerten Geschehens das Virtuose, das leitmotivisch sogleich zu Beginn in der improvisatorisch frei wirkenden und doch streng gebundenen Introduktion angeschlagen wird, und die kräftigen rhythmischen Impulse, die motivisch im heroischen Hauptthema enthalten sind und im ganzen Satzverlauf wirksam werden, nämlich das Moment des kurzen Doppelschlages (a) und der Punktierung (b):

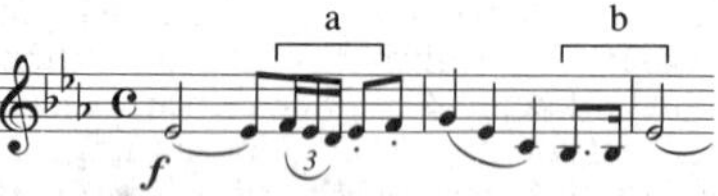

Daß Beethoven mit diesem Satz nichts Geringeres versucht hat als die Synthese des Virtuosen mit dem Sinfonischen, zeigt sich tatsächlich in den überaus originellen Anfangstakten. Wie im G-Dur-Konzert erhält der Solist sogleich das Wort, und doch ist kein größerer Gegensatz denkbar. Mit 3 kadenzierenden Tutti-Akkorden von Tonika, Subdominante und Dominante steckt das Orchester gleichsam den Rahmen ab, und dazwischen schwingt sich das Klavier in 3 unterschiedlich ausgeprägten Anläufen quasi kadenzierend auf, virtuoses Figurenwerk ohne jeden thematischen Halt auftürmend, Spielfreude an sich, ohne Selbstzweck und Ziel. Erst dann beginnt das eigentliche konzertante Sonatensatzgeschehen mit dem Hauptthema in der Orchesterexposition. Dichtes Tremolo der begleitenden Streicherstimmen ist ein typisches Merkmal dieses Satzes; es führt mit markanten Akzenten gegen den Takt zum Seitenthema, das hier zunächst sehr rhythmisch im Staccato in es-Moll ansetzt, ehe es sich in den beiden Hörnern kantabel nach Dur wendet, dezent von der Pauke rhythmisiert. In der Schlußgruppe kehrt das Hauptthema wieder, angekündigt über sein Doppelschlagmotiv und schließlich hymnisch überhöht im dichten Streichertremolo. Als kleines Intermezzo schiebt sich in diesen Abschnitt noch eine freundliche Passage der Holzblasinstrumente von aufsteigenden Tonleiterausschnitten ein. Das Solo-Instrument setzt mit einer langen, aufsteigenden chromatischen Tonleiter und einem Triller ein und wendet das Hauptthema überraschend ins Lyrische. Und nun beginnt das lange Wechselspiel zwischen den beiden Partnern, wobei die melodische Führung immer wieder wechselt und das Klavier sich in aparten Figurationen ergeht. So setzt der Seitensatz hier nun triolisch umspielt in h-Moll ein, um sich bald in abgeklärter Ruhe ins ferne Ges-Dur zu wenden. Diese kurze Oase der Ruhe wird abrupt durch eine Marschva-

riante des Seitensatzthemas beendet. Durchführungshafte Ansätze zeigen sich erstmalig bereits in der Schlußgruppe, wenn das Klavier sich ernsthaft mit dem Doppelschlagmotiv auseinandersetzt. Die eigentliche Durchführung beginnt wieder mit der chromatischen Tonleiter des Klaviers und changiert in ihrem 1. Teil in solistischen Bläserfarben, perlenden Klavierarabesken und mehrfachen Modulationsschritten. Im 2. Abschnitt baut sich in drastischer Reduzierung auf dem punktierten Rhythmus eine gewaltige Steigerung auf, die geradezu martialische Züge annimmt und in donnernden Oktavgängen des Klaviers kulminiert. Die Hochspannung wird erst ganz allmählich und systematisch abgebaut, schließlich bereitet das ständig repetierte Doppelschlagmotiv die Reprise vor. Auch hier kommt es wieder zu den 3 Orchesterakkorden mit kadenzierenden Solo-Passagen wie zu Beginn des Satzes. Erstmals gibt Beethoven dem Solisten dann keine Gelegenheit mehr zur improvisierten Kadenz; statt dessen schreibt er eine kadenzierende Überleitung zur Coda, die bisweilen geradezu hymnisch klingt. An ihr ist das Klavier bis zum Schluß figurativ beteiligt.
Es ist kaum ein größerer Kontrast zu diesem monumentalen Satz vorstellbar, als er sich nun im *Adagio* einstellt; Symbol für diesen Gegensatz ist die entlegene Tonart H-Dur. Hauptthema ist ein weich strömender, inniger Gesang, den die gedämpften Streicher über dezent gezupften Bässen vortragen. Darauf antwortet das Klavier zunächst mit einer eigenen triolisch gefügten Melodielinie in meditativer Verhaltenheit. Es schließen sich 2 Variationen des Hauptthemas an. Die 1. wird über triolischer Begleitung vom Klavier angestimmt, die 2. von den Holzbläsern, denen sich das Klavier unterordnet. Das Spiel verklingt ganz zart, und aus den Schlußtakten erhebt sich, nach einer Halbtonrückung abwärts, die Vorahnung des kommenden Rondo-Themas in Es-Dur – ein ungewöhnlich origineller Satzübergang von zwingender Überzeugungskraft!
Das Final-*Rondo* lebt ganz vom Vorwärtsdrang seines prägnanten, den 6/8-Takt sogleich sprengenden Hauptthemas, dem zwar 8taktige Regelmäßigkeit zugrunde liegt, die aber durch widerborstige Akzente und partielle Wiederholungen verschleiert wird. Mit der Formvorlage geht Beethoven phantasievoll und großzügig um; so erscheint in der Grundtonart bald ein weiteres eher lyrisches Thema mit Sextaufschwung

und Doppelschlag zu Beginn, während das 1. Coupletthema mit seiner Sechzehntel-Begleitung eine Episode in der Dominante bleibt. Die Rückkehr des Ritornells erfolgt im Klavier, und es schließt sich ein recht durchführungshafter Mittelteil an, der sich bis E-Dur verrennt und in dessen Mittelpunkt der punktierte 6/8-Rhythmus aus der Fortführung des Hauptthemas rückt (♪.♬). Dessen zweite Wiederkehr kündigt sich bereits Takte vorher im Orchester hinter einem Doppeltriller des Klaviers an, und sie erfolgt genau wie beim ersten Mal vor dem Hintergrund einer gehaltenen Oktave der Hörner. Die Coda schließlich verteilt das Hauptthema auf Klavier und Orchester und endet originell, indem ein rhythmisches Pauken-Ostinato den Hintergrund für den Solisten bildet (♪.♬♫). Das Hauptthema behält mit seinem mehrfach wiederholten Sechzehntel-Auftakt energisch das letzte Wort.

Violin- und Tripelkonzert, Romanzen

Konzert für Violine und Orchester D-Dur op. 61

Entstanden 1806.

1. *Allegro ma non troppo* – 2. *Larghetto* – 3. *Rondo: Allegro.*

Die heute meist gespielte Version der Solo-Stimme seines einzigen, am 23. Dezember 1806 uraufgeführten Violinkonzerts entstand bei Beethovens Überarbeitung im Jahr danach. Gleichzeitig stellte Beethoven für Klavier eine 2. Fassung des Konzertes her, die allerdings kaum Beachtung findet. Gegenüber der Urfassung zeigt sich die neue Violinstimme phantasievoller und vielseitiger, vor allem in den zahlreichen Spielfiguren, so daß anzunehmen ist, daß er mit dieser Umarbeitung auch auf kritische Reaktionen nach der Uraufführung reagiert hat; z. B. war in einer Rezension der *Wiener Theaterzeitung* von »unendlichen Wiederholungen einiger gemeiner Stellen« die Rede.

Mit dem G-Dur-Konzert für Klavier und Orchester hat das Violinkonzert Ausdehnung und Charakter des *Kopfsatzes* gemeinsam: er ist lang und vielgestaltig und zeichnet sich zugleich durch seine eher epische Grundhaltung aus, die weitgehend auf Dramatik und Leidenschaftlichkeit verzichtet, statt dessen alle dynamischen Aufschwünge organisch in den Gesamtverlauf einbindet. Die Form des Satzes ist durchaus die im Rahmen des konzertanten Sonatensatzmodells gewohnte.

Dabei fällt auf, daß in seiner doppelten (Orchester- und Solo-)Exposition eine Fülle von mehr oder weniger miteinander verwandten Themen ausgebreitet wird. Besonders Haupt- und Seitenthema weisen große Nähe zueinander auf, die sich vor allem im gleichmäßigen Dahinströmen äußert, vorwiegend in Vierteln und in ihrer eher lyrischen Grundhaltung:

Zum Hauptthema gehören als geheimnisvoller solistischer Vorspann die 4 nacheinander angeschlagenen Viertel in der Pauke, die für den ganzen Satz zu einer Art Motto werden und ständig, vor allem an strukturellen Nahtstellen, wiederholt werden. Zwischen Haupt- und Seitenthema schieben sich noch zwei weitere Einfälle: der sequenzierte Aufwärtszug der Tonleiter und ein durch markante Pausen gegliedertes Marschmotiv. Und noch in der Schlußgruppe des Orchesters taucht ein weiterer, entschieden im Dreiklang aufstrebender Gedanke auf, der noch einmal nachdrücklich die Einheitlichkeit aller Einfälle auf der Basis von Tonleiter und Dreiklang unterstreicht. Das Paukenthema ist überdies so etwas wie eine motivische Klammer zwischen allen Themen, dient nicht zuletzt zu deren Begleitung und Verknüpfung und ist auch die Basis für das Geschehen in der Durchführung. Von unnachahmlicher Originalität ist der erstmalige Eintritt des Solo-Instrumentes, der in gleicher Form noch einmal zu Beginn der Durchführung erfolgt: nach weitgehend erfolgtem Spannungsabbau in wenigen Orchestertakten schwingt sich die Violine gleichsam schwerelos und quasi improvisierend hinauf bis zum Zielpunkt des Themas in ätherischer Höhenlage. Ein typisches Kennzeichen dieses monumentalen und gleichzeitig in klassischer Ausgewogenheit in sich ruhenden Satzes ist die Kunstfertigkeit der solistischen Figurationen, mit denen die Violinstimme ausgestattet ist. Nach der Solo-Kadenz stimmt der Solist noch ein letztes Mal ganz zart – aber keineswegs in starker Verzögerung des Tempos, wie so häufig zu hören! – das Hauptthema an.

Das *Larghetto* im Stil einer Romanze steht in der Subdominanttonart G-Dur und mutet insgesamt an wie eine Meditation. Sein dreimal motivisch ansetzendes und sich zum großen melodischen Bogen weitendes Thema erklingt zuerst in den gedämpften Streichern, dann intoniert von den Hörnern und fortgeführt von der Klarinette, im Fagott und schließlich noch einmal im Streichersatz, während die Solo-Violine es phantasievoll figuriert und mit gleichsam kontemplativen Ergänzungen umgibt. Dieser meditative Tonfall verstärkt sich zum Ende des Satzes hin immer mehr, ausgehend von einem neuen getragenen und äußerst sprechenden Einfall und weitergeführt in einer erneuten Variation des Grundthemas, nun pizzicato vom Orchester begleitet. Als wichtigste motivische Klammer des ganzen Satzes stellt sich am Ende der punktierte Auftakt aus dem 1. Takt dar, der schließlich im Hörnerpaar fast ostinat wiederholt wird und in einem überraschend mächtigen Fortissimo-Einsatz des Orchesters kulminiert.

Aus diesem letzten Fermatenakkord von A-Dur entwickelt sich über eine kurze Kadenz wie eine Befreiung der Beginn des *Finalsatzes*. Dieser lebt ganz vom mitreißend lebenslustigen Tanzthema im 6/8-Takt, dessen Motorik sich aus seinen Achteln ableitet und das Geschehen immer aufs neue in Gang setzt. Hörnerklänge leiten zum 1. Couplet, dessen tänzerisch stampfendes Thema sich regelmäßig auf Solo und Orchester verteilt. In die Moll-Subdominante g-Moll weicht dann das 2. Couplet aus, dessen gewundene Triolenfiguration im solistischen Fagott wiederholt, im Oboenpaar weitergesponnen und von der Solo-Violine zärtlich umspielt wird. Der Anfangsrhythmus kündigt schon frühzeitig die Reprise des Ritornells an; mit seiner Hilfe wird der Übergang zur Kadenz bewerkstelligt und die ausgreifende Coda gestaltet. In ihr findet der Solist zu einer anrührenden kleinen Nuance in der Beantwortung der 1. Phrase des Rondo-Themas, jeweils korrespondierend mit der beginnenden Oboe:

Tripelkonzert für Klavier, Violine und Violoncello C-Dur op. 56

Entstanden 1803/04, gewidmet dem Fürsten Lobkowitz.
1. *Allegro* – 2. *Largo* – 3. *Rondo alla Polacca.*

Das Tripelkonzert steht eindeutig im Schatten der übrigen Solo-Konzerte Beethovens. Es setzt erkennbar die ursprünglich barocke Tradition des Concerto grosso fort und auch die frühklassische Linie der Sinfonia concertante. Problematisch und damit seiner Verbreitung hinderlich ist natürlich die Tatsache, daß man zu seiner Aufführung ein komplettes Klaviertrio benötigt, in dem der Part des Pianisten überdies relativ leicht gehalten ist, gegenüber den ziemlich anspruchsvollen, aber nicht unbedingt »dankbaren« Partien von Violine und Cello. Beethoven komponierte das Werk bekanntlich für seinen adligen Schüler, den Erzherzog Rudolph, dessen pianistische Fähigkeiten offensichtlich begrenzt waren.
Bei traditioneller Dreisätzigkeit sind die Proportionen des Werkes unausgewogen: es wirkt durch die Ausdehnung des *1. Sonatensatzes* ausgesprochen kopflastig. In ihm dominiert das sich festlich bis zum glanzvollen Tutti aufschwingende 1. Thema, wobei dem Element der marschartigen Punktierung für den ganzen Satzcharakter große Bedeutung zukommt. Durch diese rhythmische Profilierung ist es auch mit dem ansonsten eher kantablen Seitenthema verknüpft. Das Hauptthema selber erscheint auch zu Beginn der Durchführung noch einmal vollständig und nähert auf diese Weise und durch seine dominante Ausprägung den Satzverlauf latent der Rondo-Form an. Die Länge des Satzes ist nicht zuletzt darauf zurückzuführen, daß Beethoven sich offensichtlich um Gerechtigkeit bei der Verteilung der solistisch-konzertanten Aufgaben auf die 3 Solisten bemühte. Am Ende gibt es eine Coda, aber keine Solo-Kadenz. – Sehr kurz und eher intermezzoartig ist das *Largo* im terzverwandten As-Dur; es lebt ganz von variativ wiederholter Melodieführung, zunächst angestimmt vom Violoncello und im Klavier überwiegend figurativ begleitet, und wendet sich in seinen letzten Takten der eher spielerisch improvisierenden Überleitung zum Final-*Rondo* zu. Dieses zeichnet sich vorwiegend durch seinen unterhaltend-reißerischen Charakter aus, der exemplarisch in seinem Ritornellthema angeschlagen wird. Hieraus verselbständigt sich jedoch sehr schnell der Polkarhythmus (𝄾♫♬♬), der in Bläsern

und Streichern alternierend intoniert wird und zugleich zum Träger des 1. Couplets wird. Auch im Mittelteil, der kurzzeitig in die Parallele a-Moll ausweicht, wird weitgehend auf Durchführungsansätze verzichtet. Der Satz verläuft völlig eindeutig und unangefochten in den gewohnten strukturellen Bahnen und schließt mit einer Coda. Hier kippt das Metrum in ein strettahaftes 2/4-Allegro um; doch noch ein letztes Mal kehrt das Hauptthema fast triumphierend im alten 3/4-Zeitmaß wieder, bevor rauschende gemeinsame Passagen der Solisten den Satz beenden.

Neben dem Violinkonzert, dessen früher Vorläufer vom Anfang der 90er Jahre Fragment geblieben ist, komponierte Beethoven noch 2 einzelne langsame Konzertsätze, die beiden **Romanzen für Violine und Orchester G-Dur op. 40** und **F-Dur op. 50**. Ihre genaue Entstehungszeit ist unbekannt, ebenso die Reihenfolge beider Stücke, die zumindest 1802 vollendet waren. Beiden gemeinsam ist ihre ausgeprägt kantable Grundhaltung im Sinne einer instrumentalen Gesangsszene. Auch der formale Ablauf ist eng verwandt: in schlichter verkürzter Rondo-Form reihen sich die gemäßigt kontrastierenden Abschnitte aneinander, wobei sich Beethoven in op. 50 etwas größere Freiheiten in der Abfolge der Teile erlaubt. Die vorgetragenen melodischen Einfälle sind von großem Ebenmaß und deklamatorischer Unmittelbarkeit, in op. 50 insgesamt durch größere, quasi rhapsodische Freiheiten ausgezeichnet, so daß sich dem Verständnis beider Werke keinerlei Schwierigkeiten in den Weg stellen.

Ouvertüren und Chorfantasie

Beethovens Ouvertüren lassen sich ihrem Entstehungsanlaß gemäß in unterschiedliche Gruppen gliedern. Da ist die Reihe der Kompositionen, die Werke des Musiktheaters einleiten. Hierher gehören die 4 Ouvertüren zur Oper *Fidelio* bzw. *Leonore*, wie sie anfangs hieß, sowie die Ouvertüre zum Ballett *Die Geschöpfe des Prometheus*. Im weiteren Sinn theaterbezogen sind die Ouvertüren zu Schauspielen wie *Coriolan*, *Egmont* und *König Stephan*. Schließlich gibt es eine 3. Gruppe von Werken, die ohne Beziehung zur Bühne entstanden: *Zur Namensfeier* und *Die Weihe des Hauses*. Im historischen Rückblick allerdings und aus der Perspektive ihrer Rezeptionsge-

schichte betrachtet, rücken alle Ouvertüren enger zusammen und stellen sich als gattungsgeschichtliche Vorstufen zum romantischen Typus der Konzertouvertüre dar, stellen also im weiteren Sinn einen Übergang zur Programmmusik dar.
Um die Jahreswende 1800/01 entstand in Wien in Zusammenarbeit mit dem berühmten Tänzer Salvatore Viganò das Ballett **»Die Geschöpfe des Prometheus«** (op. 43), wobei die Wahl des Themas (Erschaffung und geistige Erweckung des ersten Menschenpaares) auch als Huldigung an Napoleon zu begreifen ist; die Auswirkungen bis hin zur *Eroica* sind bekannt. Von diesem am 28. März 1801 uraufgeführten Ballett ist allein die Ouvertüre als Konzertstück im Bewußtsein des Publikums geblieben. Sie beginnt mit einer langsamen Einleitung, die enge Verwandtschaft mit der Einleitung zur 1. Sinfonie aufweist; ihr zentrales Gesangsthema, von der Oboe vorgetragen, ist von großer Schönheit. Das nachfolgende Sonatensatz-Allegro, ein glänzendes und effektvolles Orchesterstück, wird stark durch das temperamentvoll in ununterbrochener Achtel-Kette dahinstürmende Hauptthema geprägt.
Die Ouvertüre zum Trauerspiel **»Coriolan«** (op. 62) entstand 1807 und bezieht sich nicht etwa auf Shakespeares Drama, sondern auf ein Schauspiel Heinrich von Collins, das übrigens gar nicht mehr aufgeführt wurde, als Beethoven seine Ouvertüre schrieb. Insofern löst sich das Werk bereits von der Gruppe der anlaßbezogenen Ouvertüren und leitet zur freien Konzertouvertüre über. Im Mittelpunkt der c-Moll-Komposition steht der Versuch, mit musikalischen Mitteln ein Porträt des tragisch endenden römischen Feldherrn Coriolan zu zeichnen. Diesem Ziel ordnet sich die musikalische Faktur unter: der Haupteindruck ist der einer kompromißlosen und finsteren Entschlossenheit, dokumentiert in einem ungewöhnlich rauhen und kaum solistisch aufgefächerten Orchesterklang. Und auch die thematischen Gestalten im frei gehandhabten Sonatensatz entsprechen dieser Absicht: Wilde Entschlossenheit zeigen die einleitenden gedehnten Fortissimo-Klänge und abrupten Orchesterschläge; das Hauptthema ist äußerst nervös und unruhig in kleinteiliger Achtel-Kette gebaut, während ihm als Kontrast ein eindringlich flehendes Seitenthema gegenübergestellt wird.
Die Ouvertüre zu Goethes **»Egmont«** (op. 84) schrieb Beethoven 1810 auf Bestellung des Wiener Burgtheaters. Sie leitet eine insgesamt 10teilige Schauspielmusik ein, die heute sehr

selten integral aufgeführt wird. Die Ouvertüre dagegen gehört zum gängigen Konzertrepertoire. In 3 klar voneinander abgehobenen, aber konsequent aufeinander bezogenen Abschnitten zeichnet sie Person und Schicksal des Titelhelden nach. In der langsamen Einleitung dominiert der lastende Rhythmus eines düsteren Einfalls, der im nachfolgenden Allegro-Teil dann beschleunigt wiederkehrt. Dieser Sonatensatz ist von Unruhe und Kampf geprägt, ausgelöst durch ein in Achteln sich kreisend in Bewegung setzendes Thema. Der inhaltliche Bezug zum Freiheitskampf der Niederländer, in dem Egmont eine führende, tragische Rolle spielt, ist unüberhörbar; der mit den dualistischen Mitteln des Sonatensatzes ausgetragene Kampf spitzt sich am Ende der Reprise zu, wobei motivisches Abbrechen und Generalpause – nach Beethovens eigenem Hinweis – Egmonts Tod bedeuten. Apotheotischer, fanfarengekrönter Jubel in der Coda beendet die Komposition.

Die 4 Ouvertüren zur Oper **»Leonore«**/**»Fidelio«** gehören nur insofern hierher, als vor allem die Ouvertüre *Leonore III* häufig in Orchesterkonzerten zu hören ist und sich, nicht zuletzt aufgrund ihrer Länge und der Entstehungsgeschichte der Oper, von dieser gelöst hat. Sie gilt heute eher als Prototyp der Konzertouvertüre denn als geeignete Einleitung zum Bühnenstück. Die 3 Ouvertüren zur Oper *Leonore* entstanden jeweils für Neufassungen des Werkes, und zwar kam sehr wahrscheinlich die **Nr. 1** (op. 138, 1805) als letzte heraus. **Nr. 2** (1805) und **3** (1806) sind eng miteinander verwandt und zeichnen mit den Mitteln des ausgebauten Sonatensatzes den Handlungsverlauf bis zu seiner befreienden Lösung nach. Beide (op. 72a) beziehen melodische Zitate aus der Oper ein und bringen an markanter, wenn auch jeweils anderer Stelle das befreiende Trompetensignal, das die Ankunft des Retters kundtut. Nr. 1 (op. 138) verzichtet darauf und vermeidet offensichtlich sehr bewußt die große Nähe der beiden Schwesterwerke zur Handlung der Oper; sie ist kürzer, weniger sinfonisch ambitioniert und rückt in die Mitte des Sonatensatzes einen langsamen Abschnitt. Die 1814 komponierte **»Fidelio«-Ouvertüre** (op. 72b) wird heute üblicherweise der Oper vorangestellt; sie enthält sich direkter musikalischer Verknüpfungen mit Themen der Oper und ist insgesamt die kürzeste, konzentrierteste unter den dreien. Sie bereitet atmosphärisch sowohl auf die konflikthaft-dramatische Handlung der ganzen Oper wie auch unmittelbar auf die 1. Szene vor. Der bewußt fehlende sinfonische Anspruch wird dabei mehr als ausgeglichen durch die zupackend umweglose Leidenschaftlichkeit der Tonsprache – ohne Zweifel ist diese Ouvertüre die theaternächste unter allen vieren.

Relativ wenig gespielt werden die 3 Ouvertüren **»Zur Namensfeier«** (op. 115), zu Kotzebues Schauspiel **»König Stephan«** (op. 117) und **»Die Weihe des Hauses«** (op. 124). Die früheste unter ihnen (1811) ist op. 117, wobei Beethoven sich hier erkennbar in manchen Einzelheiten um einen ungarischen Tonfall bemüht: der Anlaß war die Eröffnung des Deutschen Theaters in Pest. Op. 115 entstand 1814 zum Namenstag des Kaisers Franz, wurde aber aus anderem Anlaß erst später aufgeführt und ist insgesamt eher als Gelegenheitswerk anzusehen. Op. 124 schließlich komponierte Beethoven 1822 ebenfalls als Gelegenheitswerk zur Eröffnung des Josephstädter Theaters in Wien; es handelt sich hier um einen sehr frei gehandhabten Sonatensatz ohne Durchführung, aber mit einem zentralen Fugenteil sowie einer vorangestellten langsamen Einleitung.

Die Musik zu **»Die Ruinen von Athen«** (op. 113) entstand 1811 als Gelegenheitskomposition zum gleichnamigen Festspiel August von Kotzebues, womit das Theater in Pest eröffnet wurde. Beethoven komponierte diese mehrteilige Schauspielmusik in wenigen Wochen; gelegentlich zu hören ist neben der türkisch-exotisch instrumentierten *Marcia alla turca* vor allem auch die *Ouvertüre*, in deren Einleitung der türkische Marsch bereits anklingt.

»Wellingtons Sieg oder Die Schlacht bei Vittoria« (op. 91) wurde bei der Uraufführung 1813 in Wien zu einem der größten Publikumserfolge Beethovens, wohingegen es heute eher als äußerst zeitgebundenes, modisches Tagesprodukt eingeschätzt, ja belächelt wird. Das monströse Werk nahm radikalen Bezug auf das politische Geschehen jener Tage und profitierte denn auch von der vorherrschenden patriotischen Stimmung. Seine Wirkung ist heute wie damals außermusikalisch, vordergründig programmatisch. Es steht nicht zuletzt in der Tradition der beliebten Schlachtenmusiken, deren Komponisten sich nicht scheuten, richtige Kanonen dem Orchester hinzuzufügen. In 2 Abschnitten werden Schlacht und Sieg Englands über Frankreich geschildert, unter Zuhilfenahme des englischen Volksliedes *Rule Britannia* und eines französischen

Marsches; der 2. Teil ist eine Siegessinfonie, in der *God save the King* im Zentrum steht und in mehrfachen Varianten durchgeführt wird.
Zwischen den Gattungen steht schließlich die **Fantasie für Klavier, Chor und Orchester c-Moll op. 80**, die Beethoven als effektvolles Abschlußstück für seine legendäre Akademie am 22. Dezember 1808 im Theater an der Wien komponierte (vgl. S. 252, 256 und 277). Den Klavierpart improvisierte der Komponist während der Uraufführung; die langsame Solo-Einleitung fügte er allem Anschein nach nachträglich hinzu. Der instrumentale Hauptabschnitt beginnt wie ein ferner Marsch und führt in mehreren stockenden Schritten zum eigentlichen C-Dur-Thema, das in einer Reihe farbiger Variationen bearbeitet wird. Als Höhepunkt tritt erst ganz am Ende der Chor ein und unterlegt dem Thema seinen Text (»Schmeichelnd hold und lieblich klingen unsers Lebens Harmonien . . .«). Der Titel *Fantasie* weist auf die kaleidoskopartig vielfältige Reihung der Teile hin, wobei sich dem Ablauf auch Sonatensatzansätze überlagern: so hat der Mittelabschnitt Durchführungscharakter, und beim Choreinsatz kommt es zu einer Art Reprise. Die Coda ist strettahaft zum Presto gesteigert.

In der Geschichte der Sinfonik zur Zeit Beethovens setzte der phantastische Romantiker **Ernst Theodor Amadeus Hoffmann** (1776–1822) einen eigenen Akzent. Der Schwerpunkt seines musikalischen Schaffens liegt in erster Linie bei Bühnenwerken. Seine einzige *Sinfonie Es-Dur* (1805/06) ist ein Dokument der verehrungsvollen Auseinandersetzung mit Mozart. Sie folgt mit ihren 4 Sätzen auch in manchem äußerlichen Detail dem Vorbild und hier ganz offensichtlich dessen Es-Dur-Sinfonie KV 543. Mit ihr hat sie die große, klarinettengetönte Besetzung gemeinsam, aber auch Tonart und kleine motivische Einzelheiten sowie die langsame Einleitung zum Kopfsatz (Adagio e maestoso / Allegro). Der wie bei Mozart im ¾-Takt stehende Allegro-Teil zeugt von Hoffmanns handwerklicher Souveränität und Sicherheit im Umgang mit den strukturellen Anforderungen des Sonatensatzes und setzt auch kontrapunktische Stilmittel ein. Der langsame Satz in der Subdominante As-Dur ist ein sanft wiegendes ⁶⁄₈-Andante (con moto) mit reizvollen harmonischen Wendungen und verläuft ebenfalls in der Sonatenform. Das Menuett weicht überraschend in die Parallele c-Moll aus und ist im Hauptteil und im Trio kanonisch gearbeitet. Das Finale (Allegro molto) ist bei allem Temperament ebenfalls ein kunstvoll kontrapunktisch getönter Satz.

Das 19. Jahrhundert

Niccolò Paganini

* 27. Oktober 1782 in Genua
† 27. Mai 1840 in Nizza

Paganini begann bereits als Wunderkind im Alter von 11 Jahren mit seiner Geige zu konzertieren, erhielt 1804 seine erste feste Anstellung als Kapellmeister und Geiger in Lucca und führte danach, ab 1808, das unstete Leben eines reisenden Virtuosen. In seinen Konzerten führte er nahezu ausschließlich eigene Kompositionen auf. 1833 ließ er sich in Paris nieder.

Paganini ist sozusagen die exemplarische Verkörperung des Virtuosen, des Musikers, dem auf seinem Instrument scheinbar keinerlei technische Grenzen gesetzt sind. Sein ganzes Denken und Schaffen kreiste um die Violine, deren spieltechnisches Repertoire er immens erweiterte. Dabei experimentierte er als Solist und Komponist in Personalunion und schrieb sich seine Werke sozusagen selber in die Hand. Daß Paganini daneben äußerst versiert auch die Gitarre spielte, wird heute oft übersehen.
Sein Ruf als »Teufelsgeiger« grenzte bereits zu seinen Lebzeiten ans Legendäre; er war im frühen 19. Jh. ein Vorgänger der heutigen Stars, begleitet von einer ans Kulthafte rührenden Anbetung seines Publikums. Er hatte Vorbildfunktion nicht nur auf seinem eigenen Instrument; eine in manchem verwandte Karriere wie die des Pianisten Franz Liszt hat hier mit Sicherheit ihren Auslöser gefunden.
Die 6 Violinkonzerte Paganinis sind Prototypen des Virtuosenkonzertes; man tut ihnen indes unrecht, wenn man sie

allein auf die Akrobatik der Solo-Stimme reduzieren wollte. Immerhin setzt Paganini jeweils ein ausgewachsenes Sinfonieorchester ein und weist ihm passagenweise konstruktives Mitspracherecht zu. Darüber hinaus ist auch der jeweilige Solo-Part nicht einseitig auf Instrumentalvirtuosität festgelegt; mit Recht war Paganini bereits zu seiner Zeit berühmt für seine ausdrucksstarken, sinnlichen Kantilenen – Schuberts berühmter Ausspruch über das Adagio des 2. Konzertes, er habe »einen Engel darin singen gehört«, ist ein gewichtiger Beweis.
Das **1. Konzert für Violine und Orchester in D-Dur op. 6** entstand 1817/18 unterwegs in Italien; ungewöhnlicherweise waren die Orchesterstimmen in Es-Dur notiert, die Solo-Stimme dagegen in D-Dur: Paganini stimmte seine Geige einen halben Ton höher, um ihr mehr Glanz zu verleihen! Im Kopfsatz (*Allegro maestoso*) geht dem ersten demonstrativen Einsatz des Solisten eine ausgedehnte Orchesterexposition voraus; in der Orchesterbesetzung fallen Becken und große Trommel aus dem gewohnten Rahmen. Eine empfindsame Arie (»Gesang eines Gefangenen«) ist danach das *Adagio espressivo* in h-Moll, in dem die Paganinischen Kantilenen sich über einer gitarrenähnlichen Pizzicato-Begleitung aufschwingen. Das virtuose Final-Rondo (*Allegro spiritoso*) glänzt mit Springbogen- und Flageolett-Effekten. – Das **2. Konzert für Violine und Orchester h-Moll op. 7** entstand wohl 1826 und trägt den Beinamen **»La Campanella«** wegen seines Finalsatzes, in dem der Solist auf raffinierte Weise Glocken nachahmt; sein Hauptthema ist ungemein einprägsam und unterhaltend:

Der ganze Satz gehört mit zum Anspruchsvollsten für die Geige überhaupt, vor allem im Hinblick auf das Doppelgriffspiel. Ihm voraus geht als völliges Extrem der so kantable *Adagio*-Satz, dem alle Virtuosität im äußerlichen Sinne abgeht, während der *1. Satz* bereits die Akrobatik des *Finales* ankündigt; originell ist sein Beginn im Stil eines deklamatorischen Accompagnato-Rezitatives. – Die folgenden Violinkonzerte veröffentlichte Paganini nicht, sondern reservierte sie sich für den eigenen Konzertgebrauch. Das **3. Konzert E-Dur** führte er erstmals außerhalb Italiens 1828 in Wien auf; auch hier umrahmen zwei Demonstrationen der Virtuosität einen ganz nach innen gekehrten Kantilenensatz mit gezupfter Begleitung. – **Das 4. Konzert d-Moll** komponierte Paganini 1830 auf einer Deutschland-Tournee zu Ende und führte es erstmals in Frankfurt a. M. auf. In seinem Kopfsatz (*Allegro maestoso*) zeigt sich der Komponist überraschend phantasievoll im Umgang mit der konzertanten Sonatensatzform, indem er die Grenzen zwischen den Formteilen raffiniert verwischt. Das fis-Moll-*Adagio* geht hier über bloße Kantilenenseeligkeit hinaus und ist durch unvermutete dramatische Aufschwünge mit Posaunenklängen und düsteren Paukeneinsätzen charakterisiert. Das *Finale* wiederum zeichnet sich durch harmonische Überraschungen und den Einsatz des Triangels aus.

Neben diesem Meister des virtuosen Violinkonzertes stehen einige Vertreter des brillanten Klavierkonzertes, die stilistisch u. a. an Mozarts Klavierkonzerte anknüpfen und fern von Tiefsinn und sinfonischem Anspruch eher gepflegte Unterhaltung anstrebten. Hierher gehören nach **Johann Ladislaus Dussek** (1760–1812) und **Johann Baptist Cramer** (1771–1858) noch **Ludwig Berger** (1777–1839) und der irische Komponist **John Field** (1782–1837), der mit seinen 7 Klavierkonzerten u. a. Chopin beeinflußte und in ihnen eine klassisch geschulte, jedoch bisweilen romantisch getönte Tonsprache fand, überlagert von beträchtlicher und effektvoller Virtuosität.
Eine besondere Note innerhalb dieser Gattungsschiene setzte **Daniel Steibelt** (1765–1823) mit einigen programmatisch akzentuierten Konzerten wie dem in Es-Dur *»Der Sturm«* oder *»Die Reise über den St. Bernhard«*, in dem er im Orchester Piccoloflöte, Posaune und Triangel einsetzt. Ein weiterer Meister des virtuosen Klavierkonzertes war **Johann Nepomuk Hummel** (1778–1837), der als Pianist außerordentlich berühmt wurde. Neben Field stellt er die Brücke zu Chopin dar; in seinen 7 Klavierkonzerten, die heute kaum gespielt werden, zeigt sich zunächst der Einfluß seines Lehrers Mozart, während die späteren Werke durchaus Ansätze zu einem eigenen, auf die Romantik ausgerichteten Stil erkennen las-

sen, verbunden mit anspruchsvoller und bisweilen äußerlicher Virtuosität.
In Paris wiederum wirkte **Friedrich Wilhelm Michael Kalkbrenner** (1785–1849), der mit seinen 5 Klavierkonzerten charakteristische Dokumente des »concert brillant« hervorbrachte und ihnen einen eigenen Tonfall französischer Romantik verlieh.

Louis Spohr

* 5. April 1784 in Braunschweig
† 22. Oktober 1859 in Kassel

Spohr gehört in die frühe romantische Generation Webers und Mendelssohns. Mit ihnen gemeinsam hatte er die hohe Popularität zu Lebzeiten als Komponist und Instrumentalist, sein Ruhm aber verblaßte relativ schnell. Wenn eines seiner Werke gelegentlich noch auf Programmen oder Tonträgern erscheint, dann eher zur historischen Dokumentation oder als gewisses Unikum. Welche historische Ungerechtigkeit darin liegt, erfährt man, wenn man sich die lange Liste seiner Freunde und Schüler ansieht und wenn man die mannigfaltigen musikalischen Einflüsse zur Kenntnis nimmt, die er vor allem auf dem Höhepunkt seiner Laufbahn ausgeübt hat – sie reichten nachweislich bis zu Tschaikowskij, Mahler und Richard Strauss. Allerdings muß man zugeben, daß Spohr selber, niedergedrückt durch eine Reihe von Schicksalsschlägen, in seiner letzten Schaffensphase erkennbar nachgelassen, man könnte sagen: sich selbst und seinen Einfluß überlebt hat.
Sein umfangreiches Werk spiegelt seinen künstlerisch-praktischen Lebensweg recht genau wider. Spohr war gefeierter Violinvirtuose, und folgerichtig galt sein Hauptinteresse zunächst der konzertanten Musik. Er hinterließ insgesamt 18 Violinkonzerte, unter ihnen das **»Konzert in Form einer Gesangsszene« Nr. 8 a-Moll op. 47** aus dem Jahre 1816, wie alle übrigen zum eigenen Konzertgebrauch komponiert: es ist 3sätzig, jedoch ohne Bezüge zur traditionellen Sonatensatzform, statt dessen ohne Pause durchkomponiert, mit eingefüg-

ten rezitativischen Passagen und insgesamt eher an Liedformen orientiert, dabei hochvirtuos und im langsamen Mittelsatz von kantabler Ausdruckstiefe. Stilistisch basieren Spohrs Konzerte auf den Vorbildern der Wiener Klassik, vor allem Mozarts, wobei besonders die Harmonik eigene, bisweilen recht kühne und neuartige Wege geht. Das konzertante Prinzip beschränkt sich in seinen besten Werken keineswegs auf die Zurschaustellung äußerlicher Virtuosität, sondern bindet sie organisch in den kompositorischen Prozeß ein, wobei auch dem Orchester im Sinne einer sinfonischen Durchdringung eine große Rolle zufällt. Nächst den Violinkonzerten bemerkenswert sind die 4 Klarinettenkonzerte, mit denen die junge Tradition Mozarts und Webers niveauvoll weitergeführt wird, ferner eine Reihe von Doppelkonzerten (»Concertante«) für 2 Violinen, Violine und Harfe sowie Violine und Violoncello.
Von Opern, einzelnen Ouvertüren und Schauspielmusiken abgesehen, bilden die Sinfonien einen zweiten Schwerpunkt in Spohrs Lebenswerk. Seine Hinwendung zur Sinfonik markiert zugleich eine Zäsur in seinem Schaffen, die mit dem Wechsel vom Solisten zum Dirigenten einhergeht. Man zählt bis zu 10 Sinfonien, je nachdem ob man die später vom Komponisten nicht mehr akzeptierte 1. und die unveröffentlichte 10., deren Aufführung Spohr selber noch absagte, mitzählt oder nicht. Unter den sozusagen legitimen 8 Sinfonien gibt es sowohl absolute wie programmatisch orientierte, mit bisweilen bizarr anmutenden Beziehungen zu außermusikalischen Vorlagen. Den beiden ersten Sinfonien von 1811 und 1820 merkt man noch recht deutlich ihre klassische Herkunft an, wohingegen bereits die **3. Sinfonie c-Moll op. 78** aus dem Jahr 1828 große Eigenständigkeit und Kühnheit der Form aufweist: So wird im *Kopfsatz* auf die Durchführung verzichtet und an ihre Stelle die variierte Wiederholung der langsamen Einleitung gesetzt, und im Zentrum des *Finalsatzes* gibt es eine Fuge; von großer Schönheit und melodischer Ausdruckskraft ist das *Larghetto* in der Mitte. – Nach dieser »absoluten« Sinfonie folgt als **Nr. 4 F-Dur op. 86** eine ausgeprägte Programmsinfonie. Ihr Beiname **»Die Weihe der Töne«** verweist auf das ihr zugrunde liegende Gedicht Carl Pfeiffers, das nach Spohrs Willen dem Publikum bei jeder Aufführung mitzuteilen sei. Wie ein extremes Kaleidoskop reiht das Werk »Naturlaut«, »Wiegenlied, Tanz und Ständchen«, ein Schlachtengemälde und Choralvariationen (»Begrabt den Leib«) aneinander, als sehr zeitgebundenes

und wohl kaum noch wiederzubelebendes Dokument einer vergangenen Epoche. Großes Engagement im Umgang mit der sinfonischen Form und ihrer Weiterentwicklung zeichnet die **5. Sinfonie c-Moll op. 102** von 1837 aus, während die **6. Sinfonie G-Dur op. 116** (1839) aus heutiger Sicht wiederum sehr zeitverhaftet und eher bizarr anmutet: als »Historische Sinfonie im Stil und Geschmack vier verschiedener Zeitalter« dokumentiert sie zwar auf der einen Seite Spohrs kompositorische Wendigkeit und Virtuosität, indem sie in 3 Sätzen jeweils den barocken, den früh- und den hochklassischen Stil imitiert, andererseits jedoch nicht davor zurückschreckt, sich mit Hilfe der Komposition polemisch in den aktuellen Streit verschiedener Stilrichtungen einzumischen: im *Finale* führt Spohr eine schrille »Zukunftsmusik« vor, die fast parodistisch auf die Grande Opéra jener Zeit reagiert. Während die **8. Sinfonie g-Moll op. 137** (1847) eher beiläufig knapp wirkt, huldigen die **Sinfonien Nr. 7 C-Dur op. 121 (»Irdisches und Göttliches im Menschenleben«**, 1841) und die **Nr. 9 h-Moll op. 143 (»Die Jahreszeiten«**, 1850) wieder der programmatischen Ästhetik, wobei Spohr in der Siebenten mit zwei getrennten Orchestern experimentiert. Insgesamt darf man wohl festhalten, daß die bedeutenderen und zugleich individueller zukunftweisenden unter den Sinfonien die früheren Nr. 3–5 sind; sie stellen zugleich auch in der Geschichte der Gattung ein ernstzunehmendes Bindeglied zwischen der engeren Wiener Klassik und der sozusagen zweiten Etappe der früheren deutschen Romantik (Mendelssohn, Schumann) dar.

Carl Maria von Weber

* 18. oder 19. November 1786 in Eutin
† 5. Juni 1826 in London

Pfitzners Diktum: »Weber kam auf die Welt, um den Freischütz zu schreiben«, schränkt noch heute den Anteil des Weberschen Œuvres im Konzertrepertoire unangemessen ein und legt den Komponisten zu Unrecht auf ein einziges Werk einer einzigen Gattung fest, sieht man von der *Oberon*-Ouvertüre ab, die als ein Glanzstück zur Herausstellung der Virtuosität eines Orchesters geschätzt wird. Daß seine Instrumentalkompositionen überwiegend Jugendwerke sind, dient oft als Alibi. Einzig der Mangel an Repertoirestücken für reisende Bläservirtuosen führt zur gelegentlichen Aufführung seiner beiden Klarinettenkonzerte und des Fagottkonzerts. Die virtuosen Herausforderungen seiner konzertanten Klavierkompositionen sind immerhin stark genug, manchen Pianisten aus dem eher zweiten Glied zu einer Aufführung zu animieren. Die berühmte *Aufforderung zum Tanz* op. 65 von 1819 ist im Original ein Klavierstück, das erst in der Instrumentation von Berlioz berühmt wurde.

Daß es 2 Sinfonien gibt, die der 20jährige im Abstand weniger Wochen um die Jahreswende 1806/07 komponierte, ist dagegen fast vergessen. Beide Werke entstanden für das fürstliche Orchester im schlesischen Carlsruhe; die Qualitäten dieses Ensembles lassen sich an den Ansprüchen ablesen, die Weber in diesen beiden Partituren stellt. Das Können der Musiker bot ihm mancherlei Gelegenheit, instrumentatorische Experimente durchzuführen, klangliche Differenzierungen auszuprobieren und bereits in jener frühen Phase eine unverwechselbar individuelle Orchesterpalette zu präsentieren, wie sie uns dann in reifer Form aus dem *Freischütz* bekannt ist. Beide Sinfonien setzen mehr die frühklassische Tradition der Gattung fort, als daß sie – allein schon aus ihrem frühen Entstehungsdatum ableitbar – persönliche Antworten auf Beethovens Sinfonik sein könnten. In der **1. Sinfonie C-Dur** (J* 50) rahmen 2 klassische *Sonatensätze* ein empfindsames *Andante* (Es-Dur), das sich vor allem klanglich am weitesten vorwagt, und ein *Scherzo*, das im ganztaktigen Presto noch am ehesten Beethoven-Nähe suggeriert, ohne diese Verheißung von der Substanz her einlösen zu können. In Details sind in der **2. Sinfonie C-Dur** (J 51) gewiß Fortschritte erkennbar, auch in einer größeren formalen Ausgewogenheit, die ungewohnte Orchestereffekte organischer einbindet. Überraschenderweise wird das Thema des langsamen Satzes (*Adagio ma non troppo*) zunächst von einer Solo-Viola vorgestellt, bevor es kaum verändert in immer neuen instrumentalen Färbungen

* J: Friedrich W. Jähns, *Carl Maria von Weber in seinen Werken. Chronologisch-thematisches Verzeichnis seiner sämtlichen Compositionen (1871)*, Neuausg. Berlin 1967.

wiederholt wird. Der 3. Satz ist historisierend als *Menuett* bezeichnet, obwohl im Allegro doch lebhaft; seine Rahmenteile stehen in c-Moll, und sein *Trio* überrascht durch die unvermuteten Pausen, von denen die vorhaltreiche Oboenmelodie jäh unterbrochen wird. Ebenso unverhofft ist das Finale mit *Scherzo* bezeichnet und löst diese Erwartung mit Witz und Temperament auch ein, als durchaus phantasievoll-abwechslungsreiches Leichtgewicht.

Die bekannten Ouvertüren Webers sind alle später entstanden und häufig auf eine Oper bezogen, auch wenn sie heute eher, wenn überhaupt, konzertant gegeben werden. Unter ihnen sind diejenigen zum **»Freischütz«** und zu **»Oberon«** die bekanntesten; sie haben gemeinsam, daß sie, jede auf ihre Weise, die Handlung der Oper musikalisch durch Verwendung charakterisierender Themen vorweg schildern. Zugleich sind sie Meilensteine in der Geschichte der Instrumentationskunst, exemplarisch für den so eigenen Klang der frühen deutschen Romantik.

Die beiden Klavierkonzerte **Nr. 1 C-Dur op. 11** (J 98) und **Nr. 2 Es-Dur op. 32** (J 155) entstanden im Jahresabstand 1810 und 1811/12. Gemeinsam ist ihnen die ambitionierte, bisweilen recht auf äußeren Effekt bedachte Virtuosität, vor allem in den Ecksätzen, was auch zur Folge hat, daß das Orchester ziemlich wenig an der konzertanten (oder gar einer sinfonischen) Entwicklung beteiligt wird. Im **1. Konzert** besticht die *Freischütz*-Nähe des langsamen *Mittelsatzes* (f-Moll), der wie eine Agathenszene anmutet, und das walzerhafte Temperament des Final-Rondos (*Presto*, 6/8). Auch im **2. Konzert** wird der langsame Satz (H-Dur, ebenfalls ein *Adagio*) zum Ausdruckszentrum, wobei das melismatisch geführte Klavier von gedämpften Streichern gestützt wird. Wiederum beendet ein höchst virtuoses Final-*Rondo* das Konzert.

Ungleich bedeutender als die beiden Konzerte erscheint das **Konzertstück f-Moll op. 79** (J 282), mit dem Weber sich 10 Jahre später (1821) nachdrücklich in die romantische Weiterentwicklung der Konzertform einschaltete. Bemerkenswert an diesem relativ kurzen mehrteiligen Werk ist vor allem, daß es auf einem außermusikalischen Programm basiert, das Weber zwar selber formuliert, jedoch nicht mit veröffentlicht hat: eine etwas rührselige, naiv-romantische Geschichte um einen Ritter und seine ihm zunächst verlassen nachtrauernde Dame, bis es am Ende zu einem ebenso stürmischen wie unerwarteten Wiedersehen kommt. Näher an den musikalischen Gehalt führen wohl die Stichworte, mit denen Weber seinen ersten Entwurf von 1815 versah: »Trennung ... Klage ... höchster Schmerz ... Trost ... Wiedersehen ... Jubel«. Dem Entwurf folgend, ist das Konzertstück durchkomponiert und dennoch aus mehreren Abschnitten gefügt, die auseinander hervorwachsen. Ein *Larghetto affettuoso* leitet in düsterem Moll zum *Allegro appassionato* über, einem extremen Stimmungsbild der leidenschaftlichen Zerrissenheit; der folgende Marsch (*Tempo di marcia*) erklingt pianissimo, dann unvermittelt im Tutti; eine grandiose Temposteigerung führt zum virtuos-temperamentvollen *Presto giocoso*, in dem der Solist alle Register seines Könnens ziehen darf. Das Ganze ist ein Unikum in der gesamten Konzertliteratur, überzeugend zwischen den Gattungen stehend und schillernd zwischen absoluter und Programmusik.

Relativ bekannt sind die beiden Klarinettenkonzerte aus dem Jahr 1811, die durch den seinerzeit hochberühmten Klarinettisten Heinrich Joseph Bärmann, einen Freund Webers, angeregt wurden. Innerhalb der Gattung stehen sie in direkter Nachfolge des einzigen Mozart-Konzertes (KV 622) und führen seine klangliche Sensibilität fort, indem sie die unterschiedlichen, so charakteristischen Register des noch jungen Instrumentes kultivieren und herausstellen. Beide folgen der klassischen Dreisätzigkeit: Im Kopfsatz des **1. Konzertes f-Moll op. 73** (J 114) (*Allegro*) verwischen sich die Konturen der Sonatensatzform zugunsten einer fast opernhaften Szenenfolge; ebenfalls stimmungsvolle Opernnähe zeichnet den langsamen Satz (*Adagio ma non troppo*, C-Dur) aus, in verkürzter Dreiteiligkeit mit umrahmenden Kantilenen und einem eher düster-spukhaft die schauerlichen Klangfarben des Instrumentes hervorkehrenden Mittelteil (c-Moll); im Finale, einem *Rondo-Allegro*, kommt schließlich vor allem die spielerisch-konzertante Komponente zur Geltung. Diese Linien des Virtuosen und der klanglichen Gegensätze, bei Wahrung des äußerlich-konventionellen formalen Rahmens, setzt Weber in seinem **2. Konzert Es-Dur op. 74** (J 118) fort; dabei scheitert der Komponist zumindest partiell im 1. Satz (*Allegro*) an den strukturellen Ansprüchen eines großen eröffnenden Konzertsatzes, wie wir ihn von Mozart her kennen, so daß eine gewisse virtuose Beiläufigkeit und Unverbindlichkeit in der Reihung der Einfälle nicht zu überhören ist. Dagegen zeigt die zentrale Romanze (*Andante con moto*, g-Moll) wiederum überzeugend, wo Webers eigentliche Stärken liegen: nämlich in emotionalen, sowohl lyrischen wie dramatischen Äußerungen mit den Mitteln subtilster Klangregie sowie in einer spürbar großen Opernnähe der melodischen Deklamation, bis hin zu einer rezitativisch freien Kadenz am Ende. Ganz auf den virtuos glänzenden Finaleffekt abgestellt ist schließlich die das Werk beschließende *Polacca* mit ihrer synkopisch geprägten Rhythmik. Vor diesen beiden Konzerten entstanden ist ein **Concertino für Klarinette und Orchester c-Moll op. 26** (J 109), in dem zwischen einer prächtig auftrumpfenden und bald zart zurückgenommenen langsamen Einleitung und der virtuosen $^6/_8$-Jagdmusik am Ende ein facettenreicher Variationensatz erklingt, der die Register der Klarinette effektvoll leuchten läßt.

Dankbar sind schließlich die Fagottisten, daß Weber das so schmale Solo-Repertoire ihres Instrumentes um ein durchaus gewichtiges und effektvolles Werk bereichert hat. Das **Konzert für Fagott und Orchester F-Dur op. 75** (J 127) entstand im gleichen Jahr 1811 wie die Klarinettenkonzerte. Sein Kopfsatz (*Allegro ma non troppo*) übertrifft in der Länge die beiden folgenden Sätze zusammen und gibt sich sehr ambitioniert sinfonisch mit markanter Marschthematik und auskomponierter Konzertsatzform; im Orchester sind ungewöhnlicherweise die Bratschen geteilt. Dagegen reduziert Weber im *Adagio* die Bläserbesetzung auf die 2 Hörner; die Kombination dieser beiden Blechblasinstrumente mit dem Solo-Fagott zu einem tiefen Terzett von ganz eigenem Timbre inspirierte den Komponisten im Mittelteil des Satzes zu einer romantisch-skurrilen Genreszene, zu der die kantable Lyrik der Rahmenteile in wirkungsvollem Kontrast steht. Das Finale (*Allegro*) löst zuletzt auch die Erwartungen auf die bukolisch-komische Wesensseite des Fagotts spielerisch-unterhaltend und zugleich virtuos-anspruchsvoll ein. Ein Jugendwerk ist das **Horn-Concertino e-Moll op. 45** (J 188, 1806), das Weber 1815 umarbeitete. Eine kleine Repertoire-Rarität bedeutet das 1809 entstandene Satzpaar **Andante und Rondo ungarese für Viola und Orchester c-Moll/C-Dur**, das der Komponist selber auch für Fagott bearbeitete und das wiederum vor allem die spielerische Virtuosität in den Mittelpunkt stellt.

Franz Schubert

* 31. Januar 1797 in Lichtental bei Wien
† 19. November 1828 in Wien

Der Sohn eines Lehrers gelangte 1808 als Chorsänger an die Hofburg und als Schüler an das städtische Konvikt in Wien. Um 1810 entstanden seine ersten Versuche in der Komposition, die ihn u. a. Antonio Salieri lehrte. Nach einer Ausbildung am Lehrerseminar wurde er 1814 Hilfslehrer. 1818 und 1824 war er Musiklehrer beim Grafen Esterházy in Ungarn.

Orchesterwerke: 8 Sinfonien und weitere Fragmente, Ouvertüren, Musik zu *Rosamunde*, einzelne konzertante Stücke.

Bestand Schuberts Ruhm mehr als ein Jahrhundert lang allein aus der Bewunderung seines unvergleichlichen Liedschaffens, so gelten heute seine Kammermusik und die Orchesterwerke – und diese nicht mehr nur in Gestalt der letzten beiden Sinfonien – als bedeutendste Zeugnisse der Romantik in der Zeit der ausklingenden Klassik. Bei aller verständlichen Abhängigkeit seiner frühen Sinfonien von Vorbildern wie Haydn und Beethoven sind bereits in ihnen recht deutlich eigenständige melodische Erfindungskraft, harmonische Originalität und instrumentale Farbphantasie erkennbar – Wesenheiten seines persönlichen Stils. Vollends eigene Wege beschritt Schubert in den späten Instrumentalwerken: Zwar tastete er die überlieferten strukturellen Prinzipien nicht grundsätzlich an, weitete ihre Proportionen jedoch beträchtlich aus, hierin ein bemerkenswerter Vorläufer Anton Bruckners; weitere Kennzeichen dieses zukunftweisenden Stils sind die zahlreichen überraschenden, regelausweitenden harmonischen Wendungen sowie eine sehr expansive, emotionale Abgründe öffnende Melodik.

Sinfonien

Die Zählung der Schubert-Sinfonien in der Reihenfolge ihrer Entstehung war lange Zeit unklar. Heute herrscht Übereinstimmung über ihre Anzahl und Chronologie. Im maßgeblichen Deutsch-Verzeichnis der Kompositionen Schuberts sind 8 Sinfonien aufgeführt, wobei die »unvollendete« einstige 8. Sinfonie in h-Moll- als 7. vor der ehemals als 7. oder 9. eingereihten, jetzt als 8. geführten C-Dur-Sinfonie steht. Bei einer gattungsgeschichtlichen Einordnung dieser Werke tut man gut daran, sich die zeitliche Beziehung der Biographien Beethovens und Schuberts vor Augen zu führen: Schubert wurde zwar 27 Jahre nach Beethoven geboren, starb aber nur ein Jahr nach ihm; seine beiden zukunftweisenden Meisterwerke, 7. und 8. Sinfonie, komponierte er im Alter von 25 und 28 Jahren, Beethoven schuf seine »Eroica« mit 33 Jahren – das wäre etwa der vergleichbare Eckpunkt in beiden Œuvres. Die Einschätzung, daß Schubert erst mit seiner »Unvollendeten« den Anspruch der »Großen Sinfonie« einzulösen begann und ihn dann mit dem C-Dur-Werk einlöste, bestätigte er selber 1824 in einem Brief: »überhaupt will ich mir auf diese Art den Weg zur großen Sinfonie bahnen«. Es ist bei einem Komponisten, der bereits mit 32 Jahren starb, problematisch, von »Jugendwerken« zu sprechen. Dennoch ist bei Schuberts Sinfonien eine klare Trennungslinie zwischen den ersten 6 und den letzten beiden Werken zu erkennen. Seine Erste schrieb er im Alter von 16 Jahren; sie und die folgenden 5 Sinfonien entstanden für Aufführungen im halbprivaten Rahmen und für Ensembles, die aus geschulten Liebhabern und einigen Berufsmusikern zusammengefügt waren. Schwierigkeiten, wie sie während des Probierens der großen C-Dur-Sinfonie 1827 bei Orchesterübungen der Wiener »Gesellschaft der Musikfreunde« auftauchten und die dazu führten, daß man das Stück nicht aufführte, gab es in den Partituren der frühen Sinfonien deshalb noch nicht.

Es ist bemerkenswert, mit welcher Sicherheit der 16jährige Komponist bereits das sinfonische Handwerk beherrscht, mit welcher Souveränität er die von Haydn und Mozart geprägte 4sätzige Form übernimmt und ausfüllt. Andererseits sind gravierende Einflüsse aus der Sinfonik Beethovens nur in geringem Maße erkennbar, obwohl bis 1812 bereits alle Beethoven-Sinfonien außer der Neunten bekannt waren.

Die **1. Sinfonie D-Dur** (D* 82) entstand im Herbst 1813 in Wien und verfügt über die klassische Orchesterbesetzung mit einer Flöte, doppelten Oboen, Klarinetten, Fagotten, Hör-

* D: Deutsch-Verzeichnis. Numerierung nach: Otto Erich Deutsch, *Schubert. Thematic Catalogue of all his works in chronological order*, mit D. R. Wakeling, London / New York 1951, *Corrections and Additions*, 1953. – Deutsche Ausgabe: *Franz Schubert. Thematisches Verzeichnis seiner Werke in chronologischer Folge*, Kassel [u. a.] 1978.

nern, Trompeten, Pauken sowie Streichern. Dem eröffnenden Sonatensatz-*Allegro* (*vivace*) ist eine gewichtige, scharf punktierte Einleitung nach dem Vorbild der späten Haydn-Sinfonien vorangestellt. Die beiden Themen der Exposition sind auf einprägsame Weise unterschieden: das Hauptsatzthema mit seiner behende aufstrebenden Tonleiterfiguration und zart antwortendem Holzbläserecho nach jeder Phrase gegenüber dem liedhaft schlichten Seitensatzeinfall, dem dennoch im weiteren Satzverlauf große Bedeutung zuwächst. Die Durchführung akzentuiert bereits in diesem sinfonischen Erstling das für Schubert typische Merkmal der überraschenden harmonischen Färbungen und verzichtet gleichzeitig, ebenso typisch, auf ambitionierte motivisch-thematische Arbeit. – Das 6/8-*Andante* (G-Dur) ist ein kantables, rondoartig angelegtes Intermezzo voll subtiler Farbabstufungen im Orchesterklang, die ohne das mindeste Epigonentum dennoch deutlich an die Vorbilder Haydn und Mozart gemahnen. – Das *Menuett* beginnt energisch und besticht im weiteren Verlauf durch das motivische Spiel seiner drehenden, paarig phrasierten Achtel-Figuren; sein *Trio* wiederum zeigt im ganzen Werk die größte Haydn-Nähe in der Melodik und vor allem im Holzbläsersatz. – Der abschließende *Sonatensatz* ist voll verspielten Temperamentes, dabei durchgehend geprägt von einem kleinen Vorschlagmotiv, das zugleich Bestandteil des Haupt- wie des Seitenthemas ist.

Die **2. Sinfonie B-Dur** (D 125) entstand 1814/15 in Wien und erweitert die Orchesterbesetzung um eine 2. Flöte, auch der 4sätzige Aufbau ist der gleiche wie in der Ersten. Nach der emphatischen Einleitung setzt sogleich und ununterbrochen in pulsierenden Achtel-Ketten dahinwirbelnd das *Allegro vivace* (¢) ein, das von beträchtlichem Umfang ist und originelle Ansätze der motivischen Verarbeitung und Verdichtung aufweist; dabei spielen sowohl das bereits im Themenkopf markierte Element der Synkope wie vor allem die Bestandteile der Achtel-Reihen eine wichtige Rolle, gelegentlich unterbrochen vom gesanglichen Gegenthema, das erstmals auf der Subdominante einsetzt. – Das Es-Dur-*Andante* variiert ein liedhaft schlichtes Thema 5mal, überwiegend in der Art von Cantus-firmus-Variationen, indem der mehr oder weniger unveränderten, lediglich anders instrumentierten Melodie immer neue duftige Gegenstimmen beigefügt werden; nur die 4. c-Moll-Variation weicht ins Energisch-Dramatische aus, und eine

kleine Coda baut das Geschehen allmählich, auch in motivischer Reduzierung bis zu einer kleinen rhythmischen Figur, ab. – Das *Menuett* knüpft überraschend am c-Moll der 4. Variation an, auch das zarte Oboenthema seines *Trios* zeigt latente Verwandtschaft zum Andante-Thema. – Das abschließende *Presto vivace* ist wiederum ein Sonatensatz, der sich im wesentlichen mit einem einzigen Kernmotiv aus 3 Tönen auseinandersetzt, das im Kopf des Hauptthemas enthalten ist. Es taucht auch im wiederum subdominantischen Seitenthema auf und steigert sich im weiteren Verlauf in erstaunliche Ausbrüche, die durchaus an das Finale der 7. Sinfonie von Beethoven erinnern (die 3 Jahre zuvor entstand). In der Reprise führt die Wiederkehr des Seitensatzes im unerwarteten g-Moll in frappierende Nähe zum Beginn von Mozarts später g-Moll-Sinfonie: die Begleitung ist ein wörtliches Zitat.
Schuberts **3. Sinfonie in D-Dur** (D 200) entstand 1815 in Wien, in gleicher Besetzung und Satzreihung wie die 2. Im Gegensatz zu dieser ist sie aber knapper und konzentrierter; ein weiterer Fortschritt in der Bewältigung der Gattungsansprüche ist unverkennbar. Bereits in der langsamen Einleitung klingen Elemente des folgenden *Sonatensatzes* an, nämlich vor allem die auffahrende schnelle Tonleiter, mit der die Überleitung zum Seitensatz anfängt. Einige überraschende d-Moll-Takte leiten zum Hauptthema über, das in seiner wiegenden Punktierung und in seiner weichen Bläsertimbrierung sogleich eine ganz eigene Schubert-Atmosphäre heraufbeschwört; es besteht eigentlich nur aus einem Takt mit anhängender langer Note:

und beschäftigt sich bis zum Beginn der Überleitung auch nur mit diesem Baustein. Es wird von der Klarinette vorgestellt, so wie der Seitensatz, der im übrigen auch die Punktierung wieder aufgreift, dann der Oboe gehört. Die kurze Durchführung setzt sich energisch mit der punktierten Schlußwendung des Seitenthemas auseinander; in Reprise und Coda setzt sich stärker als zuvor die auffahrende Forte-Tonleiter durch, die den Satz auftrumpfend beschließt. – Das *Allegretto* (G-Dur) ist ein schlichter 3teiliger Liedsatz mit einem serenadenhaften

Mittelteil, der von der Solo-Klarinette angestimmt und triolenwiegend weitergeführt wird. – Das *Menuett* zeigt scherzohafte Beethoven-Nähe im beschleunigten Vivace-Tempo und in seinen ständigen akzentuierten Auftakten gegen den Takt; das zarte Ländler-*Trio* wird in parallelen Dezimen von Oboe und Fagott angeführt. – *Presto vivace* jagt sodann das 6/8-Finale dahin, im ostinaten Rhythmus einer Tarantella – ein Vorgriff auf spätere, in motivischer und rhythmischer Hinsicht ostinat und monumental angelegte Schubert-Sätze.

Die **4. Sinfonie c-Moll (»Tragische«)** (D 417) komponierte Schubert 1816 in Wien, am Ende des Partitur-Autographs steht »27. April«. Dort steht auch der originale Zusatz »tragisch«, der dann zum gewohnten Beinamen der ganzen Sinfonie wurde. Zumindest ist damit die Absicht des Komponisten erklärt. Daß er den düster-tragischen, überwiegend wohl an Beethoven orientierten Tonfall nur partienweise durchhält, kann man einem 19jährigen Musiker wohl nicht anlasten.

Manche Einzelheit wirkt in der Tat »tragisch«, ist aber vielleicht eher »pathetisch« zu nennen. So beginnt der *Kopfsatz* mit einer längeren langsamen Einleitung in dunkel-verhangenen Farben und ganz auf ein einziges, in tragischer Geste sich erhebendes Motiv abgestellt. Das anschließende ungestüme Allegro vivace könnte zumindest streckenweise im Allabreve-Takt stehen; das Seitenthema erscheint nicht wie erwartet im parallelen Es-Dur, sondern in As-Dur, und noch in der Exposition entfernt sich die Harmonik bis nach E-Dur. Die Durchführung ist ziemlich kurz und beschäftigt sich mit dem Hauptthema: zuerst im Tutti, dann imitatorisch und schließlich ein Drei-Noten-Motiv abspaltend, bevor die Reprise überraschend in der Moll-Dominante erfolgt, mit dem Seitensatz analog in Es-Dur, bevor die Coda endgültig nach C-Dur umschwenkt. – Das 5teilige *Andante* (As-Dur) ist rondomäßig geformt (A – B – A – B – A). Zunächst entwickelt sich aus dem friedlich in sich ruhenden Hauptthema ein Motivkern heraus, mit dem gespielt wird. Auch der B-Teil, zuerst in f-, dann in b-Moll, kreist im weiteren Verlauf um ein Motiv, das sowohl zum 1. wie zum 2. Thema gehört:

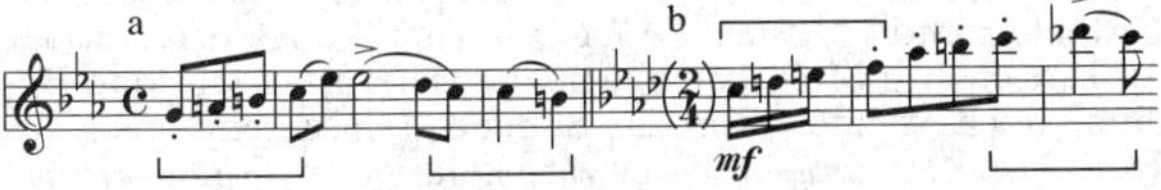

In den Coda-Takten wandelt sich die Begleitung unvermutet in schwebende Triolen. – Das bewegte *Menuett* lebt ganz von der Eigenart seines chromatisch getönten und gegen den Takt phrasierten Themas, was einen eher bizarr-befremdlichen als tragischen Effekt macht; sein *Trio* ist ein Bläserländler in gleicher Grundtonart (Es-Dur). – Das Finale (*Allegro*, ¢) beginnt mit dem Geniestreich einer 4taktigen Einleitung, die später noch einmal aufgegriffen wird, und bezieht seine Bewegungsenergie aus einem kleinen Motivbestandteil der Schlußgruppe; der Seitensatz ist ein aparter Lichtblick im kleinteiligen Dialogisieren von Holzbläsern und Violine, über behender Achtel-Begleitung. Am Ende steht dann endgültiges C-Dur.

Kaum ein halbes Jahr danach, noch 1816, entstand das lichtere Schwesterwerk, die **5. Sinfonie B-Dur** (D 485), in reduzierter Besetzung mit einer Flöte, ohne Klarinetten, Trompeten und Pauken und mit den üblichen 2 Hörnern statt der 4 in der »Tragischen«. Der bezwingende Tonfall liebenswürdiger Freundlichkeit herrscht von Beginn an, und wie eine charmante Verneigung, einer einladenden Geste gleich, leiten die 4 ersten Takte, anstelle einer eigenen Einleitung, zum Beginn des *1. Sonatensatzes*. Dieser verläuft überschaubar knapp und schulbuchmäßig der Form gehorchend, dabei nie akademisch, sondern immer unterhaltend und konzentriert zugleich. In diesem wie in allen folgenden Sätzen ist zwar immer wieder Mozart- und auch Haydn-Nähe spürbar, zugleich aber in genügendem Maße Originalität und Unverwechselbarkeit des Schubertschen Tonfalles, dargeboten mit einer bewundernswürdigen Meisterschaft der Instrumentation, des durchsichtig-klaren Orchesterklanges. – Der Schatten der großen Vorbilder streift immer wieder auch im *Andante con moto* vorüber, jedoch eher als Zitat und verehrende Verneigung denn als epigonale Annäherung, etwa im liedhaft singenden Hauptthema (Haydn) oder in den betörenden Farbabstufungen des B-Teils, die an Susannas Rosenarie aus dem *Figaro* erinnern, ohne sie nachzuahmen. Die Form ist 5teilig rondonah (A – B – A – B – A), mit kolorierender Auszierung und einem Ausweichen nach Moll im zweiten A-Teil. – Natürlich weckt das bewegte g-Moll-*Menuett* (*Allegro molto*) die Assoziation des Mozartschen g-Moll, vor allem sein tiefernster Unisono-Beginn, doch wendet sich die Stimmung insgesamt eher ins Derb-Ländlerische, auch im zart kolorierten G-Dur-*Trio*. –

Das Hauptthema des finalen Sonatensatzes (*Allegro vivace*) könnte von Haydn stammen; in der Durchführung wird eine chromatische Umdeutung seines Kopfmotives sehr wesentlich. – Komponiert ist das Werk ebenso wie die 4. und 6. Sinfonie für ein Wiener Liebhaberorchester, das alle 3 Werke auch zum ersten Mal spielte und vor dessen Fähigkeiten man nur den Hut ziehen kann.
Wiederum von überwiegend heiterer Grundstimmung ist Schuberts **6. Sinfonie C-Dur** (D 589); sie wurde im Winter 1817/18 in Wien komponiert und reagiert in manchen Einzelheiten noch deutlicher als ihre Vorgängerinnen auf Vorbilder, ohne deshalb epigonal zu wirken. Bereits in der dem *Kopfsatz* vorangestellten friedlichen Adagio-Einleitung kommt es zum ausgeprägten Dialogisieren zwischen Streichern und Holzbläsern. Obwohl »Allegretto« überschrieben (¢), ist der anschließende Sonatensatz viel eher ein Allegro, in dessen Exposition beide Themen zunächst von den Holzbläsern vorgestellt werden. Zum ersten Mal in Schuberts Sinfonik kommt es am Ende zu einer spielerisch-temperamentvollen Stretta. – Das F-Dur-*Andante* besteht aus zwei gegensätzlichen Teilen, die sich zu einer immer stärker verkürzten Fünfteiligkeit fügen (A – B – A – B – A), wobei die charakteristische Triolenrhythmik des B-Teils bei der Wiederkehr des A-Teils als figurierendes Prinzip aufgegriffen wird und auf diese Weise die Abschnitte einander annähert. Ein kleines Hornsignal markiert in der Coda das Nahen des Schlusses. – Unter allen bisherigen Schubert-Sätzen ist der *3. Satz* Beethoven am nächsten: er ist im ganztaktigen Presto ein echtes Scherzo, mit starken Piano-Forte-Kontrasten und harten Akzenten gegen den Takt. Auch in der blockhaft gegeneinander gesetzten Instrumentation steht er dem großen Vorbild, etwa der 7. Sinfonie Beethovens, äußerst nahe. Selbst das *Trio* verweist in diese Richtung, mit dem originellen Effekt des Stehens in der schnellen Bewegung, hervorgerufen durch wiederholte, harmonisch statische Klänge (»Più lento«). Die gewachsenen Dimensionen des Scherzos verweisen ebenfalls auf Beethoven. – Das *Finale* dagegen folgt einem anderen, zu jener Zeit in Wien populären Vorbild, nämlich den Ouvertüren Rossinis. Es ist wie jene als Sonatensatz ohne Durchführung (A – B – A – B) angelegt und besteht aus blockhaft nebeneinandergestellten, einfallsreich und witzig erfundenen und instrumentierten Abschnitten von rossinihaftem Charme,

mündet entgegen der Erwartung aber nicht in eine Stretta und läßt in den Schlußtakten die Trompete fanfarenartig schmettern.
Zwischen der Sechsten und der »Unvollendeten« liegen knapp 4 Jahre ohne sinfonisches Ergebnis, doch sind 3 Fragmente überliefert: die Skizzen zu einer **D-Dur-Sinfonie (D 615)** in Gestalt einer imponierenden langsamen Einleitung; nach 1820 dann noch einmal Entwürfe zu einer weiteren **D-Dur-Sinfonie (D 708A)**, 1821 schließlich das Fragment eines **E-Dur-Werkes (D 729)**, das man in unserer Zeit zu komplettieren versucht hat, allerdings ohne überzeugendes Ergebnis. Das nächste Fragment entstammt dem Spätjahr 1822 und ist die berühmte »Unvollendete«.

7. Sinfonie h-Moll (»Unvollendete«) (D 759)

Entstanden 1822.

1. *Allegro moderato* – 2. *Andante con moto.*

Über die Gründe der »Unvollendetheit« ist bis heute ergebnislos spekuliert worden. Auf jeden Fall weiß man, daß Schubert ursprünglich an eine komplett 4sätzige Sinfonie gedacht hat; darauf deuten unter anderem die hinterlassenen Skizzen eines Scherzos. Doch muß sich der Komponist später mit den beiden vorliegenden Sätzen abgefunden haben, denn er sprach von ihnen als von »meiner Symphonie«. Und im Bewußtsein des Publikums hat sich die h-Moll-Sinfonie längst im höheren Sinn als vollkommenes Meisterwerk etabliert. Lange Zeit im Besitz seines Freundes Anselm Hüttenbrenner, ist Schuberts Partitur erst am 17. Dezember 1865 zur Uraufführung gelangt. Neu an der Orchesterbesetzung sind die 3 zusätzlichen Posaunen, die den Gesamtklang spürbar anreichern und abrunden. Die beiden Sätze sind, äußerlich betrachtet, zumindest im metrischen Ablauf einander erstaunlich ähnlich, verbunden durch die ruhige Dreierbewegung. Möglicherweise ist dieses Element zugleich eines der Hindernisse auf Schuberts Weg zur Fortsetzung des Werkes: Es hätte ja der Tradition nach ein weiteres Dreiermetrum folgen müssen, was er als hemmend empfunden haben könnte.
Die Form beider Sätze ist nicht ungewöhnlich, eher ihre Ausführung. So beginnt der *1. Satz* mit einem geheimnisvollen Unisono-Thema der Streicherbaßgruppe, dem im ganzen Satz

eine Schlüsselfunktion zukommt, im Sinne einer nachdrücklichen Ausweitung des überlieferten Sonatensatzmodells; es tritt gleichberechtigt neben und fast über Haupt- und Seitensatzthema, wird zur übergreifenden Gliederung an den formalen Nahtstellen eingesetzt und bestreitet vor allem fast allein die ausgreifende, ungeheuer emotionale Durchführung. Das in den Holzbläsern singende Hauptthema wird von einem unruhig vibrierenden Streicherteppich getragen; ein lange verklingender Bläserton, der die Zeit anzuhalten scheint, leitet über zum Seitensatz, den die Celli anstimmen. Auch hier steuert die subtil instrumentierte Begleitung mit ihren dezenten Synkopen jenes Quentchen Unruhe bei, das dem Satz zu seiner unverwechselbar verhaltenen und doch gespannten Atmosphäre verhilft. Die Schlußgruppe greift das Seitenthema noch einmal imitierend auf, nach einem durchführungsähnlichen Ausbruch, der auf dem 3. Takt des Themas basiert:

Das *Andante con moto* (E-Dur) vertritt den langsamen Satz; ein verbindendes Element, neben der Dreierbewegung, ist jene dezente synkopische Unruhe, die nun die Streicherbegleitung zum Seitensatzthema charakterisiert. Dagegen strahlt das Hauptthema Ruhe aus: eine absteigende Pizzicato-Tonleiter der Kontrabässe eröffnet es und gliedert es auch weiterhin, grundiert von Horn- und Fagottklängen. Gleichwohl stecken in diesem friedlichen Einfall überraschende Energien, die sich alsbald im mächtigen Streicher-Unisono entladen, bei gleichzeitigem choralartig strahlenden Bläsersatz. Und genau die gleiche Steigerung ermöglicht auch wenig später das cis-Moll-Seitenthema, dessen zarte, schlichte Linienführung auf einmal zum mächtig auftrumpfenden Baßfundament wird. Im Unterschied zum Hauptsatz, der harmonisch in sich ruht, bezieht der Seitensatz seine Wirkung kontrastierend auch aus seinem größeren harmonischen Reichtum. Die Form ist die eines Sonatensatzes ohne Durchführung. In einer ungemein anrührenden Coda wird die Musik ganz zurückgenommen; alle Elemente des Hauptthemas scheinen noch einmal in ganz durchsichtig durchbrochener Instrumentierung auf, wobei ein zweimaliger Unisono-Bogen der 1. Violinen in überraschender trugschlüssiger Wendung jeweils den Themenkopf im Bläsersatz vorbereitet; zugleich werden Anfang und Ende dieses Themas wie zu einer Abschiedswendung zusammengezogen:

8. Sinfonie C-Dur (D 944)

Entstanden 1825/26.

1. *Andante / Allegro ma non troppo* – 2. *Andante con moto* – 3. *Allegro vivace* – 4. *Allegro vivace*.

Schuberts Zuordnung zu einer musikalischen Stilepoche hat immer Probleme bereitet; so rechtfertigen die ersten 6 Sinfonien gewiß die Einordnung in den Umkreis der Wiener Klassik, da deren Einflüsse allenthalben deutlich werden. Mit der »Unvollendeten« und vor allem der »Großen« C-Dur-Sinfonie aber wird das Tor zum 19. Jh. der Romantik weit aufgestoßen, das Erbe Beethovens wirkt nicht mehr lastend und hemmend, und die neuen Linien lassen sich bis zu Bruckner und Mahler weiterziehen. Äußerliches Zeichen dieser neuen Freiheit sind die gewachsenen Dimensionen aller 4 Sätze und vor allem die Art und Weise, wie diese Ausweitung vorgenommen wird. Dabei ist das formale Grundmuster nach wie vor das gleiche geblieben: die beiden Ecksätze folgen dem Sonatensatzprinzip, und die Reihung und Zuordnung der 4 Sätze ist ebenfalls unangetastet. Das vielleicht auffälligste Merkmal dieser Musik ist ihr großer Atem, sind die weitgespannten Bögen, die in aller Regel jedoch aus kleinsten Bausteinen aneinandergefügt sind; lange Entwicklungen werden mit bewunderungswürdiger Kunstfertigkeit und Ökonomie der Mittel auf- oder abgebaut, wobei wie bei der Lichtregie im Theater feinste Übergänge und Veränderungen der Zustände durch motivische, dynamische und vor allem klangfarbliche Nuancen hervorgerufen werden. Insofern ist auch das bekannte Wort Robert Schumanns von den »himmlischen Längen«, die er dieser von ihm 1838 bei Schuberts Bruder Ferdinand entdeckten Sinfonie zusprach, nur positiv gemeint: es sind immer erfüllte Längen, weil sie so eminent logisch und auch konstruktiv ablaufen; allerdings setzen sie sowohl wache Zuhörer voraus wie auf-

merksame Musiker, die sich im strukturellen Ablauf der Musik immer genau orientieren können und die Spannung zu halten vermögen. (Zu Schuberts Lebzeiten war das Werk von der Wiener »Gesellschaft der Musikfreunde« als zu lang und zu schwer abgelehnt worden.)
Dem *1. Sonatensatz* ist eine lange, substanzreiche Einleitung vorangestellt, deren Hauptmotiv die Hörner zunächst allein vorstellen und das auch im schnellen Hauptteil wiederkehrt: als markanter Abgesang in der Coda und vor allem in Gestalt des punktierten Rhythmus aus dem 2. Takt:

In der Exposition tritt sogleich zum Kernmotiv der Punktierung im Hauptthema das andere Prinzip der Triolenreihung hinzu, auf sinnfällige Weise durch die kontrastierende Instrumentierung in Streichern und Holzbläsern unterstrichen. Der Seitensatz in e-Moll übernimmt dann die Triole nur noch als weiches Melisma. Er weitet sich allmählich durchführungsartig aus, bevor in der Schlußgruppe überraschend ein kurzes 3. Posaunenthema auftritt, das direkt am motivischen Kern der Einleitung anknüpft. Die Durchführung kann relativ kurz sein, weil Exposition und dann auch Reprise in ihren Dimensionen und Ambitionen etliche Funktionen einer Durchführung mit übernehmen; sie kombiniert und variiert die Elemente der Punktierung, der Triole und des Posaunenmotivs. Die verlängerte Reprise ist ein Musterbeispiel für Schuberts subtile Kunst der variierten Wiederholung, bevor am Schluß eine Stretta noch einmal wie ein Fazit die wichtigsten Bausteine zusammenfaßt und triumphal ausklingen läßt.
Das *Andante con moto* ist der obligatorische langsame Satz, ohne wirklich langsam zu sein; er ist eher ein stilisiertes Marschgebilde im Schritt der pochenden Achtel-Repetitionen und punktierten Figuren seines Hauptthemas. Der Satz entzieht sich einer zweifelsfreien formalen Zuordnung: Zwar hat er die Konturen eines Sonatensatzes ohne Durchführung, doch legen sich darüber auch Rondo-Strukturen, indem das Hauptthema ritornellartig immer wiederkehrt. Von besonderer Intensität sind jeweils die Übergänge zwischen den Themenkomplexen dank subtiler Klangregie und durch ihr har-

monisches Timbre. In der Reprise steigert sich das Hauptthema zu einer gewaltigen dynamischen und emotionalen Entladung, nach deren abruptem Abbrechen und einer Generalpause es eine ganze Reihe von Takten braucht, bis die Musik sich wieder gefangen hat.
Auch das *Scherzo* setzt sich aus kleinsten Partikeln zusammen und entwickelt unversehens geradezu brucknersche Dimensionen; wichtigstes Bewegungselement sind dabei die beiden ersten Takte mit der spielerischen Achtel-Figur und der nachfolgenden dreifachen Tonrepetition:

Zur vorwärtsdrängenden Motorik des Scherzos bildet die eher flächig angelegte Melodik des *Trios* im choralartigen Bläsersatz einen effektvollen Kontrast.
Das *Finale* beschließt das monumentale, singuläre Werk in grandiosem Sturmlauf, wiederum basierend auf dem in den vorangehenden Sätzen erprobten Kontrastprinzip von Punktierung und Triole. Wie ein Motto werden sie in den beiden ersten Zweitaktgruppen direkt nebeneinandergestellt, als Fanfare und echoartiger Nachhall. Ihre Wirkung entfalten sie im Verlauf der nahezu 1200 Takte bis zur alles überstrahlenden Coda.
In Schuberts Todesjahr 1828 entstanden die Skizzen zu einer weiteren **D-Dur-Sinfonie (D 936A)**; sie zeigen, daß Schubert selber seine Achte durchaus als Aufbruch zu neuen Ufern verstanden hat und diesen Weg weiter beschreiten wollte. In unseren Tagen ist der Versuch unternommen worden, das Fragment zu ergänzen (Peter Gülke).

Weitere Orchesterwerke

Insgesamt 9 Ouvertüren hinterließ Schubert. Interessant und relativ bekannt sind die beiden **Konzertouvertüren »im italienischen Stil«**, die ganz offensichtliche Reaktionen auf Rossinis Erfolge in Wien sind (D 590 / D 591, 1817). Noch populärer wurde die Ouvertüre zu seinem eigenen Melodram **»Die Zauberharfe«** (D 644, 1820), die heute meist gemeinsam mit den Instrumentalstücken zu einem nach seiner Uraufführung 1823 umgehend vergessenen Schauspiel namens *Ro-*

samunde aufgeführt wird. Als Orchesterzyklus besteht die **Rosamunde**-Musik (D 797) aus 5 Teilen, der *Zauberharfen*-Ouvertüre sowie einer Auswahl von Zwischenakt- und Ballettmusiken, und rundet sich auf diese Weise zu einer Art Suite. Besonders eingängig ist das *Andantino* an vorletzter Stelle, dessen Thema Schubert noch in drei anderen Werken verwendete, u. a. im Impromptu B-Dur für Klavier und im Streichquartett a-Moll.
Zur Gattung des Solo-Konzertes hat Schubert seltsamerweise keinen nennenswerten Beitrag geleistet. Einzig ein **Concerto für Violine und Orchester D-Dur** (D 345, 1816), ferner ein **Adagio und Rondo für Violine und Orchester A-Dur** (D 438, 1816) zeugen von unausgeschöpften Möglichkeiten des Komponisten.

Hector Berlioz

* 11. Dezember 1803 in La Côte-Saint-André
† 8. März 1869 in Paris

Berlioz wurde von seinem Vater zunächst zum Medizinstudium gedrängt, wechselte jedoch gegen dessen Willen bald zur Musik und lernte u. a. bei Anton Reicha. Nach manchen Konflikten mit dem sehr traditionellen Lehrbetrieb am Konservatorium errang er 1830 den begehrten Rom-Preis. Popularität gewann er noch vor seinem Rom-Aufenthalt durch die Uraufführung seiner »Symphonie fantastique« im gleichen Jahr. Zeit seines Lebens rang Berlioz in Frankreich um Anerkennung. Auf vielen Auslandsreisen führte er seine Werke selber auf; zugleich betätigte er sich recht kämpferisch und polemisch als Musikschriftsteller. Seine einzige feste Anstellung wurde die Position eines Konservators am Pariser Konservatorium, die 1850 in die ebenfalls relativ unbedeutende Stellung eines Bibliothekars umgewandelt wurde.

Orchesterwerke: *Symphonie fantastique, Symphonie »Harold en Italie«, Symphonie dramatique »Roméo et Juliette«, Grande Symphonie funèbre et triomphale*, Ouvertüren.

In Hector Berlioz begegnet uns eine der originellsten Künstlerpersönlichkeiten zumindest des 19. Jh. Sein Beitrag zur

Musikgeschichte ist ein doppelter: Zum einen begründete er, anknüpfend an Beethovens »Pastorale«, mit seiner *Symphonie fantastique* die Gattung der sinfonischen Programmusik, die ihre Fortsetzung u. a. in Liszt, Smetana und Richard Strauss fand. Zum andern war Berlioz der kühnste und raffinierteste Instrumentator, dessen Behandlung des großen Sinfonieorchesters Auswirkungen bis weit ins 20. Jh. hinein zeigt. Theoretischen Niederschlag fand dieser Aspekt seines Musikertums in einer Instrumentationslehre, dem *Traité d'instrumentation et d'orchestration modernes*, der 1844 erschien und noch lange nach Berlioz' Tod ein Standardwerk, nicht zuletzt in einer Neubearbeitung durch Richard Strauss, blieb. Seine bisweilen exaltiert und sprunghaft wirkende schöpferische Potenz sorgte mit jedem neuen Werk für Zündstoff unter Anhängern und Gegnern. In seiner Auseinandersetzung mit der Idee der Programmusik liegen die Wurzeln für einen das ganze Jahrhundert währenden Streit zwischen den Verfechtern der absoluten und der Programmusik. Mit seiner überbordenden musikalischen Phantasie schreckte Berlioz vor keinem Extrem zurück und schuf auf diese Weise Werke von zum Teil riesenhaften Dimensionen der zeitlichen Ausdehnung und des Besetzungsaufwandes; Werke, die überdies häufig in ihrer Struktur mit allen überlieferten Gattungsgrenzen brachen und zu oft abenteuerlich neuartigen und nicht mehr einzuordnenden Gebilden gerieten. So setzte Berlioz seine *Symphonie fantastique* mit dem äußerst seltsamen Zwitter *Lélio* fort (1832), in dem zwischen die Instrumentalsätze deklamierte Monologe eingeschoben sind, und seine *Symphonie dramatique »Roméo et Juliette«* op. 17 (1839) ist trotz ihres Titels weniger eine Sinfonie als vielmehr ein exzentrisches Werk zwischen Kantate, Oratorium und Oper. Seinen großen Orchesterwerken ist gemeinsam, daß sie sich konflikthaft um eine Verbindung außermusikalischer Ideen und Handlungen und innermusikalisch-struktureller Formprinzipien bemühen, wobei die Basis erkennbar der sinfonische Sonatensatz Beethovens ist, der immer wieder auf überaus originelle Weise gleichsam verfremdet und gebrochen wird. Das immerwährende Problem, dem sich Berlioz hier stellte, war die fehlende Deckungsgleichheit zwischen gegebenen formalen Mustern und dem jeweiligen individuellen Programm, doch führte gerade diese unauflösbare Spannung in seinen besten Werken zu ungeheuer reizvollen und zukunftweisenden Lösungen.

»Symphonie fantastique. Episode de la vie d'un artiste« op. 14

Entstanden 1830.

1. *Rêveries, Passions (Träumereien, Leidenschaften)* – 2. *Un bal (Ein Ball)* – 3. *Scène aux champs (Szene auf dem Land)* – 4. *Marche au supplice (Gang zum Hochgericht)* – 5. *Songe d'une nuit de sabbat (Traum eines Hexensabbats).*

Wie mit einem Paukenschlag betrat Berlioz am 5. Dezember 1830 die Pariser Musikbühne mit der Uraufführung der *Symphonie fantastique* im Pariser Conservatoire. Damit war die neue Musikgattung der Sinfonischen Dichtung und mit ihr die Gattung »Programmusik« geschaffen, eine Genietat, die ihre Auswirkungen bis weit ins 20. Jh. hinein hatte. »Programmusik« meint seither Instrumentalmusik, die nicht allein dem musikalischen Regelkanon folgt, sondern mit kompositorischen Mitteln außermusikalische Anstöße (Handlungen, Charaktere, Stimmungen, Naturereignisse usw.) umsetzt. Berlioz steht in einer historischen Linie, die mit Vivaldis *Vier Jahreszeiten* und Beethovens *Pastorale* als zwei herausragenden Dokumenten vorgezeichnet war, und begründet damit zugleich die instrumentale Gattung der Programmusik im engeren Sinn. Berlioz verband mit der Musik ein literarisches Programm, das den Hörern jeder Aufführung in die Hand gegeben wurde. An Chateaubriands *René* anknüpfend, beschreibt er einen Künstler, »der zum ersten Mal eine Frau erblickt, die das Ideal an Schönheit und Reiz verkörpert, nach dem sein Herz seit langem ruft, und verliebt sich sterblich in sie. Infolge einer eigentümlichen Bizarrerie erscheint ihm das Bild der Geliebten stets nur in Begleitung eines musikalischen Gedankens, in dem er einen Ausdruck von Anmut und Noblesse findet, ähnlich wie er ihn dem geliebten Wesen zuschreibt. Diese doppelte fixe Idee verfolgt ihn ununterbrochen.« So entstand der Prototyp einer mehrsätzigen Komposition, die sich formal an den Vorgaben der Beethoven-Sinfonien orientiert und ihre strukturellen Merkmale zugleich an den individuellen Besonderheiten eines literarischen Szenarios ausrichtet. An der peniblen Ausformulierung der Textvorlage hat Berlioz zwischen 1830 und 1855 immer wieder gefeilt. Ausgelöst hatte dieses literarische Konzept die schwärmerische Verehrung, die Berlioz für die in Paris gastierende irische Shakespeare-Darstellerin Harriet Smithson hegte. Sie wurde 1833 seine Frau. Die von der klassischen Norm abweichende Fünfsätzigkeit ist eine direkte Folge dieses Programms, das sich einem 5aktigen Drama vergleichbar abwickelt und für jeden einzelnen Satz unverwechselbare, individuelle Anstöße enthält. Zur Umsetzung dieser Satzcharaktere bedient sich Berlioz eines reich aufgefächerten und von Teil zu Teil auch variierten Instrumentariums sowie einer Tonsprache, die alle Extreme zwischen zartesten Lyrismen, aufgeregter Dramatik und exzentrisch-bizarren Momenten des Spukhaften und des karikaturhaft Verzerrten enthält. Diese weite, die Extreme mit einbeziehende Ausdrucksskala wird besonders deutlich an der Behandlung der »Hauptmelodie« (Berlioz), die als Ausdruck der »idée fixe« den Künstler verfolgt

und alle 5 Sätze durchzieht: sie erscheint, je nach Kontext, immer wieder in neuem Licht, bis hin zur fratzenhaften Verunstaltung im abschließenden »Traum eines Hexensabbats«:

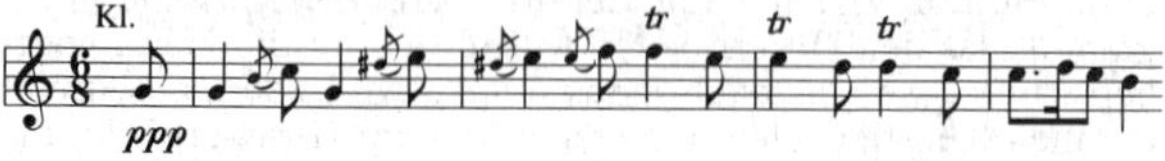

Dem *1. Satz* ist eine langsame Einleitung vorangestellt, die zwar äußerlich auf die traditionelle Einleitung des klassischen 1. Sinfoniesatzes verweist, jedoch vor allem die vielgestaltigen, unruhigen »Träume« der Leidenschaft und der Liebe veranschaulicht. Worauf diese Träume ausgerichtet sind, erweist sich in den ersten Takten des folgenden schnellen Hauptteils, in denen sogleich die »idée fixe« erklingt, die nun durch alle Höhen und Tiefen der »Leidenschaften« geführt wird, in nachvollziehbaren Ausbrüchen der Eifersucht und der innigen Zärtlichkeit. Die formale Basis eines Sonatensatzes ist nur noch in Umrissen zu erkennen; sie wird überlagert vom Prinzip der Variation, das sich vor allem auch vielfarbig schillernder, ungemein flexibler Instrumentationsschattierungen bedient (etwa des Einsatzes eines Solo-Cellos zur Reprise oder verschiedener, auch ungewohnter Kombinationen von Holzbläserlinien).

Der *2. Satz* ist ein graziös-beschwingter französischer Walzer voll melodischen und farblichen Charmes, der in seinen Rahmenteilen vor allem von der zarten Eindringlichkeit seines Hauptthemas lebt sowie von seiner fein abgestimmten, durchsichtigen Instrumentation des reduzierten Orchesters. Es ist neben den Streichern lediglich mit Holzbläsern (ohne Fagott), Hörnern und 2 äußerst delikat geführten Harfen besetzt. Im Mittelteil taucht, quasi im Trubel des Balls, die ins Dreiermetrum gewandelte Version der »idée fixe« auf: Hier findet der Künstler die Geliebte oder wenigstens ihr Bild wieder.
Der *3. Satz*, die Szene auf dem Land, orientiert sich offensichtlich am langsamen Satz in Beethovens «Pastorale«, ohne diese »Szene am Bach« auch nur ansatzweise nachzuahmen. Als poetisch-stille Stimmungsbilder sind Anfang und Ende des Satzes variativ aufeinander bezogen: zu Beginn halten Englischhorn und Oboe im Sinne einer Hirtenmusik zarte Zwiesprache; am Ende – nach manchen Ausbrüchen »von Hoffnung und dunklen Vorahnungen« des einsamen Künstlers und nach dem mehrfachen, bisweilen ein wenig »verfremdeten« Anklingen des Leitthemas – erfolgt die Wiederkehr als Zitat beim subtil auskomponierten Donnergrollen eines Ensembles von 4 verschieden gestimmten Pauken.
Zum *4. Satz* erweitert Berlioz sein Instrumentarium um 2 Kornette, Posaunen, Tuba, Becken und große Trommel. Die drohenden Triolen der 4 Pauken markieren den Beginn eines mächtig auftrumpfenden und bisweilen brutalen Marsches voll Aggressivität und greller Effekte; an seinem Ende erklingt ein einziges Mal klagend und leidenschaftlich flehend in der Klarinette die »idée fixe«, bevor ein Orchesterschlag den Helden exekutiert. Das Ganze ist eine surreale Traumszene, gemeint als Vision im Opiumrausch: Der Held glaubt, seine Geliebte ermordet zu haben und nun an seiner eigenen Hinrichtung teilzunehmen. Diese Schreckensvision kulminiert in der abschließenden Walpurgisnachtszenerie, die Berlioz fast in der Art einer modernen Collage aus kontrastierenden Teilen von bisweilen grotesker Farbigkeit zusammenfügt. Zu Beginn steht eine in allen Raffinessen der Instrumentation und Harmonik changierende Einleitung; es folgt die verzerrte Version des Leitthemas in der schreienden Tonfarbe der C-Klarinette. Wenig später kündigen hallende Glockenschläge die »burleske Parodie« des *Dies irae* aus der Totenmesse in den Posaunen an, das zugleich mit einem neu eingeführten, vital-

ordinären Thema zur Rondo-Form verknüpft wird und nun zu einem höllischen Tanzfinale führt, das von bizarren Effekten nur so strotzt. Berühmt geworden ist vor der sich überstürzenden Schlußstretta eine Stelle, in der die Streicher die klappernden Knochen eines gespenstischen Totentanzes imitieren, indem sie mit dem Bogenholz spielen (col legno), während die Holzbläser kontrapunktierend das Rondo-Thema trillern.

Eine seltsam bizarre Fortsetzung fand das »drame instrumentale« der *Symphonie fantastique* 1832 in dem Monodram mit Chor und Solisten **»Lélio ou Le Retour à la vie«** (Umarbeitung 1854/55), einem 6sätzigen, heute weitgehend vergessenen Unikum aus gesprochenen Monologen und Instrumentalsätzen, welche die Rückkehr des Künstlers in das Leben, d. h. zur Kunst beschreiben. Den Schluß bildet eine »Fantasie über Shakespeares *Sturm*«.

»Harold en Italie«. Sinfonie in 4 Teilen mit Solo-Bratsche G-Dur op. 16

Entstanden 1834.

1. *Harold aux montagnes. Scènes de mélancolie, de bonheur et de joie (Harold im Gebirge. Szenen der Melancholie, des Glücks und der Freude)* – 2. *Marche de pélerins, chantants la prière du soir (Marsch der Pilger, die das Abendgebet singen)* – 3. *Sérénade d'un montagnard des Abruzzes à sa maîtresse (Ständchen eines Bergbauern aus den Abruzzen für seine Geliebte)* – 4. *Orgie de Brigands. Souvenirs de scènes précédentes (Räubergelage. Erinnerungen an vorangegangene Szenen).*

Berlioz hat berichtet, daß *Harold* auf einen Kompositionsauftrag von Niccolò Paganini zurückgehe, der zum eigenen Gebrauch ein Bratschenkonzert bestellt habe. Das Ergebnis ist alles andere als ein Solo-Konzert und ohne jeden virtuosen Anspruch, weshalb diese Mitteilung des Komponisten von manchen als Mystifikation bezeichnet wird. Komponiert hat Berlioz einen originellen Zwitter zwischen den Gattungen der Sinfonischen Dichtung und des Konzertes, man könnte auch sagen: eine Programmsinfonie mit konzertanten Aspekten. In seinen Memoiren gab Berlioz das Werk als poetische Erinnerung an eine Abruzzenwanderung aus, als Eindrücke eines »melancholischen Träumers«, wie die Hauptfigur in Lord Byrons Versdichtung *Childe Harold's Pilgrimage* einer ist. Ihn symbolisiert ein eigenes Thema:

das im wesentlichen unverändert, also anders als die »idée fixe« der *Symphonie fantastique*, in allen 4 Sätzen der sinfonischen Großform erklingt. Es bleibt meist der Solo-Bratsche vorbehalten, die gleichsam als wehmütig empfindender Wanderer in allen Szenen präsent ist. Deshalb halten sich die virtuosen Anforderungen sehr in Grenzen, und im Finalsatz verstummt das Solo-Instrument über lange Strecken völlig.
Wie die *Symphonie fantastique* beginnt das 4sätzige Werk mit einem mehrteiligen Gebilde, dessen drei Abschnitte in der Überschrift bereits vorgezeichnet sind: Im sehr ausgedehnten *Adagio*-Teil stellt sich der melancholische Held gleichsam vor, das ihm zugeordnete Thema erklingt zunächst im Orchester nach Moll eingetrübt, ehe es erstmalig in seiner Originalgestalt von der Bratsche vorgetragen wird. Das folgende *Allegro* überlagert die angedeutete Sonatensatzform mit Variationsansätzen und vermittelt nun zunächst »Glück« und schließlich in der sich ins doppelte Grundtempo strettahaft steigernden Coda »Freude«.
Der 2. Satz (*Allegretto*, E-Dur) vertritt andeutungsweise den langsamen Satz der Sinfonie; seine Anlage ist 3teilig, mit variierter Reprise. Zunächst hört man in farbig wechselnder, weich timbrierter Instrumentation den zeilenweise vorgetragenen Gesang der Pilger (»Canto«), von dem sich im weiteren Verlauf das getragene Harold-Thema abhebt; in der Mitte kommt es zu reizvoll altertümelnden Harmoniefolgen, mit denen das geistliche Lied (»Canto religioso«) begleitet wird, kontrapunktiert von Akkordbrechungen der Solo-Bratsche.
Der 3. Satz (*Allegro assai*, C-Dur) entspricht dem klassischen Scherzo; trioartig hebt sich von den temperamentvollen Rahmenteilen die »Sérénade« ab (*Allegretto*), deren Ständchenthema von einer kapriziös wiegenden Begleitung getragen wird:

wozu noch in lang gehaltenen Tönen das Harold-Thema tritt. Kontrapunktisch kunstvoll werden im reprisenartigen dritten Abschnitt alle thematischen Elemente des Satzes miteinander verknüpft. Beide Mittelsätze haben zwischen den ausladenden Rahmenteilen eher Intermezzo-Charakter.
Der zerklüftete Beginn des *Schlußsatzes* erinnert, sicher nicht zufällig, an das Finale von Beethovens 9. Sinfonie: wie dort werden zunächst nacheinander alle vorangegangenen Episoden mit ihren wesentlichen Themen zitiert, unterbrochen jeweils von Vorgriffen auf das eigentliche Finale (*Allegro frenetico*, zunächst g-Moll, dann G-Dur). In dieser kaleidoskopartig gebrochenen Einleitung tritt noch einmal der Solist hervor; der wilde und mit allen Raffinessen der berliozschen Instrumentationskunst ausgestattete Hauptteil ist ein reines Orchesterstück, ablaufend in den Konturen einer angedeuteten Sonatensatzform ohne abgegrenzte Durchführung. Lediglich kurz vor der sich überstürzenden Schlußstretta meldet sich die Solo-Bratsche noch einmal mit wenigen seufzerartig verhauchenden Takten zu Wort. Harold flieht zuletzt vor dieser Räuberorgie erschrocken davon.

»Roméo et Juliette«. Dramatische Sinfonie mit Solisten und Chören op. 17

Entstanden 1839.

1. Teil: *Allegro fugato – Prologue – Strophes – Scherzetto.* – 2. Teil: *Andante malinconico e stostenuto – Allegro.* – 3. Teil: *Scène d'amour / Allegretto – Adagio.* – 4. Teil: *Scherzo (Prestissimo) – Convoi funèbre de Juliette – Roméo au tombeau des Capulets – Finale (Allegro – Récitatif – Air – Serment de réconciliation).*

Das Riesengebäude dieser »dramatischen Sinfonie«, wie sie der Komponist wohlüberlegt bezeichnete, steht konsequent quer zu allen herkömmlichen Gattungen der Orchestermusik. Sowohl eine – an sich naheliegende – Herleitung von Beethovens 9. Sinfonie wie ein Weiterdenken bis zu Gustav Mahlers großen Vokalsinfonien trifft kaum das Besondere an ihr. Das Werk vereinigt in sich Merkmale der rein instrumentalen Programmsinfonie mit jenen der Kantate und des Oratoriums sowie ausgesprochen theatralische Züge, opernhafte wie auch sogar ballettnahe. Der bekannte Hang des Komponisten, über alle Grenzen hinauszugreifen, äußert sich auch in dieser in jeder Hinsicht monumentalen Komposition: Das Orchester ist riesenhaft besetzt (Berlioz schreibt beispielsweise für jede einzelne Streicherstimme eine Minimalanzahl vor, bei den Violinen etwa jeweils 15), hinzu treten Solo- und Chorstimmen; die zeitlichen Dimensionen sprengen den üblichen sinfonischen Rahmen um ein mehrfaches. Zugleich ist das Werk ein Dokument für die große Shakespeare-Verehrung des Komponisten, wobei dieser künstlerische Aspekt auf intensive Weise mit autobiographischen Momenten verwoben ist – ein Motiv im Hintergrund war mit Sicherheit seine zunächst anbetende Liebe, dann unglückliche Ehe mit der Schauspielerin und Julia-Darstellerin Harriet Smithson. Die textliche Vorlage zu den vokalen Abschnitten ist nicht etwa der (übersetzte) Shakespeare-Wortlaut; vielmehr arrangierte Berlioz sich sein eigenes Libretto, wobei er sich beim Verseschmieden fremder Hilfe bediente. In Umrissen freilich folgt sein Opus der Tragödie, allerdings mit einem entscheidenden Eingriff am tragischen Ende: Julia ersticht sich, nachdem Romeo in ihren Armen am Gift gestorben ist, das er kurz zuvor eingenommen hat; sie war gerade in jenem Moment aus ihrem Scheintod erwacht, als Romeo das Gift getrunken hatte.

Die vielgliedrige Komposition schichtet sich aus vokalen und instrumentalen Sätzen in 4 großen Teilen zu einem Ganzen. Dabei stehen im Zentrum des Werkes mehrere große Orchesterstücke, die nachdrücklich den rein sinfonischen Anspruch unterstreichen: zunächst als *2. Teil* unter den Überschriften »Romeo allein – Traurigkeit – Konzert und Ball – Großes Fest bei Capulet«, wo die Verklanglichung von Romeos melancholischen Gefühlen als eine Art langsamer Einleitung (*Andante malinconico e sostenuto*) fungiert, während der eigentliche ausgedehnte Hauptabschnitt ein glänzend instrumentiertes Alla-breve-Allegro ist, durchzogen von schwungvoller Tanzrhythmik. – Dem leidenschaftlich engagierten *Adagio* des *3. Teils* geht ein kurzer Vorspann voraus, in dem zwei Fernchöre in Männerbesetzung die »jungen Capulets« verkörpert, die, »vom Feste heimkehrend und Nachklänge der Ballettmusik singend, zurückkehren«. Das Adagio selber wird dann zu einer ergreifenden Stimmungs- und Liebesmusik, vor dem atmosphärischen Hintergrund von »Capulets Garten im dämmernden Schweigen der Nacht«. *Teil 4* schließlich beginnt als großangelegtes Orchester-*Scherzo* in flirrender Dreierbewegung; sein stimmungsvoller trioartiger Mittelteil (*Allegretto*) basiert auf dem gleichen thematischen Einfall wie die Rahmenteile:

Anfang und Schluß dagegen sind mehrgliedrig und theaternäher auf einzelne Handlungsschritte bezogen. *Teil 1* beginnt mit einem ernsthaften *Allegro fugato* des großen Orchesters, wird fortgeführt in einem *Prolog*, in dem ein kleiner Chor zusammenfassend den Gang der Handlung referiert, und fortgesetzt bis zum bitteren Ende in einzelnen musikalischen Nummern (*Strophes, Moderato, Scherzetto* und ein abschließendes kurzes *Andante*, das von der Versöhnung der schmerzgebeugten Familien berichtet). Am opernhaftesten geben sich dann die abschließenden Nummern des *4. Teils*, in der Fortsetzung des Scherzos: Zunächst folgt das ergreifende Stimmungsbild von »Julias Leichenzug«, den der gemischte Chor der Capulets begleitet. Nun schließt sich zunächst wieder ein ausgesprochen programmatischer Orchesterteil an, der minuziös die einzelnen Schritte der Handlung mit den Mitteln des großen Instrumentalapparates nachzeichnet (Romeo in der Gruft der Capulets: Anrufung und Julias Erwachen; Freudentaumel, Verzweiflung, Todesängste und Verscheiden der Liebenden), unter sehr kalkulierter Ausnützung aller kompositorischen Register der Instrumentation, in krassem Tempowechsel bis hin zu fast rezitativisch zerrissenen Momenten und einem plastisch auskomponierten musikalischen Verlöschen in den Schlußtakten. Das *Finale* wiederum stellt sich dar als reine Opernszene, beginnend mit einem dramatischen Chorstreit der Capulets und der Montagues, die schließlich in der Gruft die beiden Leichen entdecken. Padre Lorenzo offenbart ihnen in einem ausgedehnten Rezitativ seine Rolle in dieser Tragödie, kulminierend in der pathetischen Geste einer Arie im Stil der großen Oper (*Larghetto sostenuto / Allegro*). Der abschließende gemeinsame Versöhnungsschwur setzt noch ein letztes Mal wirkungsvoll den gesamten Vokal- und Instrumentalapparat in Bewegung, endet im Fortissimo-Klang eines hoffnungsvollen H-Dur, so daß sich auch harmonisch der Spannungsbogen vom h-Moll des Beginns aus schließt.

Neben diesen sinfonischen Hauptwerken hinterließ Berlioz noch eine Reihe mehr oder weniger häufig aufgeführter Ouvertüren, deren erste, **»Waverley«**, als op. 1 noch in seiner Pariser Konservatoriumszeit (1827) entstand, ausgelöst durch Walter Scotts Roman: eine effektvolle Talentprobe des kommenden Genies. **»Les Francs-Juges« (»Die Femerichter«)** entstand trotz ihrer Opuszahl 3 1826 als Ouvertüre zu einem unvollendeten Opernprojekt gleichen Namens und enthält ebenfalls bereits erstaunliche Details von Berlioz' kommender Kunst der Orchestrierung und seiner Fähigkeit, dramatisch sich steigernde Formverläufe zu meistern. **»Le Roi Lear« (»König Lear«)** op. 4, eine Konzertouvertüre nach Beethovenschem Vorbild, erhielt ihren Entstehungsimpuls 1831 in Nizza bei der Lektüre von Shakespeares Drama. Dieses musikalische Porträt des dem Wahnsinn verfallenden Lear kulminiert in einer dramatisch sich zuspitzenden Reprise. 1843 entstand in Paris die **Ouvertüre »Le Carnaval romain«** (op. 9), die thematisches Material von Berlioz' erfolgloser Oper *Benvenuto Cellini* (1838) verarbeitet. Im Mittelpunkt stehen zwei kontrastierende Elemente, ein wirbelndes Tanzthema:

und eine hiervon abgeleitete lyrisch kontrastierende Liebesmelodie:

die zu einem mitreißend effekt- und kunstvollen Kabinettstück virtuosen Orchesterspiels verarbeitet werden. Auch die **Ouvertüre zu »Benvenuto Cellini«** selbst ist im Konzert ein beliebtes Repertoirestück für ein groß besetztes Berlioz-Orchester, in dem sogar eine Ophikleïde benötigt wird. Bei uns weitgehend unbekannt ist die monströse **»Grande Symphonie funèbre et triomphale«** (op. 15), die Berlioz als Auftragswerk zum 10. Jahrestag der Revolution von 1830 im Jahre 1840 komponierte und für ein äußerst »militärisch« bestücktes Bataillon von Blas- und Schlaginstrumenten setzte. Dreimal erklang das Werk 1840, wobei einmal 450 Mitwirkende bezeugt sind; zu seinen Bewunderern zählte Richard Wagner. 1842 fügte Berlioz dem *3. Satz* (»Apothéose«) noch Chorstimmen hinzu. **»Rêverie et Caprice«** für Violine und Orchester (op. 8, 1841) ist ein ausnahmsweise unprogrammatisches Gelegenheitswerk, liebenswürdig und in der konzertanten Anlage ziemlich unaufwendig.

Michail Iwanowitsch Glinka

* 20. Mai (1. Juni) 1804 in Nowospasskoje (heute Glinka, Gouv. Smolensk)
† 15. Februar 1857 in Berlin

In St. Petersburg gründlich musikalisch ausgebildet, u. a. bei John Field, machte sich Glinka 1830–33 auf Reisen durch Deutschland und Italien mit älterer westeuropäischer Musik und mit der italienischen Oper vertraut; weitere Reisen führten ihn 1844–48 nach Frankreich und Spanien. Er schuf mehrere Opern, Chormusik, Klavier- und Kammermusik. Unter seinen Orchesterwerken finden sich 2 **Spanische Ouvertüren: »Jota aragonese«** (1845) und **»Recuerdos de Castilla«** (1848) sowie eine **Fantasie über zwei russische Volkslieder »Kamarinskaja«** (1848). Eine unvollendete **»Ukrainische Sinfonie«** über Gogols *Taras Bulba* (1848) komplettierte Wissarion Schebalin 1938. Die **»Valse fantaisie«** für Orchester entstand 1839 und 1856.
Glinka gilt bis heute als Schöpfer einer neuen russischen Kunstmusik; er verwendete in seinen Kompositionen russische Volksweisen, und trotz seiner intensiven Kenntnis der westeuropäischen Musiktradition verfolgte er einen individuellen Weg in seinen Opern und wenigen Orchesterwerken. Auf ihn beriefen sich die Komponisten des »Mächtigen Häufleins« um Balakirew.
Jota aragonese wurde 1845 in Madrid komponiert und basiert auf einem gleichnamigen spanischen Tanz. Das Werk verläuft in den Bahnen eines Sonatensatzes und glänzt durch reizvolle spanische Orchesterfarben unter Einschluß der Kastagnetten. Neben seiner ursprünglich für Klavier komponierten **Valse**

fantaisie in h-Moll, einer wehmütig-beschwingten Walzerfolge, wurde besonders das Orchesterscherzo **Kamarinskaja** bekannt, ein variativ verarbeitetes Tanzlied in überschaubar klarer Gliederung und subtil abgestufter Instrumentation, ohne sinfonischen oder kontrapunktischen Anspruch, aber von unmittelbarer Eingängigkeit.

Felix Mendelssohn Bartholdy

* 3. Februar 1809 in Hamburg
† 4. November 1847 in Leipzig

Mendelssohn wuchs in einer reichen Hamburger, später Berliner Bankiersfamilie auf. In diesem Elternhaus sorgte man für eine vielseitige allgemeine und vor allem musikalische Ausbildung des Sohnes und der wohl nicht weniger begabten Tochter Fanny (1805–47, verh. Hensel). Zunächst erhielten beide Klavierunterricht von der Mutter – Felix lernte zusätzlich Geige –, von Hummel und anderen, in der Komposition wurden sie von Carl Friedrich Zelter in Berlin unterwiesen. Als klavierspielendes Wunderkind trat Felix bereits als Neunjähriger auf, als Komponist zwei Jahre später. Reisen durch Europa rundeten seinen Horizont. Nach einer vergeblichen Bewerbung als Nachfolger Zelters als Leiter der Berliner Singakademie, mit der Mendelssohn 1829 die erste Wiederaufführung der Matthäuspassion nach Bachs Tod verwirklicht hatte, ging er 1833 als Dirigent nach Düsseldorf, wo ihn schon nach zwei Jahren der Ruf nach Leipzig an das berühmte Gewandhaus erreichte. Der frühe Tod beendete eine der hoffnungsvollsten europäischen Musikerkarrieren.

Orchesterwerke: 12 frühe Streichersinfonien, 5 Sinfonien, Solo-Konzerte (Klavier, Violine), Konzertouvertüren, Musik zu Shakespeares *Sommernachtstraum*, einzelne Konzertstücke.

Mendelssohns kompositorisches Lebenswerk ist, gemessen an seinem kurzen Leben, umfangreich und vielseitig. Seine historische Stellung zwischen Klassik und Romantik ähnelt jener Schuberts. Bis weit in das 20. Jh. hinein standen einer angemessenen Würdigung seines Schaffens Bedenken gegen manche formelhafte Glätte biedermeierlichen Komponierens und die absurden Vorbehalte des Antisemitismus entgegen. In seinen großen Instrumentalwerken erweist sich Mendelssohn als ein Meister der Formbeherrschung im Gefolge der Wiener Klassik, jedoch mit allen Kennzeichen eines zukunftsträchtigen Individualstils voll melodischer Einfallskraft und eminenten instrumentalen Farbsinns.

Sinfonien

Die **1. Sinfonie c-Moll op. 11** (entstanden 1824), ein Werk des Fünfzehnjährigen, ist in klassischer Viersätzigkeit angelegt; sie folgt in zahlreichen Details den drei großen Vorbildern der Wiener Klassik und verweist dennoch zugleich voraus auf Mendelssohns kommende Meisterwerke. Erstaunlich souverän ist bereits im eröffnenden *Allegro molto* der instrumentatorische Umgang mit dem großen Sinfonieorchester; die Sonatensatzform ist mit einer ausgedehnten Coda nahezu zur Vierteiligkeit ausgeweitet. Das Es-Dur-*Andante* verbindet Sonatensatz und Rondo-Elemente und mischt, ebenso wie das folgende *Menuett*, raffiniert die Streicher- und Bläserfarben der Orchesterpalette. Im Finale, einem *Allegro con fuoco*, wird die Durchführung von einem Fugato gekrönt, das in der Coda wiederkehrt und dessen Thema aus der Schlußphrase des kantablen Seitenthemas abgeleitet ist.
Die **2. Sinfonie B-Dur op. 52 (»Lobgesang«)** entstand 1839/40. Abgesehen von seinen 12 frühen Streichersinfonien, zählte Mendelssohn 5 große Sinfonien, die jedoch nicht chronologisch geordnet sind: Seine 2. entstand als 4., weil er die 2. und die 3. als mißlungen oder bearbeitungsbedürftig ansah. Äußerlich gesehen, knüpft der »Lobgesang« als »Sinfonie-Kantate« an das Vorbild von Beethovens Neunter an, schlägt jedoch erkennbar andere Wege ein und vermeidet ostentativ deren hymnischen Tonfall. Sie gliedert sich in zwei Hauptabschnitte, deren erster sinfonisch-instrumental und deren zweiter oratorisch-kantatenhaft angelegt ist. Die 3teilige *»Sinfonia«* präsentiert in ihrer Maestoso-Einleitung mottoartig ein Thema, das dann im vielgliedrigen Vokalteil ins Zentrum gerückt wird:

Nach dem sinfonisch ambitionierten *Allegro* leitet ein solistisches Klarinettenrezitativ zum tänzerisch beschwingten zweiten Abschnitt über (*Allegretto un poco agitato*, g-moll), in dessen trioartigen Mittelteil ein Bläserchoral abschnittweise in das weiterlaufende Streichermetrum eingeblendet wird. Ein *Adagio religioso* von großer melodischer Ausdruckskraft und farblicher Ausfeilung beendet den sinfonisch-instrumentalen Anfangsteil. Insgesamt 10 Sätze auf Texte aus Luthers Übersetzung des Alten Testaments reihen sich kantatenartig sodann in solistischem und chorischem Vortrag für 2 Soprane, Tenor und 4stimmigen gemischten Chor. Dabei nimmt Mendelssohn vor allem in der Textfolge des 6. und 7. Abschnittes (»Stricke des Todes hatten uns umfangen« und »Die Nacht ist vergangen«) auf den Anlaß seiner monumentalen Komposition Bezug, nämlich auf das 400. Jubiläum der Erfindung der Buchdruckerkunst durch Gutenberg im Jahre 1840. Der 8. Abschnitt ist ein Choralsatz (»Nun danket alle Gott«), und zum Schluß (Nr. 10: »Ihr Völker!«) krönt Mendelssohn das ganze Werk mit der Technik der Fuge.

3. Sinfonie a-Moll op. 56 (»Schottische«)

Entstanden zwischen 1829 und 1842.

1. *Andante con moto / Allegro un poco agitato* – 2. *Vivace non troppo* – 3. *Adagio* – 4. *Allegro vivacissimo*.

Zwei populäre Meisterwerke, die ihren festen Platz im Repertoire haben, sind die 3. und die 4. Sinfonie. Beiden ist gemeinsam, daß sie jeweils über einen längeren Zeitraum hinweg entstanden oder aber immer wieder revidiert wurden. Gemeinsam ist ihnen auch ihre Orientierung an außermusikalischen Vorgaben, ohne daß wir hier deshalb Programmmusik vor uns hätten. Allerdings hat Mendelssohn selber auf die Anregungen hingewiesen, die er auf seinen Reisen nach Schottland und Italien für die beiden Werke erhalten hat und die sich vor allem in den atmosphärischen Färbungen dieser Musik nachvollziehen lassen. Mendelssohn leitete 1842 persönlich die Leipziger Uraufführung dieser erst im gleichen Jahr vollendeten, 1832 zugunsten der »Italienischen« liegengelassenen Komposition. Das Werk folgt dem traditionellen 4sätzigen Muster mit vorangestellter langsamer Einleitung. Die strikte Satztrennung allerdings versucht Mendelssohn durch konsequente Attacca-Vorschriften zu vermeiden, ohne

die grundsätzliche Unterscheidung der Satzcharaktere deshalb aufzuheben.
Der tiefernste, melancholische Einfall, mit dem die Einleitung einsetzt, wendet sich einige Takte später nach Dur und kehrt schließlich, im unruhigen 6/8-Metrum des schnellen Sonatensatzes, als Hauptthema wieder, im verhangenen, klarinettengefärbten Pianissimo des Streichersatzes:

Die Überleitung zum Seitensatz wird angetrieben durch ein markantes rhythmisches Tutti-Motiv (»Assai animato«); das Seitenthema erscheint dann ebenfalls in (h-)Moll, ein lyrischer Klarinettengedanke, dem als Unruhemoment Elemente des Hauptthemas begleitend gegenüberstehen. Ein fahles, chromatisch herabsinkendes Unisono der Streicher leitet zur Durchführung über. Es markiert später, nun aufsteigend, auch den Übergang zur ausgedehnten Coda, die in einer dramatischen Sturmmusik kulminiert, einer verblüffenden Vorwegnahme mancher Passagen aus Wagners *Fliegendem Holländer.*
Vor den Beginn des 2/4-*Scherzos* schieben sich, gleichsam als Kontrastfläche, einige zitierte Takte der Einleitung. Auch dieser Satz folgt der Sonatensatzform, mit einem volkstümlich-lebhaften, kreisenden und hüpfenden Hauptthema, das allgegenwärtig zu sein scheint und beiläufig auch umgekehrt wird. Der ganze F-Dur-Satz ist eine zauberhafte, dabei für die Ausführenden höchst anspruchsvolle Instrumentationsstudie.
Auch das folgende A-Dur-*Adagio* läßt die Umrisse eines Sonatensatzes erkennen; es lebt vor allem von seiner tiefernsten Hauptmelodie, die in immer neuen Färbungen und variierten Begleitfiguren vorgetragen wird. Sein weicher Fluß wird immer wieder kontrastiert von den scharf punktierten Bläsermotiven, die sich zu Tutti-Ausbrüchen des ganzen Orchesters steigern. In den wenigen vorangestellten Einleitungstakten werden diese beiden Kontrastebenen leitmotivartig intoniert.

Die eigentliche Überraschung des *Finalsatzes* – des 4. Sonatensatzes der Sinfonie – gibt es am Ende: Unvermittelt wendet sich die Musik in ein hymnisch sich steigerndes A-Dur (»Allegro maestoso assai«) – Siegesjubel nach Schlachtgetümmel? Die Vermutung, daß Mendelssohn mit diesem Satz tatsächlich an ein Schlachtengemälde gedacht haben könnte, wird bestärkt durch die ursprüngliche Überschrift »Allegro guerriero« (»Kriegerisches Allegro«), die er später getilgt hat. Im übrigen aber wird das Finale stärker als alle vorangegangenen Sätze von konstruktiv-kontrapunktischen Kompositionsprinzipien beherrscht, die den aggressiven, vorwärtsdrängenden Grundcharakter in keiner Weise beeinträchtigen.

4. Sinfonie A-Dur op. 90 (»Italienische«)

Entstanden zwischen 1831 und 1833, danach mehrfach verändert.
1. *Allegro vivace* – 2. *Andante con moto* – 3. *Con moto moderato* – *Saltarello. Presto.*

In der verwirrenden Entstehungschronologie von Mendelssohns Sinfonien ist die »Italienische« eigentlich die 3.: Sie wurde auf einer Reise 1831/32 in Rom und Neapel begonnen und zu Beginn des Jahres 1833 fertiggestellt – zunächst, möchte man hinzufügen; Mendelssohn leitete die erfolgreiche Londoner Uraufführung selbst, trug sich jedoch bald mit Umarbeitungsplänen, die ihn bis in die 40er Jahre beschäftigten und die zu mindestens drei verschiedenen Versionen des Werkes führten. Die Mendelssohn-Forschung sieht hier nach wie vor ein reiches Betätigungsfeld; in der Praxis hat sich heute eine späte Fassung durchgesetzt (der wir hier folgen).
Im Gegensatz zur »Schottischen« gibt es in der »Italienischen« lediglich 2 Sonatenhauptsätze, von denen nur der *Kopfsatz* voll ausgebaut ist. Er weist einige Mendelssohn-typische Eigenarten auf, vor allem in Gestalt einer stark verkürzten Reprise und einer langen Coda, die ausgeprägt durchführungsähnlichen Charakter hat. Auffällig sind vor allem in der Durchführung und in der Coda kontrapunktische Satztechniken, mit einem ausgebauten Fugato über ein neu eingeführtes 3. Thema:

Ihm gegenüber und verglichen mit dem schwungvollen 1. Thema bleibt das sangliche Seitenthema an Bedeutung stark zurück. Die Rückführung zur Expositionswiederholung besteht übrigens aus 22 eigenständigen Takten, so daß sich in diesem Fall eine Befolgung der Wiederholungsvorschrift eigentlich von selber gebietet, weil sonst wertvolle kompositorische Substanz verlorenginge.
Das d-Moll-*Andante* ist ein verkürzter Sonatensatz ohne Durchführung; sein melodisches Zentrum ist eine melancholische Liedweise, die offenkundig mit Zelters *König von Thule*-Lied verwandt ist. Zelter war 1831 gestorben, vielleicht ist dieser ausdrucksvoll-zarte Satz Mendelssohns klingender Nachruf auf seinen Lehrer. Ein 2taktiger punktierter Unisono-Ruf eröffnet den Satz; er kehrt in der Coda wieder, die still verklingt. Auffällig ist die nahezu pausenlose gehende Achtel-Begleitung, die erst in den letzten beiden Takten zur Ruhe kommt.
An dritter Stelle steht ein altertümelndes, in seiner schmeichelnd-eingängigen Melodik gleichwohl sehr charmantes, als solches übrigens nicht bezeichnetes *Menuett*, mit einem bezaubernd kontrastierenden *Trio* in der Mitte, das zart aus einer kleinen Bläserfanfare und einer aufsteigenden punktierten Kontrastlinie gefügt ist. Diese wenigen Takte belegen exemplarisch Mendelssohns große Kunstfertigkeit, mit sparsamsten Tonfarben dank einer phänomenalen Klangphantasie eindringlichste Wirkungen zu erzielen.
Ein turbulent dahinstürmender Volkstanz in vielteiliger Rondo-Form ist schließlich das mitreißende *Finale*, dessen thematische Substanz volkstümlich-neapolitanischer Herkunft ist, wie Mendelssohn selber mitgeteilt hat. Um so verblüffender wirkt, auf welche Weise er dieses Material in die große Dimension des Sinfonischen ausweitet, es nach allen Regeln der Kunst – mit den Mitteln der motivischen und kontrapunktischen Verarbeitung – durchführt und steigert, so daß sich bisweilen gar der charakteristische Saltarello-Rhythmus zu verselbständigen scheint. Der ganze wilde Ablauf geschieht in einem ungemütlich exotischen a-Moll – ein sinfonischer Ausklang mit durchaus revolutionärem Akzent!

5. Sinfonie d-Moll op. 107 (»Reformations-Sinfonie«)

Entstanden 1829/30.

1. *Andante / Allegro con fuoco* – 2. *Allegro vivace* – 3. *Andante* – 4. *Andante con moto* (*»Ein feste Burg ist unser Gott«*).

Daß die d-Moll-Sinfonie als 5. gezählt wird, liegt an ihrer postumen Veröffentlichung; in der Chronologie steht sie an zweiter Stelle, denn sie entstand »zur Feier der Kirchen-Revolution«, nämlich zum 300. Jubiläum des Augsburger Bekenntnisses von 1530. Mendelssohn erlebte einiges Widrige mit der Sinfonie, die er selbst nicht als vollkommen empfand: Politische Wirren verhinderten die Jubiläumsaufführung, ein Pariser Aufführungsvorhaben scheiterte, und sein Auftritt mit ihr bei der Bewerbung für die Leitung der Berliner Singakademie erwies sich als erfolglos. Bis heute steht das Werk im Schatten der Sinfonien 3 und 4, möglicherweise auch deshalb, weil gegen seine religiöse Orientierung Vorbehalte bestehen.

Die 5. Sinfonie ist ein eher traditionell angelegtes 4sätziges Werk mit langsamer Einleitung in rein instrumentaler Ausprägung, dessen geistliche Bezüge sich auf wenige Merkmale reduzieren lassen, auf eine insgesamt ein wenig archaisch klingende Harmonik und auf drei Elemente aus der Liturgie. So erklingt in der Einleitung der Beginn des gregorianischen *Magnificat* und bald darauf das *Dresdner Amen* (das Richard Wagner später im *Parsifal* melodisch und instrumentatorisch-harmonisch als Gralsmotiv verwendete), im letzten Satz schließlich Luthers Choral. Im *Kopfsatz* kehren *Magnificat* und *Amen* als thematische Bausteine in der Exposition des auf die Einleitung folgenden Sonatensatzes wieder, dessen Durchführung kontrapunktisch gearbeitet ist. – Der *2. Satz*, ein Scherzo in B-Dur, wirkt auf den unvorbereiteten Hörer wie ein farbiges weltliches Intermezzo. – Das kurze *Andante* (g-Moll) hat den Charakter einer lyrischen Einleitung zum *Finale*, das seinerseits zweiteilig ist: zunächst exponiert Mendelssohn Luthers Choral, dann verknüpft er Sonatensatz und Choralvariation miteinander und stellt zugleich durch Zitate aus den drei vorangehenden Sätzen einen übergeordneten Zusammenhang her.

Musik zu Shakespeares »Sommernachtstraum«
op. 21 / op. 61

Entstanden 1826 und 1843.

1. *Ouvertüre: Allegro di molto* – 2. *Scherzo: Allegro vivace* – 3. *Intermezzo: Allegro appassionato* – 4. *Notturno: Andante tranquillo* – 5. *Hochzeitsmarsch: Allegro vivace* – 6. *Ein Tanz von Rüpeln: Allegro di molto.*

Nachdem der junge Mendelssohn zunächst in vierhändiger, dann in instrumentierter Fassung die Ouvertüre zum *Sommernachtstraum* 1826 vorgestellt hatte, ergänzte er 17 Jahre später auf Bitten des preußischen Königs das Werk um weitere 12 Nummern zur vollständigen Schauspielmusik. Wenn man die vokalen Teile ausklammert, ergeben die verbleibenden 5 Sätze und die Ouvertüre eine Art Orchestersuite. Am häufigsten gespielt wird dabei die *Ouvertüre*, mit der dem jungen Komponisten ein genialer Wurf glückte, ein singuläres Meisterwerk, in dem sich alle Elemente in perfekter Ausgewogenheit befinden. Wie eine Beschwörungsformel stehen zu Beginn 4 Fermatentakte im Bläserklang, bevor die berühmte Elfenmusik der geschwind flatternden Streicher-Achtel-Ketten einsetzt, die bis heute klangliches Synonym für Shakespeares Elfenwelt geblieben ist. Den nötigen derben Kontrast bietet die Thematik des Rüpeltanzes; im übrigen folgt das Stück freizügig der Sonatensatzform, ohne programmatische Zwänge, als Konzertouvertüre im Gewand einer virtuos-farbigen Instrumentierung. Die übrigen Sätze lassen keinen stilistischen Bruch erkennen und greifen zum Teil Motive der Ouvertüre wieder auf. So führt das schwerelose *Scherzo* – im übrigen eine Herausforderung für jedes Orchester – die Elfenmusik fort. Grüblerisch und leidenschaftlich zugleich gibt sich das *Intermezzo*, das überraschend mit einem Allegro molto comodo volkstümlich-derb endet. Als Vorspiel zum 4. Aufzug beschwört das *Notturno* mit zart-romantischen Hörnerklängen nächtliche Romantik. Die Popularität des anschließenden *Hochzeitsmarsches* ist so ohne Grenzen, daß man sich diesem effektvoll auftrumpfenden Stück kaum noch unvoreingenommen nähern kann. Sein formaler Aufbau in schlichter rondomäßiger Reihung ist problemlos nachzuvollziehen; der abschließende derb-drastische *Rüpeltanz* bildet das Ausrufezeichen am Ende.

Ouvertüren

Unter Mendelssohns Konzertouvertüren ist die zum *Sommernachtstraum* die bekannteste, doch stehen einige weitere Werke der gleichen zukunftweisenden Gattung zu Unrecht in ihrem Schatten. An erster Stelle ist die **Ouvertüre »Die Hebriden« h-Moll op. 26** zu nennen, die in den Jahren 1830–32 in drei verschiedenen Fassungen entstand. Wie in der »Schottischen« und in der »Italienischen« Sinfonie wirken sich in ihr atmosphärische Anregungen aus der Natur und der Eindruck von Landschaftsbildern aus. Ihr Hauptmotiv, das den ganzen Satzverlauf prägt, wurde durch den Besuch der berühmten Fingalshöhle auf den Hebriden ausgelöst, die der Komponist 1829 besuchte und die dem Werk auch zu seinem ersten Namen verhalf:

Der musikalische Verlauf folgt den Strukturen des Sonatensatzes, jedoch mit Tendenz zu monothematischer Anlage und mit manchen assoziativ-außermusikalischen Passagen, die ein latentes Programm in unausgesprochener *Ossian*-Anlehnung aufscheinen lassen, getragen von einer farbig-raffinierten Instrumentation und wechselvoller Harmonik.
Ebenfalls Natureindrücke setzt die **Ouvertüre »Meeresstille und glückliche Fahrt« D-Dur op. 27** um, die noch ein wenig früher entstand (1828–35). Der enge Bezug zu zwei Gedichten Goethes ist gut nachvollziehbar: Auch ohne Überschrift wäre die langsame Einleitung als Schilderung des friedlichen morgendlichen Meeres zu deuten (*Adagio*), mit dem plastischen Detail einer kleinen solistischen Flötenkadenz als erstem Anzeichen der Belebung. Der Tempowechsel zum *Molto allegro e vivace* markiert dann noch nicht den Beginn des eigentlichen Sonatensatzes, sondern führt erst in allmählicher Steigerung zu ihm hin; hier finden sich alle charakteristischen Elemente, die in der sinfonischen Dichtung bis zu Wagners *Holländer* zum Ausmalen eines literarischen Konzepts dienen. Das Hauptthema läßt deutliche Verwandtschaft zum Einleitungsmotiv erkennen (Punktierung). Der Satzverlauf ist kunstvoll-abwechslungsreich und hält überzeugend die Balance zwischen musikalischem und programmatischem Anspruch. Bemerkenswert der Schluß: eine schmetternde Fan-

fare signalisiert die glückliche Heimkehr, und doch kehren die letzten 3 Takte in einem geradezu suggestiven Diminuendo zur Stille des Beginns zurück.
Die **Ouvertüre »Das Märchen von der schönen Melusine« F-Dur op. 32** entstand 1833; ihre 2. Fassung erklang 1835 im Leipziger Gewandhaus. Angeregt wurde Mendelssohn durch Conradin Kreutzers gleichnamige Oper auf einen Text Grillparzers, deren Ouvertüre ihm mißfiel und ihn zugleich herausforderte, es besser zu machen. Dem Werk blieb jedoch bis heute der Erfolg versagt, obwohl es sich subtil mit der märchenhaften Handlung auseinandersetzt: Die Nixe Melusine erscheint im Reich der Menschen (Einleitung) und verschwindet wieder, nachdem der ihr angetraute Ritter das Schweigegebot bricht und sie nach ihrer Herkunft fragt (Ausklang); diese beiden Teile umrahmen einen Sonatensatz, dessen beide Themen den Ritter und die Liebesbeziehung beider symbolisieren. Mit den Ouvertüren op. 26 und 27 verbindet sie manches plastische Detail musikalisch-naturhafter Programmatik, wiederum vorausweisend auf Richard Wagner (*Holländer, Rheingold*).
Die **Ouvertüre zu »Ruy Blas« c-Moll op. 95** entstand ganz gegen Mendelssohns Praxis in wenigen Tagen im März 1839 als Auftragswerk, um Victor Hugos Drama um den zur Intrige mißbrauchten Verehrer einer Königin einzuleiten. Der Komponist schätzte das Werk wenig, dennoch läßt es bei aller Routine die Hand des Könners erkennen. Formal ereignet sich ein frei angelegter kontrastreicher Sonatensatz, dem eine lastende 4taktige Bläser-Einleitung vorangestellt wird, die leitmotivartig mehrfach den Allegro-Teil unterbricht.
1845 schließlich entstand als letzte die **Ouvertüre zu Racines Schauspiel »Athalie« F-Dur op. 74**. Das 3teilige Werk, das heute selten zu hören ist, steht an der Spitze einer mehrteiligen Schauspielmusik und setzt ausnahmsweise im Orchester eine Harfe ein. Dieser Zyklus gehört in eine Reihe neben 2 weitere Schauspielmusiken, die heute weitgehend vergessen sind (**»Antigone« op. 55** und **»Oedipus auf Kolonos« op. 93**).

Konzerte

Mehr oder weniger häufig aufgeführt werden heute neben dem Violinkonzert e-Moll nur die beiden Klavierkonzerte g-Moll und d-Moll. Zuvor schrieb Mendelssohn jedoch bereits im jugendlichen Alter 3 weitere konzertante Werke, die zumindest Beachtung verdienen als wichtige Meilensteine auf dem Weg zur Meisterschaft. Es handelt sich um ein Klavierkonzert a-Moll, ein Violinkonzert d-Moll und ein Konzert für Klavier und Violine a-Moll, alle 3 mit Streichorchester. Diese Werke orientieren sich verständlicherweise an historischen Modellen des 18. Jh. und lassen doch in manchen individuellen Details aufhorchen.

1. Klavierkonzert g-Moll op. 25

Entstanden 1830/31.

1. *Molto allegro con fuoco* – 2. *Andante* – 3. *Presto.*

Von den beiden Klavierkonzerten der Reifezeit wird dieses erste nicht ganz zu Recht häufiger aufgeführt als das zweite. Der Grund ist wohl in seiner pianistischen, bisweilen ein wenig routinierten Virtuosität zu suchen, die dem Pianisten manche dankbare Gelegenheit zur effektvollen Selbstdarstellung bietet. Formales Modell ist die klassische Dreisätzigkeit mit einem empfindsamen E-Dur-*Andante* in der Mitte, doch werden alle Sätze attacca miteinander verbunden, und ein kleines Blechbläsermotiv verklammert sie zusätzlich miteinander, indem es den Kopfsatz beendet und das Finale einleitet. – Ohne eigene Orchesterexposition, nur von einem kurzen Crescendo vorbereitet, beginnt das Solo-Instrument das erste *Molto allegro con fuoco* umweglos mit virtuosem Aplomb, der bald zum Hauptthema führt. Ihm steht als Kontrast ein ausgeprägt lyrischer Seitengedanke gegenüber; die relativ knappe Durchführung beschäftigt sich unter angemessener Teilnahme des Orchesters konstruktiv mit den wichtigsten motivischen Elementen der Exposition. – Im abschließenden *Presto* erweist sich Mendelssohn als raffiniert kalkulierender Meister instrumentaler Effekte, ohne daß die kompositorische Substanz vernachlässigt würde: dezente motivische Rückgriffe auf die vorangehenden Sätze sichern den zyklischen Zusammenhalt.

2. Klavierkonzert d-Moll op. 40

Entstanden 1837.

1. *Allegro appassionato* – 2. *Adagio molto sostenuto* – 3. *Presto scherzando.*

Das Werk weist alle Merkmale von Mendelssohns reifem Stil auf und bietet überdies dem Solisten reichlich Gelegenheit zum Brillieren, was sich daraus erklärt, daß Mendelssohn das Konzert zum eigenen Gebrauch, aus Anlaß eines Musikfestes in England, komponiert hat. Wie im 1. Konzert werden auch hier die 3 Sätze nahtlos miteinander verbunden, und der Kopfsatz, ein *Allegro appassionato*, verzichtet wieder auf eine eigene Orchesterexposition. Die beiden Hauptthemen werden gerecht verteilt; das 1., sich allmählich motivisch entfaltende fällt dem Orchester zu, das 2. dem Solo-Instrument. – Das *Adagio molto sostenuto* ist weit mehr als ein lyrisches Intermezzo und wird zum tiefsinnig verweilenden Ausdruckszentrum des ganzen Werkes. – Das *Presto scherzando* zum Schluß verbindet spielerische Leichtigkeit, Temperament und unauffällige, aber sehr durchdachte kompositorische Feinarbeit perfekt, wobei der rondoartige Ablauf von sonatensatzhaften Durchführungsansätzen überlagert wird.

Wenig beachtet im heutigen Konzertbetrieb werden dagegen die beiden relativ frühen **Doppelkonzerte für 2 Klaviere und Orchester E-Dur** und **As-Dur** (1823 und 1824). Vor allem im 1. der beiden Konzerte dominieren die beiden Solo-Partner recht unbekümmert, während im 2. Konzert vor allem im großartigen Finalsatz manche zukunftweisende Einzelheit im Umgang mit formalen Überlieferungen aufhorchen läßt. An dankbar-effektvoller Virtuosität steht keines der beiden Konzerte dem anderen nach. Mendelssohn hinterließ außerdem 2 einzelne Konzertsätze für Klavier und Orchester. Beide weisen durch den Zusatz »brillant« im Titel nachdrücklich auf den dominierenden Aspekt der zur Schau gestellten Virtuosität, wobei das **»Rondo brillant« Es-Dur op. 29** (1834) im Hinblick auf die kompositorische Durchgestaltung ambitionierter und vielgestaltiger geraten ist als das frühere **»Capriccio brillant« h-Moll op. 22** (1832–34). Diesem geht eine langsame Einleitung voraus, während im Rondo Mendelssohn neben aller Brillanz die formalen Aspekte von Rondo und Sonatensatz kunstvoll mit kontrapunktischen Elementen verbindet. **Serenade und Allegro giojoso (giocoso) h-Moll/D-Dur op. 43** entstanden 1838 und werden zu Unrecht vernachlässigt, denn in diesem Miniaturkonzert gehen pianistische Brillanz und Ausdruckstiefe eine gelungene Synthese ein: nach dem zarten Stimmungsbild des vorangestellten Andante-Satzes folgt ein virtuos schillerndes Gebilde zwischen Rondo und Sonatensatz.

Violinkonzert e-Moll op. 64

Entstanden zwischen 1838 und 1844.

1. *Allegro molto appassionato* – 2. *Andante* – 3. *Allegro molto vivace.*

Die große Popularität dieses 3sätzigen Konzertes beruht neben seiner effektvollen und dabei überaus dankbaren Virtuosität des Solo-Parts mit gleicher Berechtigung auch auf der perfekten Balance aller kompositorischen Elemente: der souveränen Beherrschung formaler Traditionen wie auch ihrer phantasievollen Weiterführung und detaillierten Ausgestaltung bei gleichzeitigem unverwechselbaren Ausdruckscharakter. Die vornehme Melancholie, die der Solist sogleich in den ersten Takten mit dem Hauptthema intoniert, beherrscht weite Strecken des Kopfsatzes (*Allegro molto appassionato*); das Orchester übernimmt dieses Thema erst, nachdem sich die Solo-Violine in Triolenfigurationen verloren hat, führt es in eine erste grandiose Tutti-Steigerung und fügt ihm sogleich ein weiteres, in Vorhalten sich windendes Thema hinzu, das der Solist umgehend aufgreift und weiterführt. Zum lyrischen Ruhepunkt wird sodann das von den Holzbläsern angestimmte Seitenthema. Ungewöhnlich und neuartig ist die Plazierung der großen Kadenz auf dem Höhepunkt der Durchführung und ihre gleichzeitige Integrierung in ebendiesen motivisch-thematischen Durchführungsprozeß. Die verkürzte und variierte Reprise mündet in eine Stretta, die sich bis zum Presto steigert und auf dem 2. Hauptsatzthema basiert; aus ihrem letzten e-Moll-Akkord bleibt wie verloren die Quinte h im Fagott stehen und wird so zur Brücke zum intermezzoartigen *Andante* (C-Dur, 6/8). Es bringt in jeder Hinsicht die nötige Entspannung vor dem Sturmlauf des Finalsatzes; lediglich im Mittelteil der verkürzten 3teiligen Reprisenform kommt ein wenig flirrende Unruhe auf. Bläserfanfaren und kurze spielerische Streichereinwürfe bilden dann die Überleitung zum geistreichen, vor Spielwitz und instrumentatorischem Feinschliff sprühenden *Allegro molto vivace.* Das größte Kompliment, das man dieser unnachahmlichen Komposition machen kann, sind die Schwerelosigkeit und federnde Leichtigkeit, mit denen hier instrumentale und kompositorische Virtuosität miteinander verknüpft und verschmolzen werden und zugleich ein hochromantisches Stimmungsbild beschwören – überdies und gerade aus diesen Gründen eine der größten Herausforderungen für alle Ausführenden!

Robert Schumann

* 8. Juni 1810 in Zwickau
† 29. Juli 1856 in Endenich bei Bonn

Schumann, Sohn eines Buchhändlers und Verlegers, begann zunächst, 1828, ein Jurastudium in Leipzig, wo er gleichzeitig Klavierunterricht von Friedrich Wieck erhielt und dessen damals 9jährige Tochter Clara kennenlernte. Nach einem Wechsel an die Heidelberger Universität wandte er sich 1831 ganz der Musik zu. Sein Vorhaben, Pianist zu werden, scheiterte an falscher Übtechnik, mit der er sich einen bleibenden Fingerschaden zuzog. 1834 gründete er die »Neue Zeitschrift für Musik« und war als Musikschriftsteller tätig; immer war die Literatur neben der Komposition ein zweiter Schwerpunkt in seinem Leben. 1840 heiratete er gegen den Willen seines Schwiegervaters Clara Wieck, die sich inzwischen zu einer gefeierten Pianistin und Komponistin herangebildet hatte. Ab 1844 lebte das Paar in Dresden. 1850 folgte Schumann einem Ruf als städtischer Musikdirektor nach Düsseldorf. Sein Leben endete nach Krankheit und Selbstmordversuch in der Irrenanstalt von Endenich, wo er die letzten beiden Jahre verbracht hatte.

Orchesterwerke: 4 Sinfonien, eine unvollendete »Zwickauer Sinfonie«, Ouvertüren, je ein Solo-Konzert für Klavier, Violine, Cello, Konzertstücke für verschiedene Solo-Instrumente.

Zu Recht ist Schumann als Meister der kleinen Form berühmt, als Schöpfer von Klavierliedern und Charakterstücken für Klavier, doch darf darüber nicht vergessen werden, daß seine Orchestermusik einen nicht weniger selbständigen, empfindungsreichen Ausdruck deutscher Romantik darstellt. Innerhalb der Gattungen Sinfonie und Konzert sind seine Werke wichtige Bindeglieder zwischen der ausgehenden Wiener Klassik Beethovens und den großen sinfonischen und konzertanten Schwergewichten der 2. Jahrhunderthälfte. Darüber hinaus hatte Schumann unvergleichlich starke Wirkung als ein Pionier der musikalischen Publizistik; mit der Gründung der *Neuen Zeitschrift für Musik* und seinen Beiträgen für dieses Blatt wurde er zum wichtigsten Wegbereiter des Musikjournalismus, des musikalischen Feuilletons und des Rezensionswesens. Selbstlos und überzeugend hat er sich darin für junge Talente eingesetzt; berühmt wurden seine prophetischen Hinweise auf die jungen Genies Chopin und Brahms.

Sinfonien und Ouvertüren

Der 1. Sinfonie ging 1832/33 die unvollendete **»Zwickauer Sinfonie« g-Moll** voraus, von der lediglich 2 Sätze (in mehreren Fassungen) fertig wurden: ein Sonatensatz, dem ein langsamer Satz in der fernen Tonart h-Moll folgt. In den 2. Satz ist ein Scherzo (»Intermezzo«) gleichsam eingebaut. Ob das ganze Werk 3- oder 4sätzig sein sollte, ist unklar. Immerhin existieren Skizzen zu einem Finalsatz mit Fugenansätzen.

1. Sinfonie B-Dur op. 38 (»Frühlingssinfonie«)

Entstanden 1841.

1. *Andante un poco maestoso / Allegro molto vivace* – 2. *Larghetto* – 3. *Scherzo: Molto vivace* – 4. *Allegro animato e grazioso.*

Im Gegensatz zum Jugendwerk der »Zwickauer Sinfonie« zeigt die B-Dur-Sinfonie, die innerhalb von nur 4 Wochen entstand, Züge der Meisterschaft. Sie hat sich ihren Platz im Repertoire nicht zuletzt durch ihren optimistischen Grundton erobert. Ihren Beinamen »Frühlingssinfonie« erhielt sie aufgrund der ursprünglichen Überschriften zu den 4 Sätzen: »Frühlingsbeginn – Abend – Frohe Gespielen – Voller Frühling«, die Schumann jedoch ebenso wie den Gesamttitel zurückzog, im Vertrauen auf die unabhängige und absolute Wirkung seiner Musik, die keiner deutenden Kommentare bedarf.
Schumann stützt sich auf die große romantische Orchesterbesetzung mit doppelten Holzblasinstrumenten, 4 Hörnern, 2 Trompeten und 3 Posaunen und fügt den üblichen 2 Pauken eine 3. sowie ein Triangel hinzu. Die schöpferische Eigenständigkeit Schumanns läßt sich sogleich am *1. Satz* nachvollziehen, der zwar nach dem Vorbild mancher klassischen Sinfonie mit einer langsamen Einleitung beginnt, deren Verlauf jedoch auf sehr persönliche Weise eigene Wege beschreitet. Sie setzt mit einer Blechbläserfanfare ein, die sogleich im Tutti beantwortet und fortgeführt wird. Auf ihren metrischen Bezug zur Schlußzeile eines Gedichtes von Adolf Böttger, das Schumann zur Komposition der Sinfonie anregte, ist häufig hingewiesen worden (»O wende, wende deinen Lauf – im Tale blüht der Frühling auf«). Dieses einprägsame Urmotiv zeigt im ganzen weiteren Ablauf des Werkes seine Wirkung, sei es in der Gestalt des Hauptthemas im folgenden bewegten Kopfsatz, sei es zumindest in seiner rhythmischen Kontur in den übrigen Sätzen. Die Einleitung entwickelt sich zunächst als spannungsvol-

les romantisches Stimmungsbild voller Akzente, Tremolo-Unruhe und eingeblendeter Dissonanzen, steigert sich in allmählichem Accelerando über unruhig in Triolen bewegten Mittelstimmen bis zum Beginn des Sonatensatzes. Dessen Exposition lebt zunächst von den rhythmischen Impulsen des Hauptthemas, die auch weite Passagen der Durchführung prägen; ihm wird kontrastierend das eher idyllische und leicht verhangene Seitenthema in den Klarinetten gegenübergestellt. In der bisweilen ein wenig sich akademisch ernsthaft gebärdenden Durchführung heben sich von den rhythmischen Prägungen des Hauptthemas (♩. ♪ ♩ ♩) immer wieder melodische Gegenlinien ab; nach der Reprise steigert sich die Coda zur Stretta, retardiert jedoch überraschend noch einmal in einer eher lyrischen Episode, bis die signalhafte letzte Wiederkehr des Hauptthemas die temperamentvollen Schlußtakte einleitet. – Der *langsame Satz* ist ein poetisches, durchsichtig und zart instrumentiertes Klangstück in Es-Dur, in dessen Mittelpunkt eine weitgespannte, ausdrucksvolle Melodie steht. Sie kehrt mehrfach in unterschiedlicher instrumentaler Färbung wieder: zunächst in den Violinen, dann in der weichen Tenorlage der Celli und schließlich noch einmal zart in der Oboe hervorgehoben, jeweils getragen von einem dezent vibrierenden Untergrund von bewegten Streicherfigurationen. – Das folgende *Scherzo* weicht in die Parallele g-Moll aus und konfrontiert zwei unterschiedliche *Trios* mit den synkopisch und chromatisch getönten Rahmenteilen. Das erste Trio hebt sich durch seinen Zweiertakt und seine hartnäckige rhythmische Deklamation (♩|𝅗𝅥|♩) kontrastierend ab; das zweite greift die charakteristische geschwinde Ganztaktigkeit Beethovenscher Scherzi auf. Eine stimmungsvoll im Piano dahinhuschende Coda beschließt den vielgliedrigen Satz. – Das *Finale* wirkt an seiner Oberfläche heiter und unbeschwert und ist zugleich überaus kunstvoll auf Sonatensatzbasis gebaut. Wenige markant und synkopisch aufsteigende Takte sind dem in behenden Achtel-Ketten dahineilenden Hauptthema vorangestellt. Sie kehren in unmittelbarer Nachbarschaft des Seitenthemas wieder, das in leicht balladenhafter g-Moll-Geste in den Holzbläsern erklingt:

Hinzu tritt noch ein weiterer thematischer Einfall, der die Synkope aus den Einleitungstakten wiederverwendet und sogleich in der Durchführung zu zentraler Bedeutung gelangt. Unmittelbar vor der Reprise kommt es zu einer überraschenden, ganz romantischen Unterbrechung des schnellen Zeitmaßes: ein zweifacher Hörnerruf leitet zu einer kadenzierend freien Flötenfiguration über, die unmittelbar in die Reprise mündet. Die im Tempo sich steigernde Coda enthält noch einmal durchführungsähnliche Momente der motivischen Auseinandersetzung und beendet das Werk in energischer Bekräftigung der Grundtonart.

2. Sinfonie C-Dur op. 61

Entstanden 1845/46.

1. *Sostenuto assai / Allegro ma non troppo* – 2. *Scherzo: Allegro vivace* – 3. *Adagio espressivo* – 4. *Allegro molto vivace.*

In der Chronologie ist die 2. Sinfonie Schumanns seine 3., denn ihr voran ging 1841 die heutige Vierte. Weil der Komponist damals bereits an körperlicher und seelischer Krankheit gelitten hatte, liegt es nahe, in dem C-Dur-Werk nach Spuren dieser Belastungen zu suchen und sie im zwiespältigen Gesamteindruck der Sinfonie auch zu finden. Indessen lassen sich die Gegensätze in Gehalt und Struktur mit nicht weniger Berechtigung auf ein durchdachtes Konzept Schumanns zurückführen. So ist immer wieder ein ausgeprägt romantischer Ausdruckswille spürbar, der in Konflikt mit rückwärtsgewandten Tendenzen der Formbildung und der Setzweise tritt. Das klassische Modell der Sinfonie und die noch weiter in die Vergangenheit zurückreichenden kontrapunktischen Merkmale des Tonsatzes kollidieren auf manchmal reizvolle, bisweilen jedoch störende Weise mit der poetischen Idee.

Die langsame Einleitung kombiniert im 6/4-Metrum auf- und absteigende Linien mit dagegen gesetzten punktierten Rhythmen, die in der bald beginnenden Beschleunigung mehr und mehr in den Vordergrund treten und ein Quintsignal prägen, das die Bläser vorstellen. Auch im folgenden *Sonatensatz* wird die markante Punktierung, selbst in zusätzlicher Dehnung, motivisch ständig wirksam (♩.♩♫ |♩). Und die sich windenden Linien aus der Einleitung treten sowohl im Seitensatz wie vor allem in der Durchführung wieder hervor, die sich im übrigen in ihrer Chromatik recht dramatisch gibt. Der Schluß des Satzes steigert sich »con fuoco« in einer wirkungsvollen Stretta. – Das an die zweite Stelle vorgezogene *Scherzo* dieser Sinfonie ist wieder 5teilig mit zwei kontrastierenden *Trios*. Die Rahmenteile eilen in lebhaften Sechzentel-Figurationen im Zweiertakt dahin; Trio 1 hebt sich im gleichen Tempo durch seine Triolenbewegung davon ab, während Trio 2 wiederum im geraden Takt melodische Linien in dezenter Polyphonie und sorgsam in Holzbläser- und Streicherfarben abgestimmt gegeneinandersetzt, wobei sich unauffällige melodische Verbindungslinien zum 1. Trio ergeben. Die Wiederkehr des rahmenden Scherzos wird am Schluß durch das Zitat der Quintfanfare vom Beginn der Sinfonie überhöht. – Zum tiefsinnigen Mittelpunkt des Werkes wird danach der *langsame Satz*, der sich aus seinen emotionalen c-Moll-Abgründen erst gegen Ende nach C-Dur hin aufhellt. Das ausdrucksvolle Hauptthema des 3teiligen Satzes ist eine Reverenz an Bach, denn es folgt in Umrissen dem Anfang des 1. Satzes der Triosonate aus dem *Musikalischen Opfer*:

Die starke Wirkung dieser Musik, ihre eigentümliche Individualität, basiert gewiß auf dem (gelungenen) Versuch einer Synthese heterogener Stilprinzipien: der Bachschen Kontrapunktik und der sie tragenden Chromatisierung der Harmonienfolge sowie des subtil abgestuften romantischen Instrumentalkolorits. – Um so festlicher triumphiert danach der ausgedehnte, äußerst vitale *Finalsatz*. Seine motivischen Grundelemente erklingen sogleich in den Anfangstakten: aufwärtsstürmende Tonleitern und ein markant punktiertes, unmittelbar vom Beginn der Sinfonie abgeleitetes Quintthema. Hinzu kommen im weiteren Verlauf weichere Triolen und virtuose Achtel-Ketten, schließlich noch das Zitat des Hauptthemas aus dem Adagio in Umkehrung und Grundgestalt. Dieses kombinatorische Spiel verstummt unvermutet in drei Generalpausen. Wenig später stimmen die Violinen ebenso unerwartet ein völlig neues Thema an, ein Zitat aus Beethovens Liederzyklus *An die ferne Geliebte*: »Nimm sie hin denn, meine Lieder . . .«:

Hier setzt erneut eine durchführungsähnliche Entwicklung ein, bis der Satz in einer wirkungsvollen kombinatorischen Coda endet, in der noch einmal die Punktierung des Sinfoniebeginns markant hervortritt. Auf diese Weise entsteht unversehens eine ganz eigene Perspektive des gewohnten Sonatensatzmodells.

3. Sinfonie Es-Dur op. 97 (»Rheinische«)

Entstanden 1850.
1. *Lebhaft* – 2. *Scherzo: Sehr mäßig* – 3. *Nicht schnell* – 4. *Feierlich* – 5. *Lebhaft.*

Die Dritte ist Schumanns letzte Sinfonie, entstanden nach der Komposition der Vierten, deren Zweitfassung allerdings erst 1851 herauskam. Wie ihre drei Schwestern hat auch diese 5sätzige Sinfonie ihr unverwechselbar eigenes Profil. Der Titel »Rheinische« wurde zu einem Teil aus Schumanns Hinwendung zu seiner neuen beruflichen Wirkungsstätte Düsseldorf erklärt, wo das Werk entstand; die zum Klischee gewordene »rheinische Fröhlichkeit« glaubte man denn auch in einigen Passagen des Werkes wiederzuerkennen. Außerdem hat Schumann selbst zu dieser Deutung beigetragen mit dem Hinweis, der zusätzlich in die sinfonische Viersätzigkeit eingefügte vorletzte Satz sei durch das Erlebnis einer Kardinalsweihe im Kölner Dom angeregt worden. Als Verständnishilfe bedeutet beides wenig. Man tut gut daran, sich von allen rheinischen Assoziationen zu lösen; sie sind dem Verständnis dieser durchaus »absoluten« Musik eher hinderlich. Das ist durchaus im Sinne Schumanns, der nichts von außermusikalischen Hintergründen hielt.
Schwungvoll und erstmals ohne langsame Einleitung beginnt der *1. Satz*, der in seiner Sonatensatzform erkennbar mit dem Finale in gleicher Form korrespondiert, während die 3 Mittelsätze sich hiervon jeweils in überschaubarer Dreiteiligkeit (A – B – A) absetzen. Das gleichsam übergeordnete Prinzip dieses Kopfsatzes ist sein rhythmisch markant profiliertes Hauptthema, das hemiolisch zwischen ¾- und 3/2-Takt pendelt und eigentlich ständig gegenwärtig ist:

Daneben bleibt das lyrisch getönte Seitenthema, das erstmals in g-Moll ansetzt, eher eine Episode. Schulmäßig schließt die Exposition dann doch in der Dominante B-Dur, bevor ein harmonischer Ruck nach G-Dur die Durchführung eröffnet, die sich ihrerseits vorwiegend mit den metrischen Impulsen des Hauptthemas beschäftigt und harmonisch recht farbig angelegt ist. Eine Durchführungsarbeit im klassischen Sinne der motivisch-thematischen Arbeit findet jedoch nur ansatzweise statt. – Dem bewegten Kopfsatz folgen nun 3 mehr oder weniger langsame Sätze in Liedform. Zunächst gibt es ein *Scherzo*, das jedoch im Tempo eher ein Ländler ist. Die Konturen seiner Dreiteiligkeit sind nicht ganz leicht nachzuvollziehen: den Rahmen bildet zwar ein ständig wiederholtes, sehr eingängiges und expansives Thema:

Doch tritt ihm bald als zusätzlicher thematischer Baustein eine bewegte Sechzehntel-Figuration gegenüber, die schließlich mit ihm kombiniert wird und auch noch im nachfolgenden Trio als Unruhemoment in den Streichern wiederkehrt. Dieses durch das Hörnerquartett eingeleitete a-Moll-*Trio* lebt von Bläserfarben. Bei der Reprise des C-Dur-Rahmenteils treten Hauptthema und Sechzehntel-Ketten sogleich gemeinsam auf. – »Intermezzo« hieß ursprünglich der *langsame Satz* in As-Dur, der vom stimmungsvollen Bläsersatz eingeleitet wird und sich durch die Schumannsche periodische Melodiebildung auszeichnet. Auch der kurze Mittelteil kontrastiert hierzu nicht – das nötige Gegengewicht bringt statt dessen um so nachdrücklicher der zusätzliche *4. Satz* in es-Moll. Hier setzt Schumann erstmals in dieser Sinfonie das ganze Instrumentarium mit den 3 Posaunen ein. In dieser geradezu archaisch anmutenden Komposition wird zunächst ein choralartiges Thema in Quartschritten vom Blechbläsersatz vorgestellt. In zwei weiteren Abschnitten weitet sich das ursprüngliche 3/4-Metrum erst zum 3/2-, dann zum 4/2-Takt, wobei das Choralthema kontrapunktisch durchgeführt wird. Trotz zweimaliger sieghaft aufsteigender Trompetenfanfaren endet der Satz eher resignativ in seiner Grundtonart es-Moll. – Den denkbar größten Gegensatz hierzu stellt schließlich der abschließende *Sonatensatz* dar, dessen Grundton nun kompromißlos heiter und diesseitig ist und der insgesamt einen festlichen und zugleich gelösten Charakter hat. Einzelne signalartige Glanzlichter und zahlreiche locker gegen das Metrum gesetzte Akzente deuten Spannung nur an. Gegen Ende ruft eine choralartige Blechpassage kurz die Erinnerung an den vorangegangenen Satz wach, bevor eine schmetternde Stretta das Werk betont optimistisch beendet.

4. Sinfonie d-Moll op. 120

Entstanden 1841, revidiert 1851.

1. *Ziemlich langsam / Lebhaft* – 2. *Romanze: Ziemlich langsam* – 3. *Scherzo: Lebhaft* – 4. *Langsam / Lebhaft.*

Von ihrer Datierung her ist die Vierte eigentlich Schumanns Zweite, denn sie entstand zwischen Juni und September 1841 in Leipzig und wurde dort auch uraufgeführt. Erst nach der Vollendung und Aufführung seiner 3. Sinfonie überarbeitete Schumann das Werk noch einmal grundlegend, das so schließlich 1853 aufgeführt wurde. In ihrer formalen Anlage ist die Vierte unter Schumanns Sinfonien zweifellos die originellste und ungewöhnlichste, wobei das ihr zugrunde liegende strukturelle Konzept eigentlich paradox ist: Modell ist zwar die konventionelle Viersätzigkeit mit 2 bewegten Rahmensätzen, einem langsamen und einem Tanzsatz; zugleich aber geht Schumann ständig gegen die hieraus resultierende Hörerwartung vor, indem er die 4 Abschnitte pausenlos, nur durch kurze Fermaten voneinander abgesetzt, miteinander verbindet und überdies in den ersten 3 Sätzen jeweils bestimmte Formteile eliminiert. Darüber hinaus werden alle Sätze durch ein thematisches Beziehungsgeflecht miteinander verknüpft, so daß im Ergebnis der Eindruck einer einsätzigen, wenngleich vielgliedrigen Sinfonie entsteht.

Dem *1. Satz* ist eine langsame Einleitung vorangestellt, die in zwei Phasen auf den folgenden schnellen Satz zusteuert: durch einen längeren, in engen Tonschritten sich windenden Abschnitt und durch eine anschließende kürzere Beschleunigungsphase, die bereits das kommende Hauptthema enthält:

Der kreisende motivische Grundeinfall dieses Themas wird dann für den ganzen weiteren Satzverlauf dominant; so ist er auch im F-Dur-Seitensatz mit seinen hüpfenden Holzbläserpunktierungen präsent und vermittelt in motivischer Engführung zwischen Haupt- und Seitensatz. Eine zweifache Posaunenfermate eröffnet die Durchführung, deren motivische Auseinandersetzung mit dem Themenkopf geheimnisvoll von Posaunenklängen gefärbt wird. Im weiteren Ablauf dieses Formabschnitts leuchtet mehrfach eine eindringliche Melodielinie auf, die einen Kontrast zum insgesamt überwiegend dramatischen Geschehen darstellt. Überraschend, aber nach dem bisherigen, so stark vom Hauptthema dominierten Satzverlauf logisch, wird nun auf die Reprise verzichtet; statt dessen wendet sich die Coda nach D-Dur.
Quasi attacca folgt der als *Romanze* bezeichnete langsame Satz, der in überschaubar schlichter Dreiteiligkeit (A – B – A) abläuft. Seine Rahmenteile sind im Charakter einer wehmütigen, liedhaften Ballade gehalten und tragen – ihrerseits wiederum 3teilig gegliedert – zwei Melodien vor: zunächst ein Thema, das in seltsamem harmonischen Changieren von der Quinte der Grundtonart d-Moll ausgeht und schließlich in e-Moll endet. Es wird von Oboe und Celli gemeinsam vorgetragen – die Cellogruppe ist geteilt: eine Hälfte zupft mit den übrigen Streichern gemeinsam begleitend, die andere wirkt melodisch führend (die übliche Besetzung mit einem Solo-Cello ist nicht authentisch). Den mittleren Abschnitt dieses Rahmenteils bildet jenes sich windende Thema, mit dem die langsame Einleitung begann. Als lichte Episode hebt sich davon dann der D-Dur-Mittelteil des Satzes mit seiner in Triolen herabsinkenden Figuration ab, mit der eine Solo-Violine die langsam herabsteigende Tonleiter der übrigen Primgeigen und der Celli umspielt. Die Reprise ist danach verkürzt: Zu Oboe und Cello gesellt sich nun noch die Farbe des Fagotts, beim einmaligen abschließenden Vortrag der elegischen Anfangsmelodie.

Auch die Form des folgenden *Scherzo*-Satzes ist aufgebrochen und gestört: Er ist im Konzept zwar nach Beethovens Vorbild 5teilig (A – B – A – B – A) angelegt, verzichtet jedoch auf die abschließende Wiederkehr des Anfangsteils, so daß sich zweimal Scherzo und Trio abwechseln. Dabei kontrastiert der düster akzentuierte Hauptteil wirkungsvoll zum lieblicheren B-Dur-*Trio*, in dem uns die triolische Umspielungsfigur aus dem Mittelteil der Romanze wiederbegegnet. Bei ihrer zweiten Reprise läuft diese Bewegung in einer stillen Coda aus, und stockend bleiben schließlich nur noch die akkordischen Hintergrundklänge übrig.
Das *Finale* beginnt zu chromatisch getöntem Akkordhintergrund mit einem variierten Zitat aus der Einleitung zum Kopfsatz: Zu düsteren Bläserklängen und Paukenwirbeln windet sich das Kopfmotiv des 1. Hauptthemas der Sinfonie (vgl. Notenbeispiel S. 346), und noch unter den energischen Durakkorden, mit denen der abschließende Sonatensatz beginnt, ist es gegenwärtig. Eine bewegte Überleitung vermittelt zum innig-eindringlichen E-Dur-Seitensatz. Die Durchführung arbeitet zunächst sehr ernsthaft mit dem punktierten Bestandteil des Hauptthemas und wendet sich dann dem Oktavaufschwung zu, der zunächst in der Überleitung und dann im Seitenthema selber wichtig war. Hier setzt auch, abweichend von der Konvention, die Reprise an, indem sie sich gleich unter Umgehung des Hauptthemas dem Seitensatz zuwendet und am Ende in eine zweifach sich steigernde Stretta mündet.

Außer den 4 Sinfonien komponierte Schumann noch eine Reihe anderer Orchesterwerke, die alle im heutigen Konzertleben eher eine Nebenrolle spielen. So entstand im Umfeld der 1. Sinfonie ein weiteres zyklisches Werk, das er zunächst »Suite«, danach »Sinfonietta« nennen wollte. Endgültig hieß die 1841 fertiggestellte 3teilige Komposition dann **Ouvertüre, Scherzo und Finale E-Dur op. 52**; die Uraufführung fand im Dezember des gleichen Jahres in Leipzig statt, gemeinsam mit der 4. Sinfonie. Auf diese Weise entstand eine Art Gegenentwurf zu den gewichtigen Sinfonien, nicht so tiefsinnig, dafür unterhaltender und ohne langsamen Satz. Zu Beginn steht eine langsame Einleitung in e-Moll, deren motivische Bestandteile auch im weiteren Satzverlauf wirksam werden. Der Hauptteil wendet sich entschieden nach E-Dur und bringt 3 recht unterschiedliche Themen in der Exposition des *Sonaten-*

satzes, getragen von einer durchsichtigen und phantasievoll aufgelockerten Instrumentation. – Das *Scherzo* ist von seinem hüpfend punktierten Rhythmus im 6/8-Takt geprägt. Es steht in cis-Moll und umrahmt ein freundliches, zartes Des-Dur-*Trio* in weichen Holzbläserfarben. Am Ende ist die formale Struktur reizvoll ausgeweitet: Nach der Wiederkehr des Scherzos werden nacheinander noch einmal ein Thema aus der Introduktion, das Trio und der Beginn des Scherzos zitiert. – Das *Finale* ist zwar wiederum ein Sonatensatz; es zieht jedoch seine Wirkung in erster Linie aus den kontrapunktischen Ambitionen, mit denen mehrere Themen intensiv verarbeitet werden. Auch in diesem Satz gibt es motivische Rückverweise auf die beiden vorangehenden Sätze sowie am Ende eine großartig gesteigerte Coda, in der das Hauptthema noch einmal strahlend in der Vergrößerung erklingt.
Neben den zyklischen sinfonischen Werken stehen außerdem noch einige Ouvertüren, die alle in der späten reifen Kompositionsphase des Komponisten entstanden sind. Unter ihnen ist gewiß die **»Manfred«-Ouvertüre es-Moll op. 115** (1848/49) die bedeutendste. Sie bildete den Auftakt zu einer vielteiligen Schauspielmusik zu Lord Byrons gleichnamigem dramatischen Gedicht. Auf der Basis der Sonatensatzform gibt sie ein packendes Porträt des tragisch an sich selbst leidenden, von Traumbildern umgebenen faustischen Titelhelden und malt es mit Hilfe starker thematischer Gegensätze auf äußerst dynamische Weise aus. Das motivisch-thematische Material wird bereits in der langsamen Einleitung angelegt; im Hauptteil entfaltet das synkopische Hauptthema die stärkste Wirkung:

Sehr konzentriert gearbeitet und vor allem auch in der Instrumentation gelungen ist die **Ouvertüre zu Schillers »Braut von Messina« c-Moll op. 100** (1850/51), die ebenfalls in eine langsame Einleitung und einen nachfolgenden Sonatensatz gegliedert ist. Bemerkenswert ist besonders die kunstvoll alle Themen verarbeitende und verknüpfende Durchführung. Aus dem Jahr 1851 stammt die **Ouvertüre zu Shakespeares »Julius Cäsar« f-Moll op. 128**, die ganz auf die prägnante Wirkung der doppelten Punktierung in ihrem Hauptthema abgestellt ist und in einer festlich-triumphalen F-Dur-Coda endet. Die **Ouvertüre zu Goethes »Hermann und Dorothea« h-Moll op. 136** (1851) sollte ursprünglich ein ganzes Singspiel einleiten, blieb dann jedoch ein Einzelstück, in dem u. a. die französische Marseillaise thematisch wirksam wird. Wie in den übrigen Ouvertüren folgt Schumann auch hier dem Beethovenschen Muster der Konzertouvertüre in Sonatensatzform. Die letzte der Ouvertüren ist die zu **Goethes »Faust«** (o. Op., 1853), die Schumanns *Szenen aus Goethes »Faust«* eröffnet und auch thematische Bezüge zu ihnen aufweist, im Rahmen der stark kontrapunktisch durchgearbeiteten Sonatensatzform.

Instrumentalkonzerte

Klavierkonzert a-Moll op. 54

Entstanden 1841 (1. Satz) und 1845 (vollständiges Konzert).
1. *Allegro affettuoso* – 2. *Intermezzo: Andantino grazioso* – 3. *Allegro vivace.*

Schumanns stärkste Neigung galt zeit seines Lebens dem Klavier; sein kompositorisches Werk für solistisches Klavier ist gewiß sein bedeutendster Beitrag zur Musikgeschichte, und so ist es nur selbstverständlich, daß er sich auch der Gattung des Klavierkonzertes zuwandte. Überdies stand ihm in seiner Frau Clara eine der größten Pianistinnen des Jahrhunderts zur Seite.

1841 stellte Schumann eine »Phantasie für Klavier und Orchester« fertig, die jedoch nicht zur Aufführung gelangte und auch keinen Verleger fand. Daraufhin arbeitete er den Satz 1845 um und ergänzte ihn mit 2 weiteren Sätzen zum vollständigen Konzert. In dieser endgültigen Fassung erfuhr es im Dezember 1845 seine Uraufführung durch Clara Schumann in Leipzig. Schumanns a-Moll-Konzert ist ohne Zweifel das wichtigste hochromantische Klavierkonzert. In ihm erreicht Schumann eine nahezu perfekte Synthese zwischen poetischem Ausdrucksgehalt und dankbarer Virtuosität, einer Virtuosität, die nie zum Selbstzweck gerät und doch immer effektvoll und brillant ist. Zugleich wird das Prinzip des Konzertierens, des Miteinander-Wetteiferns zweier Partner, aus dem Geist der romantischen Epoche heraus neu interpretiert und mit Leben erfüllt. Keiner der Partner gibt auch nur Teile seiner Persönlichkeit auf, und dennoch kommt es zu einer musikalischen Vereinigung auf höchstem Niveau. Die perfekte Verzahnung der Parts von Solo und Orchester stellt zugleich für die Interpreten eine besondere Herausforderung dar, weil die subtilen Ausdrucksnuancen dieser Musik ein bislang ungewohntes Maß an Flexibilität und Aufeinander-Hören voraussetzen.

Das erste *Allegro* setzt quasi improvisatorisch mit einigen zupackend herabstürzenden Klavierakkorden ein, intoniert dann sogleich das poetische Hauptthema des Satzes erst in den Holzbläsern:

dann im Klavier, und unmittelbar darauf beginnt das gemeinsame Musizieren der Partner. Auf diese Weise kommt es erst gar nicht zu zwei getrennten Expositionen für Orchester und Solo, wie bisher üblich. Die formale Basis ist die des Sonatensatzes, doch ist seine Anlage bei genauer Betrachtung fast monothematisch, denn auch das Seitenthema ist kein neuer Einfall, sondern vom Hauptthema abgeleitet und phantasievoll weitergeführt. Auch die Durchführung basiert weitgehend auf diesem Einfall, dem im wechselnden Licht der Instrumentationsvarianten immer neue Ausdrucksschattierungen abgewonnen werden und der bisweilen das Senta-Thema aus Wagners *Fliegendem Holländer* vorwegzunehmen scheint. In die Durchführung eingeblendet sind einige ganz still zurückgenommene Passagen, die im Rahmen des ursprünglichen Einzelsatzes den langsamen Satzanteil zu übernehmen scheinen. Auffällig ist, daß Solo und Orchester im überwiegenden Teil des Satzes miteinander und nur ganz selten getrennte Wege gehen. Die große Kadenz ist hier nicht mehr Gelegenheit zur Improvisation, sondern auskomponiert und damit integraler Bestandteil der Komposition.

Wie so oft bei Schumann folgt der Mittelsatz dem Muster der 3teiligen Liedform; seine Bezeichnung *Intermezzo* deutet seine Vermittlerfunktion zwischen den Ecksätzen an im Sinne einer Entspannung von den Emotionen und den Ansprüchen an den Virtuosen. Der Satz steht in F-Dur und mutet in seinen Rahmenteilen eher verspielt und kleinteilig an, was sich sogleich in der feingliedrigen Aufteilung der Thematik zwischen dem Kla-

vier und den Instrumenten des Orchesters andeutet. In der Mitte dagegen schwingt sich eine innige Melodie der Celli auf, die zart von den Figurationen im Klavier umrankt wird.
Ohne Pause, durch einige scheinbar improvisierende Takte des Klaviers verbunden, schließt sich das *Finale* an. In dieser Überleitung klingt wie eine ferne Reminiszenz das Hauptthema des Kopfsatzes an, ändert in der Wiederholung unmerklich sein Tongeschlecht und verwandelt sich unversehens in den lebhaften, schwungvollen Hauptgedanken des Schlußsatzes – die Verwandtschaft der beiden Themen wird in dieser Metamorphose offensichtlich:

Der Satz basiert wieder auf dem Sonatensatzmodell, das Rondo-Ansätze überlagern. Auffälligstes Merkmal ist ein ständiges verwirrendes rhythmisches Pendeln zwischen ganztaktigem 3/4- und übergeordnetem 3/2-Takt, der sich aus der Akzentverlagerung im Zusammenschluß zweier 3/4-Takte ergibt (𝅗𝅥♩|♩.♩|). Dieses irritierende Moment erweist sich gleichermaßen für Zuhörer und Interpreten als an- und aufregend.

Neben dem einzigen Klavierkonzert hinterließ Schumann noch mehrere weitere Werke für Klavier und Orchester, die jedoch alle an Popularität hinter dem Konzert zurückstehen. Unter ihnen ist der einzelne **Konzertsatz d-Moll** (o. Op.) aus dem Jahr 1833, dem weitere Versuche des jungen Komponisten, die zum Teil fragmentarisch oder überhaupt nicht erhalten sind, vorausgegangen waren, als Kopfsatz eines ganzen Konzertes gedacht gewesen. Er liegt ebenfalls nur unvollständig vor, ist aber immerhin so weit gediehen, daß er (erst in unseren Tagen) ergänzt werden konnte. Dagegen ist das **Konzertstück (Introduktion und Allegro appassionato) G-Dur op. 92** aus dem Jahr 1849 vollendet und von Clara Schumann in Leipzig uraufgeführt worden, allerdings ohne großen Erfolg. Mit dem Klavierkonzert hat diese Komposition ihre subtile Ausgewogenheit im Miteinander von Klavier und Orchester gemeinsam, ihre dankbare, jedoch niemals vordergründig auf Effekte ausgerichtete Virtuosität und auch den phantasievoll-freien Umgang mit den strukturellen Vorgaben der

Sonatensatzform. Introduktion und Allegro sind motivisch eng miteinander verknüpft. Leider spielt diese bedeutende Komposition im heutigen Konzertleben nur eine unverdient bescheidene Rolle.
Diese Beobachtung gilt gleichermaßen für das **Konzertallegro mit Introduktion d-Moll op. 134** aus dem Düsseldorfer Jahr 1853; Schumann komponierte es seiner Frau zum Geburtstag, die es im gleichen Jahr noch mehrfach aufführte. Brahms äußerte sich sehr anerkennend; dagegen rückte die weitere Rezeptionsgeschichte es ungerechterweise in die Schatten der aufziehenden Geisteskrankheit, so daß es in seiner Bedeutung als zukunftweisendes Spätwerk eigentlich bis heute nicht recht wahrgenommen wurde. Die langsame Einleitung bereitet auf das folgende Sonatensatz-Allegro vor, in dem das Klavier eine herausgehobene, energische Rolle übernimmt und dem Orchester äußerst selbstbewußt gegenübertritt. Die Durchführung ist relativ knapp gehalten und wird später in einer langen auskomponierten Kadenz des Solo-Instrumentes weitergesponnen. Gerade an diesen anspruchsvollen virtuosen Passagen läßt sich die Weiterentwicklung von Schumanns Klavierstil gegenüber dem Klavierkonzert deutlich erkennen.

Violinkonzert d-Moll (o. Op.)

Entstanden 1853.

1. *In kräftigem, nicht zu schnellem Tempo* – 2. *Langsam* – 3. *Lebhaft, doch nicht so schnell.*

Die Rezeptionsgeschichte dieses Violinkonzertes ist bis heute ein einziger Leidens- und Irrweg, dabei geradezu exemplarisch für unausrottbare Vorurteile und Abwertungsmechanismen. Die Kette von Mißverständnissen begann zu Schumanns Lebzeiten, als der junge Geiger Joseph Joachim anfangs zustimmend das Werk einstudierte, es aber nicht zur Aufführung kommen ließ. Wie Clara Schumann selbst glaubte er Schwächen in ihm zu erkennen, die er als Folge von Schumanns Krankheit ansah. Als Dokument des geistigen und damit künstlerischen Verfalls betrachtet, wurde das Manuskript 1907 von Joachims Sohn Johannes an die Preußische Staatsbibliothek verkauft und eine Aufführungssperre bis 1956, dem 100. Todesjahr des Komponisten, verfügt. Und noch die vorzeitig genehmigte Uraufführung 1937 setzte den Irrweg fort: Paul Hindemith gab sich zu einer tiefgreifenden Umarbeitung her, die das Konzert in wesentlichen Belangen verfälschte, um es »spielbarer« zu machen. Yehudi Menuhin, dem aufgrund der nationalsozialistischen Kulturpolitik die Uraufführung verweigert wurde, erkannte dagegen im d-Moll-Konzert das »geschichtlich fehlende Glied, ... die Brücke zwischen dem Beethoven- und dem Brahmskonzert«. Doch die Geschichte der Mißverständnisse geht weiter bis heute. Immer noch weigern sich Virtuosen, den Finalsatz des Konzertes in jenem gemäßigten Tempo (♩ = 63), das Schumann selber angab, aufzuführen. Statt dessen wird der Satz viel zu schnell gespielt und gerät damit zwangsläufig in den Bereich der Unspielbarkeit. Dies, obwohl es gut dokumentierte Äußerungen Joachims gibt, mit denen er Schumann diesen gemessen-gravitätischen Charakter des Satzes als angemessen bestätigte. Das originale Zeitmaß ist das einer würdigen Polonaise, und ihre Wirkung bezieht diese Musik eben aus diesem Effekt, dem ein wenig gespreizten, würdevollen Schreiten des polnischen Tanzes, und dazu aus den sie überlagernden spielerischen Einfällen und Instrumentationseffekten. Auf diese Weise entsteht ein Finalsatz, der allerdings nichts mehr zu tun hat mit effektvoll glitzernden Virtuosenstücken, der im Gegenteil ein geistvolles, mehrfach in seiner Ausdruckshaltung gebrochenes Kabinettstück ist. Überdies macht es Hörern und Solisten gleichermaßen bis heute zu schaffen, daß dieser letzte Satz und mit ihm das ganze Konzert sich der Hörerwartung, die sich mit großen Solistenkonzerten verbindet, entziehen: Die Solo-Violine ist oft fast unauffällig in das Orchestergewebe eingebettet, tritt kaum spielerisch hervor und glänzt wenig mit exponiert hoher Lage, was Hindemith in seiner Bearbeitung u. a. zu Oktavierungen veranlaßte.

Gleichgewichtiges Pendant zum ebenso ausgedehnten Schlußsatz ist der eröffnende *Sonatensatz*. Er beginnt mit einem ausdrucksvoll wuchtigen Hauptthema, das sich über einer in Triolen wogenden Orchesterbegleitung aufschwingt und den Satz immer wieder markant untergliedert:

Über weite Strecken hält das Solo-Instrument intime Zwiesprache mit dem Orchester, in subtil ausformulierten Figurationen voll motivischer Querbezüge, aber ohne jeden virtuosen Demonstrationseffekt. – Der *langsame Satz* (B-Dur) ist, gemessen an den Proportionen der Rahmensätze, eher ein stilles Intermezzo. Sein tiefsinniges Hauptthema fügt sich weich und seltsam in Synkopen schwankend in die Orchesterbegleitung ein, vorgestellt vom Solo-Cello. Insgesamt dominiert der weiche Klang der Streicher, in den sich die beredten Figurationen der Solo-Violine überwiegend in ungewöhnlich tiefer Lage einfügen.

Ferner schrieb Schumann eine **Fantasie a-Moll/C-Dur op. 131**, ebenfalls im Jahr 1853, die auf Anregung des Geigers Joseph Joachim entstand und von ihm auch mehrmals aufgeführt wurde. Sie besteht aus einer Einleitung, die in ihrem Solo-Part improvisatorische Züge aufweist und deren Themen in der Durchführung des anschließenden Sonatensatzes wiederkehren. Insgesamt ist das kleine Werk wesentlich mehr als das Violinkonzert auf Virtuosität abgestellt, die in einer Kadenz noch eigens herausgekehrt wird.

Cellokonzert a-Moll op. 129

Entstanden 1850.

1. *Nicht zu schnell* – 2. *Langsam* – 3. *Sehr lebhaft.*

Schumanns Cellokonzert stellt eine Bereicherung des schmalen Repertoires in dieser Gattung dar, auch wenn es weniger konsequent als das 3 Jahre später komponierte Violinkonzert den Solo-Part mit dem Orchester verbindet. Mit ihm gemein hat es die aller Zurschaustellung des Virtuosen abholde Grundhaltung. (Eine eigene, erst 1987 wieder aufgetauchte Version des Komponisten für Violine mit Orchester tastet die kompositorische Substanz nicht an, sie beschränkt sich weitgehend auf Oktavtranspositionen.) Zwar kommt es vor allem in den Ecksätzen gelegentlich zu Ansätzen von spielerischen Figurationen, doch wird diese Ebene immer sehr schnell wieder verlassen zugunsten des ausdrucksvoll-romantischen kantablen Grundtons, der die besonderen Qualitäten des Instrumentes betont.

Exemplarisch hierfür ist das Hauptthema des *1. Satzes*, mit dem das Konzert umweglos nach drei eröffnenden Orchesterakkorden einsetzt:

Die Orchesterbegleitung nimmt im übrigen auf sehr subtile Weise Rücksicht auf die natürliche tiefe Lage des Solo-Instrumentes; sie ist durchweg sehr dezent und sparsam gesetzt, mit wenigen Tutti-Akzenten zwischen den ausgedehnten Solo-Passagen. – Der *langsame Satz* schließt sich pausenlos an den 1. an, wenige an den Konzertbeginn erinnernde Akkorde fungieren als Überleitung. Wie in den anderen Schumannschen Solo-Konzerten handelt es sich hier wieder um ein nach innen gekehrtes, kantables Intermezzo von großer Ausdruckskraft. Der führenden Melodielinie des Solisten ordnet sich dezent ein zweites Solo-Cello aus dem Orchester unter. Am Ende des Satzes gibt es abermals eine nahtlose, allmähliche Überleitung zum Finalsatz, in deren Verlauf erinnernd das Hauptthema des 1. Satzes zitiert wird. – Dieses *Finale* nun läßt immerhin ein gewisses Maß an Spielfreude erkennen; sein kleinteilig gegliedertes Hauptthema setzt sich aus Orchesterakkorden, die sich auf die Eröffnungstakte des Konzertes zurückbeziehen lassen, und aufschwungartigen Figuren des Solisten zusammen. Das reflexhaft schnelle gegenseitige Reagieren von Solo-Instrument und Orchester ist ein wesentliches Kennzeichen des ganzen Satzes, der sich so als reizvoll-geistreiches Mosaik zu einer höheren Einheit zusammenfügt. Der Satz wendet sich am Ende, nach einer kurzen arpeggierenden, vom Orchester gestützten Kadenz, entschlossen nach A-Dur.

Eine herrliche Programmrarität romantischer Musik ist schließlich das **Konzertstück für 4 Hörner und Orchester F-Dur op. 86** aus dem Jahr 1849. Das Werk ist 3teilig gegliedert und erzielt seine Wirkung vor allem aus dem farbigen Miteinander des großen Orchesters und des in der Art einer Concertino-Gruppe eingefügten Solo-Quartetts. Nach einem lebhaften, von einer kurzen fanfarenartigen Introduktion eröffneten Satz folgt eine 3teilige Romanze, an die sich attacca der spielfreudige und mit viel Witz und Phantasie gestaltete schnelle Schlußteil (*Sehr lebhaft*) anschließt.

Johann Baptist Wenzel Kalliwoda (1801–66), deutscher Komponist mit dem tschechischen Geburtsort Prag, gehört mit seinen 7 *Sinfonien*, mehreren *Ouvertüren* und *Violinkonzerten* in den zeitlichen und stilistischen Umkreis Schuberts und Mendelssohns.
Der um ein Jahrzehnt jüngere **Ferdinand Hiller** (1811–85) war Schüler Hummels, hatte in Paris beste Beziehungen zu allerlei musikalischer Prominenz – u. a. Cherubini, Rossini, Chopin, Liszt und Berlioz –, wurde berühmt als Beethoven-Interpret und nahm in seinen Kompositionen Einflüsse Mendelssohns und Schumanns auf. Er galt zwar in erster Linie als Meister der kleinen Form, hinterließ jedoch neben 6 Opern auch 4 *Sinfonien, Ouvertüren*, 2 *Klavierkonzerte in As-Dur* und *fis-Moll* sowie ein *Violinkonzert.*
Auch **Friedrich Robert Volkmann** (1815–83) war mit Robert Schumann bekannt und wurde von ihm beeinflußt. Unter seinen seinerzeit sehr erfolgreichen Orchesterwerken finden sich 2 *Sinfonien, Ouvertüren*, ein *Violoncellokonzert (op. 33)* sowie die heute noch gelegentlich erklingenden 3 *Serenaden op. 62, 63* und *69*, letztere mit solistisch eingesetztem Cello (1870), die überaus populär wurden in ihrer unterhaltenden Eingängigkeit; sie stehen als reine Streicherserenaden in der Gattungstradition Tschaikowskijs, Dvořáks und Brahms'.
Wie Volkmann stand **Carl Heinrich Reinecke** (1824–1910) unter dem Einfluß Mendelssohns und Schumanns. Reinecke war befreundet mit Gade und 1860–95 Gewandhauskapellmeister in Leipzig. Neben Opern schrieb er 3 *Sinfonien in A-Dur, c-Moll* und *G-Dur*, 4 *Klavierkonzerte* (*fis-* und *e-Moll, C-Dur, h-Moll*), ein *Violinkonzert g-Moll*, ein *Cellokonzert d-Moll* sowie als Rarität ein *Harfenkonzert in e-Moll.*
Unmittelbar Schüler Robert Schumanns war **Albert Hermann Dietrich** (1829–1908). Er schrieb in dessen Nachfolge u. a. eine *Sinfonie in d-Moll* und eine *Programmouvertüre »Die Normannenschlacht«* sowie je ein *Violin-* und *Violoncellokonzert.*
Bei **Karl Goldmark** (1830–1915), einem österreichischen Komponisten ungarischer Herkunft, der mit seiner Oper *Die Königin von Saba* 1875 in Wien großen Erfolg hatte, liegt der Schwerpunkt der Orchesterwerke – neben 2 *Sinfonien* und 2 *Violinkonzerten* – auf dem Gebiet der Sinfonischen

Dichtung im Banne Franz Liszts. Ein Titel wie die *Konzertouvertüre »Penthesilea«* (1879) steht in der direkten Konkurrenz zu Hugo Wolf, die *Ouvertüren »Der gefesselte Prometheus«* (1889), *»Sappho«* (1893) und *»In Italien«* (1904) müssen sich an Richard Strauss' Sinfonischen Dichtungen messen lassen.

Frédéric Chopin

* 1. März (nach Taufurkunde: 22. Februar) 1810
in Zelazowa-Wola bei Warschau
† 17. Oktober 1849 in Paris

Chopin begann seine musikalische Laufbahn als Wunderkind und zog 1830 nach Paris. Dort erwarb er sich rasch einen großen Ruf als Klavierlehrer und Komponist, er gehörte zum Kreis um Berlioz, Meyerbeer und Liszt, zu seinen Freunden zählten die Schriftsteller George Sand, Balzac und Heine. Die letzten Jahre seines Lebens war er leidend; auch ein langer Aufenthalt auf Mallorca brachte keine Heilung. Noch ein Jahr vor seinem frühen Tod konzertierte er in London.

Orchesterwerke: 2 Klavierkonzerte und Einzelsätze für Klavier und Orchester.

Chopin war ein radikal einseitiger Komponist, der sich nur für sein Instrument, das Klavier, interessierte, den Fragen der Orchesterkomposition und -instrumentation oder sinfonische Strukturprobleme wenig kümmerten. Seine beiden Klavierkonzerte sind folglich keine entscheidenden Beiträge zur Gattungsgeschichte geworden. Die Vorzüge der beiden höchst beliebten Werke beruhen auf anderen Qualitäten. Ihre Merkmale sind die kompromißlose Dominanz des Solo-Instrumentes, das dem Orchester die Rolle des untergeordneten Begleiters, des Stichwortgebers sozusagen, zuweist. Ein partnerschaftlicher Dialog, gar im Sinne einer motivisch-thematischen Arbeit, wird überhaupt nicht angestrebt. Man hat im Laufe der Rezeptionsgeschichte mehrfach versucht, die Rolle des Orchesters substantiell durch Hinzufügung von Details

und Instrumentationsretuschen aufzuwerten, jedoch ohne Erfolg. Dafür entschädigen die Konzerte, die beide 1830 noch in Warschau entstanden und demnach als Jugendwerke zu betrachten sind, durch die Spontaneität und den Charme ihrer Einfälle und mit der eindrucksvollen Brillanz ihres Klaviersatzes, der alle Merkmale des bereits voll ausgereiften Chopin-Stils aufweist. Dazu gehören weitgeschwungene Melodiebögen, die Ausnutzung aller Klangregister, perlende Läufe und Passagenwerk, die dem Pianisten immer so »in die Hand komponiert« sind, daß er sie virtuos zur Wirkung bringen kann – die Anstrengung zahlt sich für den Solisten aus, denn man begreift und goutiert die Schwierigkeiten.
Die Opuszahlen führen in die Irre: Das 1. Konzert e-Moll entstand kurz nach dem f-Moll-Konzert, das nur deshalb die Nr. 2 trägt, weil es später an die Öffentlichkeit gelangte.
Das **e-Moll-Konzert op. 11** beginnt mit einem *Allegro maestoso*, in der Tradition der Virtuosenkonzerte eines Hummel oder Ries. Dem Orchester fällt die Aufgabe zu, in einer Tutti-Exposition nach klassischem Vorbild die drei verschiedenen Themen vorzustellen, deren erstes sich recht entschlossen und ein wenig düster gibt:

Nach stillem Verklingen ergreift das Solo-Instrument die Führung und wiederholt, variiert und umspielt das thematische Material, wobei die Durchführung sich vor allem harmonisch farbig entwickelt. – Der langsame Satz ist als Romanze (*Larghetto*, E-Dur) eine weitgespannte Gesangsszene, in der das Klavier allen seinen farblichen und kantablen Charme entfalten darf. Die Form ist 2teilig, mit einer phantasievoll variierten Reprise, die ganz zart und still verklingt. – Das Finale ist ein Rondo (*Vivace*) mit einem zentralen Thema in folkloristischer Färbung, der Mode des Krakowiaks, eines lebhaften Tanzes im ²⁄₄-Takt, huldigend. Ausgeprägte pianistische Virtuosität steigert sich im Satzverlauf bis zum effektvollen Abschluß.
Das **f-Moll-Konzert op. 21** ist in seiner Struktur genau wie das Schwesterwerk angelegt. Es folgt der 3sätzigen Tradition mit 2 bewegten, das virtuose Element hervorkehrenden Rah-

mensätzen (Maestoso und Allegro vivace) sowie einem zauberhaft poetischen Larghetto (As-Dur) in der Mitte. Der *Kopfsatz* beginnt wiederum mit einer regulären Orchesterexposition, eröffnet von einem marschartigen punktierten Thema, das ganz von Ferne an die Marscheröffnungen mancher Klavierkonzerte von Mozart erinnert:

Sein markantes Auftaktmotiv löst in der Durchführung zumindest ansatzweise thematische Arbeit aus. – Das *Larghetto* ist danach eine stimmungsvolle romantische Genreszene in der Art der Nocturnes; es verläuft in 3teiliger Reprisenform (A – B – A) mit einem überraschend kontrastierenden Mittelabschnitt voll kleiner dramatischer Ausbrüche und mit rezitativischen Einschüben des Solo-Parts. – Auch das *Finale* dieses Konzerts trägt andeutungsweise folkloristische Züge, indem es dem Muster der Mazurka in Rhythmus und Temperament angenähert ist, ohne deshalb allzu sehr aus dem Rahmen des Konzertes auszubrechen. Der Satz ist kurz und konzentriert, weder Sonatensatz noch Rondo und vorwiegend Anlaß zu spielerischer Selbstdarstellung des Solo-Instrumentes.
Die übrigen kleineren Werke für Klavier und Orchester entstanden alle noch in Warschau zwischen 1827 und 1830. Aus dem Jahr 1828 stammt die **»Große Fantasie über polnische Weisen« A-Dur op. 13**, eine äußerlich effektvolle Reihung eingängiger Melodien aus dem zum Teil folkloristischen Quellen. Die **Variationen B-Dur über »La ci darem la mano« aus Mozarts »Don Giovanni« op. 2** (1827) veranlaßten Robert Schumann 1831 in der *Allgemeinen Musikalischen Zeitung* zu der berühmt gewordenen Reverenz: »Hut ab, ihr Herrn, ein Genie!« Die Variationen folgen einander nach dem Prinzip der Figuralvariation in zunehmender Kleinteiligkeit der Bewegung, setzen sich mit virtuosem Passagenwerk und Akkordspiel (Var. 3 für Klavier solo) sowie mit ambitionierter Springtechnik (Var. 4) auseinander. Vor das Finale »alla Polacca« schiebt sich ein Moll-Adagio, das sowohl unruhevoll aufgeregte wie auch lyrische Momente enthält. Überraschenderweise wird das Stück von einer sehr ernsthaften Orchester-

introduktion eröffnet, in der der Themenbeginn kontrapunktisch verarbeitet wird. Der **Krakowiak F-Dur op. 14** entstand 1828 in Warschau. Er ist ein origineller, in der Balance zwischen Orchester und Klavier für Chopin ungewöhnlich ausgewogener Satz mit erkennbaren Ansätzen zu thematischer Arbeit, auf der Basis der Rondo-Form. Dem Hauptteil ist eine Einleitung vorangestellt, in der sich das kommende Krakowiak-Thema bereits andeutet. 1830/31 komponierte Chopin zum Teil in Warschau, zum Teil bereits in Paris, **Andante spianato und Grande Polonaise Es-Dur op. 22**. Das Andante mit dem ungewöhnlichen Titelzusatz »spianato« (»ebenmäßig«), der auf die Kantabilität des Satzes verweist, bleibt dem Klavier allein vorbehalten. Hörnersignale kündigen sodann den Beginn der Polonaise an, in der das Orchester eine so untergeordnete Rolle hat, daß das Stück häufig auf dem Klavier allein gespielt wird.

Franz Liszt

* 22. Oktober 1811 in Raiding (Burgenland, damals Ungarn)
† 31. Juli 1886 in Bayreuth

Seine musikalische Ausbildung erfuhr Liszt zunächst in Wien bei Czerny (Klavier) und Salieri (Harmonielehre), nachdem er bereits im Alter von 8 Jahren als Klavier-Wunderkind auf sich aufmerksam gemacht hatte. Sein weiterer Weg führte ihn 1823 nach Paris, wo er u. a. bei Reicha studierte und Berlioz, Chopin und Paganini kennenlernte. Bald reiste er als gefeierter Klaviervirtuose durch Europa. 1842 zum Weimarer Hofkapellmeister ernannt, übte er dieses Amt seit 1848 aus. Der Schwerpunkt seiner Tätigkeit lag von nun an auf der Komposition. 1861 übersiedelte er nach Rom und wurde dort 1865 zum Abbé geweiht. 1875 übernahm er die Leitung der Budapester Musikakademie. Eine selbstlose Freundschaft mit Richard Wagner, dem sich 1863 seine Tochter Cosima angeschlossen hatte, führte Liszt oft nach Bayreuth und zu den Festspielen.

Orchesterwerke: 13 Sinfonische Dichtungen, 2 Programmsinfonien mit Vokalstimmen, 2 Klavierkonzerte, einzelne Kompositionen für Klavier und Orchester.

Liszts Wirkung auf seine Zeitgenossen läßt sich kaum hoch genug veranschlagen. Als Pianist war er in ganz Europa der gefeiertste Virtuose seines Instrumentes, vergleichbar nur Paganini auf der Geige. Als Komponist scharte er einen großen Schülerkreis um sich und wurde zum Haupt der Neudeutschen Schule, die sich als revolutionären Gegenpol zur »klassizistischen« Richtung (in der Nachfolge von Mendelssohn und Schumann) um Brahms empfand und die ihre Ideen und Positionen im »Allgemeinen Deutschen Musikverein« und publizistisch in der *Neuen Zeitschrift für Musik* öffentlich vertrat. Liszts Bedeutung als Komponist ist noch immer umstritten. Von einer – dem Engagement einzelner Interpreten zu verdankenden – »Liszt-Renaissance« könnte man wohl nur mit Blick auf sein Klavierwerk sprechen.

Dagegen spielen seine Sinfonischen Dichtungen im Musikleben nach wie vor eine geringe Rolle, obwohl ihnen in der Geschichte der Programmusik hohe Bedeutung zukommt. Während er mit seinen beiden Programm-Sinfonien zu *Faust* und Dantes *Divina Comedia* an Berlioz anknüpfte, betrat er mit seinen einsätzigen Sinfonischen Dichtungen Neuland, wenngleich auch hier der historische Bezug zu den Konzertouvertüren Beethovens nicht zu leugnen ist. Ausgangspunkt dieser Kompositionen ist zwar immer noch das Muster des Sonatensatzes, doch paßt Liszt dieses Prinzip jeweils flexibel der literarischen Vorlage an, bricht es auf und erweitert es. Wichtig für die musikalische Entwicklung werden jeweils markante Themen, die einem ständigen Prozeß der Verwandlung, der motivisch-thematischen Verarbeitung unterzogen werden, der sich nicht mehr allein auf die reinen Durchführungsteile beschränkt, sondern mit dem ersten Takt einer Komposition einsetzen kann. Das Hauptanliegen Liszts war es, die Tonsprache als gleichrangiges Medium auf die Verständlichkeitsebene der Dichtung zu heben. Seine leitende Idee beschrieb er als »die Erneuerung der Musik durch ihre innigere Verbindung mit der Poesie«. Dabei kommt den Programmen der einzelnen Sinfonischen Dichtungen zwar Bedeutung zu, doch sollte man ihre Verbindlichkeit nicht überschätzen und schon gar nicht in den Kompositionen nach programmatischen Details oder gar tonmalerischer Umsetzung suchen: Liszt ging es vorrangig um die Vermittlung von Ideen. Dabei bediente er sich des großen hochromantischen Orchesterapparates mit zunehmender Virtuosität und erwies sich gerade auf dem Gebiet der Instrumentation bisweilen als

Pionier, ebenso in der Harmonik, in der er zu den Wegbereitern des 20. Jh. gehörte. Dagegen steht auf der anderen Seite eine nicht zu leugnende Erfindungsschwäche im Melodischen, wo Liszt immer einmal die Grenzen zur Banalität streift und überschreitet; diese Tendenz wird noch verstärkt durch seinen Hang zur stereotyp-unflexiblen Wiederholung und Reihung kurzer melodischer Abschnitte. So läßt sich Liszts Bedeutung skizzieren als die eines epochalen Theoretikers und Pioniers der Gattung, der indessen an schöpferischer Genialität von einigen seiner Nachfolger auf dem Gebiet der Sinfonischen Dichtung (Smetana, Dvořák, Richard Strauss) deutlich überragt wird.

Sinfonische Dichtungen

Die Anregung zu Liszts erster (von insgesamt 13) **Sinfonischen Dichtung »Ce qu'on entend sur la montagne«** (**»Berg-Sinfonie«**) kam von Victor Hugos gleichnamiger Ode, die dem Werk vorangestellt ist. Erste Entwürfe datieren von 1833. Der Uraufführung im Jahr 1850 folgten drei Umarbeitungen; die endgültige Version erlebte ihre Erstaufführung 1857 in Weimar unter der Leitung des Komponisten. Im großformatigen Sonatensatz geht es um den Konflikt zweier Stimmen, die der Dichter von der Höhe eines Berges herab vernimmt: die Stimme der Natur und die Stimme der Menschheit. Nach einer stimmungsvollen, fast impressionistisch anmutenden Einleitung, die assoziativ mit den anfangs im Gedicht angesprochenen Naturmotiven Meer und Wind korrespondieren, treten einander in zwei Themengruppen die Natur und die Menschheit gegenüber, treffen durchführungsähnlich konflikthaft aufeinander; ein religiöser Bezug deutet sich an im Erklingen einer choralartigen Passage (»glaubt' ich Gottes Hand zu sehen«). Auf die reprisenartige Wiederholung des ganzen Teils folgt noch eine epiloghafte Reminiszenz an das kurze Kernmotiv aus dem ersten Abschnitt, der sich auf die Natur bezog:

wobei diesem kleinen Motiv zugleich der Rang einer thematischen Klammer für das ganze Werk zukommt. An der Instrumentation der Berg-Sinfonie hatte übrigens Liszts Schüler Joachim Raff entscheidenden Anteil.

Die **Sinfonische Dichtung Nr. 2 »Tasso«** entstand 1849 aus Anlaß von Goethes 100. Geburtstag. Auch dieses Werk wurde mehrfach umgearbeitet, wobei Liszt erst in die letzte Fassung (1854) als Mittelabschnitt ein Menuett einfügte. Der Untertitel »Lamento e Trionfo« weist den Weg zum Verständnis der formalen Konzeption: Die beiden Hauptteile der Komposition basieren ebenso wie das Menuett wiederum auf einem motivischen Kerneinfall, den Liszt einem venezianischen Gondellied entlehnte:

Auf diese Melodie passen die Anfangszeilen aus Tassos *Gerusalemme liberata*, sie erklingt jedoch erst nach mehreren Anläufen und variierenden Umwegen in ihrer vollständigen Gestalt, vorgetragen in der charakteristischen Klangfarbe der Baßklarinette. In mehreren, im Tempo unterschiedenen Formabschnitten entwickelt sich zunächst das »Lamento« als Porträt des (in Ferrara) gefangenen und melancholischen Dichters. Auch das an sich heiter getönte Menuett, das mit 2 Solo-Celli einsetzt, wird durch Reminiszenzen an das Lamento getrübt. Schließlich beginnt mit triolischem Blechgeschmetter, das motivisch zugleich an den ebenfalls triolischen Lamento-Beginn anknüpft, der recht lärmende C-Dur-»Trionfo«, die Ruhmesfeier des Dichterfürsten (in Rom), wobei auch in diesem letzten Formabschnitt der thematische Grundeinfall die zentrale Rolle einnimmt.

Die Entstehungsgeschichte der **Sinfonischen Dichtung Nr. 3 »Les Préludes«** (deren Hauptthema im Zweiten Weltkrieg zu unseliger Bekanntheit als »Sondermeldungs«-Fanfare im deutschen Rundfunk gelangte) ist symptomatisch für das Verhältnis von Text und Musik bei Liszt: Erst nach der Uraufführung 1854 des ursprünglich als Ouvertüre zu einem Männerchorwerk (1848) konzipierten Stücks suchte und fand er ein passendes Programm in einem Gedicht von Alphonse de Lamartine. Daraus stellte Liszt seiner Partitur den Satz voran: »Was anderes ist unser Leben, als eine Reihenfolge von Präludien zu jenem unbekannten Gesang, dessen erste und feierliche Note der Tod anstimmt?« Dieses Motto weiterführend, sprach Liszt von den vier Präludien Liebe, Sturm, ruhige Natur und Kampf. Hierauf nimmt die 4teilige Anlage der Kom-

position Bezug, die sich zur einsätzigen Großform rundet und insgesamt auf einem einzigen thematischen Kern basiert. Dieser wird in der Introduktion vorangestellt (*Andante*), mutiert sodann zum auftrumpfenden Hauptthema und erweist sich im Satzverlauf als extrem flexibel in seiner Anpassungsfähigkeit an die unterschiedlichen Stationen des hinzugefügten Programms. Seinen unbestreitbaren Effekt bezieht das Werk aus dem Glanz seiner Instrumentation und der Ökonomie seiner motivisch-thematischen Durchdringung.
Bezeichnend für Liszts Vorstellung von einer Annäherung der Künste, von einer durch eine durchdachte Ästhetik überhöhten und gestützten Tonkunst, ist seine **4. Sinfonische Dichtung »Orpheus«**. Anlaß war die Weimarer Erstaufführung von Glucks *Orpheus und Eurydike* im Jahre 1854 durch den Operndirektor Liszt, der dazu eigens ein Vor- und ein Nachspiel komponierte. Die Ouvertüre veröffentlichte er später allein als Sinfonische Dichtung und gab ihr ein ausführliches Vorwort mit. Darin rühmt er den Mythos des Orpheus als Symbol für die Tonkunst, ja für die Kunst überhaupt und die Schönheit an sich. Die Komposition selbst stützt sich in ihrer 3teiligen Form wieder auf einen einzigen thematischen Kern, der nach den einleitend präludierenden Harfen vom Hörnerquartett vorgestellt wird:

So bildet sich das wohlklingende, bisweilen irisierend in harmonischen Schattierungen schillernde Tonporträt eines Orpheus-Ideals, in dessen Ausdrucksspektrum verhalten klagende Partien nicht fehlen.
Auch **Nr. 5 »Prometheus«** war ursprünglich eine Ouvertüre, zu einem Chorwerk für die Enthüllungsfeier eines Herder-Denkmals 1850 in Weimar; der Text der Komposition stammt denn auch von Herder (*Der entfesselte Prometheus*). Zur Sinfonischen Dichtung umgearbeitet und 1855 unter der Leitung des Komponisten in Weimar uraufgeführt, erschien das Werk mit einem längeren Vorwort Liszts über den Prometheus-Mythos. In der Komposition war er weniger um ein Porträt der Sagengestalt bemüht als um die musikalische Verklärung der überzeitlichen Inhalte des Mythos (»Kühnheit, Leiden, Aus-

harren, Erlösung«). Verwirklicht ist diese Vorstellung in der Form eines äußerst kontrastreichen, farbigen Sonatensatzes, dem eine spannungsvoll-düstere Einleitung vorausgeht. Ihr markiges Kernmotiv kehrt im Allegro-Teil wieder, dessen lyrischer Seitensatz unüberhörbar durch ein kurzes Instrumentalrezitativ vom Hauptsatz getrennt wird. Zum Ausdruck des Kampfes wird unmittelbar danach eine große Fuge über ein sehr profiliertes, zu Beginn in einer Terzenkette ansteigendes Thema. Die verkürzte Reprise bringt die Hauptthemen und das Rezitativ in gleicher Reihenfolge und endet in einer sieghaft schmetternden Coda.

Nr. 6 »Mazeppa« war ursprünglich ein hochvirtuoses Klavierstück (Nr. 4 in den *Études d'exécution transcendente*), angeregt durch ein Gedicht Victor Hugos nach der Versdichtung Byrons. Die Erstfassung des Klavierstücks entstand bereits 1826; sie wurde mehrfach umgearbeitet, nicht zuletzt unter dem Eindruck des Paganini-Erlebnisses in Paris, bis schließlich 1850 die wesentlich umfangreichere Orchesterversion abgeschlossen war. Der Sinfonischen Dichtung liegt erklärtermaßen und gut nachvollziehbar ein detailliertes Programm zugrunde, das sich an der Gedichtvorlage orientiert: Geschildert wird ein Erlebnis des Pagen und späteren Ukrainerfürsten Mazeppa, der vom Ehemann seiner Geliebten auf ein Pferd gebunden und nach einem Höllenritt von Polen bis in die ukrainische Steppe über seinem tot zusammengebrochenen Pferd von Kosaken gerettet wird. Am Ende steht eine Vision seines zukünftigen Führertums. Packend ist der furiose Beginn des Stücks, wo ein in das Bläser-Tutti umgesetzter Peitschenknall eine wilde Orchesterjagd in Bewegung setzt, gemalt in stürmischen Triolenfigurationen, durchsetzt von Jagdsignalen und grellen Instrumentationseffekten. Ein knapper Mittelabschnitt schildert in rezitativisch klagender Chromatik das nahe Ende, bis Trompetensignale die Rettung ankündigen und den abschließenden, recht lärmend-äußerlichen apotheotischen Triumph herausschmettern.

Die selten zu hörende **Sinfonische Dichtung Nr. 7 »Festklänge«** war als Festmusik zur Hochzeit Liszts mit der Fürstin Carolyne von Sayn-Wittgenstein gedacht. Da die Heirat nicht zustande kam, wurde das Stück umbenannt und als Vorspiel für die Weimarer Aufführung von Schillers *Huldigung der Künste* 1854 uraufgeführt. Daß zu diesem Werk kein Programm vorliegt, hat zu mancherlei außermusikalischen Spekulationen geführt. Sein Verlauf folgt dem Sonatensatzmodell, allerdings ohne Durchführung, und stellt ins musikalische Zentrum mehrere deutlich kontrastierende Themen; zunächst einleitend ein markant punktiertes Motiv, das die Pauken solistisch intonieren, dann das von den Celli angeführte weitgespannte Hauptthema:

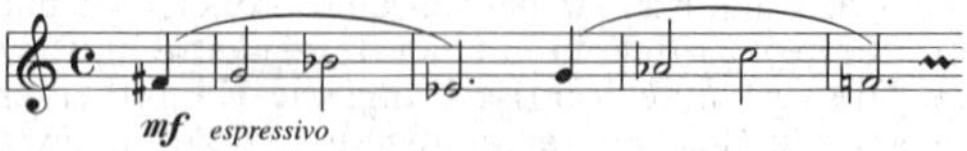

schließlich das mit kräftigem Septaufschwung einsetzende Gegenthema – wenn man will, drücken sich hier die prinzipiellen Gegensätze Männlich–Weiblich aus. Und einen quasi biographischen Bezug bringt schließlich der polonaisenartige Abschluß der Exposition, der ein musikalischer Reflex auf die polnische Abstammung der Lebensgefährtin Liszts sein könnte. Die Reprise folgt dem Verlauf des ersten Abschnittes, ihn farblich variierend, und kulminiert in einer kurzen Stretta-Coda. Aus heutiger Sicht sind die vom Komponisten der Partitur beigegebenen verschiedenen Kürzungsvorschläge kaum noch nachzuvollziehen.

»Héroïde Funèbre«, eine »Heldenklage«, entstand in ihrer endgültigen Gestalt 1849/50 und wurde als **Sinfonische Dichtung Nr. 8** veröffentlicht. Hervorgegangen ist sie aus mehreren vergeblichen Versuchen Liszts, eine überdimensionale Revolutionssinfonie zu schreiben; ihr 1. Satz wurde dann unter obigem Titel als einziger fertiggestellt – ein ausladender Trauermarsch im orchestralen Gewand eines großen militärischen Schlagzeugapparates und in formaler Dreiteiligkeit dem Modell des Chopinschen Trauermarsches in der Klaviersonate b-Moll mit freundlich kontrastierendem Trio folgend. Am Ende in der Coda kehren die Hauptthemen beider Formabschnitte noch einmal gemeinsam wieder. Die Instrumentation besorgte übrigens auch hier der Liszt-Schüler Raff (1854).

»Hungaria« heißt die **Sinfonische Dichtung Nr. 9**; ihre Entstehungsgeschichte reicht zurück bis ins Jahr 1848, die letzte Fassung entstand 1856 und wurde unter der Leitung des Komponisten noch im gleichen Jahr uraufgeführt. Mit dieser Komposition, zu der es kein ausformuliertes Programm gibt, betonte Liszt – ein wenig klischeehaft – seine ungarische Herkunft durch die charakteristischen Elemente der Synkope, der Punktierung und kadenzierender Akkordfolgen. Die Verwandtschaft zu seinen eigenen *Ungarischen Rhapsodien* ist unüberhörbar, sowohl in bestimmten melodischen Wendungen wie auch in der Verwendung harmonischer Grundmuster der Pentatonik und der Zigeunertonleiter. Formal verläuft die Komposition in strophenartiger Reihung, die sich auch in Exposition und Reprise mit Coda, aber ohne Durchführung gliedern läßt.

»Hamlet« erschien als **Sinfonische Dichtung Nr. 10** und wurde 1858 als Vorspiel zum gleichnamigen Shakespeare-Schauspiel komponiert. Der kurze elegische Mittelabschnitt, der Ophelia symbolisiert, wurde erst bei der Umarbeitung der Ouvertüre zur Sinfonischen Dichtung eingefügt. Liszt stellt den tragisch scheiternden, grüblerisch schwankenden Helden vor und charakterisiert ihn mit zwei sich ergänzenden Themen: zunächst einer lastenden Seufzerfigur in der gequält sich voranschleppenden Einleitung, dann im rhythmisch profilierten, energisch auffahrenden Hauptthema, dem weitere melodische Gedanken zur Seite gestellt werden. Sie kehren kombiniert in der variierten Reprise nach dem intim dialogisierenden Mittelteil wieder, verbunden sowohl mit den lastenden Anfangsakkorden wie auch mit der Ophelia-Episode und abgeschlossen durch einen trauermarschartigen Epilog.

Als Liszt Wilhelm von Kaulbachs sechs große historische Wandbilder im Neuen Museum von Berlin entstehen sah, wollte er einen ganzen Zyklus Sinfonischer Dichtungen dazu komponieren. Letztlich kam es nur zur Verwirklichung einer einzelnen Tondichtung unter dem Titel **»Hunnenschlacht« (Nr. 11)**. Liszt leitete die Uraufführung im Entstehungsjahr 1857. Ausgangspunkt war die berühmte Schlacht im Jahre 451 auf den Katalaunischen Feldern, nach der, wie die Sage erzählt, die Geister der Gefallenen den Kampf fortgesetzt haben. Liszts Intentionen zielen in seiner Sinfonischen Dichtung letztendlich auf eine Verherrlichung des Sieges des Christentums über die Heiden. Im Vorwort schreibt er zum musikalischen Verlauf: »Im Beginn wirbeln die Figuren der gedämpften Violinen wie Nebelwolken auf; sie verdichten sich mehr und mehr, je höher sie steigen; wir hören die Hörner-Schlachtrufe der Hunnen, welchen die Trompetensignale der Römer antworten. Mit einem wilden Schlachtgesang stürzen sich die gefallenen Hunnen in die Geisterschlacht; ein Choralgesang geleitet die kämpfenden Geister der Römer, welche dem wütenden Ansturm Trotz bieten. Immer fanatischer wogt der

Vernichtungskampf, immer grimmiger wird das Gewühl – bis plötzlich Licht durch die finsteren Wolken blitzt: es geht vom siegenden Kreuze aus. Mächtige Fanfaren verkünden den Triumph des Christentums. – Das Orchester schweigt: die Waffen senken sich. Wir hören Orgelklänge; sie intonieren den uralten Choral: Crux fidelis . . . Sanfte, flüsternde Stimmen ringen sich jetzt durch Nacht und Nebel empor; der Kampf ist aus . . . Der Schlachtgesang wird zum Dankgebet! In hoc signo vinces!« Nach einer Einleitung voll martialischer Fanfaren folgt ein unruhig komplexer Satz, dem sich in Umrissen die Sonatensatzform durchaus zuordnen läßt. In ihm spielen mehrere thematische Elemente eine wichtige Rolle, unter ihnen als 1. Hauptthema eine leicht exotisch an der Zigeunertonart orientierte Figur:

sowie eine abgehobene Choralmelodie, die schließlich in apotheotischer Überhöhung das Werk beschließt, wobei das Orchester durch die Orgel erweitert wird. Bemerkenswert und zukunftweisend an dieser Partitur ist ihre kaleidoskopartig gefügte Vielfalt, die dennoch in übergeordneten Strukturen zusammengehalten wird.

Die **Sinfonische Dichtung Nr. 12 »Die Ideale«** (1857) ist eine Huldigung an Schiller, auf dessen Gedicht gleichen Titels sie beruht. Entstehungs- und Aufführungsanlaß war ein Gedenkfest 1857 in Weimar zum 100. Geburtstag des 1828 verstorbenen Großherzogs Carl August, bei dem Ernst Rietschels Goethe-Schiller-Denkmal enthüllt wurde. Die einzelnen Gedichtstrophen sind in den musikalischen Ablauf eingefügt, so daß die Deutung nicht schwerfällt. Die lastend-düstere langsame Einleitung (»So willst du treulos von mir scheiden«) ist geprägt von Solo-Passagen des Horns und der Klarinette. Den bald darauf einsetzenden Allegro-spiritoso-Hauptteil gliedern formal die vorangestellten Strophen und zusätzliche Überschriften, rondoähnlich durch ein lapidares, in der Terz kreisendes Thema; es wird in allen Abschnitten der Partitur wichtig und erklingt im letzten Teil »Apotheose« in mächtiger Vergrößerung. Zum ersten Auftritt dieses »Ideal«-Themas im 1. Abschnitt »Aufschwung« führt eine unruhig-lebhafte Or-

chesterentwicklung, gefolgt von der »Enttäuschung«, die atmosphärisch und motivisch an die Einleitung anknüpft. Zum Scherzo abgewandelt wird das zentrale Motiv in »Beschäftigung«. Der apotheotische Schluß erhält seinen Sinn weniger aus der dichterischen Vorlage als aus der immanenten Logik der musikalischen Entwicklung.
Liszts letzte, die **13. Sinfonische Dichtung »Von der Wiege bis zum Grabe«** entstand erst 1881/82. Der Orchesterversion ging eine von einer Zeichnung Michael Zichys angeregte Klavierfassung voraus. Auffallend an diesem Werk sind Eigenschaften, die es vor allen anderen Sinfonischen Dichtungen auszeichnen: die kleine, bisweilen fast kammermusikalische Besetzung, die vor allem für die beiden Rahmenteile vorgeschrieben ist, und der Verzicht auf äußerliches Auftrumpfen und machtvolle Steigerungen. So verläuft der 1. Teil (»Die Wiege«) als zart getöntes, obertonreich-baßloses Ensemble von 2 Geigen, Bratsche, Harfe und 2 Flöten. Als 2. Satz deutlich abgesetzt folgt »Der Kampf ums Dasein«, nun in gewohnter großer Orchesterbesetzung; er schwingt sich zur Gebärde großer Leidenschaftlichkeit auf, endet allerdings überraschend mit einem zunächst aggressiven, dann im Pianissimo verklingenden Pauken-Solo. Der 3., wieder durch eine Pause abgesetzte Teil »Zum Grabe: Die Wiege des künftigen Lebens« reduziert die Besetzung zwar nur um wenige Instrumente, darunter die Posaunen, knüpft aber trotzdem an die kammermusikalische Durchsichtigkeit des Anfangs an und verbindet sich mit beiden vorangehenden Sätzen durch die Wiederkehr ihrer Themen und Motive. Offen wie mit einem auskomponierten Fragezeichen endet die Komposition in einer schwebenden, harmonisch scheinbar orientierungslosen Melodie der Celli. Nicht zuletzt in ihren harmonischen Aspekten, dem offenen Einsatz dissonanter Zusammenklänge, stieß diese Liszt-Partitur ein Tor in die musikalische Zukunft auf.

Programmsinfonien

Die 2 mehrsätzigen Programmsinfonien Liszts, beide nach dem Vorbild von Beethoven und vor allem Berlioz, spielen in unserem Konzertleben keine große Rolle, verdienen jedoch Beachtung als Dokumente einer das 19. Jh. kennzeichnenden idealistischen Kunstanschauung, als Zeugnisse einer gewollten Annäherung von Dichtung und Musik. Gemeinsam ist beiden

Kompositionen, daß sie so wenig wie Liszts Sinfonische Dichtungen einen literarisch vorgegebenen Handlungsverlauf tonmalerisch kopieren wollen. Sie sind keine »Illustrationen zum Buch«, sondern schöpferische Textinterpretationen.
Die **»Faust-Symphonie in drei Charakterbildern«** entstand 1854 nach Goethe, ist aber nicht zuletzt durch *La Damnation de Faust* von Berlioz angeregt worden. Die 3 Teile sind musikalische Porträts der Hauptfiguren Faust, Gretchen und Mephistopheles, deren Namen sie als Überschriften tragen. Die Besetzung des Orchesters ist durch Harfe und Orgel angereichert; den vokalen Schlußteil mit einem Solo-Tenor und Männerchor fügte Liszt erst 1857 an. Seine kompositorischen Prinzipien der motivisch-thematischen Verknüpfung größerer Formzusammenhänge sowie einer Metamorphose der Hauptthemen wandte Liszt hier auf die mehrsätzige Sinfonie an: Bereits in der langsamen Einleitung des 1. Satzes (*Lento assai*) kristallisieren sich Strukturen heraus, die im weiteren Verlauf wirksam werden, so vor allem das berühmte »erste Zwölftonthema der Musikgeschichte«, mit dem offensichtlich Fausts Unsicherheiten und Zweifel vorgestellt werden sollen:

Diese Introduktion teilt den ganzen Satz durch ihr Wiedererklingen in zwei Hälften; der eigentliche Sonatensatz besitzt drei weitere kontrastierende Themen, die in ihrer jeweiligen Erscheinungsform die unterschiedlich sich ergänzenden Charakterseiten Fausts symbolisieren (drängend und erkenntnishungrig, liebessehnend und kraftvoll optimistisch). – Diesem unruhigen und in sich gespaltenen Charakterbild steht an zweiter Stelle das lyrisch in sich ruhende Gegenbild Gretchens gegenüber, 3teilig geformt mit zwei einander ergänzenden liedhaften Einfällen in den Rahmenteilen sowie einem motivischen Rückbezug im Mittelabschnitt, der durch zitierende Verarbeitung zweier Faust-Themen auf die Liebesbegegnung mit Faust anspielt. – Im 3. Satz schließlich tritt Mephisto als nächtlicher Gegenentwurf, als derjenige, der Fausts positive Einstellung verzerrt widerspiegelt, in Erscheinung. Kompositorische Konsequenz ist die gleichsam verfremdete und verzerrte Wiederkehr des motivisch-thematischen Materials aus

dem Faust-Satz, nur Gretchen wird unverfälscht zitiert. Dieses Verfahren der parodierenden Umdeutung hat sein historisches Vorbild in den Schlußsätzen der *Symphonie fantastique* von Berlioz, dem er hier auch in seiner Kunst der farbigen Instrumentation und harmonisch kühnen Variierung nahekommt. Der Chor singt Verse des Chorus mysticus aus Goethes 2. Teil des *Faust*, der Solo-Tenor hat die Worte »Das Ewig-Weibliche zieht uns hinan« mit Gretchens Thema aus dem Mittelsatz in Beziehung zu setzen.
Die **Symphonie zu Dantes »Divina Commedia«** entstand 1857, geht jedoch auf länger zurückliegende Ideen des Komponisten zurück. Richard Wagner, dem sie gewidmet ist, brachte Liszt von dem Plan ab, als Schlußsatz das »Paradies« zu vertonen, es sei musikalisch nicht darstellbar, so daß es bei der 2teiligen, immer noch monumentalen Anlage aus »Inferno« und »Purgatorio« blieb. Die Orchesterbesetzung übertrifft noch die der Faust-Symphonie, mit Englischhorn und Baßklarinette, 2 Harfen und Harmonium. Als Werkganzes bleibt die Dante-Symphonie ein Zwitter zwischen Sinfonischer Dichtung (1. Teil) und einem gleichsam collagierten Gebilde aus Programmusik und geistlicher Vokalmusik (2. Teil), denn am Schluß erklingt ein *Magnificat* für Frauenchor und (kurzes) Sopran-Solo. Der 1. Satz, »Inferno«, Hölle, beginnt mit einer langsamen Einleitung und entwickelt sich sodann als frei angelegter Sonatensatz mit mehreren Themen, denen sich jeweils Verse und Episoden aus Dantes Dichtung unterlegen lassen (»Durch mich gelangt man in die Stadt der Schmerzen« – »Laßt alle Hoffnung fahren« – das sündige Paar Paolo und Francesca). Auch der 2. Teil, »Purgatorio« (Läuterungsberg), hat eine langsame Einleitung; der 3teilige Hauptabschnitt enthält in seiner Mitte eine düstere »Lamentoso«-Fuge und als Coda das archaisierende Magnificat, das Liszt übrigens in zwei sehr unterschiedlichen Schlußvarianten vertonte.

Werke für Klavier und Orchester

Neben seinen beiden bedeutenden, auch gattungsgeschichtlich wirkungsvollen Klavierkonzerten verblassen Liszts übrige Kompositionen für Klavier und Orchester und treten auch in heutigen Programmen kaum in Erscheinung. Dazu gehören die frühe **»Malédiction«** für Klavier und Streicher, um 1830, revidiert um 1840, ein extrem kontrastreiches und von immenser pianistischer Schwierigkeit gezeichnetes Werk, und der **»Totentanz«** von 1849, der eine **»Paraphrase über Dies irae«** ist und die bekannte melodische Grundlage der Sequenz aus der gregorianischen Totenmesse bisweilen bizarr und in gespenstisch programmatischer Farbigkeit variiert. Ferner gibt es eine effektvolle Eigenbearbeitung der 14. *Ungarischen Rhapsodie* als **»Fantasie über ungarische Volksmelodien«** (1852) sowie eine **»Grande Fantaisie symphonique«** über Themen aus Berlioz' *Lélio* (1834).

An seinen beiden Klavierkonzerten begann Liszt bereits Anfang der 1830er Jahre zu komponieren, arbeitete sie jedoch mehrfach um, so daß ein genaues Fertigstellungsdatum schwer zu ermitteln und auch die Reihenfolge der Konzerte nicht exakt festzulegen ist. Für beide Konzerte gilt, daß sie hinsichtlich der Virtuosität des Solo-Instrumentes und der Instrumentation gleichermaßen einen allmählichen Wandel durchliefen. Man tut ihnen Unrecht, wenn man sie als äußerliche Virtuosenkonzerte bezeichnet, denn die zweifellos vorhandene effektvolle Brillanz des Solo-Parts ist in den Endfassungen keineswegs ausschließlich Selbstzweck, sondern organisch in das strukturelle Gefüge der Werke eingebettet. Und den Orchesterpart hat Liszt schließlich zum durchaus selbständigen, bisweilen sinfonisch ambitionierten Partner entwickelt.

Das **1. Klavierkonzert Es-Dur** erlebte am 7. Februar 1855 in Weimar seine Uraufführung durch den Komponisten am Flügel und unter der Leitung von keinem Geringeren als Hector Berlioz, nachdem es 1853 vorläufig fertiggestellt worden war (1856 wurde es noch einmal revidiert). Seine unverwechselbare Gestalt erhält es durch einen mottoartigen Hauptgedanken, der in allen 3 Sätzen wiederkehrt und eine ähnlich markante Kontur besitzt wie das zentrale Thema in Tschaikowskijs b-Moll-Konzert:

Er erweist sich bei seiner mehrfachen Wiederkehr als flexibel im Ausdruck und erklingt auch im zart instrumentierten Piano; jeweils am Ende der beiden folgenden Sätze kehrt er wieder. Der so mächtig beginnende Kopfsatz (*Allegro maestoso*) zeigt sich überraschend vielgestaltig und setzt auch ver-

sonnene, lyrisch dialogisierende Passagen neben kraftvolle Ausbrüche. Die 3 Sätze sind noch deutlich voneinander getrennt; an zweiter Stelle folgt ein notturnoartiges *Adagio*, in dem nach einem ausgesprochen stimmungsvollen Beginn erst in den tiefen, dann in den hohen Streichern der arabeskenartig umrankte Gesang des Klaviers einsetzt. Überraschenderweise mündet dieser langsame Satz jedoch relativ bald in einen selbständigen *Scherzo*-Teil von spielerischer Leichtigkeit und farbig durchsichtiger Instrumentation, mit Trillern und glitzernden Triangelakzenten angereichert, bis schließlich die Wiederkehr des zentralen Mottos größere Ernsthaftigkeit verheißt. Das abschließende *Allegro marziale animato* krankt dagegen ein wenig an seiner leicht banalen, wieder von Trillereffekten durchsetzten Thematik; es werden noch einmal alle Register instrumentaler Virtuosität gezogen.
Die Uraufführung des **2. Klavierkonzertes A-Dur** fand am 7. Januar 1857, nun unter der Leitung Liszts, ebenfalls in Weimar statt. Es durchlief in seiner Entstehungsgeschichte diverse Fassungen (1839, 1849, 1853, 1857 und noch 1867). Im Gegensatz zum Schwesterwerk löst es die traditionelle Dreisätzigkeit zugunsten einer farbig gefügten und doch strukturell streng kohärenten Kette von Abschnitten auf und baut die Partnerschaft zwischen Solo und Tutti weiter aus. Das Konzert beginnt überraschend intim als *Adagio sostenuto assai* mit einem zarten Holzbläsersatz, der alsbald vom Klavier aufgegriffen und fortgeführt wird. Die Arabesken des Solo-Instrumentes verbinden sich dann mit einem weichen Horn-Solo, dem später das Solo-Cello folgt. Im weiteren Verlauf kündigen Schleiferfiguren und gezackt punktierte Rhythmen ein verwirrend unruhiges *Allegro agitato assai* an, in dessen Fortführung Klavier und Orchester im dichten Dialog miteinander verzahnt sind. Es folgt ein *Allegro moderato*, das im Grunde den langsamen Satz vertritt, mit einem ausgedehnten, ausdrucksvollen Cello-Solo (wie es uns dann auch im langsamen Satz des 2. Klavierkonzertes von Brahms begegnet), zart umspielt von Klavierfigurationen und später in der Oboe weitergeführt. Die Schleiferfiguren aus dem ersten Teil tauchen danach im *Allegro deciso* wieder auf, wobei die musikalische Entwicklung hier sehr stark vom Orchester getragen wird, in dessen Part sich die Oktavausbrüche des Klaviers einfügen. Über die zackigen punktierten Marschrhythmen im *Marziale un poco meno allegro* wird schließlich das effektvoll aufblitzende

Scherzando-Finale (*Allegro animato*) erreicht, das in einer brillanten Coda ausläuft. Dominierender Eindruck des ganzen Konzertes sind bei aller kaleidoskopartigen Fügung seine partnerschaftliche Balance zwischen Tutti und Solo, seine sinfonische Durcharbeitung und seine zahlreichen Passagen voll emphatischen Ausdrucks.

Richard Wagner

* 22. Mai 1813 in Leipzig
† 13. Februar 1883 in Venedig

In die Geschichte eingegangen ist Wagner als Erneuerer und Vollender der Oper im Musikdrama. Hier liegt das gewaltig überwiegende Schwergewicht seines Lebenswerkes, ihm war alles übrige untergeordnet. Im Laufe seines Lebens hat Wagner aber immer wieder sinfonische Pläne geschmiedet, sich der Instrumentalmusik gedanklich und komponierend zugewendet.
Seine **»Faust«-Ouvertüre** entstand 1839/40, nachdem er in Paris die Uraufführung von Hector Berlioz' *Romeo und Julia*-Sinfonie miterlebt hatte. Das Werk ist einsätzig, ursprünglich allerdings als Kopfsatz einer ganzen Programmsinfonie konzipiert. Mehrere Umarbeitungen führten zu der heute bekannten Endfassung von 1855. Formal handelt es sich um einen frei gehandhabten Sonatensatz in der Nachfolge Liszts. Hintergrund ist die Gestalt des suchenden, sich nach Gretchen sehnenden Faust. Noch vor dieser Ouvertüre schrieb Wagner seine einzige komplette **Sinfonie C-Dur** (1832), die in 4 traditionell aneinandergereihten Sätzen ambitioniert die Beethoven-Nachfolge anzutreten bemüht ist, ohne diesen Anspruch zu erfüllen. Dem bewegten *Kopfsatz* ist nach dem Vorbild von Beethovens Siebenter, der das Werk auch in manchen anderen Details verpflichtet ist, eine langsame Einleitung vorangestellt. Das folgende *Andante non troppo, un poco maestoso* steht wie Beethovens Vorbild in a-Moll, mit einem Dur-Mittelteil. Der 3. Satz folgt dem Beethovenschen schnellen *Scherzo*-Typus, mit scharf kontrastierendem, bläsergetöntem *Trio* in der

Mitte; das *Finale* ist ein Rondo. In allen Sätzen bemüht sich der Komponist mit akademischem Ehrgeiz um kontrapunktische Kunstfertigkeit. Ein **Sinfonie-Fragment in E-Dur** entstand zwei Jahre später (1834); die beiden Sätze wurden von Felix Mottl instrumentiert und zu Ende komponiert.
Hingegen ist das **»Siegfried-Idyll«** aus dem Jahr 1870 eine eigenständige, reife und abgeschlossene Instrumentalkomposition. Wagner komponierte es 1870 zum Geburtstag seiner Frau Cosima (24. Dezember), indem er Themen und Motive aus dem 2. und 3. Akt der Oper *Siegfried* ineinander verwob und für ein Kammerensemble instrumentierte – zu den Streichern traten Flöte, Oboe, 2 Klarinetten, Fagott und 2 Hörner. Die solistisch gesetzten Streicherstimmen werden jedoch häufig chorisch ausgeführt. Auf diese Weise entstand sozusagen die Miniatur einer Sinfonischen Dichtung, in konsequent durchgehaltenem verhalten-poetischen Tonfall und in durchsichtig-zarter Instrumentation, ein Werk, das auch völlig ohne den Handlungsbezug der Oper als Stimmungsgemälde wirkungsvoll und eingängig ist.
Schon Wagner selber pflegte Vorspiele und Teile seiner Bühnenwerke in Konzerten aufzuführen, immer ergänzt durch detaillierte Handlungserläuterungen. Diese Tradition reicht bis in unsere Tage; besonders die großen, in sich abgeschlossenen und formal stringent gefügten **Vorspiele zum »Fliegenden Holländer«**, zu **»Tannhäuser«** und **»Lohengrin«** sowie zu **»Tristan und Isolde«** und den **»Meistersingern von Nürnberg«** sind quasi als Sinfonische Dichtungen wirkungsvoll. Ihnen allen gemeinsam ist ihre strukturelle Eigenständigkeit, sei es als Sonatensatz mit charakteristischem Themendualismus beim *Holländer*, als Studie emotionaler Hochspannung, Entladung und Entspannung beim *Tristan*-Vorspiel mit seiner hochgezüchteten Chromatik der Motivlinien, sei es als kunstvoll kulminierende Kontrapunktstudie mit einem Geflecht gegensätzlichster und einander sich ergänzender Motive und Themen, die einem festlichen Höhepunkt der Gleichzeitigkeit zustreben (*Meistersinger*-Vorspiel). Alle diese »Ouvertüren« meistern die Ausgewogenheit der Form im großen Bogen, sie sind im Sinne einzelner »Sätze« selbständig. So ist es auch kein Zufall, daß im Gegensatz dazu die Vorspiele zu den 4 Teilen der *Ring*-Tetralogie nicht im Konzertsaal erklingen, denn sie bereiten sozusagen eindimensional »nur« auf die unmittelbar folgende erste Szene der Oper vor. Im übrigen hat es sich,

auch auf Wagner zurückgehend, im Konzertsaal eingebürgert, einzelne instrumentale Passagen wie den »Walkürenritt« oder »Siegfrieds Rheinfahrt« und den Trauermarsch aus der *Götterdämmerung* konzertant zu geben, auch Isoldes Liebestod und den Schluß des *Tristan*, und zwar sowohl rein instrumental als auch mit Sopran-Solo.

Niels Wilhelm Gade

* 22. Januar 1817 in Kopenhagen
† 21. Dezember 1890 in Kopenhagen

Mit seiner frühen Ouvertüre »Nachklänge aus Ossian« aus dem Jahr 1841 errang Gade ersten Ruhm und machte zugleich aufmerksam auf seinen »nordischen«, durch die Einbeziehung folkloristischer Themen geprägten Tonfall. 1843 kam Gade nach Leipzig, freundete sich mit Mendelssohn und Schumann an und wurde 1844 2., 1847 1. Gewandhauskapellmeister. Ab 1848 wirkte er in Kopenhagen als Direktor des Musikvereins. Er hinterließ neben Opern, Balletten und Vokalkompositionen, Kammer- und Klaviermusik auch 8 Sinfonien, ein Violinkonzert und mehrere Ouvertüren.

Gades Sinfonien, deren **1. c-Moll op. 5** aus dem Jahr 1842 Mendelssohn gewidmet ist, folgen unaufdringlich dem Stil des verehrten deutschen Vorbildes. Mendelssohn leitete auch die Leipziger Uraufführung. Bereits dieser sinfonische Erstling mit Themen seiner skandinavischen Heimat ist unauffällig in allen 4 Sätzen durch ein Liedthema verklammert, das in der langsamen Einleitung zum Kopfsatz erklingt. Die **2. Sinfonie E-Dur op. 10** (1843) ist der Ersten in ihrer dezenten nationalen Tönung verwandt. Die beiden folgenden Sinfonien, **Nr. 3 a-Moll op. 15** (1847) und **Nr. 4 B-Dur op. 20** (1850), die Louis Spohr gewidmet ist, nähern sich dagegen offensichtlich bewußt der westeuropäischen Stilhaltung, was besonders der Vierten seinerzeit zu großer Popularität verhalf. Unter ihren 4 nach klassischem Muster aneinandergereihten Sätzen ist das Finale (*Allegro molto vivace*) wohl der originellste; er rundet ein sehr eingängiges, schlankes Werk in der durchaus nicht epigonalen

Schumann- und Mendelssohn-Nachfolge. In der **5. Sinfonie d-Moll op. 25** aus dem Jahr 1852 fügt Gade fast ein wenig experimentell ein Klavier solistisch in die Partitur ein und erweitert auf diese Weise die klassische Farbpalette um eine individuelle Nuance. Nach der **Sinfonie Nr. 6 g-Moll op. 32** (1857) erklang die **Nr. 7 F-Dur op. 45** (1864) wiederum zum ersten Mal in Leipzig; sie beginnt mit einem in seiner 6/4-Bewegung an Brahms gemahnenden *Allegro risoluto*, wobei der einprägsame thematische Beginn für den gesamten Satzverlauf wichtig wird. Das *Andante* in der Paralleltonart d-Moll ist ein komplexes Gebilde, das nicht zuletzt durch das rhythmisch profilierte Element des auftaktigen Paukenmotivs aus seinem Hauptthema geprägt wird. Nach einem kontrastreichen *Scherzo*-Satz wird das Finale (*Allegro vivace*) zum Höhepunkt dieser bedeutenden und zu Unrecht so völlig vernachlässigten Sinfonie. Dagegen kehrt Gade mit seiner letzten (8.) **Sinfonie h-Moll op. 47** (1871) wieder ein wenig an den Ausgangspunkt seines Schaffens zurück, indem er zumindest im Tonfall sich dem nordischen Ambiente annähert. In diesem Werk ist besonders die sehr individuelle Weiterentwicklung des Sonatensatzmodells in 3 der 4 Sätze, außer dem Scherzo an zweiter Stelle, bemerkenswert, wobei Elemente der Liedform und der Variation im E-Dur-*Andantino* das Sonatensatzprinzip überlagern. Das hochbedeutende Finale (*Allegro non troppo e marcato*) ist unauffällig motivisch mit dem Kopfsatz verbunden und steigert sich zur Coda hin in einen mitreißenden Schlußeffekt.
Das einzige **Violinkonzert d-Moll op. 56** entstand nach Abschluß des sinfonischen Zyklus 1880; sein *Kopfsatz* beginnt unmittelbar mit dem Einsatz der Solo-Violine – nicht nur in dieser auffälligen Einzelheit ist das Werk am Vorbild Mendelssohns orientiert. Sein ausdrucksvoller Mittelpunkt ist eine *Romanze*, wogegen das abschließende *Rondo scherzando* nicht die Höhe der beiden vorangehenden Sätze halten kann.

Franz Adolf Berwald (1796–1868) komponierte u. a. 5 Sinfonien, von denen nur 4 erhalten sind. In Berlin 1829–42 als Orthopädiemechaniker und Gymnastiklehrer, 1850–58 als Leiter einer Glashütte in Schweden erfolgreich, fand der »späte Romantiker« erst ganz am Ende seines Lebens als Musiker Anerkennung und wurde 1867 Kompositionslehrer am Konservatorium in Stockholm. Nach frühen, zum Teil verworfenen

Versuchen entstand seine 1. gültige Sinfonie, die *»Symphonie sérieuse« g-Moll* 1841/42 in Wien, kurz darauf die *»Symphonie capricieuse« D-Dur* (1842), die wie die folgende *»Symphonie singulière« C-Dur* (1845) 3sätzig ist. Diese letztere Sinfonie zeichnet sich aus durch ihre ausgeprägt polyphone Setzweise und durch die Verknüpfung von langsamem und Scherzo-Satz zu einer Einheit. Insgesamt sind die Sinfonien höchst originell in ihrem strukturellen Aufbau und in ihren motivischen Verknüpfungen, die bisweilen mehrere Sätze miteinander verbinden. Diese Originalität im Umgang mit überlieferten Gegebenheiten der Gattung haben gewiß dem Ruhm Berwalds im Wege gestanden; andererseits sorgen sie für eine unüberhörbare Note in der Geschichte der Sinfonik, für die in unseren Tagen eigentlich Offenheit vorhanden sein müßte. Aus dem Jahr 1845 stammt ferner die *Sinfonie Nr. 4 Es-Dur*, ursprünglich *»Naive«* genannt im Sinne einer kalkulierten stilistischen Rückbeziehung auf die Welt Beethovens und seiner Zeitgenossen. Der Eindruck einer gewissen emotionalen Distanz ist diesem Werk nicht abzusprechen, auch wenn das Finale als eindrucksvoller Ziel- und Höhepunkt des Werkes angesteuert wird und insgesamt die kompositorisch-handwerkliche Meisterschaft im Umgang mit dem klassischen Formmodell bewunderungswürdig ist. – Erfolgreicher war Berwald mit seinen Sinfonischen Dichtungen, darunter *»Elfenspiel«*, *»Erinnerung an die norwegischen Alpen«* und *»Ernst und heitere Grillen«*, die allesamt aus den Konzertprogrammen verschwunden sind, obwohl sie einen wichtigen Beitrag zur Gattungsgeschichte neben Liszt und vor Richard Strauss darstellen. – Auf dem konzertanten Sektor hinterließ Berwald einige Werke: neben einem relativ unbedeutenden frühen *Violinkonzert cis-Moll* (1820), einem *Klavierkonzert D-Dur* (1855) als interessante Repertoirebereicherung ein *Doppelkonzert für 2 Violinen* (1817) und sogar ein *Konzertstück für Fagott und Orchester* (1827).

Die beiden norwegischen Komponisten **Johan Severin Svendsen** (1840–1911) und sein jüngerer Kollege **Christian Sinding** (1856–1941) schrieben beide mehrere *Sinfonien* und *Ouvertüren* sowie *Instrumentalkonzerte*, die seinerzeit beachtlichen Erfolg erzielten, heute jedoch – zumindest in Westeuropa – vergessen sind. Hier hat ihnen Edvard Grieg den internationalen Erfolg voraus, obwohl sich beide handwerklich nicht zu verstecken brauchen.

César Franck

* 10. Dezember 1822 in Lüttich
† 8. November 1890 in Paris

Franck begann sein Musikstudium in seiner Heimatstadt und setzte es in Paris 1835/36 bei Reicha, dann am Conservatoire fort. Dort übernahm er auch verschiedene Organistenstellen und wurde 1872 Professor für Orgelspiel am Conservatoire. Zugleich wurde Franck Lehrer einer Reihe von prominenten Schülern wie d'Indy, Chausson und – kurze Zeit – Debussy.

Schwerpunkt seines Schaffens war die Instrumentalmusik; Franck schrieb mehrere Sinfonische Dichtungen, Oratorien, auch eine Oper. In unseren Konzertprogrammen haben sich seine einzige Sinfonie und die *Variations symphoniques* für Klavier und Orchester gehalten, gelegentlich ist auch *Les Djinns* für gleiche Besetzung, zu hören. In diesen Orchestermusiken, die alle Errungenschaften der fortgeschrittenen Instrumentationstechnik einsetzen, machen sich bisweilen von der Orgel geprägte Klangvorstellungen bemerkbar sowie eine an barocken Vorbildern studierte Satztechnik.

Sinfonie d-Moll

Entstanden 1886–88.

1. *Lento / Allegro non troppo* – 2. *Allegretto* – 3. *Allegro non troppo.*

Francks einzige Sinfonie, sieht man von einem jugendlichen Versuch einer *Symphonie à grand orchestre* aus dem Jahr 1841 ab, ist ein Dokument seines Ringens um die überlieferte klassische Formtradition. Zu ihr kehrte er nach den Jahren seiner Beschäftigung mit der Programmusik und der Sinfonischen Dichtung zurück und versuchte sie mit großer Ernsthaftigkeit aus dem Geist einer neuen Zeit wiederzubeleben. Dabei ist die Basis die klassische zyklische Sonatenform mit dem sie dominierenden Sonatensatz, deren Modelle nun jedoch höchst unkonventionell weitergedacht und variiert werden. Diese sehr persönliche Ausprägung der Traditionsbewältigung stieß bei Publikum und Fachkollegen nicht immer auf Zustimmung, doch hat sich heute gerade seine d-Moll-Sinfonie auf allen Konzertpodien durchgesetzt als zwar eigenwillige, aber in ihrer lebendigen Individualität überzeugende Komposition.

Abweichend von der Überlieferung beschränkte sich Franck in diesem Werk lediglich auf 3 Sätze, wobei allerdings der Mittelsatz wie eine verdeckte Synthese aus langsamem und Scherzo-Satz anmutet: Das *Allegretto* markiert das Zeitmaß eines verhaltenen Trauermarsches, dessen eindringliches Hauptthema nach einer Pizzicato-Einleitung zunächst im Englischhorn intoniert wird:

Im weiteren Verlauf des Satzes schiebt sich über diese schleppende Bewegung unmerklich die triolische Lebendigkeit eines Scherzos, das sich zuerst in flirrenden Streicher-Tremoli bemerkbar macht und schließlich vom Trauermarsch überlagert wird. Das Ganze geschieht im Tempoverhältnis 3 : 1, so daß keine Änderung der Tempovorschrift erforderlich wird. Aus der Vermischung dieser zwei Satzprinzipien ergibt sich der merkwürdig gebrochene, zwischen Ausdrucksgegensätzen schwankende Charakter der Musik. – Großes Gewicht hat der *eröffnende Satz*, der den Konturen des Sonatensatzes auf eigenwillige Weise folgt: Seine lastende Lento-Einleitung kehrt mehrfach im Satzverlauf wieder, und aus ihrem motivisch gegliederten Thema entwickelt sich auch das eigentliche dynamisch-energische Hauptthema des Allegro-Teils:

Der Regel folgend, finden wir uns im Seitensatz dann in der parallelen Dur-Tonart (F) wieder, wo das 2. Thema zunächst in klarer Diatonik erklingt, herausragend aus der prägenden Chromatik weiter Abschnitte des ganzen Satzes. Zu diesen beiden Elementen tritt ein 3. Thema, das wie die beiden anderen motivisch gegliedert ist und zusätzlich den Impuls der Synkope mit einbringt, der bereits in der Hinführung zu diesem Thema aufklang. Wichtiges Kennzeichen dieser Musik ist ihre feingliedrige motivische Struktur, die den ganzen Satz im Sinne einer ständigen, unauffälligen Metamorphose überzieht, gestützt von einer raffinierten chromatischen Harmonik. Der Satz klingt in mächtiger Apotheose des Hauptthemas im vollen Orchester aus. – Das *Finale* wendet sich entschieden nach D-Dur und wird von seinem sehr diatonisch ausformulierten Hauptthema beherrscht, doch trübt sich dieser scheinbare Optimismus recht bald chromatisch ein:

Choralartig setzt das 2. Thema im Blechbläserensemble ein, sogleich von Streichern und Holz beantwortet und weitergeführt. Eine Überraschung bedeutet dann, nach einer ganz zurückgenommenen, hochchromatischen Streicherpassage, das Wiedererklingen des Trauermarschthemas aus dem Mittelsatz. Und gegen Ende des Satzes, nach mannigfaltigen Kontrasten in Instrumentation, Dynamik und motivischer Verarbeitung, kehren zwei wesentliche thematische Elemente des Kopfsatzes wieder, aus der Einleitung und aus der Schlußgruppe der Exposition, so daß sich die sinfonische Satzfolge zwingend und organisch zum Zyklus rundet.

Die Sinfonischen Dichtungen César Francks hätten etwas mehr Aufmerksamkeit verdient, als ihnen in unseren Konzertprogrammen zuteil wird. Zu nennen ist zunächst **»Rédemption« (»Erlösung«)** aus den Jahren 1871/72, eine einsätzige, liedförmig gebaute Komposition für Orchester, Mezzosopran, Sprecher und Chor, die ursprünglich instrumentaler Mittelteil eines 3teiligen Oratoriums war; ferner **»Les Éolides« (»Die Äoliden«)** von 1876, eine differenzierte Instrumentationsleistung, inspiriert durch ein Gedicht Leconte de Lisles, als Naturstudie eine formbildende Vorstufe zu den großen Orchesterwerken Debussys; schließlich **»Le Chasseur maudit«** von 1882, in der stilistischen Nachfolge Franz Liszts, eine die Ballade *Der wilde Jäger* von Gottfried August Bürger plastisch nachzeichnende Komposition, die in der Verdammung des hochmütig die Felder des leibeigenen Bauern verwüstenden Fürsten zu einem »fliegenden Holländer der Lüfte« gipfelt.
Ungleich bedeutender und auch bei uns aufgeführt stellen sich die **»Variations symphoniques« für Klavier und Orchester** dar, die 1885 in Paris entstanden – Francks ganz eigener Beitrag

zur Gattung der Variation. Anders als traditionell gewohnt, wird hier nicht ein einziges formal geschlossenes Themengebilde mehrfach variiert; der Komponist konfrontiert gleich zu Beginn zwei kontrastierende thematische Elemente miteinander, jedes nur wenige Takte lang und im Klanggegensatz von Orchester und Solo-Klavier gegeneinander abgehoben:

Dieser Beginn erinnert in seiner dialogisierenden Anlage an den Anfang des langsamen Satzes von Beethovens G-Dur-Klavierkonzert. Im weiteren Verlauf werden diese motivischen Bausteine einem ständigen Variationsprozeß unterzogen, der immer wieder den Ausdruckscharakter verändert und dessen großflächige Gliederung unmerklich den Eindruck einer Komposition mit mehreren, ineinander übergehenden Sätzen vermittelt; dabei wird die Ruhepause eines eingeschobenen langsamen Satzes besonders deutlich, mit ihren poetisch-zarten Klaviergirlanden über weichem Streichergrund. Der Klaviersatz ist anspruchsvoll und virtuos, ohne daß sich der Aspekt der Technik über Gebühr in den Vordergrund drängte.

Hierher gehört auch die Sinfonische Dichtung **»Les Djinns«** für Klavier und Orchester (1884) nach einem gleichnamigen Gedicht Victor Hugos. »Djinns« sind orientalische Totengeister, die in gespenstischem Zug im Dämmerlicht an einer schlafenden Stadt vorbeiziehen, klanglich symbolisiert durch einen Trauermarsch, auf den die musikalische Entwicklung allmählich zusteuert, bis sie sich vom Fortissimo-Mittelpunkt aus langsam wieder entfernt. Das viertelstündige Werk fesselt durch seinen zwingend der außermusikalischen Vorlage angepaßten Formverlauf und durch seine instrumentatorischen Details, mit denen programmatische Elemente umgesetzt werden.

Édouard Lalo

* 27. Januar 1823 in Lille
† 22. April 1892 in Paris

Lalo, dessen Vorfahren aus Spanien stammten, studierte zunächst in Lille, seit 1839 in Paris, wo er als Bratscher bekannt wurde. Sein Ruf als Komponist unterlag zu seinen Lebzeiten manchen Schwankungen. Unter seinen zahlreichen Orchester- und Kammermusikwerken gelangte vor allem die »Symphonie espagnole« als eines seiner 4 Violinkonzerte zu Weltruhm; bekannt wurden auch sein Klavier- und sein Cellokonzert.

»Symphonie espagnole« für Violine und Orchester d-Moll op. 21

Entstanden 1873.

1. *Allegro non troppo* – 2. *Scherzando: Allegro molto* – 3. *Intermezzo: Allegretto non troppo* – 4. *Andante* – 5. *Rondo: Allegro.*

Die fast magische Anziehungskraft spanischer Folklore auf französische Komponisten des 19.Jh. zeigt ihre Wirkung ganz besonders in diesem Solo-Konzert aus dem Jahr 1873. Es wurde 1875 in Paris von dem spanischen Meistergeiger Pablo de Sarasate uraufgeführt, der Lalo zur Komposition einer Reihe von ihm selbst gesammelter spanischer Melodien überlassen hatte. Ähnlich wie in Bizets *Carmen* wird das spanische Kolorit in Farbe und Melodik auf raffinierte Weise in die Partitur eingeschmolzen, die ihren unwiderstehlichen Reiz außerdem aus einer virtuosen, farbigen Instrumentierung bezieht, auch aus der Ernsthaftigkeit, mit der immer wieder zumindest ansatzweise sinfonisch im Sinne der Tradition gearbeitet wird. Der Werktitel führt ein wenig in die Irre, denn es handelt sich nicht um eine Sinfonie, sondern um ein Virtuosenkonzert reinsten Zuschnitts, dankbar, weil effektvoll in den solistischen Anforderungen, und zugleich von großer unmittelbarer Eingängigkeit durch die so verständliche Sprache seiner Themen und Rhythmen. Selbst die Abkehr von der traditionellen Dreisätzigkeit des Solo-Konzertes hat hier kaum sinfonische Auswirkungen, eher könnte man von einer zwanglosen suitenartigen Reihung der 5 Sätze sprechen.
Am ehesten genügt der *Kopfsatz* sinfonischen Ansprüchen in seiner phantasievoll frei gehandhabten Sonatensatzform. Ihn prägt das mächtige, ernste Hauptthema:

das nacheinander vom Tutti und vom Solo exponiert wird. Eher spielerisch unterhaltenden Charakter haben danach die 3 Mittelsätze, zunächst das vielgestaltige G-Dur-*Scherzando* mit seinen metrischen Akzentverschiebungen und seinen orchestralen Pizzicato-Passagen, danach das habanera-artige a-Moll-*Intermezzo* mit seinem Schwanken zwischen Triole und Zweierbewegung, wie das Scherzando gespickt mit geigerischen Tücken, schließlich das dunkel getönte und mit einem Blechbläserchoral einsetzende *Andante*, ein schwermütiger langsamer Satz. Glanzvoller Höhepunkt des virtuosen Feuerwerks ist das Final-*Rondo*, das sich endgültig nach D-Dur wendet und seinen ausgeprägten Rondo-Charakter von seinem ständig präsenten »ohrwurmhaft« wiederholten Hauptthema erhält:

Es enthält in allen Farben funkelnde Orchesterpassagen mit wirkungsvollen Schlagzeugeinlagen und einen wie ein Tango daherkommenden Mittelteil.

Das **Konzert für Violoncello und Orchester d-Moll** entstand 1876 in Paris, ist 3sätzig angelegt und mit seiner dezent herausgekehrten Virtuosität viel eher als sinfonisch zu bezeichnen. Dem bewegten Kopfsatz (*Allegro maestoso*) geht eine kurze *Lento*-Einleitung voraus, die trotz ihrer latent rezitativischen Anlage unauffällig motivisch mit dem kommenden Hauptteil verknüpft ist. Ungewöhnlich ist die Form des Mittelsatzes, dessen langsames Grundtempo (*Andante con moto*) zweimal durch bewegte Abschnitte unterbrochen wird. Dem abschließenden *Rondo* ist wiederum eine Einleitung (*Andante*) vorangestellt.
1888 entstand das **Klavierkonzert f-Moll**, das ebenfalls kein ausgeprägtes Virtuosenkonzert ist. Seine 3 Sätze nach traditioneller Reihung sind thematisch-motivisch miteinander verbunden, wobei das zentrale *Lento* den empfindsamen Ruhe-

punkt bildet. Originell ist die Formanlage des Finalsatzes, eines Sonatensatzes ohne motivisch abgeleitete Durchführung, an deren Stelle ein neuer Mittelteil tritt, so daß sich der Eindruck liedförmiger Dreiteiligkeit einstellt.
Die »**Rhapsodie norvégienne**« für Orchester (1879) basiert auf Lalos *Fantaisie norvégienne* für Violine und Klavier (1878), die er auf Anregung Sarasates komponierte und für die er eingängige norwegische Themen verwendete. Das effektvolle Werk ist 3teilig (*Andantino – Allegretto – Presto*) und glänzt in farbig leuchtender, virtuoser Instrumentierung.
Aus »**Namouna**«, einer Ballettkomposition (1882), hat Lalo 2 selbständige Suiten zusammengestellt. Jede der Suiten ist 5sätzig in locker abwechslungsreicher Reihung voll orchestraler Effekte; 3 weitere Sätze erschienen einzeln.

Bedřich Smetana

* 2. März 1824 in Leitomischl (Böhmen)
† 12. Mai 1884 in Prag

Der Pianist Smetana leitete 1848–56 eine eigene Musikschule in Prag, ehe er auf Empfehlung Franz Liszts zum Leiter der Philharmonischen Konzerte in Göteborg berufen wurde. 1861 kehrte er nach Prag zurück, wirkte als Musikkritiker und Chorleiter, seit 1866 als Kapellmeister am Tschechischen Nationaltheater. Ein Gehörleiden, das zur Ertaubung führte, zwang ihn 1874 zur Aufgabe aller Ämter, nach 1880 kamen Anzeichen einer geistigen Krankheit hinzu, an der er starb.

Von seinen Werken ist die Sinfonische Dichtung *Die Moldau* aus dem Zyklus *Mein Vaterland* besonders populär. Mit solchen Kompositionen, vor allem aber mit seinen Opern über Ereignisse der tschechischen Geschichte wurde er zum Begründer einer tschechischen Nationalmusik, ohne je folkloristische Themen seiner Heimat direkt musikalisch verwendet zu haben.
Den ersten Sinfonischen Dichtungen ist der Einfluß des

Vorbildes und Förderers Liszt in der Konzeption und in manchen Einzelheiten anzumerken. **»Richard III.«** von 1858, also aus seiner Göteborger Zeit, folgt ganz dem Lisztschen Modell der einsätzigen Sinfonischen Dichtung. Das Stück porträtiert die schillernde Persönlichkeit des Königs sowie seine Kontrahenten. **»Wallensteins Lager«** (1858/59), 4teilig durchkomponiert, gibt ein facettenreiches Stimmungsbild einzelner Szenen aus dem soldatischen Lagerleben, frei nach Schillers Drama; erstmals sind böhmische Anklänge in der Musik, vor allem in ihren tänzerischen Teilen, zu hören. Dagegen geht **»Hakon Jarl«** aus dem Jahre 1861 auf einen historischen skandinavischen Stoff zurück.

»Má vlast« (»Mein Vaterland«)

Entstanden zwischen 1874 und 1879.

1. *Vyšehrad* – 2. *Vltava* (*Die Moldau*) – 3. *Šárka* – 4. *Z českých luhů a hájů* (*Aus Böhmens Hain und Flur*) – 5. *Tábor* – 6. *Blaník*.

Das Konzept eines 6teiligen sinfonischen Zyklus reifte erst im Laufe der Entstehungsgeschichte. Der Plan einer *Moldau*-Komposition reicht bis 1867 zurück, 1874 kam er zur Ausführung, gleichzeitig mit *Vyšehrad*. *Šárka* und *Aus Böhmens Hain und Flur* folgten 1875. Mit *Tabór* und *Blaník* schloß Smetana 1878/79 den Zyklus unter dem Titel *Mein Vaterland* ab. Die Uraufführungen der einzelnen Teile zwischen 1875 und 1880 sowie des gesamten Zyklus am 5. November 1882 in Prag konnte der Komponist wegen seines Leidens nicht mehr wirklich miterleben. Bemerkenswert an dieser Musik ist ihre gattungsgeschichtliche Eigenständigkeit. Das Vorbild Liszt ist längst überwunden; dessen Orientierung am klassischen Sonatensatzmodell ist aufgegeben zugunsten eines jeweils eigenen formalen Ablaufs, der sich an der literarischen Vorlage orientiert, ohne ihr äußerlich imitierend zu folgen. Die ausformulierten Programme verfaßte Vačlav V. Zelený nach Ideen des Komponisten. Wie in seinen großen Opern schuf Smetana in den Sinfonischen Dichtungen Musik von großer Originalität, wobei der folkloristische Einfluß seiner böhmischen Heimat zwar ständig präsent ist, jedoch nie imitiert oder zitiert wird. Der tschechische Nationalstil, der sich hier manifestiert, ist vielmehr charakterisierbar als Synthese aus folkloristischen Anregungen und der westeuropäischen Musiktradition.

Daß in unseren Konzertprogrammen *Má vlast* selten ganz

zu hören ist, liegt weniger an der qualitätvollen Musik als am engen Bezug der Stücke zu Orten und Ereignissen der tschechischen Geschichte. *Die Moldau* hat zweifellos das eingängigste und farbigste Programm und ist damit gleichsam international am ehesten verständlich. Die 6 Teile sind nicht nur programmatisch, sondern auch musikalisch miteinander verknüpft. So erklingt das Nr. 1 prägende Vyšehrad-Thema

jeweils am Schluß von Nr. 2 und 6 wieder; und die beiden letzten Stücke basieren auf einem alten Hussitenchoral. Jeder Teil kann jedoch auch für sich allein stehen, ist formal selbständig. Das große hochromantische Sinfonieorchester ist durchgehend mit je 2fachen Holzbläsern und zusätzlicher Piccoloflöte, mit 4 Hörnern, 3 Posaunen und Tuba sowie Pauken besetzt; als besonderer Effekt sind die Violoncelli immer geteilt. Nach Bedarf treten im Schlagzeug noch Becken, Triangel und große Trommel hinzu, in *Vyšehrad* außerdem 2 Harfen.

1. *Vyšehrad*

»Der Dichter hört beim Anblick des Vyšehrader Felsens im Geiste die Klänge der Leier des sagenhaften Sängers Lumir.
Vor seinen Blicken erhebt sich der Vyšehrad im Glanze seiner glorreichen Vergangenheit wieder. Auf dieser Hochburg, wo der Thron der Herzöge und Könige aus dem Geschlechte der Přemysliden stand, versammelte sich die Ritterschar ... Die Feste dröhnte in ihren Gründen vom Tritt der einziehenden Krieger und ihrem Triumphgesang.
Bald sieht der Dichter aber den Untergang der alten Glorie. Wilde Kämpfe wüten, und die herrlichen Hallen des Königssitzes zerfallen in Schutt und Trümmer.
Auch diese gewaltigen Stürme verstummen. Der Vyšehrad steht öde und verlassen da, ein Bild vergangenen Ruhmes.
Aus seinen Ruinen hallt klagend das Echo des längst verstummten Saitenspiels Lumirs nach.«
Dieser Satz ist fast monothematisch angelegt, denn auf dem Thema mit seinem charakteristisch abgesetzten ersten Ton basiert die gesamte musikalische Entwicklung, wobei es sich als äußerst wandlungsfähig herausstellt: ob es nun die prächtige

Vyšehrad-Burg über Prag versinnbildlicht oder zur Darstellung von Festen und Schlachten herhalten muß. Als Prä- und Postludium rahmen die Harfenklänge des mythischen Sängers Lumir die Komposition ein.

2. *Vltava (Die Moldau)*

»Zwei Quellen entspringen im Schatten des Böhmerwaldes ... Ihre lustig dahinrauschenden Wellen vereinigen sich und erglänzen in den Strahlen der Morgensonne. Der Waldbach wird zum Flusse Vltava, welcher, immer weiter durch Böhmens Gaue dahinfließend, zu einem gewaltigen Strom anwächst. Er fließt durch dichte Waldungen, in denen das fröhliche Treiben einer Jagd hörbar wird ..., er fließt durch wiesenreiche Triften und Niederungen, wo unter lustigen Klängen ein Hochzeitsfest mit Gesang und Tanz gefeiert wird. In der Nacht belustigen sich die Wald- und Wassernymphen beim Mondscheine auf den glänzenden Wellen, in denen sich die vielen Bergfesten und Schlösser als Zeugen vergangener Herrlichkeit abspiegeln. In den Johannisstromschnellen braust der Strom, durch die Katarakte sich windend. Er bahnt sich mit Gewalt, mit schäumenden Wellen den Weg durch die Felsenspalte in das breite Flußbett, in welchem er mit majestätischer Ruhe gegen Prag weiter dahinfließt, bewillkommt vom altehrwürdigen Vyšehrad, worauf er in weiter Ferne den Augen des Dichters entschwindet ...«
Die Sinfonische Dichtung ist eine musikalisch abwechslungsreiche Bilderfolge mit leichten Rondo-Ansätzen. Musikalische Klammer ist dabei das beschwingt fließende Moldau-Thema:

dessen erstes volles Erklingen zugleich die Vereinigung der beiden Quellflüsse symbolisiert, die zuvor in den verschlungenen Linien der Flöten und Klarinetten zu hören sind; die Waldjagd mit Hornsignalen aus allen Richtungen schließt sich an, gefolgt von der böhmisch stampfenden Bauernhochzeit im Polka-Rhythmus. Stärksten Kontrast hierzu bildet der nächtliche Nymphenreigen, ein Stimmungsbild in zartesten romantischen Orchesterfarben, dem wiederum als kräftiger Aufschwung und zugleich als rondoartige Wiederkehr das breit dahinströmende Moldau-Thema folgt – der Fluß ist nun gleichsam erwachsen geworden, bricht sich effektvoll mit aufgesetzten Becken-Glanzlichtern an den St.-Johann-Stromschnellen und nähert sich schließlich Prag und der Burg Vyšehrad, erkenntlich am Zitat ihres Themas aus der 1. Sinfonischen Dichtung.

3. *Šárka*

In *Šárka* geht es äußerst blutrünstig und dramatisch zu: Aus enttäuschter Liebe rächt sich die Amazone Šárka an allen Männern, indem sie den Ritter Ctirad, der eine tiefe Leidenschaft zu ihr gefaßt hat, samt seinem Gefolge in einen Hinterhalt lockt, die Männer mit einem Zaubertrank berauscht macht, in tiefen Schlaf fallen und dann von ihrem Amazonengefolge grausam niedermetzeln läßt. Die sehr abwechslungsreiche Komposition enthält neben den dramatischen auch einige zarte und idyllische Passagen in fein abgestuften solistischen Holzbläserfarben zur Schilderung von Ctirads Liebesgefühlen zur Amazone, die sie für ihn zunächst heuchelt, später ebenfalls fühlt. Doch ihre aufkeimende Neigung wird durch die lärmende Mordszene brutal niedergemacht.

4. *Z českých luhů a hájů (Aus Böhmens Hain und Flur)*

»Das Herz jubelt vor Freude ob der Schönheit des Böhmerlandes, dessen gesegnete Auen sich dem Blicke bis fern an den Horizont weiten. Ein leichtes Lüftchen säuselt im Haine, von fernher nähern sich die Klänge eines ländlichen Festes, bis die ganze Flur von Tanz und Gesang erschallt.«
Das mosaikartig gefügte romantische Stimmungsbild von hohem atmosphärischen Reiz beginnt mit einer gleichsam vibrierenden Naturstimmung in dichter Streicher- und Holzbläserfiguration, die metrisch verwirrend den 2/4-Takt überlagert:

Im weiteren Verlauf ist ein überaus originelles Fugato der gedämpften Streicher hervorzuheben, in das mehrmals eine weiche Bläsermelodie eingeblendet wird; etwas später bestätigt eine deftige Polka die folkloristische Bodenständigkeit.

5. *Tábor* – 6. *Blaník*

Beide Sätze bilden eine inhaltliche und musikalische Einheit: Auf die Hussitenkriege bezogen, sind sie durch die – erstmals am Ende von *Tábor* vollständig zitierte – Choralmelodie »Die ihr Gotteskämpfer seid« miteinander verbunden:

Tábor ist eine unruhige Schlachtenmusik, die, ähnlich wie *Vyšehrad*, fast monothematisch oder besser: mono-rhythmisch gestaltet ist. Motivische Keimzelle des ganzen Stückes ist nämlich der markante Anfangsrhythmus des Chorals, der vom 3. Takt der spannungsvollen, chromatisch abwärts gewendeten Einleitung an weite Teile der Komposition prägt. Geschildert wird die Zusammenkunft der Hussiten im Kriegslager Tábor zum Kampf für ihren Glauben und ihr Land, nachdem Hus als Ketzer verbrannt worden ist. Auch *Blaník* beginnt mit dem Rhythmusmotiv des Chorals. »Blaník« heißt der Berg des Friedens, er ist die Ruhestätte der unterworfenen hussitischen Krieger, die auf den neuerlichen Waffenruf der Heimat warten; darauf bezieht sich der liedhafte Choralbeginn. Eine zarte Hirtenszene mit schalmeihaften Oboen- und Klarinettenmelismen beschreibt die Berglandschaft und bildet zugleich den extremen Kontrast zur folgenden Kriegsszene, wenn die Krieger aus dem Schlaf erwachen und die tschechische Nation zur Auferstehung führen. Hussitenchoral und Vyšehrad-Thema zeigen den Sieg an.

»Prager Karneval«. Introduktion und Polonaise komponierte Smetana im Jahr vor seinem Tod (1883), als Teile einer geplanten Tanzsuite für großes Orchester in der erweiterten Besetzung mit Triangel, Becken, kleiner und großer Trommel.

Anton Bruckner

* 4. September 1824 in Ansfelden (Oberösterreich)
† 11. Oktober 1896 in Wien

Bruckner stammt aus einer Familie von Bauern, Handwerkern und Lehrern. Nach frühem Verlust der Eltern wurde er 1837 Singknabe am Stift St. Florian. Ab 1840 besuchte er in Linz die Lehrerpräparandaranstalt. Über mehrere Stationen kehrte er 1845 als Hilfslehrer nach St. Florian zurück, wo er 1850 Stiftsorganist wurde. Mit der Übernahme der Organistenstelle am Linzer Dom begann 1855 seine eigentliche Musikerlaufbahn. Kompositionsunterricht erhielt er zu dieser Zeit bei Simon Sechter und anderen in Wien, nach jahrelangen autodidaktischen Bemühungen. Bruckner wurde zum glühenden Verehrer Richard Wagners, besonders durch das Erlebnis der Münchner Aufführung von »Tristan und Isolde« 1865; Bayreuth-Besuche vertieften seine Verehrung. 1868 übernahm er eine Kompositionsprofessur am Konservatorium in Wien. Gleichzeitig wirkte er seit 1875 als Lektor an der Universität, die ihn 1891 mit der Ehrenpromotion würdigte. Als Organist, vor allem auch als Improvisator auf der Orgel berühmt, unternahm Bruckner weite Konzertreisen, u. a. nach Paris und London. Seine sterblichen Überreste ruhen im Stift St. Florian.

Bruckners Weltruhm beruht in allererster Linie auf seinen 9 Sinfonien. Mit ihnen führte er – als gleichrangiger und so ganz andersartiger Zeitgenosse von Johannes Brahms – diese zentrale Gattung des 19. Jh. zu ihrem vorletzten gewaltigen Höhepunkt (vor Mahler). Jener unselige, seinerzeit erbittert geführte Parteienstreit, in dem Bruckner an die Seite Liszts und Wagners gestellt und gegen seinen Willen zum Kontrahenten von Brahms gestempelt wurde, gehört der Vergangenheit an. Heute lassen sich übergeordnete Gemeinsamkeiten der beiden Sinfoniker besser erkennen und würdigen, ohne daß man deshalb die Stilunterschiede übersehen müßte; beide rangen lebenslang mit der Last des sinfonischen Erbes, das vor allem Beethoven hinterlassen hatte, setzten sich mit den strukturellen Problemen des Sonatensatzes und seiner zyklischen Einordnung auseinander, und beide bezogen, jeder auf seine Weise, Kompositionsprinzipien früherer Epochen ein, vor allem die Setzweise des Kontrapunktes. Bemerkenswerte Unterschiede aber sind schon in den Dimensionen der Sinfonien festzustellen. Bruckner brachte den Zyklus der Sätze auf nahezu die doppelte zeitliche Länge; seine Harmonik nähert sich mit ihren chromatischen Ausweitungen jener Richard Wagners, und seine melodische Erfindungskraft führte zu völlig anderen Eingebungen. Oft, besonders an Satzanfängen, scheinen sich die Themen erst allmählich zu konstituieren, als ob Bruckner den Hörer am Geburtsprozeß teilnehmen lassen wollte. Zeugnisse eines langen und von Skrupeln begleiteten Schaffensprozesses sind die verschiedenen Fassungen mancher Sinfonien; man kann sie auch als Selbstzeugnisse Bruckners verstehen, einer zutiefst unsicheren und deshalb von den wohlmeinenden wie den bösartigen Kritiken an seiner Musik gleichermaßen abhängigen Künstlerpersönlichkeit. Solche Fassungen stammen überwiegend vom Komponisten selber, der sie allerdings häufig nur widerstrebend und unter Druck von außen (etwa durch den Dirigenten Franz Schalk) vornahm. Großes Verdienst bei der akribischen Aufspürung und Rekonstruktion der diversen Fassungen hat sich die Bruckner-Forschung, allen voran die wesentlichen Herausgeber der Gesamtausgabe Robert Haas und Leopold Nowak, erworben.

Das Œuvre Anton Bruckners enthält nach üblicher Zählung 9 Sinfonien. Diesem gewaltigen Werkgebäude stehen jedoch 2 ungezählte Sinfonien voran, die man zumindest aus gattungsgeschichtlichem Interesse nicht ganz übergehen sollte. Bruckner komponierte seinen Erstling, eine 4sätzige **f-Moll-Sinfonie**, in Linz, unter der Aufsicht seines dortigen Kompositionslehrers Otto Kitzler, im Jahre 1863, also an der Schwelle zu seinem 5. Lebensjahrzehnt. Die 4 Sätze, die der traditionellen Reihenfolge und Tempocharakteristik folgen, sind von unterschiedlicher Qualität und zeigen auch in unterschiedlicher Weise bereits typische Merkmale des Brucknerschen Personalstils; zugleich beweisen sie, ohne direkt epigonal zu wirken, Bruckners gründliche Kenntnis seiner romantischen Vorläufer auf dem Gebiet der Sinfonik. Der lebhafte Kopfsatz (*Allegro molto vivace*) wird in auffälliger Weise durch ein in sich höchst kontrastreiches Hauptthema geprägt: Nach dem Pianissimo-Beginn der Violinen antwortet unvermittelt ein Fortissimo des ganzen Orchesters. Zum ausdrucksstarken Mittelpunkt des ganzen Werkes wird der folgende langsame Satz (*Andante molto*, Es-Dur), der unter allen 4 Teilen der Sinfonie am weitesten in die kompositorische Zukunft Bruckners verweist. So hat das gleichsam seufzend sich hinaufquälende Hauptthema unverwechselbar individuelles Profil, vor allem auch in seiner dicht gefügten, klangvollen Setzweise der Streicher; und die Behandlung der drei Instrumentengruppen Holz, Blech und Streicher geschieht auf ebenso eigenwillige wie überzeugende Weise, ob alternierend einzeln oder miteinander verknüpft. Dagegen fallen das ungewohnt kurze *Scherzo* und das recht konventionelle *Finale* qualitativ ab.

Bei der im Jahr darauf, 1864, ebenfalls in Linz fertiggestellten **Sinfonie in d-Moll** behilft man sich mit der ungewöhnlichen Numerierung als »Nullte«, die auf Bruckners eigene, mit einer »0« ergänzten Notiz im Manuskript: »verworfen, ganz ungiltig, annulliert, nur ein Versuch«, zurückgeht. Wie das f-Moll-Werk wurde diese Sinfonie erst 1924 uraufgeführt; sie hat sich bis heute keinen festen Platz im Konzertrepertoire sichern können. Über weite Passagen wird hier bereits unverwechselbar ein Brucknerscher Tonfall angeschlagen. Bedeutendster Satz ist das *Scherzo* mit seiner bisweilen fast bizarren Thematik im Hauptteil und dem dazu im melodisch schmeichelnden Kontrast stehenden *Trio*. Aber auch in den 3 übrigen Sätzen gibt es eine Fülle von Details, die auf die kommenden Meisterwerke vorausweisen. So erklingen im eröffnenden *Allegro*, im B-Dur-*Andante* und im vielgestaltigen *Finale* immer wieder choralartige Wendungen, es kommt zu gelegentlich blockhaft in der Instrumentation voneinander abgesetzten Phasen, und besonders im Schlußsatz gehört die Polyphonie bereits zum konstituierenden Bestandteil des Kompositionsprozesses. Im Finale gliedert Bruckner den Formablauf markant dadurch, daß er die langsame Einleitung noch einmal zwischen Exposition und Durchführung wiederholt.

Die uns bekannte Version der d-Moll-Sinfonie ist bereits eine vom Komponisten überarbeitete Fassung, die 1869, also nach der Komposition der folgenden 1. Sinfonie, entstanden ist; die Urfassung ist verschollen. Mit dieser Umarbeitung beginnt eines der spannendsten, verwirrendsten und umstrittensten Kapitel der musikwissenschaftlichen Quellenforschung, zugleich auch eines der größten Probleme der Aufführungspraxis für die Musik des 19. Jh.: die Frage nach »der« authentischen Fassung letzter Hand, die sich erweitert zur Frage nach den Bearbeitungen der Bruckner-Sinfonien von fremder Hand, denn mehr oder weniger wohlmeinende Dirigenten haben immer wieder – um Bruckners neuartige Musik den Hörgewohnheiten des Publikums oder der eigenen Bequemlichkeit anzupassen – Änderungen in der Instrumentation oder Kürzungen vorgenommen (manche sind heute noch und selbst in prominenten Aufführungen zu hören). Hier ist es das Verdienst von Forschern wie Robert Haas und vor allem Leopold Nowak, im Rahmen der Bruckner-Gesamtausgabe so weit wie möglich philologische Klarheit geschaffen und hinreichend gesicherte Notentexte vorgelegt zu haben.

1. Sinfonie c-Moll

Entstanden 1865/66, 2. Fassung 1877, 3. Fassung 1890/91. –
UA: 9. Mai 1868 in Linz.
1. *Allegro* – 2. *Adagio* – 3. *Scherzo: Schnell* – 4. *Finale: Bewegt, feurig.*

Bruckners »offizielle« Erste spielt im heutigen Konzertleben eine durchaus unverdiente Nebenrolle, zeigt sie doch bereits in allen wesentlichen Merkmalen die Hand des sinfonischen Meisters. In ihrer Erfindungskraft besonders originell und kühn, äußert sie den Mut zu Neuem, Unerhörtem sogar ausgeprägter und eindrucksvoller als die Folgewerke. Bruckners Erste ist eine Pioniertat, sie weist über sich selbst und ihren Komponisten hinaus bereits auf Mahler und den Anfang des 20. Jh., »'s kecke Beserl« hat sie Bruckner selbst genannt. »Keck«, mutig im Sinne der Befreiung von Traditionen ist, neben manch Neuartigem und Unbekümmertem in der Instrumentation, vorrangig Bruckners Umgang mit der hauptsächlich von Beethoven übernommenen Sonatensatzform: Sie bleibt in ihren wesentlichen Teilen und Prinzipien zwar erhalten, erfährt jedoch eine sehr eigenwillige Ausweitung und Weiterführung, ungewohnte harmonische und metrische Reibungen und Rauheiten eingeschlossen. Manche Eigenheit, vor allem einige von der gewohnten periodischen Regelmäßigkeit abweichende Passagen änderte Bruckner bereits 1877, weil sie Kritik hervorgerufen hatten, also noch vor der grundlegenden Überarbeitung 1890/91 (neben weiteren Detailkorrekturen 1884 und 1889). Heute wird in Aufführungen die frühe »Linzer« Fassung bevorzugt, als die ursprünglichere und originellere.
Noch ohne Brucknerschen »Urnebel«, dafür über der latenten Drohung eines unerbittlichen Marschrhythmus, erklingt das motivisch kleingliedrige, von pausendurchsetzter Punktierung geprägte Hauptthema gleich zu Beginn des *Kopfsatzes*:

Abspaltung und Reihung des rhythmischen Kernmotivs führt zu einer ersten dynamischen Steigerung. Im schulmäßigen parallelen Es-Dur singen die beiden Violinen sodann das kantable 2. Thema, vor dessen Wiederholung, Umfärbung und Weiterführung Oboe und Klarinette 4½ Takte lang ein halbtaktiges Motiv ostinatohaft flächig aneinanderreihen, als erste einer Reihe von geradezu experimentell anmutenden, klanglich kühnen und jeweils motivgeprägten Stellen. Auch im weiteren Verlauf der Exposition spielen die Reihung und Steigerung des punktierten Kopfmotivs eine wesentliche Rolle; sie kulminieren in der Aufstellung des mächtigen 3. Themas in den Posaunen, als einer Vergrößerung ebendieser Punktierung. Hier konstituiert sich also zum ersten Mal ein solches 3. Thema, wie es fortan in den Sonatensatzexpositionen Bruckners typisch sein wird. Die ausladende Durchführung beschäftigt sich in konsequenter Weiterführung der Ansätze aus der Exposition vorrangig zunächst mit dem 3. Thema und wird durchzogen von einer ständig flirrenden, pausendurchsetzten Zweiunddreißigstel-Bewegung der Streicher, die schon in der Exposition das Posaunenthema begleitet hat. Sie verstummt zunächst auch nicht, wenn gleichzeitig bereits, über einen Vorhalt eingeleitet, die Auseinandersetzung mit dem 1. Thema beginnt. Dieses wiederum wird quasi verunsichert durch eine neu hinzutretende, sich auf und ab windende Sextolenbegleitung. Die Reprise verläuft danach weitgehend als harmonisch zur Tonika veränderte Wiederholung der Exposition, wobei am Ende zwei für Bruckner typische Steigerungswellen mit ostinaten Motivreihungen durch Fermaten gestaut werden.

Grüblerisch, düster, verhangen beginnt das 3teilige f-Moll-*Adagio*, mit einem befremdlichen Thema aus seufzenden Einzelmotiven ohne jeden Ansatz zu periodischer Regelmäßigkeit. Erst nach 20 Takten kristallisiert sich andeutungsweise melodisches Fließen heraus; es mündet in eine innige B-Dur-Violinkantilene über triolisch wogendem Streichersatz, die sich zu einer emphatischen Tutti-Steigerung ausweitet. Faßlicher, sozusagen diesseitiger, hebt sich der belebtere *Andante*-Mittelteil davon ab. Sein melodischer Fluß wird von den häu-

fig oktavierten Violinen angeführt und steigert sich mehrfach leidenschaftlich. Die Wiederkehr der Elemente aus dem 1. Teil erscheint danach längst nicht mehr so kraß und schroff, sondern milder und verbindlicher, weil sie sich mit den Violinfiguren des Mittelteils verbinden. Nach einer letzten hymnischen Steigerung verklingt dieser singuläre und harmonisch kühne Satz in weihevollen Dreiklangbrechungen der hohen Bläser und tiefen Streicher.
Fast brutal und grob bricht in diese Idylle das *Scherzo* mit seinen in überraschender Unregelmäßigkeit gefügten kontrastierenden Blöcken ein; sein Mittelteil bringt durchführungsartige Motivweiterführungen in wechselnden Instrumentalfarben; eine lärmende Schlußsteigerung beendet den g-Moll-Sturmlauf. Um so friedlicher gibt sich das deutlich langsamere G-Dur-*Trio* mit seinen romantischen Hornrufen in eher behäbig-gemütlichem Menuettstil. Nach der Wiederkehr des Scherzos weitet sich die Schlußsteigerung in einer mächtigen Coda aus.
Das ebenfalls in Sonatensatzform komponierte *Finale* hält zwar nicht ganz die Höhe der 3 vorangehenden Sätze, ist aber gleichwohl sehr effektvoll und vielfarbig angelegt. Es gibt wieder 3 Themen in der Exposition, von denen das zweite, ebenfalls in der Grundtonart erscheinende mit seinen Trillern ein gewisses spielerisches Element einführt, nach dem auftrumpfenden Anfang des Satzes. Dieses anfangs eher beiläufige Trillermotiv beginnt sich dann im zweiten Teil der Durchführung fast zu verselbständigen und weitet sich zu einem aparten, zartromantischen Klangbild aus, das dann umschlägt in kontrapunktische Ernsthaftigkeit, das Trillermotiv und Elemente des Hauptthemas verknüpfend. Aus ihm kristallisiert sich ein absteigender Tonleiterausschnitt heraus und verselbständigt sich seinerseits, in gewaltiger Steigerung in die demonstrative Reprise mündend.

2. Sinfonie c-Moll

Entstanden 1871/72, weitere Fassungen und Revisionen 1875/76, 1877 und 1892. – UA: 26. Oktober 1873 in Wien.
1. *Moderato* – 2. *Andante. Feierlich, etwas bewegt* – 3. *Scherzo: Mäßig schnell* – 4. *Finale: Mehr schnell.*

Die Wiener Philharmoniker, denen Bruckner seine Zweite ursprünglich widmen wollte, lehnten das Werk 1872 »wegen Unspielbarkeit« zunächst ab; die Uraufführung im folgenden

Jahr unter der Leitung des Komponisten wurde dann jedoch zum gewaltigen Erfolg. Zu Beginn erklingt nun erstmals jene vibrierende Klangfläche im Streicherkörper – der Brucknersche »Urnebel« –, aus dem heraus sich die thematische Gestalt entwickelt. Bereits im 3. Takt intonieren die Celli seine Substanz, eine Folge von ab- und aufsteigenden Sekundschritten, die für die gesamte Sinfonie von großer Bedeutung wird. Und wenig später, in Takt 20, ertönt in der Trompete ein charakteristischer Rhythmus, halbtaktig in duolische und triolische Punktierung geteilt, der ebenfalls weite Teile des Werks prägt und zugleich so etwas wie ein Urmotiv Bruckners überhaupt werden sollte:

Es spielt vor allem auch bei großen Tutti-Steigerungen eine wichtige Rolle, so etwa gleich anschließend, vor der ersten der zahlreichen Generalpausen dieser Sinfonie, die den Hauptsatz vom Seitensatz trennt. Dieser setzt nicht mit dem 2. Thema selber ein, sondern mit seiner weiträumig pendelnden, sanften Bewegung in der 1. Violine, der sich 2½ Takte später die eigentliche Melodie der Celli entgegenstellt. Die Tonart Es-Dur entspricht als Parallele von c-Moll der Tradition. Wenig später intonieren die Streicher unisono ein energisches Motiv, das zum Bewegungsmotor längerer Entwicklungsphasen wird

und sich gleichzeitig im Verein mit dem punktierten Rhythmus hervorragend als wirkungsvolles Steigerungselement einsetzen läßt: Die dynamische Entwicklung baut sich im Tutti bis zum Fortissimo auf und wird überdies durchzogen von einer langsamen Trillerfigur der 2. Violinen in kleinen Sekunden. Kurz vor dem Ende der Exposition taucht noch ein 4. thematischer Gedanke auf, eine ausdrucksvolle Wendung mit charakteristischem Doppelschlag und emphatischem Sextaufschwung in den alternierenden Holzbläsern. Im Verlauf der spannenden Durchführung werden wesentliche motivischthematische Elemente weitergeführt und kombiniert: Das dramatische Seufzermotiv vom Beginn wird bald von Trompete und Posaune enggeführt, über triolischen und Tonleiterfiguren des Streicherapparates; ferner das Unisono-Motiv, das vergrößert und bald auch bis zur Oktave gespreizt wird, die Begleitung des Seitenthemas und auch das Rhythmusmotiv. In der Reprise erscheint das 1. Seitenthema jetzt in der Dur-Variante der Tonika, und zur Weiterführung des Unisono-Motivs und des gleichzeitigen Rhythmuselementes wandelt sich in der 2. Violine der Sekundtriller zum kreisenden Doppelschlag – in dieser Form wird er dann auch das Finale einleiten! Vor den schmetternden Stretta-Schluß der Coda schieben sich unerwartet fast rezitativisch und still wenige Takte des Hauptthemas, gleichzeitig in Cello und Klarinette, in Umkehrung und Grundform.

Mit *Andante* bezeichnet Bruckner den ausdrucksschweren langsamen Satz (As-Dur) – die Metamorphose dieser Tempovorschrift zu wirklicher Langsamkeit ist endgültig vollzogen! Die Form folgt nicht dem Sonatensatzmodell, sondern verbindet Rondo- und Variationsaspekte. Zwei Themen kehren mehrfach wieder in jeweils abgewandelter Begleitfiguration: ein erstes breit strömendes im Streicherklang vorgestellt, ein zweites ist dem Horn vorbehalten. Nach einigen stockend verstummenden, wiederum von der Geste der kleinen Sekunde geprägten Takten erklingt über triolisch wogender Streicherbegleitung im Bläsersatz ein Zitat aus Bruckners 3., der f-Moll-Messe, die im Jahr 1872 uraufgeführt wurde. Die zart verklingenden As-Dur-Schlußtakte wenden sich ganz nach innen, wie eine Gebärde der Stille, mit einem Duett von Flöte und Solo-Violine.

Das c-Moll-*Scherzo* läuft völlig ohne Wiederholungszeichen durch; es wird geprägt durch einen lapidar-derben Rhythmus, der latent auf das Scherzo der 9. Sinfonie vorausweist (♫ ♩♩ | ♩♩𝄽). Im Themenkopf steckt zugleich wieder das Element der kleinen Sekunde, ebenso wie im volkstümlich sich über die Sexte hinauf- und hinabschwingenden Thema des *Trios*.

Der Beginn des *Finales* ist ein richtiger »Anlauf«, motorisch von jener kleinen Drehfigur aus dem Kopfsatz (vgl. Notenbeispiel S. 397 unten) angetrieben und alsbald in mächtig auftrumpfendem Tutti kulminierend. Ein zweiter »Anlauf« bereitet statt dessen die Wendung zum überraschenden A-Dur des Seitensatzes vor. Dieser hat unüberhörbare Verwandtschaft zur Parallelstelle des Kopfsatzes: Wieder setzt zunächst die begleitende Gegenstimme ein, und wieder schwingt sie in weichen Sexten aus. Nach sanftem Verklingen kehrt unvermutet ein zweites Mal der Tutti-Block aus den Anfangstakten wieder, der jetzt in einem stürmischen solistischen Lauf der Bässe und Celli weitergeführt wird und nach kurzer Zäsur in einer weiteren Steigerung das Rhythmusmotiv aus dem Kopfsatz bringt (vgl. Notenbeispiel S. 397 oben). Das schmetternde C-Dur bricht abrupt ab, und nun erklingt im trugschlußartig angesetzten Des-Dur ein zweites Zitat aus der f-Moll-Messe, in seiner weichen Färbung und metrisch verlangsamten Bewegung wie eine Geste aus einer anderen, jenseitigen Welt. Apart nachklappende Achtel in Klarinette und Flöte leiten zur komplexen Durchführung über, die sich motivisch-thematisch und in kunstvoller Kombinatorik mit Elementen der Exposition auseinandersetzt: zunächst mit der kreisenden Sekundbewegung und auch sofort und unerwartet mit dem chromatischen Kopf des Hauptthemas aus dem 1. Satz, das sich auf einmal als Vergrößerung des Drehmotivs zu erkennen gibt:

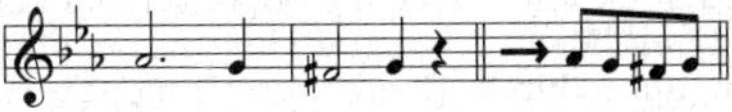

dann vor allem auch mit der Gegenstimme zum Seitenthema, dessen einzelne Takte sich verselbständigen und schließlich im taktweisen Wechsel zwischen Holzbläsern und Streichern alternieren. Am Ende des Satzes, nach den gewaltigen Steigerungsblöcken der Reprise und nach einer Generalpause, erklingt noch einmal wie eine Einblendung der Beginn des Kopfsatzes – ein weiterer energischer Schritt zur zyklischen Abrundung der sinfonischen Großform. Eine lärmende Stretta beschließt den Satz mit dem triumphierenden Rhythmusmotiv.

3. Sinfonie d-Moll

Entstanden 1872/73, 2. Fassung 1876/77, 3. Fassung 1888/89; Revisionen 1874 und 1890. – UA: 10. Dezember 1877 in Wien.

1. *Mäßig bewegt* – 2. *Adagio quasi andante* – 3. *Scherzo: Ziemlich schnell* – 4. *Finale: Allegro.*

Seit 1872 ist die damals noch unvollendete Sinfonie Richard Wagner, »dem unerreichbaren, weltberühmten und erhabenen Meister der Dicht- und Tonkunst«, zugedacht gewesen. Die 1., im Autograph erhaltene Fassung ist mit 2056 Takten die läng-

ste; sie wurde so zu Bruckners Lebzeiten niemals gespielt; im 20. Jh. gab es vereinzelte Aufführungen. Die drei durchgreifenden Umarbeitungen, die Bruckner im Verlauf von über anderthalb Jahrzehnten vornahm, ließen ihre monumentalen Ausmaße beträchtlich schrumpfen. Die Unterschiede der einzelnen Fassungen äußern sich vor allem in den Proportionen der einzelnen Sätze. Meist wird heute die letzte (und kürzeste) Version aufgeführt, doch sprechen manche Argumente für die insgesamt wohl ausgewogenere Zweitfassung, die bei ihrer Uraufführung in Wien einen immensen Mißerfolg erlebte. Das Riesengebäude der Erstfassung dokumentiert den Brucknerschen Kompositionsprozeß gleichsam in enzyklopädischer Vollständigkeit: Alle strukturellen Details der Formmodelle des Sonatensatzes (1. und letzter Satz) sowie der großen Fünfteiligkeit werden mit unendlichem Atem und nahezu unmenschlicher Gelassenheit ausgebreitet und zu Ende gedacht; alle Themen kehren konsequent und unerbittlich in allen Reprisen wieder. Dominierender Eindruck dieser Fassung ist der völlig unbekümmerte Umgang mit dem Faktor Zeit.
4 leise, in Dreiklangbrechungen der Streicher pulsierende Takte gehen dem durch Dreiklang, Tonleiterelemente und Oktavsprung markant geprägten Hauptthema in der Trompete voraus:

Über große Steigerungen und kontrapunktische Verknüpfungen wird zur Dominantebene moduliert, wo noch einmal das Trompetenthema wiederkehrt. Das Seitenthema in der Paralleltonart F-Dur setzt ihm lyrisches Fließen und metrisches Changieren zwischen Zweier- und Dreiergruppen entgegen, wie es uns so häufig in Bruckners Sinfonien begegnet. Diese rhythmische Basis ist dann auch zugleich eine wesentliche Klammer zu den Choralklängen der Schlußgruppe, mit denen die Exposition zur Ruhe kommt. Die weiträumige Durchführung baut konsequent jene Ansätze der Verarbeitung aus, die bereits in zahlreichen Abschnitten der Exposition vorhanden waren; sie kulminiert in einer triumphalen Präsentation des Hauptthemas im vollen, strahlenden Orchester-Tutti. Auch das Satzende wird in der zunächst leise einsetzenden Coda schließlich zur Apotheose dieses Hauptgedankens, nachdem die Reprise im wesentlichen dem Verlauf der Exposition entspricht, mit den traditionell erforderlichen Änderungen im Modulationsplan (Seitensatz auf der Tonikaebene). Ursprünglich enthielt der Kopfsatz einige dem musikalischen Verlauf ein wenig aufgepfropfte Zitate aus Wagner-Opern, die Bruckner bereits in der 2. Fassung tilgte.

Auch der *langsame Satz* mußte sich im Zuge der Umarbeitung massive Eingriffe gefallen lassen, die im Endergebnis die ursprüngliche Fünfteiligkeit fast zur Dreiteiligkeit reduzieren. Allerdings ist die Fünfteiligkeit des Satzverlaufes noch andeutungsweise nachzuvollziehen, weil sich die Reihenfolge der Hauptthemen in der Reprise umkehrt, während das im zurückgenommenen Tempo »misterioso« intonierte 3. Thema allein in der Mitte steht. Alle drei Themen sind bei ihrem ersten Auftauchen an den reinen Streicherklang gebunden und unterscheiden sich dennoch individuell: das erste in feierlicher Sonorität und alsbald in langen Seufzern ohne eigentlichen Schluß verklingend; das zweite wird von den Bratschen vorgetragen und setzt sich durch ein geändertes Metrum ab: Aus dem ursprünglichen Vierer- wird nun ein Dreiertakt. Der Misterioso-Gedanke wiederum ist durch seinen stockenden Rhythmus gekennzeichnet (♩♩𝄽♪ | ♩♩𝄽♪).

Weitgehend unverändert beließ Bruckner in allen Fassungen das *Scherzo*, zu dem es allerdings noch eine 1878 hinzugefügte Coda gibt, die jedoch nie gedruckt worden ist und demnach auch nicht aufgeführt wird. Dieses Scherzo zeichnet sich durch eindrucksvolle Geschlossenheit und packende Direktheit in seiner Tonsprache aus. Sein Grundeinfall ist eigentlich nichts anderes als ein Doppelschlag:

der ständig wiederkehrt und in sich das Potential zu gewaltigen dynamischen Entladungen birgt. Die elementare Gewalt dieser Musik wird in ihrer Wirkung eher noch gesteigert durch einige zurückgenommene, weich wiegende Takte zu Beginn des Mittelteils. Das *Trio* bietet einen effektvollen Kontrast mit seiner volkstümelnden Ländlermelodik und in seiner zart getönten Instrumentation mit Streicher- und Holzbläserfarben.

Die massivsten formalen Eingriffe mußte sich das *Finale* gefallen lassen, wobei die Kürzungen der letzten Fassung zum Teil nicht einmal von Bruckner selbst, sondern – nicht alle durch den Komponisten legitimiert – von Franz Schalk vorgenommen wurden. Auf diese Weise gerät die Satzarchitektur doch beträchtlich ins Schlingern, wenn nämlich die Reprise so weit zusammengestrichen wird, daß sich der mitdenkende Hörer auf einmal unvorbereitet in der Coda befindet. Dabei breitet die Exposition in aller Ausführlichkeit zwei Einfälle aus, die sich durch ihren unterschiedlichen Charakter gut einprägen: zunächst – nach wenigen vorbereitenden Takten eines chromatisch kreisenden Motivs – ein dramatisch in der verminderten Septime hinabstürzendes Posaunenthema, das später in der Durchführung auch in die Aufwärtsgeste umgekehrt wird; das 2. Thema ist demgegenüber in sich gespalten, geradezu aus einander widersprechenden Elementen gefügt, nämlich einem Bläserchoral und einer ausgelassen-beschwingten Streichermelodie. Die Schlußgruppe schwingt sich danach wieder zum Tutti auf, sie ist gekennzeichnet durch den rhythmischen Baustein der Synkope. Einen Brückenschlag zurück zum Kopfsatz und damit die Abrundung der sinfonischen Großform zum in sich geschlossenen Zyklus bedeutet das mächtige Zitat des ersten Trompetensignals aus den Anfangstakten des Kopfsatzes.

4. Sinfonie Es-Dur (»Romantische«)

Entstanden 1874, 2. Fassung 1878, revidiert 1879/80. –
UA: 20. Februar 1881 in Wien.

1. *Ruhig bewegt. Allegro molto moderato* – 2. *Andante* – 3. *Scherzo* – 4. *Finale: Bewegt, doch nicht zu schnell.*

Den Beinamen »Romantische« gab Bruckner seiner 4. Sinfonie selbst. Es sind 2 Fassungen überliefert, die vor allem im 3. und 4. Satz so weitgehend voneinander abweichen, daß man nicht nur von einer bloßen Revision sprechen kann. So wurde das Scherzo von Grund auf neu komponiert; auch das Finale ist ein zwar verwandter, aber doch neuer Satz.

Quasi leitmotivisch beginnt der *1. Satz*: Über geheimnisvollem Streicher-Tremolo intoniert das Horn ein fallendes und wieder steigendes, punktiertes Quintmotiv, variiert alsbald das Anfangsintervall zur kleinen Sexte, wiederholt und transponiert es; Holzbläser treten hinzu, die Einsatzabstände verdichten sich, und mit dem erreichten Forte erklingt das 2. Hauptsatz-

motiv, der typische 2 : 3-Bruckner-Rhythmus in auf- und absteigender Bewegung. Ebenso brucknertypisch setzt der Seitensatz in Des-Dur ein, als melodische Geste mit anspringender Sexte, vorgetragen von den Bratschen und eingebettet in den dichten Streichersatz. Wenn man will, kann man die hüpfende Gegenstimme im Sinne des Titels als Vogelimitation deuten. Zum Ende der Exposition hin bauen sich wieder größere Steigerungen auf, kulminierend in markanten Rhythmen des Blechbläserchores und in der Wiederkehr des »Bruckner-Rhythmus«, bis sich in zarten chromatischen Piano-Passagen der Beginn der Durchführung ankündigt. Sie beschäftigt sich vorrangig mit den beiden motivischen Elementen des Hauptsatzes: anknüpfend bei der zart instrumentierten Chromatik vom Ende der Exposition, dann zunächst das Quintmotiv zitierend, umspielend und zu mehrfachen gewaltigen Steigerungen, unter Verwendung des 2 : 3-Rhythmus, aufschichtend. Immer wieder wird quasi leitmotivisch die romantische Farbe des Horns mit seinem Ruf eingesetzt: noch in der Durchführung in choralartigen Ballungen, dann zu Beginn der Reprise von zarten Gegenstimmen umrankt, schließlich ein letztes Mal in mächtiger Apotheose in der Coda. Gegenüber der frühen Fassung erscheint die spätere Version in manchen Gegenstimmen behutsam ausgedünnt und vor allem im zweiten Teil der Exposition im Verlauf verändert.
Auch der *2. Satz*, in der parallelen Tonart c-Moll stehend, erfuhr im Detail manche Veränderung, z. B. gleich in den ersten Takten der rhythmischen Streicherbegleitung. Sie ist der pulsierende Hintergrund für den Klagegesang der Celli, der ebenfalls mit der fallenden und steigenden Quinte beginnt und auf diese Weise eine unauffällige Brücke zum Kopfsatz herstellt. In der frühen Fassung hatte Bruckner übrigens der Vorschrift »Andante« noch ein »quasi allegretto« hinzugefügt. Chromatisch getönte Streicherklänge und wenige Bläsertakte vermitteln danach zum Seitensatz in der Dominante G-Dur, in dessen Mittelpunkt eine weitgespannte, beredt deklamierende, pizzicatobegleitete Bratschenmelodie steht. Der weitere Satzverlauf gliedert sich strophisch in der Art einer reihenden Rondo-Gestalt, wobei die beiden Themen phantasievoll variiert und durch Gegenstimmen ergänzt werden. Wichtig wird dabei ein kleines Rhythmussignal, das erstmalig im Anschluß an den ersten Einsatz des Hauptthemas, sozusagen als dessen Nachsatz, erklang

und den latenten (Trauer-)Marschcharakter des ganzen Satzes unterstreicht. Kurz vor Ende kommt es noch einmal zu einer grandiosen letzten Steigerung, bevor der Satz still im hin und her pendelnden Pizzicato der Bässe verstummt.

Im heutigen Konzertleben hat sich weitgehend die späte Fassung der Sinfonie durchgesetzt, so daß das ursprüngliche *Scherzo* kaum noch zu hören ist. Es setzt mit einem zweimaligen einsamen Hornruf ein, der an allen formalen Nahtstellen wiederkehrt; in seinem durchsichtiger gefügten *Trio* fallen die den Dreiertakt immer wieder überlagernden Zweiermetren auf. Das neue *Scherzo* hingegen ist eine stimmungsvoll-poetische Jagd- und Waldszene, mit allmählich näherkommendem Hörnergeschmetter, das in mehrfachen Wellen den ganzen Hauptteil durchzieht, an den Höhepunkten von Paukenwirbeln grundiert. Weiche Streicher- und Holzbläserepisoden bilden den wirkungsvollen Kontrast, vor allem im durchführungsähnlichen Mittelteil. Rhythmisches Prinzip des geradtaktigen (2/4) Scherzos ist die Triole; sie wird im gemächlich sich absetzenden *Trio* in einen ländlernden Dreiertakt umgewandelt, im Sinne einer idyllischen Genreszene, in die unvermutet zur Reprise die Jagdgesellschaft wieder einbricht.

Das ursprüngliche *Finale* griff zu Beginn auf das Quintmotiv des Kopfsatzes zurück und steigerte sich zu einem ausgreifenden »Volksfest« (so Bruckners Titelzusatz!). Dagegen rückt der neue Finalsatz die fallende Oktave als dominierendes Motiv in das Zentrum des Geschehens. Über ostinat voranschreitendem Baßmetrum baut es sich in einer ersten Steigerung auf zur monumentalen thematischen Gebärde, die übrigens in dieser Gestalt bereits in der Erstfassung erklang:

Der Seitensatz bringt, wie häufig bei Bruckner, den nach innen, in lyrische Dimensionen gewendeten Kontrast, in Gestalt eines filigranen Streichersatzes, von Holzbläsern weitergeführt. Mächtige Blechbläserentladungen kennzeichnen die Schlußgruppe, die still zurückgenommen ausläuft. Die pochenden Baßschritte des Anfangs markieren auch den Beginn der ausgreifenden Durchführung, die zunächst den Oktavsturz in ein Aufwärts umkehrt: Nach einem unvermutet eingeblendeten Blechbläserchoral, den der satte Streichersatz wiederholt, wird auch das lyrische Seitenthema umgekehrt und weitergeführt. Schließlich kündigt die Wiederkehr des Oktavabsprunges den ausgedehnten Schluß der Durchführung und den monumentalen Schritt in die Reprise an. Nach der Reprise rundet Bruckner in der letzten Version dieses Satzes (1879/80) die Sinfonie zyklisch zur thematischen Geschlossenheit, indem er als letztes Wort noch einmal das Quintmotiv aus dem Kopfsatz wiederkehren läßt, so daß Satz und Sinfonie einer Apotheose gleich enden. Gerade in dieser Sinfonie halten sich die Gewichte von 1. und letztem Satz in perfekter Balance die Waage.

5. Sinfonie B-Dur

Entstanden 1875/76, 2. Fassung 1876–78. – UA: 8. April 1894 in Graz.
1. *Introduktion: Adagio / Allegro* – 2. *Adagio. Sehr langsam* – 3. *Scherzo: Molto vivace* – 4. *Finale: Adagio / Allegro moderato.*

Die Fünfte stellt innerhalb des Personalstils und auch bezogen auf die Biographie ihres Schöpfers einen Markstein dar: Von Schulden und Lebensunlust geplagt, komponierte Bruckner gleichwohl ein auch nicht ansatzweise wehleidig klagendes, ein in die Zukunft blickendes Werk, das sich von der vorausgehenden Vierten durch das völlige Fehlen einer romantischen Aura auszeichnet. Unter allen Bruckner-Sinfonien ist sie die gleichsam intellektuellste, durchkonstruierteste, dennoch fügt sie sich in allen ihren Merkmalen bruchlos in den Tonfall seiner Musiksprache ein. Sie wirkt wie ein ungeheurer Kraftakt des kompositorischen Gestaltungswillens, vom ersten bis zum letzten Ton der Partitur überzogen von einem Geflecht kontrapunktischer Satzkünste, die erstaunlicherweise nicht zum Selbstzweck geraten, sondern immer im Dienst eines unerhörten Kunstanspruchs stehen. Die Fünfte macht es dem Hörer wahrlich nicht leicht; sie verlangt, aber belohnt auch Takt für Takt den aufmerksamen Nachvollzug ihrer grandiosen Architektur. Die Überarbeitung wenige Jahre nach der Vollendung änderte manche Einzelheit und fügte der Partitur eine Baßtuba hinzu; die Uraufführung unter Franz Schalk wurde zu einem großen Erfolg.

Gerade bei dieser bemerkenswerten Sinfonie lassen sich die 4 Einzelsätze eigentlich nicht einzeln würdigen, denn Bruckner verfolgte ein übergeordnetes Gesamtkonzept, dem sich die Sätze unterordnen und in dem sich die Teile zu einem höheren Ganzen runden. Dieses Ziel erreicht der Komponist zugleich auf mehreren Ebenen: Zunächst verschiebt er so entschlossen wie allenfalls noch einmal in seiner Achten den Schwerpunkt zum Finale, während noch in der Vierten erster und letzter Satz von annäherndem Gleichgewicht waren. Gelöst wird diese Aufgabe durch den noch dezidierteren und konzentrierteren Einsatz kontrapunktischer Mittel, ferner durch zitierenden Rückbezug und motivische Verknüpfung mit den vorausgehenden Sätzen, so daß diese im Rückblick zusätzlich einen vorausweisenden, vorbereitenden Charakter erhalten. Bruckners Vorbild bei diesem Finale war offensichtlich Beethovens 9. Sinfonie, in der ebenfalls zu Beginn des Finalsatzes bruchstückhaft die zurückliegenden Satzanfänge zitiert werden. Das geht so weit, daß sogar bestimmte Instrumentalfarben an bestimmten Stellen – tiefste Streicherstimmen zu Beginn der ersten fugierten Verarbeitung des Hauptthemas (T. 31 ff.) – in vergleichbarer Weise eingesetzt werden. Allen Sätzen ist, wie gesagt, ihre besondere kontrapunktische Durchdringung gemeinsam; sie äußert sich vor allem darin, daß die thematischen Gestalten bereits in ihrer Erfindung weniger dem Gesetz melodischer Eingängigkeit als vielmehr der polyphonen Wendigkeit und Eignung zu Umkehrung und Abspaltung gehorchen. Dazu gehört immer das Prinzip der Engführung, also der Nachahmung auf engstem Raum, im Extremfall und besonders beliebt in gleichzeitiger Grundgestalt und Umkehrung. Faszinierend ist bei aller gleichsam akademischen Kunstfertigkeit, daß diese Musik dennoch lebendig und organisch, niemals vordergründig konstruiert klingt. Selten jedoch ist eine derart »absolute«, gleichsam zweckfreie Musik komponiert worden, einem Glasperlenspiel vergleichbar.

Der *Kopfsatz* beginnt ausnahmsweise mit einer langsamen Einleitung, geheimnisvoll intoniert über langsam auf- und absteigendem Baß-Pizzicato und danach blockhaft in mehrere Fortissimo-Abschnitte gegliedert, bevor sich in einer Stringendo-Überleitung der kommende Sonatensatz motivisch ankündigt. Das vom Tremolo vorbereitete und umgebene, chromatisch getönte Hauptthema enthält bereits eine Fülle motivischer Abspaltungsmöglichkeiten, deren erste umgehend erfolgt:

Relativ bald ist der Seitensatz erreicht, der von der Molldominante f-Moll ausgeht, in seiner Begleitung den Beginn der Introduktion zitiert und in seiner deklamatorisch gewundenen Melodielinie harmonisch auf ungewöhnliche Weise changiert. Aus diesem Einfall heraus verselbständigt sich das Element der Synkope und auch das der Punktierung, die zugleich auf das Hauptthema zurückverweist, und führt über die ausgedehnte Schlußgruppe zur direkt an sie anknüpfenden Durchführung. In sie werden Teile der Einleitung integriert, bevor mit dem ganzen Ernst der Polyphonie erstmalig Grundgestalt und Umkehrung des Hauptthemas aufeinanderprallen. In kunstvollster Verknüpfung treten alle motivischen Bestandteile der Exposition zueinander in Beziehung, auf der Basis eines organisch sich weiterentwickelnden harmonischen Fortschreitens. Nach der Reprise endet der Satz in raffinierter motivischer Reduzierung mit einer Verknüpfung der Elementarmotive aus Hauptthema und Einleitung: Punktierung und absteigender Tonleiterausschnitt.

Der *langsame Satz* (d-Moll) lebt in weiten Teilen von der lastenden Spannung, die durch das Aufeinandertreffen von Zweier- und Dreierbewegung im langsamen Tempo entsteht:

Dabei kommt es zu ungeheuer kühnen, kompromißlosen Passagen radikaler Linearität, wenn sich beispielsweise ursprüngliche Begleitfiguren verselbständigen und miteinander sequenziert verzahnt werden. Ausgangspunkt der Entwicklung ist das Sonatensatzmodell, das ansatzweise durch die wiederholte variierte Wiederkehr der beiden Themenkomplexe Rondo-Assoziationen auslösen kann. Schier unerschöpflich ist dabei die klangliche Phantasie, mit der Bruckner sein reichhaltiges Instrumentarium gliedert und abstuft, sowohl blockhaft gegeneinander abgesetzt wie in zahlreichen fein abgetönten Farbmischungen.

Das *Scherzo* beginnt in den Streichern mit der ins Schnelle gewendeten Begleitformel des Adagios, worüber sich in den Holzbläsern ein Thema erhebt, das in seinen Umrissen, trotz seiner – vor allem im Rhythmischen – völlig eigenen Physiognomie, dem Hauptthema des Kopfsatzes entspricht:

Irritierend für das analytische Mithören sind die ständigen extremen Tempo-Unterschiede des Hauptteils, die immer wieder irrtümlich den (verfrühten) Einsatz des Trios vermuten lassen und zugleich die formale Gliederung verunklaren. Tempo und tänzerischer Grundcharakter verbergen geschickt die auch hier vorhandenen polyphonen Kunststücke wie Umkehrung und Abspaltung. Das *Trio* hebt sich im durchsichtigeren Klanggewand kontrastierend ab und läßt Ländlerassoziationen nur noch sehr entfernt und gleichsam im 2/4-Takt verfremdet aufkommen.

Das monumentale *Finale* entzieht sich in seinen Dimensionen und in seiner Vielgestaltigkeit knapper verbaler Darstellung. Wie dem 1. ist auch diesem letzten Satz eine Einleitung vorangestellt, die jedoch andere Funktion hat: Die ersten 9 Takte entsprechen exakt den ersten Takten zu Beginn der Sinfonie, doch findet bereits im 3. und 5. Takt, für den Hörer kaum zu bemerken, ein motivischer Vorgriff auf das kommende Hauptthema statt, denn die zweimalige abspringende Oktave der Klarinette ist dessen Kopf. Auch die Hauptthemen des 1. und des 2. Satzes (mit diesem gemeinsam demnach auch das Scherzo!) werden kurz zitierend angespielt, eingeleitet jeweils durch den auf 2 Takte erweiterten Kopf des kommenden Themas. Vollständig erklingt es sodann in dem aus der Streichertiefe aufsteigenden Fugato, das sich rasch ins Orchester-Tutti steigert. Der nach Des-Dur gewandte Seitensatz bringt den erwarteten lyrischen Kontrast im dichten Streichersatz, mit einem in die Sexte sich aufschwingenden Melodiebogen, der alsbald enggeführt und auch in der Richtung umgekehrt wird.

Als zusätzliches Element tritt in der Exposition ein blockhafter Choralsatz hinzu, registerartig zwischen Bläsern und Streichern aufgeteilt und in langem Diminuendo auslaufend. Hier setzt die komplexe Durchführung an, indem sie das Choralthema mit den Mitteln der Fuge verarbeitet und bald mit dem rhythmisch profilierten Hauptthema in unterschiedlichsten kontrapunktischen Varianten verknüpft. Anders als in Mozarts »Jupiter-Sinfonie«, die als klassisches Vorbild der Synthese von Sonatensatz und Fuge so naheliegt, kulminiert Bruckners Finale also nicht in der Doppelfuge, sondern baut statt dessen die ganze Durchführung zum Fugenkomplex aus, während Exposition und Reprise dem Sonatensatzmodell verpflichtet bleiben. Die Reprise ist gegenüber der Exposition verkürzt; sie mündet in eine ständig im dreifachen Forte auftrumpfenden Coda, in deren letzten Takten noch einmal als Brücke zum Beginn der Sinfonie das Hauptthema des Kopfsatzes anklingt – würdiger Schlußeffekt für einen sinfonischen Kraftakt ohnegleichen!

6. Sinfonie A-Dur

Entstanden 1879–81. – UA: 26. Februar 1899 in Wien.
1. *Majestoso* – 2. *Adagio. Sehr feierlich* – 3. *Scherzo: Nicht schnell* – 4. *Finale: Bewegt, doch nicht zu schnell.*

Die Uraufführung seiner Sechsten erlebte Bruckner nicht mehr; zu seinen Lebzeiten erklangen lediglich ihre beiden Mittelsätze, 1883 durch die Wiener Philharmoniker; Gustav Mahler führte das Werk am 26. Februar 1899, allerdings beträchtlich gekürzt, auf.
Statt auf einer vibrierenden Klangfläche als Eröffnung, wie oft bei Bruckner, springt der *1. Satz* den Hörer sozusagen direkt an mit einem irritierenden ostinaten Rhythmusmotiv in den Violinen auf der Terz cis des Tonikaakkordes; dazu tritt in deutlichem Kontrast breit gezogen die abfallende Quinte in den Bässen als Themenkopf, fortgesetzt in lastenden Triolen:

In der unmittelbaren Fortsetzung gesellt sich ein kleines, einprägsames Motiv hinzu, das vor allem in seiner punktierten rhythmischen Struktur auch im langsamen und im Final-

satz wirksam werden soll (♪♫ ♩♪). Gemeinsam mit dem Einleitungsrhythmus gestaltet es die Überleitung zum Seitensatz, der wie so oft bei Bruckner zunächst im dichten Streichersatz vorgetragen wird und nachdrücklich die Spannung zwischen Zweier- und Dreiermetrik hervortreten läßt. Auffällig im weiteren Verlauf der Exposition sind die Detailverliebtheit im Spiel mit triolischen Begleitfiguren und die stark chromatische Durchfärbung. Auch ein im dichten Tutti vorgestellter dritter Themenbereich lebt auffällig vom Prinzip der Triole und ist insgesamt ganz chromatisch gefärbt. Zarte Flötengirlanden leiten zur Durchführung über, die äußerst vielschichtig verläuft: Ständig werden mehrere motivische Ebenen miteinander verknüpft, und immer beleben figurierte Begleitungsabläufe unauffällig den tragenden Untergrund, im dauernden Changieren zwischen Zweier- und Dreierbewegung. Auf diese Weise entstehen wie von selber motivische Wellenbewegungen und vibrierende Klangflächen, wobei an den Höhepunkten das prägnante Anfangsmotiv eine wichtige Rolle übernimmt. Die Reprise erfolgt ohne Zäsur mitten im Tutti; der Satz endet in einer Apotheose des Hauptthemas.
Das *Adagio* in der Grundtonart F-Dur ist einer der tiefsinnigsten langsamen Sätze Bruckners. Sein grüblerisch verhangenes Hauptthema setzt ohne Vorspann umweglos ein. Ungewöhnlich ist seine chromatische Harmonisierung, die bereits im 2. Takt b-Moll als Schwerpunkt empfinden läßt. Bei seiner unmittelbaren Wiederholung tritt eine klagende Gegenstimme in der Oboe hinzu, die in kleine Motive gegliedert ist und sowohl einen Rückbezug zum Kopfsatz als auch, und vor allem, einen motivischen Vorgriff auf das Finale darstellt:

In den tiefen Gegenstimmen entfalten sich unauffällige Tonleiterbewegungen, die für den weiteren Satzverlauf ebenfalls motivisch wichtig werden. Einige versponnen chromatische Hörnertakte leiten zum dichten Stimmengewebe des Seitensatzes im vollen Streicherklang über; er steht überraschend in

E-Dur. Am Schluß der Exposition erklingt eine fast visionäre Passage (T. 53 ff.), die von fern auf kommende Mahlersche Trauermärsche vorauszuweisen scheint. Grüblerisch und verinnerlicht verläuft die Durchführung; sie bringt die Umkehrung des Hauptthemas, verborgen unter innigen Gegenstimmen, und stellt insgesamt die Kontrapunktik ganz in den Dienst des sublimierten Ausdrucks. Dieser Abschnitt ist relativ knapp ausgeformt und dient in erster Linie der Ausdrucksvertiefung, weniger der motivisch-thematischen Arbeit im traditionellen Sinn. Die Reprise mündet in einen der zartesten, einer Verklärung gleich verklingenden Schlüsse: In dieser Coda scheint die Musik allmählich stehenzubleiben, der Zustand unendlicher Dehnung wird bis zum letzten Ton ausgekostet und in den letzten Takten reduziert auf reine Tonleiterbewegung.
Knapp ist auch das lebhafte *Scherzo* in seinem klar gegliederten Formablauf. Ungewöhnlich ist seine thematische Struktur, die im Grunde ein mosaikartiges Netzwerk von ostinat und sequenzartig gereihten Motivpartikeln ist, in kunstvoller Kombinatorik einiger weniger, vor allem rhythmisch wirksamer Einfälle, unter denen wiederum die Triole hervortritt. Das *Trio* hebt sich im langsamen 2/4-Takt kontrastierend davon ab und verblüfft durch das dreimalige Zitat des Hauptthemas aus dem Kopfsatz der 5. Sinfonie: zweimal in Grundgestalt und einmal in angedeuteter Umkehrung.
Das *Finale* setzt in der Mollvariante der Grundtonart ein und ist auch weitgehend ein a-Moll-Satz, der lediglich in A-Dur endet. Seine Dimensionen sind überraschend knapp und konzentriert. Zwar folgt es, wie gewohnt, dem Sonatensatzmodell, doch gewinnt es seine packende Einheitlichkeit vor allem aus einem kleinen, engräumig in Sekunden kreisenden Motiv, das in mannigfaltiger Gestalt den ganzen Ablauf und alle seine Abschnitte beherrscht; es ist ableitbar aus dem Kopf des Hauptthemas und steckt ähnlich auch in der klagenden Oboenfigur des Adagios sowie im Kopfsatz. In seiner sozusagen abstrakten Grundgestalt, ohne rhythmische Profilierung notiert, sieht es so aus:

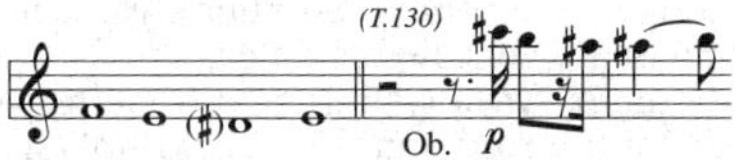

Immer aber behält es seine bohrende, kreisende Figur, ob in langen oder in kurzen Notenwerten, ob diatonisch oder chromatisch. Die beiden Hauptthemen des Satzes kontrastieren nicht so stark wie gewohnt: Das erste ist auffällig resignativ in seiner abwärtsgerichteten Tendenz und scheint sich alsbald motivisch zu verflüchtigen. Das zweite ist ein dichtes Liniengeflecht der Streicher in der Parallele C-Dur, wobei in der Viola-Gegenstimme das kreisende Kernmotiv anklingt. Die Durchführung beginnt verhalten und zurückgenommen, beschäftigt sich mit dem 1. Thema und dem kreisenden Motiv in zahlreichen Varianten. Die Reprise wächst unauffällig aus der Durchführung hervor und gipfelt in der Coda im zitierenden Rückgriff auf den Beginn des 1. Satzes. Die – für Bruckners Maßstäbe! – knappe Ausformulierung dieses Satzes hat bisweilen etwas Gewaltsames und könnte beim Hörer ein wenig Ratlosigkeit auslösen; gleichwohl beeindruckt die ungewöhnliche motivische Dichte dieser Musik.

7. Sinfonie E-Dur

Entstanden 1881–83. – UA: 30. Dezember 1884 in Leipzig.
1. *Allegro moderato* – 2. *Adagio: Sehr feierlich und sehr langsam* – 3. *Scherzo: Sehr schnell* – 4. *Finale: Bewegt, doch nicht zu schnell.*

Daß die 7. Sinfonie Bruckners populärste wurde, hat gewiß neben musikalischen auch außermusikalische Gründe. So hat ihre biographische Bindung an den Tod des verehrten Vorbildes Richard Wagner und hier vor allem die mögliche Deutung des langsamen Satzes, insbesondere seiner Coda, als Klagegesang auf eben dieses Ereignis, einer legendenhaften Überhöhung Vorschub geleistet. Die besonderen Qualitäten dieses Werkes erschließen es der großen musikalischen Öffentlichkeit leichter als andere Bruckner-Sinfonien: die ungewöhnliche melodische Eingängigkeit und Suggestionskraft seiner Themen, die überwältigende sinnliche Farbenpracht ihrer Instrumentation und eine im besten Sinne klassische Wohlproportioniertheit des formalen Prozesses, die Ausgewogenheit und strukturelle Klarheit aller 4 Sätze allein und in ihren Beziehungen zueinander. So nimmt es auch nicht wunder, daß die Siebente von Beginn an erfolgreich war: bei ihrer Uraufführung unter Arthur Nikisch und mehr noch seit der Münchner Erstaufführung ein Vierteljahr später unter Hermann Levi. Bruckner widmete sie dem bayerischen König Ludwig II.

Der *Kopfsatz* beginnt – zum obligatorischen Tremolo-Teppich – mit dem eindrucksvollsten, aussagekräftigsten Bruckner-Thema überhaupt; es spannt sich über 21 Takte hin und wird in weiten Bögen und immer neuen Ansätzen, frei von überkommenen periodischen Zwängen, von einer ungemein flexiblen, farbigen Harmonienfolge getragen. Darüber hinaus entfaltet es bereits bei seinem ersten Erscheinen einen ganz ungewöhnlichen Instrumentationsreichtum: Träger der Melodie sind die Celli, die in den ersten 4 Takten vom Horn, dann durchgehend von den Bratschen und im Mittelteil von der Klarinette abgetönt werden. In diesem chromatisch schillernden Thema setzt sich die aufsteigende Anfangsgeste in klarer diatonischer Tonfolge deutlich ab und wird im weiteren Satzverlauf zu einer Art Motto. Anders als aus Brucknerschen Expositionen gewohnt, baut sich hieraus nun nicht eine erste mächtige Steigerungswelle auf; statt dessen berührt die Tutti-Wiederholung des Themas nur ganz kurz ein Fortissimo. Diese eher lyrische Qualität des Hauptsatzes wird im dominantischen Seitensatz (H-Dur) noch vertieft, wobei der Doppelschlag innerhalb des insgesamt aufwärts gerichteten Themas besonders einprägsam ist:

Das 2. Thema zeigt sich erstaunlich flexibel im Ausdruck: Es kann fast spielerische Züge annehmen, wenn es über gestoßenen Achtel-Repetitionen vorantreibt; es kann aber auch in resignativen Tiefsinn verfallen, wenn es bei seiner Wiederkehr in der Umkehrung abwärts sinkt. Erst nach diesem Komplex entwickelt sich eine erste dynamische Steigerung, in deren Mittelpunkt ein kleines, rhythmisch profiliertes Bewegungsmotiv steht:

das die ganze Schlußgruppe beherrscht und in einer aggressiven Blechbläserattacke kulminiert, die nur ein einziges Mal im ganzen Satz erklingt (T. 145 ff.). Nach stillem Verklingen der Exposition verläuft die relativ knappe Durchführung sehr übersichtlich und konzentriert: Eine erste nach innen gewandte Phase kombiniert Aspekte des Hauptthemas mit dem kleinen Bewegungsmotiv aus der Schlußgruppe, das sich seinerseits in Vergrößerung beruhigt. Ein zweiter Abschnitt bringt in kontemplativer Ruhe das 2. Thema in Umkehrung und auch in beiden Gestalten gleichzeitig. Der erste echte Tutti-Block verschränkt das Hauptthema in machtvoller Imitation und beschäftigt sich vorwiegend mit seinem Dreiklangkopf. Die Reprise tritt fast unerwartet aus dieser Entwicklung hervor, das Thema im Piano zugleich mit seiner Umkehrung präsentierend. Das Seitenthema erscheint danach sofort in seiner Umkehrung und wird in durchführenden Modifikationen fortgesponnen. Die gewaltig sich über einem Tonika-Orgelpunkt aufschichtende Coda mit dem Kopf des Hauptthemas wirkt gerade deshalb so monumental, weil derartige Tutti-Blöcke in diesen Satz so sparsam eingefügt sind. Unmittelbar voran geht eine »sehr feierliche« Passage, in der noch einmal der zweite, expansive Teil des Themas von den tiefen Streichern deklamiert wird.

In das Orchester des *2. Satzes* (und auch des letzten) fügte Bruckner ein Quartett von Wagner-Tuben ein und rundete auf diese Weise seinen Orchesterklang warm ab. Das Stichwort »Wagner-Nähe«, das dieser Sinfonie und besonders diesem cis-Moll-Satz anhängt, darf unter keinen Umständen als epigonale Abhängigkeit mißverstanden werden. Zutreffend ist es ausschließlich im Sinne einer geistig-seelischen Verwandtschaft und einer epochalen stilistischen Nachbarschaft. Man könnte sogar meinen, Bruckners Größe erweise sich gerade in diesem Adagio darin, daß seine Individualität trotz dieser Nähe ihre ungebrochene Ausstrahlung bewahrt hat. Das Geheimnis des Satzes und seiner Wirkung läßt sich kaum in strukturellen Analysen erfassen, zumal Bruckner hier das zugrunde liegende Muster des Sonatensatzes durch Rondo-Überlagerungen und vor allem durch eine unerhört expansive chromatische Harmonienfolge verschleiert. Verschleierung bedeutet hier jedoch nicht Verunklärung, sondern eher eine Art mystischer Überhöhung, die in der Intensität der melodischen Erfindungskraft und ihrer geradezu raffinierten harmonischen Abstützung wirksam wird. So ist gleich zu Beginn das Hauptthema ein komplexes Gebilde zwischen leuchtender Klarheit und unmittelbar folgender Eintrübung, das eigentlich gar kein Ende hat, sondern im Sinne einer »unendlichen Melodie« fortgesponnen wird:

Der Feierlichkeit und Weltabgewandtheit des Hauptthemas steht das innige, sozusagen weltlicher deklamierende 2. Thema gegenüber, in ähnlich empfindsamem Kontrast, wie Beethoven die beiden Themen des langsamen Satzes seiner 9. Sinfonie miteinander konfrontiert – das eine abgeklärt in sich ruhend, das andere in leichter Emphase vorandrängend. Am Ende des Satzes kommt es zunächst zu einer Steigerung von unerhörtem Ausmaß, an deren Höhepunkt in der Partitur als Glanzlicht ein Beckenschlag notiert ist, von dem man freilich bis heute die Autorschaft Bruckners nicht beweisen kann. Daran schließt sich jene Coda an, von der verbürgt ist, daß sie unter dem Eindruck von Wagners Tod (am 13. Februar 1883) entstanden ist. Sie gehört zu den ergreifendsten Momenten der Orchestermusik. In weihevoller Verklärung vom Tubenquartett intoniert und vom mächtigen Hornruf überhöht, wird sie zart von den Violinen fortgesetzt und verklingt als Blechbläserabgesang über weichem Streicherteppich in Cis-Dur.

Das *Scherzo* ist in seinem Hauptteil aus wenigen kurzen Motivpartikeln in abwechslungsreichen Kombinationen zusammengefügt, unter denen der Trompetenruf markant thematisch hervortritt. Das ruhigere, weich ausgesungene *Trio* ist durch den in der Pauke vorausgeschickten ostinaten Rhythmus mit dem Hauptteil unmittelbar verknüpft, zu dessen Beginn er im 3. Takt des Trompetensignals erklang. Insge-

samt assoziiert das Trio eher eine stimmungsvolle Idylle, als daß es die eigentlich an dieser Stelle erwarteten Ländlerstimmungen hervorriefe. Die zarten Flötenarabesken in den letzten Takten hingegen muten ein wenig wie stark stilisierte Vogelstimmen an.
Das sogenannte *Finale*-Problem löst Bruckner in seiner Siebenten wieder auf neue, andere Weise, indem er diesen Satz über sein Hauptthema unmittelbar mit dem Kopfsatz verbindet:

Nach dem übergroßen Gewicht des langsamen Satzes stellt sich zudem erst gar nicht die Aufgabe, das Finale als Ziel und Kulminationspunkt der ganzen Sinfonie auszuführen – Mittelpunkt des Werkes ist ohnehin, aufgrund seiner extremen Länge und mehr noch durch seinen gewaltigen Ausdrucksradius, das Adagio. So verleiht Bruckner dem Finale auf ganz andere Weise seine Originalität, indem er durch thematische Verknüpfungen mit dem Kopfsatz eine große Rahmenform erstellt, die in dieser Verbindung dem Zentrum »gewachsen« ist. Bemerkenswert ist ferner sein Eingriff in die gewohnte Sonatensatzstruktur durch die Umstellung von 2. und 1. Thema in der Reprise. Dabei bleibt diese unterschwellige Verknüpfung der beiden rahmenden Sätze dem spontanen Hörerlebnis zunächst eher verborgen, denn der Charakter der Themen, vor allem des ersten, ist im Finale eigenständiger und vor allem lebhafter. Als Seitensatz fungiert ein choralartiges Gebilde, das in eigenartig verfremdender Chromatik sich zu winden scheint. Ein 3. Themenkomplex ist rhythmisch profiliert und wird im mächtigen Tutti präsentiert, auch er durch seinen Dreiklangaufstieg latent mit dem Hauptthema des 1. Satzes verbunden. Im übrigen sind die charakteristischen Stilmittel auch hier die immer wieder hervorbrechende Chromatisierung des Tonsatzes sowie eine ungemein farbige Instrumentation zwischen durchsichtig solistischer Auffächerung und wohldosiert eingesetzten Tutti-Effekten. Den Übergang zwischen Exposition und Durchführung markieren geheimnisvolle Tubenakkorde. Weil Bruckner in der Reprise das Hauptthema an das Ende rückt, gewinnt er durch den letzten, fast schulbuchartig kadenzierenden Thementakt eine suggestive Brücke zur Coda, die in einem letzten kräftigen Anlauf schließlich den Dreiklangthemenkopf des 1. Satzes herausstellt – der Rahmen hat sich geschlossen!

8. Sinfonie c-Moll

Entstanden 1884–87, 2. Fassung 1887–90. –
UA: 18. Dezember 1892 in Wien.

1. *Allegro moderato* – 2. *Scherzo: Allegro moderato* – 3. *Adagio. Feierlich langsam, doch nicht schleppend* – 4. *Finale: Feierlich, nicht schnell.*

Anders als bei der 7. Sinfonie gibt es bei der Achten wieder das Problem der beiden Fassungen. Der Dirigent Hermann Levi nämlich hatte das Werk in der vorliegenden Form abgelehnt (und damit den Komponisten in eine ernste Lebenskrise gestürzt). Bruckner erarbeitete daraufhin in mühevollem Ringen eine 2. Fassung, die von der Urversion nicht einfach nur in zahlreichen Details der Instrumentation, der Dynamik und der formalen Entwicklung, sondern im Grundsätzlichen abweicht. Beide Versionen haben ihre Vorzüge: die erste die der Ursprünglichkeit und Spontaneität, die zweite möglicherweise aber die der größeren Praxis-, vielleicht damit auch Publikumsnähe. Bruckner hat manchen Passagen der Sinfonie ein erklärendes Wort hinzugefügt, das indessen mehr verdunkelt als erhellt (mit »Totenuhr« bezeichnet er das Klopfen der Pauke in der Coda des 1. Satzes der Zweitfassung, »der deutsche Michel träumt ins Land hinaus«, steht über dem Scherzo, und ein Dreikaisertreffen nannte er den Finalsatz). Im Gegensatz zur Siebenten ist Monumentalität ein durchgehender Zug der Achten, der Hang zur großen Gebärde, zur großen Dimension und zum prunkenden Orchestereffekt, dem man immer wieder die Orgelnähe anmerkt. Am Rande sei vermerkt, daß im Rahmen der ersten Gesamtausgabe der Bruckner-Sinfonien (1930–44) der Wiener Musikwissenschaftler Robert Haas eine Mischfassung aus beiden Versionen der Achten hergestellt hat.

Der Beginn des *Kopfsatzes* läßt uns gleichsam Zeuge bei der allmählichen Geburt eines Themas werden, das nicht nur seine Gestalt, sondern auch seine harmonische Basis erst finden muß. Stockend und wie mit flehender Gebärde setzt es mehrfach an, pausendurchsetzt und in doppelter Punktierung, in breit gestrichenen Triolen auslaufend. Der dominantische

Seitensatz greift die Triole auf und ergänzt sie durch den komplementären Zweierrhythmus. Ein selbständiges 3., motivisch vorantreibendes Thema

stützt sich auf Pizzicato-Triolen, so daß bereits in der Exposition die Bedeutung des metrischen Konfliktes zwischen Vierteln und Triolen wirksam wird, der den ganzen Satz prägt. In zarten, durchbrochenen Instrumentalregistern reicht die Exposition in die Durchführung hinüber, wobei bereits hier Elemente des Hauptthemas wiederkehren und den Beginn des Mittelteiles verwischen. Die gewaltige Durchführung setzt die geballten Mittel des großen Orchesters und der Polyphonie ein, in kunstvollen Verschränkungen der Themen und Motive. Zum Höhepunkt verbinden sich das Hauptthema und das umgekehrte Seitenthema im Einsatz aller Instrumente; immer wieder werden auch kleinste Partikel, wie das kurze Auftaktmotiv des Hauptthemas, abgespalten und verselbständigt. Extrem unterschiedlich fällt die Coda in beiden Fassungen aus: Während sie in der Frühversion im strahlenden »Orgelplenum« endet, ist im Schluß von 1890 tatsächlich ein Verlöschen auskomponiert, ein allmähliches, zuckendes Verstummen in den monotonen Paukenimpulsen und dem ständig wiederholten Sechzehntel-Ende der ersten Phrase des Hauptthemas.
Ungewöhnlich ist im folgenden der Tausch von langsamem Satz und Scherzo. Der c-Moll-Hauptteil des *Scherzos* wird über weite Strecken von einem einzigen Motiv beherrscht, das bisweilen fast brutal und auch trivial auftrumpft, das aber im Mittelabschnitt auch flexibel durch zarte Piano-Regionen wandert und harmonisch changiert. Auch die kontrapunktische Umkehrung fehlt nicht. Das Ganze zeigt kaum noch Spuren des alten, vielleicht gar folkloristisch gefärbten Tanzsatzes in der Nachfolge des Menuetts, statt dessen gibt es bizarre Partien und grelles Trompetengeschmetter. Im ursprünglichen *Trio* (*Allegro moderato*) fehlten noch die Harfen, die Bruckner für die mit »Langsam« bezeichnete Neukomposition (»möglichst dreifach«) vorschrieb. Das neue As-Dur-Trio ver-

langsamt sich noch einmal, gleichfalls im 2/4-Takt, und deklamiert eine Geigenmelodie, die im Horn fortgesetzt wird, über behäbig zupfenden Streichern. Romantische, harfenumspielte Hörnerklänge gibt es in der Mitte dieser gemächlich wandernden, von feiner Chromatik getönten Musik.

Auch im zentralen *Adagio* erklingen die Harfen als harmonisches und farbliches Bindemittel mit Momenten von großer Intensität. In überraschendem Kontrast zur Grundtonart steht der Satz in Des-Dur und führt die Tonart auch sogleich auf einer in dezenter Unruhe triolisch vibrierenden Klangfläche der mittleren Streicher ein. Über ihr schwebt das eindringlich die Quinte in Sekundschritten umkreisende Hauptthema:

In großer, über die Tonleiter hinabsteigender Gebärde erfolgt die Weiterführung und kehrt immer wieder zum Kernintervall der kleinen Sekunde zurück. Monumentalität auch des Ausdrucks ist Kennzeichen dieser Musik, in weit ausholenden Intervallen und Steigerungen bis zum strahlenden Choral, mehrfach im breit aufgefächerten Streicherteppich und harfenumspielt auslaufend. Im Gegensatz zum Adagio der 7. Sinfonie sind Momente der Intimität, der Verinnerlichung seltener, an ihre Stelle treten Pathos und weihevoller Ernst. Wie im Kopfsatz ist auch hier das Ende ein allmähliches, stilles motivisches Verlöschen vor dem weichen Hintergrund des Tubenquartetts. Die Herausforderung, die dieser Satz für Ausführende und Hörer darstellt, ist immens: die Erfassung eines gleichsam unendlichen Musikstroms von fast einer halben Stunde Dauer mit der analytischen Einsicht in die Struktur eines derart komplexen Sonatensatzes!

Vor ähnlichen, analytisch eher noch größeren Problemen steht der Hörer des *Finalsatzes*, in dessen Coda die Hauptthemen aller 4 Sätze noch einmal vereinigt werden. Der unerbittliche Anspruch, der sich in diesem Satz offenbart, wird sogleich mit dem fast gewalttätigen Eintritt des Hauptthemas im massiven Blechsatz dokumentiert. Statt einer Klangfläche bildet ein aggressives Ostinato den Untergrund; über fast 70 Takte hin wiederholt es ohne Unterbrechung vorschlagbewehrte Viertelnoten. Diese Spannung wird erst zum Eintritt des zunächst im satten Streichergewand daherkommenden Seitensatzes gemildert, während der 3. Themenkomplex erstmalig in Klarinette und Fagott erklingt, nun wieder über metrisch voranschreitendem Streichersatz, der sich zuvor bereits rhythmisch in der Pauke ankündigt. Das Ende der Exposition verklingt ganz still mit zarten Phrasen in Klarinette und Flöte, bevor mit ungestümer Gewalt wieder die Blechfanfaren des Hauptthemas hereinbrechen, nun jedoch weiterentwickelt zum Rhythmus des Hauptthemas aus dem Kopfsatz. Unvermutet schließt sich die Reminiszenz der kleinen Sekunde aus dem Anfang des Adagios an. Zunehmend stellen sich in der Durchführung kontrapunktische Verflechtungen des thematischen Materials ein. Die Reprise wiederholt und vertieft variativ das gesamte thematische Material, wobei auf dem Weg zum Seitensatz sich das Element der doppelten Punktierung aus dem Hauptthema in mächtiger Steigerung verselbständigt. Fugato-Ansätze führen schließlich über die Wiederkehr des Hauptthemas und ein anschließendes vorläufiges Verlöschen zur allmählich sich auftürmenden gewaltigen Coda. In ihr schichten sich in einem einzigen kompositorischen Kraftakt alle Hauptthemen der 4 Sätze übereinander, wovon der Hörer vor allem die Trompetenfanfare des Scherzo-Themas und in den Bässen den nach C-Dur gewandten Anfang des Kopfsatzes nachvollziehen kann – im wahrsten Sinne des Wortes unerhörte Kulmination eines sinfonischen Lebenswerkes: Über dieses Finale gelangte Bruckner bekanntlich nicht mehr hinaus, denn die letzte seiner Sinfonien blieb ohne Finale unvollendet.

9. Sinfonie d-Moll

Entstanden 1887–94. – UA: 11. Februar 1903 in Wien.
1. *Feierlich. Misterioso* – 2. *Scherzo: Bewegt, lebhaft* – 3. *Adagio. Langsam, feierlich.*

Die lange Arbeit an der 9. Sinfonie begann unmittelbar nach Vollendung der Achten, zog sich über viele Jahre hin und wurde immer wieder durch Krankheit und Schaffenskrisen verzögert. Das Finale blieb unvollendet; Bruckners Verfügung, dafür sein *Te Deum* zu spielen, ist gewiß nur als Notlösung zu verstehen, selten hält man sich daran. Die 3 vollendeten Sätze haben derart gewaltiges Gewicht und ausgeprägte Charaktere, daß sie für sich bestehen können und der verklingende Schluß des Adagios als Ende der Sinfonie zu überzeugen vermag. Alle 3 Sätze der Neunten sind auf geradezu unheimliche Weise mehrdeutig: Einerseits ziehen sie in einer letzten Kraftanstrengung ein Fazit des lebenslangen Ringens mit der sinfonischen Form und fassen noch einmal alle kompositorischen Errungenschaften wie in einem Brennspiegel zusammen, andererseits weisen sie den Weg ins kommende Jahrhundert der Atonalität und der Zerschlagung all der gewohnten periodisch wohlproportionierten Themenbildungen und überlieferten Satzmodelle. Bruckners Harmonik bewegt sich über weite Strecken im Grenzbereich der totalen Chromatik, und es fällt auf, daß nach solchen harmonisch instabilen Passagen oder innerhalb der Themenkomplexe besonders bekräftigende diatonische Dreiklangstrukturen erklingen, fast wie eine Absicherung gegen drohende Gefahren. Auch die ständige Auseinandersetzung mit kleinen und kleinsten motivischen Partikeln – sozusagen aus dem Elementarvorrat der Musik –, Zweitongebilden und kurzen rhythmischen Figuren weisen in ihrer vielschichtigen Kombinatorik weit in die Zukunft.

Exemplarisch dafür ist schon der Beginn des *1. Satzes*, wo in 20 Takten die Geburt eines Themas aus dem Nichts, aus dem Chaos vorgeführt wird. Aus dem flirrenden Urzustand des Tremolos tauchen Grundton, Terz, Quinte und auch Sekunde schemenhaft auf, durch Pausen getrennt und allmählich näher aneinander rückend. Die erste vollständige Themenfigur aber, in den 8 Hörnern, entfernt sich dann sogleich von der Tonikabasis, und das Suchen geht vorandrängend in den Violinen weiter. Festigung bringen als Motor einer sich aufbauenden Steigerungswelle dann die Motive der fallenden Oktave und des gedehnten Doppelschlages:

bis im zweiten Tutti ein zweiter mächtiger Themengedanke auf den Oktavsturz zurückgreift. Die Überleitung zum Seitensatz greift auf auftaktige Motivsplitter vom Beginn zurück; das Seitenthema erklingt im vertrauten Streichersatz dominantisch in A-Dur, in sehnsüchtiger Chromatik überhöht, breit ausgespielt und wiederholt. Ein kontrastierender dritter Themenkomplex führt überraschend definitiv nach d-Moll zurück und unterstreicht nachdrücklich in auf und ab schwingenden Dreiklangfiguren die (insgesamt so gebrochene) Stabilität der Grundtonart:

Nach stillem Verklingen mit den vereinzelten Elementen der Quinte, der Oktave und der Sekunde setzt die Durchführung ein, die sich zwischen Exposition und Reprise deshalb so nahtlos einfügt, weil sie das Spiel mit den motivischen Partikeln und das Schwanken zwischen Chromatik und Diatonik konsequent weitertreibt und ausbaut – die Grundstrukturen des Sonatensatzes werden vom Prinzip des ständigen Kombinierens und durch den so komplexen harmonischen Fortgang vereinheitlicht und überdeckt. Bisweilen vermag diese monumentale und manchmal fast un- oder besser überpersönliche Musik Empfindungen der Eiseskälte auszulösen; die starken Momente der Innerlichkeit, der Innigkeit, wie sie in Bruckners früheren Sinfonien immer wieder begegnen, sind hier selten. Am Ende in der Coda kehrt der Satz zu seinen Anfängen zurück, zum ersten sich von der Tonika entfernenden Hörnerruf, nun in den Trompeten intoniert.
Mit drohendem ostinaten Stampfen bricht der folgende Satz die gesamte Tanztradition des *Scherzos* auf, unerbittlich vorangetrieben von seinen gehämmerten Viertel-Ketten, die jeweils von einem doppelten Achtel-Auftakt angestoßen werden (♫ | ♩♩♩ | ♩♩♩). Das Prinzip der motivischen Verwendung elementarer Intervallstrukturen findet sich hier wieder in der Gestalt permanent wiederholter Sekunddissonanzen, hinauf- und hinabfahrender Akkordbrechungen und chromatisch rükkender Quinten. Nur im Mittelabschnitt bringt eine kurze Holzbläserepisode ein wenig Licht; im übrigen aber ist das Scherzo ein einziger rhythmischer Gewaltritt von wechselnd monotoner oder aggressiver Unerbittlichkeit. Freundlicher in Tonfall und Farbe ist das Fis-Dur-*Trio* in seinem beschleunigten, ganztaktigen 3/8-Metrum, eine über weite Strecken verblüffend durchsichtige, flimmernde Elfenszene in der Tradition des Mendelssohnschen *Sommernachtstraumes*. Diese Idylle wirkt natürlich besonders durch den unmittelbaren Kontrast zum Nachtstück des Scherzos. In der Mitte des Trios kommt es zu einer Verlangsamung, wenn der schnelle Dreier-

rhythmus durch die ausdrucksvoll in Zweierteilung gedehnte Melodik verdeckt wird.

Es fällt nicht schwer, das *Adagio* als Abschied von der Welt zu deuten, als Summe und Verklärung eines Lebenswerkes. Die Konturen des klassischen Sonatensatzes sind auf eine Spieldauer von fast einer halben Stunde gedehnt und werden angesichts dieser gewaltigen Dimensionen eher unwichtig – die Analyse ergibt zwar wiederum drei Themengruppen in der Exposition, eine Durchführung und eine Reprise mit Coda, doch werden die Kategorien der motivisch-thematischen Arbeit und des Modulationsplans nebensächlich angesichts der emotionalen Emphase der Tonsprache. Hierfür exemplarisch setzt das Hauptthema umweglos und allein in den Violinen ein, mit dem Aufschrei der kleinen None, chromatisch sich windend und urplötzlich sich dann in klaren Dur-Dreiklängen stabilisierend:

Den denkbar schärfsten Kontrast bringt danach der Einbruch eines kleinen, messerscharfen Trompetensignals, das noch lange motivisch nachwirkt und wie ersterbend zum Stillstand führt. Ein Moment der Innigkeit steuert dann der As-Dur-Seitensatz bei. Die Durchführung setzt mit der wörtlichen Wiederholung des Beginns ein und konfrontiert alsbald das Nonenthema in schärfster linearer Reibung mit seiner eigenen Umkehrung. Im weiteren Verlauf gibt es Passagen von sozusagen abstraktester Chromatik, die an die Grenzen der Atonalität führen, dann wieder verzehrende *Tristan*-Klänge und dazwischen harte Störungen durch das kleine gezackte Signal, oder auch ätherisch schwerelose Streicherklänge (T. 155 ff.). Den Schritt zurück zur Grundtonart E-Dur findet erst das Seitensatzthema, nun in doppelten Notenwerten gedehnt über flirrenden Streicherfigurationen, die danach von zart repetierten Bläserakkorden zur vibrierenden Klangfläche ergänzt werden. Dazu tritt schließlich zum letztenmal in den tiefen Streichern und Posaunen der Nonenaufschwung des Hauptthemas. Eine kurze Zäsur setzt den Epilog ab, der erst ganz am Ende, nach allmählichem motivischen Zerfallsprozeß, harmonisch zur Ruhe kommt. Die letzten 13 Takte sind ein kleiner Kosmos für sich: Tremolo-Grund, zarte Erlösungsgeste in den Violinen, dazu das weiche Tubenquartett, dann eine aufsteigende Flötenarabeske, die von zwei kurzen Quintrufen der Tuben »gestört« wird, schließlich ein letzter definitiver Hörneraufstieg im Dreiklang.

Die Geschichte dieser Fassungen endete nicht mit Bruckners Tod; noch 1939 versuchte Robert Haas, zweifellos in guter Absicht, die 2. Fassung der 8. Sinfonie durch Passagen der 1. Version zu ergänzen, und derartige unautorisierte Mischfassungen erklingen gar bis in unsere Tage. Allerdings scheint sich zunehmend die Einsicht durchzusetzen, daß man Bruckners Originalfassungen respektieren sollte, daß der Komponist in jedem Fall die letzte und beste künstlerische Instanz in eigener Sache ist.

Johann Strauß

* 25. Oktober 1825 in Wien
† 3. Juni 1899 in Wien

Johann Strauß d. J. ist der berühmteste Vertreter einer ganzen österreichischen Musikerdynastie. Das erste Strauß-Orchester, 1825 aus einem Quartett mit Joseph Lanner (1801–43) hervorgegangen und bis 1833 auf 28 Mitglieder angewachsen, war das berühmte Instrument, mit dem der Vater, Johann Strauß d. Ä. (1804–49), die Wiener Walzertradition begründet hatte. Der ältere Strauß hinterließ unter seinen zahlreichen Werken allein 152 Walzer; mit Lanner verhalf er diesem Tanz unter allen Wiener Tänzen zur größten Beliebtheit. Nichts beleuchtet diesen Erfolg heller als die Tatsache, daß der Wiener Walzer schließlich sogar »bei Hofe« zugelassen wurde und dort den traditionellen Menuett-Tanz ersetzte. »Walzerkönig« aber wurde sein Sohn Johann, der den Musikerberuf gegen den ausdrücklichen Willen des Vaters ergriffen hatte. Als Bratscher begann er in der Wiener Kapelle von Michael Pa-

mer (1782–1827), dann im Ensemble Lanners. Durch seine Kompositionen wurde der Wiener Walzer für alle Zeiten und Zonen hoffähig. Längst in ihrem Wert erkannt, werden sie nicht mehr als »leichte Muse« abgewertet. Sie stehen in einer spezifisch österreichischen Tradition, die in der durchaus »seriösen« Tanzmusik der Mozart-Divertimenti, -Serenaden und -Menuettreihen und in den vielen Tänzen Franz Schuberts lange vorher schon lebte. Seit 1844 reiste Strauß d. J. mit einer eigenen Kapelle, die er nach dem Tod des Vaters mit dessen Orchester vereinigte. 1872 feierte er Triumphe in den USA.
Von seinen Walzern, Polkas, Quadrillen, Galopps und Märschen besonders bekannt wurden die Walzer *An der schönen blauen Donau* (op. 314, 1867), *Künstlerleben* (op. 316, 1867), *Geschichten aus dem Wienerwald* (op. 325, 1868), *Wiener Blut* (op. 354, 1871), *Rosen aus dem Süden* (op. 388, 1880), *Frühlingsstimmen* (op. 410, 1882) und der *Kaiserwalzer* (op. 437, 1888), von seinen Operetten *Die Fledermaus* (1874) und *Der Zigeunerbaron* (1885). Im Prinzip sind die Walzer alle nach dem gleichen Muster komponiert, so daß zum Verständnis ihrer Struktur und Eigenart die exemplarische Vorstellung eines Werkes genügen kann.
Der **»Kaiserwalzer« op. 437** ist für die gleiche große Orchesterbesetzung geschrieben, die auch für alle großen sinfonischen Werke jener Epoche gilt: Streichquintett, je 2 Flöten, Oboen, Klarinetten und Fagotte, 4 Hörner, 2 Trompeten und 3 Posaunen sowie 2 Pauken, hier noch ergänzt durch das kleine Tamburin. Einer der Gründe für den großen Erfolg dieser Musik beim Konzertpublikum, bei Orchestern und Dirigenten gleichermaßen ist die meisterhafte Instrumentationskunst, die im Sinne der großen sinfonischen Tradition den ganzen Farbenreichtum dieser Besetzung auskostet.
Formal gliedert sich der Wiener Walzer in eine Introduktion, eine Folge von meist 5 verschiedenen Walzermelodien und eine Coda. Vor allem in der Einleitung und in der Coda zeigen sich bei Strauß bemerkenswerte sinfonische Züge in thematischer Feinarbeit. So setzt die Introduktion zum *Kaiserwalzer* (¢, C-Dur) mit einem stilisierten, leichten Marschrhythmus in den Streichern ein, über dem ein kapriziöses, in Holzbläsern und Streichern alternierendes Thema angestimmt wird. Der Rhythmus wird dezent durch das Tamburin markiert. Nach seiner Weiterführung mit zierlichen Trillern, Drehfiguren und einem kleinen eingeworfenen Militärsignal kündigt sich be-

reits in den Streichern, noch im geraden Takt, der Beginn des 1. Walzerthemas an. Zunächst aber trumpft noch einmal das ganze Orchester im machtvollen Tutti des Marschthemas auf. Nach stillem Verklingen und einer signalhaften Oboenfanfare rauscht die eigentliche Überleitung zum 1. Walzer in den Streichern auf, und eine sehnsuchtsvoll schmachtende Kantilene des Solo-Cellos mündet mit ihrem absteigenden Dominantseptakkord zielstrebig in den weichen Beginn der Walzerfolge. Walzer 1 mit seinen so berühmten, sanft wiegenden beiden Themen ist in einfacher Reihung gebaut (A – B – A – B), wobei beide Melodieabschnitte ganz regelmäßig periodisch angelegt sind und bei ihrer jeweiligen Wiederholung in Instrumentation und Dynamik fein variiert werden; im zweiten Durchgang des 1. Themas tritt als Farbakzent noch die Harfe hinzu. – Walzer 2 steht in As-Dur und besteht wieder aus zwei Melodien, die jedoch in gleicher Instrumentation gemeinsam wiederholt werden: Thema 1 in eindringlicher Geste über Grundton, Leitton und Terz hinabsteigend, Thema 2 ebenfalls mit Abwärtsgeste beginnend und in einer rhythmischen Tonrepetition fortgeführt. – Auch zum 3. Walzer, der nach C-Dur zurückkehrt, vermitteln wieder, wie zwischen Walzer 1 und 2, einige überleitende und modulierende Takte; hier kontrastieren beide Abschnitte ziemlich deutlich, wobei auf den lyrisch ausgesungenen Anfang ein mächtiges Posaunenthema antwortet. Der 4. und letzte Walzer beginnt in F-Dur und ist geprägt durch sein rhythmisches, zu Beginn markant stockendes Thema, wozu dann als Gegensatz eine biegsame Streichermelodie im zweiten Abschnitt tritt. Die direkt anschließende ausführliche Coda wendet sich sogleich von F-Dur nach A-Dur und mit chromatischen Zwischentönen zurück nach C-Dur. Sie mündet, gleichsam anstelle eines kompletten 5. Walzers, noch einmal in einen wiederholungslosen Durchgang von Walzer 1, führt verhalten modulierend weiter zu einem Zitat des 3. Walzers und läßt in mächtiger Steigerung auch noch einmal sein Posaunenthema erklingen. Vor die abschließenden Tutti-Takte schiebt sich schließlich noch eine ganz stille, in wenigen Instrumenten kammermusikalisch fein abgestufte Episode von großer Innigkeit: Vor dem Hintergrund eines Hörnerpaars und den wie ein Uhrpendel tickenden Oboenoktaven singt das Solo-Cello noch einmal eine wehmütige Reminiszenz an das 1. Walzerthema, unterstützt vom Horn, weitergeführt in den Violinen und am Ende von der einsamen Oboe.

Johannes Brahms

* 7. Mai 1833 in Hamburg
† 3. April 1897 in Wien

Brahms erhielt seinen ersten Musikunterricht beim Vater, der u. a. Kontrabassist im städtischen Orchester war und mehrere Instrumente spielte. Als 10jähriger konzertierte er zum ersten Mal als Pianist; 1853 begleitete er den ungarischen Geiger Eduard Reményi auf einer Konzertreise, nachdem er bei Eduard Marxsen in Hamburg durch eine streng konservative Klavier- und Kompositionsschule gegangen war und dort vor allem Beethovens Werke studiert hatte. Schumann stellte den jungen Brahms 1853 in einem prophetischen Aufsatz in seiner »Neuen Zeitschrift für Musik« als den kommenden Meister vor; mit seiner Frau Clara begann Brahms eine sein Leben und seine Persönlichkeit prägende Freundschaft und Liebe zu verbinden. Lange Jahre vergeblich mehr als eine kurz befristete musikalische Anstellung suchend, ermöglichte der wachsende Ruhm Brahms, spätestens seit seiner Übersiedlung nach Wien 1862, durch Druck seiner Kompositionen und in Verpflichtungen als Dirigent und freier Musiker sein gutes Auskommen zu finden. Zum führenden Repräsentanten eines konservativ an den (sinfonischen) Traditionen festhaltenden Kreises von Komponisten um Schumann wurde er unfreiwillig gemacht, nachdem er eine Erklärung gegen die publizistische Vorzugsbehandlung der sogenannten Neudeutschen Schule um Liszt und Wagner durch die »Neue Zeitschrift für Musik« 1860 unterschrieben hatte, die jedoch verfrüht im »Berliner Echo« veröffentlicht wurde – ein inzwischen nur noch historisch interessanter Parteienstreit, der ihn auf diese Weise nach außen hin als Gegenspieler nicht nur der Genannten, sondern auch Bruckners erscheinen ließ.

Orchesterwerke: 4 Sinfonien, 2 Serenaden, Haydn-Variationen, 2 Ouvertüren, 2 Klavierkonzerte, Violinkonzert, Doppelkonzert für Violine und Violoncello.

Die Einschätzung des Komponisten Brahms als »altmodisch« Konservativen hat Arnold Schönberg als ein Vorurteil und Mißverständnis in seinem 1933 konzipierten Aufsatz *Brahms, der Fortschrittliche* bezeichnet und das schiefe Bild geradegerückt, indem er zeigte, wie zukunftweisend modern die harmonischen Eigentümlichkeiten seiner Musik, seine Melodieerfindung und deren konstruktive Weiterführungen, vor allem aber seine charakteristische Technik der »entwickelnden Variation« sind. Der unter den Zeitgenossen vorherrschende Eindruck, Brahms sei ein rückwärtsgewandter Komponist, war nicht allein durch sein sinfonisches Schaffen begründet, sondern auch dadurch, daß er sich zeitweise in die Region der Kammermusik und des Liedes zurückzuziehen schien. Brahms hat es seinem Publikum gewiß nie leichtgemacht, denn gerade in den besonders emotional wirkenden Teilen seiner Werke bleibt die (mühsam und unter Zweifeln erarbeitete) konstruktive Basis oft verborgen. Seit der Mitte der 70er Jahre des 19. Jh. stellte sich gleichwohl der internationale Ruhm ein.

Sinfonien

1. Sinfonie c-Moll op. 68

Entstanden 1862–76. – UA: 4. November 1876 in Karlsruhe.
1. *Un poco sostenuto / Allegro* – 2. *Andante sostenuto* – 3. *Un poco allegretto e grazioso* – 4. *Adagio / Più andante / Allegro non troppo, ma con brio.*

Die von Skrupeln begleitete, über mehr als eineinhalb Jahrzehnte sich hinziehende Entstehungsgeschichte der 1. Sinfonie ist ein Ausdruck des Traditionsbewußtseins von Johannes Brahms, des Bewußtseins, in einem evolutionären Gattungsprozeß von Beethoven her einen Teil zu bilden. Nach einem frühen, verworfenen Versuch einer Sinfonie in d-Moll aus dem Jahr 1854 – Teile davon finden sich im 1. Klavierkonzert und im *Deutschen Requiem* wieder – war 1862 der 1. Satz der c-Moll-Sinfonie in 1. Fassung entstanden. Erst 1874 hat Brahms die Arbeit wieder aufgegriffen, 1876 vollendet. Daß eine Auseinandersetzung mit der Gattungstradition sich an den Sinfonien Beethovens orientierte, sie fortführend oder im Kontrast zu ihnen, war schon zuvor an allen Sinfonikern des Jahrhunderts zu beobachten. Bei keinem aber hat sie zu einem so langen und quälerischen Ringen geführt wie bei Brahms; bei keinem ist denn auch das Erstlingswerk so spät entstanden, wurde es so bedeutend und beethovennah, ohne epigonal zu sein. Brahms selber kannte seine historische Position genau; er ironisierte sie beiläufig, als er von jenem »Riesen« sprach, den er immer hinter sich marschieren höre. Das bekannte Wort des Dirigenten Hans von Bülow, Brahms' Erste sei die »Zehnte«, wurde denn auch in vollem Ernst als Kompliment an den Nachfolger Beethovens ausgesprochen.

Ernst und Leidenschaft prägen den *Kopfsatz*, der – nach Haydns und Beethovens Muster – mit einer langsamen Einleitung anhebt, deren enge motivische Verflochtenheit mit dem folgenden Sonatensatz auffällt; in ihr sind bereits seine wesentlichen thematischen Keime angelegt: die chromatisch auf- und wieder absteigend gegeneinander gerichteten Linien in den Streichern und Bläsern, die auftaktige, bewegte Drei-Ton-Gruppe mit anschließendem gedehnten Zielton sowie die aufsteigende Dreiklangbrechung im triolischen Metrum. Die Einleitung ist vierfach gegliedert in je zwei sich abwechselnde und stark kontrastierende Forte- und Piano-Abschnitte: chromatisch gegenläufig auseinanderstrebend über hämmerndem Paukenmetrum die beiden Forte-Teile, dazwischen sequenzartig absteigende Holzbläserrufe in der verminderten Septime und der kleinen Sexte, auf ein Pizzicato gestützt und jeweils mit einer in engen Sekundschritten sich windenden Figur von Streichern und Bläsern. Als Epilog entwickelt sich zunächst in der Oboe eine melodische Phrase, die sich von der kleinen Sekunde aus intervallisch immer stärker in die Höhe ausweitet und dann zurückfällt, imitatorisch fortgeführt und im Cello ausklingend. – Das folgende Allegro beginnt mottoartig gleichsam mit einem Konzentrat der beschleunigten chromatischen Anfangstakte der Einleitung und mündet nach 4 Takten in das eigentliche Hauptthema, gefügt aus den aufsteigenden und weitergeführten Dreiklängen der Einleitung und kontrapunktiert von der chromatischen Linie aus den Anfangstakten von Einleitung und Allegro – ein sehr suggestiver, obwohl doch konstruierter Satzanfang.

Unmittelbar anschließend zitiert Brahms wörtlich die erste Piano-Phrase der Einleitung. Chromatik und Dreiklangbrechung prägen und steigern den weiteren Verlauf des Hauptsatzes und der Überleitung, und noch der sehr zurückgenommene Beginn des Es-Dur-Seitensatzes ist aus Dreiklangbrechung und Chromatik gefügt (T. 121 ff.), bevor das eigentliche durchsichtige, eher episodenhafte Seitenthema in der Solo-Oboe erklingt, das in seinen ersten Tönen wie eine Variante des ersten Piano-Abschnitts der Einleitung anmutet. Die kleine, eindringliche Schlußwendung dieses Themas beendet in zarter Imitation von Holzbläser- und Hornfarben diese Passage und mündet in den deutlich abgehobenen dritten Abschnitt der Exposition, den triolischen Pizzicato-Rhythmus als energisch vorantreibendes Motiv (♪♪♪), das sich sogleich irritierend im Taktverlauf überlagert und die Schlußgruppe sehr dramatisch beendet. – Die Durchführung, von gleicher Länge wie die Exposition, verwendet in zwei großen an- und abschwellenden Spannungsbögen die wesentlichen Bausteine, zunächst die Dreiklangbrechung, bald danach das Triolenmotiv aus der Schlußgruppe, und kulminiert in einer kurzen, fast hymnischen Melodiephrase, die ihrerseits harmonisch und motivisch verarbeitet wird. Die zweite Steigerungswelle setzt sich mit den chromatischen Linienzügen, dem auftaktigen Vier-Ton-Motiv und endlich mit den Bestandteilen der Eröffnungstakte von Einleitung und Exposition auseinander, den grandiosen Höhepunkt im Eintritt der Reprise (T. 343) ansteuernd. Die leicht veränderte und gekürzte Reprise endet nicht als Stretta, sondern in einer chromatisch gefärbten, am Ende tempoberuhigten Coda, mit einer Reminiszenz der hämmernden Paukentöne und schließlich versöhnlich in aufsteigenden C-Dur-Dreiklängen.

Zwischen den beiden mächtigen Blöcken der Ecksätze erscheinen die beiden Mittelsätze wie idyllische, entspannende Episoden. Im *Andante*, das im mediantischen E-Dur steht, ist die Anfangsgeste still und innig, trübt sich aber bald chromatisch ein; ihr folgt als zweites ein solistisches Oboenthema, bevor es mehrfach zu starken emotionalen Aufschwüngen kommt, in einem zweifachen Streicher-Crescendo von großer Intensität und Klangschönheit, gefolgt von einem ausgeprägt melismatischen Thema in der Oboe über unruhigem Streichergrund. Diese Episode markiert den Mittelabschnitt der 3teiligen Form (A – B – A). Nach einer weiteren, unruhigen Steigerung kommt es, etwas versteckt unter Gegenstimmen, zur variierten Reprise. In der langsam verklingenden, weitläufigen Coda über triolischen Paukeneinwürfen hebt sich eine Solo-Violine aus dem farbigen Orchestersatz hervor und führt wiederum, wie im Kopfsatz, zu aufsteigenden Dreiklangketten.

Der *3. Satz*, ebenfalls in mediantischer Tonart (As-Dur), ist kein Scherzo, obwohl 3teilig mit kontrastierend abgesetztem Mittelteil; er steht im beschaulichen 2/4-Takt. Sein Hauptteil beginnt mit einer schmeichelnden Klarinettenmelodie, deren kunstvolle Bauweise man hörend kaum vermutet: ihre zweite Hälfte ist die exakte Umkehrung der ersten. Ihr folgen sanft absteigende Punktierungen, und beide Passagen werden wiederholt farblich und mit dezenten Gegenstimmen variiert, mit einem letztmaligen Zitat der Klarinettenmelodie endend. Der H-Dur-Mittelteil hebt sich hiervon im 6/8-Metrum ab, setzt in wiegenden Terzenparallelen ein und erhebt sich in seinem zweiten Teil zu einem leidenschaftlichen Fortissimo des ganzen Orchesters. Wenige Takte der beruhigenden Rückführung leiten zur variierten und stark verkürzten Wiederkehr des Hauptteils über; sie endet wie die vorangehenden Sätze sehr zurückgenommen in einer kurzen Coda, die den triolischen Mittelteil zitiert.

Beethoven war es, der die Verlagerung der Gewichte vom 1. zum letzten Satz der Sinfonie einführte; das Finale, bei Haydn noch eher ein »Kehraus«, wurde zum eigentlichen Ziel, kompositionstechnisch und vor allem in Gehalt und Aussage, d. h. im Sinne einer Lösung und Überwindung schicksalhafter Konflikte (5. und 9. Sinfonie). Die originelle Lösung, die Brahms für seine 1. Sinfonie fand, bedeutet eine ganz selbständige Weiterführung dieser Problemstellung, formal und inhaltlich: Kopf- und Finalsatz umrahmen wie zwei gleichgewichtige Blöcke die Sinfonie und bieten zugleich zwei völlig verschiedene Lösungswege an: Der 1. Satz läßt uns am ernsthaften Ringen mit kompositorischen Aufgabenstellungen teilnehmen, er ist in zwingender Logik motivisch durchkonstruiert und erzielt seine Wirkung mit den Mitteln der Kombination und der Veränderung des musikalischen Materials. Das Finale entspricht ihm äußerlich in seiner formalen Anlage mit langsamer Einleitung und schnellem Hauptteil, gibt jedoch andere, weniger konstruktive als emotionale Antworten. Brahms befreit sich von dem lastenden Erbe der Formtradition, indem er auf die Suggestivkraft der individuellen Tonsprache vertraut und sich vom Zwang des Sonatensatzprinzips zumindest teilweise entfernt, es überwindet.

Lastend, bohrend, geradezu lähmend setzt das *Adagio* ein; seine müde, resignierende Anfangswendung entpuppt sich später zu Beginn des Hauptteils als chromatisch »verfremdete« Vorwegnahme:

Zögernd einsetzendes Pizzicato der Streicher steigert sich sogleich hektisch bis zum Fortissimo. Dieser ganze Vorgang wiederholt sich noch einmal, um nach nervös suchender Unruhe auf einem Paukenwirbel abzubrechen. Einer Verheißung gleich, im hellen C-Dur-Licht, ertönt sodann (*Più andante*) jenes berühmte Hornthema, dessen folkloristische Herkunft Brahms selber Clara Schumann zum Geburtstag mitteilte (»Also blus das Alphorn heut«):

Die befreiende Botschaft erklingt über vibrierendem Streichergrund zunächst verhalten, beantwortet von der Oboe, unterbrochen durch 4 geheimnisvolle Choraltakte in den Posaunen, schließlich noch einmal wie triumphierend in 2 sich imitierenden Hörnern. Und so, als sei der Weg frei, die Luft rein, stimmen nun die Streicher den sonoren Gesang des Hauptthemas an, dessen Verwandtschaft zum Freude-Thema aus Beethovens Neunter oft kritisch hervorgehoben wurde, das aber im unmittelbaren Vergleich seine Eigenständigkeit erkennen läßt:

Es gibt kaum direkte Übereinstimmungen, dagegen eine spontan erlebbare Ausdrucks-»Wahlverwandtschaft«. Formal gliedert sich dieser Hauptteil in zwei etwa gleich große Teile, von denen der erste Expositions-, der zweite zugleich Durchführungs- und Reprisencharakter hat, mündend in eine strettahafte Coda. In der Exposition wird der sonore Streicherbeginn zuerst in den Holzbläsern wiederholt, danach im Tutti aufgegriffen und weitergeführt. In den letzten Takten vor dem Seitensatz klingt einmal wie ein Signal das Hornthema aus der Einleitung auf; auch der auf der Dominante G-Dur beginnende Seitensatz ist vielgliedrig und kontrastreich, angeführt von biegsamem Streichermelos, fortgeführt in der Oboe und im ganzen Orchester über schmetternden Triolen triumphierend. Der zweite Hauptteil beginnt wie der erste, blendet jedoch bald das unruhige Pizzicato aus der Einleitung ein und mündet nach der Tutti-Wiederkehr des Hauptthemas in eine längere Durchführungspassage von kompromißloser Härte des polyphonen Gegeneinanders; sie ist abgeleitet aus einer eher unauffälligen Tonleiterfigur kurz vor dem Seitensatz. Am Höhepunkt schiebt sich vor die Wiederkehr des Seitensatzes das Hornthema, das sich bereits in den Takten zuvor motivisch ankündigt. Statt der eigentlich erwarteten dritten Wiederkehr des Hauptthemas endet die Entwicklung schließlich in einer Stretta, die nur noch motivische Bruchstücke zu stammeln vermag, unvermittelt unterbrochen durch das Choralzitat der Einleitung und in atemlosem C-Dur-Jubel endend – der Triumph ist vollständig und überzeugend, sowohl im Kontext dieses Werks als auch historisch in einer gelungenen Erneuerung der Gattung Sinfonie.

2. Sinfonie D-Dur op. 73

Entstanden 1877. – UA: 30. Dezember 1877 in Wien.

1. *Allegro non troppo* – 2. *Adagio non troppo* – 3. *Allegretto grazioso (Quasi andantino)* – 4. *Allegro con spirito.*

Das häufig gebrauchte Klischee, das diese Brahms-Sinfonie als seine »Pastorale« etikettiert, wirkt besonders unpassend. Richtig ist allein, daß sie einen durchgehend freundlichen, bisweilen heiteren Ton pflegt, allerdings ohne alle ländlich-pastoralen Assoziationen; übrigens ist sie nicht weniger durchstrukturiert als die 1. Sinfonie. Von der »Pastorale« bleibt nichts weiter als die Erinnerung an das idyllische Pörtschach am Wörther See, wo sie entstand. Die Instrumentierung vollendete Brahms in Wien.

Dem Hauptthema merkt man seine zentrale konstruktive Bedeutung für den ganzen *1.* (Sonaten-)*Satz* ganz und gar nicht an, so lyrisch entspannt wird es in tiefen Streichern, Hörnern und Holzbläsern vorgetragen:

Bei aller vornehm kantablen Qualität ist dieser Gedanke aus kompositorischem Urmaterial abgeleitet, das den weiteren Satzverlauf ganz wesentlich prägt, nämlich aus den Elementen von Dreiklang und Tonleiterausschnitt, hin und her pendelnd oder diatonisch voranschreitend. Dieser lyrische Beginn scheint dann zunächst im abnehmenden Unisono der Streicher und in geheimnisvollen Posaunenakkorden ganz in sich zurückzusinken, bis auf einmal aus einer emphatisch aufblühenden Streicherkantilene ein erster Konflikt, getragen vom Kopfmotiv der Bässe, aufbricht. Scherzoartige, gestoßene Holzbläserpassagen bilden sodann die Überleitung zum Seitensatz, doch auch sie basieren auf jenem kleinen Drei-Ton-Motiv (a). In parallelen Terzen und Sexten singen jetzt Celli und Bratschen in fis-Moll eine der für Brahms so typischen Sehnsuchtsmelodien, dezent von den übrigen Streichern mit Figuren begleitet, die zuvor in der kraftvollen Überleitung bereits wichtig waren. Nach einer Farbvariante in den Holzbläsern führt ein kurzes Crescendo zu einem dritten, ausgeprägt rhythmischen Gedanken voll stockender Punktierungen und das Metrum störender Überbindungen, bevor am Ende der Exposition noch einmal, von der Flöte in Triolen umspielt, das Seitenthema aufscheint. Die komplexe Durchführung verarbeitet sehr abwechslungsreich vor allem die Bestandteile des Hauptthemas, die nach verhaltenem Beginn zunächst kontrapunktisch verdichtet und sodann zu großartiger Steigerung aufgetürmt werden. Nach dieser sozusagen akademisch-gelehrten Passage kommt es in den Bläsern zu kompromißlos dissonanten Engführungen des Baßmotivs. Aus ihm werden zugleich als Gegenstimmen Diminutionen abgeleitet; den letzten Abschnitt dieses Formteils beherrschen die beiden Anfangsnoten des Dreiklangthemas, die sich in hemiolischer Verkürzung im Metrum zu überstürzen scheinen. Eine absteigende Holzbläsertonleiter führt zur Reprise, die insgesamt in phantasievoller Variation die Ergebnisse der Durchführung zusammenzufassen scheint. In der Coda wächst aus dem Hauptthema auf einmal ein langes und zunehmend unruhiger sich voranentwickelndes Horn-Solo hervor, bevor ein letztes Mal in aller Ruhe und fast hymnisch überhöht das Hauptthema in den Streichern erklingt. Überraschend schließt sich jener kleine Scherzo-Gedanke aus der Exposition an, der in der Reprise ausgeklammert wurde, bevor der Satz still verklingt.

Der *langsame Satz* (H-Dur) ist 3teilig. Seine Rahmenteile werden von einem Doppelthema geprägt, das Celli und Fagott in extremer Gegenläufigkeit vortragen:

Ihm schließt sich im gemischten Bläsersatz, angeführt vom Solo-Horn, ein polyphon verzahnter Seitengedanke an, der sonor und katabel von den Streichern zu Ende geführt wird. Den Mittelteil beherrscht die Unruhe des in Überbindungen immer wieder stockenden 12/8-Metrums, weitergeführt in unruhigen Moll-Passagen des dichten, bewegten Streichersatzes. Bei der Wiederkehr des A-Teils wird das Doppelthema mit der triolischen Bewegung des Mittelteils verknüpft, und auch die Moll-Eintrübung kehrt wieder, so daß innerhalb der Reprisenform denn doch Durchführungsansätze spürbar werden.

Menuettartig gemächlich setzt der *3. Satz* mit einem zärtlich schmeichelnden Oboenthema ein. Nach Art eines Rondos trennen 2 unterschiedliche bewegte Strophen die Wiederholungen des Anfangsritornells voneinander: zunächst eine im unruhigen Presto variierte Fassung des Anfangsthemas, dann, nach kurzer Wiederkehr des Anfangs, ein im 3/8-Presto dahineilendes kleines, rhythmisch sperriges Scherzo. Nach einer Fermate beendet eine anrührende kleine melodische Geste die letzte Wiederkehr das A-Teils.

Ein wirbelnder *Sonatensatz* schließt in bei Brahms ungewohnter Direktheit die Sinfonie effektvoll ab: Er wird von seinem Hauptthema geprägt, das zunächst im verhaltenen Unisono der Streicher, bald aber auch im mitreißenden Tutti des ganzen Orchesters erklingt. Seine mehrfache Wiederkehr an Formzäsuren nähert den Satz wiederum latent der Rondo-Form an. Sonor und breit gestrichen bildet das Seitenthema den nötigen ruhepunktartigen Kontrast; rhythmische Energien werden in der Schlußgruppe frei. Die Durchführung setzt überraschend mit der Tonika-Wiederkehr des Hauptthemas ein, das sogleich umgekehrt wird. Triolische Umdeutungen des Themas beherrschen den zweiten Teil der Durchführung, die ganz still mit geheimnisvoll absteigenden Quarten zur Reprise hin verklingt. Die Triolen kehren zu Beginn der Coda noch einmal wieder, bevor der Satz triumphal mit Trompetenfanfaren in einer beifallheischenden Stretta endet.

3. Sinfonie F-Dur op. 90

Entstanden 1883. – UA: 2. Dezember 1883 in Wien.
1. *Allegro con brio* – 2. *Andante* – 3. *Poco allegretto* – 4. *Allegro.*

Die Uraufführung wurde ein großartiger Erfolg, der sich bei den nachfolgenden Aufführungen in Wiesbaden, Berlin und Meiningen wiederholte. Die Ausrufung zur »Eroica« von Brahms, die der Dirigent Hans Richter in einem Trinkspruch vornahm, gibt der Sinfonie ein falsches Etikett. Zwar ist sie zumindest in den Ecksätzen von größerem Ernst als die Zweite, doch lassen sich kaum heldische Züge erkennen. Auffällig ist dagegen, daß die beiden Mittelsätze an Gewicht – nicht an Wert! – gegenüber den Ecksätzen zurücktreten, daß sie im Sinne des übergreifenden, großräumigen Kontrastes eher intermezzohaft statt sinfonisch ausladend wirken.
Der *Kopfsatz* wird durch einen Bläservorspann, durch drei ungewöhnlich spannungsvoll aufeinander bezogene und zwischen Dur und Moll changierende Akkorde, eingeleitet, hinter denen sich zugleich wie ein Kernmotiv die Intervallstruktur (Terz und Sexte) des unmittelbar darauf einsetzenden Hauptthemas verbirgt:

Als Baßstimme zu diesem Thema fungiert die Außenlinie der einleitenden Akkorde. Darüber hinaus bezieht das Thema seine Spannkraft aus einer den 6/4-Takt andeutungsweise hemiolisch überlagernden motivischen Gliederung; dieser Effekt eines Pendelns zwischen 6/4 und 3/2 beherrscht im übrigen – typisch für Brahms – den ganzen weiteren Satzverlauf. Im folgenden wendet sich die Überleitung bald nach Des-Dur und überläßt den Holzbläsern einen weiteren, stufenweise aufstrebenden melodischen Gedanken, der jedoch nur Station auf dem Weg zum eigentlichen Seitensatz bleibt. Dieser setzt überraschend mediantisch in A-Dur ein und intoniert über zart wiegender Begleitung ein tänzerisch ausschwingendes Klarinettenthema, das alsbald nach Cis-Dur weiter moduliert. Die Schlußgruppe ist danach rhythmisch herausgehoben und leitet mit störrischen Überbindungen direkt in die Durchführung. Diese ist relativ knapp und konzentriert; sie setzt mit dem ins Dramatische gewendeten Seitenthema an, das nun recht widerspenstig synkopiert begleitet und mit unruhiger Lebhaftigkeit weitergeführt wird. Wenige zunächst eher tänzerische, dann stockende Takte führen unvermutet zu einem sich romantisch ausbreitenden Horn-Solo in Es-Dur, das unverkennbar vom Aufstieg des Anfangsmottos abgeleitet ist. Die restlichen Takte der Durchführung haben hinführenden Charakter und basieren auf ebendiesem Motto; sie münden in mehrere gedehnte Takte der wiederkehrenden Einleitungsakkorde, bis schließlich fast triumphierend die Reprise einsetzt. Sie entspricht in ihren Umrissen weitgehend der Exposition und endet in einer ausdrucksvollen Coda, die sich noch einmal mit dem Hauptthema auseinandersetzt: am Schluß zart, in den letzten Takten noch einmal im Kopf des Hauptthemas ausklingend, wie in ferner Verklärung. Die so auffallend häufige, latente oder auch offenkundige Präsenz des Hauptthemas und seiner Grundintervalle erklärt zugleich die Kürze der Durchführung – motivische und harmonische Durchführung dieses Materials findet im Grunde vom 1. Takt des Satzes an statt!

Wundersame Entspannung bringt das von zart einsetzendem Holzbläsermelos getragene *Andante*. Es rückt nach der eher gespannten Ernsthaftigkeit des 1. Satzes die Schwerelosigkeit melodischen Sich-Verströmens in den Mittelpunkt, vorgetragen in den weich abgestuften Klangfarben des zunächst viele Takte lang reduzierten Orchesters. Das schlichte, liedartige Hauptthema wird ständig neu gefärbt und variativ umspielt.

Ein zunächst von Klarinette und Fagott, dann von Oboe und Horn intoniertes Seitenthema auf der Dominante G-Dur mutet dagegen eher stockend, fragend an; sein Auftaktrhythmus, der zugleich auch zur Begleitformel wird, verselbständigt sich anschließend in einigen rein akkordlich-farblichen Takten von ganz nach innen gewandter Intensität:

bevor sich die Spannung in der triolisch umspielten Wiederkehr des Hauptthemas löst. Hier setzt andeutungsweise Durchführungsarbeit an, so daß sich ein unruhigerer Mittelabschnitt von den beiden verwandten Rahmenteilen abhebt (A – B – A); in der Reprise jedoch erscheint der Seitengedanke überhaupt nicht mehr. Aus den zarten Schlußtakten der Coda kann man ganz von ferne die Dur-Moll-Klänge vom Anfang des Kopfsatzes heraushören.
Auch für diese Sinfonie komponiert Brahms an dritter Stelle kein Menuett oder Scherzo mehr. Allerdings ist diesmal die Basis ein im Charakter einer Valse sentimentale ausschwingender Dreiertakt (3/8); und die Grundform ist ebenfalls die des 3teiligen altertümlichen Menuetts mit einem sanft kontrastierenden Trio in der Mitte. Dennoch überwiegt der Eindruck eines sehnsüchtig-melancholischen Intermezzos, das ganz von der melodischen Qualität seines Hauptthemas getragen wird. In immer neuen Färbungen und aparten Instrumentalkombinationen wird es unermüdlich vorgesungen, so daß man es allein aufgrund seiner häufigen Wiederkehr kaum noch vergessen kann. In der Mitte hebt sich vom c-Moll der Rahmenteile dezent ein As-Dur-Trio ab, in dem Bläser- und Streichersatz sich konsequent rhythmisch gegeneinander verschieben.
Auch das *Finale* beginnt in f-Moll und bleibt auch weitgehend ein Moll-Satz, der sich erst in der Coda endgültig nach Dur wendet. Sein im geheimnisvollen Unisono der Streicher und des Fagotts vorgetragenes Hauptthema kreist vor allem in kleinen Sekunden ganz engräumig um die Quinte c. Ihm schließt sich ebenso verhalten wie ein Bläserchoral ein neuer Gedanke an, der sich als fast tongetreue Wiederkehr des Seitenthemas aus dem Andante entpuppt, das dort nur ein einziges Mal erklang:

Erst danach explodiert das erste Forte des Satzes in einer vorwärtstreibenden, rhythmisch dominierten Überleitung bis hin zum triolisch sich entfaltenden Seitenthema auf der Dur-Dominante C. Mächtige c-Moll-Entladungen beenden die Exposition, an deren Ende sich das Hauptthema zunächst nur in motivischen Bruchstücken ankündigt. Sein vollständiger Wiedereinsatz in der Tonika, allerdings nun im Bläsersatz, mutet wie die erwartete Wiederholung der Exposition an, leitet statt dessen aber in die Durchführung. Sie setzt sich zunächst mit ebendiesem Thema konfliktreich auseinander und wendet sich dann in einem zweiten Abschnitt dem choralartigen Folgegedanken aus dem Hauptsatz zu. Die Reprise beginnt nicht wie erwartet mit dem Unisono-Thema, sondern variiert es sogleich im kräftigen Tutti, zeigt sozusagen nur noch seine Umrisse. Berühmt an diesem Satz ist vor allem seine Coda, die in einem kurzen Moment wie in einem Brennspiegel die ganze Sinfonie noch einmal zusammenzufassen scheint: Zunächst kehrt das Hauptthema, nun seltsam verfremdet in weichen Triolen, zurück; in fließend unmerklichem Übergang wendet sich das Geschehen nach F-Dur und beschäftigt sich dabei mit den Motiven des Themas, sanft umspielt von Streicherfiorituren. Diese Begleitfiguren umgeben dann auch die Wiederkehr des Seitengedankens, dessen choralartiger Charakter nun stärker hervortritt. Und in den Schlußtakten verbindet sich verhalten und doch intensiv das verbreiterte Kopfmotiv des Hauptthemas mit den Anfangsakkorden des 1. Satzes. Wie in einer zarten Apotheose kehren die letzten Takte zum Hauptthema des Kopfsatzes zurück, das die Streicher in sanftem Herabsinken zitieren.

4. Sinfonie e-Moll op. 98

Entstanden 1884/85. – UA: 25. Oktober 1885 in Meiningen.
1. *Allegro non troppo* – 2. *Andante moderato* – 3. *Allegro giocoso* – 4. *Allegro energico e passionato.*

Brahms komponierte seine letzte Sinfonie in den Sommermonaten der Jahre 1884 und 1885 im österreichischen Mürzzuschlag. Er schuf in diesem Werk so etwas wie sein sinfonisches Fazit. Die Vierte faßt die kompositorischen Errungenschaften des Komponisten zusammen und reizt sie aus – weiter und

höher hinaus konnte es nun nicht mehr gehen. Zwei Merkmale des sinfonischen Spätstils von Brahms treten in diesem Werk besonders hervor: das Prinzip der permanenten Variation und der Rückgriff auf überlieferte Formmodelle.
Gerade das Prinzip des ständigen Variierens war es, das Brahms in den Augen Schönbergs zukunftweisend und »modern« erscheinen ließ. Allerdings wird heute in dieser Hinsicht manchmal zuviel des Guten getan und in allzu starker Fixierung auf das Variationsprinzip nicht wahrgenommen, daß es sich gerade im *1. Satz* um einen vollständig ausgebauten Sonatensatz handelt. Den Reiz dieses kunstvollen Gebildes macht in der Tat aber aus, daß Brahms ihm die Farbe der ständigen Variation gleichsam überstülpte, ohne deshalb seine Substanz, den Sonatenhauptsatz, zu verfremden. Zweites wesentliches Kennzeichen dieser Musik ist ihre konstruktive Durchdringung, die kontinuierliche motivisch-thematische Feinarbeit, die nicht nur die Durchführung, sondern ebenso Exposition, Reprise und Coda durchzieht. Dem Hauptthema, mit dem der Satz umweglos und in weich wogendem Piano einsetzt, merkt man seinen raffinierten Bau überhaupt nicht an: Es besteht zwar aus 7 aufeinanderfolgenden absteigenden Terzen, die jedoch durch den (nötigen) Kunstgriff der mehrfachen aufwärtsgerichteten Oktavversetzung zu einer ungemein sprechenden Melodie verwandelt werden:

Das Variationsprinzip bemächtigt sich dieses Themas sogleich bei seinem zweiten Auftreten, und zwar in doppelter Weise: Die Melodie selbst wird in Achtel-Oktaven aufgelöst, und vor allem ändern sich Begleitfiguren und Instrumentation. In mitreißender Weiterführung und Steigerung des vollen Orchesters wird als Zwischenstation h-Moll erreicht; ein markanter Unisono-Gedanke der Bläser führt zu einer expansiven, mit der Septime anspringenden Cellomelodie, die durch einen rhythmisch sperrigen »Unterbau« gestützt und gestört wird. Der eigentliche Seitensatz wird über eine auffällige Pizzicato-Passage angesteuert; seine schmeichelnde H-Dur-Linie in den Bläsern wird wieder von dezenter Unruhe in den Streichern unterfangen. Geheimnisvolle Töne schlägt die Schlußgruppe an, indem sie auf das markante Rhythmusmotiv vor der Cellomelodie zurückkommt, es mit harmonisch eingetrübten, bewegten Klangflächen konfrontiert und es in mächtiger Steigerung mit Triolen verschränkt. Der weiche Epilog knüpft an den Anfang der Exposition an und führt zur ersten wörtlichen Wiederkehr des Hauptthemas, so als würde der Formteil tatsächlich wiederholt. Statt dessen kündigt sich auf diese Weise die Durchführung an, die sich konfliktreich und variierend zunächst mit den Elementen des Hauptthemas auseinandersetzt, um sich danach dem rhythmischen Motiv und seinen Spannungen zuzuwenden. Eine weitere in Triolen sich wiegende Variation des Hauptthemas leitet den letzten Abschnitt der Durchführung ein, der sich vor allem mit den abwärts gerichteten Achteln aus der Fortführung des Hauptthemas beschäftigt und sie in allmählichem Verstummen in feinsten farblichen und vor allem harmonischen Abstufungen aneinanderreiht. Höchst originell, im wahrsten Sinne »unerhört« setzt die Reprise ein: Die erste Hälfte des Hauptthemas erklingt zwar ganz tongetreu, jedoch durch beträchtliche Dehnung seiner Notenwerte in den Bläsern und durch einen zart bewegten, flimmernden Streicherunterbau so »verfremdet«, daß man sie eigentlich erst begreift, wenn die zweite Hälfte des Themas in der gewohnten Weise wiederkehrt. Die Reprise hält sich variierend an den Ablauf der Exposition und führt sie am Ende in eine letzte, leidenschaftliche Steigerung.

Der *langsame Satz* basiert überraschend auf dem gleichen Grundton e, doch färbt er ihn auf doppelte Weise um: Die Tonart ist nun E-Dur, doch wird sie immer wieder auf gleichsam archaische Weise abgetönt durch die kleine phrygische Sekunde. Sie wird sogleich in den ersten 4 Takten wie in einem Vorspann exponiert, bevor danach das eigentliche, gravitätisch schreitende Holzbläserthema einsetzt, von den Streichern pizzicato begleitet. Doch in seinem 3. und 4. Takt erhält es, nach anfänglichem klaren E-Dur, wiederum phrygische Färbung, nun durch die erniedrigte 7. und 6. Stufe:

Die Form des Satzes läßt sich am ehesten als Sonatensatz ohne Durchführung – wenn es denn so etwas geben könnte – definieren. War das 1. Thema vorrangig den Bläsern zugewiesen, so hebt sich davon das Seitenthema, nach einer markanten Triolenpassage, durch seinen satten und zugleich innigen Streichersatz ab; beim ersten Auftreten in der Exposition wird es zart von Gegenstimmen umspielt; in der Reprise verdichtet sich das Streicherensemble durch mehrfache Teilungen zum 8stimmigen Klangteppich. Gerade dieser Satz ist in seiner Klangphantasie, im Ersinnen immer neuer Farben, ein Prototyp des großen romantischen Orchestersatzes. Er endet mit einer letzten, emphatischen Wiederkehr des phrygischen Beginns.
Scherzo und Burleske zugleich ist der folgende Satz, ein bizarres, bisweilen Züge eines grotesken Tanzes annehmendes Musikstück, das aus der Tradition des Menuetts und des Scherzos energisch ausbricht. Seine besondere Farbe erhält er durch den Einsatz eines Triangels, das als glitzernder Akzent die Höhepunkte markiert. Auch dieser keineswegs intermezzohafte, sondern sinfonisch ambitionierte Satz läßt Sonatensatzansätze erkennen, indem er der sperrigen Kontur seines 1. Themas ein freundlich verspieltes Seitenthema, allerdings ebenfalls in der Grundtonart C-Dur, gegenüberstellt. In der Mitte des Satzes müssen wenige, im Tempo zurückgenommene Bläserphrasen als ferne Erinnerung an ein Trio genügen, bevor unvermittelt wieder der stampfende 2/4-Tanz einbricht. Mehrfach prallen im Satzverlauf Grundgestalt und Umkehrung des Hauptthemas aufeinander, das im übrigen seine Sperrigkeit vor allem aus seiner Phrasierung quasi gegen den Strich herleitet (♩♩♩♩|♩♩).
Das *Finale* schließlich ist der erste und einzige reine Variationensatz in den Sinfonien von Brahms. Er greift auf das barocke Modell der Chaconne bzw. Passacaglia zurück; sein Thema entnahm Brahms mit leichten chromatischen Tönungen der Bach-Kantate BWV 150 (*Nach dir, Herr, verlanget mich*):

Über 8 Takten türmt es sich in allmählicher harmonischer Schärfung auf, allerdings zunächst, vom Chaconne-Prinzip abweichend, in der Oberstimme. Im Verlauf von 30 Variationen bleibt es nur anfangs im Diskant, wandert dann jedoch (Var. 4) sozusagen schulgemäß in den Baß. Seine Konturen bleiben zunächst gut nachvollziehbar, verwischen sich jedoch zusehends und verlieren sich bisweilen so weit, daß sie hörend nur noch schwer nachzuvollziehen sind. Den gewaltigen Bau der Chaconne bewältigt Brahms, indem er ihn übergreifend ordnet und ihm gleichsam unterschwellig die Umrisse eines Sonatensatzes hinzufügt. Ab Variation 12 verdoppelt sich die Taktlänge von ¾ auf 3/2, so daß sich eine deutliche Verlangsamung der Bewegung, ein Innehalten einstellt, eingeleitet durch ein zartes, melismatisches Flöten-Solo und bereits in der folgenden Variation nach E-Dur gewandt; die 3. der »langsamen« Variationen enthält einen weihevollen Posaunenchoral, der sich in der folgenden (Var. 15) auf den gesamten Bläsersatz ausweitet. Könnte man diesen abgehobenen Mittelteil als Durchführungsepisode ansehen, so erfolgt in Variation 16 ein Repriseneffekt, indem die Anfangstakte nun zunächst im Ursprungstempo wiederkehren, gleichsam als Orientierungshilfe für den Hörer. Er kann auf diese Weise die folgenden Variationen leichter auf das Grundmaterial der Chaconne beziehen, denn diese restlichen 15 Variationen entfernen sich noch expansiver und dynamischer von ihrer Vorlage. 4 Überleitungstakte vermitteln am Ende zur dritten Wiederkehr des Themas, nun allerdings als strettahaft beschleunigte Coda (Più Allegro) nicht mehr in einzelne Variationen unterteilt, sondern in soghafter Steigerung den energischen Schlußtakten zustrebend.

Weitere Orchesterwerke

Serenade D-Dur für großes Orchester op. 11

Entstanden 1857–59. – UA: 3. März 1860 in Hannover.

1. *Allegro molto* – 2. *Scherzo: Allegro non troppo* – 3. *Adagio non troppo* – 4. *Menuetto I und II* – 5. *Scherzo: Allegro* – 6. *Rondo: Allegro.*

Die beiden Serenaden von Brahms werden im heutigen Konzertleben etwas stiefmütterlich behandelt. Gewiß handelt es sich bei ihnen um Vorstufen zur großen Sinfonie, doch besagt diese zunächst nur historische Tatsache noch nicht viel über ihren künstlerischen Wert. Interesse dürfen sie aber gerade deshalb beanspruchen, weil sie auf sehr reizvolle und individuelle Weise gleichsam zwischen den Gattungen stehen: in vielen Zügen nicht mehr Serenade und in mindestens ebenso vielen noch nicht Sinfonie.

Die erste der beiden Serenaden zeigt diese Zwischenstellung deutlicher als die zweite: zum einen in ihrer sinfonischen Besetzung für großes Orchester (mit komplettem doppelten Holz und sogar 4 Hörnern, neben Trompeten und Pauken!), zum anderen in den sinfonischen Ausmaßen und Ambitionen der drei ersten Sätze. Während der Komposition erwog Brahms denn auch, das D-Dur-Werk zur Sinfonie auszubauen, nachdem er zunächst eine Version für kleines Orchester versucht hatte.

Dieser sinfonische Anspruch schlägt sich im *Kopfsatz* nicht nur in seinem Umfang, sondern ebenso in der sehr ernsthaften und eigentlich so gar nicht serenadenhaften Anlage eines vollständigen Sonatensatzes mit einer konfliktreich ausgebauten Durchführung nieder. Die Exposition stellt hierfür das vielseitige Material bereit: einen Hauptsatz, dessen Thema im Horn zu bordunartigen Streicherquinten präsentiert wird; einen sehr kantablen Seitensatz, der seinen Ausgang in den hohen und tiefen Streichern nimmt und im weiteren Verlauf das Element der triolischen Bewegung hinzufügt. Poetisch und zart verklingt der Satz in einer ganz zurückgenommenen, motivisch strukturierten Coda. – Das *Scherzo* ist ein romantisch gebrochenes Stimmungsbild, dessen Anfangsteil entfernt an Mendelssohns Klangwelt erinnert, mit einem seltsam gewundenen Hauptthema in der Grundtonart d-Moll und einem in freundlichere B-Dur-Gefilde ausweichenden *Trio*, das immer wieder mit dem Motiv der Synkope spielt. – Auch der *langsame Satz* zeichnet die Konturen eines Sonatensatzes nach, in reduzierter Besetzung ohne Trompeten und Pauken; sein Hauptsatz (B-Dur) ist weniger thematisch als durch das Prinzip der doppelten Punktierung geprägt, während das Seitenthema mit seinem synkopierten Rhythmus solistisch vom Horn vorgetragen wird. Der ganze Satz ist sehr farbig und zugleich typisch instrumentiert, wobei die weich vibrierenden begleitenden Streicherbewegungen auffallen. – Nach diesen drei ambitionierten Sätzen bilden drei kürzere und im besten Sinn unterhaltende Sätze den Abschluß: ein klarinettengetöntes *Menu-*

ett (G-Dur) mit trioartig alternierendem zweiten Menuett, das in der Art eines zarten »Liebeslieder«-Walzers ein Streichtrio sprechen läßt, während im Rahmenmenuett lediglich Cello und Bratsche die Holzbläser stützen. Im folgenden *Scherzo* (D-Dur) beschleunigt sich das Zeitmaß zum ganztaktigen Walzer, als Jagdmusik in Hauptteil und *Trio* von den Hörnern angeführt. Das *Finale* ist ein heiter bewegtes und bisweilen durchaus mächtig auftrumpfendes Rondo.

Serenade A-Dur für kleines Orchester op. 16

Entstanden 1858/59. – UA: 10. Februar 1860 in Hamburg.
1. *Allegro moderato* – 2. *Scherzo: Vivace* – 3. *Adagio non troppo* – 4. *Quasi Menuetto* – 5. *Rondo: Allegro*.

Verglichen mit der durchaus auch nach außen gewandten, die große Orchestergeste nicht scheuenden ersten Serenade ist die zweite intimer, kammermusikalischer, auch ein wenig herber. Äußerlich dokumentiert sich das in ihrer reduzierten Besetzung mit doppeltem Holz, 2 Hörnern und vor allem einem Streicherapparat, der völlig auf das helle Timbre der beiden Violinen verzichtet und statt dessen durchgehend von den Bratschen angeführt wird. Dieser Kunstgriff führt zu einem dunkel-verhangenen Gesamtklang, der dem Werk seine eigene Aura verleiht.

Der *Kopfsatz* ist ein Sonatensatz, der sehr stark vom Aufwärtszug seines Hauptthemas geprägt ist; es wird, ebenso wie das durchgehend punktierte Seitenthema, von den Klarinetten angestimmt. Weitere formende Elemente sind die Pizzicato-Begleitungen und der unauffällige Kontrast zwischen geradem und triolischem Metrum. – Das *Scherzo* (C-Dur) erschließt sich in seinem metrischen Ablauf fast erst beim Eintritt des *Trios*, denn seinem schnellen Dreiertakt überlagert sich ständig hemiolisch ein $2/4$-Motiv. So bringt die Sextenmelodie der Klarinetten im Trio die nötige Entspannung. – Zum stimmungsvollen Mittelpunkt des Werkes wird danach das a-Moll-*Adagio*. Es ist in überschaubarer Dreiteiligkeit angelegt: Zu Beginn erhebt sich die ausdrucksvolle Bläsermelodie im $12/8$-Metrum ausschwingend über einer ostinatoartigen Baßlinie; nach einem unruhig kontrastierenden und nach As-Dur ausweichenden Mittelteil kehrt der Anfang reminiszenzartig variiert und verkürzt wieder. – Das stille, ein wenig altertümelnde *Menuett* wird wieder von den Klarinetten angeführt

(D-Dur, 6/4), während die solistische Oboe dem fast stockend beginnenden Trio die Farbe gibt. – Romantische Serenadenseligkeit kündigt sich im Final-*Rondo* an, dessen Hauptthema feinsinnig auf Klarinetten und Oboen verteilt ist; zwischen den Rondo-Couplets und gleichsam unter der so freundlichen Oberfläche verbergen sich im Satzverlauf gleichwohl manche harmonischen und instrumentatorischen Überraschungen, die den Serenadenton zwar nie ernstlich in Frage stellen, aber doch für spannende Unruhe sorgen.

Variationen über ein Thema von Joseph Haydn B-Dur op. 56a

Entstanden 1873. – UA: 2. November 1873 in Wien.

Auch die Haydn-Variationen sind zu den Vorstudien auf dem beschwerlichen und von Skrupeln begleiteten Weg zur Sinfonie zu rechnen. Das originelle Thema, den »Chorale St. Antoni«, entnahm Brahms dem ersten der Sechs Divertimenti für Bläser (Hob. II: 46) von Joseph Haydn und beließ es auch weitgehend in der originalen Instrumentation (Oboen, Hörner, Fagotte und Serpent). Bemerkenswert ist die metrische Gliederung dieser Melodie (möglicherweise ein altes Wallfahrerlied). Ihre Phrasen sind zu Beginn in ungewöhnlicher Fünftaktigkeit gegliedert:

Dem einprägsamen Thema läßt Brahms 8 Variationen folgen, die ihn als den unbestrittenen Meister dieser Gattung ausweisen. Variation 1 führt in der Grundtonart Achtel und Triolen gegeneinander, mit ostinatohaft dagegengesetzten Tonrepetitionen der Bläser im Hintergrund; Variation 2 wendet sich erstmals nach b-Moll, ist geprägt von punktierten Bläsersexten und kontrapunktiert von Pizzicato-Achteln und unruhigen Gegenstimmen. Wieder in Dur wird die fließende Melodielinie in den Wiederholungen der Formteile in Variation 3 unterschiedlich »registriert«. In Variation 4 wird die schwermütige Melodie (Andante con moto) von einer gewundenen Sechzehntel-Linie kontrapunktiert; in den Wiederholungen tauschen die Stimmen gleichsam im farblichen doppelten Kontrapunkt ihre Plätze im Orchester, denn sie wechseln sich zwischen Bläsern und Streichern ab. Variation 5 bedeutet dazu einen scharfen Kontrast im kleinteilig flatternden 6/8-Metrum (Vivace), voll unruhiger Akzente und schillernd in der Dynamik. Ebenfalls in Dur kommt die Variation 6 im mächtigen rhythmisch pointierten Bläsersatz daher, durchzogen von einem kleinen, markanten Rhythmusmotiv (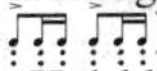). Ein wiegendes 6/8-Siciliano, alternierend zwischen Holzbläserfarben und Streichern, ist danach die Variation 7, wogegen Variation 8 noch einmal im fahlen b-Moll dahineilt (Presto non troppo). Die abschließende Chaconne baut sich über einem 5taktigen Baßthema auf, das vom Choral abgeleitet ist und in ständiger Wiederholung zum Träger einer eigenen, intensiv sich steigernden Variationenfolge wird; es wandert später auch in höhere Regionen und kulminiert in der triumphierenden Wiederkehr des Choralanfanges, der in eine kleine, effektvoll verklingende und mit einer Miniaturstretta endende Coda mündet. Unschwer ist diese Chaconne als Vorstudie zum Finale der 4. Sinfonie zu erkennen. – Die Fassung der Haydn-Variationen für 2 Klaviere op. 56 b ist nicht etwa ein Arrangement von op. 56 a, sondern die vorausgegangene, in manchen Details (Tempovorschriften!) abweichende Originalversion, ebenfalls von 1873.

»Akademische Festouvertüre« c-Moll op. 80

Entstanden im Sommer 1880. – UA: 4. Januar 1881 in Breslau.

Die *Akademische Festouvertüre* komponierte Brahms als Dank für die ihm 1879 von der Universität Breslau verliehene Ehrendoktorwürde – ernsthaft akademisch: Vier Studentenlieder werden zu thematischen Bestandteilen eines Sonatensatzes; drei von ihnen (*Wir hatten gebauet ein stattliches Haus, Alles schweige – Hört, ich sing das Lied der Lieder, Was kommt dort von der Höh*) prägen die Exposition und kehren in der mit Durchführungselementen angereicherten Reprise, die sich vor allem ganz akademisch ernst und kontrapunktisch gibt, wieder. In der apotheosenhaften Coda erklingt dann zusätzlich *Gaudeamus igitur.* Bemerkenswert ist die vollkommene Synthese kompositorischer Durchgestaltung mit gleichsam augenzwinkernder studentischer Schalkhaftigkeit – natürlich ist das Ganze ein großer Spaß, aber eben einer mit musikalischer Intelligenz.

»Tragische Ouvertüre« d-Moll op. 81

Entstanden im Sommer 1880. – UA: 26. Dezember 1880 in Wien.

Die *Tragische Ouvertüre*, in der Tat ein Werk von düsterem Ernst, entstand im gleichen Sommeraufenthalt wie ihr heiteres Schwesterwerk, die *Akademische*. In diesem Nebeneinander von Heiter und Ernst zeigen sich die beiden komplementären Seiten im Wesen ihres Komponisten. Formal handelt es sich um einen Sonatensatz von sinfonischen Dimensionen, wobei freilich durch die starke Betonung des eindrucksvollen Hauptgedankens an den Nahtstellen eine gewisse Nähe zur Rondo-Form nicht zu bestreiten ist. Zwei markante Tutti-Schläge stehen zu Beginn als Sextakkord der Tonika und Dominante, freilich ohne die Dur-Terz, nur als leere Quinte; zum ausgehaltenen Paukenwirbel ertönt dann das auf- und abschwingende Hauptthema in seltsam sich an der eigentlichen Tonika d-Moll vorbeimogelnder Gebärde:

Der unmittelbar folgende rhythmische Fortgang steigert sich sogleich zum ersten Tutti-Ausbruch. Vor das emphatisch-innige Seitensatzthema schieben sich weitere motivische Elemente, die für den Satzverlauf wichtig werden, darunter eine geheimnisvoll gedämpfte Posaunenepisode über vibrierendem Streichergrund. Die dramatische Durchführung kulminiert in großen dynamischen und kontrapunktischen Entladungen. Nach still und resigniert verklingenden Takten kommt es ganz am Ende noch einmal zu einem letzten, energisch-kraftvollen Aufschwung, wie er bereits die Exposition beendet hat; eine Coda fehlt.

Ungarische Tänze

3 seiner damals erst 10 populären *Ungarischen Tänze* (WoO 1 / Nr. 1, 3, 10) für vierhändiges Klavier, in g-Moll, F-Dur und wieder F-Dur, bearbeitete Brahms 1873/74 auf

Drängen seines Verlegers Simrock; weitere Nummern wurden später von fremden Bearbeitern herausgegeben. Brahms instrumentierte sie für großes Orchester mit erweitertem Schlagzeug, ohne dabei in die kompositorische Substanz einzugreifen.

Instrumentalkonzerte

Violinkonzert D-Dur op. 77

Entstanden 1874 und 1878. – UA: 1. Januar 1879 in Wien.
1. *Allegro non troppo* – 2. *Adagio* – 3. *Allegro giocoso, ma non troppo vivace.*

Das Violinkonzert, eines der großen D-Dur-Konzerte des 19. Jh. für dieses Instrument, ist unter ihnen gewiß das sinfonischste Werk. Der Geiger Joseph Joachim, sein Freund, hatte als musikalischer Berater des Komponisten erheblichen Anteil daran, daß es dem Konzert dennoch nicht an instrumentaler Virtuosität mangelt. Ihm widmete Brahms das Werk, und er war auch der Solist der Uraufführung, die unter der Leitung des Komponisten stattfand. Die Tendenz zum Sinfonischen zeigte sich während der längeren Entstehungsphase unverhüllter als in der endgültigen Version: Zunächst waren 4 Sätze, wie später beim 2. Klavierkonzert, vorgesehen; die zwei ursprünglichen Mittelsätze wichen dann jedoch dem neuen Adagio.
»Sinfonisch« im elementaren Sinn ist vor allem der ausgedehnte *1. Satz.* Überaus kunstvoll verschränken sich hier die beiden Expositionen des Orchesters und des Solisten. Verhalten setzt in tiefer Lage das Unisono-Hauptthema des Orchesters ein, bevor es über zart bewegtem Streichergrund in der Solo-Oboe fortgesetzt und in das erste mächtige Tutti übergeleitet wird. Harmonisch verhangene Piano-Takte führen zum rhythmisch markanten Seitengedanken, der jedoch eher angedeutet als ausgebreitet wird. Die folgende Orchesterpassage bereitet ganz suggestiv in immer stärkerer synkopischer Verdichtung den ersten Einsatz des Solo-Instrumentes vor; er erfolgt zunächst rhapsodisch frei, begleitet von Reminiszenzen an Motive der Exposition des Orchesters, bis nach einer langen und immer mehr zurückgenommenen figurativen Überleitung endlich im Diskant der Solo-Stimme das Hauptthema wiederkehrt. Dieser Haupteinfall mit seiner einleitenden Dreiklangbrechung und weiterführenden Tonleiterbildung hat

zentrale Bedeutung für alle Teile des Satzes und kehrt in immer neuen, phantasievollen Instrumentationsvarianten wieder. Was sich in der Orchesterexposition bei der geheimnisvollen Überleitung zum rhythmischen Seitenthema nur andeutete, wird nun vom Solisten zum eigenen, sehr innigen Seitengedanken ausgebaut und danach vom Orchester aufgegriffen; erst dann folgt das ursprüngliche, markant kontrastierende Seitenthema in den Doppelgriffen der Violine:

Die konzentrierte Durchführung verläuft in perfekter Balance zwischen virtuosem Anspruch und sinfonischer Arbeit; sie verknüpft auf engstem Raum die drei wesentlichen und zugleich so stark kontrastierenden Themen, wobei zusätzlich ein kleines, zunächst als Begleitfigur in der Solo-Geige auftauchendes Bewegungsmotiv (♫♫♪) wichtig wird. Mitreißend in soghafter Steigerung mündet die Durchführung schließlich in die Tutti-Wiederkehr des Hauptthemas. Die Reprise orientiert sich an der Solo-Exposition und gibt dem Solisten unmittelbar vor der Coda Gelegenheit zur Kadenz; berühmt wurde die bis heute häufig gespielte Kadenz von Joseph Joachim. Ähnlich wie in Beethovens Violinkonzert, dem dieser Satz in mancher Hinsicht verpflichtet ist, setzt zu Beginn der Coda noch einmal wie in stiller Verklärung das Hauptthema in der Solo-Violine ein, bevor die kurze Schlußstretta den Satz effektvoll beschließt. – Als denkbar großer Gegensatz dazu bringt das *Adagio* in F-Dur die komplementäre Abrundung, indem es dem sinfonisch-virtuosen Anspruch das Ideal der Kantabilität an die Seite stellt. Auf der Basis der schlichten 3teiligen Reprisenform (A – B – A) breitet sich hier der ganze Farbenreichtum der spätromantischen Orchesterpalette aus, in der Einzigartigkeit der Instrumentationskunst von Brahms; die Basis bildet das Prinzip des ständigen unauffälligen Variierens und Figurierens. Die Besetzung kommt – nach traditionellem Vorbild – ohne Pauken und Trompeten aus; zunächst stellt die Oboe im zarten Bläsersatz das Hauptthema vor, das dann eigentümlicherweise vom Solisten immer nur umspielt, nie wörtlich übernommen wird. Im weiteren Verlauf mischen sich zunehmend Bläser-

und Streicherfarben; der knappe Mittelabschnitt weicht in entferntere Kreuztonarten und in dunklere Moll-Regionen aus, wobei der Solist fast rezitativisch deklamiert. – Als dritte Komponente steuert das effektvolle *Finale* das folkloristische Element bei, im ständig präsenten ungarischen Tonfall, der den Ablauf vor allem rhythmisch prägt. Zu diesem Zweck bedient sich Brahms der bewährten Rondo-Tradition: Das immer wiederkehrende Ritornell stellt der Solist zu Beginn im doppelgriffigen Schwung vor. Der punktiert gestaute Rhythmus wandelt und steigert sich bei der letzten Rückkehr des Ritornells in der Coda zu triolischem Schwung. Auch in diesem Satz ist, wie im Adagio, kein Platz mehr für eine improvisierte Kadenz; die virtuose Selbstdarstellung ist vielmehr auf ganz natürliche Weise integriert.

Klavierkonzert Nr. 1 d-Moll op. 15

Entstanden 1856/57. – UA: 22. Januar 1859 in Hannover.
1. *Maestoso* – 2. *Adagio* – 3. *Rondo: Allegro non troppo.*

Die Entstehungsgeschichte des 1. Klavierkonzertes reicht bis 1854 zurück, bis zu einer d-Moll-Sonate für 2 Klaviere. In mehreren Schritten der Umarbeitung und Veränderung des Konzeptes entstand schließlich das monumentale Konzert, dessen Uraufführung unter der Leitung von Joseph Joachim stattfand, mit dem Komponisten am Flügel. Der eigenwillige, bisweilen sperrige Klavierstil, der in diesem Werk immer wieder unverhüllt zutage tritt, erklärt sich offensichtlich aus der Tatsache, daß Brahms sich diese Musik »in die Hand« schrieb – er wußte nur zu gut, daß und wie alles ausführbar, wenn auch schwierig, war! Seinem Publikum und auch den Pianisten jedoch bereitete er mit diesem Stil Schwierigkeiten; die Resonanz in den Wiederaufführungen nach der Hannoveraner Uraufführung war eher ablehnend.

Die Monumentalität vor allem des *1. Satzes* wird noch dadurch unterstrichen, daß sich im Verlauf der Aufführungsgeschichte (wie Christian M. Schmidt dokumentiert) ein wesentlich langsameres Tempo für diesen Satz eingebürgert hat, als Brahms selber es in seiner originalen Metronomangabe in der Partitur vorsah (𝅗𝅥. = 58!). Es gibt wenige Orchesterexpositionen von solch elementarer Wucht und Originalität: Über einem ostinat rumorenden Paukenwirbel fährt das Thema im Dreiklang hinab und wieder hinauf

und mündet schließlich in eine Kette von drohenden Orchestertrillern, die das charakteristischste Merkmal des ganzen Satzes sind. Nach einer zurückgenommenen gesanglichen Episode, in deren Untergrund gleichwohl die Dreiklangmotive des Beginns drohen, kehrt das Hauptthema noch einmal wieder und wird mit zwei zusätzlichen, einprägsamen Motivpartikeln weitergeführt:

die unmittelbar danach vom Klavier aufgegriffen und zu einem eigenen Thema ausgebaut werden. Somit stehen in der hier beginnenden Solo-Exposition zwei Hauptsatzthemen nebeneinander: das elegisch in parallelen Terzen und Sexten pendelnde erste und das ursprüngliche Trillerthema, im Klavier nun zum mächtigen Oktav-Tremolo ausgeweitet. In weitgespannter Beruhigung erreicht die Überleitung dann den Seitensatz, der zunächst ganz dem Klavier gehört – eine vollgriffig im Akkordsatz vorgetragene Melodielinie von großer Intensität, deren immer noch solistische Weiterführung ein Motiv vom Ende der Orchesterexposition aufgreift (b). Wenn gleich anschließend das Gesangsthema im vollen Streichersatz wiederholt wird, umspielt es das Klavier mit weichen Triolen, und das kleine Rufmotiv wird zum Hornsignal. Gemessen an den Dimensionen der beiden Expositionen ist die Durchführung recht knapp gehalten und setzt sich meist konflikthaft mit dem Material des Hauptthemas auseinander, kulminierend in gewaltigen Trillerausbrüchen. Die Reprise wird vom Klavier eröffnet, ungewöhnlicherweise in der Doppeldominante E-Dur über dem Grundtonorgelpunkt d; sie kombiniert bald das Trillerthema enggeführt in Streichern und Klavier. Der Seitensatz bleibt auch in der Reprise in (D-)Dur. Gemeinsam beenden Klavier und Orchester in einer kurzen, energischen Coda den Satz; für eine Solo-

Kadenz ist sinnvollerweise kein Platz vorgesehen – die Virtuosität ist organisch integriert und ohnehin kaum noch zu steigern.

Daß Brahms in die Partitur die Zeile »Benedictus qui venit in nomine Domini« (»Gesegnet sei, der da kommt im Namen des Herrn«) aus dem *Sanctus* der lateinischen Messe eintrug, wird gewöhnlich als Huldigung an den 1856 gestorbenen Robert Schumann gedeutet, den Brahms mit »Mijnheer Domine« anzureden pflegte, doch ist diese Vermutung nicht beweisbar. Mit dem Kopfsatz verbindet das *Adagio* sein 6/4-Metrum; es ist in schlichter Dreiteiligkeit (A – B – A) angelegt und in seinen Rahmenteilen von einer innigen, bisweilen fast religiösen Ausdrucksgebärde geprägt. Zunächst stellen die gedämpften Streicher ein sanft strömendes, im wesentlichen aus Tonleiterlinien gefügtes Choralthema vor, das im Klavier vollgriffig weitergeführt wird und in einen intensiven, sehr verinnerlichten Dialog der beiden Partner mündet, der sich bisweilen vor allem im Klavier emphatisch steigert. Der kurze, eher episodenhafte Mittelteil in fis-Moll setzt ein elegisches Thema in Terzenparallelen zunächst in den Klarinetten, dann in den Oboen den Klavierfigurationen entgegen und bricht auch kurz aus der verhaltenen Grundstimmung aus. Unvermutet schnell kehrt das anfängliche Choralthema zurück und wird, anders als zu Beginn, noch einmal durch einen rhapsodischen Aufschwung unterbrochen, ehe der Schluß, nach einigen wenigen kadenzierenden Klaviertakten, zur religiösen Anfangsstimmung zurückfindet.

Versöhnlich und spielerisch wirkt der Tonfall des Finalsatzes, der als *Rondo* angelegt ist und seine Bewegungsenergie größtenteils aus seinem synkopisch vorangetriebenen Klavierthema bezieht. Eine erste kontrastierende Episode beginnt zart und chromatisch; an ihrem Ende kündigt der zweimalige Ruf des Synkopenmotivs in Horn und Trompete die Wiederkehr des Anfangsritornells an. Als zweites Couplet und zugleich formaler Mittelteil erscheint das anschließende mediantische B-Dur, in weichem melodischen Aufschwung in den Streichern beginnend und im weiteren Verlauf in ein Fugato des Hauptthemas mündend. Energisch meldet sich sodann zum drittenmal das d-Moll-Ritornell mit seinen Synkopen zurück. Eine letzte, leidenschaftliche Steigerung mündet über eine Fermatenstauung in eine auskomponierte Kadenz (»quasi Fantasia«), bevor der Satz sich endgültig D-Dur zuwendet. In diesem Epilog präsentiert sich das Hauptthema fast verfremdet, wie ein angedeuteter Marsch, in Fagott und Oboen; die Coda kreist ständig um das synkopische Kopfmotiv, unterbrochen durch weitere kadenzierende Solo-Takte. Bemerkenswert an diesem Finalsatz ist seine Leichtigkeit, seine beschwingte, spielerische Atmosphäre; gleichsam unterschwellig enthält er immer wieder zurückweisende Andeutungen auf die Dramatik des Kopfsatzes, ohne ihn jedoch jemals direkt zu zitieren und ohne diese Dramatik offen ausbrechen zu lassen.

Klavierkonzert Nr. 2 B-Dur op. 83

Entstanden 1881. – UA: 9. November 1881 in Budapest.
1. *Allegro non troppo* – 2. *Allegro appassionato* – 3. *Andante* – 4. *Allegretto grazioso.*

1878, fast zwei Jahrzehnte nach seinem zwiespältig aufgenommenen 1. Klavierkonzert, skizzierte Brahms das B-Dur-Konzert, arbeitete es jedoch erst drei Jahre später aus. Wieder war der Komponist bei der Uraufführung sein eigener Interpret am Klavier und demonstrierte damit, daß der schwere Klavierpart durchaus zu bewältigen ist. Das B-Dur-Konzert stellt ein Opus summum der Konzertliteratur und eine Bilanz nicht nur der individuellen Bemühungen eines Komponisten, sondern zugleich einer ganzen Gattung im 19. Jh. dar. Souveräner die Intentionen eines ganzen Jahrhunderts zusammenfassend, alle Merkmale von Sinfonie und Konzert integrierend, hat sich kein anderer Komponist zum Solo-Konzert geäußert. Alle Virtuosität ist wie geläutert in den Dienst des kompositorischen Zusammenhanges gestellt, ohne jeden Ansatz eines äußerlichen Zurschaustellens technischer Finessen und doch von immensem pianistischen Anspruch. Bei solchem künstlerischen Gewicht ist bemerkenswerterweise Gelassenheit – man muß wohl sagen: Altersweisheit – ein Hauptkennzeichen dieses Riesenwerkes. Kann im d-Moll-Konzert das Ringen mit den Problemen noch Takt für Takt nachvollzogen werden, bleibt hier die kompositorische Anstrengung dank vollendeter Meisterschaft fast ganz verborgen. Die 4 Sätze entsprechen dem Bau einer Sinfonie, wobei langsamer Satz und Scherzo ihre Plätze tauschen.
Einem Prolog gleich ist im *Kopfsatz* den Expositionen ein Dialog zwischen Orchester und Klavier vorangestellt, der we-

sentliche motivische Bestandteile vorwegnimmt, beginnend mit einem solistischen Hornruf und antwortenden Klavierakkorden, die gemeinsam ein Tor in eine romantische Welt zu öffnen scheinen:

Die anschließenden solistischen, sich emphatisch steigernden Klaviertakte münden in die Orchesterexposition mit ihren beiden klar voneinander abgehobenen Themen; das erste ist eine sinfonische Weiterführung des Horngedankens, das zweite wird mit zarten, chromatischen Zwischentönen als Streicherepisode eingeschoben, bevor noch einmal das Hauptthema den formalen Abschluß markiert. Mit geradezu imperialer Geste eröffnet dann das Solo-Instrument seine zweite Exposition, im gemeinsamen Dialog mit dem Orchester zunächst noch einmal das 1. Thema präsentierend. Der Seitensatz jedoch erklingt in anderer Gestalt, erweitert um einen Einfall mit charakteristisch stockendem Beginn:

der durchbrochen in Streichern und Bläsern erklingt und durch die chromatischen Ansätze jenes Themas ergänzt wird, die das Orchester in seiner Exposition vorstellte. Die Solo-Exposition kulminiert in dramatischen Klavierpassagen mit mächtigen Trillereffekten und dem Zitat des Hauptthemas. Eher an die Wiederholung der Anfangstakte als an den Beginn der Durchführung denkt man bei der Wiederkehr des Hornsignals, doch beginnt genau hier das konzertant sich steigernde Miteinander der Durchführung. Kennzeichnend für den gesamten Satzverlauf ist das besondere variierende Verfahren, mit dem Brahms seine thematischen Strukturen stän-

dig verändert: So wie gleich zu Beginn das eigentliche Thema durch die solistischen Einwürfe gleichsam verzögert und unterbrochen wird, so verändern und verselbständigen sich auch weiterhin die einzelnen thematischen Phrasen. Zugleich wird diese thematische Struktur durch ein überaus variables pianistisches Netzwerk von Figuren, Akkordbrechungen und phantasievollen Verzierungen überzogen, so daß die formalen Grenzen zwischen Exposition, Durchführung und Reprise raffiniert verschleiert werden. So findet die Reprise nicht mit der auftrumpfenden Wiederkehr des Hauptmotives dort statt, wo man sie hörend empfindet (T. 238), sondern wenig später mit dem Hornruf, der aus liegenden Streicherakkorden und zarten Klavierfiguren hervorwächst (T. 260). In der Coda behält das Hauptthema schließlich triumphierend das letzte Wort.
Ein leidenschaftliches Nachtstück ist der *2. Satz*, ein finsteres Scherzo. In seinem formalen Ablauf läßt es die Konturen eines Sonatensatzes erkennen. Mächtig im Dreiklang akkordisch auffahrend beginnt das Klavier, sogleich in dunklen Farben von den tiefen Streichern und den Hörnern sekundiert. Nach dem d-Moll des Beginns hellt sich der Quasi-Seitensatz nicht auf; er kontrastiert im Unisono der hohen Streicher und in seiner wehmütigen Verhaltenheit eindrucksvoll zum Beginn, wobei die Weiterführung im Klavier das Kopfmotiv des Satzes mit einbezieht. Dieser erste Teil – wenn man will: die Exposition – wird wiederholt. Deutet man das Folgende als Durchführung, was durch die motivische Auseinandersetzung vor allem mit dem Kopfmotiv des Hauptthemas gerechtfertigt ist, dann verblüfft ihr zweiter Abschnitt, der innerhalb der Scherzo-Form als kontrastierendes Trio erklärt werden kann: durch seine energische Wendung nach D-Dur. Ein mächtiges Orchester-Tutti eröffnet ihn, geheimnisvoll-bizarre Oktavpassagen des Solo-Instrumentes unterbrechen seinen Ablauf.
Das *Andante* in der Grundtonart knüpft an die romantische Stimmung des Konzertbeginns an und verklärt sie mit zartesten Klavierfigurationen, subtil abgestimmten Instrumentalfarben und weitgespannten, liedhaften Melodiebögen. Die erste Melodie wird vom Solo-Cello vorgetragen – in seiner exponierten Lage eine der gefürchteten Aufgaben! Wie ein »Lied ohne Worte« intoniert dieser Einfall die fast religiöse Grundstimmung des Satzes; Brahms verwendete ihn später für sein Lied *Immer leiser wird mein Schlummer* (op. 105/2) noch einmal. Die Form des Satzes ist 3teilig (A – B – A); das

Klavier setzt erst nach der ruhevoll ausgesponnenen Exposition des Liedthemas ein, im zart verwobenen Satz der späten Brahms-Intermezzi für Klavier mit ihren ineinander verfugten Zweier- und Dreierbewegungen. Unruhe kommt auf im rhapsodischen Mittelteil, in dem jedoch immer wieder der motivische Beginn des Liedthemas, wenn auch verborgen, anklingt. Meditativer Ruhepunkt ist schließlich die Rückführung zur Reprise mit ihren langgezogenen Klarinettentönen, bevor das Solo-Cello wieder einsetzt.
Wie im Violinkonzert ist das Final-*Rondo* in dezenter modischer Einkleidung ungarisch gefärbt, aber nur wie eine ferne Erinnerung, nie dominant. Spielerische Leichtigkeit, soweit sie sich mit dem schwerblütigen Brahms-Temperament vereinbaren läßt, beherrscht weite Strecken, ohne die Virtuosität jemals in den Vordergrund zu rücken. Die Rondo-Form wird im Sinne des Sonatensatzes angereichert durch Durchführungspassagen, vor allem in der 2. Rondo-Strophe. Die Coda steigert das Tempo um eine Nuance (»Un poco più presto«) und variiert das punktierte Hauptthema in triolischer Lebendigkeit. Bemerkenswert an diesem Satz ist seine instrumentatorische Durchsichtigkeit, in die auch der Klaviersatz immer wieder einbezogen wird – pianistische Brillanz kommt niemals kompakt auftrumpfend daher, sondern locker und elegant.

Konzert für Violine, Violoncello und Orchester a-Moll op. 102

Entstanden im Sommer 1887. – UA: 18. Oktober 1887 in Köln.
1. *Allegro* – 2. *Andante* – 3. *Vivace non troppo*.

Das Doppelkonzert steht in der doppelten Tradition des Konzerts für 2 Solo-Instrumente und der Sinfonia concertante. Für beide Gattungen gibt es herausragende Beispiele in der Musikgeschichte, z. B. Bachs Konzert für 2 Violinen d-Moll (BWV 1043) und Mozarts Sinfonia concertante für Violine und Viola KV 364, jeweils mit Orchester. Dennoch sind mehrfach besetzte Solo-Konzerte eher die Ausnahme, vor allem seit der Wiener Klassik, was gewiß mit strukturellen Problemen zu tun hat, die sich aus dem Aufeinandertreffen der Sonatensatzform mit dem doppelten Solo ergeben. Daß das Doppelkonzert von Brahms bis heute nicht annähernd die Popularität der beiden Klavierkonzerte oder gar des Violinkonzertes erreicht hat, liegt aber auch an der Ausformulierung gerade dieses Werkes: Es ist ein exemplarisches Spätwerk, in dem – als letztem Orchesterwerk des Komponisten überhaupt! – alle Merkmale des Altersstils konzentriert sind. Es ist in allen kompositorischen Details so perfekt durchgestaltet, so beherrscht und konzentriert ausbalanciert, daß man im analytischen Nachvollzug zwar die Meisterschaft bewundern muß, aber nicht so leicht einen unmittelbaren emotionalen Zugang findet. Dabei reicht seine Geschichte tief in das persönliche Leben des Komponisten: Brahms schrieb es für den Freund Joseph Joachim als eine Grußbotschaft zur Versöhnung nach jahrelangem Zerwürfnis. Joachim spielte es denn auch unter der Leitung des Komponisten bei der Uraufführung.

Die Reihung der 3 Sätze entspricht dem gewohnten Muster des Solo-Konzertes. Zu Beginn steht ein großangelegter *Sonatensatz*; seinen beiden Expositionen geht, wie im 2. Klavierkonzert, ein Vorspann voraus, in dem zunächst mottoartig das Hauptthema vom Orchester-Tutti vorgestellt wird; es folgen zwei auskomponierte Kadenzen (»in der Art eines Rezitatives«), in denen sich die beiden Solo-Instrumente einzeln und gemeinsam präsentieren. Bereits hier wird ein wichtiges kompositorisches Grundprinzip erkennbar, auf das Brahms selber hingewiesen hat, als er von der »Riesengeige« sprach, zu der Violine und Cello über weite Strecken hin zusammenzuwachsen scheinen – so perfekt sind die Figurationen beider Solisten aufeinander abgestimmt. In der Orchesterexposition wird dann noch einmal ausführlich das markante Hauptthema vorgestellt, dessen punktiertes Kopfmotiv den ganzen Satz prägt und das zugleich im latenten Spannungszustand zu seiner triolischen Fortsetzung steht. Im Gegensatz zu ihm vertritt das auftaktig seufzende Seitenthema eher das lyrische Prinzip, mit allerdings erheblichen Unruhemomenten in seiner Begleitung. Zu Beginn der Solo-Exposition führt das Cello die Linie des Hauptthemas weiter und schließt sich alsbald mit der Violine zum fein abgestimmten Duett zusammen, wobei es immer wieder zu dem Brahms' Stil kennzeichnenden spannungsvollen Gegeneinander von Achteln und Triolen kommt. Auch das Seitenthema wird zunächst vom Cello angestimmt und expansiv weitergeführt. Die Durchführung eröffnet das Orchester-Tutti; sie kulminiert in einer fast bizarr anmutenden Trillerstudie beider Solisten, die in der Unerbittlichkeit ihres Klangs ohne Beispiel ist. Die Reprise setzt unüberhörbar nach gemeinsamem Solo-Anlauf und kadenzierenden Fortissimo-Akkorden des Orchesters ein.

Der kantable *Mittelsatz* ist 3teilig (A – B – A); in 2 einleitenden Takten wird, wieder einem Motto gleich, der motivische Kerngedanke des ganzen Satzes vorgestellt: Jeweils mit Fermaten ausklingend, zunächst in den Hörnern, dann gekoppelt mit den Holzbläsern, ertönen nacheinander zwei aufsteigende Quarten, als gedehnter und vorweggenommener Beginn des nachfolgenden Hauptthemas. Hier führen die beiden Solo-Instrumente gemeinsam den sonoren Gesang der Streichergruppe an. Im F-Dur-Mittelteil dominieren dagegen die weichen Terzen- und Sextenlinien der Holzbläser, umrankt von den triolischen und später in Sechzehnteln ineinandergreifenden Arabesken der Solisten.

Das *Finale* ist wie gewohnt ein Rondo; seinen spielerischen Grundton läßt die ostinat einprägsame Rhythmik des vom Cello intonierten Hauptthemas zumindest anklingen. Unter den 3 Sätzen ist dieser zweifellos der »weltlichste«, eingängigste, doch wirkt er dabei auf seltsame Weise gebremst, beherrscht, ohne wirklich ausbrechendes Temperament – Brahms warnt ausdrücklich durch den Zusatz »non troppo« beim Tempo, und die Figurationen, die er seinen Solisten zuweist, bedeuten in jedem Fall eine zusätzliche Bremse. Allerdings – und dies ist möglicherweise ein weiterer Grund für die relative Unpopularität des Werkes – erweisen sich die großen technischen Anforderungen auch hier nicht als wirklich »dankbar«. Der formale Ablauf hingegen ist gut nachzuvollziehen, weil jede Wiederkehr des Ritornells mit dem einprägsamen Hauptthema nicht zu überhören ist. Das 1. Couplet wird in Dreiklang-Doppelgriffen aufsteigend allein vom Cello vorgestellt (C-Dur); das 2. Couplet beginnt mediantisch in F-Dur in gemeinsamen Terzenparallelen mit punktiertem Kopfmotiv und triolischer Weiterführung. Die endgültige Wendung ins freundliche A-Dur bringt die Wiederkehr des 1. Couplet-Themas, nach erneutem Zitat des Ritornells durch die Solisten und das Tutti, nun jedoch im gemeinsamen Dreiklangaufstieg beider Solo-Instrumente. Eine eher besinnliche Temporücknahme (»Poco meno allegro«) läßt den letzten Wiedereintritt des Hauptthemas im Grundtempo als Schlußstretta erscheinen, wirkungsvoll in triolische Bewegung umgedeutet. Ein mächtiger Paukenwirbel und drei Tuttischläge markieren das Ende.

Alexander P. Borodin

* 31. Oktober (12. November) 1833 in St. Petersburg
† 15. (27.) Februar 1887 in St. Petersburg

Borodin erhielt zwar schon früh eine musikalische Ausbildung, studierte dann jedoch Medizin und war als Militärarzt und Professor der Medizinischen Akademie in St. Petersburg tätig. Neben seinem Hauptberuf komponierte er sein schmales musikalisches Lebenswerk; er bildete mit Balakirew, Cui, Rimskij-Korsakow und Mussorgskij die Komponistenvereinigung »Das mächtige Häuflein«, die sich eine revolutionäre russische Nationalmusik als Schaffensziel gesetzt hatte.

Orchesterwerke: 3 Sinfonien (Nr. 3 vollendete Glasunow), *Eine Steppenskizze aus Mittelasien*, *Polowetzer Tänze* (Ballettmusik aus *Fürst Igor*).

Borodin bezeichnete sich selber als »Sonntagskomponisten«, in Anspielung auf die Tatsache, daß das Komponieren sein Nebenberuf war. Seiner Musik haftet indessen überhaupt nichts Dilettantisches an, und die Unabhängigkeit, die er sich als »Sinfoniker« von den ganz auf die Programmusik ausgerichteten Maximen des »Mächtigen Häufleins« bewahrte, minderte in nichts die Qualität seiner Kompositionen.
Von seinen 3 Sinfonien wurden nur die beiden ersten vollendet. Die **1., in Es-Dur**, entstand 1863–67 in der Folge ausgedehnter Studienreisen durch Westeuropa im Jahr 1862, die ihn auch nach Deutschland geführt hatte. In ihrem 4sätzigen Aufbau folgt sie zwar dem klassischen Muster, doch setzt der junge Komponist, der zu dieser Zeit noch stark unter dem Einfluß und unter der Anleitung Balakirews stand, in allen Sätzen eigene Akzente und gelangte auch zu einer individuellen und überraschend souveränen Orchesterbehandlung. Dem 1. Sonatensatz (*Allegro*) geht eine Adagio-Einleitung voraus, in der bereits das thematische Material des Hauptteils vorbereitet wird; hier ist das musikalische Geschehen stark von synkopischen Impulsen und prägnant rhythmisierten Motiven geprägt. Das *Scherzo* huscht als hochvirtuose Orchesterstudie im Prestissimo dahin, mit einem folkloristisch getönten, ganz auf Holzbläserfarben abgestimmten *Trio* als Kontrast. Das

eher stille *Andante* im entlegenen D-Dur weist in seiner exotisch anmutenden Koloristik und Melismatik voraus auf die *Steppenskizze*, während das Finale (*Allegro molto vivo*) voll Vitalität und rhythmischer Energie phantasievoll dem klassischen Sonatensatzmodell folgt.

Borodins **2. Sinfonie h-Moll** entstand zwischen 1871 und 1876 in St. Petersburg und wurde zumindest unter Fachleuten ein Erfolg, während das Publikum wie bei der Ersten reserviert blieb. Das Instrumentarium ist gegenüber der üblichen Orchesterbesetzung der 1. Sinfonie erweitert: Pikkoloflöte, Tuba, Harfe, eine 3. Pauke und zusätzliches reichhaltiges Schlagzeug im Finale setzen kräftige Farbakzente innerhalb der ohnehin ungewöhnlich instrumentierten Partitur. Ihre Entstehung ist im engen Zusammenhang mit der unvollendeten Oper *Fürst Igor* zu sehen: Teile daraus hat Borodin übernommen, ohne daß man genaue Einzelnachweise führen könnte. Damit zusammen hängen auch gewisse, freilich nur vage Hinweise auf ein literarisches Programm. Aber auch ohne solche außermusikalischen Einzelheiten ist die Musik dieser Sinfonie eindrucksvoll und originell. Auffällig am Kopfsatz (*Allegro*) ist die vielgliedrige, durch Tempowechsel und Fermaten markierte Gestalt, die als Basis wiederum einen Sonatensatz hat. An zweiter Stelle folgt das Prestissimo-*Scherzo*, das zum 1. Satz im Tritonus-Abstand steht; zu seinen temperamentvollen Rahmenteilen im $^1/_1$-Takt bildet das aparte, von Triangel und Harfe gefärbte *Trio* den geruhsameren, folkloristisch getönten Gegensatz. Emotionaler Höhepunkt ist das *Andante*, das von Harfen-Arpeggien und einem exotisch anmutenden Horn-Solo eingeleitet wird. Das höchst effektvolle *Finale* ist durch eine liegende leere Violinquinte mit dem langsamen Satz verknüpft. Es setzt kräftige rhythmische Akzente und bezieht seinen slawischen Charakter aus einem eingängigen Hauptthema. In den beiden Jahren vor seinem Tod beschäftigte sich Borodin mit einer **3. Sinfonie**, von der er jedoch nur wenig Fixiertes hinterließ. Den 1. Satz (*Moderato assai*), den Borodin kurz vor seinem Tod am Klavier gespielt hatte, konnte Glasunow fast vollständig notieren, als *2. Satz* wählte er einen anderen Satz Borodins, ein Scherzo aus dem Jahre 1882, das ursprünglich für ein Hauskonzert des Verlages Beljajew bestimmt war und in Klavierpartitur vorlag. Er instrumentierte es und formte dazu einen Abschnitt aus Borodins

Oper *Fürst Igor* zum Trio um. Gemeinsam ist beiden Sätzen ihre konzentrierte, auf einen überschaubaren Motivvorrat reduzierbare Struktur, wobei das 5/8-*Scherzo* mit seiner eintaktigen Motivfigur fast monothematisch angelegt ist, mit einem pentatonisch geprägten *Trio*, dessen folkloristische Wurzeln greifbar sind.

Die bekannten **»Polowetzer Tänze«** entstammen dem 2. Akt der Oper *Fürst Igor* und bedürfen kaum der Erläuterung, so farbig und effektvoll sind die 4 Tanzabschnitte gestaltet, hinreißend instrumentiert, voll harmonischer Kühnheiten und – aus westlicher Sicht – exotischer melodischer Assoziationen. Die 4 Tänze gehen pausenlos ineinander über, wobei es zu motivischen Rückblenden und Verknüpfungen kommt; ein fulminant sich steigernder Stretta-Schluß bildet den mitreißenden Höhepunkt.

Borodins populärstes Werk, **»Eine Steppenskizze aus Mittelasien«**, entstand 1880 und stellt eine ganz individuelle Variante innerhalb der Gattung der Sinfonischen Dichtung in der Tradition Liszts dar, dem das Werk auch gewidmet ist. So klar und überschaubar das kurze Werk verläuft, so verständlich ist auch sein programmatischer Hintergrund, den Borodin im Vorwort zur Partitur formuliert hat: »Über Mittelasiens einförmiger Steppe erklingen die friedvollen Töne eines schönen russischen Liedes. Aus der Ferne vernimmt man das Getrappel von Pferden und Kamelen und die merkwürdigen Klänge einer orientalischen Weise. Eine asiatische Karawane nähert sich. Sorglos und sicher nimmt sie unter dem Schutz der russischen Waffen ihren Weg durch die endlose Weite der Wüste. Nach und nach entfernt sie sich wieder. Das Lied der Russen und die asiatische Weise verschmelzen zu schöner Harmonie, deren Widerhall sich allmählich in den Lüften über der Steppe verliert.« Die wesentlichen Punkte dieses Programms sind charakteristischen Elementen der Partitur zuzuordnen: Ein flirrend hoher Flageoletton deutet die Weite der russischen Steppe an; in ihr erklingt die russische Melodie:

der sich bald die morgenländische Weise

hinzugesellt. Beide Themen werden einzeln in immer neuen Instrumentalfarben gesungen; am Ende vereinigen sich beide Melodien zur symbolischen Gleichzeitigkeit, als Ausdruck der Harmonie zwischen Russen und Asiaten. Das »Getrappel von Pferden und Kamelen« durchzieht als Begleit-Ostinato in nachklappenden Rhythmen weite Teile des Stücks, bis am Ende, nach allmählichem motivischen Verklingen, nur noch die flirrende Weite der Steppe übrigbleibt – Anfang und Ende des kleinen Tongemäldes beziehen sich aufeinander. Zwischen diesen beiden Eckpunkten entwickeln die beiden wiederholten Melodien eine zweifach sich steigernde dynamische Kurve bis hin zu strahlenden Höhepunkten des vollen Orchesters; die schlichte Reihungsform des Stücks ergibt sich aus den alternierenden Wiederholungen der thematischen Bausteine.

Camille Saint-Saëns

* 9. Oktober 1835 in Paris
† 16. Dezember 1921 in Algier

Saint-Saëns, ein vielseitig gebildeter Musiker, war einer der produktivsten französischen Komponisten. Nach dem Klavier- und Kompositionsstudium am Pariser Konservatorium, u. a. bei Fromental Halévy, wurde er 1853 Organist, unterrichtete Klavier und lebte seit 1877 als freier Komponist. Anfangs hatte er in Deutschland größere Erfolge als in Frankreich, woran Liszt, der seine Oper »Samson und Dalila« zur Uraufführung (1877) nach Weimar vermittelte, erheblichen Anteil hatte.

Orchestermusik: 5 Sinfonien (davon 2 unveröffentlichte), 5 Klavierkonzerte, 3 Violinkonzerte, 2 Cellokonzerte, einige Konzertstücke für verschiedene Instrumente und Orchester, 4 Sinfonische Dichtungen u. a.

Saint-Saëns beeindruckte seine Zeitgenossen durch seine stilistische Vielseitigkeit und Gewandtheit. Sein souveränes Können zeigte er bereits in einer ersten **Sinfonie in A-Dur**, die als Jugendwerk nicht im Œuvreverzeichnis mitgezählt wird und bei der Uraufführung am 18. Dezember 1853 in Paris anonym vorgestellt wurde. Sein Schaffen erweist sich außerdem als verblüffend einheitlich über alle Jahre hinweg, fast entwicklungslos, was besonders deshalb auffallen muß, weil seine Lebenszeit weit in das 20. Jh. hineinragt; dessen neue Strömungen reflektiert es kaum, es blieb tief in der französischen Musikkultur des 19. Jh. verwurzelt.
Sein populärstes Werk wurde **»Le carnaval des animaux« (»Der Karneval der Tiere«)**, eine Gelegenheitsarbeit von meist parodistischem Charakter in weitgefächerter, aber kammermusikalischer Besetzung, komponiert für einen privaten Anlaß und ursprünglich nicht zur Veröffentlichung bestimmt. In einer langen Reihe von zum Teil höchst ungewöhnlich instrumentierten Sätzen und launigen Zwischentexten treten Tiere karnevalistisch verkleidet auf. Zu Beginn dieser »Grande fantaisie zoologique«, wie sie der Komponist im Untertitel nennt, erklingen Introduktion und königlicher Marsch des Löwen, mit eingeblendeter Imitation des Löwenbrüllens. Nach den virtuos gackernden Hühnern und den dahinstürmenden wilden Eseln (rasende Klavierpassagen) folgen mit lähmender Langsamkeit die Schildkröten (Parodie auf den Cancan aus Offenbachs *Orpheus in der Unterwelt*), dann der gravitätisch-tölpelhafte Elefant (der Sylphentanz aus Berlioz' *Fausts Verdammnis*, in grimmassierender Langsamkeit und seltsamer Nachbarschaft zu einem Zitat aus dem *Sommernachtstraum*-Scherzo von Mendelssohn vom Solo-Kontrabaß vorgetragen); nervös hüpfend kommen Känguruhs daher, während es im Aquarium zart glitzert; die »langohrigen Gesellen« erkennt man unschwer an ihrem »Iah«-Schrei, und der Kuckuck ruft aus dem Rohr der Klarinette. Flirrendes Vogelflattern ist aus der Volière zu vernehmen. Dann verirren sich unter die Tiere zwei seltsame Lebewesen: stumpfsinnig Tonleitern übende Pianisten. »Fossilien« erkennt man am Kno-

chengeklapper des Xylophons, in dem sich allerlei populäre Melodien wiederfinden lassen (u. a. *Ah, vous dirai-je, Maman*, bekannt aus Mozarts Klaviervariationen KV 265 und als Lied auf den Text *Morgen kommt der Weihnachtsmann*, eine Rosina-Arie aus dem *Barbier* von Rossini und ein Eigenzitat aus der *Danse macabre*). Der Schwan schließlich läßt seinen schmachtenden Gesang über zartem Klanggrund im Solo-Cello ertönen. Alles klingt witzig-virtuos aus in einem temperamentvollen Finale.

Unter den 3 offiziell gezählten Sinfonien sind die beiden ersten bei uns weitgehend unbekannt. **Sinfonie Nr. 1 Es-Dur op. 2** wurde vom 18jährigen Komponisten 1853 geschrieben. Saint-Saëns bevorzugte ein vergleichsweise riesiges Orchester mit 4 Hörnern, zusätzlichen Saxhörnern, ergänztem Schlagzeug und immerhin 4 Harfen. Im übrigen bezieht er sich in diesem Werk ganz auf die klassische Gattungstradition mit ihren 4 Sätzen, wobei Scherzo und Adagio die gewohnten Plätze getauscht haben. Die kompositorischen Ambitionen des jungen Meisters treten nicht zuletzt in einigen äußerst strengen kontrapunktischen Abschnitten zutage, u. a. in einem großen Fugato im *Finalsatz*; den ausdrucksvollen Mittelpunkt bildet das weit ausladende *Adagio* E-Dur, das deutlich der deutschen Hochromantik verpflichtet ist. Die 1859 komponierte **2. Sinfonie a-Moll op. 55** wurde im Jahr darauf in Paris uraufgeführt, aber erst 20 Jahre später gedruckt. Das Werk ist kürzer, auch sparsamer instrumentiert als die Nr. 1. Im *Kopfsatz* fällt eine weitgespannte Fuge auf, welche die Grenzen der zugrunde liegenden Sonatensatzform stark verwischt. Nach dem E-Dur-*Adagio* folgt ein *Scherzo*, das nach dem synkopengeprägten *Trio* überraschenderweise nicht wiederkehrt. Ein tarantellaartiger *Finalsatz* beschließt das Werk.

Am bekanntesten wurde die **3. Sinfonie c-Moll op. 78**, die sogenannte **»Orgel-Sinfonie«**, die 1885/86 in Paris entstand und vom Komponisten selbst hochgeschätzt wurde; er hat sie dem Andenken von Franz Liszt gewidmet. Das Auftragswerk für die Philharmonische Gesellschaft London ist in der Gattungsgeschichte ein formales Unikum und dabei eine kompositorische Kraftanstrengung ohnegleichen, die sich allein schon im Aufführungsaufwand niederschlägt. Dabei ist der Beiname »Orgel-Sinfonie« irreführend, denn die im 2. und 4. Satz eingesetzte Orgel ist auch nicht ansatzweise konzertant herausgehoben, sondern dient mit dem Riesenaufgebot der übrigen Instrumente allein der Klangverstärkung und -bereicherung. Zur ausgeweiteten Holz- und Blechbläserbesetzung und dem reichhaltigen Schlagzeug tritt auch noch vierhändiges Klavier hinzu. Strukturell handelt es sich um eine 2teilige Anlage, in die Saint-Saëns die traditionellen 4 Sinfoniesätze gleichsam eingeschmolzen hat. Darüber hinaus verknüpfte er alle Teile unter der glänzend klingenden Oberfläche motivisch miteinander: Bereits im 3. Takt der Adagio-Einleitung läßt die Oboe ein sehnsuchtsvoll aufsteigendes Vier-Töne-Motiv erklingen, das alsbald nach den 13 Eröffnungstakten im unruhig vorantreibenden Hauptthema verborgen wiederkehrt:

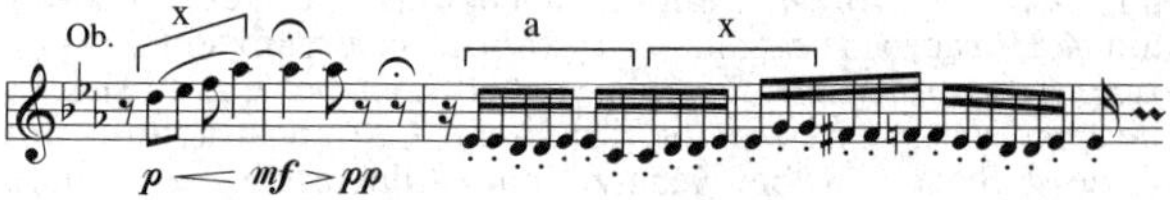

In dessen pulsierenden Anfangssechzehnteln steckt überdies eine weitere motivische Keimzelle, die in ebenfalls 4 Tönen an das gregorianische *Dies irae* erinnert und mehrfach wiederkehrt (a). Die Großform dieses ersten Hauptabschnittes (*Allegro moderato*) folgt den Umrissen des Sonatenhauptsatzes mit ausgedehnter Exposition und vergleichsweise kurzer Durchführung. Ungewöhnlich ist hier allein das Ausweichen des Seitensatzes um eine kleine Sekunde nach oben, nach Des-Dur (anstelle der Parallele Es-Dur, die üblich wäre). Die Coda führt das Zeitmaß wieder zur Ruhe der Einleitung zurück. – Ebenfalls in Des-Dur schließt sich übergangslos der langsame Teil (*Poco adagio*) an, der formal übersichtlich in 2teiliger, variierter Wiederholung verläuft. Weiche Orgelklänge mischen sich mit der getragenen Melodie der Streicher, die von Hörnern und Posaunen übernommen wird. Nach einem imitatorischen Intermezzo der beiden Violinen und der zitierenden Rückkehr zum Hauptthema des Kopfsatzes kommt es zur Wiederkehr der Anfangsmelodie im Violindiskant über triolischer Pizzicato-Begleitung. – Mit dem *Scherzo* setzt der zweite Hauptabschnitt ein; sein Thema geht unverkennbar auf das Hauptthema des Kopfsatzes zurück mit seinem 4tönigen Kern und seinen unruhigen Tonrepetitionen. Im *Trio* wird das Allegro moderato des Scherzos in einen wilden Temperamentsausbruch gesteigert, unter virtuoser Einbeziehung des vierhändigen Klaviers. Auch das Vier-Töne-Motiv und das Hauptthema scheinen wieder auf, letzteres noch einmal verborgen im Baß des Fugatos nach der Wiederkehr des Scherzos. – Der machtvolle Einsatz der Orgel eröffnet das strahlende C-Dur des Schlußabschnitts, in dem sich wirkungsvoll hymnische, choralhafte und auch pastorale Elemente mischen und ergänzen. Dieses *Maestoso* ist mit den übrigen Teilen der Sinfonie durch die zentralen Motive – vor allem das *Dies irae* – verknüpft und kulminiert in einer gewaltigen Schlußsteigerung. Posaunen und Harfen, Orgel und Klavier verbinden sich hier mit den übrigen Instrumenten zu einem rauschhaften, maßlosen Klangereignis ohnegleichen.

Unter den Sinfonischen Dichtungen von Saint-Saëns kam die **»Danse macabre« op. 40** von 1874 zu einiger Popularität. Die Komposition geht auf eine Originalversion für Stimme mit Klavierbegleitung zurück; es gibt eine ganze Reihe von Fremdbearbeitungen, darunter eine von Franz Liszt. Die Gedichtvorlage von Henri Cazalis wird recht genau in Musik gesetzt: Auf das Signal der mitternächtlichen Glokken erwachen die Toten in ihren Gräbern; ihnen spielt der Tod auf seiner (Solo-)Violine (mit tiefergestimmter E-Saite) einen spukhaften Walzer auf, wozu die Skelette mit den Knochen klappernd tanzen (Xylophone). Nach einem Fugato ertönt das *Dies irae* aus der Totenmesse; der Tanz steigert sich orgiastisch bis zum ersten Hahnenschrei (in der Oboe). Saint-Saëns läßt sich in diesem Werk kaum einen Effekt der programmatischen Tonmalerei entgehen und zwingt die heterogenen Elemente souverän in den knappen Formverlauf, den er in eine virtuose Orchesterbehandlung kleidet. Mit weiteren Sinfonischen Dichtungen – **»Le Rouet d'Omphale« op. 31** von 1871, **»Phaëton« op. 39** von 1873, **»La Jeunesse d'Hercule« op. 50** von 1877 – übertrug Saint-Saëns diese musikalische Gattung aus der Tradition Liszts nach Frankreich. An der Grenze zur Programmusik steht seine **»Suite algérienne« op. 60** (1879/80), die in ihren 4 meisterhaft instrumentierten Sätzen arabische Folklore verwendet: Nach einem abwechslungsreichen »Prélude« folgt eine »Maurische Rhapsodie«, die auf aparte Weise metrisch und farblich orientalische Effekte beschwört. Eine in allen exotischen Farben schillernde »Abendliche Träumerei in Blidah« vertritt den langsamen Satz, ein »Französischer Militärmarsch« stellt den glänzenden Schlußpunkt dar.

Von den fünf Klavierkonzerten entstand die **Nr. 1 D-Dur op. 17** im Jahr 1858. Es ist in erster Linie ein effektvolles 3sätziges Virtuosenkonzert mit einem quasi kadenzierend frei angelegten *Andante sostenuto* in der Mitte. 10 Jahre später schrieb Saint-Saëns für einen Auftritt seines russischen Kollegen Anton Rubinstein in Paris das **Konzert Nr. 2 g-Moll op. 22**. Der Erfolg der Pariser Uraufführung ist dem Werk bis heute treu geblieben. Es verdankt ihn seiner Mischung von ungewöhnlich origineller Formbehandlung und dankbarem Virtuosentum ohne übertriebenen Hang zur Selbstdarstellung. Die 3 Sätze steigern sich im Tempo; nach einem langsamen Sonatensatz (*Andante sostenuto*) folgt ein 6/8-Scherzo (*Allegro scherzando*, Es-Dur), das von einem Pauken-Solo eingeleitet wird und insgesamt ein spritziger, durch seine Farbwerte und lebhafte Beweglichkeit einnehmender Satz ist. Das Finale steigert Tempo (*Presto*) und Virtuosität noch einmal zu einer mitreißenden Tarantella.

Konzert Nr. 3 Es-Dur op. 29 von 1869 wurde mit Saint-Saëns am Flügel im Leipziger Gewandhaus uraufgeführt und erregte dort den Unmut des Publikums wegen seines experimentellen, modernistischen Charakters, ein Urteil, das man heute nicht mehr teilen kann. Der Kopfsatz folgt sehr frei der Sonatensatzform, wobei die beiden eingeschobenen Solo-Kadenzen beim Nachvollzug des Formverlaufs helfen können: sie stehen zwischen den Hauptabschnitten Exposition, Durchführung und Reprise. Das poetische Element dieser romantischen Komposition bildet das weiche Hauptthema des Kopfsatzes (*Moderato assai*); es erinnert an den Beginn von Schuberts großer C-Dur-Sinfonie:

Wie schon im 1. Satz ist das Virtuose des Klaviersatzes im folgenden *Andante* zurückgedrängt zugunsten einer subtileren Aufgabenverteilung zwischen Solo-Instrument und Orchester, und wie dort überraschen auch hier manche harmonischen Kühnheiten und unerwarteten Effekte. Dagegen kehrt das abschließende Rondo (*Allegro non troppo*) das spieltechnische Temperament heraus.

Vollends ungewöhnlich im formalen Ablauf erscheint danach das **Klavierkonzert Nr. 4 c-Moll op. 44** von 1875, das aus 2 eng

aufeinander bezogenen Sätzen besteht. Hinter dieser Fassade verbergen sich jedoch die 4 Sätze der klassischen Sinfonie; der erste Abschnitt des ersten Teils (*Allegro animato*) und der zweite Abschnitt des zweiten Teils huldigen dem Prinzip der Variation, darüber hinaus gibt es thematische Querverbindungen zwischen allen Satzteilen, die für sinfonische Einheitlichkeit sorgen. Weitere Kennzeichen dieses bedeutenden Konzerts sind seine latent die Harmonik überlagernde Chromatik, manche polyphonen Ansätze sowie die perfekte Balance zwischen virtuosem Anspruch und sinfonischer Durcharbeitung, erkennbar an der ausgewogenen Aufgabenteilung zwischen Klavier und Orchester.
1895 entstand das **5. Klavierkonzert F-Dur op. 103**, das äußerlich zwar zur konventionellen Dreisätzigkeit zurückkehrt, diese jedoch originell verlebendigt. Nach einem lyrischen *Allegro moderato* in Sonatensatzform, von verhaltener Virtuosität und voll harmonischer Raffinessen, erweist sich das zentrale *Andante* als ein exotisch anmutendes Charakterstück. Das maurische Kolorit dieses 2. Satzes äußert sich in diffiziler Rhythmik und fremdartig getönter Melodik, zu der sich Saint-Saëns an seinem Alterswohnsitz in Algier hat anregen lassen. Zu diesem Eindruck paßt auch die offene, wie eine Improvisation anmutende Form. Das abschließende *Molto allegro* trägt unverkennbar toccatenhafte Züge; seine rhythmisch pointierten Rahmenteile umschließen einen kantablen Mittelabschnitt voll sperriger Klavierarabesken im Hintergrund. – Eine Reihe von Einzelstücken für Klavier und Orchester ergänzt die Konzerte, darunter die eingängige **»Rhapsodie d'Auvergne« op. 73** und die ebenfalls in Algier angeregte Fantasie **»Africa« op. 89** (1891).
Seine 3 Violinkonzerte komponierte Saint-Saëns für Pablo de Sarasate. Ihre Numerierung ist nicht chronologisch: **Konzert Nr. 1 A-Dur op. 20** entstand 1866 nach dem **Konzert Nr. 2 C-Dur op. 58**, das 1858 ebenfalls in Paris herauskam. Das A-Dur-Konzert ist einsätzig, also kurz, mit viel Gelegenheit zur virtuosen Selbstdarstellung des Solisten; bekannt ist die Originalbearbeitung für Violine und Klavier. Im 3sätzigen C-Dur-Konzert, das eine farbige Orchesterbehandlung aufweist, war Saint-Saëns offenkundig um sinfonische Durchdringung bemüht. Ausdrucksstarker Mittelpunkt des Werkes ist ein *Andante expressivo*, das den Bogen spannt zwischen weiten Melodielinien und erregten Emotio-

nen; romantische Farbakzente setzen wirkungsvoll das Englischhorn und die Harfe. Ein temperamentvolles *Rondo* bildet den Abschluß.

Am bedeutendsten ist ohne Frage das **3. Violinkonzert h-Moll op. 61** (1880), mit packendem Beginn: Nach kurzem, geheimnisvollem Streicher- und Paukentremolo setzt die Violine mit dem energischen Hauptthema ein, dem ein lyrisch sich verströmendes 2. Thema an die Seite gestellt wird. Bewunderungswürdig ist die Kunstfertigkeit, mit der Saint-Saëns die Ansprüche des Virtuosen Sarasate mit seinen kompositorischen Ambitionen in Einklang zu bringen wußte. Auf diese Weise entstand eine Musik von eigenem Profil, weder reines Virtuosenkonzert noch sinfonisches Konzert, und dennoch beides enthaltend. Der langsame B-Dur-Satz (*Andantino quasi allegretto*) ist ein zartes, in leicht nachvollziehbarer Dreiteiligkeit geformtes Siciliano-Intermezzo voll aparter koloristischer Effekte, getragen von einer eingängigen Melodie. Mit einem Mittelding zwischen Rezitativ und Kadenz eröffnet die Solo-Violine das *Finale* mit 3 recht gegensätzlichen Themen, deren drittes als Choral-Reminiszenz »verspätet« erst in der Durchführung einsetzt. – Seinen Violinkonzerten stellte Saint-Saëns einige freie Kompositionen für Violine und Orchester an die Seite, darunter das effektvolle **Konzertstück op. 62** sowie die **»Havanaise« op. 83** mit ihrem charakteristischen Rhythmus (³♪♪♪ ♫).

Von den beiden Cellokonzerten ist das **Konzert Nr. 1 a-Moll op. 33** (1872) das weniger bedeutende. Seine Dreiteiligkeit ist in einer übergreifenden Einsätzigkeit zusammengeschlossen, bei knapper Ausformulierung der einzelnen Teile (*Allegro non troppo – Allegretto con moto – Un peu moins vite*). Der Versuch einer Synthese von technischem Anspruch des Solisten und sinfonischer Durchgestaltung tritt deutlich hervor. Die Großform dieses Konzertes entspricht einem Sonatensatz, wobei zwischen Durchführung und Reprise ein selbständiges Menuett quasi als langsamer Satz eingeschoben ist.

Das **2. Cellokonzert d-Moll op. 119** ist ein Spätwerk, 1902 entstanden. Wieder versuchte Saint-Saëns die Kombination von sinfonischer und konzertanter Form, indem er jeweils zwei Sätze zu zwei umfassenden Teilen zusammenschloß. Kennzeichen dieser Musik sind neben ihrer Klarheit und Faßlichkeit die polyphone Satzkunst und der hohe Anspruch an die Virtuosität des Cellisten. Die komplexe Vielschichtigkeit der instrumentalen Akrobatik schlägt sich äußerlich in der ungewöhnlichen Notierung des Solo-Parts auf zwei Systemen nieder. Der einleitende Sonatensatz mündet nahtlos in ein *Andante sostenuto*; im zweiten Teil wird das *Scherzo* vom *Finale* durch eine rezitativisch ausgedehnte Solo-Kadenz getrennt, in der motivische Anklänge an den Konzertbeginn enthalten sind. In seiner Gesamtausdehnung ist auch dieses Konzert, wie das erste, erstaunlich kurz und konzentriert: es dauert wenig mehr als eine Viertelstunde. – Eine kleine, effektvolle Ergänzung zu den Konzerten stellt das **Allegro appassionato für Cello und Orchester op. 43** von 1875/76 dar. Als eine Bereicherung des Repertoires und als Rarität kann, der Besetzung nach, **»La Muse et le poète«**, ein **Duo für Violine, Violoncello und Orchester op. 132** bezeichnet werden. Es entstand 1909 in Luxor. Unter diesen Aspekten verdient auch das **Konzertstück für Harfe und Orchester op. 154** aus dem Jahr 1918 Aufmerksamkeit.

Der polnische Geiger **HENRI WIENIAWSKI** (1835–80) wirkte, nach der Ausbildung in Paris, als Professor an den Konservatorien in St. Petersburg und Brüssel. Er gehörte zu den großen reisenden Violinvirtuosen des Jahrhunderts und komponierte für den eigenen Gebrauch 2 *Violinkonzerte* und eine Reihe von solistischen Werken und Etüden. Das *1.* der beiden Konzerte, *fis-Moll op. 14*, entstand noch als Jugendwerk im Jahre 1851; es betont das virtuose Element, vor allem in den beiden Ecksätzen. Dagegen zeigt das *2. Konzert d-Moll op. 22*, wie das erste 3sätzig, eine stärkere Hinwendung zur strukturellen Durchgestaltung, auch des Orchesterparts. Stimmungsvoller Ruhepunkt ist die Romanze in der Mitte, das Finale schlägt ungarische Töne an. Ist die Virtuosität bei weitem nicht so Selbstzweck wie im 1. Konzert, bleibt Wieniawski diesem Aspekt des Musizierens dennoch nichts schuldig.

Milij A. Balakirew

* 21. Dezember 1836 (2. Januar 1837) in Nischnij Nowgorod
† 16. (29.) Mai 1910 in St. Petersburg

Balakirew, der zuerst Mathematik studiert hatte, ehe er sich als brillanter Pianist auch der Komposition zuwandte, war die geistig und künstlerisch führende Persönlichkeit im Kreis der zum »Mächtigen Häuflein« zusammengeschlossenen, nationalrussisch denkenden Neuerer. In der Nachfolge Glinkas wandte er sich gegen die Akademisierung der musikalischen Ausbildung und den übermächtigen Einfluß westlicher Musik. Er propagierte die Rückbesinnung auf die russische Volksmusik als Grundlage einer nationalen Musiksprache. Auf diese Weise wurden Cui, Borodin, Rimskij-Korsakow und Mussorgskij Balakirews Schüler, wenn er sie auch – mangels eigener gründlicher Ausbildung im kompositorischen Handwerk – nicht im engeren Sinne als Kompositionsschüler führte. 1862 gründete er in St. Petersburg eine »Musikalische Freischule«. 1883–94 leitete er die Hofsängerkapelle.

Orchesterwerke: 2 Sinfonien, 2 Ouvertüren, 2 Sinfonische Dichtungen, 2 Klavierkonzerte.

Balakirews Ruhm und Bedeutung als Komponist steht hinter seinem historischen Rang als Ideengeber zurück. Die genaue Kenntnis der Geschichte der Sinfonie bedingte bei ihm eine von Skrupeln und Selbstkritik gebremste, lang dauernde Annäherung an diese Gattung. Seinen Grundsätzen getreu war er um die Einbeziehung folkloristischer Themen und ihre sinfonische Verarbeitung bemüht. In dieser Hinsicht ist seine 4sätzige **1. Sinfonie C-Dur** exemplarisch; sie entstand 1862–67 in St. Petersburg, wurde aber erst 1897 fertiggestellt und ein Jahr später uraufgeführt. Charakteristisch ist vor allem im *1. Satz* das Verfahren, volksliedhafte Motive und Themen sich entwickeln zu lassen und sie miteinander zu kombinieren. Nach einem leicht dahinhuschenden *Scherzo* folgt an dritter Stelle ein Des-Dur-*Andante* im orientalisierenden Stil; auch das *Finale* ist volksliedhaft geprägt in rondoartiger Reihung mehrerer eingängiger Melodien. Seine **2. Sinfonie d-Moll** komponierte Balakirew 1907/08; in ihr erscheinen die in seinem Erstling noch miteinander ringenden Prinzipien des Sinfonischen und des Folkloristischen souverän miteinander versöhnt. Die 4 Sätze folgen der klassischen Reihung, mit dem

ein hohes Maß an kontrapunktischer Meisterschaft vorführenden *Scherzo alla cosacca* an zweiter Stelle, dessen *Trio* kunstvoll mit der Reprise des Hauptteils verbunden ist. An dritter Stelle folgt eine wehmütige *Romanza*, während das Finale im *Tempo di polacca* wieder eindeutig folkloristisch gefärbt ist und als Rondo-Variante abläuft.
In unseren Konzertprogrammen spielen die Orchesterwerke Balakirews eine äußerst geringe Rolle – unverdientermaßen, wie man zumindest im Hinblick auf die 2. Sinfonie sagen muß; aber auch sein riesenhaftes, technisch anspruchsvolles und bisweilen in seinen extremen Gegensätzen auf engstem Raum skurril anmutendes **2. Klavierkonzert Es-Dur** (1861–1910) verdiente Beachtung, ferner manche seiner Sinfonischen Dichtungen, z. B. die zur Tausendjahrfeier Rußlands komponierte **»Rus'« (»Rußland«)** von 1864/84, die auf kunstvoll verknüpften und verarbeiteten Volksliedmotiven basiert.

Die Werke **César Cuis** (1835–1918), eines Ingenieurs und Musikschriftstellers, der ebenfalls zum »Mächtigen Häuflein« gehörte, sind bei uns so gut wie vergessen. Er komponierte u. a. 4 *Suiten für Orchester* und eine *Suite concertante für Violine und Orchester* (1883).

Max Bruch

* 6. Januar 1838 in Köln
† 2. Oktober 1920 in Berlin

Daß Bruchs Name als der eines seinerzeit bekannten Komponisten, Dirigenten und (Berliner) Kompositionslehrers heute überhaupt noch genannt wird, ist allein seinem 1. Violinkonzert zu verdanken, das noch immer zum Reisegepäck jedes Violinvirtuosen gehört. Völlig vergessen sind dagegen seine 2 weiteren Violinkonzerte, die 3 Sinfonien (Es-Dur, f-Moll, E-Dur) sowie die Fülle seiner anderen Werke. Allerdings muß man anmerken, daß Bruch sich allmählich selbst künstlerisch

zu überleben begann und den Anschluß an die Entwicklung der deutschen Musikgeschichte verlor.
Seine frühen Kompositionen standen noch durchaus auf der Höhe der stilistischen Entwicklung und zeichneten sich durch Originalität und individuellen Tonfall aus. Das erweist sich gerade am populären **1. Violinkonzert g-Moll op. 26**, das in den Jahren 1864–68 in Köln entstand als ein Frühwerk, als ein erster Versuch, der erst nach langer Anstrengung und mit dem Beistand des Geigers Joseph Joachim gelang. Ursprünglich sah Bruch die Bezeichnung »Fantaisie« vor, was dem Charakter des Werkes wohl besser entsprochen hätte: Die beiden ersten Sätze – ein »Vorspiel« (*Allegro moderato*) und ein empfindsam romantisierendes *Adagio* – sind kurz und konzentriert und wirken gemeinsam wie ein hinführender Vorspann zum ausgedehnten Finale (*Allegro energico*). Basis aller 3 Sätze ist die klassische Sonatensatzform; sie sind, ähnlich wie in Mendelssohns Violinkonzert, miteinander verbunden und variieren das Sonatensatzmuster jeweils mit einer nur mehr angedeuteten Reprise. Alle Register der Virtuosität zieht der Finalsatz, dessen ungarisch getöntes Hauptthema wie ein prophetischer Vorgriff auf den Schlußsatz des Violinkonzertes von Brahms anmutet.
Zumindest Beachtung verdienen würde auch das **2. Violinkonzert d-Moll op. 44** (1877) aufgrund seiner originellen formalen Konzeption mit einem einleitenden, langen *Adagio* und einem zentralen *Recitavivo*; ebenso die **»Schottische Fantasie« für Violine mit Orchester und Harfe Es-Dur op. 46** (1879/80) mit dem Titelzusatz »unter freier Benutzung schottischer Volksmelodien«, ein spieltechnisch sehr anspruchsvolles, vielgliedriges Werk, das seine Originalität nicht zuletzt aus dem Einsatz der Harfe als zweitem Solo-Instrument bezieht. Hinzuweisen ist schließlich auf das **Konzertstück »Kol Nidrei« für Violoncello und Orchester op. 47** von 1881 sowie die **Serenade für Orchester op. 75** aus dem Jahr 1900.

Georges Bizet

* 25. Oktober 1838 in Paris
† 3. Juni 1875 in Bougival bei Paris

Bizet, der bei Gounod und Fromental Halévy studierte, war lange fast nur als Komponist der Oper *Carmen* bekannt. Seine übrigen Bühnen-, Chor- und Instrumentalwerke stehen ganz in ihrem Schatten. Unter ihnen ist die **Sinfonie C-Dur** hervorzuheben, die gelegentlich, auch von semi-professionellen Orchestern, aufgeführt wird. Sie entstand 1855, noch während seines Studiums, und blieb lange unveröffentlicht; erst 1935 führte sie Felix von Weingartner in Basel zum ersten Mal auf. Das 4sätzige, mit beachtlicher Könnerschaft instrumentierte Werk ist in manchen Einzelheiten der Wiener klassischen Tradition und auch französischen Vorbildern verpflichtet, weist aber dennoch genügend individuelle Züge auf, die eine Aufführung rechtfertigen. Charakteristisch ist der durchgehend südländisch elegante Tonfall, die graziöse Leichtfüßigkeit, gerade im Finalsatz (*Allegro vivace*); ausdrucksstarker Mittelpunkt ist ihr langsamer Satz (*Adagio*, a-Moll) mit seinem melismatisch ausschwingenden Oboenthema:

Bekannt und beliebt sind indessen Bizets zwei 4sätzige **»Arlésienne«-Suiten**, entstanden aus der Bühnenmusik zu Alphonse Daudets gleichnamigem Schauspiel: 27 kurzen Charakterstücken für ein kleines Ensemble. Für die beiden Suiten von 1872 und 1879 ist dagegen das ganze farbenprächtige Sinfonieorchester eingesetzt, dessen Möglichkeiten virtuos und überaus effektvoll genutzt werden. **Suite Nr. 1** beginnt mit einem *Prélude*, das in mehrmaliger Reihung ein altes provenzalisches Volkslied vorträgt und immer neu färbt:

In seinem kontrastierenden zweiten Teil wird äußerst wirkungsvoll ein Saxophon-Solo eingesetzt. Nach einem flinken *Menuett* folgt ein F-Dur-*Adagietto*, eine zarte Liebesszene für Streicherensemble; das Finale ist ein 3teiliger Satz in E-Dur mit der Überschrift *Carillon* (»Glockenspiel«), dessen Mittelteil sich zum melancholischen Andantino (cis-Moll) verzögert. **Suite Nr. 2** ist in dieser Form nicht Bizets Werk, sondern wurde erst nach dem Tod des Komponisten von Ernest Guiraud zusammengefügt, um ein Thema aus Bizets Oper *La jolie fille de Perth* erweitert und instrumentiert. Am bekanntesten ist wohl das *Finale* geworden, das zunächst auf den Beginn der 1. Suite zurückgreift, dann im zweiten Teil die *Farandole*, einen provenzalischen Tanz, aus der *Arlésienne*-Musik verwendet, mächtig steigert und am Ende mit dem Anfangsthema verbindet.

Wie Bizet erscheint eine Reihe anderer französischer Komponisten in unseren Konzertprogrammen selten oder nie, selbst dann, wenn sie mit Bühnen- oder Kammermusikwerken bekannt sind. **Charles Gounod** (1818–93) gehört dazu, der Schöpfer der Oper *Faust* (dt. *Margarethe*). Seine beiden der klassischen Tradition verpflichteten *Sinfonien* aus dem Jahr 1855 sind ebenso wohlproportioniert wie wohlklingend. Von **Léo Delibes** (1836–91) mag das eine oder andere Einzelteil aus der Ballettmusik *Coppélia* als instrumentales Charakterstück gespielt werden. Die Orchestermusik des Opernkomponisten **Jules Massenet** (1842–1912), darunter 7 *Suiten*, 3 *Ouvertüren* und ein spätes *Klavierkonzert* (1903), ist hierzulande unbekannt, was auch für die allerdings spärlichen Orchesterwerke des Bühnenkomponisten **Emanuel Chabrier** (1841–94) gilt, darunter eine *Suite pastorale* (1897) und die zunächst für Klavier komponierte, folkloristisch eingängig nachempfundene Rhapsodie *España* (F-Dur, 1882/83). Einen besonderen Hinweis verdienen das originelle *Klavierkonzert »in Begleitung eines Streichquartetts« op. 21* und das *Violinkonzert Es-Dur op. 25* mit dem Titel *Poème* von **Ernest Chausson** (1855–99), der auch mit seiner *B-Dur-Sinfonie* und den Sinfonischen Dichtungen *Viviane* und *Soir de fête* zu den Wegbereitern des französischen Impressionismus gehört. **Vincent d'Indy** (1851–1931), Schüler von César Franck, hinterließ neben Opern ein überraschend reichhaltiges sinfonisches

Œuvre. Der Einfluß Liszts, den er 1873 kennenlernte, schlug sich nieder in einigen Sinfonischen Dichtungen, darunter einer Trilogie *Wallenstein* (op. 12, 1885). Im übrigen sind bei ihm die Grenzen zwischen absoluter und Programmusik recht fließend; auch seine beiden eigentlichen *Sinfonien* (1872 und 1904) und die *Symphonie sur un chant montagnard français* (op. 21, 1887) überschreiten gelegentlich die Grenzen zwischen den Gattungen. Andere sinfonische Werke tragen programmatische Überschriften wie die *Sinfonia brevis de bello gallico* (op. 70, 1919) und die 4teilige Sinfonische Dichtung *Poème des rivages* (op. 77, 1921). Er schrieb auch mehrere *Orchestersuiten*.

Modest P. Mussorgskij

* 9. (21.) März 1839 in Karewo
† 16. (28.) März 1881 in St. Petersburg

Wie die übrigen Mitglieder des »Mächtigen Häufleins«, des Komponistenkreises um Balakirew, war Mussorgskij nicht im Hauptberuf Musiker. Er machte zwar schon im Kindesalter als Pianist auf sich aufmerksam, wurde aber Offizier und war 1863–79 Beamter des Landwirtschafts- und Verkehrsministeriums in St. Petersburg. 1865 erfolgte die Begegnung mit Balakirew, Borodin und Rimskij-Korsakow, die Mussorgskijs verstärkte Hinwendung zum Komponieren auslöste. Letztendlich aber scheiterte er am Konflikt zwischen Kunst und bürgerlicher Existenz; Armut und Alkoholprobleme beschleunigten sein frühes Ende.

Orchesterwerke: *Eine Nacht auf dem Kahlen Berge*, Scherzo für Orchester, *Alla marcia notturna, Intermezzo symphonico in modo classico*, 3 Sätze einer Sinfonie und weitere Fragmente, *Bilder einer Ausstellung*, ein Klavierzyklus in mehreren Fremdbearbeitungen für Orchester.

Die Bedeutung des Wahlspruchs, den Mussorgskij gern verwendete – »Zu neuen Ufern« –, ist der Nachwelt erst allmählich aufgegangen: seine neue, fremdartige Musiksprache, die sich in seinen wenigen, dazu selten ganz abgeschlossenen Werken äußert. Unverständnis und Ablehnung waren unter seinen Zeitgenossen fast die Regel. So ist es kein Zufall, daß gerade seine heute populärsten Kompositionen, die Oper *Boris Godunow*, die Sinfonische Dichtung *Eine Nacht auf dem Kahlen Berge* und der Klavierzyklus *Bilder einer Ausstellung* in manchmal die Grenzen zur Verfälschung überschreitenden Bearbeitungen bekannt wurden und noch so aufgeführt werden.

Drastisch wird die Verfälschung deutlich an der **»Nacht auf dem Kahlen Berge«**, die Mussorgskij 1867 in der Orchesterfassung vollendete. Auf den Konzertprogrammen steht aber durchweg die Fassung von Rimskij-Korsakow, in deren Partitur zwar der Vermerk »vervollständigt und instrumentiert« (1882–86) steht, die in Wirklichkeit aber in vielen Teilen einer Neukomposition unter Verwendung von Material Mussorgskijs gleichkommt. Dieses Material war unter anderem ein Sinfonisches Intermezzo für Chor und Ballett aus der unvollendeten Oper *Der Jahrmarkt von Sorotschinzi*. Von Mussorgskijs Originalversion abweichend stellte Rimskij-Korsakow einen weitgehend regulären Sonatenhauptsatz zusammen, er milderte alle harmonischen und instrumentatorischen Kühnheiten und ließ das Werk friedlich und freundlich in Anlehnung an Passagen aus der Oper enden. Dennoch muß man zugeben, daß der Erfolg dieser Fremdfassung kein Zufall ist: Sie ist in ihrem Ablauf überlegt und organisch kalkuliert, effektvoll und glänzend instrumentiert; sie hat nur einen Fehler: sie ist nicht von Mussorgskij. Dagegen zeichnet sich Mussorgskijs originale **»Johannisnacht auf dem Kahlen Berg«** durch ihre kompromißlose Schroffheit aus, durch ihre zwar rauhe, doch immer unmittelbar wirksame Instrumentationskunst, die in unerhört prophetischer Weise auch Ansätze des Grotesken und des Häßlichen mit in die Partitur einbezieht. Das Programm hat Mussorgskij selber formuliert: »Versammlung der Hexen und ihr Geschwätz« – »Satans Zug« – »Verherrlichung des Satans« – »Hexensabbat«. Nicht erst beim Stichwort »Hexensabbat« taucht die Erinnerung an die *Symphonie fantastique* von Berlioz auf, doch in diesem Abschnitt ist die musikalische Verwandtschaft am spürbarsten, in den grellen Orchestereffekten und in ihren die traditionelle Ästhetik des Schönen aufbrechenden Einfällen. Das Original folgt auch nicht ansatzweise der Sonatensatzform, sondern reiht heterogenste Elemente kontrastierend aneinander.

Unter den wenigen übrigen, mehrheitlich fragmentarisch gebliebenen Orchesterkompositionen ist ein relativ kurzes **»Intermezzo symphonico in modo classico« h-Moll** hervorzuheben, das Mussorgskij 1861 zunächst für Klavier komponierte und 1867 instrumentierte. Auch dieses Werk erlitt das Schicksal der glättenden Bearbeitung durch Rimskij-Korsakow; es ist 3teilig angelegt, mit harmonisch, klangfarblich und stimmungsmäßig stark kontrastierendem Mittelteil, den der Komponist dem ursprünglichen Klavierstück erst nachträglich einfügte.

»Bilder einer Ausstellung«. Zyklus für Klavier

Entstanden 1874. – Instrumentation von Maurice Ravel 1922.
1. *Promenade* – 2. *Gnomus* – 3. *Promenade* – 4. *Das alte Schloß* – 5. *Promenade* – 6. *Tuilerien* – 7. *Bydlo* – 8. *Promenade* – 9. *Ballett der Küken in ihren Eierschalen* – 10. *Samuel Goldenberg und Schmuyle* – 11. *Der Markt von Limoges* – 12. *Catacombae. Sepulchrum Romanum (Katakomben. Römisches Grabmal)* – 13. *Cum mortuis in lingua mortua (Mit den Toten in der Sprache der Toten)* – 14. *Die Hütte auf Hühnerfüßen* – 15. *Das große Tor von Kiew.*

1874 fand auf Anregung von Wladimir Stassow, dem Musikkritiker und Ideengeber des »Mächtigen Häufleins«, eine Gedächtnisausstellung für den 1873 verstorbenen Maler und Architekten Viktor Hartmann statt, mit dem Mussorgskij befreundet gewesen war. Auf eine Auswahl von dort gezeigten Gemälden und Zeichnungen komponierte Mussorgskij Miniaturen in Form von Charakterstücken, die er durch eine einleitende und mehrfach wiederkehrende »Promenade« verband. Sie verändert im Lauf des Zyklus ihren Charakter, so als reagiere ein Betrachter auf einzelne Gemälde. Bereits in dieser originalen Version wurde das Werk zum beliebten und in seiner eigenwilligen Virtuosität originellen Repertoirestück. Doch erst die kongeniale instrumentale Bearbeitung durch Maurice Ravel, der damit einer Anregung des Dirigenten Sergej Kussewitzky folgte, verhalf dem Werk zum Siegeszug auf allen Konzertpodien der Welt. Der Ravel-Fassung ging übrigens eine Reihe weiterer Bearbeitungen voraus und folgten andere nach, von Sergej Tanejew, dem Dirigenten Leopold Stokowski u. a. Es gibt Versionen für Orgel, eine farbig-phantasievolle Synthesizer-Fassung von Isao Tomita, auch ein zwar schwaches, aber populär gewordenes Popmusik-Arrangement einzelner Stücke durch die Gruppe Emerson,

Lake and Palmer. Ravels Instrumentierung ist eine ausgefeilte, raffiniert mit allen Errungenschaften des Impressionismus arbeitende Orchestrierung. Von der Substanz kürzte er nur »Das alte Schloß« um eine wiederholte Passage und ließ die »Promenade« nach »Samuel Goldenberg und Schmuyle« aus.

Die »Promenade« am Anfang stellt ein russisches Thema in typischer metrischer Gliederung (5 : 6) vor:

Die Aufteilung in Solo (»Vorsänger«) und Tutti (»Chor«), die Mussorgskij bereits in der Klavierfassung vornahm, hat Ravel vertieft, indem er im farblichen Wechsel von Solo-Trompete, Blechbläser-Tutti und alternierenden Streichern chorisch die Farben wechseln läßt. »Gnomus« ahmt in seinem Wechsel von hektisch-schneller Figur und Fermatenstauung die unglücklich-grotesken Fortbewegungsversuche eines Zwergwüchsigen nach; anschaulich auch die wie schleichend gegeneinander gerichteten chromatischen Auf- und Abgänge. Die folgende verkürzte Wiederkehr der »Promenade« klingt nachdenklicher und verstummt schließlich zögernd, als atmosphärische Vorbereitung zum »Alten Schloß«, das nicht ein altes Gemäuer beschreibt, sondern das Liebeslied eines Troubadours nachsingt, in einer innig-verhaltenen Melodielinie über sanft pulsierender 6/8-Begleitung; die Zuweisung der Solo-Stimme an ein Altsaxophon ist einer der instrumentatorischen Geniestreiche Ravels. Die nächste, kurz anklingende »Promenade« ist wieder ein wenig energischer, und das Tableau der lebhaft spielenden Kinder im »Tuilerien«-Park von Paris ein graziöses Genrebild von hohem koloristischen Reiz, aus dem sich die wiederholten Terzrufe als Anklänge an Kinderlieder einprägen. Dazu in starkem Kontrast zieht der schwer dahinrumpelnde Ochsenkarren »Bydlo« vorüber; eine langsam an- und schneller wieder absteigende dynamische Kurve suggeriert die Vorbeifahrt des schwerfälligen Gefährtes, wobei die Fortbewegung in eine pendelnde Achtel-Figur umgesetzt wird, die zugleich als Begleitung für die tief in der Tuba angesiedelte Melodielinie dient. Besinnlich verhalten klingt das nächste »Promenaden«-Zitat, in dessen Schluß

»voreilig« die Vorschlagfigur des folgenden »Balletts der Küken in ihren Eierschalen« einbricht. Der Satz ist als 3teiliges Scherzo (»Scherzino«) angelegt, mit einem trioartig abgesetzten Mittelteil, und luftig und durchsichtig instrumentiert. Mit unvermittelter Grobheit beginnt sogleich das Gespräch des mächtig reichen Samuel Goldenberg mit dem bettelarmen Juden Schmuyle. Im Unisono von Streichern und Bläsern bläht sich der eine wichtigtuerisch auf, in gestoßenen Tonrepetitionen der Trompete verhaspelt sich der unterwürfige Jude bei der Antwort, schließlich suchen sich beide gleichzeitig gegen den anderen durchzusetzen. Der »Marktplatz von Limoges« ist danach der Schauplatz des turbulenten Durcheinanders schnatternder Marktfrauen, in allen Orchesterfarben glitzernd und vom Schlagapparat tatkräftig unterstützt. Fremdartige Fermatenakkorde der Blechbläser markieren die unheimlich-geheimnisvolle Welt der unterirdischen »Katakomben«, attacca schließt sich eine zum eigenen Stimmungsbild umgeformte »Promenade« an, zu deren Überschrift (»Cum mortuis in lingua mortua«) Mussorgskijs Kommentar überliefert ist: »Hartmanns schöpferischer Geist führte mich zu den Schädeln in den Katakomben; er spricht sie an, und sie beginnen allmählich innerlich zu glühen.« Mussorgskij verwendete dafür die Thematik der »Promenade« im ruhigen Zeitmaß, Ravel kleidete das Stück in flirrende Streicher-Tremoli und weiche Akkordtimbres. Eines der packendsten Charakterstücke des ganzen Zyklus ist »Die Hütte auf Hühnerfüßen«: In überschaubar 3teiliger Reprisenform wird zuerst die märchenhafte russische Hexe Baba Yaga vorgestellt, deren Ritt auf einem Mörser mit kräftigen, sich beschleunigenden Schlägen des Stößels in Gang gesetzt wird; dabei suggeriert die Aufwärtsbewegung der Motivik im ganzen Orchesterapparat das Abheben des seltsamen Gespanns und seinen Flug durch die Lüfte. Während diese Rahmenteile sozusagen eine Handlung vorführen, schildert der trioartige Mittelteil einen Zustand, nämlich den Zauberwald, in dem sich die Hütte der Hexe befindet, mit fahl leuchtenden Geisterklängen von Celesta und Harfe, flimmernd bewegten Begleitfiguren und unheimlicher Tritonus-Thematik. In suggestivem Aufwärtssog mündet das Stück in das gewaltige Finale: Für das Porträt des mächtigen »Tors von Kiew« verwendete Mussorgskij ein letztes Mal die Thematik der »Promenade«, nun ins Grandiose verwandelt in prächtigen Blechbläserakkorden; die kurz eingeblendeten, verhalten choralhaft anmutenden Passagen der Holzbläser steigern nur noch die Gewalt der umgebenden Musik, die schließlich im letzten Auftürmen aller orchestralen Mittel, unterstützt von Becken, Tamtam und Glocken, endet.

Pjotr Iljitsch Tschaikowskij

* 25. März (7. Mai) 1840 in Wotkinsk (Gouv. Wjatka)
† 25. Oktober (6. November) 1893 in St. Petersburg

Tschaikowskijs musikalische Begabung entfaltete sich zunächst sehr zögernd: Erst 1863 gab er den Staatsdienst im Justizministerium zugunsten des Musikerberufes auf und studierte am Konservatorium seiner Heimatstadt, u. a. bei Anton Rubinstein. 1866–78 war er Theorielehrer am Moskauer Konservatorium, bis 1876 auch Musikkritiker. Prägend für sein weiteres Leben wurde 1878 die Begegnung mit Nadeschda von Meck, die Tschaikowskij mit der Aussetzung einer jährlichen Rente den freien Musikerberuf ermöglichte. Später reiste er viel als Komponist und Dirigent in Rußland und im europäischen Ausland.

Orchesterwerke: 6 Sinfonien, eine *Manfred*-Programmsinfonie, mehrere Ouvertüren, Sinfonische Dichtungen, 4 Orchestersuiten, eine Streicherserenade, 4 Ballettsuiten, Solo-Konzerte und Konzertstücke für Klavier, für Violine, für Cello.

Mit seinen letzten Sinfonien und Opern vor allem, aber auch mit Ballettmusiken, einigen seiner Ouvertüren und Sinfonischen Dichtungen errang Tschaikowskij bald Weltruhm. Die äußerst wirkungsvolle Verknüpfung einer an europäischen Vorbildern geschulten, meisterhaften Formbeherrschung mit bisweilen überbordender Emotion trug ihm allerdings bis heute nicht nur Zustimmung ein: Von zeitgenössischen Komponisten wie aus der musikwissenschaftlichen Forschung traf ihn der Vorwurf, Verrat am musikalischen Erbe Rußlands begangen zu haben. Man betrachtete seine leidenschaftliche Melodik und bisweilen äußerlich effektvolle, fast reißerische Instrumentationskunst skeptisch oder ablehnend. Heute dürfte

Tschaikowskijs Bedeutung, auch seine Wirkung als Mittler zwischen westeuropäischer und slawischer Musikkultur unanfechtbar sein; seine Hauptwerke beweisen ihre Lebenskraft im Musikleben der Gegenwart.

Sinfonien

Außer der Programmsinfonie *Manfred* schrieb Tschaikowskij 6 Sinfonien, von denen meist nur die letzten drei aufgeführt werden. Erst die Mode unserer enzyklopädisch sammelnden Epoche mit ihrer Neigung zu Gesamteinspielungen und -aufführungen brachte es mit sich, daß man überhaupt auf die drei ersten Sinfonien aufmerksam wurde. Das Bild des Komponisten rundet sich auf diese Weise merklich ab und stellt die drei populären Meisterwerke sinnvoll in den Rahmen der Entstehungschronologie.

Diese drei Erstlinge zeigen bereits eine ganze Reihe von Merkmalen, wie sie uns später ausgeprägt in den Sinfonien 4, 5 und 6 begegnen. Dazu gehören die Parallelführung von hohen und tiefen Streicherstimmen und gewisse eigentümliche Holzbläserkombinationen, die den charakteristischen Tschaikowskij-Tonfall prägen. Dazu gehört auch die Fähigkeit, Steigerungen und jähe Ausbrüche zu kalkulieren, manchmal auch hemmungslos zu lärmen – solche Extreme gehören schon zum frühen Stil Tschaikowskijs.

Die **1. Sinfonie g-Moll op. 13** entstand 1866 in Moskau und wurde zur Drucklegung 1874 grundlegend überarbeitet. Ihr Beiname **»Winterträume«** leitet sich ab von den Originalüberschriften der beiden ersten von 4 Sätzen: »Träumerei auf winterlicher Fahrt« (Allegro tranquillo) und »Rauhes Land; Nebelland« (Adagio cantabile, Es-Dur). Diese Titel kündigen jedoch keine Programmusik an, sondern markieren nur den Stimmungsrahmen, aus dem heraus die Musik entstanden ist.

Der *Kopfsatz*, ein stimmungsvolles Gebilde, dessen Wirkung auf einer farbigen Instrumentation und prägnanten Themen mit folkloristischem Einschlag beruht, ist ein Sonatensatz, der verhalten beginnt und ebenso ausklingt, dazwischen sich zu effektvollen Steigerungen aufschwingt. Das *Adagio* ist demgegenüber ein melodiegeprägtes Stimmungsbild ohne scharfe Konturen, dem dennoch ein präzises Formmodell zugrunde liegt, das Rondo- und Sonatensatzelemente verbindet. Das virtuose *Scherzo* basiert auf einem Satz aus einer postum veröffentlichten cis-Moll-Klaviersonate; es ist eine wirbelnde, motivisch kreisende Tanzmusik, zu der das melodisch ausschwingende *Trio* den nötigen Kontrast bringt. In der Coda werden beide verknüpft, indem zum Pauken-Ostinato über dem Rhythmus des Scherzo-Themas (♬♪.♬ | ♪.♬♪) das Trio noch einmal anklingt. Überhaupt nichts mit dem Titel »Winterträume« gemeinsam hat auch das *Finale*, ein vielleicht etwas reißerisch wirkender, sicher der schwächste Satz unter allen vieren. Vor allem macht sich hier Tschaikowskijs Manier bemerkbar, Motive ohne Unterlaß zu wiederholen, die als Einfälle eigentlich nicht ergiebig genug sind, um ständig präsent zu sein. Dies gilt vor allem für die Einleitung, die vor der Coda noch einmal zitiert wird. Becken und Große Trommel setzen am Schluß die spektakulären Ausrufezeichen.

Die **2. Sinfonie c-Moll op. 17** von 1872 (Neufassung 1879) trägt ebenfalls einen Beinamen, der zumindest ungenau ist, auch nicht vom Komponisten stammt: die »Kleinrussische«, in Anspielung auf die ukrainischen Volksmelodien, die Tschaikowskij verwendet hat. Korrekt wäre eher also »Ukrainische« (und die Ukrainer im Süden liebten es überhaupt nicht, von den russischen Nachbarn »Kleinrussen« genannt zu werden). Komposition und Effekt basieren zu einem guten Teil auf diesen folkloristischen Bausteinen, deren Verwendung, nebenbei bemerkt, Tschaikowskij von den Kollegen des »Mächtigen Häufleins« (Balakirew, Rimskij-Korsakow u. a.), die den »westlichen« Stil Tschaikowskijs im übrigen ablehnten, Lob eintrug. So ist das elegische Horn-Solo der Einleitung das Volkslied *Drunten bei der Mutter Wolga*; es taucht im folgenden Sonatensatz wieder auf und beendet den ganzen dynamisch angelegten, leidenschaftlich bewegten Satz verhalten, wie er begonnen hatte. Die Substanz des marschartigen *Andantino marziale* (Es-Dur) entnahm Tschaikowskij seiner bis auf wenige Teile vernichteten Partitur zur Oper *Undine*. Im Mittelteil dieses phantasievoll erfundenen und vorzüglich instrumentierten Marsches fügte der Komponist das Volkslied *Spinn nur, meine Spinnerin* ein. Der Anfang des Satzes mit seinem ostinaten Paukenrhythmus ruft ganz von ferne mahlersche Vorahnungen wach. Witzig-spritzig und temperamentvoll wirkt danach das *Scherzo* in seinem 3/8-Vorwärtsdrang. Bei gleichem Grundtempo schwenkt das *Trio* in ein 2/8-Metrum um, so daß sich dennoch ein Verlangsamungseffekt einstellt.

In der Coda verschränken sich dann die beiden Metren miteinander, wenn das Trio zum ostinaten Triolenschlag der Pauke noch einmal zitiert wird. Auch in dieser Sinfonie ist das *Finale* nicht der stärkste Satz: Bei aller instrumentatorischen Brillanz gibt Tschaikowskij doch zu sehr der Neigung zu banalem Lärm nach. Die fast akademischen Anstrengungen der Durchführung, wo vor allem der synkopische Rhythmus des Seitenthemas kontrapunktisch verarbeitet wird, wirken nicht recht überzeugend. Pikkoloflöte, Becken und Große Trommel sind zur Ergänzung des Orchesters vor allem in der Presto-Stretta eingesetzt.

3. Sinfonie D-Dur op. 29

Entstanden 1875.

1. *Moderato assai / Allegro brillante* – 2. *Alla tedesca: Allegro moderato e semplice* – 3. *Andante* – 4. *Scherzo: Allegro vivo* – 5. *Allegro con fuoco (Tempo di polacca)*.

Der Name »Polnische« ist so unpassend wie nur möglich; er wurde vom »Tempo di Polacca« des Finales abgeleitet, mit dem musikalischen Geschehen hat er nichts zu tun. In dieser Sinfonie ist Tschaikowskijs musikalischer Stil deutlich westeuropäischen Vorbildern zugewendet – eine Feststellung, die keinerlei Wertung enthält. Sie ist seine einzige in Dur, ein optimistisch-lebensoffenes Werk, aus dem das Spontane, mit dem es in wenigen Wochen entstand, in einer gut einstudierten Wiedergabe auch heute noch anspricht. Die technischen Anforderungen an das Orchester sind passagenweise sehr hoch, besonders im hochvirtuosen Scherzo. Allein die melancholische d-Moll-Einleitung schlägt in diesem Stück dunklere Töne an; aus ihrem motivgeprägten Verlauf entwickelt sich allmählich im sich steigernden Accelerando der folgende *Sonatensatz*. Auf Kontrastwirkung sind die beiden Hauptthemen angelegt: marschartig energisch und auftrumpfend der Hauptsatz, empfindsam das Seitenthema der solistischen Oboe. Die Durchführung wird zum konstruktiven Kulminationspunkt, mit sehr ambitionierter, immer wieder auch kontrapunktischer Verarbeitung und Verknüpfung der beiden Themen. Eine Stretta beschließt den Satz. – Vor den langsamen Satz schiebt sich sozusagen ein erstes Intermezzo, das gemeinsam mit dem Scherzo an vierter Stelle die Sinfonie zur ungewohnten Fünfsätzigkeit erweitert. Dieser »Deutsche Tanz« (*Alla tedesca*) zeichnet sich durch seine zarte Farbigkeit aus, als tänzerisches

Stimmungsbild, das auch in einer Ballettmusik Platz fände. Metrisch fallen die Zweier- und Dreiergruppen auf, die sich immer wieder überlagern – ein von Tschaikowskij offenbar geliebtes Stilmittel gegen Einförmigkeit im Walzertakt; es erinnert ein wenig an Brahms. Hier heben sie das duftige Trio wirkungsvoll von den Rahmenteilen ab. – Das *Andante* ist das ausdrucksvolle Gravitationszentrum des ganzen Werkes, bisweilen schwelgerisch reich im Klang und differenziert in den instrumentalen Registern zwischen solistischen Holzbläsern, sattem Streicherklang und vollem Orchester-Tutti. Die Form ist liedhaft schlicht (A – B – A – B). In der Coda kehren noch einmal andeutungsweise die düsteren Töne der Einleitung wieder. – Der 4. Satz, ein ²⁄₄-*Scherzo*, bietet einen diffizilen Orchestersatz von bestechender Durchsichtigkeit und meisterhafter Beherrschung der instrumentalen Farbpalette. In manchem knüpft er an Mendelssohns Elfenzauber in der *Sommernachtstraum*-Musik an, andererseits weitet er die Möglichkeiten fast wagnerisch aus, wenn z. B. bei der Reprise des A-Teils die Streicherstimmen in Sechzehnteln und Triolen sich schichtend überlagern. – Das *Finale* gründet auf dem Polonaisenrhythmus seines Hauptthemas:

steigert und überhöht dieses Prinzip aber im Satzverlauf auf verschiedenste Weise ins Kunstvolle, Grandiose und sogar Hymnische. Die Form ähnelt einem Rondo, ohne konsequent ein solches zu sein: Als Kontrast zum Anfangs-Tutti erklingt eine homophon gesetzte Holzbläserweise, die bei ihrer reprisenartigen Wiederkehr gegen Satzende wie zu einer Apotheose gesteigert wird; ein weiterer Zwischensatz greift das Polonaisenthema auf und verarbeitet es in einer ausgedehnten Fuge, die überwiegend von den Streichern bestritten wird. Eine Presto-Stretta markiert das Ende, über kräftigen, ostinat hämmernden Paukenschlägen.

4. Sinfonie f-Moll op. 36

Entstanden 1876–78.

1. *Andante sostenuto / Moderato con anima* – 2. *Andantino in modo di canzona* – 3. *Scherzo: Pizzicato ostinato. Allegro* – 4. *Finale: Allegro con fuoco.*

Die Entstehungszeit dieser Sinfonie, zwischen Ende 1876 und Anfang 1878, war für den Komponisten eine Phase großer seelischer Belastungen und Aufregungen, die ihren Niederschlag offensichtlich in der Musik fanden. Zwar gab Tschaikowskij dem Werk kein offizielles Programm mit – und es wäre falsch, das Werk als eine Programmusik aufzufassen –, seiner Gönnerin Nadeschda von Meck aber offenbarte er, auf ihr Drängen hin, Einzelheiten eines solchen geheimen Hintergrundes. Er sprach von einer »musikalischen Seelenbeichte«, ein Ausdruck, der für alle späteren Instrumentalwerke Tschaikowskijs, vor allem die drei letzten Sinfonien, gelten könnte. Tanejew gegenüber bezeichnete er Beethovens Fünfte als Vorbild für seine eigene »Schicksalssinfonie«, die Vierte.
Für den Orientierung suchenden Hörer hat Tschaikowskij immerhin Bemerkungen zu den einzelnen Sätzen gemacht. Das musikalische Motto, der Kern der langsamen Einleitung des *1. Satzes*, ist von ihm als das »Schicksalsmotiv« bezeichnet worden: »Der Haupteinfall, das Samenkorn der ganzen Sinfonie« bedeute »jene verhängnisvolle Macht, die unser Streben nach Glück sich nicht verwirklichen läßt«:

Dieses markante Motiv taucht mehrmals unverändert in doppelter Funktion auf: als irritierender, schicksalhafter Einbruch anderer Welten und als formgliederndes Element für den Ablauf des Sonatensatzes. So erklingt es im Kopfsatz an den strukturellen Nahtstellen zwischen Exposition, Durchführung, Reprise und Coda; und in das Finale bricht es noch einmal am Ende, wie zur Erinnerung, ein. Im übrigen ist der sehr lange, im Verhältnis zu den drei anderen Sätzen überproportionale 1. Satz ein Sonatensatz von ungewöhnlicher Dichte und Homogenität; der gewohnte konstruktive Dualismus zweier Themenkomplexe ist hier sehr stark zurückgedrängt zugunsten emotionaler Einheitlichkeit und motivischer Verwandtschaft.

Auffällig ist vor allem seine geradezu monomanische Bezogenheit auf ein einziges rhythmisches Prinzip, das sogleich mit dem allmählich sich herabwindenden Hauptthema einsetzt und fortan das ganze Geschehen beherrscht: jenes synkopische Moment, das den zugrunde liegenden Walzerschritt – »in movimento di Valse« schreibt Tschaikowskij vor – überlagert und sozusagen verfremdet:

Es sorgt für ständige Unruhe und Irritation und wirkt auch noch andeutungsweise im stilleren, aufsteigenden Seitenthema mit seinen gegenläufigen Holzbläsergirlanden.
Eher zurückgenommen und melancholisch ist danach der *langsame Satz* in seiner schlichten Dreiteiligkeit (A – B – A, b-Moll), »eine andere Stufe der Schwermut«, wie es der Komponist formuliert: »Es ist jenes wehmütige Gefühl, das uns abends ergreift« – symbolisiert durch ein ständig wiederholtes kontables Thema, das kaum Ansätze zu motivischer Arbeit erkennen läßt. In einem kurzen Mittelabschnitt schwingt sich die Musik zu einer etwas weiter ausholenden Geste auf, sinkt aber bald wieder in die stille Melancholie des A-Teils zurück.
Das *Scherzo* ist als Pizzicato-Studie ein Kabinettstück feiner Instrumentationskunst und wirkt innerhalb der Sinfonie als entspannender, gleichwohl nicht wirklich in sich ruhender Pol: Die Form ist wieder 3teilig, wobei sich das *Trio* durch seinen Bläsersatz kontrasthaft, sehr koloristisch und manchmal mit fast parodistischen Zügen abhebt; in der Coda kommt es schließlich zu einer angedeuteten Synthese beider Instrumentationsprinzipien.
Das *Finale* beginnt ohne Umschweife ungeheuer wild und hält seine Hektik weitgehend durch. Formal ist es ein Sonatensatz mit rondohaften Ausweitungen und durchaus folkloristischen Anklängen in der Thematik, mit rauschhaften Steigerungen ins Grandiose und zugleich lärmend Äußerliche, mit allerlei Verknüpfungen des motivischen Materials. Unmittelbar vor der Coda bricht noch einmal das Schicksalsmotto völlig unvermutet in diese Welt ein, mit den Worten des Komponisten: »Geh ins Volk, sieh, wie es versteht, heiter zu sein. Doch

kaum hast du dich selbst vergessen in der Betrachtung fremder Freuden, als das Fatum erneut erscheint und an sich erinnert.« Mit gewaltsamem Optimismus beendet eine Stretta-Coda diesen Sturmlauf.

5. Sinfonie e-Moll op. 64

Entstanden 1888.

1. *Andante / Allegro con anima* – 2. *Andante cantabile* – 3. *Allegro moderato* – 4. *Andante maestoso / Allegro vivace.*

Auch Tschaikowskijs Fünfte könnte man, wie die Vierte, als eine »Schicksalssinfonie« bezeichnen, offenkundig liegt diesem Werk ein verwandter gedanklicher und emotionaler Prozeß zugrunde. Aber nur in privaten Notizen hat sich Tschaikowskij dazu geäußert, so zum Kopfsatz: »Introduktion. Vollständiges Sich-Beugen vor dem Schicksal, oder was dasselbe ist, vor dem unergründlichen Walten der Vorsehung. Allegro: Murren, Zweifel, Klagen, Vorwürfe an . . .« Und zum Andante: »Soll man sich dem Glauben in die Arme werfen?« Die kompositorische Verwandtschaft zur 4. Sinfonie äußert sich im Voranstellen eines motivischen Mottos in einer langsamen Einleitung, das den weiteren Verlauf prägt, und sogar noch nachdrücklicher als in der Vierten, man könnte auch sagen: organischer und konsequenter. Denn anders als dort erweist sich das Kernthema als geschmeidig und wandlungsfähig, nicht als kompromißlos schroffer Kontrast, der fast zerstörerisch in die Satzgefüge einbricht. Auf diese Weise erzielt Tschaikowskij in seiner Fünften strukturelle Dichte und Einheitlichkeit; manche Betrachter haben dem Komponisten allerdings gerade dieses Verfahren negativ angelastet und es für eine Schwäche der Musik erklärt.

In der Form eines düsteren Trauermarsches wird dieses Thema in der *Andante*-Einleitung vorgestellt, gesungen von den Klarinetten in tiefer Lage und getragen vom dunklen Streicherklang. Auch im folgenden Sonatensatz dominieren dunkle Farben; so wird das Hauptthema mit seinem punktierten Anfangsrhythmus in Klarinette und Fagott eingeführt, einer für Tschaikowskij typischen Kombination. Das Kopfmotiv beherrscht dann weite Strecken des Satzes, erweist sich als Motor großer Steigerungen sowohl in der Exposition als auch in der Durchführung; auch die am Ende ganz zurückgenommene, pessimistisch verklingende Coda basiert auf dieser

Substanz. Den denkbar größten Gegensatz bildet das leidenschaftlich innige Seitenthema mit seinen erregenden, den Takt verschleiernden Synkopen, emphatisch vorgetragen von den beiden Violinen in Oktaven. Ihm unmittelbar vorangestellt erklingt in den Klarinetten das repetierte Motiv der abfallenden Quinte, das ebenfalls für die weitere Satzentwicklung wichtig wird.

Das *Andante cantabile*, »con alcuna licenza« (»mit einigen Freiheiten«), ist dann einer jener kompromißlos ausdrucksorientierten Sätze Tschaikowskijs, die bis heute immer wieder den Vorwurf einer zu einseitig dem Gefühl unterworfenen Musik auf sich gezogen haben. Im Rahmen der 3teiligen Liedform beherrschen das Geschehen zweifellos die Melodien: zunächst der Gesang des Solo-Horns, unmittelbar danach die Linie der Solo-Oboe, die mit ihren den 12/8-Takt überlagernden Duolen ein Moment der Unruhe einbringt. Der Mittelteil hebt sich hiervon durch seine leicht exotisch wirkende Melismatik ab. Er endet abrupt mit dem Einbruch des »Schicksalsmotivs«, das noch ein zweites Mal kurz vor Satzende einen letzten Ausbruch des Hauptthemas (vierfaches Forte!) unterbricht.

»Valse« ist der *3. Satz* (A-Dur) überschrieben, dessen weiche, eindringliche Melodie sich unablässig in ständig wechselnden Farben einschmeichelt; dagegen setzt das in der Partitur nicht abgesetzte Trio seine beweglichen, spritzigen Sechzehntel-Kaskaden in durchsichtiger, fein abgestufter Instrumentation. Bereits 8 Takte vor der Reprise kündigt sich das Hauptthema dezent an; auch das Motto der Sinfonie erscheint in diesem charmanten Satz gleichsam gebändigt, im Walzermetrum gezähmt und entschärft.

Eine neue und endgültige Metamorphose erfährt das Schicksalsthema schließlich im *Finale*, wo es nicht mehr eine mehr oder weniger störende Zutat ist, sondern selber zur Hauptsache wird, hymnisch gesteigert in der weit ausholenden Einleitung. Der folgende Sonatensatz ist dann ein kriegerisch-wildes, an allen Fesseln rüttelndes Ereignis, mit seinem aggressiv vorantreibenden Hauptthema, dessen rhythmische Energien in der Begleitung des Seitenthemas weiterwirken. In diese dramatische Szenerie bricht mehrfach das Schicksalsthema ein: nach der Durchführung vor allem am Ende der Reprise, wo es sich zunächst rhythmisch im Blechsatz ankündigt, um danach, wie im beherrschten Triumphmarsch, endgültig zu dominieren.

6. Sinfonie h-Moll op. 74 (»Pathétique«)

Entstanden 1893.

1. *Adagio / Allegro non troppo* – 2. *Allegro con grazia* – 3. *Allegro molto vivace* – 4. *Adagio lamentoso.*

Die Uraufführung der »Pathétique« am 16. Oktober 1893 in St. Petersburg hat der Komponist noch selber geleitet; keine zwei Wochen später war Tschaikowskij tot. Musik und Biographie ihres Schöpfers sind in diesem Werk besonders eng miteinander verbunden. Und mit Recht kann man von einem sinfonischen Fazit sprechen, denn alle Eigentümlichkeiten der Sechsten sind in irgendeiner Weise in den 5 vorausgegangenen Sinfonien vorbereitet: alle subtil abgestuften und so charakteristischen Farben der Orchesterpalette, alle Abgründe der Emotionen, all die bisweilen grell überhöhten Effekte des Grandiosen, des Martialischen, des Hymnischen, aber auch die tänzerische Leichtigkeit und der Charme eigentümlicher Melodieerfindung. Doch ist alles anders, ist alles gesteigert und gereift. Dabei fällt der Blick zunächst auf die ungewöhnliche Reihung der 4 Sätze, die der Tradition entgegenläuft und zugleich von zwingender Notwendigkeit zu sein scheint. Die tief resignierte Traurigkeit des Schlußsatzes mit der Endgültigkeit eines letzten Wortes ist mit den Regeln der Formenlehre nicht zu fassen. Sie wirkt aber gerade im Vergleich mit allen anderen Finalsätzen der Sinfonien Tschaikowskijs besonders irritierend, weil diese Schlußsätze sich überwiegend durch das genaue Gegenteil auszeichnen: durch ihr lärmendes Auftrumpfen und ihren beifallheischenden Stretta-Effekt. Das Finale der »Pathétique« dagegen scheint allen Beifall geradezu zu verbieten. Der langsame Schlußsatz bedingt auch die übrigen Unregelmäßigkeiten der Satzfolge mit zwingender künstlerischer Konsequenz: Der Kopfsatz ist nicht mehr nur der bewegte Sonatensatz, sondern mindestens zu gleichen Teilen langsamer Satz, und die beiden Mittelsätze enthalten sowohl Aspekte des ursprünglichen Scherzo-Prinzips und des eigentlich vermiedenen langsamen Satzes (Allegro con grazia) als auch Elemente des übersteigerten, überdrehten Scherzos und des effektvollen Finalsatzes (3. Satz). Im Großen ergibt sich auf diese Weise eine kunstvoll ausbalancierte Architektur der Kontraste und der Querverbindungen, die jedoch im Gegensatz zur 4. und vor allem zur 5. Sinfonie keine motivische Klammer mehr benötigt. Zumindest gibt es kein satzübergrei-

fendes Motivmotto mehr, allenfalls unauffällige, keimzellenartige Klammern, die fallende Sekunde z. B.
Wieder eröffnet eine langsame Einleitung, ausgehend von der Moll-Subdominante, das Werk, als finstere Vorausnahme des kommenden Hauptthemas; sie wird vorgetragen in den dunklen Farben des Solo-Fagotts und der tiefen Streichergruppe. Unruhe und Aufgeregtheit kennzeichnen dann das eigentliche Hauptthema mit seinen Vorhalten, plötzlichen Pausen und nervösen Sechzehntel-Ketten. Nach einem ersten großen Steigerungskomplex wird die Spannung systematisch bis zum Adagio-Stillstand abgebaut. Der Seitensatz verändert dann sämtliche Parameter und scheint das Prinzip des langsamen Satzes vorwegzunehmen; Tschaikowskijs Spielanweisungen in der Partitur sind geradezu ängstlich und pedantisch darauf bedacht, die Tiefe der Emotion sicherzustellen: »teneramente, molto cantabile, con espansione« ist den Violinen und Violoncelli in Oktaven und mit Dämpfern vorgeschrieben. Nach einem federnden Intermezzo (»saltando«) steigert die Wiederholung des Seitensatzes seine Intensität noch einmal, bevor er codaartig erstirbt. Mit brutaler Heftigkeit explodiert die Durchführung, Fugato-Elemente steigern noch die Wirkung. Dieses Nebeneinander größter emotionaler Kontraste beherrscht den ganzen weiteren Satz; dabei wird das Ende der Durchführung scheinbar unauflöslich in mächtiger Steigerung mit dem Beginn der Reprise verzahnt. Zuvor zitiert Tschaikowskij Bruchstücke aus dem orthodoxen Totenoffizium – ein Fingerzeig.
Entspannung tut nach dieser Explosion der Leidenschaft not; so knüpft der folgende, intermezzoartige Satz an manche tänzerischen, charmant-beschwingten Bildungen in den anderen Sinfonien an, wobei der besondere Reiz im ungewohnten 5/4-Metrum liegt (D-Dur). Das Trio weicht wieder nach h-Moll aus und trübt die Stimmung merklich ein: Seine Melodik wendet sich nun im Gegensatz zu den Rahmenteilen suggestiv abwärts, und darunter pocht durchgehend in den Kontrabässen ein Orgelpunkt auf der Terz d.
Die Wirkung des folgenden schnellen Satzes beruht auf mehreren Eigenarten: Sein flirrender Triolenbeginn läßt eher Scherzo-Assoziationen aufkommen, als daß man die kommende Aggressivität zunächst auch nur ahnte. Bald jedoch taucht zum ersten Mal bruchstückhaft jenes hektisch-spitze Marschmotiv auf, das die eigentliche Richtung weist. In im-

mer neuen, kunstvoll zurückgehaltenen und dann wieder abgebrochenen Anläufen steigert sich die Musik allmählich in einen bedrohlichen Geschwindmarsch hinein, der erst ganz am Ende voll zum Ausbruch kommt und in einer abschließenden Triolengeste das Ende aller Äußerlichkeit anzuzeigen scheint.
Ein abgrundtiefes Lamento ist schließlich das *Adagio*. Sein formales Gerüst ist schlicht, es paßt sich der emotionalen Extremsituation an; wie ein unruhiger Pulsschlag unterlegen die stockenden Triolenrhythmen im Horn den melodischen Abwärtszug des Mittelteils, der deutlich vom Hauptthema abgeleitet ist. Bemerkenswert ist die »Registrierung« dieses Haupteinfalles, der in höchst seltsamer, aber wohlkalkulierter Weise auf die beiden Violinstimmen aufgeteilt wird:

ein Effekt, der eigentlich nur wirkt, wenn die beiden Violingruppen sich auf dem Podium in »altertümlicher« Anordnung gegenübersitzen, so daß die Melodie zu springen scheint. In tiefster Verlorenheit, im fast undefinierbaren Klanggrund der geteilten tiefen Streicher erstirbt die Musik im wahrsten Sinn des Wortes.

»Manfred«-Sinfonie op. 58

Entstanden 1885.

1. *Lento lugubre* – 2. *Vivace con spirito* – 3. *Andante con moto* – 4. *Allegro con fuoco*.

Das Programm zur *Manfred*-Sinfonie hatte einige Irrwege zurückzulegen, bevor es seine klingende Gestalt finden konnte: Der Musikschriftsteller Wladimir Stassow konzipierte nach Byrons gleichnamigem Versepos ein Programm für eine Sinfonie, die Balakirew komponieren sollte. Balakirew reichte das Konzept an den kranken Berlioz weiter, der sich jedoch nicht mehr dazu in der Lage sah. So gab Balakirew den Text an Tschaikowskij, der sich zunächst zurückhielt. Erst drei Jahre später machte er sich an die Arbeit, der er einige Anregungen Balakirews zugrunde legte; zugleich ist die Nähe zu Berlioz und seiner *Symphonie fantastique* sowie zu dessen *Harold in Italien* nicht nur in der Verwandtschaft des Programms, sondern auch in musikalischen Einzelheiten spürbar. So gibt es auch im *Manfred* Leitthemen, die der Titelfigur zugeordnet sind und in allen Sätzen wiederkehren.

Zu den einzelnen Sätzen gab Tschaikowskij kurze Erläuterungen. Sie sind für das Verständnis der Musik wesentlich und sollten deshalb bei Aufführungen immer vorliegen. Der *Kopfsatz* mit seinen beiden konstrastierenden Themen, die gemeinsam ein Porträt der zerrissenen Persönlichkeit Manfreds ergeben und deren zweites mit einem charakteristischen Septsprung abwärts beginnt, wird facettenreich und mit dem ganzen Farbenreichtum des großen Orchesters durchgeführt, ohne daß dabei eine Sonatensatzstruktur im gewohnten Sinne entstünde. Wie im 1. Satz der *Symphonie fantastique* geht es um Träume und Leidenschaften sowie um eine vergangene Liebesbeziehung, die unbewältigt ist: Manfred irrt in den Alpen umher, von Reue und Zweifeln gequält. Eine spukhafte Zauberwelt entwirft das folgende *Scherzo* (»Die Alpenfee erscheint Manfred in einem Regenbogen aus den Spritzern des Wasserfalles«), ein virtuoses Orchesterstück voll glitzernder Instrumentationseffekte. Im *langsamen Satz* wird den Hörern das Leben der Landleute nahegebracht, zu dem Manfreds gleichsam »städtisches« Schicksal kontrastiert; das Vorbild der »Szene auf dem Land« aus der *Symphonie fantastique* hat erkennbar auf diesen »Pastoral«-Satz gewirkt, dessen weite Melodiebögen im »pastoralen« 6/8-Takt dahinströmen. Im *Finale* erscheint Manfred, wieder dem Finale der *Symphonie fantastique* vergleichbar, inmitten eines wilden Bacchanals, in dessen Verlauf ihm der Schatten seiner verstorbenen Geliebten begegnet. Nach einem effektvollen orchestralen Sturmlauf schließt sich der formale Bogen, wenn zu Astartes Erscheinen mit der Todverkündung und zu Manfreds Tod auf Passagen des Kopfsatzes zurückgegriffen wird. – Tschaikowskijs *Manfred* entstand zwischen der 4. und der 5. Sinfonie und zeigt vor allem in instrumentatorischer Hinsicht alle Merkmale seines reifen sinfonischen Stils. Obgleich das Werk in der Popularität hinter ihnen zurückbleibt, stellt es in der Gattung der großen Programmsinfonie einen wichtigen Markstein zwischen Berlioz, Liszt und Richard Strauss dar.

Ouvertüren und weitere Orchesterwerke

Mit der **Fantasie-Ouvertüre zu »Romeo und Julia«** (o. Op.) betrat Tschaikowskij 1869/70 das Feld der großen Orchestermusik, gleichzeitig mit der Sinfonischen Dichtung *Fatum* op. 77. Das Werk (2. Fassung 1880) ist eine eingängige Konzertouvertüre in großangelegter Sonatenform, mit vorausgehender Andante-Einleitung. Der Bezug zu Shakespeares Drama ist weniger programmatisch detailliert als vielmehr stimmungsmäßig-atmosphärisch. Drei Komplexe heben sich voneinander ab: Ein choralartiger Einfall, wohl auf die Figur des Pater Lorenzo bezogen, beherrscht die Einleitung und kehrt in der Durchführung wieder; das Hauptsatzthema ist in seiner rhythmischen Prägnanz das klangliche Symbol für den tragischen Konflikt der beiden Elternhäuser; zu ihm kontrastiert die ausdrucksvolle Lyrik des Seitensatzes, bezogen auf die beiden Liebenden. Nur andeutungsweise vollzieht sich in der Musik die Tragödie: Das tödliche Ende der Liebe wird evident im abschließenden Trauermarsch, nach dem letzten dramatischen Einbruch des streitbaren Hauptthemas als Kulminationspunkt.

»Der Sturm«. Eine sinfonische Fantasie op. 18 von 1873 ist Tschaikowskijs zweite Tondichtung (nach dem verworfenen *Fatum*). Die Musik folgt einem Programm, das der Musikkritiker Stassow ausgearbeitet hatte. Einzelne Themenkomplexe sind auf bestimmte Momente der Handlung oder auf einzelne Personen (Prospero, Ariel, Miranda) und Naturelemente (Meer, Sturm) bezogen, so daß sich eine kaleidoskopartige Reihung ergibt, mit Steigerungskurven, Ruhepunkten und farbigen Kontrasten. Dabei verbinden sich andeutungsweise die einzelnen Sätze einer Sinfonie zu einer übergeordneten Struktur, zusammengeschlossen werden sie von der einleitenden, atmosphärisch wirkungsvoll in sich ruhenden Meeresszene und ihrer Wiederkehr am Ende.

»Fantasie für Orchester« nennt Tschaikowskij seine Tondichtung **»Francesca da Rimini« op. 32** aus dem Jahr 1876. Sie zeichnet eine Szene aus Dantes *Göttlicher Komödie* nach, die tragische verbotene Liebe von Francesca und Paolo, und geht auf ein verworfenes Opernprojekt des Komponisten zurück. Das Werk, in der Grundtonart e-Moll, ist 3teilig angelegt; die beiden Rahmenteile schildern packend das Inferno, entwerfen effektvoll ein virtuoses Tongemälde in der Nachfolge des Orchestersatzes von

Berlioz' *Symphonie fantastique*. Im lyrischen Mittelteil (*Andante cantabile*) vollzieht sich die tragische Szene, in der Paolos Bruder, der zugleich Francescas Mann ist, die Liebenden überrascht; Hornsignale signalisieren sein Kommen.
Wieder nach Shakespeare entstand 1888 die **Ouvertüre-Fantasie »Hamlet« op. 67a**, die Edvard Grieg gewidmet ist. Sie ist formal ein erweiterter Sonatensatz mit langsamer Einleitung, der sich nicht um programmatischen Nachvollzug von Handlungsmomenten bemüht, sondern eher ein Seelen- und Stimmungsgemälde gibt und damit weitgehend auf äußerliche Klangeffekte verzichtet. Klingendes Symbol hierfür ist das Hamlet-Thema als musikalisches Charakterporträt des Helden, das im einleitenden *Lento* exponiert wird und mit dem auch die Coda endet. Der Hauptteil (*Allegro vivace*) erhält wesentliche Impulse aus dem rhythmisch profilierten Hauptthema, dem kontrastierend einige lyrische Einfälle gegenübergestellt werden (Ophelia- und Liebesthema).
Tschaikowskijs spcktakulärstes programmatisches Orchesterwerk ist die **Festouvertüre »1812« op. 49**, die 1880 aus Anlaß der Einweihung der Erlöser-Kirche in Moskau entstand, zum Gedächtnis an Napoleons Niederlage in Rußland im Jahre 1812. Der Komponist selber hielt das Stück selbstkritisch genug für ein »mittelmäßiges Produkt«, was seinem Erfolg jedoch keinen Abbruch tat – auch Beethoven war schließlich mit seinem vergleichbaren Gelegenheitswerk *Wellingtons Sieg* erfolgreich. Die Ouvertüre läßt bei allen lärmenden Orchester-, Glocken- und Kanoneneffekten als strukturelle Basis die Sonatensatzform erkennen, der eine langsame Einleitung vorangestellt ist. Ihre thematischen Versatzstücke sind unterschiedlichster Herkunft: ein Choral (*Erlöse mich, o Herr*) steht zu Beginn und kehrt am Ende triumphal wieder; die *Marseillaise* ist das »gegnerische« Thema. Weitere Gedanken entstammen unverkennbar dem folkloristischen Bereich; im Verlauf des Sonatensatzes und vor allem seiner Durchführung prallen sie in einer musikalischen Schlacht aufeinander, die effektvoll-äußerlich mit riesigem Orchesteraufwand (stark erweitertes Blech und Schlagzeug) inszeniert wird, untermalt vom (möglichst echten!) Kanonendonner und schließlich umjubelt vom Klang der Glocken.
Das **»Capriccio italien« op. 45** schrieb Tschaikowskij 1880 nach einer Italien-Reise. Es handelt sich hierbei um ein im besten Sinne unterhaltendes, nicht anspruchsvolles Werk voll

liebenswerter Klänge und Melodien, die ohne sinfonisch-ernsthafte Ambitionen, aber mit beachtlicher Raffinesse und instrumentalem Klangzauber aneinandergefügt werden. Bei allem typischen Tschaikowskij-Timbre ist doch manche melodische Anregung aus Italien unschwer zu erkennen, so die eröffnende Militärfanfare und manche Tanzweise. Als dezent formgliederndes Element kehrt mehrmals ein im Dreiklang auf- und absteigendes Andante-Thema wieder, das unmittelbar nach der Fanfare erklingt.

Suiten und Serenade für Orchester

Neben den ambitionierten Sinfonien gibt es als mehr oder weniger entspannte und entspannende Gegenpole 4 Orchestersuiten. Die **1. Suite d-Moll op. 43** entstand 1878/79 auf einer Europa-Reise; sie ist 6sätzig und setzt sich in manchen Details mit ihrem historischen Vorbild der Bach-Zeit auseinander. So beginnt sie mit *Introduktion und Fuge*, einem reizvollen kontrapunktischen Gebilde von beachtlicher Originalität; es folgen ein walzerhaftes *Divertimento*, *Intermezzo*, *Marche miniature*, *Scherzo* und eine abschließende »barockisierende« *Gavotte*, die motivisch am Ende auf die Fuge zurückgreift.
Auch im 1. Satz der **2. Suite C-Dur op. 53** (1883) für großes Orchester ist eine Fuge enthalten, als einer neben vielen anderen Bestandteilen im *Jeu de sons*, wie Tschaikowskij den Satz bezeichnet. Kontrastreich ist die Folge der Sätze: Eine *Valse* entführt in die Welt der großen Ballettkompositionen, folkloristisch und tänzerisch zugleich klingt danach das *Scherzo burlesque*; ein eher lyrisches Intermezzo sind die *Rêves d'enfant*, und die abschließende *Danse baroque* ist in Wirklichkeit ein mitreißend turbulentes, sehr slawisch gefärbtes Tanzstück voll glänzender Instrumentationseffekte.
Die **3. Suite G-Dur op. 55** von 1884 nähert sich in ihrer Viersätzigkeit sinfonischen Dimensionen, ohne sie jedoch erreichen zu wollen. So würde sich der Kopfsatz eigentlich viel eher als lyrisches Intermezzo eignen (*Andantino molto cantabile*); in e-Moll steht die folgende *Valse mélancolique*, die zum anschließenden *Scherzo* einen aparten Kontrast darstellt: So verhalten und zart beschwingt das erste Stück ist, so virtuos und instrumental effektvoll ist danach das zweite angelegt – sehr kurz und sehr schwer zu spielen! Um so länger dauert schließlich der abschließende Variationensatz über ein russi-

sches Lied. Insgesamt 12 Veränderungen werden in zwei Gruppen zusammengeschlossen: So gibt es zunächst 6 recht unterschiedliche, vor allem in ihrer Instrumentation voneinander abgehobene Teile, mit einem überraschenden *Dies-irae*-Zitat in Nr. 5 und einem Fugato in Nr. 6. Die zweite Gruppe der anderen 12 Variationen läuft nahezu pausenlos ab und steigert sich zu einem fast kaleidoskopartigen, vielgliedrigen Finale, angereichert durch Choralthemen, Tanzmomente, ein Violin-Solo; vor die abschließende Polonaise tritt noch einmal das Variationsthema.

»Mozartiana« heißt die **4. Suite op. 61** von 1887. Sie ist keine Originalkomposition, sondern die Instrumentierung von 4 einzelnen Mozart-Sätzen, unter denen der dritte deshalb bemerkenswert ist, weil Tschaikowskij hier nicht das Original, das *Ave verum*, bearbeitete, sondern eine Transkription von Franz Liszt. Mozart durch die stark romantisch getönte Brille eines glühenden Verehrers gesehen – Tschaikowskijs Sicht wirkt heute zeitbedingt antiquiert und überholt, wiewohl man die Qualitäten der instrumentalen Bearbeitungstechnik durchaus würdigen kann.

Serenade für Streicher C-Dur op. 48

Entstanden 1880.

1. *Pezzo in forma di sonatina: Andante non troppo / Allegro moderato* – 2. *Walzer: Moderato* – 3. *Elégie: Larghetto elegiaco* – 4. *Finale (Tema russo): Andante / Allegro con spirito.*

Diese liebenswürdig-unbeschwerte Serenade ist, wie die *Manfred*-Sinfonie, zwischen 4. und 5. Sinfonie entstanden. Mit ihrer 4sätzigen Reihung folgt sie dem klassischen zyklischen Vorbild und verbindet auf sehr gelungene Weise bisweilen rokokohafte Eleganz mit großer romantischer Ausdrucksgeste, im Gewand einer äußerst raffinierten und dankbaren Instrumentation für Streicher allein. Den Kopfsatz nennt Tschaikowskij »Pezzo in forma di sonatina«: Nach einer eher an barocken Mustern orientierten langsamen Einleitung (*Andante non troppo*) folgt ein Sonatensatz ohne Durchführung (*Allegro moderato*) mit zwei charmant kontrastierenden Themen. Der anschließende Walzer (*Moderato*) läßt die Nähe zu den großen Ballettkompositionen spüren und bezieht seine eindringliche Wirkung vor allem auch von seinem eingängigen, graziösen Thema:

Den gleichen melodischen Aufwärtszug zeichnet danach auch das Hauptthema der Elegie (*Larghetto elegiaco*) aus; der ausdrucksvolle Satz hält perfekt die Balance zwischen Serenadenton und romantisch-sehnsuchtsvoller Kantilene. Auch das Finale wird zunächst von einem langsamen Abschnitt eingeleitet (*Andante*), der eine russische Volksmelodie vorstellt; ein temperamentvoller Volkstanz ist dann das *Allegro con spirito*, in das gegen Ende noch einmal eine Reminiszenz der Einleitung zum Kopfsatz eingeblendet wird, bevor ein virtuoser Stretta-Effekt den Satz beschließt.

In den 3 bekannten **Ballettsuiten »Schwanensee«, »Dornröschen«** und **»Nußknacker«** hat Tschaikowskij Auszüge aus den großen abendfüllenden Ballettkompositionen von 1876, 1890 und 1892 in reizvoll farbiger Instrumentation aneinandergereiht. Sie entstanden jeweils nach den Uraufführungen der Ballette, mit Ausnahme der *Nußknacker-Suite*, die 9 Monate vor der Ballett-Partitur fertiggestellt war und erfolgreich aufgeführt wurde.

Konzerte

Daß Tschaikowskij 3 Klavierkonzerte hinterlassen hat, ist der musikalischen Öffentlichkeit weitgehend entgangen, so populär ist das erste unter ihnen geworden – in den Konzertprogrammen und auf Tonträgern erscheint fast nur das b-Moll-Konzert, als gäbe es die anderen gar nicht.

1. Klavierkonzert b-Moll op. 23

Entstanden 1874/75.

1. *Allegro non troppo e molto maestoso* – 2. *Andantino semplice* – 3. *Allegro con fuoco*.

Die Begleitumstände der Uraufführung des Konzertes 1875 enthalten eine bemerkenswerte Pointe: Der vorgesehene Widmungsträger Nikolaj Rubinstein lehnte die Uraufführung ab, an seiner Stelle spielte Hans von Bülow am 25. Oktober 1875 in Boston. Doch seinen internationalen Durchbruch erlebte das Werk erst drei Jahre später in Paris – in der Interpretation eben jenes Rubinstein!

Der *Kopfsatz* hebt mit einer Introduktion an, in deren Mittelpunkt die reißerisch-eingängige Melodie steht, der das Konzert seine Popularität am meisten verdankt:

Die instrumentale Aufbereitung, in der diese ursprünglich ukrainische Volksmelodie erklingt, trägt viel zu ihrer Eindringlichkeit und elementaren Wucht bei: Das mächtige Kopfmotiv steht als Hornsignal und zunächst in Moll am Beginn, dann erklingt die Melodie vollständig in den Violinen, von markigen Klavierakkorden gestützt, wird im Klavier vollgriffig und pizzicatobegleitet wiederholt und erscheint ein drittes Mal in allen Streichern, wieder akkordisch vom Klavier begleitet. Dazwischen kommt es zu kadenzartigen, wie improvisiert wirkenden Passagen des Solo-Instruments, das wie in einer Durchführung mit dem Kopfmotiv spielt. Der folgende, großangelegte Sonatenhauptsatz greift die Melodie der Einleitung nicht wieder auf, sondern basiert auf eigenem, sehr charakteristisch kontrastierendem Thema-Material. Dabei hebt sich das 1., eher verspielt-bewegliche Thema in seinen sperrigen Triolenwindungen nachdrücklich von den beiden lyrischeren Seitenthemen ab. Der ganze Satz ist in allen seinen an der Tradition des konzertanten Sonatensatzes orientierten Abschnitten motivisch-thematisch sehr ausgewogen und konzentriert durchgearbeitet, obwohl der erste Höreindruck eher den brillanten pianistisch-virtuosen Aspekt und die subtile Kunst der Orchestrierung vermittelt. Diese effektvolle äußere Fassade mit ihren Extremen zwischen zarter Emotion und geballter Kraftentladung hat wohl bis heute mit dazu beigetragen, daß die Musikwissenschaft Tschaikowskij so skeptisch und mit Vorurteilen betrachtet. Imponierend ist auf jeden Fall das geradezu raffinierte Kalkül, mit dem Tschaikowskij in seinem konzertanten Erstling Konstruktion und Effekt miteinander zu verbinden wußte.

Der *Mittelsatz* in Des-Dur hat dem 1. Satz gegenüber eher Intermezzo-Charakter; er ist in 3teiliger variierter Reprisenform angelegt, wobei der Mittelteil überraschend stark zu den Rahmenabschnitten kontrastiert. Diese sind im Stil eines poetischen Nocturnes gehalten, von Pizzicato-Akkorden eingeleitet und von einer zarten, schlichten Bläsermelodie geprägt, die wenig später auch von einem Solo-Cello vorgetragen wird; in der Reprise erklingt sie dann in verschiedenen Bläserregistern wieder, während das Klavier immer wieder phantasievolle Figurationen beisteuert. Im Mittelteil beschleunigt sich das Tempo unvermutet stark zu einem Prestissimo-Scherzo voll Witz und Charme, mit hingehuschten Klavierpassagen und dem weichen Zitat eines seinerzeit populären französischen Chansons in den Streichern.

Im formal übersichtlichen Rondo-*Finale* greift Tschaikowskij wieder auf ukrainische Folklore zurück: Zwei der drei Themen sind temperamentvolle Tanzmelodien von kleinteiliger, griffiger Motivstruktur, während das dritte sich in wiegender Kantabilität von ihnen abhebt. Der Satz bricht attacca aus dem Andantino hervor und endet in einer mächtigen Stretta.

Diesem Werk gegenüber führen das **2. Klavierkonzert G-Dur op. 44** (1879/80) und das **3. Klavierkonzert Es-Dur op. 75** (1893) ein Schattendasein im Musikleben, obwohl sie an künstlerischem Wert kaum hinter ihm zurückstehen. Das G-Dur-Konzert hat allerdings mit zwei Hemmnissen zu kämpfen, die der Popularisierung im Wege stehen: Es dauert lang, etwa eine Dreiviertelstunde, und es verlangt in seinem D-Dur-Mittelsatz zum Solo-Klavier noch Solo-Violine und -Violoncello, so daß es zumindest hier zum Tripelkonzert wird. Sein *Kopfsatz* zeigt auf der Basis der Sonatensatzform manche formale Besonderheit; so lassen sich hier Exposition und Durchführung nicht trennen. Markantes Gliederungsmoment ist das gewichtige Hauptthema. Im ganzen Satzverlauf erhält der Pianist 5mal Gelegenheit, sein Können in Kadenzen unterschiedlicher Länge unter Beweis zu stellen. Der Mittelsatz (*Andante non troppo*) ist, wie gesagt, eine Komposition für Klaviertrio und Orchester, 3teilig gebaut, mit einem unruhigeren Mittelteil in der Paralleltonart h-Moll. Das Rondo-*Finale* schließlich ist von allen 3 Sätzen der äußerlich effektvollste und pianistisch ergiebigste.

Von seinem 3. Klavierkonzert konnte Tschaikowskij lediglich noch den 1. Satz abschließen. Ursprünglich gehörte er zu einer Sinfonie in Es-Dur, die er 1891/92 konzipierte, aber nicht ausführte. Diesem Sinfoniekonzept fügte Sergej Tanejew nach Tschaikowskijs Tod 2 Sätze hinzu; alle 3 Sätze hat er unter der

Opuszahl 79 veröffentlicht. Weder in dieser 3sätzigen Gestalt noch einsätzig (op. 75) spielt das Werk eine Rolle im Musikleben. Dabei ist der 1. Satz ein facettenreiches, mit manchem Detail in die musikalische Zukunft weisendes Musikstück von großer Originalität, sowohl in der thematischen und harmonischen Erfindung als auch in der Spieltechnik.

Violinkonzert D-Dur op. 35

Entstanden 1878.

1. *Allegro moderato* – 2. *Canzonetta: Andante* – 3. *Finale: Allegro vivacissimo*.

Tschaikowskijs einziges Violinkonzert verbindet die beiden Traditionslinien des klassisch-sinfonischen und des Virtuosenkonzertes auf gelungene Weise. Seine Beliebtheit beim Publikum und bei den Solisten beruht sowohl auf der Eingängigkeit seiner melodischen Erfindung, die bisweilen die Nähe zur Banalität nicht scheut, als auch auf den immensen technischen Schwierigkeiten, die dem Solo-Instrument abverlangt werden. Dem Komponisten stand der Geiger Josef Kotek, einer seiner Schüler, in allen spieltechnischen Fragen beratend zur Seite. Manches Schwierige, vor allem die knifflige Doppelgrifftechnik, führte anfänglich zum (bald verstummenden) Ruf der Unspielbarkeit des Konzerts.

Der *Kopfsatz* weicht insofern von der klassischen Sonatensatzform ab, als er nicht nach Orchester- und Solo-Exposition unterscheidet. Nach wenigen hinführenden Tutti-Takten präsentiert die Solo-Violine die zwei Hauptthemen, die beide zunächst ausdrucksvoll gesanglich angelegt sind. Allerdings beweist der weitere Verlauf vor allem der Durchführung, daß in diesen Melodielinien, vor allem des 1. Themas, kräftige, durchaus auch dramatische Entwicklungsmöglichkeiten stekken. Die große Solo-Kadenz steht übrigens nicht am Ende der Reprise, sondern am Ende der Durchführung und setzt diese nicht nur mit virtuosen Effekten, sondern auch motivisch weiterarbeitend fort. – Retardierendes, nach innen gewandtes Gegengewicht zum ausladenden Kopfsatz ist die g-Moll-*Canzonetta*, die Tschaikowskij auf Anraten Koteks anstelle eines anderen langsamen Satzes neu komponierte: ein künstlerisch notwendiges besinnlich-kantables Moment zwischen den vitalen Rahmensätzen, in dessen Mittelpunkt eine elegische, von subtilen Farbabstufungen der Orchesterbegleitung getragene

Kantilene der gedämpften Solo-Violine steht. Das *Finale* schließt sich unmittelbar an und ist ein Rondo mit sonatensatzhaften Ausweitungen, geprägt von folkloristischer Tanzthematik und gespickt mit bisweilen akrobatisch anmutenden technischen Schwierigkeiten, Doppelgriffen und Flageoletteffekten – gewiß ein reißerisches Musikstück voll äußerlicher Glanzlichter, dabei aber konsequent und logisch durchgestaltet, so daß der Ablauf bei aller Derbheit doch immer konstruktiv gebändigt wirkt.

Neben dem großen Violinkonzert existieren noch 2 Einzelsätze für Violine und Orchester: die **»Sérénade mélancholique« b-Moll op. 26** (1875) sowie **»Valse-Scherzo« op. 34** (1877).

Variationen über ein Rokokothema für Violoncello und Orchester A-Dur op. 33

Entstanden 1876.

Die Stelle des Cellokonzertes nimmt im Schaffen Tschaikowskijs dieses liebenswürdige und dankbare Werk ein. Nach seiner *Mozartiana*-Suite brachte der Komponist damit ein weiteres Mal seine Verehrung für Mozart zum Ausdruck: »Rokokothema« bedeutet hier einen thematischen Einfall aus dem Geist des späten 18. Jh., im Sinne Mozarts, jedoch originell neu erfunden:

Es wird, nach wenigen einleitenden, das Thema bereits dezent motivisch antizipierenden Orchestertakten, vom Solisten vorgestellt und dann in einer abwechslungsreichen und immer technisch ebenso anspruchsvollen wie dankbaren Reihe von Veränderungen durchgeführt. Die 7 Variationen sind durch vermittelnde und untereinander eng verwandte Orchesterzwischenspiele miteinander verbunden. Variation 1 figuriert die Ausgangsmelodie solistisch, Variation 2 führt dieses Prinzip weiter und steigert es; Variation 3 ist ein romantisch ausladendes Andante sostenuto in C-Dur, Variation 4 kontrastiert dazu temperamentvoll tänzerisch; inmitten der 5. Variation gibt es für den Solisten Gelegenheit zu einer Kadenz, die jedoch nicht improvisiert wird, sondern Bestandteil der Komposition ist. Ein besinnliches Element ist die 6. Variation in d-Moll, während die abschließende 7. Variation noch einmal alle Register der Virtuosität zieht.

Antonín Dvořák

* 8. September 1841 in Nelahozeves (Moldau)
† 1. Mai 1904 in Prag

Dvořák, Sohn eines Gastwirts, kam 1857 zum Musikstudium mit dem Hauptinstrument Orgel nach Prag. 1862 wurde er dort Organist und Bratscher in einem Orchester. 1875 erhielt er, u. a. auf Empfehlung seines Förderers Brahms, ein Staatsstipendium. Nach vorübergehender Anstellung am Prager Konservatorium war er 1892–95 in New York Direktor eines Konservatoriums. Ab 1901 bekleidete er die gleiche Position in Prag. Die Universitäten von Prag und Cambridge verliehen ihm die Ehrendoktorwürde als dem international angesehensten Komponisten seiner böhmischen Heimat.

Orchesterwerke: 9 Sinfonien, 2 Suiten, 2 Serenaden, 16 *Slawische Tänze,* 10 *Legenden*, 3 *Slawische Rhapsodien*, *Scherzo capriccioso*, 7 Ouvertüren, 5 Sinfonische Dichtungen, je ein Klavier-, Violin- und Violoncellokonzert.

Mit Smetana gilt Dvořák zu Recht als Begründer der neuen tschechischen Musik; beide verhalfen ihr zur Weltgeltung, beide bereicherten die Konzertprogramme mit einigen besonders populären, geradezu volkstümlichen Kompositionen. Dvořáks Stärken sind seine melodische Eingebungskraft, die sich immer wieder auch aus folkloristischen Quellen speist, ohne jedoch zu zitieren, und seine bisweilen raffinierte, mit eminentem Klangsinn ausgefeilte Instrumentationskunst, die sich auf virtuose Weise des großen romantischen Orchesterapparates bedient. Hinter dieser sinnlichen Fassade steckt jedoch immer auch subtile kompositorische Feinarbeit, eine ganz eigenständige Auseinandersetzung mit dem formalen Erbe des Jahrhunderts, besonders mit der zyklischen Sonatenform. Wie im Falle Tschaikowskijs hat die Musikwissenschaft lange Zeit mißtrauisch einen Bogen um diese Musik gemacht, ihre intensive Emotionalität mißbilligend, während die ausgeprägt musikantische Ader dieses Komponisten den ausübenden Instrumentalisten schon immer sehr gefallen hat.

Sinfonien

Dvořáks Sinfonien lassen sich in 3 Gruppen unterteilen, wovon die erste mit den frühen 3 Sinfonien ausgesprochene Jugendwerke umfaßt. **Nr. 1 und 2**, in **c-Moll op. 3** und **B-Dur op. 4**, stammen aus den Jahren 1863 und 1865. Gemeinsam ist ihnen, neben der traditionellen Viersätzigkeit mit langsamem Satz und Scherzo in der Mitte, die beachtliche Souveränität im Umgang sowohl mit der Instrumentationstechnik für großes Orchester wie mit dem klassischen Formmodell der Sinfonie. In der Ersten sind gewiß die beiden konzentrierteren Mittelsätze die bedeutenderen: ein *Adagio di molto* mit einer weitgeschwungenen Oboenmelodie sowie das recht originelle, im 2/4-Takt schreitende *Scherzo*. Seine Zweite überarbeitete Dvořák zur Uraufführung im Jahr 1887 noch einmal gründlich, ohne ihr die »jugendliche« Länge austreiben zu können.

Hatte Dvořák bereits in seinen beiden sinfonischen Erstlingen das erweiterte Orchester mit 4fachen Hörnern und Posaunen eingesetzt, so vergrößerte er es in den beiden folgenden Sinfonien um Harfe und Triangel, in der Vierten noch um große Trommel und Becken, nicht zuletzt unter dem prägenden Einfluß Wagners und Liszts. Die **3. Sinfonie Es-Dur op. 10** (1873) ist nur 3sätzig, reichert allerdings ihren langsamen Mittelsatz mit Scherzo-Elementen an. Ein Jahr später entstand die **4. Sinfonie d-Moll op. 13**. In ihrem langsamen Mittelsatz (*Andante sostenuto e molto cantabile*) wird ein von den Bläsern vorgestelltes choralartiges Thema 5mal farbig und phantasievoll variiert. Mit diesen beiden Sinfonien bewarb sich Dvořák um ein Staatsstipendium in Wien, das ihm, u. a. dank des Votums von Brahms und Hanslick, auch gewährt wurde.

Mit der **5. Sinfonie F-Dur op. 76** (ursprünglich op. 24), die 1875 entstand, tritt Dvořák in die Phase der Meisterschaft; das vielgestaltige und so ansprechende Werk wird zu Unrecht vernachlässigt. Es ist Hans von Bülow gewidmet, der sich in zahlreichen Aufführungen für den Komponisten einsetzte.

Schwung und Lebensfreude zeichnen das erste *Allegro* aus, dessen aus Dreiklangbrechungen gewonnenes Hauptthema den ganzen Satz prägt und ständig in neuen Instrumentalfarben wiederkehrt. Zu ihm kontrastiert das chromatisch gefärbte Seitenthema, das schwelgerisch von den Violinen vorgestellt wird. Die vielgestaltige Durchführung setzt sich mit allen wichtigen Motiven und Themen auseinander; die Reprise variiert das Material vor allem instrumentatorisch und klingt in einer stimmungsvollen Coda aus. Das *Andante* (a-Moll) ist 3teilig, mit einer liedhaften, flexibel deklamierenden Cellomelodie zu Beginn; es schließt direkt an den *Scherzo*-Satz an, dessen lebhafter Hauptteil ein gemesseneres *Trio* umschließt. In seltsam starkem Kontrast kehrt danach das Finale (*Allegro molto*) Dramatik und stark mollgetönte Leidenschaft hervor, die sich am Ende triumphal nach Dur zurückwendet.
War schon in der Fünften die Hinwendung zu einem böhmisch-folkloristischen Tonfall dezent vernehmbar, so setzte Dvořák diesen Weg auch in der **6. Sinfonie D-Dur op. 60** (1880) fort, ihn nun aber kombinierend mit einem noch höheren Maß an motivischer Feinarbeit, was sicher u. a. auf den Einfluß der Sinfonien von Brahms zurückgeht. Gerade der eröffnende Sonatensatz (*Allegro non tanto*) ist mit sicherer Hand zu großer motivisch-thematischer Einheitlichkeit geformt, wobei dem aufsteigenden Quartmotiv, das gleich zu Beginn über der synkopisch bewegten Begleitung erklingt und zum Hauptthema führt, besondere Bedeutung zukommt. Beachtlich ist Dvořáks Geschick, seine motivische Kombinationskunst in eine farbig variierte, immer durchsichtige Instrumentation zu kleiden. Das gilt auch für die folgenden Sätze. Unter ihnen setzt das B-Dur-*Adagio* die brahmsnahe konstruktive Dichte scheinbar mühelos in ein melodisches Strömen um, wobei auch hier wieder, wie im Kopfsatz, die Intervallstruktur des Themenbeginns für den ganzen Satz wichtig wird:

Die folkloristisch gefärbte Seite der Musik dagegen wird im d-Moll-*Scherzo* (*Presto*) herausgekehrt, das packend mit den Akzentverschiebungen des Furianttanzes spielt und sich im D-Dur-*Trio* freundlich beruhigt. Auch das Hauptthema des Finalsatzes (*Allegro con spirito*) offenbart seine Brahmsnähe, indem es in Tonfall und Timbre an den Beginn von dessen 2. Sinfonie erinnert. Es wird in der Exposition durch 2 weitere, markant unterschiedene Themen – das eine triolisch leichtfüßig, das andere rhythmisch profiliert – ergänzt und beherrscht in kombinatorischen Verknüpfungen und harmonisch umgefärbt die Durchführung. Mit einer effektvollen Stretta, in der das Hauptthema noch einmal vergrößert auftrumpft, endet die Sinfonie, die Dvořák für die Wiener Philharmoniker komponiert hatte. Daß diese sie zunächst ablehnten, gereicht dem Starensemble nicht zum Ruhm. Zur Uraufführung kam es 1881 in Prag.

Seine **7. Sinfonie d-Moll op. 70** komponierte Dvořák zwischen Dezember 1884 und März 1885 in Prag für die Philharmonische Gesellschaft in London, ein Zeichen für den internationalen Ruf, den der Komponist inzwischen besaß. Auch sie bedeutet wieder einen wichtigen Schritt vorwärts in der individuellen Bewältigung der Gattung. Im Gegensatz zur Vorgängerin ist ihr Grundton eher dunkel und düster, leidenschaftlich und manchmal sperrig, doch nicht ohne freundlich-idyllische Passagen. Auch hier gibt es wieder mehr oder weniger deutliche musikalische Beziehungen zum väterlichen Mentor Brahms, einmal sogar ein Zitat: Das Seitenthema des Kopfsatzes (*Allegro maestoso*) bringt Ton für Ton den Anfang des Brahms-Liedes *Immer leiser wird mein Schlummer.* Auch manche instrumentale Färbung sowie, abermals wie in der Sechsten, das motivisch-thematisch variierende Kombinationsgeflecht, vor allem in der Durchführung, dokumentieren diese Nähe, die keinesfalls mit Epigonentum zu verwechseln ist – Dvořák ist inzwischen längst zum völlig eigenständigen Meister herangereift. Dem »Brahms-Thema« steht ein ganz anderer, beweglicher Hauptgedanke gegenüber, dessen markanter, auftaktiger Abschlußrhythmus im weiteren Satzverlauf von großer Bedeutung ist:

vor allem in der konzentriert-knappen Durchführung, in welcher der eher idyllisch-freundliche Seitensatz auch nach Moll gewendet wird. Der ganze Satz spannt sich über einem sehr weiten Ausdrucksbogen, der sich an den beiden kontrastierenden Hauptthemen als den Polen festmachen läßt. – Auch der freundliche langsame Satz (*Poco adagio*, F-Dur) kommt nicht ohne leidenschaftliche Aufschwünge aus; seine eindringliche Wirkung beruht nicht zuletzt auf den subtilen Abstufungen der Instrumentation, während das nachfolgende *Scherzo* seine Einheitlichkeit und seinen Schwung aus den rhythmischen Impulsen des Hauptthemas bezieht: Auf der Basis des vorherrschenden 6/4-Taktes zieht sich durch den Hauptteil ein ständig spannungsvoll-irritierendes Pendeln zwischen Zweier- und Dreiergliederung (6/4 – 3/2):

wogegen das kaleidoskopartig vielschichtige, freundlichere *Trio* gesetzt ist. Besonders eindringlich und kunstvoll ist die Rückführung nach dem Trio zum Rahmenteil auskomponiert, wenn sich der charakteristische Rhythmus in mächtiger Steigerung zurückmeldet. – Dunkle Leidenschaft kennzeichnet den Finalsatz (*Allegro*). Sein Hauptthema springt entschlossen die Oktave an und fällt sogleich über den Leitton zurück. Stampfende Rhythmen leiten über zum kantablen Seitenthema, das innerhalb des Satzes eher episodenhaften Charakter hat, denn es dominieren die dunklen Töne, und es werden Konflikte ausgetragen. Erst ganz am Ende wendet sich das vorherrschende Moll kurz entschlossen und fast gewaltsam nach Dur.

8. Sinfonie G-Dur op. 88

Entstanden 1889. – UA: 2. Februar 1890 in Prag.
1. *Allegro con brio* – 2. *Adagio* – 3. *Scherzo: Allegretto grazioso* – 4. *Allegro ma non troppo*.

Die Achte bildet gemeinsam mit der Neunten den Höhepunkt in Dvořáks sinfonischem Schaffen; in großartiger Gelassenheit und melodischem Sich-Verströmen bezeugt sie die Souveränität und Eigenständigkeit, die der Komponist gewonnen hatte, in der freien und zugleich höchst kreativen Handhabung des formalen Fundus, die Tradition respektierend und doch neu formend. So basiert der *Kopfsatz* zwar auf dem Sonatensatzmodell, variiert es jedoch phantasievoll auf eigene Art. Sein wichtigstes Merkmal ist nicht mehr der motivisch-thematische Prozeß, sondern eine bestechende Flexibilität in der melodischen Erfindungskraft, in der Reihung, Kombination und instrumentatorischen Aufbereitung der Einfälle. Dabei wird der eröffnende, elegisch in g-Moll intonierte erste Gedanke zum gliedernden Element, denn er erklingt jeweils an den formalen Nahtstellen, also zu Beginn jedes neuen Abschnitts:

Balladenhaften Zuschnitt hat danach das c-Moll/C-Dur-*Adagio*. Überaus kunstvoll wird dabei die triolische Auftaktgeste, mit der das melancholische 1. Thema einsetzt, umgedeutet zur Begleitung des weitgeschwungenen 2. Melodiebogens, dem wiederum schmetternde Trompetenfanfaren folgen. Im weiteren Satzverlauf gewinnt ein kleines, zunächst unauffällig das Hauptthema unterbrechendes fallendes Quartmotiv an Bedeutung. Das gleiche gilt für den triolischen Rhythmus. Der ganze Satz ist von Dvořáks Kunst der feinabgestuften Instrumentation geprägt, die seinen Orchesterklang so unverwechselbar macht.

Obwohl *Scherzo* überschrieben, ist der 3. Satz eher ein inniger, ein wenig wehmütiger und doch elegant beschwingter Walzer; in seinem *Trio* fügen sich jeweils 2 der 3/8-Takte zum heimlichen 6/8-Metrum mit vorherrschend punktierter Thematik zusammen. Die Coda nach der Wiederkehr des Scherzo-Teils verändert und beschleunigt die Trio-Thematik strettahaft.

Ungewöhnlich ist der *Finalsatz*, der den Hörer zunächst auf die Fährte einer Variationenreihe lockt. Nach der eröffnenden Trompetenfanfare wird das im Dreiklang einsetzende Hauptthema zunächst in mehreren Variationen verändert: zuerst in imitatorischer Verdichtung, danach auftrumpfend im Orchester-Tutti und im Tempo gesteigert; in diese Steigerung hinein aber wird als retardierendes Moment eine figurative Flötenumspielung eingeblendet, bevor das lärmende Tutti mit seinen aufdringlichen Horntrillern wieder hereinbricht. Hier endet vorerst die Variationenreihe, und ein neues, fast exotisch timbriertes c-Moll-Thema erinnert von ferne an den Seitensatz der Sonatensatzform; es wirkt wie die Parodie eines eiligen Marsches. Tatsächlich beginnt nun ein durchführungsähnlicher Abschnitt, in dem beide Themen konflikthaft aufeinander treffen, bevor die Trompetenfanfare vom Satzbeginn die Reprise signalisiert. Wie in der Exposition kommt es zu weiteren variativen Veränderungen des Hauptthemas, die aber im Gegensatz zur Exposition nun eher retardierenden, nach innen gekehrten Charakter haben. Am Ende gibt es eine strettahafte Wiederkehr der Tutti-Variation aus der Anfangsphase des Satzes, der auf diese Weise die Prinzipien von Variationenreihe und Sonatensatz mit Rondo-Ansätzen auf originelle Weise verschmilzt.

9. Sinfonie e-Moll op. 95 (»Aus der Neuen Welt«)

Entstanden 1893. – UA: 1893 in New York.
1. *Adagio / Allegro molto* – 2. *Largo* – 3. *Scherzo: Molto vivace* – 4. *Allegro con fuoco*.

Jedem Hörer fällt auf, daß in diesem Werk die Tonsprache Dvořáks besonders eigen – man könnte sagen: exotisch – klingt. Die melodische Erfindung ist anders als in seinen vorausgegangenen Sinfonien. Es ist vielfach versucht worden, dafür folkloristische Quellen ausfindig zu machen, und zwar amerikanisch-indianische, denn Dvořák hat das Werk in New York geschrieben. Die Erklärung ist aber hintergründiger: So wie Dvořák in seinen früheren Sinfonien den böhmischen Tonfall nicht durch Zitieren von Volksmelodien, sondern durch einen künstlerischen Einschmelzungsprozeß ihrer Elemente in seine Kunstsprache traf, eignete er sich das »amerikanische« Idiom an, um es mit seinen charakteristischen Elementen der Rhythmik, Melodik und Harmonik zu verbinden, ohne je ein Zitat zu gebrauchen. Überraschenderweise berühren sich auf diese Weise böhmische und indianische Merkmale und wachsen zu neuer, höherer Einheit zusammen; solche gleichsam übergreifenden Elemente sind z. B. die kleinmotivische Gliederung, die synkopischen Rhythmen und die pentatonischen Wendungen. Diese Fähigkeit der organischen Einschmelzung folkloristischer Bausteine in eine eigene Tonsprache, im Rahmen einer übergreifenden europäischen Kunstmusiktradition, ist es vielleicht, die Dvořáks Bedeutung in der Musikgeschichte ausmacht. Ein weiteres strukturelles Merkmal hebt die 9. Sinfonie von den Schwesterwerken ab: die motivisch-thematische Verknüpfung der einzelnen Sätze

miteinander, mit dem Ziel einer höheren zyklischen Werkeinheit. So kehrt das Hauptthema des Kopfsatzes, das in der langsamen Einleitung gleichsam vorbereitet wird, in allen 3 folgenden Sätzen an markanter Stelle wieder, und dieses Verfahren der zyklischen Bindung kulminiert in der zitierenden Kombination aller vorausgehenden Sätze am Schluß des Finalsatzes – ein grandioser Effekt von apotheotischer Wirkung!
Nur in dieser Sinfonie greift Dvořák auf die klassische Tradition einer langsamen Einleitung zum *1.* (Sonaten-)*Satz* zurück, in der er vor allem den elegischen und düsteren Grundton vieler Passagen des ganzen Werkes vorbereitet; zugleich wird das zentrale Element der Synkope exponiert, das dann sogleich im energisch auffahrenden Hauptthema wichtig wird:

In seinen Proportionen verschiebt dieser dramatische und zwischen emotionalen Extremen ausschwingende Satz die Gewichte eindeutig zugunsten der Exposition und der Reprise, auf Kosten einer sehr knappen und ungeheuer dichten Durchführung. Statt dessen läßt er sich ungewöhnlich viel Zeit für die Vorstellung des thematischen Grundmaterials: Das mächtige Hauptthema besitzt noch eine in Terzen pendelnde Weiterführung in den Klarinetten (b), die ganz böhmischen Charakter hat. Überaus kontrastreich sind daneben die beiden weiteren Themenkomplexe, von denen einer seine exotische Wirkung aus dem Fehlen des Leittons bezieht und eher dem amerikanischen Umkreis zu entstammen scheint, während der andere, in der tiefen Flötenlage intonierte das Element der Synkope aufgreift – sein Anfang entspricht rhythmisch dem Kopf des Hauptthemas, verläuft jedoch engräumig in freier Umkehrung. In einer kurzen, kräftigen Coda scheint sich denn auch die Aussage des ganzen Satzes in diesem gemeinsamen Kopfmotiv beider Themen zu konzentrieren.
Den *langsamen Satz* nannte Dvořák zunächst »Legenda«; er steht im tonartfernen Des-Dur. Der sprechende, erzählende Tonfall dieses anrührenden Stimmungsbildes äußert sich in einer Vielzahl von melodischen, harmonischen, auch farblich-

instrumentatorischen Details, die sich mosaikartig und zugleich völlig fugenlos zur größeren Einheit zusammenschließen. Im übrigen handelt es sich gerade bei diesem Satz um eine künstlerische Schöpfung, die sich weitgehend der sprachlichen Nachzeichnung verschließt, bei der die Benennung struktureller und anderer formaler Merkmale dem Hörerlebnis kaum weiterhilft – dieses Erlebnis stellt sich ohnehin spontan unter dem Eindruck der hochemotionalen Musik ein, die einem unformulierten, geheimen Programm zu folgen scheint. In eine andere, fremdartige Legendenwelt leiten die chromatischen Blechbläserakkorde zu Beginn des Satzes. Sie führen auf einen weichen Streicherteppich, über dem das Englischhorn einen Klagegesang anstimmt, den die Violinen weiterführen, den wieder das Englischhorn aufgreift und den die Hörner wie ein Echo beenden. Ein zweiter Einfall changiert merkwürdig zwischen Triolen und Achteln und fungiert als Überleitung zu einer im gleichen cis-Moll vorgetragenen Linie von fremdartigem Reiz. Bogenförmig kehrt der Satz nach einem zunächst fast spielerisch sich anlassenden, dann aber leidenschaftlich sich aufbäumenden Mittelteil mit dem Zitat aus dem Kopfsatz zur stillen Verhaltenheit des Beginns zurück und zu seinen weihevollen Blechbläserakkorden.
Vitalität und tänzerisches Temperament zeichnen das *Scherzo* aus: Die Rahmenteile in motivisch kleinteiliger, rhythmisch gezeichneter Prägnanz sind unzweifelhaft böhmisch gefärbt; ein *Trio* bildet den verlangsamten, melodisch weich ausschwingenden Kontrast hierzu. Und nach dem Rückgriff auf das Scherzo, in den wiederum der Kopfsatz zitierend eingeblendet wird, gibt es noch ein zweites, volkstümlich tänzerisches Trio, so daß der ganze Satz deutlich rondoartige Konturen annimmt. In der überraschend hereinbrechenden Coda triumphiert dann das Hauptthema des Kopfsatzes.
Suggestiv stürzen die Anfangsakkorde des *Finalsatzes* in zunehmender Beschleunigung auf den Hörer ein; sie münden in das energische Hauptthema:

Damit beginnt eine vielgestaltige Entwicklung von geradezu opernhafter Dramatik und Weite des Gefühls, ausformuliert in einer Vielzahl melodischer Einfälle, die in kunstvoller Synthese alle böhmischen, westeuropäischen und amerikanischen Quellen von Dvořáks Musiksprache in sich zu vereinigen suchen. Überzeugend folgerichtig wirkt dabei die Einbeziehung verschiedener Themen aus allen 3 vorangegangenen Sätzen in die Entwicklungskurve dieses Satzes, der im Hauptgedanken des Kopfsatzes kulminiert. Mit großer Kunstfertigkeit ist diese spannende Entwicklung in eine vielfarbig schillernde, virtuose Instrumentation gekleidet, die viel zur unmittelbaren Wirkung dieser Sinfonie beiträgt. Ein weiteres Merkmal ist die Flexibilität im Umgang mit melodischen Einfällen, die ständig ihren Charakter wandeln, was sich gerade am einmal sieghaft auftretenden, dann wieder ganz zurückgenommenen Hauptthema des Finalsatzes demonstrieren läßt. Und auf die letzten Takte des Satzes, wenn sich nach einem Zitat der Blechbläserakkorde aus dem Largo ein letztes Mal die Hauptthemen von 1. und letztem Satz verschränken, trifft das strapazierte Wort »Apotheose« wirklich zu.

Weitere Orchesterwerke

Neben den Sinfonien hinterließ Dvořák noch eine Reihe von Orchesterwerken, von denen die meisten selten zu hören sind. Dazu zählen seine beiden 5sätzigen, sehr unterschiedlichen Suiten; unter ihnen ist die **»Tschechische Suite« D-Dur op. 39** von 1879 eine reizende Unterhaltungsmusik, bestehend aus einem Preludio und 4 volkstümlichen Sätzen, überwiegend im Tanzcharakter: einer *Polka*, einer *Sousedská*, einem zarten *Andante con moto* als Intermezzo, schließlich einem *Furiant* mit seinen charakteristischen Metrumwechseln. Dagegen ist die **Suite A-Dur op. 98b** in der Orchesterbesetzung ein wenig ausladender und nicht so deutlich folkloristisch orientiert. Sie entstand 1894 in New York und wurde 1895 instrumentiert.
Ferner gibt es 2 **Serenaden**, von denen die in **E-Dur op. 22** für Streicher (1875) zu großer Popularität gelangt ist. Ihre 5 Sätze zeichnen sich alle durch melodische Eingängigkeit und die sinnliche Intensität ihrer Instrumentation aus: Auf ein 3teilig angelegtes *Moderato* folgt ein leichtfüßiges *Tempo di Valse* mit lyrisch abgesetztem *Trio*-Teil und darauf als zweiter Tanzsatz ein Scherzo (*Vivace*) im geraden Metrum. Den empfindungsvollen Mittelpunkt bildet das warm timbrierte und melodisch sich verströmende *Larghetto* (A-Dur). Der vitale *Schlußsatz*

mit seinem imitatorisch anspringenden Hauptthema hat deutlichen Finalcharakter, verläuft in Sonatensatzform und bringt im Rückblick überraschend Zitate aus den vorangegangenen Sätzen: in der Mitte den Beginn des Larghettos und vor der Coda kurze Abschnitte aus dem Kopfsatz. Auf selbstverständliche und souveräne Weise setzt dieses Werk die Gattungstradition seit Mozart und über Brahms hinaus fort.
Selten zu hören ist die **Serenade d-Moll op. 44** (1878), in der zu den Bläsern noch Violoncello und Kontrabaß hinzutreten. Drei weitere unterhaltende Tanzzyklen, die Dvořák alle zunächst für vierhändiges Klavier gesetzt hatte, ehe er sie instrumentierte, sind die jeweils 8 **Slawischen Tänze op. 46** und **72** (1878 und 1886/87), die perfekt die Mitte zwischen folkloristischer Herkunft und internationaler Verständlichkeit halten, und die 10 **Legenden op. 59** (1881), eine fein abgestufte Folge von klangvollen Stimmungsbildern für wechselnde Orchesterbesetzungen.
Recht unterschiedlich sind die 3 **Slawischen Rhapsodien op. 45** (1878), alle in Rondo-Form. Das **Scherzo capriccioso op. 66** (1883) mit seiner ausufernden Orchesterbesetzung (3faches Holz, Englischhorn, Baßklarinette, Harfe) steht in seiner motivisch-thematischen Durchgestaltung den Sinfonien nahe, denn es verbindet den überlieferten Scherzo-Charakter ambitioniert mit Sonatensatzansätzen. Daß dieses hochbedeutende Stück selten gespielt wird, hat seine Gründe wohl in der aufwendigen Instrumentation und in seinem Einzelsatzcharakter, der sich gegen die üblichen Konzertprogramme sperrt. Ebenfalls von hohem künstlerischen Rang sind die **Sinfonischen Variationen über ein Originalthema C-Dur op. 78** (1877). Auf das einem Männerchorlied entnommene 3teilige Thema in eigenwillig asymmetrischer Gliederung folgen – in Anspruch und Dimensionen durchaus den Haydn-Variationen seines Mentors Brahms vergleichbar – in einer sehr ausgedehnten Variationenkette 28 Veränderungen: zunächst in der Grundtonart, dann (von Var. 18 *Larghetto* an) in B-Dur bzw. b-Moll und schließlich im fugierten Schlußteil wieder in C-Dur. Bemerkenswert ist, bei aller Vielgestaltigkeit der Komposition, ihre innere Einheitlichkeit, ihre überzeugende zyklische Abrundung.

Ouvertüren

Insgesamt 7 Konzertouvertüren gibt es von Dvořák. Wichtig sind hier – neben einigen bei uns weitgehend unbekannten Ouvertüren wie **»Mein Heim« op. 62** (1882) sowie dem auf die böhmische Geschichte Bezug nehmenden **»Hussitenlied« op. 67** (1883) – seine 3 unter dem Titel **»Natur, Leben und Liebe«** zyklisch zusammengefaßten Ouvertüren **»In der Natur« op. 91**, **»Karneval« op. 92** und **»Othello« op. 93**, alle von 1891/92, die der Komponist selber 1892 in Prag uraufführte. Zwar sind diese 3 Werke für großes, teilweise um Harfe und erweitertes Schlagzeug angereichertes Orchester bedeutende Marksteine auf Dvořáks Weg zur Sinfonischen Dichtung, doch liegt ihnen kein detailliertes Programm zugrunde. Vielmehr evozieren sie innerhalb dreier ausgebauter, komplexer Sonatensätze emotionale Assoziationen. Verbindende Klammer für alle 3 Ouvertüren ist das Hauptthema der 1. Ouvertüre, eines poetischen Werkes voll pastoraler Farben und Klänge von großer Dichte und Einheitlichkeit. »Karneval« gefällt durch ausgelassenes, dezent durch folkloristisch-tänzerische Details angereichertes Temperament. Die dritte der Ouvertüren zeichnet nicht etwa Shakespeares Eifersuchtsdrama detailliert nach, sondern setzt dessen Konturen in ein äußerst kontrastreiches und immer wieder leidenschaftlich ausbrechendes Musikstück um. Dem Sonatensatz ist hier eine unruhige langsame Einleitung vorangestellt.

Sinfonische Dichtungen

Nach seinen 9 Sinfonien wandte sich Dvořák mit 5 Sinfonischen Dichtungen der Programmusik zu und leistete mit ihnen einen hochbedeutenden Beitrag zur Gattung. Wie bei allen wirklich großen Beispielen aus diesem Bereich ist auch bei ihnen der Eigenwert der Musik so hoch, daß zu einem musikalischen Erlebnis nicht unbedingt die Kenntnis des – durchaus einen wesentlichen Bestandteil jedes Werkes bildenden – Programmes erforderlich ist; melodische Erfindungskraft, Kunst der Strukturbildung und nicht zuletzt instrumentatorischer Reiz stehen auf so hohem Niveau, daß diese Kompositionen auch allen Anforderungen an sogenannte absolute Musik genügen können.

4 der Sinfonischen Dichtungen haben Balladen des tschechi-

schen Dichters Karel Jaromír Erben zur Vorlage, farbig-skurrile Texte voll märchenhafter Stimmung. Die Kompositionen entstanden alle 1896 in Prag, die erste ist **»Der Wassermann« op. 107**. Ihr liegt eine Erzählung zugrunde, die das alte Märchenmotiv einer Verbindung von Fabelwesen und Menschen variiert: Ein Wassermann freit ein Menschenmädchen und holt es zu sich in den See. Als es Heimweh bekommt, läßt er es seine Mutter besuchen, hält aber das gemeinsame Kind zurück. Vergeblich wartet er auf die Rückkehr des Mädchens, und so begibt er sich zum Haus der Mutter und tötet das Kind – ein Unwetter bricht herein, während er die Leiche des Kindes gegen die Haustür schleudert. Seine Schilderung dieses unheimlichen Geschehens bannt Dvořák in den formalen Rahmen der Rondo-Form, in der die bohrend kreisenden Motive des Wassermanns ritornellartig das ganze Stück durchziehen:

kontrastiert von den weicheren Klängen des 1. Couplets, die das Mädchen ihm gegenüberstellen, von Klängen, welche den ernsten Sinn der Mutter beschreiben oder die dramatischen Konflikte der Handlung. Das einprägsame Wassermannthema wirkt wie eine ostinate motivische Klammer im ganzen Stück. Und selbstverständlich setzt Dvořák den ganzen Farbenreichtum des großen Orchesters ein, um die Natur und ihre vielgestaltigen Phänomene – Wasser, Sturm – zu verklanglichen. Auch **»Die Mittagshexe« op. 108** rückt eine unheimliche Figur des Volksmythos in den Mittelpunkt: Eine Mutter fühlt sich durch ihr schreiendes Kind von der Arbeit abgehalten und droht ihm deshalb mit der Mittagshexe. Als diese tatsächlich erscheint und das Kind ergreift, kommt es zum Kampf zwischen ihr und der Mutter. Mit dem Glockenschlag zwölf am Mittag ist der Spuk gebannt; doch als der Vater heimkehrt, findet er die Mutter ohnmächtig vor – sie hat in ihren schützenden Armen das Kind erstickt. Die Dramatik dieser Handlung verwandelt Dvořák in ein mehrteilig angelegtes, durchkomponiertes Stück von packender Unmittelbarkeit der Wirkung: zuerst wird das Stören des Kindes vernehmbar durch penetrante Einwürfe der Oboe; erster Höhepunkt ist die Erscheinung der Hexe – dissonant und schleppend in greller, bizarrer Instrumentation. Der anschließende Kampf zwischen Mutter und Hexe um das Kind kulminiert in einem wilden Tanz, den die zwölf Glockenschläge abrupt beenden. Über die Trauer von Vater und Mutter triumphiert die Hexe; ihr Thema

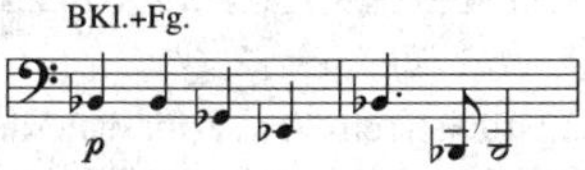

dröhnt jetzt mächtig in Trompeten und Posaunen des Orchester-Tutti.

Die längste der Sinfonischen Dichtungen ist **»Das goldene Spinnrad« op. 109**. Hier zwang die lange dichterische Vorlage Dvořák zu größerer, zusammenfassender Freiheit bei der Vertonung. Ausgangspunkt der Handlung ist die uralte Märchenkonstellation von der bösen Frau mit Tochter und Stieftochter sowie einem König auf Brautschau. Dieser verliebt sich in die schöne Stieftochter und will sie heiraten, doch die böse Frau bringt sie gemeinsam mit ihrer Tochter um, die sie dem König schickt; dann verstümmelt sie auf blutrünstige Weise die Leiche des Mädchens. Der König bemerkt den Betrug nicht und heiratet die untergeschobene Braut. Ein Zauberer erweckt die Ermordete wieder zum Leben, und das goldene Spinnrad der Königin beginnt zu sprechen: von ihm erfährt der König den Betrug. So kommt es zum guten Ende, und Mutter und Tochter werden den Wölfen zum Fraß vorgeworfen. Dvořák hält sich verhältnismäßig eng an die dichterische Vorlage, bemüht sich aber, durch motivische Verknüpfungen und Querverbindungen eine übergeordnete Einheit der Form herzustellen. Das erreicht er u. a. mit mehrfach liedförmigen Binnenstrukturen einzelner Abschnitte. Unmittelbar verständlich sind tonmalerische Figuren wie das Surren des Spinnrades oder die Jagdsignale des Beginns.

»Die Waldtaube« op. 110 basiert auf einem knappen Gedicht über eine heuchlerisch trauernde Witwe, die ihren Mann vergiftet hat. Nachdem sie einen neuen Liebhaber gefunden und geheiratet hat, bereiten ihr die Klagelaute einer Waldtaube am Grab ihres Mannes so große Gewissenspein, daß sie sich ins Wasser stürzt. Das Werk gliedert sich in 5 Abschnitte: Trauer der Witwe, ihre Begegnung mit dem Liebhaber, Hochzeit, Klage der Taube und Freitod der Frau,

Epilog. Als thematische Klammer, die das ganze Stück in flexibel sich wandelnder Gestalt durchzieht, dient ein melodischer Einfall:

der erstmals im stilisierten Trauermarsch des Anfangs erklingt. Am Ende geht der Komponist über die Gedichtvorlage hinaus, indem er die Wiederkehr des Trauermarsches vom anfänglichen c-Moll nach C-Dur wendet – Vergebung für die Mörderin?
Letzte Sinfonische Dichtung und letztes Orchesterwerk Dvořáks ist das programmlose **»Heroische Lied« op. 111** von 1897. Die abwechslungsreiche und doch sehr einheitliche Komposition entzieht sich auch weitgehend einer programmatischen Ausdeutung, für die es nicht einmal Hinweise des Komponisten gibt. Die Uraufführung leitete Gustav Mahler 1898 in Wien.

Konzerte

Die Akzeptanz des 3sätzigen **Konzertes für Klavier und Orchester g-Moll op. 33** (1876) leidet ein wenig darunter, daß es dem Virtuosen keine großen Auftritte erlaubt. Seine musikalischen Qualitäten hätten größere Beachtung verdient. Der großformatige sinfonische Kopfsatz (*Allegro agitato*) stellt in einer Orchesterintroduktion das profilierte Hauptthema vor, das nach einer wie improvisiert wirkenden Passage des Klaviers noch einmal vom Solo-Instrument übernommen wird. In der Exposition gesellt sich dazu ein 2., sehr liedhaftes Seitenthema in der Tonika-Parallele B-Dur. In umgekehrter Reihenfolge setzt sich dann die ganz sinfonisch angelegte Durchführung mit beiden Themen auseinander. Der poetische Mittelsatz (*Andante sostenuto*, D-Dur) ist 3teilig; seine beiden Rahmenteile werden stimmungsvoll von einem Horn-Solo eingeleitet, während der Mittelabschnitt ein wenig beweglicher und spielerischer gehalten ist. Das Finale (*Allegro con fuoco*) ist ein Rondo mit durchführungsähnlichem Mittelabschnitt nach Sonatenart. Seine 3 kontrastierenden Themen werden alle vom Klavier vorgestellt; der Satz endet strettaartig brillant.

Violinkonzert a-Moll op. 53

Entstanden 1879/80.

1. *Allegro ma non troppo* – 2. *Adagio ma non troppo* – 3. *Allegro giocoso, ma non troppo.*

Daß das Streichinstrument Dvořák ungleich näher stand als das Klavier, merkt man der Anlage seines Violinkonzertes in allen 3 Sätzen an. Um dieses Konzert hat sich der berühmte Geiger Joseph Joachim verdient gemacht, der den Komponisten bei der Arbeit beriet. So kam es gleich nach der Fertigstellung zu einer Überarbeitung, die noch einmal von Joachim revidiert wurde, so daß die endgültige Fassung schließlich 1882 vorlag. Überraschenderweise hat Joachim das ihm gewidmete Werk nie öffentlich gespielt.
Dvořáks Violinkonzert folgt dem klassischen Modell und seiner romantischen Weiterführung, etwa durch Mendelssohn, und erweitert es zusätzlich um persönliche Nuancen. So ist vor allem im effektvoll-virtuosen *Finalsatz* das folkloristische Element in Gestalt des Furiantprinzips mit seinem charakteristischen Pendeln zwischen Zweier- und Dreierakzentuierung

betont und der Satzverlauf in eine mit Sonatensatzelementen angereicherte Rondo-Form eingebunden. Das gleiche Formkonzept verfolgt der Komponist schon im *Kopfsatz*, der auf höchst individuelle Weise sogleich mit dem dualistisch angelegten Hauptthema einsetzt, das Orchester und Solo-Violine unter sich aufteilen. Im Gegensatz zum Klavierkonzert zeigt die Durchführung kaum motivisch-thematische Arbeit im Sinne des Sinfoniemodells, auch wird die Reprise nur angedeutet. Statt dessen führt der Satz unmittelbar in den empfindsam liedhaften F-Dur-*Mittelsatz*, dessen Kantabilität und entspanntes In-sich-Ruhen zweimal durch bewegtere Episoden unterbrochen wird.

Cellokonzert h-Moll op. 104

Entstanden 1894/95.

1. *Allegro* – 2. *Adagio ma non troppo* – 3. *Finale: Allegro moderato.*

Das Cellokonzert ist unter den 3 Instrumentalkonzerten Dvořáks gewiß das bedeutendste und mit Recht das bei Interpreten wie Publikum beliebteste. Es wurde kurz nach seiner Vollendung noch einmal von Dvořák umgearbeitet, wobei der Komponist dem Ende des Finalsatzes ganz unkonventionell anstelle einer Solo-Kadenz einen stillen, traurigen Epilog anfügte, den man gern mit dem Tod seiner Schwägerin in Verbindung bringt. Das ausdrucksstarke Adagio, einer der tiefsinnigsten Sätze Dvořáks, entstand unter dem Eindruck seiner eigenen, zum Tode führenden Erkrankung. Bemerkenswert an diesem Konzert ist die perfekte Synthese aller Aspekte: der sinfonischen Dimensionen wie der konzertanten Ansprüche. Die Anforderungen an die Virtuosität des Solisten sind enorm und doch immer völlig organisch dem musikalischen Gefüge eingepaßt. Alle Vorzüge des Instrumentes werden mit großem Geschick ins rechte Licht gerückt: seine Kantabilität, sein großer Tonumfang, seine reichen Farbschattierungen, seine Beweglichkeit.

In der Orchesterexposition des *Kopfsatzes* wird nach klassischem Modell zunächst das thematische Grundmaterial vorgestellt, das expansiv-leidenschaftliche Hauptthema zunächst verhalten, dann im mächtigen Tutti, das in epischer Breite und Klangschönheit dem Horn anvertraute Seitenthema in der Dur-Parallele D-Dur. Mit den motivischen Elementen des Hauptthemas, vor allem seinem Kopfmotiv, beschäftigt sich nach der Solo-Exposition die durchaus sinfonische Durchführung. Aus dieser Dominanz des Hauptthemas ergibt sich zwingend die vertauschte Reihenfolge der Themen in der Reprise, die sich zunächst ausführlich mit dem Seitenthema auseinandersetzt, bis schließlich am Satzende das Hauptthema wiederkehrt und dann auch die Coda beherrscht.

Das G-Dur-*Adagio* beginnt mit der Holzbläserintonation einer elegischen Liedweise, die das Cello wiederholt und weiterspinnt. Leidenschaftliche Erregung kommt im g-Moll-Mittelabschnitt auf, der mit einem kräftigen Tutti-Ausbruch beginnt und dann über unruhig figurierter Begleitung eindringlich das Cello singen läßt – hier zitiert Dvořák sein Lied *Laßt mich al-*

lein (op. 82), das im Epilog des Finalsatzes noch einmal anklingen wird. Die Reprise des Satzes variiert den Anfang überaus phantasievoll und rückt besonders die Bläser in den Vordergrund; die Wiederkehr des Hauptthemas ist diesmal den 3 Hörnern anvertraut; das Solo-Cello scheint im weiteren Verlauf zu den zarten Holzbläserklängen weltvergessen zu improvisieren.
Ungewöhnlich ist danach der Beginn des *Finales*: Als stünde die Musik noch unter dem Eindruck des Adagios, beginnt sie mit pianissimo pochenden, ostinaten Baßtönen und dem verhaltenen Kopfmotiv des Hauptthemas im Hörnerterzett; nach mächtiger Steigerung setzt der Solist energisch mit dem vollständigen Thema ein, das vom Orchester triumphal bestätigt wird. Unüberhörbar sind die tänzerischen und bisweilen marschartigen Momente im weiteren Verlauf, der sehr allmählich die Spannung abbaut bis zum verhaltenen Seitensatz in der Dur-Parallele, vorgetragen in der Klarinette und empfindsam vom Cello figuriert. In der Fortsetzung kommt es zu sehr klangschönem und fast intimem Wechselspiel zwischen einzelnen Solo-Bläsern, einer Solo-Violine und dem Cello. Auffällig ist insgesamt der große Anteil an lyrischen Passagen in der Verbindung mit einem Quasi-Aufbrechen des nur noch von ferne zu ahnenden Sonatensatzmodells. Nach den wehmütig verklingenden Takten des Epilogs wirken die wenigen Aufschwungtakte des H-Dur-Schlusses fast ein wenig gewaltsam.

Von einem frühen **Cellokonzert A-Dur** (1865) existiert nur die originale Klavierfassung. Daneben gibt es noch 2 einzelne konzertante Sätze mit Orchesterbegleitung: die **Romanze f-Moll für Violine und Orchester op. 11**, die eine Eigenbearbeitung des langsamen Satzes aus dem f-Moll-Streichquartett von 1873 (op. 9) ist, und das **Rondo für Violoncello g-Moll op. 94**, das zunächst eine Klavierbegleitung hatte, dann aber für kleines Orchester mit Streichern und je 2 Oboen und Fagotten sowie Pauken gesetzt wurde – eine äußerlich unaufwendige Miniatur, formal gleichwohl ambitioniert die Rondo-Form mit Sonatensatzelementen überlagernd.

Edvard Grieg

* 15. Juni 1843 in Bergen
† 4. September 1907 in Bergen

Grieg erhielt seine musikalische Ausbildung, nach ersten Unterweisungen bei der Mutter, seit 1858 am Leipziger Konservatorium. Seine Lehrer waren u. a. Ignaz Moscheles und Carl Reinecke. Nach krankheitsbedingter Unterbrechung ging er 1863 nach Kopenhagen und lernte weiter bei Gade. Liszt vermittelte ihm ein Stipendium in Rom. Von 1871 bis 1880 war er Leiter des von ihm gegründeten Musikvereins in Oslo. 1880 kehrte er in seine Heimatstadt Bergen zurück und unternahm von dort aus seine Konzertreisen durch Europa. In seinem letzten Lebensabschnitt ermöglichte ihm eine königliche Pension materielle Unabhängigkeit.

Orchesterwerke: Eine Sinfonie, ein Klavierkonzert, 2 *Peer-Gynt*-Suiten, Suite *Aus Holbergs Zeit*, *Elegische Melodien*, *Lyrische Suite*, Musik zu *Sigurd Jorsalfar*, Ouvertüre *Im Herbst*, *Sinfonische Tänze*, Einzelstücke.

Grieg verstand es, auf der Basis einer umfassenden und soliden westeuropäischen Ausbildung ein Idiom, einen unverwechselbar eigenen Stil zu entwickeln. Darin liegt seine Bedeutung. Seine Stärke war die Beherrschung der kleinen Form, des lyrischen Einzelstücks in wechselnden Besetzungen und Reihungen. Am populärsten sind seine Suiten, zusammengestellt aus größeren Musiken für die Bühne, in denen er geschickt und gekonnt einen charakteristischen »nordischen« Tonfall kultivierte, der nicht zuletzt durch das gründliche Studium der heimatlichen Volksmusik ermöglicht wurde. Weitere Kennzeichen seiner Musik sind ihre farbige, eigenwillige Instrumentation und eine durchaus kühne, zukunftweisende Harmonik.

Griegs einzige **Sinfonie c-Moll** entstand, fast noch als Jugendwerk, 1863/64 in Kopenhagen. Das in klassischer Viersätzigkeit angelegte Werk ist zu Unrecht weitgehend dem Vergessen anheimgefallen, zeigt es doch handwerkliche Souveränität im Umgang mit den satztechnischen und strukturellen Anforderungen der Gattung, wobei ihm die Anlehnung an Vorbilder, z. B. an die Tonartenfolge der 4 Sätze in Beethovens 5. Sinfonie, keine klischeehafte Nachahmung bedeutet. Einem ernsthaft-ambitionierten Sonatensatz folgt zunächst ein idyllisch-liedhafter langsamer Satz; ein Intermezzo mit folkloristischen Partien vertritt das Scherzo, das Finale basiert wieder auf dem Sonatensatzmodell, variiert es jedoch frei und individuell.

Die **Konzertouvertüre »Im Herbst« op. 11** schrieb Grieg 1865 in Rom, bearbeitete sie aber 1887 von Grund auf. Das Tongemälde beschwört die gebrochene Stimmung des heimatlichen Herbstes. Musikalisches Ausgangsmaterial ist ein eigenes, in Dänemark komponiertes Lied (*Herbststurm*), das mit weiteren kontrastierenden Elementen kombiniert wird; weite Passagen werden von vorantreibenden triolischen Rhythmen beherrscht, und in ungemein farbiger Instrumentation entstehen durchaus tonmalerische Schilderungen einer herbstlich-stürmischen Atmosphäre, tänzerisch kulminierend im folkloristisch gefärbten Schluß des Werks. Die **Sinfonischen Tänze über norwegische Motive für großes Orchester op. 64** (1898) basieren auf norwegischen Originalmelodien, die Grieg in kompositorisch schlichter Weise mit den Mitteln des großen sinfonischen Orchesterapparates bearbeitete. Die Bezeichnung »sinfonisch« erfüllen die 4 effektvoll kontrastierenden Sätze weniger in struktureller Hinsicht als im kunstvollen Einsatz der orchestralen Farbpalette.

2 weitere suitenartige Folgen von lyrischen und tänzerischen Charakterstücken sind Bearbeitungen von Klavierstücken für großes Orchester: 1881 entstanden die 4 **Norwegischen Tänze op. 35** für vierhändiges Klavier, die nach Griegs Tod Hans Sitt orchestriert hat. Die **Lyrische Suite op. 54** (1891) geht auf 5 Klavierstücke zurück, deren erstes der Komponist selber instrumentierte, während die restlichen 4 Charakterstücke Fremdbearbeitungen sind, die Grieg allerdings autorisiert und überarbeitet hat.

Eine Reihe weiterer lyrischer und tänzerischer Stücke auf folkloristischer Basis erschienen in Fassungen für reine Streicherbesetzung: Die **Zwei elegischen Melodien op. 34** von 1880 waren Klavierlieder und wurden mit neuformulierten Titeln (*Herzwunden* und *Letzter Frühling*) zu empfindsam-zarten Charakterstücken, in denen der ursprüngliche strophische Liedaufbau hörbar bleibt. Die berühmte Suite **»Aus Holbergs Zeit« op. 40** ist eine Huldigungsmusik zum 200. Geburtstag des dänischen Dichters Ludvig Holberg (1684–1754); der originale Titelzusatz »im alten Stil« weist darauf hin, daß Grieg

5 barocke Satztypen (Präludium, Sarabande, Gavotte, Air und Rigaudon) stilisiert hat – auf reizvolle, bisweilen ein wenig sentimentale Weise. In diesen Umkreis gehören die **Zwei Melodien op. 53** (1890) und die **Zwei norwegischen Weisen op. 63** (1895). In den **Zwei lyrischen Stücken op. 68** von 1899 sind dem Streicherensemble Oboe und Horn hinzugefügt; gerade diese beiden Werke zeigen eindrucksvoll Griegs Meisterschaft in der Umwandlung ursprünglicher Klavierstücke in subtile koloristische Studien.

Konzert für Klavier und Orchester a-Moll op. 16

Entstanden 1868.
1. *Allegro molto moderato* – 2. *Adagio* –
3. *Allegro moderato molto e marcato.*

Seine Popularität verdankt dieses einzige Klavierkonzert des Komponisten seiner gelungenen Mischung aus solistischer Virtuosität und individuellen Reizen der Tonsprache Griegs, die sich vor allem im »norwegischen« Volkstonfall und in einer effektvollen Instrumentation äußern. Das Werk folgt dem bekannten 3sätzigen Muster klassischer Vorbilder und orientiert sich am Lisztschen Klaviersatz ebenso wie am singulären Modell von Schumanns Klavierkonzert, mit dem es neben der Grundtonart auch den charakteristischen Anfang gemeinsam hat: das zupackende Hineinspringen, nach einleitendem Paukenwirbel, mit hinabstürzenden Passagen des Solo-Instrumentes im ersten *Allegro*; das anschließende Hauptthema vermittelt ebenfalls Schumann-Nähe. Sein melodischer Duktus ist zwar unverkennbar folkloristisch getönt, doch seine Weiterführung wendet sich bald ins Romantisch-Sinfonische. Das empfindsame Seitenthema wird danach zunächst im Cello intoniert. Die Durchführung setzt sich bevorzugt mit dem Beginn des Hauptthemas auseinander, das den ganzen Satz nachhaltig prägt und gegen Ende noch einmal höchst expansiv hervortritt. – Das *Adagio* in der entfernten Tonart Des-Dur ist ein hochemotionales Stimmungsbild von ausgeprägt romantischer Empfindung. Der Orchestersatz mit seinen gedämpften Streichern ist subtil abgestimmt auf den kunstvoll in zarten und klangvollen Spielfiguren aufgefächerten Klaviersatz, in den sehr behutsam Erinnerungen an den Beginn des Kopfsatzes eingewoben sind. – Hieraus wächst unmittelbar das *Finale* hervor, in dem nun vor allem das folkloristisch-tänzerische Element als Kontrast zum Adagio in den Vordergrund gerückt wird. Die Form ist 3teilig, mit mächtig auftrumpfender und pianistisch ungeheuer ambitionierter Coda, in der überraschenderweise noch einmal das Thema des Adagios zitiert wird.

Aus seinen Kompositionen für die Schauspielbühne fügte Grieg mehrere Orchestersuiten zusammen, von denen er die **Drei Orchesterstücke zu »Sigurd Jorsalfar«** als op. 56 im Jahre 1870 herausgab. Er war befreundet mit Bjørnstjerne Bjørnson, dem Autor des gleichnamigen Bühnenstücks. »In der Königshalle« heißt das 3teilige Vorspiel, dessen marschartig-pompöser Rahmen einen empfindsam-lyrischen Mittelteil einrahmt. »Berghilds Traum« ist ein eher düsteres und konfliktreiches Charakterstück von eigentümlicher Zerrissenheit, während der ausgedehnte abschließende »Huldigungsmarsch« überraschend vielgestaltig verläuft und dabei keineswegs nur den Marschaspekt in den Vordergrund rückt, sondern sich ebenfalls als ein facettenreiches Charakterstück erweist.
Am populärsten wurden die beiden **Suiten aus Griegs Musik zu »Peer Gynt«** von Henrik Ibsen. Der Dichter hatte sich 1874 selbst an Grieg mit der Bitte gewandt, für sein Schauspiel die Musik zu komponieren. Grieg schrieb insgesamt 23 Einzelnummern, aus denen er 1888 und 1891 jeweils 4 Stücke zu Suiten zusammenstellte (op. 46 und op. 55).
1. Suite: »Morgenstimmung«, ursprünglich Vorspiel zum 4. Aufzug, eine an- und abschwellende dynamische Kurve basiert auf einer sich empfindsam windenden Melodie von hohem Reiz:

»Ases Tod« ist ein trauermarschartiger Klagegesang der Streicher über den Tod der Mutter Peer Gynts; »Anitras Tanz« führt im »Tempo di Mazurka« einen graziösen und von einer eingängigen, kunstvoll auch im Kanon geführten Melodie geprägten Walzer vor, mit dem die schöne Araberin ihn betört. Der abschließende Satz »In der Halle des Bergkönigs«, dessen Tochter Peer nicht heiraten will, steigert mit ostinaten Figuren die immer bedrohlichere Wildheit der Peer piesackenden Trolle.

2. Suite: »Der Brautraub« war das Vorspiel zum 2. Aufzug, in latenter Programmatik werden Handlungselemente angedeutet, wobei sich dem wilden, dramatischen Beginn die ausdrucksvolle Klage der geraubten Braut Ingrid anschließt; die rahmenden Teile des »Arabischen Tanzes« beschwören in ihrer Melismatik Orientalisches; »Peer Gynts Heimkehr«, eine Naturschilderung, ist als effektvolle Gewitter- und Sturmmusik (Peers Schiff zerschellt) von packender Suggestivkraft; »Solvejgs Lied« ist gewiß der populärste Satz aus beiden Suiten, es lebt ganz von der elegischen Eindringlichkeit der Melodie, mit der die Geliebte den lange Ersehnten in ihren Armen zur Ruhe wiegt.
Ein Epitaph für einen verstorbenen Freund ist Griegs **Trauermarsch zum Andenken an Rikard Nordraak** (o. Op., 1866), ein Klavierstück, das er wenig später für reine Bläserbesetzung instrumentierte. Auch die 19 Abschnitte der **Altnorwegischen Romanze mit Variationen op. 51** (1890) sind als Orchesterwerk eine Eigenbearbeitung aus den Jahren 1900 bis 1903; auf die eigenwillig folkloristisch gefärbte Melodie folgen 18 ausgeprägt individuelle, kontrastreich gestaltete Veränderungen von großem Reiz der Klangfarben.

Nikolaj A. Rimskij-Korsakow

* 6. (18.) März 1844 in Tichwin (Gouv. Nowgorod)
† 8. (21.) Juni 1908 in Ljubensk (Gouv. St. Petersburg)

Nach einer frühen Musikausbildung erhielt Rimskij-Korsakow, ein Seeoffizier, von Balakirew, dem Haupt des Komponistenkreises »Mächtiges Häuflein«, die maßgebliche Unterweisung. Balakirew dirigierte 1865 die Uraufführung der 1. Sinfonie seines Schülers. Nach Ausscheiden aus dem Marinedienst 1873 löste sich Rimskij-Korsakow allmählich von den Ideen Balakirews. 1871 hatte er schon eine Professur am Konservatorium in St. Petersburg übernommen, und in der Folgezeit bekleidete er wichtige Positionen als Dirigent und Musikdirektor. Große Erfolge waren u. a. einige seiner rund 15 Opern. Zu seinen Schülern zählten u. a. Glasunow, Respighi, Strawinsky und Prokofjew.

Orchesterwerke: 3 Sinfonien, Orchesterfantasie *Sadko*, *Fantasie über serbische Themen*, *Ouvertüre über russische Themen*, *Skazka* (»Märchen«) für Orchester, eine Sinfonietta, ein Klavierkonzert, *Capriccio Espagnol*, Orchestersuite *Scheherazade*, Ouvertüre *Russische Ostern*, je eine Fantasie über spanische und russische Themen für Violine und Orchester, mehrere Suiten nach eigenen Opern.

Rimskij-Korsakows Weg als Komponist begann unter dem Einfluß des »Mächtigen Häufleins« um Balakirew, das dem akademischen Kompositions-»Handwerk« mißtraute. Seine Mitglieder verpönten eine solide satztechnische Ausbildung, verließen sich mehr auf Inspiration und Stimulation durch nationalrussische Quellen, in erklärter Abwehrhaltung gegenüber westeuropäischen Einflüssen. Rimskij-Korsakow jedoch löste sich nach etwa 1870 aus dieser Abhängigkeit und schulte sich zu einem Meister der Komposition, zu einem der brillantesten Instrumentatoren heran. Seine noch unter Balakirews Einfluß entstandenen Werke arbeitete er um. Er wurde, entgegen der Einschätzung Balakirews, der ihn für einen Sinfoniker hielt und so zu lenken versuchte, zum wichtigsten russischen Opernkomponisten seiner Zeit; auf dem Gebiet der Orchestermusik erlangte er Weltruhm weniger mit seinen Sinfonien als mit Ballett- und Programmusiken, vorab mit der Suite *Scheherazade*. Seine ausgeprägte Kunst der Orchesterbehandlung zeichnet nicht nur seine eigenen Werke aus, er hat mehrere Kompositionen befreundeter Kollegen instrumentiert und bearbeitet. Dieses Können vermittelte der bedeutende Musikpädagoge an eine große Zahl von Schülern weiter.

Die **1. Sinfonie op. 1** stand ursprünglich in der »exotischen« Tonart es-Moll. In den Jahren 1861 bis 1865 arbeitete Rimskij-Korsakow an dem Werk, zu dem ihn Balakirew ermuntert hat. Man würdigte das Werk als »erste russische Sinfonie«; 1883/84 aber arbeitete es der Komponist grundlegend um, transponierte es nach e-Moll und revidierte auch die Instrumentierung. Trotz mancher (begreiflicher) Einflüsse, die man der Musik anmerkt – vor allem Schumann! –, ist diese Sinfonie ein erstaunlich reifes und selbständiges Werk von traditionell-klassischem Zuschnitt in Satzfolge und -charakteren, mit 2 rahmenden Sonatensätzen zu Beginn und am Ende, dazwischen einem langsamen und einem Scherzo-Satz. Alle 4 Sätze sind dezent durch motivische Querverbindungen miteinander verknüpft. Imponierend ist die bereits in diesem frühen Sta-

dium erkennbare selbstbewußte Souveränität im Umgang mit dem großen Orchesterapparat.
Die **2. Sinfonie** von 1867/68 unterzog Rimskij-Korsakow ebenfalls zwei Bearbeitungen 1876 und 1897, in der Endfassung bezeichnete er sie als **Sinfonische Suite »Antar« op. 9**. Im Mittelpunkt des 4sätzigen Werkes stand von Anfang an der Dichter Antar, ein Zeitgenosse Mohammeds, der einsam in der Wüste eine Gazelle, die eine verwandelte Fee ist, vor einem Raubvogel rettet. In einer Traumvision wird ihm Lohn gewährt: Die Fee beschenkt ihn in ihrem Palast mit der Erfüllung dreier Wünsche: dem Genuß der Rache, der schrankenlosen Macht und dem Genuß der Liebe, die ihm die Fee selbst gewährt. Er stirbt selig in ihren Armen. Folgerichtig ist diese Komposition kein Dokument der traditionellen Sinfonik, sondern steht eher in der Nachfolge der Programmsinfonie eines Berlioz, mit dessen *Symphonie fantastique* sie nicht nur die farbig leuchtende Instrumentation gemeinsam hat, sondern auch eine »idée fixe«, die den Dichter symbolisiert und ihn wandlungsfähig durch die Episoden begleitet. Im ausladenden *1. Satz* wird die Handlung spannend ausgebreitet, mit einer langsamen Einleitung als Naturgemälde des Handlungsschauplatzes Wüste, während der vielgestaltige, bewegte Hauptteil dann manche Einzelheit des Geschehens nachvollziehbar macht, bis hin zum Kampf der Gazelle mit dem Raubvogel, zu ihrer Rettung, dem Besuch im Zauberschloß und schließlich der Rückkehr Antars in die Wüste. Die 3 folgenden Sätze sind gleichsam Charakterstudien der drei Feengaben. Kriegerische Töne schlägt das *Allegro* an (»Rache«). *Allegro risoluto alla marcia* ist der 3. Satz überschrieben, der ein Fest am Ort der »Macht«, dem Palast der Fee, zu schildern scheint. Im abschließenden *Allegretto vivace* steht eine arabische Melodie im Mittelpunkt, die Rimskij-Korsakow über Borodin kennengelernt hatte; mit ihr fügen sich die Themen der Fee und des Dichters zusammen. *Antar* ist eine wichtige Vorstufe zu *Scheherazade*, von ähnlich schillerndem orientalischen Kolorit, phantasievoll in der Gestaltung der Satzcharaktere und in der Umsetzung der Handlungsideen, meisterhaft in der Orchestrierung – ein zu Unrecht im Konzertleben vernachlässigtes Werk.
Dagegen ist die **3. Sinfonie C-Dur op. 32** von 1874 ein eher sprödes und akademisches Dokument des Ringens um das kompositorische Handwerk. Eine Umarbeitung 1885/86 milderte zwar den Eindruck der Strenge, konnte ihn jedoch nicht

grundsätzlich beheben. Kennzeichen aller 4 Sätze ist ihre kontrapunktische Dichte, die intelligente Kunst des motivischen und thematischen Kombinierens auch über die Satzgrenzen hinweg – eine Musik, deren stupende Meisterschaft im Tonsatz Bewunderung auszulösen vermag, der es aber an der Spontaneität und phantasievollen Lebendigkeit mangelt, die *Antar* oder *Scheherazade* auszeichnen.

»Scheherazade«. Sinfonische Suite nach Erzählungen aus »Tausendundeiner Nacht« op. 35

Entstanden 1888.

1. *Largo e maestoso / Lento* – 2. *Andantino* – 3. *Andantino quasi allegretto* – 4. *Allegro molto.*

Rimskij-Korsakows populärstes und farbenprächtigstes Orchesterwerk trägt im Titel zwar den Zusatz »Sinfonische Suite«, ist im Grunde aber eine Programmsinfonie in der Berlioz-Nachfolge, wenn auch die Bindung der Musik an eine Erzählung nicht streng vollzogen wurde; ursprünglich beabsichtigte der Komponist sogar, den 4 Sätzen ganz neutrale Bezeichnungen (»Prélude«, »Ballade«, »Adagio« und »Finale«) zu geben. Er entwarf dann detaillierte Inhaltsangaben, beließ es schließlich aber bei ein paar Stichworten zur märchenhaften Rahmenhandlung vom Sultan, der durch die Geschichten, die ihm Scheherazade vorträgt, so sehr fasziniert wird, daß er von seinem grausamen Frauenhaß abläßt und sie nicht, wie jede Frau, die er vor ihr eine Nacht besessen hatte, töten läßt. Die 4 Sätze der Suite (ursprünglich: »Das Meer und Sindbads Schiff«, »Die Erzählung des Prinzen Kalender«, »Prinz und Prinzessin«, »Fest in Bagdad«) folgen äußerlich betrachtet dem Schema der klassischen Sinfonie, mit einem Scherzo an zweiter Stelle. Untereinander sind sie verknüpft durch die beiden Themen des Sultans und der Scheherazade, das eine mächtig im tiefsten Instrumentarium auftrumpfend:

das andere zart und lieblich in hurtigen Triolenfiguren der Solo-Violine, über Arpeggien der Harfe:

Im 1. Satz bilden diese beiden thematischen Elemente das dualistische Material im Sinne eines Sonatensatzes, dessen Haupt- und Seitenthemen sich umspielen, auseinandersetzen und verbinden. Der folgende scherzoartige Satz ist eine bewegte Orchesterfantasie mit fast improvisatorisch anmutenden Passagen. Es folgt ein ruhiger, sich anmutig im 6/8-Metrum wiegender Satz, der unschwer als Liebesszene zu deuten ist, voll des zarten, leicht exotischen Kolorits einer durchsichtigen Orchesterpalette. Dagegen ist das Finale konflikthaft und dramatisch angelegt, im Ringen der beiden zentralen Themen von Sultan und Scheherazade: Das Fest in Bagdad findet mit allem orientalischen Farbzauber statt; Sindbads Schiff treibt durch das bewegte Meer und zerschellt am Felsen; am Ende hat Scheherazade des Sultans Herz gewonnen. – Den Reiz dieser bedeutenden Komposition macht die originelle Kombination an sich heterogener Elemente aus: Auf der Basis gekonnten kompositorischen Handwerks, sinfonischer Durchgestaltung des thematischen Materials entfaltet sich der ganze Reichtum des spätromantischen großen Orchesters; unverkennbar ist slawisches und orientalisches Kolorit untergemischt.

Andere Orchesterwerke Rimskij-Korsakows stehen ganz selten auf unseren Konzertprogrammen. Das gilt für die **Sinfonietta über russische Themen op. 31**, die ursprünglich ein Streichquartett war und deren 3 Sätze auf russischen, vom Komponist selbst gesammelten Volksliedern (komponiert 1879; orchestriert 1884) basieren; ebenso für das 5sätzige **Capriccio Espagnol op. 34** von 1887, dessen spanische Melodien mit den Mitteln des großen, vor allem im Schlagzeugbereich vielfältig besetzten Orchesters verarbeitet sind; es enthält eine faszinierend farbige Zigeunerszene an vierter und einen unmittelbar als Finale anschließenden Fandango an letzter Stelle. Die **Fantasie für Violine und Orchester op. 33** von 1886/1887, in deren Mittelpunkt zwei russische Melodien stehen, ist so angelegt, wie das *Capriccio* einmal gedacht war: als konzertantes Werk für Solo-Violine. Ebenfalls mit russischen Melodien setzt sich die 3teilige **Ouvertüre op. 28** auseinander; von 3 Themen ist eines aus Beethovens Streichquartett op. 59 Nr. 2, eines aus Mussorgskijs *Boris Godunow* (Krönungsszene) bekannt. Die **Ouvertüre »Russische Ostern« op. 36** von 1888 versucht die biblische Auferstehungsgeschichte mit den musikalischen Stilmitteln der orthodoxen Liturgie auszudrükken. Auch das kurze **Klavierkonzert cis-Moll op. 30** (1882) bezieht sich auf Themenmaterial der russischen Folklore, das in der Nachfolge und zum Andenken Franz Liszts konzertant behandelt wird in 3 motivisch zur Einheit verbundenen Sätzen.

Gabriel Fauré (1845–1924), Nachfolger Massenets am Pariser Konservatorium seit 1896 und dort Ravels Kompositionslehrer, schrieb romantische Musik unter dem Einfluß Schumanns und Francks, mit eigener, durchaus vom Impressionismus unabhängiger Handschrift. Seine Orchesterwerke spielen hierzulande kaum eine Rolle. Ein *Violinkonzert* (1878) hinterließ er unvollendet. Seine *Ballade Fis-Dur op. 19* (1881) für Klavier und Orchester ist eine recht chopinnahe, poetische Komposition ohne allzu großen Tiefgang, die *Pavane für Orchester fis-Moll op. 50* (mit Chor ad libitum) von 1887 eine zarte Orchesterstudie in feinsinniger Instrumentation; ihr später hinzugefügter Chorpart scheint durchaus entbehrlich. Fauré hinterließ ferner eine *Sinfonie d-Moll op. 40* (1884), mehrere Suiten aus Schauspielmusiken, darunter *Pelléas et Mélisande* (1898), und eine *Fantasie für Klavier und Orchester G-Dur op. 111* aus dem Jahr 1918.
Sergej Tanejew (1856–1915) war Schüler von Nikolaj Rubinstein und Tschaikowskij. Er wurde als virtuoser Pianist bekannt, war von 1878 an Professor für Komposition, bald auch für Klavier, am Moskauer Konservatorium. Skrjabin und Rachmaninow waren seine Schüler. An Orchesterwerken komponierte er 4 *Sinfonien*, eine *Ouvertüre* (1882) und eine *Suite für Violine und Orchester* (1909). Tanejew vertritt mit seinem schmalen Werk – im Gegensatz zu den Komponisten des »Mächtigen Häufleins« – die am westlichen Vorbild geschulte Stilrichtung seines Vorbilds Tschaikowskij, dessen 1. Klavierkonzert er uraufführte. Von seinen Sinfonien sind die ersten (erfolglosen) drei mehr oder weniger unvollkommene Vorstufen der Vierten; die *Erste* entstand als Prüfungs-

aufgabe am Konservatorium, die *Zweite* blieb unvollendet. Die 4sätzige *4. Sinfonie c-Moll op. 12* allerdings reüssierte seinerzeit bei Publikum und Fachwelt; sie zeichnet sich durch ihre konstruktive, kontrapunktisch und sinfonisch ausgeformte Struktur aus.

Das späte 19. und das 20. Jahrhundert

Hugo Wolf

* 13. März 1860 in Windischgraz (damals: Südsteiermark, heute: Slovenj Gradec, Slowenien)
† 22. Februar 1903 in Wien

Konfliktreiche Schuljahre in Windischgraz, Graz, St. Paul und Maribor. 1875–77 Ausbildung am Wiener Konservatorium. Wagner-Opern wurden zu musikalischen Schlüsselerlebnissen. Erste Liedkompositionen. Kontakte zu Mahler, Brahms, Liszt und Bruckner. Kurze Zeit als Kapellmeister tätig. 1884–87 Kritiker beim »Wiener Salonblatt«. Mehrere Bayreuth-Besuche. Fieberhaftes Komponieren, unterbrochen durch Phasen völliger Unproduktivität. Erfährt demütigende Ablehnungen, daneben etliche ermutigende Aufführungserfolge. Hugo-Wolf-Vereine in Berlin und Wien. Als Folge einer frühen syphilitischen Infektion ab 1896 körperlicher und geistiger Zerfall, Aufenthalte in Heilanstalten, Wahnvorstellungen, ein Suizidversuch.

Bühnenwerke: *Der Corregidor*, Oper in 4 Akten, Text von R. Mayreder nach *El sombrero de tres picos* von Alarcón (1895/1896); *Manuel Venegas*, Opernfragment, Text von M. Hörnes nach Alarcón (1897).
Wichtige Liedersammlungen: *Klavierlieder* auf Gedichte von E. Mörike (1888), J. v. Eichendorff (1880, 1886–88), J. W. v. Goethe (1888/89): *Spanisches Liederbuch* nach P. Heyse und E. Geibel (1889/90); *Italienisches Liederbuch I/II* nach P. Heyse (1890/91, 1896).
Größere Besetzungen: *Scherzo* und *Finale* für Orchester (1876/77); *Penthesilea*, Sinfonische Dichtung für Orchester nach H. v. Kleist (1883–85, rev. 1897); *Christnacht*, Hymnus für Soli,

Chor und Orchester (A. Graf v. Platen, 1886–89); *Der Feuerreiter*, Ballade für Chor und Orchester (E. Mörike, 1892); *Italienische Serenade* für kleines Orchester (1892); Orchesterfassungen eigener Klavierlieder.

Wolf komponiere »nicht bloß Gedichte, sondern sozusagen ganze Dichter«, schrieb der Wiener Musikkritiker Eduard Hanslick (1825–1904) in spöttischer Übertreibung. Auch liebe es dieser »angebliche Erfinder des ›symphonischen Liedes‹«, die »Klavierbegleitung zur Hauptsache, den Gesang zum Anhängsel« zu machen. Noch immer gilt uns Wolf vor allem als Liedkomponist, der sich – in Fortsetzung der Linie Schubert–Schumann–Brahms–Wagner – darauf verstand, den Gedichttext so sprachnah wie ausdrucksintensiv ins Musikalische zu übersetzen. Aufs klavierbegleitete Lied konzentrierte sich Wolf mehr und mehr. Um Bühnenerfolge kämpfte er ausdauernd, doch blieb sein *Corregidor* bis heute ein Außenseiter des Repertoires. Die wenigen reinen Instrumentalwerke entstanden zumeist in frühen Jahren und zeigen den Hochbegabten auf der Suche nach den ihm gemäßen Ausdrucksformen.

Scherzo und **Finale** (1876/77) erweisen sich als reizvolle, aus zwei aufgegebenen Sinfonie-Projekten übernommene Arbeiten, die in dieser Koppelung Auskunft geben über die musikalischen Vorbilder jener Jahre von Schumann und Mendelssohn bis Liszt und Offenbach.

Italienische Serenade lautet der Titel eines rondoartig geformten, ebenso temperament- wie geistvollen Einzelsatzes für Streichquartett aus dem Jahr 1887, der von den Quartettvereinigungen gerne als Zugabe gewählt wird. Wolfs Einrichtung für kleines Orchester erfolgte 1892. Pläne zu einer Erweiterung um zusätzliche Sätze blieben im Skizzenstadium stecken. (Aufführungsdauer: ca. 8 Minuten.)

Penthesilea. Sinfonische Dichtung nach Heinrich von Kleist

Besetzung: großes Orchester (mit Harfe). – Entstanden 1883–85. UA: 1904 in München (Dirigent: Felix Weingartner). – Aufführungsdauer: 26–27 Minuten.

Es ist bemerkenswert, daß Hans Richter, der erste Dirigent von Wagners *Ring*, die *Penthesilea*-Partitur nach einer Durchspielprobe zurückgewiesen hat und sich ein Anti-Wagnerianer dann, als das Werk ein Jahr nach Wolfs Tod aufgeführt wurde,

als sein überzeugter Fürsprecher erwies – Max Reger: »Ich halte seine symphonische Dichtung *Penthesilea* [...] unbedingt für eine der bedeutendsten, lebenskräftigsten Schöpfungen, die uns die letzten Jahrzehnte gebracht haben. Die Themen sind von genialer Prägnanz; die Erfindung erlahmt nirgends. Auch frönt Hugo Wolf [...] nie dem heutzutage so beliebten, selten seine Wirkung versagenden Stimmungsdusel. Schlag auf Schlag, ohne jedwede überflüssige, mehr oder minder jämmerliche, abgedroschene Phrasenmacherei, braust das wundervolle Tongedicht vorüber« (1904).
Franz Liszt hatte Wolf 1883 ermutigt, ein Orchesterwerk zu schreiben. Den Lisztschen Tondichtungen ist *Penthesilea* auch hörbar verpflichtet, mit allen äußerst gegensätzlichen Affekten, die das Kleistsche Trauerspiel von 1808 dem jungen Komponisten abverlangte. Penthesilea, die Amazonenkönigin (»halb Furie, halb Grazie«) ist dem Griechen Achill in verzehrender Liebe, nach mißverständlicher Täuschung in tödlicher Haßliebe verbunden (»vom giftigsten der Pfeile Amors getroffen«). Opernhafte Anschaulichkeit, ja Drastik kennt das Werk daher ebenso wie poetisch vertiefte Sublimität. In 3 Abschnitte ist der alte Stoff gemäß Wolfs Lesart gegliedert und ermöglicht so eine Bogenform rasch – langsam – rasch (mit langsamem Epilog): 1. *Aufbruch der Amazonen nach Troja*, 2. *Der Traum Penthesileas vom Rosenfest*, 3. *Kämpfe, Leidenschaften, Wahnsinn, Vernichtung*.
Rund 4 Jahrzehnte nach Wolf wagte ein Jüngerer, denselben Stoff zu gestalten, jetzt aber für die Opernbühne: Othmar Schoeck (Einakter *Penthesilea* op. 39, UA Dresden 1927).

Isaac Albéniz

* 29. Mai 1860 in Camprodón (Prov. Gerona, Spanien)
† 18. Mai 1909 in Cambo-les-Bains (Dép. Basses-Pyrénées, Frankreich)

Albéniz erregte Aufsehen als pianistisches Wunderkind und als phänomenaler, noch durch Liszt unterwiesener Interpret. Als Komponist entwickelte er sich vom Verfertiger eleganter Salonpiècen zum ernsthaften Stilisten eines nationalspanischen Musikidioms, das Anleihen bei regionalem Tanz- und Liedgut nicht ausschloß, improvisationsnahe Züge ausformte und sich in einem raffinierten, oft auch durch Gitarre-Spielweisen inspirierten Klaviersatz äußerte.

Den Pariser Komponistenkreisen um d'Indy und Fauré nahestehend, übte Albéniz auf die »spanische Schreibweise« Debussys und Ravels erheblichen Einfluß aus. Wenig aktuell geblieben sind seine Oratorien (*El Cristo*), Opern (z. B. Trilogie *King Arthur*) und Zarzuelas, wohl aber sein 12teiliges pianistisches Schlüsselwerk

Iberia von 1905–09 (Messiaen: »[. . .] in meinen Augen vielleicht das Gipfelwerk pianistischer Schreibweise überhaupt«). Aus ihm finden 4 zur Suite gefügte und von dem Dirigenten und Komponisten Enrique Fernández Arbós (1863–1939) orchestrierte Sätze des öfteren Eingang in sinfonische Programme; Satzfolge: 1. *Evocación*, 2. *El Corpus Christi en Sevilla*, 3. *El Puerto*, 4. *El Albaicín* (= Nr. I, III, II und VII bei Albéniz).

Gustav Mahler

* 7. Juli 1860 in Kalischt (damals: Böhmen, heute: Kaliště, Tschechische Republik)
† 18. Mai 1911 in Wien

Sohn einer kinderreichen jüdischen Kaufmannsfamilie. Noch 1860 Übersiedlung in die benachbarte Kleinstadt Iglau (Jihlava). Hier erste musikalische Unterweisung (Klavier, Theorie) und Besuch des Gymnasiums. Prägende Eindrücke durch Fanfaren und Marschaufzüge in der nahen Kaserne. 1875–78 Studien am Wiener Konservatorium (Komposition: Franz Krenn, Theorie: Robert Fuchs). 1878 Abitur. An der Wiener Universität Besuch der Harmonielehre-Vorlesungen Anton Bruckners, der dem Jüngeren freundschaftlich zugetan war. Kompositorische Projekte: Kammermusik, Lieder, Kantaten, Opern. Zahlreiche Kapellmeisterverpflichtungen in raschem Wechsel (1880–83 Bad Hall, Laibach, Olmütz, 1883 Kassel, 1885 Prag, 1886 Leipzig). Ehrenvolle Berufungen in führende Positionen: 1888 Direktor der Königlichen Ungarischen Oper in Budapest, 1891 Erster Kapellmeister am Stadttheater in Hamburg, schließlich 1897 Direktor des k. k. Hofoperntheaters in Wien. Kollegiale Kontakte zu Richard Strauss, Freundschaft mit dem tatkräfti-

gen Förderer und Dirigenten Willem Mengelberg. Beginn der legendären Ära Mahler in Wien, gekennzeichnet durch anspruchsvolles Repertoire, sorgfältige Proben- und Inszenierungsarbeit, neuartige Ausstattungen (Alfred Roller) und künstlerisch hochqualifizierte Sänger-Schauspieler (u. a. Anna von Mildenburg, Marie Gutheil-Schoder). 1902 Eheschließung mit Alma Schindler (1879–1964), einer begabten Komponistin (Schülerin A. Zemlinskys), die in späteren Ehen mit W. Gropius (ab 1915) und F. Werfel (ab 1929) verheiratet war. Mahler pflegte Umgang mit Künstlern der »Secession« (G. Klimt, E. Orlik u. a.). Ausgedehnte Konzertreisen, oft in Verbindung mit Aufführungen seiner mehr und mehr sich durchsetzenden Sinfonien. Zwischen den Direktionspflichten während der Saison und den schöpferisch genutzten ländlichen Sommeraufenthalten (Steinbach am Attersee, Maiernigg am Wörthersee, Toblach in Südtirol) pflegte er strikt zu trennen. 1907 heftige Intrige und Pressekampagne gegen Mahler, Tod der Tochter Maria Anna, Diagnostizierung eines schweren Herzleidens, Lösung des Vertrages mit der Hofoper. In den 4 Folgejahren jeweils während der Wintermonate in New York als Dirigent der »Metropolitan Opera Company« und der »New York Symphony Society« (später: »Philharmonic Society«). Im April 1911 Rückkehr des Schwerkranken nach Europa. Bruno Walter, der Freund seit Hamburger Jahren, dirigierte 1911/12 die Uraufführungen der beiden letzten Werke.

Sinfonische Werke: *Das klagende Lied* mit 4 Soli und gemischtem Chor (Texte nach M. Greif, L. Bechstein und den Brüdern Grimm, 1878–80); *Sinfonie Nr. 1 D-Dur* (1884–88); *Blumine*-Satz für Orchester (= ursprünglich 2. Satz der *Sinfonie Nr. 1*, später ausgeklammert, 1884–1888); *Todtenfeier*, Sinfonische Dichtung für Orchester (= Frühfassung des 1. Satzes der *Sinfonie Nr. 2*, 1887/88); *Sinfonie Nr. 2 c-Moll* mit Sopran- und Alt-Solo und gemischtem Chor (Texte: *Des Knaben Wunderhorn*, F. G. Klopstock, 1887–94); *Sinfonie Nr. 3 d-Moll* mit Alt-Solo, Knaben- und Frauenchor (Texte: F. Nietzsche, *Des Knaben Wunderhorn*, 1895/96); *Sinfonie Nr. 4 G-Dur* mit Sopran-Solo (Text: *Des Knaben Wunderhorn*, 1899–1901); *Sinfonie Nr. 5 cis-Moll* (1901–03); *Sinfonie Nr. 6 a-Moll* (1903/04); *Sinfonie Nr. 7 e-Moll* (1904/05); *Sinfonie Nr. 8 Es-Dur* mit 8 Soli, 2 gemischten Chören und Knabenchor, (Texte: Hymnus *Veni creator spiritus*, Schlußszene aus Goethes *Faust II*, 1906/07); *Das Lied von der Erde*, Sinfonie mit Tenor und Alt bzw. Bariton (nach Gedichten aus *Die chinesische Flöte* in der Übertragung H. Bethges, 1907–09); *Sinfonie Nr. 9 D-Dur* (1909/10); *Sinfonie Nr. 10 Fis-Dur* (unvollendet, 1910).

Orchesterlieder und -gesänge: *Lieder eines fahrenden Gesellen* (Texte: G. Mahler, *Des Knaben Wunderhorn*, 1884/85, 1891–

1895); *Zwölf Lieder aus »Des Knaben Wunderhorn«* (1892–96); *Sieben Lieder aus letzter Zeit* (Texte: F. Rückert, *Des Knaben Wunderhorn*, 1899–1904); *Kindertotenlieder* (Texte: F. Rückert, 1901–04).
Bearbeitungen: *Die drei Pintos*, Oper in 3 Akten von C. M. v. Weber, ergänzt von G. Mahler (1887/88); Fassungen für Steichorchester von Schuberts Quartett d-Moll D 810 (1894) und Beethovens Quartett f-Moll op. 95 (ca. 1899); *Suite* für Orchester nach Suitensätzen von J. S. Bach (1909).

Den Zusammenbruch der habsburgischen Doppelmonarchie erlebte Mahler nicht mehr. Doch sind seine Sinfonien und Lieder schwerlich ohne die Morbidität und Dekadenz eines Vielvölkerstaates denkbar, dessen Gesellschaft blind darauf vertraute, bis in alle Ewigkeit am Rande des Vulkans tanzen zu können. Kennzeichnend ist eine Äußerung, die er 1907 zu Jean Sibelius machte, als dieser »Strenge und Stil und die tiefe Logik, die einen inneren Zusammenhang zwischen allen Motiven« schaffe, als kompositorische Ziele seiner eigenen Sinfonien bezeichnete. Hierauf Mahler: »Nein, die Sinfonie muß wie die Welt sein. Sie muß alles umfassen.« Die Sinfonie allein, nicht etwa die Kammermusik, taugte ihm als Spiegel für eine Welt mit all ihren Sehnsüchten und Widersprüchen, Hoffnungen und Katastrophen. Auch die Flucht in die schmerzlich-heitere Wanderburschen- und Kinderwelt der *Wunderhorn*-Lieder sollte ihm bald nicht mehr glücken und zwang ihn zu Ironie, Bizarrerie und Maskerade. Kein Weg mehr führte zurück zur Sinfonik eines Brahms oder Bruckner, die nur teilweise »wie die Welt« sein und »alles umfassen« wollte und sich die Harmonisierung von Form und Inhalt zum obersten Prinzip gemacht hatte.
Mahlers Musik sagte sich vom einheitlichen »hohen Stil« los, um sich dem Lied und dem Naturlaut, dem Herdengeläute und der ländlichen Blaskapelle mit ihren vielfältigen Formen »trivialer« Umgangsmusik weit öffnen zu können – ohne alle Scheu vor Stilbrüchen. Den Preis für die bewußte Vermischung von musikalischer Hochsprache und volkstümlichem Dialekt mußte der Komponist im übrigen teuer bezahlen. Spott und Unverständnis begleiteten jahre- und jahrzehntelang die Rezeption seiner Werke. Erst in den späten 50er und ersten 60er Jahren gelangte das Mahlersche Œuvre, für das sich u. a. Bruno Walter und Willem Mengelberg lebenslang eingesetzt hatten, zur damals so genannten »rätselhaften Po-

pularität«. Die wachsende Zuneigung zum Werk, ausgelöst durch energische Initiativen von Dirigenten wie Bernstein, Solti, Kubelik und Haitink, führte zu vertiefter Reflexion über die Hintergründe und Wirkungsmechanismen einer als bedrängend aktuell erkannten Musik.

Welche Vorstellung hatte Mahler selbst von den Überlebenschancen seiner Musik? Natalie Bauer-Lechner, Musikerin und Gesprächspartnerin Mahlers, berichtet in ihren *Erinnerungen an Gustav Mahler* (1923): »Von einem Freunde gedrängt, für die Aufführung und Verbreitung seiner Werke doch mehr zu tun, erwiderte Mahler: ›Die werden, jetzt oder später, schon selbst tun, was not ist; muß man denn dabei sein, beim Unsterblichwerden?‹«

Sinfonische Werke

Das klagende Lied

Besetzung: Sopran, Alt (eventuell alternierend mit Knabenstimme), Tenor, Bariton (nur in Teil 1), gemischter Chor, großes Orchester (in Teil 3 auch »Blasorchester in der Ferne«). – Entstanden 1878 (Dichtung) bzw. 1879/80 (Musik: Teile 1–3 = »Urfassung«). UA der revidierten Fassung (= Teile 2, 3): 1901 in Wien (Dirigent: der Komponist). – Aufführungsdauer der Teile 1–3: 65–70 Minuten.

Noch ohne festes Engagement stand der 20jährige angehende Kapellmeister da, als er sich an die Komposition seiner selbst aus alten Märchenquellen geschaffenen Ballade machte. Bechsteins *Klagendes Lied* und Grimms *Märchen vom singenden Knochen* hatten ihn schon einige Zeit zuvor zu einer 3teiligen Nachdichtung in Versen angeregt:

1. *Waldmärchen:* Zwei Brüder – der jüngere sanft und verträumt, der ältere finster und gewalttätig – begeben sich auf die Suche nach jener roten Blume, deren Finder die schöne, aber hochmütige Königin gewinnen wird. Der Jüngere wird fündig, bezahlt den Fund jedoch mit dem Tod durch die Hand des neiderfüllten Bruders.
2. *Der Spielmann:* Übers Jahr zieht ein Spielmann am Tatort vorbei, hebt ein Knöchlein auf, will daraus eine Flöte schnitzen. Da beginnt der Knochen zu singen und klagt dem Spielmann sein grausiges Schicksal.
3. *Hochzeitsstück:* Den Spielmann zieht es zum Schloß. Denn: »Die Königin hält Hochzeit heut' / Mit dem jungen Rittersmann.« Und schon singt die Knochenflöte ihre Anklage her-

aus und läßt den Mörder, die Königin und alle Gäste erstarren. Die Musik verstummt, die Gäste fliehen, das Schloß sinkt in sich zusammen.

Der junge Dichterkomponist mußte sich von der Motivfülle des Stoffes angezogen fühlen. Hier fand sich Kains Brudermord in Märchengestalt nachgebildet, hier trafen Leid und Mitleid, Recht und Unrecht, Klage und Anklage in bestürzendem Ausmaß aufeinander. Mahlers »Opus 1« bemüht den großen Vokal- und Instrumentalapparat von Oper und Sinfonie, wobei die am ehesten zutreffende, aber nicht gebrauchte Bezeichnung »Kantate« recht genau in die Mitte zwischen beiden Gattungen weist. Weber und Wagner klingen mitunter an, doch verfügt Mahler bereits über jene Ausdrucksmittel, die sich in den *Liedern eines fahrenden Gesellen* und in der *1. Sinfonie* verstärkt wiederfinden werden. Die Solisten erzählen im Wechsel und auch zusammen die traurigen Begebenheiten. Der Chor kommentiert, läßt das Erzählte nachklingen, fragt weiter. Das Orchester schließlich liefert sinfonische Vorspiele und trägt die dramatische Handlung. (Räumliche Wirkungen in Opernmanier kommen durch das stattliche Fernorchester bei der Hochzeitsmusik ins Spiel.)

»[. . .] das Märchenhafte ist mit dem Makabren vermengt, das Tragische mit dem Spott; poetische Introversion, oft glühend und unruhig, schlägt plötzlich um in nervöse Ausbrüche. Mahlers Musik möchte das Entsetzliche meiden, um ihm dann doch wieder bereitwillig zu verfallen. Sie erinnert an eine Fieberkurve, die sensitive Nuancen ebenso registriert wie die Extreme, die bis in die Regionen theatralischer Überdimensionalität reichen, Gesten um des zwingend schlagenden Effekts willen vergrößert« (Pierre Boulez).

Heutige Aufführungen des *Klagenden Liedes* verzichten teilweise noch immer auf das einleitende *Waldmärchen*. Mahler selbst hatte diesen Abschnitt im Erstdruck (1899) und bei der Uraufführung (Wien 1901) unberücksichtigt gelassen, die beiden verbleibenden Teile allerdings tiefgreifenden Revisionen unterzogen. Eine vereinheitlichte 3teilige Fassung existiert somit, genau genommen, nicht. Befürworter der 3teiligen »Mischfassung« machen jedoch geltend, daß das erst 1934 in Brünn uraufgeführte, immerhin rund halbstündige *Waldmärchen* dem Nachfolgenden als textliche und kompositorische Exposition zu eng verbunden ist, um ersatzlos entfallen zu können.

Sinfonie Nr. 1 D-Dur

Besetzung: sehr großes Orchester (3–4faches Holz, 7 Hörner, 5 Trompeten, 4 Posaunen, Tuba, Pauken, Schlagwerk, Harfe, Streicher). – Entstanden 1884–88. UA: 1889 in Budapest (Dirigent: der Komponist). – Aufführungsdauer: 50–55 Minuten.

1. Langsam, schleppend. Immer sehr gemächlich – 2. Kräftig bewegt, doch nicht zu schnell – 3. Feierlich und gemessen, ohne zu schleppen – 4. Stürmisch bewegt.

In den vier Entstehungsjahren der Partitur durchlief Mahler eine stürmische berufliche wie künstlerische Entwicklung. Auf Kassel folgten ein Prager und zwei Leipziger Jahre mit der Leitung zahlreicher kraß gegensätzlicher Opernaufführungen von Cherubini bis Verdi, Mozart bis Wagner (vom letzteren alle Musikdramen außer *Götterdämmerung*!). Dennoch richtete der bisher nur mit den *Liedern eines fahrenden Gesellen* und zwei peripheren Arbeiten für die Bühne (Schauspielmusik zu Scheffels *Trompeter von Säckingen*, Ergänzung von C. M. von Webers *Drei Pintos*) hervorgetretene Mittzwanziger sein kompositorisches Interesse nicht auf Bühnenprojckte, sondern auf sinfonische Arbeiten.

Als »Sinfonische Dichtung in 2 Teilen« ließ Mahler das zunächst 5sätzige Werk bei der Uraufführung ankündigen. In Briefen fanden sich daneben die auf Liszt weisenden Bezeichnungen »Sinfonisches Gedicht« bzw. »Tondichtung in Sinfonieform«. Neu waren bei Folgeaufführungen dann der Titel **»Titan«**, nach der selbstzerstörerischen Gestalt im gleichnamigen Romanwerk des von Mahler hochgeschätzten Jean Paul, sowie wechselnde programmatische Satzüberschriften aus den Werken Jean Pauls oder E. T. A. Hoffmanns. Sie schienen dem Komponisten zunächst hilfreich zum Verständnis, entfielen im Erstdruck von 1899 aber wegen der Gefahr falscher Auslegung.

Satz 1 (D-Dur) war 1893 mit folgendem Geleit versehen: »›Frühling und kein Ende‹ . . . Die Einleitung stellt das Erwachen der Natur aus langem Winterschlafe dar« – was im Druck verkürzt wurde auf die Worte »Wie ein Naturlaut«. Als Pastoralszene mit vervielfachten Quinten, Fanfaren, Vogelrufen und Hörnerschall zieht die Introduktion vorüber, die zugleich ein reiches thematisches Potential für alles Künftige bereitstellt (leere Quart als Rahmenintervall künftiger Zentralthemen). In der Exposition des Hauptteils gewinnt das in der Originaltonart D-Dur herbeizitierte zweite der *Lieder eines fahrenden Gesellen* (»Ging heut morgen übers Feld«) als Hauptgedanke solchen Raum, daß weitere Themen sich erst gar nicht herausbilden:

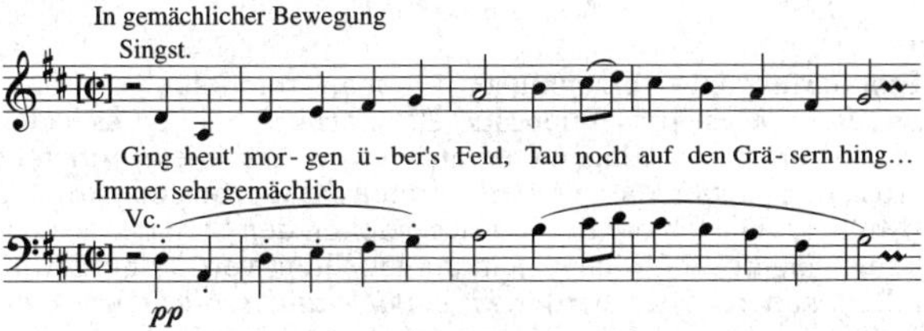

Hingegen tritt im Durchführungskomplex das Liedthema fast ganz zurück zugunsten von affektstarken Motivablegern des Introduktionsmaterials, die jetzt eine dramatische Steigerung mit vehementem Durchbruch in die Reprise auslösen.
Ursprünglich schloß sich hier der kurze, für reduzierte Besetzung instrumentierte *Andante allegretto*-Satz mit der Überschrift *Blumine*, nach Jean Paul, an (auch »Bluminen-Kapitel« oder »Blumenstück«). In ihrer Frühgestalt gehörte diese »auf der Trompete geblasene Mondscheinserenade über die Ufer des Rheins« (Mahler) zur Schauspielmusik *Der Trompeter von Säckingen*. Glaubte der Komponist, diesem lyrischen Intermezzo fehle die sinfonische Zielgerichtetheit der übrigen Sätze, als er sich zur Streichung entschloß?
Satz 2 (A-Dur, Zusatz 1893: »›Mit vollen Segeln‹, Scherzo«), scheint als hochgestimmte Tanzszene über dem klassischen Grundriß A – B – A (= Scherzo – Ländler – Scherzo) geformt, wobei allerdings wiederholte abrupte Harmonierückungen und Stimmungseinbrüche die Brüchigkeit der traditionellen Einheitsstimmung signalisieren.
Von besonderer kompositorischer Imaginationskraft zeugt *Satz 3* (d-Moll) mit seinen ehemaligen Titelzusätzen »›Gestrandet!‹ (ein Todtenmarsch in ›Callots Manier‹)« bzw. »Des Jägers Leichenbegängnis« oder »Alla Marcia funebre«. Über zeremoniellen Paukenquarten setzt ein sordinierter Solo-Kontrabaß einen fahl gefärbten Kanon über die allbekannte, jetzt aber nach Moll gewendete »Frère Jacques«-Melodie in Gang:

Eine larmoyante Terzenmusik (Oboen, Trompeten) und eine *mit Parodie* zu präsentierende Blasmusik schließen sich der bitter-ironischen Klageszene an, bevor sich diese tönende Auslegung einer damals verbreiteten Kinderbuchillustration (Mahler: »Die Thiere des Waldes geleiten den Sarg des gestorbenen Jägers zu Grabe«) dem aufgehellten, verträumten Mittelteil nähert. Hier wird *sehr einfach und schlicht wie eine Volksweise* der Schlußteil des vierten der *Lieder eines fahrenden Gesellen* angestimmt, »Auf der Straße steht ein Lindenbaum«:

Doch kehrt die Kanonlitanei wieder, erst ins entfernte es-Moll »verrückt«, dann erst im ursprünglichen d-Moll, und läuft ins Leere, nachdem alle Kanonstimmen verstummt sind.
Gleich einem Furioso schließt sich ohne Pause das *Finale* mit seinen durch alle Register jagenden Streicherläufen und der signalartigen Durchbruchs-Figur des Kopfsatzes an (frühere Zusätze: »›Dall'Inferno‹ . . . folgt als der plötzliche Ausbruch der Verzweiflung eines im Tiefsten verwundeten Herzens« bzw. »Dall'Inferno al Paradiso«). Mit den Mitteln eines konfliktreichen Sonatensatzes und unter Nutzung der hart opponierenden Tonartbereiche f-Moll/D-Dur suchte der junge Komponist die Beethovensche Sinfonie-Devise »per aspera ad astra« seinerseits zu verwirklichen. Für das Ziel, den Einsatz des wiederum quartgeprägten glanzvollen Blechbläserchorals (erwünscht: zusätzliche Instrumentalisten, stehend blasende Hornisten!), bedurfte es wiederum des Mahler-typischen dramatischen »Durchbruchs«, der sich zu Reprisenbeginn und – mit gesteigerter Emphase – gegen Satzende gleich zweimal ereignet.

Sinfonie Nr. 2 c-Moll

Besetzung: Sopran, Alt, gemischter Chor, sehr großes Orchester (4–5faches Holz, 10 Hörner, 8 Trompeten, 4 Posaunen, Tuba, Pauken, Schlagwerk, 2 Harfen, Orgel, Streicher). – Entstanden 1887–94. UA: 1895 in Berlin (Dirigent: der Komponist). – Aufführungsdauer: 75–80 Minuten.

1. *Allegro maestoso.* Mit durchaus ernstem und feierlichem Ausdruck – 2. *Andante moderato.* Sehr gemächlich – 3. In ruhig fließender Bewegung – attacca: 4. *»Urlicht.«* Sehr feierlich, aber schlicht (mit Alt-Solo) – attacca: 5. Im Tempo des Scherzos. Wild herausfahrend; Langsam; *Allegro energico*; Langsam. *Misterioso*; Mit höchster Kraftentfaltung (mit Chor, Sopran- und Alt-Solo).

Hatte Mahler in seiner *Ersten* versucht, eine Schlußapotheose anhand eines rein instrumentalen Sonatenfinales herbeizuführen, so erprobte er in der *Zweiten* zur Fundierung eines ähnlichen ideellen Zieles andere, zusätzliche Mittel, diesmal eine Dichtung, die (von Mahler allerdings in manchen Details abgeänderte) Ode *Der große Appell* von Friedrich Gottlieb Klopstock, die mit der Botschaft schließt: »Auferstehn, ja auferstehn / wirst du, mein Herz, in einem Nu! / Was du geschlagen, was du geschlagen / zu Gott, zu Gott wird es dich tragen!« Bedeutsam ist, daß er sich das ideelle Ziel seiner **»Auferstehungssinfonie«** nicht von allem Anfang an setzte, sondern – fast ein Jahr nach Abschluß der Sätze 1–4 – erst dank eines Schlüsselerlebnisses zu den Klopstock-Worten und damit dem Chorfinale fand. Mahler, damals Erster Kapellmeister in Hamburg, nahm im März 1894 an der Totenfeier für seinen Mentor Hans von Bülow teil. Er berichtete seinem Freund Artur Seidl: »Da intonierte der Chor von der Orgel den Klopstock-Choral ›Auferstehn‹! – Wie ein Blitz traf mich dies und alles stand ganz klar und deutlich vor meiner Seele! Auf diesen Blitz wartet der Schaffende, dies ist ›die heilige Empfängnis‹!«

Doch schon zuvor war das vokale Element, das Wort als ein »Träger meiner musikalischen Ideen« (Mahler), in Gestalt des *Wunderhorn*-Liedes *Urlicht* fest eingeplant (= *Satz 4*, Des-Dur, Alt-Solo: »O Röschen rot: / Der Mensch liegt in größter Not«). Es sollte *sehr feierlich, aber schlicht* auf die Erlösungsbedürftigkeit des Menschen hinweisen und damit auf die Heilsbotschaft (»Ich bin von Gott, ich will wieder zu Gott«) im Finale dieses 4. Satzes vorbereiten. Beiden vokalen Steigerungsebenen findet sich ergänzend noch eine dritte, tiefste

Ebene vorgelagert: *Satz 3*, ein ruheloses c-Moll-Scherzo, stellt die beträchtlich erweiterte Instrumentalfassung des im Sommer 1893 fast gleichzeitig entstandenen *Wunderhorn*-Liedes über *Des Antonius von Padua Fischpredigt* dar, einer auf Abraham a Sancta Clara zurückgehenden Groteske: »Antonius zur Predigt / Die Kirche findt ledig, / Er geht zu den Flüssen / Und predigt den Fischen.« Was im Lied zur Sprache kommt, bleibt im sinfonischen Scherzo *in ruhig fließender Bewegung* auf geheimnisvolle Sprachgesten beschränkt. Bezieht man nun *Satz 1*, den Kopfsatz (c-Moll in Sonatengestalt) und *Satz 2* (= ruhiger Ländler-Satz, As-Dur) in die formale Betrachtung mit ein, so stellt sich die *Zweite* als ein kontinuierliches Fortschreiten vom traditionellen, rein instrumentalen Beginn bis hin zur oratorischen, ja opernnahen Bekenntnisszene dar; darauf weisen im Finalsatz übrigens auch die wiederholten Ankündigungsfanfaren »in weitester Ferne« hin.

Satz 1, der von den Folgesätzen laut Partitur durch »eine Pause von mindestens 5 Minuten« abgehoben sein soll, führte unter dem Titel **»Todtenfeier«** zeitweilig ein gewisses Eigenleben. Bereits 1887/88 entstanden und somit etwa 5 Jahre älter als die »zweite Abteilung« der Sinfonie, wurde der Satz 1891 einem Verleger als »Symphonische Dichtung« angeboten und noch 1896, im Jahr nach der Uraufführung der komplettierten Sinfonie, von Mahler separat als *Todtenfeier* aufgeführt. Der Titel geht, wohl ohne den Anspruch präziser inhaltlicher Korrespondenzen, auf das gleichnamige Buch des polnischen Dichters Adam Mickiewicz (1798–1855) zurück, das Mahler soeben von Freunden nahegebracht worden war. Diese auch heute gern wieder separat in die Programme genommene Urfassung verzeichnet nicht unerhebliche Abweichungen hinsichtlich Instrumentation und Form (weitläufigere, deutlich zweigeteilte Durchführungspartie).

Satz 3 findet sich im übrigen wieder als Satz 3 in Luciano Berios *Sinfonia* von 1968/69, wo die tongetreu übernommene »Mahler-Schicht« als Teil einer geistreichen Collage *in ruhig fließender Bewegung* eine reiche Fracht an Musik- und Textzitaten mit sich führt (vgl. S. 1016).

Auch für diese Sinfonie entwarf der Komponist einige provisorische, später wieder verworfene Programmhilfen, damit »der Zuhörer einige Wegetafeln und Meilenzeiger auf die Reise mit erhält«. Zum *1. Satz* heißt es 1901: »Wir stehen am

Sarge eines geliebten Menschen. Sein Leben, Kämpfen, Leiden und Wollen zieht noch einmal, zum letzten Male an unserem geistigen Auge vorüber . . .«, zu *Satz 2*: »Ein seliger Augenblick aus dem Leben dieses theueren Todten . . .« und zu *Satz 3*: »Der Geist des Unglaubens, der Verneinung hat sich seiner bemächtigt . . . er zweifelt an sich und Gott.« Für den *Urlicht-Satz 4* merkt Mahler an: »Die rührende Stimme des naiven Glaubens tönt an unser Ohr« und fährt beim *Finalsatz* fort: »Es ertönt die Stimme des Rufers: das Ende alles Lebendigen ist gekommen, das jüngste Gericht kündigt sich an . . . Der ›Große Appell‹ ertönt, die Trompeten der Apokalypse rufen . . . Leise erklingt ein Chor der Heiligen und Himmlischen . . . Und siehe da: Es ist kein Gericht . . . Ein allmächtiges Liebesgefühl durchleuchtet uns mit seligem Wissen und Sein.«

Sinfonie Nr. 3 d-Moll

Besetzung: Alt, Frauen- und Knabenchor; sehr großes Orchester (4–5faches Holz, 8 Hörner, je 4 Trompeten und Posaunen, Tuba, Pauken, Schlagwerk, Glocken, 2 Harfen, Streicher). – Entstanden 1895/96. UA: 1902 in Krefeld (Dirigent: der Komponist). – Aufführungsdauer: ca. 105 Minuten.

Erste Abteilung: 1. Kräftig. Entschieden.

Zweite Abteilung: 2. *Tempo di Minuetto*. Sehr mäßig – 3. *Comodo. Scherzando*. Ohne Hast – 4. »O Mensch, gib acht!« Sehr langsam. *Misterioso*. Durchaus *ppp* (mit Alt-Solo) – attacca: 5. »Bimm bamm! Es sungen drei Engel einen süßen Gesang.« Lustig im Tempo und keck im Ausdruck (mit Alt-Solo, Frauen- und Knabenchor) – 6. Langsam. Ruhevoll. Empfunden.

In mancher Hinsicht setzt die *Dritte* mit wachsenden Dimensionen das in der *Ersten* und *Zweiten* schon enorm weiträumig Begonnene noch fort. Nach Satzzahl und Aufführungsdauer geht keine der späteren Partituren über diese in nur zwei sommerlichen Arbeitsphasen in Steinbach am Attersee (Salzkammergut) entstandene Riesensinfonie hinaus. Und noch weiter gedachte Mahler ursprünglich den sinfonischen Bogen zu spannen: Als 7. Satz sollte eine zweite *Wunderhorn*-Vertonung folgen, das später zum Finalsatz der *Vierten* erhobene Lied *Das himmlische Leben*. In der kühnen Architektur dieses Sinfoniegebäudes steht dem (laut Adorno) nach Art eines »musikalischen Romans« sich fortentwickelnden übergroßen Marsch-Kopfsatz als Gegengewicht ein vom Lied bis zur Hymne gesteigertes langsames Finale gegenüber. Diese beiden durch Entwicklungsschübe und Kontrastwirkungen zerklüfteten Ecksätze mit ihren bald depressiven, bald euphorischen Stimmungen umfassen 4 im Schnitt kürzere Binnensätze, die eher auf bestimmte einheitliche Charaktere festgelegt sind. Der Sphäre des Tanzes und des tänzerischen Liedes gehören die instrumentalen Sätze 2 (Menuett) und 3 an (Scherzo, aus dem Lied *Ablösung im Sommer* durch beträchtliche Erweiterung gewonnen). Demgegenüber berühren die vokalen Satznummern 4 und 5 meditativ-sakrale Sphären: das Nietzsche-Nachtstück »O Mensch, gib acht!« den Bereich schlummernder Traumwelten, die taghelle *Wunderhorn*-Chorszene »Es sungen drei Engel« den Bereich heiterer himmlischer Heilsgewißheit. Wie sich in diesem Satzpaar philosophische Schwere und volkstümliche Leichtigkeit ergänzen, nicht ausschließen, erinnert an das Nebeneinander von »O Röschen rot!« und »Auferstehn, ja auferstehn« in der *2. Sinfonie.*

Ein letztes Mal bediente sich Mahler programmatischer Stichworte, die – analog zum gestuften Fortgang der Satzfolge – Grad für Grad die Einbeziehung erlebter und erträumter Schöpfung beschreiben. Dem Haupttitel **»Ein Sommermittagstraum«** sind in Mahlers letzter Formulierung folgende Wegstationen untergeordnet:

»Einleitung: Pan erwacht. 1. Der Sommer marschiert ein (Bacchuszug). 2. Was mir die Blumen auf der Wiese erzählen. 3. Was mir die Tiere im Wald erzählen. 4. Was mir der Mensch erzählt. 5. Was mir die Engel erzählen. 6. Was mir die Liebe erzählt.«

Es wäre aber einseitig und irreführend, von diesen Stichworten auf eine naiv-idyllische »Sinfonie von Himmel und Erde« zu schließen. Vielerlei Gegensätze und Brüche öffnen sich, das Neue erklingt neben dem schon einmal Gehörten, das Erhaben-Schöne neben dem Trivial-Häßlichen, das träumerisch Erinnerte neben dem bedrängend Gegenwärtigen. Nicht nur von Satz zu Satz wechselt der Tonfall, sondern auch innerhalb der Sätze werden verschiedene musikalische Sprachen gesprochen.

Satz 1 (d-Moll) hebt mit einem Fortissimo-Weckruf der 8 Hörner an, der mit gleicher Grellheit auch den Reprisenbeginn dieses weiträumigen Sonatensatzes kennzeichnen wird:

(Das Ohr zögert: Handelt es sich um den deformierten Beginn des Soldatenliedes »Ich hab mich ergeben«?) Seine prozeßhafte, betont dynamische Anlage entwickelt der gut halbstündige Monumentalsatz in den Phasen Einleitung, Exposition, 2teilige Durchführung (*Schwer ... Schwungvoll ...*), verkürzte Reprise und Coda (*Schwungvoll*) aus der Gegenüberstellung von schneidigem Militärmarsch und schleppendem Trauermarsch, ergänzt durch die mehrmals machtvoll intervenierenden »Verkündigungsmonologe« der Posaunen und Hörner:

Dem Habitus des traditionellen *Grazioso*-Menuetts entsprechen noch weitgehend die 3 Hauptteile von *Satz 2* (A-Dur), während die beiden wechselhaften Trio-Episoden latente oder auch offene Unruhe anstiften und damit ihre klassische Funktion von beruhigten Binnenzonen aufgeben. Dies kommentierte der Komponist (im Gespräch mit Natalie Bauer-Lechner): »Daß es bei der harmlosen Blumenheiterkeit nicht bleibt, sondern plötzlich ernst und schwer wird, kannst du dir denken. Wie ein Sturmwind fährt es über die Wiese und schüttelt Blätter und Blüten, die auf ihren Stengeln ächzen und wimmern, wie um Erlösung flehend, in ein höheres Reich.«

Satz 3 (c-Moll/C-Dur) folgt, der Neuerung der Wiener Klassik entsprechend, als Scherzo aufs Menuett. Vom Kuckuck, der »sich zu Tode gefallen« hat, und seiner Nachfolgerin, der Nachtigall, handelt das als Vorlage gewählte *Wunderhorn*-Lied *Ablösung*. Als »Armeleutemusik« (D. Schnebel, 1977) wurde diese volkstümlich gezupfte, gepfiffene und geschmetterte Tanzbodenmusik auch bezeichnet, in welche die beiden Posthorn-Soli hineinklingen, als habe die Zeit stillgestanden.
Während sich die *Zarathustra*-Lektüre bei Richard Strauss zu gleicher Zeit in Gestalt einer vielteiligen, verschwenderisch reich entwickelten Tondichtung äußerte, suchte Mahler für seine »O Mensch!«-Anrufung im *4. Satz* (D-Dur) den schlichten, eindringlichen Gesangston vor transparentem, aber kunstvoll instrumentiertem Orchestersatz (Streicher-Flageoletts, Bläserterzen, »sprechende« Solo-Violine).
Opernhaftes kommt im optimistischen *5. Satz* (F-Dur) dadurch zur Geltung, daß Kinderchor (»Bimm bamm!« in pentatonischer Einfärbung) und Glocken laut Partitur »in der Höhe postiert« werden sollen.
Mit der *Neunten* und dem *Lied von der Erde* hat die *Dritte* einen gesangvollen langsamen Schlußsatz gemein (*Satz 6*, D-Dur). Den streicherbetonten Maggiore-Teilen stehen alternierende bläserbetonte Minore-Abschnitte gegenüber. Beide »Handlungsstränge« entwickeln und steigern sich gleich doppelt geführten Variationen, um in einem über 17 Takte mächtig anschwellenden D-Dur-Klang »mit gesättigtem, edlem Ton« auszuschwingen.

Sinfonie Nr. 4 G-Dur

Besetzung: Sopran, großes Orchester (ohne Posaunen und Tuba). – Entstanden 1899–1901. UA: 1901 in München (Dirigent: der Komponist). – Aufführungsdauer: 55–60 Minuten.

1. Bedächtig. Nicht eilen – 2. In gemächlicher Bewegung. Ohne Hast – 3. Ruhevoll. *Poco adagio* – 4. »Das himmlische Leben.« Sehr behaglich (mit Sopran-Solo).

Gegen Ende des 3. Satzes gelangt das Konzept dieser Sinfonie in seine entscheidende Phase. Die bisher *Ruhevoll* oder gar *Viel langsamer* verlaufene Entwicklung gewinnt an Bewegung und gelangt rasch über die Zeitmaße *Allegretto* und *Allegro* bis zur höchsten Tempostufe *Allegro molto*, hält für einige Ruhetakte förmlich den Atem an, um dann desto emphatischer ins Fortissimo auszubrechen. In allen Violinen, dann in Trompeten und Hörnern (»Schalltrichter auf«) artikuliert sich über wogenden Arpeggien und Läufen der E-Dur-Anfang jener *Wunderhorn*-Weise, der kurze Zeit später das G-Dur-Liedfinale einleiten, strophenweise prägen und *morendo* verklingen lassen wird.

Das Besondere an einer solchen, dem Hörer so bewegend verdeutlichten Lied-Genesis ist, daß Mahler sich an dieser formal-strategisch so bedeutsamen Stelle entscheidet, dem volkstümlichen Lied *Das himmlische Leben* (»Wir genießen die himmlischen Freuden«) die Finalbildung seiner Sinfonie anzuvertrauen. Statt einer »großen«, d. h. kämpferischen und apotheotischen Lösung gibt er einer beschaulichen, gänzlich undramatischen Lösung den Vorzug. Auch das vierte Mahlersche Sinfoniewerk sollte auf diese Weise zur »Wunderhorn-Sinfonie« werden, der letzten allerdings.
»Eigentlich [. . .] wollte ich nur eine symphonische Humoreske schreiben, und da ist mir das normale Maß einer Symphonie daraus geworden – während früher, als ich dachte, daß es eine Symphonie werden sollte, es mir zur dreifachen Dauer – in meiner Zweiten und Dritten – wurde.« Einschränken also wollte sich der Komponist diesmal hinsichtlich Ausmaß, Apparat und gedanklicher Fracht. Vielleicht auch sollte der Tonfall diesmal besonders »klassisch«, besonders »wienerisch« ausfallen, um den Hörer noch direkter anzusprechen. »Was mir das Kind erzählt«, so hätte der Satztitel für das schon 1882 entstandene *Wunderhorn*-Lied vom *Himmlischen Leben* gelautet, wäre es, wie geplant, zum Finale der *Dritten* geworden. Jetzt, in gleicher Funktion in die *Vierte* übernommen, strahlt

der kindliche Ton, in dem Schlaraffenland und Paradiesesfreuden gleich einer Vision für Elende und Hungernde dieser miserablen Welt beschrieben werden, vom Liedfinale auf die ganze Sinfonie zurück.

Mit hüpfendem Schellenklang – Adorno sprach von »Narrenschellen« – führt sich daher auch das elegante Geigen-Hauptthema des *1. Satzes* (G-Dur) ein. Die hellen Schellen werden den Sonatensatz weiter begleiten und an formal bedeutsamen Stellen ihre Farbakzente setzen. Eine bunte Reihe von Gestalten folgt dem Geigenthema: eine vom Gebirgsjodler inspirierte Überschlagfigur, ein »frischer« Marsch-Gedanke, ein »breit gesungenes« Cello-Gesangsthema und eine »bedächtige« Oboen-Figurenkette. Doch wirkt dies alles wie künstlich montiert, im Klang maskiert. Eine erste Durchführungswelle fällt in sich zusammen und bietet einer völlig neuen, stockend sich formierenden »Kindermelodie« Raum (4 Flöten unisono). Aus ihr bildet sich, in Kombination mit früheren Themen, eine zweite, weit bedrohlichere Durchführungswoge, in die jäh eine ordinär lärmende C-Dur-Marschparodie einfällt, um ein zweites Mal einzustürzen und in die Trompetensignale eines Trauermarsches einzumünden. Doch endet diese unheilvolle Entwicklung wie durch einen Schnitt. Als wäre der Spuk verjagt, kehrt *sehr gemächlich und behaglich* die mit einer träumerischen Episode der Entrückung, schließlich aber doch durch einige triviale Tuschtakte beschlossene Reprise zurück.

Mit seiner rastlosen Bewegung und seinen fahlen Farben erinnert der *2. Satz* (c-Moll) an den 3. Satz der *Zweiten*. Aus dem tänzerischen Scherzo ist eine groteske *Danse macabre* geworden, wobei die in der Partitur geforderte, um einen Ganzton nach oben verstimmte (und folglich um einen Ganzton nach unten transponierte und zu spielende) Solo-Violine den Totentanz vorantreibt (»sehr zufahrend, wie eine Fidel«). Bruno Walter beschrieb diese imaginäre Tanzszene: »Freund Hein spielt zum Tanz auf; der Tod streicht recht absonderlich die Fidel und geigt uns in den Himmel hinauf.« Dreimal ertönt die Tanzweise mit ihrer litaneiartig gewundenen Melodieführung, ihren heftigen Pizzicati und drastischen Dämpfeffekten. Doch sind die beiden Reprisen erfindungsreich variiert. Kontraststark eingeschaltet finden sich 2 schwelgerische Trio-Abschnitte (F-Dur, *Etwas gemächlicher*), deren zweiter – vor der letzten Scherzo-Wiederkehr – *sich noch mehr ausbreitend* für wenige Augenblicke den Charakter einer Vision vom »himmlischen Leben« annimmt.

Auf die Beethovensche Technik von Doppelvariationen greift Mahler in *Satz 3* zurück. 2 Variationsreihen setzen alternierend an, die eine überwiegend von geteilten Streichern getragen (*Ruhevoll. Poco adagio*, G-Dur), die andere im Ton der *Kindertotenlieder* von der Oboe eingeleitet (*Viel langsamer / klagend, sehr ausdrucksvoll*, e-Moll). Doch öffnen sich diese Reihen bald, werden freier und streben in gradueller Beschleunigung jener Klimax zu, die zum triumphalen Erscheinen des *Wunderhorn*-Liedanfangs verhilft (siehe oben).
4. Satz (G-Dur/E-Dur): Um das schlichte 4strophige Lied vom himmlischen Leben mit seinen deutlich archaisierenden Strophenschlüssen sinfonisch aufzuwerten, versah es der Komponist mit belebten orchestralen Zwischenspielen, die auf die markante Kennzeichnung des Sinfoniebeginns zurückgreifen (Schellen- und Vorschlagsrepetitionen). Einer »Entrückung« gleich kommt vor der Schlußstrophe die unerwartete Hinwendung nach E-Dur, der Tonart der Lied-Genesis in Satz 3, die nun bis zum sanft verrinnenden Schluß in tiefer Lage gewahrt bleibt. Manche Dirigenten zogen es vor, das Liedfinale von einem Knabensopran ausführen zu lassen. Interpretatorische Anhalte bieten übrigens die Welte-Mignon-Einspielungen der Klavierfassung des *Himmlischen Lebens* (und des Kopfsatzes der *Fünften*) durch Mahler selbst im Jahre 1905 in Leipzig.

Sinfonie Nr. 5 cis-Moll

Besetzung: großes Orchester. – Entstanden 1901–03. UA: 1904 in Köln, Gürzenich (Dirigent: der Komponist). – Aufführungsdauer: 68–72 Minuten.

Erste Abteilung: 1. Trauermarsch. In gemessenem Schritt. Streng. Wie ein Kondukt – 2. Stürmisch bewegt. Mit größter Vehemenz.
Zweite Abteilung: 3. Scherzo. Kräftig, nicht zu schnell.
Dritte Abteilung: 4. *Adagietto*. Sehr langsam – 5. Rondo-Finale. *Allegro giocoso*. Frisch.

Aus der so heiteren wie wehmütigen Welt der *Wunderhorn*-Humoresken hatte sich Mahler mit seiner *Vierten* verabschiedet. Als habe die Jahrhundertwende zugleich eine ästhetische Wende gebracht, nahm der Komponist im Jahr 1900 auch Abschied von Verständnishilfen für das Publikum: »Fort mit den Programmen, die falsche Vorstellungen erzeugen ... Pereat den Programmen!« Daß sich auch die jetzt entworfenen »mittleren« drei Instrumentalsinfonien von inneren Programmen im Sinne einer Dramaturgie der Charaktere, Affekte und Stimmungsgesten leiten lassen, bleibt von dieser Absage nach außen unberührt.

Endgültig bricht die *Fünfte* mit dem alten Prinzip der Tonarteneinheit. Sowohl der Mittel- wie auch der Finalsatz stehen in D-Dur und beziehen sich so, über die Sätze 2 (a-Moll) und 4 (F-Dur) hinweg gleich Tonika-Bezirken auf den hierzu leittönigen cis-Moll-Einleitungssatz. Neu ist auch der energische Versuch, der Gefahr suitenartiger Lockerheit durch den verstärkten Zusammenschluß von Sätzen zu begegnen. Gleich Prologen verhalten sich die getragenen Sätze 1 und 4 zu den rasch, ja stürmisch vorüberziehenden »Akten« der Sätze 2 und 5. Beide je etwa halbstündige Satzpaare oder Doppelsätze umrahmen das auffällig geweitete Scherzo, das dank seiner zentralen Position eine zusätzliche Aufwertung gegenüber der klassischen Durchgangsposition erfährt.

Auf die Vorstellung eines im Schreitritual sich bewegenden Trauerzuges hat Mahler sclbst mit seinen Vortragsanmerkungen zu *Satz 1* (cis-Moll) verwiesen. »[. . .] nach Art der Militärfanfaren« hat die Solo-Trompete die Auftakttriolen ihrer nach oben schnellenden Signale »stets etwas flüchtig« zu nehmen:

Bedrängend gegenwärtig ist die schwerfällige Allüre ländlicher Blaskapellen bei Trauerzeremonien:

Zweimal schalten sich Kontrastmusiken ein, die der Trauer der Schreitenden den Schmerz des sich auflehnenden Individuums entgegenzuhalten scheinen; *leidenschaftlich wild ... con passione* artikuliert sich die erste (b-Moll), bis zu dissonanzenreicher Fortissimo-Ballung (*Klagend*) steigert sich die zweite (a-Moll), die in ihrer Heftigkeit an die Schlußtakte des 2. *Parsifal*-Aktes erinnert.
Umgekehrt verfährt *Satz 2* (a-Moll), ein in Umrissen nach Sonatenart geformtes *Furioso*, dessen Seitensätze sich samt wesentlichen Teilen der Durchführung auf ganze Abschnitte des Eröffnungssatzes beziehen (*Tempo des 1. Satzes: Trauermarsch*). Das häufige Schwanken zwischen extremen Stimmungen, verstärkt durch intensive Durchführungsarbeit mit oft veränderten und neu kombinierten Motiven und Themen, läßt den Eindruck wilder Zerrissenheit entstehen. Um so überraschender daher zu Reprisenende das (schon zuvor einmal angekündigte) Ausbrechen eines strahlenden Trompetenchorals (*Pesante ...*), dem allerdings schon wenig später Phasen des Zusammenbruchs und der Depression folgen.
Alle Tanzformen im Dreiertakt durchmischen sich in *Satz 3* (D-Dur), einem wiederum auf dem Grundriß Scherzo – Trio I – Scherzo – Trio II – Scherzo mit Coda errichteten Klanggebäude. Neu sind hohe Anteile an dichter Durchführung im sinfonischen Stil und Mahlers Kunstgriff, in die Scherzi mehrfach motorisch impulsive Fugati (*wild*) einzumontieren. Erzwungene Modulationsgänge und krasse harmonische Brüche passen zur Turbulenz, mit der die ins Spiel gerufenen Tänze sich durchkreuzen: ein »Chaos, das ewig eine neue Welt gebärt, die im nächsten Moment wieder zugrunde geht« (Mahler an seine Frau, 1904). 3 Beruhigungszonen nur kennt der mit 819 Takten alle Normen sprengende Satz: *Trio I* (B-Dur, *Etwas ruhiger*) ist als innig zarter Walzer geformt; in 2 Episoden des solistisch geführten Horns scheint der Spieler jeweils vor der Wiederkehr der Scherzo-Reprisen seinen eigenen Echos nachzulauschen.
Seelenvoll, mit Empfindung, mit Wärme gestalten die Streicherchöre zu den zwischen Duolen und Triolen schwankenden Harfen-Arpeggien den überströmend kantablen *Satz 4* (F-Dur):

Alle Bläser pausieren bei diesem Satz, in dem das kurz zuvor komponierte Rückert-Lied *Ich bin der Welt abhanden gekommen*, eines der *Sieben Lieder aus letzter Zeit*, anklingt. Der abgewandelten Liedform entsprechend umschließen die beiden äußeren F-Dur-Teile einen melodisch wie harmonisch überaus bewegten Mittelabschnitt (*Fließender*, Ges-Dur/D-Dur). Bliebe zu erwähnen, daß die seltene Bezeichnung *Adagietto* möglicherweise auf einen gleichfalls hochexpressiven F-Dur-Streichersatz in Bizets Bühnenmusik *L'Arlésienne* (1872) zurückgeht und daß diese bewegende, nach dem Zeugnis Willem Mengelbergs wohl als Liebeserklärung an Alma Mahler entworfene Gesangsszene ohne Worte als vieldiskutierte Filmmusik zu Luchino Viscontis Thomas-Mann-Verfilmung *Tod in Venedig* (1970) eine gewisse Popularität erlangt hat.
Mit der Bezeichnung *Rondo* schlug der Komponist einen Bogen zu den betont tänzerischen, meist konfliktfreien und heiter gestimmten Finali der Wiener Klassik. Daher wohl auch die Beifügung *giocoso* zur Tempobezeichnung *Allegro*. Die düstere *Funebre*-Einstimmung des ersten Satzpaares suchte Mahler ausgangs ins Positive, ja Euphorische zu wenden. Daher folgt dem aus Satz 2 bekannten Choral bei seiner Wiederkehr gegen Ende des *5. Satzes* (D-Dur) nicht wieder Zusammenbruch, sondern kraftvolle Bestätigung.
Leicht ist in allen Sätzen der interpretatorisch enorm anspruchsvollen Sinfonie zu hören, daß der Verzicht auf vokale Steigerungsmittel den Komponisten zu einer zunehmend geschmeidigen, immer aber konturenscharfen Orchesterschreibweise anspornte.

Sinfonie Nr. 6 a-Moll

Besetzung: sehr großes Orchester (5–6faches Holz, 8 Hörner, 6 Trompeten, 4 Posaunen, Tuba, Pauken, Schlagzeug, 2 Harfen, Celesta, Streicher). – Entstanden 1903/04. UA: 1906 in Essen (Dirigent: der Komponist). – Aufführungsdauer: 80–85 Minuten.

1. *Allegro energico, ma non troppo.* Heftig, aber markig – 2. Scherzo. Wuchtig ... ohne zu schleppen – 3. *Andante moderato* – 4. Finale. *Allegro moderato / Allegro energico.*

Weil die Ecksätze der *Sechsten* gleich dem *stürmisch bewegten* 2. Satz der *Fünften* (deren eigentlichem Kopfsatz) in der Tonart a-Moll stehen, liegt der Gedanke nahe, daß Mahler inhaltlich eine Fortsetzung im Sinn hatte. In dem (vom Komponisten nicht autorisierten) Beinamen **»Tragische«** der neuen Sinfonie drückt sich die frühe Erkenntnis aus, das Finale der *Sechsten* löse, im Gegensatz zur *Fünften*, die Konflikte und Depressionen der vorausgehenden »Handlung« nicht auf, sondern vertiefe sie, bis zur Ausweglosigkeit. Mahler selbst äußerte sich verschlüsselt in einem Brief an Richard Specht, 1904: »Meine VI. wird Rätsel aufgeben, an die sich nur eine Generation heranwagen darf, die meine ersten fünf in sich aufgenommen und verdaut hat.« Vermutlich spielte er auf die düstere Finalwirkung der Sinfonie an, die er bisher wohl in einigen Liedern, nie aber im Rahmen eines Sinfoniekonzepts erprobt hatte. War in der *Ersten* der Beethovensche Durchbruch zu Finaljubel noch einmal geglückt, so hatte es in der *Zweiten*, *Dritten* und *Vierten* zur direkten (Nr. 2, 4) oder indirekten (Nr. 3) Auslösung positiver Wendungen des dichterischen Wortes bedurft, während die orchestrale *Fünfte* – motiviert wohl durch den »sprechenden« *Adagietto*-Gesang – vom Beginn des *Rondo-Finales* an hellere Töne anschlagen konnte. Diese ungetrübten Töne nun bleiben aus der *Sechsten* fast durchweg ausgespart.

In *Satz 1* (a-Moll) dominieren von allem Anfang an stampfende, unaufhaltsam vorwärtsstrebende Marschschritte. Über ihnen gewinnt das energische punktierte Hauptthema melodische Kraft aus weitgespannten Intervallen. Immer wieder entladen sich die aufgestauten Marschimpulse in langen Ketten auf- und niederfahrender *Agitato*-Sechzehntel. Vor der Überleitung, einer ins Schattenhafte zurückgenommenen Choralweise der Holzbläser, und dem schwelgerisch wogenden Gesangsthema, in dem Mahler seine Frau »festzuhalten« versuchte (so Alma Mahler in ihren *Erinnerungen*), erklingt höchst bedeutungsvoll über fortissimo herausgeschleuderten und sofort wieder abschwellenden Paukenrhythmen ein strahlender A-Dur-Dreiklang der Trompeten, der sich ebenfalls im Diminuendo nach Moll eintrübt.

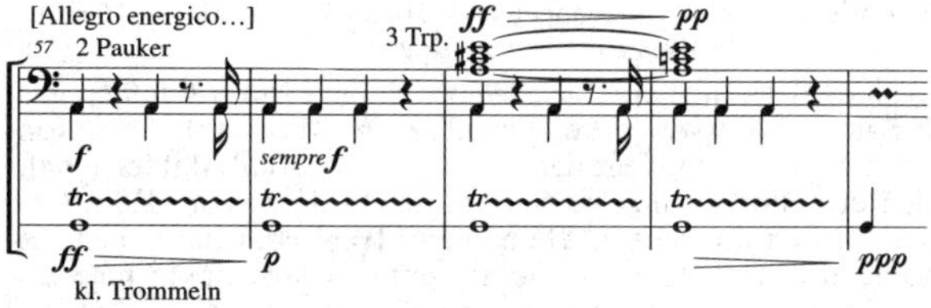

Mehrmals, im 1. Satz allein drei weitere Male, wird dieses eindeutig genug zu deutende Verfinsterungssymbol sich in Erinnerung bringen. Inmitten der aus Abspaltungsmotiven der Marschthematik breit und konfliktreich entwickelten Durchführungspartie wird einer mysteriösen »Musik aus weitester Ferne« (Constantin Floros) unerwartet viel Raum zugestanden. Sie weist zwar auf jene schattenhafte Choralmusik zurück, doch entfaltet sie sich jetzt – gleichsam bei stillstehender Zeit – in zartester Instrumentation (Streicher-Tremoli und Pizzicati, Celesta-Akkorde) über einem leise erzitternden Glockengeläute »in realistischer Nachahmung von bald vereinigt, bald vereinzelt aus der Ferne herüberklingenden Glöckchen einer weidenden Herde« (Partiturnotiz). Doch auch diese »Naturlaut«-Episode wird, kaum begonnen, jäh zerschnitten durch jene signifikanten Verfinsterungsakkorde. Daß sich nach verkürzter Reprise die auffällig stark entwikkelte Coda nach A-Dur aufhellt, überrascht angesichts der gegenläufigen Wirkung des Dur-Moll-Akkordmotivs.
Im *2. Satz* (ebenfalls a-Moll) wählt Mahler, wie so oft, die 5teilige Gliederung in einen zweimal variierten Scherzo-Abschnitt mit 2 in die Zäsuren eingefügten Trios. Weniger kompliziert, weniger turbulent als das »Chaos« des 2. Satzes der *Fünften* stellt sich der Satz als eine Folge ätzender Karikaturen der traditionellen Tanztypen Menuett und Ländler dar. *Altväterisch* schwankend zwischen Dreier- und Vierertakten kommen die ungemütlichen Trio-Episoden I (F-Dur) und II (D-Dur) daher.

Scharfe Akzente (*wie gepeitscht*) und gellende Triller zusammen mit einer überzeichneten Artikulation geben dieser gespenstischen Tanzmaskerade ihr Gepräge. In sie tönt gleich dreimal, als sei sie allgegenwärtig, das unheilvolle Dur-Moll-Verfinsterungsmotiv des 1. Satzes hinein.

Satz 3 (Es-Dur) ist von diesem unheimlichen Motiv insofern betroffen, als seine Dur-Sphäre immer wieder von Moll-Tönungen überblendet wird. Gleich das lyrische Hauptthema der Violinen (*zart, aber ausdrucksvoll*) enthält mehrere solcher Dur-Abweichungen, bei denen dem Hörer Schuberts Umgang mit diesen beiden Tongeschlechtern in den Sinn kommen mag. Den Satz als Intermezzo aufzufassen hieße, ihn zu verharmlosen. Sowohl seine 3 strophenartigen Hauptteile wie auch die beiden trioartig interpolierten B-Abschnitte enthalten wirkungsvoll kontrastierende Zonen (z. B. *Misterioso*) und großbogige sinfonische Entwicklungen, innerhalb derer die melancholische Grundstimmung des Satzes spannungsreich in Unruhe versetzt wird (2. B-Teil: Fis-Dur-Höhepunkt, dann: *Immer mit bewegter Empfindung, auf- und abwogend*).

Nicht weniger als 822 Takte zählt der zur Katharsis erhobene *Finalsatz* (a-Moll). Emotional gehört er zu Mahlers dramatischsten, thematisch zu seinen gestaltreichsten Erfindungen. In den Zyklus der Sätze fügt er sich ein wie eine zweite, weitaus heftigere und ernstere Lesart des Kopfsatzes. Eine gleich zu Beginn über vibrierender Akkordfläche weit ausgreifende c-Moll-Linie der 1. Violinen wird förmlich zum Absturz gebracht durch einen gebieterischen Paukenrhythmus und die an ihn gekoppelten Verfinsterungsakkorde (s. Bsp. S. 558). Versprengte Elemente einer Marschmusik tauchen auf, vermögen sich aber noch nicht zu einem sinnvollen Ganzen zu formieren. (Noch dreimal – vor Durchführung, Reprise und Coda – wird sich diese mühsame Formierung eines Marsches wiederholen.) Dem schließlich in Gang gekommenen energischen Marsch-Hauptsatz und seinen stark abgewandelten Reprisen stellt sich immer wieder die verschwenderisch melodiöse, an das »Alma-Thema« des Kopfsatzes erinnernde Seitensatz-Thematik entgegen. Doch von Mal zu Mal unerbittlicher wird der aufblühende und sich ausbreitende Gesang zum Verstummen gebracht. Dieser Einspruch nimmt seine deutlichste Gestalt an in Form zweier (in früherer Fassung: dreier) Fortissimo-Schläge von Pauken, gro-

ßer Trommel und einem schneidend niederfahrenden Hammer – gemäß Partiturvermerk: »Kurzer, mächtig, aber dumpf hallender Schlag von *nicht* metallischem Charakter (wie ein Axthieb).« Das auf diese Schläge Folgende bringt zwar klagende Beschwörung und wehmütige Erinnerung, doch keine Wende mehr. Noch einmal durchmißt die leidenschaftlich ausgreifende Geigenlinie des Satzbeginns den Diskantraum; abermals wird sie, diesmal definitiv, durch den Paukenrhythmus und das Dur-Moll-Verdikt zum Absturz gebracht. Nach einem kraftlosen *morendo*-Abgesang behauptet sich noch im herausgeschleuderten a-Moll-Schlußakkord die alles Geschehen überdauernde, *pesante* gepaukte Marschformel.

Sinfonie Nr. 7 e-Moll

Besetzung: sehr großes Orchester (4–5faches Holz, 4 Hörner, Tenorhorn in B, 3 Trompeten, 3 Posaunen, Tuba, Pauken, Schlagzeug, 2 Harfen, Gitarre, Mandoline, Streicher). – Entstanden 1904/05. UA: 1908 in Prag (Dirigent: der Komponist). – Aufführungsdauer: ca. 80 Minuten.
1. Langsam (*Adagio*) / *Allegro risoluto, ma non troppo* – 2. Nachtmusik I: *Allegro moderato* – 3. Scherzo. Schattenhaft. Fließend, aber nicht schnell – 4. Nachtmusik II: *Andante amoroso* – 5. Rondo-Finale. *Allegro ordinario / Allegro moderato, ma energico.*

Im Sommer 1904, fast gleichzeitig mit der »Katastrophen-Musik« des Finales seiner *Sechsten*, entwarf Mahler bereits die beiden *Nachtmusiken* der *Siebenten*. Auch wenn diese Sätze die Modelle vom gemächlichen Ländler (Satz 2) und der heiteren Serenade (Satz 4) nur wie Folien nutzen, überrascht doch ihre krasse Gegensätzlichkeit. Im Sommer 1905 traten bei der Ergänzung des Satzpaars zur Sinfonie zunächst Probleme auf. Unergiebige Wochen vergingen, bis bei einer Fahrt über den Wörthersee der entscheidende Impuls ausgelöst wurde: »Ich stieg in das Boot, um mich hinüberfahren zu lassen. Beim ersten Ruderschlag fiel mir das Thema (oder mehr der Rhythmus und die Art) der Einleitung zum 1. Satze ein – und in 4 Wochen war 1., 3. und 5. Satz fix und fertig!« (Mahler an seine Frau). 3 rasche, vorwärtsstrebende Sätze umschließen 2 *Nachtmusiken*, die sich als Hälften eines einzigen, wenn auch unterbrochenen Satzes betrachten lassen. An die *Fünfte* erinnert außer der 5sätzigen Abfolge und der Zentralposition des Scherzos auch Mahlers Entscheidung, nach heftig ausschlagenden Stimmungskurven einen »positiven« Beschluß herbeizuführen; beidemal steht hierfür die Wahl eines *Rondo-Finales*. Mit der *Sechsten* hat die neue Sinfonie die Dominanz der Ecksätze gemein. Daß beide, trotz grundverschiedener Gestimmtheit, wieder Marschcharakter haben, überrascht nicht. Für den ruhelosen Komponisten konnte das fast zwanghafte Marschieren-Müssen wohl kaum anderes bedeuten als die musikalische Nachbildung einer »Condition humaine«: Der Mensch sieht sich einem strikt vorgezeichneten Lebens- und Leidensweg überantwortet, von dem kein Abweichen möglich ist.
Die *Siebente* wurde recht unterschiedlich aufgenommen. Die *Nachtmusiken* fanden Anklang (was den von Mahler niemals erwogenen Beinamen **»Sinfonie der Nacht«** einbürgern half), das betont konfliktfreie, allzu pompöse Finale (Richard Specht, 1913: »Kirmeßjubel, Meistersingerfrohsinn«) dagegen

löste Befremden aus. Ein so unabhängiger Geist wie Busoni bekannte seine große Enttäuschung (»und eine kleine Genugtuung«); für Schönberg dagegen, zuvor eher ein Mahler-Skeptiker, hat die spätere Zuneigung zu Mahlers Werk den Ausgang vor allem von dieser Sinfonie genommen, die er in der 4händigen Klavierfassung von Alfredo Casella für Darbietungen im Wiener »Verein für musikalische Privataufführungen« einstudierte (1918–20). »[. . .] ich hatte weniger als früher die Empfindung von ungemein Sensationellem, etwas, das einen ungeheuer erregt, aufpeitscht, mit einem Worte von etwas, das den Hörer in der Weise bewegt, daß es ihn aus seinem Gleichgewicht bringt, ohne ihm ein anderes zu geben. Sondern ich hatte den Eindruck einer vollendeten, auf künstlerischer Harmonie begründeten Ruhe«, schrieb er Mahler 1909. Mahler selbst war zuversichtlich. Er schrieb 1908 an seine Verleger Bote & Bock: »Dieses Werk hat alle Aussicht – sowohl in Folge seines heiteren und ansprechenden Charakters, als auch seiner verhältnismäßig kleinen Orchesterbesetzung – in nächster Zeit durch die meisten Concertsäle zu gehen.«
Der *1. Satz* (e-Moll) erhält besonderes Gewicht durch seine *Serioso*-Einleitung über doppelt punktierten Rhythmen mit den *Lamento*-Melodiebögen des eigens hierfür ins Orchester genommenen Tenorhorns, eines sonst nur in Blaskapellen anzutreffenden Ventilflügelhorns:

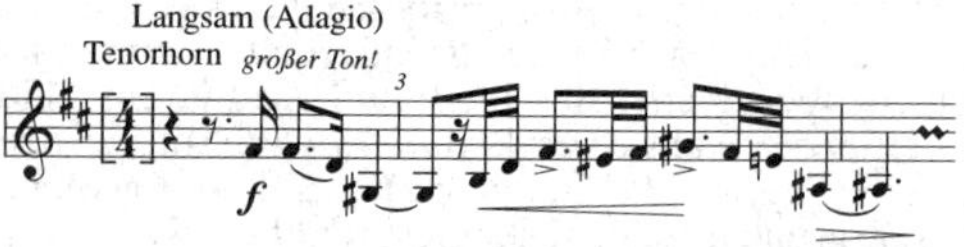

Der Hauptsatz entwickelt mehrere scharf konturierte *Alla marcia*-Themen, von denen sich das streicherbetonte, in ausdrucksvollen melodischen Windungen geführte C-Dur-Seitenthema (*Mit großem Schwung*) kontrastreich abhebt. Der in sich stark gegliederte Durchführungsteil dieses Sonatensatzes ist vom Gedanken geprägt, Zug um Zug alles Kantig-Marschartige zurückzudrängen, um über die Stationen *Gemessener* und *Sehr feierlich* sozusagen zu einer befriedeten »Insel der Seligen« vorzudringen, auf der sich das Gesangsthema wogend zu entfalten beginnt. Mahler-typisch ist der Preis solcher

Seligkeit: der jähe Absturz, dem die Pianissimo-Reprise der langsamen Marsch-Introduktion nachfolgt.
Zum Einleitungsdialog zweier Hörner in der *Nachtmusik I* (C-Dur/c-Moll) merkt die Partitur jeweils ausdrücklich an: *rufend . . . antwortend.* Ins sinfonische Spiel wird damit eine melancholische Ländlermusik gerufen, die durch Trio-Teile Bereicherung erfährt – durch einen ersten, *sehr gemächlichen* (As-Dur) und einen zweiten in bewegendem Klagelaut (c-Moll). Dur und Moll tauschen sich beständig aus, überlappen einander sogar grell dissonierend in 2 realistisch nachgezeichneten »Abstürzen«. Ganz unländlerisch nimmt sich im Epilog die freizügige Kontrapunktierung von Flöte, Klarinette und Horn über liegender Tonika-Quint aus. Den Vergleich zwischen *Nachtmusik I* und Rembrandts eigenartig ausgeleuchtetem Gruppenbildnis *Nachtwache* (1642) soll Mahler begrüßt, nicht aber näher kommentiert haben.
Wie eine *Danse macabre* wirkt *Satz 3* (d-Moll/D-Dur) dank seiner gehetzten, niemals durch Ruhepunkte unterbrochenen Bewegung. Äußerlich als Scherzo mit (diesmal nur einem) Trio geformt, schwankt diese Musik zwischen lose eingestreuten Satzpartikeln und fest gefügtem Satz, zwischen ungestalteter Bewegung und eindeutigem Reigen-Charakter.
Mit Aufschwung läßt die Solo-Violine die *Nachtmusik II* (F-Dur) beginnen. Von den übrigen Sätzen hebt sich dieses *Andante amoroso* ab durch seinen verfeinerten kammermusikalischen Satz in merklich reduzierter Besetzung, die mit zusätzlicher Mandoline und Gitarre zwar seltene, jedoch serenadentypische Gäste im Orchester vorsieht. Was beim ersten Hören wohlgegliedert und leicht faßlich erscheinen mag im Sinne von Exposition, Durchführung, Trio, Reprise und Coda, erweist sich bei näherer Betrachtung als thematisch unerhört vielgestaltig, formal ambivalent und vielseitig assoziierbar: ein Spiel mit Anklängen und Tonfällen.
Aus dem *Rondo-Finale* (C-Dur) bleibt Chromatik weitgehend verbannt zugunsten komplikationsloser Diatonik. Dank der nach Rondoart häufigen Wiederkehr des strahlenden *Maestoso*-Hauptsatzes bestätigt sich mit auffälligem Nachdruck der helle Grundcharakter dieses vielleicht konventionellsten aller Mahler-Finali. Doch verrät der Partiturhinweis fürs letzte Marsch-Ritornell – *. . . etwas feierlich. Prachtvoll* – zuviel Ironie, um dem exaltierten C-Dur-Glanz wirklich zu trauen. Der Verdacht drängt sich auf, hier werde eine aufwendige und

lautstarke Rhetorik lediglich bemüht, um ein Nicht-mehr-sagen-Können zu überspielen. Mit dem übermütig-verzweifelten Wort, dieser Satz frage »Was kost' die Welt?«, könnte Mahler diese inhaltliche Leere gemeint haben.

Sinfonie Nr. 8 Es-Dur

Vokalbesetzung: 3 Sopran-, 2 Alt-Soli, Tenor, Bariton, Baß; Knabenchor, 2 gemischte Chöre; Orchesterbesetzung: 5–6faches Holz, 8 Hörner, 4 (8) Trompeten, 4 (7) Posaunen, Tuba, Pauken, Schlagwerk, Glocken, Celesta, Klavier, Harmonium, Orgel, 2 Harfen, Mandoline, Streicher. – Komponiert 1906/07. UA: 1910 in München (Dirigent: der Komponist). – Aufführungsdauer: 70–80 Minuten.

1. Teil: Hymnus »Veni, creator spiritus«. *Allegro impetuoso* – 2. Teil: Schlußszene aus Goethes *Faust II*. *Poco adagio* ...

Die Uraufführung der *8. Sinfonie* war in die riesige Musikfesthalle des Münchner Ausstellungsgeländes verlegt worden. Der Slogan **»Sinfonie der Tausend«** ging auf den Veranstalter zurück, der in der Tat 850 Choristen und 170 Instrumentalisten hatte aufbieten müssen; Mahler hat dieses Etikett nie gebilligt. Die ungewöhnliche Massierung der Klangmittel erschien den einen als Erschließung einer neuen Dimension, den andern als »Sensations-Knalleffekt« und »Amerikanismus«. Der Erfolg des Werkes in München und bald auch an anderen Orten (1911/12 in Frankfurt, Leipzig, Wien und Berlin) dürfte jedoch nicht nur im Reiz des Riesenaufgebots begründet gewesen sein, sondern ebenso im »Geist feurigen Jasagens« (Bruno Walter), der vom Werk auf die Hörer überging. Th. W. Adorno hat eigens die verfeinerte, zuweilen sogar kammermusikalische Orchesterbehandlung hervorgehoben und auf den Sinn des übergroßen Apparats hingewiesen: »Daß Mahler das Riesenorchester durchweg zur Begleitung dämpft, fördert die Desintegration des Klangs durch eine gewisse spitze Schärfe, auch durch solistische Mischungen; der zweite Teil des wegen seines Massenaufgebots verschrienen Werks ist arm an gehäuften Massenwirkungen; keine Rede kann darin von einer Übersteigerung der äußern Mittel sein. Grund des Aufgebots ist vermutlich Mahlers Wunsch, um monumentaler Wirkungen willen vieltönige Klänge zuweilen in homogener Farbe zu instrumentieren.«

In einer Zeit emphatischen Komponierens hat Mahler das ungewöhnliche Werk während nur zwei Arbeitssommern geschrieben. Wie die Klopstocksche Auferstehungsode anläßlich der *Zweiten*, so ergriff auch jetzt der wohl von Hrabanus Maurus (um 780–856) verfaßte Pfingsthymnus *Veni, creator spiritus* (»Komm, Schöpfer Geist«) Besitz von der Vorstellungswelt des Komponisten. Bemerkenswert ist, daß Teil 1 schon weitgehend fixiert war, als die Textwahl für Teil 2 getroffen wurde. Nicht von allem Anfang an schwebte also dem Komponisten eine »Parallele« vor zwischen dem Lobpreis der Trinität und der Schlußszene aus Goethes *Faust II*, die von Fausts Verklärung handelt. Hier wie dort griff Mahler in die Texte ein und machte sie durch Streichung, Erweiterung, Wiederholung und Umstellung seinen musikalischen Vorstellungen gefügig. Solche rein kompositorischen Vorstellungen dürften zu Arbeitsbeginn entwickelt worden sein. Erst dann wurden geeignete Dichtungen gesucht und »in den Kompositionsprozeß einbezogen. Er hat sie als Stoff verwendet und entsprechend frei behandelt« (Rudolf Stephan). Mahler handelte damit erheblich großzügiger als vor ihm Schumann, der im 3. Teil seiner oratorischen *Szenen aus Goethes ›Faust‹* (1844–53) dem Wortlaut der Schlußszene gewissenhaft folgte.

Viel ist darüber diskutiert worden, ob die *Achte* noch die Gestalt einer Sinfonie wahrt oder ob sie bereits als Sinfonie-Kantate (im Sinne von Mendelssohns *Lobgesang*) oder als Oratorium (im Sinne von Schumanns *Faust-Szenen*) zu klassifizieren sei. Doch läßt Mahlers Bezeichnung »Symphonie« an Eindeutigkeit nicht zu wünschen übrig, zumal die beiden Teile recht genau den Gang des üblichen Satzzyklus ausprägen.

Teil 1 (Es-Dur) verzichtet auf orchestrales Präludieren und setzt in beiden gemischten Chören *impetuoso* (»ungestüm, heftig«) mit dem Hymnus in markanter Quart- und Sept-Kopfthematik ein:

Ein kantableres Seitenthema (*dolce espressivo*, Des-Dur) stellen die Soli zu den Worten »Imple superna gratia« (»Fülle Gnade von oben«) entgegen. In vielstimmigem Vokalsatz al-

ternieren und verflechten sich Solo- und Chorstimmen über einem Orchestersatz, der teils verdoppelt, teils zusätzliche Akzente und Einschübe setzt. Nach der lyrisch verhaltenen Schlußepisode (»Infirma nostri corporis«, »Unsere Schwachheit stärke«, B-Dur) unterwirft eine erste orchestrale Durchführungsphase das mehrteilige Kopfthema stark verändernden Kräften. Noch einmal erscheinen die »Infirma«-Verse zu den Tönen des Kopfthemas als gedämpfte Vorstufe zum Fortissimo-Bittruf aller Stimmen (*Mit plötzlichem Aufschwung*): »Accende lumen sensibus« (»Entzünde deine Leuchte unseren Sinnen«), erstmals mit Knabenchor. Ihre Hochphase erreicht die mit dramatischen Dialogimpulsen arbeitende Durchführung mit einer den alten Kirchenstil nachbildenden Doppelfuge über Elemente der Kopfthematik (»Praevio«, »Geh uns voran«). Durch die neuerlichen Rufe »Accende« und »Veni, creator spiritus« formiert sich in hymnischer Euphorie ein Brückenschlag zur Reprise. Beide Rufe krönen auch, nach knapper Rekapitulation und orchestraler Steigerung, die strahlende Es-Dur-Coda.
Teil 2 (es-Moll/Es-Dur) dehnt sich gegenüber Teil 1, dem raschen Kopfsatz, auf etwa doppelte Länge aus und umfaßt, wenigstens in angenäherter Entsprechung, die 3 ergänzenden Sinfonie-Sätze im Rahmen einer vielfach gegliederten, mit den Mitteln des Oratoriums gestalteten Szene. Der *langsame Satz* findet sich wieder in der über leisen ostinaten Baßformeln weit ausgesponnenen Orchester-Introduktion (*Poco adagio*, es-Moll), die sich stufenweise belebt und dabei mehrere neue bzw. variierte ältere Themen herausbildet. Der erste Choreinsatz (»Waldung, sie schwankt heran«), im Pianissimo scharf ausgesprochen und rhythmisiert, entspricht dem eigentlichen Szenenbeginn nach dem Heben des imaginären Vorhangs und der allmählichen Belebung des phantastischen Goethe-Tableaus (»Bergschluchten, Wald, Fels, Einöde . . .«) durch das wundersame Personeninventar (Patres, selige Knaben, Engel, Doctor Marianus, Gretchen als Büßerin, Mater gloriosa). Das Verkünden hebt an, musikalisch getragen von fortwährend wechselnden Vokal- und Instrumentaldispositionen. Dem entspricht eine von Mahler kunstvoll erfundene und gefügte Dramaturgie der Charaktere und Stimmungen, Gesten und Tonfälle. Mit dem Choreinsatz der »jüngeren Engel« (»Jene Rosen aus den Händen / Liebend-heiliger Büßerinnen«, *Grazioso. Scherzando*) ließe sich der Beginn eines Sin-

fonie-Abschnitts in *Scherzo*-Manier ausmachen. Kaum exakt festzulegen ist hingegen der Beginn eines *Finales*, da der Duktus der Musik wellenförmigen Steigerungsphasen unterliegt. Ein letzter hymnischer Aufschwung gilt, nach einer suggestiven orchestralen Beruhigungs- und Vorbereitungsphase, dem *mit zartester Tongebung* anhebenden, dann mit allen Kräften des riesigen Tuttis anwachsenden »Chorus mysticus« (»Alles Vergängliche / Ist nur ein Gleichnis«):

Mahler, der bisher keine seiner Partituren mit einer Widmung versehen hatte, fühlte sich gedrängt, auf die Titelseite der *Achten* zu schreiben: »Meiner lieben Frau Alma Maria.«

Das Lied von der Erde
Eine Sinfonie für eine Tenor- und eine Alt-(oder Bariton-) Stimme und Orchester

Besetzung: großes Orchester (mit 2 Harfen). – Entstanden 1907–09. UA: 1911 in München (Dirigent: Bruno Walter). – Aufführungsdauer: 60–62 Minuten.

1. Das Trinklied vom Jammer der Erde (Tenor) – 2. Der Einsame im Herbst (Alt) – 3. Von der Jugend (Tenor) – 4. Von der Schönheit (Alt) – 5. Der Trunkene im Frühling (Tenor) – 6. Der Abschied (Alt).

Texte: Li Tai-Po (Sätze 1, 3–5), Tschang-Tsi (Satz 2) und Mong Kao-Jen/Wang Wei (Satz 6) in der Übertragung durch Hans Bethge.

Schon im Erscheinungsjahr 1907 muß Hans Bethges (1876–1949) Insel-Bändchen *Die chinesische Flöte* in Mahlers Hände gelangt sein. Alma Mahler erinnert sich: »Die Gedichte entzückten mich, und ich las sie Gustav Mahler immer wieder vor, bis er daraus [. . .] ›Das Lied von der Erde‹ machte.« Die philologisch fragwürdigen Übersetzungen trugen einer in jenen Jahren des Jugendstils grassierenden Asiatica-Mode Rechnung. Doch mag Mahler darüber hinaus in den von ihm ausgewählten und teilweise stark redigierten Gedichten des 8. und 9. Jh., die Entfaltung und Neige des menschlichen Lebens durch die Abfolge der Jahreszeiten symbolisieren, manches von der Ursprünglichkeit der *Wunderhorn*-Lyrik wiedergefunden haben.

Das Jahr 1907 brachte für den Komponisten schicksalshafte Einbrüche: beruflich die Aufgabe der Wiener Direktorenposition und die Umorientierung nach New York, privat den plötzlichen Tod der Tochter Maria Anna und die Diagnose des eigenen schweren Herzleidens. Alma hielt fest (*Gustav Mahler. Erinnerungen und Briefe*, 1940): »[...] jetzt überfielen ihn diese maßlos traurigen Gedichte, und er skizzierte schon in Schluderbach, auf weiten einsamen Wegen, die Orchesterlieder, aus denen ein Jahr später ›Das Lied von der Erde‹ werden sollte.« Entscheidend ist, daß sich während der Hauptarbeitsphase im darauffolgenden Sommer 1908 das ursprüngliche Lied-Konzept wandelte: »Die Arbeit vergrößerte sich unter seinen Händen. Er verband die einzelnen Texte, machte Zwischenspiele, und die erweiterten Formen zogen ihn immer mehr zu seiner Urform – zur Symphonie. Als er sich darüber klar war, daß dies wieder eine Art Symphonie sei, gewann das Werk schnell an Form und war fertig, ehe er es dachte.«

Somit ließe sich dieses außerordentliche Werk doppelt definieren: als eine zum Sinfonischen hin verdichtete Liederfolge *oder* als eine großangelegte Sinfonie mit obligaten Singstimmen. Nach Abschluß der ins Oratorische sich öffnenden *Achten* und vor dem Entschluß zu weiteren, nun wieder rein instrumentalen Sinfonie-Projekten (*Neunte, Zehnte*) sah Mahler in dieser Mischgattung eine reizvolle Möglichkeit, die vor ihm schon Arnold Schönberg beispielhaft erprobt hatte (*Gurre-Lieder*, Teil 1, 1900/01: alternierende Sopran-Tenor-Gesänge von Tove und König Waldemar) und die nach ihm noch Alexander Zemlinsky nutzen würde (*Lyrische Sinfonie*, 1922/23, alternierende Sopran-Bariton-Gesänge des Mädchens und des Prinzen). Hält der Hörer an der Formvorstellung der traditionellen Sinfonie fest, so stellt sich ihm *Lied 1* als ein aus der Strophenform (durch Einschub einer Durchführung) gewonnener Kopfsatz nach Sonatenart dar, *Lied 2* als langsamer Satz, während die kürzer und leichter gehaltenen *Lieder 3–5* sich zu einer Art Scherzo fügen. *Lied 6* aber, nahezu so umfangreich wie alle zuvor erklungenen Lieder zusammen, erweist sich in Anlehnung an die langsamen Schlußsätze der *Dritten* und *Neunten* als breit ausgesungenes Final-Adagio, wobei der 3. und letzten Strophe eine großbogige sinfonische Durchführung im Charakter einer erschütternden Marcia funebre vorausgeht:

Relativ häufig gelangen 2 Nebenfassungen des *Liedes von der Erde* zur Aufführung: 1. eine von Mahler selbst stammende Fassung mit Klavier (statt Orchester), die – über den Rang eines Klavierauszugs zu Studienzwecken hinausgehend – von allem Anfang an für konzertmäßige Aufführungen gedacht war (UA: Tokio 1989); 2. eine von Schönberg begonnene (Lied 1, erste Hälfte), viel später dann von Rainer Riehn fortgesetzte Kammerfassung mit 14 Instrumentalisten (UA: Toblach 1983).

Sinfonie Nr. 9 D-Dur

Besetzung: großes Orchester (4–5faches Holz, 4 Hörner, 3 Trompeten, 3 Posaunen, Tuba, Pauken und Schlagwerk, 2 Harfen, Streicher). – Entstanden 1909/10. UA: 1912 in Wien (Dirigent: Bruno Walter). – Aufführungsdauer: 70–80 Minuten.

1. *Andante comodo* – 2. Im Tempo eines gemächlichen Ländlers. Etwas täppisch und sehr derb – 3. Rondo. Burleske. *Allegro assai.* Sehr trotzig – 4. *Adagio*. Sehr langsam . . .

»Ich war sehr fleißig und lege eben die letzte Hand an eine neue Symphonie [. . .]. Das Werk selbst (soweit ich es kenne – denn ich habe bis jetzt nur blind darauf losgeschrieben und kenne jetzt, wo ich den letzten Satz eben zu instrumentieren beginne, den ersten nicht mehr) ist eine sehr günstige Bereicherung meiner kleinen Familie. Es ist da etwas gesagt, was ich seit längster Zeit auf den Lippen habe – vielleicht (als Ganzes) am ehesten der 4. an die Seite zu stellen. (Doch ganz anders.)«

Als Mahler seinem Freund Bruno Walter im August 1909 vom Abschluß des Partiturentwurfs berichtete, konnte er nicht ahnen, daß nicht, wie gewöhnlich, er selbst, sondern Walter der Uraufführungsdirigent dieser *Neunten* sein würde. Bereits ein, zwei Jahre waren seit der Komposition des *Liedes von der Erde* verstrichen, das sehr wohl seine *Neunte* hätte werden können, hätte Mahler diese »Sinfonie für eine Tenor- und eine Alt-(oder Bariton-)Stimme und Orchester« nicht, aus welchen Gründen auch immer, von der Numerierung ausgeschlossen. Bereits zwei amerikanische Konzertwinter lagen hinter dem »Wanderer zwischen zwei Welten«, der seit einigen Jahren versuchte, jeweils im Zweijahresrhythmus im österreichischen Sommerdomizil bei Toblach (Südtirol) neue Kompositionsprojekte zu verwirklichen. Weder die *Achte* noch das *Lied von der Erde* waren im Konzertsaal erklungen, als im Sommer 1909 »die Bereicherung meiner kleinen Familie« definitive Gestalt annahm. Zur Familie zählte die der *Wunderhorn*-Sphäre verpflichtete Gruppe der ersten 4, direkt oder indirekt auf Texten und Programmen gründenden Sinfonien. 3 »mittlere« Sinfonie-Werke (Nr. 5–7) hatten eine größere Geschmeidigkeit, zugleich aber auch eine Schärfung der orchestralen Charaktere und Gesten erbracht. Für die beiden Folgewerke (*8. Sinfonie*, *Lied von der Erde*), die sich der Sinfonie-Idee im Formalen zwar haltsuchend näherten, inhaltlich aber zugleich von ihr abrückten, bedurfte es wieder stimulierender Textanlässe. Die *Neunte* und auch die fragmentarische *Zehnte* wechseln ein letztes Mal die Position, versagen sich Texte als Ideenträger, die verstärkend in die sinfonische Struktur hätten einbezogen werden können.

Satz 1 (D-Dur) überrascht durch sein reduziertes Zeitmaß. Nach Form und Inhalt durchaus als Kopfsatz, nicht nur als geweitete und verselbständigte Introduktion gewichtet, zeigt er Tendenz zur Verlangsamung, die in der *Zehnten* konsequenterweise zu einem *Adagio* als 1. Satz führen wird. Überraschend ist auch der Austausch der Themencharaktere. Nach der gleichsam präludierenden Einführung eines (später stark einwirkenden) Synkopenrhythmus und einer 3tönigen Ostinato-Figur

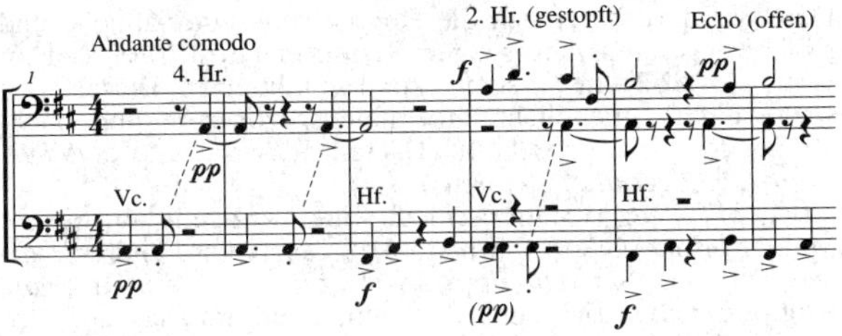

addiert sich das Hauptthema (2. Violinen) nur sehr zögernd aus zahlreichen, den Tonraum ertastenden 1-Takt-Phrasen zusammen:

Ihm widersetzt sich, nach d-Moll umgefärbt, ein vorwärtsdrängendes und raumgreifendes Seitenthema (1. Violinen). Es löst nicht nur eine jetzt belebtere zweite Strophe des Hauptsatzes aus, sondern bestätigt seine Dominanz, indem es in variierter Form auch vom Schlußsatz (B-Dur) Besitz ergreift. Die dramatischen Ereignisse der auffällig vergrößerten Durchführung sind eingespannt zwischen 2 signifikanten Einsatzfolgen des Synkopenrhythmus, der dem unregelmäßigen Herzrhythmus des Komponisten abgelauscht sein soll. Eingangs der Durchführung verharrt er in beunruhigendem Piano (Hörner). Gegen Ende – nach konfliktreichem Passieren gegensätzlicher emotionaler Klimazonen (*Zart gesungen . . ., Mit Wut . . ., Leidenschaftlich . . ., Schattenhaft . . ., Bewegter . . ., Pesante / höchste Kraft . . .*) entlädt sich der schicksalhafte Rhythmus *mit höchster Gewalt*, bringt das Geschehen zum Einsturz und leitet über in eine von Seufzern und gepreßten Fanfaren erfüllte Trauermusik (*Wie ein schwerer Kondukt*). Nach dieser

Depression verkürzt sich die Reprise aufs Unerläßliche und gibt bewegenden Abgesängen Raum: einem *Misterioso*-Einschub (d-Moll) mit riskant kontrapunktierten Bläserlinien sowie einem unendlich lange hinausgezögerten und nachklingenden Schlußabschnitt (D-Dur, *Schwebend ..., dolcissimo ..., zögernd ..., morendo ...*).

Mit dem *2. Satz* (C-Dur) schließt eine Tanzszene an, wie sie Mahler bisher nie erprobt hatte. Die Tanztypen Ländler I (*Etwas täppisch und sehr derb*), Walzer und Ländler II (*ganz langsam*) reihen sich zunächst aneinander, um sich dann immer stärker zu verschachteln. Bald kommen sie ins Taumeln, geraten einander in die Quere oder lösen sich gar in ihre Partikel auf. Exaltierte Beschleunigung wechselt mit künstlicher Verlangsamung, grelle Vulgarität schlägt unversehens um in Töne innigsten Ausdrucks. Der kapriziös verebbende Satzschluß täuscht vor, es habe bei dieser außer sich geratenden Tanzfolge alles seine Richtigkeit gehabt. (Alban Berg dürfte bei der Komposition der Wirtshausszene seines *Wozzeck* diesen Mahler-Satz im Ohr gehabt haben.)

Satz 3 steht seinem Vorgänger nicht nur tonartlich nahe (Paralleltonart a-Moll), sondern auch in seiner Funktion als ein höhergestuftes »Scherzo II«. Weitergeführt ist auch der Gedanke, Vertrautes durch Verzerrung zu ironisieren, Erwartetes verändert oder gar nicht eintreten zu lassen. Einem Rondo entspricht der breit entwickelte, zumeist grell instrumentierte Satz aufgrund seiner 3 *sehr trotzig* dreinfahrenden Burlesken-Sätze, die sich direkt oder verspätet in wuchtigen, betont schulmäßigen Fugati fortsetzen. 2 Trio-Episoden (F-Dur bzw. A-Dur) bringen nur abgeschwächte Kontraste, da das ursprüngliche *Allegro assai*-Tempo weiterhastet. Aufgebrochen wird der atemlose Satz in seiner Mitte durch eine Art »Trio III« (D-Dur), das die hochexpressive Doppelschlagfigur des Final-Adagios *mit großer Empfindung* in melodischer Einkleidung vorausnimmt.

Satz 4 (Des-Dur), ein großbogig ausgesungenes *Adagio*, gilt in Weiterführung von Satz 1 und in Anlehnung an den Schlußgesang des *Liedes von der Erde* als Musik des Abschieds. Von allem Anfang an wurde ja die *Neunte* mit der Sphäre von Trauer, Tod und Vermächtnis verbunden – schon aus dem biographischen Zusammenhang verständlich, daß das Werk erstmals im Jahr nach Mahlers Tod im Konzertsaal zu hören war. Auch heute noch drängen sich allein kraft des Ausdrucks dieser Musik solche Vorstellungen auf. Werden sie im 1. Satz von dem figurenreich »sprechenden« *Misterioso*-Einschub und dem elegisch verzögerten *Morendo*-Ausklang ausgelöst, so nun im *Adagio* von dem ins äußerste Piano zurückgenommenen Epilog, dem ein Alternieren zwischen 2 Themenbereichen vorausging: einem ersten voll ausdrucksgesättigter Klangfülle (Des-Dur, *großer Ton*)

und einem zweiten von distanzierter Kargheit (cis-Moll, *ohne Empfindung*). Im Epilog selbst löst sich der zuvor vielstimmige Streichersatz ganz allmählich auf ins Zerbrechliche, Vereinzelte, nur noch Erinnerte. *Mit inniger Empfindung* breitet sich ein letzter zusammenhängender Melodiebogen der 1. Violinen aus, *ersterbend* endet die jetzt unendlich gedehnte Doppelschlagfigur in den Bratschen.

Sinfonie Nr. 10 Fis-Dur

Besetzung: sehr großes Orchester. – Skizzen, Entwürfe: 1910. UA der Sätze 1 und 3: 1924 in Wien (Dirigent: Franz Schalk).
1. *Adagio* – 2. Scherzo (I): Schnelle Viertel – 3. Purgatorio: *Allegretto moderato* – 4. (Scherzo II:) *Allegro pesante*. Nicht zu schnell – 5. Finale. Einleitung: Langsam, schwer / *Allegro moderato*.

Im Sommer 1910, wiederum im Südtiroler Ferien- und Arbeitsdomizil Schluderbach bei Toblach, muß Mahler den Plan zu einer *10. Sinfonie* in die Tat umgesetzt haben. Bedenkt man, daß gleichzeitig die Münchner Uraufführung der *Achten* (am 12. September) und die vierte New Yorker Konzert- und Opernsaison vorzubereiten war, daß außerdem Mahler in jenen Wochen und Monaten seine Beziehungen zu Alma durch den jungen »Eindringling« Walter Gropius gefährdet sah, so wird die ungeheure Anspannung deutlich, in der sich der rastlos Arbeitende befand. Ein Großteil, wenn nicht die Gesamtheit der hinterlassenen (und im Faksimile edierten) Niederschriften zur fragmentarischen *Zehnten* muß in dieser kurzen

Zeitspanne entstanden sein, da die hektischen Wintermonate in aller Regel kaum Zeit fürs Komponieren ließen und Mahler zudem – Almas *Erinnerungen* zufolge – auffällige Distanz zum neuen Werk hielt: »[...] die Zehnte war nicht fertig, und er hatte eine Scheu, sich damit zu befassen.« Am 18. Mai des folgenden Jahres starb Mahler.
Die *Zehnte* sollte 5 Sätze umfassen, deren Reihenfolge Mahler einige Male veränderte. In den erhaltenen Skizzen, Particellen und Partiturentwürfen weisen die Sätze recht unterschiedliche Stadien auf. Während die Sätze 1 und 3 bereits deutliche Entwurfsgestalt zeigen, bestehen die Particelle der übrigen Sätze aus wesentlichen Linienzügen und Harmonien.
Bald nach Ende des 1. Weltkriegs erhob sich die Frage, ob das Fragment im Konzertsaal erklingen könne. Aus der von zum Teil erbitterten Pro-und-Contra-Diskussionen, ja Intrigen begleiteten Editions- und Aufführungsgeschichte seien nur die entscheidenden Etappen genannt: 1924 gelangten in Wien die Sätze *Adagio* und *Purgatorio* in einer hauptsächlich von Ernst Krenek besorgten Einrichtung zur Aufführung. 1949 lehnten Schönberg und Schostakowitsch auf Anfrage Almas eine Komplettierung ab. Unter den dann folgenden Versuchen lösten die von Deryck Cooke (1919–76) und seinen Beratern vorgelegten Fassungen die stärkste Resonanz aus: 1960 erklang in London eine erste fast durchgängige Version; 1976 erschien Cookes letzte, um weiteres Material angereicherte »Konzertfassung des Entwurfs«, die seither zahlreiche Aufführungen und mehrere Einspielungen erlebte. Obwohl auch sie naturgemäß nur eine Annäherung an Mahlers mutmaßliche Vorstellungen vermitteln kann, wird der an Mahlers Musik interessierte Hörer, der die rund 75minütige Cooke-Fassung einmal miterlebte, die dabei gewonnenen Eindrücke für die Schärfung seines Mahler-Bildes kaum missen mögen.
2 kraftvoll drängende *Scherzi*, von gemächlichen Ländler-Einschüben und düster gestimmten Episoden (in Satz 4: *Sehr klagend ..., Schattenhaft ...*) nur zeitweilig beruhigt, fassen den überraschend kurzen *Purgatorio*-Satz ein. Dieses wohl auf das 2. Buch von Dantes *Göttlicher Komödie* anspielende »Fegefeuer«-Intermezzo erinnert an die jähen Stimmungsumschläge mancher *Wunderhorn-Lieder*. Den großen Rahmen geben der Sinfonie das häufig auch separat aufgeführte *Adagio* und das langsam eingeleitete, nach dem *Allegro moderato*-Hauptteil

wieder ins *Adagio*-Zeitmaß zurückgelenkte *Finale*. Das durch 3 Bratschen-Monologe gegliederte *Adagio*, in dem Abschnitte mit raumgreifender Gesangsmelodik (. . . *sehr warm*) und tänzerischer Gestik sich alternierend entfalten und intensivieren, mündet unvermittelt in einen heftigen Choralausbruch mit nachfolgender Erstarrung des Geschehens in einem aus Terzen dissonant aufgetürmten Akkordblock, der keine Auflösung mehr kennt. Auf das Erlebnis eines New Yorker Trauerkondukts sollen die makabren Schläge der gedämpften großen Militärtrommel zurückgehen, mit denen das unendlich schwer in Gang kommende *Finale* anhebt. Sein zu wogender Emphase (*Feurig*) gesteigerter *Allegro*-Abschnitt führt jedoch, gleichsam aus bedrängender Erinnerung heraus, zum »Erstarrungsakkord« und zum Bratschen-Monolog des *Adagios* zurück. Eine ausdrucksvoll ausgebreitete und wieder schließende Streichergebärde beschließt dieses Opus ultimum Mahlers.

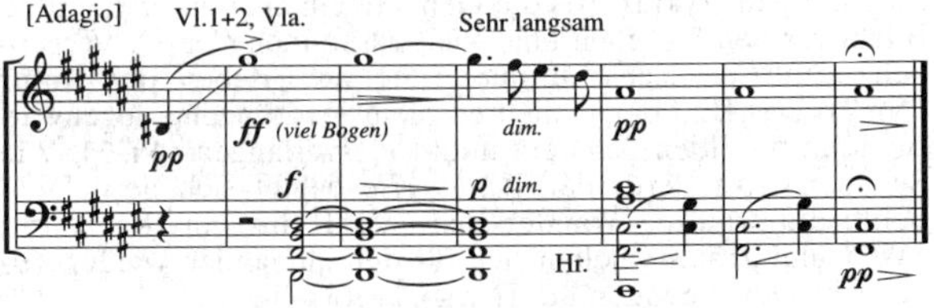

Auf die tiefen Erschütterungen in den Krisen des Sommers 1910 weisen einige direkt in den Partiturentwurf eingetragenen Worte: »Erbarmen!! O Gott! Warum hast du mich verlassen? – Dein Wille geschehe!« (Schlußseiten des *Purgatorio*); »Der Teufel tanzt es mit mir / Wahnsinn, fass mich an, Verfluchten! / vernichte mich / daß ich aufhöre zu sein / daß ich ver. . .« (Titelblatt zu Satz 4); »Du allein weisst, was es bedeutet. / Ach! Ach! Ach! / Leb' wol mein Saitenspiel! / Leb wol / Leb wol / Leb wol [. . .]« (Schlußseite Satz 4); »für dich leben! / für dich sterben! . . . Almschi!« (Schlußseite Satz 5). Diese Ausrufe der Verzweiflung bestimmen stellenweise ganz wesentlich den Duktus der Musik, so daß Dieter Schnebel daraus folgern konnte: »In der 9. und 10. Sinfonie werden Instrumentalpartien zuweilen vollends zur Stimme. Manche Melodien in den Ecksätzen der *Neunten* oder das große Bratschensolo aus dem Adagio der *Zehnten* sind so beredt wie nur die großen Lieder Mahlers. Die Exklamationen im Manuskript der Zehnten [...] bedurften keiner Auslegung durch eine Singstimme mehr.«

Orchesterlieder und -gesänge

Lieder eines fahrenden Gesellen

Besetzung: tiefe Stimme, mittleres Orchester. – Entstanden 1884/85, orchestriert 1891–95. UA: 1896 in Berlin (Solist: Anton Sistermans, Dirigent: der Komponist). – Aufführungsdauer: 15–16 Minuten.
Liedfolge: 1. Wenn mein Schatz Hochzeit macht – 2. Ging heut morgen übers Feld – 3. Ich hab ein glühend Messer, ein Messer in meiner Brust – 4. Die zwei blauen Augen von meinem Schatz.

Eine glücklose Liebesbeziehung zur Sängerin Johanna Richter während Mahlers Zeit am Kasseler Hoftheater (1883–85) gab Anlaß zu Dichtung und Komposition dieses »biographischen« Liederzyklus. Als die Geliebte einen anderen heiratet, bricht für den Gesellen eine Welt zusammen (Nr. 1). Vergeblich erhofft er sich Aufmunterung im Erleben der Natur (Nr. 2): Das Bild der Geliebten bleibt bedrängend gegenwärtig, schafft wilden Schmerz und Todesverlangen (Nr. 3). Wie Schuberts Wanderer der *Winterreise* begibt sich der Ungeliebte auf traurige Wanderschaft, wird eins mit der Natur; »Welt und Traum« hellen sich für den allmählich wieder Zuversicht Gewinnenden auf (Nr. 4).
Für diese »Geschichte von einem ›fahrenden Gesellen‹«, verwandelt in eine »Rhapsodie in 4 Gesängen« (= Arbeitstitel), bedurfte es keiner kunstvollen Lyrik, sondern schlichter, bild- und stimmungsreicher Strophen nach Volksliedart. Mahler griff auf die *Wunderhorn*-Liedersammlung zurück bzw. machte sich deren Tonfall dichtend zu eigen. Doch konnte er als Komponist der Ära nach Wagner, Brahms und Bruckner und als Zeitzeuge explosiver Industrialisierung und Verstädterung den sehnsuchtsvoll angeschlagenen Liedton kaum ungebrochen vertonen. Seine Lieder lösen sich oft vom naiven Erzählton, geraten ins Schwanken (vgl. Nr. 1: irritierende Triolen, wiederholte Tempo-Gegensätze *Schneller/Langsamer*), zerdehnen den tonalen Rahmen (Nr. 3: Rückung d-Moll/es-Moll) oder ballen sich zu einer sinfonisch-dramatischen Szene (Nr. 3: *Stürmisch wild*). Der Zusatz zur Vortragsanweisung von

Nr. 4 dürfte für die Gebrochenheit des ganzen Zyklus gelten: *ohne Sentimentalität.*
Die in den Texten enthaltene Ausdrucksvielfalt hat, über den begrenzten Rahmen des Liedes hinaus, in die komplexere Sinfonie hineingewirkt. Gleich zweimal beruft sich die fast gleichzeitig begonnene *1. Sinfonie* auf die *Gesellenlieder.* Die beiden Hauptstrophen von Nr. 2 wachsen sich dort, im *Allegro* des Kopfsatzes, zur gewichtigen Hauptsatzeröffnung aus; der träumerische Ausklang von Nr. 4 (»Auf der Straße steht ein Lindenbaum«) findet als ruhige, fast schwebende Dur-Trio-Episode (*Sehr einfach und schlicht wie eine Volksweise*) Eingang in den sonst so düster gehaltenen 3. Sinfoniesatz.
1920 brachte Arnold Schönberg im Wiener »Verein für musikalische Privataufführungen« eine von ihm selbst eingerichtete, auch heute gern wieder benutzte Kammerfassung des Mahler-Zyklus mit »Pariser Salonorchester« (Flöte, Klarinette, Klavier, Harmonium, Schlagwerk und Streichquintett) zur Wiedergabe.

Zwölf Lieder aus »Des Knaben Wunderhorn«

Besetzung: hohe bzw. tiefe Stimme, mittleres Orchester. – Entstanden 1892–96. – Aufführungsdauer: ca. 50 Minuten.
Liedfolge: 1. Der Schildwache Nachtlied – 2. Verlorne Müh' – 3. Trost im Unglück – 4. Wer hat dies Liedlein erdacht? – 5. Das irdische Leben – 6. Des Antonius von Padua Fischpredigt – 7. Rheinlegendchen – 8. Lied des Verfolgten im Turm – 9. Wo die schönen Trompeten blasen – 10. Lob des hohen Verstandes – 11. Es sungen drei Engel – 12. Urlicht.
Texte: *Des Knaben Wunderhorn.*

Die Themenfülle dieser Lieder beschrieb Bruno Walter, der Mahler freundschaftlich nahestehende Dirigent: »Alles fand er in ›Des Knaben Wunderhorn‹, was seine Seele bewegte, und fand es ebenso dargestellt, wie er es fühlte: Natur, Frömmigkeit, Sehnsucht, Liebe, Abschied, Nacht, Tod, Geisterwesen, Landsknechtsart, Jugendfrohsinn, Kinderscherz, krauser Humor – all das lebte in ihm wie in den Dichtungen, und so strömten seine Lieder hervor.« Für lange Jahre identifizierte sich der Komponist mit der Sehnsuchtswelt dieser Lieder, der real anzugehören ihm als Bürger einer modernen Fortschrittswelt versagt blieb. Brüche mußten sich auftun zwischen Text und Musik, Traumland und Gegenwart, liedhafter Schlichtheit und einer nachwagnerisch gefährdeten, in ihrem Ausdruck oft schmerzlich geschärften und gepreßten, gar deformierten

Setzweise. Noch immer bezog sich der Komponist auf die Formenwelt des Volks- und Kunstliedes, um diese Vorprägungen dann nach Maßgabe seiner Texte eigenwillig zu variieren, auszuweiten und ironisch zu verfremden.
Nr. 1–10 entstanden Mitte der 1890er Jahre und erschienen, wohl mit Billigung des Komponisten, in 2 Liedgruppen, ohne daß ausdrücklich die zyklische Darbietung gefordert worden wäre. Tatsächlich gelangten zunächst verschiedene Gruppen einzelner Titel zur Aufführung. Die Praxis, bei Darbietung aller Gesänge 2 Sänger im Wechsel heranzuziehen, war der Mahler-Zeit noch fremd.
Inhaltlich sind diesen Gruppen noch Nr. 11 und Nr. 12 zuzurechnen, die jedoch im Rahmen von »*Wunderhorn*-Sinfonien« in einen völlig neuen Zusammenhang gestellt wurden. Nr. 11 gehört der *3. Sinfonie* als 4. von 6 Sätzen und (nach dem Alt-Gesang über Nietzsches »O Mensch«) als 2. Vokalsatz mit Frauen- und Kinderchor an. Nr. 12 erklingt in der *2. Sinfonie* als 4. Satz mit Alt-Solo, nachdem das Material für den an Scherzo-Stelle plazierten 3. Satz großenteils aus dem Orchesterpart von Lied Nr. 6 gewonnen worden war. Außer acht bleibt bei dieser Zählung in aller Regel der Schlußsatz der *4. Sinfonie*, dem gleichfalls ein *Wunderhorn*-Gedicht zugrunde liegt (*Das himmlische Leben*, 1892 komponiert und ursprünglich für die *3. Sinfonie* entworfen).
Schon die klavierbegleiteten *Vierzehn Lieder und Gesänge aus der Jugendzeit* (1880–92) enthalten 9 Vertonungen aus der von den Freunden Achim von Arnim und Clemens Brentano in gemeinsamer Begeisterung für volkstümliche Poesie edierten Sammlung *Des Knaben Wunderhorn* (1805–08). (Einen Großteil davon orchestrierte Luciano Berio 1986/87 unter den Titeln *Fünf* bzw. *Sechs frühe Lieder.*)

Sieben Lieder aus letzter Zeit

Besetzung: tiefe Stimme, großes Orchester. – Entstanden 1899 (Nr. 1, 2), 1901–04 (Nr. 3–7). – Aufführungsdauer: ca. 30 Minuten.
Liedfolge: 1. Revelge – 2. Der Tambourgsell – 3. Blicke mir nicht in die Lieder – 4. Ich atmet' einen linden Duft – 5. Ich bin der Welt abhanden gekommen – 6. Um Mitternacht – 7. Liebst du um Schönheit, o nicht mich liebe!
Texte: *Des Knaben Wunderhorn* (Nr. 1, 2), Friedrich Rückert (Nr. 3–7).

Angesichts der Kompositionsjahre irritiert der Zusatz »aus letzter Zeit«. Er hat mit der Erstveröffentlichung *nach* Mahlers Tod zu tun; der Titel darf also nicht im Sinne von »Letzten Liedern« – wie bei Richard Strauss – verstanden werden. Wie die *Zwölf Wunderhorn-Lieder* sind die *Sieben Lieder* kein Zyklus, sondern nur auf Wunsch des Verlags zu einer Sammlung gebündelt worden. Aufschlußreich ist diese Bündelung allerdings insofern, als sie Mahlers allmähliche Lösung aus der *Wunderhorn*-Welt und seine Zuwendung zur Lyrik Friedrich Rückerts (1788–1866) belegt. (Es ist übrigens interessant zu sehen, wie sehr sich der sehr belesene Mahler bei der Wahl lyrischer Texte einschränkte und weder auf so gern vertonte Dichter wie Eichendorff, Mörike oder Heine zurückgriff noch auf Zeitgenossen wie Liliencron, Dehmel oder George.)

Revelge (= Reveille, Weckgetrommel) und *Der Tambourgsell* beschwören die Welt geschundener Soldaten, die sich wehmütig vom Leben verabschieden; beide Lieder entwickeln sich, die Marschepisoden der Sinfonien mit ihren klagenden Dur-Moll-Wechseln vorausnehmend, über unbarmherzig skandierten Trommelattacken und Marschrhythmen (Nr. 1 *Marschierend. In einem fort*, Nr. 2 *Gemessen, dumpf*). Über das an ein leicht und schwebend dahineilendes Perpetuum mobile erinnernde Lied Nr. 3 äußerte Mahler gegenüber der Freundin Natalie Bauer-Lechner, er halte es »für das wenigst bedeutende von allen« und er vermute, »daß es gerade darum am ehesten und am meisten gefallen werde«. Leicht und hell geben sich auch die beiden Liedstrophen von Nr. 4 (*Sehr zart und innig; langsam*), wobei Mahler die wohlbedachte »Wortmusik« (Linde – lieblich – gelinde – Liebe) durch einen äußerst transparenten, auf lastende Bässe verzichtenden Orchestersatz aufwertet. Berühmtheit konnte Nr. 5 (*Äußerst langsam und zurückhaltend*), dessen elegische Englischhorn-Melodie sich erst in mehreren Ansätzen entfaltet, durch seine gestalterische wie gestische Nähe zum wenig später folgenden *Adagietto* der *5. Sinfonie* erlangen. Ganz ohne Streicher kommt Nr. 6 aus, eine zum Schluß hin gebetsartig überhöhte nächtliche Meditation über die Ohnmacht des Menschen. Wie das *Adagietto* stellt das bei zyklischen Wiedergaben oft weiter vorn plazierte Schlußlied Nr. 7 (*Innig*) eine gesungene Liebeserklärung an Mahlers Frau Alma dar.

Kindertotenlieder

Besetzung: Alt- bzw. Baritonstimme, kleines Orchester. – Entstanden 1901 (Nr. 1–3), 1904 (Nr. 4, 5). UA: 1905 in Wien (Solist: Friedrich Weidemann, Dirigent: der Komponist). – Aufführungsdauer: ca. 23 Minuten.
Liedfolge: 1. Nun will die Sonn' so hell aufgehn – 2. Nun seh ich wohl, warum so dunkle Flammen – 3. Wenn dein Mütterlein tritt zur Tür herein – 4. Oft denk ich, sie sind nur ausgegangen! – 5. In diesem Wetter, in diesem Braus.
Texte: Friedrich Rückert (1788–1866).

In den beiden Schaffenszäsuren zwischen 4. und 5. sowie 5. und 6. Sinfonie begann Mahlers Hinwendung zur Lyrik Friedrich Rückerts, die 5 der *Sieben Lieder aus letzter Zeit* und den Zyklus der *Kindertotenlieder* erbrachte. Beide Werkfolgen entstanden im Mahlerschen Haus in Maiernigg am Wörthersee nahe Klagenfurt. Rückerts umfangreiche Sammlung der *Kindertodtenlieder* (1834), aus der Mahler auswählte, sind die Klage des verzweifelten Dichters über den Scharlachtod seiner beiden jüngsten Kinder. Der ergreifende Ausdruck dieser Klagegesänge und Schlummerlieder muß den Komponisten tief berührt, ja alarmiert haben. Hier fand er den schlichten Volkston, den er bisher in den *Wunderhorn*-Dichtungen gesucht und gefunden hatte, mit dem Ton des leidenschaftlichen Ich-Bekenntnisses in einer Weise verschmolzen, wie sie ihm für seine künftigen Instrumentalsinfonien vorschwebte. Erprobt hat er sie in den Liedkompositionen, die der 5. und der *6. Sinfonie* vorausgingen. Daß sich Mahler dabei der Grenze zwischen Sinfonie und Lied bewußt war, ist daraus zu ersehen, daß in den *Kindertotenliedern* weithin Polyphonie und Transparenz vorherrschen und sie ausgesprochen kammermusikalische Musizierqualitäten verlangen. An Schuberts Bezeichnung seiner *Winterreise* als »Kreis schauerlicher Lieder« fühlt man sich erinnert, wenn man liest, was Mahler zu Natalie Bauer-Lechner geäußert hat: »Über den *Tambourgesell'* und die *Kindertotenlieder* sagte er mir, er habe sich leid getan, da er sie schreiben mußte, und die Welt tue ihm leid, die sie einmal hören müsse, so furchtbar traurig sei ihr Inhalt.«
Aus der Rückschau verband Alma Mahler die Lieder mit eigenem Erleben und mit dem späteren Tod der gemeinsamen Tochter Maria Anna im Jahr 1907 (*Gustav Mahler. Erinnerungen und Briefe*, 1940): »Er vollendete die Sechste [richtig: die Fünfte] Symphonie und vermehrte die zwei Kindertotenlieder um drei weitere, was ich nicht verstehen konnte. Ich kann es

wohl begreifen, daß man so furchtbare Texte komponiert, wenn man keine Kinder hat, oder wenn man Kinder verloren hat. Schließlich hat auch Friedrich Rückert diese erschütternden Verse nicht phantasiert, sondern nach dem grausamsten Verlust seines Lebens niedergeschrieben. Ich kann es aber nicht verstehen, daß man den Tod von Kindern besingen kann, wenn man sie eine halbe Stunde vorher, heiter und gesund, geherzt und geküßt hat. Ich habe damals sofort gesagt: ›Um Gottes Willen, du malst den Teufel an die Wand!‹«

Frederick Delius

* 29. Januar 1862 in Bradford (England)
† 10. Juni 1934 in Grez-sur-Loing (Dép. Seine-et-Marne, Frankreich)

Sohn deutscher Einwanderer. Studierte in Leipzig und nahm dann Wohnsitz in Paris und Grez-sur-Loing bei Fontainebleau. Zu seinen Freunden zählten die Komponisten Grieg, Ravel und Schmitt sowie die Maler Sisley, Munch und Gauguin. Dank seiner Neigung zur nachwagnerischen Reizharmonik, zu üppiger Melodik und eleganten Orchesterfarben gilt Delius als beispielhafter Vertreter eines musikalischen Jugendstils. Elemente des französischen Impressionismus spielen in seine Partituren ebenso herein wie Anklänge an die schwelgerische Dekadenz Schrekers und des frühen Schönberg.

Vor dem 1. Weltkrieg reüssierte Delius' Musik vor allem in deutschen Konzertsälen und Opernhäusern (poesiereiche Dramatisierung der Kellerschen *Seldwyla*-Novelle *Romeo und Julia auf dem Dorfe*, 1900/01, UA Berlin 1907), während sie später mehr im angelsächsischen Raum geschätzt wurde. Unter den Orchesterkompositionen interessieren neben 2 Schlüsselwerken nach Nietzsche (*A Mass of Life*, 1904/05; *Requiem*, 1914–16) und 3 *Solokonzerten* (für *Klavier*, 1904; für *Violine und Violoncello*, 1915/16; für *Violine*, 1916) vor allem die knapp gefaßten, von intensiven Stimmungen getragenen »Naturstücke« aus den Jahren vor dem 1. Weltkrieg: Rhapsodie *Brigg Fair* (1907), *Song of the High Hills* (mit Schlußchor, 1911/12), *Summernight on the River* (1912), *On Hearing the First Cuckoo in Spring* (1912).

Claude Debussy

* 22. August 1862 in Saint-Germain-en-Laye
(Dép. Yvelines, Frankreich)
† 25. März 1918 in Paris

Aus kleinbürgerlichen Verhältnissen stammend. Ab 1872 Unterricht am Pariser Conservatoire (u. a. Klavier bei Albert Lavignac, einem passionierten Wagnerianer). Debussy gilt bei seinen Lehrern als hochbegabt, aber unausgeglichen und eigensinnig. Ab 1880 Besuch der Kompositionsklasse von Ernest Guiraud. Erste Liedkompositionen. Pianist im Hause der russischen Tschaikowskij-Mäzenin Nadeschda von Meck (längere Rußlandaufenthalte 1881 und 1882), begeistert von der Musik Modest Mussorgskijs. 1884 Zuerkennung des 1. Rom-Preises für die Kantate »L'Enfant prodigue«, 1885–87 Aufenthalt als Staatsstipendiat in der Villa Medici in Rom – für Debussy eher unergiebig. 1888/89 Bayreuth-Besuche. Debussy empfängt bei der Pariser Weltausstellung 1889 nachhaltige Anregungen durch Darbietungen außereuropäischer Musik. Enge Kontakte bestehen zu dem Schriftsteller Pierre Louys und den Komponisten Paul Dukas, Erik Satie, Ernest Chausson und Eugène Ysaye. Erste große Erfolge (Streichquartett, »Prélude à l'après-midi d'un faune«, »Pelléas et Mélisande« in 1. Fassung abgeschlossen. Als »Monsieur Croche« (»Herr Achtelnote«) verfaßt Debussy geistreiche Musikrezensionen und Glossen (1901–03). April 1902 Uraufführungserfolg von »Pelléas et Mélisande« an der Pariser Opéra Comique. Weitere Opernpläne scheitern. Debussy tritt als Dirigent seiner Werke auf. 1910 Beginn der Freundschaft mit Igor Strawinsky, Parteinahme für Strawinsky beim Skandal um »Sacre du printemps« (1913). Ein Krebsleiden beginnt Debussys Produktivität ab 1915 zu lähmen; starke Depressionen. 1915–17 Komposition der 3 Sonaten, auf deren Titelblatt Debussy sich stolz als »Musicien français« bezeichnet.

Werke für und mit Orchester: *Petite Suite* (Klavier 4händig, 1888/89, Orch. H. Busser); *Fantaisie* für Klavier und Orchester (1889/90), rev. 1909); *Prélude à l'après-midi d'un faune* (1892–94); *Trois Nocturnes* (mit Frauenchor, 1897–99); *La Mer*, 3 sinfonische Skizzen (1903–05); *Rhapsodie* für Saxophon und Orchester (Orch. Debussy/Roger-Ducasse, 1904–11, 1919); *Danses* für Harfe und Streicher (1904); *Children's Corner* (Klavier 2händig, Orch. A. Caplet, 1906–08); *Images* (1906–12); *Marche écossaise sur un thème populaire* (Klavier 4händig, Orch. Debussy); *Rhapsodie* für Klarinette und Orchester (1909/10); *Six Epigraphes antiques* (Klavier

4händig, 1914/15, Orch. E. Ansermet, 1932); *Berceuse héroïque* (Klavier 2händig, 1914, Orch. Debussy 1915).
Kantaten und Bühnenwerke: *L'Enfant prodigue*, Kantate für 3 Soli, Chor und Orchester (E. Guinand, 1884, 1906–08); *Printemps*, Sinfonische Suite mit Chor (J. Barbier, 1884); *La Damoiselle élue*, Lyrisches Poem für Rezitatorin, Sopran, Frauenchor und Orchester (D. G. Rossetti, 1887/88); *Rodrigue et Chimène*, Oper in 3 Akten nach C. Mendés (Fragment, 1893–1902; Orch. E. Denissow 1993); *Pelléas et Mélisande*, Lyrisches Drama in 5 Akten nach M. Maeterlinck, 1892–1902; *Le Roi Lear*, Schauspielmusik nach Shakespeare (Fragment, Orch. Roger-Ducasse, 1904); *La Chute de la maison Usher*, Opernprojekt nach E. A. Poe (Fragment, 1908–17); *Le Martyre de Saint Sébastien*, Mysterium in 5 Akten nach G. d'Annunzio (1911); *Khamma*, Tanzlegende (W. L. Courtney / M. Allan, Orch. Debussy / Ch. Koechlin, 1911–13); *Jeux*, Tanzpoem (W. Nijinskij, 1912/13); *La Boîte à joujoux*, Kinderballett (A. Hellé, Orch. Debussy / A. Caplet, 1913/14).
Schriften: *Monsieur Croche et autres écrits* ... (1971); dt. Ausgabe: *Monsieur Croche*. Sämtliche Schriften und Interviews (1974).

Schon zu Lebzeiten sah sich Debussy auf Rollen wie die eines Antiwagnerianers, eines Impressionisten, eines »Musicien français« festgelegt. Sie alle gründeten auf Halbwahrheiten. Von Wagner mußte sich der Verehrer von *Tristan* und *Parsifal* in trotziger Auflehnung lösen, um eine eigene Sprache sprechen zu können. Den einst nur negativ gemeinten Begriff »Impressionismus«, 1874 vom Kritiker L. Leroy im Hinblick auf Monets Bild *»Impression, soleil levant«* geprägt, wußte Debussy für sich ins Positive zu wenden, indem er alles vorgeblich Verschwommene, Ungefähre durch präzise berechnete Farbwirkungen und Bewegungsabläufe ersetzte. Als »Musicien français« stellte er sich in patriotischer Empörung vor allem um 1914 dar, als er durch den ausbrechenden Krieg alle Formen künstlerischer Individualisierung gewaltsamer Vernichtung ausgesetzt sah.
Debussys Größe beruht wohl darauf, daß er um 1900 angesichts allseitiger Auflösungssymptome (entkräftete Kadenzharmonik, überlebte Entwicklungsformen, Skepsis gegenüber einer Genußkunst für das gehobene Bürgertum) zwar keine neuen, aber doch behutsam erweiterte Kategorien kompositorischer Gestaltung gebrauchte. Angeregt durch fernöstliche Skalenbildungen (Pentatonik, Ganztonleiter), ermutigt durch

den Umgang mit geschmeidigen Reihungsformen, maß er den Klangfarben neues Gewicht bei, vertraute er auf suggestive Wechselwirkungen mit Kunst und Poesie. In deutlicher Gegenposition zum explosiven Expressionismus der Schönberg-Schule schuf er sich einen unverwechselbaren Stil, der den Schein improvisatorischer Leichtigkeit oft auch dort noch wahrte, wo strenge Konstruktion zugrunde lag.

Über den neuartigen Umgang des Komponisten mit dem »Instrument« Orchester äußerte sich der erklärte Debussy-Bewunderer Pierre Boulez (*Wille und Zufall*, 1977): »Im Fall Debussy kommt namentlich noch hinzu, daß er direkt für das Orchester erfindet; man kann das sehr gut an der Entwicklung ablesen, die von der Skizze, einer Art Particell, bis zur endgültigen Fassung verläuft. Ich habe zum Beispiel die Skizzen zu *La Mer* und die endgültige Partitur miteinander vergleichen können und dabei gesehen, daß eine ganze Wucherung von kleinen Figurationen, kleinen Momenten just im letzten Augenblick in die Instrumentation hineingekommen ist. Es handelt sich hier nicht bloß um die Orchestrierung einer schon völlig ausgearbeiteten Partitur wie etwa bei Ravel, im Gegenteil: die Skizzen von Debussy, im Kompositorischen vollständig abgeschlossen, warten noch auf die Erschließung durch das Orchester, die der Komposition all ihre Dimensionen und ihr endgültiges Relief geben soll.«

Fantaisie für Klavier und Orchester

Besetzung: großes Orchester (mit 2 Harfen). – Entstanden 1889/90, rev. 1909. UA: 1919 in London (Solist: Alfred Cortot). – Aufführungsdauer: ca. 22 Minuten.

1. *Andante ma non troppo* – 2. *Lento et molto espressivo* – 3. *Allegro molto*.

Ursprünglich sollte die Partitur den Juroren des Rom-Preises als eine der jährlichen Pflichtarbeiten vorgelegt werden. Doch verzichtete Debussy auf diese Pflichtübung, wie er auch gegen 2 geplante Pariser Aufführungen Einspruch erhob. Ließ es seine stark entwickelte Selbstkritik nicht zu, mit einem Werktitel der frühen Jahre hervorzutreten? Wollte er, der vielerlei Brücken hinter sich abzubrechen im Begriff war, lieber persönlichere Projekte wie die geplante Musik zu Mallarmés *L'Après-midi d'un faune* vorweisen? Heutige Hörer werden dieses Werk nicht nur als frühes Opus eines späterhin Berühmten zu schätzen wissen, sondern sich durch Temperament und Erfindungsreichtum einer Musik angesprochen fühlen, die zudem den Solopart auf ganz neuartige Weise mit dem Orchestersatz verschmelzen läßt.

Prélude à l'après-midi d'un faune

Besetzung: mittleres Orchester (mit 2 Harfen, Schlagwerk reduziert auf antike Zimbeln). – Entstanden 1892–94. UA: 1894 in Paris, Société Nationale (Dirigent: Gustave Doret). – Aufführungsdauer: 9–10 Minuten.

Auf dem Programmblatt des Uraufführungskonzerts ließ Debussy folgende besänftigenden Sätze abdrucken: »Die Musik dieses Vorspiels ist eine sehr freie Illustration des schönen Gedichtes von Mallarmé. Sie will nicht dessen Synthese sein. Es handelt sich eher um aufeinanderfolgende Dekors, durch die sich die Begierden und Träume des Fauns während der Hitze dieses Nachmittags bewegen.« Der Hörer sollte also keine Tondichtung erwarten, nicht die tonmalerische Abschilderung von Figuren und Geschehnissen. Eine sinnliche Welt der Farben, Düfte und Formen sollte gerade nur zu erahnen, zu erträumen sein. »Aimai-je un rêve?« Der in südlicher Mittagssonne sich räkelnde verliebte Faun, erblickt er, erträumt er die schönen Objekte seiner Begierde? Zur 1865 verfaßten Ekloge des hochverehrten Symbolisten Stéphane Mallarmé (1842–98) plante Debussy ursprünglich noch, die Orchestersätze *Interlude* und *Paraphrase finale* beizusteuern. Es blieb jedoch beim knappen, lediglich 110 Takte umfassenden *Prélude* als einer ersten selbständigen Arbeit für Orchester.

Die instrumentatorischen Raffinessen der Partitur sind oft genug gerühmt worden: die Geschmeidigkeit der meist tief geführten (und damit aufs spätere Solostück *Syrinx* vorausweisenden) Flöte:

die reiche Klangmodulation dank wohlkalkulierter Instrumentenkombinationen im Nacheinander oder in changieren-

der Überlappung; die Erlesenheit der jetzt formstützenden Timbres (Harfen, sordinierte Streicher, gedämpfte Hörner, antike Zimbeln). Von einem Formverlauf des Typus A – B – A′ zu sprechen, besagt wenig; wohl bleibt er gewahrt, doch gerät er hinter einer Vielfalt organisch sich entfaltender Gestaltveränderungen leicht in Vergessenheit.
Vollends berühmt wurde Debussys *Prélude* durch die Choreographie Waslaw Nijinskijs in der Ausstattung von Léon Bakst (Ballets Russes, Paris 1911/12). Um den Eindruck eines antiken Wandreliefs zu bewirken, beschränkte Nijinskij die Tanzfläche auf einen schmalen Streifen am Podiumsrand.

Trois Nocturnes

Besetzung: großes Orchester (u. a. mit 2 Harfen), in Nr. 3 zusätzlich Frauenchor. – Entstanden 1897–99. UA: 1900 in Paris, Concerts Lamoureux (Dirigent: Camille Chevillard [Nr. 1 und 2]); erste Gesamtaufführung ebenda 1901. – Aufführungsdauer: ca. 25 Minuten.
1. *Nuages* (»Wolken«) – 2. *Fêtes* (»Feste«) – 3. *Sirènes* (»Sirenen«).

Schon 1892 erwähnte Debussy den Kompositionsplan einer Folge von »Scènes au crépuscule«, »Szenen in der Abenddämmerung«. 1894 berichtete er dann dem Freund Eugène Ysaye vom Entstehen dreier *Nocturnes* für Solo-Violine und Orchester: »Das erste ist für Streicher bestimmt; das zweite für drei Flöten, vier Hörner, drei Trompeten und zwei Harfen; das dritte vereint diese beiden Gruppen. Im ganzen ist es ein Versuch mit verschiedenen Klangmöglichkeiten, wie sie eine einzige Farbe zu bewirken vermag. Wie es zum Beispiel in der Malerei eine Studie in Grau wäre.«
Beide Projekte, möglicherweise eng verwandt oder gar identisch, gediehen nicht bis zur Aufführungsreife, wohl aber ein Triptychon in seiner vorliegenden Gestalt. Hier fehlt jetzt ein solistischer Violinpart. Doch tritt in den abschließenden *Sirènes* wie eine zusätzliche Farbe ein aus 16 Sopranen und Mezzosopranen gebildeter, weitschwingende Vokalisen singender Frauenchor. Auch Ravel wird einige Jahre später in *Daphnis et Chloé* dieses »Instrument« einsetzen und damit einem um 1900 geschätzten, bald darauf aber wieder schwindenden Ästhetizismus huldigen. Im übrigen bringt diese Erweiterung ins Vokale damals wie heute auch Nachteile mit sich: Nicht wenige Dirigenten scheuen den zusätzlichen Aufwand und streichen kurzerhand die Chorpartien oder – besonders verfälschend – den ganzen Satz.

Vom Komponisten selbst stammt folgender Werkkommentar: »Das Wort ›Nocturnes‹ ist hier in einem allgemeineren und vor allem dekorativeren Sinn als üblich zu verstehen. Es handelt sich also nicht um die gewohnte Form der Nocturne, sondern um alles, was dieser Begriff an Eindrücken und Lichtvorstellungen in sich faßt. *Nuages:* das ist der Anblick eines eintönigen Himmels, über den langsam und melancholisch die Wolken ziehen und in einem Grau ersterben, in das sich zarte weiße Töne mischen. *Fêtes:* das ist die tanzende Bewegung, der tanzende Rhythmus der Atmosphäre, von grellen Lichtblitzen jählings erhellt; das ist aber auch die Episode eines Aufzugs – einer märchenhaften und etwas unwirklichen Vision – eines Aufzugs, der sich dem Fest nähert und sich in ihm verliert.

[Modéré, mais toujours très rythmé]

Aber der Hintergrund bleibt unverrückt stehen: das Fest mit seinem Gewirr von Musik und aufstäubendem Licht, das in einem kosmischen Rhythmus tanzt. *Sirènes:* das ist das Meer und seine Bewegung in unzählbaren Rhythmen; dann tönt über die Wellen, auf denen das Mondlicht flimmert, der geheimnisvolle Gesang der Sirenen, lacht auf und erstirbt.«

La Mer. Drei sinfonische Skizzen

Besetzung: großes Orchester (mit 2 Kornetten, 2 Harfen, Glockenspiel). – Entstanden 1903–05. UA: 1905 in Paris, Concerts Lamoureux (Dirigent: Camille Chevillard); Wiederholung 1908 in Paris, Concerts Colonne (unter Debussys Leitung). – Aufführungsdauer: 22–24 Minuten.
1. *De l'aube à midi sur la mer* (»Von der Morgendämmerung bis zum Mittag auf dem Meer«) – 2. *Jeu de vagues* (»Spiel der Wellen«) – 3. *Dialogue du vent et de la mer* (»Dialog des Windes mit dem Meer«).

Die Legende, Debussy habe dieses Werk auf langen Spaziergängen am Atlantik konzipiert, gewissermaßen »en plein air« nach Malerart entworfen, hält sich mit einiger – begreiflicher

– Hartnäckigkeit. Anhänger eines vordergründigen Impressionismus dürften also enttäuscht sein zu erfahren, daß wichtige Ansätze auf einen Burgund-Aufenthalt zurückgehen. Debussy an Freund André Messager: »Sie werden einwenden, daß der Ozean nicht gerade die burgundischen Hügel umspült . . .! Und das könne wohl Atelierlandschaften gleichen, aber ich habe unzählige Erinnerungen; meiner Ansicht nach ist das mehr wert als eine Wirklichkeit, deren Zauber die Phantasie gewöhnlich zu stark belastet.« Läßt diese Einstellung nicht an das Gedächtnis Marcel Prousts denken, an die literarischen Erinnerungsstreifzüge dieses Zeitgenossen Debussys? Und tat Debussy in seiner Scheu vor zuviel illustrativer Direktheit nicht ein übriges, indem er auf dem Umschlag der ersten Partiturausgabe den berühmt gewordenen, stark stilisierten Farbholzschnitt »Die Welle« des Japaners Hokusai (1760–1849) reproduzieren ließ – als Zeugnis seiner anhaltenden Begeisterung für verfeinerte fernöstliche Darstellungskunst?

Der Untertitel »Skizzen« könnte irritieren, könnte auf die unvollständige Ausführung spontaner Einfälle, gar auf Formlosigkeit hindeuten. In Wahrheit ist die fortwährende, den Eindruck von Überfülle hervorrufende Veränderung einiger weniger Kernthemen und Schlüsselmotive in aller Vielfalt eine Folge phantasievoller, aber streng kontrollierter *thematischer Arbeit*. Wie dieser kommt auch dem Akt der *Orchestrierung* neue Bedeutung zu. Debussy versteht ihn als einen durchaus schöpferischen Vorgang, bei dem – weit übers Nur-Dekorative hinaus – dem musikalischen Satz zusätzliche motivisch-figurative Substanzen zugeführt werden. Dies alles bewirkt, daß die Partitur trotz aller Verästelungen leicht faßlich bleibt, daß sich ihr Reichtum an leuchtenden Orchesterfarben nicht auf die äußere Erscheinung beschränkt, sondern der Komposition zuinnerst angehört.

La Mer ist ein glänzendes, zugleich äußerst dicht gearbeitetes Werk sinfonischen Zuschnitts, kein tonmalerisches Kolossalgemälde. Es gab »Debussysten«, die eine Neuauflage des *Pelléas* oder der *Nocturnes* erhofft hatten; sie sahen sich getäuscht. Prägende Eindrücke vermitteln der plötzlich ausbrechende 4stimmige Gesang der von Debussy vorgeschriebenen 16 Celli im 1. Satz:

die atemlose Turbulenz des spannungsreichen Mittelsatzes oder die beide Ecksätze wirkungsvoll, ja überwältigend beschließenden Choralepisoden:

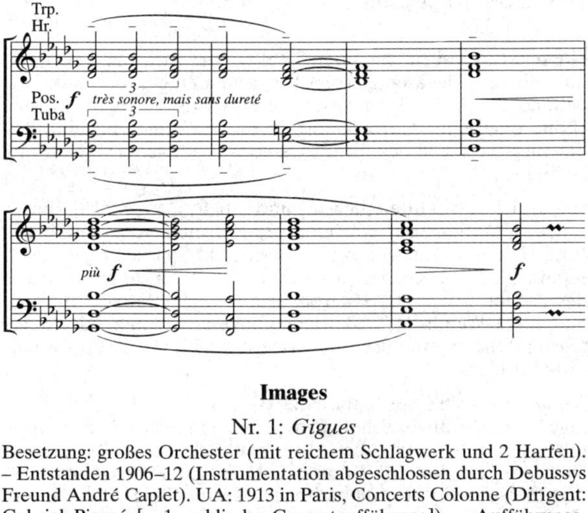

Images

Nr. 1: *Gigues*

Besetzung: großes Orchester (mit reichem Schlagwerk und 2 Harfen). – Entstanden 1906–12 (Instrumentation abgeschlossen durch Debussys Freund André Caplet). UA: 1913 in Paris, Concerts Colonne (Dirigent: Gabriel Pierné [= 1. zyklische Gesamtaufführung]). – Aufführungsdauer: 7–8 Minuten.

Nr. 2: *Ibéria*

Besetzung wie Nr. 1. – Entstanden 1906–08. UA: 1910 in Paris, Concerts Colonne (Dirigent: Gabriel Pierné). – Aufführungsdauer: 18–20 Minuten.

1. *Par les rues et par les chemins* – 2. *Les Parfums de la nuit* – 3. *Le Matin d'un jour de fête.*

Nr. 3: *Rondes de printemps*

Besetzung wie Nr. 1. – Entstanden 1906–09. UA: 1910 Paris, Concerts Durand (Dirigent: der Komponist). – Aufführungsdauer: ca. 8 Minuten.

Bereits früh hatte Debussy über die Möglichkeit von »Tonbildern« nachgedacht. Eine frühe Reihe lange unpublizierter *Images oubliées* für Klavier lag längst vor, ehe – ebenfalls fürs Klavier bestimmt – die beiden bekanntgewordenen Hefte der *Images I/II* mit je 3 Stücken entstanden. Ihnen fügen sich die orchestralen *Images* der späten Jahre gewissermaßen als drittes Konvolut an. (Erst Pierre Boulez riskierte es übrigens, dieses Triptychon in seiner Gesamtheit zur Diskussion zu stellen.)

Gigues trug ursprünglich den Titel *Gigues tristes* und verweist mit seinen gedeckten Farben (etwa denjenigen der solistisch behandelten Oboe d'amore im Mezzo-Register) auf die Melancholie englischer Herbstlandschaften. Anklänge an ein altes Tanzlied von Charles Bordes sind auszumachen: »Dansons la gigue . . .«.

Ibéria ist das umfänglichste und auch glänzendste der 3 Stücke. Häufig genug erscheint diese Hommage an ein fernes (und vom Komponisten real nie erlebtes) Spanien daher auch separat auf den Konzertprogrammen oder erklingt am Ende des Zyklus. Spanische »Ingredienzen« wie Bolero-Rhythmen, Habanera-Wendungen oder Klangfetzen eines nahenden Festtagsmarsches stimulieren den Hörer zum Erträumen farbensatter Bilder.

Rondes de printemps läßt an die Wiederkehr heller Frühlingstage in den französischen Provinzen denken. »Nous n'irons plus au bois« lauten die Anfangsworte jenes allbekannten Reigenliedes, das der Komponist fast spielerisch einbezieht und dessen leichter tänzerischer Gestus bald alles übrige Klanggeschehen zu erfassen beginnt.

Khamma. Tanzlegende

Besetzung: großes Orchester. – Entstanden 1911/12, Instrumentation 1913 abgeschlossen durch Debussys Freund Charles Koechlin. UA: Paris 1924 (konzertant) bzw. Paris 1947 (szenisch). – Aufführungsdauer: 20–21 Minuten.

Dieses »ägyptische Ballett« gehört fraglos zu den unbekanntesten Werken – zu Unrecht. Maud Allan, eine kanadische Tänzerin, hatte dem Komponisten den Auftrag erteilt. Über das Szenario (Koautor: W. L. Courtney, ein englischer Journalist) war offenbar noch Einigkeit erzielt worden. In der Folge aber gab es ernsthafte Verstimmungen. Debussy, der das Particell beendet und bereits die Einleitung instrumentiert hatte, verlor das Interesse. Maud Allan brachte »ihre« Pantomime nie auf die Bühne.

Zum Sujet, das 3 Bilder umfaßt: Eine Priesterin des Tempels, der Amun Re geweiht ist, versucht – zuerst durch ihre Tänze, schließlich durch ihre Selbstaufopferung – die unerbittlichen Götter davon abzubringen, durch eine Brandkatastrophe die Stadt ins Verderben zu stürzen.

Debussys Werk in der Farbgebung Koechlins findet heute mehr und mehr Bewunderer. Die Musik zeugt gerade im Konzertsaal von einer ungewöhnlichen Kraft der Erfindung und Durchführung. Das Geheimnisvolle, das Dramatische und das Hymnische verbindet sich mit einer Klarheit und Konturenschärfe, wie sie selbst einem Debussy, dem Meister der *clarté*, nicht stets glückte.

Jeux. Poème dansé

Sujet und Choreographie: Waslaw Nijinskij. – Besetzung: großes Orchester (mit Celesta, 2 Harfen). – Entstanden 1912/13. UA: 1913 in Paris, Théâtre des Champs-Elysées (Ballets Russes, Dirigent: Pierre Monteux). Konzertante Erstaufführung: 1914 in Paris, Concerts Colonne (Dirigent: Gabriel Pierné). Aufführungsdauer: 17–19 Minuten.

Es ist keine Frage, daß die Musikwelt um zumindest ein Dutzend wichtiger Werke ärmer wäre, hätte Sergej Diaghilew nicht rastlos neue Partituren für seine »Ballets Russes« in Auftrag gegeben. Keine Frage ist es aber auch, daß die vielleicht bedeutsamsten unter diesen Diaghilew-Novitäten – Strawinskys *Sacre*, Ravels *Daphnis et Chloé*, Debussys *Jeux* – für den Konzertsaal zukunftsweisender wurden als für die Ballettbühne.

Jeux etwa, gerade nur 14 Tage vor *Sacre* am selben Ort kreiert, basiert auf einem recht simplen, dazu modisch-geschmäcklerischen Sujet, das zu Debussys thematisch so raffiniert gearbeiteter, orchestral so verschwenderisch ausgestatteter Komposition in seltsamem Widerspruch steht: Ein junger Tennisspieler beobachtet und belauscht zwei junge Mädchen, hält die Fliehenden zurück, flirtet mit der einen, dann mit der anderen und beginnt schließlich mit beiden einen *Pas de trois*. Plötzlich schlägt, wie zu Beginn, ein verirrter Tennisball auf. Die drei jungen Leute suchen rasch das Weite.
Strawinsky, in jenen Pariser Jahren mit Debussy befreundet, hat später kein Hehl aus seinen Vorbehalten gegenüber *Jeux*, Debussys letztem Orchesterwerk, gemacht: »[. . .] die musikalische Substanz scheint mir zu gering für die musikalische Ausarbeitung.« Pierre Boulez hingegen zeigte sich fasziniert von Debussys kunstvollem Verfahren, das thematische Geschehen des 1sätzigen Werkes mit kontinuierlich sich verändernden Gestaltvarianten zu bestreiten: »[. . .] hier hat er, glaube ich, zum erstenmal versucht, sich über eine weite Strecke hinweg in einer Form von völliger Kontinuität zu bewegen. Und das ist für mich das Wichtigste daran.«
Dreimal erscheint, gleich einem Klangrahmen für die vielgestaltigen Inhalte, eine Folge gewichtslos schwebender Ganztonakkorde:

Petite Suite für Orchester

1. *En bateau* (*Andantino*) – 2. *Cortège* (*Moderato*) – 3. *Menuet* (*Moderato*) – 4. *Ballet* (*Allegro giusto*).

Henri Busser, Kapellmeister und Komponist aus Debussys Bekanntenkreis, orchestrierte 1907 mit großem Geschick das für Klavier 4händig gesetzte Original von 1889. Es umfaßt 4 stimmungsvolle Charakterstücke und Tanzsätze, deren ausgeprägte Merkmale eine Orchesterversion nahelegen, wenn auch keineswegs bedingen.

Danses für Harfe und Streicher

Auf eine schlicht archaisierende **Danse sacrée** (*Très modéré*) folgt zäsurlos die anmutig bewegte, harmonisch reichere **Danse profane**. Ursprünglich sollte das 1904 entstandene und im selben Jahr in Paris präsentierte Opus den von der Maison Pleyel gebauten, in der Praxis jedoch wenig erfolgreichen Typus einer chromatisch disponierten Harfe propagieren. Glücklicherweise läßt sich der Solopart des von solistischen oder chorischen Streichern akkompagnierten Werkes ohne Einbußen auch auf der heute allein verbreiteten diatonischen Pedalharfe darstellen.

(Première) Rhapsodie für Klarinette

Für den Jahreswettbewerb am Pariser Conservatoire im Jahr 1910 entstanden, erlebte dieses einzige wirklich konzertante Werk Debussys seine öffentliche Uraufführung im Folgejahr in der traditionsreichen »Société Nationale Indépendante« (Klarinette: Paul Mimart). Ursprünglich mit Klavierbegleitung versehen, verlieh Debussy dem knapp 10minütigen, von den Charakteren *Rêveusement lent* und *Scherzando* bestimmten Einsätzer in der Folge durch eine erfindungsreiche Instrumentation neues Gewicht.

Le Martyre de Saint Sébastien. Sinfonische Fragmente

Aus der Feder des italienischen Dichters Gabriele d'Annunzio (1863–1938) stammt ein religiös-schwärmerisches Bühnenprojekt in 5 Akten um die Figur des legendären römischen Bekehrers und Märtyrers. Die berühmte Tänzerin Ida Rubinstein, Stern des Diaghilew-Balletts, sollte den heiligen Sebastian verkörpern. In wenigen Monaten zu Beginn des Jahres 1911 arbeitete Debussy eine 5teilige Schauspielmusik von gut 1stündiger Dauer aus. André Caplet (1878–1925), der jüngere Schüler und Freund, assistierte bei der Instrumentation dieser qualitativ recht uneinheitlichen Partitur, deren Nähe zu Wagners *Parsifal* überraschte. Nur gelegentlich erklingt eine gekürzte Fassung nach Art eines szenischen Oratoriums. Am ehesten konnte sich im Konzertsaal eine rein orchestrale Version von etwa 24 Minuten Aufführungsdauer erhalten, die folgende »Sinfonische Fragmente« und damit wohl die besten Teile des zwischen Naivität und Manierismus schwankenden Werkes vereint: 1. *La Cour des Lys* (»Der Lilienhof«), 2. *Danse extatique et Final du 1er Acte* (»Ekstatischer Tanz und Finale des 1. Aktes«), 3. *La Passion* (»Der Leidensweg«), 4. *Le Bon Pasteur* (»Der Gute Hirte«).

Rhapsodie für Saxophon

Im Auftrag einer begüterten amerikanischen Dilettantin, Mrs. Elisa Hall aus Boston, entstand dieses zunächst *Rhapsodie orientale*, dann auch *Rhapsodie mauresque* betitelte Gelegenheitswerk, das von Elementen des »spanischen Stils« ausgiebigen Gebrauch macht. Debussy erstellte 1911 ein fragmentarisches Particell, das dann 1919 von Jean Roger-Ducasse zu Ende geführt und orchestriert wurde.

La Boîte à joujoux. Kinderballett

André Caplet, dem engsten Kreis um Debussy zugehörig, machte sich als Instrumentator nicht nur um *Children's Corner* und *Le Martyre de Saint Sébastien* verdient, sondern auch um das späte Kinderballett »Die Spielzeugschachtel«. Die Idee zu diesem außergewöhnlichen Projekt stammte von André Hellé, einem einfühlsamen Kinderbuchillustrator. Diesem Librettisten zufolge sollten die eine Spielzeugkiste bevölkernden Puppen zum Leben erweckt werden, Rivalitäten ausfechten und Liebesgeschichten durchleben. Debussy, zärtlicher Vater einer Tochter Chouchou, begeisterte sich und erstellte 1913 die Klavierfassung des inhaltlich an Tschaikowskijs *Nußknacker* und Strawinskys *Petruschka* gemahnenden »Kinderspiels«. Für 1914 war die Premiere an der Pariser Opéra Comique anberaumt. Doch kam Debussy, bereits krank und durch die Kriegsereignisse zutiefst deprimiert, nur zögernd voran. André Caplet führte die Vorarbeiten zu Ende, so daß 1919, ein Jahr nach Debussys Tod, die Uraufführung stattfinden konnte. Da szenische Fassungen, ob menschlichen Darstellern oder Marionetten anvertraut, stets problematisch bleiben, erklingt die etwa 45minütige Komposition immer wieder auch in rein konzertanter Darbietung im Konzertsaal.

Six Epigraphes antiques

Aus einer Art Bühnenmusik, die Debussy im Jahr 1900 für die szenische Rezitation der *Chansons de Bilitis* seines Dichterfreundes Pierre Louys beigesteuert hatte, entwickelte der Komponist 14 Jahre später unter dem Titel *Six Epigraphes antiques* eine Folge 4händiger Klavierstücke. Eine 2händige Fassung der Suite, die nach großer Klarheit der Linienführung im Sinne einer Rückwendung zu einer imaginären Antike trachtet, folgte 1915 nach. Vom Komponisten stammt auch der Plan einer Orchestration, die er selbst allerdings nicht mehr ausführte. Viel später, 1932, löste ein anderer statt seiner diese Aufgabe: Ernest Ansermet (1883–1969), Dirigent und Debussy-Interpret von hohem Rang. Ansermets Partitur behält die Debussy-Überschriften bei, die im Charakter poetischer Bitt- und Dankesinschriften gehalten sind: 1. *Pour invoquer Pan, dieu du vent d'été* (»Um Pan anzurufen, den Gott des Sommerwindes«), 2. *Pour un tombeau sans nom* (»Für ein namenloses Grab«), 3. *Pour que la nuit soit propice* (»Damit die Nacht angenehm sei«), 4. *Pour la danseuse aux crotales* (»Für die Tänzerin mit den Fingerzimbeln«), 5. *Pour l'Egyptienne* (»Für die Ägypterin«), 6. *Pour remercier la pluie au matin* (»Zum Dank für den morgendlichen Regen«).

Richard Strauss

* 11. Juni 1864 in München
† 8. September 1949 in Garmisch-Partenkirchen

Vater: der Hofmusiker und Hornist Franz Joseph Strauss, der erste musikalische Unterweisung erteilt. Ab 1875 auch Kompositionsunterricht bei Hofkapellmeister Friedrich Wilhelm Meyer. 1881: Der »Festmarsch« op. 1 wird aufgeführt und verlegt. 1882 Abitur, Bayreuth-Besuch. Abgebrochene Universitätsstudien, Wahl der Musikerlaufbahn. Hermann Levi und Hans von Bülow setzen sich für die ersten größeren Arbeiten ein. Beginn einer steilen Kapellmeisterkarriere: 1885 Meiningen, 1886 München, 1889 Weimar, 1894/95 wiederum München, dazu Leitung des Philharmonischen Orche-

sters in Berlin. Bayreuth-Debüt mit »Tannhäuser«; Eheschließung mit der Darstellerin der Elisabeth, der Sopranistin Pauline de Ahna. Anregende Reisen in südliche Länder. Strauss' Tondichtungen finden große Beachtung (1895, Köln: UA »Till Eulenspiegel«). 1898 ff. höchste Positionen an der Berliner Hofoper. 1905, Dresden: UA »Salome«, damit Beginn einer langen Reihe glanzvoller Opernschöpfungen. 1908 neues Domizil in Garmisch-Partenkirchen. Ab »Elektra« (UA Dresden 1909) fruchtbare Zusammenarbeit mit dem Dichter Hugo von Hofmannsthal († 1929). 1908 teilweise, 1918 vollständige Lösung von Berlin. Initiative für Urheberrechte (1915 GEMA-Gründung). 1917 Mitbegründung der Salzburger Festspiele. 1919–24 Direktor der Wiener Hofoper, zusammen mit Franz Schalk. 1933–35 Präsident der von den NS-Machthabern etablierten Reichsmusikkammer; Rücktritt wegen aufgedeckter Kontakte zu Stefan Zweig. 1936, Berlin, Eröffnung der »braunen« Olympiade: Strauss dirigiert seine »Olympische Hymne«. 1945 ff. Aufenthalte in der Schweiz und in England. 1949 Ehrungen zum 85. Geburtstag.

Werke für und mit Orchester: *Serenade* für 13 Bläser Es-Dur op. 7 (1881); *Violinkonzert d-Moll* op. 8 (1881/82); *Hornkonzert Nr. 1 Es-Dur* op. 11 (1882/83); *Sinfonie f-Moll* op. 12 (1884); *Burleske* für Klavier und Orchester d-Moll (1885/86); *Aus Italien*, Sinfonische Fantasie op. 16 (1886); *Don Juan*, Tondichtung nach N. Lenau op. 20 (1887/1888); *Macbeth*, Tondichtung nach Shakespeares Drama op. 23 (1886–1888, rev. 1889–91); *Tod und Verklärung*, Tondichtung op. 24 (1888/89); *Till Eulenspiegels lustige Streiche*. Nach alter Schelmenweise – in Rondoform op. 28 (1894/1895); *Also sprach Zarathustra*, Tondichtung frei nach Nietzsche op. 30 (1895/96); *Don Quixote*, Phantastische Variationen über ein Thema ritterlichen Charakters op. 35 (1897); *Ein Heldenleben*, Tondichtung op. 40 (1898); *Sinfonia domestica* op. 53 (1902/03); *Der Bürger als Edelmann*, Orchestersuite op. 60 (1912–20); *Festliches Präludium* op. 61 (1913); *Eine Alpensinfonie* op. 64 (1914/15); *Tanzsuite nach Couperin* für kleines Orchester (1922); *Parergon zur Sinfonia domestica* für Klavier (linke Hand) und Orchester op. 73 (1925); *Panathenäenzug*, Sinfonische Etüden in Form einer Passacaglia für Klavier (linke Hand) und Orchester op. 74 (1927); *Olympische Hymne* (R. Lubahn) für gemischten Chor und Orchester (1936); *Divertimento* für kleines Orchester nach Klavierstükken von François Couperin op. 86 (1941); *Hornkonzert Nr. 2 Es-Dur* (1942); *Sonatine Nr. 1 F-Dur* für 16 Bläser (*»Aus der Werkstatt eines Invaliden«*, 1943); Walzerfolge aus *Der Rosenkavalier* (1944); *Metamorphosen*, Studie für 23 Solo-Streicher (1944/45); *Sonatine Nr. 2*, Sinfonie für Bläser Es-Dur (*»Fröhliche Werkstatt«*, 1944/45); *Konzert für Oboe* und kleines Orchester D-Dur (1945/46); *Rosen-*

kavalier-Suite (1945/46); *Die Frau ohne Schatten*, Orchesterfantasie (1946); *Duett-Concertino* für Klarinette, Fagott, Streicher und Harfe (1947); *Vier letzte Lieder* (Eichendorff, Hesse) für Sopran und Orchester (1947/48).

Der glänzenden Karriere des Dirigenten Strauss entsprach eine erstaunliche kompositorische Expansion, ausgehend von einiger Kammermusik über die stolze Reihe von »Tondichtungen« bis zur noch stattlicheren Folge von Bühnenwerken. Nur konsequent mutet es bei der Betrachtung des Werkkataloges an, daß sich Strauss der Opernbühne im wesentlichen erst zuwandte, als er die Möglichkeiten der von Liszt herkommenden Tondichtung für den Konzertsaal an nicht weniger als 9 Beispielen – von der *Alpensinfonie* als einzigem »Nachzügler« einmal abgesehen – in allen Spielarten erprobt hatte. Widersprüchlich bleibt indessen, daß die Strauss'schen Beiträge zur bald und gründlich sich überlebenden Gattung Programmusik der entschiedenen Moderne des Fin de siècle zugehören, während die Belege der vital fortbestehenden Gattung Oper nach *Elektra* (UA 1909) und *Rosenkavalier* (UA 1911) fast alle Kraft zur Erneuerung verlieren. Die Erschütterungen, denen sich die Zeitgenossen Mahler, Debussy, Skrjabin oder Schönberg spätestens nach der Jahrhundertwende ausgesetzt sahen, erreichten den in Klassizismen sich flüchtenden Mozart-Verehrer so wenig wie die zahlreichen gesellschaftlichen Umbrüche der ersten Jahrhunderthälfte. Ihnen begegnete der Prominente als Opportunist, nicht aber als Betroffener oder gar als tätig Einwirkender. Als kompositorische Zeugnisse solch erstaunlicher Anpassungsfähigkeit taugen »Gelegenheitswerke« wie die schmissigen *Militärmärsche* op. 57 (1905) und das patriotische *Austria*-Lied op. 78 (1929) ebenso wie die *Olympische Hymne* o. Op. (1936) und die *Japanische Festmusik* op. 84 (1940) zur Feier des 2600jährigen Bestehens des Kaiserreichs Japan.

»Denkt man heute an Richard Strauss, so verbindet man diesen Gedanken mit der Erinnerung an blühenden Wohlklang, an satte melodische Linien und an ein äußerstes Maß an Virtuosität in der Behandlung des Orchesters. Daß gerade Richard Strauss die abendländische Musik auf ihrem Weg von der Tonalität zur Atonalität um ein gewaltiges Stück vorangerissen hat, dessen muß man sich erst wieder bewußt werden, indem man die einzelnen Stationen im Schaffen von Richard Strauss einordnet; denn als der 85jährige Olympier im Jahr

1949 starb, gehörte sein Werk eigentlich schon seit einem Menschenalter der Musikgeschichte an. Strauss war zum Symbol der großen Tradition geworden. Von ihm führte die Brücke über Wagner zurück zu Mozart, und in den brodelnden Jahrzehnten, in denen eine neue Ästhetik der Tonkunst auf dem Weg von Schönberg bis Boulez sich die Welt eroberte, galt Strauss vielen als tröstlicher Rest einer Musikkultur, die in den allgemeinen Strudel des Untergangs des Abendlandes geraten zu sein schien« (Winfried Zillig, 1966).

Tondichtungen

Aus Italien. Sinfonische Fantasie op. 16

Besetzung: klassisches Orchester. – Entstanden 1886. UA: 1887 in München (Dirigent: der Komponist). – Aufführungsdauer: ca. 45 Minuten.

Nach Aufgabe des Meininger Amtes als Hofmusikdirektor und vor Antritt der bescheideneren Position eines 3. Kapellmeisters an der Münchner Hofoper trat Strauss im Frühsommer 1886 seine erste Italienreise an. Ausführliche Briefe an die Eltern halten fest, wie intensiv sich der 21jährige von den Städten, Naturschönheiten und Kunstdenkmälern angesprochen fühlte. Raffael und Michelangelo nahmen ihn gefangen, Rossini und Verdi stießen ihn eher ab: »[. . .] für italienische Musik werde ich mich wohl nie bekehren, es ist eben Schund.«

Bezeichnend, daß sich die bewegenden Eindrücke dieser klassischen Bildungsreise wie selbstverständlich in tagebuchartigen Kompositionsskizzen niederschlagen, so daß sich auch das fertige Werk letztlich als klingende Rekapitulation der vielfältigen Reiseeindrücke begreifen läßt. Als geläufige Schutzmaßnahme der »Neudeutschen« jener Jahre war dabei die Zurückweisung nur-illustrativer Tonmalerei zu verstehen: Der Komponist »möchte keine Beschreibung der Städte Rom und Neapel geben, sondern er möchte, daß seine Musik die Empfindungen widerspiegelt, die er beim Anblick der herrlichen Schönheiten dieser Städte gehabt habe« (an Karl Wolff, 1889).

Dennoch hielt es Strauss für richtig, bei der näheren Bezeichnung der Sätze seine emotional-reflexiven Hinweise den geographischen Lokalisierungen nachzuordnen:

1. Auf der Campagna (*Andante*), 2. In Roms Ruinen. Fantastische Bilder entschwundener Herrlichkeit, Gefühle der Wehmut und des Schmerzes inmitten sonnigster Gegenwart (*Allegro molto con brio*). 3. Am Strande von Sorrent (*Andantino*), 4. Neapolitanisches Volksleben. Finale (*Allegro molto*).

Aus Italien enthält eine Fülle charakteristischer Themen, Wendungen und Tonfälle, die sich mühelos programmatisch deuten lassen. Dennoch bestand Strauss noch darauf, seiner »Sinfonischen Fantasie« zugleich den fester gefügten Rahmen einer 4sätzigen Sinfonie alten Schlages zu erhalten. Noch schien der junge Komponist (und Autor einer unbetitelten *Sinfonie f-Moll* op. 12, 1884!) die Brücken zum Lager der »Brahminen« (= Brahmsianer) nicht ganz abbrechen zu wollen. So kann es kein Zufall sein, daß die Partitur gerade jener Mentorenpersönlichkeit gewidmet ist, die beide ästhetische Positionen nur zu genau kannte: Hans von Bülow.

Don Juan. Tondichtung nach Nikolaus Lenau op. 20

Besetzung: großes Orchester. – Entstanden 1887/88. UA: 1889 in Weimar (Dirigent: der Komponist). – Aufführungsdauer: 16–18 Minuten.

Selbst von hartnäckigen Strauss-Kritikern ist *Don Juan* stets als Geniestreich bewundert worden. Die in Meiningen und München rapide gewachsene dirigentische Souveränität muß in dem 23- bzw. 24jährigen ein untrügliches Gespür für orchestrale Ausdrucksmöglichkeiten, mehr noch: den sicheren Griff bei der Formulierung dramatischer und lyrischer Gesten geweckt haben. Vollends mußte sich Strauss' neues Selbstgefühl durch die Faszination eines großen literarischen Stoffes herausgefordert sehen. Das aus 17 Episoden bestehende dramatisch-epische *Don Juan*-Gedicht (1842–44) des ruhelosen Dichters Nikolaus Lenau (1802–50, in Ungarn gebürtig) dürfte von Strauss leicht mit weiteren Darstellungen innerhalb des weiten Stoffkreises verknüpft worden sein, mit Mozart / Da Ponte und E. T. A Hoffmann also, mit Lord Byron,

Grabbe und vielleicht auch Kierkegaard. Zwar existiert keine programmatische Text-Musik-Zuweisung, zwar beschränkt sich das Partiturvorwort auf das Zitieren dreier knapper Lenau-Zitate. Doch kann die Strauss'sche Musik – soviel offenbaren die Themen und Stimmungen – nur die *ganze* Don-Juan-Figur mit all ihren Sehnsüchten und Widersprüchen, Leidenschaften und Maßlosigkeiten meinen.

Wenig nützt es, diesen beiden impulsiven Zentralthemen (a, b) andere, eher gegensätzlich gestimmte Themengestalten als weibliche Themen gegenüberzustellen, sie sogar – wie geschehen – namentlich zu etikettieren (Zerlina, Elvira, Anna etc.). Allenfalls bringt dies zum Ausdruck, daß in diesem sinfonischen Einsätzer zwischen dem dreimal exponierten, jeweils vehement hochschießenden *Con brio*-Thema a und mehreren vielgestaltigen Episodenthemen (z. B. H-Dur: *tranquillo molto espressivo*; g-Moll: *molto appassionato*; G-Dur: *sehr getragen*; D-Dur: *giocoso*) enorme Spannungen, ja Spannungsfelder aufgebaut werden, denen der Grundriß eines Sonatensatzes nicht mehr recht entsprechen will. Überraschend gestaltet sich die Schlußcoda. Die Musik setzt mit großem Elan zu einem 4. Einsatz des Zentralthemas a an, ohne es – trotz eines gewaltigen Crescendierens – deutlich ausprägen zu können. Abbruch, Generalpause. Das Klanggeschehen sinkt in gleichförmiger Wellenbewegung ab und verstummt. Die letzten beigegebenen Lenau-Zeilen hatten folgenden Wortlaut: »Und plötzlich ward die Welt mir wüst, umnachtet; / Vielleicht auch nicht; – der Brennstoff ist verzehrt, / Und kalt und dunkel ward es auf dem Herd.«

Macbeth. Tondichtung nach Shakespeares Drama op. 23

Besetzung: großes Orchester (u. a. mit Baßtrompete). – Entstanden 1886–1888 (= Fassungen I, II), UA: 1890 in Weimar; rev. 1889–91 (= Fassung III), UA: 1892 in Berlin (jeweils unter der Leitung des Komponisten). – Aufführungsdauer: 19–20 Minuten.

Schon vor *Don Juan* war der Plan zu einer *Macbeth*-Komposition gereift. Bezeichnend, daß erste Impulse nicht etwa von Verdis Oper herkamen – italienische Musik schätzte Strauss vorläufig noch wenig –, sondern von einer Shakespeare-Inszenierung des Meininger Hoftheaters. Die Düsternis, die Ausweglosigkeit, der schwarze Balladenton der von Macht- und Mordgier erfüllten Zerstörungstragödie muß des Komponisten Gestaltungsdrang beflügelt haben. Bereits vor *Don Juan* entstanden eine erste und eine zweite, im Schlußteil veränderte Fassung. Ihnen sollte – *Don Juan* war inzwischen kreiert – bald eine definitive Fassung mit verstärkter orchestraler Transparenz folgen (»[...] das Stück klingt fabelhaft [...] in der Klarheit seiner neuen Fassung, – jetzt ist kein Thema mehr darin, das nicht ›herauskommt‹«).
Die Figuren des *Macbeth*-Dramas ließen sich enger als jene des *Don Juan* in eine Sonaten-Dramaturgie einbinden. Über dem *Marcato*-Hauptgedanken, der nach wenigen fulminanten Introduktionstakten eingeführt wird, notierte Strauss ausdrücklich »Macbeth«:

Entsprechend findet sich 60 Takte später beim geheimnisvollen *Appassionato*-Thema der Bläser (Hörner: mit Dämpfer, Streicher: am Steg) der Hinweis »Lady Macbeth« sowie ein charakterisierendes Textzitat: »O, eile! Eile her! damit ich meinen Geist in deinen gieße, durch meine tapfere Zunge diese Zweifel und Furchtgespenster aus dem Felde schlage, die dich wegschrecken von dem goldnen Reif, womit das Glück dich gern bekrönen möchte.«

Einem unablässig voranhetzenden Dialog zwischen den beiden Themenfiguren gleicht dieses dramatisch bewegte d-Moll-Werk. Wie in einem dialektisch zugespitzten Sinfonie-Allegro opponieren die Affektbereiche *Poco maestoso / tranquillo / marcato* (= Macbeth) und *Appassionato / agitato / furioso* (= Lady Macbeth), verschränken sich und entwickeln sich verschärfend weiter.
Aufschlußreich mag in diesem Zusammenhang Strauss' Bericht sein, daß die Erstfassung mit ihrem martialischen Schluß das Mißfallen Hans von Bülows erregt habe: »Bülow war schon über die Dissonanzen des *Macbeth* entsetzt, bemerkte aber bei dem ersten Schlußmarsch des Macduff sehr richtig, das sei Unsinn! Eine *Egmont*-Ouvertüre könne wohl mit einem Triumphmarsch des Egmont schließen, eine sinfonische Dichtung *Macbeth* aber nicht mit dem Triumph des Macduff« (*Betrachtungen und Erinnerungen*, 1949). Strauss lenkte ein und fügte einen Epilog in gedämpftem Ton an, der die Themen des unglücklichen Protagonistenpaares noch einmal abschließend vergegenwärtigt, so daß ihrem Gegenspieler künftig nicht mehr die letzten Takte vorbehalten sein sollten.

Tod und Verklärung. Tondichtung op. 24

Besetzung: großes Orchester (u. a. mit 2 Harfen). – Entstanden 1888/1889. UA: 1890 in Eisenach, Tonkünstlerfest des »Allgemeinen Deutschen Musikvereins« (Dirigent: der Komponist). – Aufführungsdauer: 23–25 Minuten.

War die *Macbeth*-Tragödie auf d-Moll eingestimmt gewesen, so wird jetzt für *Tod und Verklärung* die spätestens seit Beethovens *Fünfter* symbolbefrachtete Tonart c-Moll mit schwer errungener finaler C-Dur-Aufhellung bedeutsam. Diese befreiende Maggiore-Wendung wird vom Komponisten im *Tranquillo*-Schlußabschnitt mit einem feierlich anhebenden, aufwärtsgerichteten Hymnus gekennzeichnet, dem sogenannten »Verklärungs«- oder »Ideale«-Thema. Dreimal hatte es sich bereits zuvor im entwicklungsreichen Durchführungspassus seine Bahn gebrochen (B-Dur, As-Dur, Des-Dur). Auch nach Erreichen der beruhigten *Tranquillo*-Schlußphase schreitet dieses signifikante Thema noch einmal weiter harmonische Räume aus, um das eingangs und abschließend gesetzte reine C-Dur desto nachdrücklicher zu bestätigen:

Darüber erhebt und verdichtet sich *molto espressivo* ein zarter Streichergesang über jenes kantable Thema, das bereits viel früher in einer gesanglichen Episode der Holzbläser (*dolce espressivo*) die Rolle eines »positiven« Seiten- oder Gegenthemas zur dramatischen Entwicklung des c-Moll-Hauptsatzes (*Allegro molto agitato*) übernommen hatte:

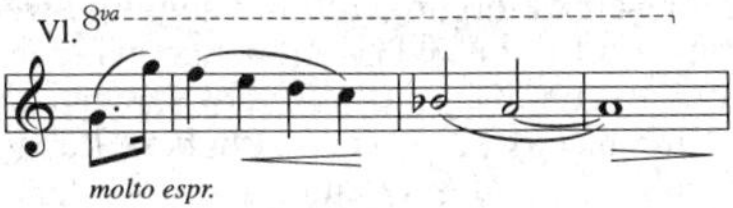

Die dem stürmischen Hauptsatz vorangestellte *Largo*-Introduktion mit ihren harfenbegleiteten Dialogen der Holzbläser bzw. der Solo-Violine könnte als lyrisch beruhigte Eingangszone erscheinen, wäre da nicht jene unruhig und synkopiert zwischen Duolen und Triolen schwankende Rhythmusformel präsent (= »Todesmotiv«):

Dem Partiturdruck fügte der Komponist, ohne Autorenangabe, ein pathoserfülltes Gedicht seines Meininger Musikerfreundes Alexander Ritter bei. Es endet mit folgenden Zeilen:

»Aber mächtig tönet ihm / Aus dem Himmelraum entgegen, / Was er sehnend hier gesucht: / Welterlösung, Weltverklärung!« Dieses Gedicht hat aber nicht als programmatischer Vorwurf gedient. Es ist, in der Art einer Nachbetrachtung, erst *nach* Vorliegen der Komposition zu Papier gebracht worden. (Allerdings lag den Programmen der beiden ersten Aufführungen eine kürzere Frühfassung des Gedichts bei.) Jahre später äußerte sich Strauss jedoch selbst einmal über das auslösende Moment zu seiner rasch berühmt gewordenen Tondichtung (Brief an Friedrich von Hausegger, 1894):

»Es war vor sechs Jahren, als mir der Gedanke auftauchte, die Todesstunde eines Menschen, der nach den höchsten idealen Zielen gestrebt hatte, also wohl eines Künstlers, in einer Tondichtung darzustellen. Der Kranke liegt im Schlummer schwer und unregelmäßig atmend zu Bette; freundliche Träume zaubern ein Lächeln auf das Antlitz des schwer Leidenden; der Schlaf wird leichter; er erwacht; gräßliche Schmerzen beginnen ihn wieder zu foltern, das Fieber schüttelt seine Glieder – als der Anfall zu Ende geht und die Schmerzen nachlassen, gedenkt er seines vergangenen Lebens: seine Kindheit zieht an ihm vorüber, seine Jünglingszeit mit seinem Streben, seinen Leidenschaften und dann, während schon wieder Schmerzen sich einstellen, erscheint ihm die Frucht seines Lebenspfades, die Idee, das Ideal, das er zu verwirklichen, künstlerisch darzustellen versucht hat, das er aber nicht vollenden konnte, weil es von einem Menschen nicht zu vollenden war. Die Todesstunde naht, die Seele verläßt den Körper, um im ewigen Weltraum das vollendet in herrlichster Gestalt zu finden, was es hienieden nicht erfüllen konnte.«

Till Eulenspiegels lustige Streiche
Nach alter Schelmenweise – in Rondoform, op. 28

Besetzung: sehr großes Orchester (4faches Holz, 4 Hörner und hohe Trompete zusätzlich ad lib.). – Entstanden 1894/95. UA: 1895 in Köln, Gürzenich (Dirigent: Franz Wüllner). – Aufführungsdauer: 14–15 Minuten.

Diese Partitur zeigt den 30jährigen als Erfinder musikalischer Gestalten von außerordentlicher deskriptiver Kraft, zudem als wirkungsbewußten Regisseur kompositorischer Verläufe und obendrein als brillanten Instrumentator. Kein Dirigent von Rang, kein Orchester von Format, denen nach einer inspirierten Darstellung des *Till* nicht der Erfolg sicher wäre!

Der poetische Untertitel deutet an, daß Strauss die traditionelle Rondoform mit ihrem Wechsel von Refrain (= Tills beide Hauptthemen) und episodischen Couplets (= Tills Streiche, Abenteuer und Schicksale) wohlgeeignet schien, um den komödiantischen Helden alter Volksbücher angemessen zu porträtieren. Das berühmte Hornthema, das sich kaum ins Taktschema einzwängen läßt, darf als eigentliches Personalthema des Schalksnarren gelten:

Das einleitende »gemächliche« Streicherthema, das unzählige Male in den phantasievollsten Verwandlungen wiederkehrt, wäre dann als jeweils sich anpassendes »Milieu«-Thema anzusprechen:

Da Strauss ab T. 429 (bei insgesamt 657 überwiegend sehr lebhaft gehaltenen Takten) deutlich eine Reprise ansetzt und sich zuvor nicht weniger als 3 Episoden zu einem umfänglichen Durchführungsblock gereiht hatten (T. 111 ff.), erklärt sich dieses mehrdeutige Orchesterrondo leicht auch als Sonatensatz.

Der längst prominente Komponist, durch nervendes Befragen nach »Programmen« eher wortkarg geworden, verweigerte Wüllner gegenüber zunächst telegrafisch nähere Auskünfte: »analyse mir unmöglich. aller witz in toenen ausgegeben.« (In der Tat, allein die sprechenden Vortragsbezeichnungen verraten schon manches: *lustig, grazioso, schelmisch, geschmeidig,*

scherzando, liebesglühend, wütend, immer lebhafter, leichtfertig ... drohend, entstellt, kläglich ...). Auch ein zweites Schreiben beschränkte sich darauf, die beiden Hauptthemen sowie die Episoden »Promotion bei den philiströsen Professoren« (T. 293 ff.) mit nachfolgendem »leichtfertigen« Abgang (T. 375 ff.) sowie die »Katastrophe« (Urteil, Tod = T. 613 f.) zu benennen: »[...] lassen Sie diesmal die lustigen Kölner raten, was ihnen ein Schalk für musikalischen Schabernack angetan hat.« Erst im Jahr darauf ließ sich Strauss herbei, dem Musikpublizisten und Komponisten Wilhelm Mauke etwa zwei Dutzend inhaltliche Stichworte ins Partiturexemplar hineinzuschreiben – Eintragungen, die *Till Eulenspiegel* zum Musterfall vermeintlich »entschlüsselbarer« Programmusik erheben sollten.
Bliebe noch nachzutragen, daß Strauss bereits 1893 ein Opernprojekt *Till Eulenspiegel bei den Schildbürgern* erwog, zu welchem sich auch ein Textentwurf erhalten hat. Kompositionsskizzen zur Oper, die nach Projektaufgabe in die Partitur des Orchesterwerks hätten eingehen können, liegen allerdings nicht vor.

Also sprach Zarathustra
Tondichtung (frei nach Nietzsche) op. 30

Besetzung: sehr großes Orchester (4faches Holz, 6 Hörner, 4 Trompeten, 3 Posaunen, 2 Baßtuben, ferner Orgel, 2 Harfen, im Schlagwerk u. a. tiefe Glocke, sehr große Streicherbesetzung). – Entstanden 1895/1896. UA: 1896 in Frankfurt a. M. (Dirigent: der Komponist). – Aufführungsdauer: 33–35 Minuten.

1. (Sonnenaufgang. Sehr breit) – 2. Von den Hinterweltlern (Weniger breit) – 3. Von der großen Sehnsucht (Bewegter) – 4. Von den Freuden und Leidenschaften (Bewegt) – 5. Das Grablied (Etwas ruhiger, ausdrucksvoll) – 6. Von der Wissenschaft (Sehr langsam) – 7. Der Genesende (Energisch) – 8. Das Tanzlied – 9. Das Nachtwandlerlied (Sehr schnell / Langsam).

Strauss' Komponierweise ist an der anspruchsvollen Zarathustra-Thematik zweifellos gewachsen. Seine Satztechnik gestaltete sich noch einmal komplexer, kontraststärker und auch persönlicher, seine Dramaturgie in der Gewichtung der Teile und im Fixieren der Kulminations- und Entspannungspunkte noch ehrgeiziger und kühner. Daß der selbstbewußte Komponist sein Vorhaben geglückt sah, geht aus einem Brief an seine Frau deutlich genug hervor: »*Zarathustra* ist herrlich – weitaus

das Bedeutendste, Formvollendetste, Inhaltsreichste, Eigentümlichste meiner Stücke. Der Anfang ist herrlich, alle die vielen Streichquartettstellen sind mir famos geglückt; das Leidenschaftsthema ist hinreißend, die Fuge grauslich und das Tanzlied einfach entzückend ... kurz und gut, ich bin doch ein ganzer Kerl und habe wieder einmal ein bißchen Freude an mir.«
Das erwähnte »Leidenschaftsthema« in Abschnitt 4 nimmt die Ekstasen von *Salome* und *Elektra* voraus. Die spröde gezimmerte Fuge im Abschnitt *Von der Wissenschaft*, bereits nach 38 Takten von einer *sehr feurig* auszuführenden Kontrastmusik bedrängt, fand schon früh wegen ihres (im Gefolge von Liszts *Faust*-Thema) durch alle 12 Töne hindurchgehenden Themas starke Beachtung. Das *Tanzlied* schließlich sprengt nicht nur durch Umfang und Entwicklungsbreite den Rahmen, sondern weil es alles Frühere mit unwiderstehlicher Sogwirkung in seinen Bann zieht: der Tanz als Akt der Befreiung und Erhebung. Romain Rolland, Strauss' französischer Literatenfreund, beschrieb die Entwicklungsstufen des zum Tänzer sich läuternden Suchers so: »Man sieht darin den Menschen, der anfangs, vom Rätsel der Natur erschüttert, eine Zuflucht im Glauben sucht. Dann empört er sich gegen die asketischen Ideen und stürzt sich toll in die Leidenschaften. Doch bald ist er übersättigt, angeekelt, lebensüberdrüssig; er versucht es mit der Wissenschaft, verwirft sie wieder und gelangt dahin, sich von der Unruhe nach Erkenntnis zu befreien, indem er schließlich seine Befreiung im Lachen findet. Das Lachen ist der Herr der Welt, der glückselige Tanz, der Rundtanz des Weltalls, wo alle menschlichen Gefühle mitspielen: religiöser Glaube, unbefriedigte Wünsche, Leidenschaften, Ekel und Freude.«
Strauss hatte sich von Nietzsches 4teiliger Dichtung (1883–91) begeistern lassen und sich, in veränderter Chronologie, eine Reihe von Kapitelüberschriften zusammengestellt. Doch dachte er keineswegs an separate Sätze, sondern wiederum an einen enorm geweiteten Einsätzer, der zäsurlos eine Art »Stationenweg« durchlaufen sollte. In unauffälligem Kleindruck, dazu eingeklammert, finden sich die Nietzsche-Titel in der Partitur. Für die machtvoll auftrumpfende Introduktion, die – vom tiefen Pianissimo-C in Orgel, Kontrabässen und Kontrafagott aufsteigend – gleichsam im feierlichen Schöpfungsakt elementares Dreiklangmaterial in Dur-Moll samt den funda-

mentalen Kadenzschritten kreiert, hat sich die von Strauss nicht herangezogene Überschrift *Sonnenaufgang* eingebürgert:

Don Quixote. Fantastische Variationen über ein Thema ritterlichen Charakters op. 35

Besetzung: großes Orchester (u. a. mit 6 Hörnern, großem Schlagzeug samt Windmaschine), Solo-Bratsche, Solo-Violoncello. – Entstanden 1897. UA: 1898 in Köln, Gürzenich (Dirigent: Franz Wüllner). – Aufführungsdauer: 40–42 Minuten.

Hatte sich Strauss für den Bilderbogen des *Till Eulenspiegel* einer durch Sonatenelemente flexibilisierten Rondoform bedient, so griff er für die Abenteuerfahrten des »Ritters von der traurigen Gestalt«, wie der Roman des Cervantes (1547–1616) sie beschrieb, auf die Idee einer freien Variationsfolge zurück. Im Grunde seines Herzens kaum Anhänger des Virtuosenkonzerts, entschied sich der Komponist jedoch diesmal für instrumentale »Personifizierungen«: *Don Quixote*, der tragikomische Illusionist, sieht sich durch ein vielbeschäftigtes konzertierendes *Violoncello* verkörpert; *Sancho Pansa*, sein dummschlauer Gefolgsmann, weiß sich durch eine Solo-*Bratsche* verkörpert. (Strauss notierte diese Obligatpartien interessanterweise nicht auf gesonderten Solo-Systemen!) Doch erfolgt diese charakterisierende Zuordnung gewissermaßen vor den Ohren des Auditoriums: Flöte und Oboe bereiten im fantasieartigen Introduktionsabschnitt das groteske Triolenthema des Ritters vor, Baßklarinette und Tuba dasjenige des Dieners, bevor ab Variation 1 die Identitäten festgeschrieben bleiben.

a

b

c

Strauss selbst, obwohl zeitlebens skeptisch gegenüber »Entschlüsselungen« programmatischer Musik, hielt im Falle seines ereignisreichen *Don Quixote* eine Art »Inhaltsangabe« für sinnvoll. Ihr Text lautet:

Introduktion: Don Quixote verliert über der Lektüre der Ritterromane seinen Verstand und beschließt, selbst fahrender Ritter zu werden.

Thema: Don Quixote, der Ritter von der traurigen Gestalt (Solo-Violoncell [Zitat a]). Sancho Pansa (Baßklarinette, Tenortuba und Solo-Bratsche [Zitat b]).

1. Variation: Ausritt des seltsamen Paares unter dem Zeichen der schönen Dulzinea von Toboso [Zitat c] und Abenteuer mit den Windmühlen.

2. Variation: Siegreicher Kampf gegen das Heer des großen Kaisers Alifanfaron (Kampf gegen die Hammelherde).

3. Variation: Gespräche zwischen Ritter und Knappe: Forderungen, Fragen und Sprichwörter Sanchos, Belehrungen, Beschwichtigungen und Verheißungen Don Quixotes.

4. Variation: Unglückliches Abenteuer mit einer Prozession von Büßern.

5. Variation: Don Quixotes Waffenwache. Herzensergüsse an die ferne Dulzinea.

6. Variation: Begegnung mit einer Bauerndirne, die Sancho seinem Herrn als die verzauberte Dulzinea bezeichnet.

7. Variation: Ritt durch die Luft.
8. Variation: Unglückliche Fahrt auf dem verzauberten Nachen (Barcarole).
9. Variation: Kampf gegen vermeintliche Zauberer, zwei Pfäfflein auf ihren Maultieren.
10. Variation: Zweikampf mit dem Ritter vom blanken Monde. Don Quixote, zu Boden geschlagen, sagt den Waffen Valet und zieht, mit dem Beschlusse, Schäfer zu werden, seiner Heimat zu.
Finale: Wieder zur Besinnung gekommen, beschließt er seine letzten Tage in Beschaulichkeit. Don Quixotes Tod.

Ein Heldenleben. Tondichtung op. 40

Besetzung: sehr großes Orchester (4faches Holz, 8 Hörner, 5 Trompeten, 3 Posaunen, 2 Tuben, reiches Schlagwerk, sehr große Streicherbesetzung). – Entstanden 1898. UA: 1899 in Frankfurt a. M. (Dirigent: der Komponist). – Aufführungsdauer: 40–43 Minuten.

1. Der Held – 2. Des Helden Widersacher – 3. Des Helden Gefährtin – 4. Des Helden Walstatt – 5. Des Helden Friedenswerke – 6. Des Helden Weltflucht und Vollendung.

Wieder, wie im *Zarathustra*, ließ sich Strauss vom offenen Formprinzip eines durchgängigen »Stationenweges« leiten. Zwar verzichtete die Partitur diesmal sogar auf kleingedruckte Textmarkierungen. Solche erschienen jedoch, zumindest mit Strauss' Billigung, samt präzisen Taktzuweisungen auf späteren Programmblättern. Daß Titel dieses Genres unweigerlich auf die Privatsphäre des Komponisten bezogen würden, war leicht vorauszusehen. Strauss' ausgeprägte Neigung zur Selbstdarstellung mochte dem einigen Vorschub leisten. Doch dürfte weit mehr beabsichtigt worden sein: Ein Schaffender, nahe der Jahrhundertwende, nahe neuen Aufgaben (Berliner Hofoper), reflektiert seine schöpferische Befähigung, seinen künstlerischen Auftrag, auch seine gesellschaftliche Situation.
Wie immer bedurfte es solcher inhaltlichen Impulse, um die formale Vorgabe eines geweiteten Sonatensatzes bzw. -zyklus in aller Freiheit ausgestalten zu können. Ob die Grundtonart Es-Dur auf Beethovens *Eroica* in gleicher Tonart anspielt, muß offen bleiben.
In *Teil 1* dominiert das kraftvoll durch den Dreiklangraum ausgreifende, lebhaft bewegte Thema des Protagonisten, umgeben von Gegenmotiven und Varianten:

Harte Widersacher-Kontrapunkte kommen in *Teil 2* (Etwas langsamer) ins dialogisch gehaltene Spiel; die Spielanweisungen für diese bizarr gewundenen und zerklüfteten Bläserthemen sprechen ihre eigene Sprache (sehr scharf und spitzig, schnarrend). Als konzertante Werbe- und Liebesszene mit obligater Solo-Violine und drängenden Bässen ist *Teil 3* angelegt. Eine breite Skala ironisch-kapriziöser, schließlich aber innig-ausdrucksvoller Affekte prägt diese groß angelegte Zwiesprache, wobei verbale Zusätze wiederum auf Programmatisches verweisen (*heuchlerisch schmachtend, leichtfertig, voll Sehnsucht, zart, etwas sentimental, übermütig . . . ausdrucksvoll, molto appassionato . . .*). Im durchführungsbetonten *Teil 4* erheben sich die Widersacher zu kriegerischem Konflikt. Erwartungsgemäß vermag sich die Protagonisten-Thematik strahlend zu behaupten. Strauss' Tonsprache scheint hier, wo offensichtlich auch ironisch verfremdende und spöttisch karikierende Züge hervortreten sollen, außerordentlich progressiv und fesselnd. Für die stark veränderte Reprise (= *Teil 5*) hält der Komponist Überraschendes bereit: Als vorzuweisende »Friedenswerke« sind frühere Strauss-Kompositionen gemeint, auf welche mittels signifikanter Kurzzitate angespielt wird (Tondichtungen von *Don Juan* bis *Don Quixote*, Oper *Guntram*, Lied *Morgen*). Als besänftigtes Naturbild ist *Teil 6* gehalten (Protagonisten-Thema im Englischhorn). Die letzten Takte gehören dem *etwas markiert* zu spielenden Zarathustra-Thema, so wie Nietzsche die meisten Kapitel seiner Dichtung mit der archaischen Bekräftigung beschlossen hatte: »Also sprach Zarathustra.«

Sinfonia domestica op. 53

Besetzung: sehr großes Orchester (u. a. mit Oboe d'amore, 4 Saxophonen, 8 Hörnern). – Entstanden 1902/03. UA: 1904 in New York, Carnegie Hall (Dirigent: der Komponist). – Aufführungsdauer: 42–44 Minuten.

Mit seiner »Häuslichen Sinfonie« begab sich der längst zu außerordentlicher Prominenz gelangte und vielgeehrte Komponist auf ein Terrain voller Widersprüche. Wohl läßt sich das umfängliche und mit orchestralem Riesenaufwand operierende Werk versuchsweise als ein Stück absoluter, d. h. programmunabhängiger Sinfonik hören. Dem steht aber nicht nur entgegen, daß Strauss die Partitur mit Hinweisen geradezu übersäte, sondern auch, daß er stilistisch schwer verständliche Gegensätze eröffnete. So folgt im *Finale* (= *Teil 4*) auf die mit allen kontrapunktischen Künsten gefertigte Doppelfuge – sie soll den launigen Streit der Eheleute beim morgendlichen Erwachen widerspiegeln – ein ausnehmend schlichtes, ja naives Thema der »Versöhnung«, wie es in diesem Kontext nicht gerade zu erwarten war. *Teil 3*, das dem Elternporträt vorbehaltene *Adagio*, bewegt sich in einem emotionalen Klima, das kaum eine andere Deutung zuläßt als die einer Liebesnacht. Ein veritables *Wiegenlied* in Klarinettenterzen beschließt samt den dazugehörigen Sieben-Uhr-Schlägen des Glockenspiels den nach Art eines Scherzos geformten *Teil 2* des Kindes, dem die seltene Oboe d'amore (in A) als persönliches Instrument zugewiesen ist. Im knappen *Teil 1* (Bewegt) waren die kennzeichnenden Themen aller drei Familienangehörigen erstmals formuliert worden: Thema I (= Mann) mit den Themenzeilen *gemächlich – träumerisch – feurig*, Thema II (= Frau) mit den Charakterisierungen *grazioso – gefühlvoll – zornig*, schließlich Thema III (= Kind), der Oboe d'amore anvertraut, mit der einheitlichen Bezeichnung *sehr zart*.

Kaum also läßt sich das nach »Entschlüsselung« förmlich verlangende Riesenwerk frei von inhaltlichen Ideengängen hören. Den Komponisten störte diese überstarke programmatische Einengung kaum. Nicht nur hatte er die während einer ersten USA-Tournee uraufgeführte Partitur ausdrücklich »Meiner lieben Frau und unserm Jungen gewidmet«, sondern er war auch der festen Überzeugung: »Die Symphonie soll ein musikalisches Bild des Ehelebens geben. Ich weiß, daß einige Leute glauben, das Werk sei eine spaßhafte Darstellung des häuslichen Glücks. Aber ich gestehe, daß ich nicht spaßig sein wollte, als ich sie komponierte. Was kann denn auch ernsthafter sein als das Eheleben?«

Eine Alpensinfonie op. 64

Besetzung: sehr großes Orchester (u. a. mit Heckelphon, 4 Tenor- und 2 Baßtuben, 2–4 Harfen, Orgel, Wind- und Donnermaschine, Celesta; »hinter der Szene« zusätzlich: 12 Hörner, je 2 Trompeten und Posaunen. – Entstanden 1914/15. UA: 1915 in Dresden (Dirigent: der Komponist). – Aufführungsdauer: 50–52 Minuten.

Nacht – Sonnenaufgang – Der Anstieg – Eintritt in den Wald – Wanderung neben dem Bache – Am Wasserfall – Erscheinung – Auf blumige Wiesen – Auf der Alm – Durch Dickicht und Gestrüpp auf Irrwegen – Auf dem Gletscher – Gefahrvolle Augenblicke – Auf dem Gipfel – Vision – Nebel steigen auf – Die Sonne verdüstert sich allmählich – Elegie – Stille vor dem Sturm – Gewitter und Sturm, Abstieg – Sonnenuntergang – Ausklang – Nacht.

Seit der *Sinfonia domestica* waren 12, seit *Don Quixote* 17 Jahre vergangen. *Salome, Elektra, Rosenkavalier* und *Ariadne auf Naxos* hatten bewirkt, daß der Bühnendramatiker Strauss den »Tondichter« ein wenig in den Hintergrund drängen konnte. Welche Gründe mochte der bereits mit der *Josephslegende* befaßte, die *Frau ohne Schatten* planende Komponist haben, noch ein letztes Mal eine Programmsinfonie zu entwerfen? Denkbar wäre, daß die oft genug von der Bühne auferlegte Atemlosigkeit im Verfolgen rasch wechselnder Handlungssituationen zum Ausgleich ein bühnenunabhängiges Werk des großen, beruhigten Atems nahelegte. Leicht konnte daher der stete »Stationenweg« einer ausgedehnten, an Sinneseindrücken überreichen Hochgebirgswanderung zur programmatischen Idee erhoben werden. Exakt vermerkt die Partitur ein knappes Dutzend alpinistischer, aber auch emotionaler Stufen zwischen dem morgendlichen Aufbruch und der Gipfelankunft, zwischen Gipfelvision und spätabendlicher Rückkehr ins Tal. Der Bergfreund Strauss, seit 1908 in Garmisch ansässig und mit Blick auf die Alpenregion lebend und arbeitend, vermochte den Rhythmus eines solchen Bergtages sehr wohl nachzuempfinden.

Obwohl die Partitur erstaunliche tonmalerische Phantasie entwickelt, dürfte wesentlicher sein, daß diesem besonders ausführlichen Werk ein riesiger Spannungsbogen zugrunde liegt, der sich aus Anspannung und Entspannung, Erwartung und Ankunft, Aufhellung und Verdunklung usw. herleitet. Einige Angaben mögen andeuten, welche Fülle dieser Bogen zu bergen hat. *Nacht:* das »Berg-Motiv«, vom Grundton über die Quint zur Oktav aufsteigend, profiliert sich vor einem dichten

Pianissimo-Streicherteppich, der sämtliche Töne einer Drei-Oktaven-Skala in b-Moll in der Gleichzeitigkeit schichtet. *Anstieg:* »Hinter der Szene« bricht eine forciert geschmetterte Jagdmusik aus, in welche das Orchester einfällt, bevor der *Eintritt in den Wald* eine völlig neue, ruhevolle Klangwelt eröffnet:

Am Wasserfall: es bietet sich ein aufgehelltes Klangbild schwebender Kaskadenfiguren. *Vision:* eine feierliche Choralmusik hebt an, deren bewegter Modulationsgang der Bildabfolge des andachtsvollen Gipfelrundblicks entsprechen könnte. *Stille vor dem Sturm / Gewitter und Sturm . . . Ausklang:* das bekannte Empfindungsmodell der Beethovenschen *Pastoralsinfonie* kommt, trotz wesentlich erweiterter Klangapparatur, in den Sinn. *Nacht:* in den wiederkehrenden b-Moll-Drei-Oktaven-»Cluster« des Beginns tönt noch einmal das feierliche »Berg-Motiv« hinein, bevor alles thematische Geschehen erstarrt.

Weitere Werke für und mit Orchester

»Rosenkavalier«-Musiken

Der überwältigende Erfolg der Strauss-Hofmannsthalschen »Komödie für Musik« (komponiert 1909/10, UA 1911 in Dresden) ließ den Wunsch nach Wiederbegegnungen mit dieser so eleganten und so verschwenderisch reich instrumentierten Musik im Konzertsaal entstehen. Der Komponist, kein Liebhaber sogenannter »Bruchstücke«, erwies sich in diesem Falle als generös. Noch im Jahr der Uraufführung stellte er eine Walzerfolge aus Akt 3 zusammen (späterer Titel: **Zweite Walzerfolge**). Erst 1944 verfuhr er analog mit den Akten 1 und 2 (= **Erste Walzerfolge**). »Highlights« aus der ganzen Oper, jetzt mit instrumentalisierten Singstimmen, enthält die häufig aufgeführte, 1945 von Strauss selbst redigierte **Rosenkavalier-Suite**. Ein Kuriosum stellt die ebenfalls vom Komponisten arrangierte und um 5 Einschübe erweiterte *Rosenkavalier-Filmmusik* dar, die mit großem Orchester live zum 1925 geschaffenen Stummfilm des Regisseurs Robert Wiene musiziert wurde. Ob eine Fassung dieser Musik für reduziertes Salonorchester auf Strauss selbst zurückgeht, läßt sich bisher nicht sicher belegen.

Der Bürger als Edelmann. Orchestersuite op. 60

1. Ouvertüre zum 1. Aufzug – 2. Menuett – 3. Der Fechtmeister – 4. Auftritt und Tanz der Schneider – 5. Das Menuett des Lully – 6. *Courante* – 7. Auftritt des Cleonte – 8. Vorspiel zum 2. Aufzug – 9. Das Diner.

Im Jahr 1912 gab man am Stuttgarter Hoftheater zur Eröffnung des Kleinen Hauses erstmals Molières Komödie vom *Bourgeois gentilhomme* (1670) in Hugo von Hofmannsthals Bearbeitung mit Strauss' Bühnenmusik, gefolgt vom Operneinakter *Ariadne auf Naxos*. Das Junktim von Komödie und Oper erwies sich als untauglich; beide Stücke wurden künftig wieder getrennt gegeben. 1920 brachte Strauss in Wien eine Suite mit den 9 gewichtigsten Sätzen der Schauspielmusik aufs Konzertpodium. Mit großem Geschick paßte der Komponist den Tonfall seiner Suite dem Zeitalter des Sonnenkönigs an. Der reiche, aber naive Bürgerliche Jourdain will zum Edelmann von Welt aufsteigen, ohne zu bemerken, daß die Edelleute, die er katzenbucklig hofiert, ihn betrügen und verlachen. Ein größeres Kammerorchester mit konzertantem Klavier fungiert als eine Art modernes Barockorchester in Vorspielen, Tänzen, Cortèges und Tafelmusiken. (Aufführungsdauer: ca. 30 Minuten.)

Tanzsuite nach François Couperin

Pavane – Courante – Carillon – Sarabande – Gavotte – Wirbeltanz – Allemande – Marsch.

Divertimento nach Klavierstücken von François Couperin op. 86

La Visionnaire – Musette de Choisy. La fine Madelon. La douce Janneton. La Sézile. Musette de Taverny – Le Tic-toc-choc. La Lutine – Les Fauvettes plaintives – Le Trophée. L'Anguille. Les jeunes Seigneurs. La Linotte effarouchée – Les Tours de Passe-passe – Les Ombres errantes. Les Brimborions. La Badine.

Im Jahr 1922, fast gleichzeitig mit Strawinsky (*Pulcinella-Suite*, 1922) und nur wenige Jahre nach Ravel (*Le Tombeau de Couperin*, 1917–19) versuchte sich auch Strauss an alter Musik

aus erneuertem Geist. Für ein Ballettprogramm im Redoutensaal der Wiener Hofburg bearbeitete er, damals Staatsoperndirektor, eine Reihe tänzerischer Sätze aus Couperins »Ordres« (= Suiten) für größeres Kammerorchester. Die frühere Notengestalt bleibt fast stets gewahrt, doch stehen die Sätze in neuem Zusammenhang und erfreuen sich einer klanglichen Neueinkleidung (u. a. mit Celesta, Cembalo, Harfe, Glockenspiel). (Aufführungsdauer: ca. 30 Minuten.)
Für die Münchner Ballettchoreographie **Verklungene Feste** (1941) arrangierte Strauss eine weitere Folge von Couperin-Nummern, die gelegentlich auch in konzertanter Darbietung erklingen. (Aufführungsdauer: ca. 25 Minuten.)

Sonatine Nr. 1 F-Dur

1. *Allegro moderato* – 2. Romanze und Menuett – 3. Finale. *Allegro molto*.

Sonatine Nr. 2 Es-Dur (»Sinfonie für Bläser«)

1. *Allegro con brio* – 2. *Andantino*, sehr gemächlich – 3. Menuett, etwas lebhaft – 4. Einleitung (*Andante*) und *Allegro*.

Wie kaum ein zweiter verstand es Strauss, einen äußerst geschmeidigen, dabei ausbalancierten und instrumentengerechten Bläsersatz zu schreiben. Er ging so weit, die jetzt viel leistungsfähiger gewordene Hörnergruppe in puncto Beweglichkeit den Holzbläsern zuzurechnen und sie entsprechend zu beanspruchen. In seiner Frühzeit und Spätzeit bedachte der Komponist die alte Gattung der »Harmoniemusik« mit je 2 Werken. Durchaus nicht in Vergessenheit geraten sind die 1sätzige *Serenade* (= *Andante*) Es-Dur op. 7 des 17jährigen Gymnasiasten und die 4sätzige *Suite B-Dur* op. 4 des 20jährigen angehenden Kapellmeisters.
Weit anspruchsvoller hinsichtlich Einfallsreichtum, Satzkunst und Umfang nehmen sich die beiden Spätwerke des 80jährigen aus, deren verniedlichende Titelbezeichnung »Sonatine« dem sinfonischen Zuschnitt beider Partituren kaum entspricht. (So erschien die Sonatine Nr. 2 im Druck mit dem weit passenderen Titel *Sinfonie für Bläser*.) 1943 und 1944/45 während und nach einer Zeit der Rekonvaleszenz entstanden, erhielten sie die beziehungsreichen Untertitel »Aus der Werkstatt eines Invaliden« bzw. »Fröhliche Werkstatt«, wobei das Finale von Nr. 2 noch den Zusatz aufweist: »Den Manen des unsterblichen Mozart am Ende eines dankerfüllten Lebens.«

Beide Bläserwerke verstehen sich als bewegende Retrospektiven auf ein überreiches Œuvre, das kurz nach 1900 größte Aktualität besaß (*Salome, Elektra*), danach aber allmählich in Klassizismen zu erstarren begann. Neben 4 Hörnern und je einem Flöten- und Oboenpaar sehen beide Partituren je 3 Fagotte und Klarinetten vor, dazu – als Hommage an Mozart? – Bassetthorn und Baßklarinette.

Metamorphosen. Studie für 23 Solo-Streicher

Paul Sacher, der Basler Mäzen, Auftraggeber und Uraufführungsdirigent dieser singulären Komposition (UA 1946 in Zürich), berichtet vom vorbereitenden Zusammentreffen, daß der 80jährige Komponist mit der Lektüre von Goethes *Wahlverwandtschaften* befaßt war. Die kompositorische Devise der Partitur könnte leicht auch lauten: fortwährende Umbildung von thematischem Material, eingebunden in einen stetigen melodischen Fluß. Den Anstoß zu dieser kunstreichen Metamorphose bildet der ausdrucksvolle modulatorische Cello-Gesang des Beginns, dem die Bratschen schon in Takt 9 eine bekannte Beethoven-Phrase zur Seite stellen, enthalten in der *Marcia funebre* der *Eroica:*

Das fehlende Anfangsstück des Beethoven-Themas findet sich erst wenige Takte vor dem Pianissimo-Schluß, versehen mit dem Strauss-Vermerk: IN MEMORIAM. Mit dem Schlußdatum (»Garmisch, 12. April 1945«) mußte sich für den einst erfolgverwöhnten Komponisten nicht zuletzt auch die Zerstörung der nahen Stadt München (ursprünglicher Titel: »Trauer um München«) sowie die Zerstörung fast aller Spielstätten seiner Bühnenwerke verbinden – Grund genug für das Einflechten der in den Veränderungsprozeß einbezogenen

Trauermarsch-Motive. Hinter der von Strauss gelieferten wortkargen Werkbeschreibung (»Adagio – sich steigernd bis zum Allegro – schließend wieder mit Adagio – Dauer etwa 30 Minuten«) verbirgt sich ein riesiger, ungeteilter Entwicklungsbogen wuchernd gesanglicher Musik im vielstimmig aufgegliederten Streichersatz.

Vier letzte Lieder

Liedfolge: 1. Frühling (Hermann Hesse) – 2. September (Hermann Hesse) – 3. Beim Schlafengehen (Hermann Hesse) – 4. Im Abendrot (Joseph von Eichendorff).

1947/48, während einiger in der Schweiz verbrachten Krankheits- und Genesungsmonate, entstand dieses Opus ultimum, das zugleich ein reiches Lied-Œuvre beschließt. In dreien der 4 transparent orchestrierten Gesänge herrschen Worte des Abschieds vor, welchen Strauss eine kantilenenbetonte Musik heiterer Gelassenheit entgegensetzt. Wenn im letzten Lied die Schlußfrage »Ist dies etwa der Tod?« ohne Antwort bleibt, so stimmt das Solo-Horn in verhaltenem Piano das hymnische Verklärungsmotiv aus der 6 Jahrzehnte zurückliegenden Tondichtung *Tod und Verklärung* an. Die Sängerinnen der großen Strauss-Partien lieben es besonders, sich mit diesem Zyklus im Konzertsaal zu präsentieren. Kirsten Flagstad sang 1950, im Jahr nach des Komponisten Tod, unter Wilhelm Furtwängler die Londoner Uraufführung. (Aufführungsdauer: ca. 20 Minuten.)

Konzertante Werke

Violinkonzert d-Moll op. 8

1. *Allegro* – 2. *Lento, ma non troppo* – 3. *Rondo. Prestissimo.*

An dieser frühen Arbeit der Jahre 1881/82 verblüfft die Sicherheit im Umgang mit den Tonfällen der klassisch-romantischen Virtuosenkonzerte. Das knapp halbstündige Werk ist Strauss' Violinlehrer, »dem königlich bayerischen Concertmeister Herrn Benno Walter zugeeignet«, den Strauss noch 1892 bei der Wiener Uraufführung am Klavier begleitete. (Erst 1896 erklang in Leipzig erstmals die Fassung mit Orchester.) Dem ganz und gar nicht schülerhaft erfundenen und durchgeführten Konzert gab der bekannte Pädagoge Carl Klindworth hohe Erwartungen mit auf den Weg (1882): »Mir hat das Violinkonzert am besten gefallen, und es sollte mich sehr erfreuen, wenn dasselbe effektvoll und lebensfähig genug wäre, um Bruchs g-Moll aus unseren Concertsälen zu verbannen!«

Hornkonzert Nr. 1 Es-Dur op. 11

1. *Allegro* – 2. *Andante* – 3. Rondo. *Allegro.*

Daß Strauss seinem Vater, dem 1. Hornisten der Münchner Hofoper und Verfasser einschlägiger Eigenschöpfungen, etwas Konzertantes schreiben würde, konnte nur eine Frage der Zeit sein. Doch schreckte der also Bedachte vor den Spielproblemen zurück, so daß die Uraufführung des vitalen, aus der Horn-Spielweise einfallsreich entwickelten Konzerts nicht in München, sondern in Meiningen stattfinden mußte (1882/83, UA 1885). Strauss faßte die 3 Sätze überraschend knapp und konzis, mit der Folge, daß Dialogisches und Episodenhaftes gegenüber Durchführungsartigem entschieden vorherrscht. (Aufführungsdauer: 16–17 Minuten.)

Burleske für Klavier und Orchester d-Moll

Ohne Opuszahl blieb dieses 1885/86, also fast gleichzeitig wie *Aus Italien*, entstandene 1sätzige Konzertstück. Ursprünglich dem Mentor Hans von Bülow zugedacht, erlebte das knapp 20minütige, von rhythmischem Temperament (Pauken-Motiv!) und brahmsischem Espressivo (Walzerepisode) erfüllte Werk seine Uraufführung durch den nicht minder berühmten Eugen d'Albert (1890, Eisenach). Dank seines virtuosen Ungestüms und seines oft improvisatorisch frei wirkenden Umgangs mit den thematischen Gestalten – vor allem im Schlußabschnitt *con umore* (»mit Humor«) – verfehlt das Werk auch heute kaum seine Wirkung.

Hornkonzert Nr. 2 Es-Dur

1. *Allegro* – 2. *Andante con moto* – 3. Rondo. *Allegro molto.*

Zwischen dem Vorgänger, dem 1. Hornkonzert von 1882/83, und seinem Nachfolger von 1942 liegen fast 6 Jahrzehnte! Beim Hören des gut 20minütigen Spätwerks fällt auf, daß der Komponist sich dem Frühwerk nahe wußte und dies mit so manchen Anspielungen kundtun wollte. Auch hier tritt der Solist immer wieder in Dialoge mit den Orchestersolisten ein, bis er in den letzten Takten des mit Jagdsignalen operierenden

Finalsatzes sogar gemeinsame Sache mit den beiden Horn-Kollegen im Orchester macht. Strauss soll erwogen haben, dieses Konzert nur ein einziges Mal erklingen zu lassen – im Gedenken an den bereits 1905 verstorbenen Vater; ein Gedanke, von dem er bald wieder abrückte. Karl Böhm leitete die Uraufführung bei den Salzburger Festspielen 1943.

Konzert für Oboe und kleines Orchester D-Dur

Entstanden 1945/46; rev. 1948. UA: 1946 in Zürich. – Aufführungsdauer: 26–27 Minuten.

1. *Allegro moderato* – 2. *Andante* – 3. *Vivace*.

Fraglos handelt es sich bei diesem stilistisch Rückschau haltenden Werk um das meistgespielte Oboenkonzert des 20. Jh. Trotz zahlreicher charakteristischer Oboen-Soli in Tondichtungen und Opern bedachte Strauss dieses Instrument erst als 80jähriger mit einer konzertanten Komposition. John de Lancie, ein amerikanischer Besatzungssoldat, im Zivilberuf Oboist, regte den Komponisten 1945 anläßlich eines Besuches in Garmisch dazu an. Die Partitur ist 4sätzig, betrachtet man den *Allegro*-Schlußteil als eigenständigen Formabschnitt. Doch verstärken die auskomponierten Satzübergänge und der Gebrauch etlicher durchgängig abgewandelter Motive den Eindruck einer einzigen, wenngleich ausgedehnten Gesangsszene. Der sängerfreundliche Komponist des *Rosenkavalier* und des *Capriccio* wußte, was er dem gerne als *Vox humana* gerühmten Instrument schuldete. Schon das Eröffnungssolo ist als nahezu pausenlose unendliche Melodie von 57 Takten Umfang gestaltet.

Viola, Klarinette und Englischhorn übernehmen im transparenten Orchestersatz der kleinen Besetzung (Streicher, je 2 Flöten, Klarinetten, Fagotte, Hörner, dazu Englischhorn) anspruchsvolle Solorollen als Dialogpartner der elegant konzertierenden Solo-Oboe.

Duett-Concertino für Klarinette und Fagott mit Streichorchester und Harfe

1. *Allegro moderato* – 2. *Andante* – 3. Rondo. *Allegro non troppo.*

Als eine kantilenenreiche, im Finale von federnder Rhythmik getragene »Konversationsszene« präsentiert sich Strauss' letzte Instrumentalkomposition von 1947. Nur ganz gelegentlich mischt sich die Harfe in dieses teils melancholische, teils temperamentvoll animierte Zwiegespräch; häufiger mit von der Partie sind die Solisten des Streichorchesters. (Aufführungsdauer: ca. 18 Minuten.)

Albéric Magnard

* 9. Juni 1865 in Paris
† 3. September 1914 in Baron (Dép. Oise, Frankreich)

Sohn des Herausgebers der großen Pariser Tageszeitung »Le Figaro«. Erst 21jährig, nach einem Bayreuther »Tristan«-Erlebnis, schwenkte er von der Juristerei zur Musik um. Massenet und vor allem d'Indy vermittelten ihm das traditionelle kompositorische Rüstzeug. Lalo, Ysaye und Dukas zeigten sich 1899 nach einem Pariser Porträtkonzert beeindruckt. In der Nähe von Senlis zurückgezogen auf dem Land lebend und arbeitend, fiel Magnard nach Ausbruch des 1. Weltkriegs einer Attacke deutscher Soldaten auf sein Anwesen zum Opfer.

Im Zuge einer Neusichtung des kompositorischen Repertoires der Jahrhundertwende findet auch das sinfonische Schaffen dieses Außenseiters zunehmend Beachtung (*Sinfonien Nr. 1 c-Moll* op. 4, 1894; *Nr. 2 E-Dur* op. 6, 1899; *Nr. 3 b-Moll* op. 11, 1902; *Nr. 4 cis-Moll* op. 21, 1908; daneben: *Chant funèbre* op. 9 und *Ouverture* op. 10, beide 1904). Diese von Wagner, César Franck und auch Richard Strauss sacht beeinflußten Partituren zeichnen sich durch ernstes Pathos, überströmende Melodik und generöse orchestrale Faktur aus.
In einer Besprechung der **3. Sinfonie** hob der überaus kritische Paul Dukas hervor, daß dieses 4sätzige, durch zyklische The-

men stabilisierte Werk nicht nur im Beethovenschen Sinne »gut gebaut«, sondern die Struktur wiederum einer Ausdruckshaltung von seltener Klarheit, Empfindsamkeit und Menschlichkeit direkt verpflichtet sei.

Carl August Nielsen

* 9. Juni 1865 in Nørre Lyndelse bei Odense (Insel Fünen, Dänemark)
† 3. Oktober 1931 in Kopenhagen

Als Knabe Zögling der Regimentsmusik. Studienjahre am Königlichen Konservatorium in Kopenhagen (dort u. a. Unterricht bei Niels Wilhelm Gade). Lange Jahre als Geiger Mitglied der Hofkapelle (1889–1905) und als Kapellmeister dem Hoftheater verbunden. Später Dirigent einer bedeutsamen Konzertreihe sowie Lehrer, ab 1931 auch Direktor des Konservatoriums der dänischen Hauptstadt.

Nielsens Bedeutung liegt wohl vor allem darin begründet, daß er gegenüber den deutsch-österreichischen Stiltendenzen eine gewisse Unabhängigkeit entwickeln konnte. Die Umwälzungen vor und nach der Jahrhundertwende nahm er wohl zur Kenntnis, wandelte sie jedoch – großenteils abgeschwächt – in persönlicher Weise ab. Sein Spätwerk entbehrt aufgrund eines solchen Retardierens nicht gewisser stilistischer Anachronismen. Im Zentrum von Nielsens Œuvre steht die Reihe der Sinfonien. Unrichtig wäre es, die ihnen teilweise beigefügten Nebentitel als »Inhalte« programmatischen Zuschnitts zu begreifen. Sie bezeichnen vielmehr Spannungsfelder, aus denen die jeweils gewählte sinfonische Dramaturgie zusätzliche Spannkraft zu beziehen vermag. Klarinettisten und Flötisten bewahren den späten Bläserkonzerten ihre Wertschätzung aufgrund der elegant gezeichneten Solopartien. Nicht durchzusetzen vermochten sich außerhalb der dänischen Grenzen die beiden Bühnenwerke.

Werke: *Sinfonie Nr. 1 g-Moll* op. 7 (1891/92); *Sinfonie Nr. 2 D-Dur* op. 16 (*»Die vier Temperamente«*, 1901/02); *Saul und David*, Biblische Oper (1902); *Maskerade*, Komische Oper nach Holberg (1905); *Sinfonie Nr. 3 d-Moll* op. 27 (*»Sinfonia espansiva«*, 1910/

1911); *Violinkonzert* op. 33 (1911); *Sinfonie Nr. 4* op. 29 (*»Das Unauslöschliche«*, 1914–16); *Sinfonie Nr. 5* op. 50 (1920–22); *Sinfonie Nr. 6* o. Op. (*»Sinfonia semplice«*, 1924/25); *Flötenkonzert* o. Op. (1926); *Klarinettenkonzert* op. 57 (1928).

Alexander Glasunow

* 29. Juli (10. August) 1865 in St. Petersburg
† 21. März 1936 in Neuilly-sur-Seine (Dép. Hauts-de-Seine, Frankreich)

Entstammt einer angesehenen Verlegerfamilie. Erregt Aufsehen durch frühe kompositorische Begabungsnachweise. Privatstudium bei Nikolaj Rimskij-Korsakow. Lehrtätigkeit am St. Petersburger Konservatorium, 1905–28 dessen Direktor in der Nachfolge Rimskij-Korsakows. Als Autorität im russischen Musikleben weithin geschätzt. Fördernde Einflußnahme auf Konzertleben, Verlage und Nachwuchsausbildung. Reisetätigkeit als Dirigent. 1928 Übersiedlung nach Frankreich.

Werke: *Sinfonie Nr. 1 E-Dur* op. 5 (*»Slawische«*, N. Rimskij-Korsakow gewidmet, 1881); *Stenka Rasin*, Sinfonische Dichtung op. 13 (A. Borodin gewidmet, 1885); *Sinfonie Nr. 2 fis-Moll* op. 16 (dem Andenken F. Liszts gewidmet, 1886); *Sinfonie Nr. 3 D-Dur* op. 33 (P. Tschaikowskij gewidmet, 1890); *Chopiniana*, Orchestersuite op. 46 (1893); *Sinfonie Nr. 4 Es-Dur* op. 48 (A. Rubinstein gewidmet, 1893); *Sinfonie Nr. 5 B-Dur* op. 55 (S. Tanejew gewidmet, 1895); *Sinfonie Nr. 6 c-Moll* op. 58 (1896); *Raymonda*, Ballett op. 57 (M. Petipa, 1897); *Die Jahreszeiten*, Allegorisches Ballett op. 67 (M. Petipa, 1898/99); *Sinfonie Nr. 7 F-Dur* op. 77 (*»Pastorale«*, 1902); *Violinkonzert a-Moll* op. 82 (1904); *Sinfonie Nr. 8 Es-Dur* op. 83 (1906); *Klavierkonzert Nr. 1 f-Moll* op. 92 (1910/11); *Klavierkonzert Nr. 2 H-Dur* op. 100 (1916/17); *Konzertballade* für Cello und Orchester C-Dur op. 108 (P. Casals gewidmet, 1930); *Saxophonkonzert Es-Dur* op. 109 (1933).

Von Glasunows Hochbegabung zeugte die **1. Sinfonie** des 16jährigen, die nicht nur die Beherrschung des klassischen Konservatoriumswissens nachwies, sondern auch die Vertrautheit mit dem »russischen Stil« des St. Petersburger Kreises um

Rimskij-Korsakow. Doch weitete der junge Komponist seine Interessen bald beträchtlich aus. Ihre Vielfalt und Vorurteilslosigkeit dokumentieren allein schon die illustren Widmungen der Sinfonien, die zugleich stilistische Terrainerkundungen signalisieren. Volksliednahes ist in den Sinfonien ebenso anzutreffen wie die Neigung zu orientalischen Wendungen, akademische Kontrapunkt-Pflichtübungen finden sich ebenso wie der eigenwillige Umgang mit der kadenzgebundenen Harmonik und der auf den Gleichschlag bezogenen Taktmetrik. An der Schwelle zwischen einer mit Leidenschaft nationalrussisch komponierenden Vätergeneration und deren wesentlich liberaler gesonnenen Söhne versuchte Glasunow generös zu vermitteln. Seine 8 Sinfonien – unter ihnen vor allem die **Vierte** und die **Fünfte** – zeichnen sich stets durch orchestrale Brillanz, formale Makellosigkeit und gestalterische Ökonomie aus, vielleicht nicht in gleichem Maße durch Originalität der Themenerfindung und -durchführung. Gewisse Grenzen mochte der Hochangesehene selbst erkannt haben, als er nach zwei ergiebigen Schaffensjahrzehnten zwischen etwa 1885 und 1905 seine Produktion stark einschränkte und seine Kraft der Leitung des St. Petersburger Konservatoriums widmete. In dieser Funktion zählte er zu den verständnisvollen Wegbereitern von Prokofjew und Schostakowitsch.

Violinkonzert a-Moll op. 82

Besetzung: »klassisches« Orchester (mit Schlagwerk und Harfe). – Entstanden 1904. UA: 1905 in St. Petersburg (Solist: Leopold Auer, Dirigent: der Komponist). – Aufführungsdauer: 19–20 Minuten.

Glasunows einziges Violinkonzert, vielleicht das bekannteste seiner zahlreichen Werke, ist der Entstehung nach zwar bereits dem 20. Jh. zuzurechnen, gehört aber in Stil und Geist unverkennbar dem vorangegangenen Jahrhundert an. Es ist der Virtuosengestus der Konzerte von Wieniawski, Tschaikowskij, Lalo und Bruch, der sich in ihm durchaus wirkungsvoll manifestiert. Auffällig ist an seinem formalen Aufriß, daß ein eigentlicher rascher Kopfsatz fehlt, der jetzt an erster Stelle stehende *Moderato*-Satz neben Elementen des üblichen Mittelsatzes jedoch auch Beschleunigungen und durchführungsartige Ausweitungen aufweist. Eine kurze Solokadenz bildet die Brücke zu einem *Allegro*, das von tänzerischem, fast südlichem Dur-Elan getragen wird – deutlich ausgeprägt bereits in den Signalrufen des Eröffnungsthemas.

Leopold Auer, der erste Interpret des Konzerts, war noch Schüler des Brahms-Schumann-Freundes Joseph Joachim gewesen. Seine namhaften Schüler Elman, Heifetz und Milstein waren es nicht zuletzt, die Glasunows *Violinkonzert* in die Konzertsäle der Welt trugen.

Paul Dukas

* 1. Oktober 1865 in Paris
† 17. Mai 1935 in Paris

Früh Aufnahme in die Kompositionsklasse Ernest Guirauds am Pariser Conservatoire (Mitschüler: Claude Debussy). Zögernde Aufnahme einiger Ouvertüren und auch der Sinfonie C-Dur, jedoch durchschlagender Erfolg mit »L'Apprenti sorcier« (1897). Nach dem Mißlingen mehrerer Opernversuche breite Anerkennung für »Ariane et Barbe-bleue« (UA Paris, Opéra Comique, 1907). Tätigkeit als Musikkritiker und Publizist (»Ecrits sur la musique«, 1948). 1928 mit einer Kompositionsklasse am Pariser Conservatoire betraut, obwohl Dukas, extrem selbstkritisch geworden, seit etwa 1912 als Komponist für die Öffentlichkeit nahezu verstummt war.

Werke: *Polyeucte*, Ouvertüre (1892); *Sinfonie C-Dur* (1896); *L'Apprenti sorcier*, Scherzo für Orchester (nach Goethes Ballade *Der Zauberlehrling*, 1897); *Klaviersonate es-Moll* (1901); *Variations, interlude et final* über ein Thema von Rameau für Klavier (1903); *Ariane et Barbe-bleue*, Lyrische Erzählung nach M. Maeterlinck (1906); *La Péri*, Tanzpoem (1911/12).

L'Apprenti sorcier (»Der Zauberlehrling«)
Scherzo für Orchester

Besetzung: »klassisches« Orchester (mit erweitertem Schlagwerk und Harfe). – Entstanden 1897. UA: 1897 in Paris, »Société Nationale de Musique« (Dirigent: der Komponist). – Aufführungsdauer: 10–11 Minuten.

Dichterisches »Modell« für dieses suggestive Erfolgswerk ist Goethes populäre Ballade, die recht genau ein Jahrhundert zuvor in Schillers *Musenalmanach* fürs Jahr 1798 erschienen war. Dukas unterstrich seine direkte Bezugnahme über den Titel hinaus, indem er der Partitur die ungekürzte Übersetzung voranstellte. (Weniger bekannt ist, daß auch Goethe auf ein »Modell« zurückgriff, nämlich auf eine Erzählung des Lukian.)

Das gestalterisch enorm prägnante, dazu raffiniert instrumentierte Scherzo folgt dem Grundriß Introduktion (*Assez lent*) / Scherzo (*Vif*) / Epilog (*Assez lent*). Somit verzichtet es auf streng abgegrenzte Trio-Teile nach klassischem Muster und nutzt die ganze Länge des Hauptteils zu einer halb dämonischen, halb belustigenden Riesensteigerung, die – fast in völliger Regungslosigkeit beginnend – schließlich in einen infernalischen Höllenreigen einmündet (»O, du Ausgeburt der Hölle! / Soll das ganze Haus ersaufen?«). Wirkungsvoll setzt Dukas die impressionistisch verzauberte Sphäre des übermäßigen Dreiklangs (= Beschwörungsmotiv a) gegen die vertraute Klangsphäre des Moll-Dreiklangs (= Tanzmotiv b):

a

b

Des Meisters beschwörender Einspruch bereitet dem Spuk ein Ende. Fast, nur fast identisch ist die Meisterformel mit der zu Beginn erklingenden Lehrlingsformel. Kaum hat der beruhigte Epilog die wiederhergestellte Ordnung der Dinge signalisiert, da zerreißen 4 kadenzierende Fortissimo-Schläge noch einmal die Stille: Soll der Spuk etwa aufs neue beginnen?

Jean (Johan) Sibelius

* 8. Dezember 1865 in Hämeenlinna (Tavastehus, Finnland)
† 20. September 1957 in Järvenpää (Träskända, Finnland)

Entstammt einer Arztfamilie mit finnisch-schwedischen Vorfahren. Klavier- und Violinunterricht, intensives häusliches Musizieren. Nach abgebrochenem Jurastudium ausschließlich musikalische Studien: ab 1886 in Helsinki (bei Martin Wegelius, Kontakte zu Ferruccio Busoni), 1889/90 in Berlin (bei Albert Becker), 1890/91 in Wien (bei Robert Fuchs, Kontakte zu Karl Goldmark). Rückkehr nach Finnland. Lehrtätigkeit und musikalische Aktivitäten an mehreren Institutionen. Sibelius engagiert sich kompositorisch mit Leidenschaft für die nationalfinnische Bewegung, die Unabhängigkeit von Schweden und Rußland und die Schaffung eines unabhängigen Staates fordert (1917 Unabhängigkeitserklärung, 1918 Bürgerkrieg und Ausrufung einer Republik). 1894 Bayreuth-Besuch ohne nachhaltige Eindrücke. Sibelius erhält (ab 1897) ein Staatsstipendium auf Lebenszeit. Bei der Pariser Weltausstellung 1900 gastiert das Philharmonische Orchester Helsinki mit »Finlandia«, Teilen der »Lemminkäinen«-Suite und der Sinfonie Nr. 1. Sibelius zieht sich, um völlige Ruhe für sein Schaffen zu finden, ab 1904 ins ländliche Järvenpää nördlich von Helsinki zurück. Konzertreisen als Dirigent eigener Werke nach Deutschland und England. Wachsende Resonanz in den USA. Uraufführung der Sinfonie Nr. 5 (1. Fassung) in Helsinki anläßlich eines Festkonzerts zu Sibelius' 50. Geburtstag. 1924 Abbruch der Dirigententätigkeit, seit etwa 1929 Verzicht auf die Publikation weiterer Werke (wachsende Selbstkritik, gesundheitliche Beeinträchtigungen).

Werke: *Kullervo*, Sinfonie für Sopran, Bariton, Männerchor und Orchester op. 7 (1890–92); *En Saga*, Tondichtung op. 9 (1892, rev. 1901); *Karelia*, Suite op. 11 (1893); *Lemminkäinen*, Suite op. 22 (1893–97): *L. und die Mädchen auf Saari*, *Der Schwan von Tuonela*, *L. in Tuonela*, *L. zieht heimwärts*; *Finlandia*, Tondichtung op. 26 (1899); *Sinfonie Nr. 1 e-Moll* op. 39 (1898/99); *Sinfonie*

Nr. 2 D-Dur op. 43 (1901/02); *Valse triste* aus der Bühnenmusik zu A. Järnefelts Schauspiel *Kuolema* op. 44 (1903); *Pelleas und Melisande*, Suite aus der Bühnenmusik zu M. Maeterlincks Schauspiel op. 46 (1904/05); *Violinkonzert d-Moll* op. 47 (1903, rev. 1904/05); *Sinfonie Nr. 3 C-Dur* op. 52 (1904–07); *Pohjolas Tochter*, Tondichtung op. 49 (1906); *Nächtlicher Ritt und Sonnenaufgang*, Tondichtung op. 55 (1909); *Sinfonie Nr. 4 a-Moll* op. 63 (1910/11); *Serenaden* für Violine und Orchester op. 69: *Nr. 1 D-Dur*, *Nr. 2 g-Moll* (1912/13); *Die Okeaniden*, Tondichtung op. 73 (1914); *Sinfonie Nr. 5 Es-Dur* op. 82 (1914/15, rev. 1916, rev. 1918/19); *Sinfonie Nr. 6 d-Moll* op. 104 (1914–23); *Sinfonie Nr. 7 C-Dur* op. 105 (1918–1924); *Tapiola*, Tondichtung op. 112 (1925/26).

Als Bruckner und Brahms 1896 bzw. 1897 verstarben, hatte Sibelius sein Renommee bereits mit ersten Tondichtungen begründet und schickte sich an, seine *Erste* zu entwerfen. Als der große Finne Mitte der 1920er Jahre mit der *Siebenten* und *Tapiola* seine kompositorische Tätigkeit einstellte – eine *Achte*, 1929 beendet und in London bereits zur Aufführung eingeplant, muß vernichtet worden sein –, hatte er beiden friedlich koexistierenden sinfonischen Gattungen über 3 Jahrzehnte hinweg mit beharrlicher Ausschließlichkeit die Treue gehalten; der Solo- und der Kammermusik maß er bei weitem nicht vergleichbares Gewicht zu. Aufgrund dieser Präferenzen stellte sich der Komponist trotzig quer zu den meisten, entschieden von Sinfonie und Programmusik als hoffnungslos veralteten Gattungen wegstrebenden Zeitgenossen. Dieses Quer-zur-Zeit-Stehen brachte Sibelius gerade im deutschsprachigen Raum für lange Zeit in den Ruf eines allen Fortschritt schmähenden Außenseiters. Nach 1945, als die Wiener und Darmstädter Schulen als das Maß aller Innovation galten, machte man sich Adornos vernichtendes Urteil von 1938 (*Glosse über Sibelius:* »Askese der Impotenz«) hierzulande weithin zu eigen – im Gegensatz zur frühen und anhaltenden Gefolgschaft in angelsächsischen Ländern. Erst die Sibelius-Renaissance der 70er und 80er Jahre brachte eine fast sprunghaft anwachsende Wertschätzung vor allem der *Sinfonien* mit sich. Eine um Objektivität bemühte Sicht aufs Sibelius-Œuvre hätte sich wohl vermehrt darum zu kümmern, die unleugbaren gewaltigen Einflüsse von Natur, Landschaft und Mythologie auf die Werke zu entwirren, zu versachlichen. Ursache und Wirkung, Motiv und Kunstwerk wären gerade bei Sibelius entschiedener, als bisher meist geschehen, zu trennen.

Sinfonische Dichtungen, Schauspielmusiken

Kullervo-Sinfonie op. 7

1. Introduktion (Orchester) – 2. Kullervos Jugend (Orchester) – 3. Kullervo und seine Schwester (Mezzosopran, Bariton, Männerchor, Orchester) – 4. Kullervo im Krieg (Orchester) – 5. Kullervos Tod (Männerchor, Orchester).

Was anfangs eine Oper werden sollte, gestaltete sich zur Sinfonie mit vokalen Akzenten. Erste Entwürfe reichen bis in die Wiener Studienzeit (1890/91) zurück, als Sibelius sich wieder mit dem ihm bereits in Schuljahren bekannt gewordenen *Kalevala*-Epos (um 1835 nach alten karelischen Gesängen redigiert) vom Werden des Finnenvolkes und den Taten seiner Helden zu beschäftigen begann. Zurückgekehrt nach Helsinki, beflügelte ihn die verstärkt aufflammende Nationalbewegung bei der Arbeit. Gegenstand des Werkes vom Umfang der Beethovenschen *Neunten* (Aufführungsdauer: ca. 75 Minuten) ist das Schicksal des mit Mensch und Welt hadernden Helden Kullervo, der nach unwissentlichem Inzest mit der Schwester den Tod sucht. Der rein sinfonische Anteil in dieser ersten gewichtigen Arbeit ist bedeutsam und rechtfertigt sehr wohl den Beinamen »Sinfonie«. Trotz des Erfolges erster Aufführungen ließ der kritische Komponist seine düstere Heldenballade in der Folge unaufgeführt. Erst 1960 erschien eine Druckausgabe als Grundlage für heutige Wiederaufführungen.

En Saga. Tondichtung op. 9

Konkrete Hinweise, welchen Sagenstoff der Komponist im Sinn gehabt haben könnte, fehlen. Doch mag nicht ohne Belang sein, daß Sibelius' Hochzeitsreise im Sommer 1893 nach Karelien (heute finnisch-russische Grenzregion), somit an die mutmaßlichen Schauplätze des *Kalevala*-Epos, führte, wo er sich der Faszination von Landschaft und Atmosphäre kaum entziehen konnte. Im gleichen Jahr fand die Partitur ihren Abschluß, doch zog die Uraufführung (Helsinki 1893) noch eine tiefgreifende Revision nach sich (UA 2. Fassung: Helsinki 1902).

Fast aus dem Nichts bilden sich erste Konturen; in das Nichts kehrt das Geschehen auch – nach einer es-Moll-*dolcissimo*-Strophe der Klarinette über das liedhafte Einleitungsthema – wieder zurück.

Diese stimmungsvollen Rahmenmusiken verbinden sich jedoch mit den von 2 vitalen Themengestalten beherrschten Hauptsätzen (*Allegro* bzw. *Allegro molto* c-Moll/Es-Dur) durch fließende Steigerungen und Beruhigungen. Aus diesem behutsamen Hervorgehen von Themen und Prozessen aus dem jeweils Vorausgegangenen gewinnt die imaginäre Sagenerzählung eine suggestive szenische Anschaulichkeit, die einer Konkretisierung durch weitere inhaltliche Angaben keineswegs bedarf. (Aufführungsdauer: 18–19 Minuten.)

Karelia-Suite op. 11

1. *Intermezzo. Moderato* (Marsch, den zeremoniösen Auftritt von Vertretern der Obrigkeit signalisierend) – 2. *Ballade. Tempo di Minuetto* (Auftritt eines Balladensängers; Menuett-Reprise mit Englischhorn-Solo) – 3. *Alla marcia. Moderato* (Auftritt eines Usurpators, erst tänzelnder, dann pompöser Marsch).

7 historische Szenen aus der Geschichte Kareliens sollten anläßlich des Festabends einer Viborger Studentenverbindung im Jahr 1893 als »lebende Bilder« zur Darstellung gelangen. Hierzu steuerte Sibelius 8 charakteristische Orchestersätze bei. Für den Konzertgebrauch schied der Komponist die Hälfte der Nummern aus, publizierte die Ouvertüre separat unter der Opuszahl 10 und ordnete die verbleibenden, den Szenen 3–5 entsprechenden, im Tonfall deutlich historisierenden Sätze zu einer leicht faßlichen, in der Folge häufig aufgeführten Suite für klassisch besetztes Orchester. (Aufführungsdauer: ca. 15 Minuten.)

Lemminkäinen. Vier Legenden op. 22

Sibelius' Gedanken kreisten gerade in den Jahren vor der Jahrhundertwende ständig um die figuren- und stoffreichen Gesänge des *Kalevala*-Epos, wie es Elias Lönnrot im Jahr 1849 einem großen Leserkreis zugänglich gemacht hatte. Ein verworfener Opernplan führte zur Idee, in 4 inhaltlich zusammenhängenden Orchesterlegenden der abenteuerlichen Vita des Helden Lemminkäinen zu folgen.

1. *Lemminkäinen und die Mädchen auf Saari:* Der Held führt ein ausschweifendes Inselleben und entführt die schöne Kyllikki.

2. *Der Schwan von Tuonela* (ursprünglich Nr. 3): Das Totenreich Tuonela ist von einem reißenden, dunklen Strom umgeben. Auf seinen Wellen zieht im Dienste des Totengottes Tuoni ein Schwan dahin, der mit betörendem Gesang die Seelen der Verstorbenen ins Totenreich lockt.

3. *Lemminkäinen in Tuonela* (ursprünglich Nr. 2): Der Held umwirbt nach dem Verstoßen von Kyllikki eine andere Schöne, die ihm drei Prüfungen auferlegt. Ein Rentier soll er bändigen, sodann des Teufels Pferd. Vor der letzten Prüfung, der Tötung des Schwans von Tuonela, findet der Maßlose selbst den Tod. Seiner zauberkundigen Mutter gelingt es, ihn ins Leben zurückzurufen.

4. *Lemminkäinen zieht heimwärts:* Zur Mutter kehrt der Ruhelose in die Heimat zurück, nachdem er Rückschau gehalten und die seelischen Lasten seiner Vergangenheit abgeworfen hat.

Stets warnte der Komponist gerade im Falle seiner Legenden-Suite davor, Themen und Verläufe allzu eng mit dem Sagengeschehen zu assoziieren. Vielmehr sollten suggestive Grundstimmungen und Bewegungsmuster getroffen werden, in welche der angeregte Hörer die ihm geläufigen Handlungen einbetten und die er gedanklich intensivieren können sollte. Mit Aufführungsdauern von ca. 15, 9, 15 und 7 Minuten sind die 1893 (= 1) bzw. 1895 (= 2–4) entstandenen und 1897 revidierten 4 Tondichtungen bei aller inhaltlichen Fülle auffällig knapp gefaßt. Gelangt der ganze Zyklus zur Wiedergabe, so wirken die Sätze 1–3 auf den Hörer ernst, ja bedrückend, Satz 4 mit seinen starken Bewegungsimpulsen und raschen Tempi hingegen befreiend und aufgehellt.

Besondere Wertschätzung genießt seit jeher die oft auch separat aufgeführte Legende Nr. 2: **Der Schwan von Tuonela**. Dieser ruhevolle *Andante molto sostenuto*-Satz ist als elegische Gesangsszene entworfen, deren melismenreicher »Vokalpart« zu leichtschwebenden hohen Streichern vom Englischhorn ausgeführt wird. Zeitweilig übernehmen, mit verführerischer Kollektivwirkung, die Streicher (ohne Kontrabässe) im Unisono diesen Sirenengesang, bevor das Englischhorn seine letzte Strophe intoniert (zu einer über alle Register ausgebreiteten Streicherfläche aus Flageoletts und *col legno*-Haltetönen mit tiefen Pauken-, Trommel- und Harfenklängen):

Finlandia. Tondichtung op. 26 Nr. 7

Die höchsten Aufführungsziffern aller Sibelius-Werke erreicht zweifelsohne *Finlandia*. Ursprünglich wie die *Karelia-Suite* einer Folge von Orchesterstücken zur Begleitung »lebender Bilder« aus der Geschichte und Mythologie Finnlands zugehörig (UA 1899 in Helsinki), führte der nur 8–9minütige Schlußsatz im Konzertsaal schon wenig später ein Eigenleben, wurde aber alsbald mit längerem Aufführungsverbot belegt. Denn noch immer befand Finnland sich im Status eines russischen Großfürstentums, in welchem die Zensur alle nationalistischen Bestrebungen mit Argwohn beobachtete. In so brisanter Situation konnte ein derart wirkungsgenau mit den Topoi Klage, Trotz, Appell und Hymne umgehendes Stück Musik wie *Finlandia* durchaus als Dokument offenen Widerstands gelten.

Auf eine düstere Introduktion folgt eine schwermütige f-Moll-Choralepisode, die nach Ton und Satz an die ernste Einmütigkeit eines Volkskollektivs denken läßt (*Andante sostenuto*). Schmetternde Trompetensalven und stürmische Streicherfiguren signalisieren zuerst ein Kampfgeschehen (*Allegro moderato*), dann ein selbstbewußtes Sich-Behaupten (*Allegro*, As-Dur), das seine unmißverständliche Erklärung im 3maligen, stufenweise kraftvoll gesteigerten Intonieren einer innigen Hymne im nordischen Volkston findet:

Pelleas und Melisande. Suite op. 46

1. Am Schloßtor (*Grave e largamente*, zu Akt 1) – 2. Melisande (*Andantino con moto*, zu Akt 1) – 2a. Am Meer (*Adagio*, zu Akt 1; kann im Konzert entfallen) – 3. Am Wunderborn im Park (*Comodo*, zu Akt 2) – 4. Die drei blinden Schwestern (*Tranquillo*, zu Akt 2) – 5. Pastorale (*Andantino pastorale*, zu Akt 3) – 6. Melisande am Spinnrad (*Con moto*, zu Akt 3) – 7. Zwischenaktmusik (*Allegro*, zu Akt 4) – 8. Melisandes Tod (*Andante*, zu Akt 5).

Die legendenhaft schlichten, doch mit Symbolismen überreich befrachteten Bühnenstücke des belgischen Dramatikers Maurice Maeterlinck (1862–1949, Nobelpreis 1911) wirkten auf die Komponisten um 1900 geradezu als Herausforderung. Allein auf *Pelléas et Mélisande* (1892, UA 1893 in Paris) reagierten Debussy mit einer Oper (1892–1902), Schönberg mit einer Sinfonischen Dichtung (1902/03), Fauré und Sibelius jeweils mit Schauspielmusiken (1898 bzw. 1904/05). Für die dem *Tristan*-Dreieckskonflikt nahestehende, doch ins Melancholische gewendete 5-Akte-Handlung um das zukunftslos liebende Paar und den eifersüchtigen König Golo steuerte Sibelius kurze, stimmungsintensive Sätze für ein größeres Kammerorchester bei – hauptsächlich Vor- und Zwischenspiele, dazu Melodramen (Nr. 2, 5) und ein Lied (Nr. 4).

Tapiola. Tondichtung op. 112

Sibelius' letztes Orchester-Opus, nur kurze Zeit nach der *7. Sinfonie* ausgeführt, sollte noch einmal eine Tondichtung sein und – wenigstens von ferne – dem Sagenkreis des *Kalevala*-Epos nahestehen. Dort findet Tapio, der im verborgenen Tapiola hausende Gott der Wälder, Erwähnung, übrigens in einem Gesang, der ansonsten die Taten des Helden Lemminkäinen beschreibt (vgl. Sibelius' Legenden op. 22). Bei der Komposition dieses von herber, wilder Schönheit geprägten »Spätwerks« vor dem Verstummen wußte Sibelius – möglicherweise im Gedanken an die fortwährende Selbsterneuerung der weiten Wälder – aus einfachstem Klangmaterial (4-Ton-Streichermotiv des Beginns) eine phantastische Fülle wesensverschiedener Gestaltungsvarianten hervorzubringen:

Selbst im Kopfabschnitt, wo das Eingangsmotiv (»Waldmotiv«) dank zahlreicher Fast-Wiederholungen vorgeblich Monotonie verbreitet, bahnt sich längst folgenreiche Gestaltmetamorphose an. Auf langen Atem setzend, kommt es erst nach langen Phasen verhaltener Anspannung zu gewaltigen Steigerungen und eruptiven Ausbrüchen. Am ehesten entspricht der eigenwilligen Dramaturgie dieser »Wald«-Tondichtung wohl der Versuch, eine Reihe von Variationen zugleich im Sinne einer 4sätzigen Sinfonie zu deuten, deren zäsurlos verbundene Sätze sich zugleich als Kommentare zu jenem vom Komponisten selbst verfaßten und der Partitur beigegebenen Vierzeiler verstehen lassen (Michael Mäckelmann, 1986):
»Da dehnen sich des Nordlands düstre Wälder / Uralt-geheimnisvoll in wilden Träumen; / In ihnen wohnt der Wälder großer Gott, / Waldgeister weben heimlich in dem Dunkel.«
Tapiola, 1925/26 komponiert und orchestral groß besetzt, erklang erstmals Ende 1926 unter Walter Damrosch in New York und leistete der zunehmenden Popularität von Sibelius-Werken in den USA kräftigen Vorschub. (Auch die *Okeaniden*-Tondichtung op. 73 ging auf einen amerikanischen Auftrag zurück.) Aufführungsdauer: 16–18 Minuten.

Sinfonien, Konzert

Sinfonie Nr. 2 D-Dur op. 43

Besetzung: »klassisches« Orchester. – Entstanden 1901/02. UA: 1902 in Helsinki (Dirigent: der Komponist). – Aufführungsdauer: 45–47 Minuten.

1. *Allegretto* – 2. *Tempo andante, ma rubato* – 3. *Vivacissimo* – attacca: 4. Finale. *Allegro moderato*.

Selbst Sibelius-Anhänger attestieren, daß die *Erste* eine gefährliche Nähe zu Tschaikowskijs *Fünfter* aufwies. Die *Zweite* nun dokumentiert, daß der Komponist die Gefahr einer allzu deutlichen Anlehnung an anerkannte sinfonische Modelle zu bannen wußte. Hatten die *Kalevala*-Sujets der ersten Tondichtungen eine gewisse Neigung zu altertümlicher Diktion gezeigt und mußte eine Art Gegensteuerung hierzu fast notwendig in Tschaikowskijs Nähe führen – die *Pathétique*, 1893 im nahen St. Petersburg uraufgeführt, spielte man schon im Folgejahr in Helsinki nach! –, so befand Sibelius sich jetzt auf unangefochtener eigener Spur. Enttäuschen mußte der mit *En Saga* und *Finlandia* so Erfolgreiche aber all jene, die beharrlich nach programmatischen Hörhilfen forschten. 1934 äußerte Sibelius rückblickend: »Meine Symphonien sind Musik, die als musikalischer Ausdruck ohne jedwede literarische Grundlage erdacht und ausgearbeitet worden ist. [. . .] Eine Symphonie soll zuerst und zuletzt Musik sein« (Nils-Eric Ringbom, 1950). Neue Wege nutzt die *Zweite*, indem sie ungewöhnlich reichhaltiges thematisches Material aufbietet und diesem viel Raum zur variativen Weiterentfaltung zugesteht; indem sie in den Durchführungsregionen auch bei kontroversen Zuspitzungen dem Melodischen Vorrang gewährt und die stark veränderten Reprisenteile offenhält für überraschende Hakenschläge und Kurswechsel.

Am *Kopfsatz* in formal gewahrter Sonatensatzgestalt fällt die Wahl des eher gezügelten *Allegretto*-Zeitmaßes auf, das charakterlich ein reizvolles Schwanken zwischen pastoral aufgelockerten Hauptsätzen (= Thema 1) und Abschnitten passionierter Unisono-Deklamation ganzer Streicher- und Bläsergruppen erlaubt (= Themen 2, 3):

Thema 1

Thema 2

Thema 3

Demgegenüber weitet sich das Ausdrucksspektrum von *Satz 2* in erstaunlichem Maße. An die Stelle eines einheitlich gestimmten langsamen Satzes tritt ein bald bedrohlich aufgewühlter, bald heftig ausbrechender, niemals aber liedhaft entspannter Balladen-Satz in der düsteren Moll-Variante der Grundtonart. Auch in *Satz 3* öffnen sich klaffende Gegensätze zwischen dem aberwitzig beschleunigten Scherzo und einem fast schon nach Brucknerscher Ländler-Art beruhigten Trio-Teil (*Lento e suave*, mit schlichten, aber ausdrucksvollen Holzbläser-Soli). Nach dem Dacapo bildet die nochmals beschworene Trio-Idylle einen Attacca-Brückenschlag zum strahlend eröffneten *Finalsatz*. Dessen üppiger Melodiefluß läßt zunächst Tschaikowskij-Übermaß befürchten. Doch vermag der klug kontrollierende Komponist die hymnischen Höhenflüge des Schlußteils im Gegenzug durch vorbereitende Zurücknahmen (Piano-Seitensätze, fast unhörbar ansetzende Steigerungen über lang gehaltenen Orgelpunkten) sehr wohl zu glaubhafter Wirkung zu bringen.

Konzert für Violine und Orchester d-Moll op. 47

Besetzung: »klassisches« Orchester. – Entstanden 1903 (= Fassung 1) bzw. 1904/05 (= Fassung 2). UA 2. Fassung: 1905 in Berlin (Solist: Kárel Halíř, Dirigent: Richard Strauss). – Aufführungsdauer: 30–32 Minuten.

1. *Allegro moderato* – 2. *Adagio di molto* – 3. *Allegro, ma non tanto.*

Die Violine, nicht das Klavier, war Sibelius' ureigenes Instrument, dessen Spielweise und Ausdruck er dank eigener Spielpraxis genauestens kannte. Es verwundert daher nicht, daß diesem Instrument die einzige großangelegte konzertante Komposition galt. Schon bald fand das unter Richard Strauss kreierte Werk Eingang ins Stammrepertoire großer Geiger, die bis heute der praktikableren Zweitfassung den Vorzug geben. Solisten wie Hörer lassen sich unmittelbar ansprechen durch die Gegensätzlichkeit der 3 Sätze, die insgesamt eine recht vollständige Vorstellung von jener reichhaltigen »Rhetorik« vermitteln, wie sie das 19. Jh. seit Mendelssohn, Schumann und Brahms der konzertierenden Violine zudachte. Züge eines rhapsodisch frei ausschweifenden Monologs im pathetischen d-Moll-Tonfall prägen den *Kopfsatz*, der das Orchester-Tutti auffällig spät, nämlich erst im Seitensatz, einbezieht. Ein eigentlicher Durchführungspassus fehlt, statt dessen ist die auskomponierte Solokadenz zur Satzmitte vorgezogen. Als breit ausgesungene lyrische Szene mit etlichen Serioso-Akzenten fügt sich das nach B-Dur ausweichende *Adagio* an. Über einem elastisch federnden Ostinato-Muster (Pauken, tiefe Streicher) vollzieht sich das tänzerische Entrée der Solo-Violine ins *Finale*:

Immer wieder treibt diese Ostinato-Rhythmik auch später das Geschehen voran, wenn kantable Episoden sich ausweiten. Starke rhythmische Energien wendet die nach D-Dur wechselnde Coda auf, um den vehement fortstrebenden Solisten endgültig an die kraftvoll sich durchsetzende Tonika zurückzubinden.

Sinfonie Nr. 4 a-Moll op. 63

Besetzung: »klassisches« Orchester. – Entstanden 1910/11. UA: 1911 in Helsinki (Dirigent: der Komponist). – Aufführungsdauer: 32–35 Minuten.

1. *Tempo molto moderato, quasi adagio* – 2. *Allegro molto vivace* – 3. *Il tempo largo* – 4. *Allegro*.

Im Herbst 1907 kam es anläßlich eines Gastdirigates Gustav Mahlers in Helsinki zu vertieften Gesprächen zwischen den beiden großen Sinfonikern. Sibelius berichtete (Nils-Eric Ringbom, 1950): »Als unser Gespräch auf das Wesen der Symphonie kam, warf ich ein, daß ich deren Strenge und Stil und die tiefe Logik bewundere, die einen inneren Zusammenhang zwischen allen Motiven schaffe. Das entsprach den Erfahrungen, die ich bei meinem Schaffen gemacht hatte; Mahler aber war einer ganz entgegengesetzten Meinung: ›Nein, die Symphonie muß wie die Welt sein. Sie muß alles umfassen.‹«
Sibelius hatte zu diesem Zeitpunkt soeben seine *Dritte* abgeschlossen, ein thematisch und prozessual sich gegenüber der verschwenderischen *Zweiten* eher konzentrierendes Werk mit wachsender Vorliebe für klassizistisches Gepräge. Drei, vier

Jahre später setzt nun die *Vierte* diese Tendenz zur Beschränkung auf das Wesentliche und zum Verzicht auf alles Nur-Ornamentale fort. Mehr noch, Sibelius sucht mit einer gewissen Rigorosität zu erproben, wie der Materialaufwand für eine sinfonische Konstruktion sich überschaubar halten läßt, ohne daß der seit über eineinhalb Jahrhunderten angewachsene Kunstanspruch der Gattung Einbußen erleidet.
Überdies gilt die zuweilen an die Grenzen der Tonalität rührende *Vierte* als Dokument einer Krisenbewältigung. Physisch sah sich Sibelius in jener Zeit mit dem Verdacht auf ein Krebsleiden konfrontiert; künstlerisch-psychisch mußte der völlig zurückgezogen im Landhaus Ainola (bei Järvenpää, ca. 40 km nördlich von Helsinki) lebende Einsiedler Kenntnis davon nehmen, daß die Gegenwartsmusik in Paris (Debussy, Strawinsky), München (Strauss) und Wien (Schönberg-Kreis) völlig andere, ihn umstürzlerisch dünkende Wege nahm. Vielleicht hieraus resultiert der angespannte, ja angestrengte Ausdruck der neuen Sinfonie. Der Finaljubel der *Zweiten* klingt hier, falls er sich wenigstens für Momente einstellt, gepreßt und kaum befreiend. Heroische Töne beschränken sich auf trotzige Ausbrüche oder scheinen ins Elegisch-Melancholische abgewandelt. Begonnene Verläufe nehmen einen unerwarteten Fortgang oder brechen gar ab.
Es muß den jahrelang um seine Sinfonie ringenden Komponisten getroffen haben, daß ihm sein an die Tondichtungen gewöhntes Auditorium, fast schockiert, zunächst die Gefolgschaft versagte. Seit der Sibelius-Renaissance der 70er und 80er Jahre gilt eine völlig andere Bewertung. Viele der allen Schuldoktrinen abholden Jüngeren schätzen die *Vierte* inzwischen als Zeugnis erklärter Nichtanpassung an vorherrschende Kunstrichtungen, somit als Ausdruck unverbildeter Individualität.

Sinfonie Nr. 5 Es-Dur op. 82

Besetzung: »klassisches« Orchester. – Entstanden 1914/15 (= Urfassung), rev. Fassungen 1916 bzw. 1918/19. UA: 1915 in Helsinki (Dirigent: der Komponist). – Aufführungsdauer: 30–32 Minuten.

1. *Tempo molto moderato* – attacca: *Allegro moderato (ma poco a poco stretto)* – 2. *Andante mosso, quasi allegretto* – 3. *Allegro molto.*

Zeugte die *Vierte* von angestrengten Formungsprozessen in kritischer Schaffenssituation, so scheint die *Fünfte* kaum konfliktbefrachtet, entspannter, insgesamt wieder auf finale Hochstimmung hin angelegt. Dem Gedächtnis prägt sich vor allem der von großem Atem getragene *Schlußsatz* ein, der zu seinem Ende hin eine unwiderstehliche Sogwirkung entwikkelt. Zweimal dienen hier auffällig ausgedehnte, von leisen Streicher-Tremoli getragene Klangflächen (Satzbeginn: *grazioso*, Satzmitte: *misterioso*, *con sordino*) nur dazu, den geeigneten Hintergrund zu schaffen für ein endlich einsetzendes, gleich einem Geläute in Halben hin- und herschwingendes Terzen-Ostinato (Satzbeginn: einander ablösende Hörnerpaare; Satzmitte und -schluß: Streicher bzw. Trompetenpaar).

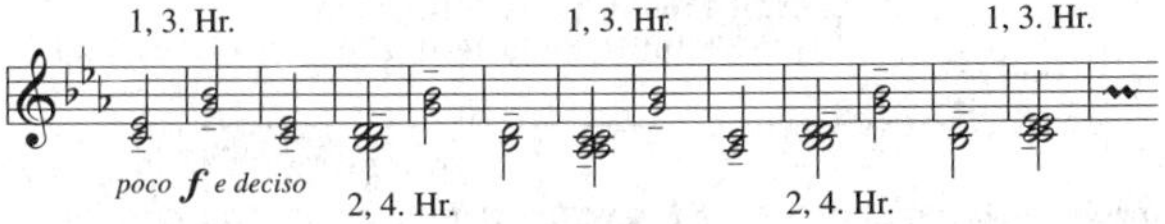

Über diesem Terzband hebt, gleich einem Cantus firmus, eine intensiv sich entwickelnde Gesangsmelodie an (Satzbeginn: Holzbläser, Celli; Satzmitte: Holzbläser, dann Unisono-Streicherchor). Auch durch schroffe Modulationen und dissonante Engpässe winden sich der breit gesungene Cantus und sein feierliches Geläute hindurch, bevor die Tonika Es-Dur ihre hymnische Coda-Bekräftigung erfährt und die Sinfonie mit einer Kadenzfolge rhythmisch raffiniert täuschender Tutti-Schläge jäh abbricht.

Dem Komponisten lag ganz offenbar daran, nach der eigenwillig verdunkelten *Vierten* aus gegebenem Anlaß eine hellere, optimistischere *Fünfte* vorzulegen. Sibelius' feierlich begangener 50. Geburtstag am 8. Dezember 1915 sollte zugleich der Tag der Uraufführung sein. Zwar ließ sich das Festdatum einhalten, doch fühlte sich der zunehmend selbstkritische Komponist in den Folgejahren zu tief eingreifenden Änderungen gedrängt. In der definitiven Fassung findet sich jetzt der wiederum ein dediziertes *Allegro*-Zeitmaß meidende *Kopfsatz* direkt mit dem (zunächst in fernes H-Dur ausweichenden) *Scherzo*-Satz verbunden – eine Maßnahme, die sich triftig aus der gemeinsamen thematischen Substanz beider Teilsätze erklären läßt. Aus dem

Moderato-Charakter des Eingangssatzes folgert auch, daß *Satz 3* kaum den Typus eines wirklich verlangsamten Satzes zu verkörpern braucht. An seine Stelle tritt ein strophenförmig gestalteter Mischtypus, der als verhaltener pastoraler Tanzsatz gelten könnte, wären da nicht immer wieder vehemente Beschleunigungen und irritierende dissonante Einwürfe.

Ferruccio Busoni

* 1. April 1866 in Empoli bei Florenz
† 27. Juli 1924 in Berlin

Sohn eines italienischen Klarinettisten und einer deutschstämmigen Pianistin aus Triest. Frühe Beweise einer ungewöhnlichen Klavierbegabung, Wunderkind-Karriere. Klavier- und Kompositionsstudien in Wien, Graz und Bologna. »Wanderjahre«: Beginn einer ausgedehnten Konzerttätigkeit, die Busonis Ruf festigt, einer der schöpferischsten Interpreten seiner Generation zu sein. Schwerpunkte des Repertoires: Bach, Mozart, Beethoven, Liszt, oft auch in Gestalt von Transkriptionen. Mehrfach an Konservatorien tätig (Helsinki, Moskau, Boston und New York). 1894–1913 überwiegend in Berlin ansässig; hier Veranstalter von 12 Orchesterkonzerten mit neuer oder selten aufgeführter Musik. Ab 1898 erhält das Komponieren allmählich Vorrang. Kompositorische Neuorientierung (hierfür bedeutsam die 2. Violinsonate – ». . . mein Opus eins«) und vertiefte ästhetische Reflexion (»Entwurf einer neuen Ästhetik der Tonkunst«, 1907). Berufung nach Bologna zur Leitung des »Liceo musical« (1913). Nach Kriegsausbruch in Zürich lebend, ab 1920 wieder in Berlin. Verstärkte Beschäftigung mit den Formen des Musiktheaters. 1921 Übernahme einer Meisterklasse an der Akademie der Künste (Schüler u. a. Kurt Weill, Wladimir Vogel, Philipp Jarnach). Konzentrierte Arbeit an »Doktor Faust«, dem seit langem geplanten musikdramatischen Hauptprojekt Busonis. Ihm waren vorbereitende Bühnenwerke vorausgegangen: »Die Brautwahl« nach E. T. A. Hoffmann, 1908–11; »Turandot« nach C. Gozzi, 1911; »Arlecchino oder Die Fenster«, 1914–16.

Werke für und mit Orchester: *Sinfonische Suite* op. 25 / Ki* 201 (1883); *Konzertstück* für Klavier und Orchester op. 31a / Ki 236 (= *Concertino*, Satz 1, 1890); *Orchestersuite Nr. 2* op. 34a / Ki 242 (*»Geharnischte Suite«*, 1895, rev. 1903); *Violinkonzert D-Dur* op. 35a / Ki 243 (1896/97); *Lustspielouvertüre* op. 38 / Ki 245 (1897, rev. 1904); *Klavierkonzert* mit Männerchor (Text: A. Oehlenschläger) op. 39 / Ki 247 (1901–1904); *Turandot*, Orchestersuite op. 41 / Ki 248 (1904/05); *Verzweiflung und Ergebung* (= nachkomponierter Satz zu op. 41); *Berceuse élégiaque* (*»Des Mannes Wiegenlied am Sarge seiner Mutter«*) op. 42 / Ki 252a (1909); Dasselbe, für 9 Instrumente bearbeitet von E. Stein (früher A. Schönberg zugeschrieben); *Die Brautwahl*, Orchestersuite op. 45 / Ki 261 (1912); *Nocturne symphonique* op. 43 / Ki 262 (1912/13); *Indianische Fantasie* für Klavier und Orchester op. 44 / Ki 264 (1915); *Rondò Arlecchinesco* (*»Harlekins Reigen«*) op. 46 / Ki 266 (1915); *Gesang vom Reigen der Geister* (*Indianisches Tagebuch*, 2. Buch), Studie für kleines Orchester op. 47 / Ki 269 (1915); *Concertino B-Dur* für Klarinette und Orchester op. 48 / Ki 276 (1918); *Sarabande und Cortège*, 2 Studien zu *Doktor Faust* op. 51 / Ki 282 (1918/19); *Divertimento* für Flöte und Orchester op. 52 / Ki 285 (1920); *Tanzwalzer*, Dem Andenken Johann Strauß' op. 53 / Ki 288 (1920); *Romanza e Scherzoso* f-Moll für Klavier und Orchester op. 54 / Ki 290 (= *Concertino*, Satz 2, 1921).

Concerto op. 39 (Ki 247)
für Klavier und Orchester mit Männerchor

Beethovens *Fantasie c-Moll* für Klavier, Chor und Orchester op. 80, die starke Bezüge zur *9. Sinfonie* (mit Schlußchor) aufweist, könnte das Modell abgegeben haben für Busonis ehrgeiziges Projekt der Jahre 1901–04. Merkmale von Konzert, Kantate und Sinfonie sollten über einem weiträumigen 5sätzigen Grundriß ineinanderwirken: 1. *Prologo e Introito*, 2. *Pezzo giocoso*, 3. *Pezzo serioso*, 4. *All'Italiana*, 5. *Cantico*. Der Komponist suchte seiner Frau ein »architektonisch-landschaftlich-symbolisches Bild« seines im Entstehen begriffenen Concertos mit Chor brieflich zu erläutern (1902): »Die drei Gebäude sind der 1., 3. und 5. Satz, dazwischen die beiden ›lebendigen‹: *Scherzo* und die *Tarantelle*; das erste als Naturspiel einer Wunderblume und eines Wundervogels – das zweite

* Ki = Werknumerierung nach *Jürgen Kindermann: Thematisch-chronologisches Verzeichnis der musikalischen Werke von Ferruccio B. Busoni*. Regensburg 1980.

durch Vesuv, Cypressen dargestellt. – Über dem *Eingang* geht die Sonne auf; an der Türe des *Schlußgebäudes* klebt ein Siegel; das geflügelte Wesen am Ende ist die Naturmystik von Oehlenschlägers Chor [. . .].« Der Finalhymnus des dänischen Dichters Adam Gottlob Oehlenschläger (1779–1850), eine Verklärung göttlicher Schöpferkraft, soll vom verborgen plazierten Männerchor ins sinfonische »Hauptgeschehen« entsandt werden. Er entstammt der Dichtung *Aladdim*, welche Busoni ursprünglich einem »Gesammtwerk von Schauspiel, Musik, Tanz« im Charakter der Mozartschen *Zauberflöte* zugrunde legen wollte. (UA: 1905 in Berlin; Aufführungsdauer: 72–75 Minuten.)

Elegien für Orchester

Nr. 1: *Berceuse élégiaque op. 42* (Ki 252a)
Nr. 2: *Nocturne symphonique op. 43* (Ki 262)
Nr. 3: *Rondò Arlecchinesco op. 46* (Ki 266)
Nr. 4: *Gesang vom Reigen der Geister op. 47* (Ki 269)
Nr. 5 und 6: *Zwei Studien zu »Doktor Faust« op. 51* (Ki 282)

»Mein ganz persönliches Gesicht habe ich aber endlich und erst in den *Elegien* aufgesetzt.« Die Rede ist von den 7 *Elegien* für Klavier (Ki 249; 1907–09), Bearbeitungen von Früherem und Studien zu Späterem, in denen Busoni seinem Ideal einer aus Melodie und Polyphonie ungezwungen zusammenfließenden Harmonik näherzukommen trachtete.
Auf die Klavier-*Elegien* nehmen die nachfolgenden, über fast ein Schaffensjahrzehnt sich hinziehenden Orchester-*Elegien* insofern Bezug, als auch sie – jetzt mit den erweiterten Mitteln des Orchesters – Zeugnis von Busonis kompositorisch-ästhetischem Fortschreiten ablegen sollten. Zyklische Geschlossenheit war kaum beabsichtigt; somit besteht keine Verpflichtung zu kompletten Aufführungen. Vielmehr verweisen die locker zu einer Ideengruppe gereihten Studien auf ganz unterschiedliche Zusammenhänge hinsichtlich Anlaß, Stoff und Gestalt. Mit der gemeinsamen Bezeichnung »Elegie« könnte, über die herkömmliche Bedeutung als »Klagegesang« hinaus, jene persönliche intensive Gestimmtheit gemeint sein, die Busoni in der *Berceuse élégiaque* zu erreichen glaubte: »Bei diesem Stücke [. . .] gelang es mir zum ersten Male, einen eigenen

Klang zu treffen und die Form in Empfindung aufzulösen« (1912). Alles Strukturell-Technische sollte nicht länger Selbstzweck sein, sondern ohne Rest aufgehen können in der Darstellung unverwechselbar reiner Stimmungen.

Berceuse élégiaque. Der Untertitel dieser »Poesie für Orchester« lautet: »Des Mannes Wiegenlied am Sarge seiner Mutter« und nimmt Bezug auf den Verlust, der den Komponisten im Jahr 1909 traf und der ohne Verzug den kompositorischen Akt nach sich zog. Der Partitur ist ein Vierzeiler von Busonis Hand beigegeben: »Schwingt die Wiege des Kindes, / Schwankt die Waage seines Schicksals; / Schwindet der Weg des Lebens, / Schwindet hin, in die ewigen Fernen.« Kein dunkles Trauerstück mit schweren Rhythmen im Stil einer *Marcia funebre* entwarf der Komponist, sondern eine leicht schwebende, von getupften Punktierungen sachte belebte Klangstudie mit zarten melodischen Intonationen:

Nicht das voll besetzte, sondern ein selektives Orchester (mit wenigen Holzbläsern, Gong, Celesta, Harfe und je 6 sordinierten Violinen, Violen, Celli und Kontrabässen) taugt für diese fein abgestufte Farbkomposition, die sich den Grenzen der Tonalität nähert. Kein Geringerer als Gustav Mahler dirigierte, bei seinem letzten Auftritt überhaupt, im Februar 1911 in New York die Uraufführung. (Aufführungsdauer: 8–9 Minuten.)

Nocturne symphonique. Auch dieses 1912/13 ausgearbeitete, 1914 in Berlin uraufgeführte »sinfonische Nachtstück« geht äußerst wählerisch mit den Orchesterfarben um und wartet mit überraschenden, stets aber unaufdringlichen Farbmischungen auf; Trompeten und Posaunen fehlen ganz im instrumentalen Aufgebot. Wie Debussy (*Trois Nocturnes*, 1897–99) stellte sich auch Busoni der (aber ganz anders gelösten) Aufgabe, den Hörer ohne alles Ungefähr und Nur-Illustrative den Stimmungsreichtum der nächtlichen Gegenwelt ahnen zu lassen. Beschwörende Streichergesänge und klagende Bläserrufe, fahle Mixturen und vieltönige Klangaufbauten entstammen derselben thematischen Grundsubstanz, doch wirken sie frei und unabhängig gesetzt. Trotz tonaler Zentrierung scheinen die Harmonien in einen kaum faßlichen Schwebezustand überführt. Seinem hohen Ziel, »Form in Empfindung aufzulösen«, dürfte Busoni nie näher gekommen sein als in diesem faszinierenden Orchestersatz, der dem Dirigenten Oskar Fried gewidmet ist. (Aufführungsdauer: 8–9 Minuten.)

Rondò Arlecchinesco. Tiefe Bewunderung für die Commedia dell'arte seines Geburtslandes einerseits und starke Eindrücke von Schönbergs *Pierrot lunaire*-Melodramen andrerseits inspirierten Busoni zu Dichtung und Musik des 4sätzigen »theatralischen Capriccio« *Arlecchino* (1914–16, UA 1917 in Zürich). Parallel zur Oper entstand, eigenständig aus thematischem Material des Einakters entwickelt, ein 3teiliges orchestrales Porträt der Hauptfigur, versehen mit folgendem Motto: »Im buntgefleckten Gewande / ein geschmeidiger Leib / ein kekker und kluger Geist.« Kurz vor Ende dieser »Konzert-Ouvertüre zu einem Lustspiel« (Hugo Leichtentritt) gibt Harlekin persönlich seine musikalische Visitenkarte in Gestalt einer lustvoll geträllerten Tenor-Vokalise ab. (UA: 1916 in Rom; Aufführungsdauer: 11–12 Minuten.)

Gesang vom Reigen der Geister. Busonis Schülerin Natalie Curtis unterbreitete ihrem vielseitig interessierten Lehrer Originalmelodien nordamerikanischer Indianer, die in mehrere Kompositionen Eingang fanden. Der konzertanten *Indianischen Fantasie* (Ki 264; 1915) und dem 1. Buch eines *Indianischen Tagebuches* (4 Klavierstudien . . ., Ki 267; 1915) ließ der phantasievoll auswertende Komponist 1916 unter obigem Titel ein orchestrales 2. Buch folgen. Nicht zu musikethnologischer Forschungsarbeit gedachte Busoni Beiträge zu leisten. Vielmehr wollte er auf diese nachschöpferische Weise seiner festen Überzeugung Ausdruck geben, daß die Einheit der Musik auch Zeugnisse ferner »exotischer« Musikkulturen umfasse. (Aufführungsdauer: ca. 6 Minuten.)

Zwei Studien zu »Doktor Faust«. Lange trug sich der Goethe-Kenner Busoni mit dem Gedanken einer Musik zur *Faust*-Tragödie. Erst das Studium alter Volksbücher und Puppenspiele führte ihn aus dem eher lähmenden Goetheschen Bannkreis heraus. Unmittelbar nach Kriegsausbruch entstand im Herbst 1914 ein erster Libretto-Entwurf. Im Vorfeld seiner *Doktor Faust*-Oper erprobte der Komponist dann die Möglichkeit szenisch einplanbarer, zugleich aber autonom gehaltener Musik. Die kühne *Sonatina seconda* (für Klavier, Ki 259; 1912) und das poetische *Nocturne symphonique* op. 43 (für Orchester, Ki 262; 1912/1913, siehe oben), vor allem aber dann die sechs Jahre später entworfenen Orchestersätze *Sarabande* und *Cortège* dürfen als musiksprachliche »Faust-Studien« auf dem Weg zur Oper gelten.
Die **Sarabande** (*Molto sostenuto e gravemente*) findet sich, leicht gekürzt, in der Oper als ernstes düsteres »Sinfonisches Intermezzo«. Sie bildet hier eine deutlich trennende Formalzäsur zwischen den beiden ersten von insgesamt 3 Bildern des auf 2 Vorspiele folgenden »Hauptspieles«. Bereits das erste dieser Bilder aber wird durch den turbulenten, stark rhythmisch geprägten **Cortège** als Aufzugsmusik für die bunt gemischte Hochzeitsgesellschaft am Hofe zu Parma eröffnet (*Poco vivace e misurato; in carattere d'una polacca*). Die Partitur sieht das klassische Orchester vor. 1919 dirigierte Busonis Freund Volkmar Andreae in Zürich die Uraufführung des 1918/19 entstandenen Satzpaares. (Aufführungsdauer: 18–19 Minuten.)

Erik Satie

* 17. Mai 1866 in Honfleur (Dép. Calvados, Frankreich)
† 1. Juli 1925 in Paris

Betätigte sich in seinem wechselhaften Leben in und um Paris als Kabarettmusiker, Religionsstifter, Musikjournalist, Postbeamter und Kalligraph. Der chronisch Mittellose (»Monsieur le Pauvre«) absolvierte zwar späte Musikstudien (1905–10, »Schola Cantorum«, bei Roussel und d'Indy), sagte sich jedoch vehement von allen Stil- und Schulrichtungen los. Als Freund bedeutender Persön-

lichkeiten (u. a. Debussy, Cocteau, »Groupe des Six«, Picasso, Duchamp, Man Ray) und Verfechter ungewöhnlicher Kunsttheorien (z. B. einer radikal vereinfachten »musique d'ameublement«) nahm er beträchtlichen Einfluß auf später sich etablierende Kunstrichtungen (z. B. absurdes Theater, Dadaismus).

Saties betont antiromantisches, aller Expressivität feindliches Komponieren umfaßt – oft von skurrilen Titeln, Kommentaren und Spielanweisungen begleitet – Vokalwerke (*Messe des pauvres*, 1895; *Socrate*, 1919), Ballette (*Parade*, 1917; *Relâche*, 1924), Filmmusik (*Cinéma*, *Entr'acte*), vor allem aber zahlreiche Gruppen von Klavierstücken, die in einigen Fällen auch orchestriert vorliegen. In den Orchesterprogrammen erscheint vor allem die kühl distanzierte Musik zum Zirkusballett *Parade*, das zusammen mit dem Team Cocteau/Picasso/Massine für Diaghilews »Ballets Russes« entstand, ferner einige Instrumentationen von der Hand berühmter Komponistenfreunde: *Trois Gymnopédies* (1888, Nr. 1 und 3 orch. Debussy 1897), *Les Fils des étoiles* (1891, Prélude Nr. 1 orch. Ravel 1914), *Jack in the Box* (1899, orch. Milhaud 1926).

Charles Koechlin

* 27. November 1867 in Paris
† 31. Dezember 1950 in Le Canadel (Dép. Var, Südfrankreich)

Wuchs als Enkel eines elsässischen Textilindustriellen in Paris auf. Hier absolvierte er auch – bei Massenet und Fauré – seine Conservatoire-Studien. Obwohl Koechlin Kontakte zu verschiedenen Strömungen, Gruppen und Persönlichkeiten pflegte (u. a. zu Satie, Roussel und Milhaud), blieb er doch Einzelgänger. Als Komponist erwarb er wohl ein gewisses Ansehen, blieb jedoch zeitlebens gezwungen, seinen Unterhalt als geschätzter Theorielehrer, Autor gefragter Bücher (darunter eine Debussy-Biographie), Musikkritiker und Gastprofessor zu sichern (mehrere Vortragsreisen in den USA). Er reiste und fotografierte mit Leidenschaft, stand zeitweise dem Kommunismus nahe und bewies in allem, was er tat, eine große geistige Unabhängigkeit.

Koechlins umfangreiches Œuvre schöpft aus der genauen Kenntnis älterer Stile, nutzt bereits vor Milhaud die Möglichkeiten der Polytonalität und bezeugt Wagemut im Erproben ungewöhnlicher Klang- und Farbverbindungen. Erst in unseren Jahren finden kühne Werke wie die großen Zyklen *Les Heures persanes* op. 65 (1913–19, für Klavier bzw. Orchester) und *Paysages et marines* op. 63 (1915/16, für Klavier bzw. Kammerensemble) oder die ideell hochambitionierten Orchesterwerke *The Seven Stars Symphony* op. 132 (1933), *Le Buisson ardent I/II* op. 171 und 203 (1938, 1951, nach Romain Rolland) und *Offrande musicale sur le nom de BACH* op. 187 (1942–46) verstärkte Beachtung.

Das Dschungelbuch

Sinfonische Dichtungen nach Rudyard Kipling

1. *Trois Poèmes* op. 18
für Soli, Chor und Orchester (1899–1901).

2. *La Course de printemps* (»Das Frühlingslaufen«) op. 95
für Orchester (1908–27).

3. *La Méditation de Purun Bhagat* op. 159
für Orchester (1936).

4. *La Loi de la jungle* op. 175
für Orchester (1939/40).

5. *Les Bandar-log* (»Das Affenvolk«) op. 176
für Orchester (1923, 1938–40).

Gesamtaufführungsdauer: ca. 90 Minuten.

Nicht weniger als 5 Koechlin-Kompositionen empfingen ihre Anregung durch die beiden vielgelesenen *Dschungelbücher* von 1894/95 aus der Feder des langjährigen Indien-Korrespondenten und nachmaligen Nobelpreisträgers (1907) Rudyard Kipling (1865–1936). Die Schilderungen der indischen Urwälder und ihrer Tierbewohner ließen in Koechlins Imagination fesselnde Klangvorstellungen einer fiktiven Urzeitlichkeit entstehen. Fernab der Schönberg-Schule und des Strawinsky-Klassizismus vermochte sich der Franzose künstliche Klangparadiese zu erschaffen, um all seine exotischen Sehnsüchte, Zivilisationsängste und Zukunftshoffnungen auszuleben. Allenfalls das »Affen-Scherzo« mit dem Titel *Les Bandar-log* brachte es zu regelmäßigen Aufführungen.

In diesem gut viertelstündigen phantastischen Tonpoem reizte es den Komponisten auch, unter dem Vorwand tierischen Gezeters allerlei komponierende Zeitgenossen und deren Schreibweisen »nachzuäffen«.

Albert Roussel

* 5. April 1869 in Tourcoing (Dép. Nord, Frankreich)
† 23. August 1937 in Royan (Dép. Charente-Maritime, Frankreich)

Trotz früher kompositorischer Begabungsnachweise zunächst für 7 Jahre bei der Marine. Reisen auf Segelschiffen um die halbe Welt. Ab 1894 intensive Musikstudien. Ab 1898 Kompositionsschüler bei Vincent d'Indy an der neu gegründeten Pariser Schola Cantorum, an der Roussel in den Jahren 1902–13 selbst eine Tonsatzklasse leiten wird (Schüler u. a. Satie, Varèse, Martinů). Nach der Teilnahme am 1. Weltkrieg tiefgreifender Stilwandel: Überwindung einer eher impressionistisch-exotischen Phase zugunsten einer klassizistisch geformten, von kraftvollen Bewegungsimpulsen belebten Musik.

Werke für und mit Orchester: *Résurrection*, Prélude symphonique op. 4 (1903); *Sinfonie Nr. 1* op. 7, (*»Le Poème de la forêt«*; 1904–06); *Evocations* für Orchester op. 15 (Satz 3 mit 3 Soli und gemischtem Chor, 1910–12); *Le Festin de l'araignée*, Sinfonische Suite op. 17 (1912); *Padmâvatî*, Opéra-ballet op. 18 (L. Laloy; 2. Akt auch konzertant, 1914–1918); *Pour une fête de printemps* op. 22 (1920); *Sinfonie Nr. 2 B-Dur* op. 23 (1919–21); *Suite en fa* op. 33 (1926); *Concert pour petit orchestre* op. 34 (1926/27); *Klavierkonzert* op. 36 (1927); *Psalm 80* für Tenor, Chor und Orchester op. 37 (1928); *Petite Suite* op. 39 (1929); *Sinfonie Nr. 3 g-Moll* op. 42 (1929/30); *Bacchus et Ariane*, Sinfonische Suiten I/II aus dem Ballett op. 43 (1930); *Sinfonietta* für Streichorchester op. 52 (1934); *Sinfonie Nr. 4 A-Dur* op. 53 (1934); *Rapsodie flamande* op. 56 (1936); *Concertino für Cello* und Orchester op. 57 (1936).

Roussel stand in den Konzertsälen des deutschen Sprachraums stets ein wenig im Schatten des 6 Jahre jüngeren und ihn nur wenige Monate überlebenden Maurice Ravel.

Wie er vollzog auch Roussel um 1920 die Wende zu einer von klassizistischen Merkmalen geprägten Ästhetik. Die harmonische Verführungskraft und die orchestrale Brillanz des Jüngeren stand dem Älteren in solch reichem Maße nicht zu Gebot. Doch erwarb sich Roussels Musik bereits früh viele französische Anhänger dank der Überschaubarkeit seiner formalen Aufrisse, der Ungekünsteltheit ihrer melodischen Linienzüge und der ungestümen Kraft ihrer rhythmischen Formulierung. Sinfonie, Suite und Konzert – klassische Formmodelle somit – wurden für Roussels kompositorische Vorstellung immer zentraler. Wer, außer Milhaud vielleicht, bewahrte der Sinfonie im Frankreich der 20er und 30er Jahre solche Treue? Allerdings wahrte Roussel neben der Strenge, mit der er thematisch Exponiertes durchzuführen pflegte, immer auch die Freiheit des formalen Disponierens. Überraschende Wendungen, ja harte Brüche finden sich daher mitunter in einer Musik, die weitgespannte Melodiebögen ebenso liebt wie großräumig angelegte rhythmische Prozeduren. Über alle stilistischen Unterschiede hinweg ergeben sich so Verbindungslinien zur Orchestersprache von Prokofjew und Schostakowitsch, Hindemith und Karl Amadeus Hartmann.

Suite en fa op. 33

Dieses 1926 entstandene, 1927 in Boston uraufgeführte Werk ist eine 3sätzige, großorchestrale Suite von knapp viertelstündiger Dauer. *Prélude* (*Allegro molto*), *Sarabande* (*Lento*) und *Gigue* (*Allegro / Allegro giocoso*) verstehen sich als kleine Auswahl aus dem überreichen Vorrat barocker Tanztypen – ein kompositorischer Ansatz, der ein wenig an Ravels ebenfalls an alten Tänzen sich inspirierende Suite *Le Tombeau de Couperin* (1917–19) erinnert. Roussel greift die historisch gewachsenen Bewegungsmuster auf, bereichert sie um neuzeitliche Merkmale und entfaltet sie in expansiver sinfonischer Manier.

Sinfonie Nr. 3 g-Moll op. 42

1. *Allegro vivo* – 2. *Adagio* – 3. Scherzo. *Vivace* – 4. *Allegro con spirito.*

Die Sinfonie ist, wie die *Suite en fa*, für Sergej Kussewitzky und sein Boston Symphony Orchestra geschrieben worden (entstanden 1929/30, UA 1930 in Boston). Wie Strawinskys *Psalmensinfonie* gehört auch sie zu der stattlichen Werkreihe, die aus Anlaß des 50jährigen Bestehens dieses führenden amerikanischen Orchesters entstand. »Soweit ich nach dieser Aufführung beurteilen kann, ist es mein bestes Werk [. . .].« Zumindest bestätigen die hohen Aufführungsziffern diese Einschätzung des Komponisten. Ein 5töniges Motiv zieht sich als zyklisches Element durch alle 4 Sätze, die dem Verlaufsmuster der traditionellen Sinfonie großenteils folgen und es doch mit vitaler Gegenwärtigkeit erfüllen:

Bacchus et Ariane. Sinfonische Suiten I/II op. 43

Die beiden je gut viertelstündigen Suiten von 1930 mit ihren 5 bzw. 8 Abschnitten entsprechen recht genau den beiden Akten des Balletts, das Serge Lifar choreographierte, Giorgio de Chirico ausstattete und Philippe Gaubert dirigierte (UA 1931 in Paris). Im Konzertsaal erklingt die auch ohne Szene suggestive Musik weit häufiger als im Orchestergraben der Tanztheater. Nachteilig ist die Praxis, die ins Bacchus-Fest einmündende glanzvolle *Suite II* allein aufzuführen, da die zurückhaltendere *Suite I* (Theseus und Ariadne im Labyrinth des Minotaurus) die Wirkung des Nachfolgenden erst angemessen begründet.

Sinfonie Nr. 4 A-Dur op. 53

1. *Lento / Allegro con brio* – 2. *Lento molto* – 3. *Allegro scherzando* – 4. *Allegro molto.*

Mit ca. 22 Minuten Aufführungsdauer weist das wiederum 4sätzige, für volles Orchester gesetzte Werk von 1934 (UA 1935 in Paris) kaum die Länge einer Haydn-Sinfonie auf. Leichtfüßige kontrapunktische Arbeit steht im Vordergrund, alle polytonalen Irritationen bleiben ausgespart. Von der langsamen Einleitung führt eine thematische Brücke zum gesanglich breit ausgeführten und gesteigerten *Lento molto*. Die raschen Sätze besitzen Transparenz und Agilität in hohem Maße: eine »Symphonie classique«, diesmal nicht aus der Feder Prokofjews!

Hans Pfitzner

* 23. April (5. Mai) 1869 in Moskau
† 22. Mai 1949 in Salzburg

Sohn eines deutschen, vorübergehend in Moskau tätigen Geigers. Aufgewachsen in Frankfurt a. M. (Vater Musikdirektor ab 1872). Früh Klavier- und Tonsatzunterricht, erste Liedkompositionen. Besuch des Hochschen Konservatoriums 1886–90: Musiktheorie: Iwan Knorr, Klavier: James Kwast. Es entstehen zahlreiche, auch später noch akzeptierte Arbeiten. Literarisch-philosophischer Gedankenaustausch im Freundeskreis. Ab 1897 in Berlin und München, ab 1908 in Straßburg ansässig: Leitung des Konservatoriums, Direktion von Oper und Konzert (Korrepetitor: Wilhelm Furtwängler, Nachfolger: Otto Klemperer). Gustav Mahler dirigiert in Wien »Die Rose vom Liebesgarten« (1905), Bruno Walter leitet die Münchner Uraufführung des »Palestrina« (1917). 1918: Flucht aus dem nach Kriegsende wieder französischen Straßburg in die Nähe von München. Schriftstellerische Tätigkeit; eigenwillige polemische Schriften zu ästhetischen Fragen (gegen Busoni: »Futuristengefahr«, 1917; gegen den Beethoven-Biographen Paul Bekker: »Die neue Ästhetik der musikalischen Impotenz«, 1920). 1920 Übernahme einer Meisterklasse für Komposition an der Berliner Akademie der Künste. Ab 1929 wieder in München: Lehramt an der Akademie für Tonkunst. Nach der Pensionierung verstärkte Dirigiertätigkeit. Sympathisieren mit der NS-Ideologie (1936 »Reichskultursenator«), jedoch Zerwürfnisse mit den Machthabern. Familiäre Katastrophen, materielle Sorgen, beginnende Hinfälligkeit, zunehmende Verbitterung. Verstorben 1949, wenige Monate vor Richard Strauss. Ehrengrab auf dem Wiener Zentralfriedhof.

Werke für und mit Orchester: *Scherzo c-Moll* o. Op. (1887); *Cellokonzert a-Moll* o. Op. (1888); *Von deutscher Seele* (J. v. Eichendorff), Romantische Kantate für 4 Soli, gemischten Chor,

Orchester und Orgel op. 28 (1921); *Klavierkonzert Es-Dur* op. 31 (1922); *Violinkonzert h-Moll* op. 34 (1923); *Sinfonie cis-Moll* op. 36a (1932, nach dem Streichquartett op. 36, 1925); *Lethe* (C. F. Meyer) für Bariton und Orchester op. 37 (1926); *Das dunkle Reich* (Michelangelo, Goethe, Meyer, Dehmel), Chorfantasie mit 2 Soli, Orchester und Orgel op. 38 (1929/30); *Cellokonzert »Nr. 1« G-Dur* op. 42 (1935); *Duo für Violine und Violoncello* mit Begleitung eines kleinen Orchesters op. 43 (1937); *Kleine Sinfonie G-Dur* op. 44 (1939); *Elegie und Reigen* op. 45 (1940); *Sinfonie C-Dur* op. 46 (1940); *Fons salutifer* (E. G. Kolbenheyer), Hymnus für gemischten Chor, Orchester und Orgel op. 48 (1941); *Cellokonzert »Nr. 2« a-Moll* op. 52 (1943); *Fantasie a-Moll* op. 56 (1947); *Urworte, orphisch* (Goethe), Kantate für 4 Soli, gemischten Chor, Orchester und Orgel op. 57 (Ergänzung durch R. Rehan, 1948/49).

Um 1900 galt Pfitzner, gleich Strauss, Reger und sogar Schönberg, als Neuerer, der durch den Gebrauch gewagter Tonalitätsabweichungen und die Formulierung kühner Kunstideen auffiel. Schon bald jedoch fühlte der zum lyrisch stark verinnerlichten, somit letztlich bühnenfremden Musiktheater neigende Nachwagnerianer sich in die Rolle eines streitbaren Bewahrers bedrohter Kunst gedrängt. So ist *Palestrina* (UA 1917) als Werk eines Betroffenen zu werten, der mittels der Zeitanalogie 1600/1900 den Epochenwandel als Gefährdung von Tradition, Metier und Inspiration abhandelt. Dieses Beharren auf nationalkonservativen Positionen äußerte sich nicht nur nach außen in Gestalt scharfer Polemik und persönlicher Fehden, sondern auch nach innen im Entwickeln einer eigenwilligen unkonformistischen Musiksprache. Pfitzner wahrte Tonalität und Satztechnik, setzte im Formalen aber oft neue Akzente. Seine in sich deutlich gebrochene Klangsprache blieb spröde und verzichtete auf leichte Faßlichkeit – Merkmale pessimistischer Verweigerung, die indessen durchaus Anreiz bieten: »Das ist eine eigene Art von Tragik, ich möchte fast sagen: von Nihilismus bei Pfitzner, der für mein Empfinden die Zeit des niedergehenden Bürgertums wahrer zum Ausdruck bringt als die Werke von Strauss, die dieses niedergehende Bürgertum eigentlich noch verklären« (Hans Zender, 1982).
Pfitzners Orchesterwerke gehören mehrheitlich den späten Schaffensjahrzehnten an, in denen musikdramatische Projekte ausgespart blieben. Die *Konzerte* entstanden für befreundete

Interpreten; dem Anspruch einer *Sinfonien*-Reihe im Sinne Mahlerscher oder Brucknerscher Zählung mochte der Komponist sich nicht mehr stellen. Bisher wurde das Pfitznersche Œuvre vom Sog der erstaunlichen Mahler-Zemlinsky-Schreker-Renaissance seit den 1960/70er Jahren nur teilweise erfaßt. Doch könnte die Bereitschaft, den Komponisten nicht mehr als »deutschen Meister«, sondern als glaubhaften Zeugen einer zwiespältigen Epoche zu achten und zu schätzen, durchaus im Wachsen begriffen sein.

Sinfonie cis-Moll op. 36a (nach dem Quartett op. 36)

1. *Moderato* (ziemlich ruhig) – 2. Sehr schnell (ganze Takte *»presto«*) – 3. Langsam, ausdrucksvoll – 4. Ziemlich schnell (*»Allegro«*).

Von der Hand Gustav Mahlers liegen Einrichtungen Beethovenscher und Schubertscher Streichquartette für orchestrale Streicherbesetzung vor. Der Sinfoniker folgte damit einer im 19. Jh. häufig gepflegten Aufführungspraxis. Als Pfitzner seinem 1925 entstandenen *cis-Moll-Quartett* (Aufführungsdauer: ca. 40 Minuten) 7 Jahre später eine weitgehend tongetreue Fassung für klassisch besetztes Orchester nachfolgen ließ, mag er das Mahlersche Anliegen geteilt haben: nicht größere Fülle, sondern mehr Deutlichkeit. Äußerlich folgt das zur Sinfonie ausgewachsene Quartett traditioneller Viersätzigkeit. Doch muß der Komponist auch die Eigenart der Themenerfindung, daneben Fülle und Dichte von Fortspinnung und thematischer Kombinatorik im Sinn gehabt haben, als er seinem Verleger schrieb: »Künstlerisch betrachtet fordert die Struktur und die Klangwelt dieses Stückes zur Behandlung der Sinfonie geradezu heraus.« Der Stolz eines Komponisten, der solchermaßen auf Umwegen im Alter von 63 Jahren seinen Sinfonie-Erstling vorlegt, schwingt in einem späteren Brief mit: »Es soll eine richtige Sinfonie werden im alten guten Sinn.«

Kleine Sinfonie G-Dur op. 44

1. Gemächlich (*Moderato*) – attacca: 2. Im Tempo, *Allegro* – 3. *Adagio* – 4. Heiter bewegt (*Allegretto*).

Sinfonie C-Dur op. 46

1. Allegro moderato – 2. Sehr langsam (*Adagio*) – 3. *Presto*.

Fast schon paradox mutet es an, daß Pfitzner in sein erst nachträglich zur *Sinfonie* erhobenes *cis-Moll-Quartett* op. 36 entschieden sinfonischere Satzprozeduren und Tonfälle einbrachte als in die beiden späteren, von allem Anfang als solche ausgewiesenen Sinfonie-Kompositionen. Angestrebt sind jetzt eher suitenartig verbundene Charakterstücke, deren thematische Gedanken hinsichtlich Ausdehnung und Variationsgrad nur eine begrenzte Entwicklung erfahren. Dieses Streben nach einem leichten, klassizistischen Kammerstil äußert sich im sinfonisch groß besetzten C-Dur-Werk (1940) nicht minder als im »kleinen« G-Dur-Werk (1939), das neben den Streichern mit reduzierten Bläsern auskommt (Holzbläser in Paaren zuzüglich einer Trompete). (Von Kammersinfonien zu sprechen verbietet allerdings der unvermindert hohe Anspruch, den etwa Schönberg in seinem *Opus 9* von 1906 gewahrt wissen wollte.) Vor allem in den Finalsätzen offenbart sich Pfitzners Musik als heitere Idylle in unbeschwertem Serenadenton. Sollte der im Privatleben so verbitterte 70jährige es vermocht haben, sich kompositorisch in so positiver Gestimmtheit zu äußern? Oder beherrschte er so virtuos die Klaviatur der Verdrängung, die neben Privatem dann auch vielerlei Öffentlich-Politisches hätte erfassen müssen?

Konzert für Klavier und Orchester Es-Dur op. 31

1. Pomphaft, mit Kraft und Schwung – 2. Heiterer Satz. Ziemlich schnell, in einheitlich atemlosem Zeitmaß – 3. Äußerst ruhig, versonnen, schwärmerisch – 4. Rasch, ungeschlacht, launig.

»Pomphaft, mit Kraft und Schwung« hebt dieses 4teilige Werk an, das noch einmal den Typus des großen romantischen Solokonzerts nachempfindet und auf die vielgestaltigen Formen spielerischer und auch kämpferischer Dialogführung der Gattung zurückgreift:

Bereits die Satzüberschriften verweisen auf die Charakterisierung des Solisten als eines kraft- und schwungvollen (1), sich heiterem Jagen (2) und schwärmerischer Versonnenheit (3) hingebenden, immer wieder aber von ruhelosem Abenteuerdrang (4) getriebenen Jung-Siegfried-Helden, dem sich das Orchester als Erfahrungs- und Erkundungsraum darbietet. Das bereits von Beethoven und Schumann entwickelte Verfahren, Satzüberleitungen zur Genese von Themen nachfolgender Sätze zu nutzen, gebraucht Pfitzner gleich doppelt: Die 4 Sätze des Konzerts schließen sich so zu 2 ausgedehnten Doppelsätzen zusammen. Dem heutigen Hörer steht der poetisch gestimmte langsame Satz (3) gewiß näher als das von Jagd-Topoi traditionell geprägte Scherzo nach Art eines Perpetuum mobile oder das im Schumannschen Sinne »mit Humor« vorzutragende Finale, das in einer frei gestalteten *Cadenz in Fugenform* gipfelt. 1923 erfolgte mit Walter Gieseking unter Fritz Busch die Dresdner Uraufführung des im Vorjahr entstandenen Werkes. (Aufführungsdauer: 38–40 Minuten.)

Konzert für Violine und Orchester h-Moll op. 34

Knapper als das Klavierkonzert gefaßt, finden sich in dieser »jüngeren Schwester, die der älteren, größeren vorgezogen wird« (Pfitzner, 1924), alle 4 Satzcharaktere in einem einzigen Satzgebilde vereinigt. Wohl möglich, daß der Komponist in keinem anderen Werk einen eigenständigeren formalen Ansatz verfolgte. *Lebhaft, energisch* setzt, unter sofortiger Mitwirkung des Soloinstruments, eine Exposition über 2 vorsorglich in der Partitur gekennzeichnete Allegro-Themen ein:

Eine 3., langsamere Themengestalt wird – die Funktion eines Scherzos erfüllend – zum Anlaß einer Reihe von 7 stetig sich beschleunigenden Variationsabschnitten genommen. Gerade im nach kurzer Solokadenz sich anfügenden »Adagio« über bisheriges Themenmaterial (*Langsam, sehr getragen*) pausiert die Violine und tritt die eigentlich ihr zustehende Gesangspartie an einige Orchestersolisten ab. Als 4. Thema bringen die 1. Violinen eine naiv anmutende Tanzmelodie (... *etwas gemächlich*); daraus bildet sich ein virtuos bewegtes Sonaten-Rondo heraus, beschlossen von einer Coda, die thematische Rückschau übers ganze Werk hält. Unter Pfitzners Leitung kreierte im Jahr 1924 die junge australische Geigerin Alma Moodie das im Vorjahr komponierte und ihr gewidmete, geigerisch anspruchsvolle Konzert in München. (Aufführungsdauer: 30–32 Minuten.)

Konzert für Violoncello und Orchester a-Moll op. post.

1. *Andante molto sostenuto / Allegro* – 2. *Adagio molto tranquillo / Allegro / Adagio.*

Konzert für Violoncello und Orchester »Nr. 1« G-Dur op. 42

Ziemlich ruhig, schwebend – *Allegro* – Schnell – Sehr ruhig.

Konzert für Violoncello und Orchester »Nr. 2« a-Moll op. 52

1. Ruhig – 2. Nicht zu schnell – 3. Feierlich – 4. *Allegretto.*

Für einen Studienfreund schrieb der 19jährige bereits 1888 ein erstes Cellokonzert, dem jedoch von der Direktion des Frankfurter Konservatoriums die Aufführung im Probekonzert verweigert wurde. Als wertvolle Fundsache aus dem Nachlaß kam das thematisch erfinderische, formal freizügige und spieltechnisch attraktive Jugendwerk erst 1977 in Würzburg zum ersten öffentlichen Erklingen. (Aufführungsdauer: ca. 25 Minuten.)
Gaspar Cassadó und Wilhelm Furtwängler fungierten 1935 als prominente Geburtshelfer des im selben Jahr entstandenen **G-Dur-Konzerts**. Es greift, in offenkundiger Anlehnung an das *Violinkonzert*, noch einmal den Gedanken einer Viersätzigkeit im Rahmen der Einsätzigkeit auf. Beherrscht wird dieser Großsatz durch alle 4 Satzzonen hindurch von den kunstvollen Varianten, die allesamt im kantabel schwelgenden Eingangsthema des Solisten ihren Ursprung haben. (Aufführungsdauer: ca. 15 Minuten.)

Nachdem Pfitzner sein frühes a-Moll-Werk für verschollen halten mußte, lag ihm daran, in den Ecksätzen seines 1943 geschaffenen und gleichfalls in a-Moll stehenden **op. 52** das Espressivo-Thema des Frühwerks aus dem Gedächtnis zu zitieren. Da sich auch der langsame Teil des späten Konzerts an früher Komponiertes anlehnt (Lied op. 32 Nr. 1: *Es geht mit mir zu Ende*), gewinnt dieses wiederum 4sätzig gehaltene, in seinen Temperamenten erstaunlich vielseitig gebliebene Alterswerk unversehens den Charakter einer »Musik der Rückschau«. Ludwig Hoelscher führte 1943 bei der noch von Pfitzner selbst geleiteten Solinger Uraufführung den diffizilen Solopart aus. (Aufführungsdauer: 19–20 Minuten.)

Alexander Zemlinsky

* 14. Oktober 1871 in Wien-Leopoldstadt
† 15. März 1942 in Larchmont (New York, USA)

Nach frühen musikalischen Begabungsnachweisen 13jährig ins Konservatorium der Wiener »Gesellschaft der Musikfreunde« aufgenommen. Bis 1892 Unterweisung durch brahmsisch orientierte Lehrkräfte (Klavier, Komposition). Johannes Brahms und Gustav Mahler förderten den in Wien mehrfach ausgezeichneten und in Musikerkreisen angesehenen Komponisten (Streichquintett d-Moll, Oper »Sarema«, Sinfonie B-Dur). Lehrer von Alma Schindler (ab 1902 Gattin Mahlers), aber auch Mentor und Freund, ab 1901 auch Schwager Arnold Schönbergs. In der Folge durch Kapellmeisterengagements und eine erfolgreiche Dirigentenkarriere stark beansprucht: 1900 Carltheater Wien, 1904 Volksoper Wien, 1911 Deutsches Landestheater Prag, 1927 Kroll-Oper Berlin (neben Otto Klemperer). Schöpferisch am ehesten während der Prager Jahre produktiv (u. a. »Eine florentinische Tragödie«, »Lyrische Sinfonie«), dazu Leiter einer Kompositionsklasse. Interpretatorischer Einsatz u. a. für Mahler, Strauss und die Wiener Schule (1909 Uraufführung von Schönbergs Monodram »Erwartung«). Mit dem Vordringen des Nationalsozialismus als Dirigent und Komponist zunehmend eingeschränkt und isoliert (1933 Wien, 1938 Prag, 1939 USA). Krankheit und Verbitterung während der Exiljahre.

Zemlinskys Bühnenwerke, seinerzeit zumindest Achtungserfolge, finden heute nach langer Nichtbeachtung wieder zunehmend auf die Bühnen zurück, z. B. »Der Traumgörge«, »Kleider machen Leute« nach Gottfried Keller, »Eine florentinische Tragödie« nach Oscar Wilde und »Der Zwerg« (»Der Geburtstag der Infantin«).

Werke für und mit Orchester: *Sinfonie d-Moll* (1892); *Frühlingsbegräbnis* (P. Heyse) mit Soli und Chor (1896); *Sinfonie B-Dur* (1897); *Psalm Nr. 83* mit gemischtem Chor (1900); *Drei Ballettstücke* aus dem Ballett *Der Triumph der Zeit* (nach H. v. Hofmannsthal, 1901/02): *Die Seejungfrau*, Sinfonische Dichtung (1902/1903); *Psalm Nr. 23* op. 14 mit gemischtem Chor (1910); *Sechs Gesänge* op. 13 (M. Maeterlinck) für mittlere Stimme und Orchester (1910–13); *Lyrische Sinfonie* in 7 Gesängen op. 18 (R. Tagore) für Sopran, Bariton und Orchester (1922/23); *Sinfonische Gesänge* (Texte aus *Afrika singt*) op. 20 für mittlere Stimme und Orchester (1929); *Sinfonietta* op. 23 (1934); *Psalm Nr. 13* op. 24 mit gemischtem Chor (1935).

Die Seejungfrau. Sinfonische Dichtung

Besetzung: sehr großes Orchester. – Entstanden 1902/03. UA: 1905 in Wien (Dirigent: der Komponist). – Aufführungsdauer: 42–45 Minuten.

Im denkwürdigen Konzert der kurzlebigen »Vereinigung schaffender Tonkünstler in Wien« am 25. Januar 1905 hatte Schönbergs wesensverwandte *Pelleas und Melisande*-Tondichtung Erfolg, Zemlinskys *Seejungfrau* wurde zur Kenntnis genommen – und vergessen. Erst 1984 kam es unter Peter Gülke zur Zweitaufführung, nachdem der unidentifiziert in Wien verbliebene Teil 1 (*Sehr mäßig bewegt*) wieder mit den in die USA verbrachten Teilen 2 (*Sehr bewegt und rauschend*) und 3 (*Sehr gedehnt, mit schmerzvollem Ausdruck*) zu einer Gesamtpartitur zusammengefügt worden war. Seither darf das orchestral aufwendige, die Dauer einer ganzen Brahms-Sinfonie beanspruchende Werk als wohl eindrücklichste Arbeit des jüngeren Zemlinsky gelten.
Andersens wohlbekanntes Märchen von der Tochter des Meerkönigs, die sich nach Menschenliebe sehnt, aber dem Prinzen entsagen muß, sollte ohne Zweifel ein imaginäres Szenario bieten, in dem sich die hierfür erdachten musikalischen Gestalten bewegen und entwickeln konnten. Allerdings liegen keinerlei Hinweise über eine präzise Kongruenz von Märchen und Musik vor. Und doch dürfte es kaum schwerfallen, das musikalische Verlaufsmuster ruhig – bewegt – ruhig in großen Zügen mit dem

Fortgang des traurigschönen Märchens in Verbindung zu bringen. Zemlinskys und Schönbergs Tondichtungen, fast gleichzeitig entstanden, weisen beide jene kunstvolle sinfonische Dichte auf, die sich aus der Verwendung und Verknüpfung sinnfälliger Personen- und Situationsmotive herleitet. Insofern verweisen beide Werke gleichermaßen auf die Brahmssche Kunst des fortwährenden Variierens wie auf Wagners meisterliche Dramaturgie, aus Leitmotiven charakteristische Situationen zu gewinnen. Zu eigen ist beiden Partituren auch ihre für das Fin de siècle so typische orchestrale Pracht und ihre Genauigkeit im Bezeichnen emotionaler Zustände und Veränderungen.

Sechs Gesänge für mittlere Stimme und Orchester op. 13 nach Texten von Maurice Maeterlinck

Liedfolge: 1. Die drei Schwestern – 2. Die Mädchen mit den verbundenen Augen – 3. Lied der Jungfrau – 4. Und kehrt er einst heim – 5. Als ihr Geliebter schied – 6. Sie kam zum Schloß gegangen.

Maeterlinck, 1911 mit dem Nobelpreis ausgezeichnet, galt als scharf beobachtender Zeitgenosse, fähig, dunkle Lebensängste in bildhafter, symbolstarker Sprache wiederzugeben. Debussy, Schönberg, Dukas fühlten sich durch seine Schauspiele und Gedichte angezogen, bevor Zemlinsky seine Wahl traf. Zunächst, im Dezember 1910, gelangten die Lieder 1, 2, 3 und 5 in der Kammerfassung mit Klavier zur Aufführung. Erst nach der Ergänzung durch ein weiteres Liedpaar erfolgte bis 1914 die Instrumentation durch Zemlinsky selbst, einen erfahrenen Orchesterpraktiker, der jetzt auch die Ausweitung mancher Vor-, Nach- und Zwischenspiele vornahm. Theodor W. Adorno entdeckte an diesen Gesängen »inwendiges Mittelalter ›mit verbundenen Augen‹«, aber auch den »Ton des verdunkelten, sich selbst rätselhaft gewordenen Volksliedes«, der etwa an Mahler-Lieder anknüpft. So kennzeichnend schienen ihm diese melancholischen, spättonalen Lieder für die Tonsprache Zemlinskys, daß er vermutete: »[. . .] vielleicht bilden sie wirklich das Zentrum seiner Produktion.«

Lied der Jungfrau

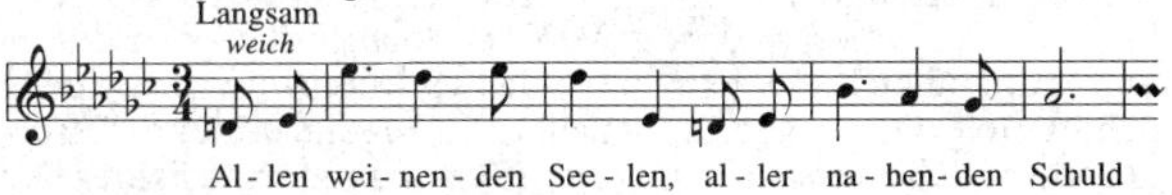

Lyrische Sinfonie in 7 Gesängen op. 18
nach Gedichten von Rabindranath Tagore

Besetzung: Solo-Sopran, Solo-Bariton, sehr großes Orchester (mit Harmonium, Celesta, Harfe). – Entstanden 1922/23. UA: Prager Musikfest 1924 (Dirigent: der Komponist). – Aufführungsdauer: ca. 45 Minuten.

1. Langsam mit ernst-leidenschaftlichem Ausdruck (Bariton: *Ich bin friedlos, ich bin durstig nach fernen Dingen*) – 2. Lebhaft (Sopran: *Mutter, der junge Prinz muß an unserer Türe vorbeikommen*) – 3. Sehr ruhig und mit innigem, ernstem Ausdruck. *Adagio* (Bariton: *Du bist die Abendwolke, die am Himmel meiner Träume hinzieht*) – 4. Langsam – schwebend, sehr ruhig (Sopran: *Sprich zu mir, Geliebter!*) – 5. Feurig und kraftvoll (Bariton: *Befrei mich von den Banden deiner Süße, Lieb!*) – 6. Sehr mäßige Viertel. *Andante* (Sopran: *Vollende denn das letzte Lied und laß uns auseinandergehn*) – 7. *Molto Adagio* (Bariton: *Friede, mein Herz, laß die Zeit für das Scheiden süß sein*).

Immer wieder ist – völlig zu Recht – auf die Nähe des Werkes zu Mahlers 1907–09 entstandenem *Lied von der Erde* hingewiesen worden. Hier wie dort geht es um fernöstliche Liebes- und Abschiedsgesänge, im Wechsel von Frauen- und Männerstimme vorgetragen. Beide Male halten die Komponisten an der Bezeichnung »Sinfonie« fest, obwohl die Zahl der Sätze das Übliche weit überschreitet und die Vortragsweise oft genug an Orchestergesänge oder gar Operndialoge erinnert. Ausgedehnte instrumentale Vor-, Zwischen- und Nachspiele bewirken in der Tat einen Grad sinfonischer Kohärenz, der die zyklische Bindung einer Liedfolge leicht übertrifft. Dank Zemlinskys Anordnung ergeben Tagores Texte (aus: *Der Gärtner*, dt. 1918) eine Art Handlung, derzufolge das Mädchen und sein Prinz die Stationen Sehnsucht, Erwartung, Vereinigung, Verzicht und Abschied durchlaufen. Als der Komponist seine Textwahl traf, entsprach er zugleich einem bereits wieder abklingenden Zeitgeschmack, der Exotisch-Elitäres mit der Vorstellung von Weltflucht und Weltende vermischte. (Tagore, der 1861–1941 lebende indische Dichterphilosoph, erhielt 1913 den Literaturnobelpreis zuerkannt.)
Zemlinskys schwerflüssige Musik kennt romantische Emphase und schlichte Gefühlstiefe. Stilistisch hält sich der Komponist in deutlicher Distanz zur Tonalitäts-Absage der Freunde Schönberg – Berg – Webern, doch findet er in dieser Sinfonie zugleich ein sehr persönliches Idiom. Immer wieder lichtet sich der üppige, an wuchernde Jugendstildekors erinnernde Orchestersatz auf zugunsten kammermusikalischer

Transparenz. Im übrigen nimmt Alban Bergs *Lyrische Suite* für Streichquartett (1925/26) nicht nur auf Zemlinskys Werktitel Bezug, sondern auch auf die (von Berg mehrmals zitierte und auf seine Prager Geliebte Hanna Fuchs-Robettin bezogene) Refrainwendung im 3. Lied, »Du bist mein Eigen, mein Eigen«.

Alexander Skrjabin

* 25. Dezember 1871 (6. Januar 1872) in Moskau
† 14. (27.) April 1915 in Moskau

Sohn eines zum Diplomaten avancierenden Juristen und einer (bereits 1873 verstorbenen) Pianistin, Schülerin des berühmten Theodor Leschetizky. Musikunterricht u. a. bei dem Komponisten Sergej Tanejew. Vielseitige geistige Interessen (Literatur, Philosophie), frühe kompositorische Versuche in der Chopin-Liszt-Nachfolge. Brillantes Klavierstudium am Moskauer Konservatorium (1888–1892). Freundschaftliche Kontakte zum Verleger und Mäzen Mitrofan Beljajew. In den Folgejahren ruhmreiche Konzertreisen durch halb Europa und die USA, jeweils verbunden mit ausgedehnten Arbeits- und Erholungsaufenthalten im Ausland. Annahme einer Klavierprofessur am Moskauer Konservatorium (1898–1902); größere kompositorische Erfolge jedoch vor allem in St. Petersburg. Im Sommer 1903 Begegnungen mit Leonid Pasternak und dessen Sohn Boris, dem späteren Schriftsteller. Übersiedlung der Familie in die Westschweiz nahe Genf (1904 Vésenaz, 1906 Servette) und nach Brüssel (1908/09), schließlich Rückkehr nach Moskau (1910). Ausgedehnte Konzertreise mit Sergej Kussewitzky durch zahlreiche

Wolga-Städte. Intensivierte Beschäftigung mit philosophischen und theosophischen Fragestellungen; daneben literarische Versuche (z. B. Dichtung »Le Poème de l'extase«, 1906 und damit vor dem gleichnamigen Orchesterwerk op. 54 verfaßt) und hochfliegende Pläne zu grenzüberschreitenden Gesamtkunstwerken (z. B. »Vorbereitende Handlung« zu einem Mysterium, 1914, lediglich skizziert).

Werke für und mit Orchester: *Klavierkonzert fis-Moll* op. 20 (1896/97); *Sinfonisches Allegro* o. Op. (1896/97, Fragment; Orchestration durch N. Silajew, 1929); *Rêverie* op. 24 (1898); *Sinfonie Nr. 1 E-Dur* mit Mezzosopran, Tenor und gemischtem Chor op. 26 (Dichtung: Skrjabin; 1899/1900); *Sinfonie Nr. 2 c-Moll* op. 29 (1901); *Sinfonie Nr. 3 c-Moll* (*»Le divin poème«*) op. 43 (1902–04); *Le Poème de l'extase* op. 54 (1905–08); *Promethée. Le Poème du feu* op. 60 für Klavier, Orchester (mit Orgel), Chor (ohne Text) und Farbenklavier (1908–10).

Skrjabins künstlerische Entwicklung vollzog sich innerhalb einer extrem kurzen Zeitspanne. Die Laufbahn eines bewunderten, aber zumeist eben reproduzierenden Pianisten konnte ihn bald nicht mehr befriedigen. Er zog sich zurück, enthielt sich weitgehend der Diskussion mit gleichfalls fortschrittlich gesinnten Komponistenzeitgenossen und faßte seine ins Utopische zielenden Ideen in einzelgängerischer Abgeschiedenheit. Nicht die Liedkunst oder die Kammermusik interessierte den Vielseitigen, sondern zunächst das monologische Komponieren für Klavier allein (Préludes, Etüden, Poèmes, Sonaten u. a.), später das Entwerfen sinfonischer Projekte mit philosophischem Ideenhintergrund (Sinfonien, Poèmes). Unverkennbar ist dabei die Tendenz, von der Mehrsätzigkeit (Sonaten, Sinfonien) zur kompliziert verschachtelten Einsätzigkeit überzugehen, bedingt durch Skrjabins Wunsch, die harmonischen Ereignisse seiner Werke nicht mehr von Tonarten und deren Kadenzharmonien herzuleiten, sondern von einheitstiftenden Klangzentren (z. B. dem im Spätwerk vielbenutzten »Prometheus-Akkord«, einem 6tönigen Quartenakkord mit 2 alterierten Tönen: c – fis – b – e – a – d). Dabei mochte dem Komponisten kaum bewußt geworden sein, daß er sich einer Sackgasse näherte: Die Allgegenwart der aus ein und demselben Klangzentrum abgeleiteten Akkorde begann aller zielgerichteten Entwicklung entgegenzuwirken und das formale Geschehen auf die Reihung einiger weniger, thematisch allerdings kunstvoll überformter Klangflächen zu reduzieren.

Nicht nur das Interesse an (selbständig gefundenen und verwendeten!) Quartenharmonien verband den Russen zeitweilig mit dem zwei Jahre jüngeren Arnold Schönberg, sondern auch der philosophisch und theosophisch gestützte Glaube an die missionarische Sendung des Komponisten. Während Schönbergs Musik aber die heftige expressionistische Gebärde liebte, suchte Skrjabin das Ideal einer bald schwebend leichten, bald ekstatisch aufflammenden Musik zu verwirklichen. Der russische Musikologe Michail Druskin beschrieb Skrjabins Intentionen (1988): »Skrjabin hatte den fanatischen Glauben, daß gerade ihm die Erfüllung einer solchen Mission aufgetragen sei und daß das hohe Ziel einer geistigen und sittlichen Erneuerung der Menschheit mit den Ausdrucksmöglichkeiten der Kunst, d. h. durch Einflußnahme mit künstlerischen Mitteln, zu erreichen sei. Mit dieser Überzeugung war er ein direkter Nachfahre Richard Wagners, dessen gedanklicher und zum Teil auch musikalischer Einfluß sich in Skrjabins Werk niedergeschlagen hat. Zugleich spürt man auch den Einfluß Dostojewskijs, der verkündete: ›Die Schönheit wird die Welt erlösen.‹ Wir haben nicht darüber zu befinden, wie utopisch Skrjabins Träume waren. Er ist einer der letzten Romantiker des 19. Jahrhunderts, die an die magische Kraft der Kunst glaubten. Gleichzeitig aber ist er einer der Wegbereiter der Musik des 20. Jahrhunderts, der viel zur Erweiterung der Suggestivkraft musikalischer Ausdrucksmittel beigetragen hat.«

Konzert für Klavier und Orchester fis-Moll op. 20

Besetzung: »klassisches« Orchester. – Entstanden 1896/97. UA: 1897 in Odessa (Solist: der Komponist). – Aufführungsdauer: ca. 27 Minuten.
1. *Allegro* – 2. *Andante* – 3. *Allegro moderato*.

Der Autor zahlreicher Klavierwerke und erfolgreich konzertierende Pianist setzte sich nur einmal mit dem herkömmlichen Typus des 3sätzigen Klavierkonzerts auseinander. Zu formelhaft, zu abgenutzt mochten dem hochsensiblen Mittzwanziger die von Chopin, Liszt und Tschaikowskij erprobten rhetorischen Formen eines betont virtuosen Monologisierens und Dialogisierens erscheinen. Denkbar wäre, daß Skrjabin mit diesem ersten Orchester-Opus seine Beschlagenheit auf altem Terrain nachweisen wollte, um den Blick desto ungehinderter auf Neuland richten zu können.

Der Kopfsatz verzichtet gänzlich auf eine ausladende Tutti-Exposition und bezieht den Solisten schon nach wenigen Takten ein:

Bemerkenswert das Abweichen von der zumeist üblichen Themenfolge: Skrjabin eröffnet mit einer kantablen *Espressivo*-Melodiegestalt und ordnet ein lebhafteres *Scherzando*-Thema nach. Daß die Solokadenz ausgespart bleibt, überrascht kaum. In der Kunst poetischen Variierens übt sich der Mittelsatz, der ein liedartig schlichtes Fis-Dur-Thema in 4 Variationsstrophen abwandelt (*Andante*, *Allegro scherzando*, *Adagio*, *Allegretto*), um sich hernach in elegant dekorierter Grundgestalt wieder in Erinnerung zu bringen. Tänzerisch-kapriziöse Züge trägt das immer wieder zu *Appassionato*-Episoden sich steigernde Finale, zu dessen Hauptgedanken der Komponist annotierte: »Jede Note sehr markiert, wie eine Trompete.«

Sinfonie Nr. 1 E-Dur op. 26

Besetzung: großes Orchester; in Satz 6 auch Mezzosopran, Tenor und gemischter Chor. – Entstanden 1899/1900. UA der 6sätzigen vollständigen Fassung: 1901 in Moskau. – Aufführungsdauer: 46–50 Minuten.
1. *Lento* – 2. *Allegro dramatico* – 3. *Lento* – 4. *Vivace* – 5. *Allegro* – 6. *Andante*.

Das Schreiben von Sinfonien bedeutete für Skrjabin von allem Anfang an nicht ein Verherrlichen der nationalrussischen Geschichte und Volkskultur, sondern ein Beschwören des über Fesseln und Grenzen sich erhebenden geistig-sinnlichen Individuums. So verzichtet bereits die 1. Sinfonie – im Gegensatz zu Balakirew, Borodin oder Rimskij-Korsakow – auf den Einbezug direkt zitierter oder zumindest nachempfundener Volksmelodien. Wohl aber zielt die Dramaturgie der 6 Sätze

auf ein ideelles Bekenntnis, wenn im Vokalfinale eine von Skrjabin selbst verfaßte Hymne auf die Erleuchtungs- und Einigungskräfte der Kunst angestimmt wird: »O strahlendes Bild des Göttlichen, reine Kunst der Harmonien [. . .].« Den beiden Solisten ist dieses kunstreligiöse Credo im Wechsel anvertraut, bevor der Chor in schlichtem, dann auch fugiertem Satz bei der plakativen Schlußzeile verharrt: »Ruhm der Kunst, auf ewig Ruhm!«
Seine Vorbereitung erfährt das bei Beethoven, Mendelssohn, Liszt und Mahler vorgebildete Vokalfinale durch einen »dramatischen« Kopfsatz mit verselbständigter langsamer Introduktion, auf welche 2 kontrastierende Binnensätze und ein wiederum verselbständigtes erstes Instrumentalfinale folgen. Der traditionelle 4sätzige Sinfonie-Typus weitet sich auf diese Weise durch Abspaltung zur Sechssätzigkeit.

Sinfonie Nr. 2 c-Moll op. 29

Besetzung: großes Orchester. – Entstanden 1901. UA: 1902 in St. Petersburg. – Aufführungsdauer: 48–50 Minuten.
1. *Andante* – 2. *Allegro* – 3. *Andante* – 4. *Tempestoso* – 5. *Maestoso.*

Die *Zweite* schließt zeitlich und inhaltlich fast nahtlos an die *Erste* an. Allerdings leistete der Komponist diesmal Verzicht auf verbal-vokale Botschaften, obwohl erste Pläne eine solche noch vorsahen. Statt dessen prägt das nach C-Dur gewendete Finale sehr deutlich den Charakter eines fast opernhaft zeremoniösen *Maestoso*-Marsches aus:

Diese Aufhellung wirkt um so stärker, als das vorangegangene »Sturm«-Stück, das an Scherzo-Stelle steht, düstere Stimmungen entfaltet. Unüberhörbar, daß das zentrale ausführliche *Andante* als lichte Naturszene konzipiert wurde (Vogelrufe der Solo-Flöte zur Gesangslinie der Solo-Violine, aufblühende melodische Führung der hohen Streicher). Wiederum legte die Eigenständigkeit der langsamen Einleitung die Vergabe einer eigenen Satznummer nahe. Konsequenter als bisher

übte sich Skrjabin im Gebrauch von (später zunehmend bedeutsamen) satzübergreifenden Leitgestalten, die – stetig sich verwandelnd – der weitläufigen Satzreihe fast unmerklich engen Zusammenhalt verleiht.
Selbst Fachleute zeigten sich über Skrjabins vorgebliche Modernismen irritiert. So äußerte Premierendirigent Anatolij Ljadow, selbst Komponist von Rang: »Mir scheint, er ist um den Verstand gekommen. Wohin führt solche Musik?«

Sinfonie Nr. 3 c-Moll op. 43, »Le divin poème«

Besetzung: sehr großes Orchester (mit 4fachem Holz, 8 Hörnern, 5 Trompeten, 3 Posaunen, Tuba, 2 Harfen, Schlagzeug, Streichern). – Entstanden 1902–04. UA: 1905 in Paris (Dirigent: Arthur Nikisch). – Aufführungsdauer: ca. 45 Minuten.
1. *Lento*. Luttes: *Allegro* – 2. Voluptés: *Lento* – 3. Jeu divin: *Allegro*.

Der Achtungserfolg, den der prominente Arthur Nikisch diesem exzessiven Werk in Paris verschaffen konnte, sollte sich für den Sinfoniker Skrjabin in den russischen Konzertsälen als Signal zum endgültigen Durchbruch auswirken. In der kurzen Zeitspanne seit Abschluß seiner *Zweiten* hatte sich die Entwicklung des 30jährigen fast sprunghaft beschleunigt. Kaum mochten die gestalterischen Mittel des Komponisten jetzt mehr Schritt zu halten mit den hochfliegenden Ideen, die der Philosoph und Gottsucher darzustellen wünschte. Ein von Skrjabin autorisierter Programmtext aus der Feder seiner Lebensgefährtin Tatjana de Schloezer beschreibt drei Bewußtseinsstufen, die in den 3 Sätzen des Werkes anhand sinfonischer Verläufe und Prozesse nachgebildet werden sollten (nach Wulf Konold, 1989):
1. *Luttes* (»Kämpfe«): der freie, sich dank seiner Kunstsendung als gottgleich betrachtende Mensch kämpft siegreich gegen jenen Typus von Mitmenschen, der durch seine Götter der Versklavung anheimfällt. 2. *Voluptés* (»Wollust«): der im Kampf Erfolgreiche läßt sich durch sinnliche Genüsse von seiner höheren Bestimmung ablenken. 3. *Jeu divin* (»Göttliches Spiel«): endlich wächst ihm die Kraft zur Proklamation seiner Göttlichkeit zu, verbunden mit der Fähigkeit des Geistes, seine neue unermeßliche Freiheit freudig zu genießen.
Da deutliche Satzzäsuren fehlen, vermeint der Hörer einen einzigen Riesensatz zu vernehmen. Wieder schaffen satzübergreifende Leitgestalten ein hohes Maß an Einheit inmitten großer Mannigfaltigkeit. So wird sich die raumgreifende Baßfigur, mit

der die Sinfonie anhebt, nach häufiger Wiederkehr in modifizierter Gestalt auch zum hymnischen Finalbeschluß wiederfinden. Zwar lassen sich traditionelle sinfonische Grundrisse nachweisen (Sonate, Lied, Sonate). Doch werden diese förmlich überschwemmt durch wogende Entwicklungsströme, die eine Vielfalt unterschiedlicher, oft genug extrem gewählter Stimmungen und Temperamente ausprägen. Die Partitur ist übersät von spieltechnisch kaum befolgbaren, aber inhaltlich-programmatisch überaus aufschlußreichen »Regieanmerkungen« wie *Divin, grandiose*; *avec trouble et effroi*; *mysterieux, tragique*; *de plus en plus audacieux*; *triomphant*... (Sinfonie-Beginn) oder *doux limpide*; *joie sublime extatique*; *Divin* (letzte Partiturseiten).

Auch heute noch wird Skrjabins »göttliches Poem« von den einen als Zeugnis fragwürdiger Egozentrik, von anderen als eindrückliches Dokument nachwagnerischen visionären Komponierens gewertet. Ein Musikkritiker resümierte: »Musik gleichsam als Droge, die den Hörer durch die Seelenlandschaften eines Komponisten führt, der nichts weniger als ein neues Menschheitsbewußtsein im Sinn hatte [...]« (F. Armbruster, 1995).

Le Poème de l'extase op. 54

Besetzung: sehr großes Orchester (mit Celesta, 2 Harfen und Orgel). – Entstanden 1905–08. UA: 1908 in New York (Dirigent: Modest Altschuler). – Aufführungsdauer: 18–19 Minuten.

Aus den Entwürfen sollte, anschließend an die 3 Vorgängerinnen, anfangs eine Sinfonie werden. In der Folge liebäugelte der Komponist mit dem feurigen Titel »Poème orgiaque«, bevor er dem ausgedehnten Orchestersatz seine definitive, nicht minder hochfahrende Überschrift gab. Aber auch das ursprüngliche, für das geistige Klima der vorrevolutionären

Jahre so bezeichnende Motto »Steh auf, erhebe dich, arbeitendes Volk!« wurde gestrichen. Statt dessen verfaßte Skrjabin ein (der gedruckten Partitur nicht beigegebenes) programmatisches Gedicht, das mit den Zeilen beginnt: »Der Geist, / Vom Lebensdurst beflügelt, / Schwingt sich auf zum kühnen Flug / In die Höhen der Verneinung. / Dort im Lichte seines Träumens / Formt sich eine Zauberwelt / Wundersamer Gestalten und Gefühle.«
Skrjabin, der vom allumfassenden Kunstmysterium Träumende, feiert in seiner Musik den freien und unabhängigen Menschengeist, der sehnsüchtig zu ekstatischer Entfaltung drängt und damit zugleich größtmöglicher Vollkommenheit zustrebt. Die klassische Sonatensatzform dient lediglich als Gerüst. Zwei melodische Gestalten dominieren: in den Holzbläsern ein Thema der *Sehnsucht* (Partiturbezeichnungen: *con voglia, languido*, Zitat a), ferner ein Trompetenthema des *Sieges* (Zitat b).

Auf Phasen der Apathie, des leisen Drängens folgen solche eines wellenartig insistierenden Steigerns bis hin zu gleißender hymnischer C-Dur-Prachtentfaltung.
Als *Poème de l'extase* erstmals erklang, versuchte sich sein Komponist bereits an einer noch weiter, noch höher zielenden Gedankenkonstruktion in Tönen, die seine letzte Orchesterkomposition werden sollte: *Prometheus. Le Poème du feu.*

Prometheus. Le Poème du feu op. 60

Besetzung: sehr großes Orchester (vgl. 3. Sinfonie; mit Solo-Klavier, Farbklavier, Orgel und gemischtem Chor). – Entstanden 1908–10. UA: 1911 in Moskau (Dirigent: Sergej Kussewitzky). – Aufführungsdauer: 18–20 Minuten.

Noch weniger als alles Frühere ließe sich das »Poem des Feuers« einer bestimmten Gattung zuordnen. Ist Skrjabins letzte vollendete Orchesterkomposition ein Klavierkonzert, eine Sinfonie, eine Sinfonische Dichtung? Handelt es sich bei dem wohl ambitioniertesten beendeten Opus des komponierenden Theosophen und Ekstatikers noch um weltliche oder schon um sakrale Musik? Im Begriff »poème« schuf sich der Russe mehr und mehr einen gedanklichen Spielraum, der alle einengenden Termini erübrigen, alle dichterisch-philosophischen Utopien jedoch umfassen können sollte. (Neben den 3 Orchester-Poèmes belegen auch die für Klavierwerke gebrauchte Poème-Adjektive *tragique*, *satanique*, *fantasque*, *languide* oder der Poème-Titel *Vers la flamme* eine solche Neigung.)

Die 1sätzige Partitur, notdürftig nach Sonatenart erklärbar, durchläuft wiederum eine reiche Skala emotionaler Befindlichkeiten: *Lento*; *Contemplatif*; *Très animé*; *Avec émotion et ravissement*; *Soudain très doux et joyeux*; *Avec défi, belliqueux, orageux . . .*; *Sublime . . .*; *Extatique*; *Prestissimo*.

Reicher als je zuvor gestaltet sich auch das apparative Aufgebot. Dem nicht eigentlich solistisch exponierten Klavier fällt die Rolle eines kraftvoll beflügelnden Protagonisten inmitten eines riesigen Kollektivs zu. Zur finalen Überhöhung (ab *Extatique*) tragen die Orgel und der textlos vokalisierende Chor bei. Durchgängig bezieht der auf Wirkungskorrespondenzen abzielende Komponist erstmals ein eigens zu konstruierendes »Farbklavier« ein (Tastiera per luce, Partitur-Terminus: *luce*), das im Saal sowohl eine ruhige Grundfarbe des Lichtes wie auch – in Entsprechung zu Tonart und Harmonie – eine rascher wechselnde, zudem an- und abschwellende »Farbmelodie« produzieren soll. (Heutige Aufführungen greifen, unter Aussparung des unvollkommenen Farbklaviers, auf wesentlich effektivere Lichttechniken zurück.) Im Harmonisch-Melodischen gelingt die Entfaltung des Werkganzen aus einem einzigen »Klangzentrum«, das in seiner Grundgestalt die z. T. alterierten Quartintervalle c – fis – b – e – a – d schichtet:

»Prometheus-Akkord«

horizontal vertikal

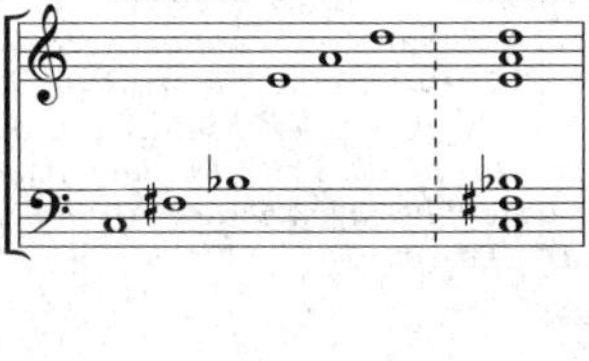

Dies bewirkt das weitgehende Außer-Kraft-Setzen der Dur-Moll-Tonalität, verbunden mit einem Verharren des komplexen Klanggeschehens in eher statisch gehaltenen Klangfeldern. Vielleicht auch deshalb konnte sich die Musik des *Poème du feu* knapper und konzentrierter als die Sinfonien fassen, ohne gleichzeitig ihre fiebrige, wiederum bis zur Ekstase ausschlagende Erregung einzubüßen.
Für das Titelblatt der Partitur wählte Skrjabin eine symbolisch stark verschlüsselte Prometheus-Darstellung seines Brüsseler Theosophen-Freundes, des Malers Jean Delville. Sonne, Lyra, Lotosblüte und Davidsstern umgeben das flammende Antlitz des Titanen. »Prometheus«, so soll Skrjabin gegenüber Wladimir Delson geäußert haben, »ist ein Symbol, das in allen alten Lehren begegnet. Da ist die aktive Energie des Universums, das schöpferische Prinzip, es ist Feuer, Licht, Leben, Kampf, Kräftigung, Gedanke.«

Ralph Vaughan Williams

* 12. Oktober 1872 in Down Ampney (Gloucestershire, England)
† 26. August 1958 in London

Fand nur zögernd zu einem unverwechselbaren Personalstil. Als er ihn mit seiner »Fantasia on a Theme by Thomas Tallis« für doppeltes Streichorchester (1910) gefunden glaubte, waren intensive Studien der älteren englischen Vokalpolyphonie und des heimatlichen Volksliedgutes vorausgegangen. Max Bruchs Unterweisung (Berlin 1897) prägte den selbstkritischen Engländer weniger als die Lektionen des drei Jahre jüngeren Maurice Ravel (Paris 1908), der ihm von der »schweren teutonischen Art des Kontrapunkts« abgeraten haben soll zugunsten der eigenen Devise »komplex, aber nicht kompliziert«. Als Professor am renommierten Londoner Royal College of Music (ab 1919) und als Mitglied zahlreicher Institutionen übte Vaughan Williams großen Einfluß auf die englische Musiköffentlichkeit aus, die ihn als Bewahrer nationaler Musiktraditionen und Skeptiker gegenüber avancierten Positionen (z. B. diejenige der Wiener Schule) schätzte.

Im Œuvre von Vaughan Williams sind die Gattungen Oratorium (*Sancta Civitas*, 1923–25) und Oper (*The Pilgrim's Progress*, 1949) vertreten. Auch leistete er bewußt Beiträge zur Film- und Laienmusik. Am gewichtigsten erscheint jedoch die Reihe seiner über 5 Jahrzehnte hinweg entstandenen 9 *Sinfonien*, die in englischen Konzertsälen regelmäßig zur Aufführung kommen: Nr. 1 *A Sea Symphony* (mit 2 Soli und Chor, 1909/10), Nr. 2 *A London Symphony* (1913, mehrfach rev.), Nr. 3 *Pastoral Symphony* (1922), Nr. 4 *f-Moll* (1931–34), Nr. 5 *D-Dur* (1943), Nr. 6 *e-Moll* (1944–47), Nr. 7 *Sinfonia antartica* (mit Sopran und Frauenchor, nach einer Filmmusik, 1953), Nr. 8 *d-Moll* (1956), Nr. 9 *e-Moll* (1958).

Max Reger

* 19. März 1873 in Brand (Oberpfalz, Bayern)
† 11. Mai 1916 in Leipzig

Entstammte einer musikliebenden Lehrersfamilie, die instrumentale Grundlagen vermittelte. 1874 Umzug der Familie ins nahe Weiden. Vielseitige musikalische Ausbildung durch den Organisten Adalbert Lindner (Klavier, Orgel, Tonsatz). 15jährig durch »Parsifal« in Bayreuth zur Musikerlaufbahn motiviert. Ab 1890 teils anregende, teils beengende Studienzeit bei dem bedeutenden Musikwissenschaftler Hugo Riemann in Sondershausen und Wiesbaden. 1898 tiefe Krise nach dem Militärdienst. Ab 1901 in München ansässig; hier Lehrtätigkeit an der Akademie der Tonkunst. Internationales Ansehen als konzertierender Pianist und Organist, wachsende Zustimmung für seine Klavier- und Orgelwerke, Lieder und Kammermusik. 1907 Berufung nach Leipzig als Universitätsmusikdirektor und Konservatoriumslehrer. 1911 Leiter der traditionsreichen, zuvor von Hans von Bülow und Richard Strauss dirigierten Meininger Hofkapelle; zugleich eigener kompositorischer Schwerpunkt auf sinfonischen Werken (Werkgruppe ab op. 120). 1914, nach Beginn des 1. Weltkriegs, Auflösung des Orchesters. Schaffensreiche letzte Jahre in Jena und Leipzig. Zum Freundes- und Interpretenkreis gehörten u. a. die Musiker Karl Straube, Philipp Wolfrum, Julius Klengel, Adolf und Fritz Busch.

Werke für und mit Orchester: 2 *Sinfoniesätze d-Moll* (1889/1990); *Lyrisches Andante* für Streichorchester (1898); *Hymne an den Gesang* (L. Steiner) mit Männerchor op. 21 (1898); *Romanzen* für Violine und kleines Orchester op. 50 (1899): *Nr. 1 G-Dur, Nr. 2 D-Dur*; *Gesang der Verklärten* (K. Busse) mit Chor op. 71 (1903); *Sinfonietta A-Dur* op. 90 (1904/05); *Serenade G-Dur* op. 95 (1905/06); *Variationen und Fuge über ein lustiges Thema von J. A. Hiller* op. 100 (1907); *Violinkonzert A-Dur* op. 101 (1907/08); *Sinfonischer Prolog zu einer Tragödie* op. 108 (1908); *Der 100. Psalm* mit gemischtem Chor op. 106 (1908/09); *Die Nonnen* (M. Boelitz) mit gemischtem Chor op. 112 (1909); *Klavierkonzert f-Moll* op. 114 (1910); *Die Weihe der Nacht* (F. Hebbel) mit Alt-Solo und Männerchor op. 119 (1911); *Eine Lustspiel-Ouvertüre* op. 120 (1911); *Konzert im alten Stil F-Dur* op. 123 (1912); *An die Hoffnung* (F. Hölderlin) mit Solo-Alt op. 124 (1912); *Eine romantische Suite* (nach J. v. Eichendorff) op. 125 (1912); *Römischer Triumphgesang* (H. Lingg) mit Männerchor op. 126 (1912); *Vier Tondichtungen nach A. Böcklin* op. 128 (1913); *Eine Ballettsuite* op. 130 (1913); *Variationen und Fuge über ein Thema von Mozart* op. 132 (1914); *Eine vaterländische Ouvertüre* op. 140 (1914); *Variationen und Fuge über ein Thema von Beethoven* op. 86 (1915, Originalfassung für 2 Klaviere 1904); *Der Einsiedler* (J. v. Eichendorff) mit Solo-Bariton und gemischtem Chor op. 144a (1915); *Requiem* (F. Hebbel) mit Solo-Alt (Bariton) und gemischtem Chor op. 144b (1915); *Suite im alten Stil F-Dur* op. 93 (1916, Originalfassung für Violine und Klavier, 1906); *Lateinisches Requiem* mit Soli und gemischtem Chor op. 145a (1916). Instrumentation von 12 eigenen Klavierliedern sowie von Liedern anderer Komponisten (Schubert, Schumann, Brahms, Wolf und Grieg, 1914 ff.).

Die Mehrzahl der Arbeiten für und mit Orchester entstand in den drei Meininger Jahren, als der fast tägliche Umgang mit der vorzüglichen Hofkapelle Regers Phantasie beflügelte. Zugleich darf die hier vollzogene Personalunion von Komponist und Dirigent als Nachweis gelten für Regers hartnäckiges Festhalten an der alten Einheit von Autor und Interpret, wie sie für frühere Virtuosen, Kapellmeister und Kantoren selbstverständlich war. In Meiningen hatte der befähigte Pianist und Organist in kürzester Frist sowohl das orchestrale Repertoire von Bach und Beethoven bis Brahms und Debussy wie auch die Dirigiertechnik selbst erst zu erlernen – bei einem Vorgänger vom Rang Hans von Bülows gewiß kein leichtes Unterfangen! Die Briefe zeugen vom Stolz, den Reger bei der Bewältigung dieses anspruchsvollen Riesenpensums empfand.

Rasch suchte auch der Komponist seine Schreibweise dem neuentwickelten Klangideal anzupassen. Unablässig ist in den Briefkommentaren die Rede davon, wie graziös und mozartisch, auch wie kapriziös und humorvoll die Meininger Orchesterpartituren ausfallen sollten. Auch wenn Intention und Resultat in dieser Hinsicht nicht immer übereinstimmen, so bleibt doch unverkennbar, daß Reger nicht länger als Komponist schwerflüssiger, akkordüberfrachteter Musik gelten wollte. Er, der in Kammer- und Orgelmusik die Ausweitung ins Sinfonische vollzog (vgl. *Sinfonische Fantasie und Fuge* op. 57, 1901), trachtete nun in den vorab sinfonisch zugeschnittenen Werken nach Transparenz und Beweglichkeit.

Sinfonietta A-Dur op. 90

1. *Allegro moderato (quasi Allegretto)* – 2. *Allegro vivace* – 3. *Larghetto* – 4. *Allegro con spirito.*

In der für den Titel gewählten Verkleinerungsform mag sich Regers respektvolles Zögern gegenüber dem gewichtigen Sinfonie-Typus der Beethoven-Brahms-Bruckner-Tradition äußern. Im Werk selbst gerät diese Zurückhaltung bald in Vergessenheit. Fast 45 Minuten währen die 4 Sätze dieses klassisch besetzten, doch füllig instrumentierten Erstlingswerkes für Orchester, das 1904/05 in München entstand und 1905 von dem bekannten Wagner-Dirigenten Felix Mottl in Essen kreiert wurde. Eine Art kapriziöse Serenade von klassischem Zuschnitt mit leicht faßlichen Themen schwebte dem Komponisten vor: »Die Ideen zu diesem Werke strömen mir nur so von selbst zu; es wird urfidel, sehr witzig« (an Karl Straube).

Serenade G-Dur op. 95

1. *Allegro moderato* – 2. *Vivace a Burlesca* – 3. *Andante semplice* – 4. *Allegro con spirito (non troppo vivace).*

Knapper, auch transparenter als in der Sinfonietta formulierte Reger seine reichen musikalischen Gedanken im Folgewerk von 1905/06: »[. . .] ein höchst unschuldiges Ding, das so klar ist, daß es selbst dem dümmsten Kerl sofort eingehen muß« (an Georg Dohrn). Reizvolle Echowirkungen beziehen die kontrastreichen 4 Sätze aus der originellen Besetzung, die neben paarweisen Holzbläsern und Hörnern zuzüglich Pauken und Harfe 2 getrennte Streicherensembles vorsieht, davon eines durchweg mit Dämpfer spielend. (Aufführungsdauer: knapp 40 Minuten.)

Variationen und Fuge
über ein lustiges Thema von Johann Adam Hiller op. 100

In der komischen Oper *Der Ärndtekranz* (Leipzig 1771) des volkstümlich schreibenden Hiller (1728–1804, u. a. Begründer der Leipziger »Gewandhauskonzerte«) findet sich *Lieschens Lied* »Gehe, guter Peter, gehe«. Reger trug dieses »entzükkende Rokokothema« lange mit sich herum, ehe er an die Ausarbeitung ging. »[. . .] das wird eine ›urfidele‹ Sache! Das Thema reizt ja zu sehr, mal ›humorvolle‹ Musik zu schreiben; selbstredend fehlen die ›ernsthaften‹ Variationen auch nicht; zum Schlusse kommt dann eine Fuge, bei der es ordentlich ›krachen‹ muß, aber nicht: ›Viel Lärm um nichts‹!«

11 in Tempo, Charakter und Tonart stark unterschiedene Variationssätze gehen einer in mehreren Schüben sich steigernden, meisterlich gesetzten Fuge mit 2 Themen voraus, in deren Schlußtakten Posaunen und Trompeten noch einmal die ersten Thementakte intonieren. Reger selbst dirigierte sein 1907 im Kölner Gürzenich unter Fritz Steinbach uraufgeführtes *op. 100* häufig mit großem Erfolg. (Aufführungsdauer: 40–42 Minuten.)

Konzert für Violine und Orchester A-Dur op. 101

1. *Allegro moderato* – 2. *Largo con gran espressione* – 3. *Allegro moderato*.

»Selbstredend ist die ganze Art und Weise des Styls ein durchaus symphonischer, wie Beethoven und Brahms in ihren Violinkonzerten ja ewig unerreichbare Muster gegeben haben.« Dennoch dürfte gerade Regers Tendenz zu sinfonisch wuchernder Expansion den Durchbruch bei Interpreten und Publikum verhindert haben (Aufführungsdauer: ca. 60 Minuten, in gekürzter Version: ca. 50 Minuten). Das 1907/08 geschaffene, 1908 von Henri Marteau unter Arthur Nikisch in Leipzig uraufgeführte Konzert »mit Begleitung des Orchesters oder

Pianoforte« ergänzt die stattliche Reihe der 9 Sonatenwerke für Violine und Klavier.

Sinfonischer Prolog zu einer Tragödie op. 108

Der Größe des Gegenstandes entspricht, daß die 1908 geschaffene Partitur erstmals eine große Orchesterbesetzung fordert. Reger dürfte bei diesem gut halbstündigen Werk kaum ein konkretes Schauspiel oder gar ein künftiges eigenes Musikdrama im Sinn gehabt haben. Eher schon ging es ihm um das Nachgestalten elementarer Spannungsverläufe, wie sie Beethovensche Sinfonien oder Ouvertüren entwickeln. Ein ausgedehnter *Allegro*-Sonatensatz mit *Grave*-Introduktion und 2 hart kontrastierenden Themencharakteren führt nach konfliktreicher Durchführung und einer (laut Reger auslaßbaren) Reprise in die beruhigte Zone einer choralartigen Coda.

Konzert für Klavier und Orchester f-Moll op. 114

1. *Allegro moderato* – 2. *Largo con gran espressione* – 3. *Allegretto con spirito.*

Das einzige Klavierkonzert des pianistisch enorm versierten Komponisten eröffnet weit schärfere, dramatischere Stimmungsgegensätze als sein einheitlicher gestimmtes *Violinkonzert*. Trotz aller sinfonischen Dichte – Reger: »Die Leute ahnen gar nicht, wie thematisch gerade im Klavierkonzert alles bis in die äußersten Zweiglein durchgebildet ist« – prägen daher kraftvolle Dialoge und expressive Monologe den Verlauf des knapp 40minütigen Werkes. Zuweilen ist die Nähe zu Brahms' *B-Dur-Konzert* spürbar. Von besonderer Ausdruckskraft zeugt der ernste Mittelsatz, der die Weisen zweier Sterbechoräle mehr andeutet als zitiert (*O Welt, ich muß dich lassen*, *Wenn ich einmal soll scheiden*). Im Sommer 1910 entstanden, erklang die Komposition noch im selben Jahr im Leipziger Gewandhaus (Solistin: Frida Kwast-Hodapp, Dirigent: Arthur Nikisch).

Eine Lustspiel-Ouvertüre op. 120

Opernprojekten verweigerte sich Reger, gleich Brahms, wohl im Bewußtsein, seine schwerflüssige Musiksprache sei für dieses Genre kaum prädestiniert. Doch näherte er sich dem Musiktheater auf indirekte Weise: Elementare Situationen und Gesten der Komödie schlugen sich, ins Musikalische gewendet, in der lediglich 7 bis 8 Minuten kurzen *Lustspiel-Ouvertüre* nieder (1911 entstanden und in Leipzig uraufgeführt). Unverkennbar, daß Reger diesen 2themigen Sonatensatz mit leichter Hand gestalten wollte, rhythmische Beweglichkeit dominieren ließ und kontrapunktische Satzarbeit – etwa im Fugato zu Durchführungsbeginn – nach Kräften auflockerte. Bezeichnenderweise ist die Partitur Ernst von Schuch zugeeignet, dem Dirigenten der aufsehenerregenden Dresdner Strauss-Uraufführungen (1901: *Feuersnot*, 1905: *Salome*, 1909: *Elektra*, 1911: *Rosenkavalier*).

Konzert im alten Stil F-Dur op. 123

1. *Allegro con spirito* – 2. *Largo* – 3. *Allegro.*

1911 trat der 38jährige Reger sein bedeutsames Amt als Leiter der vorzüglichen Meininger Hofkapelle an. Es lag somit nahe, mit seiner ersten hier entstandenen und dem kunstsinnigen Dienstherrn Herzog Georg II. zugeeigneten Orchesterkomposition den Geist des höfischen Konzertierens an barocken Residenzen zu beschwören. Im Orchester (ohne Klarinetten) herrschen konzertierende Dreiergruppen (Flöten, Oboen, Trompeten, Hörner) sowie eine obligat geführte Solo-Violine vor. Barocker Bewegungsfluß in chorischer Auffächerung prägt die beiden sich ähnelnden Ecksätze, während der affektreiche a-Moll-Mittelsatz – jetzt mit 2 Solo-Violinen – ohne das Vorbild Bachscher Kantatenarien kaum zu denken ist. (Aufführungsdauer: 20–21 Minuten.)

An die Hoffnung op. 124
für Gesang und Orchester (Friedrich Hölderlin)

Reger, der überaus produktive Komponist von Klavierliedern, befaßte sich mit der Gattung Orchestergesang erst nach Beginn der experimentierfreudigen Meininger Jahre. In beziehungsreicher Nachbarschaft zur *Romantischen Suite* schrieb er 1912 für die Mezzosopranistin Anna Erler-Schnaudt diese etwa 12minütige Solokantate auf eine um 1800 entstandene Hölderlin-Ode (*An die Hoffnung*, »O Hoffnung! holde! gütig geschäftige!«). In deutlicher Zweiteilung folgt auf den *Grave*-Eröffnungsteil in d-Moll (Introduktion, Strophen 1 und 2) der nach Dur aufgelichtete *Allegretto*-Hauptabschnitt (Strophen 3–5). Eine Besprechung der Eisenacher Uraufführung vom Oktober 1912 hob hervor: »An der Komposition, die zugleich ein Meisterwerk des Orchestersatzes ist [. . .], fällt die sehr weise Sparsamkeit der Mittel auf; nie wird man einem äußerlichen Effekt begegnen, alles ist echte und innerliche Musik, und deshalb ist die Wirkung auch eine so nachhaltige.«

Eine romantische Suite op. 125

1. Notturno (*Molto sostenuto*) – 2. Scherzo (*Vivace*) – 3. Finale (*Molto sostenuto*).

Erst nach Abschluß dieser zweiten, vom fast täglichen Umgang mit dem Meininger Orchester zeugenden Partitur entstand in Reger der Wunsch, die Stimmungen der 3 Suitensätze durch vorweg abgedruckte Eichendorff-Verse zu ergänzen (1. »Hörst du nicht die Quellen gehen«, 2. »Bleib bei uns!«, 3. »Steig nur, Sonne, auf die Höh'n!«). »Nachtmusik« sollte der Titel zunächst unter Anspielung auf Eindrücke während nächtlicher Bahnreisen zwischen Meiningen und Leipzig lauten. Eher ironisch aber dürfte der folgende Reger-Ausspruch gemeint sein: »Op. 125 ist also mein erster Ausflug in das Gebiet der Programmusik« (nach Fritz Stein). Vor allem in den langsamen, thematisch aufeinander bezogenen Rahmensätzen fällt auf, daß farbbetonte Klangwirkungen auch losgelöst vom regelgerechten Tonsatz aufscheinen. Ernst von Schuch leitete noch im Entstehungsjahr 1912 die Dresdner Uraufführung. – Im Wiener »Verein für musikalische Privataufführungen« erklang im Herbst 1920 eine von Arnold Schönberg und seinem Assistenten Rudolf Kolisch eingerichtete Kammerfassung der Reger-Partitur. (Aufführungsdauer: ca. 28 Minuten.)

Vier Tondichtungen nach Arnold Böcklin op. 128

1. Der geigende Eremit (*Molto sostenuto*) – 2. Im Spiel der Wellen (*Vivace*) – 3. Die Toteninsel (*Molto sostenuto*) – 4. Bacchanal (*Vivace*).

Einen neuerlichen »Ausflug in die Programmusik« nannte Reger sein Vorhaben, sich durch Gemälde des angesehenen Schweizer Malers Arnold Böcklin (1827–1901) zur Komposition kurzer Tondichtungen anregen zu lassen, um diese dann in 2 Kontrastpaaren suitenartig zu reihen. Bei der Wahl der

Sujets, farbensatten Bildinszenierungen voller mediterraner Sehnsüchte und endzeitlicher Melancholie, durfte sich der Komponist des regen Interesses eines Publikums sicher sein, das sich mit dieser Kunstrichtung bereitwillig identifizierte und überdies im Konzertsaal durch Lisztsche und Straussche Tondichtungen vorbereitet war. Kaum ein zweites Werk Regers ist von ähnlicher chromatischer Geschmeidigkeit beherrscht, gliedert sich so sprachnah in Sinneinheiten variablen Umfangs (Stichwort »Musikalische Prosa«). Im Sommer 1913 kam es zur Niederschrift, bereits im Oktober zur Essener Uraufführung unter Hermann Abendroth (Aufführungsdauer: 25–26 Minuten).

Dem betagten Meininger Herzog berichtete Reger nach dem ersten Erklingen: »Geradezu überirdisch klingt der *geigende Eremit*, wo die zartesten, weichsten Farben mit alten Palestrina-Harmonien ein ganz merkwürdiges Stimmungsbild ergeben; sehr fein u. fast ›körperlos‹ klingt *im Spiel der Wellen*. In der *Toteninsel* wechselt öde, trostloseste Verzweiflung mit rasenden Schmerzensausbrüchen – am Schluß dann eine große Verklärung; merkwürdig, daß gerade die schauerliche Musik auf das Publikum solch großen Eindruck machte [. . .], während ich so das Gefühl hatte, daß dem Publikum die Wildheit des *Bacchanals*, wo zum Schluß alles im ärgsten Taumel ist, doch etwas ›über die Köpfe weg ging‹. Ich gestehe sehr gerne zu, daß das *Bacchanal* ein Stück Musik ist, das an Wildheit, Taumel u. Dionysischer Laune seinesgleichen sucht. Ein Musiker machte die originelle Bemerkung: es käme ihm vor, als ob am Schlusse Vater Zeus mit seinen Göttern gar arg betrunken wäre.«

Naheliegend, daß in Satz 1 fast stets eine Solo-Violine gegenwärtig ist. – Kaum dürfte Reger die ebenfalls durch Böcklin inspirierte, um 4 Jahre ältere *Toteninsel* des damals in Dresden lebenden russischen Komponistenkollegen Sergej Rachmaninow gekannt haben.

Eine Ballettsuite op. 130

1. Entrée (*Tempo di marcia*) – 2. Colombine (*Adagietto*) – 3. Harlequin (*Vivace*) – 4. Pierrot und Pierrette (*Larghetto*) – 5. Valse d'amour (*Tempo di Valse*) – 6. Finale (*Presto*).

»[. . .] etwas unendlich Graziöses, etwas Urfeines im Klang, zierlich in Musik und spinnenwebenfein instrumentiert« sollte 1913 neben den *Böcklin-Tondichtungen* zur Vorbereitung einer mit Eifer geplanten, doch nicht mehr ausgeführten Sinfonie entstehen (Brief an Karl Straube). Endgültig wollte Reger den Vorwurf entkräften, seine Themen seien schwerfällig erfunden, seine Orchestersätze zu kompakt und zu kontrapunktisch angelegt. In seiner etwa 20minütigen, noch 1913 in Bremen uraufgeführten Suite verordnete sich der Komponist größtmögliche Leichtigkeit und Bewegungsvielfalt, indem er seine imaginäre Ballettchoreographie mit den ebenso anmutigen wie temperamentvollen Figuren der italienischen Commedia dell'arte bevölkerte.

Variationen und Fuge über ein Thema von Mozart op. 132

Besetzung: »klassisches« Orchester. – Entstanden 1914. UA: 1915 in Berlin (unter der Leitung des Komponisten). – Nebenfassung op. 132a für 2 Klaviere. – Aufführungsdauer: ca. 30–35 Minuten.

Thema: *Andante grazioso* – Variation 1: *L'istesso tempo* – Variation 2: *Poco agitato* – Variation 3: *Con moto* – Variation 4: *Vivace* – Variation 5: *Quasi Presto* – Variation 6: *Sostenuto* – Variation 7: *Andante grazioso* – Variation 8: *Molto sostenuto* – Fuge: *Allegretto grazioso*.

Immer stärker wollte der ältere Reger sich an Mozart als Maßstab seines Komponierens orientieren. »Einfach und klar à la Mozart« sollte bereits seine *Serenade* op. 77a ausfallen. Und anläßlich der *Sinfonietta* op. 90 wollte er täglich beten, »Gott der Allmächtige möchte uns einen Mozart senden; der tut uns bitter not«. Für die *Mozart-Variationen* darf dann erst recht gelten, was der Komponist sich bereits für seine *Hiller-Variationen* vorgenommen hatte: aus dem »Mozartischen« Liedthema des Singspielkomponisten wollte er »duftigste Gestalten [. . .] herausblühen lassen«. Befremdlich mutet aus heutiger Sicht u. a. Regers Trachten nach sieghaftem Durchbruch an, demzufolge bei ihm das doch so schlichte und intime Siciliano-Thema Mozarts (= *Klaviersonate A-Dur* KV 331, einleitender Variationensatz) in der »krönenden« Doppelfuge in kunstvoller Verflechtung und gleißendem Trompetenglanz erscheint. (Diesen pompösen Habitus versuchte beispielsweise der Dirigent Hans Schmidt-Isserstedt zu entschärfen, indem er – in Anspielung auf den lungenstarken Musikanten des Scheffel-Romans – seine Trompeter bat, Mozart nicht »auf der Reise nach Säckingen« untergehen zu lassen.)

In seinen 8 Variationen behielt Reger fast durchweg den 36taktigen Grundplan des Mozartschen Siciliano-Themas bei, setzte jedoch Tempo- und Taktwechsel, die klangfarbliche Charakterisierung, vor allem aber die Beweglichkeit seiner geweiteten tonalen Harmonik ein, um dem Thema durch großbogiges Umkreisen die vielfältigsten Gestaltaspekte und Stimmungen abzugewinnen.

Variationen und Fuge über ein Thema von Beethoven op. 86

Gleich Liszt und Busoni schätzte Reger alle Stufen des Revidierens und Übertragens eigener und fremder Musik bis in die späten Jahre als schöpferische Tätigkeiten von Rang und Eigenwert. Mit der Orchesterfassung seines 2klavierigen *op. 86* von 1904 befaßte er sich 1915, als der Kriegsausbruch der drohenden Auflösung der Meininger Hofkapelle zuvorgekommen war und Reger sich mit eingeschränkten Pflichten nach Jena zurückgezogen hatte. Beethovens B-Dur-*Andante*-Klavierthema (= die letzte seiner *Elf Bagatellen* op. 119, zu spielen *innocentemente e cantabile*) gehört jetzt den Streichern und Holzbläsern im Wechsel.

Die von 12 auf 8 verringerten, teilweise auch umgestellten und transponierten Variationen entfernen sich hinsichtlich Tonart, Tempo und Charakter auffällig weit vom Ausgangsthema und wachsen sich mehrheitlich zu eigenständig durchführenden sinfonischen Sätzen aus. Aus einem lang ausgesponnenen, deutlich barockisierenden »Laufthema« entwickelt sich in mächtigen, abschließend sich verbreiternden Crescendo-Wellen die vom Wiedereintritt des Beethoven-Themas gekrönte Schlußfuge.

Mit den *Telemann-Variationen* op. 134 teilt dieses zwiegestaltige Opus das Los, ohne erkennbaren Grund ein wenig im Schatten zu stehen neben den weit häufiger erklingenden Regerschen *Variationszyklen* über Themen von *Bach* (op. 81, für Klavier) bzw. von *Hiller* und *Mozart* (op. 100 bzw. op. 132, für Orchester).

Requiem op. 144b
für Alt (Bariton), Chor und Orchester (Friedrich Hebbel)

Ein *Lateinisches Requiem* op. 145a und ein *Dies Irae* blieben Fragment. Doch liegt unter dem Titel *Requiem* (»Dem Andenken der im großen Kriege gefallenen deutschen Helden«) aus dem Jahr 1915 eine bewegende 1sätzige Vertonung des bekannten Gedichts von Friedrich Hebbel (1813–63) vor, die mit der Komposition des Eichendorffschen Abschiedsgedichts *Der Einsiedler* op. 144a (»Komm Trost der Welt, du stille Nacht«) ein gleichgestimmtes Werkpaar bildet.

Die beiden Chorabschnitte – der kürzere erste verhalten rückschauend, der längere zweite ausgreifend gesteigert – sind jeweils vom beschwörenden Refrain der Solostimme umgeben: »Seele, vergiß sie nicht, Seele, vergiß nicht die Toten!« Erklingt der Refrain zum dritten und letzten Mal, so werden seine Worte zum Bachschen Choralsatz »Wenn ich einmal soll scheiden« *espressivo dolcissimo* vom Chor aufgenommen. Paradox mutet es an, daß Reger seinem zeitweiligen Kriegspatriotismus eines seiner reifsten und erschütterndsten Werke verdankt. (Aufführungsdauer: ca. 15 Minuten.)

Sergej Rachmaninow

* 20. März (1. April) 1873 in Semjonowo (Gouv. Nowgorod, Rußland)
† 28. März 1943 in Beverly Hills (Kalifornien, USA)

Nach Kindheitsjahren auf ländlichen Familiengütern frühe pianistische Ausbildung ab 1882 in St. Petersburg, ab 1885 in Moskau – hier Studiengenosse von Alexander Skrjabin in den Kompositionsklassen von Sergej Tanejew und Anton Arenskij. Brillante Abschlüsse als Pianist und Komponist (mit der Puschkin-Oper »Aleko«, UA am Bolschoj-Theater). Steile Konzertkarriere, zunehmendes Interesse am Dirigieren und an der Theaterarbeit. Freundschaft mit dem Sänger Fjodor Schaljapin. 1904–06 Dirigent am Bolschoj-Theater. Daneben Arbeit an Klavierwerken, Klavierkonzerten, Sinfonien und Opernprojekten. Übersiedlung nach Dresden (1906–09). 1909/10 Amerika-Tournee: in New York spielt Rachmaninow sein Klavierkonzert Nr. 3 unter Gustav Mahler. Gedenkkonzerte mit Werken Skrjabins († 1915). Ende 1917 Flucht vor der Revolution ins Ausland, schließlich in die USA. Rachmaninows Tourneen bestätigen seinen Ruf als einer der gefeiertsten Pianisten in der Alten und Neuen Welt. 1924/25 Konzerte im Weißen Haus. Kontakte zu Leopold Stokowski, Fritz Kreisler, Wladimir Horowitz; zahlreiche Plattenaufnahmen. 1934 Bezug der Villa »Senar« in Hertenstein nahe Luzern am Vierwaldstädter See. 1939 Teilnahme an den Luzerner Festwochen (u. a. »Paganini-Rhapsodie« unter Ernest Ansermet), danach Abreise aus dem bedrohten Europa und Niederlassung in den USA. Amerikanische Staatsbürgerschaft im Februar 1943, kurz vor dem Krebstod.

Werke: *Klavierkonzert Nr. 1 fis-Moll* op. 1 (1890/91, rev. 1917); *Aleko*, Oper in 1 Akt nach A. Puschkin (1892); *Der Fels*, Orchesterfantasie nach M. Lermontow / A. Tschechow op. 7 (1893); *Sinfonie Nr. 1 d-Moll* op. 13 (1895); *Klavierkonzert Nr. 2 c-Moll* op. 18 (1900/01); *Frühling* (N. Nekrassow), Kantate für Bariton, gemischten Chor und Orchester op. 20 (1902); *Der geizige Ritter*, Oper in 3 Akten nach A. Puschkin op. 24 (1903–05); *Francesca da Rimini*, Oper in 2 Akten nach Dante op. 25 (1904/05); *Sinfonie Nr. 2 e-Moll* op. 27 (1906/07); *Monna Vanna*, Oper nach M. Maeterlinck (Fragment, 1906–08); *Die Toteninsel*, Sinfonische Dichtung nach Böcklin op. 29 (1909); *Klavierkonzert Nr. 3 d-Moll* op. 30 (1909); *Liturgie des heiligen Johannes Chrysostomus* für gemischten Chor a cappella op. 31 (1910); *Die Glocken* (E. A. Poe), Sinfonisches Poem für Soli, Chor und Orchester op. 35 (1913, rev. 1936); *Vesperliturgie* (*»Ganznächtliches Wachen«*) in memoriam S. Smolenskij für gemischten Chor a cappella op. 37 (1915); *Klavierkonzert Nr. 4 g-Moll* op. 40 (1926, rev. 1941); *Rhapsodie über ein Thema von Paganini* für Klavier und Orchester op. 43 (1934); *Sinfonie Nr. 3 a-Moll* op. 44 (1935/36); *Sinfonische Tänze* op. 45 (1940).

»Rachmaninow – vom Publikum geliebt, von der Fachwelt geschmäht – so ließe sich der Lebensweg des Komponisten knapp umschreiben. An seiner Musik scheiden sich noch heute die Geister. Die einen schwärmen von einer zutiefst nationalrussischen Tonsprache, einer atemberaubenden Kunst der Polyphonie, die anderen geißeln Eklektizismus, Epigonentum und mondänen Salonsentimentalismus. Nicht erst im Exil trifft Rachmaninow der Vorwurf, eine Klangwelt von gestern zu schaffen, denn bereits im Zarenreich geraten seine Werke ins Kreuzfeuer der Modernisten und Futuristen. Die Emigration löst nur vordergründig einen Konflikt, dessen Ursachen viel tiefer wurzeln: Die Leidenschaft zum Komponieren, die fortwährenden Zweifel an seinem schöpferischen Talent stehen im Kontrast zur wachsenden Anerkennung Rachmaninows als Pianist und Dirigent. Die ungelöste Berufsfrage (Komponist – Pianist – Dirigent) begleitet Rachmaninow seit Anbeginn seiner künstlerischen Laufbahn. Daß er sich im Exil aus finanziellen Gründen für die Karriere eines reisenden Konzertpianisten entscheidet, bedeutet nicht das Ende seiner Gewissensnöte. Denn obwohl Rachmaninow weltweit als einer der ganz großen Pianisten gilt, ist seine innerste Profession, die er mehr als alles liebt und um deretwillen er lebenslange Qualen durchleidet, die Komposition.
Eine Musik, die so häufig imitiert, persifliert, verkitscht, bearbeitet, unterlegt, beliehen und bestohlen wird, zwingt zu substantieller Auseinandersetzung. Sie kann sich nicht in einer oberflächlichen Betrachtung ihres verzerrten Spiegelbildes er-

schöpfen. Rachmaninows Musik ist mehr als nur russische Spätromantik, Klassizismus oder Konservativismus – Rachmaninows Musik ist ein ästhetisches Phänomen. Sie ist die ›Kunst der Stimmung‹, die Suche nach der verlorenen Zeit« (Maria Biesold, 1991).

Konzert für Klavier und Orchester Nr. 1 fis-Moll op. 1

Besetzung: »klassisches« Orchester. – Entstanden 1890/91. UA: 1892 in Moskau (Solist: der Komponist). – Aufführungsdauer: 24–25 Minuten.
1. *Vivace* – 2. *Andante* – 3. *Allegro vivace.*

Der nicht eingeweihte Hörer vermutet kaum, daß sich hinter dem so vital und rückhaltlos sich Ausdruck verschaffenden Virtuosenkonzert ein 25jähriger verbirgt, der im Begriff ist, mit dieser Arbeit als Komponist *und* Pianist seine Konservatoriumszeit in der russischen Metropole abzuschließen. (Zwei Jahrzehnte später wird, ebenfalls mit einem genialischen Erstlingskonzert, an gleichem Ort und bei gleichem Anlaß der junge Prokofjew seine Professoren in ähnlicher Weise verblüffen.) Wohl steht dieses selbstbewußte *op. 1* in der so ergiebigen Chopin-Liszt- und Tschaikowskij-Grieg-Tradition. Doch verfügt das noble Geigenthema, mit dem der Kopfsatz nach furioser Solo-Introduktion anhebt, schon über ein unverwechselbares Gesangs-Espressivo:

Auch weist der reich ausfigurierte Klaviersatz bereits jene Geschmeidigkeit und Eleganz auf, die zu Kennzeichen von Rachmaninows Komponieren für »sein« Instrument werden. Der Komponist hat seinem traditionell 3sätzig geformten Erstlingswerk als konzertierender Pianist auch später noch große Anhänglichkeit bewiesen. – Die heute fast stets herangezogene Zweitfassung von 1917 unterscheidet sich von der Erstfassung vornehmlich durch Straffungen im Finalsatz.

Der Fels. Orchesterfantasie op. 7

»Die kleine goldne Wolke lag die Nacht / An der Brust des riesigen Felsens.« Einem Gedicht des Romantikers Michail Lermontow (1814–41) entlieh der 20jährige Komponist Titel und Motto. Das in Lermontows Zeilen enthaltene Bild schien ihm sehr wohl zum eigentlichen Sujet seiner düster getönten Fantasie zu passen, der Erzählung *Unterwegs* des großen Anton Tschechow (1860–1904), der schon das gleiche Motto vorangestellt war. Ein aus der Lebensbahn geworfener Unglücklicher (= Grigori, der »Fels«) rührt mit seiner Geschichte im Innersten eine sensible junge Frau (= Marja, die »Wolke«). Doch schon der nächste Morgen bedeutet Aufbruch und Trennung. 4 Teile setzt der an Liszt und Tschaikowskij geschulte Komponist in einem knapp viertelstündigen sinfonischen Satz in eins: Themenexposition, tänzerisches Scherzo, espressives *Moderato*, ins Tragische gesteigertes *Allegro con agitazione*.

Sinfonie Nr. 1 d-Moll op. 13

1. *Grave. Allegro ma non troppo* – 2. *Allegro animato* – 3. *Larghetto* – 4. *Allegro con fuoco. Marciale.*

Nach diversen Jugend- und Studienversuchen mußte es auch noch für Rachmaninow ein selbstverständliches Ziel sein, sich an der Aufgabenstellung »Sinfonie« im akademischen Sinne zu bewähren. Die *Erste* versucht, vor den gestrengen Ohren der professoralen Kritik solchen Ansprüchen zu genügen. Daß das 1895 entworfene 45-Minuten-Werk 2 Jahre später bei der St. Petersburger Uraufführung durchfiel – César Cui konstatierte »die völlige Abwesenheit von Einfachheit und Natürlichkeit, das völlige Fehlen von Themen« –, dürfte wohl an der miserablen Wiedergabe unter Alexander Glasunow gelegen haben.

Zwei thematische Gestalten finden sich durch alle 4 Sätze hindurch permanent abgewandelt und charakterlich umgedeutet: ein energisch auffahrendes, ein wenig an Wagnersche *Ring*-Motive erinnerndes Triolenmotiv, ferner ein diatonisches Leitthema, das sich aus der fallenden Bewegung des für Rachmaninow lebenslang bedeutungsvollen *Dies irae*-Sequenz-Anfangs entwickelt.

Konzert für Klavier und Orchester Nr. 2 c-Moll op. 18

Besetzung: »klassisches« Orchester. – Entstanden 1900/01. UA: 1901 in Moskau (Solist: der Komponist). – Aufführungsdauer: 32–35 Minuten.

1. *Moderato* – 2. *Adagio sostenuto* – 3. *Allegro scherzando.*

Mit mächtig anschwellenden »Glockenakkorden« des Solo-Klaviers wird Rachmaninows bekanntestes Konzert gleichsam eingeläutet. Sie bereiten den *con passione* anzustimmenden wogenden Streicher-Hauptsatz vor, den der Solist mit reichem Arpeggio erfüllt. Das schlichte Dur-Seitenthema erschließt eine aufgehellte Gegenwelt, die auch im Mittelsatz und in den Seitensätzen des Finales berührt und ausgeweitet werden wird. Des Komponisten ständige Sorge, der Interpret könne jenen einen Höhepunkt verfehlen, den jedes gutgebaute Werk besitze, hätte sich beispielhaft auf diesen Kopfsatz und seinen vehement sich steigernden Durchführungspassus beziehen können. In forciertem *Alla marcia*-Habitus kehrt der leidenschaftliche Hauptsatz zurück:

Er hat zur Folge, daß der gesangliche Seitensatz bald in einen depressiv absinkenden Epilog umschlägt. Besonderes Kennzeichen des E-Dur-Mittelsatzes mit seiner »unendlichen Melodie« ist, daß in seinem Zentrum wiederum in fast unmerklichen Stufen eine Beschleunigung bis hin zu einer eruptiven Solo-Kadenz erfolgt. Im brillanten Finale wechseln, höchst wirkungsvoll, drängende *Allegro scherzando*-Abschnitte (Hauptthema, in der Durchführung sogar fugiert) und schwelgerische *Dolce*-Episoden (Seitensätze), bevor eine Stretta mit *Maestoso*-Apotheose und slawischer Turbulenz dieses alle emotionalen Klimazonen durchmessende Werk beschließt.

Sinfonie Nr. 2 e-Moll op. 27

Besetzung: großes Orchester. – Entstanden 1906/07. UA: 1906 in Moskau (Dirigent: der Komponist). – Aufführungsdauer: ca. 55 Minuten.
1. *Largo. Allegro moderato* – 2. *Allegro molto* – 3. *Adagio* – 4. *Allegro vivace.*

Nach Jahren hektischer Kapellmeistertätigkeit am Moskauer Bolschoj-Theater (1904–06) suchte und fand Rachmaninow in Dresden die nötige Ruhe, um sich auf seine *Zweite* zu konzentrieren. Bestärkt durch die breite Akzeptanz des *c-Moll-Klavierkonzerts* suchte er dort erprobte Gestaltungsmöglichkeiten auf die neue Sinfonie zu übertragen, um sich so vor einer Wiederholung vermeintlicher Fehler in der seinerzeit so erfolglosen *Ersten* zu schützen. So findet sich in dem großangelegten Viersätzer jener großbogige sinfonische Fluß, der zwar deutlich ausgeprägte Kontraste einbezieht, diese aber durch weiträumige Übergänge innerhalb der Lautstärke, des Tempos oder auch der Thematik sorgfältig vermittelt. So scheinen die Gegensätze besänftigt, nahezu aufgehoben.
In besonderem Maße ist der *Kopfsatz* von diesem Verlangen nach wogender Fließbewegung gekennzeichnet: Einem schwerflüssigen Sonatensatz mit kantablem Streicher-Hauptthema und 2 nachgeordneten Seitenthemen (Holzbläser, Cello-Gruppe) ist – gewissermaßen zur Kompensation der später wild aufgeworfenen Wogen der Durchführung – eine elegische Introduktion mit echoartig versetzten Streicherlinien vorangestellt. Nach Rondoart reihen sich die lockerer und tänzerischer gestimmten Abschnitte des raschen *Scherzo*-Satzes, dessen Kernstück aus einem temperamentvollen Fugato besteht (a-Moll, C-Dur). Im melancholischen, bis an die Grenzen der Larmoyanz geführten »singenden« A-Dur-*Adagio* formte sich der Komponist das Modell für jene spätere *Vocalise* (Liederfolge op. 34 Nr. 14), die – in Vokal-, Klavier- oder auch Orchesterfassung – neben dem frühen *cis-Moll-Prélude* op. 3 Nr. 2 des Russen populärstes Stück Musik werden sollte. Zur Dur-Variante E-Dur wendet sich von Anfang an das breit ausgebaute Finale. Es lebt vom Widerstreit eines in Triolen dahinjagenden Saltarello-Themas und einer zu hymnischer Entfaltung drängenden Gegenmelodie.
Zu Beginn seines Dresdner Aufenthalts lernte Rachmaninow in der Semper-Oper Strauss' vor Jahresfrist uraufgeführte *Salome* kennen. Ihn irritierte die dissonanzenreiche Harmonik, faszinierte die raffinierte Orchesterbehandlung (»seine Instru-

mentierung ist unglaublich«). Wohl wäre denkbar, daß die entschieden reichere Orchesterfaktur der *Zweiten* aus diesen Strauss-Eindrücken resultierte.

Die Toteninsel. Sinfonische Dichtung op. 29

Besetzung: großes Orchester (Holz 3fach, 6 Hörner neben Trompeten/Posaunen 3fach, Harfe). – Entstanden 1909. UA: 1909 in Moskau, Philharmonische Konzerte (Dirigent: der Komponist). – Aufführungsdauer: 18–20 Minuten.

»Beim Komponieren finde ich es von großer Hilfe, ein Buch im Sinn zu haben, ein schönes Bild oder ein Poem . . . Und sie kommen: alle Stimmen zugleich, nicht ein Stück hier, ein Stück da. Alles. Das Ganze entsteht. So die ›Toteninsel‹. Im April und Mai war alles getan. Wann es kam, wie es begann – wie kann ich es sagen. Es entstand in mir, wurde gehütet und niedergeschrieben.«

Rachmaninow, der oft genug Verunsicherte, beurteilte so im Rückblick die überraschend komplikationsfreie Entstehung des Werkes während der kreativen Dresdner Jahre. Nicht eine der farbigen Fassungen des berühmten Bildes von Arnold Böcklin (1827–1901) hatte den Komponisten zunächst beeindruckt, sondern eine der Schwarzweiß-Reproduktionen der Originale von 1880. Dem zumeist in Italien arbeitenden Maler war es gelungen, antike Totenmythen und neuzeitliche Italien-Sehnsüchte, Fin-de-siècle-Depression und Künstlermelancholie in düsterer Pracht darzustellen und damit eine Grundgestimmtheit seiner Generation zu vergegenwärtigen. Nicht nur zahlreiche zitierende, variierende oder auch ironisierende Maler ließen sich von diesem Böcklin-Thema inspirieren, sondern – neben Rachmaninow – auch Komponisten wie Max Reger (op. 128/3), Felix von Weingartner oder Bohuslav Martinů.

Rachmaninows 1sätziges a-Moll-Werk verläuft in weitgespannten Wellenbewegungen. Eine sanft schaukelnde 5/8-Rhythmisierung (= 2 + 3) prägt weite Strecken des nur zögernd sich steigernden Beginns wie auch die in Arpeggien auslaufende Coda. Kaum überrascht es, daß die vom Komponisten so häufig benutzte *Dies irae*-Melodie als Kernmotiv fast ständig anwesend ist, sei es als knappe 4-Ton-Formel, sei es – jetzt unendlich ausgeweitet – in der Espressivo-Kantilene des Es-Dur-Mittelteils. Bedeutungsvoll, daß nahezu alle melodischen Linien fallende Tendenz aufweisen – Ausdruck einer mächtigen Sogwirkung in tiefe Regionen, gegen welche auch die energischen Crescendo- und Accelerando-Aufschwünge letztlich nichts auszurichten vermögen.

Konzert für Klavier und Orchester Nr. 3 d-Moll op. 30

Besetzung: »klassisches« Orchester. – Entstanden 1909. UA: 1909 in New York, Carnegie Hall (Solist: der Komponist). – Aufführungsdauer: 40–44 Minuten (je nach Fassung).

1. *Allegro ma non tanto* – 2. *Intermezzo. Adagio* – 3. *Finale. Alla breve.*

Rachmaninow, in den Mittdreißigern stehend, sah seine künstlerische Zukunft in den Konzertsälen der USA. Um seinem Debüt in der Neuen Welt besonderes Gewicht zu verleihen, schrieb er dieses kompositorisch besonders ambitionierte, pianistisch überaus anspruchsvolle *3. Konzert.* Erste Entwürfe reichen in die Dresdner Jahre (1906–09) zurück, in denen fast zeitgleich auch die großangelegte *2. Sinfonie* und die Böcklin-Tondichtung *Die Toteninsel* entstanden.

Im formalen Aufriß folgt *op. 30* recht genau seinem Vorgänger. Wiederum erfährt die traditionelle Dreisätzigkeit mit den Tempozonen rasch – langsam – rasch dadurch eine größere Vielgestaltigkeit, daß der hier als *Intermezzo* bezeichnete *Adagio*-Satz erhebliche Beschleunigungen durchläuft, die Ecksätze im Gegenzug ihre Seitensatz-Episoden stark verbreitern und dadurch dem Typus »Gesangsszene« annähern. Auch erfolgen Brückenschläge zwischen den 3 Sätzen insofern, als das *Adagio* erst einmal den d-Moll-Schluß des Kopfsatzes bestätigt, dann erst moduliert und auch weiterhin harmonisch eher labil bleibt, bevor – nach einer spukhaften Walzer-Episode samt knapper Reprise – ein energischer rezitativischer Ausbruch direkt in den von sprühenden Temperamenten geprägten Finalsatz überleitet.

Historische Aufnahmen belegen, wie stark sich der Komponist selbst bei der Wiedergabe dieses »Konzertes für einen Elefanten« unter Kontrolle hielt. Eine der ersten Aufführungen führte Rachmaninow übrigens mit Gustav Mahler als Dirigenten zusammen (New York, Januar 1910). Eine Legende will, daß Rachmaninow, gewiß ein Großer der Pianistenzunft, dieses Konzert nicht mehr anrühren wollte, nachdem er es mit einem offenbar noch Größeren gehört hatte: Wladimir Horowitz.

Die Glocken. Sinfonisches Poem op. 35

1. Hörst du die Schlitten, sie flitzen dahin (*Allegro ma non tanto*) – 2. Hörst du die Hochzeitsglocken? (*Lento*) – 3. Hörst du das Dröhnen der bronzenen Glocken, während die wilden Flammen lodern? (*Presto*) – 4. Die Trauerfackel brennt. Eine Stimme ruft vom Turm (*Lento lugubre*).

»Diese Liebe zu Glocken haftet jedem Russen an [...]. In Rom, in der Stille eines Nachmittags, mit Poes Versen vor mir, hörte ich die Glocken und versuchte, auf Notenpapier zu bannen, was sie an verschiedenen Empfindungen ausdrücken.« Im Jahr 1913 gestaltete Rachmaninow die 4 Gedichte *The Bells* von Edgar Allan Poe (1809–49) in der russischen Fassung von Konstantin D. Balmont (*Kolokola*) zu einer gut halbstündigen »Glockensinfonie« für Sopran, Tenor, Bariton, Chor und reich besetztes Orchester aus (UA 1913 in St. Petersburg). Die 4 assoziationsstarken Sätze bringen den Hörern nahe, wovon die Glocken während eines Menschenlebens künden.

Konzert für Klavier und Orchester Nr. 4 g-Moll op. 40

Besetzung: »klassisches« Orchester (mit Englischhorn). – Entstanden 1926. UA: 1927 in Philadelphia (Solist: der Komponist, Dirigent: Leopold Stokowski). – Aufführungsdauer: ca. 25 Minuten.

1. *Allegro vivace* – 2. *Largo* – 3. *Allegro vivace*.

Während der ersten Jahre nach der Niederlassung in den USA (New York, ab 1920) stand zweifellos der *Pianist* Rachmaninow im Vordergrund. Konzerte (u. a. auch im Weißen Haus) und Plattenaufnahmen raubten dem gefeierten Interpreten die Zeit für eigenschöpferische Tätigkeit. Erst 1926 konnte nach energischen Anläufen das *4. Konzert* beendet werden. In einem Brief an Nikolaj Medtner, den befreundeten Komponisten und Widmungsträger des *op. 40*, klingen Zweifel an (Überlänge von Satz 3?): »Was habe ich dort zusammengehäuft! [...] Außerdem bemerkte ich mit meinen ›Augen‹, daß das Orchester fast überhaupt nicht schweigt, was ich für einen großen Mangel halte [...]. Ich bemerkte außerdem, daß das Thema des 2. Satzes das Thema des 1. Satzes des Schumann-Konzerts ist. Warum haben Sie mir das nicht gesagt?«
Publikum und Kritik reagierten reserviert, so daß Rachmaninow sogar an Aufführungsverbote dachte. Worin liegt die Zwiespältigkeit des Werkes begründet? Es nutzt einerseits die auftrumpfende, fast schon forcierte Rhetorik der früheren Konzerte, insistiert aber andrerseits auf gewollt wirkenden Modernismen (gewundene harmonische Gänge in Satz 2, for-

male Brüche in den Ecksätzen). Fast unvermittelt stehen einander schmetternde Tutti und melancholisch verbohrte Soli gegenüber. Rachmaninow, kompositorisch schon immer rückwärts gewandt, sah sich mit einem Male in befremdlicher schöpferischer Isolation befangen.

Rhapsodie über ein Thema von Paganini op. 43 für Klavier und Orchester

Besetzung: »klassisches« Orchester (mit Harfe). – Entstanden 1934. UA: 1934 in Baltimore (Solist: der Komponist, Philadelphia Orchestra, Dirigent: Leopold Stokowski). – Aufführungsdauer: 22–24 Minuten.

Als Rachmaninow seine Rhapsodie während einer intensiven sommerlichen Arbeitsphase im schweizerischen Domizil am Vierwaldstädter See fertigstellte, hatten sich alle 4 *Klavierkonzerte* längst in den Konzertsälen der alten und neuen Welt etabliert. Kein Zufall, daß sich der Komponist – gleich Liszt und Brahms (und später noch Boris Blacher und Witold Lutosławski) – durch jene rattenfängerische Schlußnummer aus Paganinis Sammlung von *24 Caprices* für die Teufelsgeige des Italieners herausgefordert fühlen mußte. Gleich einer Idée fixe zieht sich diese zündende Tanzmelodie durch 3 Werkabschnitte mit insgesamt 24 Variationen hindurch, nimmt dabei vielerlei Gestalten und Gesichter an und zitiert in nicht weniger als 3 Variationssätzen (Nr. 7, 10 und 24) jene andere berühmte Tonfolge herbei, die in den Köpfen so vieler Komponisten herumspukte: die *Dies irae*-Sequenz der mittelalterlichen Totenmesse. Bewundernswert auch, wie der Komponist in Variation 18 (*Andante cantabile*) aus der Themenumkehrung eine üppig strömende Gesangslinie zur Entfaltung bringt:

Thema

Var. 18

Insgesamt besticht das Werk durch seine reiche Kombinatorik, seine geistvolle Brillanz und die Eleganz seines Klangbildes. – Zusammen mit dem russischen Tänzer und Choreographen Michail Fokin plante Rachmaninow eine Ballettversion (London 1939).

Sinfonie Nr. 3 a-Moll op. 44

1. *Lento. Allegro moderato. Allegro* – 2. *Adagio ma non troppo. Allegro vivace. Allegro ma non troppo* – 3. *Allegro.*

Im Gefolge des *4. Klavierkonzerts* zählt die *Dritte* zur Gruppe jener späten Werke, mit denen sich Rachmaninow nach längerer kompositorischer Enthaltsamkeit wieder in Erinnerung zu bringen gedachte. Am Prototyp »Sinfonie« ändert sich gegenüber den beiden Vorläuferinnen wenig, auch wenn gelegentlich herbere Harmonien und differenziertere Rhythmen Eingang finden. Wieder begegnet der Hörer in den Ecksätzen den breit sich aussingenden, enorm steigerungsfähigen Seitenthemen elegischen Charakters. Wieder erscheint fugierte Arbeit an formal bedeutsamer Stelle – diesmal als Klimax der Final-Durchführung. An Schumann und Brahms erinnert die Verflechtung der Mittelsätze nach dem Formmuster Adagio – Scherzo – Adagio. Das neue, etwa 35minütige Werk des prominenten Exilrussen durfte starker Beachtung durchaus sicher sein: noch im Entstehungsjahr 1936 brachte es der berühmte Leopold Stokowski mit seinem exzellenten Philadelphia Orchestra zur Uraufführung.

Sinfonische Tänze op. 45

1. *Non Allegro* – 2. *Andante con moto (Tempo di Valse)* – 3. *Lento assai. Allegro vivace. Lento assai come prima.*

Noch rechtzeitig vor Ausbruch des 2. Weltkriegs wieder in die USA gelangt, schrieb Rachmaninow 1940 in der Sommerpause zwischen anstrengenden Tourneen dieses letzte Werk. Der Plan zu einem Tanzzyklus existierte seit langem. Die erfreuliche Zusammenarbeit mit dem Tänzer Michail Fokin (Choreographie der *Paganini-Rhapsodie*, London 1939) vermittelte zusätzliche Impulse. Ein erster konkreter Plan sah vor: »Fantastische Tänze« mit den Teilen »Mittag, Dämmerung, Mitternacht«. Unversehens bevölkerte sich die rasch entstehende Partitur mit zahlreichen Reminiszenzen. *Satz 1* endet mit 3 Einsätzen des Hauptthemas aus dem Kopfsatz der *1. Sinfonie*;

Satz 2, ein melancholisch-makabrer Walzer, beschwört russische Liedweisen; *Satz 3*, besonders bedeutungsvoll, wandelt das bei Rachmaninow so häufig gegenwärtige *Dies irae*-Motiv in zwingender Weise um in jenen *Alleluia*-Hymnus der Auferstehungsliturgie, den der Komponist schon in seine *Vesperliturgie* op. 37 von 1915 einbezogen hatte. Der Dirigentenfreund Eugene Ormandy brachte dieses beziehungsreiche Werk der Rückschau und des Abschieds Anfang 1941 in Philadelphia zur Uraufführung. (Aufführungsdauer: ca. 35 Minuten.)

Josef Suk

* 4. Januar 1874 in Křečovice (Böhmen)
† 29. Mai 1935 in Benešov bei Prag

Stand als Geiger des in vielen Ländern konzertierenden »Böhmischen Streichquartetts« in vertrautem Umgang mit jener Sphäre, die gemeinhin als »böhmisches Musikantentum« umschrieben wird. Hier setzte er, der Schüler (und spätere Schwiegersohn) Antonín Dvořáks, auch kompositorisch mit seiner viel aufgeführten »Serenade« für Streichorchester Es-Dur op. 6 (1892) an, gelangte dann aber – auf den Spuren Liszts, Wagners und auch der Impressionisten – entschieden darüber hinaus. Seine sinfonische Schreibweise stieß in der Folge bis an die Grenzen der Tonalität vor und fand Halt in leitmotivisch wirksamen thematischen Entwicklungsprozeduren.

Suks bedeutsame Gruppe programmatischer Sinfonien sucht, wiederholt auf der Basis verklammerter Fünfsätzigkeit und unter Aufbietung reicher Orchesterfarben, bewegende autobiographische Erfahrungen widerzuspiegeln. Dieser Gruppe gehören an: *Praga* op. 26 (1904), *Asrael* op. 27 (1905/06), *Ein Sommermärchen* op. 29 (1907–09), *Lebensreife* op. 34 (1913–1917) und *Epilog* op. 37 (mit Soli und Chor, 1920–32).

Asrael (= »Todesengel« im Sprachgebrauch der jüdischen Mythologie) sollte eine Sinfonie überschrieben sein, mit der Suk des 1904 verstorbenen Dvořák in Trauer und Bewunderung gedenken wollte. Noch während der Ausarbeitung starb im Folgejahr, erst 27jährig, auch Otilie, Dvořáks Tochter und Suks Frau. *An Otylka* findet sich daher als Überschrift über dem langsamen 4. Satz. Nach Fertigstellung des nachfolgenden Finalsatzes äußerte sich der Trauernde zu einem Freund: »Weißt du, was ich durchmachen mußte, bis ich dieses letzte C-Dur erreichte? Nein, es ist kein Werk des Schmerzes, sondern ein Werk übermenschlicher Kraft.«

Arnold Schönberg

* 13. September 1874 in Wien
† 13. Juli 1951 in Los Angeles (USA)

Musikalische Kenntnisse im Instrumentalspiel, in Theorie und Komposition erwarb Schönberg durch Privatunterricht, den Rat von Freunden wie Alexander Zemlinsky und durch Selbststudium. Nach dem Gymnasium und 4 Jahren in einer Bank Chorleiter in Wien, 1901/02 Kabarettkomponist und Kapellmeister in Berlin an Ernst von Wolzogens »Überbrettl«. Kurze Lehrtätigkeit am Sternschen Konservatorium und Rückkehr nach Wien, wo u. a. Anton Webern (1904–08) und Alban Berg (1904–10) seine Schüler wurden und sich Verbindungen zum Architekten Adolf Loos, zu Oskar Kokoschka, Karl Kraus und Peter Altenberg, aber auch zum Ehepaar Gustav und Alma Maria Mahler ergaben. Bereits die frühen Werke Schönbergs stießen auf Ablehnung, weckten zugleich aber die leidenschaftliche Parteinahme eines kleinen Anhängerkreises. 1910 erste Ausstellung mit Schönbergschen Gemälden; sie fanden den Beifall Wassily Kandinskys.
1911–15 zweiter Berlin-Aufenthalt: erneute Tätigkeit als Theorielehrer am Sternschen Konservatorium. Nachhaltige Erfolge mit den »Pierrot lunaire«-Melodramen (Tournee durch Deutschland und Österreich 1912) und den »Gurre-Liedern« (Wien 1913, Leipzig 1914). Militärdienst 1915/16 und 1917/18.
Nach Kriegsende in Mödling bei Wien intensive Arbeit mit einem Kreis von Privatschülern, darunter Hanns Eisler, Erwin Stein, Josef Rufer, Erwin Ratz, Hans Erich Apostel und Max Deutsch. Im Herbst 1918 Gründung des »Vereins für musikalische Privatauffüh-

rungen« zur Ermöglichung optimaler Werkeinstudierungen abseits des öffentlichen Musikbetriebs (Auflösung bereits Ende 1921 infolge der schlechten Wirtschaftslage). 1923 erste Mitteilungen Schönbergs im Schülerkreis über seine neuartige »Komposition mit zwölf nur aufeinander bezogenen Tönen«, deren Anfänge aber einige Jahre zurücklagen. Erste »zwölftönige« Werke (op. 23–26). Prioritätskontroverse mit Josef Matthias Hauer wegen der Entwicklung der Zwölftontechnik. Zunehmende Resonanz vor allem im Ausland: Dirigierverpflichtungen u. a. in Amsterdam, Prag, Winterthur, auf einer Italien-Tournee (mit »Pierrot lunaire«) und beim Donaueschinger Kammermusikfest (»Serenade« op. 24); Kontakte u. a. zu den Komponisten Béla Bartók, Maurice Ravel und Darius Milhaud.

1926–33 dritter Berlin-Aufenthalt: Schönberg leitete als Nachfolger von Ferruccio Busoni eine Meisterklasse für Komposition an der Akademie der Künste.

Im Mai 1933, nach der »Beurlaubung« des Juden Schönberg von den Berliner Verpflichtungen, Emigration über Frankroeich in die USA. Lehrtätigkeit ab 1933 in Boston, New York und Los Angeles, dort 1936–44 an der University of California. 1940 Verleihung der amerikanischen Staatsangehörigkeit. Nach der Emeritierung mußte Schönberg aus finanziellen Gründen jahrelang noch Privatunterricht erteilen. Zum Bekanntenkreis dieser Jahre zählen u. a. das Ehepaar Werfel, Thomas und Heinrich Mann, Ernst Krenek, Theodor W. Adorno, Hanns Eisler, Bertolt Brecht und George Gershwin.

1946 gesundheitlicher Zusammenbruch; dennoch Weiterführung der kompositorischen Arbeit (u. a. Streichtrio, »Ein Überlebender aus Warschau«, »Moderner Psalm«). Auseinandersetzung mit Thomas Mann über die Romangestalt des Adrian Leverkühn im »Doktor Faustus«, auf welche Schönberg eigenes Gedankengut übertragen sah. Der Einladung zu den Darmstädter Ferienkursen 1951 konnte er nicht mehr folgen.

Werke für Orchester: Streichsextett *Verklärte Nacht* op. 4 nach einem Gedicht von R. Dehmel (1899; Fassungen für Streichorchester 1917 bzw. 1943); *Pelleas und Melisande*, Sinfonische Dichtung für Orchester nach dem Drama von M. Maeterlinck op. 5 (1902/1903); *Kammersinfonie (Nr. 1) E-Dur* op. 9 für 15 Soloinstrumente (1906; Fassung für Orchester op. 9b, 1935); *Fünf Orchesterstücke* op. 16 (1909); *Erwartung*, Monodram in 1 Akt nach M. Pappenheim op. 17 (1909); *Gurre-Lieder* für Soli, Chor und Orchester, Texte: J. P. Jacobsen, o. Op. (1900–11); *Dreimal sieben Gedichte aus Albert Girauds »Pierrot lunaire«*, Melodramen für Sprechstimme und 5 Musiker (8 Instrumente) op. 21 (1912); *Die glückliche Hand*, Drama mit Musik nach einem eigenen Text op. 18

(1910–13); *Vier Orchesterlieder* op. 22 (1913–16); *Die Jakobsleiter*, Oratorium für Soli, Chor und Orchester nach eigenen Texten (Fragment, o. Op., 1917–22); *Zwei Choralvorspiele von Joh. Seb. Bach*, Instrumentation (1922); *Variationen* für Orchester op. 31 (1926–28); *Präludium und Fuge Es-Dur von Joh. Seb. Bach*, Instrumentation (1928); *Von heute auf morgen*, Oper in 1 Akt, Text von M. Blonda (= Gertrud Schönberg), op. 32 (1928/29); *Begleitmusik zu einer Lichtspielszene (Drohende Gefahr, Angst, Katastrophe)* für Orchester op. 34 (1929/30); *Moses und Aron*, Oper in 3 Akten nach eigenen Texten (Komposition nach dem 2. Akt abgebrochen, o. Op., 1930–32); *Konzert für Violoncello* und Orchester, freie Umgestaltung eines Cembalokonzerts von G. M. Monn (1717–50), o. Op. (1932/33); *Konzert für Streichquartett und Orchester*, freie Bearbeitung des Concerto grosso g-Moll op. 6 Nr. 7 von G. F. Händel (1685–1759), o. Op. (1933); *Suite* für Streichorchester o. Op. (1934); *Konzert für Violine* und Orchester op. 36 (1934–36); *Klavierquartett g-Moll op. 25 von Joh. Brahms*, für Orchester gesetzt, o. Op. (1937); *Kol Nidre* für Sprecher, Chor und Orchester op. 39 (1938); *Kammersinfonie Nr. 2 es-Moll* für mittelgroßes Orchester op. 38 (1906, 1939); *Ode an Napoleon Buonaparte*, Text von Lord Byron, für Sprecher, Streichquartett (oder Streichorchester) und Klavier op. 41/41b (1942); *Konzert für Klavier* und Orchester op. 42 (1942); *Thema und Variationen* für Blasorchester op. 43a, Fassung für großes Orchester op. 43b (1943); *Prelude zur Genesis* für Chor und Orchester (erster Teil einer Sammelarbeit mehrerer Komponisten) op. 44 (1945); *Ein Überlebender aus Warschau* für Sprecher, Männerchor und Orchester op. 46 (1947); *Moderner Psalm* nach einem eigenen Text für Sprecher, Chor und Orchester op. 50c (Fragment, 1950). Seit 1966 erscheint eine Ausgabe sämtlicher musikalischen Werke Schönbergs.
Schriften: *Harmonielehre* (1911); *Stil und Gedanke*, Aufsätze zur Musik = Gesammelte Schriften I (engl. 1950, dt. 1975); *Die formbildenden Tendenzen der Harmonie* (engl. 1954, dt. 1957).

»Ich bin sicher: die zweite Hälfte dieses Jahrhunderts wird durch Überschätzung schlecht machen, was die erste Hälfte durch Unterschätzung gut gelassen hat an mir.« Bereits der 36jährige Komponist der *Fünf Orchesterstücke* op. 16 und des Monodrams *Erwartung* op. 17, der – den Rahmen erweiterter Tonalität vollends verlassend – ins Neuland freier Atonalität vorgedrungen war, glaubte an die historische Dimension seines Schrittes. Als 75jähriger hat er diese Erwartung noch einmal ausgesprochen. Nun läuft seine Prognose auch heute noch nicht gerade Gefahr, sich zu bewahrheiten. Die Aufnahmebereitschaft des allgemeinen Musikpublikums hält sich nach wie vor in engen Grenzen; die schwache Resonanz beispielsweise auf die Jubiläumsveranstaltungen zu Schönbergs 100. Geburtstag im Jahre 1974 war eine skeptisch stimmende Erfahrung. Die Übernahme Schönbergscher Werke aus der Klausur der Studiokonzerte in gemischte Abonnementsprogramme etwa, dieses eine Kennzeichen einer gewissen Rezeption, blieb weitgehend aus. So ist Schönbergs Wunschvorstellung, 1947 in einem Brief an den Dirigenten Hans Rosbaud geäußert, im Kern nach wie vor unerfüllt:

»[. . .] das Verständnis für meine Musik leidet noch *immer* darunter, daß mich die Musiker nicht als einen normalen, urgewöhnlichen Komponisten ansehen, der seine mehr oder weniger guten und neuen Themen und Melodien in einer nicht allzu unzureichenden musikalischen Sprache darstellt – sondern als einen modernen dissonanten Zwölftonexperimentierer.

Ich aber wünsche nichts sehnlicher (wenn überhaupt), als daß man mich für eine bessere Art von Tschaikowsky hält – um Gotteswillen: ein bißchen besser, aber das ist auch alles. Höchstens noch, daß man meine Melodien kennt und nachpfeift.«

Man muß bedenken, daß in Schönbergs Gesamtwerk das nichtzwölftönige Schaffen zeitlich und auch der Zahl nach etwa die Hälfte ausmacht. Insofern wird verständlich, weshalb der Komponist sein Komponieren mit »zwölf nur aufeinander bezogenen Tönen« als konsequente Folge vorausgegangener Entwicklungsphasen bis zurück zu Bach und der Wiener Klassik darzustellen suchte (in: *Meine künstlerische Entwicklung*, 1949):

»Die Methode der Komposition mit 12 Tönen ersetzt die Ordnung, die durch permanenten Bezug auf tonale Zentren geschaffen worden war, durch eine andere Ordnung: nach dieser ist jede Einzelheit eines Musikstückes, da sie eine Ableitung aus den Ton-Relationen innerhalb einer Basisreihe von 12 Tönen, der ›Grundgestalt‹, darstellt, schon auf Grund dieser permanenten Bezogenheit auf die Basisreihe mit dieser kohärent.

Die Bezogenheit auf diese Reihe ergibt auch die Rechtfertigung der dissonanten Klänge. Die zeitgenössische Musik hat inzwischen aus meinem Pionier-Gebrauch von Dissonanzen Vorteil gezogen. Wir wollen nicht vergessen, daß ich schrittweise dazu kam, als Resultat einer überzeugenden Entwicklung, die mich instande setzte, das Gesetz der Emanzipation der Dissonanz aufzustellen, nach welchem die Auffaßbarkeit der Dissonanz als genauso wichtig angesehen wird wie die Auffaßbarkeit der Konsonanz. Auf diese Weise werden Dissonanzen davon befreit, so etwas wie ein würziger Zusatz zu faden Klängen zu sein. Sie sind natürliche und logische Sprößlinge eines Organismus. Und dieser Organismus lebt in seinen Phrasen, Rhythmen, Motiven und Melodien so kräftig wie jemals zuvor.«

Verklärte Nacht op. 4
nach dem gleichnamigen Gedicht von Richard Dehmel

Besetzung: Streichsextett (je 2 Violinen, Bratschen und Celli) bzw. Streichorchester. – Entstanden 1899 bzw. 1917 und 1943. UA der Sextettfassung: 1902 in Wien (erweitertes Rosé-Quartett); UA der Orchesterfassung: 1919 in Wien (Konzertvereinsorchester, Leitung: der Komponist). – Aufführungsdauer: ca. 30 Minuten.

Die Lyrik Richard Dehmels (1863–1920) hat den jungen Schönberg in den Jahren unmittelbar vor der Jahrhundertwende erst zu frühen Klavierliedern (u. a. in den Liederheften *op. 2* und *op. 3*) angeregt, dann zu dem ungewöhnlichen Plan eines Kammermusikwerks nach einer literarischen Vorlage. 1896 in der Lyriksammlung *Weib und Welt* erschienen, 1903 in den »Roman in Romanzen« *Zwei Menschen* übernommen, spiegelt das heute kaum mehr erträgliche Gedicht *Verklärte Nacht* in Rede und Gegenrede zwischen Mann und Frau schuldhaftes Vergehen in einer freien Liebesbeziehung.
In seinem erst 1950 verfaßten Kommentar betonte Schönberg, daß er auf vordergründig illustrierende Elemente in dieser der *Tristan*-Harmonik verpflichteten Partitur verzichtet habe. Weil das Gedicht kaum dramatische Handlung, wohl aber Gefühle und naturhafte Stimmungen schildere, habe er sich weitgehend von den Kriterien absoluter Musik leiten lassen können. »Absolutes« Komponieren aber bedeutete bei Schönberg damals wie später: Entfaltung thematischer Charaktere und formaler Abschnitte aus einem begrenzten Material nach dem bei Brahms und Wagner beobachteten Prinzip der »entwikkelnden Variation«. So können sich geringfügige Abweichungen summieren und in ihrer Gesamtheit zu äußerlich kontrastierenden, innerlich jedoch verwandt gebliebenen Gestalten führen.

Zu solcher Vielgestaltigkeit wachsen sich die thematischen Ableger und formalen Verästelungen in dem 1sätzigen und – analog zu dem Gedicht – ungefähr nach dem Schema A – B – A – C – A in 5 Abschnitte unterteilten Werk aus, daß es Webern wie ein freies Phantasieren vorkam und er von einem »Überreichtum an Themen und deren Verarbeitung« sprach. Im E-Dur-Seitenthema des 2. Abschnitts sah er keimhaft alle

für Schönbergs Melodik charakteristischen Merkmale enthalten, gedrängte Kürze, schwebende Rhythmik, dazu weitgehende Loslösung von starren Periodenbildungen.

Pelleas und Melisande op. 5. Sinfonische Dichtung

Besetzung: sehr großes Orchester (4–5faches Holz, 8 Hörner, 4 Trompeten, 5 Posaunen und Tuba, Schlagzeug, 2 Harfen und sehr starke Streichergruppe). – Entstanden 1902/03. UA: 1905 in Wien (Konzertvereinsorchester unter der Leitung des Komponisten). – Aufführungsdauer: ca. 43 Minuten.

In späteren Jahren hat Schönberg bedauert, seinen ursprünglichen Plan einer Oper nach Maurice Maeterlincks *Pelléas et Mélisande* aufgegeben zu haben: »Sie hätte sich von Debussys Oper unterschieden. Möglicherweise hätte ich den wunderbaren Duft der Dichtung verfehlt; aber ich hätte meine Charaktere mehr singen lassen.« Schönberg wußte aber auch die Vorzüge seiner damaligen Entscheidung richtig einzuschätzen: »[. . .] die Gestalt der symphonischen Dichtung half mir insofern, als sie mich lehrte, Stimmungen und Charaktere in präzis geformten Abschnitten wiederzugeben, eine Technik, die von der Oper vielleicht nicht so begünstigt worden wäre.«
Es ging ihm darum, zentrale Szenen aus Maeterlincks Schauspiel in eine Reihe von Sätzen musikalisch umzusetzen, deren Zusammenhang aus der Folgerichtigkeit im Gebrauch leitmotivischer Gestalten und ihrer Durchführung hervorgeht und außerdem durch die autonome Form einer (zugleich als aus-

gedehnter Sonatensatz deutbaren) 4teiligen, aber zäsurlos verlaufenden Sinfonie abgesichert ist.
1. Satz (Einleitung und Sonatensatz): Fürst Golo findet Melisande im Wald. Er kehrt nach der Heirat mit ihr ins väterliche Schloß zurück, wo sich eine Liebesbeziehung zwischen Melisande und Golos jüngerem Bruder Pelleas anbahnt.
2. Satz (3teiliges Scherzo): Begegnungen von Pelleas, Golo und Melisande am Springbrunnen, am Schloßturm und in den unterirdischen Gewölben.
3. Satz (*Quasi Adagio*): Abschieds- und Liebesszene zwischen Pelleas und Melisande; der eifersüchtige Golo erschlägt seinen Bruder.
4. Satz (Einleitung und Finale): Melisandes Tod.
Die Besonderheit in Schönbergs Gestaltung dieses dem *Tristan*-Epos vergleichbaren Stoffes liegt darin, daß zahlreiche Durchführungs- und Reprisenpartien in die dramatische Progression gleich Kommentaren und Reflexionen eingelassen sind. Wagners Gedanke von der Anwendung sinfonischer Techniken auf die Oper und Schönbergs Wille zu übersteigerter Expressivität verbanden sich zu einem bedeutenden musikalischen Zeugnis des Wiener Jugendstils.

Kammersinfonie Nr. 1 E-Dur op. 9

Fassung op. 9a für 15 Soloinstrumente (Flöte, Oboe, Englischhorn, Klarinetten in D und A, Baßklarinette in A, Fagott, Kontrafagott, 2 Hörner und Streichquintett). – Entstanden 1906. UA: 1907 in Wien (Rosé-Quartett und Mitglieder des Wiener Hofopernorchesters).

Fassung op. 9b für großes Orchester. – Entstanden 1935. UA: 1935 in Los Angeles (Dirigent: der Komponist). – Aufführungsdauer: jeweils ca. 22 Minuten.

In der *1. Kammersinfonie* kündigte sich die Konzeption einer sinfonischen Schreibweise für solistisch besetzte Kammerensembles an, die sich nicht nur innerhalb der »Wiener Schule«, sondern z. B. auch auf manche Werke Strawinskys oder die *Sieben Kammermusiken* Hindemiths auswirkte. Wie *op. 4*, *5* und *7* tendiert auch *op. 9* zur Verschachtelung von Sonatenteilen im Rahmen eines einzigen, allerdings ausgedehnten Satzes. Auf eine rasche, 4themige Exposition (I) folgen ohne Unterbrechung ein ebenfalls rasches, 3teiliges Scherzo (II), eine in 3 Sektionen disponierte Durchführung (III), ein *Adagio*-Satz (IV) und ein Finale, das nach den Erläuterungen Alban Bergs »kein eigenes thematisches Material besitzt, sondern [...] in einer Art Reprise und anschließender Koda nur die Bestandteile vorhergehender Symphonieteile verwertet«.
In allen genannten Werken strebte der Komponist eine Absicherung durch weitverästelte Themenmetamorphosen und tradierte Formvorstellungen an, da das einst verläßliche System der klassisch-romantischen Tonalität ins Wanken geraten war und der Kompensation durch andere formbildende Faktoren bedurfte. Als Symptome des beginnenden harmonischen Schwebezustandes lassen sich die deutlichen Ansätze zur Ganzton- und Quartenstrukturierung bezeichnen, z. B. in den Anfangstakten, die – nach eingeschobener Dreiklangsauflösung – zum berühmt gewordenen Quartensignal führen, das an wichtigen formalen Nahtstellen in Originalgestalt oder Umkehrung wiederkehren wird:

Fünf Orchesterstücke op. 16

Originalfassung (1909) für sehr großes Orchester (mit Celesta, Harfe); reduzierte Fassungen für Kammerensemble (1925?) oder großes Orchester (1950). – UA der Originalfassung: 1912 in London, Promenade Concerts (Dirigent: Sir Henry Wood). – Aufführungsdauer: ca. 16 Minuten.

Obwohl Schönberg in der Erstfassung der Stücke wieder zum spätromantischen Orchesterapparat des *Pelleas* zurückkehrte, offenbart sich in ihnen die transparente Polyphonie des *2. Streichquartetts* op. 10, die ökonomische, doch farbintensive Instrumentation der *Kammersinfonie* op. 9 sowie die Kürze und Ausdrucksdichte der *Drei Klavierstücke* op. 11 und der *George-Lieder* op. 15.

Mit dem Verzicht auf tonale Zusammenhänge sagte sich der Komponist zugleich vom Primat der Sonatenform los. So weit sah er sich in ein Neuland formaler Gestaltung vordringen, daß er die neuen Stücke in einem Brief an Richard Strauss folgendermaßen beschrieb: »Es sind kurze [. . .] Stücke (zwischen 1 und 3 Minuten Dauer) ohne zyklischen Zusammenhang [. . .]. Ich verspreche mir allerdings kolossal viel davon, insbesondere Klang und Stimmung. Nur um das handelt es sich – absolut nicht symphonisch, direkt das Gegenteil davon, keine Architektur, kein Aufbau. Bloß ein bunter, ununterbrochener Wechsel von Farben, Rhythmen und Stimmungen [. . .].« (1909). Im gleichen Sinn führte Anton Webern aus: »In den Orchesterstücken ist nicht die Spur irgendeiner überlieferten Form. Diese ist ganz ungebunden. Man könnte hier vielleicht von einer Prosa der Musik reden« (1912).

Für den Vorschlag des Verlegers, den Zugang zu den einzelnen Stücken durch Überschriften zu erleichtern, konnte Schönberg sich schließlich erwärmen. Sie lauten: 1. Vorgefühle (*Molto allegro*), 2. Vergangenes (*Mäßige Viertel*), 3. Farben (*Mäßige Viertel*), 4. Peripetie (*Sehr rasch*), 5. Das obligate Rezitativ (*Bewegte Achtel*).

Besondere Beachtung hat stets das 3. Stück mit der ursprünglichen Bezeichnung »Akkordverfärbungen« gefunden. Möglicherweise darf es als Exemplifizierung des Begriffs »Klangfarbenmelodie« gelten, von dem Schönberg im Schlußkapitel seiner *Harmonielehre* spricht. Ein 5töniger Akkord, in alternierender Färbung präsentiert, verlagert sich durch minimale, später in variierter Langsamkeit vollzogene Tonveränderungen, um nach etwa 60 Verrückungen wieder zur Ausgangsposition zurückzufinden.

Variationen für Orchester op. 31

Besetzung: sehr großes Orchester (mit Harfe, Celesta, Mandoline). – Entstanden 1926–28. UA: 1928 in Berlin, Philharmonische Konzerte (Dirigent: Wilhelm Furtwängler). – Aufführungsdauer: ca. 23 Minuten.

Seit den *Orchesterliedern* op. 22 und den Skizzen zur *Jakobsleiter* hatte Schönberg das Orchester gemieden. Somit stellt

op. 31 den ersten Versuch in zwölftöniger orchestraler Schreibweise dar, deren Probleme (vor allem deren »Allergie« gegen Oktavverdopplungen) der nunmehr über 50jährige, in repräsentativer Berliner Stellung wirkende Komponist zunächst an kammermusikalischen Besetzungen hatte studieren wollen (vgl. *op. 24*, *26*, *29* und *30*).
Sicher ist es auch kein Zufall, daß Schönberg in den genannten Werken und vor allem im speziellen Fall des *op. 31* auf die Formprinzipien eines klassizistisch orientierten Variationenzyklus zurückgriff. Denn – so Anton Webern 1932 – das »Streben nach Zusammenhang, nach Beziehungen führt von selbst zu einer Form, die die Klassiker häufig gepflegt haben und die bei Beethoven eigentlich überwiegend geworden ist: zur Variationenform. – Ein Thema ist gegeben. Es wird variiert. – In diesem Sinne ist die Variationenform eine Vorläuferin der Komposition in zwölf Tönen.«
Die Konzeption einer zugleich Thema und Reihe variierenden Additionsform gab Anlaß zum Entwerfen jeweils individueller Satz- und Klangcharaktere, deren Ausdehnung meist die Abmessung des 24taktigen Themas oder eines Mehrfachen davon widerspiegelt:

Introduktion: *Mäßig ruhig* (33 Takte); Thema: *Molto moderato* (24 Takte); Var. 1: *Moderato* (24 Takte); Var. 2: *Langsam* (reduzierte Besetzung, 24 Takte); Var. 3: *Mäßig* (24 Takte);

Var. 4: *Walzertempo* (48 Takte); Var. 5: *Bewegt* (24 Takte); Var. 6: *Andante* (reduzierte Besetzung, 36 Takte); Var. 7: *Langsam* (solistische Hauptstimmen, 24 Takte); Var. 8: *Sehr rasch* (24 Takte); Var. 9: ... *etwas langsamer* (24 Takte); Finale: *Mäßig schnell – Grazioso – Presto – Adagio – Presto* (211 Takte).
Das Thema selbst – im Zitat S. 701 ohne Begleitsatz – präsentiert alle vier Aspekte der zwölftönigen Grundreihe, d. h. Grundgestalt, Krebsumkehrung, dann den Krebs selbst, schließlich Umkehrung und Grundgestalt in 2stimmiger Verzweigung.

Begleitmusik zu einer Lichtspielszene op. 34

Besetzung: kleines Orchester (mit Klavier). – Entstanden 1929/30. UA: 1930 in Frankfurt a. M. (Dirigent: Hans Rosbaud). – Aufführungsdauer: ca. 8 Minuten.

Die Partitur entstand im Auftrag eines Verlages, der sich u. a. auf die musikalische Belieferung der damals noch unentbehrlichen Stimmungsorchester in den Stummfilmkinos spezialisiert hatte. Doch ist wohl kein einziges Filmtheater in den wenigen Jahren bis zu Schönbergs Emigration und Ächtung das Risiko einer Aufführung eingegangen. (Erst 1973 kam es zur Produktion dreier filmischer Versionen von Jean-Marie Straub, Jan W. Morthenson und Luc Ferrari.)
Von keiner konkreten Drehbuchsituation eingeengt, wurde die zwölftönige Partitur zum musikalischen Psychogramm des Erlebnisprozesses »Drohende Gefahr – Angst – Katastrophe« (so der Untertitel). Die Rahmentempi sind *Langsam – Sehr rasch – Adagio*. Nicht nur programmatisch wird die große Nähe zum Monodram *Erwartung* op. 17 (1909) spürbar. Auch stilistisch orientierte sich Schönberg am früher entwickelten Vokabular expressionistischer Intensität, Exaltation, ja Hysterie.

Konzert für Violine und Orchester op. 36

Anton Webern gewidmet. – Besetzung: großes Orchester. – Entstanden 1934–36. UA: 1940 in Philadelphia (Solist: Louis Krasner, Dirigent: Leopold Stokowski). – Aufführungsdauer: ca. 34 Minuten.

1. *Poco allegro* – 2. *Andante grazioso* – 3. *Allegro*.

Aus Termingründen hat Schönbergs Schwager Rudolf Kolisch, mit seinem Quartett ein Vorstreiter für die Kammermusik der Wiener Schule, die Erstaufführung ablehnen müssen.

Bevor Louis Krasner einsprang, der Initiator und erste Solist von Bergs *Violinkonzert*, hatte der weltberühmte Virtuose Jascha Heifetz die Partitur als unspielbar zurückgesandt. Schönbergs ironischer Kommentar: »Ich freue mich, ein weiteres unspielbares Stück ins Repertoire gebracht zu haben. Ich will, daß dieses Konzert schwierig ist und der kleine Finger länger wird. Ich kann warten.« Sarkastisch soll er sogar einen Geiger mit sechsfingriger Griffhand gefordert haben.
Hinter Abwehrreaktionen solcher Art verbirgt sich – symptomatisch für Schönberg – die unerschütterliche Gewißheit, von fähigen Solisten zwar exakt vorauskalkulierte Schwierigkeiten an der Grenze des Unmöglichen, aber eben doch nie Unmögliches zu verlangen (vor allem: einfache und doppelte Flageoletts und Akkordkombinationen in rascher Folge, hohe Lagen usw.).
Im *Violinkonzert* wie auch in anderen zwölftönigen Werken dieser Jahre manifestiert sich eine unüberhörbare Diskrepanz zwischen Material und Satz bzw. Form. Bauprinzipien wie Melodie und harmonische Ergänzung, Sonatensatz (1), 3teilige Liedform (2) und Marschrondo (3) wurzelten in der Tonalität und verloren bei deren Auflösung einen großen Teil ihrer strukturbildenden Kraft. Doch gewinnt die Partitur aus der Heftigkeit, aber auch der lyrischen Intensität, mit der solche Widersprüchlichkeiten ausgetragen werden, ihre Faszination. Beispielsweise bleiben im Finalsatz die Marschcharakteristika, einst Ausdruck einfacher, ja primitiver Dreiklangharmonik, zunächst verborgen, um sich erst bei späteren Themeneinsätzen in bewußter Doppeldeutigkeit auszuprägen.

Kammersinfonie Nr. 2 es-Moll op. 38

Besetzung: mittelgroßes Orchester. – Entstanden 1906–39. UA: 1940 in New York (Kammerorchester der »New Friends of Music«, Dirigent: Fritz Stiedry). – Aufführungsdauer: ca. 24 Minuten.

Wenn es galt, nach längerer Zeit frühere Ansätze fortzuführen oder liegengelassene Arbeiten abzuschließen, hatte der gewöhnlich rasch schreibende Komponist immer Schwierigkeiten. Das war der Fall bei den *Gurre-Liedern*, bei der *Jakobsleiter* und den *Orchestervariationen* op. 31, auch bei *Moses und Aron*. Im Falle der *2. Kammersinfonie* lagen die Dinge so: Unmittelbar nach der *1. Kammersinfonie* op. 9 (1906) waren etwa zwei Drittel dieses tonalen »Zwillingswerkes« zu Papier ge-

bracht; 1911 und 1916 wurde das Projekt wieder aufgegriffen, aber erst 1939 auf Bitte von Fritz Stiedry zu Ende geführt. Mit der Anpassung an die größere Besetzung von Stiedrys Orchester verschwand zugleich die ursprüngliche Klangkonzeption für ein Ensemble von wenigen Solisten.
Schönberg wollte das Werk nicht auf zu viele Sätze ausweiten; er ließ deshalb den lebhaften, raffiniert mit zwei Zeitebenen arbeitenden 2. Satz (*Con fuoco*, G-Dur, 6/8- = 3/4-Takt) in einen *Molto Adagio*-Epilog einmünden, der den von Resignation erfüllten es-Moll-Ton des 1. Satzes (*Adagio*) wieder aufnimmt und verklingen läßt.
Auf die oft gestellte Frage, warum er nach dem mühevollen Durchbruch zur reihengebundenen Atonalität noch tonale Werke schreibe (es sind neben *op. 38* im wesentlichen die *Suite* für Streichorchester, das *Kol Nidre* op. 39, die *Orgel-Variationen* op. 40 sowie *Thema und Variationen* op. 43), hat Schönberg 1949 in seinem Aufsatz *On revient toujours* geantwortet: »Immer war in mir der Wunsch lebendig, zu dem früheren Stil zurückzukehren; und von Zeit zu Zeit gebe ich diesem Verlangen nach. Für mich haben stilistische Unterschiede dieser Art keine besondere Bedeutung. Ich weiß nicht, welche meiner Kompositionen besser sind; sie gefallen mir alle, denn sie gefielen mir, als ich sie schrieb.«

Konzert für Klavier und Orchester op. 42

Besetzung: mittelgroßes »klassisches« Orchester. – Entstanden 1942. UA: 1944 in New York (Solist: Eduard Steuermann, Dirigent: Leopold Stokowski). – Aufführungsdauer: ca. 22 Minuten.

Schönberg, der selbst nur ein mittelmäßig geschulter Pianist war, hatte zuvor die Klavierliteratur um 5 wichtige Solowerke, die *Opera 11*, *19*, *23*, *25*, *33a/b*, und 3 pianistisch anspruchsvolle Ensemblekompositionen bereichert (*Pierrot lunaire* op. 21, *Suite* op. 29, *Ode an Napoleon* op. 41). Zu einem größeren und konzertanten Werk, seinem einzigen Klavierkonzert, veranlaßte ihn aber erst der Auftrag seines amerikanischen Schülers Oscar Levant.
Für Levant, der den Solopart übrigens nicht spielte, waren einige programmatische Stichworte zu den 4 zäsurlos verbundenen Sätzen bestimmt:
1. *Andante* – »Das Leben war so leicht«; 2. *Molto allegro* – »Plötzlich brach Haß aus«; 3. *Adagio* – »Eine ernste Situa-

tion war geschaffen«; 4. *Giocoso* – »Aber das Leben geht weiter«.
Hatte Schönberg noch im Satzbild des *Violinkonzerts* das »Verbot« der Oktavverdoppelung genauestens befolgt, so erhob er beim *op. 42* die Oktavprojektion geradezu zum Strukturprinzip im Klavier- wie im Orchestersatz (»Oktavverdoppelung zu vermeiden war sicherlich eine Art Übertreibung«). Neben durchsichtigen, aufgehellten Formabschnitten, z. B. der solistischen Eröffnung von Satz 1, finden sich Abschnitte von Brahmsscher Kompaktheit, so der Klavier-Mittelteil *Più Largo* in Satz 2 und die Mehrzahl der orchestralen Tutti-Stellen.
Im Finalsatz dominiert der Wunsch zur integrierenden Rückschau. Als Seitensätze zwischen den Rondo-Refrains fungieren Reminiszenzen der Sätze 2, 3 und 1, während die großangelegten Steigerungen von Stretta und Coda sich auf die Hauptthemen der Rahmensätze 1 und 4 konzentrieren.

A Survivor from Warsaw op. 46

Besetzung: Sprecher, Männerchor und mittelgroßes Orchester. – Entstanden 1947. UA: 1948 in Albuquerque, New Mexico, USA (Dirigent: Kurt Frederick); deutsche EA: 1950 im Rahmen der Kranichsteiner (Darmstädter) Ferienkurse (Dirigent: Hermann Scherchen). – Aufführungsdauer: ca. 6 Minuten.

Ein »Orchesterstück mit Sprecher und Männerchor« nannte der 73jährige Schönberg dieses kantatenartige Werk (*Ein Überlebender aus Warschau* lautet der Titel in der Übersetzung). Wegen seiner eindringlichen Kürze und der erschütternden Gestaltung seiner auf mehrere Zeitebenen verteilten Texte ist diese Partitur mehr als bloß ein Stück Dokumentation, nämlich: Bekenntnismusik.
Eine Particell-Notiz vermerkt: »Dieser Text basiert teilweise auf Berichten, die ich auf direkte oder indirekte Weise erhalten habe«. Schönberg selbst erarbeitete aus Gehörtem und Gelesenem über die grauenhaften Massaker im Warschauer Judenghetto eine Textfassung, die er in einem zweiten Vorgang in eine überaus differenzierte und akribisch notierte Sprechpartie umwandelte. Der Bericht in der Ich-Form beginnt stockend; erst allmählich ordnet sich das Geschehen in seiner zeitlichen Abfolge. In der Gewißheit, zur Gaskammer geführt zu werden, brechen die zum morgendlichen Abzählen

versammelten Lagerinsassen in den Gesang des *Schma Yisroel*, ihres alten Glaubensbekenntnisses, aus. Der Bericht schlägt so unvermittelt in die Gegenwart um, die historische Distanz ist aufgehoben.
Aus der reihengebundenen melodischen Kontur dieses einstimmigen, nichtliturgischen Gebetsgesanges gewann Schönberg motivische Gestalten, die sich in der musikalischen Textur als Sinnträger ausprägen und Brücken zum Textinhalt bilden: ein militärisch grelles Trompetensignal, der in wechselnder Form fast stets präsente übermäßige Dreiklang als Figur des Grauens und die als Seufzermotive zu begreifenden melodischen Kleinsekundintervalle. Darüber hinaus besitzt Schönbergs Partitur farbigen Kontrastreichtum und eine hektisch fluktuierende Rhythmik, wie man sie bei ihm sonst vielleicht nur noch in dem ein Jahr zuvor abgeschlossenen *Streichtrio* op. 45 findet.

Charles Ives

* 20. Oktober 1874 in Danbury (Connecticut, USA)
† 19. Mai 1954 in West Redding (Connecticut, USA)

Nachhaltige musikalische Anregungen erhält der junge Ives bereits im Elternhaus: Er wirkt in der vom Vater geleiteten Blaskapelle mit, erhält Klavier- und Orgelunterricht und übt sich im Anfertigen von Arrangements. Schon als 14jähriger wird er mit Organistenstellen betraut. Nach dem Besuch der High School in Danbury absolviert er in den Jahren 1894–98 ein Musikstudium an der Yale University, u. a. bei Horatio Parker und Harry R. Shelley (Komposition) sowie bei Dudley Buck (Orgel).
Später im Versicherungswesen tätig, wird Ives 1908 finanziell erfolgreicher Teilhaber der New Yorker Generalagentur Ives & Myrick. In der Freizeit bleibt Raum für Organistendienst und kompositorische Arbeit, welche Ives aber 1921 infolge Erkrankungen (Herzschwäche, Diabetes) und Depressionen fast ganz einstellt. Seit 1927 betreibt er fördernde Mitarbeit in der von Henry Cowell gegründeten »New Music Society«. 1930 zieht er sich aus dem Berufsleben zurück und lebt in West Redding (Conn.) und New York fast ohne Kontakt zum zeitgenössischen Musikgeschehen und ohne

sich um die Aufführung seiner Werke zu bemühen. Ihre Verbreitung bleibt bis zuletzt fast ausschließlich auf Privatdrucke beschränkt.

Werke (Auswahl): 114 *Lieder* (1884–1921); *1. Sinfonie d-Moll* (1897/98); *2. Sinfonie* (1897–1901); *Calcium Light Night* für Orchester (1898–1907); *From the Steeples and the Mountains* für Glocken oder 2 Klaviere, Trompete und Posaune (1901); *3. Sinfonie (The Camp Meeting)* für kleines Orchester (1901–04); *Three Places in New England* für Orchester: I. *Boston Common*, II. *Putnam's Camp*, III. *The Housatonic at Stockbridge* (1903–14); *Three Quarter-Tone Pieces* für 2 Klaviere (1903–24); *Orchestral Set Nr. 1*: I. *In the Cage*, II. *In the Inn*, III. *In the Night* (1904–11); *Holidays*, Sinfonie in 4 Teilen: I. *Washington's Birthday* (1909), II. *Decoration Day* (1912), III. *Fourth of July* (1913), IV. *Thanksgiving and Forefather's Day* (1904); *Three Outdoor Scenes*: I. *Hallowe'en* (1911), II. *The Pond* (1906); III. *Central Park in the Dark* (1898–1906); *The Unanswered Question* für Kammerorchester (1906); *2. Klaviersonate (Concord, Mass. 1840–60*, 1909–15); *4. Sinfonie* für Chor ad lib. und großes Orchester (1910–16); *Universe Symphony* (Fragment, 1911–16; 1927/28); *Tone Roads Nr. 1* für Orchester (1911); *Robert Browning Ouvertüre* für Orchester (1911); *Orchestral Set Nr. 2*: I. *An Elegy to our Forefathers*, II. *The Rockstrewn Hills Join in the People's Outdoor Meeting*, III. *From Hanover Square North at the End of a Tragic Day the Voice of People Again Arose* (1912–15).

Mit einem soliden Fundament klassischer Satztechniken versehen, begann Ives sehr früh, seine Unabhängigkeit von konventionellen Mustern der Musikproduktion seiner Zeit unter Beweis zu stellen. Das Schlüsselerlebnis räumlich entfernt spielender Musikkapellen findet sich in vielen seiner Partituren in Gestalt bitonaler, bimetrischer oder insgesamt divergierender Bündel musikalischer Verläufe wieder. Atonale harmonische Felder als Resultate einer beispiellosen Klangphantasie sind die Folge (*2. Streichquartett*, *2. Klaviersonate*, *Three Places*, *4. Sinfonie*). Daneben gewinnt folkloristisches Material als Ausdrucksmedium amerikanischer Geschichte und Lebensart eine große Bedeutung, gleichermaßen philosophisches Gedankengut, wie es etwa in die zur *2. Klaviersonate* gehörigen *Essays Before a Sonata* (1920) einfließt.
»Man hat Ives vielfach einen ›Primitiven‹ genannt, weil seine Schreibweise oft etwas ausgesprochen Dilettantisches an sich hat. Er war jedoch keineswegs ein wirklicher Dilettant, da er ein völlig solides traditionelles Handwerk zu beherrschen ge-

lernt hatte. Seine Dilettantenmanier war durchaus bewußt und beabsichtigt [. . .]. Das dreiste und scheinbar unbekümmerte Jonglieren mit normalerweise unvereinbarlichen Stilelementen erinnert an Satie. Von dem sarkastischen Franzosen, dessen Kunststücke manchmal so tun, als ob sie ein Nichts vortäuschten, wo vielleicht wirklich nichts als ein Nichts versteckt ist, unterscheidet sich Ives durch den grimmigen Ernst seines Humors und den unbehinderten Zugriff ursprünglicher Lebenskraft [. . .].
Charles Ives hat Anspruch darauf, als Amerikas bisher bedeutendster Komponist zu gelten, nicht bloß wegen der Originalität und Vitalität seiner Musik, sondern weil er auf dem Gebiet der Musik die wertvollsten Züge des Amerikanismus repräsentiert. Hier ist ein Rebell vom alten Schlag, der seine intellektuelle Freiheit um kein Linsengericht verkaufen wird, jedoch einen so großartigen Sinn für die Realität dieser Welt besitzt, daß er es ohne weiteres auf sich nimmt, das Linsengericht selbst zu kochen und mit Erfolg an den Mann zu bringen. Die es ihm abnehmen, werden aber nicht betrogen sein, denn noch beseelen ihn die hohen Ideale und die tiefe Humanität der Väter der Republik, durch und durch geschult an dem Erbe der alten Welt« (Ernst Krenek, 1955).
Der gleichaltrige Arnold Schönberg würdigte Ives, den er persönlich nicht kennengelernt hatte, mit folgenden Zeilen: »Es lebt ein großer Mann in diesem Land – ein Komponist. Er hat das Problem gelöst, wie man sein Selbst erhalten und dennoch lernen kann. Mißachtung begegnet er mit Verachtung. Er ist nicht gezwungen, Lob oder Tadel hinzunehmen. Sein Name ist Ives.«

Central Park in the Dark

Besetzung: kleines, meist von 2 Dirigenten geleitetes Orchester (je 1 Piccolo, Flöte, Oboe, Klarinette, Fagott, Trompete, Posaune, 2 Trommeln, 2 Klaviere – das zweite auch 4händig zu spielen – und Streicher). – Entstanden 1898–1906. UA: 1954 in New York. – Aufführungsdauer: ca. 8 Minuten.

Erst um 1949, möglicherweise ohne Ives' Billigung, fügte der Verleger das Stück *»Central Park im Dunkel«* dem Zyklus der *Three Outdoor Scenes* (*»Drei Szenen im Freien«*) bei. In einem früheren Werkverzeichnis hatte Ives eine Koppelung mit der ebenfalls 1sätzigen Komposition *The Unanswered Question* (*»Die unbeantwortete Frage«*) vorgenommen und den beiden Partituren so phantasievolle Titel gegeben wie »Betrachtung über eine ernste Sache oder Die unbeantwortete ewige Frage« und »Betrachtung über eine keineswegs ernste Sache oder Central Park im Dunkel während der guten alten Sommerszeit«. Tatsächlich hätten die beiden Kompositionen sehr schlecht zueinander gepaßt, da sie eine recht ähnliche Form- und Satzanlage aufweisen.

Abenddämmerung und nächtliche Stille des riesigen Zentralparks im New Yorker Westen – heute bekanntlich ein Schauplatz krimineller Delikte – finden ihr klangliches Pendant in einem flächigen Kontinuum der Streicher, wobei sich ein 10taktiges, rhythmisch elastisch bewegtes Modell in insgesamt 10 Durchläufen ausbreitet. Melodieeinwürfe solistischer Bläser treten hinzu. Im ersten Klavier kündigt sich ein synkopenreicher Ragtime an – akustisches Porträt einer näher kommenden, temperamentvollen Band –, welcher sich bald verselbständigt (Bläser, Schlagzeug, Klavier I) und in metrisch mehrgleisiger Beschleunigung zu einem turbulenten Höhepunkt führt. Abruptes Verstummen der Ragtime-Formation; übrig bleiben die ruhige Streicherondulation und einige Bläserreminiszenzen.

Three Places in New England

Besetzung: mittelgroßes Orchester (u. a. mit Klavier; Orgelbaß ad lib.). – Entstanden 1903–14. UA: 1930 in Boston (Chamber Orchestra of Boston, Dirigent: Nicolas Slonimsky). – Aufführungsdauer: ca. 18 Minuten.

Ives liebte es, seinen Werken mitunter umfangreiche Kommentare voranzustellen. Auch die Partitur der *Drei Szenen in Neu-England* (auch als »First Orchestral Set« oder »A New England Symphony« bezeichnet) enthält Texte in Vers- und Prosaform, in denen die typische, sich in einem Über- und Ineinander musikalischer Schichten äußernde Assoziationsfülle der verästelten Ivesschen Vorstellungswelt anklingt.

I. *Das »St. Gaudens«-Reiterstandbild in Boston Common (Oberst Shaw und sein farbiges Regiment).*
Vorwärts rückt ihr – ihr marschiert – Gesichter von Seelen, / Gezeichnet von den Qualen eurer Vorväter . . .

»Ein trauermarschartiger Nachruf in Form einer unendlichen Streichermelodie, die Weite Amerikas evozierend, über einem sich schleppenden, sehr langsam pulsierenden Baß. Eingeschoben sehr kurze Erinnerungsfetzen von Negro Spirituals,

Fanfaren, Hymnen, Volksliedern, Springtänzen« (Kommentar: Jürg Wyttenbach, 1973).
II. *Putnams Lager in Redding im Staat Connecticut.*
»Ein kleiner Bub nimmt teil an einem Picknick in einem Park, einer Gedenkstätte der Revolution. Er hört den Bläserkapellen zu, die verschiedene Märsche spielen . . . Dann wandert er von seinen Kameraden weg in den Wald hinein in der Hoffnung, dort einige der alten Soldaten General Putnams zu erblicken. Er ruht sich aus; die Klänge der Kapelle werden schwächer. Er schläft ein und träumt von einer sorgenvoll blickenden Freiheitsgöttin, welche die Soldaten bittet, ihre gerechte Sache nicht zu vergessen. Doch wird in seinem Traum die mahnende Stimme durch die alten Märsche der längst verstorbenen Soldaten zugedeckt. Diese Märsche und Hymnen vermischen sich mit den Klängen der zum Picknick aufspielenden Kapellen« (Wyttenbach).
III. *Der Fluß »Housatonic« bei Stockbridge.*
Zufriedener Fluß! in deinem verträumten Reich – / Die wolkengleiche Weide und die federleichte Ulme / . . . Fließe weiter! . . . / Ich fürchte mich auch vor zuviel Ruhe; / Laß mich dein Begleiter sein / Über Wasserfälle und durch Sandbänke bis zum abenteuerlichen Meer! (R. U. Johnson).
»Dieses Tongemälde ist in seinem ununterbrochenen Fließen und Durcheinanderwogen der Stimmen, in seinem allmählichen Anschwellen und Auffächern des Klangs sicher der erstaunlichste, kühnste und modernste der drei Sätze. Das geniale Abbrechen des Stückes kann nur mit Alban Bergs plötzlichen Pianissimo-Löchern im *Wozzeck* oder in der *Lyrischen Suite* verglichen werden« (Wyttenbach).

The Unanswered Question

Besetzung: 4 Flöten (auch 2 Flöten, Oboe, Klarinette), Trompete (auch Englischhorn, Oboe oder Klarinette) und Streicher (chorisch). – Entstanden 1906. UA: 1941 in New York. – Aufführungsdauer: ca. 5 Minuten.

Das von Ives oft geübte Verfahren, mehrere selbständige musikalische Schichten in der Gleichzeitigkeit zu überlagern, bleibt in diesem Orchesterstück – vielleicht seinem bekanntesten – nicht auf kurze Zitate oder begrenzte Einschübe beschränkt. Durchweg wird eine simultane Dreischichtigkeit der musikalischen Textur vom ersten bis zum letzten Takt gewahrt:
1. Die Streicher, immer in 3fachem Piano und mit Dämpfer,

dazu nach Möglichkeit in einiger Entfernung, d. h. hinter dem Podium, aufgestellt, spielen in exzessiv langsamem Zeitmaß ein Klangband reiner Dreiklänge (laut Ives' Partiturnotiz »die Stille«).
2. Sechsmal intoniert die gedämpfte Solo-Trompete, in etwa gleichen Abständen und nur im Schlußton variierend, dieselbe »fragende« 2-Takt-Phrase (Ives: »die ewige Seinsfrage«); sechsmal setzt die Holzbläsergruppe zu zunehmend rascheren, längeren, lauteren und tonreicheren »Entgegnungen« in dissonantem Satz an (Ives: »die Jagd nach der unsichtbaren Antwort«). Wenn die Frage abschließend ein siebentes Mal gestellt wird, bleibt jegliche Antwort aus, während die Klangfläche der Streicher noch kurze Zeit nachklingt (Ives: »ungestörte Stille«).

Franz Schmidt

* 22. Dezember 1874 in Preßburg
† 11. Februar 1939 in Perchtoldsdorf bei Wien

Studium in den Jahren 1890–96 am Wiener Konservatorium (Violoncello, Klavier, Komposition). 1896–1911, während der berühmten Mahler-Ära, Cellist des Wiener Hofopernorchesters; gleichzeitig Lehrer, später Professor, 1925–27 auch Direktor der Musikakademie (Unterrichtsfächer: Violoncello, Klavier, später Satzlehre und Komposition).

Schmidt muß als Prototyp jener offensichtlich benachteiligten Komponisten gelten, deren Name von einem breiten Publikum fast ausschließlich mit einem einzigen Erfolgswerk, meist nicht dem persönlichsten und gelungensten, in Verbindung gebracht wird. Das von zigeunerisch-rhapsodischem Streichermelos erfüllte Zwischenspiel der Oper *Notre-Dame* läßt kaum vermuten, daß sein Komponist sich als traditionsbewußter Fortsetzer der Sinfonik von Brahms und Bruckner verstand, der – obwohl auch vorübergehend vom frühen Schönberg beeinflußt – im späten Oratorium *Das Buch mit sieben Siegeln* zu archaisierenden polyphonen Formkonstruktionen zurückfinden sollte. Zeichen eines stärkeren Interesses an einigen bisher weniger beachteten Werken Schmidts – u. a. den *Beethoven-Variationen*, der *4. Sinfonie*, dem Oratorium und einigen Orgelstücken – lassen sich jedoch nicht übersehen.

Werke: *1. Sinfonie E-Dur* (1896–99); *Notre-Dame* (nach V. Hugo), Oper in 2 Akten (1902–04), daraus: *Karnevalsmusik* und *Zwischenspiel*; *2. Sinfonie Es-Dur* (1911–13); *Konzertante Variationen über ein Thema von Beethoven = 1. Klavierkonzert* (1923), Klavierpart original 1händig, 2händige Fassung von F. Wührer (1952); *Chaconne cis-Moll* für Orgel (1925), auch Fassung für Orchester (1931); *3. Sinfonie A-Dur* (1928); *Variationen über ein Husarenlied* für Orchester (1930/31); *4. Sinfonie* C-Dur (1933); *Klavierkonzert Es-Dur* (1934); *Das Buch mit sieben Siegeln*, Oratorium für Soli, Chor und Orchester nach Texten der Offenbarung des Johannes (1937).

Maurice Ravel

* 7. März 1875 in Ciboure bei Saint-Jean-de-Luz
(Dép. Pyrénées-Atlantiques, Frankreich)
† 28. Dezember 1937 in Paris

Sohn eines musikalisch ausgebildeten savoyischen Ingenieurs und einer Baskin. Wenige Monate nach der Geburt des Sohnes Umzug der Familie nach Paris. Besuch des dortigen Conservatoire bereits ab 1889: Klavier bei Charles de Bériot, Kontrapunkt bei André Gédalge, Komposition bei dem von Ravel hochgeachteten Gabriel Fauré. In den frühen Kompositionen unverkennbare Einflüsse von Erik Satie und Emanuel Chabrier. Vier vergebliche Versuche, den begehrten, wenn auch aufgrund völlig veralteter Kriterien verliehenen Rom-Preis zu erringen (1901–05).
Erste größere Erfolge (Klavierwerke »Pavane pour une infante défunte«, »Jeux d'eau«) und Skandale (Liederzyklen »Shéhérazade«, »Histoires naturelles«). In jenen Jahren Bewunderung für den um 13 Jahre älteren Claude Debussy, zu dem indessen – getrübt auch durch eine Plagiatsaffäre und die engstirnige Parteinahme von Anhängern – persönlich nur lose Beziehungen bestanden. 1912/13 Zusammenarbeit mit den von Sergej Diaghilew geleiteten »Ballets Russes« (Auftragswerk »Daphnis et Chloé«) und mit Igor Strawinsky (Fertigstellung von Modest Mussorgskijs unvollendeter Oper »Chowanschtschina«).

Nach Kriegsausbruch Bemühungen Ravels, in die Armee aufgenommen zu werden; 1916/17 Einsatz als Lastwagenfahrer. 1920 Erwerb des in Montfort-l'Amaury bei Paris gelegenen Landhauses »Le Belvédère«. Wiederholte Konzertreisen, auf welchen Ravel eigene Werke dirigiert (1920 Wien; 1922 Niederlande, Venedig, England; 1927/28 USA, Kanada; 1932 mehrere mitteleuropäische Länder). 1928 Uraufführung der Ballettfassung des »Boléro«, des erfolgreichsten Werkes Ravels.
1933 erste Symptome einer Apraxie, möglicherweise als Folge eines Taxiunfalls: Lähmungserscheinungen, Gedächtnisschwund, Unfähigkeit zu komponieren. Reisen nach Marokko und Spanien mit dem Ziel der Zerstreuung (1935). Tod wenige Tage nach einem operativen Eingriff.

Werke: *Menuet antique*, Fassungen für Klavier (1895) und Orchester (1929); *Pavane pour une infante défunte*, Fassungen für Klavier (1899) und Orchester (1910); *Shéhérazade* für Sopran und Orchester nach Gedichten von T. Klingsor (1903); *Miroirs*, 5 Klavierstücke (1905), daraus instrumentiert: Nr. 3 *Une Barque sur l'océan* (1907) und Nr. 4 *Alborada del gracioso* (1918); *Introduction et Allegro* für Harfe, Flöte, Klarinette und Streichquartett (1905/1906); *Rapsodie espagnole* für Orchester (1895; 1907); *Ma Mère l'oye*, 5 Kinderstücke für Klavier 4händig (1908), orchestrierte und erweiterte Ballettfassung (1911); *Valses nobles et sentimentales*, Fassungen für Klavier (1911) und Orchester (1912); *Daphnis et Chloé*, choreographische Sinfonie nach Longos / M. Fokin (1910–1912), daraus Sinfonische Fragmente: *1.* und *2. Suite* (1912); *Deux Mélodies hébraïques* nach jiddischen Volksliedern für Gesang und Klavier (1914) bzw. mit Orchester (1919); *Le Tombeau de Couperin*, Fassungen für Klavier (1917) bzw. Orchester (1919); *La Valse*, choreographisches Poem für Orchester (1919/20); *Tzigane*, Konzertrhapsodie für Solo-Violine und Klavier (1924) bzw. mit Orchester (1924); *L'Eventail de Jeanne*, Fanfare für Orchester (= Beitrag zu einer Gemeinschaftsarbeit, 1927); *Boléro* für Orchester (1928); *Konzert für Klavier und Orchester G-Dur* (1929–31); *Konzert für Klavier (linke Hand) und Orchester D-Dur* (1929–31); *Don Quichotte à Dulcinée*, 3 Gesänge nach Texten von P. Morand für Gesang und Klavier bzw. mit Orchester (1932).
Instrumentierungen fremder Werke, u. a. Modest Mussorgskij: *Bilder einer Ausstellung* (1922); Claude Debussy: *Sarabande* (1920), *Danse* (1923); Emanuel Chabrier: *Menuet pompeux* (1918).

Vom malerischen Impressionismus der Künstlergruppe um Monet und Manet ist der – ursprünglich und lange noch negativ gemeinte – Begriff eines musikalischen »Impressionismus«

schon früh als Stilbezeichnung übernommen worden. Debussy, auf den man ihn zuerst angewendet hat, übrigens ohne ihn exakt zu kennzeichnen, hatte sich mit dieser Etikettierung auseinanderzusetzen: »Ich versuche etwas ganz anderes zu machen, in gewisser Weise: Bilder der Wirklichkeit – die Dummköpfe nennen das ›Impressionismus‹ – ein Begriff, der so schlecht angewandt ist wie nur irgend möglich [...].« Nicht Konturenlosigkeit und vages Farbenspiel meint der oft in dieser Richtung falsch interpretierte Begriff, sondern die Einmaligkeit und Unwiederholbarkeit eines musikalischen Geschehnisses, das sich zum Zeitpunkt seines Erklingens selbst genügt. Ungewohnte Gestaltungsmittel wie die von jeglicher Grundtonbeziehung losgelöste Ganztonleiter, der häufige Verzicht auf den Themendualismus und die Entwicklungsdynamik klassisch-romantischer Formmodelle oder die Hervorkehrung autonomer Klangvaleurs von irisierender Leuchtkraft haben lange genug den Blick für die eigentlichen Ziele der neuen Strömung verstellt, die Pierre Boulez (1962) folgendermaßen kennzeichnet: »Das in Bewegung Befindliche, das Momentane bricht in die Musik ein. Keineswegs nur – wie man einschränkend gemeint hat – als Impression eines augenblicklichen, flüchtig vorübergehenden Geschehens, sondern vielmehr als Folge einer Konzeption von der Relativität und Nichtumkehrbarkeit der musikalischen Zeit und darüber hinaus des gesamten musikalischen Universums.«

Ravels kompositorische Mittel weisen ihn in vielfacher Hinsicht als Vertreter eines so verstandenen französischen Impressionismus aus. Doch verläuft durch sein Œuvre zugleich eine in mittleren und späten Jahren verstärkt sich äußernde klassizistische Linie.

»Zwar hat er souverän über impressionistische Verfahrensweisen verfügt, sein Formdenken geriet aber je länger je deutlicher in den Bann der Tradition. Seine späten Werke ragen wie ein klassizistischer Anachronismus weit ins 20. Jahrhundert und mußten ohne Einfluß auf die Zukunft bleiben.

Trotz dieser Einschränkungen bleibt Ravels Werk bewundernswert. Es offenbart sich darin ein außerordentlich sensibler Formsinn, der ein ebenso köstliches wie zerbrechliches *Art pour l'art*-Spiel hervorzaubert. Ravels schöpferisches Genie entzündet sich oft am Paradoxon. Seine Extremlösungen entspringen einer tiefen Skepsis gegenüber der Verbindlichkeit menschlicher Äußerungen, einer Skepsis, deren tragischer Aspekt mit verwirrenden Taschenspielereien und distanzierter Ironie überdeckt wird. Angesichts dieser gefährdeten Position hat Ravel Rückhalt gesucht an gesicherten traditionellen Formschemata« (Jacques Wildberger, 1966).

Rapsodie espagnole

Ravels Klavierprofessor Charles de Bériot gewidmet. – Besetzung: großes Orchester (u. a. mit Sarrusophon, reichem Schlagzeug, Celesta und 2 Harfen). – Entstanden 1895 bzw. 1907. UA: 1908 in Paris, Concerts Colonne (Dirigent: Edouard Colonne). – Aufführungsdauer: ca. 15 Minuten.

Spanien, die Heimat seiner baskischen Mutter, besaß für den Komponisten zeitlebens die Faszination eines künstlichen Paradieses. Nie aber erscheint es in seinen Werken, etwa durch direkte Anleihen bei spanischer Volksmusik, wie ein Stück entzauberter Realität; Ravel entrückte seine Vorbilder durch distanzierende Stilisierung auf die höchste künstlerische Ebene assoziativer Ausstrahlung. Manuel de Falla, der spanische Freund, erkannte gerade in der Partitur der *Spanischen Rhapsodie* einen solchen hohen Grad der Sublimierung vordergründig nationaler Elemente, wie er ihn z. B. im *Capriccio espagnol* seines russischen Zeitgenossen Rimskij-Korsakow vermißte.

Ein fast ununterbrochen erklingendes larmoyantes 4-Ton-Motiv bewirkt im *Prélude à la nuit* (*Très modéré*) eine fast bildhafte Immobilität, die auch durch 2 kurze Kadenzen der Klarinetten- bzw. Fagottpaare nicht aufgehoben wird. In der scherzoartig bewegten *Malagueña* (*Assez vif*) bringt eine Reminiszenz an das Ostinato-Motiv die bisherige Entwicklung zum Stillstand und läßt sie rasch versickern. Im 3. Satz hat Ravel auf einen erstaunlichen Talentbeweis seiner Konservatoriumszeit zurückgegriffen, auf die *Habanera* (*Assez lent et d'un rythme las*) aus dem Zyklus *Sites auriculaires* für 2 Klaviere (1895/96) mit ihren tangoartigen Verschleifungen:

Im turbulenten *Feria*-Finale (*Assez animé*) ist der Thematik des *Prélude* zwar ein kurzer Mittelabschnitt vorbehalten; sie bleibt jedoch diesmal ohne paralysierende Einwirkung auf die orchestral glänzenden Rahmenteile, die von Tanzelementen der nordspanischen Jota beherrscht werden.

Ma Mère l'oye

Besetzung: mittelgroßes Orchester (mit Celesta, Harfe). – Entstanden 1908 bzw. 1911. UA der Ballettfassung: 1912 in Paris, Théâtre des Arts (Dirigent: Gabriel Grovlez). – Aufführungsdauer: ca. 20 Minuten.

1. Prélude – 2. Danse du rouet (»Tanz des Spinnrades«) – 3. Pavane de la Belle au bois dormant (»Pavane Dornröschens«) – 4. Les Entretiens de la Belle et de la Bête (»Gespräche zwischen der Schönen und dem Ungeheuer«) – 5. Petit poucet (»Der kleine Däumling«) – 6. Laideronnette, Imperatrice des Pagodes (»Laideronnette, Kaiserin der Pagoden«) – 7. Le Jardin féerique (»Der Zaubergarten«).

1908 hatte Ravel für Marie (»Mimie«) und Jean, die klavierspielenden Kinder des befreundeten Ehepaares Godebski, unter dem Titel *Ma Mère l'oye*, »Mutter Gans«, 5 Kinderstücke geschrieben und damit seiner erklärten Liebe für den von Märchen- und Tiergestalten bevölkerten kindlichen Vorstellungsbereich erstmals künstlerischen Ausdruck verliehen. (Der Titel ist den *Contes de ma mère l'oye* entlehnt, der ersten Märchensammlung Charles Perraults von 1697, die in Frankreich so populär und beliebt ist, wie es bei uns die Märchen der Brüder Grimm sind.) Der Schritt zur gesteigert irrealen Welt tänzerischer Darstellung vollzog sich drei Jahre später: Ravel instrumentierte seine naiv-raffinierte Klaviersuite, änderte ihre frühere Reihenfolge (3 – 5 – 6 – 4 – 7) und fügte die ersten beiden Stücke sowie einige Zwischenspiele neu hinzu. (Es existiert auch eine Version, die der Klavierfassung genau entspricht.)

Aus den Sammlungen Perraults (3, 5), der Madame d'Aulnoy (6) und der Madame Leprince de Beaumont (4) wählte der Komponist eine Reihe klassischer Märchenmotive aus, wie »Mutter Gans« sie gern zu erzählen pflegte. Ihre Atmosphäre und die Gestalten suchte er in bestimmten musikalischen Charakteren zu erfassen: Dornröschen als Tänzerin einer gravitätischen Pavane (3), Laideronnette inmitten einer chinesisch-pentatonischen Marschmusik, den Zaubergarten, erfüllt von aristokratischen Sarabande-Klängen (7). Daneben werden Verläufe und Entwicklungen hörbar, so die vergebliche Suche des Kleinen Däumlings nach dem Heimweg, dargestellt durch abrupte Richtungsänderungen einer durchgehenden Achtel-Bewegung (5), oder die Verwandlung des Ungeheuers in einen schönen Prinzen, wobei sein abgrundtiefes Brummen über ein zartes Glissando in helle Diskanthöhen aufsteigt (4).

Daphnis et Chloé
Sinfonische Fragmente in 2 Suiten

Besetzung: sehr großes Orchester (gemischter Chor ad lib.). – Entstanden 1910–12. UA der Ballettfassung: 1912 in Paris (durch Sergej Diaghilews »Ballets Russes«, musikalische Leitung: Pierre Monteux).

1. Suite

1. Nocturne – 2. Interlude (»Zwischenspiel«) – 3. Danse guerrière (»Kriegstanz«). – Aufführungsdauer: ca. 11 Minuten.

2. Suite

1. Lever du jour (»Tagesanbruch«) – 2. Pantomime – 3. Danse générale. – Aufführungsdauer: ca. 22 Minuten.

Michail Fokin, Choreograph der »Ballets Russes«, hatte nach dem Schäferroman des griechischen Dichters Longos von Lesbos (3. Jh. n. Chr.) ein etwa 1stündiges Ballett entworfen; Ravel erhielt den Auftrag zur Komposition.
»Meine Absicht, als ich es schrieb, war, ein großes musikalisches Freskogemälde zu komponieren, weniger auf Archaik bedacht als auf Treue zu dem Griechenland meiner Träume, das sich gern verwandt fühlt einem Griechenland, wie es die französischen Künstler zu Ende des 18. Jahrhunderts sich vorgestellt und geschildert haben. Das Werk ist sinfonisch gebaut, nach einem sehr strengen tonalen Plan und mittels einer kleinen Anzahl von Motiven, deren Durchführungen die sinfonische Einheit sichern.«
Zwar brachte Ravel im Hinblick auf die relativ einfache Handlung sein leitmotivisches Netz nicht mit Wagnerscher Konsequenz und Flexibilität zur Anwendung. Doch entstanden thematisch dichte, großräumige Abschnitte, die – losgelöst vom etwas verstaubten Sujet und auf die Auswahl der beiden Suiten konzentriert – im Konzertsaal weit häufiger als auf der Tanzbühne zur Aufführung gelangen.
Chloé ist von Seeräubern entführt worden; Nymphen trösten Daphnis, ihren Geliebten, der den göttlichen Pan um Hilfe anfleht (*Nocturne*). Im ruhigen *Interlude* (laut Bühnenfassung textlos vom Chor zu singen) wird das Signal der Piraten hörbar:

Es prägt thematisch die nachfolgende *Danse guerrière*. Der heraufziehende Tag bringt die Rückkehr von Chloé (*Lever du jour*, Chloé-Motiv):

Daphnis und Chloé stellen mimisch das Werben Pans um die Nymphe Syrinx dar, denn in Erinnerung an dieses einstige Liebesabenteuer hatte Pan Chloé befreit (*Pantomime*, Daphnis-Motiv):

Ekstatisch bewegter Tanz des ganzen Corps de ballet (*Danse générale*).
Kaum eine von Ravels Partituren enthält ein ähnliches Maß orchestraler Leuchtkraft, selten wurde die virtuose Beanspruchung aller Instrumentengruppen so gesteigert (Holzbläserpartien im *Lever du jour*, Flötensoli in *Pantomime*!). Auf diese Weise, mit der artistischen, dabei kühlen Glätte seines Komponierens, hat Ravel zur Künstlichkeit einer paradiesischen Griechenland-Vision sein Äquivalent geschaffen.

Valses nobles et sentimentales

Besetzung: mittelgroßes Orchester (u. a. mit Celesta, Glockenspiel und 2 Harfen). – Entstanden 1911/12. UA: 1912 in Paris (Dirigent: der Komponist). – Aufführungsdauer: ca. 16 Minuten.

Wiederum ging der orchestralen Version eine Klavierfassung voraus, die 1911 bei der Erstaufführung beträchtliches Aufsehen durch die Kühnheit und Vielgestaltigkeit ihrer Harmonik erregte. Ravels Meisterschaft im Gebrauch überraschender Vorhaltbildungen und im Ausspielen enharmonischer Mehrdeutigkeit, häufig eingebettet in archaische modale Wendun-

gen, erregt auch heute noch Bewunderung. Sie erlaubte es ihm, die entfernt auf Schubert zurückweisenden Walzermodelle zu Trägern selbst gegensätzlicher Ausdrucksnuancen zu erheben. Partiturvermerke wie »mit intensivem Ausdruck« (2), »mit verinnerlichtem Sentiment« (5) oder »sehr zart und ein wenig schmachtend« (6) bekunden sowohl den weiten Spielraum der Expression wie auch ein unüberhörbares parodistisches Moment. 8 Tänze verbinden sich nach Art Wiener Walzerketten, wobei das epilogartige Schlußglied einzelne Wendungen des früher Gehörten in die Erinnerung zurückruft.
Von der Tänzerin Natalia Trouhanova ging die Anregung zur choreographischen Gestaltung aus. Während ihres denkwürdigen Tanzabends im April 1912 dirigierte nicht nur Ravel erstmals seine Orchesterfassung (Titel des Balletts: *Adélaïde oder die Sprache der Blumen*); auch die Komponistenkollegen Paul Dukas, Vincent d'Indy und Florent Schmitt lösten sich am Dirigentenpult mit eigenen Beiträgen ab.

Le Tombeau de Couperin. Orchestersuite

Besetzung: kleines Orchester (2faches Holz, 2 Hörner, Trompete, Harfe und Streicher). – Entstanden 1917 bzw. 1919. UA der Orchesterfassung: 1920 in Paris, Concerts Pasdeloup (Dirigent: J. Rhené-Baton). – Aufführungsdauer ca. 17 Minuten.

1. Prélude – 2. Forlane – 3. Menuet – 4. Rigaudon.

Zum Gedenken an sieben im 1. Weltkrieg gefallene Freunde entstanden die 6 Sätze dieser Klaviersuite, deren Orchesterfassung auf das einleitende Satzpaar *Prélude – Fugue* sowie die beschließende *Toccata* verzichtet, so daß überdies die Nachstellung des finalkräftigeren, raschen *Rigaudon* hinter das sehr verhaltene *Menuet* mit seinem fast choralartig strömenden Trio-Teil erforderlich wurde.
Ravel nahm mit dieser Komposition die alte, vor allem in Frankreich gepflegte »Tombeau«-Tradition wieder auf, das Errichten musikalischer oder literarischer Denkmäler. François Couperin le Grand (1668–1733), auf den Ravel sich berief, hat selbst keine Geringeren als Lully und Corelli mit »Tombeau«-Musiken geehrt.
Nun scheint es aber kennzeichnend für Ravels Ästhetik des Sublimen, daß er für seine Trauerempfindungen nicht nach Mitteln einer direkten musikalischen Aussage suchte, sondern sie auf dem Umweg über historisch entrückte Formmodelle der Couperin-Zeit zu objektivieren wünschte. Wiederum ent-

faltete sich Ravels Erfindungskraft aufs phantasievollste an traditionellen Vorlagen, deren Charakteristika zwar anklingen, doch nur, um sich mit neuen Gestaltungsmöglichkeiten vor allem harmonischer und metrischer, weniger motivisch-rhythmischer Art zu verbinden.

La Valse. Choreographisches Poem

Besetzung: großes Orchester (u. a. mit reich besetztem Schlagzeug, Glockenspiel und 2 Harfen). – Entstanden 1919/20. UA: 1920 in Paris, Concerts Lamoureux (Dirigent: Camille Chevillard). – Aufführungsdauer: ca. 13 Minuten.

Als sich Diaghilew 1919 ein neues Ballett für seine berühmte Truppe erbat, griff Ravel ein lange Zeit zuvor entworfenes Projekt mit dem Arbeitstitel »Wien« wieder auf: »Ich dachte bei diesem Werk an eine Art Apotheose des Wiener Walzers, in die sich in meinen Gedanken die Vorstellung eines phantastischen Wirbels mischte, dem niemand entrinnen kann [. . .].« Eine Partiturnotiz ergänzt: »Flüchtig lassen sich durch schwebende Nebelschleier hindurch walzertanzende Paare erkennen. Nach und nach lösen sich die Schleier auf: Man erblickt einen riesigen Saal mit zahllosen im Kreise wirbelnden Menschen. Die Szene erhellt sich zunehmend; plötzlich erstrahlen die Kronleuchter in hellem Glanz.« Die scheinbar neutrale Angabe »Eine kaiserliche Residenz um 1855« bezieht sich fraglos auf den Wiener Hof des jungen Kaisers Franz Joseph I., dessen Feste mit Straußscher Walzerseligkeit über die heraufziehenden politischen Verfinsterungen hinwegtäuschen sollten.

Wiederum hatte Ravel nicht nur das Tänzerische an sich im Sinn, sondern zugleich dessen negative Übersteigerung, den zwanghaften, angstvollen Taumel. Formal als nahtlose Walzerkette gestaltet, erreicht *La Valse* ihre Klimax erst nach mehrmaligem, in immer kürzeren Phasen sich vollziehendem Steigerungsansatz. Fast unmittelbar nach dem Höhepunkt bricht die Musik ab.

Da Diaghilew enttäuscht ablehnte, erklang die Partitur zunächst im Konzertsaal. Auch später verhielten sich die Choreographen reserviert: Konzipiert als eine Art »totalen Tanzes«, fordert das Werk die bewegungsmäßige Imagination in solchem Maße heraus, daß paradoxerweise eher die Assoziationsfülle einer konzertanten Darbietung befriedigt als eine Bühnendarstellung.

Boléro

Der Tänzerin Ida Rubinstein gewidmet. – Besetzung: 2 Flöten, Piccolo, 2 Oboen / Oboe d'amore, Englischhorn, Es-Klarinette, 2 B-Klarinetten, Baßklarinette, 2 Fagotte, Kontrafagott, 4 Hörner, hohe D-Trompete, 3 C-Trompeten, 3 Posaunen, Tuba, 3 Saxophone, Pauken, 2 kleine Trommeln, Becken, Tamtam, Celesta, Harfe und Streicher. – Entstanden 1928. UA: 1928 in Paris, Oper (Dirigent: Walther Straram). – Aufführungsdauer: ca. 17 Minuten.

»Keine wirkliche Form, keine Entwicklung, keine oder fast keine Modulation; ein Thema im Stil Padillas (des sehr banalen Autors von *Valencia*); nichts als Rhythmus und Orchester [. . .].« Ravel, bemüht, mit Understatement auf den weltweiten Erfolg seiner Partitur zu reagieren, ließ bezeichnenderweise den ausschlaggebenden Wirkungsfaktor unerwähnt: die Faszination des Rituellen, das vereinfachter Grundmodelle bedarf, um desto höhere Stufen magischer Ekstase zu bewirken.

Zweimal 17 Dreivierteltakte, in der Mitte mit einer 2taktigen Zäsur verschränkt, umfaßt Ravels stilisierte Dur-modale Bolero-Melodie, deren beide Abschnitte A und B

sich zu Einheiten der Gestalt A – A – B – B zusammenschließen. Nach Ablauf von 4 solchen Einheiten folgt verkürzend das unverdoppelte Melodiepaar A – B, wobei es dem codaartig erweiterten B-Abschnitt vorbehalten bleibt, dem beklemmenden Ritual mit einem harmonischen Ausbruch nach E-Dur und der anschließenden Rückmodulation die höhepunktartige, befreiende Schlußwendung zu eröffnen.

Während alledem war die melodische Hauptlinie einem präzis kalkulierten Intensivierungsprozeß unterworfen: Zur Einzelstimme gesellten sich Quint- und Terzmixturen, Oktavverdopplungen traten hinzu, die Solovorträge weiteten sich über raffinierte Farbmischungen zum durchschlagenden Tutti aus. Als metrisch-rhythmische Folie dieses zwischen Extremen verlaufenden Orchester-Crescendos figuriert ein nur 2taktiges Modell (a) und dessen durchgängige Wiederholung durch 2 alternierende kleine Trommeln, denen sich allmählich die Tonrepetitionen weiterer Instrumente anschließen. Ferner kommt einem zweiten Ostinato-Motiv (b) die Aufgabe eines Akkompagnements nach der Art einer sich ins Überdimensionale vergrößernden Gitarre zu:

Auch *Boléro*, als Ballett für eine Solotänzerin und ein Corps von 20 Tänzern entworfen, gehört heute weit eher dem Konzertrepertoire an, vermutlich aus denselben Gründen wie *La Valse*. Im Konzertsaal aber zählt das Werk nach wie vor zu den härtesten Bewährungsproben für Dirigenten jeglichen Temperaments, denen es in der Regel Mühe bereitet, das betont moderate Grundzeitmaß durchzuhalten. Für sie gilt Ravels Paradoxon anläßlich zweier extrem unterschiedlichen Interpretationen durch Toscanini und Furtwängler: »Wenn man den Boléro schnell spielt, so scheint er lang; wenn man ihn aber langsam spielt, so scheint er kurz.«

Konzert für Klavier und Orchester G-Dur

Besetzung: mittelgroßes Orchester. – Entstanden 1929–31. UA: 1932 in Paris (Solistin: Marguerite Long, die Widmungsträgerin der Partitur, Dirigent: der Komponist). – Aufführungsdauer: ca. 22 Minuten.

Beide Konzerte Ravels, die einzigen neben den Konzertstükken *Introduction et Allegro* und *Tzigane*, entstanden im selben Zeitraum, ohne jedoch durch eine gemeinsame Konzeption besonders miteinander verbunden zu sein. Ursprünglich hatte der Komponist, vielleicht angeregt durch Strawinskys pianistische Auftritte, das G-Dur-Konzert selbst auf der geplanten USA-Tournee vortragen wollen und daher im Solopart von besonderen Schwierigkeiten abgesehen. Unabhängig davon war er bei der Gestaltung des Orchesterparts um die Transparenz eines geistvollen Divertissements bemüht, wobei er an Vorbilder wie Mozart und Saint-Saëns dachte.

Satz 1 (*Allegramente*) erregt durch die ungewöhnliche Proportionierung seiner formalen Anlage Aufmerksamkeit: Nach knapper Exposition und ebenfalls gedrängter Durchführung gewinnt in der Reprise das melodische Seitenthema in überraschender Breite den Charakter einer Orchesterkadenz (Harfe, Bläser!); aus ihr erst geht die eigentliche Solokadenz nahtlos hervor. Eine kaum variierte Wiederholung der Durchführung bildet den Schlußteil.
Zu der ausgedehnten, in starrer Ruhe verharrenden Kantilene des Solo-Klaviers, mit der *Satz 2* (*Adagio assai*) beginnt, soll Ravel durch den Mittelsatz von Mozarts *Klarinettenquintett* KV 581 inspiriert worden sein. Sie greift auf die solistischen Holzbläser über und führt den einzigen dynamischen Ausbruch des Satzes herbei, bevor das Englischhorn sie zum Arabeskenspiel des Klaviers tongetreu wiederholt.
Satz 3 (*Presto*) kehrt wieder zur Haltung des Divertissements zurück, unterhaltend, doch nie banal, voller gegensätzlicher Charaktere, doch ohne durchführungsartige Entwicklungen, mit virtuosen Akzenten, doch ohne jede Schwerfälligkeit. Signalartige Motive und tokkatenartige Spieltechniken herrschen vor.

Konzert für Klavier (linke Hand) und Orchester D-Dur

Besetzung: großes Orchester. – Entstanden 1929–31. UA: 1932 in Wien (Solist: Paul Wittgenstein, der Widmungsträger der Partitur, Dirigent: Robert Heger). – Aufführungsdauer: ca. 18 Minuten.

Im Hinblick auf das gleichzeitig entstandene G-Dur-Konzert bemerkte Ravel: »Das Konzert für die linke Hand ist anders geartet und in einem einzigen Satz mit viel Jazz-Effekten. Der Stil ist nicht so einfach. In einem Werk dieser Art besteht das Wesentliche darin, daß man nicht den Eindruck eines leichten Klanggewebes erweckt, sondern im Gegenteil die Illusion gewinnt, es sei für beide Hände geschrieben. Auch wählte ich hier einen viel imposanteren Stil, wie ihn das traditionelle Konzert liebt.«
Gerade Ravel mochte es als eine kompositorische Herausforderung besonderer Art empfunden haben, im Arsenal pianistischer Setzweisen jene Grenzmöglichkeiten aufzuspüren, die trotz einhändiger Ausführung alle Attribute des uneingeschränkten zweihändigen Spiels aufweisen. Mit dieser Arbeit kam der Komponist einem Auftrag des seit dem 1. Weltkrieg einarmigen Pianisten Paul Wittgenstein nach, eines Bruders

des Philosophen Ludwig Wittgenstein (auch Franz Schmidt, Richard Strauss, Sergej Prokofjew und Benjamin Britten haben für ihn geschrieben).
Zwei große Formbezirke gehen in diesem »einzigen Satz« unmittelbar ineinander über. Ravels Bemerkung über den »viel imposanteren Stil« bezieht sich zweifellos auf das starr akkordische, scharf punktierte Orchester-Tutti im Zentrum des ersten Satzteils, das in gesteigerter Gestalt auch gegen Ende des zweiten Teils wiederkehrt, um den als riesigen Bogen aufgebauten Kadenzmonolog des Solisten auszulösen, der seinerseits auf den Konzertbeginn zurückweist. Deutlich hebt sich dazwischen das stark von Jazzeinflüssen geprägte, stampfend ostinate *Allegro* ab, das seine formale Steigerung aus der polyrhythmischen, zunehmend sich verdichtenden Überlagerung neuer und früherer Themengestalten bezieht.

Manuel de Falla

* 23. November 1876 in Cádiz (Andalusien, Spanien)
† 14. November 1946 in Alta Gracia (Prov. Córdoba, Argentinien)

Erste musikalische Anregungen und Klavierunterricht durch die aus Katalonien gebürtige Mutter. 1883 wird de Falla tief beeindruckt von Joseph Haydns Komposition »Die sieben Worte des Erlösers am Kreuz«, das 1785 für die jährlichen Passionsfeiern in Cádiz geschrieben worden ist. 1896 Übersiedlung der Familie nach Madrid; brillant absolviertes Klavierstudium am Konservatorium bei José Tragó. Statt einer Pianistenkarriere zunächst Beschäftigung mit altspanischer Musik und Komposition von etwa 5 Zarzuelas nach historischen Singspielmodellen. In den Jahren 1901–04 freundschaftliche Kontakte zu dem gebildeten und pädagogisch befähigten Musikhistoriker und Komponisten Felipe Pedrell (1841–1922), zu dessen Schülern u. a. auch Isaac Albéniz und Enrique Granados zählten.
1905 doppelter Preisträger in spanischen Wettbewerben als Pianist und als Komponist (mit »La Vida breve«). Paris-Aufenthalt von 1907 bis zum Kriegsausbruch 1914. Wenig Erfolg als Pianist, doch Kontakte zu den maßgeblichen französischen Musikern: Claude

Debussy, Maurice Ravel, Florent Schmitt und Paul Dukas. Nach der Rückkehr außerordentlich erfolgreiche Aufführungen der Oper »La Vida breve«, durch welche de Fallas künftige Popularität begründet wurde. Zusammenarbeit mit Diaghilew, Picasso und Ansermet für die Londoner Fassung des »Dreispitz« (»Ballets Russes«, London 1919). Diaghilews »Pulcinella«-Projekt, später von Igor Strawinsky ausgeführt, wurde von de Falla wegen Überlastung abgelehnt. Dirigiertätigkeit seit etwa 1924. Bekanntschaft mit zahlreichen Musikern, Malern und Schriftstellern, u. a. mit Federico García Lorca, von dessen Puppentheater die Anregung zur Komposition von »Meister Pedros Puppenspiel« (1919–1922) ausging.
Nach Ausbruch des Spanischen Bürgerkriegs Emigrationspläne: dauernder Aufenthalt ab Herbst 1939 bis zum Tode in einem Landhaus in den argentinischen Sierras de Córdoba. Das in katalanischer Sprache vertonte Epos »La Atlántida«, seit 1926 wichtigstes kompositorisches Projekt, blieb als Fragment zurück.

Werke: *La Vida breve* (»Ein kurzes Leben«), Lyrisches Drama in 2 Akten nach C. F. Shaw (1904/05); *Noches en los Jardines de España* (»Nächte in spanischen Gärten«), Sinfonische Impressionen für Klavier und Orchester (1909–15); *El Amor Brujo* (»Der Liebeszauber«), Ballett mit Gesang in 1 Akt (1915), daraus: Ballettsuite mit Sopran-Solo; *El Sombrero de tres Picos* (»Der Dreispitz«), Ballett in 2 Teilen (1914–17), daraus: Ballettsuiten; *El Retablo de Maese Pedro* (»Meister Pedros Puppenspiel«), Oper für Sänger, Marionetten und Orchester, Text nach M. de Cervantes' *Don Quijote* vom Komponisten (1919–22); *Konzert für Cembalo (oder Klavier) und 5 Instrumente* (1923–26); *Homenajes* (»Widmungen«), Suite für Orchester (1938); *La Atlántida* (»Atlantis«), Oratorium in 3 Teilen nach Texten von J. Verdaguer für Soli, Chöre und Orchester (Fragment, 1926–46).

Es ist bezeichnend für de Fallas ästhetische Position, daß er sich – im Unterschied zur Mehrzahl seiner Zeitgenossen – einem »Nachempfinden« der überreichen heimatlichen Folklore verschloß. Erst nach dem Kennenlernen unverfälschter altspanischer Musikdenkmäler und nach der Begegnung mit den stilisiert-distanzierten Spanien-Bildern der Franzosen Debussy und Ravel fühlte er sich befähigt, volksmusikalische Impulse – z. B. abgewandelte Tanzrhythmen, typische melodische Wendungen oder instrumentale Färbungen – in sein Komponieren zu integrieren. Dank dieser kritischen Vermittlung allerdings treten die nationalen Anspielungen und Merkmale plastischer und zwingender hervor, als dies durch direkte Anleihen hätte bewirkt werden können.

Igor Strawinsky hat auf die Frage »Was können Sie von Manuel de Falla erzählen?« geantwortet (in seinen *Gesprächen mit Robert Craft*):

»Eines Tages im Jahre 1910, bei Cipa Godebski, wurde mir ein Mann vorgestellt, der noch kleiner war als ich selbst und so bescheiden und zurückhaltend wie eine Auster. Ich hielt ihn, diesen Manuel de Falla, für einen *homme sérieux*; und in der Tat, nie bin ich einer kompromißloseren religiösen Natur begegnet als ihm – und nie einem Menschen, der weniger für Äußerungen des Humors übrig hatte. Ich habe niemand gekannt, der so scheu gewesen wäre wie er [. . .]. Ich habe mich immer gewundert, daß ein so schüchterner Mann wie Falla überhaupt dazu zu bringen war, auf der Bühne zu erscheinen. Er hat indessen dirigiert, und auch Cembalo gespielt – in seinem *Concerto*, einem Stück, das ich bewundere und auch schon selbst dirigiert habe [. . .].

Als ich ihm nach der Premiere seines *Dreispitz* sagte, das musikalisch Beste in seiner Partitur sei nicht unbedingt das am meisten »Spanische«, wußte ich, daß ihm dies Eindruck machen würde. Und er ist noch gewachsen, wenn auch sein Material so klein war, daß er nicht viel weiter wachsen konnte. Ich betrachtete ihn als den loyalsten aller meiner Musikerfreunde. Während beispielsweise Ravel mir nach *Mavra* den Rücken kehrte – von meinen späteren Werken hat er nur die *Psalmensinfonie* zur Kenntnis genommen –, hat Falla an allem, was ich noch schrieb, Anteil genommen. Er hatte ein sehr feines Ohr, und ich glaube, seine Anerkennung war echt« (1959/60).

Noches en los Jardines de España (»Nächte in spanischen Gärten«). Sinfonische Impressionen

Besetzung: Solo-Klavier und mittelgroßes Orchester (mit Harfe und Celesta). – Entstanden 1909–15. UA: 1916 in Madrid (Solist: J. Cubiles, Dirigent: Enrique Arbós). – Aufführungsdauer: ca. 22 Minuten.

1. Im Generalife (*Allegretto tranquillo e misterioso*) – 2. Ferner Tanz (*Allegretto giusto*) – 3. In den Gärten der Sierra de Córdoba (*Vivo*).

Noch Jahrzehnte später, in der argentinischen Wahlheimat, verklärten sich die 1907 bis 1914 in Paris verbrachten Jahre in der Erinnerung de Fallas: »In Paris habe ich sieben unvergeßliche Jahre verbracht. Debussy, Ravel, Schmitt und Dukas waren meine besten Freunde [...], besonders Dukas. Er trieb mich zum Komponieren an, er machte meine Werke in Paris bekannt. Dort habe ich meine *Nächte in spanischen Gärten* geschrieben – ich war so fern von Spanien, daß ich die Nächte vielleicht noch schöner malte, als sie in Wirklichkeit sind – das liegt an Paris [...].«

De Fallas Komposition fiel in eine Zeit französischer Spanien-Begeisterung, die ihren deutlichsten Niederschlag wohl in den spanischen Sujets bei Debussy (*Ibéria*, *Soirée dans Grenade*, *La Puerta del Vino*) und besonders bei Ravel (*Alborada del gracioso*, *Rapsodie espagnole*, *L'Heure espagnole*, *Boléro* usw.) fanden.

Ursprünglich als 3 Nocturnes für Klavier allein geplant, finden sich in dieser Partitur die wesentlichen Elemente jener landläufig mit Impressionismus umschriebenen Stilrichtung: fantasieartiges, assoziatives Fortspinnen einiger weniger Motive, Aufspüren instrumentaler und harmonischer Reizklänge, lokkere Reihung anstelle konstruktiver Durchformung. Häufig ordnet de Falla das Soloinstrument in den Orchesterklang ein (wie etwa Strawinsky in *Feuervogel* oder *Petruschka*); nicht selten überträgt er ihm, z. B. bei arpeggierten Figuren oder virtuos kombinierten Repetitionen, Spieltechniken von Harfe und Gitarre.

Am stärksten scheinen spanische Modelle in den thematisch fast impulslosen Klangflächen von Satz 1 durch, wenn das Bild der einstigen Sommerresidenz maurischer Könige bei Granada beschworen wird, schließlich auch im Mittelteil von Satz 3, wenn Hornsignale rubatoreiche rezitativische Unisoni des Klaviers hervorrufen:

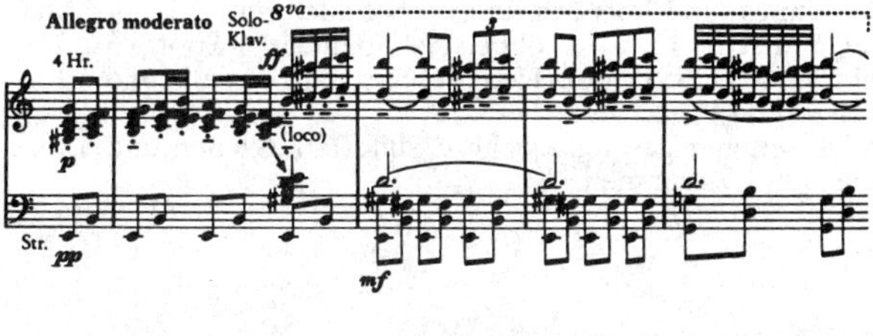

El Sombrero de tres Picos (»Der Dreispitz«)
Ballettsuiten

Besetzung: großes Orchester (mit Harfe, Celesta, Klavier und Schlagzeug). – Entstanden 1914–17. UA der definitiven Ballettfassung: 1919 in London (durch Sergej Diaghilews »Ballets Russes«, musikalische Leitung: Ernest Ansermet). – Aufführungsdauer des Balletts: ca. 30 Minuten, Aufführungsdauer der Ballettsuite: ca. 15 Minuten.

Erst dieses Ballett, durch Diaghilews Truppe in einer glänzenden Aufführung herausgebracht (u. a. mit Picassos Dekorationen und Kostümen), festigte endgültig de Fallas Namen im europäischen Musikleben. Die volkstümliche Erzählung vom vergeblichen Liebeswerben des lächerlichen Corregidors um die schöne Müllersfrau, von Pedro Antonio de Alarcón als Novelle gestaltet, hatte ihre Bühnenwirksamkeit bereits in de Fallas erster Fassung, einer musikalischen Pantomime, erwiesen (Uraufführung 1917 in Madrid). Eine durchgreifende Revision des 2. Teils (mit Erweiterung um einige kurze Solopartien für Mezzosopran) sollte das tänzerische Element und damit den Ballettcharakter insgesamt stärker hervorkehren.

3 mehr oder weniger stilisierte Tänze sind es auch, die de Falla zu einer vielgespielten Orchestersuite vereinigte. Sie gehören alle dem 2. Teil an und wahren den Fortgang der Balletthandlung.

1. »Seguidillas« – Tanz der Nachbarn (*Allegro ma non troppo*): In der Mühle haben sich zur Feier der Johannisnacht Freunde und Nachbarn versammelt (volkstümlicher Tanzliedcharakter, raffiniert crescendierende Refrains).
2. »Farruca« – Tanz des Müllers (*Poco vivo*): Der Müller gibt der Bitte seiner Frau nach, durch einen Solotanz zur Unterhaltung der Gäste beizutragen (stampfender Refrain, expressive Bläser- und Streicher-Couplets).
3. »Jota« – Schlußtanz (*Allegro ritmico*): Das verwickelte Verkleidungs- und Verwechslungsspiel findet ein Ende, der Müller und seine Frau versöhnen sich, beißender Spott trifft den glücklosen Corregidor (Kette rascher Tanzmodelle mit virtuoser Stretta).

Eine seltener gespielte weitere Suite faßt Szenen und Tänze aus Teil 1 zusammen.

Konzert für Cembalo (oder Klavier) und 5 Instrumente

Besetzung: Cembalo (oder Klavier), Flöte, Oboe, Klarinette, Violine und Violoncello. – Entstanden 1923–26. UA: 1926 in Barcelona (Wanda Landowska, Cembalo, und Musiker des Orquestra Pau Casals). – Aufführungsdauer: ca. 14 Minuten.

Maurice Ravel nannte das Cembalokonzert das »vollendetste Dokument zeitgenössischer Kammermusik«. Und doch stellt es sich – darin manchen Werken Strawinskys für wenige Instrumente vergleichbar – weit eher als Orchestermusik in reduzierter Besetzung dar. Selten gewinnen die Stimmen kammermusikalische Selbständigkeit, fast stets formieren sie sich zu scharf akzentuierten, starren Blöcken oder zu parallel geführten Lineaturen mit unterschiedlicher Artikulation. Melodisch arbeitet de Falla mit kurzen Formeln, die sich nicht selten als erweiterte Verzierungsmodelle entpuppen. Der fast zäsurlose, stets forte zu spielende, auf ein Dialogisieren völlig verzichtende Cembalopart beschränkt sich auf die durchgängige Darstellung einiger weniger Figurationsmuster.

Von den knappen Dimensionen der beiden raschen, fast motorischen Ecksätze (1. *Allegro*, 3. *Vivace flessibile, scherzando*) hebt sich der langsame *Mittelsatz* schon durch seine relative zeitliche Ausdehnung ab. Unaufhörlich kreist er um eine Melodiezeile liturgischen Charakters, deren Wiederholungen immer wieder in der Abzirkelung imitatorischer Engführungen erstarren und dadurch auch der improvisatorischen Entfaltung des arpeggienreichen Cembalosatzes entgegenwirken. De Falla hat durch den prozessionsartigen Duktus dieses Satzes und seinen beziehungsreichen Vermerk »Im Jahre des Herrn 1926, am Fronleichnamstag« Assoziationen zu prunkvollen andalusischen Kirchenritualen hervorgerufen.

Mit diesem Konzert, dessen Versionen für Cembalo und Klavier der Komponist ab und zu einander gegenüberstellte, nahm der fast 50jährige de Falla seine avancierteste Position ein. Irreguläre melodische Kurzgliedrigkeit, bitonale Schichtungen und ökonomische, ja spröde Setzweise verbinden sich hier mit fernen Anklängen an folkloristische Gestik (2. Thema in Satz 1!) und dem historisierenden Klangbild des Cembalos auf eine fesselnde Art, wie sie de Falla in späteren Jahren in solcher Konzentration kaum mehr geglückt ist.

Franz Schreker

* 23. März 1878 in Monaco
† 21. März 1934 in Berlin

Violin- und (bei Robert Fuchs) Kompositionsstudium am Wiener Konservatorium in den Jahren 1897–1900. Zunächst materiell sehr schlecht gestellt und ohne künstlerische Resonanz. 1911–20 Dirigent des 1908 von ihm gegründeten Philharmonischen Chores in Wien, mit dem er 1913 die Uraufführung von Schönbergs »Gurre-Liedern« wagte. Seit 1912 Kompositionslehrer an der Wiener Akademie der Tonkunst, 1920–32 an der Berliner Hochschule für Musik, deren Direktion Schreker zugleich innehatte. Seine Schüler waren u. a. Alois Hába und Ernst Krenek. 1932 zum Leiter einer Kompositionsklasse an der Preußischen Akademie der Künste in Berlin berufen, jedoch bereits im Jahr darauf zusammen mit seinem Kollegen Schönberg von den Nationalsozialisten entlassen.

Werke für und mit Orchester: *Der 116. Psalm* für Frauenchor, Orchester und Orgel (1900); *Ekkehard*, Sinfonische Ouvertüre für Orchester (1902); *Romantische Suite* für Orchester (1902); *Phantastische Ouvertüre* für Orchester (1902); *Rokoko*, Tanzspiel für Orchester (1908); *Der Geburtstag der Infantin* (nach O. Wilde), Pantomime (1908), hieraus: *Suite* für großes Orchester (1923); *Fünf Gesänge* mit Klavier (1909) bzw. Orchester (1920); *Die Gezeichneten* (F. Schreker), Oper in 3 Akten (1913–15), daraus: *Vorspiel zu einem Drama* für Orchester; *Kammersinfonie* für 23 Soloinstrumente (1916); *Zwei lyrische Gesänge* (W. Whitman) für Sopran und Orchester (1926–29); *Kleine Suite* für Kammerorchester (1928); *Vier kleine Stücke* für großes Orchester (= *Vier Stücke für Filmmusik*, 1930); *Vorspiel zu einer großen Oper* (»Memnon«) für Orchester (1933).

Welche Ausstrahlungskraft Schreker als Musikdramatiker während der 20er Jahre besaß, ist heute nicht mehr allgemein bekannt. Auf vielen europäischen Bühnen erregten vor allem die Opern *Der ferne Klang*, *Die Gezeichneten* und *Der Schatzgräber* die Bewunderung eines Publikums, das in dem Musiker und Textdichter Schreker die Leitfigur eines jugendstilnahen Opernexpressionismus sah. Die Renaissance von Schrekers Bühnen- und Konzertwerken, die seit den 1960er Jahren einsetzte, mag erhebliche Schwächen hinsichtlich der thematischen Erfindungskraft und Variationsvielfalt, eine Überschätzung der Tragfähigkeit gewisser funktionsloser Reizharmonien und eine geschmacklich oft bedenkliche Überzeichnung mancher Bühnenfiguren offenbaren. Dennoch besticht in mancher Partitur auch heute noch der luxurierende Orchesterklang, der die Instrumentationstechnik nicht weniger Zeitgenossen, unter ihnen Alban Berg, wenigstens vorübergehend zu beeinflussen vermochte.

Kammersinfonie

Besetzung: 7 Bläser, 11 Streicher, Harfe, Celesta, Harmonium, Klavier, Pauken/Schlagwerk. – Entstanden 1916. UA: 1917 in Wien (durch »den Lehrkörper der k. k. Akademie für Musik und darstellende Kunst in Wien« [= Widmung], Dirigent: der Komponist). – Aufführungsdauer: ca. 25 Minuten.

Sicher wollte Schreker mit seiner unalltäglichen Titelbezeichnung auf jene andere, 10 Jahre früher entstandene *Kammersinfonie* anspielen, Schönbergs *op. 9*, wo Quartensignale und Ganztonskalen den Abschied aus tonalen Gefilden ankündigten. Diesem Schritt konnte und wollte sich Schreker nicht anschließen. Auch verfuhr er in der Frage der Vielsätzigkeit im Rahmen einer Einsätzigkeit weniger kühn. Wo Schönberg schroffe Kontraste bildete, bevorzugte Schreker das fast unmerkliche Passieren formaler Grenzlinien. Alles Durchführungsartige ist jetzt eher ins Verborgene zurückgenommen, so daß die Abfolge der Sonatensatz-Typen *Allegro – Adagio – Scherzo – Reprise* mehr dem Durchlaufen von Episoden gleicht als dem Vollzug eines dialektisch voranschreitenden Entwicklungsprozesses. Der Hörer wird sich im nachhinein vor allem an den Klangzauber der mehrmals wiederkehrenden Einleitungsmusik erinnern. Hier, unter Mitwirkung von Klavier, Celesta, Harmonium und Harfe, wird jener kostbare »ferne Klang« beschworen, dem der Protagonist der frühen Schrekerschen Erfolgsoper so sehnsüchtig nachhorcht, ohne daß ihm Zeit und Kraft bleiben, das flüchtig Gehörte aufzuzeichnen und so für die Nachwelt festzuhalten.

Ottorino Respighi

* 9. Juli 1879 in Bologna
† 18. April 1936 in Rom

Musikalische Ausbildung im Elternhaus und am Liceo Musicale in Bologna (Klavier, Violine, Komposition). Geiger und Bratscher in Orchestern und Kammermusikvereinigungen. Förderung u. a. durch die Komponisten Nikolaj Rimskij-Korsakow und Max Bruch gelegentlich eines Orchesterengagements in St. Petersburg (1900–03) und durch den Dirigenten Arthur Nikisch in Berlin (1908/09). Ab 1913 Kompositionslehrer, 1924–26 auch Direktor des Conservatorio di Santa Cecilia in Rom.

Werke für und mit Orchester: *Sinfonia drammatica* (1915); *Fontane di Roma* (1916); *Antiche Arie e Danze per Liuto*, übertragen für Orchester, Teile 1–3 (1917/24/32); *Concerto gregoriano* für Violine und Orchester (1921); *Pini di Roma* (1924); *Concerto in modo misolidico* für Klavier und Orchester (1925); *Suite Rossiniana* (nach Klavierstücken Rossinis, 1925); *Vetrate di chiesa*, Sinfonische Impressionen (1926); *Trittico Botticelliano* für kleines Orchester (1927); *Gli Uccelli* (nach Themen von Rameau, Pasquini u. a.) für kleines Orchester (1927); *Feste Romane* (1928); *Metamorphoseon modi XII*, Thema mit Variationen (1930); *Concerto a cinque* für Violine, Oboe, Trompete, Kontrabaß, Klavier und Streicher (1932).

Im Zeitraum von 12 Jahren entstanden die Partituren von *Fontane di Roma*, *Pini di Roma* und *Feste Romane*, dieser triptychonartigen Hommage des Bolognesers Respighi an seine Wahlheimat Rom. Geschichte, Kunst und Kultur der Stadt und ihrer Bevölkerung spiegeln sich in den programmatischen Partiturkommentaren, auf deren Weitergabe ans Publikum sich der Komponist angewiesen sah; sie sind auch hier wiedergegeben. Respighis Sinfonische Dichtungen haben den Charakter von klingenden Kolossalgemälden, deren innere Entwicklung – soweit eine solche angestrebt wurde – das Prinzip bloßer Reihung der Abschnitte bevorzugt und auf thematische Durchgestaltung fast völlig verzichtet. Es dominiert ein aufwendiger, koloristisch akzentuierter Orchesterstil, der gewisse Modelle von Strauss, Debussy und Ravel, aber auch Rimskij-Korsakow nicht verleugnen kann, sich völlig auf tonalem Boden bewegt, gerne jedoch kirchentonale Wendungen einbezieht.

Fontane di Roma (»Römische Brunnen«)
Sinfonische Dichtung

Besetzung: großes Orchester (u. a. mit Glocken, Celesta, 2 Harfen, Klavier und Orgel). – Entstanden 1916. UA: 1917 in Rom, Augusteo. – Aufführungsdauer: ca. 18 Minuten.

»In dieser Sinfonischen Dichtung hat der Komponist Empfindungen und Visionen ausdrücken wollen, die in ihm beim Anblick von vier römischen Brunnen wach wurden, und zwar jedesmal zu jener Tageszeit, in der ihre Eigenart am meisten mit der Umgebung übereinstimmt oder ihre Schönheit auf den Betrachter den stärksten Eindruck macht.
Der erste Teil der Dichtung empfängt seine Eingebungen von der *Fontana in Valle Giulia* und schildert eine Hirtenlandschaft. Schafherden ziehen vorüber und verlieren sich im frischen feuchten Dunst der römischen Morgendämmerung.
Plötzlicher lauter und anhaltender Hörnerklang über Orchestertrillern eröffnet den zweiten Teil (*Tritonenbrunnen*). Auf den freudigen Signalruf hin eilen Najaden und Tritonen herbei, verfolgen sich gegenseitig und führen inmitten der Wasserstrahlen einen wilden Tanz auf.
Ein feierliches Thema erklingt über der Orchesterfiguration: die *Fontana di Trevi* am Mittag. Das feierliche Thema geht von den Holzbläsern auf das Blech über und nimmt triumphierenden Charakter an. Fanfaren erklingen: Auf leuchtender Wasserfläche zieht der Wagen Neptuns vorbei, von Seepferden gezogen und mit einem Gefolge von Sirenen und Tritonen. Der Zug entfernt sich, während gedämpfte Trompetenstöße in der Ferne nachhallen.
Der vierte Teil (*Brunnen der Villa Medici in der Abenddämmerung*) kündigt sich durch ein schwermütiges Thema an, das sich wie über leisem Geplätscher erhebt. Es ist die besinnliche Stunde des Sonnenuntergangs. Die Luft ist erfüllt von Glokkenklängen, Vogelgezwitscher und Blätterrauschen. Alles verstummt im Schweigen der Nacht.« (Partiturnotiz.)

Pini di Roma (»Römische Pinien«)
Sinfonische Dichtung

Besetzung: großes Orchester (wie für die *Fontane di Roma*, jedoch nur 1 Harfe, dafür reicher besetztes Schlagzeug sowie 6 Signaltrompeten). – Entstanden 1924. UA: 1924 in Rom, Augusteo. – Aufführungsdauer: ca. 20 Minuten.

1. *Die Pinien der Villa Borghese.* »Zwischen den Pinien der Villa Borghese spielen Kinder. Sie tanzen Ringelreihen, inszenieren Paraden und Kämpfe und berauschen sich an ihrem Geschrei wie Schwalben am Abend; dann laufen sie davon. Unvermittelt wechselt die Szene . . .«
2. *Pinien in der Nähe einer Katakombe.* »Baumschatten rings um den Eingang einer Katakombe, aus deren Tiefe klagender Gesang heraufdringt. Er erhebt sich zu hymnischer Größe und verklingt.«
3. *Die Pinien auf dem Gianicolo.* »Die Luft erzittert, die Pinien des Gianicolo wiegen in klarer Vollmondnacht ihre Wipfel. In ihrem Geäst ertönt der Gesang einer Nachtigall.« (Die Originalfassung sah an dieser Stelle das Abspielen einer bestimmten Schallplattenstelle mit der Stimme einer natürlichen Nachtigall vor.)
4. *Die Pinien der Via Appia.* »Morgennebel über der Via Appia, vereinzelte Pinien scheinen über die an tragische Ereignisse gemahnende römische Campagna zu wachen. Undeutlich, doch immer aufs neue glaubt man den Rhythmus unzähliger Schritte zu vernehmen. Der Dichter sieht in seiner Vorstellung das Aufleben uralten Ruhmes: Unter dem Geschmetter der Signaltrompeten naht ein Konsul mit seinem Heer, um im Glanz der aufgehenden Sonne zur Via Sacra und triumphierend zum Kapitol zu ziehen.« (Partiturnotiz.)

Feste Romane (»Römische Feste«)
Sinfonische Dichtung

Besetzung: großes Orchester (wie für die *Fontane di Roma*, jedoch mit nur 1 Harfe und ohne Celesta, dafür mit 3 Signaltrompeten und Mandoline). – Entstanden 1928. UA: 1929 in New York. – Aufführungsdauer: ca. 24 Minuten.

1. *Circenses.* »Der Himmel steht dunkel über dem Circus Maximus, aber das Volk ist in Feststimmung: *Ave Nero!* Die eisernen Tore werden geöffnet und es ertönt ein Choral, daneben das Gebrüll wilder Tiere. Durch die Volksmenge geht ein Zittern: Furchtlos steigt der Gesang der Märtyrer empor, übertönt alles, bevor er im Tumult untergeht.«
2. *Das Jubiläum.* »Die Pilger schleppen sich betend auf der endlosen Straße hin. Endlich erblicken sie von der Höhe des Monte Mario aus die Heilige Stadt: *Rom, Rom!* Eine jubelnde Hymne bricht aus, das Geläute aller Kirchen antwortet ihnen.«

3. *Ottobrata.* »Oktoberfest in den rebenumkränzten römischen Kastellen: ferne Jagdsignale, klingende Pferdegeläute, Liebeslieder. Durch die milde Abendluft wird die Musik einer romantischen Serenade zugetragen.«
4. *Befana.* »Dreikönigsnacht auf der Piazza Navona. Ein markantes Trompetensignal übertönt den frenetischen Lärm, auf dessen gellender Brandung von Zeit zu Zeit allerlei Musik ans Ohr dringt: Gassenhauer, Saltarello-Melodien, Klänge von Drehorgeln aus einer Schaubude, dazu die Stimme eines Ausrufers, das Gegröle Betrunkener und die selbstbewußte Devise, die von der römischen Bevölkerung hochgehalten wird: *Lassatece passà, semo Romani!*, was bedeutet: *Macht Platz, wir sind Römer!*« (Partiturnotiz.)

Béla Bartók

* 25. März 1881 in Nagyszentmiklós
(Südungarn; heute: Sînnicolau Mare [Rumänien])
† 26. September 1945 in New York

Nach dem Tod des Vaters (1888) mehrere Wohnortswechsel der Familie; schließlich 1894–99 in Pozsony (Preßburg, Bratislava) ansässig. Dort, nach frühen pianistischen und kompositorischen Begabungsbeweisen, Unterricht bei László Erkel. Freundschaft mit dem um 4 Jahre älteren Ernst von Dohnányi, einer später führenden Persönlichkeit des ungarischen Musiklebens.
Nach dem Abitur (1899) 4jähriges Studium an der Budapester Musikakademie: Klavier bei dem Liszt-Schüler István Thomán, Komposition bei Hans Koessler. In den frühen, stilistisch von Liszt und Strauss, später auch von Debussy und Schönberg beeinflußten Kompositionen zugleich Niederschlag der kurz nach der Jahrhundertwende ausbrechenden nationalen Begeisterungswelle (z. B. in der Sinfonischen Dichtung »Kossuth«, 1903/04).
Pianistische und kompositorische Erfolge im Ausland. Erst 1918, nach Jahren der Vernachlässigung, breitere Anerkennung in Ungarn (Aufführungen von »Herzog Blaubarts Burg«, Budapest 1918). 1907–34 Professor und Leiter einer Klavierklasse an der Budapester Musikakademie, danach Forschungstätigkeit an der Unga-

rischen Akademie der Wissenschaften. Seit 1905 enger Kontakt zu Zoltán Kodály; oft gemeinsam durchgeführte intensive Volksmusikforschung auf ausgedehnten Sammelreisen in die verschiedensten östlichen und südlichen Länder (u. a. Slowakei, Rumänien, Bulgarien, Ukraine, Algerien, Türkei), deren Ergebnisse in umfangreichen, wissenschaftlich vorbildlichen Publikationen vorliegen. 1936–1940 Kompositionsaufträge für Paul Sacher und das Basler Kammerorchester (»Musik für Saiteninstrumente«, Sonate für 2 Klaviere und Schlagzeug, »Divertimento«).
Herbst 1940: Im Anschluß an eine USA-Tournee läßt sich Bartók in New York nieder (»[...] es besteht die eminente Gefahr, daß sich auch Ungarn diesem Räuber- und Mördersystem ergibt«, 1938). Forschungsaufträge an der Columbia University. Die Aufführung aller seiner Werke in nationalsozialistischen Ländern untersagte er. Wenige Konzerte und Aufführungen, Ungewißheit über die weitere Zukunft, Depressionen, ab 1942 erste Symptome von Leukämie. Materielle Besserung ab 1943; Aufträge von Sergej Kussewitzky (Konzert für Orchester, 1943), Yehudi Menuhin (Sonate für Violine solo, 1944) und William Primrose (Bratschenkonzert, 1945).

Werke: *Rhapsodie* für Klavier und Orchester op. 1 (= erweiterte Umarbeitung der Fassung für Solo-Klavier, 1904); *Suiten Nr. 1* und *2* für Orchester op. 3 bzw. 4 (1905, 1905–07); *Violinkonzert Nr. 1* o. Op. (1907/08); *Zwei Porträts* für Orchester op. 5 (*Porträt I* = 1. Satz des *Violinkonzerts Nr. 1*, 1907–11); *Zwei Bilder* für Orchester op. 10 (1910); *Herzog Blaubarts Burg* (B. Balázs), Oper in 1 Akt op. 11 (1911); *Vier Orchesterstücke* op. 12 (1912, orchestriert 1921; Satzfolge: *Preludio*, *Scherzo*, *Intermezzo*, *Marcia funebre*); *Der holzgeschnitzte Prinz* (B. Balázs), Tanzspiel in 1 Akt op. 13 (1914–16), daraus: *Orchestersuite*; *Der wunderbare Mandarin* (M. Lengyel), Pantomime in 1 Akt op. 19 (1918/19), daraus: *Konzertsuite*; *Tanz-Suite* für Orchester (1923); *Klavierkonzert Nr. 1* (1926); *Rhapsodien Nr. 1* und *2* für Violine und Klavier, auch in Fassungen mit Orchester (1928); *Cantata profana (Die Zauberhirsche)* für Tenor- und Bariton-Solo, 2 gemischte Chöre und Orchester nach rumänischen Weihnachtsliedertexten (1930); *Klavierkonzert Nr. 2* (1930/31); *Musik für Saiteninstrumente, Schlagzeug und Celesta* (1936); *Sonate für 2 Klaviere und Schlagzeug* (1937), Bearbeitung als *Konzert für 2 Klaviere, Schlagzeug und Orchester* (1940); *Violinkonzert Nr. 2* (1937/38); *Divertimento* für Streichorchester (1939); *Konzert für Orchester* (1943); *Klavierkonzert Nr. 3* (1945); *Konzert für Bratsche* und Orchester (1945).
Schriften: Zahlreiche Untersuchungen und Editionen südosteuropäischer Volksmusik.

Zur Neueinstudierung von *Herzog Blaubarts Burg* und *Der holzgeschnitzte Prinz* am Weimarer Stadttheater in der Saison 1924/25 richtete Bartók in einem Brief an den Dirigenten Ernst Latzko die Bitte, »1. den folkloristischen Zug in meiner Musik nicht allzusehr hervorzuheben; 2. zu betonen, daß ich in diesen Bühnenwerken wie auch in meinen sonstigen Originalwerken niemals Volksmelodien anwende; 3. daß meine Musik durchaus tonal ist und 4. auch mit der ›objektiven‹ und ›unpersönlichen‹ Art nichts Gemeinsames hat (also eigentlich überhaupt nicht ›modern‹ ist!)«. Diese thesenartig vorgebrachten Empfehlungen waren offensichtlich als Standortbestimmung gegenüber Mißverständnissen und vergröbernden Etikettierungen seines Werkes und seiner Person gedacht. Natürlich bezog Bartók über die Erfahrungen der beiden genannten Werke aus den Jahren 1911 und 1916 hinaus dabei bereits die Position von 1924 ein, als er ein an Umfang und Gewicht beträchtlich gewachsenes Œuvre vorzuweisen hatte, um das sich lebhafte Diskussionen entspannen. Schon damals also – wie später in noch stärkerem Maße – mußte Bartók sich gegen Klischeevorstellungen zur Wehr setzen, ein komponierender Folklorist, Atonalist Schönbergscher oder Neoklassizist Strawinskyscher Richtung – überhaupt ein »Moderner« um der Modernität willen zu sein.

So hatten Bartóks ausgedehnte, häufig dem Komponieren vorgezogene Volksmusikforschungen weithin die stereotype Erwartung geweckt, jede seiner Partituren lebe ausschließlich von Anleihen der Volksmusik. Es bedurfte ständiger Hinweise auf die strenge Unterscheidung zwischen der wissenschaftlich exakten Erfassung eines vorgefundenen Volkslieds, dessen Satzbearbeitung im Hinblick auf die Musizierpraxis und schließlich einer Übernahme typischer idiomatischer Wendungen melodischer oder rhythmisch-metrischer Natur in ein ansonsten völlig autonomes »Originalwerk«. Auch war das zeitgenössische Publikum nur allzu bereit gewesen, Bartók wegen seiner zeitweise stark ausgeprägten Vorliebe für dissonant geschärfte Akkordmixturen, perkussionsartige Klangakzente und rigorose kontrapunktische Führungen (etwa im *Allegro barbaro*, im *Wunderbaren Mandarin*, den beiden *Violinsonaten* oder der *Klaviersonate*) kurzerhand zum »Atonalisten« zu erklären. Demgegenüber berief sich der Komponist weiterhin auf tonale Zentren und rückte damit von der freien, später reihengebundenen Atonalität der Wiener Schule und ihrer Hauptvertreter Schönberg, Webern und Berg ab.

Allerdings wäre es falsch, bereits im Schaffen der mittleren Jahre von bewußt konservativen Schaffensprinzipien zu sprechen, wie sie sich immerhin im Spätwerk in Gestalt vereinfachter harmonischer Vorgänge, modellhafter Kontrapunktik und betont übersichtlicher Satzanlagen abzeichnen. Ebenso verfehlt wäre es, Bartóks Tonsprache als eine, vielleicht sogar mit Rücksicht auf das Publikum gemilderte Vorstufe zu den Positionen »radikalerer« Zeitgenossen zu verstehen. Als Abbild seiner starken, von intellektueller und moralischer Redlichkeit gekennzeichneten Persönlichkeit ist sie vielmehr ein Ausdrucksmittel von seltener Eigenart und folgerichtiger Entwicklung, nuancenreich ausgebildet und stark genug, traditionelle Gestaltungsmöglichkeiten wie etwa Sonatenform und Fuge, tonale Strukturierung oder folkloristische Ausprägung in neuer, reizvoller Beleuchtung erscheinen zu lassen.
Bartóks musikgeschichtliche Stellung hat der Komponist Arthur Honegger so bezeichnet: »Nach meiner Auffassung ist Bartók – mit Schönberg und Strawinsky zusammen – der eigentliche Repräsentant der musikalischen Revolution in dieser Generation. Nicht so unmittelbar, nicht so funkelnd wie Strawinsky, nicht so dogmatisch wie Schönberg, ist er doch vielleicht noch mehr zuinnerst Musiker als die beiden andern und derjenige unter ihnen, dessen Entwicklung sich in der gleichmäßigsten und geordnetsten Auswirkung der Kräfte vollzog.«

Der wunderbare Mandarin op. 19. Konzertsuite

Besetzung: großes Orchester (mit Schlagzeug, Celesta, Harfe, Klavier und Orgel). – Entstanden 1918/19, Instrumentation 1924. UA der Ballettfassung: 1925 in Köln, Opernhaus (musikalische Leitung: Eugen Szenkár); UA der Konzertsuite: 1928 in Budapest. – Aufführungsdauer der Konzertsuite: ca. 18 Minuten.

Die Musik für die 1aktige Ballettpantomime steht deutlich in einer inneren Verwandtschaft zu Strawinskys etwa 7 Jahre vorher komponiertem *Sacre du printemps* und der *Skythischen Suite* Prokofjews von 1914. Da Bartók beide Werke aber nicht kennen konnte, muß seine *Mandarin*-Musik im größeren Zusammenhang eines »barbarischen« Expressionismus gesehen werden, der sich in aggressiver Motorik, uneingeschränktem Dissonanzgebrauch und geschärftem Orchesterklang äußerte. Dennoch: So, wie Menyhért Lengyels Sujet statt der urgeschichtlich-heidnischen Themen bei Strawinsky und Prokofjew aus dem zeitnahen Milieu großstädtischen Verbrechertums genommen ist, entwickelte Bartók die musikalische Sprache dieser Partitur auf den gesicherten Grundlagen der Tradition. Konstruktive Prinzipien wie die planvolle Setzung tonaler Schwerpunkte, Anlehnung an stilisierte Tanzcharaktere, z. B. Marsch und Walzer, oder Fugato-Steigerungen sichern die in jedem Takt spürbare überhitzte Ausdrucksintensität formal ab, um sie desto konzentrierter wirksam werden zu lassen.

Die Introduktion der Suite kennzeichnen furiose Streicherbewegung und unregelmäßig skandierte Bläsersignale. In einem Streicher-Fugato spiegelt sich die vergebliche Suche der drei Strolche nach Geld im Zimmer der Dirne. Es folgt das erzwungene Werben des Mädchens um drei zum Ausrauben angelockte »Kunden«, zuerst um den alten Kavalier, dann den schüchternen Jüngling, zuletzt um den unheimlichen Mandarin (rhapsodische Klarinetten-Soli, einmündend in Tanzabschnitte von jeweils gesteigerter Vehemenz). Es endet mit der ekstatischen Raserei des Mandarins, also ohne die Schlußszene des Balletts, in der die Verbrecherbande den Mandarin vergeblich zu töten versucht, weil dieser erst nach der Erfüllung seines Liebesbegehrens tot zusammenbrechen kann.

Klavierkonzerte

1. Klavierkonzert

Besetzung: mittelgroßes Orchester. – Entstanden 1926. UA: Frankfurter Musikwoche 1927 (Solist: Béla Bartók, Dirigent: Wilhelm Furtwängler). – Aufführungsdauer: ca. 25 Minuten.

1. *Allegro moderato / Allegro* – 2. *Andante* – unmittelbar übergehend in: 3. *Allegro molto.*

2. Klavierkonzert

Besetzung: großes Orchester. – Entstanden 1930/31. UA: 1933 in Frankfurt a. M. (Solist: Béla Bartók, Dirigent: Hans Rosbaud). – Aufführungsdauer: ca. 25 Minuten.

1. *Allegro* – 2. *Adagio / Presto / Adagio* – 3. *Allegro molto.*

3. Klavierkonzert

Besetzung: mittelgroßes Orchester. – Entstanden 1945. UA: 1946 in Philadelphia (Solist: György Sándor, Dirigent: Eugene Ormandy). – Aufführungsdauer: ca. 24 Minuten.

1. *Allegretto* – 2. *Andante religioso* – unmittelbar übergehend in: 3. *Allegro vivace.*

Für Bartóks eigene Konzerttätigkeit als Pianist waren die ersten beiden Werke gedacht; sie heben sich im kompositorischen und klaviertechnischen Anspruch deutlich von der frühen *Rhapsodie* op. 1 (1904) ab. Das 3. Konzert aus dem Todesjahr 1945 hingegen, ursprünglich in einer Fassung für 2 Klaviere auf eine Bestellung des Klavierduos Ethel Bartlett / Rae Robertson zurückgehend, ist für Ditta Pásztory, Bartóks Schülerin und zweite Frau, bestimmt gewesen. (Geringere Bedeutung hat in diesem Zusammenhang die Bearbeitung der berühmten *Sonate für 2 Klaviere und Schlagzeug* als Konzert mit Orchester; sie steht der Originalfassung entschieden nach und ist selten zu hören.)
Es ist üblich geworden, die ersten beiden Konzerte mit ihrer entfesselten rhythmischen Vitalität dem dritten als einem Spätwerk von entspannter Gelöstheit und vereinfachter Faktur gegenüberzustellen.
Beim letzten Klavierkonzert hat man in der prägnanten tonalen Ordnung, der unproblematischen Formgebung und der außerordentlichen Transparenz des Klavierparts Symptome einer zur Anpassung bereiten Gestaltungskraft erkennen wollen. Dabei darf nicht übersehen werden, daß sich gerade der langsame Satz des 3. Konzerts seiner Anlage nach im Mittelsatz des 2. Konzerts deutlich vorgeprägt findet. Archaisch strukturierte Religioso-Streichersätze wechseln responsorisch mit den Cantus-Zeilen des Solisten (in Konzert Nr. 2 sekundiert durch komplementäre Paukenwirbel); Nr. 2 läßt – wie Tschaikowskijs b-Moll-Konzert – einen furiosen Presto-Teil folgen, Nr. 3 ein von geheimnisvollen Naturlauten belebtes Notturno; kontrapunktisch variierte und intensivierte Reprisen der A-Teile vervollständigen die symmetrischen Satzanlagen.
Während die Ecksätze der Konzerte Nr. 1 und 2 die fast pausenlos eingesetzte Martellato-Technik des *Allegro barbaro* (1911) und der *Klaviersonate* (1926) weiterführen und Schlagzeugtechniken von seinerzeit kaum bekannter Härte erproben, findet sich im Konzert Nr. 3 ein überwiegend linearer, von geräuschhaften Wirkungen wieder befreiter Klaviersatz.
In der Orchesterbehandlung des früheren Konzertpaars gab Bartók einem holzschnittartigen, scharf konturierten Klangbild den Vorzug vor abgestuften Valeurs und ausgeklügelten Farbmischungen. Folgerichtig ist in einzelnen Sätzen ganz auf die flexible Streichergruppe verzichtet (2. Satz des 1. Konzerts, 1. Satz des 2.) und dafür das Schlagwerk über weite Strecken in völlig autonomer Funktion eingesetzt worden.

Musik für Saiteninstrumente, Schlagzeug und Celesta

Besetzung: 2 Streichorchester, auf beiden Seiten des Podiums plaziert, Schlagzeug (2 kleine Trommeln, Becken, Tamtam, große Trommel, Pauken und Xylophon), Celesta, Harfe und Klavier (2- und 4händig). – Entstanden 1936. UA: 1937 in Basel (durch das Basler Kammerorchester, zu dessen 10jährigem Bestehen das Werk geschrieben wurde; Dirigent: Paul Sacher). – Aufführungsdauer: 25–26 Minuten.

Unter den 3 in rascher Folge Ende der 30er Jahre entstandenen Basler Auftragswerken teilt sich das *Streicherdivertimento* vielleicht am unmittelbarsten mit, während der Hörer der *Sonate für 2 Klaviere und Schlagzeug* die Dichte der rationalen Kombinatorik nur gerade zu erahnen vermag. Die *Musik für Saiteninstrumente, Schlagzeug und Celesta* dagegen stellt einen glücklichen Balancezustand dar, bei dem ein hohes Maß architektonischer Absicherung ohne Einbuße an vitaler Ausdrucksintensität unmittelbar als tönende Ordnung wirksam zu werden vermag. Bartóks Nutzung der Klangfarben und des Raumes bei der Wahl der Instrumente trägt zu dieser Wirkung bei, ferner seine Fähigkeit, formale Zusammenhänge, deren Proportionen er in vielfacher Verschachtelung nach dem Goldenen Schnitt festlegte, kunstvoll zu entwerfen und auszugestalten.

1. Satz: Andante tranquillo (beide Streichorchester koordiniert). Langsam crescendierende Fuge mit chromatisch tastendem Thema:

dessen verschiedene Einsätze sich vom Zentralton *a* aus nach oben und unten in Quintschritten bis zum tonartlich entferntesten Ton *es* ausbreiten. Von diesem Höhepunkt an, der Nahtstelle zwischen den aufgrund des Goldenen Schnitts ermittelten Teildistanzen Maior und Minor, setzt ein diminuierender Gegenvorgang ein: fächerartiges Schließen der jetzt aus Themenumkehrungen gebildeten Einsatzfolge in Quartschritten und Wiedererreichen des Ausgangszentrums *a* (deutlich markiert durch den Einsatz der Celesta).

2. Satz: Allegro. (Von hier an sind die Streichorchester getrennt.) Sonatensatz, dessen beide Themen den Tonzentren *c* bzw. *g* angehören. Zu Beginn der Durchführung kehrt über einer ausgedehnten ostinaten Figurationsfläche (Streicher-Pizzicati, Harfe) das rhythmisch »zerrissene« Fugenthema in Grundform und Umkehrung wieder (Klavier, Streicher-Pizzicati). Verkürzte Reprise durch Umarbeiten der früheren 2/4-Takte in knappere 3/8-Takte.
3. Satz: Adagio. Symmetrische Anlage der stark kontrastierenden Abschnitte A – B – C – B – A, die jeweils durch Teilzitate des Fugenthemas verbunden werden.
4. Satz: Allegro molto. Tänzerisch-konzertantes Finale, das kurz vor seinem Abschluß in eine diatonisch geweitete Variante des ehemals chromatisch gepreßten Fugenthemas einmündet.

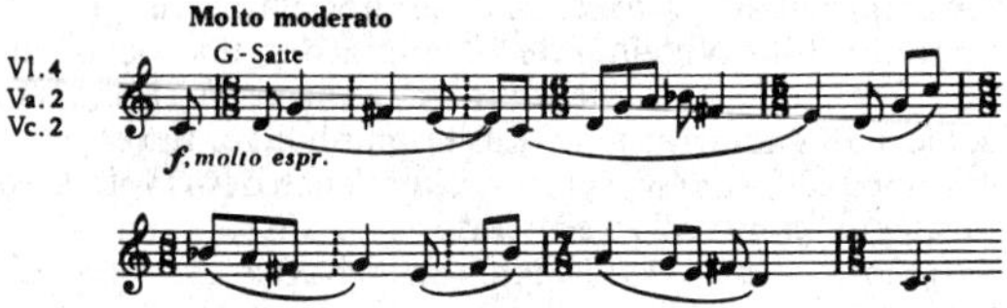

2. Violinkonzert

Besetzung: mittelgroßes Orchester (mit Schlagzeug, Celesta und Harfe). – Entstanden 1937/38. UA: 1939 in Amsterdam (Solist: Zoltán Székely, Dirigent: Willem Mengelberg). – Aufführungsdauer: ca. 32 Minuten.

Bis 1958, d. h. bis zur Wiederauffindung und Uraufführung des heute mit Nr. 1 bezeichneten 2sätzigen Konzerts für die ungarisch-schweizerische Jugendfreundin Stefi Geyer, galt das 2. Violinkonzert neben den beiden *Rhapsodien* (1928) als einziges konzertantes Werk für Violine. Vom Vorgänger aus den Jahren 1907/08 hebt es sich durch seine weiträumigere Anlage und seinen gesteigerten virtuosen Anspruch deutlich ab.
Hier ist der seltene Glücksfall eingetreten, daß ein Komponist, obwohl nicht selbst Geiger, aus genauer Kenntnis aller Spielmöglichkeiten einen glänzenden, doch von verbrauchten Instrumentalismen befreiten Violinpart zu gestalten vermochte, eine Fähigkeit, die ebenso die Streichquartette und die Solosonate bezeugen.

Weitgehend von traditionellen Formvorstellungen wie Sonatensatz (1), Thema mit 6 Variationen (2) und Rondo (3) ausgehend, bezieht das Werk seine innere Spannung aus der Konfrontation von Themengestalten unterschiedlicher harmonischer Faktur. Beispielsweise exponiert Satz 1 sein nach der

Quarte strukturiertes Haupt- und das daraus abgeleitete Schlußthema auf den Grundtönen *H* und *F*, d. h. auf zwei diametral entgegengesetzten tonartlichen Ebenen. Vermittelnd treten zwischen sie mehrere seitensatzartige Figuren, die zwar alle 12 Töne der chromatischen Skala, zugleich aber einen vorübergehend dominierenden Zentralton aufweisen (Bartók: »[. . .] eine Art Zwölftonthema, doch mit entschiedener Tonalitätsbezogenheit«):

Eine enge Verknüpfung wird zwischen den Sätzen 1 und 3 dadurch geschaffen, daß sich das temperamentvolle Finalthema als rhythmische Variante auf das melodisch nahezu identische Hauptthema von Satz 1 bezieht:

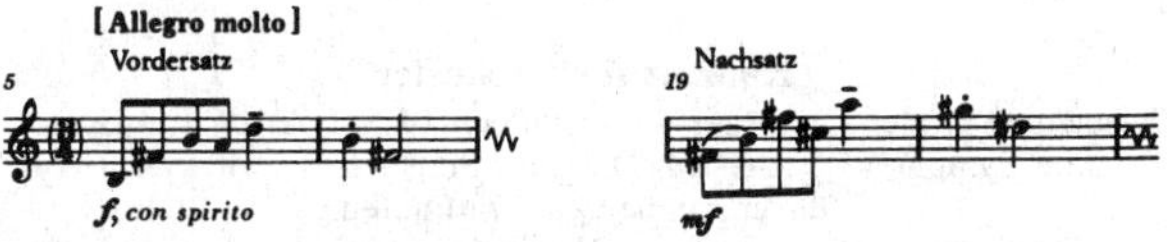

Divertimento

Besetzung: Streichorchester (mindestens je 6 1. und 2. Violinen, 4 Bratschen, 4 Celli und 2 Kontrabässe). – Entstanden 1939. UA: 1940 in Basel (Basler Kammerorchester, Dirigent: Paul Sacher). – Aufführungsdauer: ca. 25 Minuten.

Während eines sommerlichen Arbeitsaufenthaltes 1939 in Saanen im Berner Oberland nahm das *Divertimento* in der erstaunlich kurzen Zeit von etwa 2 Wochen Gestalt an. Übrigens sind dort wenig später auch größere Teile des *6. Streichquartetts* ausgeführt worden.

Über die formale Anlage der 3 Sätze äußerte sich der Komponist in lakonischer Kürze: »I. Satz [*Allegro non troppo*] Sonatenform, II. [*Molto adagio*] annähernd A B A, III. [*Allegro assai – Più mosso – Vivacissimo*] rondoartig.« Die tänzerisch inspirierten Kopfthemen der Ecksätze orientieren sich an folkloristischen Modellen, ohne wirkliche Zitate zu sein, und prägen die Satzcharaktere auf unverwechselbare Weise. Beziehungen struktureller Art sind unüberhörbar:

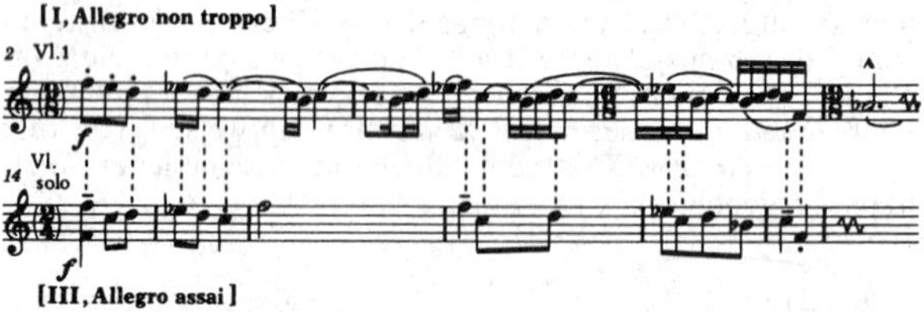

Der langsame Satz mit seinen mehrfach aus ostinaten Anfängen heraus sich chromatisch steigernden Ausbrüchen variiert in seiner Anlage – mit kaum geringerer Intensität – den 3. Satz der um nur 3 Jahre älteren *Musik für Saiteninstrumente, Schlagzeug und Celesta*.

Häufig übernehmen die Stimmführer die Aufgaben einer Concertino-Gruppe und bewirken durch oft überraschende Soloeinschübe eine Auflockerung wie auch Bereicherung des Klangbildes.

Konzert für Orchester

Besetzung: großes Orchester. – Entstanden 1943. UA: 1944 in Boston (Boston Symphony Orchestra, Dirigent: Sergej Kussewitzky). – Aufführungsdauer: ca. 37 Minuten.

1. *Andante non troppo / Allegro vivace* (Introduzione) – 2. *Allegretto scherzando* (Giuoco delle coppie – Spiel der Paare) – 3. *Andante non troppo* (Elegia) – 4. *Allegretto* (Intermezzo interrotto – Unterbrochenes Intermezzo) – 5. *Presto* (Finale).

Verbittert über seinen sich verschlechternden Gesundheitszustand und über die geringe Beachtung, die er im amerikanischen Musikleben fand, hatte Bartók geäußert, »nie und unter keinen Umständen werde er ein neues Werk mehr schreiben«. In dieser Verfassung bedeutete Kussewitzkys Auftrag für ein Orchesterwerk ein Stimulans, ohne das seine schöpferische Aktivität in den drei letzten Lebensjahren vermutlich nicht wieder aufgelebt wäre.
In einer Programmnotiz spricht Bartók von einem »sinfonieähnlichen Orchesterwerk«. Auch die programmatischen Untertitel der Sätze 2 und 4 ändern nichts an der Tatsache, daß eine Sinfonie mit konzertanter Behandlung vor allem der Holzbläser vorliegt. Durch Hinzufügung eines weiteren Scherzo-Satzes weitet sich die traditionelle Vier- zur symmetrischen Fünfsätzigkeit, in der 3teilige Formen (2–4) von sonatenartigen Ecksätzen umgeben sind (1, 5).
Reizvolle Einfälle liegen den Sätzen 2 und 4 zugrunde. Im »Spiel der Paare« reihen sich tänzerische Bläser-Entrées, gekennzeichnet durch bestimmte Intervalle: Fagotte (kleine Sext), Oboen (kleine Terz), Klarinetten (kleine Septim), Flöten (Quint) und gestopfte Trompeten (große Sekund):

Nach einem choralartigen Zwischenstück der Blechbläser wiederholt sich dieses Spiel in angereicherter Form.
Satz 4 (»Unterbrochenes Intermezzo«), in 5teiliger Symmetrie angelegt, greift in seinem Zentralabschnitt ein bereits in Schostakowitschs *7. Sinfonie* (vgl. S. 907 f. [Zitat]) karikiertes Lehár-Zitat auf, um es mit wild dreinfahrendem Gestikulieren zum Schweigen zu bringen.

Konzert für Bratsche und Orchester op. post.

Besetzung: mittelgroßes Orchester. – Entstanden 1945. UA: 1949 in Minneapolis (Solist: William Primrose, Dirigent: Antal Dorati). – Aufführungsdauer: ca. 20 Minuten.

1. *Moderato* – unmittelbar übergehend in: 2. *Adagio religioso / Allegretto* – unmittelbar übergehend in: 3. *Allegro vivace.*

Dem Auftraggeber des Werkes, dem englischen Bratschisten William Primrose, teilte Bartók kurz vor dem Tode (26. September 1945) brieflich mit: »Ich freue mich, Ihnen mitteilen zu können, daß Ihr Violakonzert im Entwurf [»draft«] fertig ist und daß bloß noch die Partitur geschrieben zu werden braucht, was gewissermaßen nur eine mechanische Arbeit ist. Wenn nichts dazwischenkommt, kann ich es in fünf oder sechs Wochen geschafft haben [. . .]. Viele interessante Probleme entstanden bei der Komposition dieses Werkes. Die Instrumentation wird sehr durchsichtig sein, durchsichtiger als beim Violinkonzert. Auch hat der dunklere, männlichere Charakter Ihres Instruments den Gesamtcharakter des Werkes mitbestimmt. Der höchste Ton, den ich benütze, ist ›A‹, aber ich mache vom tieferen Register häufig Gebrauch. Der Stil ist recht virtuos. Wahrscheinlich werden einige Stellen unbequem oder unspielbar sein [. . .].«

Zur Partiturreinschrift ist es nicht mehr gekommen. Tibor Serly, der in New York lebende Schüler Bartóks, unterzog sich der überaus diffizilen Aufgabe einer Textsicherung, Satzergänzung und Instrumentation. Da das Klangbild »sehr durchsichtig« sein sollte, dürfte kaum zu beurteilen sein, ob Bartók über den vorliegenden, tatsächlich äußerst reduzierten Tonsatz hinaus noch eine bereichernde Entfaltung vorgenommen hätte.

Äußerlich wahrt die Dreisätzigkeit einen gewissen Bezug zum klassisch-romantischen Konzerttypus. Doch verstärken die zäsurlosen Satzübergänge sowie die große Zahl verschieden rascher, doch fließend verbundener Binnenabschnitte den Gesamteindruck eines rhapsodisch gelockerten, an Charakteren vielgestaltigen Formverlaufs.

Gian Francesco Malipiero

* 18. März 1882 in Venedig
† 1. August 1973 in Treviso

Musikalische Ausbildung bis 1904 in Wien, Venedig und Bologna (Komposition bei Marco Enrico Bossi). 1913 durch die Pariser Uraufführung von Strawinskys »Sacre du printemps« beeindruckt. Kompositionslehrer zunächst am Konservatorium in Parma (1921–1924), dann – 1932–53 – am Conservatorio Benedetto Marcello in Venedig, dessen Leitung Malipiero ab 1940 zugleich innehatte. Zu seinen Schülern zählten u. a. Bruno Maderna und Luigi Nono.

Malipiero hat nicht nur durch grundlegende Gesamtausgaben den Zugang zu Monteverdi und Vivaldi neu erschlossen. Auch für das eigene Schaffen suchte er im reichen musikalischen Fundus des 16.–18. Jh. ästhetischen und handwerklichen Rückhalt, um sich der zu Jahrhundertbeginn in Italien alleinherrschenden veristischen Opernmelodramatik von Puccini, Leoncavallo, Mascagni und Boito wirkungsvoll widersetzen zu können. In diesem Sinne schrieb der angesehene Komponist neben sinfonischen Werken und Konzerten vor allem Bühnenwerke (z. B. Trilogie *L'Orfeide*, *Giulio Cesare*, *Antonio e Cleopatra*, *La vita è sogno*) und Oratorien (*San Francesco d'Assisi*, *La cena*, *La passione*, *Missa pro mortuis*).
»Ohne die altitalienische Musik als Museumsstück zu betrachten und ohne einen artifiziellen Neuklassizismus zu kreieren, hat Malipiero in ganz natürlicher Weise dort wieder angeknüpft, wo das *melodramma* eine sonst organische Entwicklung unterbrochen hatte. Er hat sozusagen das 19. Jh. ausgeklammert. Das, was er von der altitalienischen Musik übernahm, war aber nicht der Stil als solcher, sondern es waren die hinter dem Stil wirkenden musikalischen Prinzipien, welche er in seiner eigenen, persönlichen Weise anwendete und in seinen für die damalige Zeit sehr ›modernen‹ Stil einverleibte« (Everett Helm, 1972).

Werke: *Impressioni dal vero I–IX* für Orchester (1910–22); *Pause del silencio I/II* (»Unterbrechungen des Schweigens«) für Orchester (1917–26); *Variazioni senza tema* für Klavier und Orchester (1923); *Ricercari e ritrovari* für 11 Instrumente (1925/26); *Concerti* für Orchester (1931); *1. Violinkonzert* (1932); *1. Sinfonie* (»*in quattro tempi come le quattro stagioni*«, 1933); *1. Klavierkonzert* (1934); *2. Sinfonie* (»*Sinfonia elegiaca*«, 1936); *Cellokonzert* (1937); *2. Klavierkonzert* (1937); *3. Sinfonie* (»*delle campane*«, 1945); *4. Sinfonie* (»*in memoriam*«, 1946); *5. Sinfonie* (»*Sinfonia concertante, in eco*«, 1947); *6. Sinfonie* (»*degli archi*«, 1947); *3. Klavierkonzert* (1948); *7. Sinfonie* (»*delle canzoni*«, 1948); *4. Klavierkonzert* (1950); *Sinfonie* (»*in un tempo*«, 1950); *Sinfonie* (»*Sinfonia dello Zodiaco*«, 1950); *Fantasie concertanti I–IV* (1954); *Acht Dialoge* für verschiedene Besetzungen (1956/57); *5. Klavierkonzert* (1958); *Serenissima*, 7 venezianische Kanzonen für Saxophon und Orchester (1961); *2. Violinkonzert* (1963); *6. Klavierkonzert* (1964); *8. Sinfonie* (»*Sinfonia brevis*«, 1964); *9. Sinfonie* (»*dell'ahimè*«, 1966); *10. Sinfonie* (»*Atropo*«, in memoriam H. Scherchen, 1967); *11. Sinfonie* (»*delle cornamuse*«, 1969).

Igor Strawinsky

* 18. (5.) Juni 1882 in Oranienbaum bei St. Petersburg
† 6. April 1971 in New York

Sohn eines bekannten Bassisten der Kaiserlichen Oper in St. Petersburg. Neben dem Klavierunterricht nachhaltige Anregungen durch das reiche Petersburger Kulturleben, das musikalisch geprägt war durch die Werke Pjotr Tschaikowskijs († 1893) und Nikolaj Rimskij-Korsakows († 1908), des jüngsten Vertreters der zusammen mit Borodin, Cui, Balakirew und Mussorgskij gegründeten »Gruppe der Fünf«. Neben dem Jurastudium 1900–05 betrieb Strawinsky das Selbststudium von Harmonielehre und Kontrapunkt; 1902–08 nahm er Privatunterricht in Instrumentation und Komposition bei Rimskij-Korsakow.

Seit 1909 bestand enger Kontakt zu Sergej Diaghilew (1872–1929) und dessen vorwiegend in Paris auftretenden »Ballets Russes«, in deren Auftrag die für Strawinskys Ruhm maßgeblichen Bühnenwerke zwischen »Feuervogel« (1909/10) und »Oedipus Rex« (1926/1927) entstanden. Häufige Aufenthalte in Frankreich; dort freundschaftliche Beziehungen zu Claude Debussy, Maurice Ravel, Erik Satie, Sergej Prokofjew, Jean Cocteau und Pablo Picasso, der ihn mehrfach porträtiert hat.

Nach Ausbruch des 1. Weltkriegs in der Schweiz ansässig, in Clarens und Morges am Genfer See, schloß Strawinsky dort Freundschaft mit dem Dichter Charles Ferdinand Ramuz (1878–1947). 1920 – ohne die Möglichkeit einer Rückkehr nach Rußland – siedelte er nach Frankreich (Paris, Biarritz, Nizza) über; die französische Staatsbürgerschaft erwarb er 1936. Etwa seit der »Geschichte vom Soldaten« (1918) und »Pulcinella« (1919/20) kam es zur kompositorischen Neuorientierung: Nach einer betont »russischen« Stilphase traten nun zahlreiche neoklassizistische Merkmale in den Vordergrund. Zunehmende Dirigiertätigkeit in vielen Ländern, auch Auftreten als Pianist. Strawinsky interessierte sich für mechanische Instrumente, für südamerikanische Tanzrhythmik und Jazzmusik. Mit »Apollon musagète« (1927/28) begann eine über 40jährige Zusammenarbeit mit dem Choreographen George Balanchine. In dieser Zeit entstanden die beiden Bände der »Chroniques de ma vie« (»Erinnerungen«, 1935/36) und der Vortragszyklus »Poétique musicale« (»Musikalische Poetik«), den Strawinsky 1939 nach der Berufung auf den C.-E.-Norton-Poetiklehrstuhl der Harvard University gehalten hat.
Noch im Jahre 1939 wurde Hollywood zum ständigen Wohnsitz; die amerikanische Staatsbürgerschaft folgte 1945. Dort arbeitete Strawinsky viele seiner Werke um (Retuschen, Neufassungen), um für sie das amerikanische Copyright zu erhalten. 1947 begann die enge Zusammenarbeit mit Robert Craft (1923), der Strawinsky künftig als Organisator, Dirigent und Gesprächspartner, aber auch als Berater in musikhistorischen Fragen assistierte. Anfang der 50er Jahre (u. a. auf Europareisen 1951/52) setzte er sich intensiv mit den Kompositionstechniken der Wiener Schule (Schönberg, Webern, Berg) und der Avantgarde (Boulez, Stockhausen) auseinander. Seit Ende der 50er Jahre erschienen mehrere Interview-, Kommentar- und Briefbände, u. a. »Conversations with Igor Strawinsky« (1959), dt. »Gespräche mit Robert Craft« (1961) und »Erinnerungen und Gespräche« (1972).*

Bühnenwerke: *Der Feuervogel*, Ballett nach M. Fokin (1909/1910), daraus: *Ballettsuiten* (1911–19, 1945); *Petruschka*, Burleske Szenen nach Strawinsky/Benois (1910/11, 1945); *Le Sacre du printemps* (»Frühlingsopfer«), Bilder aus dem heidnischen Rußland nach Strawinsky/Roerich (1911–13, 1947); *Die Nachtigall*, lyrische Erzählung nach H. C. Andersen (1909–14), daraus: *Gesang der Nachtigall*, Sinfonische Dichtung (1917); *Renard* (»Reineke Fuchs«), Burleske Geschichte, zu singen und zu spielen (1916/17); *Die Geschichte vom Soldaten*, zu lesen, zu spielen und zu tanzen, nach C. F. Ramuz (1918), daraus: *Große Suite* (8 Sätze, Originalbesetzung) und *Suite* (5 Sätze, 3 Instrumente, 1919); *Pulcinella*, Ballett mit Gesang nach Musik von G. B. Pergolesi (1919/20, 1965), daraus: *Pulcinella-Suite* für kleines Orchester (1922, 1947); *Mavra*, Opera buffa nach Puschkin/Kochno (1921/22); *Les Noces* (»Bauernhochzeit«), Russische Tanzszenen (1914–23); *Oedipus Rex*, Opern-Oratorium nach Sophokles von Strawinsky/Cocteau (1926/1927, 1948); *Apollon musagète*, Ballett für Streichorchester (1927/1928, 1947); *Le Baiser de la fée* (»Der Kuß der Fee«), Allegorisches Ballett nach Musik von P. Tschaikowskij (1928), daraus: *Divertimento* (1938/39, 1950); *Perséphone*, Melodram nach A. Gide (1933/34; 1949); *Jeu de cartes* (»Kartenspiel«), Ballett in 3 Runden nach Strawinsky/Malaieff (1936); *Scènes de ballet* (1944); *Orpheus*, Ballett (1947): *The Rake's Progress* (»Der Wüstling«), Oper nach Auden/Kallman (1948–51); *Agon*, Ballett für 12 Tänzer (1954–57); *The Flood* (»Die Sintflut«), Musikalisches Spiel (1961–62).

Werke für und mit Orchester: *Sinfonie Es-Dur* op. 1 (1905–1907); *Scherzo fantastique* (*»Der Bienenflug«*) für großes Orchester op. 3 (1907/08); *Feu d'artifice* (»Feuerwerk«), Fantasie für großes Orchester op. 4 (1908); *Swesdoliki / Le Roi des étoiles* (»Sternenkönig«), Kantate für Männerchor und großes Orchester nach K. Balmont (1911/12); *Ragtime* für Klavier bzw. 11 Instrumente (1918); *Symphonies d'instruments à vent à la mémoire de Claude Debussy* für 23 Bläser (1920, 1947); *Suiten I/II* für kleines Orchester (nach 4händigen Klavierstücken, 1914–25); *Oktett* für Bläser (1922/23); *Concerto* für Klavier und Blasinstrumente (1923/1924, 1950); *Vier Etüden* für Orchester (1928, = Instrumentation der *Drei Stücke für Streichquartett*, 1914, und der *Studie für Pianola*, 1917); *Capriccio* für Klavier und Orchester (1928/29, 1949); *Psalmensinfonie* für Chor und Orchester (1930, 1948); *Concerto in D* für Violine und Orchester (1931); *Concerto in Es* (*»Dumbarton Oaks«*) für Kammerorchester (1937/38); *Sinfonie in C* (1939/40); *Danses concertantes* für Kammerorchester (1941/42); *Zirkuspolka* für das Elefantenballett des Zirkus Barnum & Bailey (1942); *Vier norwegische Impressionen* für Orchester (1942); *Ode*, Triptychon für Orchester, dem Andenken von N. Kussewitzky gewidmet (1943); *Babel*, Kantate für Sprecher, Männerchor und Orchester (= Teil einer Gemeinschaftsarbeit mehrerer Komponisten, 1944); *Scherzo à la russe* für Orchester (1944); *Sinfonie in drei Sätzen* (1942–45); *Ebony Concerto* für Jazz-Bigband (1945); *Concerto in D* für Streichorchester (1946); *Messe* für gemischten Chor und doppeltes Bläserquintett (1944–47); *Cantata* für Sopran, Tenor, Frauenchor und kleines Instrumentalensemble (1951/52); *Septett* (1952/53); *In memoriam Dylan Thomas*, Grabgesänge und Lied für Tenor, Streichquartett und 4 Posaunen (1954); *Greeting Prelude* (»Geburtstags-Präludium« zum 80. Geburtstag von Pierre

Monteux) für Orchester (1955); *Canticum sacrum. Ad honorem sancti Marci nominis* für Tenor- und Bariton-Solo, Chor und Orchester (1955/56); *Choralvariationen über das Weihnachtslied »Vom Himmel hoch« von J. S. Bach*, für Chor und Orchester gesetzt (1955/56); *Threni, id est lamentationes Jeremiae prophetae* (»Klagegesänge des Propheten Jeremias«) für Soli, gemischten Chor und Orchester (1957/58); *Movements* für Klavier und Orchester (1958/59); *Monumentum pro Gesualdo di Venosa ad CD annum*, 3 Madrigale, für Instrumente rekomponiert (1960); *A Sermon, a Narrative, and a Prayer* (»Predigt, Bericht und Gebet«) für Sprecher, Mezzosopran, Tenor, Chor und Orchester (1960/61); *Acht Instrumental-Miniaturen* für 15 Spieler (1962, nach den Klavierstücken *Les cinq doigts*, 1920/21); *Variationen* für Orchester, Aldous Huxley in memoriam (1963/64); *Abraham und Isaak*, eine geistliche Ballade für Bariton und Kammerorchester (1963/64); *Introitus*, T. S. Eliot in memoriam, für Männerchor und Instrumente (1965); *Requiem Canticles* für Alt- und Baß-Solo, gemischten Chor und Orchester (1966); *Zwei geistliche Lieder* von H. Wolf, bearbeitet für Mezzosopran und Instrumente (1968).

Noch unter dem Eindruck des 1913 wie ein Naturereignis über das verwöhnte Pariser Ballettpublikum hereinbrechenden *Sacre* urteilte Claude Debussy 1916 über seinen um zwei Jahrzehnte jüngeren Kollegen: »Er ist ein junger Wilder, der aufregende Krawatten trägt, den Frauen die Hand küßt und ihnen gleichzeitig auf die Füße tritt. Im Alter wird er unerträglich sein, das heißt, er wird jede Musik unausstehlich finden. Aber im Augenblick ist er unerhört.«
Debussys Voraussage sollte sich nicht bewahrheiten. Mit zunehmendem Alter eröffnete sich Strawinsky den Zugang zu immer neuen, historischen wie zeitgenössischen Denkweisen, er war ständig bemüht, dem eigenen Schaffen lebendige Impulse zuzuführen. Das Verfügbarmachen dodekaphoner, aber auch mittelalterlicher Setzweisen zu Beginn der 50er Jahre bezeichnete lediglich eine der letzten Perspektiven innerhalb einer Vielzahl von Wandlungen, deren existentielle Notwendigkeit für Strawinskys Kreativität Jean Cocteau bereits nach *Pulcinella* erkannt hatte (1922): »Er weiß, daß ein Künstler, der immer in dem gleichen Kostüm auftritt, aufhört, uns zu interessieren. Daher verwandelt er sich, er wechselt seine Haut und erscheint immer wieder als ein Neuer, unkenntlich für jene, die ein Kunstwerk nur nach seiner Außenseite beurteilen.«

Aus Cocteaus Charakterisierung gilt es herauszuhören, daß – trotz unterschiedlicher stilistischer Gewandung – Strawinskys künstlerische Aussage in ihrem Kern immer dieselbe geblieben ist. Selbst in scheinbar kunstlosen Bearbeitungen oder nüchtern anmutenden Instrumentationen erhält sich die Treffsicherheit seiner Formulierung.
Als einseitig erwies sich infolgedessen auch Theodor W. Adornos berühmter Versuch (in *Philosophie der neuen Musik*, 1949), Strawinskys Entwicklung ausschließlich unter dem Blickwinkel der Innovationen Arnold Schönbergs und seiner Wiener Schule zu beurteilen, um hernach festzustellen: »Strawinskys Musik bleibt Randphänomen trotz der Ausbreitung ihres Stils über die gesamte jüngere Generation, weil sie die dialektische Auseinandersetzung mit dem musikalischen Zeitverlauf vermeidet, die das Wesen aller großen Musik seit Bach ausmacht.«
Ohne eine Beurteilung aus weltläufigerer Sicht, ohne das Moment des Kosmopolitischen bliebe denn auch Strawinkys künstlerische Physiognomie blaß und undeutlich. In Westeuropa erst schärfte sich sein Sinn für die russische Ausdruckswelt, hier wie in den USA stand er im Bann des französischen Neoklassizismus, in den USA auch fand er neuen Zugang zu Strömungen u. a. des deutsch-österreichischen Kulturraums.
Daß sein Werk so nicht als eine sich ins Unpersönliche verlierende Summe all dieser vielfältigen Erfahrungen vor uns steht, darf gewiß als Beweis für Strawinskys außerordentliche Kraft der Assimilation, Umgestaltung und Neuprägung gewertet werden.

Der Feuervogel. Ballettsuiten

Suite 1911

für das sehr groß besetzte Orchester der Ballettfassung 1909/10. – UA: 1915 in Genf (Dirigent: der Komponist). – Aufführungsdauer: ca. 22 Minuten.

Suite 1919

für mittelgroßes Orchester (u. a. mit Schlagzeug, Harfe und Klavier). – Aufführungsdauer: ca. 21 Minuten.

Suite 1945

für mittelgroßes Orchester (im wesentlichen identisch mit der Besetzung der Suite 1919). – Aufführungsdauer: ca. 30 Minuten.

Satzfolge: Von den 19 Nummern der 2aktigen Ballettfassung sind die folgenden in die Suite 1945 eingegangen: 1. Introduktion, 3. Prélude und Tanz des Feuervogels, 4. Variationen des Feuervogels, 5. Pantomime I (Iwan fängt den Feuervogel), 6. Pas de deux (Flehen des Feuervogels), 7. Pantomime II (Erscheinen der 13 verzauberten Prinzessinnen), 8. Scherzo: Spiel der Prinzessinnen mit den goldenen Äpfeln, 9. Pantomime III (plötzliches Erscheinen des Iwan), 10. Reigen der Prinzessinnen, 16. Höllentanz des Königs Kastschej und seiner Untertanen, 17. Berceuse, 19. Finale.

In der wohl am häufigsten gespielten Suite 1919 fehlen demgegenüber die Nummern 5–9. Die kaum aufgeführte Suite 1911 verzichtet dagegen auf die Nummern 5, 7, 9, 17 und 19, fügt aber Nr. 2 hinzu.

In Gestalt der 3 Orchestersuiten fand die Musik des *Feuervogel*-Balletts seit ihrer Kreation durch die »Ballets Russes« (Paris, 1910) eine außerordentliche, unvermindert andauernde Verbreitung in allen Konzertsälen und darf wohl als Strawinskys erfolgreichste Komposition überhaupt gelten. Alle 3 Suiten wahren – mit mehr oder weniger großen Lücken – den Fortgang der Handlung vom Prinzen Iwan, der den unmenschlichen Zauberer Kastschej mit Hilfe des feengleichen Feuervogels überwältigt und damit die Befreiung der geliebten Prinzessin bewirkt.

Mit erstaunlich sicherem Theaterinstinkt hatte sich der erst 27jährige Komponist anstelle des ursprünglich mit dem Auftrag betrauten Anatol Ljadow darangemacht, eine überaus farbige, orchestral glänzende Musik zum Szenario Michail Fokins zu entwerfen, einer Kontamination zweier altrussischer Märchen. Dabei wußte Strawinsky geschickt eine Anregung seines Lehrers Rimskij-Korsakow aufzugreifen, der in seiner Oper *Der goldene Hahn* (1907) den menschlichen Gestalten diatonische, allen übersinnlichen Erscheinungen jedoch chromatische Themencharaktere zugeordnet hatte.

Zum Bereich des Diatonischen gehören u. a. die russischen Volkslieder, die beispielsweise als Reigenmelodie der Prinzessinnen (Nr. 10)

oder als hymnisch gesteigerte Finalmelodie in die Partitur Eingang fanden (Nr. 19):

Kastschejs Zauberwelt entfaltet sich in erfindungsreicher Gestaltvariation aus dem changierenden Tritonus-Intervall (⌐¬), das sich häufig mit Terzschritten zu prägnanten Figuren von leitmotivischer Bedeutung verbindet, z. B. in der Introduktion (Nr. 1)

oder in Kastschejs furiosem Höllentanz (Nr. 16):

Petruschka. Burleske in 4 Bildern

Besetzung: großes Orchester (mit teilweise solistisch behandeltem Klavier). – Entstanden 1910/11, rev. 1945. UA: 1911 in Paris (Ballets Russes, Dirigent: Pierre Monteux). – Aufführungsdauer: ca. 35 Minuten.

Im Sommer des Jahres 1910 hatte Strawinsky das von Diaghilew bereits akzeptierte *Sacre*-Projekt in Angriff genommen, als unvermutet der Plan zu *Petruschka* Gestalt annahm: »Der Gedanke, die Vision des *Sacre du printemps* realisieren zu müssen, bedrückte mich sehr wegen der Länge und Schwierigkeit der damit verbundenen Arbeit. Um mich abzulenken, wollte ich vorher ein Werk für Orchester komponieren, in dem das Klavier eine hervorragende Rolle spielen sollte – eine Art von ›Konzertstück‹. Bei dieser Arbeit hatte ich die hartnäckige Vorstellung einer Gliederpuppe, die plötzlich Leben gewinnt und durch das teuflische Arpeggio ihrer Sprünge die Geduld des Orchesters so sehr erschöpft, daß es sie mit Fanfaren bedroht. Daraus entwickelt sich ein schrecklicher Wirrwarr, der auf seinem Höhepunkt mit dem schmerzlichklagenden Zusammenbruch des armen Hampelmanns endet. Als ich das bizarre Stück beendet hatte, suchte ich, wenn ich an den Ufern des Genfer Sees spazierenging, nach einem Titel, der in einem einzigen Wort den Charakter der Musik und damit zugleich die traurige Figur bezeichnen konnte. Eines Tages machte ich vor Freude einen Luftsprung. ›Petruschka‹! der ewig unglückliche Held aller Jahrmärkte in allen Ländern – ich hatte meinen Titel gefunden.

Kurz darauf besuchte mich Diaghilew in Clarens, wo ich damals wohnte. Er war sehr erstaunt, als ich ihm nicht Skizzen zum *Sacre* vorspielte, wie er erwartet hatte, sondern das Stück, das eben fertig geworden war und später das zweite Bild von *Petruschka* wurde. Es gefiel ihm so sehr, daß er nicht lockerließ und mich überredete, das Thema von dem Leiden der Gliederpuppe auszuspinnen und daraus ein großes Tanzspiel zu machen.

Während seines Aufenthaltes in der Schweiz arbeiteten wir Thema und Disposition des Stückes nach meiner Idee in großen Linien aus. Als Schauplatz wählten wir den Marktplatz mit seiner Menschenmenge, seinen Buden und den Zauberkünsten des Taschenspielers; die Puppen erwachen zum Leben – Petruschka, sein Rivale [der Mohr] und die Ballerina –, das Drama der Leidenschaft läuft ab und endet mit dem Tode Petruschkas« (*Erinnerungen*, 1935/36).

Bild 1: Der Jahrmarkt. Platz der Admiralität in St. Petersburg während der Faschingswoche (um 1830). Jahrmarktstreiben (Volksweisen, Leierkasten- und Spielwerkmusik, Flötenspiel des Gauklers, Russischer Tanz).

Bild 2: Bei Petruschka. Petruschkas erfolgloses Werben um die Ballerina.

Bild 3: Bei dem Mohren. U. a. Auftritt der Ballerina, Walzer, Petruschkas Eifersucht.

Bild 4: Jahrmarkt und Tod Petruschkas. Tanz der Ammen, Bauer und Tanzbär, Zigeuner und Händler, Tanz der Kutscher, Maskerade, Mohr und Petruschka, Petruschkas Tod, Polizei und Gaukler, Erscheinung von Petruschkas Geist. (Aufführungen im Konzertsaal schließen nach der »Maskerade« mit einem besonderen »Konzertschluß«.)

Le Sacre du printemps (»Das Frühlingsopfer«) Bilder aus dem heidnischen Rußland in 2 Teilen

Besetzung: sehr großes Orchester (5faches Holz, 8 Hörner, 5 Trompeten, 3 Posaunen, 2 Tuben, Schlagzeug und stark besetzte Streichergruppe). – Entstanden 1911–13, rev. 1947. UA: 1913 in Paris, Théâtre des Champs-Elysées (Ballets Russes, Dirigent: Pierre Monteux). – Aufführungsdauer: ca. 33 Minuten.

Teil 1, *Die Anbetung der Erde:* Introduktion – Die Vorboten des Frühlings / Tanz der Jünglinge – Entführungsspiel – Frühlingsreigen – Kampfspiel rivalisierender Stämme – Auftritt des Weisen – Anbetung der Erde / Der Weise / Tanz der Erde.

Teil 2, *Das Opfer:* Introduktion – Mystischer Reigen der Mädchen – Verherrlichung der Auserwählten – Anrufung der Ahnen – Rituelle Handlung der Ahnen – Opfertanz der Auserwählten.

Strawinsky schrieb in seinen *Erinnerungen*: »Als ich in St. Petersburg die letzten Seiten des *Feuervogels* niederschrieb, überkam mich eines Tages – völlig unerwartet, denn ich war mit ganz anderen Dingen beschäftigt – die Vision einer großen heidnischen Feier: alte weise Männer sitzen im Kreis und schauen dem Todestanz eines jungen Mädchens zu, das geopfert werden soll, um den Gott des Frühlings günstig zu stimmen. Das war das Thema von *Sacre du printemps*. Diese Vision bewegte mich sehr, und ich beschrieb sie sogleich meinem Freund, dem Maler Nicolas Roerich, der ein Kenner auf dem Gebiet heidnischer Beschwörung war. Er nahm meine Idee begeistert auf und wurde mein Mitarbeiter an diesem Werk. In Paris sprach ich darüber auch mit Diaghilew, der sich sofort in den Plan vertiefte [. . .].«

Das Außergewöhnliche, gleichermaßen Schockierende wie Faszinierende an Strawinskys musikalischem Ritual aus einer imaginären Frühzeit rief seinerzeit einen der großen Skandale der Theatergeschichte hervor. Wenn aber einer der erbosten Kritiker meinte: »Gewiß sollte man solches Zeug auf primitiven Instrumenten spielen [. . .]«, so benannte er damit – wohl unbewußt – ein wichtiges Gestaltungsprinzip. Die Partitur arbeitet über weite Strecken mit Mitteln eines fiktiven »style barbare«, d. h. mit sehr einfachen und kurzen, infolgedessen signalartig sich einprägenden Motiven, die häufig in starrer, von jeglichem Espressivo befreiter Instrumentation erklingen:

Doch gewinnen sie magische Ausstrahlungskraft durch fortwährende Umakzentuierung, Gestaltwechsel, ostinate Reihung oder Einordnung in einen andersartigen, oft polytonal und polyrhythmisch geschichteten Kontext. Ergänzt wird diese hochkomplizierte Gestaltung »primitiven« Materials durch eine artistische Nutzung des riesigen Orchesterapparats, der selektiv in ausgesuchten Klangkombinationen (z. B. hohe, gewöhnliche und Baßtrompete in 3oktaviger Führung), in geschickt verknüpfter Aufsplitterung oder aber in ungehemmter Massierung aller Kräfte erklingt.
Besondere Berühmtheit haben die beiden Rahmenabschnitte erlangt: die *Introduktion* wegen ihrer kunstvoll von der Ein- zur Vielstimmigkeit ausgeweiteten Bläserpolyphonie; die *Danse sacrale* wegen ihres permutationsähnlichen Austauschs »rhythmischer Zellen«, der Olivier Messiaen veranlaßte, von agierenden »rhythmischen Personen« zu sprechen.

Chant du rossignol (»Gesang der Nachtigall«)
Sinfonische Dichtung

Besetzung: mittelgroßes Orchester (2faches Holz, 4 Hörner, je 3 Trompeten und Posaunen, Tuba, Schlagzeug, Celesta, Klavier, 2 Harfen und Streicher). – Entstanden 1917. UA: 1919 in Genf (Orchestre de la Suisse Romande, Dirigent: Ernest Ansermet). – Aufführungsdauer: ca. 20 Minuten.

Diaghilews *Feuervogel*-Auftrag hatte Strawinsky 1909 an der Weiterführung seiner Oper nach Hans Christian Andersens berühmtem Märchen *Die chinesische Nachtigall* gehindert. *Petruschka* und *Le Sacre du printemps* schlossen sich an, bevor 1913/14 endlich die fehlenden Akte 2 und 3 der Oper ausgearbeitet werden konnten.
Strawinsky mochte die stilistische Unvereinbarkeit des früheren 1. Aktes mit den beiden nach der Unterbrechung ergänz-

ten Aufzügen verspürt haben. (Sein Argument, der im Wald spielende, handlungsarme 1. Akt dürfe sich ruhig von den folgenden, an den chinesischen Hof überwechselnden Akten abheben, überzeugt nicht ganz.) Jedenfalls entstand der Plan, repräsentative Teile der beiden »höfischen« Akte zu einem sinfonischen Gebilde zusammenzuschließen, wobei sich gelegentliche Umstellungen und Wiederholungen als sinnvoll erwiesen.
3 ineinander übergehende Abschnitte tragen in der Klavierfassung (nicht in der Partiturausgabe!) folgende Überschriften: I. *Das Fest im Palast des Kaisers von China* (mit einem überwiegend pentatonisch strukturierten »Chinesischen Marsch«); II. *Die beiden Nachtigallen* (Charakteristika der echten Nachtigall: Chromatik, Rubato – der künstlichen: etüdenhaft schnurrende Figuration); III. *Krankheit und Genesung des Kaisers von China* (einmündend in den »Trauermarsch« der Höflinge und den in der Ferne ertönenden Gesang des Fischers).
»[...] diese sinfonische Dichtung ist zwar für ein Orchester von normalem Umfang geschrieben, aber ich habe es wie ein Kammerorchester behandelt und nicht nur das konzertante Spiel der Soloinstrumente betont, sondern auch die einzelnen Gruppen der Instrumente konzertant musizieren lassen. Dieses orchestrale Prinzip paßte vorzüglich zu der Komposition, die viele Kadenzen aufweist, Läufe und Melismen aller Art, und in der die Tutti nur ausnahmsweise vorkommen« (*Erinnerungen*, 1935/36).

Symphonies d'instruments à vent (»Bläsersinfonien«)

»Zum Gedenken an Claude Achille Debussy.« – Besetzung: 3 Flöten, 2 Oboen, Englischhorn, 3 Klarinetten, 3 Fagotte (3. auch Kontrafagott), 4 Hörner, je 3 Trompeten und Posaunen, Tuba. – Entstanden 1920, rev. 1947. UA: 1921 in London (Dirigent: Sergej Kussewitzky). – Aufführungsdauer: ca. 12 Minuten.

Debussy, dem während der Pariser Aufenthalte zum Freund gewordenen älteren Komponistenkollegen, hatte Strawinsky bereits zu dessen Lebzeiten eine Komposition dediziert: die viel zu selten aufgeführte Kantate *Swesdoliki* (*»Sternenkönig«*, 1911/12).
1920, zwei Jahre nach Debussys Tod, entstand als Beitrag zu einem »Tombeau«-Sammelband der *Revue musicale*, in dem u. a. auch Dukas, Roussel, Bartók, Ravel, de Falla und Satie

vertreten waren, eine 61taktige »Choralmusik«, in welcher sich wenige, meist bitonale Akkorde zu einem genau abgezirkelten Zeremoniell von beeindruckender Strenge und Einfachheit verbinden.
Wenig später nahm eine wesentlich erweiterte, heute gültige Fassung Gestalt an, die den »Choral« als Schlußabschnitt vorsieht und 8 kürzere, mosaikartig wechselnde Episoden vorausgehen läßt – »ein strenges Ritual, welches sich in kurzen Litaneien zwischen verschiedenen Gruppen gleichartiger Instrumente entfaltet« (*Erinnerungen*, 1935/36).

Pulcinella-Suite

Besetzung: kleines Orchester (je 2 Flöten, Oboen, Fagotte und Hörner, Trompete, Posaune; Streicher: Soloquintett und Tuttigruppe). – Entstanden 1922, rev. 1947. UA der Ballettfassung: 1920 in Paris, Opéra (Ballets Russes). – Aufführungsdauer: ca. 22 Minuten.
1. *Sinfonia* (Ouvertüre) – 2. *Serenata* – 3. *Scherzino / Allegro / Andantino* – 4. *Tarantella* – 5. *Toccata* – 6. *Gavotta con due variazioni* – 7. *Vivo* – 8. *Minuetto / Finale.*

Bereits die Komponisten Tommasini und Respighi hatten für Diaghilew Ballette nach neapolitanischen Vorlagen des 17. und 18. Jh. ausgearbeitet. Auch Strawinsky erklärte sich nach einigem Zögern bereit, die während der Kriegsjahre unterbrochene Zusammenarbeit mit einer Art Kammerballett zu Musik des Neapolitaners Giovanni Battista Pergolesi zu erneuern (in Wahrheit sind nur 10 Vorlagen von Pergolesi; alle übrigen sind Arbeiten anderer Komponisten, die man nach seinem Tod als authentische Pergolesi-Werke ausgab). Pulcinella, der ewig heitere, ja zaubermächtige italienische Bruder des Petruschka, sollte im Mittelpunkt eines ränkereichen Verwechslungsspiels nach Art der Commedia dell'arte stehen.
Hinsichtlich der musikalischen Grundlage dieses Spiels entschied sich der Komponist für die Gestalt eines Nummernballetts mit Gesang, wobei die 3 Vokalisten wie in *Renard* und *Les Noces* inmitten des Orchesters zu plazieren sind. Strawinsky entwickelte bei der Umarbeitung und Orchestration der Vorlagen – Opernnummern, Sätze aus Triosonaten, Cembalostücke usw. – stilistische Elemente, die für das »neoklassizistische« Vokabular der nachfolgenden Werke grundlegend werden sollten. Trotz weitgehender Wahrung des »Pergolesi«-Notentextes verrät nahezu jeder Takt die Handschrift Strawinskys, sei es in Gestalt klanglicher Schärfungen oder Verfei-

nerungen, »falscher« Noten in harmonischen Zusätzen, rhythmisch-metrischer Überraschungseffekte oder Änderungen des formalen Zuschnitts.
Die Orchestersuite repräsentiert im wesentlichen die Anfangs- und Schlußpartien des Balletts; 9 der ursprünglich 13 rein orchestralen Sätze wurden ausgewählt, dagegen – in instrumentaler Version – nur 2 der 9 Vokalsätze (*Serenata*, *Minuetto*).

Concerto für Klavier und Blasinstrumente

Besetzung: 2–3faches Holz, je 4 Hörner und Trompeten, 3 Posaunen und Tuba, Pauken und Kontrabässe. – Entstanden 1923/24, rev. 1950. UA: 1924 in Paris, Opéra, im Rahmen der Kussewitzky-Konzerte (Solist: Igor Strawinsky). – Aufführungsdauer: ca. 20 Minuten.

Mit der Uraufführung dieses *Concerto* verband Strawinsky die ehrgeizige Absicht, künftig auch als Pianist für die eigene Sache einzutreten. Naturgemäß – seine pianistischen Grenzen waren ihm bewußt – fehlen daher die Passagen vom virtuosen Zuschnitt der frühen, eleganten *Etüden* op.7 oder der ausgeklügelten *Petruschka*-Arrangements für Artur Rubinstein. Doch vertraute Strawinsky offenbar auf die Kraft und Beweglichkeit seines Akkordspiels, auf die Präzision seines beidhändigen Alternierens (1. und 3. Satz!) sowie auf sein besonderes rhythmisches Standvermögen (gehäufte Taktwechsel, Synkopen und Akzente). Diese Charakteristika des Soloparts verbinden sich mit der Sprödheit des von Blechbläsern geprägten Ensembleklangs und der Sperrigkeit gewisser neobarocker Strukturmuster zu einer unverwechselbaren Stil- und Klangmischung.
1. Satz: In den starren Kondukt der *Largo*-Einleitung bricht unvermittelt der solistische Beginn des tokkatenartigen *Allegro*-Hauptteils ein. Ostinate Motorik überspielt die Kurzatmigkeit seiner nicht selten bloßer Figuration angenäherten melodischen Gestalten. Ein Anheben des Tempos bereitet den Höhepunkt des Satzes vor: die Wiederkehr der 2teiligen Orchester-Introduktion, überlagert von der dreifach gegliederten Pulsation des Solo-Klaviers.
2. Satz: An den beiden Nahtstellen einer A–B–A-Form (A: *Largo*, pathetischer Hymnus mit archaischen Zügen; B: *Più mosso*, solistisch aufgelockert) ereignen sich Ausbruchsversuche aus dem fast unerträglich gedehnten Grundzeitmaß in Gestalt zweier Rubato-Klavierkadenzen.
3. Satz, Allegro: Aus verschiedenen Varianten eines 3taktigen

motivischen Prototyps bildet sich nach fugatoartigen Ansätzen eine Ragtime-Version heraus, die dem weiteren Verlauf des Satzes tänzerische Elastizität verleiht und zu finalartiger Staffelung führt (*Allegro – Agitato – Lento – Stringendo*).

Apollon musagète. Ballett in 2 Bildern

Besetzung: Streichorchester (mit geteilter Cellogruppe). – Entstanden 1927/28, rev. 1947. UA: 1928 in Washington; europäische EA: 1928 in Paris, Théâtre Sarah Bernhardt (Ballets Russes, Choreographie: George Balanchine). – Aufführungsdauer: ca. 30 Minuten.

Teil 1 (= Prolog): Geburt des Apollo (*Largo / Allegro / Largo* = französische Ouvertüre).

Teil 2 (= Reihe allegorischer Tänze): Variation des Apollo (♪ = 66, mit Introduktion der Solo-Violine) – Pas d'action: Apollo beschenkt die drei Musen (*Moderato*) – Variation der Kalliope: die Poesie (*Allegretto*) – Variation der Polyhymnia: die Musik (*Allegro*) – Variation der Terpsichore: der Tanz (*Allegretto*) – Variation des Apollo: Erwiderung auf die Darbietungen der Musen (*Lento*) – Pas de deux: Apollo weist Terpsichore den Ehrenplatz zu (*Adagio*) – Coda: Tanz Apolls und der drei Musen (*Vivo / Tempo sostenuto / Agitato*) – Apotheose: Apollo führt die Musen zum Parnaß (*Largo e tranquillo*).

Die seit *Pulcinella* zunehmend stärkere Orientierung Strawinskys an klassizistischen Kompositionsmodellen konnte nicht ohne Auswirkung auf die Sujets der Bühnenwerke bleiben. Nach der Erprobung der Form eines Opern-Oratoriums (*Oedipus Rex*) setzte *Apollon musagète* (*»Apollo, Führer der Musen«*) die Reihe von Werken mit mythologischen Themen fort, zu denen später noch das Melodram *Perséphone* und das Ballett *Orpheus* traten.

Die Partitur des *Apollon* ist von außerordentlicher Einfachheit, verzichtet fast völlig auf thematische Konflikte und klangliche Raffinesse und pulsiert in ungehindertem metrischem Fluß. Dur-Harmonien und diatonische Melodiebildungen werden zu Spiegelbildern einer imaginären mythologischen Harmonie erhoben.

Capriccio für Klavier und Orchester

Besetzung: großes Orchester (ohne Violinen II; gelegentliches solistisches Hervortreten eines Concertino: Violine, Viola, Cello und Kontrabaß). – Entstanden 1928/29, rev. 1949. UA: 1929 in Paris, Salle Pleyel (Orchestre Symphonique de Paris, Solist: Igor Strawinsky, Dirigent: Ernest Ansermet). – Aufführungsdauer: ca. 19 Minuten.

1. *Presto* – 2. *Andante rapsodico* – 3. *Allegro capriccioso, ma tempo giusto*.

»Während der letzten Jahre war ich sehr häufig aufgefordert worden, mein *Concerto* zu spielen – die Zahl der Aufführungen, an denen ich teilnahm, war bereits auf vierzig gestiegen –, ich glaubte daher, daß es an der Zeit sei, dem Publikum eine andere Komposition für Klavier und Orchester darzubieten. Aus diesem Grunde schrieb ich ein neues Konzert, das ich *Capriccio* nannte, denn dieser Titel schien mir seinem musikalischen Charakter am besten zu entsprechen. Ich dachte dabei an die Erklärung, die Praetorius, der berühmte Musiktheoretiker des 17. Jahrhunderts, dem Wort ›Capriccio‹ gibt. Er setzt es einer ›Fantasia‹ gleich, die eine freie Zusammenstellung fugierter Instrumentalstücke war. Diese Form ermöglichte es mir, meine Musik so zu entwickeln, daß ich ganz verschiedenartige Episoden in bewußtem Gegensatz aufeinander folgen lasse, wodurch das Stück den kapriziösen Charakter erhält, der seinem Namen entspricht.
Ein Komponist, der diese Form auf bewunderungswürdige Weise beherrschte, war Carl Maria von Weber. Es ist daher nicht weiter verwunderlich, daß ich während meiner Arbeit häufig an diesen Fürsten der Musik gedacht habe [. . .].« (*Erinnerungen*, 1935/36).

Symphonie de Psaumes (»Psalmensinfonie«)

»Diese Sinfonie wurde zum Ruhme Gottes komponiert und ist dem Boston Symphony Orchestra aus Anlaß seines 50jährigen Bestehens gewidmet.« – Besetzung: 4stimmiger Chor (vorzugsweise Kinder- statt Frauenstimmen) und großes Orchester (4–5faches Holz, 4 Hörner, 4 Trompeten in C, eine hohe in D, 3 Posaunen, Tuba, Pauken, große Trommel, Harfe, 2 Klaviere, Celli und Kontrabässe). – Entstanden 1930, rev. 1948. UA: 1930 in Brüssel (Dirigent: Ernest Ansermet). – Aufführungsdauer: ca. 20 Minuten.

1. *Exaudi orationem meam, Domine* (Psalm 38) – 2. *Exspectans exspectavi Dominum* (Psalm 39) – 3. *Alleluia! Laudate Dominum in sanctis eius* (Psalm 150).

Bei der Konzeption dieser »Sinfonie« hatte Strawinsky nicht etwa eine Übernahme klassischer Ordnungsprinzipien im Sinn, wohl aber strebte er einen ähnlich hohen Grad organischer Dichte in jedem Teilabschnitt und in der satzübergreifenden Gesamtheit des Werkes an. Er sicherte die Folgerichtigkeit seiner 3 Sätze zudem durch eine schlüssige Textauswahl mit den inhaltlichen Schwerpunkten *Gebet* (1), *Dank* (2) und *Lob* (3) ab. Die Entfaltung von sinfonischer Dichte und Weiträumigkeit ist in der Reihung geeigneter Formcharaktere angelegt: 1. *Präludium* (»komponiert in einem Zustand religiöser und musikalischer Erhitzung [. . .]«), 2. *Doppelfuge* (getrennte Exposition beider Themen mit anschließender Kombination) und 3. *Sinfonie-Allegro* (mit hymnischen Schlußteilen). Auch im Satzbild stellten sich zwingende Zusammenhänge durch die vielseitige Verwendung ein und derselben thematischen Grundsubstanz, einer Folge kleiner Terzen, her, die ihre prägnanteste Gestaltung wohl im 1. Fugenthema

erfuhr. Schließlich klingt ein weiteres Moment des Sinfonischen im vertikalen Aufbau mit an. Im Sinne eines vorwiegend auf den menschlichen Atem gestützten Zusammenklingens (Sänger, Bläser!) überlagern sich die Stimmverläufe der einzelnen Chor- und Orchestergruppen nicht selten in vielstimmigen flächigen Klangentwicklungen über ostinaten Baßfiguren (vgl. vor allem die Schlüsse aller Sätze), die auf die dichte Kontrapunktik vorausgegangener Abschnitte in der Art einer hymnischen Überhöhung folgen.

Concerto in D für Violine und Orchester

Für den Geiger Samuel Dushkin geschrieben. – Besetzung: großes Orchester. – Entstanden 1931. UA: 1931 in Berlin, Haus des Rundfunks (Solist: Samuel Dushkin, Dirigent: der Komponist). – Aufführungsdauer: ca. 22 Minuten.

1. *Toccata* (D-Dur, ♩ = 96) – 2. *Aria I* (d-Moll, ♩ = 116) – 3. *Aria II* (fis-Moll, ♪ = 48) – 4. *Capriccio* (D-Dur, ♪ = 120).

»Die Satzüberschriften meines Konzertes – Toccata, Aria, Capriccio – mögen an Bach erinnern, vielleicht auch – wenigstens auf oberflächliche Weise – die musikalische Substanz. Ich besitze eine große Vorliebe für Bachs *Konzert für zwei Violinen* [d-Moll], wie das Duett zwischen Solist und einer

Orchestervioline im letzten Satz meines Konzerts beweist. Aber mein Konzert macht außerdem von weiteren Duo-Kombinationen Gebrauch, wie das Satzbild überhaupt eher die Charakteristika von Kammer- als von Orchestermusik aufweist. Ich komponierte keine Solokadenz, nicht weil ich nicht darauf geachtet hätte, die geigerische Virtuosität auszunutzen, sondern weil mein wirkliches Anliegen auf die Violine und ihre Kombinationsmöglichkeiten abzielte. Virtuosität als Selbstzweck aber spielt nur eine kleine Rolle in meinem Konzert, und die technischen Anforderungen des Stückes sind daher relativ niedrig« (1961).

Jeu de cartes (»Kartenspiel«). Ballett in 3 Runden

Besetzung: mittelgroßes Orchester in der Besetzung der Wiener Klassik. – Entstanden 1936. UA: 1937 in New York, Metropolitan Opera (Choreographie: George Balanchine, Dirigent: der Komponist); deutsche EA: 1938 in Dresden, Staatsoper. – Aufführungsdauer: ca. 23 Minuten.

In drei Runden eines Pokerspiels versucht der Joker mit listiger Strategie den Spielverlauf zu diktieren. Erst in der letzten Runde gelingt es Cœur, ihn und seine Pique-Gefolgschaft auszustechen.
Alle drei Runden werden durch ein und dasselbe auftrumpfende Marschmotto eröffnet, das zum Mischen der Karten erklingt:

Während sich in *Teil 1* ruhige, von Flötenthematik geprägte Abschnitte um ein tumultuöses Stringendo gruppieren, besitzt *Teil 2* Variationscharakter; *Teil 3* schließlich, mehr noch als die ersten beiden mit kaum versteckten Zitaten von Beethoven und Rossini bis Tschaikowskij pointiert, verbindet die Abschnitte Walzer, Presto und Finale, wobei eine harmonisch deformierte Variante des Marschmottos einen grellen Schlußpunkt setzt.

Symphonie en Ut (Sinfonie in C)

Besetzung: mittelgroßes »klassisches« Orchester. – Entstanden 1939/1940. UA: 1940 in Chicago (Chicago Symphony Orchestra, Dirigent: der Komponist). – Aufführungsdauer: ca. 28 Minuten.

1. *Moderato alla breve*: Sonatensatz mit konzertanten Einschüben – 2. *Larghetto concertante*: Arioso der Holzbläser und Streicher mit 2 Kontrastepisoden und variierter Reprise – unmittelbar übergehend in: 3. *Allegretto*: stilisiertes Tanzpaar Menuett/Passepied/Menuett – 4. *Largo*-Einleitung (Fagotte, Blech) und Hauptteil *Tempo giusto, alla breve*, letzterer mit Mittelzäsur in Gestalt von Reminiszenzen an das *Largo*.

Bereits mit den ersten 4 Takten ist das 3tönige Motiv fest umrissen, von welchem ein Großteil des thematischen Geschehens der Sinfonie seinen Ausgang nimmt. Die Takte 3 f. bzw. 15 ff. bringen bereits vergrößerte Varianten, und wenig später (Takte 26 ff.) erweitert es sich zum Hauptthema des Satzes:

Dann wirkt es gleich einer Grundgestalt vor allem in den beiden Ecksätzen fort bis zur choralartig sich aufstauenden Schlußbildung des Finales:

Sinfonie in drei Sätzen

Besetzung: großes Orchester (mit Klavier, Harfe). – Entstanden 1942–1945. UA: 1946 in New York, Carnegie Hall (New Yorker Philharmoniker, Dirigent: Igor Strawinsky); deutsche EA: 1948 Kranichsteiner (Darmstädter) Ferienkurse (Dirigent: Werner Egk). – Aufführungsdauer: ca. 24 Minuten.

Wie in der 15 Jahre älteren *Psalmensinfonie* war Strawinsky hier bestrebt, dem dichten Satzgefüge klassischer Partituren nachzuspüren, ohne sich mit dem Vokabular einer vergangenen Zeit zu identifizieren.
Formal werden bekannte Modelle in neuartige Zusammenhänge gestellt. *Satz 1* (♩ = 160 / ♩ = 80) nutzt die Umrisse der Sonatenform zur Gegenüberstellung sinfonischer und konzertanter Elemente in 2 getrennten Expositionen mit gemeinsamer Reprise (obligater Klavierpart!). Mit signalartigem Impetus setzt sein Hauptthema unvermittelt ein:

Satz 2, ein empfindsames *Andante* in 3teiliger A–B–A-Form, beläßt bei reduzierter Orchesterbesetzung der auffallend linear geführten Harfe und den ebenfalls solistisch behandelten Flöten Raum für breite melodische Entfaltung. Marschartige Thematik beherrscht *Satz 3* (*Con moto*) bis zum überraschenden Fugato (*Alla breve*; Posaune, Klavier!), das sich aus starrer Unbeweglichkeit zu einer Stretta von unwiderstehlicher harmonischer Schlußwirkung steigert.

Orpheus. Ballett in 3 Bildern

Kompositionsauftrag für George Balanchine und das New York City Ballet. – Besetzung: mittelgroßes Orchester. Entstanden 1947. UA: 1948 in New York (Dirigent: der Komponist). – Aufführungsdauer: ca. 32 Minuten.

Teil 1: Orpheus' Klage – *Air de danse* (Flöten) – Tanz des Todesengels – *Interlude*.

Teil 2: Tanz der Furien – *Air de danse* (Oboen, Harfe), unterbrochen durch ein *Interlude* – *Pas d'action* (Orpheus gewinnt Eurydike zurück; Trompeten, Streicher) – *Pas de deux* (Tanz, Tod Eurydikes) – *Interlude* (Blechbläser) – *Pas d'action* (die Bacchantinnen zerreißen Orpheus).

Teil 3: Apotheose des Orpheus (Apolls Gesang; Kanon zweier Hörner).

Befragt, warum alle seine nach Themen der griechischen Mythologie entworfenen Werke, u. a. auch *Orpheus*, häufig punktierte Rhythmen verwendeten, verwies Strawinsky auf seine oft erklärte Absicht, in Anlehnung an typische Konstruktionsprinzipien »eine neue Musik nach dem Vorbild der Klassik im 18. Jh. zu schaffen« (*Gespräche mit R. Craft*, 1961). Die Partitur des *Orpheus* vermittelt diesen Aspekt eines doppelt gespiegelten Klassizismus auf besonders eindrucksvolle Weise. Bestimmend bleiben einfache, doch prägnante Gesten, thematische Ökonomie und maßvolle klangliche Darstellung. Nur in der Tutti-Attacke des zweiten *Pas d'action* beispielsweise wird das fast durchweg beibehaltene Klangbild eines kammermusikalischen »sotto voce« durchbrochen; häufig vermag daher die Harfe, traditionsreiche Repräsentantin der Lyra des Orpheus, solistisch hervorzutreten. Ihr obliegt es auch, das Werk mit eingangs phrygisch absteigenden, am Ende dorisch aufsteigenden Skalenmotiven auf symbolisch unmißverständliche Weise einzurahmen.

Agon. Ballett für 12 Tänzer

George Balanchine, dem Choreographen des New York City Ballet, gewidmet. – Besetzung: großes Orchester (3faches Holz, je 4 Hörner und Trompeten, 3 Posaunen, Harfe, Mandoline, Klavier, Schlagzeug, Streicher). – Entstanden 1954–57. UA: 1957 in Los Angeles; deutsche EA: Donaueschinger Musiktage 1957 (Leitung: der Komponist). – Aufführungsdauer: ca. 20 Minuten.

Teil 1: *Pas de quatre – Double Pas de quatre – Triple Pas de quatre.*

Teil 2: *Prélude – Pas de trois I* (Sarabande, Gaillarde, Coda) – *Interlude – Pas de trois II* (Bransle simple, gay, double) – *Interlude – Pas de deux.*

Teil 3: *A la strette – Danse des quatre duos – Danse des quatre trios – Coda des trois quatuors.*

»*Agon* ist eine Tanzsuite, modelliert nach Tanzstücken, wie sie am Hofe Ludwigs XIII. und Ludwigs XIV. üblich waren. Die Bearbeitung älterer Tanzformen ist keinesfalls neu im Schaf-

fen Strawinskys [. . .]. Alle *Agon*-Stücke wurden nach Beispielen eines französischen Tanzlehrbuchs aus der Mitte des 17. Jh. geformt [. . .].
Agon ist kein mythologisches Stück, das zusammen mit *Apollon* und *Orpheus* eine Trilogie bilden könnte. Außer einer neuen Interpretation der ehrwürdigen Tänze, die seine Vorbilder sind, hat das Ballett keinerlei musikalische oder choreographische Absichten. Es wurde sogar ohne Gedanken an Bühnenbild und Szenenwechsel konzipiert, d. h. es war zumindest in der Vorstellung seines Autors unabhängig vom Visuellen, von Zeit und Stil. Alpha, Gamma, Omega, N – ein Tanzspiel oder ein Tanzwettkampf: das will Strawinsky mit dem Titel ›Agon‹ zum Ausdruck bringen« (R. Craft, 1957).
Stilistisch spiegelt *Agon*, in zwei Etappen vor und nach dem streng geformten *Canticum sacrum* entstanden, recht genau Strawinskys allmähliches Übergehen von modalen Ansätzen zu immer konsequenter strukturierten Reihengebilden wider. *Instrumental* wird zwar ein großes Orchester vorausgesetzt, doch dient es fast ausschließlich als Fundus, aus dem die verschiedensten Teilbesetzungen hervortreten.

Karol Szymanowski

* 24. September (6. Oktober) 1882 in Tymoszówka
(Timoschowka, Ukraine)
† 29. März 1937 in Lausanne (Schweiz)

Seit 1901 in Warschau: musikalische Privatstudien (Komposition bei Zygmunt Noskowski). Gründete mit gleichgesinnten Musikerfreunden die Gruppe »Junges Polen der Musik«, dazu einen Musikverlag. Reisen nach Italien, in die USA, Wien-Aufenthalte. Neigungen zur Schriftstellerei, zur Philosophie. Kompositorische Anerkennung zunächst eher im Ausland als in Polen. 1927–32 Direktor des Warschauer Konservatoriums; seine Reformvorschläge für diese Institution lassen sich nicht verwirklichen. Verstärkte pianistische, eingeschränkte kompositorische Tätigkeit.

Werke (Auswahl): *Konzertouvertüre E-Dur* op. 12 (1904/05); *Hagith*, Einakter op. 25 (1912/13); *Des Hafis Liebeslieder*, 5 Orchesterlieder op. 26 (1914); *3. Sinfonie* (*»Das Lied von der Nacht«*) für Tenor (oder Sopran), Chor und Orchester op. 27 (1914–16); *1. Violinkonzert* op. 35 (1916); *König Roger* (»Der Hirte«), Oper in 3 Akten op. 46 (1918–24); *Stabat mater* für 3 Soli, Chor und Orchester op. 53 (1925/26); *Harnasie*, Ballettpantomime op. 55 (1923–31); *Litanei an die Jungfrau Maria* für Sopran, Frauenchor und Orchester op. 59 (1930–33); *4. Sinfonie* (*»Konzertante Sinfonie«*) für Klavier und Orchester op. 60 (1932); *2. Violinkonzert* op. 61 (1932/33).

Drei Jahre älter als Alban Berg, ein Jahr vor Webern geboren, Jahrgangsgenosse von Igor Strawinsky, gab sich der Sproß aus vermögendem polnischen Landadel europäisch aufgeschlossen. Seine Musik bezeugt die Auseinandersetzung mit Skrjabin ebenso wie die Kenntnisnahme der Errungenschaften des französischen Impressionismus. Während des 1. Weltkriegs entstehen in ländlicher Klausur jene Werke, die neue persönliche Merkmale ausprägen: ausschweifende Phantasie musikalischer Gedanken, geweitete tonale Reizharmonik, sublime Farbigkeit und ausgeklügelte Setzweise bzw. Instrumentation.
»Er schlug eine Brücke zwischen der Vergangenheit und dem 20. Jh., er wies den Weg von Stillstand und provinzieller Rückständigkeit, die in unserer Musik um die Jahrhundertwende herrschten, zu Fortschritt und europäischem Niveau. Seine Werke gaben den nachfolgenden Generationen polnischer Komponisten neue Wertmaßstäbe und Ziele [. . .]. Er fand die polnische Musik im Zustand des Niedergangs vor, zurück ließ er sie groß und bedeutsam, mit internationalem Rang, aufgeschlossen gegenüber der Welt und der Zukunft« (Tadeusz Baird, 1981).
Gelegentlich erfolgen Neuinszenierungen der von mediterranen Utopien kündenden Oper *König Roger*; kaum gelangen der Einakter *Hagith* oder die von polnischer Volksmusik geprägte Ballettpantomime *Harnasie* auf die Spielpläne. Auf den Konzertprogrammen sind neben dem auf Kirchen- und Volksweisen zurückgreifenden *Stabat mater* vor allem das *1. Violinkonzert* und die *3. Sinfonie*, schon seltener die mit klassizistischen Tendenzen sich auseinandersetzenden Spätwerke (*2. Violinkonzert*, *4. Sinfonie*) präsent.

3. Sinfonie op. 27, »Das Lied von der Nacht«

Besetzung: Tenor (oder Sopran) solo, gemischter Chor ad lib. und großes Orchester (mit Celesta, 2 Harfen, Klavier, Orgel). – Entstanden 1914–16. UA: 1921 in London. – Aufführungsdauer: ca. 25 Minuten.

Die Annäherung an orientalische Dichtungen, die Szymanowski bereits in *Des Hafis Liebeslieder* (Zyklen op. 24 bzw. op. 26) versucht hatte, intensivierte sich nun noch durch die Komposition der Dichtung *Das Lied von der Nacht* des mittelalterlichen persischen Mystikers Mawlana Dschalal-ad-din Rumi. Erst nach längerem Zögern, nach Verzicht auf ein ursprünglich geplantes Finale, beschränkte sich der Komponist auf die Gestalt einer kürzeren 1sätzigen Kantatensinfonie.

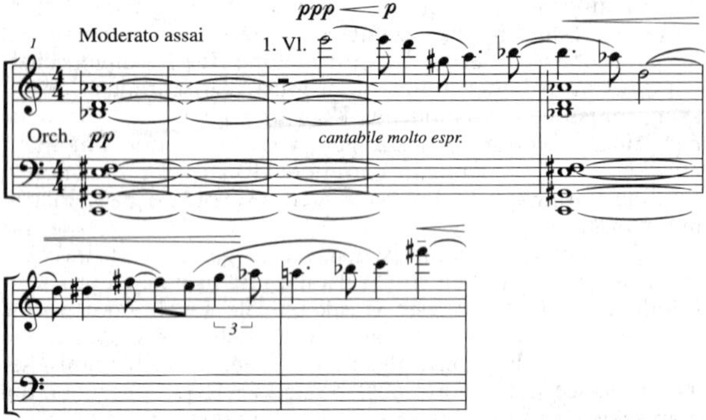

Allerdings lassen sich 3 Satzbezirke ausmachen: 1. *Moderato assai* (»Schlaf nicht, Gefährte, diese Nacht«), 2. *Allegretto tranquillo*, 3. *Largo* (»Wie still ist's, alles schläft«). Dank seines feierlichen, geheimnisvollen Tones, seiner hymnischen Ekstase und seiner weitgehenden Integration der vokalen Elemente ins Instrumentale steht das klangsüchtige Werk recht genau in der Mitte zwischen Mahlers *Lied von der Erde* (1907–09) und Zemlinskys *Lyrischer Sinfonie* (1922/23).

Zoltán Kodály

* 16. Dezember 1882 in Kecskemét (Ungarn)
† 6. März 1967 in Budapest

1900–06 Doppelstudium in Budapest an der Musikakademie (Komposition) und an der Universität (Literatur- und Sprachwissenschaft, Promotion 1906). 1907–42 Lehrtätigkeit an der Budapester Musikakademie (Musiktheorie, Komposition); danach Forschungsarbeiten an der Akademie der Wissenschaften. Seit 1905 freundschaftliche Verbundenheit mit Béla Bartók; langjährige Zusammenarbeit auf dem Gebiet der Volksmusikforschung: Sammeln und Herausgeben, aber auch kompositorisches Integrieren von überwiegend südosteuropäischer Volksmusik.
Durchbruch mit dem »Psalmus hungaricus«, komponiert aus Anlaß der 50-Jahr-Feier der Städteverbindung Buda-Pest (1923). Umfassende musikpädagogische Initiativen (Musikschulwesen, Chorbewegungen), darüber hinaus – auch nach dem 2. Weltkrieg – bestimmender Anteil an der Koordination des gesamten ungarischen Musiklebens durch Mitarbeit in hohen offiziellen Kulturgremien.

Werke für und mit Orchester: *Psalmus hungaricus* (nach einer Psalmenparaphrase des 16. Jh.) für Tenor-Solo, gemischten Chor und Orchester op. 13 (1923); *Háry János. Seine Abenteuer von Groß-Abony bis zur Wiener Hofburg*, Singspiel von B. Paulini / Z. Harsányi op. 15 (1926), daraus: *Orchestersuite* (1927); *Marosszéker Tänze*, Fassungen für Klavier (1927) und Orchester (1930); *Tänze aus Galánta* für Orchester (1933); *Te Deum* für 4 Soli, gemischten Chor und Orchester (1936); *Orchestervariationen* über das ungarische Volkslied *Der Pfau* (1938/39); *Konzert für Orchester* (1939); *Missa brevis* für gemischten Chor und Orgel bzw. Orchester (1942–44); *Kádár Kata*, Siebenbürgische Volksballade für Alt und Kammerorchester (1943); *Sinfonie* (1960).

»Noch eine [. . .] Möglichkeit gibt es, den Einfluß von Bauernmusik in einer Komposition nachzuweisen: wenn weder Bauernweisen noch ihre Imitationen offenliegen, wohl aber die Musik mit ihrer ganzen eigentümlichen Atmosphäre durchwalten. Hier können wir dann sagen, daß der Komponist das Wesen der Bauernmusik gänzlich in sich aufgesogen, sie zu seiner musikalischen Muttersprache gemacht hat, sie so vollkommen beherrscht wie ein Poet.
In der ungarischen Musik darf als bestes Beispiel für diesen

Typ die Musik Kodálys angesehen werden. Es wird genügen, wenn ich den *Psalmus hungaricus* anführe, der niemals ohne ungarische Bauernmusik (aber natürlich auch nicht ohne Kodály) entstanden wäre« (B. Bartók, 1920).

Háry János
Orchestersuite aus dem gleichnamigen Singspiel

Besetzung: großes Orchester (u. a. mit Altsaxophon, 3 Kornetten, Schlagzeug, Celesta, Klavier und Zymbal). – Entstanden 1926/27. UA des Singspiels: 1926 in Budapest, Königliche Oper. – Aufführungsdauer: ca. 23 Minuten.

1. Vorspiel: Das Märchen beginnt – 2. Wiener Glockenspiel (*Allegretto*) – 3. Lied (unter Verwendung einer ungarischen Hirtenweise, *Andante poco rubato*) – 4. Schlacht und Niederlage Napoleons: Einzugsmarsch der Franzosen (*Alla Marcia*), Napoleons Einzug (*Poco meno mosso*), Trauermarsch (*Tempo di marcia funebre*) – 5. Intermezzo (*Andante maestoso, ma con fuoco*) – 6. Einzug des kaiserlichen Hofes (*Alla Marcia*).

Bereits die Uraufführung von Kodálys Singspiel hatte starken Anklang gefunden, sicherlich nicht zuletzt des Vergnügens wegen, dem »ausgedienten Soldaten« aus János Garays (1812–53) populärer Erzählung auf der Bühne wiederzubegegnen. Diese heitere Schelmenfigur beschwört eine Fülle von Bildern aus einer bewegten Soldatenvergangenheit. Wer möchte es ihm verübeln, wenn sich in seine Erzählungen Wunschvorstellungen einmischen, wenn die Tatsachenberichte sich angesichts einer staunenden Zuhörerschar phantastisch zu verfärben beginnen?
So bezwingt Háry János den mächtigen Napoleon höchstpersönlich im Gefecht (4); zum höfischen Defilee des Wiener Hofstaats ist er geladen, wobei die Kaisertochter allein ihm ihre Gunst zuteil werden läßt (6). Charakteristische Züge von Háry János treten zutage: seine aufschneiderische Gestik (1), seine naive Freude an der starren Spielmechanik des Wiener Glockenspiels (2), schließlich sein Berauschen an magyarischen Tanzrhythmen und Zymbalklängen (5).

Tänze aus Galánta

Besetzung: mittelgroßes Orchester. Entstanden 1933. UA: 1933 in Budapest. – Aufführungsdauer: ca. 16 Minuten.

»Galánta ist ein kleiner ungarischer Marktflecken an der alten Bahnstrecke Wien–Budapest, wo der Verfasser sieben Jahre

seiner Kindheit verbrachte. Damals wohnte dort eine berühmte, seither verschollene Zigeunerkapelle, die dem Kinde den ersten ›Orchesterklang‹ einprägte. Die Ahnen jener Zigeuner waren schon hundert Jahre vorher berühmt. Um 1800 erschienen in Wien einige Hefte ungarischer Tänze, darunter eines ›von verschiedenen Zigeunern aus Galantha‹. Sie überlieferten altes Volksgut. Jenen Heften entstammen die Hauptmotive dieses Werkes« (Vorwort der Partiturausgabe).
Kodály gelang es, die (in der Partitur nicht näher gekennzeichneten) melodischen Anleihen zu einem ausgedehnten rhapsodischen Satz zu verbinden, dessen formale Geschlossenheit darauf beruht, daß die einzelnen Abschnitte durch Antizipationen oder Reminiszenzen miteinander fest verflochten sind. Dank dieses formalen Kunstgriffs, aber auch durch Berücksichtigung typischer zigeunerischer Rubato- und Stretta-Entwicklungen, durch reizvolle tänzerische Kontraste und eine raffinierte orchestrale Aufbereitung gewann der Komponist seinen Vorlagen eine temperamentgeladene Orchesterpartitur ab, die heute wie früher zahlreiche Aufführungen erlebt.

Alfredo Casella

* 25. Juli 1883 in Turin
† 5. März 1947 in Rom

Durchlief eine windungsreiche Entwicklung, die wesentlichen Richtungen des anbrechenden neuen Jahrhunderts folgte. Studium des erklärten Anti-Wagnerianers und Anti-Impressionisten in Paris (u. a. bei Gabriel Fauré). Hier auch erste Berufsjahre als Pianist und Dirigent. 1915–21 lehrte Casella am Liceo di S. Cecilia in Rom. In der Folge setzte er als Sekretär der italienischen Sektion der Internationalen Gesellschaft für Neue Musik (IGNM) bedeutsame Akzente.

Mit der Orchesterrhapsodie *Italia* (1909) bekannte sich Casella nachdrücklich zur regional ausgeprägten Musikkultur seines Landes. Eine *Elegia eroica* (für Orchester, 1916) bezeugt gewisse Irritationen angesichts der brüchig gewordenen

Tonalität, während die Marionettenmusik *Pupazzetti* deutliche Strawinsky-Einflüsse zeigt (1915 für Klavier 4händig, 1920 für Orchester: 1. *Marcietta*, 2. *Berceuse*, 3. *Serenata*, 4. *Notturnino*, 5. *Polka*). In den zwanziger Jahren öffnete sich Casella klassizistischen Strömungen (Oper *La Giara* [»Der Krug«] nach Luigi Pirandello, 1924; *Concerto romano* für Orgel, Blechbläser, Streicher und Schlagzeug, 1925), wobei die retrospektive Ästhetik seiner *Scarlattiana* (Suite für Klavier und kleines Orchester, 1926) im Umkreis der Wiener Schule um Schönberg auf heftige Kritik stieß. Casellas Sympathie für Mussolini schlug sich im 1aktigen Mysterium *Il deserto tentato* (1936/37) nieder. Von des Komponisten Fähigkeit zu virtuoser Transkription und phantasievoller Variation zeugt die Partitur *Paganiniana* (Divertimento für Orchester, 1941/42: 1. *Allegro agitato*, 2. *Polacchetta*, 3. *Romanza*, 4. *Tarantella*). Sie nimmt ihren Ausgang von *Capricen* (1) und anderen Stücken (2–4) des Teufelsgeigers und entstand anläßlich des Zentenariums der Wiener Philharmoniker.

Anton Webern

* 3. Dezember 1883 in Wien
† 15. September 1945 in Mittersill (Land Salzburg)

Sohn eines aus Kärntner Beamtenadel stammenden Bergbauingenieurs. Vom Adelsprädikat hat Webern selbst indessen nur gelegentlich Gebrauch gemacht. Schuljahre in Wien (1889/90), Graz (1890–93) und Klagenfurt (Abitur 1902). Musikwissenschaftliche Studien ab 1902 an der Wiener Universität bei Guido Adler; 1906 Promotion zum Dr. phil. mit der Herausgabe von Teil II der Offiziensammlung »Choralis Constantinus« von Heinrich Isaac (vor 1450 – 1517). Nach früherem Instrumentalunterricht (Klavier, Violoncello), musiktheoretischen Kursen an der Universität und ersten größeren Kompositionsversuchen in den Jahren 1904–08 Privatunterricht bei Arnold Schönberg. Beginn der außerordentlich starken, nur vorübergehend beeinträchtigten Verbundenheit mit dem Lehrer, aber auch mit dessen Schülerkreis, zu dem u. a. Alban Berg,

Heinrich Jalowetz, Erwin Stein, später auch Hanns Eisler, Josef Rufer, Erwin Ratz, Hans Erich Apostel und Max Deutsch gehörten.
Im Zeitraum 1908–18 verschiedene, meist vorzeitig abgebrochene Kapellmeisterengagements (Bad Ischl, Wien, Teplitz, Danzig, Stettin und Prag); Militärdienst 1915/16. Seit 1918 in Mödling bei Wien ansässig. Mitarbeit in dem von Schönberg gegründeten und geleiteten »Verein für musikalische Privataufführungen« (1918–22), daneben Unterricht von Privatschülern. Zunehmende Dirigiertätigkeit: Leitung mehrerer Chöre, u. a. Chormeister des Wiener Arbeiter-Singvereins (1923–34) und Dirigent der Wiener Arbeiter-Symphoniekonzerte (1922–34), in deren Rahmen einige Aufführungen Mahlerscher Sinfonien große Beachtung fanden. Gastdirigate mit alten und neuen, auch eigenen Werken (u. a. in Düsseldorf, Berlin, Frankfurt, Zürich, Winterthur und Barcelona; 1929–38 viermalige Verpflichtung nach London).
Freundschaft mit dem Bildhauer Josef Humplik und der Dichterin Hildegard Jone, deren Texte Webern in seinen Vokalwerken ab op. 23 (1934) ausschließlich komponierte. Ab 1930 auch ständige Mitarbeit beim Österreichischen Rundfunk (Konzerte, Lektorate).
Um 1934 infolge des politischen Umschwungs Verlust fast aller Anstellungen und Verdienstmöglichkeiten. In der Folgezeit äußerste Zurückgezogenheit und künstlerische Isolation. Vortragsreihen in Privathäusern (1932/33; 1960 publiziert unter dem Titel »Der Weg zur neuen Musik«) und Erteilen von Theorie- bzw. Kompositionsunterricht (Schüler waren u. a. Ludwig Zenk, Erwin Ratz, Willi Reich, Hans Swarowsky und Karl Amadeus Hartmann).
Im Frühjahr 1945 Flucht vor der russischen Invasion; Aufenthalt in Mittersill, um das Ende der Kriegshandlungen abzuwarten. Dort am 15. September von einem amerikanischen Besatzungssoldaten infolge eines Mißverständnisses erschossen.

Werke für größere Besetzung: *Im Sommerwind*, Idylle für großes Orchester op. post. (1904); *Passacaglia* für Orchester op. 1 (1908); *Entflieht auf leichten Kähnen* nach einem Gedicht von S. George für gemischten Chor a cappella op. 2 (1908); *Sechs Stücke* für großes Orchester op. 6 (1909, 1928); *Zwei Lieder* nach Gedichten von R. M. Rilke für Gesang und 8 Instrumente op. 8 (1910–12); *Fünf Stücke* für Orchester op. 10 (1911–13); *Fünf Stücke* für Orchester op. post. (1910–13); *Drei Lieder* nach Gedichten von S. George und A. Webern für Gesang und Orchester op. post. (1913/1914); *Vier Lieder* nach Gedichten von K. Kraus, G. Trakl und aus H. Bethges *Chinesischer Flöte* für Gesang und Orchester op. 13 (1914–18); *Kammersinfonie Nr. 1 op. 9 von A. Schönberg*, reduzierte Fassung (1922); *Sinfonie* für kleines Orchester op. 21 (1928); *Fünf Sätze* für Streichquartett op. 5 (1909), Fassung für Streichorchester (1929/30); *F. Schubert: Deutsche Tänze vom Oktober 1824*, Orchestration (1931); *Konzert* für 9 Instrumente op. 24 (1934); *J. S. Bach: Fuga (Ricercata) a 6 voci aus dem »Musikalischen Opfer«*, Orchestration (1934/35); *Das Augenlicht* nach Worten von H. Jone für gemischten Chor und Orchester op. 26 (1935); *1. Kantate* nach Worten von H. Jone für Sopran-Solo, gemischten Chor und Orchester op. 29 (1938/39); *Variationen* für Orchester op. 30 (1940); *2. Kantate* nach Worten von H. Jone für Sopran- und Baß-Solo, gemischten Chor und Orchester op. 31 (1941–43).

Als Pierre Boulez sich darüber empörte, daß aus Alban Berg wegen dessen »schöner Stellen« ein völlig falsch verstandener »Bürge in den Händen der anständigen Leute« gemacht werde, klang auch Empörung darüber mit, daß auf der anderen Seite – aus demselben schiefen Publikumsverständnis heraus – das Werk Weberns während langer Jahre bestenfalls in den Programmen schwach besuchter Studiokonzerte vertreten war. Aber auch Webern ist als unfreiwilliger Bürge zumindest teilweise mißbraucht worden. In den Jahren um und nach 1950 glaubte eine ganze Generation von Avantgardisten, alle Neuerungen von der seriellen Vereinzelung der Klangeigenschaften bis zur elektronischen Klanganalyse durch gewisse Ansätze beim späten Webern (z. B. im *Konzert* op. 24) legitimieren zu können.
Für eine weniger »theoretische« als »musikalische«, daher unmittelbarere und gerechtere Einschätzung des schmalen Webernschen Œuvres sprach sich 1955, anläßlich des 10. Todestages, Karlheinz Stockhausen aus:
»[...] ein Mißverständnis ist entstanden: Wenn Weberns Werke analysiert werden, so sagen die aufgezeigten Dinge nichts darüber aus, ›wie man's heute macht‹. Was das angeht, so kann man fast immer sicher sein, daß man es heute nicht mehr so macht; und es soll nicht verwundern, wenn man in jetzt entstandenen Kompositionen der erklärten Webernnachfolge vergeblich nach dem sucht, was bei Webern so haarklein aufgezeigt wird. Schon insofern ist es gut, daß den Reihenabzählern das Leben sauer wird. In dem Augenblick, in dem man dem Grund der Webernschen Musik nahe kommt, erreicht man auch den Grad der Einsicht in ihre Einmaligkeit und Abgeschlossenheit und ihre Empfindlichkeit gegen jede Reproduktion. Man muß etwas ganz anderes, Eigenes machen

und Courage besitzen, wenn man nach seiner Musik noch eine Note schreiben will.
Dadurch wird Webern zum Maßstab: kein Komponist kann sich heute und in Zukunft mit gutem Gewissen unter das sprachliche Niveau dieser Musik begeben [. . .]. Es soll allen bewußt werden, mit wieviel Sorgfalt und Kunst Webern mit seinem Material umgegangen ist; wie er nichts unbeachtet läßt und zu einer stilistischen Reinheit gelangt, die zeitlos für große Kunst Vorbedingung ist [. . .].
Wenn in der jüngsten Entwicklung die vermeintlich ›fortgeschrittenste‹ Meinung geäußert wird, Webern sei nun auch ›passé‹ – wie es vor ein paar Jahren hieß, ›Schönberg est mort‹ –, so kann das nur dem etwas anhaben, für den Webern ein Kompositionsprinzip und nicht ein Künstler ist, der seine Zeit durch Unvergängliches in die folgende hinübergerettet hat [. . .].«

Passacaglia op. 1

Besetzung: großes Orchester. – Entstanden 1908. UA: 1908 in Wien (Dirigent: der Komponist). – Aufführungsdauer: ca. 12 Minuten.

Noch während der Studienzeit bei Schönberg vollendet, wurde die *Passacaglia* vom Komponisten als einziges seiner Frühwerke für repräsentativ genug gehalten, die Reihe »gültiger« Werke zu eröffnen. Sie darf in ihrer sicheren und zugleich phantasievollen Beherrschung des traditionell-tonalen Vokabulars als Brücke zwischen den modellhaften Studienarbeiten und den völlig eigenständigen Vokalkompositionen nach George-Texten (op. 2–4) gelten. Unter dem Aspekt wachsender Aufnahmeschwierigkeiten bei den nachfolgenden Werken ist denn auch Schönbergs unmißverständliche Empfehlung zu verstehen: »Von Webern gibt es eine Passacaglia [. . .], welche wiederholt mit Erfolg ohne Widerspruch aufgeführt wurde und noch nicht so ›gefährlich‹ ist« (an den Dirigenten Joseph Stransky, 1922).
Eine 8tönige Linie, deren d-Moll-Tonalität sich in der ersten Harmonisierung (*Var. 1*) bereits deutlicher ausprägt als im 1stimmigen Beginn (*Thema*), bildet zusammen mit ihrer Gegenstimme das streng verbindliche Grundmaterial (s. Bsp. S. 778). Aus ihm entwickeln sich weitere 22 jeweils 8taktige Variationen, gefolgt von einer längeren, durchführungsartigen Coda (*Var. 24*). Deren Beginn erinnert an den »sehr ruhigen« Dur-Mittelteil (*Var. 12–15*); insgesamt aber zeichnet sie in ge-

raffter Form die beiden fast hälftigen Entwicklungsbogen des Stückes nach, die sich näherungsweise als Exposition (*Var. 1–11*) und Reprise (*Var. 16–23*) begreifen lassen.

Sechs Stücke op. 6

»Arnold Schönberg, meinem Lehrer und Freunde, in höchster Liebe.«
Ursprüngliche Fassung für sehr großes Orchester (u. a. je 6 Hörner und Trompeten, 2 Harfen, Celesta und großes Schlagwerk mit tiefem Glockengeläute). – Entstanden 1909. UA: 1913 in einem von Schönberg geleiteten Konzert des Wiener »Akademischen Verbandes für Literatur und Musik« (vgl. die Ausführungen über Alban Bergs *Altenberg-Lieder* op. 4, S. 795).
Revidierte Fassung für mittelgroßes Orchester. – Entstanden 1928. – Aufführungsdauer 9–10 Minuten.

Es darf als gesichert gelten, daß sowohl Weberns wie auch Bergs *op. 6* (*Sechs* bzw. *Drei Orchesterstücke*) sich an Schönbergs 1909 geschriebenen *Fünf Orchesterstücken* op. 16 orientierten. Alle drei Werke fordern einen riesigen Orchesterapparat, der nur selten – dann um so schlagkräftiger, man vergleiche die Schlüsse der Stücke II und IV! – zum Zweck konzentrierter Klangballung, weit häufiger jedoch zur Selektion durchsichtiger und ständig wechselnder Farbkombinationen genutzt wird.
Während Bergs Partitur den leidenschaftlichen Versuch einer Rückgewinnung sinfonischer Formverläufe darstellt, ver-

schärfte Webern noch das Spannungsverhältnis zwischen aufwendiger Klanglichkeit und formaler Raffung. Davon ist in der vom Komponisten später bevorzugten Neufassung mit reduzierter Besetzung nur wenig zurückgenommen.
Über die ursprünglich als op. 4 bezeichneten Orchestersätze führte Webern in expressionistisch gefärbten Programmnotizen des Jahres 1933 aus:
»Sie stellen kurze Liedformen dar, meist im dreiteiligen Sinne. Ein thematischer Zusammenhang besteht nicht, auch nicht innerhalb der einzelnen Stücke. Diesen nicht zu geben, war sogar bewußt angestrebt: in dem Bemühen nach immerfort verändertem Ausdrucke.
Um den Charakter der Stücke – sie sind rein lyrischer Natur – kurz zu beschreiben: das erste [*Langsam*] drückt die Erwartung eines Unheils aus; das zweite [*Bewegt*] die Gewißheit von dessen Erfüllung; das dritte [*Mäßig*] die zarteste Gegensätzlichkeit; es ist gewissermaßen die Einleitung zum vierten, einem Trauermarsche [*Sehr mäßig*]; fünf [*Sehr langsam*] und sechs [*Langsam*] sind ein Epilog: Erinnerung und Ergebung.«

Fünf Stücke op. 10

Besetzung: Kammerorchester (Flöte/Piccolo, Oboe, Es-Klarinette, B-Klarinette/Baßklarinette, Horn, Trompete, Posaune, Harmonium, Celesta, Mandoline, Gitarre, Harfe und Schlagwerk; solistisch: Violine, Bratsche, Cello, Kontrabaß). – Entstanden 1911–13. UA: 1926 in Zürich, Weltmusikfest der Internationalen Gesellschaft für Neue Musik (Dirigent: der Komponist). – Aufführungsdauer: 4–5 Minuten.

»Jetzt bin ich wieder an der Arbeit mit meinem Cyklus von Orchesterstücken [. . .]. Es bilden sich mir jetzt wieder verhältnismäßig längere Sätze«, schrieb Webern 1913 an Arnold Schönberg. Aus insgesamt 10 Instrumentalsätzen, auf deren ursprünglich zyklische Konzeption die Briefstelle anspielt, publizierte Webern schließlich doch nur die Fünfergruppe des *op. 10.* (Erst 1971 erschien eine postume Edition der restlichen, z. T. fragmentarischen Sätze.)
Angesichts der Kürze der nur zwischen ca. 15 und 105 Sekunden dauernden Stücke erscheint Weberns zweite Bemerkung fast widersinnig. Verständlicher wird sie erst bei der Feststellung, daß die etwa gleichzeitig komponierten *Sechs Bagatellen* für Streichquartett op. 9 sogar nur Umfänge von 8–13 Takten aufweisen und daß Webern das Projekt einer Cellosonate zu-

gunsten der *Drei kleinen Stücke* op. 11 mit ihren 9, 13 und 10 Takten aufgab.

Diese exorbitante Beschränkung auf bloße gestische Andeutungen, minimale Klang- und Farbereignisse sowie dramatische Ausbrüche von Sekundendauer hatte Schönberg in seinem berühmten Vorwort zu den *Bagatellen* verständlich zu machen versucht:

»So eindringlich für diese Stücke die Fürsprache ihrer Kürze, so nötig ist andrerseits solche Fürsprache eben für diese Kürze. Man bedenke, welche Enthaltsamkeit dazu gehört, sich so kurz zu fassen. Jeder Blick läßt sich zu einem Gedicht, jeder Seufzer zu einem Roman ausdehnen. Aber: einen Roman durch eine einzige Geste, ein Glück durch ein einziges Aufatmen auszudrücken: solche Konzentration findet sich nur, wo Wehleidigkeit in entsprechendem Maße fehlt« (1924).

Es ist kein Zufall, daß die einzigen längeren Stücke der Zyklen *op. 6* und *op. 10*, die Sätze 4 bzw. 3 mit ihren beziehungsreichen Titeln »Trauermarsch« und »Rückkehr«, durch ihre Glocken-Ostinati auf die Sinfonik Gustav Mahlers zurückweisen, in der sich die Entwicklungslinien der Wiener Schule unüberhörbar vorgezeichnet finden.

Sinfonie op. 21

Besetzung: kleines Orchester (Klarinette, Baßklarinette, 2 Hörner, Harfe, solistische oder chorische Streichergruppe ohne Kontrabaß). – Entstanden 1928. UA: 1929 in New York, Konzert der League of Composers (Dirigent: Alexander Smallens); europäische EA: 1930 in Wien (Dirigent: der Komponist). – Aufführungsdauer: ca. 10 Minuten.

Auf den Verlust der Tonalität und ihrer architektonischen Kräfte hatten die Komponisten der Wiener Schule um 1910 mit der Konzeption aphoristisch konzentrierter Stücke in freier Atonalität reagiert, u. a. Webern mit *op. 6* und *op. 10*. Erst nach 1925, nach der Übernahme der Schönbergschen Prinzipien des Reihenkomponierens, sah sich Webern in die Lage versetzt, auf eine längere Reihe von textgebundenen Werken (*op. 12–19*, 1914–26) wieder reine Instrumentalpartituren folgen zu lassen.

In der *Sinfonie* ließ sich Webern überdies – wie in allen späteren Werken – von der Vorstellung leiten, er könne seinen reihengebundenen Strukturen durch Überformung nach histori-

schen Verlaufsmustern besondere Sinnfälligkeit und Festigkeit verleihen. So weisen die beiden Sätze der im übrigen gänzlich »unsinfonischen« Komposition folgende Formmerkmale auf:
1. Satz (»Ruhig schreitend«): Sonatenform = Verschachtelung zweier je 2stimmiger Gegenbewegungskanons; horizontale und vertikale Symmetrie des Reihenmaterials.
2. Satz (gemischte Tempi): Thema mit 7 Variationen und Coda = 4stimmiger Doppelkanon in Gegenbewegung; horizontale und vertikale Symmetrie des Reihenmaterials, letztere bezogen auf die 9 Abschnitte im einzelnen wie im ganzen. (Ein weiterer Satz blieb Fragment.)
Doch werden sich diese Merkmale in der Wahrnehmung des Hörers kaum im Sinne klassisch-romantischer Entwicklungsformen zusammenschließen. Vielmehr gewinnt er den Eindruck eines streng gebauten, in sich zusammenhängenden Gebildes, dessen Einheitlichkeit in der Allgemeinverbindlichkeit des Reihenmaterials für alle kleinen wie großen Gestalteinheiten – Motive und Themen ebenso wie ganze Formteile und Sätze – begründet liegt.
Komponieren als Manifestation klingender Ordnung, ja, als Abbild natürlicher Wachstumsprozesse – in diesem Sinn und nicht als Nachweis selbstgefälliger kombinatorischer Fähigkeiten wollte Webern seine kaleidoskopartigen Formgebilde verstanden wissen: »Was Sie hier sehen – Krebs, Kanon etc. – es ist immer dasselbe –, ist nicht in dem Sinne zu nehmen, daß es ›Kunststückerln‹ sind – das wäre lächerlich! – Möglichst viele Zusammenhänge sollen geschaffen werden, und daß es viel Zusammenhänge sind, werden Sie zugeben müssen!« (*Der Weg zur neuen Musik.*)

Joh. Seb. Bach: Fuga (Ricercata) a 6 voci, für Orchester gesetzt

Besetzung: kleines Orchester (Flöte, Oboe, Englischhorn, Klarinette, Baßklarinette, Fagott, Horn, Trompete, Posaune, Pauken, Harfe und Streicher). – Entstanden 1934/35. UA: 1935 in London, Orchester der BBC (Dirigent: der Komponist). – Aufführungsdauer: 7–8 Minuten.

In der wechselhaften Geschichte der Bach-Bearbeitungen von Mozart bis Schönberg nimmt Weberns Orchesterfassung des 6stimmigen Ricercars aus dem *Musikalischen Opfer* (BWV 1079; 1747) eine Sonderstellung ein. Dem Komponi-

sten gelang es, das kunstvolle Bachsche Stimmengeflecht unter dem Blickwinkel der eigenen Stilistik zu betrachten und auf der Grundlage strenger motivischer Gliederung eine Art klingender Analyse zu verfertigen.
Mit der ersten Präsentation des von Friedrich d. Gr. gestellten Fugenthemas legte Webern zugleich einen symmetrischen Aufgliederungs- und Vortragsmodus für 3 Instrumente fest (vorwiegend Bläser mit gelegentlicher Harfenakzentuierung), der für alle späteren Stimmeinsätze Gültigkeit behält:

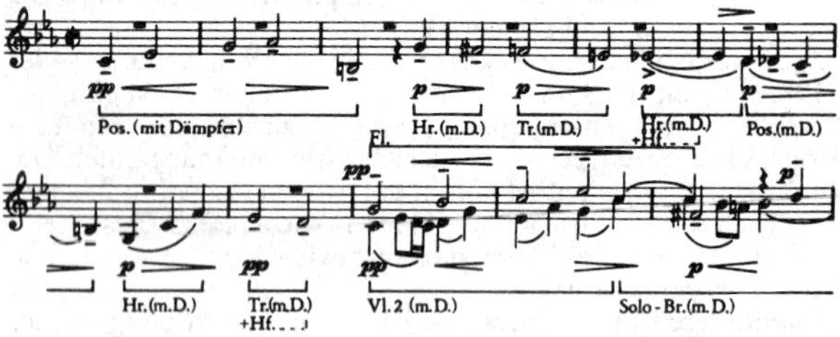

Während der insgesamt 12 Themeneinsätze (6 in der Exposition, dazu weitere 6 Einzeldurchführungen) wechseln also, je nach Stimmlage, die Instrumentengruppierungen, nicht aber die Gliederungsstruktur des 9taktigen »thema regium«, des »königlichen Themas«. Nicht in gleicher Strenge, doch stets nach dem Prinzip motivischer Aufsplitterung sind auch die Gegenstimmen und die Zwischenspiele instrumental zugeordnet.
»Meine Instrumentation versucht [. . .], den *motivischen* Zusammenhang bloß zu legen. Das war nicht immer leicht. Natürlich will sie darüber hinaus andeuten, wie ich den Charakter des Stückes empfinde; dieser *Musik*! Diese endlich zugänglich zu machen, indem ich versuchte, darzustellen [. . .], wie ich sie empfinde, das war der letzte Grund meines gewagten Unternehmens!« (An Hermann Scherchen, 1938.)

Kantaten

»Das Augenlicht« nach Worten von Hildegard Jone op. 26

Besetzung: 4stimmiger gemischter Chor und kleines Orchester (Flöte, Oboe, Klarinette, Altsaxophon, Horn, Trompete, Posaune, kleines Schlagzeug, Celesta, Harfe, Mandoline, 8 Violinen, je 4 Bratschen und Celli). – Entstanden 1935. UA: 1938 in London, Weltmusikfest der Internationalen Gesellschaft für Neue Musik (Dirigent: Hermann Scherchen). – Aufführungsdauer: ca. 6 Minuten.

1sätzig: »Durch unsre offnen Augen fließt das Licht ins Herz« (*Langsam*).

1. Kantate nach Worten von Hildegard Jone op. 29

Besetzung: Sopran-Solo, 4stimmiger gemischter Chor und kleines Orchester (Flöte, Oboe, Klarinette, Baßklarinette, Horn, Trompete, Posaune, Schlagzeug, Celesta, Harfe, Mandoline und Streicher). – Entstanden 1938/39. UA: 1947 durch die BBC London. – Aufführungsdauer: ca. 8 Minuten.

1. »Zündender Lichtblitz« (*Getragen/Lebhaft*; Chor/Orchester) – 2. »Kleiner Flügel Ahornsamen« (*Leicht bewegt*; Sopran/Orchester) – 3. »Tönen die seligen Saiten Apolls« (*Ruhig*; Sopran/Chor/Orchester).

2. Kantate nach Worten von Hildegard Jone op. 31

Besetzung: Sopran- und Baß-Solo, 4stimmiger gemischter Chor und kleines Orchester (Flöte, Piccolo, Oboe, Englischhorn, Klarinette, Baßklarinette, Altsaxophon, Fagott, Horn, Trompete, Posaune, Tuba, Glocke, Glockenspiel, Celesta, Harfe und Streicher). – Entstanden 1941–43. UA: 1950 in Brüssel, Weltmusikfest der Internationalen Gesellschaft für Neue Musik (Dirigent: Herbert Häfner). – Aufführungsdauer: ca. 10 Minuten.

1. »Schweigt auch die Welt« (*Sehr lebhaft*; Baß/Orchester) – 2. »Sehr tief verhalten innerst Leben« (*Sehr verhalten*; Baß/Orchester) – 3. »Schöpfen aus Brunnen des Himmels« (*Sehr bewegt*; Sopran/Frauenchor/Orchester) – 4. »Leichteste Bürden der Bäume« (*Sehr lebhaft*; Sopran/Orchester) – 5. »Freundselig ist das Wort« (*Sehr mäßig*; Sopran/Chor/Orchester) – 6. »Gelockert aus dem Schoße in Gottes Frühlingsraum« (*Sehr fließend*; Chor/Orchester).

Nach 1926, dem Jahr der ersten Bekanntschaft mit Hildegard Jone (1891–1963), kreisten Weberns Pläne und Entwürfe zu Vokalwerken ausschließlich um Texte dieser dem christlichen Existentialismus Ferdinand Ebners nahestehenden Lyrikerin. Nach den Liederzyklen *op. 23* und *op. 25* legte er auch den 3 Kantatenwerken – ein viertes war geplant – Jone-Gedichte zugrunde, denen er offensichtlich recht unkritisch gegenübergestanden ist. Webern fühlte sich von ihrer oft schwärmerischen Bilderfülle nicht nur emotional angesprochen (»wie sind mir *diese Worte* entgegen gekommen!!«); er versuchte auch, ihrem schwebenden Charakter durch wesensverwandte musikalische Strukturen nahezukommen, deren erstaunliche Flexibilität jedoch aus streng kanonischen, betont homophonen oder aber dichten Verflechtungen beider Satzanlagen hervorgeht.

Über den 2. Satz der *1. Kantate* schrieb Webern 1939 an das Ehepaar Jone-Humplik: »was da so frei herumzuschweben scheint (›schwebst im Winde [...]‹) – vielleicht hat es so ein *Aufgelöstes* musikalisch noch gar nicht gegeben – es ist das Ergebnis einer so *strengen Gesetzmäßigkeit* [...], wie sie vielleicht noch niemals bisher einer musikalischen Konception zu Grunde gelegen ist [...].«

Seiner weitgespannten Intervalle wegen stellt der Gesangsstil der Kantaten – wie auch der früheren Lieder – beträchtliche Ansprüche an die Intonationssicherheit und die Registerebenmäßigkeit der Vokalisten. Doch orientiert sich Weberns Textdeklamation stets am natürlichen Sprachrhythmus, den es trotz aller stimmlichen Anforderungen zu wahren gilt.

Auch bei der Formgebung der Kantaten suchte der Komponist ideellen Rückhalt bei traditionellen Formvorstellungen. War ihnen *Das Augenlicht* als vereinfachte Vorstudie vorangestellt, so sollte *Kantate I* »der Konstruktion nach eine vierstimmige Doppelfuge«, ja, eine auf Variationen beruhende Scherzoform darstellen. *Kantate II* entspricht im Entwurf dem Modell eines Oratoriums, dessen 6 Einzelsätze sich zueinander verhalten wie Kyrie, Gloria, Credo, Benedictus, Sanctus und Agnus Dei einer Missa brevis.

Variationen op. 30

Werner Reinhart gewidmet. – Besetzung: kleines Orchester (Flöte, Oboe, Klarinette, Baßklarinette, Horn, Trompete, Posaune, Tuba, Pauken, Celesta, Harfe und Streicher). – Entstanden 1940. UA: 1943 in Winterthur, Musikkollegium (Dirigent: Hermann Scherchen). – Aufführungsdauer: 9–10 Minuten.

Auch diese letzte abgeschlossene Partitur rein instrumentalen Charakters spiegelt Weberns fast manisches Bemühen wider, das gesamte Klanggeschehen auf minimale Grundgestalten zurückzuführen.

Bereits die beiden Hälften der Zwölftonreihe korrespondieren miteinander – wie häufig im Spätwerk Weberns – als Grundform (G) und deren Krebsumkehrung (KU), wodurch schon der 3motivige Themenbeginn symmetrische Eigenschaften bezüglich der Tonhöhen, zudem auch der Rhythmik und der Tempi aufweist:

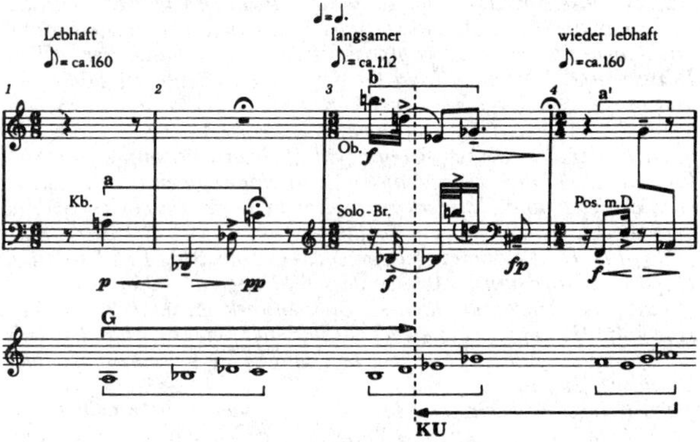

Bei der formalen Entfaltung suchte sich der Komponist ebenfalls durch Überlagerung von traditionellen Merkmalen abzusichern. So soll die primäre Verlaufsform eines »Themas mit 6 Variationen« (Thema, Thema voll entfaltet, Überleitung, Seitensatz, durchführungsartige Reprise des Themas, Anklänge an Einleitung und Überleitung, Coda) gleichzeitig als »Ouvertüre« mit den Abschnitten A (= Thema, Var. 1), B (Var. 2, 3) und A′ (Var. 4–6) deutbar sein.

Tatsächlich sind diese »Klassizismen« nicht frei von spekulativen Zügen, sie bieten dem Hörer nur wenig Hilfe beim Erfassen des sehr fragilen und schmucklosen Klangbildes, das dennoch – vor allem bei sorgfältig phrasierenden Wiedergaben – durch die Klarheit und den Spannungsreichtum seines Liniengeflechts unmittelbar zu fesseln vermag.

Edgard Varèse

* 22. Dezember 1883 in Paris
† 6. November 1965 in New York

Aufgewachsen in Burgund, Paris und Turin. 1903/04 Student der Pariser Ecole Polytechnique (naturwissenschaftliche Fächer), dann musiktheoretische und kompositorische Ausbildung bei Albert Roussel und Vincent d'Indy an der Schola Cantorum (1904–06) und in der Meisterklasse von Charles-Marie Widor am Conservatoire (1906/07). Erfolge mit ersten Werken, Förderung durch Romain Rolland, in dessen Romanzyklus »Jean-Christophe« die Sinfonische Dichtung »Gargantua« (1909) eingegangen ist. Initiativen als Chorleiter und Konzertorganisator in Paris wie auch während der anregungsreichen und erfolgversprechenden Berliner Jahre (1907–14). Dort Kontakte zu Ferruccio Busoni, Max Reinhardt und Hugo von Hofmannsthal, nach dessen Schauspiel »Ödipus und die Sphinx« ein (nicht erhaltenes) Bühnenwerk entstand (1908–14). Alle vor 1915 geschriebenen Werke sind nicht mehr vorhanden: teils hat Varèse sie selbst vernichtet, teils gingen sie bei einem Berliner Brand verloren.
Nach Kriegsausbruch zunächst Rückkehr nach Frankreich. Bereits 1915 Übersiedlung nach New York, wo Varèse – abgesehen von längeren Aufenthalten in Paris (u. a. 1928–33 und 1954/55), Los Angeles (1938–40) und Holland (1957/58) – ein halbes Jahrhundert hindurch bis zu seinem Tod lebte (amerikanische Staatsangehörigkeit 1927).
Seit Ende der 20er Jahre intensive Beschäftigung mit elektronischen Instrumenten und Klangerzeugungsmöglichkeiten. Vielseitige Aktivitäten zur Förderung neuer, aber auch vergessener alter Musik: Gründung von Instrumental- und Vokalensembles und Komponistenverbänden, darüber hinaus Dirigier- und Lehrtätigkeit (Schüler u. a.: André Jolivet; Kompositionskurs bei den Darmstädter Ferienkursen 1950).

Werke: *Bourgogne* für großes Orchester (1908, nicht erhalten); *Gargantua* für Orchester (1909, Fragment, nicht erhalten); *Ödipus und die Sphinx*, Oper nach H. v. Hofmannsthal (1908–14, nicht erhalten); *Amériques* für großes Orchester (1920/21, 1929); *Offrandes* für Sopran und Kammerorchester nach Gedichten von V. Huidobro und J. J. Tablada (1921); *Hyperprism* für Bläser und Schlagzeug (1922/23); *Octandre* für 8 Instrumente (1923); *Intégrales* für kleines Orchester und Schlagzeug (1923–25); *Arcana* für großes Orchester (1925–27); *Ionisation* für 13 Schlagzeuger (1929–31);

Ecuatorial für Männerstimme(n) und Instrumentalensemble nach sakralen Texten der Maya-Kultur (1934, 1961); *Density 21.5* für Solo-Flöte (1936, 1946); *Etude pour Espace* (Text A. Malraux) für Chor, 2 Klaviere und Schlagzeug (1947); *Déserts* für Bläser, Klavier, Schlagzeug und Tonband (1950–54); *Le Poème electronique* (Tonbandkomposition) für den Philips-Pavillon von Le Corbusier / Xenakis auf der »Expo« Brüssel 1958 (1957/58); *Nocturnal* für Sopran, Männerchor und Orchester nach einem Text von A. Nin (1959–61, Fragment, vollendet von Chou Wen-chung); *Nuit* für Sopran, 9 Instrumente und Schlagzeug (1965, Fragment).

Bei der Beurteilung von Varèses Bedeutung für die Musik des 20. Jh. war das Etikett vom Außenseiter schnell zur Hand. Schlagworte wie »Bruitismus« und »Futurismus«, »seelenlose Maschinen- und Großstadtmusik« mußten dabei herhalten, da sich seine Musik dem Vergleich mit dem übrigen musikalischen Geschehen der Zeit weitgehend entzog – ein Geschick, das er u. a. mit dem um 9 Jahre älteren Charles Ives teilt. Zu abrupt mutete die völlige Neuorientierung nach der Übersiedlung in die Vereinigten Staaten im Jahr 1915 an, nachdem Varèse bis zu diesem Zeitpunkt eine vielversprechende Karriere im traditionellen Sinn verfolgt hatte und dabei von einigen Großen des französischen und deutschen Kulturlebens gefördert worden war. Varèse hat diesen Bruch verdeutlicht, indem er die früher entstandenen Partituren – soweit sie nicht einem Brand zum Opfer gefallen waren – vernichtete.
Manche Besonderheiten seines Schaffens haben sicherlich den Zugang zu Varèses Musik erschwert: sein langsames, immer wieder von Pausen unterbrochenes Komponieren; die dadurch bedingte geringe Zahl seiner Werke, von denen die meisten aus den 20er Jahren stammen; sein fanatisches, weitgehend ganz privates Experimentieren mit Schallaufnahmen jeglicher Art und Herkunft; sein zukunftsgläubiges Warten auf umfassendere elektronische Realisierungsmöglichkeiten; sein Festhalten an unkonventionellen Instrumentalgruppierungen unter deutlicher Bevorzugung von Blasinstrumenten und Schlagzeug; sein fast völliger Verzicht auf literarische Texte oder gar programmatische Vorlagen.
So verlangen die meist kurzen, 1sätzigen Stücke den unsentimentalen, von keiner Normerwartung voreingenommenen Mitvollzug eines genau kalkulierten energetischen Verlaufs, dessen Spannungen durch fortwährende Veränderung eines zwar streng begrenzten, doch deutlich exponierten themati-

schen Materials hervorgerufen werden. Dieses Formprinzip ist untrennbar mit der rituellen Geste des Anrufens und Beschwörens verbunden. Kurze melodische Formeln, grell gefärbt und von signalartiger Wirkung, werden häufig nur von einem rhythmischen Initialimpuls (z. B. Vorschlagbildung, Tonrepetition) getragen, auf den ein längeres Nachklingen folgt. Da sich die Umbildung solcher Signale – meist in Verbindung mit stehenden Harmonien und dichten Schlagzeugkontrapunkten – langsam, bisweilen fast unmerklich vollzieht, bleibt der Eindruck entwicklungsarmer Statik zunächst vorherrschend. Erst beim aufmerksamen Hören offenbaren sich die Veränderungsprozeduren, werden eruptive Ausbrüche und scharfe Kontrastwirkungen als Resultate langbemessener Entwicklungen begreifbar.

Hyperprism

Besetzung: Flöte/Piccolo, Es-Klarinette, 3 Hörner, 2 Trompeten, 2 Posaunen und Schlagzeug (u. a. mit Peitsche, Amboß und Sirene). – Entstanden 1922/23. UA: 1923 in New York (Leitung: der Komponist). – Aufführungsdauer: ca. 5 Minuten.

Im Hinblick auf Varèses fortwährende Auseinandersetzung mit dem Problem der formalen Ordnung stellte Pierre Boulez fest: »Gemessen am damaligen Entwicklungsstand erscheint *Hyperprism* als der gewaltigste Schritt nach vorn dank seines Verzichts auf jegliche Thematik und dank seines Reliefs variabler Tempi.« An die Stelle charakteristischer Themen und symmetrischer Periodenbildungen sind in sich geschlossene Klangkomplexe von nur wenigen Takten Dauer getreten, deren stark differierende Tempoebenen einander nahezu übergangslos folgen und das musikalische Geschehen in ständige Bewegung überführen. Lediglich einige farblich modulierte Haltetöne vermitteln zwischen den Abschnitten. Klanglich überwiegen scharfe, ungedeckte Timbres – bewußt angestrebtes Resultat einer ausgesuchten instrumentalen Disposition, wie sie vor Varèse im Ensemble-Musizieren kaum je anzutreffen war.

Octandre

Besetzung: Flöte/Piccolo, Oboe, Klarinette (B/Es), Fagott, Horn, Trompete, Posaune und Kontrabaß. – Entstanden 1923. UA: 1924 in New York. – Aufführungsdauer: ca. 7 Minuten.

Die Werkbezeichnung *Octandre* (altgriechisch »für acht Männer«) entpuppt sich als Synonym des gebräuchlicheren Be-

griffs Oktett = Musik für 8 Spieler. Die Besetzung mit 4 Holz- und 3 Blechbläsern entspricht etwa den Bläsergruppen im traditionellen Sinfonieorchester (Strawinskys *Oktett* für eine ähnliche Besetzung ist nur wenig früher entstanden). Was die Unterteilung angeht, nimmt *Octandre* eine gewisse Sonderstellung ein; als einziges von Varèses erhaltenen Instrumentalwerken ist es mehrsätzig: 1. *Assez lent*, 2. *Tres vif et nerveux*, unmittelbar übergehend in 3. *Grave / Animé et jubilatoire*.
Eine zunächst etwas fremd anmutende Fugenexposition der Holzbläser im 3. Satz trägt indessen dank Varèses Überformung neue Züge: Begrenzt auf bestimmte Klangräume folgen ihre Themeneinsätze einander im Charakter einer starren rituellen Anrufung.

Intégrales

Besetzung: 2 Piccoloflöten, Oboe, 2 Klarinetten (Es, B), Horn, hohe Trompete, Trompete, 3 Posaunen und Schlagzeug (4 Spieler). – Entstanden 1923–25. UA: 1925 in New York (Leitung: Leopold Stokowski). – Aufführungsdauer: ca. 12 Minuten.

Im Zusammenhang mit seinen Stücken der 20er Jahre, vor allem aber im Hinblick auf *Intégrales*, erläuterte der Komponist wiederholt seine Konzeption einer »räumlichen« Musik (»spatial music«), für welche er sich im besonderen die künftige Verfügbarkeit flexibler elektroakustischer Medien erhoffte. Varèse verstand darunter – lange vor der seriellen Systematik der 50er Jahre – einen fortwährenden Veränderungsprozeß, welcher mehrere Dimensionen einer Klanggestalt erfassen und diese unterschiedlich rasch gegeneinander verschieben bzw. transformieren sollte.
Konkret: verläßt die Grundgestalt der *Intégrales*, ein durchdringender Signalruf der Es-Klarinette:

ihre Ausgangslage, so haben sich unterdessen, allerdings zu anderen Zeitpunkten, auch ihre Nachbarstrukturen, ja sogar einige ihrer eigenen Abmessungen verändert. So entsteht ein mobile-artiges Kreisen während dreier etwa gleich langer Abschnitte (*Andantino – Allegro – Lento*), das – auch ohne Einsatz räumlich getrennter Klangquellen – im Hörer eine intensive Vorstellung klangimmanenter Mobilität wachruft.

Arcana

Besetzung: sehr großes Orchester mit insgesamt 119 Musikern (u. a. 12 Schlagzeuger). – Entstanden 1925–27. UA: 1927 in Philadelphia (Leitung: Leopold Stokowski); deutsche EA: 1932 in Berlin (Leitung: Nicolas Slonimsky). – Aufführungsdauer: ca. 17 Minuten.

Zwar ist der Partitur ein Zitat aus alchimistischen Schriften des Paracelsus (1493–1541) vorangestellt, worin der Arzt und Naturforscher sich als »Herrscher von Arcana«, dem imaginären Reich der Geheimnisse, bezeichnet, doch dachte Varèse bei dieser Zitatwahl nicht im geringsten an ein Programm. In diesem außergewöhnlichen Werk, in welchem der Komponist zum letzten Mal von der – allerdings ins Riesenhafte erweiterten – Formation des traditionellen Sinfonieorchesters Gebrauch machte, tragen nicht mehr als etwa 5 bis 6 prägnante Gestalten das gesamte thematische Geschehen. Sie alle lassen sich letzten Endes zurückführen auf das martialische 11tönige Eröffnungsmotiv:

Anklänge an die kompakte orchestrale und motivische Faktur gewisser Teile im *Sacre du printemps* (1911–13) veranlaßten Strawinsky zur süffisanten Bemerkung, die Partitur von *Arcana* sehe so aus, »als ob der Schatten von *Le sacre* darauf gefallen wäre«.

Ionisation

Besetzung: 13 Schlagzeuger (evtl. weniger) an 37 Schlaginstrumenten. – Entstanden 1929–31. UA: 1933 in New York (Leitung: Nicolas Slonimsky). – Aufführungsdauer: 5–6 Minuten.

Nachdem Varèse in seinen Partituren der 20er Jahre systematisch eine Konzentration des Tonhöhengeschehens (Melo-

dik, Harmonik) und eine wachsende Eigenständigkeit der rhythmischen Ereignisse erprobt hatte, war es nur konsequent, den Grenzfall einer völligen Autonomie des Schlagzeugapparats zu dokumentieren. Er sah dafür ein außerordentlich reiches Instrumentarium mit einer Fülle verschiedener Timbres vor, die dank der relativ großen Zahl von 13 Spielern in raschem Wechsel verfügbar sein sollten. (Das Spezialensemble der »Percussions de Strasbourg« vermag allerdings bei seiner Wiedergabe des Werkes mit 6 Musikern auszukommen.)
Nicolas Slonimsky, Protagonist neuer Musik in den USA und Dirigent der Uraufführung, hat in einer der Partitur vorangestellten Übersicht angedeutet, daß Varèse auf traditionelle Formkategorien keineswegs habe verzichten wollen. Zwar kann von einem Sonatensatz kaum die Rede sein, doch finden sich 2 gegensätzliche Themenbezirke mit Wiederholungen, Überleitungs- und Durchführungsepisoden, außerdem – als Gegenstück zur 8taktigen Introduktion – eine 16taktige Coda, deren faszinierende Schlußwirkung sich von der erstmaligen Verwendung von Instrumenten mit fixierten Tonhöhen (Glokken, Glockenspiel, Klavier) herleitet.
Programmatische Bedeutung im eigentlichen Sinn darf dem Titel *Ionisation* (= Elektronenabspaltung durch Energiezufuhr) wohl kaum beigemessen werden, doch könnte er als allgemeiner Hinweis auf die außerordentliche dynamisch-rhythmische Energieentfaltung in diesem Werk gelten.

Déserts

Besetzung: Bläser (je 2 Flöten, Klarinetten, Hörner, je 3 Trompeten, Posaunen, 2 Tuben), Klavier, Schlagzeug (5 Spieler an 47 Schlaginstrumenten) und Tonbandzuspielung. – Entstanden 1950–52 (instrumentale Teile) bzw. 1953/54, 1960, 1961 (4 Fassungen der Tonband-Interpolationen). UA: 1954 in Paris (Leitung: Hermann Scherchen); deutsche EA: 1954 in Hamburg (Leitung: Bruno Maderna). – Aufführungsdauer: ca. 25 Minuten; bei Aufführung der Instrumentalteile allein: ca. 14 Minuten.

Den Titel *Déserts* (»Verlassenheit«, »Einöden«) sollte, wie Varèses Biograph Fernand Ouellette berichtet, ein Film über die vielfältigen Aspekte der Einsamkeit in der Natur, aber auch im Innern des Menschen, tragen. Eine neuartige Konzeption im Neben- und Miteinander von Bild und Klang wollte Varèse in diesem Projekt verwirklichen. Dieser Film ist nie gedreht

worden; statt dessen gelangte eine autonom musikalische Version zur Ausführung, über die Varèse selbst 1959 schrieb: »Es gibt vier Instrumentalsätze von unterschiedlichem Umfang und drei Einschaltungen präparierter Klangpartien. Die Musik, die das *Instrumentalensemble* hervorbringt, entwickelt aus gegenübergestellten Flächen und Blöcken die Vorstellung der Bewegung oder des Raumes. Was die *Tonband-Interpolationen* betrifft, so ist hervorzuheben, daß die erste und dritte auf industriellen Klängen basieren (Klängen des Reibens, Schlagens, Pfeifens, Mahlens, Blasens), die durch elektronische Verfahren gefiltert, verwandelt, transponiert und gemischt und nachher, gemäß dem festgelegten Plan des Werkes, zusammengesetzt wurden. In Verbindung mit diesen Klängen gibt es als stabilisierendes Strukturelement (besonders in der dritten Einschaltung) instrumentale Schlagzeugpartien, von denen einige sich in der Partitur finden, daneben aber auch andere, neue. Die zweite präparierte Tonbandeinschaltung zieht ein Ensemble von Schlagzeuginstrumenten heran.
Es muß hervorgehoben werden, daß, je kürzer die einzelne Partie, desto größer die Spannung ist, und daß die Musik ihren Höhepunkt in der dritten Tonband-Interpolation und im vierten Instrumentalsatz erreicht, um sich dann stufenweise bis zum Ende in einem *largo pianissimo* wieder zu entspannen.«

Alban Berg

* 9. Februar 1885 in Wien
† 24. Dezember 1935 in Wien

Sohn eines aus Nürnberg stammenden, seit 1867 in Wien ansässigen Devotionalienhändlers und Exportkaufmanns. Während der Schulzeit ausgeprägte literarische Interessen und Hinwendung zur Musik (Klavierspiel, Komposition einer großen Anzahl von Liedern). Nach dem Abitur Praktikantenzeit in der Niederösterreichischen Statthalterei (1904–06). Gleichzeitig Beginn eines privaten Theorie- und Kompositionsstudiums bei Arnold Schönberg, dem Berg – ebenso wie sein Mitschüler Anton Webern – zeitlebens in

großer Bewunderung und enger Freundschaft verbunden blieb. Abschluß der Unterrichtszeit 1910 mit der Fertigstellung des Streichquartetts op. 3.
1911 Heirat mit Helene Nahowski. Zum Bekanntenkreis zählen u. a. Gustav und Alma Mahler, Alexander Zemlinsky, Adolf Loos, Karl Kraus und Peter Altenberg. In der Folgezeit neben der Konzeption und Ausarbeitung eigener Kompositionen (zentrales Projekt: »Wozzeck«, 1917–21) vielfältige, meist auf das Werk Schönbergs bezogene Aufgabenstellungen: Bearbeitung von Klavierauszügen zu Kompositionen Franz Schrekers (Oper »Der ferne Klang«) und Schönbergs (»Gurre-Lieder«, Vokalsätze aus op. 10), thematische Analysen zu Schönberg-Werken (»Gurre-Lieder«, »Pelleas und Melisande«, Kammersinfonie Nr. 1), Tätigkeit eines »Vortragsmeisters« im Wiener »Verein für musikalische Privataufführungen« (1918–22) und musikliterarische Beiträge für die »Musikblätter des Anbruch«. 1915–18 Militärzeit in Ungarn und – wegen physischen Zusammenbruchs – in Wien. Seit Kriegsende Erteilen von Theorie- und Kompositionsunterricht ohne feste Anstellung; zeitweilige Verwaltung des Familiengutes »Berghof« am Ossiacher See (Kärnten).
Nach den ersten, meist auf den Wiener Schönberg-Kreis beschränkten Erfolgen oder Skandalen (Uraufführung zweier »Altenberg-Lieder«, Wien 1913) breite Resonanz mit den »›Wozzeck‹-Bruchstücken« (Frankfurt 1924) und der vollständigen »Wozzeck«-Bühnenfassung (Berlin 1925), die bis zum Übergreifen des Faschismus am Anfang der 30er Jahre von zahlreichen europäischen Bühnen nachgespielt wurde. Seit 1928 angestrengte, nur durch die Komposition der Konzertarie »Der Wein« und des Violinkonzerts unterbrochene Arbeit am Opernprojekt »Lulu«, dessen 3. Akt als Fragment zurückblieb. Unerwarteter Tod durch eine zu spät erkannte Blutvergiftung.

Werke: Von den ca. 140 Jugendliedern u. a. veröffentlicht: *Sieben frühe Lieder* für Singstimme und Klavier (1905–08) bzw. mit Orchester (1928); *Klaviersonate* op. 1 (1907/08); *Vier Lieder* nach Texten von F. Hebbel und A. Mombert für Gesang und Klavier op. 2 (1909/10); *Streichquartett* op. 3 (1910); *Fünf Orchesterlieder* nach Ansichtskartentexten von P. Altenberg op. 4 (1912); *Vier Stücke* für Klarinette und Klavier op. 5 (1913); *Drei Orchesterstücke* op. 6 (1914, 1929); *Wozzeck*, Oper in 3 Akten (15 Szenen) nach G. Büchner op. 7 (1917–21); daraus: *Drei Bruchstücke* für Sopran und Orchester für Konzertaufführungen (1923/24); *Kammerkonzert* für Klavier und Geige mit 13 Bläsern (1924/25); *Lyrische Suite* für Streichquartett (1925/26); daraus: *Drei Stücke*, bearbeitet für Streichorchester (1928); *Der Wein*, Konzertarie für Sopran (oder Tenor) und Orchester nach 3 Gedichten von C. Baudelaire in der Übertragung S. Georges (1929); *Lulu*, Oper in 3 Akten nach den Tragödien *Erdgeist* und *Die Büchse der Pandora* von F. Wedekind (1928–35); daraus: *Sinfonische Stücke* (*»Lulu-Suite«*) für Sopran und Orchester (1934); *Konzert für Violine* und Orchester (1935).

»Schon aus Bergs frühesten Kompositionen, so ungeschickt sie auch gewesen sein mögen, konnte man zweierlei entnehmen. Erstens, daß Musik ihm eine Sprache war und daß er sich in dieser Sprache tatsächlich ausdrückte; und zweitens: überströmende Wärme des Fühlens [. . .]. Und er war, wie alle begabten jungen Menschen aus dieser Zeit, durchtränkt mit Musik, lebte in Musik. Er besuchte und kannte alle Opern und Konzerte, spielte zuhause Klavier vierhändig, las bald Partituren, war begeisterungsfähig, unkritisch, aber empfänglich für altes und neues Schöne, es sei Musik, Literatur, Malerei, bildende Kunst, Theater oder Oper« (1936). Schönbergs Porträt des etwa 20jährigen Schülers weist bereits auf jene charakteristischen Aspekte Bergscher Musik hin, die ihr innerhalb der Rezeption der Musik der Wiener Schule – ohne daß künstlerische Zugeständnisse im Spiel gewesen wären – stets eine gewisse Publikumsnähe einbrachten.
Pierre Boulez (1960) begegnete dieser Hörersympathie mit größter Skepsis: »In vielen musikalischen Kreisen, die der Wiener Schule im allgemeinen und besonders ihrem theoretischen Denken widerstrebend gegenüberstehen, hat man Berg als das einzige Genie betrachtet, das genügend ›Musiker‹ ist, um ›Musik‹ zu schreiben, obwohl er von Grundsätzen ausgeht, die nichts weniger als ›musikalisch‹ sind; daher der angebliche Vorrang der Freiheit vor der Strenge, des Genies vor der Schulmeisterei – als ganz sonderbare Feststellungen von Beobachtern, die sowohl den psychologischen wie den technischen Bau eines so vielseitigen Œuvre kaum begreifen können. Kurz, man machte aus diesem Komponisten einen Bürgen in den Händen der anständigen Leute, die sich manchmal amüsieren, ihre Nase in die Avantgarde zu stecken, und die von diesen Streifzügen in ferne Lande zwar bewegt, aber beruhigt zurückkehren.«
Erst jüngere Darstellungen haben es unternommen, das scheinbar Traditionelle in Bergs Partituren als Resultat strenger struktureller Absicherung darzustellen, die »schönen Stellen« als Kontrapunkte zu musikalischen Bildern des Entset-

zens zu erklären, die ausgewogenen Konturen als Endstadien minuziöser motivischer Vermittlungsstufen nachzuweisen. Nicht von ungefähr nannte ihn Theodor W. Adorno, Mitte der 20er Jahre selbst Kompositionsschüler Bergs, einen »Meister des kleinsten Übergangs« und hob damit auf Bergs in der Schule Schönbergs gereiftes kompositorisches Kalkül ab, mit dessen Hilfe – nicht: dem zum Trotz – er jener »überströmenden Wärme des Fühlens« erst Ausdruck verleihen konnte.

Fünf Orchesterlieder op. 4 nach Ansichtskartentexten von Peter Altenberg

Besetzung: Sopranstimme und großes Orchester (3–4faches Holz, 4 Hörner, 3 Trompeten, 4 Posaunen, Tuba, Harmonium, Celesta, Klavier, Harfe und Streicher). – Entstanden 1912. Wegen Skandals abgebrochene Teilaufführung 1913 in einem von Schönberg geleiteten Konzert des Wiener »Akademischen Verbandes für Literatur und Musik«; erste Gesamtaufführung 1953 in Rom (Dirigent: Jascha Horenstein). – Aufführungsdauer: ca. 11 Minuten.

1. *Seele, wie bist du schöner, tiefer nach Schneestürmen. / Auch du hast sie, gleich der Natur. / Und über beiden liegt noch ein trüber Hauch, eh das Gewölk / Sich verzog!*
2. *Sahst du nach dem Gewitterregen den Wald?!?! / Alles rastet, blinkt und ist schöner als zuvor, / Siehe, Fraue, auch du brauchst Gewitterregen!*
3. *Über die Grenzen des All blickest du sinnend hinaus; / Hattest nie Sorge um Hof und Haus! / Leben und Traum vom Leben – plötzlich ist alles aus. / Über die Grenzen des All blickst du noch sinnend hinaus!*
4. *Nichts ist gekommen, nichts wird kommen für meine Seele. / Ich habe gewartet, gewartet, oh gewartet! / Die Tage werden dahinschleichen, und umsonst wehen meine aschblonden / Seidenen Haare um mein bleiches Antlitz.*
5. *Hier ist Friede. Hier weine ich mich aus über alles! / Hier löst sich mein unfaßbares, unermeßliches Leid, das mir die / Seele verbrennt . . . / Siehe, hier sind keine Menschen, keine Ansiedlungen. Hier ist Friede! / Hier tropft Schnee leise in Wasserlachen . . .*

Fünf aus dem Augenblick entworfene, auf Ansichtskarten notierte Impressionen des Wiener Bohemien-Literaten Peter Altenberg (1859–1919) reihte Berg zu einem kleinen Zyklus, dessen Geschichte für immer verbunden bleiben wird mit dem lebhaften Skandal der Uraufführung 1913. (Es scheint übri-

gens nicht ausgeschlossen, daß die 2 damals aufgeführten Lieder lediglich auslösten, was sich bereits während der vorausgegangenen Programmnummern – u. a. Schönbergs *1. Kammersinfonie* op. 9 und Weberns *Sechs Stücke* op. 6 – an Protest im Publikum gestaut hatte.)
Textlich eine lose Folge von Aphorismen, gestaltete Berg die 5 gleichermaßen lyrischen wie dramatischen Gesänge mit den Mitteln von Schönbergs Technik der »entwickelnden Variation« zu einer vielfach verstrebten Einheit. Nur einige wenige Motive sorgen für thematischen Zusammenhalt, doch sind sie, lebenden Organismen gleich, in fortwährender Wandlung hinsichtlich Gestalt, Charakter und Gewicht begriffen. Die trotz aller Kürze großatmigen Verläufe der Gesänge präsentieren sich – über aphoristische Zuspitzung deutlich hinausweisend – in Gestalt figurativer Expansion (Vorspiel von *Lied 1*), aufgefächerter Klangfarben (*Lied 3*), variativer Reihung (*Lied 5* = Passacaglia) oder als locker erscheinende, doch keineswegs weniger durchgeformte Intermezzi (*Lieder 2* und *4*).

Drei Orchesterstücke op. 6

Arnold Schönberg zum 40. Geburtstag gewidmet. – Besetzung: sehr großes Orchester (4–5faches Holz, 6 Hörner, je 4 Trompeten und Posaunen, Kontrabaßtuba, Celesta, 2 Harfen, Schlagzeug und starke Streichergruppe). – Entstanden 1914, Überarbeitung 1929. Teilaufführung (Sätze 1/2): 1923 in Berlin (Dirigent: Anton Webern); zyklische UA: 1930 in Oldenburg (Dirigent: Johannes Schüler). – Aufführungsdauer: ca. 20 Minuten.

»Sobald ich aufs Land komme, möchte ich mit der Suite beginnen. Vielleicht gelingt mir doch einmal etwas Heiteres« (an Schönberg, 1913). Zur Orientierung an »stabilen« suitenartigen Satzcharakteren hatte Schönberg geraten, als er dem ehemaligen Schüler dringend die Fertigstellung eines Werkes von größerem Umfang empfahl.
Doch sollte sich die ursprüngliche Konzeption grundlegend ändern. Während der Periode freier Atonalität an die Konzeption offener »Sätze« und »Stücke« gewöhnt, entwarf Berg – in der Reihenfolge zunehmender Länge und Gewichtung – die Satzfolge *Präludium*, *Reigen* und *Marsch*, ohne die aphoristische Kürze Webernscher Instrumentalminiaturen anzustreben. Seine Stücke sind sinfonische Prozesse von außerordentlicher, oft beklemmender Intensität, in denen häufig die Impulsivität der Mahlerschen Klanggestik nachklingt.

Das *Präludium* formiert sich crescendierend aus geräuschhaften Anfängen, Stufe um Stufe, bis zu getürmter imitatorischer Ballung, um in den entgegengesetzten Vorgang der Auflösung umzuschlagen. In nahezu symmetrischer Anordnung gruppieren sich auch die mannigfachen Walzeraspekte des *Reigens* (Anlage: A – B – C – B′ – A′ – D). Berg selbst soll das *Marsch*-Finale (Einleitung – Hauptsatz – Reprise – Coda) als die komplizierteste aller je geschriebenen Partituren bezeichnet haben, wohl in Anspielung auf die Vielzahl einzelner Ausgangselemente, deren ständige Transformation sich formal in ruhelosen, oft hektisch oszillierenden Spannungskurven äußert.

Drei Bruchstücke aus der Oper »Wozzeck«

Besetzung: Sopranstimme und sehr großes Orchester (auch reduzierte Besetzung). – Entstanden 1917–21, 1923/24. UA: 1924 in Frankfurt a. M., Musikfest des Allgemeinen Deutschen Musikvereins (Leitung: Hermann Scherchen). – Aufführungsdauer: ca. 20 Minuten.

1921 lag die Partitur des *Wozzeck* nach jahrelanger, durch Krieg und andere Hindernisse immer wieder unterbrochener Arbeit aufführungsreif vor. Da sich die Möglichkeit zur Inszenierung auf der Bühne zunächst nicht ergab, folgte Berg einer Anregung Hermann Scherchens und stellte eine Auswahl von Fragmenten für die konzertante Aufführung zusammen. Doch hatte Erich Kleiber noch vor der sehr beifällig aufgenommenen Frankfurter Präsentation der *Bruchstücke* den *Wozzeck* für die Berliner Staatsoper akzeptiert. Von dort aus ging er seinen Weg als eines der eigenständigsten Bühnenwerke des 20. Jh.

Aus dem Zusammenhang der in 15 Szenen gegliederten 3aktigen Oper wählte Berg 3 Abschnitte aus, die – ohne selbst Brennpunkte der Handlung zu sein – deren Entwicklung in statuarischen Bildern spiegeln.

1. Bruchstück (= Überleitungsmusik zwischen Akt I, Szenen 2 und 3; ferner I/3, erste Halbszene): Marie blickt bewundernd dem Tambourmajor und seiner Militärkapelle nach (»Soldaten, Soldaten sind schöne Burschen!«); ihr Kind wiegt sie mit einem Lied in den Schlaf (»Mädel, was fangst Du jetzt an?«).

2. Bruchstück (= III/1 vollständig, mit nachfolgendem Zwischenspiel): Marie, von tiefer Reue über ihre Untreue gegenüber Wozzeck gepackt, sucht Rat in der Bibel (Thema, 7 Variationen und Fuge).

3. Bruchstück (= III/4, zweite Halbszene, Verwandlungsmusik, III/5 vollständig): Wozzeck ertrinkt nach seinem Mord an Marie im Waldteich (»Invention über einen Sechsklang«); orchestraler Epilog (Berg: »eine thematische Durchführung aller wichtigen, in Beziehung zu Wozzeck getretenen musikalischen Gestalten«); Kinder berichten Maries Knaben, der noch nichts begreift, vom Tod seiner Mutter (»Invention über eine gleichmäßige Achtelbewegung«).

Kammerkonzert

Arnold Schönberg zum 50. Geburtstag gewidmet. – Besetzung: Solo-Klavier, Solo-Violine und 13 Bläser (2 Flöten/Piccolo, Oboe, Englischhorn, Klarinetten in Es und A, Baßklarinette in B, Fagott, Kontrafagott, Trompete, 2 Hörner und Posaune). – Entstanden 1924/25. UA: 1927 in Berlin (Solisten: Eduard Steuermann und Rudolf Kolisch, Leitung: Hermann Scherchen). – Aufführungsdauer: ca. 39 Minuten.

Entworfen und ausgeführt wurde dieses Doppelkonzert im Zeitraum zwischen Fertigstellung und Uraufführung des *Wozzeck*. Auf Schönberg verweist die Partitur durch die Widmung und dadurch, daß sie das kammersolistische Ideal der *1. Kammersinfonie* op. 9 in den Bereich des Konzertanten überträgt. Darüber hinaus läßt das einleitende *Motto* die zu prägnanten Themen gewordenen Namen der drei Freunde Schönberg, Berg und Webern in harmonischer Verbundenheit erklingen:

Mit ihm wird eine Fülle kombinatorischer Beziehungen eröffnet, die sich alle aus der fortwährend präsenten »Dreizahl der Ereignisse« (Berg) herleiten lassen: Die Zahl drei und ihre Vielfachen finden sich wieder in Satzzahl, Groß- und Detailgliederung, Taktausdehnungen, Instrumentengattungen, rhythmischen Gestalten und in den harmonischen Prinzipien freier Atonalität mit ihren Anklängen an Tonalität und Zwölftonchromatik.

1. Satz: Thema scherzoso con Variazioni (Klavier, Bläser). Das 30taktige Thema und Var. 1 verkörpern die Grundgestalten des Themas (auch: Exposition); Var. 2–4 bedeuten in weitem Sinne dessen Krebs, Umkehrung und Krebsumkehrung (auch: Durchführung); Var. 5 kehrt zur Grundgestalt zurück (auch: Reprise).

2. Satz: Adagio (Violine, Bläser). Der 3teilig angelegte Vordersatz wird in gleicher Ausdehnung fortgesetzt durch seine rückläufige Version.

3. Satz: Rondo ritmico con Introduzione. Nach der *Kadenz* (Klavier, Violine) als erster Begegnung beider Solisten kombiniert das *Rondo ritmico* (Klavier, Violine, Bläser) mit Coda und Stretta die Sätze 1 und 2 im Übereinander oder Nacheinander. Wichtigster Regulierungsfaktor dieses überaus kunstvollen Gefüges: die freie Umrhythmisierung beider »Texte«.

»[. . .] ein ›Konzert‹ ist gerade die Kunstform, in der nicht nur die Solisten (inklusive des Dirigenten!) ihre Virtuosität und Brillanz zu zeigen Gelegenheit haben, sondern auch einmal der Autor« (Berg in: *Offener Brief*, 1925).

Konzertarie »Der Wein«

Besetzung: Sopran-(oder Tenor-)stimme und mittelgroßes Orchester (u. a. mit Altsaxophon, Harfe, Klavier und Schlagzeug). – Entstanden 1929. UA: 1930 in Königsberg, Musikfest des Allgemeinen Deutschen Musikvereins (Solistin: Růžena Herlinger, Dirigent: Hermann Scherchen). – Aufführungsdauer: 12–13 Minuten.

Berg hatte den Auftrag der Sängerin Růžena Herlinger (»[. . .] eine große Arie oder Kantate im modernen Stil, wie Mozart so viele hatte«) akzeptiert, als die Konzeption der Wedekind-Oper *Lulu* bereits Gestalt anzunehmen begann. So ist es denn nicht weiter erstaunlich, daß die Arie im Detail wie im Idiom insgesamt zahlreiche Anklänge an die Oper aufweist: Die Koloraturenfülle der Lulu-Partie deutet sich an, tonale Merkmale durchsetzen hier wie dort das reihengebundene Satzbild, Tango-Stilisierungen bereiten die Ragtime-Passagen der Oper vor.

Aus der 5teiligen, vor 1844 entstandenen Gedichtgruppe »Le

Vin«, Bestandteil der berühmten *Fleurs du Mal* des französischen Lyrikers Charles Baudelaire, wählte Berg 3 Gedichte in der freien Nachdichtung des auch von Schönberg und Webern hochgeschätzten Stefan George aus: *Die Seele des Weines*, *Der Wein der Liebenden* und *Der Wein des Einsamen*.
Wie so oft bei Berg herrscht auch in dieser Partitur die Tendenz zu Symmetriebildungen vor. Langsame Außenteile mit Tango-Einschüben umrahmen den »leicht bewegten« Mittelabschnitt, dessen zentraler Wendepunkt bei der Textstelle »in meiner träume land« zwar vokal erreicht, jedoch in instrumentaler Rückläufigkeit wieder verlassen wird.
Schönberg hat seine Bewunderung für das Werk 1932 in einem Brief an Berg zum Ausdruck gebracht: »Ich finde diese Partitur wirklich von so außerordentlicher Klarheit in der Anlage und in der klanglichen Disposition, daß ich das als einen durchaus ungewöhnlichen Eindruck hervorheben möchte. Ich kenne wirklich wenig moderne Partituren (meine eigenen eingeschlossen), von denen ich das Gleiche sagen könnte.«

Sinfonische Stücke aus der Oper »Lulu« (»Lulu-Suite«)

Arnold Schönberg zum 60. Geburtstag gewidmet. – Besetzung: großes Orchester, u. a. mit Altsaxophon, Vibraphon, Klavier und Harfe (hoher Koloratursopran in den Sätzen 3 und 5). – Entstanden 1928–34. UA: 1934 in Berlin (Staatskapelle, Dirigent: Erich Kleiber). – Aufführungsdauer: ca. 35 Minuten.

Obgleich er mit dem Titel eher eine unverbundene Reihe von Bruchstücken anzukündigen schien, ging es Berg in Wirklichkeit darum, die Auswahl im Hinblick auf die Hauptfigur seiner Oper zu treffen und damit viele Facetten der rätselhaften und verführerischen Gestalt Lulus darzustellen, dem Mittelpunkt eines Reigens von magisch zu ihr hingezogenen Trabantengestalten. Da die 3 Akte der *Lulu*-Partitur zu großen Teilen in strenge, oft personengebundene Formmodelle gefaßt sind, ergab sich für Berg daraus die Aufgabe, inhaltlich repräsentative und möglichst geschlossene Modelle aus dem Zusammenhang herauszulösen und sinnvoll zu gruppieren. Die Sätze 4 und 5 (mit Ausnahme des *Grave*-Mittelteils), die Berg für die *Suite* vorausinstrumentierte, sind übrigens die einzigen völlig fertiggestellten Teile des 3. Aktes, dessen Ausarbeitung dem Komponisten versagt blieb. Die meisten Bühnenfassungen enden deshalb mit diesen beiden Abschnitten.
1. *Rondo: Andante und Hymne.* Zusammenschluß der beiden

ursprünglich auf die Szenen 1 und 2 von Akt II verteilten, rondoartig durchgeführten Duettpartien, in denen sich Alwas, des Stiefsohnes, Umklammerung durch Lulu vollzieht.
2. *Ostinato: Allegro.* Zwischenspiel zwischen II/1 und II/2, zugleich Mitte der ganzen Oper; symmetrisch gestaltete, ostinat bewegte Begleitmusik zu einem Film, der nach Bergs Vorstellung in geraffter Darstellung Lulus Gefangennahme und Wiederbefreiung zeigen und zwischen dem 4. und 5. Bild der Oper vorgeführt werden sollte.
3. *Lied der Lulu: Comodo.* (Anton Webern zum 50. Geburtstag gewidmet.) Mitten in der entscheidenden, als 5strophiges Furioso geformten Auseinandersetzung zwischen Lulu und Dr. Schön erstarrt im 2. Akt die Handlung für kurze Zeit. Gleichsam als Porträt in exterritorialer Sphäre ist die Koloraturarie Lulus eingeschoben (»Wenn sich die Menschen um meinetwillen umgebracht haben, so setzt das meinen Wert nicht herab [. . .]«).
4. *Variationen: Moderato – Grandioso – Grazioso – Funèbre – Affettuoso – Moderato.* Zwischenspiel zwischen III/1 und III/2, in dem Wedekinds Lautenliedmelodie »Konfession« in diversen Charakteren abgewandelt wird.
5. *Adagio.* Szene der Gräfin Geschwitz (*Sostenuto*); reminiszenzartige Beschwörung des emotionalen Höhepunktes der Oper, jener auf Lulu und Dr. Schön bezogenen »Liebesmusik« (*Grave*, erstmals als Verwandlungsmusik zwischen I/2 und I/3); Todesschrei Lulus und Klage-Epilog der Gräfin:

Violinkonzert

»Dem Andenken eines Engels.« – Besetzung: mittelgroßes Orchester, u. a. mit Altsaxophon, Harfe und Schlagzeug. – Entstanden 1935. UA: 1936 in Barcelona, Weltmusikfest der Internationalen Gesellschaft für Neue Musik (Solist: Louis Krasner, der Auftraggeber des Werkes, Dirigent: Hermann Scherchen). – Aufführungsdauer: ca. 25 Minuten.

1a. 3teiliges *Andante* mit Introduktion – 1b. *Allegretto:* Ländlerartiges Scherzando / Quasi Trio I / Trio II / Trio I, verkürzt / Scherzando-Reprise mit Kärntner Volksweise und Stretta (g-Moll-Schluß) – 2a. *Allegro:* Kontrastpaar Rubato u. molto ritmico (mit thematischem Rhythmus!) / Solokadenz / Rubato u. molto ritmico – 2b. *Adagio:* 3teilige Choralbearbeitung (= Choral mit 2 Variationen) / Reminiszenz an die Volksweise / Coda (B-Dur-Schluß).

Die Wirkung des »Eingängigen«, das nach Boulez' Urteil Berg zu einem falsch verstandenen »Bürgen in den Händen der anständigen Leute« machen konnte, ging in hohem Maße vom *Violinkonzert* aus. Von Anbeginn an war es von einer anekdotischen, romantisierenden Aura umgeben, die dem Werk – ungeachtet aller überreichlich aufzeigbaren kompositorischen Qualitäten – ein gesteigertes Interesse sicherte: dem Andenken an die 18jährig an Kinderlähmung verstorbene Manon, Tochter von Alma Maria Mahler und Walter Gropius, gewidmet, zugleich letztes Werk des Komponisten, reich an tonalen Elementen und Zitaten, u. a. Bachs Sterbechoral »Es ist genug« aus der Kantate *O Ewigkeit, du Donnerwort* (BWV 60, 1723).

Gewiß hat Berg sich der Einbeziehung herkömmlicher Sinnträger wie Fremdzitat, Symbolfigur, Tonarten- oder Ausdruckscharakter nicht verschlossen. Doch verstand er es, sie durch autonome Strukturen auf eine Weise zu stabilisieren und zu integrieren, die seinen Werken völlige Unabhängigkeit von allem äußerlich Aufgesetzten, Nur-Anekdotischen sicherte.

Beispielsweise lassen sich die abgestuften Grade von Tonalität in beiden Sätzen dieses Konzerts auf den Terzaufbau der zugrunde liegenden Zwölftonreihe zurückführen. Auch die tonalen Zitate – die Kärntner Volksweise im 1., der Bach-Choral im 2. Satz – sind dem zwölftönigen Geschehen durch strukturelle Brücken verpflichtet. Aus demselben Material aber leitet sich die Dissonanzentürmung der Kadenzeröffnung von Satz 2 ab, deren Verwandtschaft zum »Todesschrei« der Lulu unüberhörbar bleibt. Auch entgegengesetzte Ausdrucksbereiche wie tonaler Dreiklang und chromatischer Zwölftonakkord erscheinen vermittelt, da sie gemäß Bergs »Strukturprinzip des kleinsten Übergangs« durch Einschub zahlreicher, oft wie beiläufig erklingender Zwischenstufen vor dem Hörer ihre Verwandtschaft nachweisen.

Heitor Villa-Lobos

* 5. März 1887 in Rio de Janeiro (Brasilien)
† 17. November 1959 in Rio de Janeiro

Ausbildung zum Cellisten, Eigenstudium des klassisch-romantischen Repertoires europäischer Provenienz, Erkundung der Merkmale und Wurzeln brasilianischer Volksmusik. Ausgedehnte Aufenthalte in Paris, wo die Vitalität und Farbigkeit seiner Werke Aufmerksamkeit erregte (1923/24 bzw. 1927–30). 1932 mit der Reorganisation des musikalischen Bildungswesens seiner Heimatstadt betraut. 1942 bzw. 1945 Gründung nationaler Institutionen für die Ausbildung von Berufsmusikern.

Der selbstbewußte Villa-Lobos prägte wie kein zweiter die brasilianische Musik des 20. Jh. Seine kompositorischen Zielsetzungen, aber auch seine starken Impulse für Musikleben und Musikerziehung ließen ihn geradezu zu einer Vaterfigur werden, mit der sich alle Jüngeren zu messen hatten. Weltberühmtheit erlangten vor allem 2 Werkreihen: die *Chôros* der 20er sowie die *Bachianas Brasileiras* der 30er und 40er Jahre. Beide großangelegten Zyklen erproben Brückenschläge zwischen den reichen folkloristischen Traditionen Südamerikas und den Stilmitteln der europäischen Kunstmusik. Villa-Lobos träumte von einer kraftvollen Synthese beider Kultursphären, die in seiner Heimat neue Wege eröffnen und ein erneuertes kulturelles Selbstbewußtsein begründen sollten. Stets wird seine Musik von starken Emotionen getragen. Tänzerische Rhythmen und reich ornamentierte Melodiebildungen herrschen in dem riesigen Œuvre vor, das nahezu alle Musikgattungen berührt.

Werke (kleine Auswahl): *Chôros: Nr. 1* für Gitarre (1924); *Nr. 2* für Flöte und Klarinette (1924); *Nr. 3 Picapau* für Männerchor und 7 Bläser (1925); *Nr. 4* für 3 Hörner und Posaune (1926); *Nr. 5 Alma brasileira* für Klavier (1925); *Nr. 6* für großes Orchester (1926); *Nr. 7* für 5 Holzbläser, Violine, Cello und Tamtam (1924); *Nr. 8* für Orchester und 2 Klaviere (1925); *Nr. 9* für Orchester (1929); *Nr. 10* für Orchester und gemischten Chor (1926); *Nr. 11* für Klavier und Orchester (1928); *Nr. 12* für Orchester (1929).
Bachianas brasileiras: Nr. 1 für 8 Violoncelli (1930–38); *Nr. 2* für Kammerorchester (1930); *Nr. 3* für Klavier und Orchester (1938); *Nr. 4* für Orchester (1930–40); *Nr. 5* für Sopran und 8 Violoncelli

(1938); *Nr. 6* für Flöte und Fagott (1938); *Nr. 7* und *Nr. 8* für Orchester (1942, 1944); *Nr. 9* für »Vokalorchester« bzw. Streichorchester (1945).
Weitere Werke für und mit Orchester: *Sinfonien Nr. 1–12* (1916–1957), 5 *Klavierkonzerte* (1945–54), 2 *Cellokonzerte* (1915, 1953), *Konzerte für Gitarre* (1951) und *Harfe* (1953); *Fantasia concertante* (1958); Sinfonische Dichtungen *Madona* (1945), *Erosão* (1950), *Gênesis* (1954).

Jacques Ibert

* 15. August 1890 in Paris
† 5. Februar 1962 in Paris

Theorie- und Kompositionsstudium am Pariser Conservatoire in den Jahren 1910–14, u. a. zusammen mit den Freunden Arthur Honegger und Darius Milhaud. Während des Studiums Klavierimprovisator in Stummfilmkinos. 1919 Träger des begehrten Rom-Preises, der ihm 1920–23 einen Studienaufenthalt in der Villa Medici in Rom einbrachte; das dort entstandene Orchesterwerk »Escales« machte den Namen des Komponisten weithin bekannt. Lebte als freischaffender Komponist meist in Paris und Versailles, ab 1937 – nach der Berufung in das Direktorium der Académie de France mit Sitz in der Villa Medici – auch wieder in Rom. 1955 Ernennung zum Verwaltungsdirektor beider Pariser Opernhäuser.

Die erstaunliche Tatsache, daß Ibert auf Anhieb Gewinner des nach überaus akademischen Maßstäben verliehenen Rom-Preises werden konnte – zwei Jahrzehnte zuvor war er Ravel trotz mehrfacher Bewerbung versagt geblieben! –, läßt den Schluß zu, daß die Juroren in seiner Musik die klassizistischen Traditionen der Jahrhundertwende in hohem Maße gewahrt fanden. Zwar hat Ibert später seinen kompositorischen Stil durch die vielfältigen Impulse der 20er Jahre (u. a. Jazz- und Tanzrhythmik, Polytonalität, Ästhetik von Film und Musical) aufgelockert und bereichert, doch gingen wesentliche Strömungen der Erneuerung, etwa der harmonische Umbruch zur Atonalität, an seinem Werk spurlos vorüber. Ibert neigte zum geschmeidigen, pointenreichen Ton des Divertissements, er liebte die elegante Virtuosität, seine formalen

Dispositionen zeichnen sich durch Übersichtlichkeit und elastische Straffheit aus.

Werke für Orchester: *Escales*, 3 Orchesterstücke (1920–22); *Les Rencontres*, Ballettsuite für Klavier (1921–24) bzw. Orchester (1924/25); *Konzert für Cello und Bläser* (1925); *Valse* für Orchester, Beitrag zum Ballett *L'Eventail de Jeanne* (zusammen u. a. mit Auric, Milhaud, Poulenc, Ravel und Schmitt; 1927); *Divertissement* für Kammerorchester (1930); *Symphonie marine* für Orchester (1931); *Diane de Poitiers* (E. de Gramont), Ballett in 3 Bildern (1933/34), daraus: *Orchestersuiten I/II*; *Flötenkonzert* (1934); *Concertino da camera* für Altsaxophon und 11 Instrumente (1935); *Ouverture de fête* für Orchester (1940); *Suite élisabéthaine* für Sopran, Frauenchor und Orchester (1944); *Symphonie concertante* für Oboe und Streichorchester (1948/49); *A toutes les gloires de la France* (A. Maurois / J. Cocteau), Musik für die »Son et Lumière«-Vorführungen im Schloß von Versailles (1953); *Louisville-Concert* für Orchester (1953); *Bostoniana* für Orchester (= 1. Satz der unvollendeten 2. *Sinfonie*, 1955); *Hommage à Mozart*, Rondo für Orchester (1955). – Zahlreiche Schauspiel- und Filmmusiken.

Frank Martin

* 15. September 1890 in Eaux Vives (= Genf, Schweiz)
† 21. November 1974 in Naarden (Niederlande)

Nach naturwissenschaftlichen Studien (1908–10) kompositorische Ausbildung in Genf durch Joseph Lauber (ab 1910). 1918–26 anregungsreiche Aufenthalte in Zürich, Rom und Paris. 1928–40 Lehrtätigkeit in Genf: 1928–38 am Institut E. Jaques-Dalcroze (Theorie der Rhythmik, Improvisation), 1933–40 am Technicum moderne (Musiktheorie), daneben auch am Genfer Konservatorium (Kammermusik). Entscheidender kompositorischer Durchbruch in den Jahren 1942 bzw. 1946 mit dem Kammeroratorium »Le Vin herbé« und der »Petite Symphonie concertante«. Ab 1946 dauernder Wohnsitz in den Niederlanden (Amsterdam, Naarden); von hier aus in den Jahren 1950–57 Betreuung einer Kompositionsklasse an der Kölner Musikhochschule.

Zwei schöpferische Erfahrungen sind es vor allem gewesen, die dem aus alten Genfer Calvinistenfamilien stammenden Komponisten halfen, über Einflüsse der französischen Musik um die Jahrhundertwende hinaus zu einer persönlichen Sprache vorzudringen: Mitte der 20er Jahre erwachte Martins Interesse für *rhythmische* Systeme nationaler Musikkulturen, deren Unverbrauchtheit und Reichtum ihn fesselte und zu kompositorischen Auseinandersetzungen anregte (z. B. in *Rythmes*, 1926). Auch die Zusammenarbeit mit Jaques-Dalcroze auf dem Gebiet rhythmischer Bewegungserziehung ist in diesem Zusammenhang zu sehen. Zum andern gelang es Martin etwa zur gleichen Zeit, Schönbergsche Impulse der Zwölftontechnik in eine *harmonische* Idiomatik umzumünzen, in welcher reine Dur- und Moll-Dreiklänge als legitime Bestandteile von Zwölftonfeldern vorherrschen und Verbindungen eingehen, die an Verwandtschaftsgrade der funktionalen Harmonielehre anklingen.

Werke: *Messe* für doppelten gemischten Chor a capella (1923); *Rythmes* für Orchester (1926); *(1.) Klavierkonzert* (1934); *Symphonie* (1937); *Sonata da chiesa* für Viola d'amore oder Flöte und Orgel bzw. Streichorchester (1938); *Balladen* für Altsaxophon (1938), Klavier (1939), Flöte (1939), Posaune bzw. Tenorsaxophon (1940), Violoncello (1949) und Orchester; *Le Vin herbé* (»Der Zaubertrank«), Kammeroratorium für 12 gemischte Stimmen, 7 Streicher und Klavier nach J. Bédiers *Tristan* (1938–41); *Der Cornet* (R. M. Rilke) für Alt bzw. Bariton und kleines Orchester (1943); *Sechs Monologe aus »Jedermann«* (H. v. Hofmannsthal) für Bariton bzw. Alt und großes Orchester (1943); *In terra pax* (F. Martin / R. Segantini), Oratorio breve für 5 Soli, 2 gemischte Chöre, Kinderchor und großes Orchester (1944); *Passacaglia* für Orgel (1944), davon Orchesterfassung (1952); *Petite Symphonie concertante* für Harfe, Cembalo, Klavier und 2 Streichorchester bzw. großes Orchester (= *Symphonie concertante*, 1945); *Golgotha*, Oratorium nach Texten der Bibel und des Augustinus für 5 Soli, gemischten Chor und Orchester (1945–48); *Konzert* für 7 Bläser, Pauken, Schlagzeug und Streichorchester (1949); *Violinkonzert* (1951); *Cembalokonzert* (1952/53); *Der Sturm*, Oper nach Shakespeare (1952–55); *Etüden* für Streichorchester (1956); *Ouverture en hommage à Mozart* für kleines Orchester (1956); *Le Mystère de la Nativité* (A. Gréban), Oratorium für 9 Soli, 2 gemischte Chöre, kleinen Kinderchor und Orchester (1957–59); *Monsieur de Pourceaugnac*, Musikalische Komödie nach Molière (1962); *Pilatus* (A. Gréban), Oratorio breve für 4 Soli, gemischten Chor und Orchester (1964); *Les quatre éléments* für Orchester (1964); *Cellokonzert* (1965/66); *Maria-Triptychon* (*Ave Maria, Magnificat, Stabat Mater*) für Sopran, Solo-Violine und Orchester (1968/69); *2. Klavierkonzert* (1968/69); *Erasmi monumentum* für Orchester und Orgel (1969); *Trois danses* für Oboe, Harfe und Streichorchester (1970); *Requiem* für 4 Soli, gemischten Chor und Orchester (1971/72); *Ballade* für Viola, Bläser, Harfe und Cembalo (1972); *Polyptyque*, 6 Bilder aus der Passion Christi für Violine und 2 Streichorchester (1973); *Et la vie l'emporta* (M. Zundel, M. Luther, anonym), Kammerkantate für Vokal- und Instrumentalensemble (1974).

Bohuslav Martinů

* 8. Dezember 1890 in Polička (Böhmen)
† 28. August 1959 in Liestal bei Basel (Schweiz)

Violin- und Orgelstudium am Prager Konservatorium (1906–13), danach – mit Unterbrechungen während des 1. Weltkriegs – Orchestermusiker der Tschechischen Philharmonie (1913–23). Nach autodidaktischen Anfängen systematische kompositorische Studien bei Josef Suk in Prag (1922/23) und bei Albert Roussel in Paris (1923/1924). Nach ersten großen Erfolgen dauernder Aufenthalt in der französischen Hauptstadt. 1940/41 Emigration in die USA; zeitweilige Lehrtätigkeit, u. a. am Berkshire Music Center in Tanglewood. Nach Kriegsende zerschlägt sich eine Berufung nach Prag. 1953 Rückkehr nach Europa; wechselnde Wohnsitze in Südfrankreich, Italien und der Schweiz.

Nach entscheidenden Impulsen seines Komponierens befragt, verwies Martinů auf die tschechische Volksmusik, die frühenglische Madrigalkunst und das Œuvre Debussys. Zweifellos blieb auch das »russische« Frühwerk Strawinskys nicht ohne Einfluß auf die stilistische Orientierung des Komponisten, der sich ferner dem locker fortgesponnenen, farbenprächtigen Concerto grosso des Barock eher verpflichtet fühlte als dem dialektischen Geist der klassischen Sonate. An den Prinzipien der tonalen harmonischen Ordnung hielt Martinů auch in den frei verästelten Melodieschichtungen der Spätwerke unbeirrt fest. Dennoch geht der gelegentlich (u. a. von Ernest Ansermet) unternommene Versuch, das »publikumsnahe« Œuvre Martinůs gegen die weniger spontan zu erfassende Stilistik etwa der Wiener Schule (Schönberg, Berg, Webern) und ihrer Nachfolge auszuspielen, von falschen historischen Voraussetzungen aus. Lebenslang widmete sich Martinů auch mit Hingabe der Oper für Bühne (z. B. *Julietta*, *Ariadne*, *Griechische Passion*), Funk (*Komödie auf der Brücke*) und Fernsehen (*Die Heirat*).

Werke: *Half-Time* (»Halbzeit«), Rondo für Orchester (1924); *Concertino* für Cello, Bläser, Klavier und Schlagzeug (1924); *1. Klavierkonzert* (1925); *La Bagarre* (»Der Tumult«), Sinfonisches Allegro für Orchester (1926); *Le Jazz*, Satz für kleines Orchester mit Singstimmen (1928); *Jazz-Suite* für kleines Orchester (1928); *1. Konzert für Cello* und Kammerorchester (1930) bzw. mit großem Orchester (1939, 1955); *Serenade* für Kammerorchester (1930); *Streichquartett* mit Orchester (1931); *Sinfonia concertante* für 2 Orchester (1932); *Concertino* für Klaviertrio und Streichorchester (1933); *1. Violinkonzert* (1932/33); *2. Klavierkonzert* (1934); *Konzert für Flöte, Violine* und Orchester (1936); *Concerto grosso* für Kammerorchester (1937); *Concertino* für Klavier und Orchester (1938); *Doppelkonzert* für 2 Streichorchester, Klavier und Pauken (1938); *Suite concertante* für Violine und Orchester (1938–1945); *Sinfonietta giocosa* für Klavier und kleines Orchester (1940); *Sonata da camera* für Cello und Kammerorchester (1940); *Concerto da camera* für Violine, Streichorchester, Klavier und Schlagzeug (1941); *Sinfonien Nr. 1* (1942), *Nr. 2* (1943), *Nr. 3* (1944), *Nr. 4* (1945), *Nr. 5* (1946); *Konzert für 2 Klaviere* und Orchester (1943); *2. Violinkonzert* (1943); *2. Cellokonzert* (1944/45); *Toccata e due Canzone* für Kammerorchester (1946); *3. Klavierkonzert* (1947/48); *Sinfonia concertante* für Violine, Cello, Oboe, Fagott und Kammerorchester (1949); *Konzert für 2 Violinen* und Orchester (1950); *Rhapsodie-Konzert* für Bratsche und Orchester (1952); *Sinfonie Nr. 6* (*Sinfonische Fantasien*, 1951–53); *Konzert für Violine, Klavier* und Orchester (1952/53); *Das Gilgamesch-Epos*, Oratorium für 4 Soli, gemischten Chor und Orchester (1954/1955); *Die Fresken des Piero della Francesca* für Orchester (1955); *Oboenkonzert* (1955); *4. Klavierkonzert* (*»Incantation«*, 1955/56); *5. Klavierkonzert* (*Fantasia concertante in B*, 1957); *Die Parabeln* für Orchester (1957/58); *Skizzen* für Orchester (1958); *Die Weissagung des Jesaja*, Kantate für 3 Soli, Männerchor und Instrumente (1959).

Sergej Prokofjew

* 11. (23.) April 1891 auf Gut Sonzowka
(Gouv. Jekaterinoslaw [heute: Bez. Dnjepropetrowsk], Rußland)
† 5. März 1953 in Moskau

Zunächst Privatunterricht bei Reinhold Glière (1902/03), dann am St. Petersburger Konservatorium Studium der Fächer Dirigieren, Klavier (1904–14) und Komposition (bei Anatol Ljadow und Nikolaj Rimskij-Korsakow, 1904–09). Bereits in frühen Jahren heftige Opposition zur akademischen Ausbildung und zur konservativen Konzertpraxis. Anschluß an avantgardistische Kreise (»Abende zeitgenössischer Musik«, die u. a. auch Strawinsky besuchte).
Beginn einer außergewöhnlichen pianistischen Karriere, zugleich erste kompositorische Erfolge (1. Klavierkonzert, »Klassische Sinfonie«) und Skandale (2. Klavierkonzert, »Skythische Suite«). 1918–32 im Ausland, meist in Paris, 1922/23 in Ettal, Oberbayern; Aufführungen und Konzertreisen in den USA und der UdSSR. In Paris Wiederaufnahme früherer Beziehungen zu Igor Strawinsky, ferner zu Sergej Diaghilew und den »Ballets Russes«, für welche die Ballette »Le Chout«, »Le Pas d'acier« und »L'Enfant prodigue« konzipiert wurden. Bekanntschaft u. a. auch mit Maurice Ravel und Pablo Picasso.
Seit ca. 1934 dauernder Aufenthalt wieder in der Sowjetunion mit Wohnsitz in Moskau bzw. in der näheren Umgebung Moskaus. Engagierte Mitarbeit an Projekten offizieller Kulturpolitik (Film- und Schauspielmusiken, Lieder und Chorwerke), aber auch zeitweilige Konflikte mit der parteipolitisch sanktionierten Kunstästhetik (Verdikt des Zentralkomitees u. a. gegen Prokofjew, Schostakowitsch und Chatschaturjan und die von ihnen vertretene Opernkonzeption, 1948). Prokofjews konzertante und solistische Spätwerke sind z. T. für russische Künstler wie den Pianisten Swjatoslaw Richter, den Geiger David Oistrach und den Cellisten Mstislaw Rostropowitsch entstanden.

Werke für und mit Orchester: *Sinfonietta A-Dur* op. 5 für kleines Orchester (1909–14), Neufassung als op. 48 (1929); *1. Klavierkonzert Des-Dur* op. 10 (1911); *2. Klavierkonzert g-Moll* op. 16 (1913, 1923); *1. Violinkonzert D-Dur* op. 19 (1915–17); *Ala und Lolly, Skythische Suite* für großes Orchester op. 20 (1914/15); *Klassische Sinfonie D-Dur* op. 25 (1916/17); *3. Klavierkonzert C-Dur* op. 26 (1917–21); *Ouvertüre über hebräische Themen*, Fassung für

6 Instrumente als op. 34 (1919), Fassung für großes Orchester als op. 34b (1934); *2. Sinfonie d-Moll* op. 40 (1924), Neufassung als op. 136 (1953); *Ouvertüre B-Dur*, Fassung für 17 Instrumente als op. 42 (1926), Fassung für großes Orchester als op. 42b (1928); *Divertimento* op. 43 (1925–29); *3. Sinfonie c-Moll* op. 44 (1928); *4. Sinfonie C-Dur* op. 47 (1930), Neufassung als op. 112 (1947); *4. Klavierkonzert B-Dur* (für Klavier, linke Hand) op. 53 (1931); *5. Klavierkonzert G-Dur* op. 55 (1932); *1. Violoncellokonzert e-Moll* op. 58 (1933–38); *Leutnant Kishe*, Sinfonische Suite aus der Filmmusik op. 60 (1933/34); *2. Violinkonzert g-Moll* op. 63 (1935); *Romeo und Julia*, Ballett op. 64 (1935/36), hieraus 3 *Orchestersuiten* op. 64a, 64b, 101; *Peter und der Wolf*, Musikalische Erzählung für Kinder op. 67 (1936); *Kantate zum 20. Jahrestag der Oktoberrevolution* op. 74 (1936); *Alexander Newskij*, Kantate für Mezzosopran, Chor und Orchester op. 78 (1938/39); *Ballade vom unbekannten Knaben*, Kantate nach P. Antokolskij op. 93 (1942/43); *5. Sinfonie B-Dur* op. 100 (1944); *Ode auf das Ende des Krieges* für Orchester op. 105 (1945); *6. Sinfonie es-Moll* op. 111 (1945–47); *Sinfonisches Konzert* für Violoncello und Orchester e-Moll op. 125 (1950–52); *7. Sinfonie cis-Moll* op. 131 (1952); *Concertino* für Violoncello und Orchester g-Moll op. 132 (1952, unvollendet, beendet von M. Rostropowitsch / D. Kabalewskij).

In einer autobiographischen Skizze hat Prokofjew 1941 charakteristische Züge seines Komponierens zu nennen versucht. Von einer *klassischen* Komponente, d. h. vielmehr: neoklassizistischen Stilisierungstendenz, schreibt er dort und vom Bestreben, durch individuelle *harmonische* Verläufe zugleich das *melodische* Geschehen stark emotional wirken zu lassen. Keine überragende Bedeutung messe er dem *motorischen* Element bei, und das von Kritikern konstatierte Moment des *Grotesken* wolle er nicht als eigenwertige Stilkomponente hervorgehoben, höchstens abgemildert als Nuance von Scherz, Lachen und Spott betrachtet wissen. Seine Aufmerksamkeit gelte zunehmend der linearen Komponente, mit eigenen Worten: dem »*lyrischen* Strom«.

Nun besteht kein Zweifel daran, daß Prokofjews Werk vor allem durch die im autobiographischen Bericht sichtlich heruntergespielten Stilmerkmale geprägt ist, also eben durch hämmernde Motorik und groteske Themencharakteristik, aber auch durch die reizvolle Sprunghaftigkeit seiner Harmonik und den jugendlich-revolutionären Gestus »barbarischer«

Kraftentfaltung. Sie äußern sich besonders deutlich in frühen Werken wie dem formal konzentrierten *1. Klavierkonzert* (1911), der exorbitant schwierigen *Klavier-Toccata* (1912) oder in den beharrlich wiederkehrenden, mitreißenden Marschformen, deren berühmteste Beispiele wohl in der Oper *Die Liebe zu den drei Orangen* (1919) zu finden sind.
Alle diese Merkmale verlieren an Pointiertheit in der ungeheuren Fülle von Musik, die Prokofjew seit Beginn der 30er Jahre, also nach seiner vieldiskutierten Rückkehr in die Sowjetunion, schrieb. Im Konzept einer Musik für breiteste Hörerschichten blieb für ausgeprägte Individualismen, für ausgeklügelte Raffinessen oder suchendes Experimentieren offenbar wenig Spielraum.
Man sollte daraus keine vereinfachende Schwarzweißwertung ableiten. Es ist durchaus denkbar, daß die bereits früher hörbare Neigung Prokofjews zum Klassizismus als einer in Europa weitverbreiteten Gegenströmung gegen »Expressionismus« und »Impressionismus« zu Beginn der 30er Jahre bestimmend zutage trat und sich mit den ästhetischen Doktrinen des Sowjetstaates relativ leicht zur Deckung bringen ließ. Doch scheint eine objektive Beurteilung dieser auffallenden Stilwende wie in den ähnlich gelagerten Fällen von Schostakowitsch und anderen sowjetischen Komponisten noch immer schwierig.

1. Klavierkonzert Des-Dur op. 10

Besetzung: mittelgroßes »klassisches« Orchester. – Entstanden 1911. UA: 1912 in Moskau im Rahmen der sommerlichen Parkkonzerte (Solist: Sergej Prokofjew, Leitung: Konstantin S. Saradschew). – Aufführungsdauer: ca. 14 Minuten.

Beim Wettbewerb um den Rubinstein-Klavierpreis 1914 rief Prokofjew als Komponist dieses Werkes das Entsetzen einiger Jurymitglieder hervor, doch seine unumstrittene pianistische Leistung fand ihre Anerkennung in der Verleihung des Preises.
Klein dimensioniert als Concertino geplant, weitete sich die Form während der Arbeit zum zwar 1sätzigen, doch mehrere kontrastierende Satzcharaktere einschließenden Konzert des Lisztschen Typus aus. Eine unwiderstehliche Introduktion, deren melodischer Kerngedanke sich in einem 24taktigen Spannungsbogen ausbreitet:

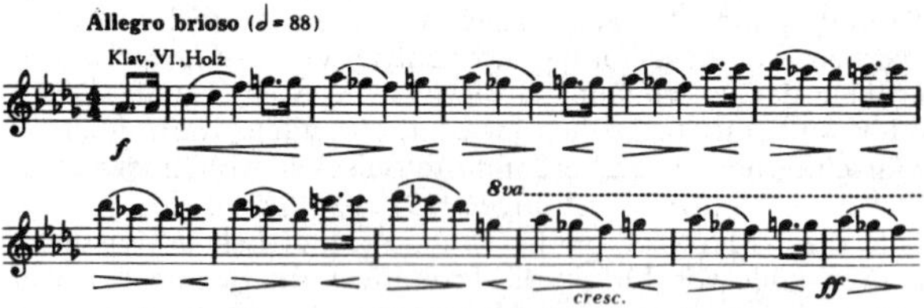

bildet mit seinen beiden Wiederholungen in der Mitte und am Schluß des Werkes pfeilerartige Schwerpunkte, so daß folgende formale Entwicklung entsteht: Introduktion (*Allegro brioso*, Des-Dur); Exposition mit Hauptsatz (*Tempo primo*, Des-Dur), Seitenabschnitt (*Meno mosso*, e-Moll) und Schlußsatz (*Più mosso*, e-Moll); Wiederaufnahme der Introduktion (Des-Dur); langsamer Satz (*Andantino assai*, gis-Moll), kurze Scherzo-Episode (*Allegro scherzando*, modulierend), verkürzte und variierte Reprise der Exposition mit einer zentralen Kadenz (Des-Dur, e-Moll); dritte und abschließende Rekapitulation des Introduktions-Abschnittes.

Ala und Lolly. Skythische Suite op. 20

Besetzung: sehr großes Orchester (4faches Holz, 4–5 Trompeten, 8 Hörner, 4 Posaunen, Tuba, Schlagzeug, Klavier, 2 Harfen und Streicher). – Entstanden 1914/15. UA: 1916 in Petrograd (St. Petersburg) im Rahmen der Siloti-Konzerte. – Aufführungsdauer: ca. 20 Minuten.

Von Sergej Diaghilew mit einem Ballett nach frühgeschichtlichen Sujets beauftragt, scheint sich Prokofjew während der Arbeit fortwährend mit dem übermächtigen Vorbild von Strawinskys, ebenfalls für Diaghilews »Ballets Russes« geschriebener *Sacre*-Musik (1911/12) auseinandergesetzt zu haben: »Es drängte mich, etwas Größeres zu schaffen. Strawinskys *Sacre du printemps* hatte ich schon im Konzert gehört, aber nicht verstanden. Es war leicht möglich, daß ich Ähnliches auf meine Art suchte.« Strawinsky selbst bestätigt: »Während dieses Mailänder Aufenthaltes [um 1915] bildete der *Sacre du printemps* fast seinen einzigen Gesprächsstoff. Er bewunderte *Le Sacre* und konnte sich jahrelang nicht von seinem Bann befreien.«
Das choreographisch möglicherweise ungeschickt eingerichtete Ballett vom Sieg des skythischen Helden Lolly über das

Ungeheuer Tschushbog und seine Geisterschar ist dann von Diaghilew als zu wenig »russisch« abgelehnt worden.
Jedenfalls bewirkte dieser Orientierungsprozeß ein bei Prokofjew vorher nicht bekanntes, vermutlich auch später nie mehr erreichtes Maß kompositorischer Freizügigkeit, ja Entfesselung. In freier Setzung der Klänge wird nicht selten die Grenze tonartlicher Bindung erreicht; summierte Kraftentfaltung erhält den Vorrang vor differenzierter Zeichnung; knappe Motive gewinnen durch unablässige, doch stets abgewandelte Wiederholung rituelle Besessenheit. Alle Merkmale jenes auch von Bartók und Milhaud aufgegriffenen »style barbare« kennzeichnen Prokofjews Partitur und treten dank einer außergewöhnlich reichen, dabei ökonomisch disponierenden Instrumentation geschärft in Erscheinung.
Dem ursprünglichen Handlungsverlauf folgen verkürzend die 4 Sätze der Orchestersuite: 1. Die Anrufung der skythischen Götter Weles und Ala – 2. Tschushbog, der Gott des Bösen; Tanz der Ungeheuer – 3. Die Nacht – 4. Lollys Kampf; Sonnenaufgang.

1. Violinkonzert D-Dur op. 19

Besetzung: mittelgroßes Orchester (ohne Posaunen, jedoch mit Tuba; Harfe, Schlagzeug). – Entstanden 1915–17. UA: 1923 in Paris (Solist: Marcel Darrieux, Dirigent: Sergej Kussewitzky). – Aufführungsdauer: ca. 23 Minuten.

Das Fehlen von Posaunen und das Hinzuziehen der in Prokofjews Orchester keineswegs selbstverständlichen Harfe kennzeichnen den auffallend hellen Klangcharakter dieses Konzerts. Bezeichnenderweise schließt das Finale mit demselben aufgelichteten Abschnitt, der schon im 1. Satz Reprisenfunktion hatte: Das *sognando* (»träumerisch«) zu spielende Kantilenenthema des Beginns

erscheint beide Male *dolcissimo* in hohe Register transponiert, im selben Diskantraum umgeben von einer dynamisch völlig zurückgenommenen Tremolo- und Trillerfläche mit dominierender Harfenfiguration.

Mit klanglichem Raffinement entwickelt sich auch die Durchführung von Satz 1. Eine Pizzicato-Lineatur der Solo-Violine gilt als Motto, demzufolge gezupfte oder *alla chitara* geschlagene, durch Staccato-Artikulation ergänzte Streicher- und Harfenklänge thematische Funktion erhalten. Die thematischen Charaktere der Sätze 2 (Scherzo, *Vivacissimo*) und 3 (*Moderato*), beide dem »grotesken« Marschtypus zugehörig, berücksichtigen ebenfalls in besonderer Weise die Durchhörbarkeit der Satzstrukturen und geben dem Solisten Raum zu optimaler Klangentfaltung.
Kritikern, die von einem Mangel an spezifisch geigerischer Schreibweise sprachen, erwiderte Prokofjew (der sich von dem polnischen Geiger Paul Kochański hatte beraten lassen) nicht ohne Sarkasmus: »Den Gentlemen, denen das Violinkonzert zu ›wenig konzertmäßig‹ ist, gebe ich zur Kenntnis, daß in Paris weniger das Konzert selbst als sein Solist gefiel [...].« Ungerührt wies er ferner darauf hin, daß auch Tschaikowskijs Violinkonzert, heute Inbegriff geigerischer Virtuosität, ehemals denselben Vorwürfen ausgesetzt war.

Klassische Sinfonie (= 1. Sinfonie) op. 25

Besetzung: mittelgroßes »klassisches« Orchester (2faches Holz, 2 Hörner, 2 Trompeten, Pauken und Streicher). – Entstanden 1916/17. UA: 1918 in Petrograd (St. Petersburg) (Leitung: der Komponist). – Aufführungsdauer: ca. 14 Minuten.

Dieses als Ergebnis eines bewußten Stilisierungsprozesses deklarierte Werk ist neben dem musikalischen Märchen *Peter und der Wolf* Prokofjews wohl erfolgreichste Komposition geworden. Dazu steht nur scheinbar im Widerspruch, daß Prokofjew sich über die Unmöglichkeit eines Komponierens »im Stile von ...«, hier im Stile Joseph Haydns, offenbar im klaren war. Er fand dafür eine gewagte gedankliche Konstruktion: »Ich war der Ansicht, daß Haydn, wenn er in unserer Zeit gelebt hätte, seinen eigenen Stil, vermehrt um einiges Neue, beibehalten haben würde.« Wer möchte aber Anstoß daran nehmen, daß eben jene Neuerungen des fiktiven Haydn sich als die wesentlichen Stilmerkmale des etwa 25jährigen Prokofjew entpuppen, der sich allerdings (wie in späteren Jahren ausschließlich) der Beschränkung einer möglichst einfachen und faßlichen Schreibweise unterwerfen wollte?
Als besonders faßlich erweist sich das Werk in der konzentrierten Knappheit seiner 4 Sätze (1. *Allegro* – 2. *Larghetto* –

3. Gavotta, *non troppo allegro* – 4. Finale, *molto vivace*), in der tänzerischen Elastizität der Themen und den in spielerischer Kombinatorik sich entfaltenden Durchführungspartien. An die Stelle des bei Haydn obligaten Menuettsatzes ist eine durch reizvolle harmonische Rückungen charakterisierte Gavotte mit einem kurzen Mittelteil *à la Musette* über Bordunquinten getreten.

3. Klavierkonzert C-Dur op. 26

Besetzung: mittelgroßes »klassisches« Orchester. – Entstanden 1917–1921. UA: 1921 in Chicago (Solist: Sergej Prokofjew, Dirigent: Frederick Stock). – Aufführungsdauer: ca. 24 Minuten.

Bei der Ausarbeitung dieses Konzerts – zweifellos eines seiner phantasievollsten und zugleich konzentriertesten Werke – schöpfte Prokofjew ausgiebig aus seinem stets verfügbaren reichhaltigen Fundus bereits früher notierter Themen und Entwürfe. So datiert das einprägsame Variationsthema des Mittelsatzes, das wie eine Gavotte in sehr gedehntem Zeitmaß anmutet, bereits aus dem Jahr 1913. Dem Entwurf eines »weißen«, d. h. vorzeichenlosen diatonischen Streichquartetts (1916/17) entstammen das (tatsächlich »weiße«) scherzoartige Hauptthema des Finales wie auch dessen durch überraschende harmonische Rückungen belebter Seitengedanke.

Satz 1: Andante-Einleitung mit nachfolgendem Sonaten-*Allegro*; zwischen Durchführung und Reprise entfaltet sich das zunächst episodisch gebliebene Einleitungsthema, eine formale Besonderheit. – *Satz 2: Andantino*-Thema mit 5 Variationen, davon allein 3 sehr virtuos gehaltene in raschem Zeitmaß (Var. 2, 3 und 5); abschließend epilogartige Themenwiederholung. – *Satz 3* ist scherzoartig 3teilig; selbst der kantable Mittelteil weist eine Dreigliederung auf.

Von Prokofjew sind Plattenaufnahmen des Konzerts aus den dreißiger Jahren erhalten. Sie bestätigen die enthusiastischen zeitgenössischen Berichte von seinem energiegeladenen Spiel und seiner stupenden Technik, welche die gehäuften Schwierigkeiten des minuziös gearbeiteten Klaviersatzes scheinbar spielend bewältigte. Im Urteil des New Yorker Musikkritikers Harold Schonberg war Prokofjew als »Pianist [. . .] der ›Neue Mann‹ des Jahrhunderts. Er hatte wenig mit der Vergangenheit gemein, und sein Spiel war vollkommen originell. Sein Einfluß auf die Klavier-Philosophie des

Jahrhunderts war enorm. Dies war die Art zu spielen, wie Bartók, Strawinsky und die anderen Modernen es forderten. Es war ein funktionelles Spiel, absolut frei von artistischem Beiwerk, nüchtern und kraftvoll, ohne Phrasen, ungeduldig über Taktstriche hinweggehend.«

Romeo und Julia. Ballett op. 64

1. Orchestersuite op. 64a

Entstanden 1935/36. – Aufführungsdauer: ca. 28 Minuten.
1. Volkstanz – 2. Szene – 3. Madrigal – 4. Menuett – 5. Masken – 6. Romeo und Julia – 7. Der Untergang Tybalts.

2. Orchestersuite op. 64b

Entstanden 1935/36. – Aufführungsdauer: ca. 30 Minuten.
1. Die Montagues und Capulets – 2. Julia als Mädchen – 3. Pater Lorenzo – 4. Tanz – 5. Romeo und Julia vor der Trennung – 6. Der Tanz der antillischen Mädchen – 7. Romeo am Grab Julias.

3. Orchestersuite op. 101

Entstanden 1935/36, 1946. – Aufführungsdauer: ca. 20 Minuten.
1. Romeo an der Fontäne – 2. Morgentanz – 3. Variationen Julias – 4. Die Amme – 5. Morgenserenade – 6. Julias Tod.

Aus fast allen seinen Opern und Balletten hat Prokofjew Orchestersuiten für konzertante Aufführungen zusammengestellt. Gelegentlich ging er, wie in der *3.* und der *4. Sinfonie*, sogar so weit, Themen früherer Bühnenwerke aus ihrem Zusammenhang herauszulösen und in veränderter Umgebung einer neuen Entwicklung zu unterwerfen.
Prokofjews abendfüllendes Ballett stieß zunächst auf die Ablehnung der Leningrader und Moskauer Choreographen. Erst nach der Uraufführung im tschechischen Brünn (1938) und nach dem Erscheinen der Orchestersuiten I/II in den Konzertprogrammen der Saison 1939/40 kam es zu erfolgreichen Inszenierungen in Leningrad (Kirow-Theater, 1940) und Moskau (Bolschoj-Theater, 1945).
In den Suiten wird nicht etwa der inhaltliche Fortgang der verzweigten Balletthandlung gewahrt, vielmehr versuchen sie, übergreifende Aspekte des dramatischen Geschehens zu erfassen. Genreartige geschlossene Formabschnitte überwiegen in der *1. Suite*, während die am bekanntesten gewordene *2. Suite* Porträts der Titelgestalten zu verschiedenen Zeitpunkten der Handlung aneinanderfügt. Die *3. Suite* schließlich wen-

det sich der Gestalt der Julia zu; ihre Schlußszene erfuhr im Verlauf der Suiteneinrichtung eine nicht unbedeutende Erweiterung, die Aufnahme in die definitive Ballettfassung gefunden hat.

Peter und der Wolf
Eine musikalische Erzählung für Kinder op. 67

Besetzung: Sprecher, kleines Orchester (Flöte, Oboe, Klarinette, Fagott, 3 Hörner, Trompete, Posaune, Schlagzeug und Streicher). – Entstanden 1936. UA: 1936 in Moskau, Philharmonie (Leitung: der Komponist). – Aufführungsdauer: ca. 35 Minuten.

Es ist im allgemeinen zu wenig bekannt, daß Prokofjews berühmte »musikalische Erzählung« in seinem Œuvre nicht isoliert steht, sondern im Zusammenhang mit 2 weiteren für Kinder entworfenen Kompositionen, den *Zwölf Klavierstücken für Kinder* op. 65 (1935; in der Orchesterfassung als *Sommertag* op. 65a, 1941) und den *Drei Kinderliedern* op. 68 (1936–1939). 1914 schon ging die nach Andersens Märchen gestaltete Vokalszene *Das häßliche Entlein* op. 18 voraus, die in Mussorgskijs Liederzyklus *Kinderstube* ihr unvergleichliches Vorbild hat.
Peter, sein Großvater und die Jäger treiben den auf Vogel, Katze und Ente gierigen Wolf in die Enge, fangen ihn ein und führen ihn im Triumphzug in den Zoo. Dieses Geschehen spiegelt sich auf der Ebene instrumentaler Charaktere, da jeder der handelnden Figuren leitmotivisch ein eigenes Thema und eine Instrumentalfarbe zugeordnet sind. Vor Beginn der Erzählung stellt sie der Sprecher einzeln vor.
Prokofjew verstand es mit viel pädagogischem Gespür, die von ihm selbst niedergeschriebene märchenhafte Begebenheit mit einer lebendigen Präsentation instrumentaler Klangfarben und Spieltechniken zu verbinden. Alle nur denkbaren Spielarten illustrativ-musikalischer Darstellung sind angeschlagen: Angstvolles Vogelgeflatter findet seinen Ausdruck in einer oszillierenden Flötenfiguration, das Schießen der Jäger in Pauken- und Trommeltiraden, Entengeschnatter in einer näselnden Oboenkantilene. Doch verbinden sich die zahlreichen musikalischen Einzelmomente mit der Erzählung und den Zwischenerklärungen des Sprechers zu einem dramaturgisch geschickt gesteuerten Ganzen, ohne der Gefahr billiger Kindertümelei zu erliegen.

Arthur Honegger

* 10. März 1892 in Le Havre (Frankreich)
† 27. November 1955 in Paris

Nach frühen Beweisen kompositorischer Begabung Musikstudium an den Konservatorien in Zürich (1909/10: Violine, Musiktheorie) und Paris (1911–13: Violine, Kontrapunkt, Dirigieren und – bei Charles-Marie Widor – Komposition). Zugehörigkeit zu verschiedenen Zirkeln und Gruppen des Pariser Musiklebens um und nach 1920, so zu Erik Saties »Nouveaux Jeunes«, zu der von Jean Cocteau angeführten Gruppe der »Six«, der ferner Darius Milhaud, Louis Durey, Georges Auric, Francis Poulenc und Germaine Tailleferre angehörten, und zu dem Kreis um Blaise Cendrars.
Nachhaltige Erfolge mit dem preisgekrönten Orchesterstück »Pastorale d'été«, mit dem für das Volkstheater von Mézieres (bei Lausanne) konzipierten Psalm »König David« und dem orchestralen Lokomotivenporträt »Pacific 231«. In der Folgezeit zahlreiche Konzertreisen als Dirigent und Pianist, z. T. zusammen mit seiner Frau, der Pianistin Andrée Vaurabourg. Vielseitige Tätigkeit als Musikrezensent (vor allem während der 40er Jahre in der Pariser Wochenzeitschrift »Comoedia«). Verfasser kritischer Bücher (»Incantations aux fossiles«, 1948, dt. »Beschwörungen«, 1955; »Je suis compositeur«, 1951, dt. »Ich bin Komponist«, 1952) und Leiter einer Kompositionsklasse an der Ecole Normale de Musique in Paris.
Honegger hat, obwohl zeitlebens fast nur in Frankreich ansässig, die schweizerische Staatsangehörigkeit seiner aus Zürich gebürtigen Eltern beibehalten.

Werke für Orchester: *Le Chant de Nigamon* für Orchester (1917); *Le Dit des jeux du monde* für Orchester (1918); *Pastorale d'été*, Sinfonisches Poem für kleines Orchester (1920); *Horace victorieux*, Symphonie mimée nach Titus Livius (1920/21); *Le Roi David*, Dramatischer bzw. Sinfonischer Psalm nach dem Drama von R. Morax für Sprecher, 3 Soli, Chor und Orchester (1921; 1923); *Chant de joie* für Orchester (1923); *Vorspiel zu Shakespeares »Sturm«* für Orchester (1923); *Pacific 231* für Orchester (= *Mouvement symphonique Nr. 1*, 1923); *Concertino für Klavier* und Orchester (1924); *Rugby* für Orchester (= *Mouvement symphonique Nr. 2*, 1928); *Konzert für Violoncello* und Orchester (1929); *Amphion*, Melodrama nach P. Valéry (1929); *1. Sinfonie* (1929/30); *Cris du monde*, Oratorium nach R. Bizet (1931); *Prélude, Arioso et Fughette sur le nom de Bach*, Fassungen für Klavier oder Streichorchester (1932); *Mouvement symphonique Nr. 3* für Orchester (1932/33); *Jeanne d'Arc au bûcher* (»Johanna auf dem Scheiterhaufen«), Dramatisches Oratorium nach P. Claudel (1935); *Nocturne* für Orchester (1936); *La Danse des morts* (»Der Totentanz«), Oratorium nach P. Claudel (1938); *2. Sinfonie* für Streichorchester (1940/41); *Sérénade à Angélique* für kleines Orchester (1945); *3. Sinfonie* (*»Symphonie liturgique«*, 1945/46); *4. Sinfonie* (*»Deliciae Basilienses«*, 1946); *Concerto da camera* für Flöte, Englischhorn und Streichorchester (1948); *5. Sinfonie* (*»Di tre re«*, 1950); *Suite archaique* für Orchester (1951); *Monopartita* für Orchester (1951); *Weihnachtskantate* nach liturgischen und volkstümlichen Texten für Bariton-Solo, Kinderstimmen, gemischten Chor, Orgel und Orchester (1953).

Honegger hat in seinem autobiographischen Bericht *Ich bin Komponist* von sich bekannt: »Es war immer mein Wunsch und mein Bemühen, eine Musik zu schreiben, welche für die große Masse der Hörer verständlich und doch vom Banalen soweit frei wäre, daß sie auch noch die wirklichen Musikfreunde zu fesseln vermöchte. Vor allem in jenen Partituren, die in freundlicher Weise ›große Fresken‹ genannt worden sind, habe ich dieses doppelte Ziel verfolgt, indem ich versucht habe, in der Anlage so klar wie möglich zu sein, ohne jedoch auf harmonische und kontrapunktische Bereicherung des Klangmaterials zu verzichten [. . .]. Darum hat eine ganze Reihe meiner Werke das Ohr des Publikums gefunden: ich denke an *Roi David*, an *Judith*, an *Danse des morts*, an *Jeanne d'Arc au bûcher.*«
Wenn von ihm gesagt wird, er habe mit leichter Hand geschrieben, so überwiegt darin die Bewunderung für seine Beherrschung des Handwerks, seinen sicheren Blick für szenische Gestik und sinfonische Entwicklung, sein Anpassungsvermögen an die verschiedensten musikalischen Stillagen. Gewiß lassen sich kaum größere inhaltliche Gegensätze denken, als sie sich zwischen *Skating Rink*, dem Rollschuhballett von 1922, und der Bekenntnismusik der *Liturgischen Sinfonie* von 1946, zwischen der Erfolgsoperette *König Pausole* (1929/30) und dem Claudel-Oratorium *Johanna auf dem Scheiterhaufen* (1935) auftun. Doch spiegeln sie alle dasselbe Musikverständnis wider in einer Weite, wie Honegger sie offenbar als selbstverständlich und unbeeinträchtigt von Widersprüchen begriff. Daß er es darüber hinaus verstand, Anregungen an die jüngere Komponistengeneration weiterzugeben und sich zugleich

mit deren Ideen kritisch auseinanderzusetzen, bezeugt Pierre Boulez, der Honeggers Schülerkreis an der Pariser Ecole Normale zeitweilig nahestand:
»Unter seiner Anleitung entdeckten wir 1943 die Redlichkeit, die Sicherheit des Handwerks, den Willen zur Größe. Beunruhigt von den Fragen, welche eine neue Generation stellte, sann er darüber nach, wie er diese Angst mit seinen eigenen Erfahrungen in Einklang bringen könne. Doch seine Güte erlaubte es ihm nicht, sich von den neuen Entdeckungen abstoßen zu lassen. Mit *Antigone*, *Horace victorieux* und der *Streichersinfonie* begann für uns eine Fahrt voll segensreicher Überraschungen. Honegger sei bedankt, daß er in uns die Lust zum Abenteuer weckte« (1956).

Pacific 231. Mouvement symphonique Nr. 1

Besetzung: großes Orchester. – Entstanden 1923. UA: 1924 in den Konzerten der Pariser Oper (Leitung: Sergej Kussewitzky). – Aufführungsdauer: 6–7 Minuten.

Honeggers Äußerungen über den ersten seiner insgesamt 3 »Sinfonischen Sätze« haben in ihrer rückhaltlosen Befürwortung einer künstlerischen Ästhetik der Technologie fast dieselbe Berühmtheit erlangt wie die Musik, zu deren Kommentierung sie im Partiturvorwort enthalten sind:
»Ich habe immer eine leidenschaftliche Liebe für Lokomotiven gehabt. Für mich sind sie lebende Wesen, die ich liebe, wie ein anderer Frauen oder Pferde liebt.
In *Pacific 231* wollte ich nicht den Lärm der Lokomotive nachahmen, sondern einen visuellen Eindruck und einen physischen Genuß ins Musikalische übersetzen. Das Werk geht von der sachlichen Beobachtung aus – das ruhige Atemschöpfen der Maschine im Stillstehen, die Anstrengung beim Anziehen, das allmähliche Anwachsen der Schnelligkeit – bis sie einen lyrischen Hochstand [état lyrique] erreicht, die Pathetik eines Zuges von dreihundert Tonnen, der mit 120 km pro Stunde durch die tiefe Nacht stürmt.
Der Gegenstand meiner Komposition war eine Lokomotive vom Typus ›Pacific‹ mit der Nummer 231 für Güterschnellzüge.«
In anderem Zusammenhang sprach der Komponist von »einer sehr abstrakten, reinen Idee [. . .], durch die ich das Gefühl einer mathematischen Beschleunigung des Rhythmus geben wollte, während die Bewegung selbst sich verlangsamt. Musi-

kalisch habe ich einen großen figurierten Choral komponiert, der sich in der Form an Johann Sebastian Bach anlehnt.« Die Satzanlage des Finales der *2. Sinfonie* ist also bereits vorausgenommen. Der Begriff »Choral« muß hier wie dort – losgelöst von seiner religiösen Bedeutung und in Analogie zu Versuchen bei Berg, Milhaud, Bartók und Strawinsky – als Kernmelodie und strukturelle Bezugsgestalt inmitten eines dichten Netzes polyphoner Figurationen aufgefaßt werden:

Er markiert in diesem energiebetonten, formal neuartigen Stück zugleich das Zentrum, das in vielfach gestuftem Accelerando erreicht und in rasch aufstauendem Ritardando wieder verlassen wird.

Rugby. Mouvement symphonique Nr. 2

Besetzung: großes Orchester (ohne Schlagzeug). – Entstanden 1928. UA: 1928 in Paris (Orchestre Symphonique de Paris, Leitung: Ernest Ansermet). – Aufführungsdauer: ca. 10 Minuten.

Bereits in Debussys *Poème dansé*, *Jeux* (1912), war ein sportliches Motiv als Ballettsujet bühnenfähig geworden. In den 20er Jahren schließlich rückten sportliche Themen ebenso wie technische verstärkt ins Blickfeld ästhetischer Betrachtung. Honegger, zunächst unentschlossen zwischen den Titeln »Football« und »Rugby«, bekannte 1927:

»Ich liebe das Fußballspiel. Dennoch sagt mir Rugby mehr. Es scheint mir spontaner, direkter, der Natur näher zu sein als das kultivierte Fußballspiel. Zwar entgeht mir die längere Vorbereitung der Kadenz beim Fußballspiel nicht. Aber ich fühle mich gehobener durch den wilderen, plötzlicheren, verzweifelteren und weniger geregelten Rhythmus des Rugby-Spiels. Nicht irgendeine Phase des Rugby-Matches beabsichtige ich wiederzugeben, und es wäre falsch, in meinem Stück Programm-Musik zu suchen. Ich möchte ganz einfach in meiner

Sprache als Musiker Spiel und Gegenspiel, Rhythmus und Farbe eines Matches im [Pariser] Stade de Colombes ausdrükken, und aus Ehrlichkeit fühle ich mich verpflichtet, meine Quelle anzugeben. Deshalb wird dieses kleine sinfonische Werk den Namen *Rugby* tragen.«

2. Sinfonie

Besetzung: Streichorchester (Trompete ad lib. in Satz 3). – Entstanden 1940/41. UA: 1942 in Zürich (Züricher Collegium Musicum, Leitung: Paul Sacher, dem die Partitur gewidmet ist). – Aufführungsdauer: ca. 25 Minuten.

»Während des Winters 1941 ist das *Adagio* [*mesto*] allmählich entstanden – denn ich beginne die Komposition eines symphonischen Werkes immer mit diesem Mittelteil des Triptychons, zumal ich mir ein solches nur ausnahmsweise anders als in dreiteiliger Form vorstellen kann. Wie ich dieses Adagio hörte, hatte ich den Eindruck eines ziemlich düsteren und stellenweise sogar ein wenig verzweifelten Stückes [. . .].
Am ersten Satz [*Molto moderato / Allegro*] habe ich lange gearbeitet – um ihm eine geballte und strenge Form zu geben, ohne die innere Heftigkeit abzuschwächen, mit der ich ihn wissentlich ausgestattet habe, weil sie zum kraftlosen, gleichsam erschöpften Anfangsmotiv einen Gegensatz darstellen sollte.
Für das Finale [*Vivace non troppo / Presto*] habe ich ein brillantes Element als Kontrast zu den ersten beiden Sätzen gesucht. Um den Choral am Ende des Satzes zu unterstützen, habe ich eine Trompete ad libitum vorgesehen. Dies nicht, um einen gewollten Effekt zu erzielen, sondern einfach nur darum, eine Stütze zu erhalten für die in langen Noten einherschreitende Melodie der ersten Geiger, die sonst durch die Polyphonie der andern Instrumente mit gleicher Klangfarbe übertönt zu werden drohten! [. . .]
Mein Hauptanliegen ist bei dieser Symphonie das gleiche geblieben wie bei allen bisherigen symphonischen Werken:
1. Strenge der Form, Verzicht auf die Reprise – wie sie in den Werken der Klassik vorkommt und immer ein Gefühl von Länge hervorruft.
2. Bemühung um genügend prägnante Themen, um die Aufmerksamkeit des Hörers zu erwecken und ihm zu erlauben, den Gesamtablauf verfolgen zu können.
3. Ich habe kein Programm, weder irgendein literarisches

noch ein philosophisches, gesucht. Wenn dieses Werk Ergriffenheit ausdrückt oder zu erwecken vermag, so liegt der Grund darin, daß sie sich mir auf ganz natürliche Weise aufgedrängt hat. Denn in der Musik drücke ich nichts anderes als meine Gedanken aus – und vielleicht, ohne daß ich mir ihrer selbst ganz bewußt bin [. . .].« (1943).

3. Sinfonie, »Symphonie liturgique«

Besetzung: großes Orchester (u. a. mit Klavier). – Entstanden 1945/46. UA: 1946 in Zürich (Leitung: Charles Munch, der Widmungsträger). – Aufführungsdauer: ca. 28 Minuten.

Aus der Reflexion über die Ereignisse des eben zu Ende gegangenen 2. Weltkriegs entstand in Honegger der Plan zu diesem Werk. Die 3 Satzüberschriften *Dies irae* (»Tag des Zorns«), *De profundis clamavi* (»Aus der Tiefe rief ich«) und *Dona nobis pacem* (»Gib uns Frieden«) verweisen auf inhaltlich beziehungsreiche, liturgische Haltungen: die *Sequenz* der Totenmesse, den *Psalm 129* und das *Agnus Dei* des Meßordinariums. (Bereits 1940 hatte Benjamin Britten in seiner *Sinfonia da Requiem* die Teile *Lacrimosa*, *Dies irae* und *Requiem aeternam* vereinigt.)
Bewußt verzichtete Honegger auf eine wortgetreue vokale, gar mit gregorianischen Anleihen durchsetzte Darstellung der Texte. Ihm lag daran, aus ihnen thematische und formale Impulse zur Entwicklung dreier sinfonischer Sätze zu gewinnen: 1. *Allegro marcato*, 2. *Adagio*, 3. *Andante*.
1954 fügte er dem Werk folgenden Kommentar hinzu: »Meine Symphonie ist ein Drama, das drei Personen – wirklich oder symbolisch – spielen: das Unglück, das Glück und der Mensch. Es ist ein ewiges Problem. Ich versuchte, es zu erneuern [. . .].«

4. Sinfonie, »Deliciae Basilienses«

Besetzung: kleines Orchester (2 Flöten, Oboe, 2 Klarinetten, Fagott, 2 Hörner, Trompete, kleines Schlagzeug, Klavier und Streicher). – Entstanden 1946. UA: 1947 in Basel durch Paul Sacher und das Basler Kammerorchester, zu dessen 20jährigem Bestehen das Werk entstand. – Aufführungsdauer: ca. 26 Minuten.

Kammermusikalische Transparenz und instrumentale Ökonomie kennzeichnen diese nur kurz nach der *Symphonie liturgique* entstandene Partitur. (Honegger glaubte zunächst, mit ihr einen Schlußpunkt hinter die Reihe seiner Sinfonien ge-

setzt zu haben.) Alle 3 Sätze (1. *Lento misterioso / Allegro* – 2. *Larghetto* – 3. Finale: *Allegro*) verknüpften sich in der musikalischen Vorstellung des Komponisten mit unbeschwerten Erlebnissen, Begegnungen und Eindrücken gelegentlich eines Nachkriegsaufenthalts im schweizerischen Basel (»Deliciae Basilienses« = »Basler Freuden«).
Direkte Anspielungen an den Genius loci enthalten die Sätze 2 und 3. Am Ende des *Larghetto* zitiert das Solo-Horn 6 Takte des von Franz Abt vertonten Hebel-Gedichts »Z'Basel, a mim Rhi«; im gleichermaßen von Rondo-, Passacaglia- und Fugenelementen geprägten Finalsatz ruft die vielstimmige Stretta überhöhend eine grelle Marschmelodie ins Spiel – musikalisches Signet des fastnächtlichen »Basler Morgestraichs«.

Darius Milhaud

* 4. September 1892 in Aix-en-Provence
† 22. Juni 1974 in Genf

Entstammt einer seit langem in der Provence ansässigen jüdischen Familie. Ab 1909 Studium am Pariser Conservatoire, u. a. bei André Gédalge, Paul Dukas und Charles-Marie Widor. Seit 1912 Bekanntschaft mit Paul Claudel. In der Folgezeit Zusammenarbeit mit ihm bei zahlreichen literarisch-musikalischen Projekten. Sekretär Claudels während dessen Botschaftermission in Rio de Janeiro 1916–18, wo Milhaud südamerikanische Folklore und Tanzmusik kennenlernt (Niederschlag z. B. in »Saudades do Brasil«, 1920/21).
Nach Frankreich zurückgekehrt, Kontakte in der Gruppe »Nouveaux Jeunes« mit dem Komponisten Erik Satie und mit Jean Cocteau. Zusammenschluß mit Arthur Honegger, Francis Poulenc, Georges Auric, Louis Durey und Germaine Tailleferre in der »Groupe des Six« mit dem von Cocteau formulierten Ziel einer radikalen Abkehr vom Wagnerismus und der – allerdings einseitig in bloß dekorativem Sinn verstandenen – impressionistischen Stilrichtung. Erste große Erfolge (»Le Bœuf sur le toit«, 1919; »La Création du monde«, 1923), aber auch Skandale (»Cinq Etudes«, 1920). Einflüsse des Jazz, der Music-hall und des Films. Ausgedehnte Kon-

zertreisen, zunehmende Dirigiertätigkeit, trotz einer seit Ende der 20er Jahre zunehmenden körperlichen Behinderung.
1940–47 Emigrationsjahre in den USA, Unterrichtstätigkeit am Mills College, Oakland (Kalifornien). Seit 1947, nach der Berufung als Kompositionslehrer an das Pariser Conservatoire, bis 1962 in jährlichem Wechsel in Paris und Oakland lehrend. 1949 Veröffentlichung einer Autobiographie unter dem Titel »Notes sans musique« (dt. »Noten ohne Musik«, 1962).

Sinfonien: a) für kleinere Besetzung: *Nr. 1 Le Printemps* (1917); *Nr. 2 Pastorale* (1918); *Nr. 3 Sérénade* (1921); *Nr. 4 Ouverture, Choral, Etude* für 10 Streicher (1921); *Nr. 5* für 10 Bläser (1922); *Nr. 6* für Vokalquartett, Oboe und Violoncello (1923).
b) für größere Besetzung: *Nr. 1* (1939); *Nr. 2* (1944); *Nr. 3 Tedeum*, mit Chor (1946); *Nr. 4 1848* (1947); *Nr. 5* (1953); *Nr. 6* (1955); *Nr. 7* (1955); *Nr. 8 Rhôdanienne* (1957); *Nr. 9* (1959); *Nr. 10* (1960); *Nr. 11* (1960); *Nr. 12 Rurale* (1961); *Nr. 13 Pacem in terris*, mit Chor (nach der Enzyklika Papst Johannes' XXIII., 1966).
Konzerte mit Orchester für folgende Solo-Instrumente: 1 Klavier (1933, 1941, 1946, 1949, 1955), 2 Klaviere (1941, 1961), Cembalo (1961), Harfe (1953), Violine (1927, 1946, 1958), Violine und Flöte (1938/39), Viola (1929, 1954/55), Violoncello (1934, 1945), Oboe (1957), Klarinette (1941), Schlagzeug (1929/30), Marimba/Vibraphon (1947).
Kompositionen in verschiedener Besetzung: *Le Retour de l'enfant prodigue*, Kantate nach A. Gide (1917); *L'Homme et son désir*, Ballett nach P. Claudel (1918); *Le Bœuf sur le toit*, Ballett nach J. Cocteau (1919); *Machines agricoles* für Singstimme und 7 Instrumente (1919); *Catalogue de fleurs*, 7 Lieder für Singstimme und Klavier oder 7 Instrumente nach L. Daudet (1920); *Cinq Etudes* für Klavier und Orchester (1920); *Saudades do Brasil*, Tanzsuite für Klavier oder Orchester (1920/21); *Les Mariés de la Tour Eiffel*, Show von J. Cocteau (Kollektivarbeit der Gruppe der »Six« 1921); *La Création du monde*, Ballett nach B. Cendrars (1923); *Le Carnaval d'Aix* für Klavier und Orchester (1926); *Drei Minuten-Opern* nach H. Hoppenot: 1. *Die Entführung der Europa*, 2. *Die verlassene Ariadne*, 3. *Der befreite Theseus* (1927); *Les quatre saisons:* 1. *Concertino de printemps* (Violine und kleines Orchester, 1934), 2. *Concertino d'été* (Viola und kleines Orchester, 1950), 3. *Concertino d'automne* (2 Klaviere und 8 Instrumente, 1950), 4. *Concertino d'hiver* (Posaune und Streicher, 1953); *Suite provençale* für Orchester (1936); *Scaramouche* für 2 Klaviere bzw. andere Besetzungen (1937); *Saint Louis, roi de France*, Oratorium nach P. Claudel (1972); *Ani maamin* (»Ich glaube«), Oratorium nach E. Wiesel (1972).

Milhauds Œuvre ist von einer fast unbegreiflichen Fülle. Ein Werkkatalog aus dem Jahre 1962 verzeichnet bereits etwa 400 Kompositionen größter Unterschiedlichkeit hinsichtlich Gattung, Umfang, Besetzung und sicherlich auch Qualität. Als Ergebnisse eines spezifisch melodisch sich äußernden Einfallsreichtums entstanden eher kontrast- als übergangsbetonte, eher durch Abschnittsreihung als durch weitgespannte Entwicklungen geformte Kompositionen. Milhaud: »Pourquoi imiter? Il est préférable d'inventer à chaque moment« (»Warum Imitationstechniken benutzen? Besser ist es, in jedem Moment Neues zu erfinden«).
Einem solchermaßen melodisch betonten, oft in mehreren simultanen Schichten verlaufenden Satzbild entsprechen nicht selten solistisch aufgegliederte Klangkörper. Nicht eine Verschmelzung vokaler und instrumentaler Farben wird angestrebt, sondern deren klare Trennung (z. B. in den 6 klein besetzten Sinfonien, 1917–23). Die Geschichte der Musiktheorie sieht in Milhaud den Exponenten polytonaler Harmonik, wobei jedoch mehrere gleichzeitig erklingende, unterschiedlichen Tonarten zugehörige Schichten meist als »Farbgegensätze« im Umfeld einer dominierenden »Farbe« zu verstehen sind.

Sinfonien für kleinere Besetzung

Nr. 1 Le Printemps op. 43

Besetzung: 9 Instrumente (Piccolo, Flöte, Klarinette, Oboe, Harfe und Streichquartett). – Entstanden 1917. UA: 1918 in Rio de Janeiro. – Aufführungsdauer: 3–4 Minuten.
3 Sätze: *Allant – Chantant – Vif.*

Nr. 2 Pastorale op. 49

Besetzung: 7 Instrumente (Flöte, Englischhorn, Fagott, Violine, Bratsche, Cello und Kontrabaß). – Entstanden 1918. UA: 1919 in Paris. – Aufführungsdauer: 4–5 Minuten.
3 Sätze: *Joyeux – Calme – Joyeux.*

Nr. 3 Sérénade op. 71

Besetzung: 7 Instrumente (wie Nr. 2, jedoch Klarinette statt Englischhorn). – Entstanden 1921. UA: 1921 in Paris, Société de Musique de Chambre. – Aufführungsdauer: ca. 4 Minuten.
3 Sätze: *Vivement – Calme – Rondement.*

Nr. 4 (Ouverture, Choral, Etude) op. 74

Besetzung: 10 Streichinstrumente (4 Violinen, je 2 Bratschen, Celli und Kontrabässe; solistisch oder chorisch, auch durch alte Instrumente ersetzbar). – Entstanden 1921. UA: 1921 in Paris. – Aufführungsdauer: 5–6 Minuten.

3 Sätze: *Ouverture, animée – Choral, assez lent – Etude.*

Nr. 5 op. 75

Besetzung: 10 Bläser (Flöte, Piccolo, Oboe, Englischhorn, Klarinette, Baßklarinette, 2 Fagotte und 2 Hörner). – Entstanden 1922. UA: 1924 in Paris, Théâtre des Champs-Elysées. – Aufführungsdauer: ca. 6 Minuten.

3 Sätze: *Rude – Lent – Violent.*

Nr. 6 op. 79

Besetzung: Vokalquartett (textlos), Oboe und Cello. – Entstanden 1923. UA: 1924 in Paris, Concerts Wiéner. – Aufführungsdauer: ca. 5 Minuten.

2 Sätze: *Calme et doux – Souple et vif.*

Robert Schumanns Feststellung am Beispiel der *Symphonie fantastique* von Berlioz, nichts mache »so leicht Verdruß und Widerspruch, als eine neue Form, die einen alten Namen trägt«, sollte wenigstens anfänglich auch an Milhauds Miniatursinfonien für nur 6–10 Musiker ihre Richtigkeit erweisen. So brachte das erste Werk der Reihe mit dem an musikalischen Assoziationen reichen Titel *Der Frühling* folgende erstaunliche Erfahrung:

»Das Publikum schien gegen den Klang meiner Musik keinen Widerspruch zu erheben, aber entweder war es mit dem Faktum nicht vertraut, oder hatte es vergessen, daß in den Tagen von Monteverdi das Wort ›Sinfonie‹ manchmal für eine einzige Seite von Instrumentalmusik gebraucht wurde – kurzum, es erwartete, ein umfängliches Werk, von einem großen Orchester gespielt, zu hören, und war deshalb von der Kürze meines Stückes schockiert.«

Daß fast gleichzeitig auch Igor Strawinsky in seinen *Symphonies d'instruments à vent* den Versuch unternahm, dem Terminus »Sinfonie« seine ursprüngliche Neutralität zurückzugeben, ist, musikgeschichtlich betrachtet, sicher kein Zufall.

Milhaud umgab, von Nr. 6 abgesehen, jeweils einen langsamen Satz mit 2 schnellen. Meist verzichten die Einzelsätze auf Kontrastwirkungen und thematische Polarisierung und behalten den einmal begonnenen Bewegungs- und Figurationstypus

durchgängig bei. Bisweilen deuten die affekt-, tempo- oder formbezogenen Überschriften auf Besonderheiten des Ausdrucks oder der Satzanlage: Hinter den Satzbezeichnungen der *4. Sinfonie* verbergen sich ein barock nachempfundener Konzertsatz (*Ouverture*), ein zwischen vielstimmigem Tutti und Solo-Kontrabaß geführter Dialog (*Choral*) sowie ein virtuoses 2teiliges Fugato über 2 Themen mit aufwärts- bzw. abwärtsgeführten Einsatzfolgen (*Etude*).
Der Hauptreiz dieser, ihrer gemischten Besetzung wegen leider nicht allzu häufig aufgeführten Werkreihe liegt jedoch in ihrem Klangbild. Milhaud bevorzugte zu jener Zeit – wie manchmal die Komponisten der Wiener Schule – die Transparenz eines variabel zusammengestellten, beweglichen Kammerensembles, um seinen dezidierten Vorstellungen von einem melodisch, tonal und farblich mehrschichtigen Satzbild näherzukommen. Insofern besitzen seine Anmerkungen zum Instrumentalpart der Kantate nach André Gides *Die Heimkehr des verlorenen Sohnes* (1917) auch für die Sinfonien Gültigkeit:
»Was ich dabei bezweckte, war, alle nicht absolut notwendigen Zwischenglieder auszuscheiden und jedem Instrument eine nur ihm angehörende melodische Linie oder Tonalität zu verleihen. In einem solchen Fall bezieht sich Polytonalität nicht mehr auf Akkorde, sondern auf das Zusammentreffen der melodischen Linien« (*Noten ohne Musik*, 1962).

Le Bœuf sur le toit. Cinéma-Fantaisie op. 58

Besetzung: kleines Orchester (2 Flöten, Oboe, 2 Klarinetten, Fagott, 2 Hörner, 2 Trompeten, Posaune, kleines Schlagzeug und Streicher). – Entstanden 1919. UA der Ballettfassung: 1920 in Paris, Comédie des Champs-Elysées (Leitung: Vladimir Golschmann). – Aufführungsdauer: ca. 19 Minuten.

Über die Entstehung dieses Werkes schrieb Milhaud in seinen *Noten ohne Musik*: »Noch immer verfolgten mich die Erinnerungen an Brasilien, und so unterhielt ich mich damit, ein paar populäre Melodien – Tangos, Maxixes, Sambas und sogar einen portugiesischen Fado – zusammenzuschreiben; zwischen jede fügte ich ein rondoartiges Thema ein«:

»Ich benannte diese Phantasie: *Der Ochse auf dem Dach* – der Titel eines populären brasilianischen Liedes. Ich glaubte, daß der Charakter dieser Musik sie zur geeigneten Begleitung für einen Film von Chaplin machen würde.«
Jean Cocteau wollte jedoch die tänzerischen Impulse der Partitur adäquat genutzt sehen und skizzierte eine Balletthandlung, zu der Raoul Dufy Dekorationen entwarf. Den Rahmen bildet eine amerikanische Bar, in welcher sich unter einem bunt zusammengewürfelten Publikum (feiner Herr, Polizist, Zuhälter, Cowboy, Revuegirl, Spanierin usw.) groteske Nonsense-Szenen mit surrealistischem Anstrich und einem Hauch von Zirkusakrobatik abspielen.
Die leicht faßliche Musik mit ihrem 15mal wiederkehrenden Refrain vom »Ochsen auf dem Dach« und den häufig solistisch aufgelockerten Couplets bewahrt auch bei konzertanten Aufführungen den Charakter eines musikalischen Bilderbogens, der den in der Erinnerung verklärten Weg von Rio de Janeiro in die Turbulenz der Pariser Music-halls nachzuzeichnen versucht.

La Création du monde. Ballettmusik op. 81a

Besetzung: 17 Soloinstrumente (6 Holzbläser, Altsaxophon, 4 Blechbläser, Klavier, Schlagzeug und 4 Solostreicher: 2 Violinen, 1 Violoncello, 1 Kontrabaß). – Entstanden 1923. UA der Ballettfassung: 1923 in Paris (durch de Marés »Ballets Suédois«). – Aufführungsdauer: ca. 17 Minuten.

Neben der Ballettpartitur existiert eine reduzierte Fassung für Klavier und Streichquartett **op. 81b**; UA: 1927 in Baden-Baden.

Bei Aufenthalten in London (1920) und New York (1922) damit bekanntgeworden, faszinierten Milhaud der authentische Jazz, die unverbrauchten Instrumentaleffekte von Saxophon, Klarinette, Trompete und Posaune, komplexe Schlagzeugrhythmen und die freie, doch stets kontrollierte Synkopenmelodik. Ein Ballettprojekt für Rolf de Maré und dessen »Ballets Suédois« bot Milhaud bald die Gelegenheit, solche Elemente des Jazz zu assimilieren. »Ich benutzte dieselbe Art Orchester wie in Harlem, siebzehn Soloinstrumente, und machte vom Jazz-Stil uneingeschränkten Gebrauch, um damit ein rein archaisches Gefühl zu vermitteln.«
Ungewöhnlich ist der Gebrauch des Saxophons: Die Partitur weist ihm nicht selten die Aufgaben einer eigens in der Streichergruppe ausgesparten Solo-Viola zu.
Von Blaise Cendrars (1887–1961) stammt die Idee zu dieser

auf afrikanische Volksmythen zurückgreifenden »Schöpfung der Welt«; Fernand Léger (1881–1955) entwarf eine Ausstattung, deren Szenerie und Figurinen höchst eindringlich primitive Eingeborenenkunst beschwören. Den 5 Teilen der Handlung entsprechen ebenso viele musikalische Abschnitte, die, obwohl unmittelbar ineinander übergehend, thematisch individuell ausgeprägt sind.
Vorspiel bei geschlossenem Vorhang (Ruhiges Tempo, Saxophon-Solo). – *Satz 1:* Chaos vor der Schöpfung, magische Handlungen der Götter (Rascheres Tempo, Fuge). – *Satz 2:* Erweckung von Pflanzen und Tieren (Ruhiges Tempo, Soli von Flöte und Oboe). – *Satz 3:* Tiertänze, Erweckung der Menschen (Rasches Tempo, Synkopenmelodik in wechselnder Formation). – *Satz 4:* Orgiastischer Tanz der beiden Menschen (Sehr rasches Tempo, Klarinetten-, später Saxophon-Solo vor ostinatem Hintergrund). – *Satz 5:* Beruhigung, Entspannung (Ruhiges Tempo, Reminiszenzen früherer thematischer Gestalten).

Les quatre saisons (»Die vier Jahreszeiten«)

I. *Concertino de printemps op. 135*

Für Solo-Violine und Kammerorchester. – Entstanden 1934. UA: 1935 in Paris (Solistin: Yvonne Astruc). – Aufführungsdauer: ca. 9 Minuten.

II. *Concertino d'été op. 311*

Für Solo-Viola und 9 Instrumente (Flöte, Oboe, Klarinette, Fagott, Horn, Trompete, 2 Celli und Kontrabaß). – Entstanden 1950. UA: 1951 in Charleston (USA). – Aufführungsdauer: ca. 14 Minuten.

III. *Concertino d'automne op. 309*

Für 2 Klaviere und 8 Instrumente (Flöte, Oboe, 3 Hörner, 2 Bratschen und Cello). – Entstanden 1950. UA: 1951 in New York (Klavierduo: Arthur Gold / Robert Fizdale). – Aufführungsdauer: ca. 10 Minuten.

IV. *Concertino d'hiver op. 327*

Für Solo-Posaune und Streichorchester. – Entstanden 1953. UA: 1954 in New York. – Aufführungsdauer: ca. 13 Minuten.

Bei der Niederschrift des ersten, des »Frühlings-Concertino«, hatte Milhaud noch nicht – wie z. B. Antonio Vivaldi in seinen berühmten Violinkonzerten *Le quattro stagioni* op. 8 von 1725 – an eine zyklische Komplettierung gedacht; erst eineinhalb Jahrzehnte später gaben einige amerikanische Aufträge für kleinere konzertante Werke den Anstoß dazu. Während Vivaldi sich an einen Sonettzyklus angelehnt und Haydn die direkt textgebundene oratorische Darstellung bevorzugt hatte,

setzt Milhaud den Zyklus der Jahreszeiten nur in eine lose Beziehung zu den stark differierenden Timbres der gegeneinander abgehobenen Instrumentalbesetzungen. Nachdrücklich äußert sich seine immer wache Experimentierlust im Entwerfen seltener Klangfarben- und Akkordverbindungen sowie unkonventioneller Formabläufe innerhalb der 4 Einsätzer und seine virtuose, doch nie manierierte Gestaltung der Solopartien.
Milhaud hat selbst eine Schallplatteneinspielung aller 4 Concertini dirigiert und so dazu angeregt, einer zyklischen Darbietung den Vorzug zu geben vor Einzelaufführungen.

Paul Dessau

* 19. Dezember 1894 in Hamburg
† 28. Juni 1979 in Berlin

Studien ab 1910 in Berlin, 1912–33 Kapellmeistertätigkeit in Hamburg, Köln, Mainz und Berlin; neben Kammer-, Orchester- und Schauspielmusik erste Arbeiten für den Film. Emigrationsjahre in Frankreich und in den USA (Kompositionsunterricht, Filmmusiken). Nach 1948 in Ost-Berlin Fortsetzung der bereits in den USA begonnenen engen Zusammenarbeit mit Bertolt Brecht (Opern, Schauspielmusiken, Songs). Maßgebliche Position im Musikleben der DDR (u. a. Mitglied, seit 1959 Vizepräsident der Deutschen Akademie der Künste). Verheiratet mit Ruth Berghaus (1927–96), Regisseurin und Intendantin des »Berliner Ensembles«.

Zeitlebens sah Dessau eine seiner wesentlichen Aufgaben darin, nicht nur das Publikum der Sinfoniekonzerte, Opernhäuser und Kammermusikveranstaltungen zu erreichen, sondern auch jenes der Sprechbühnen, Kabarette, Kinos, Schul- und Vereinsfeste und Parteiveranstaltungen. Flexibel bewegte er sich zwischen so gegensätzlichen Polen wie dem harmonisch und rhythmisch vereinfachten Massenlied und dem satztechnisch anspruchsvolleren, in seinen Mitteln reicheren Orchester- oder Bühnenwerk.

Werke: *Sinfonie in einem Satz* (1926); Schauspielmusiken zu B. Brechts Theaterstücken *Furcht und Elend des Dritten Reiches*

(1938), *Mutter Courage und ihre Kinder* (1946) und *Der gute Mensch von Sezuan* (1947); *Deutsches Miserere*, Oratorium in 3 Teilen auf Texte von B. Brecht für Soli, gemischten Chor, Kinderchor, Orgel und Trautonium (1944–47); Schauspielmusiken zu Brechts *Herr Puntila und sein Knecht Matti* (1949) und *Mann ist Mann* (1951); *Das Verhör [Die Verurteilung] des Lukullus*, Oper in 12 Szenen nach B. Brecht (mehrere Fassungen 1949–51); *Lilo Herrmann*, Melodram nach F. Wolf für Sprechstimme, kleinen gemischten Chor und 6 Instrumente (1952/53); Schauspielmusik zu Brechts *Der kaukasische Kreidekreis* (1953/54); *Puntila*, Oper in 13 Bildern nach Brecht (1957–59); *Aufstand – Epilog*, Beiträge zur Gemeinschaftskomposition *Jüdische Chronik* (mit B. Blacher, K. A. Hartmann, H. W. Henze und R. Wagner-Régeny, 1960); *Bach-Variationen* für großes Orchester (1963); *Orchestermusik Nr. 2 »Meer der Stürme«* (1967); *Lanzelot*, Oper in 15 Bildern nach H. C. Andersen / J. Schwarz (1969); *Orchestermusik Nr. 3 »Lenin«* (1969); *Orchestermusik Nr. 4* (1973); *Einstein*, Oper in 3 Akten, Prolog, 2 Intermezzi und Epilog nach K. Mickel (1973/74); *Leonce und Lena*, Kammeroper nach G. Büchner von T. Körner (1977/78).

Carl Orff

* 10. Juli 1895 in München
† 29. März 1982 in München

Bereits während der Schulzeit zahlreiche Kompositionsversuche, meist Lieder, und Interesse für Probleme des Theaters. Erste Theorie- und Kompositionsstudien 1913/14 an der Münchner Akademie der Tonkunst bei Anton Beer-Walbrunn und Hermann Zilcher. Praktische Theaterarbeit 1915–18 in München, Mannheim und Darmstadt. Weitere Kompositionsstudien 1921/22 bei Heinrich Kaminski. Intensive Beschäftigung mit der Frühzeit der Oper und der Möglichkeit szenischer Passionsaufführungen. Neben der Leitung des Münchner Bachvereins (1930–33) Mitarbeit an der mit Dorothee Günther 1924 gegründeten Privatschule für Gymnastik, Tanz und Musik, welche 1930–35 zur Ausarbeitung des »Schulwerks« führte. Nach dem aufsehenerregenden Erfolg der »Carmina Burana« (Frankfurt a. M., 1937) Zurückziehung oder Revision fast aller früheren Arbeiten. Nach 1945 außergewöhnliche Verbreitung seiner Werke: »Trionfi« (»Carmina burana«, »Catulli carmina«,

»Trionfo di Afrodite«), »Der Mond«, »Die Kluge«, »Die Bernauerin«, »Astutuli«, »Antigonae«, »Comoedia de Christi resurrectione«, »Oedipus der Tyrann«. 1950–60 Leiter einer Kompositionsklasse an der Münchner Musikhochschule, danach vorübergehend Gesamtleitung des Orff-Instituts am Salzburger Mozarteum. Seit 1975 Arbeit an einer mehrbändigen Orff-Dokumentation. Späte Arbeiten: »Ludus de nato infante mirificus«, »Ein Sommernachtstraum«, »Prometheus«, »De temporum fine comoedia«.

»Mein Ausgangspunkt war von Anfang an das Theater – wobei auch für alles Sprachliche immer die Musik der Urgrund war. Der Mensch in seinen elementaren Regungen ist für mich das zentrale künstlerische Problem. So stützen sich auch alle Figuren, die auf meiner Bühne agieren, auf Spiel, Gesang und Sprache und nicht auf das Orchester. Dem instrumentalen Part wird die Aufgabe zugewiesen, einen sinn- und wesensgemäßen Klangraum zu schaffen, in dem sich das Erleben der einzelnen Figuren abspielt. Es handelt sich also um eine von der Tendenz des 19. Jahrhunderts durchaus abweichende und völlig anders geartete ›Musik‹. Im 19. Jahrhundert ist die Musik in der Oper ja allmählich immer stärker ins Sinfonische geglitten. Um den Menschen auf der Bühne wieder in den Mittelpunkt zu rükken, ihn in plastischer Gestalt und Lebensfülle allein aus seinen elementaren Empfindungen begreifbar zu machen und nicht aus der deutenden Sphäre instrumentaler Einbettung, blieb gar nichts anderes übrig, als das sinfonische Orchester zu opfern« (1965).

Paul Hindemith

* 16. November 1895 in Hanau
† 28. Dezember 1963 in Frankfurt a. M.

Nach mehrjährigem Privatunterricht bereits ab 1909 Studium am Hochschen Konservatorium in Frankfurt: Violine bei Adolf Rebner, Theorie und Komposition bei Bernhard Sekles, danach bei Arnold Mendelssohn in Darmstadt. Parallel zur kompositorischen, zunächst an Reger orientierten Entwicklung Beginn einer erfolgreichen Karriere als Geiger und Bratschist: 1915–23 – mit Unterbre-

chung durch den Militärdienst 1917/18 – Konzertmeister im Frankfurter Opernhausorchester, Bratschist im Rebner-, später im Amar-Quartett, dazu gesuchter Viola- und Viola-d'amore-Solist.
Kompositorischer Durchbruch vor allem bei den Donaueschinger Kammermusiktagen 1921–26 und den Baden-Badener Musikfesten 1927–29 mit Kammermusiken, Konzertwerken und Operneinaktern (»Mörder, Hoffnung der Frauen«, »Das Nusch-Nuschi«, »Sancta Susanna«, »Hin und zurück«), die Hindemith den Ruf eines auf Provokation bedachten, unbekümmert produzierenden Bürgerschrecks einbrachten.
Ab 1927, nach dem Erfolg des »Cardillac«, Leiter einer Kompositionsklasse an der Berliner Musikhochschule. Vorübergehend Mitarbeit in der musikalischen Jugendbewegung (Beiträge u. a. das »Spiel für Kinder« »Wir bauen eine Stadt«, 1930, und der »Plöner Musiktag«, 1932).
Nach 1933 Anfeindungen und immer schärfere Hetzkampagnen gegen Aufführungen Hindemithscher Musik, die im Verbot gipfelten, die Oper »Mathis der Maler« 1934/35 an der Berliner Staatsoper herauszubringen (Fürsprache Wilhelm Furtwänglers in dem Artikel »Der Fall Hindemith«, »Deutsche Allgemeine Zeitung« vom 25. Nov. 1934). 1935–37 jährliche Aufenthalte in der Türkei zur Reorganisation des türkischen Musiklebens. Kompositorische Neuorientierung, besonders deutlich an der 1936 begonnenen Neufassung des Rilke-Zyklus »Das Marienleben« und dem theoretischen Lehrwerk »Unterweisung im Tonsatz« (I–III, 1937, 1939, 1970).
Aufgabe der Berliner Stellung im März 1937. Zunächst Niederlassung in der Schweiz. Zahlreiche Konzertverpflichtungen, u. a. 3 USA-Tourneen. 1940 mehrere Kurse an amerikanischen Universitäten, schließlich Übernahme einer Komponistenklasse an der Yale University, New Haven (amerikanische Staatsbürgerschaft 1946). 1949/50 Vorlesungszyklus im Rahmen der »Ch. E. Norton Lectures« an der Harvard University (dt. unter dem Titel »Komponist in seiner Welt«, 1959).
Beendigung dieser Tätigkeit erst 1953, um mehr Zeit für eine 1951 an der Universität Zürich angenommene und 1957 wieder aufgegebene Professur für Musiktheorie, Komposition und Musikpädagogik zu erübrigen. Von da an in Blonay (oberhalb von Vevey am Genfer See) ansässig. Ausgedehnte Dirigierverpflichtungen; neben eigenen Werken erschienen häufig Kompositionen von Bach, Bruckner und Reger in Hindemiths Programmen.

Chor- und Orchesterwerke:
a) Die *»Kammermusiken«: Nr. 1* mit *Finale 1921* für kleines Orchester op. 24/1 (1921); *Nr. 2* für obligates Klavier und 12 Soloinstrumente op. 36/1 (1924); *Nr. 3* für obligates Violoncello und 10 Solo-

instrumente op. 36/2 (1925); *Nr. 4* für Solo-Violine und größeres Kammerorchester op. 36/3 (1925); *Nr. 5* für Solo-Bratsche und größeres Kammerorchester op. 36/4 (1927); *Nr. 6* für Viola d'amore und Kammerorchester op. 46/1 (1927); *Nr. 7* für Orgel und Kammerorchester op. 46/2 (1927).

b) Weitere konzertante Werke mit Soloinstrumenten: *Konzertmusik* für Solo-Bratsche und größeres Kammerorchester op. 48 (1930); *Konzertmusik* für Klavier, Blechbläser und 2 Harfen op. 49 (1930); *Der Schwanendreher*, Konzert nach alten Volksliedern für Bratsche und kleines Orchester (1935); *Trauermusik* zum Tode König Georgs V. von England für Viola und Streichorchester (1936); *Konzert für Violine* und Orchester (1939); *Thema mit vier Variationen (»Die vier Temperamente«)* für Streichorchester und Solo-Klavier (1940); *Konzert für Violoncello* und Orchester (1940); *Konzert für Klavier* und Orchester (1945); *Konzert für Klarinette* und Orchester (1947); *Konzert für Horn* und Orchester (1949); *Konzert für Holzbläser, Harfe* und Orchester (1949); *Konzert für Orgel* und Orchester (1962).

c) Chor- und Orchesterwerke mit größerer Besetzung: *Konzert* für Orchester op. 38 (1925); *Konzertmusik* für Blasorchester op. 41 (1926); *Konzertmusik* für Streichorchester und Blechbläser op. 50 (1930); *Das Unaufhörliche*, Oratorium für 4 Soli, gemischten Chor, Knabenchor und Orchester nach einem Text von G. Benn (1931); *Philharmonisches Konzert*, Variationen für Orchester (1932); *Sinfonie »Mathis der Maler«* (1934); *Sinfonische Tänze* (1937); *Nobilissima Visione*, Orchestersuite nach der Musik der Tanzlegende (1938); *Sinfonie in Es* (1940); *Sinfonische Metamorphosen über Themen von C. M. v. Weber* (1943); *Als Flieder jüngst mir im Garten blüht*, ein Requiem »Denen, die wir lieben« für Mezzosopran- und Bariton-Solo, gemischten Chor und Orchester nach der Dichtung von W. Whitman (1946); *Sinfonia serena* (1946); *Apparebit repentina dies* für Chor und Blechbläser nach einem lateinischen Gedicht (1947); *Sinfonietta in E* (1949); *Sinfonie »Die Harmonie der Welt«* (1951); *Sinfonie in B* für Blasorchester (1951); *Ite, angeli veloces*, Kantate in 3 Teilen nach einem Text von P. Claudel: I. *Triumphgesang Davids* (1955), II. *Custos quid de nocte* (1955), III. *Gesang an die Hoffnung* (1953); *Pittsburg Symphony* (1958); *Marsch für Orchester über den alten »Schweizerton«* (1960); *Mainzer Umzug* für 3 Soli, Chor und Orchester (1962).

Seit dem denkwürdigen Donaueschinger Kammermusikfest im Jahre 1922, als die *1. Kammermusik* aufhorchen ließ und ihr stürmisches *Finale 1921* dem Publikum einen musikalischen Zeitspiegel vorzuhalten suchte, galt Hindemiths rasch fortschreitende Produktion jahrelang als Gradmesser avantgardistischer Vorstöße. Seine rasenden Tempi, virtuos-bizarren Einfälle, unkonventionellen Harmonie- und Melodiebildungen, ferner seine spannungsgeladenen Formverläufe wurden als typische Entsprechungen zum Lebensgefühl der 20er Jahre gewertet. Enorme Aufführungszahlen bestätigen eine Verbreitung, wie sie etwa für die gleichzeitig entstandenen, von den Nachwirkungen expressionistischer Übersteigerung gekennzeichneten Werke der Wiener Schule undenkbar gewesen wären.

Doch mochte Hindemith selbst die Gefahren einer allzu geläufigen Beherrschung so vielfältiger, stilistisch nicht selten uneinheitlicher Gestaltungsmöglichkeiten erkannt haben. Während beispielsweise die Erstfassungen des Rilke-Liederzyklus *Das Marienleben* (1922/23) und der E.-T.-A.-Hoffmann-Oper *Cardillac* (1926) bereits deutliche Anzeichen verstärkter polyphoner Durchformung und thematischer Ökonomie aufweisen, gelten die späteren Neufassungen beider Werke (1936–48 bzw. 1952) neben der *Mathis*-Oper (1934/35), dem großen Sonatenzyklus (1935–42) und der kontrapunktischen Mustersammlung *Ludus tonalis* (1942) als exemplarische Belege der abgeschlossenen Neuorientierung, die für das gesamte Spätwerk bestimmend werden sollte. Das Lehrbuch *Unterweisung im Tonsatz* beschreibt die neugewonnene Position als den – von Anachronismen und Gewaltsamkeiten nicht freien – Versuch einer Rückgewinnung tonaler Bezugspunkte, wobei das traditionelle System tonaler Verwandtschaftsgrade dem ausgeklügelten, ganzheitlichen System eines melodisch-akkordischen Stufengefälles weicht. Quart- und Quintklänge, ostinate Rhythmen und traditionelle Formmodelle bestimmen weithin das Spätwerk.

Der Gewinn theoretischer »Stimmigkeit« mußte allerdings mit dem Nachteil akademischer Sprödigkeit und eingeengter Erfindungskraft bezahlt werden. In den Jahren nach Hindemiths Tod ist daher gerade das Œuvre der 40er und 50er Jahre zugunsten des früheren Schaffens ein wenig vernachlässigt worden. Demgegenüber gab Ludwig Finscher zu bedenken:

»Die Disziplinierung eines überbordenden musikalischen Temperamentes, die Bändigung einer gefährlich leicht und widerstandslos produzierenden Phantasie durch eine rigorose theoretische Kontrolle hat ihre deutlich positive Seite, und die außerordentliche geistige Leistung, die diese gewiß nicht leicht errungene Selbstkontrolle bedeutet, gewinnt ihren Sinn aus einer keineswegs kleinen Zahl von Werken, denen sie sichtbar eingeschrieben ist. Ihr Kennzeichen ist jene Spiritualität, die – hart neben obskurantistischen Zügen – Teile der zweiten Fassung des *Marienlebens* ebenso prägt wie den *Ludus tonalis* oder Einzelnes aus dem Sonatenzyklus der 30er Jahre; eine Spiritualität, die dadurch nicht geringer wiegt, daß sie sich einem rückwärtsgewandten Geist fügte. Ihr Kennzeichen ist auch jene Melancholie, die Hindemith selbst in seinem Bach-Aufsatz – mit deutlichem autobiographischem Bezug – als Melancholie des Vermögens, der völligen Beherrschung der kompositorischen Mittel zu rationalisieren gesucht hat, die aber viel eher als Melancholie des Unzeitgemäßen erscheint, der zeitlos sein möchte und der genug von der Geschichte erfahren hat, um zu wissen, daß sein Ziel utopisch ist« (1971).

Die »Kammermusiken«

Nr. 1 op. 24/1 mit Finale 1921

Besetzung: kleines Orchester (Flöte/Piccolo, Klarinette, Fagott, Trompete, Schlagzeug, Harmonium, Klavier und Streichquintett). – Entstanden 1921. UA: Donaueschinger Kammermusikfest 1922 (Dirigent: Hermann Scherchen). – Aufführungsdauer: 14–15 Minuten.

1. *Sehr schnell und wild* – 2. *Mäßig schnelle Halbe. Sehr streng im Rhythmus* – 3. Quartett (Flöte, Klarinette, Fagott, Glockenstab) – 4. Finale 1921. *Äußerst lebhaft.*

Nr. 2 = Klavierkonzert op. 36/1

Besetzung: obligates Klavier und 12 Soloinstrumente (Flöte, Oboe, Klarinette, Baßklarinette, Fagott, Horn, Trompete, Posaune, Violine, Bratsche, Cello, Kontrabaß). – Entstanden 1924. UA: 1924 in Frankfurt a. M. (Solistin: Emma Lübbecke-Job, Dirigent: Clemens Krauss). – Aufführungsdauer: ca. 20 Minuten.

1. *Sehr lebhafte Achtel* – 2. *Sehr langsame Achtel* – 3. Kleines Potpourri. *Sehr lebhafte Viertel* – 4. Finale. *Schnelle Viertel.*

Nr. 3 = Cellokonzert op. 36/2

Besetzung: obligates Violoncello und 10 Soloinstrumente (Flöte, Oboe, Klarinette, Fagott, Horn, Trompete, Posaune, Violine, Cello und Kontrabaß). – Entstanden 1925. UA: 1925 in Bochum (Solist: Rudolf Hindemith, Dirigent: Paul Hindemith). – Aufführungsdauer: ca. 16 Minuten.

1. *Majestätisch und stark, mäßig schnelle Achtel* – 2. *Lebhaft und lustig* – 3. *Sehr ruhig und gemessen schreitende Viertel* – 4. *Mäßig bewegte Halbe. Munter, aber immer sehr gemächlich.*

Nr. 4 = Violinkonzert op. 36/3

Besetzung: Solo-Violine und größeres Kammerorchester (2 Piccoloflöten, Klarinetten in Es und B, Baßklarinette, 2 Fagotte, Kontrafagott, Kornett, Posaune, Tuba, 4 Jazztrommeln, je 4 Bratschen, Celli und Kontrabässe). – Entstanden 1925. UA: 1925 in Dessau (Solist: Licco Amar). – Aufführungsdauer: 22–23 Minuten.
1. Signal. *Breite majestätische Halbe* – 2. *Sehr lebhaft* – 3. Nachtstück. *Mäßig schnelle Achtel* – 4. *Lebhafte Viertel* – 5. *So schnell wie möglich.*

Nr. 5 = Bratschenkonzert op. 36/4

Besetzung: Solo-Bratsche und größeres Kammerorchester (Flöte/Piccolo, Oboe, Klarinetten in Es und B, Baßklarinette, 2 Fagotte, Kontrafagott, Horn, je 2 Trompeten und Posaunen, Tuba, je 4 Celli und Kontrabässe). – Entstanden 1927. UA: 1927 in Berlin (Solist: Paul Hindemith, Dirigent: Otto Klemperer). – Aufführungsdauer: ca. 17 Minuten.
1. *Schnelle Halbe* – 2. *Langsam* – 3. *Mäßig schnell* – 4. Variante eines Militärmarsches.

Nr. 6 op. 46/1

Besetzung: Viola d'amore und Kammerorchester (Flöte, Oboe, 2 Klarinetten, Fagott, Horn, Trompete, Posaune, 3 Celli und 2 Kontrabässe). – Entstanden 1927. UA: 1928 in Köln (Solist: Paul Hindemith). – Aufführungsdauer: ca. 16 Minuten.
1. *Mäßig schnell, majestätisch* – 2. *Doppelt so schnell* – 3. *Sehr zart und ruhig* – 4. Variationen.

Nr. 7 op. 46/2

Besetzung: Orgel und Kammerorchester (2 Flöten, Oboe, 2 Klarinetten, 3 Fagotte, Horn, Trompete, Posaune, 2 Celli und Kontrabaß). – Entstanden 1927. UA: 1928 beim Frankfurter Rundfunk (Solist: Reinhold Merten). – Aufführungsdauer: ca. 17 Minuten.
1. *Nicht zu schnell* – 2. *Sehr langsam und ganz ruhig* – 3. (ohne Bezeichnung).

Innerhalb von 6 Jahren entstand in drei Schaffensetappen der 7teilige Werkzyklus der »Kammermusiken«, Stücken für Ensembles von 12–25 Musikern, die nicht so sehr als kleinste, reduzierte Sinfonieorchester denn als traditionelle Kammermusikbesetzungen in erweiterter Formation aufzufassen sind. Schönberg hatte sich bereits 1906 in seiner *1. Kammersinfonie* auf 15 Solisten beschränkt und damit für die »Wiener Schule« eine Reihe von Werken und eine Form der Aufführungspraxis initiiert, die mit der Transparenz, aber auch der Virtuosität kleiner Ensembles rechnete.

Gut möglich, daß die »Donaueschinger Kammermusikaufführungen zur Förderung zeitgenössischer Tonkunst«, in deren Rahmen 1922 das erste Werk der Reihe seine denkwürdige Uraufführung erlebte, zur Namensgebung anregten. Die eigentliche Wurzel jedoch liegt tiefer: Abkehr vom romantischen Riesenorchester mit seinen gleichmäßig stark besetzten Instrumentalchören, Abkehr vom »tragenden« Klang und der dekorativen Fläche, Abkehr vom Prinzip nivellierender Farbverdoppelung.

Hindemiths Ensembles bilden sich in jedem Werk der Gruppe neu. Die jeweils besondere Instrumentalformation hat Anteil an der Komposition selbst. Der Bläserklang dominiert; auch extrem hohe und tiefe Instrumente wie Piccoloflöte, Es-Klarinette, Kontrafagott und Baßtuba, sonst nur zur chorischen Abrundung herangezogen, sind vertreten, teilweise sogar farblich ungedeckt (z. B. Piccoloflöten in *Nr. 4*). Die Streicher bleiben auf Quartett-, auch Quintettstärke beschränkt oder auf Zweier- bis Vierergruppen im tiefen Register.

Kaum je zuvor hatte das kurze Aufheulen einer Sirene dem Publikum das Ende einer Komposition angekündigt (*Nr. 1*, 4. Satz). Kaum je waren einem Violinvirtuosen solistische Jazztrommeln oder eine Baßtuba als Partner begegnet (*Nr. 4*, 4. Satz; Strawinskys *Geschichte vom Soldaten* ist das Vorbild!) oder hatte er gar während eines ganzen Satzes pausieren müssen (1. Satz). Kaum je hatte eine frühere Konzertbesetzung erlaubt, das spezielle Kolorit einer Militärkapelle so treffend zu parodieren (*Nr. 5*, 4. Satz; Hindemith wird 1946 auch in seine *Sinfonia serena* eine Paraphrase des Yorckschen Marsches von Beethoven einfügen).

Während der Entstehungszeit der Werkreihe trat in Hindemiths kompositorischem Temperament eine auffallende Beruhigung ein, eine stärkere Anlehnung an traditionelle Formprinzipien kündigte sich an. Die suitenartige Reihung in *op. 24* und *36*, aufgelockert durch Satztypvarianten (*Nr. 2*, Kleines Potpourri; *Nr. 4*, Signal, Nachtstück; *Nr. 5*, Militärmarsch), verfestigte sich wieder in *op. 46*; klangliche Härten wurden gemildert; den zuvor aus kurzen Figuren entwickelten Bewegungsabläufen lagen wieder ausformulierte Themen zugrunde. Auch die ungewöhnliche Forderung der *Kammermusik Nr. 1*, »die Vortragenden dem Publikum unsichtbar zu plazieren« – Schönberg hatte in seinen *Pierrot lunaire*-Melodramen (1912) damit experimentiert –, wurde nie mehr wiederholt. Dem

ironisch-frechen *Finale 1921*, einem als Foxtrott-Parodie gestalteten »Porträt« seines Entstehungsjahres, folgten – mit Ausnahme der *Klaviersuite 1922* – ähnliche »Porträts« nicht nach.
Von den 7 Werken erfordern nicht weniger als 6 obligate Soloinstrumente und tragen damit die Züge kammermusikalisch aufgelockerter Konzerte, in denen der Solist sich als Mittelpunkt eines Solistenkollegiums präsentiert. Hindemith konzipierte die Werke im Hinblick auf das Können befreundeter Solisten; *Nr. 3* entstand für seinen Bruder Rudolf, *Nr. 5* und *Nr. 6* für ihn selbst. Sogar seltene Soloinstrumente wie die vom Komponisten sehr geschätzte Viola d'amore und die hier stets durchhörbare Orgel fanden in *op. 46* Berücksichtigung.

Orchesterkonzerte und Konzertmusiken

Konzert für Orchester op. 38

Besetzung: mittelgroßes Orchester. – Entstanden 1925. UA: 1925 in Duisburg (Leitung: Paul Scheinpflug). – Aufführungsdauer: ca. 17 Minuten.

1. *Mit Kraft* – 2. *Sehr schnelle Halbe* – 3. Marsch für Holzbläser – 4. Basso ostinato.

Konzertmusik für Blasorchester op. 41

Besetzung: Piccolo/Flöte, Oboe, 4 Klarinetten (1 in Es, 3 in B), 2 Flügelhörner (auch Saxophone), 2 Waldhörner, 2 Tenorhörner (auch Tuben oder Saxophone), 1 Baryton (auch Baßklarinette), je 3 Trompeten und Posaunen, 2–3 Tuben, kleine und große Trommel mit Becken. – Entstanden 1926. UA: Donaueschinger Kammermusikaufführungen 1926 (Leitung: Hermann Scherchen). – Aufführungsdauer: 14–15 Minuten.

1. Konzertante Ouvertüre – 2. 6 Variationen über das Lied *»Prinz Eugen, der edle Ritter«* – 3. Marsch.

Konzertmusik für Solo-Bratsche und größeres Kammerorchester op. 48

Besetzung: Piccolo, Flöte, Oboe, Englischhorn, Klarinette, Baßklarinette, 2 Fagotte, Kontrafagott, 3 Hörner, 2 Trompeten, Posaune, Baßtuba, je 4 Celli und Kontrabässe. – Entstanden 1930. UA: 1930 in Hamburg (Solist: Paul Hindemith, Dirigent: Wilhelm Furtwängler). – Aufführungsdauer: ca. 20 Minuten.

1. *Lebhaft bewegte Halbe* – 2. *Ruhig gehend* – 3. *Lebhaft* – 4. *Leicht bewegt* – 5. *Sehr lebhaft.*

Konzertmusik für Klavier, Blechbläser und zwei Harfen op. 49

Besetzung: 4 Hörner, 3 Trompeten, 2 Posaunen, 1 Tuba und 2 Harfen. – Entstanden 1930. UA: 1930 in Chicago (Solistin: Emma Lübbecke-Job, Dirigent: Hugo Kortschak). – Aufführungsdauer: ca. 21 Minuten.

1. *Ruhig gehende Viertel* – 2. *Lebhaft* – 3. *Sehr ruhige Variationen* – 4. *Langsame Achtel* – 5. *Mäßig schnell, kraftvoll.*

Konzertmusik für Streichorchester und Blechbläser op. 50

Besetzung: je 4 Hörner und Trompeten, 3 Posaunen, Tuba und Streicher. – Entstanden 1930. UA: 1931 in Boston durch Sergej Kussewitzky und das Boston Symphony Orchestra, welchem das Werk zum 50jährigen Bestehen gewidmet ist. – Aufführungsdauer: 18–19 Minuten.

1. *Mäßig schnell mit Kraft! / Sehr breit, aber stets fließend* – 2. *Lebhaft / Langsam / Lebhaft.*

Philharmonisches Konzert. Variationen für Orchester

Besetzung: großes Orchester. – Entstanden 1932. UA: 1932 in Berlin durch Wilhelm Furtwängler und die Berliner Philharmoniker, welchen der Komponist das Werk aus Anlaß ihres 50jährigen Bestehens zueignete. – Aufführungsdauer: ca. 21 Minuten.

Thema. *Ruhig schreitend* – Var. 1. *Mäßig schnell* – Var. 2. *Sehr ruhig* – Var. 3. *Mäßig lebhafte Halbe* – Var. 4. *Ruhig bewegte Achtel* – Var. 5. *Leicht bewegt schreitend / Sehr lebhaft* – Letzte Variation. *Im Marschzeitmaß.*

Der farbigen Gruppe der *Kammermusiken 1–7* (1921–27) steht im Œuvre Hindemiths eine lockerer konzipierte, zyklisch nicht abgerundete Reihe von Orchesterkonzerten und Konzertmusiken gegenüber, die zwischen 1925 und 1932 meist im Auftrag namhafter Orchester und für repräsentative Anlässe entstanden. Ihnen gemeinsam ist die Absicht des Komponisten, nach Möglichkeit der traditionellen Orchesterbesetzung und dem formalen Geist der Sinfonie aus dem Weg zu gehen. (Beidem wird sich Hindemith in den Sinfonien der 40er und 50er Jahre wieder nähern.)

In diesem Bestreben blieben die instrumentalen und gestalterischen Erfahrungen der *Kammermusiken* wertvoll. Zwar ist das frühere Interesse am Kombinieren unüblicher Instrumente weniger offensichtlich (am ehesten erhält es sich in *op. 48*), doch machte Hindemith verstärkt vom Prinzip klangfarblicher Selektion Gebrauch: *op. 41* vereinigt das im Konzertsaal ungewohnte Instrumentarium eines typischen Militärmusikkorps, *op. 49* und *50* lösen aus dem Tutti die

Blechbläsergruppe heraus und konfrontieren sie Vertretern der Saiteninstrumente. Selbst dort, wo das herkömmlich besetzte Orchester Verwendung fand (*op. 38* und *Philharmonisches Konzert*), versuchte Hindemith der Gefahr sinfonischer »Schwerfälligkeit« durch eine konzertante Schreibweise und formale Lockerheit zu begegnen. Im 1. Satz von *op. 38* ergeben sich so ausgedehnte Episoden eines Solo-Concertinos, bestehend aus Oboe, Fagott und Violine.

Während die dem Ehepaar Milhaud zugeeignete und für das eigene Repertoire bestimmte *Konzertmusik op. 48* lediglich die Bezeichnung, nicht aber den Charakter eines Solokonzerts umgehen will, entfalten die größer angelegten Werke *op. 49* und *50* kompakte antiphonale Wirkungen im Kontrapunktieren der einzelnen Gruppen. Im *Philharmonischen Konzert* schließlich bietet die zugrunde gelegte Variationsform den Rahmen für ein brillantes Musizieren in ständig wechselnder Formation, das sich aus einem einfach gehaltenen, langsamen Marschthema der Solo-Oboe entfaltet:

Sinfonie »Mathis der Maler«

Besetzung: mittelgroßes »klassisches« Orchester. – Entstehungszeit der Sinfonie: 1934, der Oper: 1934/35. UA der Sinfonie: 1934 in Berlin (Berliner Philharmoniker, Dirigent: Wilhelm Furtwängler); UA der Oper: 1938 Zürich, Stadttheater. – Aufführungsdauer: ca. 26 Minuten.

Vor dem Hintergrund der Bauernkriege hat Hindemith in seinem Libretto »aus Historie und Phantasie« ein Lebensbild des Malers Mathis Neithardt genannt Grünewald entworfen als Darstellung des für den Komponisten selbst existentiellen Problems künstlerischer Gefährdung in einer Zeit des politischen und geistigen Umbruchs.

Drei Tafeln des von Mathis geschaffenen, heute im elsässischen Colmar aufbewahrten »Isenheimer Altars« regten ihn

zur Dreigliederung seiner Sinfonie an. Wie im Falle der späteren Sinfonie *Die Harmonie der Welt* waren die sinfonischen Teile vor der eigentlichen Ausarbeitung der Oper abgeschlossen worden. Die ersten beiden Sätze finden sich fast tongetreu in der Oper wieder:
I. *Engelskonzert*, das orchestrale Vorspiel zu *Bild 1* der Oper, hat eine *ruhig bewegte* Einleitung und einen sonatensatzähnlichen Hauptteil (*Ziemlich lebhafte Halbe*), beide mit Cantus-firmus-Durchführungen des geistlichen Volksliedes *»Es sungen drei Engel ein süßen Gesang«*. (In der Oper gewinnt das thematische Material dieses Satzes neue Bedeutung im 1. Auftritt von *Bild 6* während Mathis' Vision des »Engelkonzerts«.)
II. *Grablegung*, das Zwischenspiel zwischen den beiden Auftritten in *Bild 7* (*Sehr langsam*): Mathis, gealtert, sieht sein Hauptwerk, den »Isenheimer Altar«, vollendet und sucht Ruhe in der Einsamkeit.
Den Schlußsatz dagegen mußte Hindemith für Bild 6 und Bild 7 durch mehrere Veränderungen dem Bühnengeschehen anpassen: Die *Versuchung des heiligen Antonius* entspricht so der Einleitung und dem 2. Auftritt von *Bild 6*. Einer rezitativischen Introduktion (*Sehr langsam, frei im Zeitmaß*) folgen der Chor der Dämonen (»Dein ärgster Feind sitzt in dir selbst [. . .]«, *Sehr lebhaft*), 2 weitere kontrastierende Szenenfragmente (*Langsam, Lebhaft*) und die abschließende Choralbearbeitung über die Sequenz des Thomas von Aquin »Lauda Sion Salvatorem« (*Sehr lebhaft*), die in ein »Alleluia« der Blechbläser einmündet, das zum Schluß von *Bild 7* und damit der ganzen Oper wurde.
Die Uraufführung der Sinfonie hatte am 12. März 1934 noch ohne Störungen in der Berliner Philharmonie stattfinden können, doch die für die Saison 1934/35 geplante Inszenierung an der Staatsoper fiel den Repressalien der nationalsozialistischen Machthaber zum Opfer. Furtwängler hatte ihnen in seinem nicht ganz unproblematischen Artikel *Der Fall Hindemith* mit Hinweisen auf das »Deutsche« in der *Mathis-Sinfonie* noch entgegenzutreten versucht – mit dem Ergebnis, daß Goebbels die Kampagne kurz nach Furtwänglers Ende 1934 erfolgtem Rücktritt von seinen Ämtern als Vizepräsident der Reichsmusikkammer, Leiter des Philharmonischen Orchesters und Direktor der Berliner Staatsoper unter erweiterten Vorzeichen als »Fall Hindemith–Furtwängler« fortsetzte.

Nobilissima Visione. Orchestersuite

Besetzung: mittelgroßes »klassisches« Orchester. – Entstanden 1937/1938. UA der Tanzlegende: 1938 in London, Covent Garden Theatre (Ballets Russes de Monte Carlo, musikalische Leitung: der Komponist); UA der Orchestersuite: 1938 in Venedig. – Aufführungsdauer: ca. 23 Minuten.

Aus dem tiefen Eindruck, den Giottos Fresken zur Vita des heiligen Franz von Assisi in der Bardi-Kapelle von S. Croce in Florenz auf Hindemith gemacht hatten, entstand die Idee zu einem Ballett über die Franziskus-Legende. Es gelang ihm, Léonide Massine, den russischen Tänzer und Choreographen, einst ein führendes Mitglied von Diaghilews »Ballets Russes«, dafür zu begeistern. Massine schreibt: »In der tänzerischen Darstellung des heiligen Franz versuchte ich, alle die verschiedenen Stufen wiederzugeben, die er durchlaufen hatte, bevor er das geistliche Leben auf sich nahm [. . .]. *Nobilissima Visione* war in Wirklichkeit überhaupt kein Ballett. Es war eine dramatische und choreographische Darstellung vom Leben des heiligen Franziskus, in der Hindemith, Tchelichev [der Ausstatter] und ich versuchten, durchweg eine Stimmung mystischer Erhebung zu schaffen und zu bewahren.«
Aus der etwa 35minütigen Musik für die 6 Bilder des Balletts stellte Hindemith eine größere Anzahl von Fragmenten zu einer 3teiligen Orchestersuite zusammen, die er selbst oft dirigierte. Die einzelnen Überschriften sind Erläuterungen der Satzformen, erlauben deshalb keine Rückschlüsse auf die choreographische Zuordnung der Teile:
1. Einleitung (*Sehr langsam*) und Rondo (*Mäßig schnell*) – 2. Marsch (*Lebhaft*, mit fugiertem Mittelteil) und Pastorale (*Langsam*) – 3. Passacaglia (*Feierlich bewegt*, Thema mit 20 Variationen).

Sinfonische Metamorphosen über Themen von Carl Maria von Weber

Besetzung: großes Orchester, mit umfangreichem Schlagwerk. – Entstanden 1943. UA: 1944 in New York (Leitung: Artur Rodzinski). – Aufführungsdauer: ca. 19 Minuten.

Das Stück steht in der Tradition der »Sinfonischen Variationen«, wie sie u. a. Antonín Dvořák und César Franck geschrieben haben; nur etwa ein Jahr später ließ Richard Strauss seine *Metamorphosen* für 23 Solostreicher folgen. Allerdings läßt sich Hindemiths reizvolle Veränderungstechnik, streng genommen, nicht als Metamorphose, d. h. als kontinuierliche Umformung, beschreiben; sie ist eher eine Parodie: Nicht nur einzelne Motive oder Themen erfahren eine Variierung, sondern der vollständige Text der Weber-Stücke. Meist erscheint der harmonische Satz oder die Begleitfiguration in verändertem Licht, während Webers Hauptstimmen auch in der Hindemithschen Version durchaus verfolgbar bleiben. Dieses vom Komponisten offensichtlich geschätzte Verfahren hatte bereits in der *Kammermusik Nr. 5* (1927) zur »Variante eines Militärmarsches« geführt und kehrte in ähnlicher Weise in der *Sinfonia serena* (1946) wieder. Im einzelnen wählte er folgende – in der Partitur nicht genannte – Vorlagen für sein Werk, das sich in der Anordnung der Satzcharaktere den Umrissen einer Sinfonie nähert:

1. *Allegro*, die fast unveränderte Übernahme der Nr. 4 aus den *Huit pièces* op. 60 für Klavier vierhändig (1818/19).
2. *Turandot, Scherzo*, nach der *Overtura chinesa* zu Schillers *Turandot* op. 37 (1804–09); erweitert um einen fugierten Teil und eine Scherzo-Reprise, wobei das bereits bei Weber als Zitat vorgefundene *Air chinois* mit seinen pentatonisch-fernöstlichen Anklängen um eine synkopierte Variante bereichert wird:

3. *Andantino* nach der Nr. 2 aus den *Six pièces* op. 10 für Klavier vierhändig (1809); unveränderte A–B–A-Liedform mit figurierter Reprise (Solo-Flöte!).
4. *Marsch*, wieder den *Huit pièces* op. 60, und zwar Nr. 7, entnommen, erweitert durch die Wiederholung von Teilen aus den ersten 3 Sätzen.

Sinfonie »Die Harmonie der Welt«

Besetzung: mittelgroßes »klassisches« Orchester (zum 2fachen Holz zusätzlich Baßklarinette und Kontrafagott). – Entstehungszeit der Sinfonie: 1951, der Oper: 1956/57. UA der Sinfonie: 1952 in Basel durch das Basler Kammerorchester (Leitung: Paul Sacher), dem das Werk aus Anlaß seines 25jährigen Bestehens gewidmet ist; UA der Oper: 1957 in München, Prinzregententheater. – Aufführungsdauer: ca. 34 Minuten.

»Die drei Sätze der Sinfonie sind konzertmäßig verarbeitete Musikstücke aus einer Oper. Diese handelt vom Leben und Wirken Johannes Keplers, den ihn fördernden oder hindernden Zeitereignissen und dem Suchen nach der Harmonie, die unzweifelhaft das Universum regiert. Die Titel der Sätze beziehen sich auf die bei den Alten oft anzutreffende Einteilung der Musik in drei Klassen und wollen damit auf all die früheren Versuche hinweisen, die Weltenharmonie zu erkennen und die Musik als ihr tönendes Gleichnis zu verstehen.

Die *Musica instrumentalis* [= Satz 1] enthält Musik aus den Opernszenen, in denen widrige äußere Umstände das Handeln des Helden erschweren. Drei konstruktive Hauptelemente werden gegeneinander ausgespielt: ein kurzes ostinates Thema, ein gewichtig voranschreitender Marsch und ein Teil voll Ungezügeltheit.

Im zweiten Satz, der *Musica humana* (den Szenen entnommen, in denen die seelischen Beziehungen der Handelnden das Thema sind), werden zwei langgezogene Melodien erst einzeln, dann zusammen gespielt und schließlich mit einem zarten Abgesang beschlossen.

Der dritte Satz (*Musica mundana*) versucht, die postulierte Harmonie der Welt in einer musikalischen Form zu symbolisieren, in der erst ein breites Fugato entwickelt wird, dann 21 Teile einer Passacaglia über dasselbe thematische Material folgen und schließlich eine breite Coda das Stück zu einem feierlichen Ende bringt« (Hindemith, 1952).

Johann Nepomuk David

* 30. November 1895 in Eferding (Oberösterreich)
† 22. Dezember 1977 in Stuttgart

Nach der Schulzeit (1906 Sängerknabe am Stift St. Florian bei Linz, 1909–11 Schüler des Stiftsgymnasiums Kremsmünster, 1911–15 Lehrerbildungsanstalt Linz) einige Jahre Lehrer an Volksschulen; erste, autodidaktisch erarbeitete Kompositionen. 1920–23 Studium an der Wiener Musikakademie (u. a. Komposition bei Joseph Marx). 1924–33 als Lehrer und Kirchenmusiker in Wels tätig. Kompositorische Erfolge vor allem durch Orgelwerke, für die sich u. a. auch Albert Schweitzer einsetzte. Danach Hochschullaufbahn: ab 1934 Kompositionslehrer und Chorleiter, 1942–45 auch Direktor des Leipziger Konservatoriums, 1945–48 Leiter des Salzburger Mozarteums, anschließend bis 1963 Kompositionslehrer an der Stuttgarter Musikhochschule.

Schon seit frühen Jahren in fortwährender Auseinandersetzung mit Bachscher Satzkunst und Brucknerscher Sinfoniegestaltung, hielt David stets am Prinzip des Cantus firmus als der Bezugsgestalt selbst kunstvollster und verzweigtester Polyphonie fest. Die Tonalität, die er unbeirrt beibehielt, setzte er durch die klangliche Sprödigkeit komplexer kontrapunktischer Satzanlagen außerordentlichen Spannungen aus. Daß für David weltliche und sakrale Musik, Konzertsaal und Kirche eng zusammengehörten, beweisen seine beiden wichtigsten, dazu umfangreichsten Werkreihen, die *Sinfonien* und das *Choralwerk*. Auch das artistisch-virtuose Element fehlt in seinem Œuvre nicht: Es äußert sich in den gelegentlich manieriert anmutenden Kanonkünsten mancher Orgelstücke ebenso wie in der auf Zahlenkombinationen fußenden Klangspekulation etwa der *Magischen Quadrate* oder der ausgeklügelten Virtuosität seiner beiden *Violinkonzerte* (die den Söhnen Lukas [Solist] und Thomas Christian [Dirigent] zugedacht waren).

Werke: *Partita Nr. 1 d-Moll* für Orchester o. op. (1935); *1. Sinfonie a-Moll* op. 18 (1936); *2. Sinfonie e-Moll* op. 20 (1938); *Kume, kum, geselle min*, Divertimento nach alten Volksliedern für Kammerorchester op. 24 (1938); *Introitus, Choral und Fuge über ein Thema von A. Bruckner* für Orgel und 9 Blasinstrumente op. 25 (1939); *Partita Nr. 2 d-Moll* für Orchester op. 27 (1940); *3. Sinfonie c-Moll* op. 28 (1940); *Variationen über ein Thema von J. S. Bach* für Kammer-

orchester op. 29a (1942); *Sinfonische Variationen über ein Thema von H. Schütz* für Orchester op. 29b (1942); *4. Sinfonie d-Moll* op. 39 (1943–48); *Zwei Konzerte für Streichorchester d-Moll und e-Moll* op. 40 Nr. 1/2 (1949/50); *5. Sinfonie* op. 41 (1951); *Sinfonia praeclassica super nomen HASE* op. 44 (1953); *1. Konzert für Violine* und Orchester op. 45 (1952); *6. Sinfonie* op. 46 (1954); *Sinfonia breve* op. 47 (1955); *Requiem chorale* für Soli, Chor und Orchester op. 48 (1956/57); *7. Sinfonie* op. 49 (1956); *2. Konzert für Violine* und Orchester op. 50 (1957); *Ezzolied*, Oratorium für Soli, Chor und Orchester op. 51 (1957); *Magische Quadrate*, Sinfonische Fantasie in 3 Sätzen für Orchester op. 52 (1959); *Melancholia*, Musik für Solo-Bratsche und Kammerorchester op. 53 (1958); *Sinfonia per archi* op. 54 (1959); *Spiegelkabinett*, Walzer für Orchester op. 55 (1960); *8. Sinfonie* op. 59 (1964/65); *Konzert für Orgel* und Orchester op. 61 (1965); *Variationen über ein Thema von Josquin des Près* für Flöte, Horn und Streichorchester op. 62 (1966); *Konzert für Violine, Violoncello* und kleines Orchester op. 68 (1969); *Chaconne für Orchester* op. 71 (1972); *Konzert für Streichorchester* op. 74 (1975).
Ferner: Kammermusik, Chor- und Orgelwerke (darunter das *Choralwerk* in 21 Heften, 1932–74). – Publikation von analytischen Arbeiten über Bach, Mozart und Bruckner.

Wladimir Vogel

* 17. (29.) Februar 1896 in Moskau
† 19. Juni 1984 in Zürich

Privater Klavier- und Theorieunterricht, daneben bereits während der Schulzeit Kompositionsversuche unter dem Einfluß von Alexander Skrjabin. Zwischen 1914 und 1918 Internierung am Ural. Ab 1918 Musik- und Kunstgewerbestudium in Berlin: Komposition zunächst bei Heinz Tiessen, ab 1920 in der Klasse Ferruccio Busonis (u. a. zusammen mit Kurt Weill) bis zu dessen Tod im Jahre 1924. 1929–33 Kompositionslehrer am Berliner Klindworth-Scharwenka-Konservatorium. Emigration 1933. Vorübergehend in Straßburg (dort Kontakte zu Hermann Scherchen). 1935 Niederlassung in der Schweiz. Schweizerische Staatsangehörigkeit seit 1954. Zu Vogels privaten Kompositionsschülern zählten u. a. Rolf Liebermann, Jacques Wildberger und Robert Suter.

»Aus der Einheit – die Vielfalt, in der Vielfalt – die Einheit.« Dieser Werktitel der 70er Jahre nennt die Devise, der Vogel sich spätestens seit der bedeutungsvollen Begegnung mit dem Klassizismus Busonis verpflichtet fühlt. Ob bereits in den rhythmischen Schichtungen der *Vier Etüden* oder später in den Tonhöhentexturen der seit 1937 zwölftönig gearbeiteten Partituren – stets wahrt Vogel das Prinzip thematischer Materialökonomie: Wenige Grundgestalten, etwa eine rhythmische Zelle oder eine Zwölftonreihe, verantworten die musikalische Ordnung des Ganzen. Vogel verlangt von seinen Schülern genauestes Aushören bereits der Grundreihen im Hinblick auf ihre melodisch-harmonischen Spannungsgrade und Entwicklungsmöglichkeiten. Im solistischen und chorischen Sprechen sieht er ein vom Singen abgehobenes, eigenständiges Ausdrucksmittel. Dem Neben- und Miteinander beider vokalen Ebenen verdanken seine großen Musikepen (*Wagadu, Thyl Claes*), die in der *Flucht* in den ureigenen Typus des »dramma-oratorio« einmünden, zu einem großen Teil ihre Spannkraft.

Werke: *Sinfonia fugata* für Orchester, dem Andenken F. Busonis gewidmet (1924); *Wagadus Untergang durch die Eitelkeit* (L. Frobenius), Oratorium für 3 Soli, gemischten Sprech- und Singchor und 5 Saxophone bzw. 1 Klarinette (1930, Neufassung 1955); *Vier Etüden* für Orchester: *Ritmica funebre* (1930), *Ritmica scherzosa* (1930), *Ostinato perpetuo* (1932) und *Ritmica ostinata* (1932); *Tripartita* für Orchester (1934); *Violinkonzert* (1937); *Thyl Claes, Kolldragers Sohn* (nach dem *Ulenspiegel* von C. de Coster), Oratorium für Sopran, 2 Sprechsolisten, Sprechchor und Orchester, Teile I (1938–42) und II (1943–45); daraus: *Vier Suiten, Cortège de noces* und *Passacaglia* für Orchester, *Sechs Fragmente* und *Chant du midi* für Sopran und Orchester; *Sieben Aspekte einer Zwölftonreihe* für Orchester (1950); *Spiegelungen* für Orchester (1952); *Preludio, Interludio lirico und Postludio* für Orchester (1954); *Arpiade* (J. Arp) für Sopran, Sprechchor und 5 Instrumente (1954); *Cellokonzert* (1954); *Goethe-Aphorismen* für Sopran und Streichorchester (1955); *Antigonae* (Sophokles, F. Hölderlin) für Männersprechchor und Schlagzeug (1955); *Eine Gotthardkantate* (F. Hölderlin) für Bariton und Streichorchester (1956); *Alla memoria di G. B. Pergolesi* (G. Radiciotti, G. Brezzo) für Tenor und Streichorchester (1958); *Jona ging doch nach Ninive* (M. Buber) für Bariton, Sprecher, Sprech- und Singchor und Orchester (1958); *Meditazione sulla maschera di Amedeo Modigliani* (F. Filippini) für 4 Soli, Sprecher, gemischten Chor und Orchester (1960); *Worte* (J. Arp) für 2 Frauensprechstimmen und 12 Streicher (1962); *Flucht*

(R. Walser), Dramma-Oratorio für 4 Sprecher, 4 Sänger, Sprechchor und Orchester (1963/64); *Hörformen I–XII* für großes Orchester (1967–69); *Gli spaziali – Ceux de l'espace – Menschen im Weltraum* (Leonardo da Vinci, J. Verne, H. Meier) für 2–3 Sprecher, Vokalquintett und großes Orchester (1970/71); *Aus der Einheit – die Vielfalt, in der Vielfalt – die Einheit*, Hörformen für Klavier und Streichorchester (1972/73); *Abschied* für Streichorchester (1973); *Meloformen* für Streichorchester (1974); *Komposition* für Kammerorchester (1976); *Hommage* für Streicher (1975); *Musik* für 4 Holzbläser und Streicher (1976); *In signum »IM«* für Orchester (1976); *Komposition* für Kammerorchester (1976); *Verstrebungen*, Musik in konkreten Gestalten für Orchester (1977); *Verso – Inverso* für Streicher und Schlagzeug (1978); *Variationen über Tritonus und Septime* für Streicher (1978); *Concertino für Flöte* und Streichquartett bzw. Streichorchester (1979); *Konzertante Musik* für Streichtrio und Streichorchester (1980); *Friede . . .?* (W. Vogel) für Bariton, 4 Blechbläser und Streichorchester (1980); *Humoreske* für Orchester (1980); *Zusammenspiel* für Orchester (1981); *Traumgesicht* (H. Meier) für Bariton und Streichorchester (1982).

Erich Wolfgang Korngold

* 29. Mai 1897 in Brünn
† 29. November 1957 in Hollywood (Kalifornien, USA)

Sohn des einflußreichen Wiener Musikkritikers (und Hanslick-Nachfolgers) Julius Korngold (1860–1945). Frühe Unterweisung des Hochbegabten durch Robert Fuchs und Alexander Zemlinsky. Vielbeachtete Jugendkompositionen, Förderung u. a. durch Gustav Mahler. Als Kapellmeister tätig. Sensationserfolg mit der Oper »Die tote Stadt« (UA Hamburg 1920). Vorausgegangen waren die Bühnenwerke »Der Ring des Polykrates« und »Violanta«, folgen sollte noch »Das Wunder der Heliane«. 1927 Professur an der Wiener Musikakademie. Durch Vermittlung von Max Reinhardt Übersiedelung nach Hollywood und höchst erfolgreiche, durch »Oscar«-Auszeichnungen gewürdigte Arbeit für den Film (17 Filmmusiken, u. a. für »Anthony Adverse«, 1936; »Robin Hood«, 1938). Nach 1945 erneut Komposition spätromantisch geprägter sinfonischer Werke – geschätzt in den USA, kaum registriert in Europa, wohin der Halbvergessene auf Dauer nicht mehr zurückkehren mochte.

Korngolds Aufstieg gestaltete sich kometenhaft. Ausgehend von Strauss, Schillings, Zemlinsky und Schreker traf er, unter Umgehung der Schönberg-Schule, noch einmal den sinfonisch ausgreifenden, melodisch überschwenglichen Ton des Wiener Fin de siècle. Allerdings blieb die Wirkung seiner generösen Bühnen- und Orchesterwerke auf kaum eineinhalb Jahrzehnte beschränkt, da bereits die 20er Jahre definitive Umwälzungen mit sich brachten. Im sinfonisch durchkomponierten Hollywood-Film konnte diese Stilrichtung vorläufig noch überleben. Als aber der kaum 50jährige nach 1945 daranging, Teile seiner Filmpartituren in sinfonische Werke umzuwandeln, mußte er zwangsläufig scheitern. Gelegentliche Wiederaufführungen seiner Werke lassen einen früh alternden Hochbegabten erkennen.

Werke (Auswahl): *Schauspiel-Ouvertüre* für großes Orchester op. 4 (1911); *Sinfonietta* für großes Orchester op. 5 (1912); *Viel Lärm um nichts*, Suite aus der Schauspielmusik für Kammerorchester op. 11 (1919); *Sinfonische Ouvertüre* (*»Sursum Corda«*) op. 13 (1919); *Konzert in cis-Moll* für Klavier (linke Hand) und Orchester op. 17 (1923); *Konzert D-Dur für Violine* und Orchester op. 35 (1945); *Konzert C-Dur für Violoncello* und Orchester op. 37 (1946); *Sinfonische Serenade B-Dur* für Streichorchester op. 39 (1947); *Sinfonie Fis-Dur* für Orchester op. 40 (1951/52).

Viktor Ullmann

* 1. Januar 1898 in Teschen (Schlesien)
† 18. Oktober 1944 (?) in Auschwitz (Polen)

Ullmann erhielt Unterricht und Anregung bei Komponisten und Interpreten, die dem Wiener Schönberg-Kreis angehörten (Polnauer, Jalowetz, Steuermann, Zemlinsky). Besuch von Schönberg-Seminaren, Mitarbeit im Prager Verein für musikalische Privataufführungen. Kapellmeister in Zürich (1929–31), Buchhändler in Stuttgart, Musiklehrer in Prag (hier Unterricht bei Alois Hába, 1935–1937). 1942 Deportation ins KZ Theresienstadt. Am 16. Oktober 1944 nach Auschwitz verbracht.

Das auf dem Genfer IGNM-Musikfest 1929 erfolgreiche Klavierwerk *Variationen und Doppelfuge über ein Thema von Schönberg* op. 3a (Orchesterfassung: op. 5, 1934) wies seinen Autor als Komponisten im Bannkreis der Wiener Schule aus. Tendenzen zu verstärkter tonartlicher Rückbindung und satztechnischer Vereinfachung zeigen erst die *Klaviersonaten Nr. 1–4* (1936–41) und vor allem *Nr. 5–7* (1943/44). Rund 50 Jahre danach wagte Bernhard Wulff den Versuch, die vielleicht als Orchesterwerke gedachten Sonaten Nr. 5 und 7 als Sinfonien zu rekonstruieren. »Ein dionysisches Werk« nannte Ullmann selbst sein *Klavierkonzert* op. 25 (1939). Eine große Zahl von Arbeiten, nicht weniger als zwei Dutzend, konnte er in Theresienstadt abschließen, darunter die unmißverständlich auf das Regime bezogene Kammeroper *Der Kaiser von Atlantis oder Die Tod-Verweigerung* (auch: *Der Tod dankt ab*) op. 49 (noch im Lager geprobt, dann verboten) und die in den letzten Lebenswochen entstandenen Rilke-Melodramen *Die Weise von Liebe und Tod des Cornets Christoph Rilke* (1944; Orchesterfassung von Henning Brauel [1994]).

Hanns Eisler

* 6. Juli 1898 in Leipzig
† 6. September 1962 in Berlin

Sohn des österreichischen Philosophen Rudolf Eisler. Nach Ende des 1. Weltkriegs kurze Zeit Schüler der Wiener Musikakademie. 1919–23 Privatunterricht bei Arnold Schönberg in Wien (Tonsatz, Analyse, Komposition) und Leitung von zwei Arbeiterchören. 1924 Übersiedlung nach Berlin: Musikkritiker, Lehrer am Klindworth-Scharwenka-Konservatorium, aktive Teilnahme an der Arbeiterbewegung und am antifaschistischen Widerstand. Nach 1933 Emigration über mehrere europäische Länder in die USA (1938). Lehrtätigkeit, Komposition von Filmmusiken und Fortsetzung der in Berlin begonnenen Zusammenarbeit mit Bertolt Brecht. 1948–50 in Wien, danach als Kompositionslehrer an der Deutschen Hochschule für Musik in Ost-Berlin wirkend.

Auf eigenständige, phantasievolle Weise spiegeln Eislers frühe Werke den Annäherungsprozeß an die Prinzipien der Zwölftontechnik wider, der sich im Schaffen Schönbergs und seines Schülerkreises zu Beginn der 20er Jahre vollzog. Neben Webern und Berg rechnete Schönberg Eisler zu den »talentiertesten jungen Komponisten mit bester Vorbildung«. Eislers politisches Engagement bedingte jedoch eine kompositorische Neuorientierung: In Massenliedern, Songs, Theater- und Filmmusiken wünschte er mit vereinfachten melodischen, harmonischen und rhythmischen Mitteln einen weiten Hörerkreis anzusprechen und zu beeinflussen. Dennoch blieb bis zuletzt die Schreibweise des einstigen Avantgardisten unüberhörbar; so manche musikalische Wendung, textbezogen oder rein instrumental, erzielt ihre Schlagkraft erst durch raffinierte Akkordrückungen, rhythmisch-metrische Abweichungen oder satztechnisch verankerte Bildhaftigkeit. Mit den Forderungen des Sozialistischen Realismus identifizierte sich Eisler weitgehend, doch ohne seinen individuellen kritischen Standort jemals zu verleugnen.

Werke: *Palmström* (C. Morgenstern), Studien über Zwölftonreihen für Sprechstimme und 4 Instrumentalisten op. 5 (1924); *Zeitungsausschnitte* für Gesang und Klavier op. 11 (1922); *Tempo der Zeit* (D. Weber), Kantate für Alt, Baß, Sprecher, gemischten Chor und kleines Orchester op. 16 (1929); *Die Maßnahme* (B. Brecht), Lehrstück für Tenor, 3 Sprecher, gemischten Chor und Orchester op. 20 (1930); *Orchestersuite Nr. 1* mit Potpourri über russische Volkslieder op. 23 (1933); *Orchestersuiten Nr. 2–6* nach Filmmusiken: *Niemandsland* op. 24 (1931), *Kuhle Wampe* op. 26 (1932; darin: *Solidaritätslied*), *Die Jugend hat das Wort* op. 30 (1932), *Dans les rues* op. 34 (1933), *Le grand jeu* op. 40 (1934); *Kleine Sinfonie* für Orchester op. 29 (1932); *Deutsche Sinfonie* (B. Brecht / H. Eisler) für 4 Soli, 2 Sprecher, gemischten Chor und Orchester op. 50 (1936/37, 1947), daraus: *Allegro* und *Zwei Etüden* für Orchester; *Lenin-Requiem* (B. Brecht), Kantate für Alt, Bariton, gemischten Chor und Orchester (1937); *Fünf Orchesterstücke* (1938); *Variationen über ein marschartiges Thema* für Orchester (1938); *Nonette I/II: 32 Variationen über ein fünftaktiges Thema* und *Suite* (1939); *Kammersinfonie* für 15 Instrumente op. 69 (1940); *Ouvertüre zu einem Lustspiel* für kleines Orchester (1948); *Rhapsodie* für großes Orchester mit Sopran-Solo nach Worten aus Goethes *Faust II* (1949); *Auferstanden aus Ruinen* (J. R. Becher), Nationalhymne der DDR (1949); *Mitte des Jahrhunderts* (J. R. Becher), Kantate für Solo, Chor und Orchester (1950); *Johann Faustus*,

Opernlibretto mit Skizzen (1952); *Das Vorbild* (J. W. Goethe), Triptychon für Alt, Bariton und kleines Orchester (1952); *Die Teppichweber von Kujan-Bulak* (B. Brecht), Kantate zum 40. Jahrestag der UdSSR für Gesang und Orchester (1957); *Kriegsfibel* (B. Brecht), Kantate für Soli, Männerchor und Orchester (1957). – Zahlreiche Bühnenmusiken, vor allem zu Stücken Bertolt Brechts, daneben Filmmusiken.
Schriften: *Materialien zu einer Dialektik der Musik* (1973); *Musik und Politik*, Schriften 1924–1948 (1974).

George Gershwin

* 26. September 1898 in Brooklyn (New York)
† 11. Juli 1937 in Beverly Hills (Kalifornien)

Väterlicherseits russischer Abstammung – aus Gersjovits war Gershwin geworden –, entfaltete der junge Gershwin schon früh besondere Fähigkeiten im improvisatorischen Klavierspiel nach Songmelodien und Jazzthemen. Ab 1916 Komposition eigener Songs; 1918 Inszenierung der ersten von insgesamt mehr als 20 für die Broadway-Theater bestimmten Revuen und Musikkomödien, oft nach Texten seines Bruders Ira.
Auf Anregung des Bandleaders Paul Whiteman zeitweilig Zuwendung zum sogenannten »Sinfonischen Jazz«, einem besonders in Whitemans Orchester entwickelten, zwischen nur unterhaltsamem Genre und anspruchsvollem Bigband-Jazz angesiedelten Musizier- und Arrangierstil.
Auf einer Europareise 1928 in Paris Kontakte zu Strawinsky, Poulenc, Milhaud und Ravel, der Gershwins Bitte um Kompositionsunterricht mit der Begründung abgewiesen haben soll: »Warum wollen Sie ein Ravel zweiten Ranges werden, da Sie doch ein Gershwin ersten Ranges sind?«
Seit Beginn der 30er Jahre auch Mitarbeit an Musikfilmen. Milieustudien in den Südstaaten für das Opernprojekt »Porgy and Bess« (1935). In den letzten Lebensjahren intensive Beschäftigung mit einem musikalisch-mathematischen Komponiersystem des aus Rußland stammenden Amerikaners Joseph Schillinger. Nach 1934 in Los Angeles auch Bekanntschaft mit Arnold Schönberg.

Werke: *Rhapsody in Blue* für Klavier und Orchester (1924); *Concerto in F* für Klavier und Orchester (1925); *An American in Paris*, Sinfonische Fantasie für Orchester (1928; Grundlage eines 1951 gedrehten gleichnamigen Musikfilms); *Second Rhapsody* für Orchester (1931); *Cuban Ouverture* für Orchester (1932); *Porgy and Bess*, Oper in 3 Akten nach DuBose Heyward / I. Gershwin (1935). – Ferner: Songs, Revuen, Musikfilme.

»[...] der Eindruck von Gershwins Musik ist der einer Improvisation mit all den Vorzügen und Mängeln einer solchen Schaffensweise. In dieser Hinsicht könnte man ihre Wirkung mit der einer Rede vergleichen, die einen vielleicht enttäuscht, wenn man sie liest und wie mit der Lupe untersucht; man vermißt, was einen so sehr bewegte, als man von dem Charme der Rednerpersönlichkeit überwältigt war« (Arnold Schönberg, 1938).

Rhapsody in Blue

Besetzung: Solo-Klavier und mittelgroßes Orchester, zusätzlich 2 Alt- und 1 Tenorsaxophon, Banjo. – Entstanden 1924. UA: 1924 in New York, Aeolian Hall, durch den Komponisten und das Orchester Paul Whiteman. – Aufführungsdauer: ca. 17 Minuten.

Vor der Uraufführung war gerüchtweise bekannt geworden, George Gershwin arbeite an einem Jazzkonzert. Wie sich dann zeigte, hatte er sich aber weniger vom klassisch-romantischen Instrumentalkonzert als von der lockeren Reihungsform Lisztscher Rhapsodien anregen lassen, die ihm mehr Raum für kadenzartige Improvisationseinschübe bot. Indessen steht außer Zweifel, daß die Stärke der *Rhapsody in Blue* in der Erfindung ihrer swingenden Themen liegt. Weniger zwingend erscheint heute deren Verarbeitung und vor allem die Gestaltung formaler Nahtstellen, Mängel, deren Gershwin sich durchaus bewußt war und die er später durch weitere Kompositionsstudien ausgleichen wollte.

Das berühmte Klarinetten-Glissando, mit dem Gershwins wohl eigenständigste Komposition beginnt, ist längst zu einer Art akustischem Symbol für die facettenreiche Stilrichtung des »Sinfonischen Jazz« geworden. Von Ross Gorman, dem meisterhaften Klarinettisten im Orchester des damaligen »King of Jazz« Paul Whiteman, stammte die Anregung zu dieser instrumentalen Eröffnungsgeste (s. Bsp. S. 856).

Da aus Zeitmangel nicht Gershwin selbst, sondern Whitemans

Arrangeur Ferde Grofé die Instrumentation vorgenommen hatte, darf das Klangbild der *Rhapsody in Blue* zugleich als Dokument des typischen Sounds dieses berühmten Orchesters angesehen werden.

Francis Poulenc

* 7. Januar 1899 in Paris
† 30. Januar 1963 in Paris

Im Alter von etwa 15 Jahren Schüler des berühmten spanischen Pianisten Ricardo Viñes. 1917 erster nachhaltiger Erfolg mit der »Rapsodie nègre«; wenig später Zusammenschluß mit Arthur Honegger, Darius Milhaud, Georges Auric, Louis Durey und Germaine Tailleferre zur »Groupe des Six«, der auch Jean Cocteau als literarischer Wortführer nahestand. 1921–24 kompositorische Beratung durch Charles Koechlin; im übrigen Verzicht auf eine reguläre akademische Ausbildung. 1924 endgültiger Durchbruch mit »Les Biches« in der Pariser Darbietung durch Sergej Diaghilews »Ballets Russes«. In späteren Jahren Klavierpartner des Sängers Pierre Bernac.

Poulencs Œuvre weist zwei funktional, stilistisch und zeitlich deutlich voneinander unterscheidbare Werkgruppen auf. Mit der *Rapsodie nègre* beginnt die Reihe »profaner« Kompositionen, die bis zuletzt den ästhetischen Zielen der »Groupe des Six« treu blieben – knappe formale Grundrisse, diatonisches Satzbild mit ironisch gefärbten »falschen« Noten, Verzicht auf verunklarendes Beiwerk –, die zugleich jedoch eine deutliche

Beeinflussung durch Strawinskys neoklassizistische Manierismen der 20er Jahre bezeugen. Erst um 1935 setzt die Folge sakraler Werke ein, die unverkennbar von Poulencs Bewunderung für die niederländische Vokalpolyphonie der Renaissance, aber auch vom zeremoniellen Gestus des französischen höfischen Barock geprägt sind.

Werke: *Rapsodie nègre* für Bariton und 7 Instrumente (1917); *Le Bestiaire, ou Cortège d'Orphée* (G. Apollinaire), Liederzyklus mit Klavier bzw. Instrumentalensemble (1919); *Cocardes* (J. Cocteau), Liederzyklus mit Klavier bzw. 5 Instrumenten (1919); *Discours du Général* für Orchester, Beitrag zu *Les Mariés de la Tour Eiffel*, Kollektivkomposition der »Groupe des Six« (1921); *Les Biches* (Texte des 17. Jh.), Ballett mit Chor in 1 Akt (1923), daraus: *Orchestersuite* (1923, revidiert 1940); *Airs chantés* (J. Moréas) für Singstimme und Klavier bzw. Orchester (1928); *Concert champêtre* für Cembalo (oder Klavier) und Orchester (1927/28); *Aubade*, Choreographisches Konzert für Klavier und 18 Instrumente (1929); *Le Bal masqué* (M. Jacob), Kantate für mittlere Singstimme und Kammerorchester (1932); *Konzert für zwei Klaviere* und Orchester d-Moll (1932); *Suite française* nach C. Gervaise für Instrumentalensemble (1935); *Deux marches et un intermède* für Kammerorchester (1937); *Sécheresses* (E. James), Kantate für gemischten Chor und Orchester (1937); *Konzert* für Orgel, Streichorchester und Pauken g-Moll (1938); *Histoire de Babar le petit éléphant* für Klavier und Sprecher (1940–45); *Les Animaux modèles* (nach La Fontaine), Ballett in 1 Akt (1942), daraus: *Orchestersuite*; *Chansons villageoises* für Singstimme und kleines Orchester (1942); *Sinfonietta* für Orchester (1947); *Konzert für Klavier* und Orchester (1949); *Stabat Mater* für Sopran, gemischten Chor und Orchester (1950); *Gloria* für Sopran, gemischten Chor und Orchester (1959); *La Dame de Monte-Carlo* (J. Cocteau), Monolog für Sopran und Orchester (1961); *Sept Répons des ténèbres* für Knabenstimme, Kinder- und Männerchor und Orchester (1961). – Schauspielmusiken zu Stücken u. a. von Cocteau, Giraudoux, Anouilh und Molière; ferner Filmmusik.

Kurt Weill

* 2. März 1900 in Dessau
† 3. April 1950 in New York

Musikalische Ausbildung zunächst privat bei Albert Bing in Dessau (1915–18), dann an der Berliner Musikhochschule u. a. bei Engelbert Humperdinck (1918/19). Nach Kapellmeistertätigkeit in Ferruccio Busonis Berliner Kompositionsklasse aufgenommen (1920–1923, u. a. zusammen mit Wladimir Vogel). Starkes Interesse am Musiktheater: Zusammenarbeit zunächst mit Yvan Goll und Georg Kaiser, 1927–30 vor allem mit Bertolt Brecht. 1926 Heirat mit der Schauspielerin und Sängerin Lotte Lenya. Nach der Emigration im Jahr 1933 Aufenthalte in Paris und London, 1935 auf Einladung Max Reinhardts endgültige Niederlassung in den USA (New City bei New York und Hollywood). Amerikanische Staatsangehörigkeit 1943.

Nur Ernst Kreneks *Jonny*-Oper dürfte Ende der 20er Jahre ähnlich überwältigende Erfolge erzielt haben wie Weill/Brechts *Dreigroschenoper.* In beiden Bühnenwerken begrüßte das Publikum die Protesthaltung gegenüber dem monumentalen romantischen Opernkunstwerk, überhörte es keineswegs ihre sozialkritische Komponente und zeigte es sich fasziniert von der Offenheit gegenüber modischen Ausdrucks- und Darbietungsformen: Chanson und Moritat, Tanzrhythmen und Jazzkolorit, betonte Unsentimentalität und scheinbare Kunstlosigkeit. Nur zu leicht aber lassen Weills weltberühmt gebliebene Songs, dazu seine im Exil rasch vollzogene Anpassung an die Bedürfnisse Hollywoods und des Broadway vergessen, daß die Anfänge des Komponisten einen spannungsgeladenen Expressionismus bezeugen, der auch durch Busonis glättenden Einfluß seiner ursprünglichen Vitalität nicht völlig verlustig ging.

Werke: *1. Sinfonie* in 1 Satz (1921); *Divertimento* für Orchester (1922); *Fantasia, Passacaglia und Hymnus (Sinfonia sacra)* für Orchester (1922); *Quodlibet (Eine Unterhaltungsmusik)* für Orchester (1924); *Konzert für Violine* und Bläserensemble mit Schlagzeug (1925); *Der neue Orpheus* (Y. Goll), Kantate für Sopran, Violine und Orchester (1925); *Mahagonny*, Songspiel nach 5 Gedichten B. Brechts (1927), erweitert zu: *Aufstieg und Fall der Stadt Mahagonny*, Oper in 3 Akten (1927–29); *Die Dreigroschen-*

oper (B. Brecht), Stück mit Musik nach J. Gays *Bettleroper* von 1728 (1928), hieraus: *Kleine Dreigroschenmusik* für kleines Orchester (1928); *Das Berliner Requiem* (B. Brecht), Kantate für 3 Männerstimmen und Bläser (1928); *Der Lindberghflug* (B. Brecht), Lehrstück für 3 Männerstimmen, gemischten Chor und Orchester, 1. Fassung zusammen mit P. Hindemith, 2. Fassung von K. Weill allein (beide 1929); *Der Jasager / Der Neinsager* (B. Brecht, nach japanischen Vorlagen), Schulopern (1930); *Die sieben Todsünden [der Kleinbürger]* (B. Brecht), Ballett mit Sopran, Männerchor und Orchester (1933); *2. Sinfonie* für Orchester (1933); *Railroads on Parade* (C. Alan / B. Bernier), Begleitmusik für die New Yorker Weltausstellung 1939 (1939); *The Ballad of Magna Charta* (M. Anderson), Kantate für Soli, gemischten Chor und Orchester (1940).
Ausgewählte Schriften (1975).

Ernst Krenek

* 23. August 1900 in Wien
† 22. Dezember 1991 in Palm Springs (Kalifornien, USA)

Frühe Interessen für Geschichte, Literatur und Musik. Erste kompositorische, aber auch literarische Arbeiten entstehen schon während der Schuljahre. Ab 1916 Kompositionsstudium bei Franz Schreker, zunächst an der Wiener Musikakademie, 1920–23 an der Berliner Musikhochschule, wo Kontakte zu wichtigen Exponenten neuer künstlerischer Bestrebungen gefunden werden, z. B. zu Ferruccio Busoni, Hermann Scherchen, Eduard Erdmann und Artur Schnabel. 1923–25 Aufenthalte in der Schweiz und in Frankreich. Bereits in der Studienzeit entsteht eine größere Anzahl von Kompositionen, darunter 3 Opern und 3 Sinfonien. 1925–28 Assistententätigkeit bei Paul Bekker an den Theatern in Kassel und Wiesbaden; Erwerb praktischer Theaterkenntnisse.
1927 überwältigender Erfolg der Oper »Jonny spielt auf« (op. 45, 1925/26), der Krenek zwar vorläufig materielle Unabhängigkeit sichert, ihm aber auch künftige stilistische Neuorientierungen erschwert. Das Textbuch schrieb er selbst, wie später oft für seine Bühnen- und Vokalwerke.
Ab 1928 wieder in Wien. Zeitweilig überwiegt die schriftstellerische

Neigung: Krenek verfaßt zahlreiche Essays, Rezensionen und Feuilletons, u. a. für die »Frankfurter Zeitung«, die »Wiener Zeitung« und die Zeitschrift »23«. Freundschaft mit Karl Kraus. Arbeit an der großangelegten Oper »Karl V.« (op. 73, 1930–33). Unter dem Einfluß der Schönberg-Schule praktische und theoretische Auseinandersetzung mit den Prinzipien der Zwölftonkomposition (»Über neue Musik«, 1937; »Zwölfton-Kontrapunkt-Studien«, 1940). Während des Dritten Reiches zunehmende Ächtung Kreneks und seiner Musik. Emigration 1938 in die USA (amerikanische Staatsbürgerschaft 1945). Lehrtätigkeit und Gastkurse an mehreren amerikanischen Hochschulen und Universitäten: Poughkeepsie bei New York (1939–42), St. Paul (1942–47), New Mexico, Chicago und Los Angeles, wo Krenek seit 1947 seinen Wohnsitz hatte; seit 1966 lebte er in Palm Springs (Kalifornien). Nach 1950 jährliche Europareisen (Dirigierverpflichtungen, Auftragskompositionen, Vorträge). – Herausgabe mehrerer Essaybände, u. a. »Zur Sprache gebracht«, 1958; »Gedanken unterwegs«, 1959; »Prosa, Dramen, Verse«, 1965.

Werke in größerer Besetzung: *1. Sinfonie* op. 7 (1921); *2. Sinfonie* op. 12 (1922); *3. Sinfonie* op. 16 (1922); *1. Klavierkonzert Fis-Dur* op. 18 (1923); *2. Concerto grosso* op. 25 (1924); *1. Violinkonzert* op. 29 (1924); *Sieben Orchesterstücke* op. 31 (1924); *Sinfonie für Bläser und Schlagwerk* op. 34 (1924/25); *Kleine Sinfonie* op. 58 (1928); *Thema und 13 Variationen* op. 69 (1931); *2. Klavierkonzert* op. 81 (1937); *Kleines Konzert* für Orgel, Cembalo und Kammerorchester op. 88 (1940); *Lamentatio Jeremiae Prophetae* für gemischten Chor op. 93 (1941/42); *I Wonder as I Wander*, Sinfonischer Satz in Form von Variationen über ein Volkslied von North Carolina op. 94 (1942); *Sinfonische Elegie* für Streichorchester (1946); *3. Klavierkonzert* (1946); *4. Sinfonie* (1947); *5. Sinfonie* (1947–49); *4. Klavierkonzert* (1950); *Doppelkonzert für Violine, Klavier* und Kammerorchester (1950); *Konzert für Harfe* und Kammerorchester (1951); *Konzert für 2 Klaviere* und Orchester (1951); *Medea*, Dramatischer Monolog für Mezzosopran und Orchester (Euripides / R. Jeffers, 1951/52); *1. Violoncellokonzert* (1953); *Sinfonie »Pallas Athene«* (1954); *2. Violinkonzert* (1954); *Elf Transparente* für Orchester (1954); *Capriccio* für Violoncello und Kammerorchester (1955); *Spiritus Intelligentiae, Sanctus*, Pfingstoratorium für Singstimmen und elektronische Klänge (1955/56); *Kette, Kreis und Spiegel*, Sinfonische Zeichnung für Orchester (1956/57); *Quaestio temporis* (»Eine Frage der Zeit«) für kleines Orchester (1958/59); *Aus drei mach sieben*, Mobile für Orchester (1960/61); *Ausgerechnet und verspielt* für 17 Musiker (1962); *Horizont umkreist* für Orchester (1967); *Perspektiven* für Orchester (1967); *Sechs Profile* für Orchester (1967/68); *Fünffache Verschränkung* für Orchester

(1969); *Statisch und ekstatisch* für Kammerorchester (1971/72); *Von vorn herein* für Kammerorchester (1974); *Dream Sequence* für Blasorchester (1975); *Feiertagskantate* für Mezzosopran, Bariton, Sprecher, gemischten Kammerchor und Kammerorchester (1975); *Konzert für Orgel* und Streichorchester (1979); *Im Tal der Zeit*, Sinfonische Skizze für Orchester (1979); *Arc of Life* (»Lebensbogen«), 12 Stücke für Kammerorchester (1981); *Konzert für Orgel* und Orchester (1982); *2. Konzert für Violoncello* und Orchester (1982).

In Kreneks Œuvre prägten sich in rascher Abfolge so konträre Tendenzen aus wie während der 20er Jahre die freie Atonalität, der Neoklassizismus und die Neuromantik, bevor sich zu Beginn der 30er Jahre die entscheidende Wende zur Dodekaphonie, Mitte der 50er Jahre zu seriellen Techniken vollzog. Krenek erblickte in der Notwendigkeit kritischer Revision, im Bedürfnis nach Neubesinnung und Stilwandel, eine Chance geistiger Verjüngung: »Als ich wahrnahm, daß andere Komponisten, sobald sie gesetztes Alter erreicht hatten, zu verkünden pflegten, daß sie in der Musikgeschichte das letzte Wort gehabt hatten, und daß alles, was nach ihnen versucht wurde, blanker Unsinn war, beschloß ich, daß mir das im Alter nicht passieren sollte, und habe daher kein Bedenken getragen, neue Ideen, die in der Luft lagen, aufzugreifen und mich mit ihnen auseinanderzusetzen« (*Gespräch mit meinem zweiten Ich*, 1973).
In dieser Haltung mag aber auch begründet liegen, daß kaum eines seiner Werke – die *Lamentatio Jeremiae Prophetae* vielleicht ausgenommen – die fortdauernde Resonanz eines Hauptwerks erreicht hat. Mit schmerzlicher Klarheit hat Krenek selbst erkannt, daß der Sensationserfolg seines *Jonny* 1927 eine nur in der unmittelbaren Zeitkonstellation begründete, später schnell erlöschende Publikumsreaktion gewesen war.
Krenek repräsentierte den seltenen Typus eines allseitig offenen Künstlers mit universellen Interessen. Als Schriftsteller fühlte er sich dem kritischen Geist eines Karl Kraus verbunden; überhaupt war er mit vielen bedeutenden Persönlichkeiten des literarischen Lebens, darunter Rilke, befreundet. Als Musikhistoriker und analysierender Essayist griff er zentrale Themen auf, die ihm – wie im Falle der Gregorianik oder der »Niederländischen Schule«, des Monteverdischen Madrigalschaffens oder der Stilistik der Wiener Schule – nicht selten zugleich kompositorische Impulse vermittelten.

2. Sinfonie op. 12

Besetzung: sehr großes Orchester (5 Klarinetten, sonst 3faches Holz; 6 Hörner, je 4 Trompeten und Posaunen, 1 Tuba; Schlagzeug, Celesta und Streicher). – Entstanden 1922. UA: 1923 in Kassel, Allgemeines Deutsches Tonkünstlerfest. – Aufführungsdauer: ca. 50 Minuten.

Kreneks *2. Sinfonie* darf als das exponierteste Zeugnis seines größtenteils noch unter Franz Schrekers Betreuung in Berlin entstandenen Frühwerks gelten. Ihre 3 ausgedehnten Sätze (1. *Andante sostenuto / Allegro agitato* – Sonatenform; 2. *Allegro deciso* – Scherzoform; 3. *Adagio / Agitato* – 3teilige Reprisenform: *accelerando – ritardando*) spiegeln das Erlebnis der Sinfonik Gustav Mahlers wider. Dessen Tochter Anna war im gleichen Jahr 1922 Kreneks Frau geworden; ihr ist die Partitur gewidmet. Ein 53taktiges, von Generalpausen eingeschlossenes expansives Solo der Unisono-Violinen, dessen Höhepunkt

im Beispiel zitiert wird, bezeugt wie keine andere Stelle des Werkes die Nähe zu Mahlerscher Übersteigerung der instrumentalen Mittel. Andererseits sind weite Teile der Partitur von den Merkmalen des um 1920 sich zuspitzenden Stilumbruchs gekennzeichnet, d. h. von atonalen Akkordbildungen, starren rhythmischen Ostinati und von der Reduktion oder gar Aufsplitterung thematischer Gebilde.

Anläßlich einer Aufführung des Werkes führte der Komponist 1943 unter dem Aspekt der Stilwende aus: »Vom rein musikalischen Standpunkt ließe sich feststellen, daß der die ganze Symphonie durchdringende Ausdruck schmerzlicher Spannung auf den stilistischen Dualismus zurückzuführen ist, auf Grund dessen die atonale Landschaft der Musik von Relikten des tonalen Idioms zerrissen wird. Der Eindruck, den diese isolierten Elemente hervorrufen, ist oft ganz pathetisch, erzeugt ein düsteres Heimwehgefühl, wie man es bei dem Anblick von Ruinen empfinden mag, die inmitten mächtiger, aber nüchterner und abschreckender moderner Bauten an eine glücklichere Vergangenheit erinnern. Ich bin dessen ganz gewiß, daß ich es nicht auf solche Wirkungen abgesehen hatte und mir der Dualismus des musikalischen Idioms nicht bewußt war.«

Kette, Kreis und Spiegel. Sinfonische Zeichnung

Besetzung: mittelgroßes Orchester. – Entstanden 1956/57. UA: 1957 in Basel. – Aufführungsdauer: ca. 15 Minuten.

Zur Uraufführung schrieb Krenek für Paul Sacher, den Leiter des Basler Kammerorchesters und Widmungsträger der Partitur, diese Erläuterungen:
»Der Titel bezieht sich im wesentlichen auf die kompositorische Konstruktion, hat aber wohl auch einen anregenden symbolischen Unterton. Sie werden bemerken, daß das Anfangs-›Thema‹ (Takt 1–10) dreimal wiederkommt – als Umkehrung (124–132), rückläufig und umgekehrt (292–300) und einfach rückläufig (402 bis Schluß). Abgesehen davon liegt keine ›thematische‹ Arbeit im hergebrachten Sinne vor. Die lockeren, motivischen Beziehungen, die von Abschnitt zu Abschnitt bemerkbar sein mögen, ergeben sich gewissermaßen von selbst durch eine streng durchgeführte progressive Veränderung der zugrunde liegenden Zwölftonreihe, die am Schluß wieder zu ihrem Anfangsstadium zurückführt. Im Kontrast zu dieser präzisen Konstruktion ist der ausdrucksmäßige Duktus des Stücks sehr frei und rhapsodisch gedacht. Daher ist die melodische Kontinuität oft zerklüftet und in kurzen Phrasen auf verschiedene Instrumentengruppen aufgeteilt. Das wird wohl nicht immer ganz leicht darzustellen sein, aber ich hoffe, daß die ungewohnte Aufgabe Sie reizen wird.«
Ketten bilden sich, wenn Schlußtöne von Reihen mit Anfangstönen nachfolgender Reihenbildungen identisch sind und das Material sich auf diese Weise verklammert. *Kreise* werden beschrieben durch zyklisch sich erneuernde Permutationsvorgänge. In *Spiegel*-Gestalt hingegen präsentiert sich die thematische Anfangsstruktur bei ihrer dreimaligen, zäsurbildenden Wiederkehr.

Quaestio temporis (»Eine Frage der Zeit«)

Besetzung: kleines Orchester (je 4 Holz- bzw. Blechbläser; reich besetztes Schlagzeug; Celesta, Harfe, Klavier und Gitarre; 4 Streicher, solistisch oder chorisch). – Entstanden 1958/59. UA: 1960 in New York. – Aufführungsdauer: ca. 17 Minuten.

Die in der Sinfonischen Zeichnung *Kette, Kreis und Spiegel* noch frei disponierte Abfolge der zeitlichen Ereignisse (Tondauern, Tonabstände, Pausen, Tempi) wird hier von dem als eine Art Steuerungszentrum zu betrachtenden Reihensystem miterfaßt und ausgeformt. (Die ersten rigorosen Versuche einer seriellen Organisation, bei der Tonhöhen und Tondauern auf dasselbe Maßsystem zurückgeführt werden sollten, entstanden um 1950 und haben seinerzeit heftige Diskussionen ausgelöst.) Die Partitur fächert die strukturellen Substanzen auf mehreren Zeitebenen in zahlreiche Einzelpartikel auf, deren farbliche Eigenständigkeit durch ein nuancenreiches Instrumentarium ermöglicht wird.

»Quaestio temporis – eine Frage der Zeit. Mathematisch ausgedrückt ist die Struktur dieses Musikstücks: *f (t)* – eine Funktion der Zeit. Alles, was man hört, ist bestimmt durch genaue Messungen der Eintritte und Dauern der einzelnen Klangelemente, beruhend auf den Maßeinheiten, die sich aus den Intervallschritten der zugrunde liegenden Tonreihe und ihrer durch Rotation der Töne abgeleiteten Reihenformen ergeben. Wo die Dichte des Gefüges infolge vielfältiger Übereinanderschichtung oder hoher Geschwindigkeit über ein gewisses Maß anwächst (auch diese Aspekte sind seriell bestimmt), tritt statistische Streuung an die Stelle exakter Messung.« Mit diesen Worten kennzeichnet der Komponist im Vorwort der Partitur seine kompositionstechnische Position. Über die Nacherlebbarkeit solcher hochgradig differenzierten Zeitorganisationen schreibt er: »In dieser Musik fragt die absolute Zeit, wie sie sich teilen muß, damit sie besteht. Die historische Zeit stellt der Musik die Frage, wie sie beurteilen könne, was da vorgeht. Die Musik antwortet, daß es eine Frage der Zeit sei, bis man das, was sich hier mitteilen mag, versteht.«

Aaron Copland

* 14. November 1900 in Brooklyn (New York)
† 2. Dezember 1990 in Westchester (New York)

Kompositorische Ausbildung ab 1917 in New York bei Rubin Goldmark und 1921–24 in Paris bei Nadia Boulanger, Klavierstudium bei Ricardo Viñes. Lehrtätigkeit 1927–37 an der New Yorker New School for Social Research und 1935–44 sowie 1951/52 an der Harvard University in New Haven, wo Copland 1951/52 auch den Ch.-E.-Norton-Poetiklehrstuhl innehatte. Später Kompositionslehrer am Berkshire Music Center in Tanglewood (Massachusetts), auch als Dirigent, Pianist und Musikschriftsteller tätig. 1928 Gründung der Copland-Sessions-Concerts (mit Roger Sessions, bis 1931) zur Verbreitung zeitgenössischer amerikanischer Musik.

Neue Musik wäre in den USA ohne die Schrittmacherdienste Aaron Coplands lange Zeit undenkbar gewesen. Im Gegensatz zu Charles Ives, der für die Kühnheit seiner kompositorischen Vorstellungen mit Nichtbeachtung gestraft wurde, trachtete Copland stets nach der Resonanz eines großen Publikums. Die Suche nach spezifisch amerikanischen Idiomen ließ ihn während der 20er Jahre zur Verwendung von Jazzelementen gelangen, u. a. im *Klavierkonzert* des Jahres 1926 (2. Satz: *Essay in Jazz*). Nach einer Zeit des Experimentierens fand der Komponist wiederum zu einer vereinfachten, weitgehend tonal begrenzten Sprache, die häufig auch folkloristisches Material einbezog, z. B. in *El Salón México* (1934–36) und in *Appalachian Spring* (1944). Viele der nach dem 2. Weltkrieg entstandenen Partituren bezeugen Coplands zunehmende Offenheit gegenüber avancierten musiksprachlichen Mitteln.

Werke: *Sinfonie für Orgel* und Orchester (1924); *Grohg*, Ballett (1922–25); *Dance Symphony* (1925); *Music for the Theatre*, Suite für kleines Orchester (1925); *Klavierkonzert* (1926); *1. Sinfonie* (1928); *Symphonic Ode* für Orchester (1928/29, 1955); *Short Symphony = 2. Sinfonie* (1932/33); *Statements* für Orchester (1934); *El Salón México* für Orchester (1936); *Saga of the Prairie*, Funkmusik für Orchester (1937); *An Outdoor Overture* für Orchester (1938); *Billy the Kid*, Ballett (1938), daraus: *Orchestersuite*; *Quiet City*, Schauspielmusik (1939), daraus: *Quiet City* für Trompete, Englischhorn und Streichorchester (1940); *John Henry*, »Railroad Bal-

lad« für Kammerorchester (1940); *Lincoln Portrait* für Sprechstimme und Orchester (1942); *Rodeo*, Ballett (1942), daraus: *Vier Tanzepisoden*; *Letter from Home* für Orchester (1944); *Appalachian Spring*, Ballett für 13 Instrumente (1944), auch Orchesterfassung; *Jubilee*, Variationen für Orchester über ein Thema von E. Goossens (1944); *3. Sinfonie* (1946); *Klarinettenkonzert* (1948); *Preamble* (der Charta der Vereinten Nationen) für Sprecher und Orchester (1949); *The Tender Land*, Oper (1954), daraus: *Orchestersuite*; *Canticle of Freedom* für Chor und Orchester (1955); *Orchestral Variations* (1957); *Dance Panels*, Ballett in 7 Teilen (1959, 1962); *Connotations* für Orchester (1961/62); *Music for a Great City*, Sinfonische Suite für Orchester (1964); *Inscape* für Orchester (1967); *Ceremonial Fanfare* für 11 Blechbläser (1969); *Three Latin-American Sketches* für kleines Orchester (1972) bzw. für Orchester (1975). – Zahlreiche Film- und Schauspielmusiken.
Schriften: *What to Listen for in Music* (1939, 1963), dt. *Vom richtigen Anhören der Musik* (1967).

Werner Egk

* 17. Mai 1901 in Auchsesheim bei Donauwörth (Bayern)
† 10. Juli 1983 in Inning am Ammersee (Bayern)

(Egk, eigentlich: Mayer, bildete sein Pseudonym aus den Initialen seiner Frau.)
Nach anfänglicher Bevorzugung von Literatur und Kunst Musikstudium an den Konservatorien in Augsburg und Frankfurt a. M. Italien-Aufenthalt 1925–27. Danach in München Kontakte zu dem 6 Jahre älteren Carl Orff. Ende der 20er Jahre wichtige Anregungen durch die musikalische Betreuung des »Marionettentheaters Münchner Künstler« von Paul Brann. 1930–33 freie Mitarbeit bei dem damals erst kurz bestehenden Bayerischen Rundfunk. Rascher kompositorischer Aufstieg vor allem durch die ersten Opernwerke. Zumeist Verwendung selbstverfaßter Libretti in Anlehnung an literarische Vorlagen (Egk schrieb u. a. auch den Text zu Boris Blachers »Abstrakter Oper Nr. 1«, 1953).
Ab 1935, seit der Uraufführung der »Zaubergeige«, enge Zusammenarbeit mit den Frankfurter Bühnen. 1936–40 als Kapellmeister an der Berliner Staatsoper tätig. 1941–45 Leiter der Fachschaft Komponisten in der Reichsmusikkammer.

1950–53 Direktor der Berliner Hochschule für Musik. Danach wieder in Bayern (Lochham bei München, Inning am Ammersee) und in der Schweiz (Unterkulm, Kanton Aargau) ansässig. Neben der kompositorischen Arbeit Wahrnehmung leitender Funktionen im Deutschen Komponistenverband, im Aufsichtsrat der GEMA und im Deutschen Musikrat, außerdem Dirigierverpflichtungen in Oper, Konzert und Rundfunk.
In den 50er Jahren zählte Egk zu den am meisten aufgeführten Komponisten der damaligen Moderne. Großer Erfolg war den meisten seiner Bühnenwerke beschieden (»Columbus«, »Die Zaubergeige«, »Peer Gynt«, »Joan von Zarissa«, »Abraxas«, »Die chinesische Nachtigall«, »Irische Legende«, »Der Revisor«, »Die Verlobung in San Domingo«, »17 Tage und 4 Minuten«).

Werke für und mit Orchester: *Furchtlosigkeit und Wohlwollen*, Oratorium nach einer indischen Legende für Tenor-Solo, gemischten Chor und Orchester (1930/31, 1958); *Quattro Canzoni*, 4 italienische Lieder für hohe Stimme und Orchester (1932, 1956); *Georgica*, 4 Bauernstücke für Orchester (1934); *Geigenmusik* mit Orchester (1936); *Natur – Liebe – Tod*, Kantate nach Gedichten von L. C. H. Hölty für Baß und Kammerorchester (1937); *La Tentation de Saint Antoine* nach Melodien und Gedichten des 18. Jh. für Alt, Streichquartett und Streichorchester (auch: Alt und Streichquartett, 1945, bzw. gemischten Chor und Orchester, 1980); *Orchester-Sonate* für großes Orchester (1952); *Französische Suite nach Rameau* für großes Orchester (1949); *Allegria*, Godimento in quattro tempi für großes Orchester (1952); *Die Nachtigall*, Divertimento für Streicher nach dem Ballett *Die chinesische Nachtigall* (1953); *Chanson et romance* für hohen Sopran und Orchester (1953); *Variationen über ein karibisches Thema* (1959); *Englische Suite* für Orchester nach dem Ballett *Casanova in London* (1968); *2. Orchester-Sonate* (1969); *Moira*, Musik in C für großes Orchester (1972); *Divertissement* für 10 Bläser (1973); *Spiegelzeit* für Orchester (1979); *Ouvertüre*, Musik über eine verschollene Romanze (1979/80); *Konzertsuite »Der Revisor«* für Trompete und Orchester (1980); *Canzone* für Violoncello und Orchester (1982).
Schriften: *Musik, Wort, Bild* (1960); *Die Zeit wartet nicht* (1973).

»Egk, der eigentlich aus keiner Schule kommt, keiner Richtung verhaftet ist, hat sich trotzdem oder gerade deshalb einen äußerst persönlichen Stil geschaffen. In diesem Stil ist die Derbheit der schwäbisch-bayrischen Heimatlandschaft in einen Hauch von weltmännischer Eleganz gehüllt. Die Verspieltheit des Barock spiegelt sich in einem Hang zur Arabeske, in einer musikantischen Freude am Detail. Der präalpine Humor ist geläutert zu einem zauberhaften und oft gallisch anmutenden Esprit. Bayern hatte schon immer engere Beziehungen zu Frankreich als irgendein anderes deutsches Land. Der Blick ging von hier aus nicht nach Potsdam, sondern nach Versailles. So ist es nicht verwunderlich, daß Egk, obschon im Alpenländischen verwurzelt, französischem Geist weit näher steht als irgendein anderer deutscher Komponist. Sein Werk zeichnet sich immer wieder durch einen Klangsinn aus, der im Duft des Impressionismus seine Heimat hat, aber auch durch die ziselierte Klarheit und Eleganz, wie sie den französischen Clavecinisten eignet« (Winfried Zillig, 1959).

La Tentation de Saint Antoine

Besetzung: Altstimme, Streichquartett und Streichorchester (auch Alt und Streichquartett allein bzw. gemischter Chor und Orchester). – Entstanden 1945, rev. 1980 (= Chor-Orchester-Fassung). UA: 1947 beim Südwestfunk Baden-Baden (Solistin: Eliette Schenneberg, Leitung: der Komponist). – Aufführungsdauer: ca. 23 Minuten.

Bei der Suche nach geeigneten Texten fand Egk in einer Chanson-Anthologie des Jahres 1765 13 französische Kurzgedichte von Michel-Jean Sedaine (1719–97), einem gewandten Librettisten und Poeten, der darin eine Reihe beliebter Liedertexte zum Vergnügen eines der Originale kundigen Publikums parodiert hatte. Die zentrale Figur des frivolen Spaßes ist der heilige Antonius, der sich nicht leibhaftig-teuflischer Versuchungen, sondern recht irdischer Verlockungen erwehren muß. An den Chanson-Melodien nahm der Komponist offenbar nur geringe Eingriffe vor; sie sind unproblematisch, eingängig, der lockere Parlando-Vortrag überwiegt. Das Orchester hat die Aufgabe, die kräftigen Lineaturen des Quartetts ohne Hinzufügung neuer Strukturen mit einem klanglichen Fond zu versehen, weshalb sich die solistischen und chorischen Streicher auch nicht – etwa im Sinne eines Solo-Tutti-Konzertierens – voneinander abheben. Die wirklich geistreiche Ironie von Text und Musik voll zu genießen vermag nur ein Hörer, dem sowohl die Chanson-Vorlagen als auch Sedaines Parodien sprachlich und inhaltlich vertraut sind. Auf einen übersichtlichen Parallelabdruck der Texte im Programmheft läßt sich gerade in diesem Fall besonders schlecht verzichten.

Französische Suite nach Rameau

Besetzung: großes Orchester mit Harfe und Schlagzeug. – Entstanden 1949. UA: 1950 in München (Leitung: Ferenc Fricsay). – Aufführungsdauer: ca. 18 Minuten.

In der *Französischen Suite* (die zu den gleichnamigen Cembalowerken J. S. Bachs keinen direkten Bezug aufweist) äußert sich eine gewisse Vorliebe für das französische Klangideal. Dabei sieht Egk die 5 Cembalostücke aus Jean-Philippe Rameaus *Pièces de Clavecin* von 1706 und 1724 in einiger Distanz als Objekte, auf die sich seine Adaptionen für Orchester in vielfacher Abwandlung und Spiegelung rückbeziehen; sie sind also nicht nur Instrumentationen nach dem Vorbild von Ravels Orchesterfassung der *Bilder einer Ausstellung* von Mussorgskij. Mehrmals wird vollständig oder nur partiell Übernommenes in eine neue Umgebung gestellt; z. B. erhält eine Melodie Rameaus eine Begleitstimme, die harmonisch dem 20. Jh. angehört, rhythmisch jedoch unverändert bleibt:

Auch finden sich formale Dehnungen und Kürzungen, rhythmische Verdichtungen, harmonische Expansionen mit dem Resultat mixturartiger, ja polytonaler Klangbänder oder sogar doubleartige Figurationen, die ihr Modell fast völlig einhüllen:

Dennoch entsteht kaum der Eindruck eines angestrengten, ja gewaltsamen Eingreifens. Vielmehr glückt es dem Komponisten – nicht zuletzt dank der Transparenz und Raffinesse seiner Instrumentation –, die Essenz der Rameauschen Clavecin-

kunst durch alle Metamorphosen hindurch gegenwärtig zu halten.
Die Vorlagen tragen folgende, von Egk nicht übernommene Titel: 1. *Le Rappel des oiseaux* (»Die Versammlung der Vögel«), 2. *Gigue en rondeau*, 3. *Les tendres plaintes* (»Die sanften Klagen«), 4. *Vénitienne* (»Gondellied«) und 5. *Les Tourbillons* (»Der Wirbelwind«).

Conrad Beck

* 16. Juni 1901 in Lohn (Kanton Schaffhausen, Schweiz)
† 31. Oktober 1989 in Basel (Schweiz)

Beck lernte das Metier am Zürcher Konservatorium. Zwischen 1924 und 1933 lebte er in der Musikweltstadt Paris und empfing vielseitige Anregungen durch Komponistenpersönlichkeiten wie Martinů, Roussel, Honegger, Mihalovici und Nadia Boulanger. 1933 nach Basel zurückgekehrt, wirkte er ab 1939 fast drei Jahrzehnte lang als Musikabteilungsleiter am Radiostudio Basel.

»Die Konfrontation der verschiedenen Werke zeigt eine Entwicklung von besonderer Konstanz. Ein Sieg der Selbstbehauptung und des Beharrungsvermögens: Beck hat die stürmische und oft überhitzte Wandlung der Musik seit dem Zweiten Weltkrieg ganz einfach nicht mitgemacht. Zwar hat er an seiner Sprache gefeilt, hat ihre Mittel differenziert und erweitert, aber er ist der geblieben, der er am Ende der 30er Jahre bereits war. Dieses unbeirrte Bekenntnis zu sich selbst macht letzten Endes auch die Qualität seiner Musik aus, sichert ihr die unverwechselbare Handschrift« (Jacques Wildberger, 1971).

Werke (kleine Auswahl): *Sinfonien Nr. 1–5* (1925–30); *Innominata* für Orchester (1931); *Oratorium nach Sprüchen des Angelus Silesius* (1933/34); *Sinfonie Nr. 6* (1950); *Der Tod zu Basel*, Ein großes Miserere (1950–52); *Sinfonie Aeneas Silvius* (1956/57); *Hommages*, 2 Stücke für Orchester (1965); *Fantasie* für Orchester (1968/69).

William Walton

* 29. März 1902 in Oldham (Lancashire, England)
† 8. März 1983 auf Ischia (Italien)

Entscheidende Motivation durch langjährige Choristentätigkeit. Studien in Oxford, berufsunabhängige Entfaltung als Komponist dank Förderung durch Freunde (u. a. die literaturkundigen Geschwister Sitwell). Internationaler Durchbruch mit dem großangelegten Oratorium »Belshazzar's Feast«. Ehrenvolle Aufträge für das englische Königshaus. Ab ca. 1935 regelmäßige Arbeit für den Film. Vor allem in England hochgeschätzt, ließ sich Walton nach Ende des 2. Weltkriegs auf der Insel Ischia nieder.

Walton darf als typischer Vertreter eines Traditionalismus gelten, der der gemäßigten englischen Moderne eine erstaunliche Kontinuität und damit die Gefolgschaft des Publikums sicherte. Er selbst verwies auf ein »strong feeling for lyricism«, dem er in seinen reifen Arbeiten Rechnung tragen wolle. Paul Hindemith schätzte das *Violakonzert*, dessen Solopart er bei der Uraufführung ausführte. Dem Geist des 19. Jh. sind die beiden weiträumigen *Sinfonien* verpflichtet.
Vergnügen bereitet stets aufs neue das als »Entertainment« bezeichnete kabarettartige Opus **Façade**, ein von Witz und Ironie erfülltes Frühwerk des 20jährigen Walton. Satie stand Pate, aber auch der Schönberg des *Pierrot lunaire*. Nach Art einer Revue ziehen vor Auge und Ohr des Auditoriums nicht weniger als 21 knappe, von Nonsense-Tiefsinn erfüllte Rezitationsnummern mit folgenden Titeln vorüber:
(*Fanfare*), *Hornpipe*, *En famille*, *Mariner Man*, *Long Steel Grass*, *Trough Gilded Trellises*, *Tango-Pasodoble*, *Lullaby for Jumbo*, *Black Mrs. Behemoth*, *Tarantella*, *A Man from a Far Countree*, *By the Lake*, *Country Dance*, *Polka*, *Four in the Morning*, *Something Lies Beyond the Scene*, *Valse*, *Jodelling Song*, *Scotch Rhapsody*, *Popular Song*, *Fox-Trot ›Old Sir Faulk‹*, *Sir Beelzebub*.

Werke (kleine Auswahl): *Façade*, An Entertainment (Poems: Edith Sitwell) für Rezitation und Kammerensemble (1922); *Portsmouth Point*, Ouvertüre (1925); *Sinfonia concertante* für Klavier und Orchester (1927); *Violakonzert* (1928/29); *Belshazzar's Feast* (»Belsazars Gastmahl«), Oratorium (1931); *1. Sinfonie b-Moll* (1932–35); *Violinkonzert* (1938/39); *Scapino*, Ouvertüre (1940); *Troilus and Cressida* (G. Chaucer), Oper (1954); *Cellokonzert* (1956); *2. Sinfonie* (1960).

Boris Blacher

* 6. Januar 1903 in Newchwang (China)
† 30. Januar 1975 in Berlin

Der Vater, Direktor einer russisch-asiatischen Bank, war aus Riga gebürtig, die Mutter, ebenfalls baltischer Abstammung, hatte ihre Kindheit in St. Petersburg verbracht. Bedingt durch Positionswechsel, 1. Weltkrieg und Oktoberrevolution lebte die Familie nacheinander in Hankau (Mittelchina), Irkutsk (Sibirien) und Charbin (Mandschurei). Nach 2jährigem Architektur- und Mathematikstudium in Berlin wechselte Blacher 1924 als Kompositionsschüler von Friedrich E. Koch an die Musikhochschule über. Musikwissenschaftliche Studien schlossen sich 1927–31 an.
Bereits die ersten Kompositionen bezeugten eine starke, später nicht nachlassende Neigung zu Oper und Ballett. 1938, ein Jahr nach dem entscheidenden Durchbruch mit der »Concertanten Musik«, folgte eine vorübergehende Lehrtätigkeit in Dresden, die ab 1946 am Internationalen Musikinstitut Zehlendorf und 1948–71 an der Berliner Musikhochschule, deren Direktion Blacher zwischen 1953 und 1970 zusätzlich übernahm, ihre Fortsetzung fand. Seine Klasse besuchten u. a. Gottfried von Einem, Giselher Klebe, Francis Burt, Claude Ballif, Aribert Reimann, Isang Yun und Klaus Huber; weitere pädagogische Anregungen konnte er bei Sommerkursen in Bryanstone, Salzburg und Tanglewood vermitteln. Blacher war Mitbegründer und zeitweiliger Präsident der (West-)Berliner Akademie der Künste. Seit 1960 stand er mit der Technischen Universität Berlin durch Vorlesungen und praktische Arbeit im elektronischen Studio in enger Verbindung.

Werke für und mit Orchester: *Concertante Musik* für Orchester op. 10 (1937); *Sinfonie* für großes Orchester op. 12 (1938); *Der Großinquisitor*, Oratorium nach F. Dostojewskij von L. Borchard op. 21 (1942); *Orchestervariationen über ein Thema von N. Paganini* op. 26 (1947); *Klavierkonzert Nr. 1* op. 28 (1947); *Violinkonzert* op. 29 (1948); *Concerto* für 4 Bläser, Harfe und Streicher op. 36 (1950); *Klavierkonzert Nr. 2 (in variablen Metren)* op. 42 (1952); *Orchester-Ornament* op. 44 (1953); *Studie in Pianissimo* für Orchester op. 45 (1953); *Zwei Inventionen* für Orchester op. 46 (1954); *Bratschenkonzert* op. 48 (1954); *Träume vom Tod und vom Leben*, Kantate nach H. Arp op. 49 (1955); *Orchester-Fantasie* op. 51 (1956); *Hommage à Mozart, Metamorphosen über eine Gruppe von Mozart-Themen* für Orchester op. 52 (1956); *Music for Cleveland* für Orchester op. 53 (1957); *Requiem* für 2 Soli, Chor und Orchester op. 58 (1958); *Musica giocosa* für Orchester op. 59 (1959); *Variationen über ein Thema von M. Clementi* für Klavier und Orchester op. 61 (1961); *Konzertstück* für Bläserquintett und Streichorchester (1963); *Cellokonzert* (1964); *Virtuose Musik* für Violine, 10 Bläser, Pauken, Schlagzeug und Harfe (1966); *Collage* für Orchester (1968); *Konzert für hohe Trompete* und Streichorchester (1970); *Konzert für Klarinette* und Kammerorchester (1971/72); *Blues, Espagnola und Rumba philharmonica* für 12 Violoncelli (1972/73).

Gegner seiner Musik sprechen im Hinblick auf den stattlichen Umfang seines Œuvres von einer leichten Hand, wollen in der Promptheit seines Komponierens den Grund für gewisse Unausgewogenheiten feststellen und stufen Blachers Rückgriffe auf tonale Klang- und Formmodelle sowie Elemente der Jazz- und Unterhaltungsmusik negativ als Unentschiedenheit in der stilistischen Haltung ein. Dagegen sehen seine Anhänger darin gerade Positives: Sie verweisen auf Blachers hellwache, zu spontaner Gestaltung drängende Kreativität, auf die Prägnanz und Zielsicherheit seiner künstlerischen Vorstellungen, auf Weite und Integrationsvermögen seiner stilistischen Orientierung fernab aller puristischen Enge und Einseitigkeit. Blacher selbst sah es so: »Ein Komponist soll im Grunde schreiben, was ihm Spaß macht. Dabei gibt es viele Sorten von Musik, leicht und schwer faßliche, rein unterhaltende und experimentelle. Es gibt Komponisten, die nur den einen oder nur den andern Weg gehen. Das ist im Grunde eine Frage der schicksalhaften Bestimmung. Und es gibt wieder andere – zu ihnen rechne ich mich selbst –, die, je nachdem wie es ihnen Vergnügen macht, bald auf diese und bald auf jene Art komponieren.«
Tatsächlich könnte diese in einem Interview 1955 geäußerte Erklärung in ihrer bündigen, dennoch etwas vereinfachenden Form mißverständlich aufgefaßt werden, bewiese nicht Blachers Werk selbst seine fortgesetzte, ernsthafte Auseinandersetzung mit den angesprochenen Problemen. Wenn es relativ

zahlreichen seiner Kompositionen gelungen ist, dem festen Bestand der Konzertprogramme, Ballett- und Opernspielpläne anzugehören, so deshalb, weil dahinter der sichere Instinkt des Komponisten für das richtige Maß steht. Seine Werke leben von der Ökonomie im Umgang mit dem musikalischen Material, ohne der Gefahr übergroßer Transparenz zu verfallen. Seine thematischen Charaktere lassen weniger durch die Besonderheit ihrer Ausgangsgestalt aufmerken als durch die erfindungsreiche Vielfalt ihrer Metamorphosen. Blachers Farbgebung fesselt eher durch das Raffinement der Kontraste und Übergänge als durch schillernde Fülle und expressionistische Intensität. Schließlich suchte der Komponist – vor allem zu Beginn der fünfziger Jahre – durch ein System kontinuierlicher, durch mathematische Zahlenreihen gesteuerter Taktwechsel (»variable Metren«) zu rhythmisch-metrischen Verläufen von besonderer Geschmeidigkeit zu gelangen (etwa im *2. Klavierkonzert* oder dem *Orchester-Ornament*).
Hans Heinz Stuckenschmidt, Blacher freundschaftlich verbunden, hat am Beispiel der Einleitung zur Oper *Rosamunde Floris* (1960) den optisch-klanglichen Eindruck dieser Kompositionsmethode prägnant charakterisiert: »Ein Notenblatt mit ein paar Tupfen drauf, knapp hingestreuten Motiven, dünnen Zweiklängen, vielen Pausen. Aus den Motiven werden durch Akkumulation Gestalten. Kleine Formen wiederholen sich, wobei winzige Veränderungen zu völligen Sinnwandlungen führen. Addition oder Subtraktion einer Note läßt die Form, die Periodik, den Rhythmus, den Akkord einen neuen Charakter annehmen [. . .] Musik von strenger, rationalistischer Haltung und dabei so anschaulich und direkt wahrnehmbar wie ein japanisches Netsuke oder ein Farblitho von Joan Miró. Wollte man seine Kunst auf die kürzeste Formel zusammendrängen, so müßte man sie definieren als die des Minimums an Mitteln und des Maximums an Wirkung dieser Mittel. Alles ist bis an die Grenzen des Zusammenhangs ausgespart, wegradiert, entfettet und kritisch redigiert.«

Concertante Musik op. 10

Besetzung: mittelgroßes Orchester. – Entstanden 1937. UA: 1937 in Berlin, Philharmonische Konzerte (Leitung: Carl Schuricht). – Aufführungsdauer: 11–12 Minuten.

In einem Werkkommentar läßt Blacher durchblicken, bei seiner *Concertanten Musik* habe die 3sätzige italienische Sinfonia aus der Zeit Alessandro Scarlattis als Modell gedient. Den durch die Tempoabfolge schnell – langsam – schnell (bei Blacher: *molto allegro – moderato – molto allegro*) charakterisierten Einzelabschnitten sei lediglich eine 10taktige Einleitung vorangestellt worden. Doch kennzeichnet dieser formale Hinweis nur Oberflächenmerkmale.

Der *erste Abschnitt* ist von einem dreifachen Wechsel zwischen Sologruppen (Holzbläser, Streichquartett, Blechbläser) und dem Orchestertutti geprägt und trägt die Züge eines von südamerikanischer Tanzsynkopik elastisch bewegten Konzert-Allegros. Hierzu bildet die wiederum vom Solovortrag (Oboe) zum Tuttispiel (1. und 2. Violinen, Celli) fortschreitende Kantilene des *Mittelteils* strukturell einen Kontrast. Die Summe beider Abschnitte zieht der *Schlußteil*, der sich zunächst auf weite Strecken von Teil 1 in Original, Umkehrung und freiem Kommentar bezieht, dann aber in die nunmehr von Tschaikowskijschem Stretta-Geist erfüllte Umkehrungsgestalt der Kantilene einmündet:

Orchestervariationen über ein Thema von Niccolò Paganini op. 26

Besetzung: großes Orchester. – Entstanden 1947. UA: 1947 in Leipzig, Gewandhaus. – Aufführungsdauer: ca. 16 Minuten.

Beim Entschluß, das berühmte Thema der *Caprice Nr. 24 a-Moll* aus Paganinis Sammlung für Solo-Violine (1810) zum Gegenstand eines Variationenzyklus zu machen, mag eine Art sportlicher Ehrgeiz mit im Spiel gewesen sein, sich mit der illustren Reihe früherer Bearbeiter des gleichen Themas zu messen, mit Liszt, Brahms, Rachmaninow, Casella, Lutosławski und Dallapiccola. Als Resultat dieser Idealkonkurrenz legte Blacher ein temperamentvolles, sich relativ leicht erschließendes Virtuosenstück für Orchester vor, dessen Einzelabschnitte jeweils einen oder mehrere Aspekte des Paganini-Themas beleuchten.

Thema (*Quasi Presto*, 2/4): die Originalgestalt des Themas, präsentiert von der Solo-Violine:

Variation 1 (*Un poco meno*, 2/4): rasche, leise Skalenketten der solistischen Holzbläser in beiden Richtungen, begleitet vom isolierten Punktierungsmotiv des Themenkopfes. – *Variation 2* (im gleichen Takt und Tempo): Nachzeichnen und Ausweiten des Themenumfangs durch die Solo-Oboe in Achteltriolen bzw. Synkopenachteln. – *Variation 3* (*Feroce*, 6/8): energische, weitgespannte Triolenläufe der Unisono-Streicher mit scharfen Skandierungen in Holz und Blech. – *Variation 4* (*Andante*, 2/4): ruhige Gleitbewegungen der hohen Streicher über dem verlangsamten, metrisch verschobenen Thema der Cello-Pizzicati. – *Variation 5* (*Più mosso*, 2/4): virtuoses Klarinetten-Solo nach Art eines Jazzchorus, hervorgegangen aus dem von Holzbläsern hingetupften Terzenmaterial des Themas. – *Variation 6* (wie zuvor): synkopisch sich steigernde und wieder sich entspannende Introduktion mit anschließendem Flöten-Solo. – *Variation 7* (wie zuvor): kräftige Impulse des Orchester-Tuttis, getragen vom Harmoniegerüst des ersten Thementeils, auslaufend im Leggiero-Spiel der Holz- bzw. Blechbläser. – *Variation 8* (*Vivace*, 5/8 [= 2 + 3], später 7/8 [= 2 + 2 +3]): 3teilig angelegtes, tänzerisch bewegtes Vexierspiel mit ungleichen Taktunterteilungen. – *Variation 9* (*Tempo primo*, 2/4): Fortissimo-Kanon, entwickelt aus dem Themenkopf, wobei den 3 Stimmen verschiedene Zeitebenen (Viertel, Achtel, Sechzehntel) und wechselnde Instrumentengruppierungen zugeteilt werden. – *Variation 10* (*Andante*, 4/4): charakterisiert als langsamer Marsch mit Soli von Flöte und Klarinette. – *Varia-*

tion 11 (*Tempo primo*, 2/4): variierter harmonischer Satz, virtuos zerstäubt in Repetitionen und Kaskaden bei ständig wechselnden Registern. – *Variation 12* (wie zuvor): zweimaliger Ansatz, die zunächst isolierte, hin- und hergewendete Sechzehntelfigur des Themenbeginns zur geschlossenen Figuration zu verdichten. – *Variation 13* (*Un poco meno*, 2/4): ein kontrapunktisches Kabinettstück! Eine 11taktige melodische Linie durchläuft in beiden Richtungen nicht weniger als jeweils 7 einander in Taktabstand folgende Stimmen. – *Variation 14* (*Tempo primo*, 6/8): weiterentwickelter Bewegungstypus der 3. Variation. – *Variation 15* (gleiches Tempo, 4/4 bzw. 5/4): 3teilige Anlage A – B – A′; die A-Teile sind geprägt von Hörnersynkopen und Tutti-Schlägen in irregulärer Anordnung, während sich der Mittelteil B als wiederum chorusartiger Klarinetten-Tango entpuppt. – *Variation 16* (*Prestissimo*, 2/4): brillantes Perpetuum mobile zunächst der Streicher, dann des ganzen Orchesters.

Berthold Goldschmidt

* 18. Januar 1903 in Hamburg
† 17. Oktober 1996 in London

Als Komponist bei Franz Schreker in Berlin ausgebildet, stand Goldschmidt um 1925 vor einer vielversprechenden Karriere. Seine rhythmisch vitalen, harmonisch freitonalen Arbeiten fanden auf den Tonkünstlerfesten starke Beachtung und erhielten namhafte Auszeichnungen. Sein Opernerstling *Der gewaltige Hahnrei* (nach Crommelynck, 1929/30) reüssierte 1932 in Mannheim und stand für 1932/33 zur Reprise in Berlin an. Alle hochfliegenden Pläne zerrannen mit der Machtergreifung der Nationalsozialisten. Goldschmidt ging 1935 nach London ins Exil, wo er sich eine neue Existenz als Rundfunkredakteur, später als zunehmend erfolgreicher Dirigent schaffen konnte. (1964 brachte er beispielsweise die von Deryck Cooke erstellte »Konzertfassung des Entwurfs« der nachgelassenen *10. Sinfonie* Gustav Mahlers zur Uraufführung.) Erst in den 80er und 90er Jahren erlebten Goldschmidts erstaunlich frisch gebliebene Orchesterwerke, Konzerte und Kammermusiken in deutschen Konzertsälen eine verblüffend erfolgreiche Renaissance. Voll Elan nahm der hochbetagte Komponist neue Arbeiten in Angriff. Zwischen der *Passacaglia* (1926) und dem Liederzyklus *Les petits adieux* für Bariton und Orchester (1994) liegen zwar nahezu sieben Jahrzehnte, doch kaum stilistische Umwälzungen oder gar Brüche.

Aram Chatschaturjan

* 24. Mai (6. Juni) 1903 in Tiflis (Georgien)
† 1. Mai 1978 in Moskau

Aram Iljitsch Chatschaturjan wandte sich nach Kontakten zu einer Schauspieltruppe und anfänglichen naturwissenschaftlichen Neigungen der Musik zu: Kompositionsstudium in Moskau, zunächst an der Gnessin-Musikschule bei dem Rimskij-Korsakow-Schüler Michail Gnessin (1922–29), ab 1930 am Konservatorium bei Nikolaj Mjaskowskij. Seit 1937 führend im Sowjetischen Komponistenverband tätig. 1948 zusammen mit Dmitrij Schostakowitsch, Sergej Prokofjew u. a. den Vorwürfen der Partei wegen einer zu »abstrakten« und »formalistischen« Kunstästhetik ausgesetzt. Seit Beginn der 50er Jahre Kompositionslehrer am Gnessin-Institut und am Konservatorium; des öfteren trat der Komponist als Dirigent eigener Werke auch im Ausland auf.

»Tief verwurzelt in der armenischen und kaukasischen Volksmusik ist Aram Chatschaturjan, markanter Vertreter einer Musik der ›nationalen Schule‹. Der Reiz seiner Kompositionen liegt im exotischen Hintergrund, der mit allen Mitteln westlicher Instrumentaltechnik zum Klingen gebracht wird [. . .]. Man mag bezweifeln, daß sich Chatschaturjan [. . .] würdig Tschaikowsky anreiht, wie es in der Sowjetunion geglaubt wird, seine Meisterschaft im Verschmelzen russischer, westlicher und eigener Volkstradition läßt sich nicht übersehen; sie bildet einen Faktor in der sowjetischen Musik und übt durch musikantisches Temperament eine gewisse Verführung auf einfache Hörer aus« (Klaus Billing).

Werke: *Tanzsuite* für Orchester in 5 Sätzen (1933); *1. Sinfonie e-Moll* (1934); *Klavierkonzert Des-Dur* (1936); *Das Glück* (G. Owanesjan-Kimika), Ballett in 3 Akten (1939), daraus: *Zwei sinfonische Suiten* (1939) und *Russische Fantasie* für Orchester (1944/45); *Violinkonzert d-Moll* (1940); *Gajaneh* (K. Derschawin), Ballett in 4 Akten (1942, weitere Fassungen 1952, 1957), daraus: *Drei Orchestersuiten*; *2. Sinfonie a-Moll* (*»Sinfonie mit der Glocke«*, 1943/44); *Choreographischer Walzer* für Orchester (1944); *Drei Konzertarien* für hohe Stimme und Orchester auf Worte armenischer Dichter (1944–46); *Cellokonzert e-Moll* (1946); *3. Sinfonie C-Dur* (*»Sinfonisches Poem«*) in 1 Satz für Orchester, Orgel und 15 Trompeten (1947); *Die Schlacht an der Wolga*, Sinfonische Suite für Orchester (1950); *Festliches Poem* für Orchester (1952); *Spartakus* (N. Wolkow), Ballett in 4 Akten (1954), daraus: *Vier Orchestersuiten* (1955–67); *Ode der Freude* für Mezzosopran, gemischten Chor, Unisono-Violinen, 10 Harfen und Orchester (1956); *Gruß-Ouvertüre* für Orchester (1959); *Ballade von der Heimat* (A. Garnekerjan) für Baß und Orchester (1961); *Drei Konzertrhapsodien* für Violine, Cello, Klavier und Orchester (1961–67); *Streichquartett* (1969). – Zahlreiche Schauspiel- und Filmmusiken, aus denen der Komponist zumeist Orchestersuiten zusammenstellte.

Luigi Dallapiccola

* 3. Februar 1904 in Pisino (heute: Pazin, Istrien)
† 19. Februar 1975 in Florenz

Sohn eines italienischen Schulleiters. 1917/18 Ausweisung der »politisch unzuverlässigen« Familie aus dem damals noch österreichischen Pisino, Internierung in Graz. Dort nachhaltige Eindrücke durch Opernaufführungen, besonders durch Wagners »Fliegenden Holländer«. Abschluß der Gymnasialzeit im nunmehr italienischen Pisino; zugleich Privatunterricht in Triest (Klavier, Harmonielehre).

Musikalische Studien ab 1922 in Florenz, zunächst privat, ab 1923 am Conservatorio Luigi Cherubini, dem Dallapiccola ab 1931 bis zur Pensionierung 1967 selbst als Klavierprofessor angehören wird. 1924 Besuch eines Tourneekonzerts Arnold Schönbergs mit den »Pierrot lunaire«-Melodramen (1912), für Dallapiccola ein musika-

lisches Schlüsselerlebnis. Ab Mitte der 20er Jahre pianistischer Einsatz für neue Musik; Konzerttourneen mit dem Geiger Sandro Materassi, vielfach auch ins Ausland.
Zunehmende kompositorische Resonanz seit der Uraufführung der »Partita« (1933). Seit 1936 individuell geprägte Auseinandersetzung mit den Prinzipien der Zwölftontechnik. Zweimalige Begegnung mit Antoine de Saint-Exupéry in Paris zur Erörterung des Opernprojekts »Nachtflug« (1937–39). Reaktion auf Mussolinis Faschismus und Antisemitismus mit einer Reihe von engagierten Kompositionen, die das zentrale Thema menschlicher Freiheit und Unfreiheit reflektieren (u. a. »Canti di prigionia«, »Il Prigioniero«, »Canti di liberazione«).
Nach Kriegsende zahlreiche Konzertreisen (seit 1957 auch als Dirigent); daneben Vorträge und Ferienkurse, vorwiegend in den USA (Tanglewood, New York, Berkeley, Buenos Aires). 1968 mehrmonatiger Berlin-Aufenthalt zur Vorbereitung der Uraufführung der Oper »Ulisse«.

Bühnenwerke: *Volo di notte* (»Nachtflug«), Operneinakter nach A. de Saint-Exupéry (1937–39); *Marsia* (»Marsyas«), Ballett nach A. v. Milloss (1942/43); *Il Prigioniero* (»Der Gefangene«), Operneinakter nach Villiers de l'Isle-Adam / C. de Coster (1944–49); *Job* (»Hiob«), Geistliches Spiel (1950); *Ulisse* (»Odysseus«), Oper nach Homer in 1 Prolog und 2 Akten (1959–68).
Vokalwerke: *Partita* für Orchester und Sopranstimme (1930–1932); *Sei Cori* auf Texte von Michelangelo Buonarroti il Giovane, 3 Teile (1933–36); *Tre Laudi* für Sopran und 13 Instrumente (1936/1937); *Canti di prigionia* (»Gesänge der Gefangenschaft«) für Chor und Instrumente (1938–41); *Cinque Frammenti di Saffo* (»Fünf Fragmente der Sappho«) für Sopran und Kammerorchester (1942); *Sex carmina Alcaei* (»Sechs Gedichte des Alkaios«) für Sopran und 11 Instrumente (1943); *Tre Poemi* für Sopran und Kammerorchester (1949); *Canti di liberazione* (»Gesänge der Befreiung«) auf Texte von S. Castellio, nach dem *Exodus* und von Augustin für gemischten Chor und Orchester (1951–55); *An Mathilde*, Kantate für Frauenstimme und Orchester nach Gedichten von H. Heine (1955); *Cinque Canti* (»Fünf Gesänge«) nach altgriechischer Lyrik für Bariton und 8 Instrumente (1956); *Concerto per la notte di natale dell'anno 1956* (»Konzert auf die Weihnachtsnacht des Jahres 1956«) nach Texten des Jacopone da Todi für Kammerorchester und Sopran (1956/57); *Requiescant* (Texte: *Matthäus-Evangelium*, O. Wilde, J. Joyce) für gemischten Chor, Kinderchor und Orchester (1957/58); *Preghiere* (»Gebete«) nach Texten von M. Mendes für Bariton und Kammerorchester (1962); *Parole di San Paolo* (»Worte des Apostels Paulus«), Text: *1. Ko-*

rintherbrief, für Mezzosopran oder Knabenstimme und 11 Instrumente (1964); *Sicut umbra* ... (J. R. Jimenez) für Mezzosopran und 4 Instrumentalgruppen (1970); *Tempus destruendi – tempus aedificandi* (Paulino di Aquileja) für gemischten Chor a cappella (1970/71); *Commiato* (Brunetto Latini zugeschrieben) für Sopran und 15 Instrumentalisten (1972).
Instrumentalmusik: *Musik für drei Klaviere* (*»Hymnen«*, 1935); *Piccolo concerto per Muriel Couvreux* für Klavier und Kammerorchester (1939–41); *Zwei Stücke für Orchester* (= erweiterte Orchesterfassung der *Zwei Etüden* für Violine und Klavier, 1946/1947); *Tartiniana prima/seconda*, Divertimenti für Violine und Orchester über Themen von G. Tartini (1951/56); *Piccola musica notturna* (»Kleine Nachtmusik«) für Kammerorchester (1954); *Variationen* für Orchester (= Orchesterfassung 1954 des *Quaderno musicale di Annalibera* für Klavier, 1952); *Dialoghi* für Violoncello und Orchester (1959/60); *Three Questions With Two Answers* für Orchester (1962).

Die Generation zeitgenössischer italienischer Komponisten, zu der so klangvolle Namen wie Maderna, Nono, Berio, Castiglioni und Donatoni zählen, verdankt zwar der Webern-Rückbesinnung um 1950 bestimmende Impulse, doch hatte Dallapiccola, 20 Jahre älter, ihnen schon längst mit großer Zielstrebigkeit eine regenerierende Querverbindung zum kompositorischen Denken der Wiener Schule aufgezeigt.
»Für mich persönlich war das Gebiet, das mich bisher am Zwölftonsystem am meisten anzog, das *melodische*. Man weiß, wie verschieden die Vorstellung von Melodie in den Jahrhunderten war: Ein Beweis für die Vielfalt dieser Vorstellung ist die Tatsache, daß jedem musikalischen Neuerer von seinen Zeitgenossen als erstes der Mangel an Melodie vorgeworfen wurde«, schrieb er 1952.
Von grundsätzlicher Bedeutung erschien dem Komponisten diese neue Perspektive nicht zuletzt deshalb, weil das sprichwörtliche mediterrane Gespür für Vokalität und Kantabilität infolge übermächtiger veristischer und neobarocker Tendenzen (Leoncavallo und Puccini einerseits, Ghedini, Casella und Malipiero andererseits) seit langem zum Klischee abgesunken war. (Noch 1969 bekundete Luigi Nono seine Allergie: »Sie [...] sprachen mit Bezug auf mich von lateinischem Element und Lyrismus – so etwa nach dem Schema: er ist Italiener, also wird er wohl singen.«)
Unter dem Aspekt neugewonnener Dimensionen der Kanta-

bilität überrascht der große Anteil an Vokalwerken im Œuvre Dallapiccolas keineswegs. Hier erstaunt die Vielfalt der Textvorlagen, die meist von der Weite einer lebendig nachempfundenen humanistischen Denkweise geprägt sind. Die um die Begriffe Freiheit, Unterdrückung und Gefangenschaft kreisende Thematik hat Dallapiccola in keiner Phase seines Schaffens losgelassen; zeitweilig nahm sie sogar die Züge einer manischen Zwangsvorstellung an, die zweifellos im Jugenderlebnis der Internierung und der künstlerischen wie auch persönlichen Unfreiheit der Mussolini-Ära wurzelte.
Auf der Suche nach angemessenen Ausdrucksmitteln für die eindringlichen Botschaften seiner Texte war Dallapiccola trotz der Impulsivität seines leidenschaftlichen Engagements stets an verfolgbaren formalen Verläufen, transparentem Satzbild und faßlichen motivisch-thematischen Gestalten gelegen. In diesem Bemühen machte er durchaus Gebrauch von der Signalwirkung tonaler Akkorde oder traditioneller symbolischer Figuren. Doch gehen sie stets aus dem Material selbst hervor und vermeiden den Beigeschmack abgegriffener Formeln. Zu jedem Zeitpunkt wahrt Dallapiccolas Musik den Schwebezustand des chromatischen Totals, Kennzeichen einer disziplinierten Schreibweise, deren letzte Instanz ein untrüglicher Sinn für maßvolle, doch intensive Klanglichkeit blieb.

Canti di prigionia (»Gesänge der Gefangenschaft«)

Besetzung: gemischter Chor (I. 6stimmig, II. Frauenchor 4stimmig, III. 4–8stimmig) und Instrumentalensemble (2 Klaviere, 2 Harfen, Pauken, Xylophon, Vibraphon und Schlagzeug). – Entstanden 1938–41. UA: 1940 in Brüssel (I), 1941 in Rom (I–III). – Aufführungsdauer: ca. 25 Minuten.

I. Gebet der Maria Stuart (1542–87)
O Domine Deus! speravi in Te / O care mi Jesu! nunc libera me. / In dura catena, in misera poena, desidero Te. / Languendo, gemendo et genu flectendo, / Adoro, imploro, ut liberes me.
Herr Gott! Ich hoffe auf Dich. / Mein teurer Jesus! Nun befreie mich. / In harter Kette, in elender Strafe, verlange ich nach Dir. / Ermattend, seufzend und meine Knie beugend / bete ich Dich an, rufe ich Dich an: / Du mögest mich befreien.
II. Anrufung des Boethius († 524)
Felix qui potuit boni / Fontem visere lucidum, / Felix qui potuit gravis / Terrae solvere vincula.

Glücklich, wer den hellen Quell / des Guten zu schauen vermag, / glücklich, wer sich von der / schweren Fessel der Erde befreit. (*Trost der Philosophie* III, 12.)

III. Abschied des Girolamo Savonarola (1452–98)

Premat mundus, insurgant hostes, nihil timeo / Quoniam in Te Domine speravi, / Quoniam Tu es spes mea, / Quoniam Tu altissimum posuisti refugium tuum.

Möge die Welt mich bedrängen, mögen die Feinde sich erheben, ich fürchte nichts, / da ich ja auf Dich, Herr, hoffe, / da Du ja meine Hoffnung bist, / da Du ja meine letzte Zuflucht bist. (Meditation über den *Psalm XXXI.*)

Alle drei Texte wurden, wenngleich in verschiedenen Epochen und Ländern, von Gefangenen im Bewußtsein des bevorstehenden gewaltsamen Todes niedergeschrieben. In ihrer Komposition, d. h. zugleich: in ihrer musikalischen Aktualisierung, sah Dallapiccola eine der wenigen verbliebenen Möglichkeiten, um gegen die faschistische Gewaltherrschaft vor und nach Ausbruch des 2. Weltkriegs zu protestieren.

Zwei Klangebenen tragen die Komposition, vermittelt zwar, doch stets eigenständig behandelt. Alle Chorpartien sind, auch in Abschnitten gesammelter Homophonie, in frei schwingender Linienführung entworfen, die nur an zwei Stellen (*O Domine Deus*) zum tonlosen Flüstern absinkt. Auch ist die vokale Thematik von der instrumentalen weitgehend getrennt, da ja die Besetzung auf Schlaginstrumente ausgerichtet wurde, eine Annäherung an den vokal-instrumentalen Klang also von vornherein nicht beabsichtigt war. So setzen die unterschiedlich lang und mehr oder weniger intensiv nachklingenden Instrumente vorwiegend rhythmische Akzente in freiem Kontrapunktieren zum melodisch fließenden Chorsatz. Symbolartige Bedeutung gewinnt die in der Musikgeschichte immer wieder zitierte mittelalterliche *Dies irae*-Melodie, deren diatonische Faktur bei Dallapiccola stets neue chromatische Beleuchtungen erfährt und zur Verklammerung der 3 Sätze entscheidend beiträgt.

Canti di liberazione (»Gesänge der Befreiung«)

Besetzung: gemischter Chor und großes Orchester (u. a. mit Englischhorn, Baßklarinette, Altsaxophon, 2 Harfen, Celesta, Xylophon und Vibraphon). – Entstanden 1951–55. UA: 1955 in Köln, Westdeutscher Rundfunk (Leitung: Hermann Scherchen). – Aufführungsdauer: ca. 30 Minuten.

I. *O frater, frater . . . / si esset firma fides nostra, / fierent in nobis divina . . . / Obmutescant / qui negant expugnari posse Chananoeos; / ipsi in solitudine moriantur, / et qui crediderint / intrent in Chananoeam.*
O Bruder, Bruder . . . / Göttliche Dinge geschähen in uns, / wenn unser Glaube stark wäre . . . / Die nicht glauben wollen, / daß die Kananäer zu bezwingen sind, / sollen verstummen; / in der Wüste mögen sie sterben: / Die Glaubenden / werden eingehen in das Land Kanaan.
(Sebastian Castellio, Brief an einen Freund, 1555.)
II. *Dominus quasi vir pugnator: / omnipotens nomen ejus. / Currus Pharaonis, et exercitum ejus / projecit in mare: / electi principes ejus / submersi sunt in Mari rubro. / Abyssi operuerunt eos: / descenderunt in profundum quasi lapis.*
Der Herr ist wie ein Kriegsheld, / Allmächtiger ist sein Name. / Die Wagen Pharaos und sein Heer / hat er in das Meer gestürzt: / seine auserlesenen Fürsten / sind versunken im Roten Meere. / Abgründe bedeckten sie: / Sie sanken in die Tiefe wie ein Stein. (*Exodus* = 2. Buch Mose 15,3–5.)
III. *Vocasti, et clamasti, / et rupisti surditatem meam. / Coruscasti, splenduisti / et fugasti caecitatem meam. / Fragrasti, et duxi spiritum, / et anhelo Tibi. / Gustavi; et esurio, et sitio. / Tetigisti me, / et exarsi in pacem Tuam.*
Du hast gerufen und geschrien / und meine Taubheit zerrissen. / Du sandtest Deinen Blitz, Dein Leuchten / und vertriebst meine Blindheit. / Den Hauch Deines Wohlgeruches sog ich ein / und ich lechze nach Dir. / Ich habe gekostet, nun hungere ich und dürste. / Du hast mich berührt, / und ich entbrannte nach Deinem Frieden.
(Hl. Augustinus, † 430, *Confessiones* X, 27.)

»Die *Canti di prigionia* waren noch nicht vollendet, als ich schon den Wunsch verspürte, ihnen ein anderes Chorwerk mit lateinischem Text und in analogem Aufbau folgen zu lassen, das zum vorhergehenden die Fortsetzung, den Gegensatz und den Abschluß bilden sollte«, schrieb Dallapiccola über die Entstehungsgeschichte des Werkes und die Formvorstellungen, die er damit verband. So prägt sich in diesen Gesängen die Dreigliederung ebenfalls nicht nur zyklisch, sondern auch innerhalb der einzelnen Sätze aus. Im Zuge expressiver Steigerung ist Dallapiccolas Vokalstil erheblich anspruchsvoller geworden: kurzgliedrige Verkettungen durch alle Stimmen hindurch bestimmen den Anfang des 1. Satzes; sie kontrastieren mit der scharfen Skandierung homophon gefaßter Abschnitte. Insgesamt bestimmen weiträumigere Intervalle und kompliziertere rhythmische Unterteilungen das dichter gewordene Satzbild. Nie gewinnt der vielseitiger und flexibler gewordene Orchesterpart »sinfonische« Eigenständigkeit in Vor-, Zwischen- oder Nachspielen; entstanden aus der Projektion chorischer Ereignisse ins Instrumentale, intensiviert und vervielfacht er den deklamatorischen Gestus.

Variazioni per orchestra

Besetzung: großes Orchester (mit Harfe, Celesta, Xylophon, Vibraphon und Schlagzeug). – Entstanden 1952–54. UA: 1954 in Louisville (USA) (Leitung: Robert Whitney). – Aufführungsdauer: ca. 14 Minuten.

Anfang 1954 schloß Dallapiccola diese Orchesterfassung des 1952 für seine damals 8jährige Tochter geschriebenen Klavierzyklus *Quaderno musicale di Annalibera* (»Notenbuch für Annalibera«) ab. Die Bezeichnung »Variationen« verweist auf Dallapiccolas Absicht, aus einer Zwölftonreihe durch Variationsbildungen substanzverwandte, doch hinsichtlich Form, Charakter und Satzart kontrastierende Stücke auszuformen; sie dauern durchschnittlich nicht länger als etwa eine Minute. Mit den 1951 begonnenen *Canti di liberazione* sind die *Orchestervariationen* durch eine gemeinsame Reihe verknüpft; ferner läßt sich zeigen, daß zahlreiche Teilstrukturen und ganze Variationsabschnitte dort vorgeprägt sind.

In der Orchesterfassung fehlen die Titel der Klavierstücke. Da sie eine einfallsreiche, zyklisch bedeutsame Planung wiedergeben, werden sie im folgenden angeführt und kurz erläutert.

1. *Quasi lento, misterioso* (*Simbolo* – »Symbol«): Studie über das in Grundgestalt und Umkehrung 7mal erscheinende (transponierte) B–A–C–H-Motiv.
2. *Allegro, con fuoco* (*Accenti* – »Akzente«): Akkordstudie unter Benutzung von Akzentuierungen unterschiedlicher Schärfe zur Bildung irregulärer Taktschwerpunkte.
3. *Mosso, scorrevole* (*Contrapunctus I* – »Kontrapunktstudie I«): polyphoner Satz, in dessen Verlauf eine Melodie, später auch ihre gleichzeitig ablaufende Umkehrungsgestalt, von rhythmisch modifizierten Echostimmen gefolgt werden.
4. *Tranquillamente mosso* (*Linee* – »Linien«): 2teiliger Melodiebogen vor figurativem Hintergrund.
5. *Poco allegretto, »alla Serenata«* (*Contrapunctus II*): 2stimmi-

ger Kanon in Gegenbewegung, dessen Scherzando-Charakter von der knappen zeitlichen Stimmverschiebung, von Staccati und Vorschlägen herrührt.
6. *Molto lento, con espressione parlante* (*Fregi* – »Fries«): 2teiliges, akkordisch gestütztes Melodieband, das infolge seiner flexiblen Rhythmisierung nahezu improvisatorischen Charakter aufweist (in den *Canti* als textunterlegte Vokalpartie enthalten!).
7. *Andantino amoroso* (*Contrapunctus III*): überwiegend 2stimmig gesetzte 8-Takt-Periode, deren Wiederholung von ihrer eigenen Krebsgestalt begleitet wird.
8. *Allegro, con violenza* (*Ritmi* – »Rhythmen«): rhythmisch stark profilierter Verlauf, dessen Spannungen aus ständiger Störung der gleichmäßigen Pulsation durch irreguläre Takteinschübe, Synkopen und Pausen resultieren.
9. *Affettuoso, cullante* (*Colore* – »Farben«): harmonische Tönung einer gleichmäßig fließenden, »wiegenden« Figuration.
10. *Grave* (*Ombre* – »Schatten«): knappe Impulse, gefolgt von ihren rhythmisch, dynamisch und lagenmäßig veränderten »Klangschatten«.
11. *Molto lento, fantastico* (*Quartina* – »Vierzeiler«): melodische Ausgestaltungen der 4 Grundformen der Reihe: Umkehrung, Krebs, Krebsumkehrung und Grundgestalt.

Goffredo Petrassi

* 16. Juli 1904 in Zagarolo (Prov. Rom)

Als Kind Mitglied der Sängerschola der römischen Kirche S. Salvatore in Lauro. Angestellter eines Musikaliengeschäfts und als Komponist zunächst Autodidakt. Später Privatunterricht; 1928–33 Studium am Conservatorio di S. Cecilia in Rom: Komposition bei Alessandro Bustini, Orgel bei Fernando Germani. Während der Jahre 1937–40 Intendant des Teatro La Fenice in Venedig, 1939 Rückkehr ans Conservatorio di S. Cecilia als Kompositionslehrer. 1947–50 auch Leiter der römischen Accademia Filarmonica. In verschiedenen Organisationen des italienischen Musiklebens tätig.

Das Etikett »italienischer Hindemith« kennzeichnet, selbstverständlich mit Unschärfen, die Position Petrassis während der 30er Jahre, als der Komponist eine Vorliebe für modal-archaische Harmoniestrukturen und barock-konzertante Bewegungsverläufe entwickelte. Auch Einflüsse Alfredo Casellas und Igor Strawinskys machten sich deutlich bemerkbar. Bezeichnenderweise waren es Vokalwerke – der *Coro di morti* (1940/41) und *Noche oscura* (1950) –, die aufgrund der Ausdrucksintensität ihrer Texte die Ausweitung vom diatonisch begrenzten zum flexibleren chromatischen Klangraum bewirkten. Konsequenterweise macht Petrassi etwa seit Mitte der 50er Jahre Gebrauch von zunehmend strenger gehandhabten dodekaphonen Verfahrensweisen. »Man gibt heute einer großen Beunruhigung Ausdruck über den gegenwärtigen Zustand der Musik. Die grenzenlose Experimentierlust ängstigt alle, die Musik noch immer als Tröstung empfinden. Aber Musik ist eine lebende Kunst; sie erneuert sich Tag für Tag wie die Zellen eines lebenden Organismus« (Petrassi, 1969).

Werke: *Partita* für Orchester (1932); *1. Orchesterkonzert* (1933/1934); *Der neunte Psalm* für gemischten Chor, Streicher, Blechbläser, 2 Klaviere und Schlagzeug (1934–36); *Klavierkonzert* (1936–1939); *Magnificat* für Sopran, gemischten Chor und Orchester (1939/40); *Coro di morti* (G. Leopardi), Dramatisches Madrigal für Männerchor, 3 Klaviere, Blechbläser, Kontrabässe und Schlagzeug (1940/41); *Quattro inni sacri* für Tenor, Baß und Orgel (1942), auch Fassung mit Orchester (1950); *La Follia di Orlando*, Ballett in 3 Bildern mit Bariton-Rezitativen (1942/43), daraus: *Orchestersuite* (1943); *Ritratto di Don Chisciotte* (»Das Porträt des Don Quichotte«, A. v. Milloss), Ballett (1945), daraus: *Orchestersuite*; *Sonata da camera* für Cembalo und 10 Instrumente (1948); *Noche oscura* (San Juan de la Cruz), Kantate für gemischten Chor und Orchester (1950/51); *2. Orchesterkonzert* (1951); *Nonsense* (E. Lear), Limericks für gemischten Chor (1952); *3. Orchesterkonzert* (*»Récréation concertante«*, 1952/53); *4. Orchesterkonzert*, Konzert für Streichorchester (1954); *5. Orchesterkonzert* (1955); *6. Orchesterkonzert* (*»Invenzione concertata«*, 1956/57); *Flötenkonzert* (1960); *Propos d'Alain »L'homme de dieu«*, Kantate für Bariton und 12 Instrumentalisten (1960); *7. Orchesterkonzert* (1961–64); *Estri* für 15 Spieler (1966/67); *8. Orchesterkonzert* (1972); *Orationes Christi* für gemischten Chor, Blechbläser, Bratschen und Celli (1975).

Michael Tippett

* 2. Januar 1905 in London

Nach Studienjahren am Royal College of Music (1923–28) »Rückzug« ins ländliche Lehrerdasein, Verwerfen aller um 1930 vorliegenden Arbeiten und erneute Studienzeit bei Reginald O. Morris. Intensives Befassen mit englischen Renaissance-Madrigalen, Purcells Bühnenwerken und Beethovenscher Sinfonik. Durchbruch im Konzertsaal mit dem »Konzert für zwei Streichorchester« (1938/1939); entschiedener humanitärer Appell mit dem zu Kriegsbeginn komponierten Oratorium »A Child of our Time« (1939–41). 1940–1951 als Leiter des Musikbereichs am Londoner Morley College tätig. Seine Opern stoßen auf breite Resonanz: »The Midsummer Marriage« (1947–52), »King Priam« (1958–61), »The Knot Garden« (1966–70), »The Ice Break« (1973–76). Neben der kompositorischen Arbeit als Dirigent und Autor von BBC-Musiksendungen tätig. 1969–74 Leiter des Bath-Festivals. Bereits 1966 wurde Tippett von der englischen Königin geadelt.

Werke (kleine Auswahl): *Concerto for Double String Orchestra* (1938/39); *Fantasia on a Theme of Händel* für Klavier und Orchester (1939–41); *A Child of Our Time* (Ödön v. Horváth / Tippett), Oratorium für Soli, Chor und Orchester (1939–41); *1. Sinfonie* (1944/45); *The Midsummer Marriage* (Tippett), Oper in 3 Akten, daraus: *Ritual Dances* (1947–52); *Fantasia concertante on a Theme of Corelli* für Streichorchester (1953); *Konzert für Klavier* und Orchester (1953–55); *2. Sinfonie* (1956/57); *Concerto for Orchestra* (1962/63); *3. Sinfonie* für Sopran und großes Orchester (Text: Tippett; 1970–72); *4. Sinfonie* in 1 Satz (1976/77); *Tripelkonzert* für Streichtrio und Orchester in 1 Satz (1978/79); *The Mask of Time* (Text: Tippett) für 4 Soli, Chor und Orchester (1980–82); *Byzantium* (S. Butler), 5 Gesänge für Sopran und Orchester (1989); *The Rose Lake* für Orchester (1993–95).

In musikalischen Traditionen wurzelte Tippett, ohne sich satztechnischen Wandlungen, harmonischen Neuerungen oder von »außen« vordringenden Idiomen (Folklore, Jazz, Spiritual) zu verschließen. Gewisse Klassizismen des Frühwerks wichen bald dem entschiedenen Verlangen nach ungebundener lyrischer Expressivität und weitgehender Lösung von der tonalen Ordnung. Tippetts kompositorische Horizonte weiteten sich noch einmal, nachdem ihn auf Reisen die USA und

ihre bestürzende Vielfalt fasziniert hatten: Festgefügte formale Grundrisse begannen sich zu lockern, Popularmusik fand Eingang, Zitate und Collagen bezeugten eine Neigung zu pluralistischer Fülle.
Tippett, fast altersgleich mit Dallapicola (* 1904), Schostakowitsch (* 1906) oder Messiaen (* 1908), verfügt im englischen Musikleben als Grand Old Man über eine ähnliche Autorität, wie sie sein jüngerer Weggefährte Benjamin Britten (1913–76) besaß.

Ritual Dances

Besetzung: mittelgroßes Orchester (mit Harfe, Celesta), Vokalsolisten und Chor ad lib. – Entstanden 1947–52. UA: 1953 in Basel (Basler Kammerorchester, Dirigent: Paul Sacher). – Aufführungsdauer: ca. 28 Minuten.

»Es sind vier Tänze; alle vier sind sakraler Natur. Sie sind in Beziehung gesetzt zu den vier Jahreszeiten und zu den vier Elementen. Dies geht aus den Titeln hervor: 1. *Die Erde im Herbst.* (Die Hündin jagt den Hasen.) 2. *Das Wasser im Winter.* (Der Otter jagt den Fisch.) 3. *Die Luft im Frühling.* (Das Habichtweibchen jagt den Vogel.) 4. *Das Feuer im Sommer.* (Das freiwillige menschliche Opfer.) Die obigen Titel lassen an die möglichen vier Sätze einer Sinfonie denken: Sonatensatz, Adagio, Scherzo, Finale. Aber diese Übereinstimmung ist nur eine scheinbare. Die Musik selbst ist keineswegs sinfonisch; sie ist vielmehr erzählend [. . .].
Der Aufbau der Musik ist den szenischen Vorgängen genau angepaßt. Sie beginnt mit einem Vorspiel zum Mittsommernachmittag und geht dann, mit Hilfe eines zarten Celesta-Motivs, in die Welt des Mythos und der Magie über. Vor den ersten drei Tänzen steht eine Einleitung, nach den beiden ersten eine Überleitung.
Der Tanz der Hündin und des Hasen vollzieht sich über einem ausgedehnten Ostinato (= die Hündin), über dem sich später die Flöte in schneller Sechzehntelbewegung (= der Hase) ergeht.
Im Tanz des Fisches und des Otters ist das fließende Wasser durch eine langsame Bewegung gekennzeichnet, der Fisch durch rasch dahineilende Motive (zwei Klarinetten allein), der Otter durch kraftvolle Motivgestalten.
Der Tanz des Vogels über dem besäten Kornfeld wird durch eine frühlingshafte Melodie ausgedrückt, die dreimal in der Oboe erscheint (im Sechs-, Sieben- und Achtachteltakt).

Der Tanz um das Johannisfeuer vollzieht sich zu einer Reihe von instrumentalen Kanons, deren Thematik an die Motive des Vorspiels zum ersten Tanz anknüpft.
Das Werk endet wie das Schließen eines Märchenbuches. Die Welt des Mythos und der Magie verdämmert allmählich in den sordinierten Hörnern.« (Tippett, 1953.)

Giacinto Scelsi

* 8. Januar 1905 in La Spezia (Ligurien, Italien)
† 9. August 1988 in Rom

Eigentlicher Name: Conte Giacinto Maria Scelsi d'Ayala Valva. Sproß einer alten Aristokratenfamilie. Nach sorgfältiger Ausbildung reges Interesse an aktuellen Kunst- und Literaturströmungen (z. B. Futurismus, Surrealismus). Lange Aufenthalte in Wien und Paris. Als Komponist über neue Strömungen orientiert, doch noch in tonaler Denkweise verharrend. Nach 1950, nach tiefer Lebens- und Kunstkrise, längere psychiatrische Behandlung. Gänzlicher Neubeginn: Konzentration auf einzelne Tonereignisse, denen Scelsi improvisierend nachhorcht. Arbeit mit reduziertem, statischem Material, das sich nur minimal verschiebt, durch Ober- und Untertöne anreichert und auf diese Weise nach asiatischen Mustern »entpersönlicht«.

Werke (kleine Auswahl): *Quattro pezzi su una nota sola* für Kammerorchester (1959); *HURQUALIA* (*»Ein anderes Reich«*) für großes Orchester (1960); *AION* (*»Vier Episoden eines Tages des Brahma«*) für Orchester (1961); *CHUKRUM* für Streichorchester (1963); *ANAGAMIN* (*»Der Eine vor der Wahl zwischen Rückkehr und ihrer Ablehnung«*) für 12 Streicher (1963); *ANAHIT* (*»Lyrisches Poem über den Namen der Venus«*) für Solo-Violine und 18 Instrumentalisten (1965); *UAXUCTUM* (*»Die Legende der Maya-Stadt, die sich aus religiösen Gründen selbst zerstörte«*) für gemischten Chor, Orchester und Ondes Martenot (1966); *OHOI* (*»Die kreativen Prinzipien«*) für 16 Streicher (1966); *KONX-OM-PAX* (*»Drei Aspekte des Klangs«*) für gemischten Chor, Orgel und Orchester (1969); *PFHAT* (*»Un éclat . . . et le ciel s'ouvrit«*) für gemischten Chor, großes Orchester, Orgel und Dinner bells (1974).

Erst in den 80er Jahren begann eine intensive Auseinandersetzung mit dem ungewöhnlichen Œuvre dieses Außenseiters, der dank seiner extremen Ansätze und seiner Publizitätsscheu Anlaß zu blühenden Legendenbildungen gab. Von Scelsis Mitarbeiter Vieri Tosatti wurden bald nach dem Tod des Komponisten Vorwürfe erhoben, viele seiner Werke habe der Conte lediglich »diktiert« und nicht selbst in Partiturform gebracht. Hierzu äußerte sich Jürg Wyttenbach, ein genauer Kenner des Komponisten und seiner Arbeiten (1989):
»Scelsi hat sich nach seiner Lebenskrise nie mehr als Komponist bezeichnet. Er wollte nur noch ein Vermittler, ein Bote sein. Seine Stücke seien keine Kompositionen, es werde nichts ›zusammengefügt‹, konstruiert; sondern sie seien Botschaften aus dem »ewigen Klanguniversum‹ [. . .]. Scelsi hat auch nie verheimlicht, daß er mit anderen Musikern zusammenarbeitete. Er glaubte, daß die Botschaft in klingender Form, die er vermittelte, nicht nur seine persönliche Aussage sei, sondern eine allgemeine. Nach meinen Erfahrungen hatte er jedoch genaue Vorstellungen, wie seine Musik realisiert und gespielt werden sollte. Die Instrumentenwahl, die Instrumentation sowie die Behandlung der Singstimmen zum Beispiel sind kühn und unakademisch. Über die innere Bewegtheit des Klangs, über sein Pulsieren und harmonisches Atmen, über die Obertonerweiterungen und die Intensität des Tons wußte er genau Bescheid. Er hat eine sehr eigene ›Technik‹ der Verstimmung der Saiten und der Mikrointervalle entwickelt. In den Partituren von Vieri Tosatti, welcher Scelsi jahrelang geholfen hat, seine Improvisationen zu notieren und zu orchestrieren, konnte ich nichts von diesen neuen und eigenartigen Ideen entdecken. Vieri Tosatti, obgleich er ein sehr guter Musiker und Handwerker war, hatte in seinen eigenen Werken nie den Mut zu solchen radikalen Kühnheiten [. . .].«

KONX-OM-PAX (Drei Aspekte des Klangs)

Besetzung: gemischter Chor, Orgel und Orchester. – Entstanden 1969. UA: 1970 in Venedig (Dirigent: Vinko Globokar). – Aufführungsdauer: ca. 18 Minuten.

In der Partitur findet sich folgende lapidare Umschreibung des Titels: »KONX-OM-PAX. Drei Aspekte des Klangs: als erste Bewegung des Unbeweglichen, als kreative Kraft, als die Silbe OM, die die überpersönliche Wahrheit bedeutet.«
Alle drei Titelbegriffe bedeuten »Friede«, nacheinander be-

zeichnet durch die Sprachen Assyrisch, Sanskrit und Latein. Der Chor, der erst im 3. und letzten Satz hinzutritt, benutzt als Lautmaterial ausschließlich die Anrufungsformel OM als eine von allen Buddhisten streng geheiligte Wortsilbe. Während die beiden Ecksätze in hymnischem Duktus gehalten sind und eine für Scelsi ungewöhnlich reiche Harmonik entfalten, kommt der kurze Mittelsatz einem explosiven Akt des Auf- und Durchbruchs gleich. Es ist dies eine Musik kraftvoller Beschwörung und Öffnung, die den französischen Kommentator Harry Halbreich zu der Vermutung anregte: »Wahrscheinlich würde Bruckner heute so komponieren . . .«

Karl Amadeus Hartmann

* 2. August 1905 in München
† 5. Dezember 1963 in München

In frühen Jahren stark beeinflußt durch die dem Expressionismus nahestehende Malerei des Vaters und des älteren Bruders Adolf. Nach der Schulzeit 1925–28 teilweise unbefriedigendes Studium an der Münchner Musikakademie (u. a. Musiktheorie und Komposition bei Joseph Haas). In den folgenden Jahren entscheidende Impulse durch unregelmäßige Privatstunden und Dirigierkurse bei Hermann Scherchen, dem Hartmann auch das Szenarium seiner Oper »Simplicius Simplicissimus« verdankte. 1928–32 Organisation von kammermusikalischen Veranstaltungen in den Ausstellungsräumen der Münchner »Juryfreien«, in deren Rahmen erste Arbeiten Hartmanns zu Gehör gebracht wurden (u. a. »Tanzsuite«, »Burleske Musik«, »Kleines Konzert«. Etwa zur gleichen Zeit Erproben einiger szenischer Entwürfe im Kreis gleichgesinnter Theaterleute (u. a. »Wachsfigurenkabinett«).
Nach 1933 zunehmende Aufführungseinschränkungen für die als »entartet« geltenden Kompositionen Hartmanns; gleichzeitig jedoch beachtliche Erfolge im Ausland: mit der Sinfonischen Dichtung »Miserae« auf dem IGNM-Fest Prag 1935, mit dem 1. Streichquartett auf dem IGNM-Fest London 1938, mit der Sinfonie »L'Œuvre« (nach Zola) in Lüttich 1939. 1941/42 privates Studium (Analyse, Komposition) bei Anton Webern in Maria Enzersdorf bei Wien.

Nach Kriegsende Gelegenheit zur Aufführung der zuvor verbotenen, jetzt teilweise umgearbeiteten und neugruppierten Werke. Daneben zahlreiche Kompositionsaufträge, vor allem seitens der Rundfunkanstalten (Sinfonien, Konzerte). Verzicht auf jegliche Lehrtätigkeit. 1945 Gründung der bald beispielgebenden Münchner Konzertreihe »Musica viva« in Zusammenarbeit mit dem Bayerischen Rundfunk, für deren Programmgestaltung Hartmann bis zu seinem Tode verantwortlich zeichnete.

Bühnenwerke: *Wachsfigurenkabinett*, Komisch-phantastische Kammerspieloper in 5 Teilen nach E. Bormann (1929/30); *Des Simplicius Simplicissimus Jugend*, Kammeroper nach Grimmelshausen von H. Scherchen / W. Petzet (1934/35), Neufassung: *Simplicius Simplicissimus*, 3 Szenen aus seiner Jugend (1955), daraus: *Orchestersuite* (1934 bis 1935).
Vokalwerke: *Friede Anno 48*, Kantate für Sopran, gemischten Chor und Klavier nach A. Gryphius (1936), Soloteile dieses Werkes zusammengefaßt unter dem Titel *Lamento*, Kantate für Sopran und Klavier (1956); *Ghetto* für Alt, Bariton und kleines Orchester nach J. Gerlach (1960) = 3. Satz der Kollektivkomposition *Jüdische Chronik* (mit B. Blacher, P. Dessau, H. W. Henze und R. Wagner-Régeny); *Gesangsszene* für Bariton und Orchester zu Worten aus *Sodom und Gomorrha* von J. Giraudoux (1963).
Sinfonische und konzertante Werke: *Burleske Musik* für Bläser, Schlagzeug und Klavier (1930); *Kleines Konzert* für Streichquartett und Schlagzeug (1932); *Concertino* für Trompete und Bläser (ca. 1933, z. T. Vorlage für die *5. Sinfonie*); *Kammerkonzert* für Klarinette, Streichquartett und Streichorchester (1930–35); *Miserae*, Sinfonische Dichtung für großes Orchester (1934); *1. Sinfonie, Versuch eines Requiems* nach Worten von W. Whitman für Altstimme und Orchester (1936, 1947/48); *Sinfonisches Konzert* für Streichorchester (letzter Satz mit Sopran-Solo, Vorlage für die *4. Sinfonie*, 1938); *Sinfonie »L'Œuvre«* (1938, verschollen; Vorlage für die *6. Sinfonie*); *Concerto funèbre* für Solo-Violine und Streichorchester (1939, 1959); *Sinfonia tragica* (1940; z. T. Vorlage für die *3. Sinfonie*); *Sinfoniae dramaticae*, Triptychon für Orchester: I. *Sinfonische Ouvertüre* (1942), II. *Sinfonische Hymnen* (1943), III. *Vita nova*, Sinfonische Suite nach P. B. Shelley für Orchester und Sprecher (1943, verschollen); *Sinfonie »Klagegesang«* (1944, z. T. Vorlage für die *3. Sinfonie*); *Adagio, 2. Sinfonie* (1946); *4. Sinfonie* für Streichorchester (1947); *3. Sinfonie* (1948/1949); *Symphonie concertante* (*5. Sinfonie*, 1950); *6. Sinfonie* (1951–53); *Konzert* für Klavier, Bläser und Schlagzeug (1953); *Konzert* für Bratsche und Klavier, begleitet von Bläsern und Schlagzeug (1955); *7. Sinfonie* (1957/58); *8. Sinfonie* (1960–62).

Lange Jahre glaubte man, die kompositorische Erscheinung Hartmanns mit Schlagworten wie »Bekenntnismusiker«, »Espressivo-Sinfoniker« oder »Adagio-Komponist« hinlänglich beschrieben und sein Werk mit dem pauschalen Etikett »süddeutsch-barocke Fülle« treffend eingestuft zu haben. Zwar wollte Hartmann – wenn irgendein Musiker – Komponieren als klingendes Bekenntnis zur freien künstlerischen Äußerung verstanden wissen, auch läßt sich nicht leugnen, daß seine langsamen Sinfoniesätze unmittelbarer und intensiver, wohl auch persönlicher im Ausdruck gehalten sind. Doch gewinnen seine Werke, ohne je plakativer Vergröberung zu verfallen, ihr wahres Relief erst durch die fesselnde Dialektik ihrer emotionalen und gestalterischen Gegensätze. Auch ist Hartmanns Komponieren frei von jedem Anflug provinzieller Kurzatmigkeit, sowenig seine Person selbst ohne die besondere kulturelle Sphäre seiner Vaterstadt denkbar gewesen wäre. Es darf nicht vergessen werden, daß der Komponist die akademische Trockenheit seines Münchner Musikstudiums nur schwer ertrug, statt dessen die anregendere Atmosphäre des Theaters und der Kunstgalerien suchte und in kluger Selbsteinschätzung schließlich die Notwendigkeit disziplinierender Schulung durch solche Strukturanalytiker wie Hermann Scherchen und Anton Webern erkannte.
Webern und Hartmann! Die Gegensätzlichkeit zwischen Weberns kristalliner Transparenz und Hartmanns expressiver Dichte erweist sich als äußerlich angesichts der Feststellung, daß beider Komponieren auf kleinste melodische und rhythmische Grundelemente rückführbar ist. Der breite, scheinbar ungebunden sich entfaltende Strom eines Hartmannschen Gesangsthemas resultiert aus kurzen Motiven und deren fortgesetzten, wuchernd sich ausbreitenden Variantenbildungen. Auch die ausgedehnten fugierten Finalsätze, deren drängendes Pulsieren innerhalb mehrphasiger Steigerungsanlagen mit »neobarocker Motorik« nur wenig gemein hat, nehmen ihren Ausgang von konzisen, allerdings phantasievoll ausgesponnenen Themenzellen.
Luigi Nono wehrte sich mit Entschiedenheit dagegen, Hartmanns Musik auf die beiden Satztypen des expressiven Adagios und des polyphon-motorischen Allegros festlegen zu wollen:
»Würde man sich tatsächlich auf eine abstrakte Betrachtung der expressiven Leidenschaftlichkeit und der kontrapunk-

tischen Vielfalt der Musik K. A. Hartmanns und auf diese beiden eigentlich einander entgegengesetzten Pole beschränken, wäre einem die menschliche Fülle, die sie belebt, entgangen.
Es geht also nicht um zwei entgegengesetzte Pole, sondern um den Niederschlag einer menschlichen Intentionalität in ihrer dynamischen Unaufhaltsamkeit von a) Unduldsamkeit für aktuelle Strukturen, die die Tendenz haben, sie zu unterdrücken; jene werden aber dann in einer sich ausbreitenden Klangmaterie entstellt und zerstückelt – nicht das Erreichen des ›Höhepunkts‹ aus einer sinfonischen Entwicklung heraus, sondern seine Zerstörung – b) und darin Ausbreitung eines verschiedenartig tragischen Gesanges auf der Suche nach einer wirklichen Perspektive. Aus diesem Grunde stellt K. A. Hartmann in der heutigen deutschen musikalisch-menschlichen Problematik erregenderweise eine authentische Weise des Einens und des Suchens dar.«

1. Sinfonie. Versuch eines Requiems

Besetzung: Altstimme und großes Orchester. – Entstanden 1936, 1947/1948. UA: 1948 beim Hessischen Rundfunk Frankfurt (Leitung: Winfried Zillig). – Aufführungsdauer: ca. 30 Minuten.

Die Texte sind der Gedichtsammlung *Leaves of Grass* (»Grashalme«, 1855) des nordamerikanischen Dichters Walt Whitman (1819–92) entnommen.

1. Introduktion: Elend, *Allegro / Largo* (»Ich sitze und schaue auf alle Plagen der Welt«) – 2. Frühling, *Allegro con brio / Largo* (»Als jüngst der Flieder blühte vor der Tür«) – 3. Thema mit 4 Variationen – 4. Tränen, *Langsam* (»Tränen in der Nacht, in der Einsamkeit«) – Epilog: Bitte, *Andante* (»Ich hörte die Allmutter, als sie gedankenvoll . . .«).

Die politischen Ereignisse des Jahres 1933 bewirkten eine grundlegende Veränderung von Hartmanns künstlerischem Standort: »In diesem Jahr erkannte ich, daß es notwendig sei, ein Bekenntnis abzulegen, nicht aus Verzweiflung und Angst vor jener Macht, sondern als Gegenaktion.« Sinfonische Projekte, nicht selten getragen von Dichtungen, die auf die Bedrängnis der Zeit antworteten, lösten die frühere Reihe burlesk-konzertanter Kammermusiken ab. Die *1. Sinfonie* ist dafür ein Beispiel. Form und Besetzung erlauben allerdings nicht, sie als Liederzyklus zu bezeichnen; das trifft auf dieses Werk ebenso wenig zu wie etwa auf Mahlers *Lied von der Erde*. Zu Recht lautete der frühere Titel *Sinfonische Frag-*

mente, denn es wechseln vokale Abschnitte mit instrumentalen Blöcken, wie überhaupt die orchestrale Textur bei aller Binnendifferenzierung einem übergreifenden einheitlichen Duktus folgt. Lediglich *Satz 3*, rein instrumentale Mitte der Sinfonie, weist gelegentliche polyphone Auffächerungen des bereits in der *Simplicius*-Ouvertüre anklingenden Themas auf und ist insgesamt als Temposteigerung mit choralartigem Epilog angelegt. Dem kurzen *2. Satz* liegen die gleichen schwermütigen Verse zugrunde, die auch Hindemith 1946 zur Komposition seines – ebenfalls unliturgischen *Requiems* (»Denen die wir lieben«) anregten. *Satz 4*, expressives Kernstück des Werkes, beginnt und schließt mit beschwörenden Anrufungen der Bläser über ostinater Grundlage (»Tränen . . .«), während die dramatische Fassung seines Mittelteils (»O wer ist dieser Geist?«) in Erinnerung ruft, daß Hartmanns *Simplicius*-Oper gerade erst zwei Jahre zurücklag, als er diese Sinfonie abschloß.

6. Sinfonie

Besetzung: großes Orchester (u. a. mit reich besetztem Schlagzeug, Harfe, Klavier 2- und 4händig, Celesta und Mandoline). – Entstanden 1938, 1951–53. UA der endgültigen Fassung: 1953 in der Konzertreihe »Musica viva« des Bayerischen Rundfunks München (Leitung: Eugen Jochum). – Aufführungsdauer: ca. 26 Minuten.

Im Frühjahr 1938 beschäftigte sich Hartmann eingehend mit dem Künstlerroman *L'Œuvre* von Emile Zola. »Ich wollte kein symphonisches Gedicht schreiben, sondern nur den Eindruck, den ich nach dem Lesen des Buches empfing, musikalisch festlegen . . . Ich habe versucht, die dunkle Tragödie mit allen Schönheiten und besonders mit all den Schrecklichkeiten, die allen wahrhaften Künstlern widerfahren, darzustellen.« Das Ergebnis dieser literarisch-musikalischen Transformation, die 2sätzige *Sinfonie »L'Œuvre«*, erlebte 1939 in Lüttich ihre Uraufführung durch den Belgischen Rundfunk. Später ging die Partitur verloren, doch konnte Hartmann die erhaltenen Skizzen erneut ausarbeiten und – jetzt mit vertauschter Satzfolge und ohne den programmatischen Hinweis auf Zolas Roman – als *6. Sinfonie* vorlegen.
Satz 1, ein weiträumiges *Adagio*, wiederholt das Formprinzip der 1sätzigen *2. Sinfonie*: in einem fast ohne Zäsuren sich beständig anspannenden Bogen zweier Kantilenenthemen (Englischhorn, Violinen) führt es vom Adagio-Zeitmaß über die

Stufen Andante, Allegro moderato und Agitato zu zwei orgiastischen Ausbrüchen, mit deren Erreichen übergangslos das Ausgangstempo zurückgewonnen wird.

Satz 2 reiht unter dem Titel *Toccata variata* 3 als Fugen gestaltete Steigerungsbereiche, die einander zugleich als Variationsabschnitte verbunden sind:

Es ist für Hartmanns Komponieren kennzeichnend, daß in diesem außerordentlich verästelten Satz alle metrisch-rhythmischen Proportionskünste (Zeitebenen der 3 Satzkomplexe) und polyphonen Satzstrukturen (Engführungen, Spiegelungen usw.), den letztlich sehr einfachen Formgedanken dreier sich jeweils überhöhenden Bewegungsimpulse mit unmittelbarer Intensität ausprägen.

8. Sinfonie

Besetzung: großes Orchester mit reichhaltigem Schlagzeug, Glockenspiel, Xylophon, Marimbaphon und Vibraphon, ferner 2 Harfen, Klavier, Celesta und sehr stark besetzter Streichergruppe. – Entstanden 1960–62. UA: 1963 am Westdeutschen Rundfunk Köln (Leitung: Rafael Kubelik). – Aufführungsdauer: ca. 24 Minuten.

Hartmann hat oft auf die formbildende Kraft von Kontrastpaaren wie langsam–schnell, Melodie–Rhythmus und homophon–polyphon vertraut. In seiner *Achten* stehen sich unter den Satzbezeichnungen »Cantilène« (*Lento assai*, *con passione*) und »Dithyrambe« (*Lebhaft*, *con brio*) zwei solcher entgegengesetzten musikalischen Charaktere gegenüber, wobei nicht übersehen werden darf, daß es sich hier, wie immer bei Hartmann, um Sammelbezeichnungen für eine größere Anzahl individuell angelegter Satzteile oder -bezirke handelt.

Satz 1 erhält Merkmale einer Rhapsodie durch das Alternieren zwischen 2 fugierten, d. h. »festen« Streicherabschnitten (*Adagio*) und den sie umgebenden dramatisch-»lockeren« Rahmenteilen, in denen melodische Geschehnisse sich in der Gestalt von Signalen, Rubato-Rezitativen und ariosen Kantilenen, insgesamt in einem fortwährenden Prozeß von Verdichtung und Auflösung ereignen. Das Thema der beiden Streicherabschnitte weist auffallende Gemeinsamkeiten mit dem Variationsthema der *1. Sinfonie* auf, das seinerseits der *Simplicius*-Ouvertüre entliehen war. Es enthält als wesentliches Merkmal eines offenbar zentralen Melodietypus im Werk Hartmanns die kreisende Entfaltung aus kleinen Intervallen und wenigen, doch energischen Bewegungsimpulsen bei frei über Taktschwerpunkte hinwegführender, prosaartiger Rhythmusgliederung:

Ein kontrastreicher Formverlauf ergibt sich auch in *Satz 2* durch die einfallsreiche Verknüpfung zweier Teilbereiche, nämlich des Scherzo und seiner 3 Variationen mit der Folge: Finale per tutti I – Fugato mit Imitationen – Finale per tutti II. Somit greifen nicht weniger als 4 traditionelle Formprinzipien ineinander – Scherzo, Variation, Fuge und Final-Stretta. Ihnen gemeinsam ist jener kurze »dithyrambische« Ostinato-Baustein:

aus welchem sich – so der Komponist in einer Partitur-Anmerkung – ein »Jubelgesang« zu entfalten vermag, der »mit wilder stürmischer Begeisterung« endet.

Gesangsszene

Besetzung: Bariton und großes Orchester (3faches Holz mit alternierenden Instrumenten, 3 Hörner, neben 3 Trompeten in C auch eine hohe in D, 3 Posaunen, Tuba, sehr großes Schlagzeug, Celesta, Harfe, Klavier 2- und 4händig und Streicher). – Entstanden 1963.

UA: 1964 beim Hessischen Rundfunk Frankfurt (Solist: Dietrich Fischer-Dieskau, Leitung: Dean Dixon). – Aufführungsdauer: ca. 23 Minuten.
Der Text ist dem Prolog des Schauspiels *Sodom und Gomorrha* (1943) von Jean Giraudoux (1882–1944) entnommen.

Die Suche nach einem neuen Opernstoff hatte Hartmann schon einmal zu Giraudoux geführt, ohne daß er sich damals für dessen Fassung des Undine-Märchens (*Ondine*, 1939) entschließen konnte. Doch blieb die innere Bindung an das Werk des französischen Dichters, und ein Kompositionsauftrag lenkte Jahre später zurück zum Prolog des Schauspiels *Sodom und Gomorrha*.

Die Faszination dieses zwischen Kantate und Oper angesiedelten Monologs liegt wohl darin, daß Hartmann auf Giraudoux' resignierende Untergangsstimmung mit Auflehnung, auf sprachliche Ironie mit Klangschärfungen, auf lyrische Bilderreihen mit dramatischer Ballung geantwortet hat.

Beschworen wird anfangs der Fortschritt der Menschheit, deren Fähigkeit, tausend Gefahren zu begegnen und komplizierteste Probleme zu lösen. »Und da, mit einem Male, erhebt sich binnen ein paar Stunden ein Übel und befällt den gesündesten und glücklichsten aller Körper! Das Übel der großen Reiche! . . . Das tödliche Übel! . . .« Diese Textstelle markiert etwa die Mitte der Szene und zugleich ihre entscheidende Wende. Auf die ausgedehnte rhapsodische *Introduktion* (155 Takte!) und die vom *Parlando* bis zum unnatürlich gehetzten *Drammatico* gesteigerte erste, »positive« Texthälfte folgt nun in einem zweiten, vom *Tempestuoso* zum *Tumultuoso* führenden konträren Abschnitt Hartmanns musikalische Vision des Untergangs. Das langsame Flöten-Solo des Beginns, um 3 Tamtams bereichert, eröffnet den *Epilog*: »In jedes Vogellied hat ein grauenhafter Ton sich eingeschlichen, ein einziger nur, doch der tiefste Ton aller Oktaven – der des Todes.«

9 Textzeilen blieben unkomponiert; die beiden letzten sollen, der Absicht des Komponisten zufolge, gesprochen werden: »Es ist ein Ende der Welt! Das Traurigste von allen!«

André Jolivet

* 8. August 1905 in Paris
† 20. Dezember 1974 in Paris

Frühe kompositorische Versuche; privater Instrumental- und Theorieunterricht. Ab 1927 bis zum Ende des 2. Weltkriegs Lehrer in Paris, daneben weitere musikalische Ausbildung bei Paul Le Flem (1927–33) und bei Edgard Varèse (1930–33, während dessen 5jährigem Europa-Aufenthalt). 1936 loser Zusammenschluß mit den Komponisten Yves Baudrier, Jean-Yves Daniel-Lesur und Olivier Messiaen zur Gruppe »La jeune France«. Langjähriger musikalischer Leiter der Comédie Française (1945–59), danach Tätigkeit als künstlerischer Berater (1959–62). Erst 1966 Berufung als Kompositionslehrer ans Pariser Conservatoire, zusammen mit Messiaen.

Von Edgard Varèse empfing Jolivet maßgebliche Schaffensimpulse. Varèses Prinzip, im herkömmlichen Instrumentarium nur eine Vorahnung künftiger Möglichkeiten der Klangerzeugung zu sehen, wirkte allerdings bei seinem französischen Schüler weniger nach als seine Neigung zum beschwörenden Ritual, zum unablässigen Insistieren auf kurzen Formeln und deren raffiniert eingeführten Varianten. Olivier Messiaen hat auf die eigentümlichen physiologischen, psychischen und möglicherweise therapeutischen Wirkungen von Werken wie *Mana* (6 Klavierstücke, 1935), *Cinq Incantations* (für Flöte, 1936) oder *Fünf rituelle Tänze* (1939) aufmerksam gemacht. Auf serielle Strukturprinzipien hat Jolivet verzichtet, dagegen arbeitete er mit modalen Skalen, die bei ihrer kompositorischen Gestaltung – unter farblichem Aspekt! – auch atonale Bildungen streifen. Seine stets rhapsodisch freizügige Rhythmik läßt die Beschäftigung mit arabischen, fernöstlichen und auch jazzverwandten Modellen erkennen.

Werke: *Cinq Danses rituelles* für Klavier, Fassung für Orchester (1939); *Messe pour le jour de la paix* für Sopran, Orgel und Tamburin (1940); *Symphonie de danses* für Orchester (1940); *Les trois complaintes du soldat* (A. Jolivet) für Singstimme und Klavier, Fassung mit Kammerorchester (1941); *La Tentation dernière de Jeanne d'Arc* (C. Vermorel) für Sprecher, Sprech- und Singchöre und Orchester (1941); *Suite delphine* für Kammerensemble (1942); *Guignol et Pandore*, Ballett von S. Lifar, daraus: *Sinfonische Suite* (1943); *Psyché* für Orchester (1946); *Konzert für Ondes Martenot* und Orchester (1947); *Concertino* für Trompete, Streichorchester und Klavier (= *1. Trompetenkonzert*, 1948); *Konzert für Flöte* und Streichorchester (1949); *Klavierkonzert* (1949/50); *Harfenkonzert* (1952); *Epithalame* für 12stimmiges Vokalensemble (1953); *1. Sinfonie* (1953); *Konzert für Fagott*, Streichorchester, Harfe und Klavier (1954); *2. Trompetenkonzert* (1954); *Suite transocéane* für Orchester (1955); *La Vérité de Jeanne*, Oratorium für Soli, Chor und Orchester, daraus: *Drei Zwischenspiele* für Orchester (1956); *Konzert für Schlagzeug* und Orchester (1958); *2. Sinfonie* (1959); *Sinfonie für Streichorchester* (1961); *1. Cellokonzert* (1962); *3. Sinfonie* (1964); *Suite en concert* für Flöte und 4 Schlagzeuger (1965); *Le Cœur de la matière* (P. Teilhard de Chardin), Kantate für Soli, Chor und Orchester (1965); *2. Cellokonzert* (1966); *Zwölf Inventionen* für 12 Instrumente (1966). – Ferner zahlreiche Bühnenmusiken zu Schauspielen u. a. von Corneille, Racine, Molière und Musset.

Dmitrij Schostakowitsch

* 12. (25.) September 1906 in St. Petersburg
† 9. August 1975 in Moskau

Bereits in frühen Jahren privater Musikunterricht (Klavier, Musiktheorie). Auf Empfehlung Alexander Glasunows Besuch des Konservatoriums der Vaterstadt in den Jahren 1919–25: Klavier bei Leonid W. Nikolajew, Komposition bei Maximilian Steinberg, einem Schüler Nikolaj Rimskij-Korsakows. Noch während der Studienzeit sensationeller Erfolg mit der 1. Sinfonie (1924/25). Vielversprechende Pianistenkarriere (Ehrendiplom des Warschauer Chopin-Wettbewerbs 1927). Während der vorstalinistischen Jahre bis etwa 1930 lernte Schostakowitsch die vorherrschenden westlichen Stile und ihre Elemente, aber auch die modischen Strömungen des Jazz und der Music-halls kennen. 1937–57 Lehrtätigkeit an den Konservatorien in Leningrad und Moskau.

1935/36 erste Maßregelung durch das Zentralkomitee, bezogen auf die bereits seit 1934 auch im Ausland erfolgreiche Leskow-Oper »Lady Macbeth von Mzensk«. Vorwurf eines abstrakten Rationalismus, Ermahnung zu den massenwirksamen Grundsätzen des »Sozialistischen Realismus«. Zweiter Rückschlag 1940: abermals wurde der Vorwurf übermäßiger Komplikation der musikalischen Sprache

erhoben. Jedoch bereits 1941 Verleihung eines ersten Stalin-Preises für die 7., die sogenannte »Leningrader Sinfonie«.
Neue Angriffe 1946, nach Bekanntwerden der 9. Sinfonie (1945), und 1948, als die Opernkonzeption Schostakowitschs und seiner Kollegen Prokofjew und Chatschaturjan ins Schußfeld der Parteikritik geriet. Rehabilitierung im gleichen Jahr aufgrund des Oratoriums »Das Lied der Wälder« (1949). Wahrnehmung hoher offizieller Ämter, verbunden mit wesentlicher Einflußnahme auf das sowjetische Musikleben: Deputierter des Obersten Sowjets und Sekretär des sowjetischen Komponistenverbands.
Für Schostakowitschs Werke setzten sich zunächst vor allem die großen sowjetischen Instrumentalsolisten und Dirigenten ein, unter ihnen auch Maxim Schostakowitsch, der Sohn des Komponisten.

Werke (Auswahl): *1. Sinfonie f-Moll* op. 10 (1924/25); *2. Sinfonie H-Dur* op. 14 (*»Widmung an den Oktober«*) für Chor und Orchester nach einem Text von A. Besymenskij (1927); *Die Nase*, Oper nach N. Gogol op. 15 (1927/28); *3. Sinfonie e-Moll* op. 20 (*»Erster Mai«*) für Chor und Orchester auf Texte von S. Kirsanow (1929/1930); *Das goldene Zeitalter*, Ballett nach A. Iwanowskij op. 22 (1929/30); daraus: *Ballett-Suite* op. 22a; *Lady Macbeth von Mzensk*, Oper nach N. Leskow op. 29 (1930–32), Neufassung unter dem Titel *Katerina Ismailowa* op. 114 (1961/62); *Konzert für Klavier*, Trompete und Streichorchester c-Moll op. 35 (= *1. Klavierkonzert*, 1933); *4. Sinfonie c-Moll* op. 43 (1935/36); *5. Sinfonie d-Moll* op. 47 (*»Das Werden der Persönlichkeit«*, 1937); *6. Sinfonie h-Moll* op. 54 (1939); *7. Sinfonie C-Dur* op. 60 *»Leningrader Sinfonie«*, 1941); *8. Sinfonie c-Moll* op. 65 (*»Stalingrader Sinfonie«*, 1943); *9. Sinfonie Es-Dur* op. 70 (1945); *Das Lied von der Heimat*, Kantate für Soli, Chor und Orchester op. 74 (1947); *Aus jüdischer Volkspoesie*, Liederzyklus für Sopran, Alt, Tenor und Orchester op. 79 (1948–56); *Das Lied der Wälder*, Oratorium nach J. A. Dolmatowskij op. 81 (1949); *10. Sinfonie e-Moll* op. 93 (1953); *Festliche Ouvertüre* op. 96 (1954); *1. Violinkonzert a-Moll* op. [77/]99 (1947/1948, 1955); *2. Klavierkonzert F-Dur* op. 102 (1957); *11. Sinfonie g-Moll* op. 103 (*»Das Jahr 1905«*, 1957); *1. Violoncellokonzert Es-Dur* op. 107 (1959); *12. Sinfonie d-Moll* op. 112 (*»Das Jahr 1917«*, 1961); *13. Sinfonie d-Moll* op. 113, *Babi Yar*, auf Texte von J. Jewtuschenko für Bariton, Männerchor und Orchester (1962/1963); *Die Hinrichtung des Stenka Rasin*, Kantate für Baß, gemischten Chor und Orchester op. 119 (1964); *2. Violoncellokonzert* op. 126 (1966); *2. Violinkonzert* op. 129 (1966/67); *Oktober*, Sinfonische Dichtung op. 132 (1967); *14. Sinfonie* op. 135 für Sopran, Baß und Kammerorchester nach Texten von F. García Lor-

ca, G. Apollinaire, R. M. Rilke und W. Küchelbecker (1969/70); *15. Sinfonie A-Dur* op. 141 (1971).
Ferner Bearbeitung und Instrumentation von M. Mussorgskijs Opern *Boris Godunow* und *Chowanschtschina* sowie des Liederzyklus *Lieder und Tänze des Todes*.
Schriften: *Zeugenaussage*. Die Memoiren des D. Schostakowitsch, aufgezeichnet und hrsg. von S. Volkow (1979).

Das Bild des Komponisten Schostakowitsch ist schillernd wie kaum ein zweites in der Musikgeschichte des 20. Jh. Im Westen kannte man wohl seine Partituren, hatte aber kaum objektive Kenntnis von den kulturpolitischen Auseinandersetzungen, in welche der Komponist bis hin zur Gefährdung seiner Existenz involviert war. Vieles spricht dafür, daß Schostakowitsch, teils scharf gemaßregelt, teils durch höchste Auszeichnungen geehrt, seine Werke als Protokolle seines privaten Befindens und Fühlens verstand. Nur über das Medium der begriffslosen, doch ausdrucksmächtigen Musik vermochte er sich jenen Hörern, die sich auf seine Musik einzulassen gewillt waren, umfassend mitzuteilen.
Die Frage, wie sich Schostakowitschs genialische Frühbegabung unter veränderten kulturpolitischen Vorzeichen weiterentwickelt hätte, bleibt müßig. Tatsache ist, daß das musikalische Vokabular des Komponisten sich etwa nach der *5. Sinfonie* (1937) nur mehr geringfügig änderte und sich nach wie vor mit Vorliebe in großflächigen sinfonischen Dimensionen verwirklichte. Die Erfahrungen der klassisch-romantischen Sinfonie bis hin zu Mahler blieben im Hintergrund wirksam, auch die von Gemeinplätzen und Redseligkeit keineswegs freie Idiomatik der Romantiker Elgar oder Sibelius spielt neben den zentralen russischen Vorbildern von Tschaikowskij bis Mjaskowskij und Prokofjew deutlich herein.
Ein besonderer Schwerpunkt von Schostakowitschs Ausdruckswelt scheint in den langsamen Sätzen zu liegen, in denen der Komponist um den Preis starker zeitlicher Zerdehnung an der Ausführlichkeit seiner musikalischen Formulierungen und deren ruhigem Vortrag unerschütterlich festhielt. In krassem Gegensatz hierzu steht vor allem die schneidende Schärfe der in vielen Partituren wiederkehrenden martialischen Partien, deren unverändert beibehaltene Dur-Moll-Tonalität oft in die Nähe ironischer Verfremdung führt.

1. Sinfonie f-Moll op. 10

Besetzung: mittelgroßes Orchester (u. a. neben 2 Trompeten in B auch Trompete in F, ferner Schlagzeug und Klavier). – Entstanden 1924/25. UA: 1926 in Leningrad (Leningrader Philharmoniker, Leitung: Nikolaj Malko); deutsche EA: 1927 in Berlin (Dirigent: Bruno Walter). – Aufführungsdauer: ca. 27 Minuten.

1. *Allegretto / Allegro* – 2. *Allegro* – 3. *Lento* – 4. *Lento / Allegro molto / Largo / Presto*.

Schostakowitsch, Wunderkind am Klavier, rief auch mit seiner im 18. und 19. Lebensjahr geschriebenen Sinfonie größtes Erstaunen hervor. Bruno Walter, dem der junge Autor in Leningrad seine Komposition vorgespielt hatte, entschloß sich sogleich zu einer Aufführung in Berlin. Nur 9 Jahre nach Prokofjews *Klassischer Sinfonie* entstanden, dominieren auch in dieser Partitur starke Bindungen an die sinfonische Tradition. Doch während Prokofjew Merkmale von Haydns Stil unter dem Blickwinkel seines bereits gefestigten persönlichen Standorts zu erfassen suchte, zog der Jüngere künstlerischen Gewinn aus einer reizvollen, wenn auch nicht ungefährlichen Doppelperspektive: Einerseits beschwor er den expansiven Gestus spätromantischer Sinfonik in scheinbar ungebrochener Gegenwärtigkeit, andererseits aber rückte er, nicht selten mit ironisch distanzierender Gebärde, von ihr ab oder entzog ihr den Boden für die ihr eigene weiträumige Entfaltung.
Fast durchweg verrät die Partitur erstaunlichen Einfallsreichtum hinsichtlich thematischer Flexibilität und formaler Kombinatorik. Strukturelle Bedeutung kommt der kleinen bzw. großen Terz zu, die – in ständiger Veränderung – Anteil an den wesentlichen Motiv- und Themengestalten aller Sätze hat. Wiederholt nimmt der formale Fortgang unvorhersehbare Wendungen, Entwicklungen brechen ab oder bahnen sich in rascher Konzentration an, häufig variieren die Tempi. Der ständige Wechsel wird im 4. Satz sogar zum Gestaltungsprinzip erhoben: Dem Komponisten gelingt so anstelle der traditionellen Finalüberhöhung eine Schlußbildung in offener, fantasieartiger Form.

Konzert für Klavier, Trompete und Streichorchester c-Moll op. 35 (= 1. Klavierkonzert)

Entstanden 1933. UA: 1933 in Leningrad (Leningrader Philharmoniker, Klaviersolist: der Komponist). – Aufführungsdauer: ca. 22 Minuten.

1. *Allegro moderato / Allegro vivace* – 2. *Lento* – 3. *Moderato* – 4. *Allegro con brio*.

Bald nach Beginn des 1. Satzes lassen einige wenige Übergangstakte wesentliche Charakterzüge des Werkes hervortreten:

Am Ende von Haupt- und Überleitungsabschnitt, wenn die Streicher in wohlklingender Modulation einen neuen Formteil vorbereiten und das Solo-Klavier darüber mit auftaktigem Oktavsprung ansetzt, erwartet man einen kantilenenbetonten Seitensatz nach romantischem Muster. In Wirklichkeit aber fährt eine martialisch scharfe Fanfare dazwischen, ein Motivtypus, wie er häufig, über das ganze Werk verstreut, der obligat verwendeten Trompete übertragen wird. Die schmetternde Dreiklangtrivialität ist freilich nicht immer eindeutig die karikierende Attitüde eines raffinierten neoklassizistischen Überrumpelungsmanövers. Zwar gewinnt der Komponist dem Spiel mit der doppelten Perspektive wieder packende Einzelmomente ab, vor allem in den kapriziös-virtuosen Ecksätzen, doch hat dieses Verfahren gegenüber der 7 bis 8 Jahre älteren *1. Sinfonie* bedeutend an Spannkraft und Treffsicherheit eingebüßt.
Satz 3 erweist sich formal als relativ verhaltenes Vorspiel zum zäsurlos eintretenden Finale, das gänzlich von tänzerisch-rhythmischen, zum Teil sogar stilisiert folkloristischen Impulsen getragen wird.

5. Sinfonie d-Moll op. 47
»Das Werden der Persönlichkeit«

Besetzung: großes Orchester (mit Schlagzeug, 2 Harfen, Celesta und Klavier). – Entstanden 1937. UA: 1937 in Leningrad (Leningrader Philharmoniker, Leitung: Jewgenij Mrawinskij). – Aufführungsdauer: ca. 40 Minuten.

1. *Moderato* – 2. *Allegretto* – 3. *Largo* – 4. *Allegro non troppo*.

Im Januar 1936 – die Ausarbeitung der für eine riesige Orchesterbesetzung entworfenen *4. Sinfonie* war gerade dem Abschluß nahe – wurde in zwei *Prawda*-Artikeln heftige offizielle Kritik an Schostakowitschs erfolgreicher Oper *Lady Macbeth von Mzensk* laut. Der Komponist reagierte darauf mit einem vorläufigen Aufführungsverbot der *Vierten* (man hat sie 1960 erstmals gespielt), konzipierte die *Fünfte* als »praktische Antwort eines Sowjetkünstlers auf gerechte Kritik« mit dem Untertitel »Das Werden der Persönlichkeit«, widmete sie den Feierlichkeiten zum 20. Jahrestag der Oktoberrevolution und erfuhr darauf volle Rehabilitierung.

Einstweilen dürfte nicht leicht festzustellen sein, in welchem Maß die offenkundige Hinwendung zu einem vereinfachten musikalischen Vokabular in der *Fünften* und den ihr nachfolgenden Werken tatsächlich jene Kritik zur Ursache hatte, inwieweit sie äußerem Zwang, sprich den Maximen des »Sozialistischen Realismus« und der Parteiführung in der Stalin-Ära, oder innerer Notwendigkeit entsprach, und schließlich auch, inwieweit die kommentierenden Worte Schostakowitschs von den Erwartungen eines bestimmten Leser- und Hörerkreises geprägt sind.

Der 1938 publizierte Artikel Schostakowitschs *Meine Antwort als schöpferischer Mensch* führt über die Sinfonie aus: »Wie es schon richtig gesagt wurde, ist das Werden des Menschen, seine Selbstvollendung der eigentliche Gegenstand meiner Sinfonie. Ihn, den einzelnen Menschen mit all seinen Gefühlen und Zweifeln, habe ich in den Mittelpunkt meiner Komposition gestellt. Das Finale der Sinfonie bringt eine optimistische Lösung zu all den darin beschworenen, gespannten und tragischen Begebenheiten.«

7. Sinfonie C-Dur op. 60, »Leningrader Sinfonie«

Besetzung: großes Orchester (u. a. mit Piccolo, Altflöte in G, Englischhorn, Es-Klarinette, Baßklarinette, Kontrafagott, Schlagzeug, 2 Harfen, Klavier und sehr stark zu besetzender Streichergruppe), außerdem eine zusätzliche Blechbläsergruppe (4 Hörner, 3 Trompeten, 3 Posaunen). – Entstanden 1941. UA: 1942 in Kuibyschew (= Samara) (Orchester des Moskauer Bolschoj-Theaters, Leitung: Samuil Samossud). – Aufführungsdauer: ca. 60 Minuten.

1. *Allegretto* – 2. *Moderato, poco allegretto* – 3. *Adagio / Largo* – 4. *Allegro non troppo.*

Auch diese während der deutschen Angriffe auf Leningrad entstandene, sehr weiträumige Sinfonie weist unter vielen Aspekten auf Muster traditioneller Kompositionstechniken

zurück und versucht gleichzeitig, eine ideologisch-programmatische Bedeutungsschicht in sich zu fassen, auf die der Komponist mit den folgenden Worten hinweist:
»Der *erste* und gleichzeitig ausgedehnteste Satz hat dramatischen, tragischen Charakter. Die drohenden Ereignisse des Krieges haben unser friedliches Leben jäh unterbrochen. Diese Musik hat auch noch eine andere Aufgabe: als Requiem soll sie die Trauer unseres Volkes um seine toten Helden zum Ausdruck bringen. Die *beiden folgenden* Sätze sind als Intermezzo gedacht. Sie bilden eine Bekräftigung des Lebens im Gegensatz zum Kriege. [. . .] Der *vierte* Satz ist unserem Sieg gewidmet. Er ist die direkte Fortsetzung, die logische Folgerung des zweiten und dritten Satzes. Er symbolisiert den Sieg des Lichtes über die Dunkelheit, der Weisheit über den Wahnsinn, der Menschlichkeit über die Tyrannei.«
In anderem Zusammenhang nannte er einmal die entsprechenden, in die Druckfassung der Partitur aber nicht eingegangenen Satzüberschriften: 1. *Der Krieg*, 2. *Erinnerungen*, 3. *Heimatliche Weiten*, 4. *Der Sieg*.
In Satz 1 (*Der Krieg*) wurde ein u. a. auch von Beethoven (*Wellingtons Sieg*) und Tschaikowskij (*Ouvertüre 1812*) gebrauchtes Verfahren zur Illustrierung militärischer Auseinandersetzungen aufgegriffen. Der gesamte, 350 Takte umfassende Durchführungsteil exponiert in einer riesigen, Ravels *Boléro* nicht unähnlichen Steigerungsanlage die penetrant skandierte Marschmelodie der gegnerischen Truppen. Unverkennbar klingt Lehárs populäre Melodie »Da geh ich zu Maxim« aus der *Lustigen Witwe* an (dieselbe, die sich als Zerrgestalt in Satz 4 von Bartóks *Konzert für Orchester* von 1943 wiederfindet; vgl. S. 745):

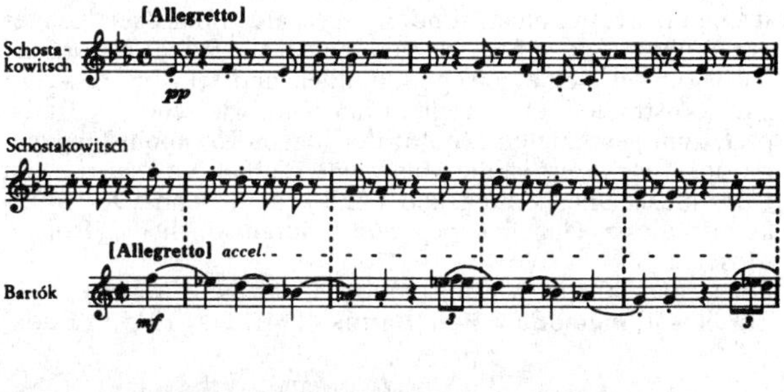

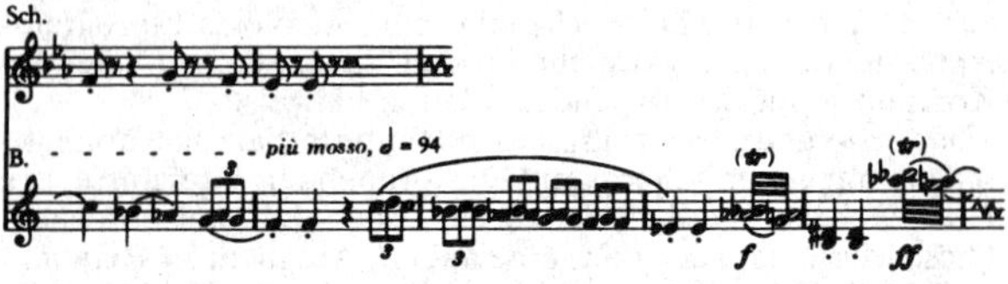

Eine Gegenmelodie russischen Charakters (zusätzliche Blechbläsergruppe) bewirkt in massiver klanglicher Opposition ihr Stagnieren, Zerbröckeln und schließliches Verschwinden.

Sándor Veress

* 1. Februar 1907 in Kolosvár
(Klausenburg, Ungarn; heute: Cluj, Rumänien)
† 4. März 1992 in Bern

Während des Budapester Studiums nachhaltige Beeinflussung durch Bartók und Kodály. Umfangreiche Volksmusikforschungen; 1935–38 Bartóks Assistent. 1943–49 Professur in Budapest. Emigration in die Schweiz: Lehrtätigkeit in Bern an Konservatorium und Universität. Großer Schülerkreis: György Ligeti, György Kurtág, Heinz Holliger, Jürg Wyttenbach u. a.

Als Veress 1949 in den Westen emigrierte, hatte er sich nicht nur als zielsicher aus der Bartók-Kodály-Nachfolge herausstrebender Komponist, sondern auch als minuziöser Kenner der Volksmusik einen Namen gemacht. Seine historische Sachkenntnis, seine geistige Offenheit und sein Interesse für alles ernsthafte Neue machten ihn bald, wie schon in Budapest, zum geschätzten Mentor der jungen Komponistengeneration. »Für Veress ist die Musik eine Einheit, Volksmusik und Kunstmusik aller Zeiten und Länder umfassend. Der Musiker ist dieser Ganzheit gegenüber verantwortlich« (Roland Moser, 1982).

Über das knapp viertelstündige, 1sätzige Orchesterwerk **Threnos in memoriam Béla Bartók** (1945, UA 1945 in Budapest) schrieb Heinz Holliger 1991: »Als im September 1945 die unerwartete Nachricht von Bartóks Tod über das zerstörte, ausgehungerte Budapest hereinbrach, erstarrte das zögernd wiedererwachte geistige Leben wie unter einem Schock. Aus dieser Erstarrung heraus entstand *Threnos*, dieser ergreifende Klagegesang, der, aus kleinen motivischen Zellen heraus, allmählich die Gestalt eines großen Bogens annimmt: eine Brücke von der endgültig zu Ende gegangenen Ära in eine ungewisse, hoffnungs- und angsterfüllte Zukunft?«

Werke (kleine Auswahl): *Violinkonzert* (1939); *Threnos in memoriam Béla Bartók* für Orchester (1945); *Hommage à Paul Klee*, Fantasie für 2 Klaviere und Streichorchester (1951); *Concerto* für Klavier, Streicher und Schlagzeug (1952); *Sonata per orchestra* (1952/53); *Sinfonia minneapolitana* für Orchester (1952/53); *Passacaglia concertante* für Oboe und Streichorchester (1961); *Concerto* für Streichquartett und Orchester (1961); *Musica concertante* für 12 Streicher (1965/66); *Klarinettenkonzert* (1981/82); *Orbis tonorum* für Kammerorchester (1986); *Tromboniade*, Konzert für 2 Posaunen und Orchester (1990).

Günter Bialas

* 19. Juli 1907 in Bielschowitz (Oberschlesien)
† 8. Juli 1995 in Glonn (Oberbayern)

Zunächst musikwissenschaftliche Studien in Breslau. In Berlin 1928–31 Studium der Schulmusik, u. a. bei Fritz Jöde, und Komposition bei Max Trapp. 1933–39 Schuldienst in Breslau, wo er 1939 Theorielehrer am Institut für Musikerziehung der Universität wird. Nach Kriegsende Chorleiter in München, dann Kompositionslehrer, zuerst an der Musikhochschule in Weimar (1947), darauf an der Nordwestdeutschen Musikakademie in Detmold (1947–59) und danach bis zur Emeritierung 1972 an der Musikhochschule in München.

In seinen kompositorischen Anfängen stark von Hindemiths barock-konzertanter Impulsivität beeindruckt, setzte sich Bialas seit seinem *2. Streichquartett* (1948) auf persönliche Weise mit den Prinzipien der Dodekaphonie auseinander, etwa – wie in den beiden *Kantaten* nach Texten von Primitiven (1949/50) – durch Schichtung kleiner, teilweise tonaler Tongruppen im Rahmen einer improvisationsähnlichen, heterophonen Satzweise. Seit Beginn der 60er Jahre unternahm Bialas, dessen Œuvre eine deutliche Affinität zum vokalen Ausdrucksbereich kennzeichnet, wiederholt stark beachtete Versuche, im Rahmen aufgelockerter Kammeropern traditionelle literarische Stoffe zu aktualisieren.

Werke: *Konzert für Flöte* und Orchester (1947); *Konzert für Violine* und Orchester (1947); *Konzert* für doppelchöriges Streichorchester und Pauken (1947); *Indianische Kantate* (nach Eingeborenen-Dichtungen) für Bariton, Kammerchor, 8 Instrumente und Schlagzeug (1950); *Romanzero*, Triptychon nach F. García Lorca für Orchester (1956); *Invocationen* für Orchester (1957); *Serenata* für Streichorchester (1957); *Lieder und Balladen* (F. García Lorca) für Sopran und Klavier, davon 3 auch für Sopran und Orchester (1957); *Quodlibet*, Divertissement für Klavier und Orchester, auch Fassung für Kammerorchester (1958); *Sinfonia piccola* für Flöte, Oboe, Klarinette und Streichorchester (1960); *Konzert für Klarinette* und Kammerorchester (1961); *Im Anfang*, Die Schöpfungsgeschichte, verdeutscht von M. Buber, für 3 Echostimmen und gemischten 6stimmigen Chor, Zwischenspiele ad lib.: *Meditationen zu den sieben Schöpfungstagen* für Orgel oder Orchester (1961); *(1.) Konzert für Cello* und Orchester (1961/62); *Preisungen* (M. Buber) für Bariton und Orchester bzw. Orgel (1964); *Musik in 2 Sätzen* für Harfe und Streichorchester (1966); *Concerto lirico* für Klavier und Orchester (1967); *Musik* für 11 Streicher (1970); *Meyerbeer-Paraphrasen* für Orchester (auch als Ballett, 1971); *Kammerkonzert für Cembalo* (Klavier) und 13 Streicher (1973); *Introitus – Exodus* für Orchester und Orgel (1976); *Waldmusik* für Orchester und 4 Soloinstrumente (1977); *Der Weg nach Eisenstadt*, Haydn-Fantasien für kleines Orchester (1980); *Musik für Klavier* und Orchester (1991); *Aus der Matratzengruft*, Liederspiel nach und mit Heinrich Heine (1992); *Cellokonzert Nr. 2* (1993).

Wolfgang Fortner

* 12. Oktober 1907 in Leipzig
† 5. September 1987 in Heidelberg

Studium am Leipziger Konservatorium: Schulmusik, Komposition (Hermann Grabner). Weitere Studienfächer an der Universität waren Musikwissenschaft (Theodor Kroyer); Germanistik und Philosophie. 1928 erste Aufführungen und Erfolge. 1931 Dozent für Theorie und Komposition am Kirchenmusikalischen Institut Heidelberg. Gründung eines Kammerorchesters, Dirigiertätigkeit, Konzertreisen. Mitinitiator der seit 1946 durchgeführten Kranichsteiner (später: Darmstädter) Ferienkurse, Begründer der seit 1947 stattfindenden Heidelberger »Musica viva«-Konzerte. Professur für Komposition 1954 an der Nordwestdeutschen Musikakademie Detmold, 1957–72 an der Musikhochschule Freiburg/Br. War dort Leiter eines 1964 gegründeten Instituts für Neue Musik. Von 1957 an auch Präsident der deutschen Sektion der Internationalen Gesellschaft für Neue Musik (IGNM), ferner nach dem Tod von Karl Amadeus Hartmann (1963) Leiter der Münchner »Musica viva«-Konzerte.

Werke (Auswahl): *Konzert für Violine* und großes Kammerorchester (1946); *Sinfonie* für großes Orchester (1947); *Die weiße Rose*, Ballett nach O. Wilde (1949), daraus: *Konzertsuite*; *Fantasie über die Tonfolge b–a–c–h* für 2 Klaviere, 9 Soloinstrumente und Orchester (1950); *Konzert für Violoncello* und Orchester (1951); *Isaaks Opferung*, Oratorische Szene nach der *Vulgata* für 3 Solostimmen und 40 Instrumente (1952); *Mouvements* für Klavier und Orchester (1953); *The Creation* (J. W. Johnson) für mittlere Singstimme und Orchester (1954); *Bluthochzeit*, Lyrische Tragödie nach F. García Lorca (1956), daraus: *Zwischenspiele* für großes Orchester (Neufassung 1963); *Impromptus* für großes Orchester (1957); *Chant de naissance*, Kantate nach Saint-John Perse (1958); *Prélude und Elegie* für Orchester und Sopran, Parergon zu den *Impromptus* (1959); *Aulodie*, Musik für Oboe und Orchester (1960); *In seinem Garten liebt Don Perlimplín Belisa*, Erotischer Bilderbogen nach F. García Lorca (1961–63); *Die Pfingstgeschichte nach Lukas* für Tenor, 6stimmigen gemischten Chor, 11 Instrumente und Orgel (1962/63); *Zyklus* für Violoncello, Bläser, Harfe und Schlagzeug (1964); *Triplum* für Orchester mit 3 obligaten Klavieren (1965/66); *Immagini* für Streicher und Sopranstimme (1966/1967); *Marginalien* für Orchester (1969); *Elizabeth Tudor*, Oper nach M. Braun (1972), daraus: *Prolegomena*, Konzertsuite für großes Orchester; *Machaut-Balladen* für Gesang und Orchester (1973/74); *Prismen* für Flöte, Oboe, Klarinette, Harfe, Schlagzeug und großes Orchester (1974); *Triptychon* (Hymnus, Improvisationen, Hymnus II) für Orchester (1977); *Variationen* für großes Kammerorchester ohne Bläser (1978).

»Die Situation eines Komponisten ist immer eine Situation von morgen. Wenn er glaubt, eine Position errungen zu haben, und die Ergebnisse seiner Erfahrungen nur noch variiert, ist er eigentlich schon gestorben [. . .].« Fortner hat diesen Leitsatz stets als Triebfeder seiner künstlerischen Orientierung betrachtet. Aus dieser Einstellung heraus war er immer bereit, alles scheinbar Gesicherte neu zu überprüfen und allen Anregungen gegenüber empfänglich zu bleiben. Zu keinem Zeitpunkt hat sein Komponieren verleugnet, daß es auf sicherem handwerklichem Können als einer unerläßlichen Voraussetzung basiert. Vermittelt wurde ihm das Metier in seiner Vaterstadt Leipzig, in dcr die intensive Bach-Pflege Regerscher Prägung, somit das Ideal barock-polyphoner Schreibweise, ungebrochen lebendig war. Entscheidende Impulse für den jungen, früh auf Resonanz stoßenden Komponisten gingen von der ungestüm sich gebärdenden Motorik Hindemiths und den klassizistischen Raffinements Strawinskys aus.
Rückblickend urteilte Fortner: »Die Stücke, die ich nach 1933 schrieb, sind in der Qualität unterschiedlich. Es gibt einige gute Passagen darin unter sehr viel Spreu, die ich heute wegschieben würde. Weil mir das amtlich verordnete Pathos in tiefster Seele zuwider war, flüchtete ich mich in eine gewisse klassizistische Eleganz [. . .].«
Das Kriegsende löste das übermächtige »Gefühl einer Wiedergeburt« aus, ermöglichte regen Erfahrungsaustausch mit dem Ausland, brachte eine Fülle neuer Eindrücke, die zu grundlegender stilistischer Neubesinnung aufforderten. Mit Schönbergs Reihendenken, dem sich die *Sinfonie* (1947) auf entscheidende Weise näherte, setzte sich Fortner dann von den verschiedensten Ansätzen her und mit den unterschiedlichsten Resultaten auseinander. So gegensätzliche musikhistorische Modelle wie Guillaume de Machauts isorhythmische Abschnittsbildung, Anton Weberns Kontrapunktik oder die Formschemata des Jazz haben darüber hinaus bei Fortner die Bedeutung von anregenden, stets aber phantasievoll weiterentwickelten Auslösungsmomenten.

Sein weitreichender Einfluß auf das deutsche Musikleben besonders der Nachkriegsjahre blieb nicht auf die Ausstrahlungskraft seines kompositorischen Schaffens beschränkt. Als Programmkoordinator wichtiger Veranstaltungsreihen neuer Musik, als Berater und Dirigent, vor allem aber als Kompositionslehrer übte er Tätigkeiten aus, die die Vielseitigkeit seiner Person widerspiegeln. Sein größtes Verdienst als Lehrer mag darin liegen, daß er nie im einengenden Sinne schulbildend wirkte. Namhafte Schüler wie Henze, Klebe, Engelmann, Kelemen, Schönbach oder Zender sahen in ihm nie den akademischen Lehrer, sondern den kenntnisreichen Anreger und Förderer eigener Vorstellungen.

Mouvements für Klavier und Orchester

Besetzung: Solo-Klavier und mittelgroßes Orchester mit Altsaxophon und Harfe; die Blechbläserpartien sind möglichst mit Jazzinstrumenten zu besetzen. – Entstanden 1953. UA: 1954 durch den Südwestfunk Baden-Baden (Solist: Carl Seemann, Dirigent: Ernest Bour). – Aufführungsdauer: ca. 25 Minuten.

Durch einen Auftrag des Südwestfunks, für den Pianisten Carl Seemann »eine Art Konzert für Klavier und Orchester« zu schreiben, kam Fortner auf den Gedanken, wie schon Darius Milhaud (*Cinq études pour piano et orchestre*, 1920), den Typus der konzertanten Etüde aufzugreifen. Die daraus abgeleitete Konzeption – wobei *mouvement*, die französische Bezeichnung sowohl für »Bewegung« als auch für »Satz«, doppeldeutig auf Tempo und auf Formcharaktere bezogen ist – schien ihm eine sinnvolle, mit neuen Mitteln zu bewältigende Alternative zum klassischen, in der Tonalität verwurzelten Konzerttypus zu bieten.
Zwei sehr rasche Etüdenabschnitte setzen formale Bezugspunkte. Eine virtuos fluktuierende Perpetuum-mobile-Bewegung erfaßt wechselweise Solo-Klavier und Orchestergruppen. Während *Etude I* auf einem regulären ¾-Takt basiert, vermittelt *Etude II* durch ihre irreguläre Taktunterteilung (3+3+2 Achtel; »sehr elegant spielen«) Anklänge an südamerikanische Tanzrhythmen und Jazz-Synkopik. Folgerichtig schlägt dieser Satz, faszinierender Höhepunkt der Komposition, in einen scharf akzentuierten Boogie-Woogie um, wobei Fortner mit reduziertem Instrumentarium und speziellen Spielanweisungen dem Jazz-Sound nachspürt. Beide Ab-

schnitte sind von weniger bewegten, spielerisch verhalteneren Rahmenteilen mit vorbereitender, überleitender und abschließender Funktion umgeben, deren bisweilen etwas spröde Klanglichkeit die sehr einprägsamen Etüdencharaktere desto plastischer hervortreten läßt. Insgesamt reihen sich so in einem einzigen ausgedehnten Konzertsatz die Abschnitte *Prélude – Etude I – Interlude – Etude II – Epilogue.*

Impromptus

Besetzung: großes Orchester. – Entstanden 1957. UA: Donaueschinger Musiktage 1957 (Dirigent: Hans Rosbaud). – Aufführungsdauer: ca. 12 Minuten.

Im Werktitel klingt ein Paradoxon an: Die Bezeichnung *Impromptus* läßt eine leichthin entworfene, eben Gehörtes rasch einbeziehende und abwandelnde Musik erwarten. Doch hat Fortner selten eine Partitur von größerer Gebundenheit an melodisch-rhythmische, sich zudem auf übergeordnete formale Zusammenhänge ausweitende Reihenprinzipien geschrieben.

Impromptu I trägt den Titel *Prélude*. Es entwickelt aus einem akkordischen Satz von starrer, rhythmischer Ordnung allmählich melodisch betonte Charaktere, die durch ständige Expansion einem Höhepunkt zugeführt werden. Über einem retardierenden Repetitionsostinato der Bratschen löst ein reprisenartiger Epilog die Starrheit des Beginns in Streicher- und Bläserlineaturen auf.

Impromptu II (*Thème varié*) exponiert zunächst in den solistischen Holzbläsern ein einfaches 16taktiges *Andante*-Thema, der Faktur nach ein rhythmischer Kanon in Grundgestalt und Umkehrung. Die nachfolgenden Variationscharaktere (*L'istesso tempo*; *Mäßige Halbe*; *Poco allegretto, ma non troppo*) leiten sich von der zeitweiligen Koppelung, auch Trennung von Kanonrhythmik und -melodik her. Variation 5, nur 8taktig, dient als *Interlude*, während Variation 6 (*Schnelle Viertel*) den Auftakt zu Variation 7 (*Molto allegro*) bildet, einem ausgedehnten 3teiligen Satz, der nach den mittelalterlichen Prinzipien der Isorhythmie (d. h. der periodisch geregelten Koppelung von melodischem und rhythmischem Geschehen) fest geformt ist.

Triplum

Besetzung: kleines Orchester mit 3 obligaten Klavieren. – Entstanden 1965/66. UA: 1966 in Basel (Basler Kammerorchester, Dirigent: Paul Sacher). – Aufführungsdauer: ca. 25 Minuten.

Sicherlich lag es Fortner fern, dem von ihm als Strukturgedanken gewählten Titel *Triplum* = »Dreifach« eine so ausschließliche Verantwortlichkeit der Satz- und Formbildung (in Detail- und Großstruktur) zu übertragen, wie Alban Berg dies in seinem *Kammerkonzert* (1924/25) versucht hatte. Dennoch läßt sich die Ausstrahlungskraft der Zahl 3 an so manchen instrumentalen Gruppierungen oder formalen Gliederungen ablesen, z. B. in der 3fachen instrumentalen Schichtung von Bläsern, Schlagzeug (die 3 Klaviere inbegriffen) und Streichern oder in der Dreiheit der z. T. ebenfalls 3teiligen Sätze. Von »obligaten« Klavieren ist die Rede, nicht von solistischen, wie etwa in den Konzerten für 3 Klaviere von Bach oder Mozart. Zwar haben ihre Partien durchaus konzertanten Charakter, doch nie im Sinne eines Dialogs mit dem übrigen Instrumentarium.

Die Sätze tragen die Bezeichnungen *Gioco*, *Intermezzo* und *Quattro Variazioni* (*Tranquillo*, *Espressivo*, *Grazioso* und *Scherzando*).

Olivier Messiaen

* 10. Dezember 1908 in Avignon
† 27. April 1992 in Paris

Sohn des Anglisten Pierre Messiaen und der Lyrikerin Cécile Sauvage. Aufgewachsen in Avignon, Grenoble und Nantes. Bereits in frühen Jahren lebhafte musikalische und literarische Interessen. 1919–30 intensive, vielseitige und brillant absolvierte Studien am Pariser Conservatoire, u. a. bei Marcel Dupré (Orgel) und Paul Dukas (Komposition). Ab 1931 Organist der Pariser Kirche Ste-Trinité. 1936 loser Zusammenschluß mit den Komponisten Yves Baudrier, André Jolivet, Jean-Yves Daniel-Lesur zur Gruppe »La jeune France«, ohne erklärtes Programm. Seit demselben Jahr Lehrtätigkeit an der Ecole Normale de Musique und an der Schola Canto-

rum bis zur Einberufung 1939; dann wieder ab 1942, nunmehr am Conservatoire, zunächst als Professor für Harmonielehre, ab 1947 als Leiter einer unter wechselnden Bezeichnungen geführte Analyseklasse von bedeutender Ausstrahlungskraft. Ferienkurse, Konzerte und ornithologische Studien in zahlreichen inner- und außereuropäischen Ländern. 1966–78 Leiter einer Kompositionsklasse. 1967 Mitbegründer, später Programmberater des Festivals für zeitgenössische Musik in Royan.

Werke: *Les Offrandes oubliées*, Sinfonische Meditation für Orchester (1930); *Le Tombeau resplendissant* für Orchester (1931); *Hymne au Saint Sacrement* für Orchester (1932); *L'Ascension*, 4 sinfonische Meditationen für Orchester (1932; Orgelfassung 1933); *Poèmes pour Mi*, 9 Lieder nach eigenen Texten für Sopran und Klavier bzw. mit Orchester (1936); *Trois petites liturgies de la présence divine* für Frauenchor, Klavier, Onde Martenot und Orchester (1944); *Turangalîla-Symphonie* für Klavier, Onde Martenot und großes Orchester (1946–48); *Cinq Rechants* für 12 gemischte Stimmen (1949); *Réveil des oiseaux* für Klavier und Orchester (1953); *Oiseaux exotiques* für Klavier und kleines Orchester (1955/1956); *Chronochromie* für großes Orchester (1959/60); *Sept Haïkaï, Esquisses japonaises* für Klavier und kleines Orchester (1962); *Couleurs de la cité céleste* für Klavier und Instrumentalensemble (1963); *Et exspecto resurrectionem mortuorum* für Holz-, Blechbläser und Schlagzeug (1964); *La Transfiguration de Notre-Seigneur Jésus-Christ* für gemischten Chor, 7 Instrumentalsolisten und großes Orchester (1965–69); *Des canyons aux étoiles* für Klavier und 40 Instrumente (1971–75); *Saint François d' Assise (Scènes franciscaines)*, Oper in 3 Akten, Text vom Komponisten (1975–83); *Un Vitrail et des oiseaux* für Holzbläser, Trompete, Stabspiele, Klavier solo und Schlagzeug (1986); *La Ville d'en-haut* für Bläser, Stabspiele, Klavier solo und Schlagzeug (1987); *Un sourire* für Orchester (1989); *Eclairs sur l'au-delà ...* für großes Orchester (1990/1991); *Concert à quatre* für Flöte, Oboe, Violoncello, Klavier und Orchester (1990/91).
Schriften: *Technique de mon langage musical* (1944), dt. *Technik meiner musikalischen Sprache* (1966); *Conférence de Bruxelles* (1958); *Conférence de Notre-Dame* (1977); *Conférence de Kyoto* (1988); *Traité de rythme, de couleur et d'ornithologie*, 7 Bände (1949–92, erscheinen seit 1994).

In einem Vortrag von 1958 legte Messiaen ein Credo ab zu den Elementen, die sein kompositorisches Denken geformt haben. Zu ihnen zählte er: *rhythmische Beobachtungen* in der griechischen Metrik und der mittelalterlichen Neumenlehre, in den Decî-Tâlas des indischen Çârngadeva-Systems, in der Partitur von Strawinskys *Sacre du printemps*, sogar in der Synchronie kosmischer Periodizitäten, *melodische Funde* bei Vogelrufen und in den gregorianischen Gesängen, ferner *harmonische Entdeckungen* in Debussys *Pelléas*. Er hege Bewunderung für Naturdarstellungen bei Berlioz, Wagner, Debussy, Ravel, und als kennzeichnend für sein Schaffen müsse er die Faszination durch alle Arten von Symmetriebildungen bezeichnen. In dieser Skizze eines Selbstporträts zeichnete er die Vorstellung einer Musik, die sich als Projektion naturhafter Ereignisse und als Brennpunkt historischer Anregungen versteht.

Neben Maurice Le Roux, Serge Nigg, Jean Martinet, Michel Fano, Jean Barraqué, Iannis Xenakis, Gilbert Amy, Jean-Pierre Guézec und Paul Méfano besuchten Messiaens Klassen am Pariser Conservatoire zeitweise auch Pierre Boulez und Karlheinz Stockhausen, die darüber berichten:

»Neben anderen Errungenschaften verdanken wir Messiaen den ersten Anstoß zur Lösung der rhythmischen von der polyphonen Schreibweise [. . .]. So realisiert er seine ersten rhythmischen Kanons durch Vergrößerung, Verkleinerung oder auch durch Hinzufügung eines Punktes; sie bilden die Ausgangsbasis für eine umfassende polyrhythmische Technik. Wir verdanken ihm die symmetrischen oder asymmetrischen Erweiterungen rhythmischer Zellen, dazu noch die Definition des Unterschieds zwischen umkehrbaren und nicht umkehrbaren Rhythmen [. . .]. Diese gedrängte Aufzählung beweist zur Genüge, daß die Prinzipien der seriellen Rhythmik, die wir aufgestellt haben, weitgehend undenkbar wären ohne die schöpferische Unruhe und die Technik, die Messiaen auf uns übertragen hat« (Pierre Boulez, *Eventuellement*, 1952).

»Messiaen weckte Totes auf. Neumen der gregorianischen Notation interpretierte er so, daß er ein Klavierstück *Neumes rythmiques* [1949] daraus machen konnte; podatus, clivis, porrectus, torculus: er machte sie zu Elementen einer neuen Komposition. Indische Rhythmen: er verwandelte sie zu Elementen seiner eigenen Musik. Auf den Feuerinseln hatte er Rhythmen und einige melodische Formeln aufgeschrieben; daraus machte er zwei Klavierstücke [*Ile de Feu I/II*, 1950]. Modi aller Zeiten und Völker, Vogelgesänge: Überallhin nimmt Messiaen sein kleines Notizbuch mit und notiert, was er hört. Dann geht er heim und ordnet, verwandelt, komponiert seine ›Objekte‹. Messiaen ist ein glühender Schmelztiegel. Er nimmt klingende Formen in sich auf und spiegelt sie in der Form seines musikalischen Verstandes« (Karlheinz Stockhausen, 1958).

Turangalîla-Symphonie

Besetzung: Solo-Klavier, Ondes Martenot solo und großes Orchester mit 3fachem Holz, je 4 Hörnern und Trompeten (3 in C, 1 in D), Kornett, 3 Posaunen, Tuba, Glockenspiel, Celesta, Vibraphon, reich besetztem Schlagzeug, u. a. Röhrenglocken, ferner mit starker Streichergruppe. – Entstanden 1946–48. UA: 1949 in Boston (Boston Symphony Orchestra, Solistinnen: Yvonne Loriod und Ginette Martenot, Dirigent: Leonard Bernstein); deutsche EA: 1951 am Südwestfunk Baden-Baden (Dirigent: Hans Rosbaud). – Aufführungsdauer: ca. 75 Minuten.

1. Introduction (gemischte Tempi, mit Klavierkadenz I) – 2. Chant d'amour I (*Modéré, lourd / Passionné, un peu vif*) – 3. Turangalîla I (*Presque lent, rêveur / Bien modéré*) – 4. Chant d'amour II (*Bien modéré / Très modéré, avec amour*, mit Klavierkadenz II) – 5. Joie du sang des étoiles (*Vif passionné, avec joie / de plus en plus passionné et joyeux*, mit Klavierkadenz III) – 6. Jardin du sommeil d'amour (*Très modéré, très tendre*) – 7. Turangalîla II (gemischte Tempi, mit Klavierkadenz IV) – 8. Développement de l'amour (gemischte Tempi) – 9. Turangalîla III (*Bien modéré*) – 10. Final (*Modéré, presque vif, avec une grande joie*).

Das Sanskrit-Wort »Turangalîla« spiegelt in mehrfacher Nuancierung die Begriffe »Dynamik« und »Lebenskraft« wider: als einen Gesang der Liebe wollte der Komponist seine Partitur verstanden wissen und als das von den Vokalwerken *Harawi* (für Sopran und Klavier) und *Cinq rechants* (für 12 Solostimmen) umschlossene Kernstück einer Trilogie über die Tristan-Thematik.
Formale Relikte spätromantischer Sinfonik, geschlossene sonatenartige Anlagen wird man vergebens suchen. Dagegen finden häufig kontrastreiche Refrainformen Verwendung, ferner die additive Reihung von Satzsegmenten, die gegensätzlichen Entwicklungssträngen angehören.
Auch die 10 Sätze insgesamt markieren Stationen zweier sich überschneidender thematischer Bezirke. Der eine (Sätze 2, 4–6, 8) reiht Psychogramme einer leidenschaftlich sich steigernden, sinnlich und geistig verstandenen Liebesentwicklung aneinander, während der andere (Sätze 3, 7, 9; unter der Bezeichnung *Trois Tâlas* auch separat aufführbar) mehr statische musikalische Spiegelungen des Begriffs »Turangalîla« zusam-

menfaßt. Als Exposition und äußere Kulmination haben die Sätze 1 und 10 Rahmenfunktion. 4 zyklische, d. h. satzübergreifende Themen stellen samt ihren zahlreichen Derivaten dichte Bezüge zwischen den Sätzen her, sind aber – analog zur inneren Progression – ständiger Veränderung unterworfen. Messiaen betrachtete das Werk als Höhepunkt seiner polymodalen Schreibweise, d. h. bis dahin hatte er über 20 Jahre lang fast ausschließlich der melodie- und harmoniebildenden Kraft der 8 von ihm ausgewählten 6–10stufigen Tonleiterbildungen (»modes«) vertraut. Deren vielfache Schichtung und Verknüpfung mit verwickelten rhythmischen Satzanlagen ließ ein komplexes Satzbild entstehen, das noch kaum andeutet, daß er sich kurze Zeit später der strengen Disziplin eines Komponierens mit eng begrenztem Tonmaterial unterwerfen (Klavieretüde *Mode de valeurs et d'intensités*, 1949) und einer Ästhetik der »objets trouvés« zuwenden wird (*Réveil des oiseaux*, 1953).

Réveil des oiseaux

Besetzung: Solo-Klavier und Orchester (Piccolo, 3 Flöten, 2 Oboen, Englischhorn, Es-Klarinette, 2 B-Klarinetten, Baßklarinette, 3 Fagotte; je 2 Hörner und Trompeten, Schlagzeug [2 Spieler], Celesta, Xylophon, Glockenspiel und Streicher). – Entstanden 1953. UA: Donaueschinger Musiktage 1953 (Solistin: Yvonne Loriod, Dirigent: Hans Rosbaud). – Aufführungsdauer: ca. 22 Minuten.

Von der Partitur des *Réveil des oiseaux* (»Erwachen der Vögel«) konnte Messiaen nicht ohne Stolz sagen, sie enthalte als erstes seiner Werke ausschließlich Vogelgesänge, d. h. von ihm selbst in verschiedenen Regionen aufgezeichnetes Melodiematerial, das – aus Gründen besserer Hörbarkeit intervallisch vergrößert – in vielgestaltiger kontrapunktischer und farblicher »Komposition« in die Partitur als einem symbolischen Zeugnis »naturhafter« Musik Eingang finden sollte. Der Einführungstext des Komponisten gibt Aufschluß über die formale Gliederung im großen:
»Frühling . . . Mitternacht . . . Mittag . . .
Mitternacht: Solo der Nachtigall in Gestalt einer einleitenden Klavierkadenz. Zwei andere Nachtigallen wetteifern mit der ersten (ebenfalls Klavier). Große Stille. Einige nächtliche Stimmen: der Steinkauz (1. Violine), der Wendehals (Klavier), der Seidenrohrsänger (Es-Klarinette), die Heidelerche (Piccolo) und die Nachtschwalbe (Streicher). Wiederum eine

Nachtigall: ihren Gesang teilen sich diesmal Flöte, Klarinette und Klavier.
Vier Uhr morgens, Dämmerung, Erwachen der Vögel: der Orpheusspötter, der Schrei des Wiedehopfs, die Singdrossel (Trompete, Holzbläser und Resonanzakkorde der Streicher). Dann beginnt ein großes Tutti. Nach und nach erwachen: das Rotkehlchen (Klavier), die Amsel (1. Violine), der Gartenrotschwanz (Xylophon), der Kuckuck, der Buchfink, der Zilpzalp, die Rabenkrähe, der Wiedehopf, die Elster und – alles beherrschend – der Pirol (Hörner und Celli mit Streicher-Resonanzakkorden) und die Singdrossel (Trompete, Holzbläser, Streicher-Resonanzakkorde). Vier Amseln (4 Flöten) und zwei Rotkehlchen (Glockenspiel und Celesta) ergänzen das Ensemble.
Bei *Sonnenaufgang* verstummt das Tutti plötzlich.
Morgengesang: Solo der Grasmücke (neue Klavierkadenz). Zu ihr gesellen sich: Turteltaube (Flöte mit Flatterzunge), Dorngrasmücke (Celesta) und der Bluthänfling mit seinen Rufen (Klarinette). Zwei neue Rufe: Singdrossel und Pirol. Solo der Amsel (dritte Klavierkadenz). Dann ein kleines Ensemble von zwei Amseln (Klavier) und zwei Rotkehlchen (Celesta und Glockenspiel). Wieder Rufe des Pirols und der Singdrossel. Geschrei des Wiedehopfs, Lachen des Grünspechts. Schlußkadenz des Klaviers: Aneinanderreihung von Fragmenten des Gesangs, der Rufe und Schreie folgender Vögel: Grünfink, Blaumeise, Singdrossel, Girlitz, Mönchsgrasmücke, Pirol, Kleiber, Zaunkönig, Stieglitz, Star, Berglaubsänger, Rabenkrähe und Gartenrotschwanz. Die Kadenz wird mit einem Duett des Rotkehlchens und der Amsel abgeschlossen.
Mittags: große Stille. Diese Stille unterbrechen noch einmal: zwei Buchfinken (2 Violinen) und das Klopfen des Buntspechts (Holzblock). Schließlich läßt sich nur noch von fern der Kuckuck vernehmen (chinesische Holzblocks, pianissimo) . . .«

Oiseaux exotiques

Besetzung: Solo-Klavier und kleines Orchester ohne Streicher (Piccolo, Flöte, Oboe, Es-Klarinette, 2 B-Klarinetten, Baßklarinette, Fagott, 2 Hörner, 1 Trompete, Glockenspiel, Xylophon und Schlagzeug). – Entstanden 1955/56. UA: 1956 in Paris, Konzertreihe »Domaine musical« (Solistin: Yvonne Loriod, Dirigent: Rudolf Alberth). – Aufführungsdauer: 13–14 Minuten.

Bei den *Oiseaux exotiques* – dem Mittelstück der mit dem *Catalogue d'oiseaux* abgeschlossenen ornithologischen Trilogie – erweiterte der Komponist sein im *Réveil des oiseaux* erprobtes Verfahren der Materialauswahl: Zu den polyphonen Sätzen im »style oiseau« tritt, vor allem in den Tutti-Abschnitten, eine aus indischen Rhythmusmodellen und kombinierten griechischen Metren gewonnene, strophisch gegliederte Schlagzeugpartie. Beide Schichten, die strenge rhythmische und die freiere der Vogelgesänge, wurden zwar synchron notiert, entfalten sich jedoch strukturell in völliger Unabhängigkeit.
Auch in diesem Werk – es ist wie die meisten Klavierwerke für Messiaens zweite Frau, die meisterliche Pianistin Yvonne Loriod, konzipiert – werden dem Klavier vielfältige Timbres abgewonnen, die vor allem in den 4 virtuosen Kadenzen zur Geltung kommen. Wieder bildet es, hier zusammen mit Glokkenspiel und Xylophon, eine separate Instrumentalgruppe von äußerster Beweglichkeit nach dem Vorbild fernöstlicher Gamelan-Ensembles.
13 Abschnitte unterschiedlicher Länge folgen als Mosaiksteine eines vom Komponisten in theologischem Sinn verstandenen Naturporträts: Einleitung, Kadenz I, Zwischenspiele in reduzierter Besetzung, unterbrochen durch die kurze Kadenz II, Kadenz III, 1. polyphones Tutti (*Presque vif*), umgeben von den beiden grellen Abschnitten des »nordamerikanischen Präriehuhns«, Kadenz IV (lang), 2. polyphones Tutti (*Vif*), Kadenz V (kurz), Coda (nach kurzem Auftakt: 31 hämmernde Repetitionen des ganzen Orchesters).

Chronochromie

Besetzung: großes Orchester (3–4faches Holz, je 4 Hörner und Trompeten – 3 in C, 1 in D, 3 Posaunen und Tuba, Glockenspiel, Xylophon, Marimba, Röhrenglocken, 3 Gongs, Becken, Tamtam und sehr starke Streichergruppe). – Entstanden 1959/60. UA: Donaueschinger Musiktage 1960 (Dirigent: Hans Rosbaud). – Aufführungsdauer: ca. 26 Minuten.

Satzfolge: Introduction, Strophe I, Antistrophe I, Strophe II, Antistrophe II, Epôde, Coda. Die Abschnitte folgen einander ohne Unterbrechung.

Messiaens Gedanke, zeitliche, d. h. rhythmische Verläufe durch bestimmte instrumentale Färbungen besonders kenntlich zu machen (daher der Titel, eine Wortverbindung aus *chronos* = Zeit und *chroma* = Farbe), wurde in diesem Werk

nicht zum ersten Mal, doch wahrscheinlich am konsequentesten realisiert.
Beispielsweise verlaufen in den beiden mit *Strophe I* und *II* überschriebenen Abschnitten 3 durch Permutation einer rhythmischen Grundreihe gewonnene Stränge von Zeitwerten übereinander (Gongs, Glocken, Becken/Tamtam). Jeder von ihnen ruft eine Schicht synchron ablaufender Resonanzakkorde ins Spiel (solistische Streicher):

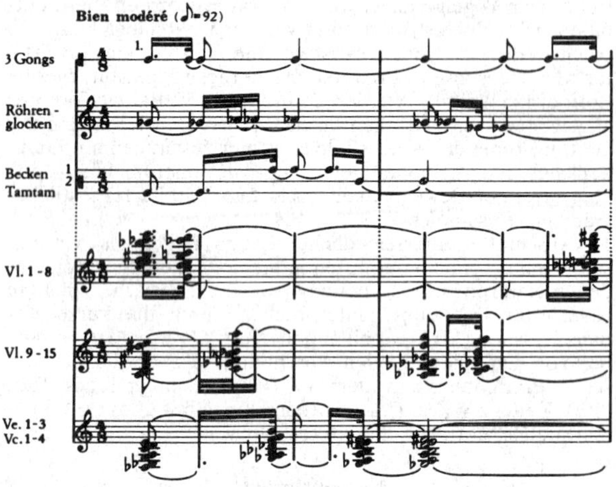

Zusätzlich erklingen rhythmisch freiere Vogelrufe – Messiaens Mittel, um dem Hörer den zugrunde liegenden Zeitraster verstärkt zu Bewußtsein zu bringen.
Entsprechend den 3strophigen Einheiten der griechischen Metrik stehen den beiden Eröffnungsstrophen jeweils Antistrophen mit identischem Material, doch in völlig andersartiger Ausführung gegenüber. Anstelle zweier Epoden folgt nur eine einzige, deren traditionelle Aufgabe, sich von den Strophen strukturell abzuheben, von Messiaen in der Weise gelöst wurde, daß er sie als eine ausgedehnte Vogelstimmenpolyphonie für 18 Solostreicher entwarf, deren klangliches Resultat einer in sich bewegten Fläche mit oszillierenden Rändern nahekommt.

Die Partitur verzichtete nach dem Willen des Auftraggebers Heinrich Strobel auf ein Solo-Klavier. Seine Rolle wird teilweise von Xylophon und Marimba übernommen, deren Partien – vor allem in den beiden Antistrophen-Sätzen – extreme Ansprüche an die Spieler stellen.

Sept Haïkaï. Esquisses japonaises

Besetzung: Solo-Klavier, Xylophon und Marimbaphon solo, 2 Klarinetten, 1 Trompete und kleines Orchester. – Entstanden 1962. UA: 1963 in Paris, Konzertreihe »Domaine musical«; deutsche EA: 1964 am Südwestfunk Baden-Baden (Solistin: Yvonne Loriod). – Aufführungsdauer: ca. 20 Minuten.

Nach *Réveil des oiseaux* (1953) und *Oiseaux exotiques* (1955) setzte Messiaen mit den *Sept Haïkaï* die Reihe seiner geographisch-ornithologisch inspirierten Werke für konzertantes Klavier und Orchester fort. Für den Komponisten handelte es sich im Falle dieser »Japanischen Skizzen« nicht einfach darum, Reiseeindrücke zu klingenden Illustrationen umzuarbeiten. Vielmehr lag ihm daran, musikalische Realitäten des besuchten Landes – in diesem Fall ausgewähltes, von ihm selbst notiertes Vogelstimmenmaterial und Eindrücke historischer japanischer Musik – kompositorisch umzusetzen und in mehrschichtige strukturelle Abläufe einzugliedern. Nicht Haiku-Gedichte selbst wurden herangezogen, lediglich die prägnante Kürze dieser lyrischen Form sollte bestimmendes Vorbild sein.

Zwei eng verwandte Sätze ruhiger statischer Faktur bilden Eröffnung und Beschluß (1. *Introduktion*, 7. *Coda*). Neben 2 sehr kurzen Teilen mit landschaftlich-kulturellem Bezug (2. *Der Park von Nara und die Steinlaternen*, 5. *Miyajima und der Torii-Torbogen im Meer*) steht ein Satzpaar, in dem sehr komplexe Schichtstrukturen mit brillanten Klavierkadenzen im »style oiseau« (»Vogelstimmenstil«) alternieren (3. *Yamanaka*, 6. *Die Vögel von Karuizawa*). Die zeremonielle Starrheit der höfischen Gagaku-Musik des 7. Jh. soll im zentralen 4. Satz auch durch wesensverwandtes Instrumentalkolorit nachgezeichnet werden. Das Timbre von 8 Violinen (ohne

Vibrato) steht dabei für Mundorgelklänge, während das Unisonospiel von Trompete, 2 Oboen und Englischhorn ein bestimmtes historisches Blasinstrument, die Hichiriki-Oboe, repräsentieren soll (s. Bsp. S. 923).

Couleurs de la cité céleste

Besetzung: Solo-Klavier, 3 Klarinetten, 3 Mallets (Stabspiele), 10 Blechbläser und Metallschlaginstrumente. – Entstanden 1963. UA: Donaueschinger Musiktage 1964 (Solistin: Yvonne Loriod). – Aufführungsdauer: ca. 15 Minuten.

Fünf der *Apokalypse* entnommene, im Partiturvorwort wiedergegebene Textzitate dokumentieren den geistigen Bezugspunkt dieses für Messiaens Denken und Komponieren außerordentlich typischen Werkes. Um das Thema der christlichen Jenseits-Verheißung kreisend, eignet allen Zitaten der gehäufte Gebrauch von Farbbegriffen zur Schilderung der »Himmlischen Stadt«. Ihnen stellt Messiaen eine Skala von »sons-couleurs«, d. h. von individuellen Kombinationen aus Instrumentalfarben und Tonhöhenregistern, zur Seite, die er in einem metaphorischen Katalog von 10 Farbmischungen zusammenfaßt: Topas-Gelb, helles Chrysopras-Grün und Kristall / Smaragd-Grün, Amethyst-Violett / Rot, Orange und Gold / Sardonyx-Rot usw. Kehren diese »sons-couleurs« wieder, so bleibt ihr Farbwert erhalten, doch gestaltet sich ihre rhythmische Umgebung neu. Zu dieser strukturellen Schicht gesellen sich in Überlagerung und Aneinanderreihung altbekannte Elemente Messiaenscher Kompositionstechnik: griechische und indische Rhythmusmodelle, Vogelstimmen (hier überwiegend amerikanische), schließlich einige gregorianische Alleluja-Gesänge. Diese Vielfalt von Einzelelementen vereinigt Messiaen wiederum in einer dichten, diesmal 1sätzigen Partitur, in welcher das Solo-Klavier zwar eine führende, doch nie isolierte Rolle spielt.

Et exspecto resurrectionem mortuorum

Besetzung: 18 Holzbläser, 16 Blechbläser (u. a. kleine Trompete in D, Baß-Saxhorn), Metallschlaginstrumente (6 Spieler), keine Streicher. – Entstanden 1964. UA: 1965 in der Sainte-Chapelle, Paris, und in der Kathedrale zu Chartres (Dirigent: Serge Baudo); deutsche EA: 1967 am Westdeutschen Rundfunk Köln, Konzertreihe »Musik der Zeit« (Dirigent: Bruno Maderna). – Aufführungsdauer: ca. 35 Minuten.

Mit diesem Werk verbindet sich ein Höhepunkt äußerer Anerkennung im künstlerischen Werdegang des Komponisten. Geschrieben im Auftrag des damaligen französischen Kultusministers, des Schriftstellers André Malraux, erklang die Komposition anläßlich offizieller Gedächtnisfeierlichkeiten für die Toten beider Weltkriege in zwei der ehrwürdigsten Sakralbauten Frankreichs.
Anlaß und Räumlichkeiten der Aufführungen veranlaßten Messiaen zu einem Satzbild von bisweilen extremer Einfachheit, wobei aber andrerseits dem Hörer – als Folge der meist überaus gedehnten Tempi – ein außerordentliches Konzentrationsvermögen beim Überblicken der formalen Zusammenhänge abverlangt wird. Meist dominiert melodisches Geschehen, entweder in Form 1stimmiger, intensiv instrumentierter Linien oder bei Hauptstimmen über dichten choralartigen Bläserpartien und dem resonanzreichen Klangfundament von Gongs und Tamtams (vor allem Satz 5). Die 5 Teile des Werkes sind auf Bibelworte des Themenkreises »Auferstehung« bezogen. Nicht selten strebt der Komponist dabei bildhafte Entsprechungen zwischen Text und Musik an, so beispielsweise zu Beginn von Teil 1, wenn durch das Psalmzitat »Aus der Tiefe rufe ich, Herr, zu dir« eine dunkel instrumentierte Melodiestrophe im tiefen Bläserregister ausgelöst wird:

La Transfiguration de Notre-Seigneur Jésus-Christ

Besetzung: gemischter Chor (10stimmig), 7 Instrumentalsolisten (Flöte, Klarinette, Xylorimba, Vibraphon, Marimbaphon, Violoncello, Klavier) und sehr großes Orchester. – Entstanden 1965–69. UA: 1969 in Lissabon, Gulbenkian-Festival (Dirigent: Serge Baudo); deutsche EA: 1971 am Bayerischen Rundfunk München, Konzertreihe »Musica viva« (Dirigent: Rafael Kubelik). – Aufführungsdauer: ca. 90 Minuten.

»In diesem Werk werden verschiedene Aspekte des Mysteriums der Verklärung Christi nacheinander durch ein Mosaik von lateinischen Texten vergegenwärtigt« (Messiaen). In Analogie zu Messiaens vielschichtigem Komponieren bezeugt auch seine Textauswahl eine große Spannweite: Abschnitte der Evangelien und anderer Bibeltexte stehen neben Sät-

zen aus den Paulus-Briefen und Schriften des Thomas von Aquin.
Der in zweimal 7 Teile gegliederte Gesamtplan läßt auf chorisch 1stimmige Evangelienberichte (1, 4; 8, 11) jeweils 2 kommentierende, oft kantilenenbetonte Meditationsabschnitte folgen (2–3, 5–6; 9–10, 12–13). Monumental sich aufbauende, gänzlich homophone Schlußchoräle beschließen die beiden analogen Siebensätzer (7, 14).
Dieses oratorienartige Werk trägt alle Merkmale eines zur Synthese gereiften »opus summum«. In mehrjähriger Arbeit entstanden, vereint es die zentralen Anliegen des Christen Messiaen mit der faszinierenden Vielfalt von rhythmischen, harmonischen und klanglichen Ausdrucksmitteln, die dem Musiker Messiaen zu Gebot steht. Zudem findet die Weiträumigkeit der formalen Anlage ihr Äquivalent in einem an Mahlers *8. Sinfonie* oder Schönbergs *Gurre-Lieder* erinnernden Riesenaufgebot von Sängern und Instrumentalisten. Wieder begegnet der Hörer den brillanten Vogelgesängen in Klavier und Holzbläsern ebenso wie den prachtvoll resonierenden Klängen der Gongs und Tamtams, den expansiven Vokalisen des Chors ebenso wie den oszillierenden Klangkaskaden der Bläser. Doch erscheint diese esoterische Fülle kompositorischer Extremsituationen durch ihre strenge architektonische und gedankliche Bindung zu stilistisch überzeugender Einheit gefaßt.

Elliott Carter

* 11. Dezember 1908 in New York (USA)

Breitgefächerte Studien an der Harvard University. Anregendes Weiterstudium in Paris (1932–35: Ecole Normale, privat bei Nadia Boulanger). Seit 1936 diverse Lehrtätigkeiten (zeitweise auch für Griechisch und Mathematik) an Colleges und Universitäten in mehreren Bundesstaaten, ab 1964 als Kompositionsprofessor an der New Yorker Juilliard School of Music. Als Folge stark anwachsender Resonanz auf Carters eigenwilliges Schaffen zahlreiche Stipendien, Ehrungen und Einladungen als »Composer in Residence« (u. a. Rom, Berlin).

Werke (kleine Auswahl): *Sinfonie Nr. 1* (1942); *Variationen* für Orchester (1954/55); *Doppelkonzert für Cembalo, Klavier* und 2 Kammerorchester (1961); *Klavierkonzert* (1964/65); *Konzert* für Orchester (1969); *A Mirror on which to Dwell* (E. Bishop) für Sopran und Kammerensemble (1975); *A Symphony of Three Orchestras* (1976); *Triple Duo* für 6 Instrumente (1983); *Penthode* für 5 Instrumentalgruppen (1985); *Oboenkonzert* (1986/87); *Three Occasions for Orchestra* (1986–89): *A Celebration of 100×150 Notes, Remembrance, Anniversary.*

Als Carters *Variations for Orchestra* im Jahr 1957 bei den Donaueschinger Musiktagen ihre europäische Erstaufführung erlebten, blieb die Resonanz noch gering. Man besaß nahezu keine Informationen über den immerhin fast 50jährigen. Vor dem 2. Weltkrieg war seine Musik in Europa kaum bekannt geworden, obwohl der gebürtige New Yorker den für amerikanische Musiker fast obligaten Studienaufenthalt bei Nadia Boulanger in Paris verbracht hatte. Nach Kriegsende waren es dann eher die Jüngeren, denen Aufmerksamkeit entgegengebracht wurde. Erst seit den 70er Jahren wird Carter in Europa gebührende Beachtung geschenkt. Erkannt werden jetzt die Eigenständigkeit und Unabhängigkeit seines Gestaltens, von denen sich auch ein so kritischer Geist wie Pierre Boulez beeindruckt zeigte:
»Das Werk von Carter zählt zum Durchdachtesten, was es *in musicis* gibt. Doch lebt in ihm eine äußerst vielgestaltige Expressivität. Besonders kunstvoll, reich und mannigfaltig ist die Kammermusik. Sie enthält in Fülle Stoff für Belehrung und für Funde: so oft man sie hört, so oft wird man bereichert.«
Carter zeigt sich weitgehend unabhängig von der Schönberg-Schule und beansprucht in stilistisch-ästhetischer Hinsicht große Freiräume. Er liebt den kompositorischen Nachvollzug kombinatorisch verwickelter Verlaufsideen, bekennt sich jedoch ebenso zu einer sehr direkten, ausdrucksgesättigten Schreibweise.

Konzert für Oboe und Orchester

Besetzung: Solo-Oboe, Concertino-Gruppe (4 Bratschen, 1 Schlagzeuger), Kammerorchester. – Entstanden 1986/87 im Auftrag von Paul Sacher. UA: 1988 in Zürich (Collegium Musicum, Solist: Heinz Holliger, Dirigent: John Carewe). – Aufführungsdauer: ca. 20 Minuten.

Kommentar des Komponisten (1988): »Das Oboenkonzert besteht aus einem einzigen Satz, welcher eine große Vielfalt an schnell wechselnden Stimmungen einschließt. Die Soli der Oboe werden von einem Solo-Schlagzeug und vier Bratschen begleitet. Das Orchester setzt den launenhaften, flüchtigen Concertino-Episoden ein beständigeres Element entgegen; die ihm anvertrauten Motive sind ernsterer Natur und machen sich gelegentlich in dramatischen Ausbrüchen Luft. Concertino und Orchester benutzen voneinander unabhängiges musikalisches Material, welches durch das ganze Stück hindurch entwickelt wird [. . .].«

Harald Genzmer

* 9. Februar 1909 in (Bremen-)Blumenthal

Kindheit und Schulzeit in Posen, Berlin, Rostock und Marburg. Musikstudium 1928–34 an der Berliner Hochschule für Musik: Komposition bei Paul Hindemith, musikwissenschaftliche Fächer bei Curt Sachs und Georg Schünemann. 1934–37 Korrepetitor am Breslauer Opernhaus. Bis Kriegsende pädagogisch tätig an der Volksmusikschule in Berlin-Neukölln. Kompositionslehrer in den Jahren 1946–57 an der Musikhochschule in Freiburg/Br., danach – bis zur Pensionierung 1974 – an der Münchner Musikhochschule.

Wie sein Lehrer Hindemith verkörpert Genzmer den Typus des praxisbezogenen, mit Vorliebe für konkrete Anlässe und Gegebenheiten schreibenden Musikers, der sich durch einen traditionserprobten, Wandlungen nur maßvoll ausgesetzten Fundus handwerklichen Könnens abgesichert weiß. Genzmers harmonische Sprache bewegt sich im Rahmen einer behutsam erweiterten Tonalität; Quart-Quintklänge und verwandte Mischklänge, nicht selten nach Hindemiths Spannungskriterien des »harmonischen Gefälles« verknüpft, dominieren im Satzbild, das historischen kontrapunktischen Modellen ebenso verpflichtet ist wie herkömmlichen Formvorstellungen. Im Laufe seiner langjährigen Hochschullehrertätigkeit hat sich Genzmer den Ruf eines kenntnisreichen, klug vermittelnden Mentors erworben.

Werke (Auswahl): *1. Trautoniumkonzert* (1939); *Sinfonische Musik* (1941); *Bremer Sinfonie* (1942); *Pachelbel-Suite* für kleines Orchester (1946); *1. Concertino für Klavier* und Streichorchester mit Flöte oder Violine (1946); *1. Klavierkonzert* (1948); *Cellokonzert* (1950); *Kokua*, Tanzsuite für Orchester (1951); *2. Trautoniumkonzert* (1952); *Divertimento di danza* für Streichorchester (1953); *Flötenkonzert* (1954); *Sinfonietta* für Streichorchester (1955); *1. Sinfonie* für großes Orchester (1957, rev. 1970); *Kammerkonzert für Oboe* und Streichorchester (1957); *2. Sinfonie* für Streichorchester (1958); *Prolog* für Orchester (1959); *Concerto da camera* für Violine und kleines Orchester (1959); *Jiménez-Kantate* für Sopran, Chor und Orchester (1962); *2. Orchesterkonzert* (1963); *2. Concertino für Klavier* und Streichorchester (1963); *Der Zauberspiegel* (H. Stadlmair), Ballett, daraus: *Orchestersuite* (1965); *Konzert für Harfe* und Streichorchester (1965); *Bratschenkonzert* (1967); *Trompetenkonzert* (1968); *Divertimento* für sinfonische Bläser (1968); *1. Konzert für Orgel* und Orchester (1971); *Konzert für Cello* und Bläser (1971); *Mistral-Kantate* für Sopran und Orchester (1971); *Kammerkonzert für Viola* und Streicher (1972); *Sinfonia da camera* (1972); *3. Konzert für Klavier* und Orchester (1974); *Concertino für Klarinette* und Kammerorchester (1975); *Konzert für Schlagzeug* und Orchester (1978); *Musik* nach Worten von F. Hölderlin für großes Orchester (1978/79); *Kantate* auf Texte von W. Whitman für Sopran, Trompete und Streichorchester (1980); *2. Konzert für Orgel* und Streicher (1980); *Konzert für 4 Hörner* und Orchester (1984); *Konzert für Violoncello, Kontrabaß* und Streicher (1985); *Cassation* für Streicher (1987).

Samuel Barber

* 9. März 1910 in West Chester (Pennsylvania, USA)
† 23. Januar 1981 in New York

Hatte das Glück, 1935 als mehrfach ausgezeichneter Stipendiat in Rom die Aufmerksamkeit Arturo Toscaninis zu erwecken. Der einflußreiche Maestro brachte in der Folge sowohl das (heute noch ungemein populäre) »Adagio« für Streicher (aus dem Streichquartett Nr. 1 op. 11, 1936) wie auch den »Essay Nr. 1« op. 12 (1937) zur Aufführung und ebnete damit für den Absolventen des Curtis Insti-

tute in Philadelphia künftige Wege. Bereits bei den Salzburger Festspielen 1937 erklang dann Barbers 1sätzig gehaltene 1. Sinfonie op. 9 (1936, rev. 1942). Aus seiner 2. Sinfonie op. 19 (1944) ließ der kritische Komponist später lediglich den Einzelsatz »Night Flight« op. 19a (»Nachtflug«, 1964) gelten. Eng mit dem Komponisten und Studienkollegen Gian Carlo Menotti (1911, 1958 Gründer des »Festival dei due Mondi« in Spoleto, Italien) befreundet, lebte Barber in New York überwiegend von Auftragswerken, trat aber ab Mitte der 60er Jahre kompositorisch kaum mehr hervor.*

Im Sprachgewirr der USA gelang es Barber, seiner eigenen Sprache Gehör zu verschaffen, obwohl sich diese großenteils aus Elementen und Formvorstellungen des 19. Jh. rekrutierte (Tonalität, Sonate, Fuge etc.). Nicht selten aber trafen seine kompositorischen Formulierungen jenen direkten, spannungserfüllten Verismo-Tonfall, der sein Auditorium – nicht nur in den USA – zu fesseln verstand.

Weitere Werke (kleine Auswahl): *Violinkonzert* op. 14 (1939); *Essay Nr. 2* op. 17 für Orchester (1942); *Capricorn Concerto* op. 21 für Kammerorchester (1946); *Medea*, Ballett op. 23 (1953); *Vanessa* (G. C. Menotti), Oper in 4 Akten op. 32 (1957); *Toccata festiva* für Orgel und Orchester op. 36 (1960); *Die natali* für Orchester op. 37 (1960); *Klavierkonzert* op. 38 (1962); *Antony and Cleopatra* (F. Zeffirelli / G. C. Menotti), Oper op. 40 (1966, rev. 1975).

Rolf Liebermann

* 14. September 1910 in Zürich

Bereits früh Komposition von Bühnen- und Kabarettmusik. Jurastudium an der Züricher Universität, daneben Besuch des dortigen Konservatoriums. Dirigierkurse und Assistenzzeit 1937/38 bei Hermann Scherchen in Budapest und Wien, private Kompositionsstudien bei Wladimir Vogel in Ascona (Tessin). Beim Schweizerischen Rundfunk, Studio Zürich, zunächst Tonmeister (1945–50), dann Leiter der Orchesterabteilung (1950–58). Weitere berufliche Stationen: 1958/59 Leiter der Musikabteilung des Norddeutschen Rundfunks in Hamburg, dort auch am Aufbau des Dritten Fernseh-

programms beteiligt (1962–64); 1959–73 und noch einmal 1984–88 Intendant der Hamburgischen Staatsoper. 1973–80 leitete Liebermann die vereinigten Pariser Opernhäuser. Besondere Aufmerksamkeit schenkte er dem zeitgenössischen Opernrepertoire, übrigens auch der Opernverfilmung (»Don Giovanni«, Regie: Joseph Losey, 1979).

»Rolf Liebermann kam in der Schweiz zur Welt, an einem Punkt Europas, der auf der Schnittlinie dreier Kulturkreise liegt. Diese Dreiheit findet in den Hauptelementen seiner Handschrift: Zwölftönigkeit, Bitonalität und Kantabilität ihre genaue Entsprechung, aber auch ihre Synthese im Sinn einer gleichwertigen, organischen Verschmelzung« (Josef Häusler). Liebermanns Technik der Bitonalität, von ihm als fortwährendes Ausbalancieren des zwölftönigen Materials um wandernde tonale Zentren verstanden, ließ in seinen Partituren eine irisierende Klanglichkeit entstehen, die nach 1950 gern gegen die vergleichsweise spröde Kontrapunktik mancher jüngerer Komponisten der Webern-Nachfolge ausgespielt wurde.

Werke: *Polyphone Studien* für Kammerorchester (1943); *Une des fins du monde* (J. Giraudoux), Kantate für mittlere Stimme und Orchester (1945); *Furioso* für Orchester (1947); *Musik* (C. Baudelaire, P. Verlaine), Sinfonische Szene für Sprecher und Orchester (1949); *Sinfonie 1949* für Orchester; *Streitlied zwischen Leben und Tod* (Anonymus des 16. Jh.), Dramatische Kantate für 4 Soli, gemischten Chor und Orchester (1950); *Leonore 40/45* (H. Strobel), Opera semiseria (1952), daraus: *Orchestersuite* in 6 Sätzen; *Penelope* (H. Strobel), Opera semiseria in 2 Teilen (1954); *Concerto for Jazzband and Symphony Orchestra* (1954); *Die Schule der Frauen* (nach Molière), Opera buffa in 3 Akten (1955–57); *Geigy Festival Concerto* für Basler Trommel und Orchester (1958); *Capriccio* für Sopran, Violine und Orchester (1959); *Sinfonie »Les Echanges«* für 156 Maschinen (1964); *Liaison* für Violoncello, Klavier und großes Orchester (1983); *Der Wald* (H. Vidal), Oper nach A. Ostrowskij (1985–87); *Cosmopolitan Greetings* (A. Ginsberg) für Jazz-Big-Band, 12 Solostreicher, 2 Jazzsängerinnen und 3 Tänzer (mit George Gruntz, 1987–88); *Freispruch für Medea* (U. Haas), Oper (1990, 1995).

Allan Pettersson

* 19. September 1911 in Västra Ryd (Uppland, Schweden)
† 20. Juni 1980 in Stockholm

Ein dezidierter Außenseiter, schrieb Pettersson sein gewaltiges sinfonisches Œuvre gleichsam gegen die Zeit und ihre wechselnden ästhetischen Vorlieben. Von seinen Lehrern befriedigten ihn weder Blomdahl und Olsson in Stockholm noch Honegger und Leibowitz in Paris. Als weithin Klassizistisches à la Strawinsky oder Serielles à la Schönberg gefragt war, kaprizierte sich der Ungebärdige auf romantische Sinfonien von Brucknerschem und Mahlerschem Ausmaß. Petterssons 17 zumeist 1sätzige *Sinfonien* (1951–79) verbinden strenge Architektur mit affektiver Überfülle, weite Spannung mit unersättlicher Rhetorik. Es fällt schwer, diese Riesengebilde nicht zugleich als bewegende Dokumente eines sehr schwierigen, von Krankheit geprägten Komponistenlebens zu begreifen.

Jean Françaix

* 23. Mai 1912 in Le Mans (Frankreich)
† 25. September 1997 in Paris

Entstammte einer Musikerfamilie. Musikstudium zunächst in Le Mans, dann am Pariser Conservatoire: brillante Klavierausbildung bei Isidor Philipp, Kompositionsunterricht in der berühmten Klasse von Nadia Boulanger. Erste kompositorische Erfolge auf mehreren Weltmusikfesten der Internationalen Gesellschaft für Neue Musik (IGNM). Lebte in der Nähe von Paris als freischaffender Komponist; trat regelmäßig als Klaviersolist oder Kammermusikpartner auf, meist mit eigenen Kompositionen.

Bekannt geworden war Françaix schon früh. Das *Concertino* aus dem Jahre 1932, das heute noch auf manchen Programmen steht, trug wesentlich dazu bei. Heinrich Strobel hat an der Partitur die »lächelnde Unbefangenheit des Natürlichen«

hervorgehoben und sie »die Schöpfung eines Künstlers« genannt, »der eine in unseren Tagen seltene Klarheit und Bewußtheit besitzt« – Merkmale, die für Françaix und seine nur wenig sich wandelnde, immer tonale Schreibweise auch weiterhin zutreffen mochten. In mancher Hinsicht am Spätwerk Ravels und am klassizistischen Œuvre Strawinskys geschult, lag Françaix' Stärke im Entwerfen tänzerischer Charaktere (Ballette, Opern) und im konfliktfreien, divertissementartigen Konzertieren (Orchesterwerke, Konzerte, zahlreiche Musiken für bzw. mit Bläserensemble, Kammermusik).

Werke (Auswahl): *Concertino für Klavier* und Orchester (1932); *Serenade* für kleines Orchester (1934); *Quadrupelkonzert* für 4 Holzbläser und Orchester (1935); *Klavierkonzert* (1936); *Musique de cour*, Duo concertante für Flöte, Violine und Orchester (1937); *L'Apocalypse selon Saint Jean*, Fantastisches Oratorium in 3 Teilen für 4 Soli, gemischten Chor und 2 Orchester (1939); *Divertissement für Fagott* und Streichorchester (1942); *Les Bosquets de Cythère*, 7 Walzer für Orchester (1946); *Rhapsodie* für Viola und Bläser (1946); *La Douce France*, Orchestersuite (1946); *L'Heure du berger*, »Musique de Brasserie« für Streicher und Klavier (1947); *Sinfonie* für Streichorchester (1948); *Variations de concert* für Cello und Streichorchester (1950); *Cantate de Mephisto* nach P. Valérys *Mon Faust* für Bariton und Streichorchester (1952); *Sinfonie* für Orchester (1953); *Divertissement* für Violine und Bläser (1953); *Concertino für Violine* und Orchester (1954); *Cellokonzert* (1954); *Au Musée Grevin*, Orchestersuite (1956); *L'Horloge de flore* (»Blütenuhr«), Suite für Oboe und Orchester (1959); *Cembalokonzert* (1959); *Sei Preludi* für Streichorchester (1963); *Konzert für 2 Klaviere* und Orchester (1965); *Konzerte für Flöte* (1966), *Horn* (1967), *Klarinette* (1968), *Violine* (1970), *Kontrabaß* (1974) und Orchester; Orchestration der *Préludes* von F. Chopin (1967); *Jeu poétique en six mouvements* für Harfe und Orchester (1969); *Les Inestimables chroniques de Grand Gargantua* für Sprecher und Streichorchester (1970); *La Ville mystérieuse*, Fantasie für großes Orchester nach einer Novelle von J. Verne (1973); *Divertimento für Flöte* und Orchester (1974); *Aubade* für 12 Violoncelli (1975); *Concerto grosso* für Bläserquintett, Streichquintett und Orchester (1976); *Variations sur un thème plaisant* für Klavier und Bläserensemble (1976); *Tema con variazioni* für Klarinette und Streichorchester (1978); *Petite valse européenne* für Tuba und doppeltes Bläserquintett (1979); *2. Violinkonzert* (1979); *Konzert für Fagott* und 11 Streicher (1979); *Ouverture anacréontique* für Orchester (1980); *Danses exotiques* für 11 Bläser und Schlagzeug (1982);

Konzert für Posaune und 10 Bläser (1983); *Pavane pour un génie vivant* (à la mémoire de Maurice Ravel, si présent parmi nous) für kleines Orchester (1987); *Konzert für 15 Solisten* und Orchester »suivi d'une surprise« (1988); *Doppelkonzert für Flöte, Klarinette* und Orchester (1991).

John Cage

* 5. September 1912 in Los Angeles (Kalifornien, USA)
† 12. August 1992 in New York

Nach 2jährigem College-Besuch (1928–30) und einer ausgedehnten Europareise (1930/31) Theorie- und Kompositionsstudium bei Richard Buhlig, Adolph Weiß und Henry Cowell in New York (1931–34) und Besuch von Arnold Schönbergs Kontrapunkt- und Analysekursen in Los Angeles (1934/35). Danach meist in New York ansässig. Neben der kompositorischen Arbeit entfaltete Cage eine Fülle von Aktivitäten: musikalische Betreuung von Tanzgruppen, vor allem der Compagnie von Merce Cunningham; Lehr- und Forschungsaufträge, Vortrags- und Konzertreisen, oft zusammen mit dem Pianisten David Tudor.

Igor Strawinsky hat einmal sein Erstaunen ausgedrückt über Cages fast völlige Unabhängigkeit von den europäischen Kunsttraditionen. Und in der Tat: Während die musikalische Entwicklung des 20. Jh. sich zunächst fast ausschließlich auf die Dimension der Tonhöhen (Tonalität, freie bzw. reihengebundene Atonalität) konzentrierte, arbeitete Cage bereits seit 1935 mit rhythmischen Schablonen, schrieb Werke für Schlagzeug allein, verfremdete wenig später den Klavierklang durch genau kalkulierte Präparationen, bezog unvorhersehbare Ausschnitte aus Radioprogrammen in vorbereitete Texturen ein und experimentierte mit graphischen Notationsformen. Oft stieß Cages Bemühen, zufällige Gegebenheiten in klingende Ereignisse überzuführen, auf Unverständnis; Scharlatanerie wurde ihm vorgeworfen. Dabei hat Cage als einer der großen Anreger der Neuen Musik zu gelten. Eine Wirkung seiner Stücke, die häufig offene Prozeßformen sein wollen und sich deshalb schwer in den üblichen Konzertbetrieb eingliedern lassen, liegt darin, daß sie für viele jüngere Komponisten eine Aufforderung zur ständigen Überprüfung ihres künstlerischen Standorts geworden sind.

Werke (Auswahl): *First Construction (in Metal)* für 6 Schlagzeuger (1939); *Imaginary Landscape* (»Imaginäre Landschaft«) *I* für 2 Plattenspieler, Meßschallplatten, gedämpftes Klavier und Becken (1939); *Second Construction* für 4 Schlagzeuger (1940); *Living Room Music* (»Wohnzimmermusik«) für Schlaggerät (»to be found in a living room«) und Sprechquartett (1940); *Third Construction* für 4 Schlagzeuger (1941); *Imaginary Landscape II/III* für 5 bzw. 6 Schlagzeuger (1942); *The Wonderful Widow of Eighteen Springs* (J. Joyce) und *Flower* für Singstimme und geschlossenes Klavier (1942 bzw. 1950); *(16) Sonatas and (4) Interludes* für präpariertes Klavier (1946–48); *Streichquartett* in 4 Sätzen (1949/50); *Sechzehn Tänze* für 8 Instrumentalisten (1950/51); *Imaginary Landscape IV* für 12 Radios (24 Spieler) und Dirigent (1951); *Music of Changes* (»Musik der Wandlungen«) in 4 Heften für Klavier (1951); *Konzert für präpariertes Klavier* und Kammerorchester (1950/51); *Imaginary Landscape V*, Tonbandkomposition (1952); *4'33"* für beliebige Besetzung (= *tacet* in 3 Sätzen, 1952); *Music for Piano* (1952–56); *Music for Carillon I–V* (1952–67); *Winter Music* für 1–20 Klaviere (1956/57); *Klavierkonzert*, in vielgestaltiger Form, auch zusammen mit Vokalstücken (*Aria*, *Solo for Voice I/II*) oder mit Tonband (*Fontana Mix*) aufführbar (1957/58); *Cartridge Music* (»Tonabnehmer-Musik«) für verstärkte Mikroklänge, auch verstärktes Klavier oder Becken und beliebig viele Spieler und Lautsprecher (1960); *Atlas eclipticalis* für großes Orchester (= 87 Stimmen), auch zusammen mit *Winter Music* aufführbar (1961/62); *HPSCHD*, Computermusik für 1–7 Cembali und 1–51 bzw. beliebig viele Tonbandgeräte (zusammen mit Lejaren A. Hiller, 1967–1969); *Songbooks I/II* (E. Satie / H. D. Thoreau) für einen oder mehrere Sänger (1970–72); *Cheap Imitation* (nach E. Satie) für Orchester (1972); *Etcetera* für Orchester und Tonband (1973); *Score and 23 Parts* für beliebige Besetzung (1974); *Etudes australes* für Klavier (1974/75); *Quartets I–VIII* für Orchester (= 24, 41 oder 93 Instrumente, 1976); *Freeman Etudes* für Violine solo (1978); *Hymns and Variations* für Chor (1978/79); *ROARATORIO*, ein irischer Zirkus über *Finnegans Wake* (1977–79); *Thirty Pieces for String Quartet* (1983); *Europeras 1/2, 3/4, 5*, Opern (1985–91); *Etcetera 2/4 Orchestras* für 4 Orchester mit Tonband (1986).
Schriften: *Silence*, Lectures and Writings (1961); *A Year from Monday* (1967); *Notations* (1969).

Witold Lutosławski

* 25. Januar 1913 in Warschau
† 7. Februar 1994 in Warschau

Am Warschauer Konservatorium genoß Lutosławski eine umfassende musikalische Ausbildung: Studienjahre in den Fächern Klavier und Violine (1924–37) schloß er ab mit einem Kompositionsstudium bei Witold Maliszewski (1933–37). Mathematische Studien an der Warschauer Universität waren vorausgegangen (1929–31). Ab 1939 unter deutscher Besatzung lebend, versuchte Lutosławski dennoch, seine kompositorische Arbeit fortzusetzen. Eine dauernde Lehrtätigkeit hat er nicht angestrebt. Sein Name ist mit der Gründung und Durchführung des renommierten Musikfestes »Warschauer Herbst« eng verknüpft. Gastdozenturen und Dirigierverpflichtungen führten den Komponisten vor allem in die USA und nach Schweden.

Werke: *Sinfonische Variationen* für Orchester (1938); *1. Sinfonie* (1941–47); *Ouvertüre* für Streichorchester (1949); *Konzert* für Orchester (1950–54); *Fünf Tanzpräludien* für Klarinette und Klavier (1954; auch Fassung mit Harfe, Schlagzeug und Streichorchester, 1951); *Fünf Lieder* nach Gedichten von K. Iłłakowicz für Mezzosopran und Klavier (1956–57; auch Fassung mit 30 Soloinstrumenten, 1959); *Trauermusik* für Streichorchester, »à la mémoire de Béla Bartók« (1956–58); *Drei Postludien* für Orchester (1958–63); *Jeux vénitiens* für kleines Orchester (1961); *Trois poèmes d'Henri Michaux* für Chor und Instrumente (1962/63); *Streichquartett* (1964); *Paroles tissées* (J.-F. Chabrun) für Singstimme und Orchester (1965); *2. Sinfonie* (1966/67); *Livre pour orchestre* (1968); *Konzert für Violoncello* und Orchester (1969/70); *Präludien und Fuge* für 13 Solostreicher (1972); *Les Espaces du sommeil* (R. Desnos) für Bariton und Orchester (1975); *Mi-Parti* für Orchester (1976); *Novellette* für Orchester (1979); *Doppelkonzert für Oboe, Harfe* und Kammerorchester (1979/80); *3. Sinfonie* (1982/83); *Chain I* für Kammerensemble (1983); *Chain II*, Dialogue pour violon et orchestre (1984/85); *Chain III* für Orchester (1986); *Klavierkonzert* (1987/88); *4. Sinfonie* (1992).

Lutosławskis kompositorische Entwicklung führte zwar nicht zu bahnbrechenden Neuerungen, doch hat er nacheinander den für ihn bedeutungsvollen Prinzipien der Tonalität, Dodekaphonie und Aleatorik Aspekte von beeindruckender persönlicher Eigenart abgewonnen. Respekt vor der Aufrichtigkeit seiner künstlerischen Überzeugungen sicherten ihm in

der jüngeren Generation seine von modischen Tendenzen unabhängige Haltung und doch stetige Bereitschaft zur Neuorientierung.
Auf die Freiheit in der Wahl der kompositorischen Mittel, des »Stils«, berief sich Lutosławski zum Schluß einer engagierten Darstellung der ihn besonders interessierenden Möglichkeiten einer sinnvoll begrenzten Aleatorik (*Über das Element des Zufalls in der Musik*, 1969):
»Diese Ausführungen stellen in keiner Weise eine Sammlung von Dogmen oder gar Prinzipien für ein Verfahren dar, das ich akzeptiert habe. Es ist darin auch kein Programm für die Zukunft zu sehen, nach dem ich in meinen späteren Werken verfahren könnte. Die Ausführungen sind nichts anderes als eine fragmentarische Chronik meiner Tätigkeit als Komponist, welche die Gedanken beschreiben soll, die mein Schaffen im Verlauf der letzten Jahre begleitet haben.
Werden diese Gedanken ihre gegenwärtige Bedeutung für mich noch lange haben? Werden sie Revisionen oder Änderungen unterworfen sein, oder werde ich sie eines Tages gänzlich fallenlassen? Das bekümmert mich nicht. Ich sehe mich gut vor, daß keine dieser Ideen es so weit kommen läßt, mich auch nur im geringsten zu beherrschen, und daß keine meine Freiheit einschränkt bei dem Versuch, all das zu realisieren, was mir meine Phantasie in der Zukunft eingeben wird.«

Jeux vénitiens

Besetzung: kleines Orchester (7 Holzbläser, 3 Blechbläser, 4 Schlagzeuger, Harfe, Klavier/Celesta und 12 Streicher). – Entstanden 1961. UA: 1961 auf der Biennale Venedig; deutsche EA: 1961 in der Konzertreihe »Musik der Zeit« des Westdeutschen Rundfunks Köln. – Aufführungsdauer: ca. 13 Minuten.

Die *Jeux vénitiens* (»Venezianische Spiele«) leiten eine Reihe von Werken ein, in denen das Element des Zufalls als mitbestimmender Faktor beteiligt ist. Wie sieht Lutosławskis Vorstellung einer »begrenzten Aleatorik« aus? Er schreibt darüber: »Die Einführung von Elementen des Zufalls in die Musik braucht [. . .] nicht unbedingt ihren Charakter zu verändern. Das trifft zu, wenn der Spielraum, in dem der Zufall operiert, vom Autor hinreichend begrenzt worden ist, wenn der Zufall keine das Werk beherrschende Rolle spielt und dem Ziel untergeordnet ist, das der Komponist gesteckt hat [. . .].« Aleatorik als Bereicherung, keinesfalls als Minderung

schöpferischer Verantwortlichkeit – diesen Gedanken spielt der langsam schreibende, stets eine gewisse Außenseiterrolle einnehmende Lutosławski seit den *Jeux vênitiens* in virtuoser Handhabung phantasievoll durch.
So besteht *Satz 1* aus einigen mehrzeiligen »Kästen«, deren rasch und individuell zu spielende Einzelsysteme sich zu mehreren genau bestimmten Kombinationen gruppieren sollen (A, C, E, G), die wiederum reizvolle Wechselwirkungen mit den Komplementärabschnitten B, D, F, H ergeben. – *Satz 2*, traditionell notiert, gewinnt seine innere Dynamik aus einem in sehr raschem Zeitmaß ablaufenden brillanten Ablösungsspiel der einzelnen Instrumentengruppen. – *Satz 3*, in der Funktion des langsamen Satzes, ordnet der solistisch freien Flötenpartie ein durchsichtiges Begleitsystem mit individuellen Spielräumen zu. – *Satz 4* schließlich bezieht, unterstützt durch klare dynamische Verläufe, seine außerordentliche Wirkung aus einer raffinierten Verästelung und Vervielfachung des spielerischen Ablösungsprinzips von Satz 2.

2. Sinfonie

Besetzung: großes Orchester. – Entstanden 1966/67. UA der Teilfassung (= Satz 2): 1966 in der Konzertreihe »Das Neue Werk« des Norddeutschen Rundfunks Hamburg (Leitung: Pierre Boulez); UA der vollständigen Fassung: 1967 in Krakau. – Aufführungsdauer: ca. 28 Minuten.

Als Lutosławski seinem ursprünglich isoliert stehenden Orchesterstück *Direct* ein späteres mit der Bezeichnung *Hésitant* (»Zögernd«) voranstellte, um dem Ganzen den Namen *Sinfonie* zu geben, mag er sich in der Situation von Hans Werner Henze befunden haben, der 1963 von seinen »fünf zu Symphonien erklärten Orchesterstücken« sprach. Beide Komponisten wollen mit dem traditionsbeladenen Begriff »Sinfonie« ebensowenig ein neuerliches Nachvollziehen des klassischen Formverlaufs kennzeichnen wie ein Desinteresse an der zyklischen Bindung von Einzelsätzen. Vielmehr sind die Stücke *Hésitant* und *Direct* Gestaltteile eines durchgängigen dynamischen Verlaufs, der mit den Begriffen »Introduktion« und »Zentrum« nur annähernd getroffen ist.
Satz 1, Bläsern, Schlagzeug und Tasteninstrumenten vorbehalten, reiht eine große Zahl von aleatorisch auszuspielenden Klangfeldern aneinander (vgl. *Jeux vênitiens*). Ihr Inhalt – virtuos artikulierte Schwärme von kleinintervalligen Tonrei-

hen – verdeutlicht die Geste des »Zögerns«, der Unentschlossenheit durch häufiges Abbrechen und durch die Ziellosigkeit ihrer durcheinandergewirbelten Tonscharen. Selbst der Höhepunkt des Satzes (verkürzte Felder, pausenlose Reihung) kann das diffuse Geschehen nicht in eine klar erkennbare Richtung lenken.

Satz 2 setzt die bisher ausgesparten Streicher als »Bindemittel« ein, um das »pulverisierte« Geschehen von Satz 1 in ruhig fließende Verläufe überzuführen. Ein plötzlicher Ausbruch entfesselt einen nicht weniger als etwa 10 Minuten anhaltenden Abschnitt außerordentlicher Kraftentfaltung, der seine Hochspannung durch ein filmähnliches Verfahren fortgesetzter »Bildschnitte«, d. h. durch fortwährendes Austauschen der kontrastierenden Klangmuster, aufrechtzuerhalten vermag. Explosive Schläge des gesammelten Orchester-Tuttis signalisieren den Umbruch, ein rasches Zerfallen der Klangenergie in die Diffusität undeutlicher Figurationen.

Chain II. Dialog für Violine und Orchester

Besetzung: größeres Kammerorchester mit 2fachem Holz, 2fachen Trompeten/Posaunen, Schlagwerk, Klavier/Celesta und Streichern. – Entstanden 1984/85. UA: 1985 in Zürich (Collegium Musicum Zürich, Solistin: Anne-Sophie Mutter, Dirigent: Paul Sacher). – Aufführungsdauer: 18–19 Minuten.

»Der Titel des Werkes bezieht sich auf seine Form. Während der letzten Jahre arbeitete ich an einer neuen Art von musikalischer Form, die aus 2 Schichten besteht, deren Aufbau voneinander völlig unabhängig ist. Das heißt: die fixierten Tonfolgen in der einen Schicht beginnen und enden nicht gleichzeitig mit den Tonfolgen der anderen Schicht. Dies rechtfertigt, wenn von einer derartigen Form die Rede ist, den Begriff *chain* (›Kette‹). Für ein Solistenensemble habe ich bereits *Chain I* komponiert. Doch bedeutet dies nicht, daß alle Werke dieses Titels zyklisch verbunden sind. Es handelt sich vielmehr um vollkommen unabhängige Stücke.

Chain II für Violine und Orchester, im Auftrag von Paul Sacher geschrieben, ist 4sätzig angelegt: 1. *Ad libitum* [= ›frei im Vortrag‹] – 2. *A battuta* [= ›im Takt‹] – 3. *Ad libitum* – 4. *A battuta / ad libitum / a battuta*.

In den *ad libitum*-Sätzen wie auch im *ad libitum*-Teil von Satz 4 kommt in einem gewissen Umfang das Element des Zufalls ins Spiel. Es gehört zum Repertoire meiner Ausdrucksmittel bereits seit 1960 und bietet mir immer neue Möglichkeiten. Was mich aber während der letzten Jahre besonders beschäftigte, war eher die Gestaltung der Tonhöhen (d. h. der Melodik, Harmonik und Polyphonie) als die Gestaltung der Zeit. Ich bin der Ansicht, daß die traditionelle Tonleiter mit ihren 12 Stufen bis jetzt bezüglich der Harmonik noch nicht genügend ausgewertet wurde. Ich glaube, daß es noch viele Möglichkeiten zu entdecken gilt, und dies ganz unabhängig von der Schönbergschen Zwölftontechnik« (W. Lutosławski, 1985).

Benjamin Britten

* 22. November 1913 in Lowestoft (Suffolk, England)
† 4. Dezember 1976 in Aldeburgh (Suffolk, England)

Erstaunliche kompositorische Leistungen bereits während der Schulzeit unter der Anleitung von Frank Bridge: Die »Simple Symphony« des Jahres 1934 konnte auf Stücke des Neun- bis Zwölfjährigen zurückgreifen. 1930–33 Studium am Royal College of Music, London; Klavier bei Arthur Benjamin, Komposition bei John Ireland (Beratung weiterhin auch durch Frank Bridge).
In der zweiten Hälfte der 30er Jahre starke geistige Beeinflussung durch den Schriftsteller Wystan Hugh Auden (1907–73), der später u. a. auch mit Igor Strawinsky (»The Rake's Progress«, 1948–51) und Hans Werner Henze (»Elegie für junge Liebende«, 1959–61; »Die Bassariden«, 1965) zusammenarbeitete. Internationale Anerkennung durch frühe Kammermusikwerke (IGNM-Weltmusikfeste Florenz 1934, Barcelona 1936) wie auch vor allem durch die »Variationen über ein Thema von Frank Bridge« (Salzburger Musikfest 1937, IGNM-Fest London 1938).
1939–42 USA-Aufenthalt (New York, Los Angeles), zusammen mit dem Sänger Peter Pears (1910–86), für den er die meisten Vokalwerke und wichtige Opernpartien konzipierte. Seit der Rückkehr aus den Vereinigten Staaten in der Küstenstadt Aldeburgh, dem Schauplatz der Oper »Peter Grimes«, ansässig, wo seit 1948 – nicht zuletzt dank der langjährigen Initiative und künstlerischen Mitwirkung Brittens – jährliche Musikfestspiele stattfinden. Enge Zusammenarbeit mit der »English Opera Group«, die sich nach der

Uraufführung der Kammeroper »Der Raub der Lukrezia« bei den Glyndebourne-Festspielen 1946 zusammengeschlossen hatte. Verzicht auf eine regelmäßige Lehrtätigkeit. Seit etwa 1950 freundschaftliche verlegerische Betreuung durch Erwin Stein, den Schüler und langjährigen Vertrauten Arnold Schönbergs und seines Wiener Kreises.
Zahlreiche Verpflichtungen als Dirigent des English Chamber Orchestra und als Klavierpartner von Peter Pears, dem russischen Cellisten Mstislaw Rostropowitsch u. a.
Anhaltende Erfolge als Komponist bühnenwirksamer, repertoirefähiger Opern: z. B. »Peter Grimes« (1944/45), »The Rape of Lucretia« (»Der Raub der Lukrezia«, 1946), »Albert Herring« (1947), »Billy Budd« (1951), »Gloriana« (1952/53), »The Turn of the Screw« (»Die sündigen Engel«, 1954), »A Midsummer Night's Dream« (»Ein Sommernachtstraum«, 1960) oder »Death in Venice« (»Tod in Venedig«, 1973). Ferner zeichnete Britten verantwortlich für Neufassungen von John Gays »Beggar's Opera« (1948) und Henry Purcells Opern »Dido and Aeneas« (1951) und »The Fairy Queen« (1970).

Werke für und mit Orchester: *Sinfonietta* für Kammerorchester op. 1 (1932); *Simple Symphony* für Streichorchester op. 4 (1934); *Variations on a Theme by Frank Bridge* für Streichorchester op. 10 (1937); *Klavierkonzert D-Dur* op. 13 (1938, 1945); *Violinkonzert d-Moll* op. 15 (1939, 1950); *Les Illuminations* nach Gedichten von A. Rimbaud für hohe Singstimme und Streichorchester op. 18 (1939); *Sinfonia da Requiem* für Orchester op. 20 (1940); *Serenade* für Tenor, Horn und Streichorchester op. 31 (1943); *Vier Seebilder* und *Passacaglia* aus *Peter Grimes* für Orchester op. 33a/33b (1944/45); *The Young Person's Guide to the Orchestra*, Variationen und Fuge über ein Thema von H. Purcell für Orchester op. 34 (1945); *Spring Symphony* (»Frühlingssinfonie«) für 3 Soli, Chöre und Orchester op. 44 (1949); *Nocturne* für Tenor, 7 Soloinstrumente und Streichorchester op. 60 (1958); *War Requiem* (»Kriegs-Requiem«) für 3 Soli, gemischten Chor und Knabenchor, großes Orchester und Kammerorchester nach dem Requiem-Text und Gedichten von W. Owen op. 66 (1961); *Cantata misericordium* für Soli, Chor und kleines Orchester op. 69 (1963); *Children's Crusade* (»Kinderkreuzzug«) nach B. Brecht für 9 Soli, Kinderchor und Instrumente op. 82 (1969); *Suite über englische Volkslieder* für Orchester op. 90 (1974); *Phaedra*, dramatische Kantate für Mezzosopran und Orchester op. 93 (1975).

Unter dem Blickwinkel des kontinentalen Musikverständnisses dürfte Brittens ästhetische Position erheblich schwieriger

zu begreifen sein als aus der Sicht der angelsächsischen Musikwelt. Der erklärte Versuch des Komponisten, sich historische Stilmodelle bis zurück zu den frühbarocken Operndenkmälern Englands und Italiens verfügbar zu machen, wird auf dem europäischen Festland nicht selten als Mangel an individueller Gestaltungskraft oder als eine – vom breiten Publikum allerdings beifällig aufgenommene – Flucht vor den Problemen der zeitgenössischen Kunst gedeutet. Unbestritten ist jedoch, daß sich in Brittens Œuvre ein ausgeprägtes Gespür für leicht faßliche Melodieverläufe äußert. Die Grenzen Dur-Moll-tonaler Harmonik bleiben stets gewahrt, auch trägt eine wirkungssichere Schreibweise für alle möglichen vokalen und instrumentalen Besetzungen zur unbestreitbaren Beliebtheit Brittenscher Werke bei.
Der Sänger Peter Pears, Freund des Komponisten und einer der besten Kenner seines Werkes, verstand Brittens Komponieren ausschließlich im Zusammenhang eines breit angelegten historischen Lernprozesses:
»Britten hat nie den Anspruch erhoben, ein Neuerer zu sein; die Generation der Revolutionäre ging der seinen voran. Er erkannte früh, daß sich die akademische Überlieferung in seinem Lande auf stumpf gewordenen Dilettantismus und anmaßende Gelahrtheit gründete. Er begriff, daß der junge Komponist sich als Folge der Explosionen in der musikalischen Welt der ersten Jahrzehnte dieses Jahrhunderts seine eigene Tradition aufbauen müsse. In seinem Bemühen darum ist Britten an den reinsten Strom ›moderner‹ Musik gegangen: zu Monteverdi, Purcell, Bach, Haydn, Mozart, Schubert, Verdi und, unter den späteren, zu Mahler, Berg und Strawinsky. Von ihnen allen hat er viel gelernt auf seiner Suche nach den klassischen Tugenden beherrschter Leidenschaft und stilistischer Begrenzung [. . .]. Wenn Britten kein Neuerer ist, ein Erneuerer ist er ganz gewiß, und nachdem er als solcher sein Haus gereinigt hat, darf er sich mit Recht als Hausherr darin fühlen« (1953).

Serenade op. 31

Besetzung: Tenor, Horn und Streichorchester. – Entstanden 1943. UA: 1943 in London. – Aufführungsdauer: ca. 24 Minuten.

Für zwei befreundete Solisten, den Tenor Peter Pears und den Hornisten Dennis Brain, wurde dieser 6teilige Vokalzyklus mit obligater Hornpartie geschrieben – nach populär gewor-

denen, in englischen Anthologien häufig vertretenen Gedichten aus 5 Jahrhunderten. Sie spiegeln abendlich-nächtliche Naturempfindungen und die durch sie hervorgerufenen Reflexionen wider: Sonnenuntergang / Alter (1. *Pastorale*, nach R. B. Cotton), Schatten- / Echospiel (2. *Nocturne*, nach A. Tennyson), Blumenwelken / Tod (3. *Elegie*, nach W. Blake), Nacht / Jüngstes Gericht (4. *Grabgesang*, nach einem Anonymus des 15. Jh.), Dämmerung / Hymne an Diana (5. *Hymne*, nach Ben Jonson), und Schlummer / Erlösung (6. *Sonett*, nach J. Keats). Horn-Soli, beschränkt auf das Klangmaterial der natürlichen Obertonreihe, bilden den Rahmen der vokalen Teile (*Prolog*, auf dem Podium, *Epilog*, hinter dem Podium zu spielen).
Britten greift bei der kompositorischen Umsetzung der lyrischen Bilder auf sehr einfache, durch Tradition vertraute Darstellungsmittel zurück. Am sprechendsten ist dabei die Einbeziehung des solistischen Waldhorns als Symbol romantischer Naturverbundenheit. Den Streichern fällt meist die Aufgabe zu, einen flächigen, klanglich und thematisch zurückhaltenden Grund zu legen; eine Ausnahme bildet lediglich das Fugato in Satz 4 zur ostinat sich wiederholenden und dabei an Intensität gewinnenden Singstimme.

Vier Seebilder aus »Peter Grimes« op. 33a

Besetzung: mittelgroßes Orchester mit Harfe und Schlagzeug. – Entstanden 1944/45. UA der Oper: 1945 in London, Sadler's Wells Theatre. – Aufführungsdauer: ca. 15 Minuten.

Peter Grimes, seinerzeit in England als eines der großen nationalen Werke der Musikbühne seit Purcell gefeiert, ist dort sicherlich zu einem guten Teil deshalb so beliebt, weil eine eminent »englische« Handlung die Oper trägt: Alle Gestalten, der unglückliche Fischer Peter Grimes und die Bewohner einer kleinen Ortschaft an der Ostküste um 1830, sind in ihrem Charakter, ihrem Handeln und ihrem Schicksal unerbittlich geprägt vom Meer und seiner Unberechenbarkeit. Wie in Brennpunkten ist das Geschehen zusammengefaßt in den 6 orchestralen Vor- und Zwischenspielen, von denen Britten 4 für konzertante Aufführungen zusammengestellt hat.
1. *Dämmerung* (= Überleitung vom Vorspiel zum 1. Akt): 4maliger, farblich jeweils geringfügig variierter Gestaltungsansatz. Eine frei schwingende, von Vorschlagsimpulsen getragene Kantilene im hohen Register (1. und 2. Violinen, Flöte)

wird berührt von einer spielerisch auf- und absteigenden Terzenkaskade (Klavier, Harfe, Viola) und mündet ein in einen kurzen, ganz gedämpften und gedehnten Blechbläsersatz.
2. *Sonntagmorgen* (= Vorspiel zum 2. Akt). Dieser in Anlehnung an Modelle von Bizet, Debussy und Sibelius raffiniert instrumentierte Satz lebt – mit Ausnahme des kantilenenbetonten Mittelteils – von der Klangvorstellung eines Geläutes tiefer und hoher Glocken mit unterschiedlich langen Schwingungsdauern:

3. *Mondschein* (= Vorspiel zum 3. Akt). Rhythmisch und melodisch fast unbewegter, nur im Zentrum sich steigernder Klangfond, kontrastiert durch unregelmäßig pulsierende Akzentreihen, die von Flöte, Harfe und Xylophon gesetzt werden.
4. *Sturm* (= Zwischenspiel im 1. Akt). Wieder eine 3teilige Satzanlage, deren Außenabschnitte nach dem Vorbild berühmter Sturmmusiken der romantischen Opernliteratur, z. B. in Wagners *Fliegendem Holländer* und der *Walküre*, aus heftigen Impulsen rasch dahinjagende, oft bizarr konturierte Bewegungscharaktere entfalten.

The Young Person's Guide to the Orchestra Variationen und Fuge über ein Thema von Purcell op. 34

Besetzung: mittelgroßes Orchester mit Schlagzeug (3 Spieler) und Harfe. – Entstanden 1945/46. UA (konzertant): 1946 in Liverpool. – Aufführungsdauer: ca. 17 (mit Sprecher: 19) Minuten.

Der vielgespielte *Orchesterführer für junge Leute* entstand zunächst als musikalische Grundlage für den in deutscher Synchronisation auch bei uns bekanntgewordenen Unterrichtsfilm *Die Instrumente des Orchesters*. Doch erwies sich das Variationenwerk bald auch als brillantes, keineswegs trokken-lehrhaftes Kabinettstück für den Konzertsaal. (Wird es

hier ohne den von Eric Crozier verfaßten, vom Dirigenten oder einem Sprecher vorzutragenden Kommentar aufgeführt, so entfallen lediglich einige Anhangtakte.)
Der fast 20minütigen Präsentation der Orchesterinstrumente liegt ein einfacher, doch wirksamer Formplan zugrunde. Sechsmal wird das 8taktige, der Schauspielmusik zu *Abdelazer* entlehnte *Maestoso*-Thema des englischen Barockkomponisten Henry Purcell in wechselnden Formationen vorgestellt: Tutti, Holzbläser, Blechbläser, Streicher mit Harfe, Schlagzeug, wiederum Tutti. Die *13 Variationen* exponieren – in einer gegenüber der Partituranordnung etwas modifizierten Reihenfolge – alle zusammengehörigen Einzelinstrumente: 3 Flöten, 2 Oboen, 2 Klarinetten, 2 Fagotte; 1. und 2. Violinen, Bratschen, Celli, Kontrabässe; Harfe; 4 Hörner, 2 Trompeten, 3 Posaunen und Tuba; Schlagzeuggruppe. Dabei formt Britten die Variationsabschnitte zu teilweise recht gegensätzlichen Einzelcharakteren aus, z. B. Variation 4 als Marsch, Variation 5 als Polonaise, Variation 9 als Maestoso. In derselben Abfolge tritt das gesamte Instrumentarium auch in die lebhafte *Schlußfuge* ein, deren vielgliedrige Polyphonie aber bald von dem wiederkehrenden Purcell-Thema verdrängt wird.

War Requiem op. 66

Besetzung: Sopran-, Tenor- und Bariton-Solo, gemischter Chor, Knabenchor, großes Orchester (mit Klavier, Orgel, reich besetztem Schlagzeug) und Kammerorchester (12 Spieler). – Entstanden 1961. UA: 1962 anläßlich der Einweihung der nach Kriegszerstörung wiedererbauten Kathedrale in Coventry; deutsche EA: 1962 in Berlin. – Aufführungsdauer: ca. 85 Minuten.

Zwei Textebenen stehen einander in Brittens *Kriegs-Requiem* in kontrapunktischer Setzung gegenüber; ihnen sind gleich Polen zwei vokal-instrumentale Klangebenen zugeordnet: Die vollständige lateinische Liturgie der Totenmesse – mit den 6 großen Abschnitten 1. *Requiem*, 2. *Dies irae*, 3. *Offertorium*, 4. *Sanctus*, 5. *Agnus Dei*, 6. *Libera me* – wird wechselweise von Solo-Sopran und dem gemischten Chor unter Assistenz des großen Orchesters gesungen, ferner vom Knabenchor mit Orgelbegleitung. Als ausgedehnte Interpolationsteile erklingen, vorgetragen von den beiden solistischen Männerstimmen und sekundiert vom Kammerensemble, 9 die Sinnlosigkeit des Krieges anklagende Gedichte des 1918 erst 25jährig gefallenen englischen Lyrikers Wilfred Owen. Im Sinne barocker Tropierung verhalten sich beide Ausdrucksebenen zueinander wie Text und Kommentar, passives Ritual und subjektive Reflexion, wie distanzierte Vergangenheit und unmittelbare Gegenwart. Schon aus der Zweischichtigkeit der textlich-klanglichen Konzeption ergab sich die Möglichkeit, ja Notwendigkeit, von ausgeprägten Kontrastwirkungen in Form und Klangfarbe. Während z. B. die Chorpartien, die geschulte Laienchöre durchaus bewältigen können, ein relativ einfaches, stets tonal begründetes Satzbild aufweisen, sind die Ansprüche an die Solostimmen hinsichtlich Intonation und melodischer Flexibilität erheblich höher. Dementsprechend setzt das große Orchester kraftvolle Akzente und vermag großflächige Entwicklungen zu tragen, zumal im *Dies irae* oder im *Offertorium*, während das beweglichere Kammerorchester nicht selten solistische Aufgaben erfüllt und den expressiven Spannungsverläufen von Owens Antikriegslyrik zu kammermusikalischen Abtönungen verhilft, z. B. im *Sanctus*: »After the blast of lightning [. . .].« Erst im Schlußabschnitt des *Libera me* kommt es bei den Textstellen »In paradisum« / »let us sleep« erstmals zur symbolisch bedeutsamen Synchronisation beider Ausdrucksebenen.

Henri Dutilleux

* 22. Januar 1916 in Angers (Dép. Maine-et-Loire, Frankreich)

Traditionelle Studien am Pariser Conservatoire (1933–38), daneben anregende Kontakte zur Gruppe »Jeune France« (Jolivet, Messiaen, Baudrier, Daniel-Lesur) sowie zu Milhaud, Poulenc u. a. 1938 mit dem begehrten Rom-Preis ausgezeichnet. Während der Kriegsjahre Pianist, Chorleiter und Arrangeur. Heirat mit der Pianistin Geneviève Joy. 1944–63 in verantwortungsvollen Positionen beim französischen Rundfunk ORTF. 1961–70 Kompositionslehrer an der Pariser Ecole Normale.

Werke (Auswahl): *1. Sinfonie* für großes Orchester (1951); *Le Loup*, Ballett nach J. Anouilh und G. Neveux (1953); *2. Sinfonie »Le Double«* für großes Orchester und Kammerorchester (1957–1959); *Métaboles* für großes Orchester (1961–64); *Tout un monde lointain . . .*, Konzert für Violoncello und Orchester (1967–70);

Ainsi la nuit, Streichquartett (1974–76); *»Timbres, espace, mouvement« ou »La Nuit étoilée«* für Orchester (ohne Violinen und Violen, 1977/78); *L'Arbre des songes*, Konzert für Violine und Orchester (1983–85); *Mystère de l'instant* für 24 Streicher, Zymbal und Schlagzeug (1986–89); *Les Ombres du temps* für großes Orchester (1997).

Lebenslang verharrte Dutilleux auf der Position eines Außenseiters. Gruppenbildungen mißtraute er, der Avantgarde rechnete er sich zu keinem Zeitpunkt zu. Etliche seiner zentralen Arbeiten erlebten ihre Uraufführung in den USA; ans Pariser Conservatoire berief man ihn im Jahr 1970 lediglich für eine Gastprofessur. Andrerseits lernte man ihn im Konzertsaal mehr und mehr als Komponistenautorität von Rang und Originalität schätzen. Seine Partituren basieren auf einer reichen, von Zentraltönen ausgehenden und häufig modal gesteuerten Harmonik. In rhythmischer Hinsicht herrscht federnde Elastizität vor, wobei zuweilen mehrere Verläufe sich spannungsreich überlagern. Bei Strawinsky hat er so hellhörig gelernt wie bei André Jolivet oder Ravel und Roussel, ohne doch unter stilistische Bevormundung zu geraten. Messiaen, der um 8 Jahre ältere Weggefährte, bewunderte, daß Dutilleux, gleich Paul Dukas, zwar wenig, doch ausschließlich Hervorragendes geschaffen habe; daß es in seinem Œuvre Klassizismen gebe, doch daneben auch Progressiveres als bei ihm selbst (vgl. *Musique et Couleur*, 1986).

2. Sinfonie »Le Double«

Besetzung: »großes Orchester« in klassischer Besetzung (mit Harfe); davor, im Halbrund vor dem Dirigenten plaziert, »kleines Orchester« mit 12 Musikern (Oboe, Klarinette, Fagott, Trompete, Posaune, Cembalo, Celesta, Pauken, Streichquartett). – Entstanden 1957–59. UA: 1959 in Boston durch das Boston Symphony Orchestra, zu dessen 75jährigem Bestehen das Werk entstand (Dirigent: Charles Munch). – Aufführungsdauer: 28–30 Minuten.

1. *Animato, ma misterioso* – 2. *Andantino sostenuto* – 3. *Allegro fuocoso / Calmato.*

Keineswegs hatte der Komponist ein Concerto grosso im Sinn, bei dessen Ausführung eine Concertino-Gruppe sich mit Solo-Episoden vor dem Tutti hätte exponieren können. Vielmehr bot die graduelle Durchlässigkeit zwischen den beiden räumlich kaum getrennten Klangkörpern hohen Anreiz: »Bei diesen beiden Orchestern, die sich gegenseitig ihre Gedanken zu-

werfen, in Widerstreit geraten, sich vereinen oder sich düpieren, handelt es sich ja um zwei Erscheinungen einer einzigen Person. Und für mich ist dies ›le Double‹ (›der Doppelgänger‹)« (Dutilleux).
Entstanden ist so eine Partitur von außerordentlicher Leuchtkraft, federnder Eleganz und satztechnischer Vielgliedrigkeit. Die Technik thematischer Metamorphose, wie sie in den *Métaboles* gipfelt, findet sich durch alle 3 Sätze hindurch vorgeformt: Alle Gestalten sind miteinander verwandt und verändern sich fortwährend. So entsteht eine Sphäre von Vertrautheit, in der überraschend Neues sich als das Alte in neuer Verkleidung entpuppt. Zwar basiert das Werk auf der erprobten Satzfolge rasch – langsam – rasch. Doch mündet das furios begonnene Finale in einen beruhigten, sanft ausschwingenden Schlußteil, nachdem auch zuvor schon die Gleichzeitigkeit von tokkatenartigen raschen und gesanglichen langsamen Vorgängen erprobt worden war.

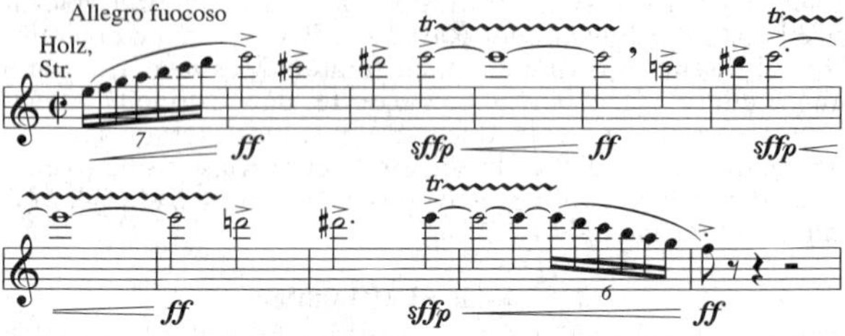

Métaboles

Besetzung: großes Orchester (mit Celesta, Harfe). – Entstanden 1961–1964. UA: 1965 in Cleveland durch das Cleveland Orchestra, zu dessen 40jährigem Bestehen das Werk entstand (Dirigent: George Szell, Widmungsträger der Partitur). – Aufführungsdauer: ca. 16 Minuten.

»Metabole ... Dieser Begriff aus der Rhetorik, angewendet auf musikalische Formen, verrät meine Absicht: Ich wollte einen oder mehrere Gedanken in *einer* Ordnung und unter *verschiedenen* Aspekten darstellen, bis hin zu einer schrittweise vollzogenen Veränderung ihres Wesens. Auf formaler Ebene sind diese Stücke ineinander verschachtelt und weisen folgende Struktur auf: In jedem der Sätze erfährt die Anfangsfigur – melodisch, rhythmisch oder harmonisch – eine Reihe

von Veränderungen. In einem gewissen Stadium der Entwicklung – gegen Ende jedes Satzes – ist die Umbildung dann derart stark ausgeprägt, daß sie eine *neue* Figur hervorbringt, und diese erscheint filigran im sinfonischen Gefüge. Diese Figur dient dann als Anstoß für den folgenden Satz und so fort bis zum letzten Satz, in dem das Eingangsmotiv des Werkes in der Coda in einer langen aufsteigenden Linie wieder erscheint.
Den verschiedenen Formen entspricht jeweils eine Instrumentengruppe für jeden Satz: Im *1. Satz* herrschen klangreich die Holzbläser vor, im *2. Satz* sind es die Streicher, mit zusätzlicher Aufteilung der Stimmen, im *3. Satz* die Blechbläser, im *4. Satz* werden fast ausschließlich Schlaginstrumente verwendet. Im *letzten Satz* schließlich vereinigen sich alle Gruppen.
Die Musik wird jedoch von keinem Programm bestimmt. Allenfalls können für die aneinandergereihten Sätze folgende Attribute benannt werden: 1. *Incantatoire* (›beschwörend‹), 2. *Linéaire* (›linienförmig‹), 3. *Obsessionel* (›mit Besessenheit‹), 4. *Torpide* (›erstarrt‹), 5. *Flamboyant* (›aufflammend‹) [. . .]« (Dutilleux).

Isang Yun

* 17. September 1917 in Tongyong (heute Chungmu, Südkorea)
† 3. November 1995 in Berlin

Seine Jugend verlebte Yun, der aus einer Gelehrten- und Schriftstellerfamilie stammt, während der japanischen Besatzungszeit. Ab 1939 Musikstudium (Violoncello, Komposition) in Osaka und Tokio. 1946–56 als Musiklehrer und Theoriedozent im nunmehr unabhängigen Korea tätig. Erste Erfolge und Kompositionspreise. 1956 Übersiedlung nach Europa: erneute Studienzeit in Paris (bei Tony Aubin) und 1958/59 in Berlin (bei Boris Blacher, Reinhard Schwarz-Schilling und Josef Rufer). Danach freischaffend tätig, seit 1964 in Berlin. 1967 zusammen mit anderen koreanischen Intellektuellen durch den Geheimdienst seines Landes zur Rückkehr nach Korea gezwungen; Verurteilung wegen (später als unhaltbar erwiesenen) Verdachts der Spionage für Nordkorea. 1969 Entlassung aus Krankheitsgründen. Yun war dann als Kompositionslehrer in Hannover (1969/70) und Berlin (1972–85) tätig.

Werke (Auswahl): *Sinfonische Szene* für Orchester (1960); *Bara*, Orchesterstück (1960); *Colloïdes sonores* für Streichorchester (1961); *Loyang* für Kammerensemble (1962); *Fluktuationen* für Orchester (1964); *Om mani padme hum*, Zyklus nach Reden Buddhas für Sopran, Bariton, Chor und Orchester (1964); *Träume*, 1. *Der Traum des Liu-Tung*, Oper nach einem altchinesischen Lehrstück (1965), 2. *Die Witwe des Schmetterlings*, Oper nach einer chinesischen Novelle (1967/68); *Réak* für großes Orchester (1966); *Ein Schmetterlingstraum* (Ma Chi-yüan) für gemischten Chor mit Schlagzeug (1968); *Geisterliebe*, Oper von H. Kunz (1969/70); *Namo* für 3 Soprane und Orchester (1971) bzw. Sopran und Orchester (1975); *Dimensionen* für großes Orchester (1971); *Sim Tjong* nach einer koreanischen Legende von H. Kunz (1971/72); *Konzertante Figuren* für kleines Orchester (1972); *Ouvertüre* für großes Orchester (1973); *Harmonia* für Blasinstrumente, Harfe (Klavier) und Schlagzeug (1974); *Konzert für Violoncello* und Orchester (1975/76); *Pièce concertante* für Kammerensemble (1976); *Konzert für Flöte* und kleines Orchester (1977); *Doppelkonzert für Oboe und Harfe* mit kleinem Orchester (1977); *Muak*, Tänzerische Fantasie für großes Orchester (1978); *Fanfare & Memorial* für Orchester (1979); *Exemplum in memoriam Kwengju* für Orchester (1981); *O Licht* ... (Gebet des Buddhismus / N. Sachs) für Chor, Solo-Violine und Schlagzeug (1981); *Konzert Nr. 1 für Violine* und Orchester (1981); *Konzert für Klarinette* und kleines Orchester (1981); *1. Sinfonie* (1983); *Festliches Präludium* für Violine und Orchester (1983/84); *2. Sinfonie* (1984); *3. Sinfonie* (1985); *4. Sinfonie »Im Dunkeln singen«* (1986); *Konzert Nr. 2 für Violine* und Orchester (1983–86); *5. Sinfonie* mit Bariton solo auf Gedichte von N. Sachs (1987); *Kammersinfonien Nr. 1* (1987), *Nr. 2 »Den Opfern der Freiheit«* (1989); *Konturen* für großes Orchester (1989); *Kammerkonzerte Nr. 1* und *Nr. 2* (1990); *Konzert für Oboe (Oboe d'amore)* und Orchester in 1 Satz (1990); *Konzert Nr. 3 für Violine* und kleines Orchester in 1 Satz (1992); *Silla*, Legende für Orchester (1992); *Engel in Flammen*, Memento mit Epilog für Orchester (1994).

Dank einer japanischen Übersetzung von Josef Rufers Lehrbuch *Die Komposition mit zwölf Tönen* hatte Yun schon in Korea erste Kenntnisse des kompositorischen Denkens der Wiener Schule gewonnen. Seine Studien in Paris und Berlin vertieften sie zur Vertrautheit mit dieser entscheidenden Entwicklungsphase der europäischen Musik. Daneben schien es Yun stets zu gelingen, typische Elemente der fernöstlichen Musiktradition in eine zugleich westlich geprägte, sehr persönliche Schreibweise bruchlos einzugliedern. Yuns Librettist, Harald Kunz, versicherte, asiatische Hörer fühlten sich durch die »europäischen«, von Anleihen an die Folklore freien Werke des Komponisten heimisch und verwandt angesprochen.

Über das Musikverständnis des chinesisch-koreanisch-japanischen Kulturkreises führte Yun aus: »Während in der europäischen Musik der Begriff der Form eine entscheidende Rolle spielt und erst eine ganze Gruppe von Tönen in horizontal melodischer oder vertikal harmonischer Ordnung aufeinander bezogen Bedeutung erlangt, steht in der jahrtausendealten Tradition der Musik Ostasiens der einzelne Ton, das Bau-Element, im Vordergrund. Wenn in der Musik Europas erst die Tonfolge Leben gewinnt, wobei der Einzelton relativ abstrakt sein kann, lebt bei uns schon der Ton für sich. Man kann unsere Töne mit Pinselstrichen vergleichen im Gegensatz zur Linie eines Zeichenstiftes. Vom Ansatz bis zum Verklingen ist jeder Ton Wandlungen unterworfen, er wird mit Verzierungen, Vorschlägen, Schwebungen, Glissandi und dynamischen Veränderungen ausgestattet, vor allem wird die natürliche Vibration jedes Tones bewußt als Gestaltungsmittel eingesetzt. Die Veränderungen eines Tones in der Tonhöhe werden weniger als melodiebildende Intervalle angesehen, sondern vielmehr in ihrer ornamentalen Funktion und als Teile des Ausdrucksregisters ein und desselben Tones begriffen.«

Réak

Besetzung: großes Orchester mit reichhaltigem Schlagwerk, u. a. 6 Peitschen, 3 Schlittenschellen und 2 thailändischen Buckelgongs. – Entstanden 1966. UA: Donaueschinger Musiktage 1966 (Dirigent: Ernest Bour). – Aufführungsdauer: ca. 13 Minuten.

Mit dem Wort *Réak* soll eine bestimmte Grundhaltung – »rituell«, »feierlich«, »festlich« – bezeichnet und zugleich auf die historische koreanische Hofmusik verwiesen werden, in deren Ausdrucksskala der *Réak*-Charakter offenbar eine feste, genau definierte Größe darstellte. Auch bediente sich der Komponist einer bestimmten Mundorgelart der Hofmusik als Vorbild, um dem historischen Klangtypus in den verschiedensten Farbmischungen und Artikulationsmustern näherzukommen oder ihn zu variieren.

Der westliche Hörer wird das Stück mehrmals aufnehmen

müssen, bis er – entsprechend den von Yun genannten Kriterien – das Fehlen einer dynamisch bewegten Melodik und der daraus sich ableitenden Satzarbeit kompensieren kann mit dem Erlebnis des ungewöhnlichen Reichtums an Farbwerten, der hier ausgebreitet ist. Minimale Ereignisse wie geringe Tonverlagerungen, knappe Akzente oder flüchtige Verzierungen treten oft erst nach langen, metrisch nicht mitvollziehbaren Haltetönen oder Tonbündeln ein, deren langes Hinauszögern wachsende Anspannung hervorruft. Bisweilen entfaltet der Komponist aus der Vervielfachung derartiger Elemente oszillierende, doch in sich statische Farbflächen, die nicht zur Weiterentwicklung drängen, sondern häufig unvermittelt abbrechen. Das Markieren von Anfang und Ende sowie bestimmter Einschnitte obliegt den explosiven Sforzati großer Trommeln und den zischenden Repetitionen sogenannter Mehrklangpeitschen.

Konzert Nr. 1 für Violine und Orchester

Entstanden 1981. UA der 3sätzigen Fassung: 1982 am Hessischen Rundfunk in Frankfurt a. M. (Solistin: Akiko Tatsumi, Dirigent: Zdeněk Mačal). – Aufführungsdauer: ca. 38 Minuten.

1. ohne Bezeichnung – 2. *Adagio* – 3. ohne Bezeichnung.

Im Umfeld der Uraufführung äußerte der Komponist folgende Gedanken im Gespräch mit Leo Karl Gerhartz:
»Der 1. Satz ist so etwas wie eine Exposition. Dort erklingen die verschiedenen Materiale der Komposition erstmals; ihr Sinn wird aber erst im 2. und im 3. Satz deutlicher. Der 1. Satz steckt technisch voller Brisanz und entwickelt auch eine Suggestivkraft, die es später – also im 2. und 3. Satz – nicht mehr gibt. Der 1. Satz spiegelt eine Entwicklung wider, die an seinem Ende abrupt abgebrochen wird. Der 2. Satz ist demgegenüber eine Klage, eine Elegie, die unsere düstere Zeit beschreibt, aber auch sehr persönliche Gefühle. Im Gegensatz zu diesem Klagegesang ist der 3. Satz nicht bloß resignierend, sondern auch so etwas wie eine Befreiung. Auch der Komponist selbst will wieder leben, will wieder etwas entdecken. Da gibt es Ansätze für einen vorsichtigen Optimismus [...].
Es war jedenfalls nicht meine Absicht, in und mit diesem Stück eine Vermittlerrolle zu spielen zwischen Ost und West. Dieses Stück, das bin ich, ich mit all dem, was ich mit meiner Musik in der Musik verkörpere. Dieses Stück, das ist meine Wahrheit. Ich bin so, lebe zwischen Ost und West, bin ein

Asiat und atme im Westen. Wenn ich komponiere, vergesse ich über meinen Stilelementen völlig, ob das nun asiatisch ist oder europäisch. Ich weiß nicht, was da echt ist oder unecht, um welche Echtheiten oder Unechtheiten es überhaupt gehen könnte. Ich komponiere, wie ich mich fühle in meiner individuellen Situation. Wir leben in unserer Welt, in unserer Zeit, wir alle« (Hanns-Werner Heister / Walter-Wolfgang Sparrer: *Der Komponist Isang Yun*, 1987).

Gottfried von Einem

* 24. Januar 1918 in Bern
† 12. Juli 1996 in Oberdürnbach (Niederösterreich)

Sohn eines österreichischen Militärattachés. Schulzeit in Schleswig-Holstein (Plön, Ratzeburg). Ab 1938 als Korrepetitor an der von Heinz Tietjen geleiteten Berliner Staatsoper tätig. 1941–43 Kompositionsstudien bei Boris Blacher, der ihm später bei der Abfassung etlicher Opernlibretti behilflich war. 1944/45 von der Dresdner Staatsoper beauftragt, »Dantons Tod« zu komponieren. Seit Kriegsende dauernder Wohnsitz in Österreich, regelmäßige Arbeitsaufenthalte in Zürich. 1945 ergänzende Kontrapunktstudien bei Johann Nepomuk David. Ab 1946 beratende und leitende Funktionen in der Wiener Konzerthausgesellschaft, bei den Salzburger Festspielen und bei den Wiener Festwochen. 1963–72 Lehrtätigkeit an der Wiener Musikakademie.

Boris Blacher, sein um 15 Jahre älterer Lehrer und Freund, hat bezeugt, daß von Einem schon zu Anfang seines Kompositionsstudiums alle Merkmale eines abgerundeten Personalstils besessen habe. Seinen Standort bezog der Komponist früh außerhalb der herrschenden Strömungen neuer Musik im Rahmen einer offen eingestandenen Tonalität und einer ohne alle Ironie begriffenen Klassizität. Großes Geschick im Entwerfen wirkungsvoller dramatischer Abläufe war eine wesentliche Voraussetzung für seinen größten Wurf, die Büchner-Oper *Dantons Tod* (1944–46), die ihre resonanzreiche Uraufführung bei den Salzburger Festspielen 1947 erlebte. Weitere Opern von Einems: *Der Prozeß* (Kafka, 1950–52); *Der Zerris-*

sene (Nestroy, 1961–64); *Der Besuch der alten Dame* (Dürrenmatt, 1968/69); *Kabale und Liebe* (Schiller, 1974/75); *Jesu Hochzeit* (Lotte Ingrisch, 1978/79).

Werke (Auswahl): *Capriccio* für Orchester op. 2 (1942/43); *Concerto* für Orchester op. 4 (1943); *Orchestersuite* aus *Dantons Tod* op. 6a (1949); *Orchestermusik* op. 9 (1948); *Serenade* für doppeltes Streichorchester op. 10 (1949); *Meditationen*, 2 Sätze für Orchester op. 18 (1954); *(1.) Konzert für Klavier* und Orchester op. 20 (1955); *Wandlungen* für Orchester op. 21 = Introduktion der Kollektivkomposition *Divertimento für Mozart* (1956); *Sinfonische Szenen* für Orchester op. 22 (1956); *Ballade* für Orchester op. 23 (1957); *Das Stundenlied* (B. Brecht) für gemischten Chor und Orchester op. 26 (1958); *Tanz-Rondo* für Orchester op. 27 (1959); *Philadelphia Symphony* für Orchester op. 28 (1960/61); *Nachtstück* für Orchester op. 29 (1960); *Von der Liebe*, Lyrische Phantasien für hohe Stimme und Orchester op. 30 (1961); *Konzert für Violine* und Orchester op. 33 (1967); *Hexameron* für Orchester op. 37 (1969); *Bruckner-Dialog* für Orchester op. 39 (1971); *Rosa mystica*, 8 Lieder für mittlere Stimme und Orchester auf Texte von H. C. Artmann op. 40 (1973); *An die Nachgeborenen* (B. Brecht, F. Hölderlin, Sophokles, Psalmen), Kantate für Mezzosopran, Bariton, Chor und Orchester op. 42 (1972/73); *Wiener Sinfonie* für Orchester op. 49 (1976); *Arietten* für Klavier und Orchester = *2. Klavierkonzert* op. 50 (1977); *Ludi Leopoldini*, Konzertante Abwandlungen eines Themas Kaiser Leopolds I. für Orchester op. 55 (1980); *Hunyady Lázsló*, 3 Gaben für Orchester op. 59 (1980/81); *Concerto Carintico* für 12 Streicher op. 86 (1989).

Bernd Alois Zimmermann

* 20. März 1918 in Bliesheim (= heute: Erftstadt) bei Köln
† 10. August 1970 in Großkönigsdorf (= heute: Pulheim) bei Köln

Geboren als Sohn eines Eisenbahnbeamten. Schulzeit am Studienkolleg der Salvatorianer in Steinfeld (Eifel) und – nach dessen Schließung durch die Nationalsozialisten – am Kölner »Gymnasium an der Apostelkirche«. Zimmermann begann 1937 ein Studium der Germanistik und Philosophie, wandte sich aber 1939 dem Schulmusik- und Kompositionsstudium zu (Universitäten Köln

und Bonn, Musikhochschulen Köln und Berlin), das durch den Militärdienst lange Unterbrechungen erfuhr und erst 1947 abgeschlossen werden konnte. Seine Lehrer waren u. a. Heinrich Lemacher und Philipp Jarnach; ergänzende kompositorische Kenntnisse und Anregungen vermittelten Wolfgang Fortner und René Leibowitz bei den Kranichsteiner (Darmstädter) Ferienkursen 1948–50.
Als freier Mitarbeiter des Westdeutschen Rundfunks Köln war Zimmermann hauptsächlich mit Hörspielmusik betraut (neben einigen Bühnenmusiken entstanden zahlreiche Hörspielmusiken und Arrangements). 1950–52 übernahm er die Position eines Theorielehrers und akademischen Musikdirektors an der Universität Köln. Erst 1957 erhielt er die Berufung zum Kompositionslehrer und Leiter eines Seminars für Hörspiel-, Film- und Bühnenmusik an der Kölner Musikhochschule. Zweimal, 1957 und 1963, war Zimmermann Stipendiat der Villa Massimo in Rom. Die wegen »Unaufführbarkeit« um 5 Jahre hinausgezögerte Uraufführung seiner Oper »Die Soldaten« bewirkte 1965 den entscheidenden Durchbruch für Zimmermann als Komponisten.
Zu einem Augenleiden kam 1969 der Ausbruch einer schweren Krankheit. Im darauffolgenden Jahr schied Zimmermann freiwillig aus dem Leben.

Werke: *Konzert* für Orchester (1946, Neufassung 1948); *Sinfonie in einem Satz* für großes Orchester (1947, 1953); *Konzert für Streichorchester* (1948, Bearbeitung des *Streichtrios*, 1943); *Lob der Torheit*, Burleske Kantate nach J. W. v. Goethe für 3 Soli, gemischten Chor und großes Orchester (1948); *Alagoana (Caprichos Brasileiros*), Ballettsuite (1940, 1950); *Konzert für Violine* und großes Orchester (1950); *Konzert für Oboe* und kleines Orchester (1952); *Canto di speranza*, Kantate für Violoncello und kleines Orchester (1952, 1957); *Kontraste*, Musik zu einem imaginären Ballett für Orchester (1953); *Nobody knows the trouble I see*, Konzert für C-Trompete und Orchester (1954); *Omnia tempus habent*, Solo-Kantate für Sopran und 17 Instrumente (1957); *Die Soldaten*, Oper nach dem gleichnamigen Schauspiel von J. M. R. Lenz (1958–60, 1963/64), daraus: *Vokal-Sinfonie* für 6 Soli und großes Orchester; *Dialoge*, Konzert für 2 Klaviere und großes Orchester (1960, 1965); *La Frescobalda, Cinque Capricci di Girolamo Frescobaldi* für Kammerensemble (1962); *Giostra Genovese*, Alte Tänze verschiedener Meister für kleines Orchester (1962); *Antiphonen* für Viola und kleines Orchester (1962); *Concerto pour violoncelle et orchestre en forme de pas de trois* (1965/66); *Musique pour les soupers du Roi Ubu*, Ballet noir en sept parties et une entrée (1966); *Photoptosis*, Prélude für großes Orchester (1968); *Requiem für einen jungen Dichter*, Lingual (1967–69); *Stille und*

Umkehr, Orchesterskizzen (1970); *Ich wandte mich und sah an alles Unrecht das geschah unter der Sonne*, Ekklesiastische Aktion für 2 Sprecher, Baß-Solo und Orchester (1970).

Wie Michel Butor in seinem Roman *La Modification* (1957) eine auf mehreren Ebenen vollzogene Annäherung an die von rätselhafter Zeitlosigkeit erfüllte »ewige« Stadt beschrieb, so sah auch Zimmermann im epochalen Gefüge römischer Geschichte und Gegenwart die genaue Entsprechung zu einer in seinem gesamten Œuvre präsenten Vorstellung: der kompositorisch darstellbaren, pluralistisch gefächerten Synchronie unterschiedlicher Zeitverläufe.
»Es ist kein Zufall, daß das ungeheuer vielschichtige Rom *die* Stadt ist, in der ich mich am wohlsten fühle, innerhalb von Zeugen der verschiedensten Zeitalter (siehe Pound ›alle Zeitalter sind gegenwärtig . . .‹), innerhalb der verschiedensten Stile, innerhalb der größten sozialen Gegensätze, an den Stätten von Heidentum und Christentum zugleich – aber immer mit der Möglichkeit, mich mitten aus dem heftigsten Gewühl all der oben beschriebenen Vergangenheiten, Gegenwarten und Zukünfte in die Abgeschlossenheit eines spartanisch eingerichteten Studios der ›Villa Massimo‹ zurückzuziehen, mit ihrem alten Park, den 500jährigen Zypressen darin und dem Brausen des Verkehrs um eine Insel der Ruhe. Dieses gleichzeitig drinnen und draußen sein gehört zu meiner Arbeit so legitim dazu, wie die ›mönchische Klause‹ und die vom Lärm erfüllte Piazza. (Vermutlich bin ich eine sehr rheinische Mischung von Mönch und Dionysos, auch wiederum kein Zufall, daß mich Köln so wider Willen festhält, immer wieder verwünscht – aber letzten Endes immer wieder gesucht)« (1967).
Fast alle Werke Zimmermanns, besonders aber die späteren Partituren seit der *Soldaten*-Oper, sind von jener Synchronie der Zeitverläufe nicht nur im übergeordneten formalen Entwurf, sondern bis in die Kleinstrukturierung hinein (Rhythmik, Metrik, Tempi, Instrumentation) auf sehr persönliche Weise geprägt. Im Finale der *Soldaten* wie auch in Teilen des *Requiems* nimmt der Wille zum Aufzeigen und Bewußtmachen von gewöhnlich nicht erkennbaren Zusammenhängen geradezu utopische Züge an: die Ausdrucksmedien Musik, Text, Szene, Film- und Lichtprojektion sollen zusammenwirken, um dem zentralen Anliegen Zimmermanns – dem Protest gegen jederzeit und überall ausgeübte Pressionen auf Individuen wie Kollektive – zu

möglichst eindringlicher Darstellung zu verhelfen. Die Einbeziehung von christlichen Motiven war für ihn keine sinnentleerte Pflichtübung, sondern geschah mit Engagement.
Über den pluralistischen Aspekt seines Komponierens schrieb Zimmermann ferner (1968): »Vergangenheit, Gegenwart und Zukunft sind, wie wir wissen, lediglich in ihrer Erscheinung als kosmische Zeit an den Vorgang der Sukzession gebunden. In unserer geistigen Wirklichkeit existiert diese Sukzession jedoch nicht, was eine realere Wirklichkeit besitzt als die uns wohlvertraute Uhr, die ja im Grunde nichts anderes anzeigt, als daß es keine Gegenwart im strengen Sinne gibt. Die Zeit biegt sich zu einer Kugelgestalt zusammen. Aus dieser Vorstellung von der Kugelgestalt der Zeit habe ich meine, von mir in Anlehnung an den philosophischen Terminus so genannte pluralistische Kompositionstechnik entwickelt, die der Vielschichtigkeit unserer musikalischen Wirklichkeit Rechnung trägt.«
Zimmermanns Musik kennt komplexe Satzschichtungen (z. B. in *Photoptosis*) ebenso wie kammermusikalische Transparenz (*Stille und Umkehr*), eruptive Ausbrüche (*Dialoge*) ebenso wie zarteste Lineaturen (*Solo-Sonaten*). Die Meisterschaft seines Parodierens zeigt sich im intellektuellen Spiel der ausschließlich aus Zitaten collagierten *Musique pour les soupers du Roi Ubu*. In vielen Werken äußert sich der Versuch, den Begriff des Konzertierens neu zu bestimmen im Sinne einer musikalischen Porträtierung von Individuen (*Canto di speranza*, *Nobody knows . . .*, *Concerto pour violoncelle*). Zweimal ist eine direkte Verbindungslinie vom Konzert zur choreographischen Darstellbarkeit ausdrücklich intendiert (*Présence*, *Concerto pour violoncelle*).

Canto di speranza
Kantate für Violoncello und kleines Orchester

Orchesterbesetzung: 11 Holzbläser, 3 Blechbläser, 4 Schlagzeuger, Harfe, Klavier/Celesta und tiefe Streicher (9 Bratschen, 6 Violoncelli, 4 Kontrabässe). – Entstanden 1952, 1957. UA der 1. Fassung (*Konzert für Violoncello und kleines Orchester in 1 Satz*): 1953 am Westdeutschen Rundfunk Köln; UA der endgültigen Fassung: 1958 am Südwestfunk Baden-Baden (Solist: Siegfried Palm, Dirigent: Ernest Bour). – Aufführungsdauer: ca. 20 Minuten.

Wie läßt sich ein solistisches Konzertieren mit den Prinzipien seriellen Komponierens vereinbaren, wie die Bevorzugung eines Einzelinstruments begründen angesichts der Forderung, alle kompositorischen Elemente seien gleichwertig und frei austauschbar? *Canto di speranza* (»Gesang der Hoffnung«) stellt eine sehr persönliche, Klang gewordene Beantwortung dieser Fragen dar. Zimmermann glaubte zu bemerken, daß die Singstimme von der Antinomie solistisch-seriell ausgenommen sei. Nun aber »erschien mir das Cello [. . .] als das Instrument, das der ›vox humana‹ am nächsten kommt, also am ehesten geeignet ist, zu singen. Damit ergab sich eine neue Konzeption von Kantilene, ein neuer Begriff von Instrumentalkantate.« Über die daraus resultierenden spieltechnischen Anforderungen urteilt der erste Interpret, Siegfried Palm: »[. . .] bei Zimmermann handelte es sich um ungewöhnliche, bisher nicht verwandte Möglichkeiten, z. B. was das Spielen kantabler Linien in großer Höhe anging. Das hatte es bis dahin wirklich noch nicht gegeben!«

Formale Geschlossenheit schafft ein dem Orchester vorbehaltener Kernabschnitt im Zentrum des 1sätzigen Werkes, um den sich die übrigen Abschnitte in symmetrischer Korrespondenz scharen. Diese »geschlossenen« Teile erfahren eine Auflockerung durch vorwiegend solistische, kadenzartige Einschübe.
Der Komponist hat begründet, weshalb er seine Partitur einen »Gesang der Hoffnung« nannte: »Das Stück ist eher ein Werk der Stille: es will nicht überreden, hinreißen, sondern behutsam die kleine Flamme der Hoffnung nähren, die einzig Licht zu spenden vermag dem, der sich ihr anvertraut.«

Dialoge. Konzert für 2 Klaviere und großes Orchester Hommage à Claude Debussy

Besetzung: sehr großes Orchester. – Entstanden 1960 bzw. 1965. UA der 1. Fassung: 1960 in der Konzertreihe »Musik der Zeit« des Westdeutschen Rundfunks Köln; UA der revidierten Fassung: 1968 durch den Süddeutschen Rundfunk in Mannheim (Solisten: Alfons und Aloys Kontarsky). – Aufführungsdauer: ca. 17 Minuten.

1960, nach Abschluß der Oper *Die Soldaten*, sollten 5 Jahre bis zu ihrer denkwürdigen Kölner Uraufführung vergehen. Doch vermochte sich Zimmermann von der *Soldaten*-Musik kompositorisch noch nicht zu lösen. Unter Verwendung ihrer Zwischenspiele konzipierte er für das Klavier-Duo Alfons und Aloys Kontarsky die *Dialoge* mit großem Orchester, wenig später auch eine Version für 2 Klaviere allein unter dem Titel *Monologe* (1960, 1964; UA 1965 in der Konzertreihe »Musik der Zeit« des Westdeutschen Rundfunks Köln).
Nicht im Sinne traditionellen Solo-Tutti-Konzertierens will der Komponist die Begriffe »Dialog« und »Konzert« verstanden wissen. Vielmehr greift das Dialogisieren der Solisten auch auf das Orchester über, dessen ungewöhnliche Sitzordnung auf möglichst geräumigen Podien ein Nebeneinanderspiel völlig ungleichartiger Instrumente in Idealabständen von 3 Metern vorsieht. Wieder äußert sich in diesem 7teiligen Werk der dramatische Gestus großer »Materialentfaltung«, ein Grundzug der überbordenden Klangphantasie Zimmermanns. Wieder finden sich Partien, in denen Zitate aus Bachs Choralvorspiel *Wachet auf* neben solchen aus Messiaens *Alléluias sereins* (aus dem Orgelwerk *L'Ascension*), Takte aus Beethovens *Hammerklaviersonate* neben Debussys *Feux d'artifice* (dem Schlußstück der *Préludes*) usw. zu stehen kommen. Zimmermanns pluralistische Kompositionsart strebt eine Einheit der Zeit an: Vergangenheit, Gegenwart und Zukunft stellen sich ihm als Einzelaspekte desselben Kontinuums dar und sollen dem Hörer kompositorisch gleichermaßen vergegenwärtigt werden. Dies glaubt der Komponist u. a. durch eine strukturelle Amalgamierung von Zitaten stilistisch weit auseinanderliegender Epochen wirkungsvoll dokumentieren zu können. Er entwirft einen »pluralistischen Klang«, der als »ein weitverzweigtes Gebilde von musikalischen Zeit- und Erlebnisschichten [. . .] der spontanen, ja traumhaften Assoziation vergangener und gegenwärtiger Epochen der Musikgeschichte, die uns täglich umgeben, unterworfen ist« (Zimmermann).

Photoptosis. Prélude

Besetzung: sehr großes Orchester (viele Bläser mit alternierenden Instrumenten wie Oboe d'amore, Bassetthörner, Wagnertuba, Baßtrompete und Kontrabaßposaune). – Entstanden 1968. UA: 1969 in Gelsenkirchen (Leitung: Ljubomir Romansky). – Aufführungsdauer: ca. 13 Minuten.

Nicht selten haben Komponisten versucht, Helligkeitsgrade auf dem Wege synästhetischer Empfindungen musikalisch zu formen. Zimmermanns Orchesterstudie *Photoptosis* (»Lichteinfall«) wurde von einem künstlerischen Objekt angeregt, bei dessen Gestaltung die optimalen Lichtverhältnisse des künftigen Standorts bestimmend waren. Gemeint sind Yves Kleins monochrome Schwammreliefs im Foyer des Gelsenkirchener »Musiktheaters im Revier«, dem Ort der Uraufführung.
Die 1sätzige Partitur weist eine deutliche Dreiteilung auf. *Teil 1* erscheint zunächst grundiert von Streicherklangflächen, die in periodischen Abständen von vibrierenden vierteltönigen Figurenscharen überflutet werden. Das Figurenwerk konsolidiert sich crescendierend zu massiven Klangblöcken, die wiederum von einem durchdringenden Halteton (d′) von betäubender Länge und Intensität durchbohrt werden. *Teil 2* ist von Zitatstrukturen bestimmt. Beethoven (*9. Sinfonie*) und Skrjabin (*Le Poème de l'extase*), Bachsches »religioso« (*1. Brandenburgisches Konzert*) und Tschaikowskijs Celesta-Zauber (*Nußknacker-Ballett*) verbinden sich in pluralistischer Synopsis mit Partien aus Wagners *Parsifal*-Vorspiel. *Teil 3* besteht aus einem einzigen riesenhaften Crescendo, das sich in pausenloser Ondulation über nicht weniger als 224 ¼-Takte hinweg zu exzessiver Klangentfaltung steigert (»con tutta la forza«).

Requiem für einen jungen Dichter
Lingual nach Worten verschiedener Dichter, Berichten und Reportagen

Besetzung: 2 Sprecher, Sopran- und Bariton-Solo, 3 Chöre, sehr großes Orchester, Jazzcombo, Orgel und elektronische Klänge. – Entstanden 1967–69. UA: 1969 in der Konzertreihe »Musik der Zeit« des Westdeutschen Rundfunks Köln in Düsseldorf (Dirigent: Michael Gielen). – Aufführungsdauer: ca. 65 Minuten.

Unmißverständlich die Eröffnungsgeste: Dunkle, schwere Klänge (Gong, Klavier) wandern vom Podium her über eine Kette von Lautsprechern rings um den Saal, um auf dem Podium von den Kontrabässen wieder aufgefangen und weitergeleitet zu werden. Solchermaßen akustisch umzingelt, sieht sich das Publikum der »lingualen« Botschaft unentrinnbar ausgesetzt. Unleugbar ist der Bekenntnischarakter des Werks, das getragen wird von einer musikalisch-emotionalen Überzeugungskraft, wie sie nur je ein schöpferisches Kalkül im Dienste existentieller Aussage zu vermitteln fähig ist. Den Zu-

hörern der wenigen (da ungeheuer aufwendigen) Aufführungen teilt sich der Alpdruck unerbittlicher Ausweglosigkeit, der protestierende Aufschrei der vielfältig aufeinander bezogenen Texte uneingeschränkt mit.
Bei der Titelgebung hat der Komponist, wie er schrieb, »nicht an einen bestimmten jungen Dichter gedacht (obwohl drei Dichter, nämlich Majakowskij, Jessenin und Bayer, in diesem Werk besonders hervortreten), sondern gewissermaßen an den jungen Dichter schlechthin, wie wir ihn uns für den Zeitraum der vergangenen fünfzig Jahre vorstellen können, in seinen vielfältigen Beziehungen zu dem, was seine geistige, kulturelle, geschichtliche und sprachliche Situation bestimmt – und damit die unsrige, die europäische von 1920–1970 meint«.
Zimmermann gliedert sein Werk in 4 Teile: *Prolog, Requiem I, Requiem II, Dona nobis pacem*. Seine Technik, Zitate als Repräsentanten unterschiedlicher Zeit- und Ausdrucksebenen zu einem »pluralistischen Klangbild« zu verbinden, nimmt in dieser Partitur utopische Züge an. Texte der genannten drei Autoren stehen neben dem liturgischen Wortlaut des Requiems, Gedanken von Augustin, Papst Johannes XXIII., von Joyce, Pound, Camus, Jahnn, Weöres, Schwitters und Wittgenstein wechseln mit Bruchstücken aus Reden von Goebbels, Dubček und Mao Tse-tung. 8 Sprachen bevölkern dieses »Lingual«, in welchem Elemente des Oratoriums, des Theaters, des Hörspiels und der Reportage gleichermaßen ineinanderspielen.

Stille und Umkehr. Orchesterskizzen

Besetzung: mittleres Orchester (4faches Holz, Blech, solistische Streicher, dazu u. a. Akkordeon und Singende Säge). – Entstanden 1970. UA: 1971 in Nürnberg (Leitung: Hans Gierster). – Aufführungsdauer: ca. 10 Minuten.

War schon in *Photoptosis* gegen Ende von Teil 1 der Ton d′ vom grellen Streicher-Tutti in maximaler Lautstärke über 96 Takte hinweg gehalten worden, so bleibt derselbe Ton in *Stille und Umkehr*, einem Auftragswerk für die Nürnberger Dürer-Feier zum 500. Geburtstag des Malers, gar vom ersten bis zum letzten Takt präsent. Doch ist die schmerzhafte Grellheit nun äußerster dynamischer Verhaltenheit gewichen, einem klanglichen Stadium in der Nähe des Verstummens. Nahezu ausdruckslos, nur von minimalen Zäsuren unterbrochen, unterliegt der Ton einer Umfärbung durch eine Reihe klanglich homogener Instrumente (Klarinette, Englischhorn, Altsaxophon, Violine, Bratsche, Akkordeon, Singende Säge). Das übrige Geschehen beschränkt sich auf wenige Bläserfiguren, einige isolierte Streicherakkorde, gelegentliches Mitklingen der Oktaven und den verwischten Blues-Rhythmus der kleinen Trommel. Ein »morendo« führt die unwiderrufliche Stille herbei.

Leonard Bernstein

* 25. August 1918 in Lawrence (Massachusetts, USA)
† 14. Oktober 1990 in New York

Abstammung von ukrainischen Vorfahren. Brillante Studien in Komposition (bei Walter Piston), Dirigieren (bei Fritz Reiner) und Klavier an der Harvard University und am Curtis Institute. Steile Karriere als Dirigent: 1942 Assistent von Sergej Kussewitzky, dann Chefdirigent des New York City Symphony Orchestra (1945–48) und der New Yorker Philharmoniker (1958–69). Als Gastdirigent, Buchautor und TV-Musikvermittler (»Konzert für junge Leute«, »Freude an der Musik« usw.) von weltweiter Wirkung. Seine Aufführungen Mahlerscher Sinfonien leiteten seit den 50er Jahren eine neue Phase der Mahler-Rezeption ein.

Bernsteins phänomenale Vielseitigkeit ließ ihn als Komponisten die Sphären E und U mühelos verschmelzen. Er bediente sich des Jazz (*Prelude, Fugue and Riffs*) ebenso wie des Broadway-Stils (*West Side Story*, New York 1957), der Anklänge an den jüdischen Synagogengesang ebenso wie der Anspielungen auf Werke von Copland oder Strawinsky. Polyglott wußte er in verschiedenen musikalischen Sprachen und Dialekten zu sprechen und jeweils ihr Wesen zu erfassen. Daher wäre es ungerecht, ihn virtuoser Oberflächlichkeit zu zeihen. Seine Sinfonien verstehen sich als Zeugnisse bekennenden Judentums, seine Bühnenwerke als geschicktes Anprangern gesellschaftlicher Mißstände (z. B. berührt das Erfolgsmusical *West Side Story* die brennenden Probleme großstädtischer Jugendbanden).

Werke: *Sinfonie Nr. 1 »Jeremiah«* (1942); *Sinfonie Nr. 2 »The Age of Anxiety«* für Klavier und Orchester (1947–49, rev. 1965); *Prelude, Fugue and Riffs* für Solo-Klarinette und Jazz-Ensemble (1949); *Serenade* für Solo-Violine, Harfe, Schlagzeug und Streicher (nach Platons *Gastmahl*, 1954); *Sinfonie Nr. 3 »Kaddish«* für Sopran, Sprecher, Chöre und Orchester (1963); *Chichester Psalms* für Knabenstimme, Chor und Orchester (1965); *Messe*, Bühnenstück für Sänger, Schauspieler und Tänzer (1971); *Songfest*, Zyklus amerikanischer Gedichte für 5 Soli und Orchester (1977); *Divertimento* für Orchester (1980).

Roman Haubenstock-Ramati

* 27. Februar 1919 in Krakau
† 3. März 1994 in Wien

Studierte 1937–40 Musikwissenschaft in Krakau und Lemberg, Komposition bei Artur Malawski und dem Schönberg-Schüler Józef Koffler. 1947–50 Leiter der Musikabteilung von Radio Krakau, 1950 Übersiedlung nach Israel. In Tel Aviv Direktor der Staatlichen Musikbibliothek, wenig später auch Kompositionslehrer der Musikakademie. 1957 Rückkehr nach Europa; Arbeit im Pariser »Studio de Musique concrète«, dann während einiger Jahre Lektor für Neue Musik bei der Universal Edition Wien. 1973–85 war Haubenstock-Ramati Kompositionslehrer an der Wiener Hochschule für Musik und darstellende Kunst.

Die Erfahrung Schönbergscher und Webernscher Musik war für den jungen Komponisten zunächst bestimmend. Seit Ende der 50er Jahre kreist sein Denken vorzugsweise um die Problematik variabler Formverläufe bzw. mobiler Spielprozesse und die daraus resultierenden, nicht selten »graphisch« gehaltenen Notationstechniken. Dabei gelangt Haubenstock-Ramati zu kompositorischen Lösungen, die den Wechsel von genau fixierten Abschnitten und Spieleraktionen vorsehen, bei denen die Ausführenden einen gewissen Entscheidungsspielraum haben. Neuartige Konzepte weisen die Bühnenwerke auf: Neben der mobil angeordneten Nummernoper (*Amerika*) steht die »dynamisch-geschlossene« Antioper (*Comédie*) oder die literarisch-szenische Collage (*Divertimento*).

Werke (Auswahl): *Blessings* für Singstimme und 9 Spieler (1952), Neufassung *Bénédictions/Blessings* (1978); *Recitativo ed Aria für Cembalo* und Orchester (1954), Neufassung als *Concerto für Cembalo* und Orchester (1978); *Papageno's Pocketsize Concerto* für Glockenspiel und kleines Orchester = 6. Satz der Kollektivkomposition *Divertimento für Mozart* (1955); *Les Symphonies de timbres* für Orchester (1957); *Chants et prismes* für Orchester (1957); *Séquences* für Violine und Orchester in 4 Gruppen (1958); *»Ständchen« sur le nom de Heinrich Strobel* für kleines Orchester (1958); *Petite musique de nuit*, Mobile für kleines Orchester (1958); *Credentials, or Think, Think Lucky* (S. Beckett) für Stimme und 8 Spieler (1960); *Amerika*, Oper in 2 Teilen nach dem Roman von F. Kafka (1962–64), daraus: *Vermutungen über ein dunkles Haus (Vermutungen, Für ›K‹, Die Ausweisung)* für 3 Orchester (2 davon auf Tonband, 1962/63); *Psalm* für Orchester (1967); *Comédie* (S. Beckett), Bühnenstück für 3 Personen und 3 Schlagzeuger (1967); *Tableaux I–III* für Orchester (1967–71); *Divertimento*, Textcollage nach diversen Autoren für Schauspieler, Tänzer und/oder Mimen und 2 Schlagzeuger (1968). *Sinfonie ›K‹* für großes Orchester (1969); *Multiples I–VII* für 2–7 Spieler (1969–71); *Musik* für 12 Instrumente (1973); *Concerto per archi* (1975); *Nocturnes I–III* für Orchester (1981–85); *Imaginaire* für Orchester (1986/87); *Beaubourg Musique* für Orchester (1988); *Invocations* für Kammerorchester (1990).

Bruno Maderna

* 21. April 1920 in Venedig
† 13. November 1973 in Darmstadt

Musikstudium (Klavier, Violine, Dirigieren, Komposition) bis 1941 an der Accademia di S. Cecilia in Rom. Danach entscheidende Weiterbildung in Venedig durch Gian Francesco Malipiero (Komposition) und Hermann Scherchen (Dirigieren, Analyse). Aufnahme enger Kontakte zu Luigi Nono, der ein Privatstudium bei ihm absolvierte. 1950–54 Lehrtätigkeit am Conservatorio B. Marcello in Venedig. Seit Mitte der 50er Jahre zusammen mit Luciano Berio Durchführung elektronischer Projekte im Mailänder »Studio di Fonologia« des italienischen Rundfunks RAI. Seit 1955 auch regelmäßige Mitarbeit bei den Darmstädter Ferienkursen, die 1961 zur Gründung des von Maderna geleiteten und bis 1967 bestehenden »Internationalen Kammerensembles« führte. Vom ständigen Wohnsitz Darmstadt aus weitverzweigte Dirigiertätigkeit; Einsatz für zahlreiche zeitgenössische Stücke, jedoch nicht weniger für selten gespielte Werke des älteren Repertoires. Edition und Bearbeitung älterer Musik (Gabrieli, Monteverdi, Viadana, Vivaldi u. a.). Seit 1967 Lehrtätigkeit am Rotterdamer Konservatorium. 1972 Ernennung zum Chefdirigenten des RAI-Sinfonieorchesters.

Werke (Auswahl): *Serenata (I)* für 11 Instrumente (Fassungen 1946 und 1954); *Concerto* für 2 Klaviere und Instrumente (1948); *Studien zu Kafkas »Prozeß«* für Sprecher, Sopran und großes Orchester (1950); *Composizione I/II* für Orchester (1950/51); *Konzert für Flöte* und Orchester (1954); *Serenata II* für 13 Instrumente (1957); *Musica su due dimensioni* für Flöte, Schlagzeug und Tonband (1952; Fassung ohne Schlagzeug 1958); *Divertimento* für Orchester (zusammen mit L. Berio, 1959); *Konzert für Klavier* und Orchester (1959); *Dimensioni II*, Inventionen über eine Stimme (1960); *Serenata IV* für Instrumente und Tonbänder (1961); *Don Perlimplin*, Funkoper nach F. García Lorca (1961); *1. Konzert für Oboe* und Kammerorchester (1962); *Dimensioni III* für Orchester mit Flöten-Solo (1963); *Hyperion* (»Lirica in forma di spettacolo«), Oper von Maderna/Puecher/Helms nach Hölderlin (1. Fassung 1964; die einzelnen Teile des Werkes wurden unter den Titeln *Hyperion I–IV* für konzertante Zwecke zusammengestellt); *Music of Gaity* nach Stücken aus dem *Fitzwilliam Virginal Book* für Oboe, Violine und Kammerorchester (1967); *2. Konzert für Oboe* und Orchester (1967); *Konzert für Violine* und Orchester (1969); *Quadrivium* für 4 Schlagzeuger und 4 Orchestergruppen (1969); *Grande Aulodia* für Flöte, Oboe und Orchester (1970); *Tempo libero I* (1971); *Juilliard Serenade* (= *Tempo libero II*) für Kammerorchester (1971); *Ausstrahlung* für Sopran, Flöte, Oboe und großes Orchester (1971); *Satyrikon*, Oper in 1 Akt nach Petronius für 7 Sänger und kleines Orchester (1971); *Venetian Journal* (nach Boswell) für Tenor, Instrumentalensemble und Tonband (1972); *Aura* für Orchester (1972); *Biogramma* für großes Orchester (1972); *Il Giardino religioso* für kleines Orchester (1972); *3. Konzert für Oboe* und Orchester (1973).

Während langer Jahre stand das kompositorische Œuvre Madernas ein wenig im Schatten seiner Aktivität als gesuchter Orchesterleiter. Nach anfänglicher Orientierung an Bartók und Strawinsky in der Nachkriegszeit waren Jahre der intensiven, oft experimentellen Auseinandersetzung mit seriellen Gestaltungsmöglichkeiten gefolgt. Besonders aber die etwa seit 1960 entstandenen Partituren zeigen, daß ihr Autor bei seiner zentralen Problemstellung, der Verbindung von improvisatorischen Partien mit auskomponierten, von offenen Formungsprozessen mit geschlossenen, zu sehr persönlichen Lösungen vorstieß. Die freundschaftliche Verbundenheit mit führenden Instrumentalsolisten (u. a. dem Flötisten Severino Gazzelloni und dem Oboisten Lothar Faber) fand in Madernas Werkkatalog sichtlich Ausdruck.

Aura

Besetzung: großes Orchester. – Entstanden 1972. UA: 1972 in Chicago (Chicago Symphony Orchestra [= Auftragswerk zum 80. Geburtstag des Orchesters], Dirigent: der Komponist). – Aufführungsdauer: ca. 15 Minuten.

Lag es nicht nahe, für den vorzüglichen amerikanischen Klangkörper eine Musik von außergewöhnlicher Leuchtkraft und Farbigkeit zu ersinnen? Gleich im ersten Gruppenabschnitt sind die 54 Streicher in kammermusikalischer Manier aufgefächert: Metrum und Takt treten zurück, gleißende Klangfülle voll innerer Bewegung breitet sich aus. Immer wieder wird die Abfolge der gegensätzlich geformten Abschnitte unterbrochen. Heftige Bläsereinwürfe markieren diese Zäsuren. Die Mitte des viertelstündigen Werkes jedoch ist gekennzeichnet vom rubatoreichen Monolog der Solo-Oboe. Könnte auf ihn – auch im Hinblick auf das nur wenig später entstandene *3. Oboenkonzert* – nicht die Anweisung aus Wagners *Parsifal* zutreffen: »[. . .] wie im Versuch, Sprache zu gewinnen«? *Aura* endet auf eindrückliche Weise: Ein ausgedehnter, dichter Tutti-Satz mündet im hohen Diskant in einen leisen Liegeklang der Streicher ein, aus dessen Umhüllung sich Hörner, Trompeten und Flöte nacheinander mit quasi-improvisatorischen Formulierungen lösen und ins Schweigen verabschieden.

Hans Ulrich Engelmann

* 8. September 1921 in Darmstadt

Zunächst Beschäftigung mit Architektur, dann 1946–52 Studium der Germanistik, Kunstgeschichte und Musikwissenschaft an der Universität Frankfurt a. M.; Promotion mit einer Arbeit über Bartóks »Mikrokosmos«. Gleichzeitig kompositorische Ausbildung bei Wolfgang Fortner in Heidelberg und wichtige Anregungen durch die Darmstädter Ferienkurse (Seminare bei René Leibowitz und Ernst Krenek). 1954–61 musikalischer Berater am Hessischen Landestheater Darmstadt unter der Intendanz von Gustav Rudolf Sellner. Längere Aufenthalte auf Island und in Rom (Stipendiat der Villa Massimo 1960 und 1967). Gehörte 1969–86 der Frankfurter Musikhochschule als Kompositionslehrer an. Zahlreiche Gastprofessuren und Kompositionskurse.

Zusammen mit Generationsgenossen wie Bernd Alois Zimmermann erlebte Engelmann nach Kriegsende in fast hektischer Überstürzung die Begegnung mit Strawinskys Ästhetik der klassizistischen Verfremdung, Hindemiths neugewonnener Tonalität und der perspektivischen Vielfalt Schönbergscher Dodekaphonie. Vor allem das Phänomen der zwölftönigen Chromatik, vermehrt um serielle Erfahrungen, diente ihm als Ausgangspunkt bei der Suche nach stilistischer Individualität. Engelmann besitzt eine starke Affinität zum Theater; auch im übrigen Œuvre wird sie als Vorliebe für dramatisch belebte Kontraste spürbar. Neuere Werke orientieren sich – parallel zur Pluralität der breit gestreuten musikalischen Mittel (u. a. Jazz) – an revueartig aufgelockerten Darbietungsformen.

Werke: *Sonate für Cello und Klavier* op. 2a, Konzert-Fassung mit Streichorchester op. 2b (1948); *Musik* für Streicher, Blechbläser und Schlagzeug op. 3 (1948, Ballett-Fassung: *Ballet coloré* op. 3b); *Allegro* für Orchester (1949), revidiert als *Impromptu* op. 4a (1954); *Leopoldskron*, Divertimento für Kammerorchester (1949); *Orchester-Fantasie* op. 6 (1951, 1963); *Elegia e Canto* (Shakespeare), Konzertarie für Sopran, Klavier und Streichorchester op. 9 (1952); *Komposition in 4 Teilen* für Kammerensemble mit Sopranstimme op. 11 (1953); *Partita* für 3 Trompeten, Streicher und Schlagzeug op. 12 (1953/54); *Die Mauer*, Dramatische Kantate für Soli, Chor und Orchester op. 13 (1954); *Atlantische Ballade* (eigener Text), Melodram für Alt, Bariton, Streichorchester und Schlagzeug op. 14b (1955); *Strukturen* für kleines Orchester op. 15 (»Den Taten der neuen Bildhauer«, 1954); *Magog*, Musikdrama op. 16a, daraus: *Fünf Orchesterstücke* op. 16b (1955/56); *Polifonica* für kleines Orchester op. 17 (1957); *Nocturnos* für Kammerorchester mit Sopran-Solo op. 18 (1958, Ballettfassung: *Noche de luna* op. 18b); *Incanto* (C. Bremer) für Sopran und Instrumente op. 19 (1959); *Ezra Pound Music* für Kammerorchester op. 21 (1959); *Verlorener Schatten* (nach A. v. Chamisso), Lyrische Oper in 2 Akten op. 22 (1960/61), daraus: *Shadows*, Szenen für Orchester op. 28 (1964); *Eidophonie* für gemischten Chor und Schlagzeug op. 25 (1962); *Timbres* für 8 Instrumentalisten und 2 Tonbänder op. 27 (1963); *Manifest vom Menschen*, Oratorium für 3 Soli, 3 Sprecher, Chor und Orchester (1966); *Capricciosi* für Orchester op. 31 (1967); *Sonate* für Jazz-Bigband op. 32 (1967, rev. 1995); *Sinfonies* (2. Sinfonie) für kleines Orchester op. 34 (1968); *Ophelia*, Musikszene op. 36 (1968); *Commedia humana*, Revue für Doppelchor, Cello mit Live-Elektronik und Tonband op. 42 (1972); *Missa popularis* für 4 Chorgruppen, Blechbläser und Schlaginstrumente op. 44 (1980); *Sinfonia da camera* für Kammerorchester op. 46 (1981); *Stele für Büchner*, Canto sinfonico für Alt, Bariton, Chor und Orchester op. 52 (1986/87); *Black Invocations* für Jazzsextett (1994); *per Luigi* für Kammerensemble (1996).

Jacques Wildberger

* 3. Januar 1922 in Basel

1940–44 musikalische Ausbildung am Basler Konservatorium. 1946–55 Korrepetitor am Basler Stadttheater. Privater Kompositionsunterricht bei Wladimir Vogel 1948–52. Lehrtätigkeit 1959–66 an der Badischen Hochschule für Musik in Karlsruhe, in den Jahren 1966–87 – unterbrochen durch einen 1jährigen Berlin-Aufenthalt – an der Musikakademie Basel.

Wildbergers Schreibweise wurzelt im dodekaphonen Denken der Wiener Schule; kritisch geprüfte Erfahrungen mit seriellen Verfahrensweisen, etwa im Sinne von Pierre Boulez, haben zu ihrer Bereicherung beigetragen. Er besteht auf einer klanglich phantasievollen wie handwerklich stimmigen Durchformung seiner Kompositionen nach Maßgabe eines frei gewählten, doch dann konsequent behandelten Ausgangsmaterials. Am Werkbegriff versucht der Komponist festzuhalten, seine Stücke aber gleichwohl – vorzugsweise im Zusammenhang mit zeitkritischen Texten und Textschichtungen – zu Trägern von bewußtseinserweiternden Aussagen und Gesten zu machen.

Werke: *Tre mutazioni* für Kammerorchester (1953); *Vom Kommen und Gehen des Menschen*, Kantate nach Texten von Primitiven für Sopran- und Bariton-Solo, gemischten Chor und Orchester (1954); *Liebestoto* (H. Arp) für Sopran und Orchester = 10. Satz der Kollektivkomposition *Divertimento für Mozart* (1956); *Ihr meint, das Leben sei kurz . . .*, Kantate nach japanischen Kurzgedichten für gemischten Chor und 10 Instrumente (1957); *Intensio – Centrum – Remissio* für Orchester (1958); *Zeitebenen* für 8 Spieler (1958); *Musik* für 22 Solo-Streicher (1960); *Epitaphe pour Evariste Galois*, Dokumentarische Handlung für Sopran, Bariton, mehrere Sprecher, Sprechchor, Tonband und Orchester (1961–63); *Oboenkonzert* (1963); *Mouvements pour orchestre* (1964); *In My End Is My Beginning* (T. S. Eliot), Kantate für Sopran, Tenor und Kammerorchester (1964); *La Notte* (Michelangelo, H. M. Enzensberger), Triptychon für Tonband, Alt und 5 Instrumentalisten (1967); *Contratempi* für 1 Solo-Flötisten und 4 Orchestergruppen (1969/70); *. . . die Stimme, die alte, schwächer werdende Stimme . . .* (F. Hölderlin, *Buch Hiob*, *Prediger*, P. Celan, A. Camus, S. Beckett, M. Heidegger), Triptychon für Solo-Sopran, Solo-Cello, großes Orchester und Tonband (1973–75); *Tod und Verklärung* (Novalis, Johannes von Tepl, H. Heine u. a.) für Bariton und Kammerorchester (1977); *An die Hoffnung* (F. Hölderlin, J. Becker, E. Fried u. a.) für Sopran-Solo, Sprecher und Orchester (1979); *Konzertante Szenen* für einen Saxophonisten und Orchester (1981); *Canto* für Orchester (1982); *»Du holde Kunst«* (P. Weiss, G. Eich, W. Benjamin, S. Mallarmé), Rappresentazione profana für Sprecher, Sopran und Orchester (1987/88); *». . . und füllet die Erde und machet sie euch untertan . . .«*, Biblische Historie nach *Genesis* 1, 28 für Orchester (1988/89); *Concerto per orchestra*, Dialoghi attraverso lo spazio (1991/92); *Kammerkonzert* (»Erkundungen im Sechsteltonbereich«) für Saiteninstrumente und Synthesizer (1995/96).

Kazimierz Serocki

* 3. März 1922 in Toruń (Thorn, Polen)
† 9. Januar 1981 in Warschau

Pianistische und kompositorische Ausbildung bis 1947 an den Konservatorien in Łódz und Warschau (bei Stanisław Szpinalski und Kazimierz Sikorski) und 1947/48 in Paris (bei Lazare Lévy und Nadia Boulanger). 1956 Mitbegründer des »Warschauer Herbstes«, des maßgeblichen Forums für Neue Musik.

»Die polnische Musik hat sich den Sinn für die Labilität des Augenblicks bewahren müssen. Eine ost-westliche Fluktuation, die linientreue Monstrositäten von der einen, Vexierbilder des Absurden von der anderen Seite ins Land bringt, hält diejenigen, die beides zugleich sehen, in Spannung und Bereitschaft. Man muß schon über einen Fundus an Metierkenntnis und Temperament verfügen, um sich dagegen mit so viel eigenwüchsiger Frische behaupten zu können wie Kazimierz Serocki. [. . .] Serocki war auch einer der ersten, die in Darmstadt neue Wege, neue Weisung suchten. Schnell entdeckte er in den postseriellen Freiheiten die ihm gemäße Art, mit Klang, Raum und Form umzugehen, sie spielerisch zu inszenieren und sich daraus farbkräftige Muster zurechtzulegen« (Ulrich Dibelius).

Werke (Auswahl): *1. Sinfonie* für großes Orchester (1952); *2. Sinfonie (»Sinfonie der Lieder«)* für Sopran, Bariton, Chor und Orchester (1953, 1959); *Posaunenkonzert* (1953); *Sinfonietta* für 2 Streichorchester (1956); *Herz der Nächte* (K. I. Gałczyński), Liederzyklus für Bariton und Klavier bzw. Orchester (1956); *Augen der Luft* (J. Przyboś), Liederzyklus für Sopran und Klavier bzw. Orchester (1957/58); *Musica concertante* für Instrumentalensemble (1958); *Episoden* für Streichorchester und 3 Schlagzeuggruppen (1959); *Segmenti* für 12 Blas-, 5 Saiteninstrumente und Schlagzeuggruppen (1960/61); *Sinfonische Fresken* für Orchester (1963/64); *Niobe* (K. I. Gałczyński), Musik für 2 Sprechstimmen, Chor und Orchester, Bild und Aktion ad lib. (1966); *Forte e piano*, Musik für 2 Klaviere und Orchester (1967); *Gleichnisse* (T. Różewicz), 4 Sätze für Sopran und Kammerorchester (1968/69); *Dramatic Story* für großes Orchester (1968/70); *Fantasia elegiaca* für Orgel und Orchester (1971/72); *Concerto alla cadenza* für Blockflöte und Orchester (1974); *Ad libitum*, 5 Orchesterstücke (1976/77); *Pianophonie* für Klavier, elektronische Klangumformung und Orchester (1976–78).

Iannis Xenakis

* 1. Mai 1922 in Brăila (Rumänien)

Sohn griechischer Eltern. 1933 Übersiedlung der Familie auf die griechische Insel Spetsai. Interesse für griechische und byzantinische, kirchlich gebundene und folkloristische Musik, Naturwissenschaften und Philosophie. 1940–47 Ingenieurstudium in Athen. Aktiv in der antinazistischen Widerstandsbewegung tätig; 1945 schwere Verwundung, Inhaftierung, Verurteilung. 1947 Niederlassung in Paris. Musikstudium bei Arthur Honegger, Darius Milhaud und – 1950–52 – bei Olivier Messiaen, dem Xenakis, neben Hermann Scherchen und Pierre Schaeffer, entscheidende Anregung und Förderung verdankt. 1947–59 als Assistent des Architekten Le Corbusier (1887–1965) tätig. Planung, Berechnung und Ausführung zahlreicher Bauprojekte im In- und Ausland, u. a. des Philips-Pavillons der »Expo 1958« in Brüssel. Seit 1960 größere Anerkennung nach langen Jahren mit geringer Publikumsresonanz. 1963/64 als Ford-Stipendiat in Berlin. Seit 1965 französische Staatsangehörigkeit. Gründer und Leiter einer interdisziplinär arbeitenden Gruppe für Mathematik und musikalische Automatisation (EMAMu) an der Pariser »Ecole Pratique des Hautes Etudes«, später an den Universitäten Paris I bzw. Paris VII. Dozent an der Bloomington University in Indiana, USA (1967–72). Ausgedehnte Vortragstätigkeit.

Werke (Auswahl): *Metastaseis* für 61 Instrumente (1953/54); *Pithoprakta* für 50 Instrumente (1955/56); *Achorripsis* für 21 Instrumente (1956/57); *Atrées* für 10 Instrumente (1958–62); *Analogiques A* und *B*, Musik für 9 Streicher und Tonband (1959); *Duell*, Spiel für 2 Dirigenten und 2 Orchester (1959); *Syrmos* für 18 Streicher (1959); *ST/48* für 48 Instrumente (1959–62); *Strategie*, Spiel für 2 Orchester (1959–62); *Polla ta dhina* für Kinderchor und kleines Orchester (1962); *Eonta* für Klavier und 5 Blechbläser (1963/1964); *Akrata* für 16 Blasinstrumente (1964/65); *Terretektorh* für 88 im Publikum verstreut plazierte Musiker (1965/66); *Oresteia*, Musik zur *Orestie* des Aischylos für gemischten Chor, Kinderchöre und Kammerorchester (1965/66); *Le Polytope de Montreal* für 4 separat aufgestellte Orchestergruppen (1967); *Nuits* für 12 Solostimmen (1966/67); *Nomos Gamma* für 98 im Publikum verstreut plazierte Musiker (1967/68); *Persephassa* für 6 rings um das Publikum herum aufgestellte Schlagzeuger (1969); *Synaphai*, Konnexe für 1 oder 2 Klaviere und Orchester (1969); *Aroura* für 12 Solostreicher (1971); *Persepolis*, optisch-elektroakustische Komposi-

tion (1971); *Antikhthon* für Orchester (1971); *Polytope de Cluny*, Licht- und Klangkomposition (1972); *Cendrées* für gemischten Chor und Orchester (1973); *Eridanos* für 8 Blechbläser und Streichorchester (1973); *Erikhthon* für Klavier und Orchester (1974); *Noomena* für Orchester (1974); *Empreintes* für großes Orchester (1975); *Phlegra* für 11 Instrumentalisten (1975); *Retours* (»Windungen«) für 12 Celli (1976); *Akanthos* für Sopran und 8 Instrumente (1977); *Jonchaies* für großes Orchester (1977); *Aïs* (Homer) für Bariton, Schlagzeug solo und Orchester (1980); *Nekuia* für Chor und großes Orchester (1980); *Pour les Baleines* für großes Streichorchester (1982); *Shaar* für großes Streichorchester (1983); *Lichens I* für großes Orchester (1983); *Thallein* für Kammerorchester (1984); *Alax* für 3 Ensembles (1985); *Keqrops* für Klavier und Orchester (1986); *Horos* für Orchester (1986); *Jalons* für Kammerorchester (1986); *Ata* für Orchester (1987); *Tracées* für Orchester (1987); *Waarg* für Kammerorchester (1988); *Kyania* für Orchester (1990); *Dox-Orkh* für Violine und Orchester (1990); *Krinoïdi* für Orchester (1991); *Mosaïques* für Orchester (1993); *Dämmerschein* für großes Orchester (1993/94); *Koiranoi* für Orchester (1994).
Schriften: *Musiques formelles* (1963, 1981); *Musique – Architecture* (1971).

Xenakis' Bemerkung, bereits mit 16 Jahren habe er Versuche unternommen, Bachsche Werke in mathematische Formeln zu fassen, deckt symptomatische Züge seines kompositorischen Denkens auf. Oft bedient er sich rechnerischer Prozeduren, um aus einer Grundkonzeption eine Vielzahl von Operationsmöglichkeiten zu entfalten. Umgekehrt waren Analogien zu den Strukturprinzipien des Orchesterwerks *Metastaseis* (1953/1954) die Grundlage zu seinem Entwurf für den Brüsseler Philips-Pavillon 1956.

Das Problem, aus einem Minimum kompositorischer Regeln musikalische Werke zu entwickeln, führte Xenakis zum Einsatz von IBM-Rechenmaschinen. Dabei fällt ihm als dem Komponisten-Operator die Rolle zu, innerhalb der feststehenden Gegebenheiten eines »Programms« die Entscheidungen so zu treffen, daß das Resultat »von Anfang bis zum Ende [...] ursprünglich, d. h. unvergleichlich und interessant« ausfällt. Dennoch hat sich Xenakis kaum serieller Techniken bedient, auch Praktiken des Zufalls oder der Improvisation als »Abdankung des Komponisten« abgelehnt.

In der 1963 erschienenen Aufsatzsammlung *Musiques formelles* gibt Xenakis die theoretische Fundierung seiner kompositorischen Verfahrensweisen. Bestimmte Klangstreuungen werden hier als »Wolken« und »Galaxien« beschrieben, die Wahrscheinlichkeitstheorie wird als die Plattform seiner »stochastischen« Musik (dazu gehört die Familie der *ST*-Kompositionen) bezeichnet. Jene Werke, die auf der Theorie der Spiele, d. h. auf der rechnerischen Erfassung spielerischer Auseinandersetzungen, beruhen, faßt er unter der Bezeichnung »strategische Musik« zusammen (z. B. *Duell* und *Strategie*, 1959 bzw. 1959–62), während seine »symbolische Musik« jene Titel umfaßt, die sich auf die Gruppentheorie und die mathematische Logik berufen.

Pithoprakta

Besetzung: 50 Instrumente (46 Streicher, 2 Posaunen, Xylophon und Holzblock). – Entstanden 1955/56. UA: 1957 in der Konzertreihe »Musica viva« des Bayerischen Rundfunks München (Leitung: Hermann Scherchen, Widmungsträger der Partitur). – Aufführungsdauer: ca. 11 Minuten.

Konsequenter in *Metastaseis*, phantasievoller in *Pithoprakta* (= »Handlung durch Wahrscheinlichkeiten«) hat Xenakis zwei als normativ geltende Rastersysteme des traditionellen musikalischen Hörens in Frage gestellt: den chromatischen Tonraum und die metrisch gegliederte Erlebniszeit. In beiden Werken bilden unterschiedlich breite und rasche Glissando-Strömungen sowie »Tonwolken«-Ballungen von variabler Dichte die Mittel zur Erlangung eines musikalischen Kontinuums, das den Hörer seines gewohnten Koordinatensystems beraubt, ihm aber zugleich eine nie gekannte Weite und Freizügigkeit der musikalischen Vorstellung zu eröffnen vermag.

Besonders beim Hören der *Pithoprakta* stellt sich der Augenblick ein, in dem das nüchterne Konstatieren einer langwährenden, wenn auch völlig unterschiedlich gestalteten Zustandsveränderung »reiner«, d. h. motivisch oder thematisch ungeformter Tonmaterialien, umschlägt in das emotionale Erlebnis von beinahe lyrisch zu nennenden Entwicklungen.

Von Xenakis' ausgesprochenem Klangsinn zeugen jene Momente, in denen Schichten konträrer Klangsorten aufeinandertreffen und zu akkordischer Synchronisation gelangen, versickern oder aber wieder getrennte Wege einschlagen. Zweimal formieren sich die Streicher zu starren Klangteppichen, von welchen sich Pizzicato- und Glissando-Lineaturen mit besonderer Schärfe abheben. Die Attacken des Holzblocks kennzeichnen bestimmte Nahtstellen, dienen aber zugleich – darin an die Dramaturgie des Nô-Theaters anklingend – als unerbittliche Impulse für die nachfolgenden Verlaufsrichtungen.

Terretektorh

Besetzung: großes Orchester (88 Musiker mit je 4 Zusatzinstrumenten). – Entstanden 1965/66. UA: 1966 beim Festival International d'Art Contemporain in Royan (Philharmonisches Orchester des Französischen Rundfunks ORTF, Leitung: Hermann Scherchen). – Aufführungsdauer: ca. 15 Minuten.

Xenakis selbst hat seiner Partitur *Terretektorh* – was soviel bedeutet wie »Konstruktion durch Handeln« – eine Erläuterung vorangestellt:

»Es ist für ein großes Orchester geschrieben, ähnlich wie wir es bei Beethoven finden. Das Neue dabei ist, daß die Musiker im Publikum verstreut sitzen, der Dirigent steht in der Mitte des Saales auf einem kreisförmigen Podium. Die Idee, das Orchester im Publikum zu verteilen, beschäftigte mich schon lange. Ich hatte stets ein sehr unbefriedigtes Gefühl, wenn die Musik, die man anhörte, von so weit her kam. Ein Instrument, dachte ich mir, kann so herrlich sein; warum hört man es sich in so großer Entfernung an, wo es bereits 50 % seiner Klangfülle verloren hat? Zu dieser Idee kommt noch ein beeindrukkendes Erlebnis. Während eines Sturmes saß ich allein auf einem Felsen; rings um mich herum tobten der Regen, die Wogen und der rasende Wind [. . .]. Bei *Terretektorh* ist weiterhin neu, daß ich von jedem Musiker außer der Beherrschung seines Hauptinstruments noch das Spielen von 4 weiteren Instrumenten verlange: einen Holzblock, dessen Krachen den Hagel nachahmen soll, eine Sirenenpfeife (das Modell dazu fand ich bei einem Jazzmusikverkäufer am Montmartre), deren Töne an auflodernde Flammen erinnern, und schließlich eine Maracas und eine Peitsche, deren Zirpen bzw. Klatschen jede Art von Geräusch nachmachen können. Die große Anzahl dieser Instrumente (90 von jedem) trägt offensichtlich zu dieser Galaxis in den Raum verstreuter Töne bei. Seit mehr als 10 Jahren habe ich an dieser Vorstellung gearbeitet. Diese besonderen Instrumente werden wegen ihres schroffen Klangs oder wegen ihrer Schockwirkung ausgesucht. Die damit erreichte Klangfülle des Orchesters unterscheidet sich von jener pseudo-exotischen Stimmung der Vibraphone, Marimba-

phone und anderer ›-phone‹, die man heute in jeder Partitur findet.
Der letzte Grund für dieses ›Verstreuen‹ ins Publikum ist psychologischer Natur. Man ist als Zuhörer mitten im Orchester, man spricht mit den Interpreten, man dreht ihnen die Seiten um, man beobachtet ihre Arbeit aus der Nähe. Die Musiker wiederum ergreifen eine Initiative, ihnen stehen ungekannte Freiheiten zu, sie kommen mit ganz neuen Instrumenten in Berührung. Sie ›spielen‹.«

György Ligeti

* 28. Mai 1923 in Dicsöszentmárton
(heute: Tîrnăveni; Siebenbürgen, Rumänien)

Ligeti ist als Ungar geboren, obwohl sein Geburtsort seit Ende des 1. Weltkriegs zum rumänischen Staatsgebiet gehört. Als er nach dem Ungarn-Aufstand im Jahre 1956 in den Westen flüchtete, hatte er bereits einen bemerkenswerten Aufstieg zu verzeichnen: Nach erster Konservatoriumszeit (1941–43) in Cluj (Klausenburg, Rumänien) und weiteren Studien an der Franz-Liszt-Akademie in Budapest (1945–49) bei Sándor Veress, Pál Járdányi und Ferenc Farkas 1949/1950 volkskundliche Forschungen, ab 1950 Tätigkeit als Theorielehrer an der Budapester Hochschule (hier wichtige Anregungen durch seinen Kollegen Lajos Bárdos). Ligeti war zu dieser Zeit schon Verfasser zweier vielbenutzter Harmonielehrbücher und Autor eines umfangreichen, stark von Bartók, Strawinsky und der Volksmusik beeinflußten Œuvre.
Auf die Flucht folgte 1957/58 eine freie Mitarbeitertätigkeit im elektronischen Studio des Westdeutschen Rundfunks Köln. Durch Herbert Eimert, Karlheinz Stockhausen und Gottfried Michael Koenig gewann Ligeti Einblick in die Arbeitsweisen und Zielsetzungen der westlichen Avantgarde, was seinen Niederschlag in systematischen analytischen Untersuchungen (u. a. über Boulez' »Structure Ia« und die »Wandlungen der musikalischen Form«) und in kompositorischen Neuansätzen fand (u. a. in den Orchesterwerken »«Apparitions« und »Atmosphères«).
Seit 1959 mit österreichischer Staatsangehörigkeit in Wien, 1969/70 in Berlin und seit 1973 in Hamburg als Leiter einer Kompositions-

klasse an der dortigen Musikhochschule (bis 1989) lebend, verbindet Ligeti mit seinem eigenen kompositorischen Schaffen eine umfangreiche Tätigkeit als Musikliterat und Gastdozent.

Werke (Auswahl): *Glissandi, Artikulation*, elektronische Kompositionen (1957/58); *Apparitions* für Orchester (1958/59); *Atmosphères* für großes Orchester ohne Schlagzeug (1961); *Poème symphonique* für 100 Metronome, bedient von 10 Musikern (1962); *Aventures & Nouvelles Aventures* für 3 Sänger und 7 Instrumentalisten (1962/63, 1965); *Requiem* für Sopran- und Mezzosopran-Solo, 2 gemischte Chöre und Orchester (1963–65); *Konzert für Violoncello* und Orchester (1966); *Lontano* für großes Orchester (1967); *Ramifications* für 12 Solostreicher oder Streichorchester (1968/69); *Kammerkonzert* für 13 Instrumentalisten (1969/70); *Melodien* für Orchester (1971); *Doppelkonzert für Flöte, Oboe* und Orchester (1972); *Clocks and Clouds* für 12stimmigen Frauenchor und Orchester (1973); *San Francisco Polyphony* für Orchester (1974); *Le Grand Macabre*, Oper in 2 Akten (4 Bildern) nach M. de Ghelderode von M. Meschke und G. Ligeti (1974–77), hieraus: *Szenen und Zwischenspiele* (1978), *Mysteries of the Macabre* (1988), *Macabre Collage* (1992); *Konzert für Klavier* und Orchester (1985–1987); *Konzert für Violine* und Orchester (1990–92).

Nach dem zentralen Aspekt der Klangfarbe befragt, zeichnete Ligeti gelegentlich eines Interviews zugleich eine Skizze seiner kompositorischen Entwicklung zwischen *Atmosphères* (1961) und *Lontano* (1967):
»In *Atmosphères*, um tatsächlich ein extremes Beispiel zu nehmen, waren die Klangfarben primär formbildende musikalische Elemente. In *Lontano* ist das nicht mehr so eindeutig der Fall. *Lontano* bedeutet für mich selbst eine Weiterentwicklung der kompositorischen Technik und auch der kompositorischen Konzeption von *Atmosphères* und *Volumina*, und zwar in eine ganz bestimmte Richtung: In *Apparitions* und *Atmosphères* bin ich abgekommen von der Arbeit mit Harmonik, oder ganz allgemein: von der kompositorischen Arbeit mit Intervallen. Ich habe die Intervalle zerstört, d. h. ich habe so viele kleine Sekunden ineinandergehakt, bis selbst die kleinen Sekunden oder die Chromatik als etwas Harmonisches verschwunden sind.
Scheinbar ist es so, als ob ich in neuen Stücken, schon ab dem *Requiem* und dem *Cellokonzert* und im Chorstück *Lux aeterna*, und noch viel deutlicher in *Lontano*, zurückgekehrt wäre zu einem früher schon verlassenen Standpunkt, und zwar

zur Arbeit mit deutlichen intervallischen oder harmonischen Konfigurationen. Intervalle, bestimmte Tonhöhen, spielen hier tatsächlich eine wesentliche Rolle für die ganze Grundlage der Form, und auch für die Erscheinung.
Die neutralisierte Harmonik – oder sagen wir: die eliminierte Harmonik, wie in *Atmosphères* und *Volumina* – hat sich sehr schnell verbraucht. Fast alle diese Stücke sind in bestimmten Randbezirken angesiedelt, in denen man dann nicht mehr weitergehen kann. Das heißt: man könnte weitergehen, aber man würde nichts Neues finden. Es gibt irgendwo einen Rand, dann kommt eine Wüste, man steht an diesem Rand, und wenn man in der Wüste weitergeht, findet man immer dasselbe: Sand. Wenn ich jetzt *Atmosphères* und *Volumina* weiter komponieren würde und weiter mit der total neutralisierten Harmonik arbeiten würde, was würde ich finden? Ich würde immer dasselbe finden, d. h. ich würde Selbstkopien machen.
Nun wollte ich auch andere Ränder aufsuchen. Ich muß mich selbst fragen, warum unbedingt Ränder, warum eine extreme Position? Ich könnte sagen: etwas zu machen, was schon da war, ist für mich uninteressant. Wenn etwas Neues experimentiert wurde und man ein Ergebnis hat, dann lohnt es sich nicht, dasselbe Experiment wieder zu machen. Das wäre so wie ein Schüler, der zu Hause die Chemie-Experimente aus der Schule noch einmal macht, das ist reine Bastelei« (1968).

Atmosphères

Besetzung: sehr großes Orchester (ohne Schlagzeug). – Entstanden 1961. UA: Donaueschinger Musiktage 1961 (Dirigent: Hans Rosbaud). – Aufführungsdauer: ca. 9 Minuten.

Die allgemeine Wertschätzung, die Ligeti heute genießt, leitet sich zu einem nicht geringen Teil von diesem kurzen Orchesterstück her, dessen frappante Wirkung sich seit der Uraufführung stets aufs neue bestätigte. Ein scheinbar stehender vieltöniger Clusterklang (d. h. ein dichter Block benachbarter Halbtöne) gerät allmählich in Bewegung, variiert schrittweise seine Klangbreite und verlagert sich bis in extreme Höhen und Tiefen. Dabei gewinnen Dynamik und Klangfarbe als Folge der Clusterintensität eine in diesem Ausmaß bisher nicht bekannte formbildende Kraft. Nicht mehr individuelle Stimmen und isolierte Instrumentalfarben lassen sich unterscheiden, sondern nur noch kompakte Stimmbündel. Eine

Vielzahl von Einzelelementen summiert sich zu flimmernden und changierenden Klangflächen, die dem Hörer Assoziationen zu sphärischen Vorgängen geradezu aufdrängen. Besondere Spannungspunkte der aus 22 direkt verbundenen Abschnitten bestehenden Partitur: ein Abstürzen extrem hoher, schmerzhaft greller Piccolo-Töne zum extrem tiefen Kontrabaßregister; gleich darauf ein weit ausholendes, sich steigerndes konzentrisches Zusammenballen aller solistischen Streicher in Form eines 56stimmigen Kanons; schließlich ein kaum merkliches Verdämmern wogender Flageolett-Glissandi der Streicher in den Resonanzklängen tiefer, im Innern des Instruments angeriebener Klaviersaiten.

Ligeti resümiert: »Das Orchesterwerk *Atmosphères* nimmt [. . .] eine extreme kompositorische Position ein, die möglicherweise als Sackgasse gedeutet werden kann. Manchmal zeigt aber gerade eine Sackgasse unversehens eine verdeckte Öffnung, die ins Freie führt.«

Aventures & Nouvelles Aventures

Besetzung: 3 Sänger (Koloratursopran, Alt, Bariton) und 7 Instrumentalisten (Flöte, Horn, Schlagzeug, Cembalo, Klavier/Celesta, Violoncello und Kontrabaß). – Entstanden 1962 bzw. 1962–65. UA: 1963 und 1966 in der Konzertreihe »Das Neue Werk« des Norddeutschen Rundfunks Hamburg. – Aufführungsdauer: ca. 11 Minuten und 12–13 Minuten.

Ligetis wortreicher Untertitel verschleiert eher als daß er enträtselt, um welche Art von Abenteuer es ihm bei seinem »Mimodrama« geht: »Abenteuer der Form und des Ausdrucks, imaginäre Handlungen, labyrinthische Verquickung von verfremdeten Gefühlen und Trieben, von Spott, Verhöhnung, Idyll, Nostalgie, Trauer, Angst, Liebe, Humor, Exaltation, Leidenschaft, von Traum und Wachsein, Logik und Absurdität.« Vergeblich wird der Hörer versuchen, den »Text« zu verstehen, denn ihm liegt eine semantisch nicht erschließbare Phantasiesprache zugrunde. Doch mangelt es dieser Sprache nicht an affektiver Deutlichkeit, an mimisch-vokaler Ausdrucksfähigkeit. Die 3 Sänger sehen sich als sprunghaft wechselnde Akteure in eine Vielzahl simultaner imaginärer Handlungsverläufe verwickelt, in welchen Ausdrucksbereiche von Ironie, Pathos, Angst, Erotischem und Gespenstischem gleich Versatzstücken durcheinandergewirbelt werden. Die phonetische Konzeption reicht über die peinlich genau notierten

Vokalpartien hinaus und versucht, die Klanggebärden der Instrumente miteinzubeziehen. Manch eine übertriebene, verlogene Alltagsgeste erfährt in dieser höchst artifiziellen, dabei brillant-witzigen Komposition eine blitzartig erhellende, »wortlose« Entlarvung.
Während die **Aventures** nicht weniger als 6 kleine Szenen unmittelbar aneinanderreihen (*Agitato – Presto – »Conversation« – Allegro appassionato – Sostenuto grandioso – »Action dramatique«*), gliedern sich die **Nouvelles Aventures** deutlich in 2 größere Abschnitte: 1. *Sostenuto* (*»Ritornell«*) – *Più mosso – »Hoquetus« – »Commérages« – »Communication«*; 2. *Agitato molto – »Choral« – Agitato molto – »Les horloges démoniaques« – Prestissimo misterioso – »Coda«*. Beide Werke können auch separat aufgeführt werden. Ein minuziös ausgearbeitetes Libretto für Bühnenaufführungen entstand 1966, also erst nach Abschluß der Partituren.

Requiem

Besetzung: Sopran- und Mezzosopran-Solo, 2 gemischte Chöre, großes Orchester (u. a. mit Kontrabaßklarinette, Baßtrompete, Kontrabaßposaune und -tuba, reichem Schlagzeug, Celesta, Cembalo und Harfe). – Entstanden 1963–65. UA: 1966 in der Konzertreihe »Nutida musik« des Schwedischen Rundfunks Stockholm (Dirigent: Michael Gielen); deutsche EA: 1967 in der Konzertreihe »Musik der Zeit« des Westdeutschen Rundfunks Köln. – Aufführungsdauer: ca. 27 Minuten.

Nur 4, wenngleich zentrale Textabschnitte der Requiem-Liturgie sind in Ligetis Werk eingegangen: 1. *Introitus*, 2. *Kyrie*, 3. *De Die Judicii Sequentia* (Dies irae, Tuba mirum, Liber scriptus, Quid sum miser, Rex tremendae, Recordare, Ingemisco, Confutatis), 4. *Lacrimosa*. (Zwar gehört Ligetis A-cappella-Chor *Lux aeterna* textlich zum Requiem, doch handelt es sich um eine separate Komposition.)
Ökonomisch geht der Komponist beim Einsatz der aufgebotenen Mittel vor: Die Solisten pausieren im 2. Satz, während der Stammchor I im 4. aussetzt; Chor II wird verstärkend nur im 3. Satz herangezogen. *Introitus*, *Kyrie* und *Lacrimosa* sind dem kompositorischen Typus der *Atmosphères* in nicht geringem Maße verpflichtet (Clusterflächen, in Bewegung versetzt), obwohl gerade im *Kyrie* darüber hinaus neue Klangwirkungen erprobt werden. Immer neu setzt das Auf und Nieder der einzelnen Chorgruppen an und führt so zu einem ständig variie-

renden Liniengeflecht mit Überlagerungen und Überkreuzungen, Verflechtungen und Auflösungen. Die in den *Aventures* erprobte Technik, musikalische Verläufe jäh durch Einschübe konträren Charakters zu unterbrechen, führt in der *Sequentia* zu zerklüfteten Klangkomplexen und einem melodischen Duktus von geradezu ekstatischer Dramatik (Vortragsanweisung: »mit größter Kraft und Aufregung«). Dies mag ein Ausschnitt der Sopran-Solopartie zeigen:

Konzert für Violoncello und Orchester

Besetzung: Solo-Cello und Kammerorchester (Holz- und Blechbläser einfach, Harfe und Streicher). – Entstanden 1966. UA: 1967 in der Konzertreihe »Musik der Gegenwart« des Senders Freies Berlin (Solist: Siegfried Palm, Dirigent: Henryk Czyż). – Aufführungsdauer: ca. 16 Minuten.

»Einsatz unhörbar, wie aus dem Nichts kommend«, lautet die Anweisung für den Einsatzton des Solisten zu Beginn. Dieselbe äußerste dynamische Zurückhaltung, kombiniert mit extremer Klangempfindlichkeit, eignet weiten Strecken von *Teil 1* der 2sätzigen Komposition, die nichts weniger sein will als eine Neuauflage des herkömmlichen Konzerttypus. Der Part des Solisten tritt nur gelegentlich aus den nahezu stehenden oder figurativ bewegten Klangflächen des transparent gehaltenen Orchesterparts hervor. Gegen Ende von *Satz 2* bildet sich jedoch ein wiederholt formuliertes, zu dramatischer Zuspitzung führendes Kontrastprinzip »wild« – »mechanisch-präzis« heraus. Eruptive Attacken wechseln mit Flächen chronometrischer Impulse oder langen Tiraden synchroner Prestissimo-Figuration (Vorschrift: ». . . wie ein Mechanismus von höchster Präzision, als wären sämtliche Instrumente ein einziges Instrument«). Über die abschließende »Flüster-Kadenz« des Solisten schreibt der Widmungsträger des Werkes, Siegfried Palm: »Hier nehme ich ein von Ligeti gegebenes Material, das ich je nach Kommunikationsfähigkeit von Saal und Publikum gestalten kann.« Mancherlei Übergänge führen an die Grenze des Noch-Hörbaren, »bis für den Zuhörer nur

Senza tempo
»Flüster-Kadenz«: sempre prestissimo, quasi perpetuum mobile (bis Ende nicht langsamer werden!) nur auf den Saiten III. und IV., verschiedene Tonhöhen greifen, jedoch stimmlos spielen.

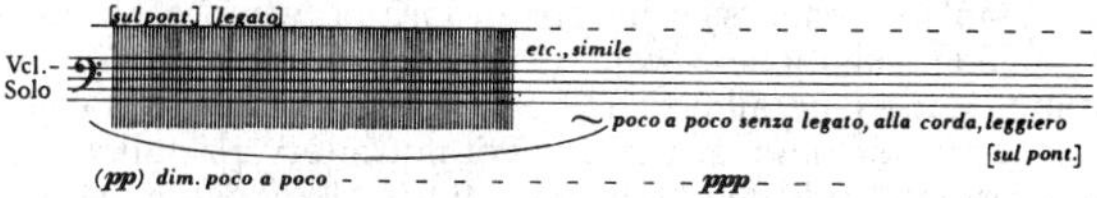

noch die sichtbare Bewegung übrigbleibt [. . .]. Das bedingt eine ungeheure Konzentration von seiten des Spielers und ist – wie mir scheint – von frappierender Wirkung. Ich habe das auch in großen Sälen von 2000 Menschen Fassungsvermögen gespielt und festgestellt, daß man auch hier noch die berühmte Stecknadel auf den Boden hätte fallen hören.«

Lontano

Besetzung: sehr großes Orchester (ohne Tasteninstrumente, ohne Schlagzeug). – Entstanden 1967. UA: Donaueschinger Musiktage 1967 (Dirigent: Ernest Bour). – Aufführungsdauer: ca. 11 Minuten.

Noch bevor der Komponist auch nur Skizzen zu Papier gebracht hatte, sah er sich bereits in der Lage, ein detailliertes Bild seines geplanten neuen Werkes zu entwerfen und zugleich eine Absage an die Prinzipien von *Atmosphères* zu formulieren: »Ich habe eine Vorstellung von einem ›vollen‹ Orchesterklang – ganz anders als in meinen bisherigen Stücken. Die im *Requiem* entwickelte kontrapunktische Technik will ich für ein dichtes Gewebe aus vielen Instrumentalstimmen weiterentwickeln. Das Stück wird ein sehr komplexes, sehr weiches Gebilde sein, mit sehr vielen Pianissimo-Tutti-Stellen, mit verästelten Bewegungen der Stimmen. Die ›Klangfarbe‹ wird nicht mehr die Hauptrolle spielen [. . .]. Aber wesentlicher wird die interne Struktur des ›Riesengewebes‹ und die Formgliederung. Etwas wie *Atmosphères* will ich nicht mehr schreiben – das kann man nicht wieder machen.«
In der Tat hat Ligeti vor *Lontano* ein Werk ähnlicher linearer und klanglicher Dichte und Verwobenheit nicht geschrieben. Der Eindruck der Fülle steigert sich noch durch eine selten durchbrochene dynamische Zurückhaltung, die aber nicht mit einer Nivellierung der Lautstärkegrade insgesamt gleichgesetzt werden darf. Tatsächlich sind alle Stimmen in einem

Prozeß fortwährender Umwandlung begriffen, wobei sich Klangfarbe (durch Register- und Spielartenwechsel) und Dynamik (durch Feinabstufung der Lautstärkenuancen) unlösbar durchdringen. Besonders prägnante Momente des formalen Ablaufs ergeben sich im ersten Drittel, wenn nach einer Phase lang gehaltener, weit auseinanderklaffender Außenstimmen der Klangraum sich überraschend mit den Oktavverdopplungen ein und desselben Tritonusintervalls füllt; oder wenn – gegen Ende – in Oktaven geführte Trompeten und Posaunen, in weichem *piano* aufsteigend, das übrige Stimmgewebe überstrahlen, bevor eine *ffff*-Steigerung unvermittelt abbricht und *morendo* der Abschluß herbeigeführt wird.

Konzert für Klavier und Orchester

Besetzung: Solo-Klavier, Kammerorchester – Holz und Blech einfach, Schlagzeug, Streicher. (Im langsamen Satz wechseln Klarinette und Schlagzeug zu Alt-Okarina, Lotosflöte und Mundharmonika.) – Fassung 1: 3 Sätze, entstanden 1985/86. UA: 1986 in Graz (Mitglieder der Wiener Philharmoniker, Klavier/Leitung: Anthony und Mario di Bonaventura). Fassung 2: erweitert um die Sätze 4 und 5, entstanden 1987. UA: 1988 in Wien, Konzerthaus (ORF-Symphonie-Orchester, Brüder di Bonaventura). – Spieldauer: ca. 24 Minuten.

1. *Vivace molto ritmico e preciso* – 2. *Lento e deserto* – 3. *Vivace cantabile* – 4. *Allegro risoluto* – 5. *Presto luminoso*.

Das Element des Konzertanten blieb in Ligetis Komponieren niemals ausgespart. Bereits aus dem Jahr 1966 stammt ein *Cellokonzert* (s. S. 980). Im *Kammerkonzert* von 1969/70 sind gleich alle 13 Instrumentalpartien solistisch behandelt. Ein filigranes *Doppelkonzert* für Flöte, Oboe und Orchester datiert von 1972. Allerdings bedeutet Konzertieren für Ligeti niemals nur Zurschaustellung selbstbewußter Virtuosität. Diese resultiert vielmehr eher beiläufig aus charakteristischen Verlaufsprozeduren, bei deren Vollzug nicht selten Verknotungen, ja »Störfälle« auftreten. Das Spiel wird dann insgeheim von dämonisierten Riesenspielzeugen à la Tinguely gesteuert, das Konzertpodium verwandelt sich unversehens in den Schauplatz unvorhersehbarer *Aventures & Nouvelles Aventures* – so die Titel zweier Ligeti-»Mimodramen« (s. S. 978).

Zunächst wollte es Ligeti bei 3 Konzertsätzen belassen. Nach längerem Zögern wurden dann in definitiver Fassung 2 weitere Sätze »angehängt«. Starke rhythmische Impulse bestimmen den Kopfsatz. Bis hin zur Irritation des Hörers kompliziert sich die Überlagerung zweier rhythmischer Strukturen (Ligeti: »Es ist wie das Ineinandergreifen zweier unterschiedlich großen Zahnräder [. . .]«). Fallende Bläserrufe verleihen dem mit »langsam und verlassen« bezeichneten Folgesatz den Charakter eines ausdrucksvollen Lamento. Als ein quecksilbriges Perpetuum mobile mit raffinierten polymetrischen Täuschungsmanövern erweist sich der maßgeblich vom Klavier-Solo bestimmte Zentralsatz. Schneidende Kontraste eröffnen sich hingegen im orchestral zerrissenen *Risoluto*-Satz. Helligkeit (»luminoso«) gewinnt der Komponist im knappen *Presto*-Finale nicht nur aus lichter Instrumentation, sondern auch aus einer Öffnung der Harmonik hin zu weicher Ganztönigkeit und Diatonik.

Konzert für Violine und Orchester

Besetzung: Solo-Violine, Kammerorchester mit 22 Spielern. (In den beiden langsamen Sätzen wechseln 4 Bläser zu Okarinen, 2 Schlagzeuger zu Lotosflöten über; je 1 Violine und 1 Viola sind gegenüber den übrigen Instrumenten ihrer Gruppe leicht verstimmt – Effekt: absichtliche »Verschmutzung«). – Fassung 1: 3 Sätze, entstanden 1990. UA: 1990 in Köln (Kölner Rundfunk-Sinfonie-Orchester, Solist: Saschko Gawriloff, Dirigent: Gary Bertini). Fassung 2: 5 Sätze (Satz 1: revidiert, Satz 2: neu, Satz 3: identisch, Satz 4: ehemals Satz 2, Satz 5: neu). UA: 1992 in Köln (Ensemble Modern, gleicher Solist, Dirigent: Péter Eötvös). – Aufführungsdauer: ca. 30 Minuten.

1. Präludium: *Vivacissimo luminoso* – 2. Aria, Hoquetus, Choral: *Andante con moto* – 3. Intermezzo: *Presto* – 4. Passacaglia: *Lento intenso* – 5. Appassionato: *Agitato molto*.

»Was den formalen Aufbau angeht, so erhalten – anders als im *Klavierkonzert* mit nur einem einzigen *Lento*-Satz, der attacca dem Eingangs-*Vivace* folgt – die beiden langsamen Sätze im *Violinkonzert* eine dominante und zentrierende Funktion innerhalb des dramaturgischen Gesamtablaufs. Abermals spielt dabei die Fähigkeit des Soloinstruments, Melodielinien im Unterschied zum Klavier wirklich aussingen zu können, eine wesentliche Rolle. Und im zweiten Satz, dem *Andante con moto* mit dem dreigeteilten Titel *Aria, Hoquetus, Choral*, darf die Solo-Violine sogar, weil Geiger dafür ein Faible haben und Ligeti dies mit leiser Ironie für seine Zwecke auszunützen weiß, die ganze *Aria* über auf der G-Saite bleiben. In der *Passacaglia* des vierten Satzes (im *Lento*-Zeitmaß) setzt sie dafür in höchsten Höhen an und gibt damit ein Vor-Echo von jenen extremen Höhenlagen, zu denen der Satz allmählich, in unausgesetzter Expansion seines chromatisch aufwärtsgleitenden Fünf-Töne-Themas, schließlich ansteigt. Gegenüber diesen beiden langsamen Sätzen verhalten sich die drei raschen Sätze an erster, dritter und fünfter Stelle wie eine rahmende und gliedernde Einfassung: Der erste mit seinen aus dem Nichts auftauchenden, äußerst schnellen Arpeggio-Bewegungen – wieder einer streicherischen Besonderheit! – ist ohnehin als *Präludium* bezeichnet. Der dritte mit dem Titel *Intermezzo* löst das Problem, ein formales Zwischenstück ohne zuviel Gegensätzlichkeiten zu sein, auf überraschend einfache Weise, indem er die Solo-Violine in langen *Sostenuto*-Linien die vorherige Kantabilität beibehalten läßt, während dazu – erst ganz leise, doch stetig anschwellend bis zu beherrschender Vordergründigkeit – die übrigen Instrumente mit *Presto*-Geschwindigkeit chromatische Abwärtsskalen spielen. Und der fünfte, der relativ kurze, aus Disparatem gefügte Schlußsatz, in den der Geiger noch seine selbst aus dem Material entwickelte Kadenz einschiebt, übernimmt tatsächlich eine Epilog-Funktion, pasticcio-artig, sprunghaft und mit abruptem Ende« (Ulrich Dibelius, 1993 [hier gekürzt]).

Luigi Nono

* 29. Januar 1924 in Venedig
† 8. Mai 1990 in Venedig

Entstammte einer alten venezianischen Familie. Schon während der Schulzeit, seit 1941, erhielt er Theorieunterricht bei Gian Francesco Malipiero an der Accademia Benedetto Marcello. Nach Abschluß eines Jurastudiums 1946 wichtige musikalische Impulse durch den nur 4 Jahre älteren Bruno Maderna und durch den Dirigenten Hermann Scherchen.
Erste Erfolge und Skandale zu Beginn der 50er Jahre bei den Kranichsteiner (Darmstädter) Ferienkursen und den Donaueschinger Musiktagen. Vortrags- und Kurslehrtätigkeit in Darmstadt (1957–1960) und Dartington (ab 1959). Intensive Beschäftigung mit elektroakustischer Klangumwandlung seit 1960 im Mailänder »Studio

di Fonologia« des italienischen Rundfunks RAI. Nach den Erfolgen der Oper »Intolleranza« 1961 in Venedig und Köln blieb das Schaffen Nonos, der – seit 1953 KP-Mitglied – sein Komponieren mit aktiver parteipolitischer Arbeit zu verbinden suchte, weithin unbeachtet. 1957 in das Zentralkomitee der Kommunistischen Partei Italiens gewählt. Bildungsarbeit in Studenten- und Arbeiterkulturkreisen. Seit 1967 Reisen nach Südamerika und Kuba.
Nono war mit Nuria Schönberg, Tochter aus Arnold Schönbergs zweiter Ehe, verheiratet und lebte in Venedig auf der Insel Giudecca.

Werke (Auswahl): *Kanonische Variationen über die Reihe von Schönbergs op. 41* für Orchester (1950); *Polifonica – Monodia – Ritmica* für 6 Instrumente und Schlagzeug (1951); *Komposition für Orchester Nr. 1* (1951); *Epitaffio per F. García Lorca*: I. *España en el corazón*, 3 Studien für Sopran- und Bariton-Solo, kleinen Chor und Instrumente nach Gedichten von F. García Lorca und P. Neruda, II. *Y su sangre ya viene cantando* für Flöte und kleines Orchester, III. *Memento (Romance de la guardia civil española)* für Sprecherin, Sprechchor, Chor und Orchester (1952/53); *Due espressioni* für Orchester (1953); *Der rote Mantel*, Ballett nach F. García Lorca von T. Gsovsky (1953); *La Victoire de Guernica*, Gesänge nach P. Eluard für Chor und Orchester (1954); *Incontri* für 24 Instrumente (1955); *Il canto sospeso* für 3 Soli, gemischten Chor und Orchester (1955/56); *Varianti*, Musik für Solo-Violine, Streicher und Holzbläser (1957); *La terra e la compagna*, Gesänge von C. Pavese für 2 Soli, gemischten Chor und Instrumente (1958); *Diario polacco '58 (Komposition für Orchester Nr. 2*, 1958/59, Neufassung mit Tonband 1965); *Sarà dolce tacere* nach C. Pavese für 8 Solostimmen (1960); *Ha venido (Canciones para Silvia)* nach Texten von A. Machado für Solo-Sopran und 6 Chor-Soprane (1960); *Intolleranza 1960*, Handlung in 2 Teilen nach A. M. Ripellino (1960/61), hieraus: *Suite da concerto* (1969); *Sul ponte di Hiroshima (Canti di vita e d'amore)* für Sopran, Tenor und Orchester: I. *Sul ponte di Hiroshima*, II. *Per Djamila Boupachà* (Solo-Sopran), III. *Tu* (1962); *Canciones a Guiomar* (A. Machado) für Sopran, Frauenchor und Instrumente (1962/63); Musik zu dem Theaterstück *Die Ermittlung* von P. Weiss für Tonband (1965), hieraus: *Ricorda cosa ti hanno fatto in Auschwitz* für Tonband (1966); *A floresta é jovem e cheja de vida* für Stimmen, Sopran, Klarinette, Kupferplatten und Tonbänder (1966); *Per Bastiana – tai-yang cheng* für Tonband und Instrumente (1967); *Ein Gespenst geht um in der Welt* für Sopran, Chor und Orchester (1971); *Como una ola de fuerza y luz*, Musik nach J. Huasi für Sopran, Klavier, Orchester und Tonband (1971/72); *Al gran sole carico d'amore* (»In der

Sonne Liebesbrand«), Szenische Handlung in 2 Teilen (1972–74), hieraus: *Sinfonische Fragmente* (1975); *... sofferte onde serene ...* für Klavier und Tonband (1974–76); *Con Luigi Dallapiccola* für 6 Schlagzeuger, 3 Ringmodulatoren und 3 Frequenzgeneratoren (1979); *Fragmente – Stille. An Diotima* für Streichquartett (1979/1980); *Quando stanno morendo ..., Diario polacco No. 2* für 4 Frauenstimmen, Baßflöte, Violoncelli und Live-Elektronik (1982); *Guai ai gelidi mostri* (»Wehe den eiskalten Ungeheuern«) für 2 Altstimmen, 6 Instrumente und Live-Elektronik (1982/83); *Prometeo, Tragedia dell'ascolto*, Textzusammenstellung M. Cacciari (1980–84), daraus: *Das atmende Klarsein* auf altgriechische Texte und Fragmente der *Duineser Elegien* (R. M. Rilke) für Baßflöte, 8stimmigen Solistenchor und Live-Elektronik (1980/81), ferner: *Io, frammento dal Prometeo* für 3 Soprane, Kammerchor, Baßflöte, Kontrabaßklarinette und Live-Elektronik (1980/81); *A Carlo Scarpa architetto ...* für Orchester (1984); *Caminantes ... Ayacucho* für Alt, Baßflöte, Orgel, 2 Chöre, 3 Orchestergruppen und Live-Elektronik, Text: G. Bruno (1986/87); *No hay caminos. Hay que caminar ... Andrej Tarkovskij* für 7 Orchestergruppen (1987).

In den 50er Jahren und am Anfang der 60er Jahre war Nono voreilig als typischer Vertreter einer überwiegend technologisch ausgerichteten, seriellen Komponierweise abgestempelt worden. Allerdings äußerte man auch die Erwartung – und gab damit ein Vorurteil zu erkennen –, ihm als Venezianer werde es schon gelingen, der starren Systematik gegenüber das »italienische« Moment des Gesanglichen, die Kantabilität, wieder in ihre Rechte einzusetzen.

Nonos eigenes Anliegen aber, mit seiner Musik von seinem Standort aus zur politischen Aufklärung beizutragen, war in diesen Jahren immer mehr zur bestimmenden Triebfeder seines Schaffens geworden. Die Zeugnisse eines sozialistischen Realismus, z. B. Schostakowitschs Sinfonien, lehnte er dabei als Resultate einer falschen, weil rückwärts orientierten Volkstümlichkeit ab. Statt dessen forderte er den Einsatz des künstlerischen Vokabulars der Gegenwart:

»Man muß als Komponist die aktuellen technischen Mittel benützen; nicht aus rein ästhetischen Überlegungen, nicht im Dienst abstrakt technologischer Evolution, nicht passiv, sondern aktiv: zur Verbreitung der Ideen, auf die es im Klassenkampf ankommt. [...] Sicher wird eine Partitur ebensowenig je eine Revolution auslösen können wie ein Bild, ein Gedicht oder ein Buch; aber eine Musik kann wie ein Bild, ein Gedicht oder ein Buch Nachricht geben vom desolaten Stand der Gesellschaft, sie kann mitwirken, kann Bewußtsein stiften, wenn ihre technischen Qualitäten sich auf der Höhe der ideologischen halten« (1969).

Il canto sospeso

Besetzung: Sopran-, Alt- und Tenor-Solo, gemischter Chor (8stimmig) und großes Orchester. – Entstanden 1955/56. UA: 1956 am Westdeutschen Rundfunk Köln (Dirigent: Hermann Scherchen). – Aufführungsdauer: ca. 28 Minuten.

Wenige Frühwerke ausgenommen, verstand Nono sein Komponieren stets als eine Form des humanitären und politischen Engagements, sei es im Geiste der Resistenza gegen den Faschismus oder im Einsatz für die kommunistische Ideologie einer klassenlosen Gesellschaft. »Nono ist wohl der einzige Komponist seiner Generation, der die Frage nach der politischen Relevanz künstlerischen Handelns von Anfang an gestellt und mit der Frage nach neuen ästhetischen Voraussetzungen, nach neuem Material und neuen Methoden verknüpft hat, ohne sich auf irgendeinen salonfähigen Kompromiß einzulassen und ohne von irgendeinem jener Pseudo-Avantgardismen irritiert zu werden, welche in den 60er Jahren unter dem Deckmantel des Fortschritts die allgemeine Regression und Trivialisierung der Mittel in die Wege geleitet hatten. Die jahrelange Isolierung und Verpönung Nonos bei uns ist eine Blamage für das deutsche Musikleben« (Helmut Lachenmann).

Aus Abschiedsbriefen von zum Tode verurteilten jungen Widerstandskämpfern verschiedener Nationalitäten wählte Nono 10 kurze Fragmente aus. Eines von ihnen, geschrieben von Chaim, einem 14jährigen polnischen Bauernjungen, lautet: ». . . wenn der Himmel Papier und alle Meere der Welt Tinte wären, ich könnte euch mein Leid nicht beschreiben und all das, was ich rings um mich sehe. Ich sage allen Lebewohl und weine . . .« (Satz 5).

Nono balanciert die aufgebotenen vokalen und instrumentalen Mittel ökonomisch so aus, daß sie in keinem der 9 kurzen Sätze alle zugleich eingesetzt werden. Dabei bleiben die Sätze 1, 4 und 8 dem Orchester vorbehalten, während sich die Teile 2 und 9 auf die A-cappella-Chorbesetzung beschränken.

Aufsehen und Mißverständnisse rief Nonos Art der Textkomposition hervor: »Ich habe darin einen neuen Chorstil entwikkelt, erstmals die Wörter aufgeteilt in Silben, oft nur in einzelne Laute, und diese durch den ganzen Chorsatz wandern lassen [. . .]. Ich wollte eine horizontale melodische Konstruktion, die sämtliche Register ergreift; ein Schweben von Laut zu Laut, von Silbe zu Silbe: eine Linie, die manchmal aus der Abfolge von Einzel-Tönen oder Einzel-Tonhöhen entsteht und manchmal sich verdickt zu Klängen.«

Como una ola de fuerza y luz
Musik für Sopran, Klavier, Orchester und Tonband

Besetzung: sehr großes Orchester (40 Holz- und Blechbläser, stark besetztes Schlagzeug und ca. 60 Streicher). – Entstanden 1971/72. UA: 1972 in den Konzerten der Mailänder Scala (Slavka Taskova, Sopran; Maurizio Pollini, Klavier; Dirigent: Claudio Abbado); deutsche EA: 1973 durch den Bayerischen Rundfunk München (mit denselben Solisten). – Aufführungsdauer: ca. 30 Minuten.

wie eine flut von kraft und licht

Luciano! Luciano! Luciano!
in den gewagten stürmen / dieser erde / wirst du / weiter licht strahlen / jung wie die revolution / in jedem kampf deines volkes / stets lebendig / und nah / wie der schmerz deines todes.
Wie eine, Luciano!, flut / von kraft / jung wie die revolution / stets lebendig / wirst du weiter licht strahlen / licht / fürs leben.
kinderstimmen / begleiten / sanfte glocken / für / deine jugend.

Die Nachricht vom Unfalltod eines befreundeten chilenischen Revolutionärs, Luciano Cruz, war für Nono 1971 der Anlaß, ein bereits konzipiertes Werk für seine italienischen Musikerkollegen Pollini und Abbado um eine vokale Ebene zu erweitern. Von dem argentinischen Lyriker Julio Huasi stammt das Epitaph auf den gemeinsamen chilenischen Freund.
Der definitiven Partiturfassung gingen ausgedehnte experimentelle Vorarbeiten mit dem Ziel voraus, Klangtransformationen der Singstimme und des Klaviers zu einer über Tonband zuzuspielenden, die Live-Ereignisse erweiternden Kompositionsschicht zu verarbeiten.
»*Erster Teil:* Orchester und Singstimme live sowie verschiedene Frauenchöre auf Tonband: erläuternde Anrufung und Wehklage für Luciano.

Zweiter Teil: Klavier live, Orchester in Blöcken, Singstimme und Klavier und Tonband: Lucianos Gegenwart in Abwesenheit.
Dritter Teil: Klavier live, Orchester und Tonband: ›der lange Marsch‹ ansteigend zur Höhe.
Vierter Teil: Klavier live, Orchester und Tonband: kollektive Explosion in der Gewißheit der Anwesenheit.«
Diese nüchternen Angaben Nonos geben keine Vorstellung von der leidenschaftlichen Eindringlichkeit dieser Musik, deren heftiger Gestus (Klavierbässe, Blechbläser!) manchmal an das *Tombeau* in Boulez' *Pli selon pli* erinnert. Außerordentliche Kontrastwirkungen ergeben sich zwischen den meist lyrisch verhaltenen Partien der Sopranstimme im 1. und 2. Teil und den orchestralen oder elektroakustischen Klangentladungen des in fast unerträglicher Langsamkeit ansteigenden »langen Marsches«.
»Programmusik? Nun, warum nicht? Wenn der Titel in direktem Zusammenhang mit der klanglichen Struktur steht?« meinte Nono in einem Schallplattenkommentar.

A Carlo Scarpa, architetto, ai suoi infiniti possibili per orchestra in microintervalli

Besetzung: sehr großes Orchester. – Entstanden 1984. UA: 1985 in Hamburg (Philharmonisches Staatsorchester, Dirigent: Hans Zender). – Aufführungsdauer: ca. 10 Minuten.

A Carlo Scarpa verwendet – so der Nono-Kenner Jürg Stenzl (1990) – nur die »Initialen des Widmungsträgers, die Töne C und Es, diese jedoch in einer größtmöglichen Anzahl klanglicher Erscheinungsformen. Die Instrumente des Orchesters und die unterschiedlichen Möglichkeiten ihrer Klangerzeugung geben dem Komponisten die Mittel, das in selbstgesetzter Besetzung gewählte Geringste – eben die beiden Töne C und Es – in stets neuen Erscheinungsformen hörbar werden zu lassen. Dazu dienen ihm auch die Mikrointervalle. Wenn Nono Erhöhungen und Erniedrigungen um Viertel- und Achtel-, ja gar um Sechzehnteltöne verlangt, so sind ihm selbstverständlich auch die Grenzen der technischen Realisierbarkeit solcher geringen, ja winzigen Schwebungen bewußt. Doch geht es ihm nicht um ein krud Physikalisches, sondern um genau das, was er andernorts mit der Live-Elektronik vollzog: um die Expressivität der minimalsten Abweichung, bei wel-

cher der Hörer mitunter unsicher ist, ob es sich wirklich um eine solche handelt oder nur um die Veränderung seiner eigenen Hörweise während des Mitvollzugs eines Gleichbleibenden [. . .].
Bei *A Carlo Scarpa* handelt es sich – wie in einigen Werken Nonos aus den fünfziger Jahren – um großbesetzte Ensemblemusik, um Musik für eine stattliche Anzahl solistischer Instrumente. Jedes von ihnen kommt während der 71 Takte des Werkes nur kurz zum Klingen: mit wenigen, meist extrem leisen Tönen in ungewöhnlichsten Lagen. Von jedem einzelnen Musiker wird ein Höchstmaß an Aufmerksamkeit verlangt, einen Konzertmeister und Solopulte der Bläser gibt es nicht mehr. Das bedeutet, daß *A Carlo Scarpa* nur von einem Orchester realisiert werden kann, in welchem jeder Spieler bereit ist, seine neue Rolle innerhalb des Werkganzen zu begreifen.
A Carlo Scarpa ist – gleich dem *Lorca-Epitaph* von 1952/53, dem *Canto sospeso* (1955/56) und *Como una ola de fuerza y luz* (1971/72) – ein ›Memoriam‹. Carlo Scarpa (1906–78), der posthume Widmungsträger, war ein bedeutender venezianischer Architekt, der in der Nachfolge von Frank Lloyd Wright stand und vorab als eigenwilliger Gestalter von Museums-Innenräumen hervorgetreten ist. Zwischen 1933 und 1947 eignete er sich in der berühmten Glashütte von Murano ein untrügliches Wissen um Materialmöglichkeiten und Materialeigenschaften an, schärfte seinen Sinn für Licht- und Raumwirkungen. Diese Eigenschaften scheinen in Nonos Totenklage um den Freund sozusagen Klang geworden, und mit den glockigen Metallklängen wie mit den extremen Registerkontrasten beschwört *A Carlo Scarpa* auch Tradition und Aura jener Stadt, die für Nono wie Scarpa Herkunftsort und Zentrum des äußeren Lebens gewesen ist: Venedig. So ist denn diese Partitur – fast eine Konstante bei Nono – venezianische Musik, in die hier [. . .] Elemente eines Trauerkondukts eingegangen sind. Ein schwebender Kondukt indessen, so wie auch der Gesamttitel des Werkes in der Schwebe bleibt. *A Carlo Scarpa, architetto, ai suoi infiniti possibili* nämlich kann zweierlei bedeuten: ›Für den Architekten Carlo Scarpa um seiner unendlichen Möglichkeiten‹ oder ›um seiner möglichen Unendlichkeiten willen‹.«

Milko Kelemen

* 30. März 1924 in Podrawska Slatina (Kroatien)

Ab 1945 Musikstudium (Komposition, Dirigieren) in Zagreb. Nach kurzer Lehrtätigkeit weitere Studienjahre 1954/55 in Paris bei Olivier Messiaen und Tony Aubin sowie 1958/59 in Freiburg/Br. bei Wolfgang Fortner. Gründer und Leiter der seit 1961 alljährlich veranstalteten Zagreber Musikbiennale. Elektronische Arbeiten im Münchner Siemens-Studio (1966–68), Stipendiat des Deutschen Akademischen Austauschdienstes in Berlin (1968/69). Kompositionslehrer seit 1969 am Düsseldorfer Robert-Schumann-Konservatorium, seit 1973 an der Stuttgarter Musikhochschule (bis 1990). Gastprofessuren in zahlreichen Ländern.

Kelemens kompositorische Entwicklung vollzog sich, dank seiner vielseitigen Studien und langen Auslandsaufenthalte, parallel zur Auseinandersetzung mit den verschiedensten handwerklichen und ästhetischen Einflüssen. An der Zagreber Hochschule nach engen und tendenziösen Vorstellungen erzogen, öffnete er sich in Paris, Darmstadt und Freiburg einer Fülle neuer technischer wie gestalterischer Erfahrungen. Kelemen entwickelte u. a. eine Art Gruppentechnik (Rotation kleiner Intervalle und Zeitwerte), um serieller Einseitigkeit mit flexibler Klangfülle zu begegnen. Er besteht – vor allem in seinen Bühnenwerken – auf der Zeichnung eindeutiger musikalischer Charaktere, deren Reihung er nicht selten durch unvorhersehbare Wendungen und Entwicklungen auflockert. Unverkennbar, daß in seinen Werken – unabhängig von allen stilistischen Wandlungen – gewisse archetypische Elemente wiederkehren und zu einem persönlichen Ausdrucksbild beitragen. Kelemen verweist auf eine ihn kompositorisch prägende »joie de vivre«, eine kreative Lust zu »Forschungsreisen durch die Klangwelt«, dank derer er sich gegenüber den Gefahren möglicher Erstarrung in musikalischen Eigenstrukturen gewappnet weiß.

Werke: *Konzertante Improvisationen* für Streichorchester (1955); *Concertino* für Kontrabaß und Streicher (1957); *Skolion*, Orchesterstück (1959); *Transfigurationen* für Klavier und Orchester (1960); *Equilibres*, Sonate für 2 Orchester (1961); *Fünf Essays* für Streicher (1961); *Radiant* für Kammerensemble (1962); *Sub rosa* für Orchester (1964); *Hommage à Heinrich Schütz* für gemischten

Chor und Solostimme (1965); *Die Wörter* (*Les Mots*, J.-P. Sartre), Szenische Kantate mit Fernsehapparaten im Publikum für Mezzosopran und Orchester (auch konzertante Fassung, 1964/65); *Composé* für 2 Klaviere und Orchestergruppen (1966/67); *Surprise* für Streicher (1967); *Changeant* für Cello und Orchester (1967/68); *Floreal* für Orchester (1969/70); *Olifant* für einen Bläsersolisten und Kammerorchester (1970/71); *Passionato* für einen Flötisten und 3 Chorgruppen (1971); *Abecedarium* für Streichorchester (1973); *Mirabilia* für Klavier, Ringmodulator und 2 Orchestergruppen (1974); *Tantana*, Improvisation für 10–20 Spieler (1974); *Mageia* für großes Orchester (1978); *Infinity* für großes Orchester (1979); *Grand jeu* für Violine und Orchester (1980); *Grand jeu classique* für Violine und Orchester (1982); *Drammatico* für Violoncello und Orchester (1983); *Love Song* für Streichorchester (1983); *Archétypon* für großes Orchester (1984).
Schriften: *Klanglabyrinthe.* Reflexionen eines Komponisten über die Neue Musik. Mit einem Interview von J. Kaiser (1981).

Klaus Huber

* 30. November 1924 in Bern

Nach Lehrerseminar (Küsnacht bei Zürich), Schuldienst im Zürcher Oberland und privatem Musikunterricht Studium am Zürcher Konservatorium in den Jahren 1947–49 (Violine bei Stefi Geyer, Theorie und Komposition bei Willy Burkhard). Danach Violinlehrer am Zürcher Konservatorium, jedoch weiterhin Kompositionsschüler: bis 1955 bei Burkhard, 1955/56 bei Boris Blacher in Berlin. Lehrtätigkeit am Luzerner Konservatorium (1960–63, Musikgeschichte), an der Basler Musikakademie (1961–73, Musiktheorie, Komposition) und an der Musikhochschule Freiburg/Br. (1973–90, Komposition).

Werke (Auswahl): *Inventionen und Choral* für Orchester (1956); *Oratio Mechtildis* (M. von Magdeburg), Kammersinfonie für Kammerorchester und Alt-Solo (1956/57); *Litania instrumentalis* für Orchester (1957); *Cantio–Moteti–Interventiones* (1963), Streichorchesterfassung der entsprechenden Sätze der *Moteti–Cantiones* für Streichquartett (1962/63); *Soliloquia* (Augustinus), Oratorium für 5 Soli, 2 Chöre und großes Orchester (1959–64); *Alveare vernat* für Flöte und 12 Solostreicher bzw. Streichorchester (1965); *Tenebrae* für großes Orchester (1966/67); *James Joyce Chamber Music* für Harfe, Horn und Kammerorchester (1966/67); *Tempora*, Konzert für Violine und kleines Orchester (1969/70); *... inwendig voller figur ...* (diverse Texte) für Chorstimmen, Tonband und großes Orchester (1970–71); *Hiob 19* für Chorstimmen und 9 Instrumentalisten (1971); *... ausgespannt ...* (diverse Texte), Geistliche Musik in memoriam Kurt Wolfgang Senn für Bariton, 5 Instrumentalgruppen, Lautsprecher, Tonband und Orgel (ohne Dirigent, 1972); *Jot oder Wann kommt der Herr zurück*, Dialektische Oper, Textcollage: P. Oxman (1972/73); *Turnus* für einen Dirigenten, Inspizienten, Sinfonieorchester und Tonband (1973/74); *Im Paradies oder Der Alte vom Berge* (A. Jarry), 5 schematische Opernakte über einem großen Orchester (1974/75); *Erinnere Dich an G ...* für Kontrabaß solo und 17 Instrumentalisten (1976/77); *... ohne Grenze und Rand ...* für Viola solo und kleines Orchester (1976/1977); *Ich singe ein Land, das bald geboren wird ...* für 17 Instrumentalisten und Tonband (1978/79); *Beati pauperes I* für Flöte, Viola, Klavier und kleines Schlagzeug (1979); *Beati pauperes II*, Kontrafaktur nach 2 Motetten von Orlando di Lasso für kleines Orchester, 7 Einzelstimmen ad lib. und separaten A-cappela-Chor (1979); *Erniedrigt – geknechtet – verlassen – verachtet* (E. Cardenal, C. M. de Jesus, F. Knobloch, G. Jackson) für 3 Vokalsolisten, 16 Einzelstimmen, Chor, Orchester und Tonband (1979–81); *Ñudo que ansi juntáis* für 16 Einzelstimmen (1983/84); *Cantiones de circulo gyrante* (Hildegard von Bingen, H. Böll) für Soli, Chor und 14 Instrumente (1983–85); *Protuberanzen*, 3 kleine Stücke für Orchester (1985/86); *Spes contra spem* (ein Contra-Paradigma zur *Götterdämmerung*) für 5 Singstimmen, 5 Sprecher-Schauspieler/innen, großes (»Wagner«-)Orchester, Tonbänder u. a. (1986–89); *La Terre des Hommes* (S. Weil, O. Mandelstam) für Mezzosopran, Kontratenor/Sprecher und 17 Instrumentalisten (1987–89); *Intarsi*, Kammerkonzert für Klavier und 17 Instrumentalisten (1993/94).

Hubers Gedankenwelt kreist um geistliche Fragestellungen und Texte; liturgische Melodien können in seiner Musik die Bedeutung zentral steuernder Gestalten gewinnen, auf welche der oft streng konstruierte, doch stets phantasievoll ausgesponnene Satz bezogen ist. Dennoch kann von Sakralmusik im engen Sinn bei Huber eigentlich nicht gesprochen werden, eher von einer humanistisch offenen, auf direkte Ansprache bedachten Ausdrucksmusik, die mystische Haltungen ebenso kennt wie extreme Anspannungen und Ausbrüche von bildhafter Intensität. Hubers Sprache ist von seriellen Erfahrungen und mathematischen Ordnungsprinzipien geprägt, denen jedoch stets Spielräume für freie strukturelle Entfaltung abgewonnen werden.

Intarsi
Kammerkonzert für Klavier und 17 Instrumentalisten

Besetzung: Solo-Klavier, Kammerorchester (5 Holz-, 3 Blechbläser, 2 Schlagzeuger, 7 Streicher). – Entstanden 1993/94. UA: Musikfestwochen Luzern 1994 (Deutsche Kammerphilharmonie, Solist: András Schiff, Dirigent: Heinz Holliger). – Aufführungsdauer: ca. 25 Minuten.

»Ich ging von Mozarts letztem Klavierkonzert [B-Dur, KV 595] aus, das mir ständig im Rücken stand. Nicht zuletzt deshalb wollte ich die inflationäre Entwicklung der Avantgarde-Klaviermusik insofern in Frage stellen, als ich mich bewußt über weite Strecken auf den Mozartschen Klavierumfang beschränkte und statt virtuoser Sprungtechnik ein Höchstmaß an Polyphonie in polyrhythmischer, klanglicher und linearer Hinsicht anstrebte.

Im 1. Satz *Intarsi*, der über eine große auskomponierte Stille in den 2. übergeht, ist das Klavier in einen äußerst zarten, durchsichtigen Ensemblesatz hineingesponnen, dessen Klanglichkeit es maßgeblich bestimmt. Wie Intarsien tauchen dann und wann winzig kleine Zitate aus Mozarts 1. Satz auf, auf die ich mich aber ständig hinbewege: abwärtssinkende Triller, wie ein immer neues, immer schwerer werdendes ›Adieu‹. (Das Kammerkonzert, insbesondere der Satz *Intarsi*, ist dem Andenken Witold Lutosławskis gewidmet, dessen liebenswürdige Freundschaft mir unwiederbringlich ist.)

Der 2. Satz *Pianto – Specchio di memorie* ist in gewissem Sinn eine 8stimmige Spektralstudie, deren Tonhöhen durchgehend (übrigens wie im 1. Satz) aus Mozartschen Intervallkonstellationen abgeleitet sind. Das ständige Pulsieren der Klänge in sich überschichtenden primzahligen Unterteilungen wird von zwei schattenhaft vorbeihuschenden ›Cadenze contrappuntistiche‹ unterbrochen, deren raffinierte Kontrapunktik ausnahmslos aus Mozartschen Intervall- und Rhythmusmotiven entwickelt ist. Die ›dritte Kadenz‹, vom Pulsieren aufgesogen, erinnert sich an ein Mozartsches Thema aus dem 2. Satz.

Eine vollkommen gegensätzliche Situation manifestiert sich im *Unità*! betitelten 3. Satz. Monothematisch aus einem Motiv aus Mozarts letztem Satz entwickelt, das sozusagen ad absurdum weiter zu sequenzieren, umzukehren, rückwärtslaufen zu

lassen ich mir erlaube, erhebt sich eine ›Hexenjagd‹, die ständig nach Einheit strebt, ohne sie je zu erreichen [. . .].
Im abschließenden Epilog *Giardino arabo* greife ich die ›Spektralstudie‹ des 2. Satzes wieder auf, um sie so sanft wie irgend möglich zu einem Ende zu führen. Eine bereits im 2. Satz angelegte dreivierteltönige Intervallik entwickelt sich in Richtung auf arabische Maqamat [= Melodiemodelle], die das vorher durchs Klavier geprägte Klangbild mehr und mehr verdrängen. Das Pianoforte, historisch die eigentliche Wurzel unseres chromatisch-temperierten Musikdenkens, tritt jetzt zurück zugunsten einer Klangwelt mit anderen Horizonten [. . .]« (Klaus Huber, 1994).

Pierre Boulez

* 26. März 1925 in Montbrison (Dép. Loire, Frankreich)

Nach dem Gymnasialbesuch in St-Etienne 1jähriger Mathematikkurs in Lyon. Ab 1943 musikalische Studien in Paris: Kontrapunkt bei Andrée Vaurabourg-Honegger, Harmonielehre bei Olivier Messiaen (1944/45); daneben entscheidende Anregungen durch einen privaten Analysekurs Messiaens und durch Informationen über die Zwölftontechnik der Wiener Schule bei René Leibowitz.
Ab 1946 – auf Empfehlung Arthur Honeggers – Dirigent und Komponist der Schauspielmusik an Jean-Louis Barraults und Madeleine Renauds Théâtre Marigny in Paris. Nach Jahren fast völliger kompositorischer Isolation erste resonanzreiche Aufführungen 1951 in Donaueschingen (»Polyphonie X«) und 1952 in Paris und Darmstadt (»Structures I«). Zusammen mit Karlheinz Stockhausen Versuche mit Konkreter Musik in Pierre Schaeffers »Club d'Essai« (1952). 1954 Gründung, dann Leitung der Konzertreihe »Domaine Musical«, dem wichtigsten Pariser Forum für neue und neueste Musik, die ab 1967 unter der Leitung von Gilbert Amy stand und 1973 eingestellt wurde. Künstlerischer Durchbruch mit der heftig umstrittenen Uraufführung des »Marteau sans maître« durch Hans Rosbaud beim IGNM-Fest 1955 in Baden-Baden, wo Pierre Boulez seit 1958 einen seiner Wohnsitze hat.
Lehrtätigkeit 1955–67 bei den Darmstädter Ferienkursen, wo 1957 der Vortrag »Alea« Aufsehen erregte und 1960 das theoretisch-äs-

thetische Resümee »Musikdenken heute« formuliert wurde. 1960–1963 und 1969 Kompositions-, Interpretations- und Dirigierkurse an der Musikakademie Basel. 1963 Visiting Lecturer der Harvard University. 1976 ff. Professur am Pariser Collège de France.
Seit Mitte der 60er Jahre trat das Komponieren stark zurück infolge einer ungewöhnlich steilen Dirigentenkarriere, die Boulez über Paris (»Wozzeck«, 1963), Bayreuth (»Parsifal«, 1966) und London (»Pelléas et Mélisande«, 1969) im Jahr 1971 an die Spitze des Londoner BBC Symphony Orchestra und der New Yorker Philharmoniker führte. 1976 schränkte Boulez seine Dirigiertätigkeit ein und übernahm die Leitung eines nach seinen Intentionen geschaffenen »Institut de Recherche et de Coordination Acoustique-Musique« (IRCAM) im Pariser Centre Beaubourg (bis 1992). Viel Beachtung fanden der von Boulez dirigierte und Patrice Chéreau inszenierte Wagnersche »Ring des Nibelungen« (Hundertjahrfeier der Bayreuther Festspiele, 1976) sowie die vom selben Team betreute Pariser »Lulu«-Inszenierung, die erstmals den von Alban Berg nicht mehr vollendeten, von Friedrich Cerha fertiggestellten 3. Akt einbezog (1979). Mit dem exzellenten, dem IRCAM zugehörigen Ensemble InterContemporain erarbeitete Boulez eine lange Reihe exemplarischer Interpretationen, wobei neben »Konstanten« wie Schönberg, Ravel, Strawinsky oder Messiaen zunehmend auch Vertreter der jüngeren Generationen ein Forum fanden (z. B. Birtwistle, Kurtág, Grisey, Dufourt, Benjamin). Zu einem großen Erfolg des Komponisten gestaltete sich der Programmschwerpunkt Boulez der Salzburger Festspiele 1992.

Werke (Auswahl): *Le Visage nuptial* (Texte: R. Char), 3 Fassungen (1946/47, 1951/52, 1985–89), Fassung 3: Sopran, Mezzosopran, Chor und Orchester; *Le Soleil des eaux* (Texte: R. Char), 4 Fassungen (1948, 1950, 1958, 1965), Fassung 4: Sopran, gemischter Chor und Orchester; *Livre* für Streichquartett (1948/49), Fassung der Sätze Ia/Ib (*Variation, Mouvement*) für Streichorchester (1968, rev. 1988); *Polyphonie X* für 18 Instrumente (1950/51, zurückgezogen); *Le Marteau sans maître* (Texte: R. Char) für Altstimme und 6 Instrumente (1953–55, rev. 1957); *Poésie pour pouvoir* (Text: H. Michaux) für Sprecher, 3 Orchestergruppen und Tonband (1958, zurückgezogen); *Pli selon pli, portrait de Mallarmé* für Sopran und Orchester (1957–62, mehrfach rev.); *Figures – Doubles – Prismes* für großes Orchester (1957/58, 1963, 1968); *Eclat* für 15 Instrumente (1964/65); *Eclat-Multiples* für 25 Instrumente (1966 ff.); *Domaines* für Klarinette und 21 Instrumente (1961, 1968); *Cummings ist der Dichter* (Texte: E. E. Cummings) für 16 Solostimmen und 24 Instrumente (1970, rev. 1986); *... explosante-fixe ...* für variable Besetzungen (1971 ff.); *Rituel in memoriam Maderna* für

Orchester in 8 Gruppen (1974/75); *Messagesquisse* für Violoncello solo und 6 Violoncelli (1976); *Notations* für großes Orchester (1978 ff.; bislang vorliegend: *Notations 1–4*); *Répons* für 6 Instrumentalsolisten, Kammerensemble, Computerklänge und Live-Elektronik, mehrere Fassungen (1981 ff.); *Dérive I/II* für Ensemble (1984, 1988); *Mémoriale (... explosante-fixe ... Originel)* für Solo-Flöte und 8 Instrumente (1985); *Sur »Incises«* für je 3 Klaviere, Harfen und Stabspiele (1996); *Anthèmes*, Version für Violine, Computer und 6 Lautsprecher (1991/92, 1997).
Schriften: *Musikdenken heute I/II* (1963, 1985); Textsammlungen *Werkstatt-Texte* (1972), *Anhaltspunkte* (1975); *Wille und Zufall*, Gespräche mit C. Deliège und H. Mayer (1977); Textsammlungen *Points de repère* (1981), *Jalons (pour une décennie)* (1989).

Als sich seit Mitte der 60er Jahre der Komponist Boulez immer mehr von den Aktivitäten des Dirigenten Boulez eingeengt sah, fehlte es nicht an Stimmen, die von einer schöpferischen Bankrotterklärung sprachen. Man wollte in dem Mallarmé-Zyklus *Pli selon pli* (1957–62) nicht nur den Höhepunkt einer von äußerster Konsequenz gekennzeichneten kompositorischen Entwicklung sehen, sondern zugleich deren Endpunkt, auf den nur eine Nachhut von Werken geringerer Bedeutung folgte. Sollte wirklich eine etwa 2 Jahrzehnte dauernde Ära zu Ende gehen, während der Boulez, mit diszipliniertem Denkvermögen und hellwacher Klangphantasie begabt, vielfältige Anregungen von Schönberg, Webern, Debussy und Messiaen, der dodekaphonen und seriellen Technik, der Ästhetik des gelenkten Zufalls und der elektroakustischen Technologie aufgegriffen, entscheidend weiterentwickelt und auf unverwechselbare Weise abgewandelt hatte?
Josef Häusler, genauer Kenner von Boulez' Œuvre und Übersetzer seiner gesammelten Texte, sieht einen engen Zusammenhang zwischen der eingeschränkten Komponiertätigkeit und der Fähigkeit des Komponisten, nicht nur das Tun anderer, sondern auch den eigenen Weg mit unnachsichtiger Kritik zu verfolgen:
»Es scheint, nein, es ist sicher, daß der Doppelaufstieg das bei Boulez schon immer sehr ausgeprägte künstlerische Verantwortungsgefühl noch weiter gesteigert und verfeinert hat. Es gibt da einen Zusammenhang zwischen dem raschen Schaffenstempo seiner Frühwerke und dem Duktus seiner Aufsätze und Vorträge bis zu *Alea* [1957]. Jene typisch Boulezsche

Rage, für die sich im ersten Band der *Structures pour deux pianos* [1951/52] ebenso Zeugnisse finden wie in den polemischen Passagen seiner Artikel – jener Charakter des genialischen Herausschleuderns, jähen Zustoßens –: er hat in beiden Bereichen einer sorgfältiger überlegten Planung, einer abgewogeneren Formulierung Platz gemacht. Vielleicht ist als Wendepunkt jener Darmstädter Vortrag des Jahres 1955 anzusehen, dessen Wortlaut leider verlorenging und in dem Boulez sich zum erstenmal ganz bewußt in die Überlieferung der französischen Musik nach Debussy einordnete, mehr noch: in einem Amalgam aus Debussy und Webern die eigenen Möglichkeiten für Zukünftiges erkannte« (1970).
Als Folge einer ungewöhnlich kritischen Haltung gegenüber dem eigenen Werk ist es auch zu werten, daß der Komponist einige Titel seines ohnehin nicht umfangreichen Werkkatalogs als mißlungen bezeichnete und wieder zurückzog (u. a. *Polyphonie X*, *Poésie pour pouvoir*), die meisten anderen Werke außerdem erst nach mehrfacher Überarbeitung zu veröffentlichen bereit war.
Boulez' Gedanke eines »gelenkten Zufalls« findet sich kompositorisch in Werken wie der *3. Klaviersonate*, Teilen von *Pli selon pli* sowie der Mehrzahl nachfolgender Partituren verwirklicht. Er steht in Gegensatz zu jenem Werkbegriff, der am genau festgelegten, jederzeit wiederholbaren Ablauf des Notentextes festhält, und sieht das Vorhandensein einer begrenzten Zahl unterschiedlicher Verlaufs- oder Vortragsanordnungen vor, deren Differenzen jedoch vom Komponisten überschaut und kontrolliert werden können und keineswegs in interpretatorische Willkür einmünden.

Le Marteau sans maître

Besetzung: Altstimme und 6 Instrumente (Altflöte, Xylorimba, Vibraphon, Schlagzeug, Gitarre und Bratsche). – Entstanden 1953–55, rev. 1957. UA: 1955 in Baden-Baden, Weltmusikfest der Internationalen Gesellschaft für Neue Musik (IGNM) (Leitung: Hans Rosbaud). – Aufführungsdauer: ca. 35 Minuten.

Igor Strawinsky hat 1957 im Rückblick auf die kompositorischen Neuerungen der Nachkriegsjahre den *Marteau sans maître* als »das bis jetzt einzige wirklich bedeutende Werk dieser neuen Zeit« bezeichnet. Hatte schon die Uraufführung trotz größter Widerstände dem Komponisten zum entscheidenden Durchbruch verholfen, so blieb dem Werk der

Rang des Außerordentlichen weiterhin erhalten – auch hinsichtlich der exorbitanten Schwierigkeiten der Partitur, die den Musikern aber inzwischen geläufiger geworden sein dürften. Stilistisch bezeichnet der *Marteau* einen bedeutsamen Wendepunkt nach der totalen Reihenorganisation der Jahre um 1950. Boulez bemühte sich, »nach dem strengen seriellen Versuch der *Structures I* wieder die Dialektik zu suchen zwischen Freiheit und Ordnung. Das strenge Prinzip blieb als Basis bestehen, doch ich nahm mir die Freiheit auszuwählen.«

4 Vokalsätze exponieren kurze Gedichte René Chars, artifizielle und vieldeutige Texte surrealistischer Prägung. Sie werden umkreist von strukturell nahe verwandten reinen Instrumentalstücken mit vorbereitender, fortspinnungsartiger und kommentierender Funktion. Insgesamt fügen sich die Teile der, wie Ligeti sie nannte, »bunt-sinnlichen Katzenwelt« des *Marteau* nach folgendem Bezugsplan ineinander:

1. *Vor ›L'artisanat furieux‹* (instrumental)
2. *Kommentar I zu ›Bourreaux de solitude‹* (instrumental)
3. *›L'artisanat furieux‹* (vokal/instrumental)
4. *Kommentar II zu ›Bourreaux de solitude‹* (instrumental)
5. *›Bel édifice‹*, 1. Version (vokal/instrumental)
6. *›Bourreaux de solitude‹* (vokal/instrumental)
7. *Nach ›L'artisanat furieux‹* (instrumental)
8. *Kommentar III zu ›Bourreaux de solitude‹* (instrumental)
9. *›Bel édifice‹*, 2. Version (vokal/instrumental)

Oft wurde das fernöstliche Kolorit des *Marteau*-Instrumentariums als Novität gewertet. Boulez nimmt dazu folgendermaßen Stellung: »Ich habe keine neuen Instrumente benutzt, doch glaube ich sagen zu dürfen, daß eine derartige Kombination von Instrumenten etwas völlig Neuartiges war. Ich benutzte exotische Instrumente, nur wurden sie in meiner Komposition nicht als fremde, sondern normale, traditionelle Instrumente eingesetzt. So erzielte ich eine neue Farbwirkung.«

Pli selon pli, portrait de Mallarmé

Besetzung: Sopran-Solo und großes Orchester (in wechselnder Größe). – Entstanden 1957–62, später mehrfach revidiert. UA des Zyklus: 1962 in Amsterdam; deutsche EA: Donaueschinger Musiktage 1962 (beide Aufführungen unter der Leitung des Komponisten). – Aufführungsdauer: ca. 65 Minuten.

Übersicht über die einzelnen Sätze und Mallarmé-Texte:

1. *Don* (Zitat aus »Don du poème«)
2. *Improvisation I* (Sonett ›Le vierge, le vivace et le bel aujourd'hui«)
3. *Improvisation II* (Sonett ›Une dentelle s'abolit«)
4. *Improvisation III* (Sonett »A la nue accablante«)
5. *Tombeau* (Zitat aus »Tombeau« auf den Tod Verlaines)

»Der *Marteau* ist mein erfolgreichstes Stück [. . .]. Für mich, als den Komponisten, ist jedoch die Komposition *Pli selon pli, portrait de Mallarmé* von größerer Wichtigkeit [. . .]. Die Aufführung, allein die Beschaffung der Instrumente ist jedoch sehr viel schwieriger als beim *Marteau*; vielleicht aus diesem rein technischen Problem hat sich zwischen dem Werk und dem Publikum kein solcher Kontakt ergeben können, wie es beim *Marteau* geschah« (Boulez).

Da als »work in progress« angelegt, ließ Boulez der derzeit letzten Fassung von 1990 eine Reihe aufbauender Stadien mit weniger bzw. anders formulierten Sätzen vorangehen. Der Titel, der ebenfalls einem Mallarmé-Gedicht entstammt (»Remémoration d'amis belges«), spielt auf das in der Erinnerung »pli selon pli« (etwa: »Zug um Zug«) wachgerufene Bild der Stadt Brügge an. Analog will der Komponist Boulez ein von Satz zu Satz sich verdichtendes und verschärfendes Porträt Mallarmés entwerfen (dessen Stellung in der literarischen Avantgarde seiner Zeit etwa mit dem Standort Weberns im kompositorischen Schaffen des 20. Jh. zu vergleichen wäre). Der Begriff Vertonung ist dabei notwendig zu erweitern und komplexer zu fassen: »Wenn ich ein Gedicht wähle [. . .], dann drängt sich mir ein Gewebe von Bezogenheiten auf, das unter anderem die affektiven Beziehungen einschließt, aber auch den gesamten Mechanismus des Gedichtes umfaßt, von der reinen Klangsubstanz bis zu seiner eigentlichen geistigen Ordnung« (Boulez). Beispielsweise geht die Sonettform der 3 zentralen Gedichte sinngemäß auf die musikalische Form über (*Improvisations I, II, III*). Der Begriff »Improvisation« bezeichnet hier verschiedene Grade genau begrenzter interpretatorischer Freiheit, z. B. wenn sich das Tempo der individuellen Atemlänge der Singstimme anpassen soll.

Auch die Orchesterbesetzung nimmt am formalen Ablauf Anteil. Zur Mitte, d. h. zur *Improvisation II* hin, reduziert sich die große Besetzung von Satz 1, um gegen das Ende wieder zur vollen Orchesterformation anzuwachsen.

Eclat

Besetzung: Kammerensemble von 15 Instrumenten, unterteilt in 2 Gruppen. 1. Gruppe (solistisch): Klavier, Celesta, Harfe, Glockenspiel, Vibraphon, Mandoline, Gitarre, Zymbal und Röhrenglocken. 2. Gruppe: Altflöte, Englischhorn, Trompete, Posaune, Bratsche und Violoncello. – Entstanden 1964/65. UA: 1965 in Los Angeles; deutsche EA: 1966 in der Konzertreihe »Ars Nova« des Südwestfunks Baden-Baden (Dirigent: der Komponist). – Aufführungsdauer: ca. 10 Minuten.

Eclat – Multiples

Besetzung: wie *Eclat*, dazu Gruppe mit Bassetthorn und 9 Violen. – Entstanden 1966 ff. UA: 1970 BBC London; deutsche EA: 1971 in München, Reihe »Musica viva« (jeweils unter der Leitung des Komponisten). – Aufführungsdauer: ca. 17 Minuten.

»Konzert für einen Dirigenten« – diese unter Kritikern weitergereichte Charakterisierung trifft nicht ausschließlich äußerliche Züge des Werkes. Wohl hatte das Publikum Gelegenheit gehabt, während immer länger werdenden schöpferischen Pausen des *Komponisten* Boulez eine stetig zunehmende schlagtechnische Gewandtheit des immer gefragteren *Dirigenten* Boulez bewundern zu können. Doch fallen in *Eclat* dem Dirigenten neben den herkömmlichen Pflichten wesentliche neue Aufgaben der Zeichengebung zu: individuelles Abschließen, Überleiten oder Verknüpfen von Klangabschnitten, Signalisieren spontaner Entscheidungen an Knotenpunkten des formalen Verlaufs, Gruppieren von Einzelstrukturen innerhalb von Strukturfeldern. Dem Hörer teilt sich diese Flexibilität der Koordination als Eindruck frei atmender, doch nie unkontrollierter Improvisation mit, die der subtil ausgehörten, raffinierten Klanglichkeit des wählerisch ausgesuchten Instrumentariums viel Raum zur Entfaltung beläßt. Einer der »éclats« des Stückes – Boulez legt sich in der Nuancierung dieses schillernden Begriffes (›Glanz‹, ›Pracht‹, ›Aufsehen‹, ›Knall‹) nicht fest – besteht darin, daß in einem kurzen Schlußabschnitt plötzlich die bislang nahezu unbeschäftigt gebliebene zweite Instrumentalgruppe mobilisiert und durch Einhalten eines präzisen raschen Tempos ein stretta-artiger

Schlußeffekt erzielt wird. Auch im Falle von *Eclat* sah Boulez den Kompositionsvorgang nach Abschluß einer ersten Fassung noch nicht als erschöpft an. Der neue umfangreiche Teil *Multiples* unterzieht das bekannte Material von *Eclat* einem dynamischen Verwandlungsprozeß. Es entsteht der Eindruck einer »Folge von Spiegelbildern [...], in denen Entwicklungen einander widerspiegeln; anders ausgedrückt: die mannigfachen Widerspiegelungen der ursprünglichen musikalischen Visionen vermischen sich untereinander und erzeugen divergierende Ausblicke, wie sie etwa Paul Klee in einigen seiner Bilder vorschwebten« (Boulez).

Domaines

Besetzung: Solo-Klarinette und 21 Instrumente in 6 Gruppen. – Entstanden 1961, 1968. UA: 1968 in Brüssel, Festival »Reconnaissance des Musiques modernes«; deutsche EA: Donaueschinger Musiktage 1969 (Solist: Walter Boeykens, Dirigent: der Komponist). – Aufführungsdauer: ca. 30 Minuten.

Vorausgegangen war eine Fassung für Klarinette allein, die 1969 in Ulm uraufgeführt wurde. Nun, nach der orchestralen Erweiterung, sieht sich der Solist von 6 Gruppen mit teils homogenem (z. B. 6 Streicher), teils heterogenem Instrumentarium (z. B. Marimbaphon und Kontrabaß) umkreist. Boulez' Musik weist antiphonischen Charakter auf: Der von Gruppe zu Gruppe schreitende Solist spielt jedem Ensemble ein eigenes Solo (»cahier«) zu, worauf die Gruppe mit einer Art kommentierender Echomusik antwortet. »Früher hatte ich Spaziergänge auf der Bühne nicht so gern [...]. Und diesmal bin ich zum erstenmal zufrieden mit der Idee, eine Struktur zu bringen, die Spaziergänge nicht nur zu einem dekorativen Mittel, sondern zur Notwendigkeit macht«, erläuterte der Komponist. – Im zweiten, auf Spiegelformen basierenden Teil ist die Anordnung umgekehrt: die Gruppen »rufen« den Solisten.

Wie bei *Eclat* verbindet Boulez mit dem Begriff »domaine« keine fest umrissene Bedeutung; das Wort bezeichnet also Nuancen wie ›Besitz‹ – ›Eigentum‹ – ›Bereich‹ ebenso wie ›Gebiet‹ – ›Herrschaft‹ – ›Gewalt‹.

Rituel in memoriam Maderna

Besetzung: Orchester in 8 Gruppen. – Entstanden 1974/75. UA: 1975 in London (BBC Symphony Orchestra, Dirigent: der Komponist). – Aufführungsdauer: 24–25 Minuten.

Durch die traditionsreiche Gattung des »Tombeau« (›Grabmal‹, Werk des Gedenkens) fühlte sich Boulez – gleich Strawinsky übrigens – immer wieder herausgefordert (vgl. *Pli selon pli* [5. *Tombeau*], *... explosante-fixe ...*, *Mémoriale*). Dem 1973 verstorbenen Freund Bruno Maderna, Komponist und Dirigent gleich Boulez, ist *Rituel* zugedacht, eines der wenigen späteren Werke des Franzosen, das – unter Verzicht auf erweiterte Fassungen oder die Offenheit eines »work in progress« – auf Anhieb seine definitive Gestalt erhielt. Der Partitur sind folgende Sätze vorangestellt:
»Ein Wechselspiel ohne Ende: Versartiges und Antwortendes, bestimmt für eine imaginäre Zeremonie. Zeremonie des Erinnerns – deshalb auch dieses häufige Zurückgreifen auf dieselben Formeln, wobei Profile und Perspektiven sich wandeln. Zeremonie des Verlöschens, Ritual des Schwindens und Überlebens: so prägen sich die Bilder ins musikalische Gedächtnis ein – gegenwärtig/abwesend, im Ungewissen.«
Ein einziger Riesensatz, äußerlich statisch, im Innern polyphon verästelt, wächst über eine Viertelstunde hinweg zur Tutti-Fülle an, um sich während der verbleibenden 9 bis 10 Minuten stufenweise wieder zum Nichts zurückzubilden (»Zeremonie des Verlöschens«). Den 7 »Versen« (*versets*) stehen ebenso viele »Antworten« (*répons*) gegenüber, wobei die letzte und mit Abstand ausführlichste das beschriebene »Verlöschen« vollzieht. Aufgelöst hat sich das traditionelle große Orchester zugunsten einer Spezialdisposition, die 7 Teilgruppen, anwachsend von einem bis 7 Musikern (zuzüglich je einem Perkussionisten), in weiträumiger Plazierung auf dem Podium vorsieht. Dirigentenlos, d. h. nur von den völlig eigenständigen »Schlagzeilen« der Perkussionisten angeführt, wachsen die psalmodienden »Verse« allmählich von der Einzur höchst komplexen Siebenstimmigkeit auf 7 Zeitebenen an. Dem Dirigenten folgen hingegen die blockhaften »Antworten« (knapper Auftakt, sehr langer Halteklang, tonreiche Endung). Nur bei ihnen wirkt, gleich einem zusätzlichen Refrain-Instrumentalchor, die achte, mit 14 (= 2×7) Musikern weitaus mächtigste Teilgruppe mit.

Bis ins letzte Detail des Instrumentalen wie des Formalen erweist sich die Partitur durch die Zahl 7 determiniert. Verwendung fand im übrigen das Tonmaterial des Konzeptes ... *explosante-fixe* ..., das seinerseits als »Tombeau« für Igor Strawinsky († 1971) entworfen wurde. Mit unerbittlicher Monotonie und bewegender Ruhe, in einem »Wechselspiel ohne Ende« folgen die Teilgruppen dem Plan, dem Weg, der ihnen vorgezeichnet ist. Wählte Boulez für die kleinste Gruppe, die den Eröffnungs-»Vers« vorträgt, die Oboe (plus Schlagzeug) deshalb, weil Maderna dieses der Vox humana gleichende Aulos-Instrument bevorzugte und es gleich mit 3 Solokonzerten bedachte, deren letztes auch seine letzte Arbeit überhaupt werden sollte?

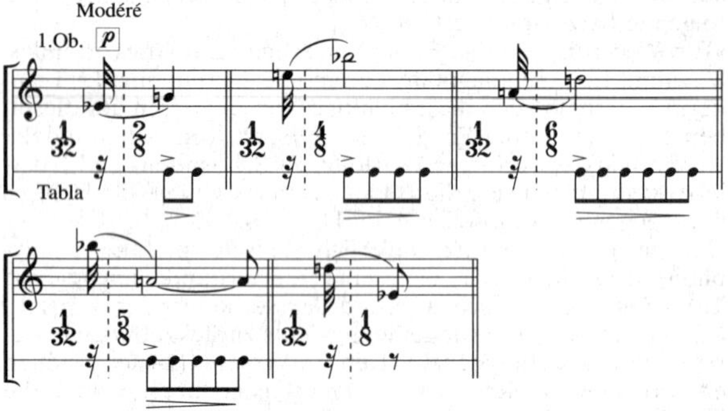

Notations

Besetzung: sehr großes Orchester (u. a. 4–5faches Holz, 8 Schlagzeuger, Pauken, Celesta, 3 Harfen). – Entstanden 1978 ff. UA Sätze 1–4: 1980 in Paris (Orchestre de Paris, Dirigent: Daniel Barenboim). – Aufführungsdauer Sätze 1–4: ca. 10 Minuten.

Sein häufig gewähltes Arbeitsprinzip des »work in progress« hat Boulez bei einer Publikumsdiskussion einmal drastisch erklärt: Frühere Werke und Entwürfe bewahre er wie Tiefkühlkost im Gefrierschrank auf, belasse sie hier oft über lange Zeiträume hinweg und hole sie wieder hervor, wann immer er Appetit verspüre.

Kein Werk lagerte länger als die *Notations*, 12 im Spätjahr 1945 für den Pianisten Serge Nigg geschriebene und lange ver-

loren geglaubte Klavierstücke. Sie umfassen, analog zur Zahl der Reihentöne, jeweils nur 12 Takte, sind von großer Gegensätzlichkeit geprägt und zeugen von der frühen Auseinandersetzung des 20jährigen mit der durch René Leibowitz erst jetzt wieder so recht in den Blickpunkt gerückten Schönbergschen Reihentechnik. Vier dieser Klavierbagatellen hat Boulez seit 1978 zu farbenreichen Orchestersätzen von wenigen Minuten Dauer entfaltet; doch soll das Dutzend komplettiert werden. Bei grundsätzlich frei zu wählender Reihung – Minimum: 4 Stücke – empfiehlt der Komponist für die bisherigen Ausarbeitungen doch die Abfolge: 1. *Modéré – Fantasque*, 4. *Rythmique*, 3. *Très modéré*, 2. *Très vif. Strident*. Um die enorme Spannweite dieser Entfaltung wenigstens optisch zu veranschaulichen, sind den Partiturheften die jeweiligen Klavierstücke vorangestellt.
Wohl in keinem anderen Orchesterwerk ist Boulez so phantasievoll mit einem begrenzten Ausgangsmaterial verfahren, hat er das extrem reich und farbig besetzte Orchester so konsequent zur Ausführung weit verästelter Stimmgeflechte benutzt. Ihrer Knappheit, aber auch ihrer sprühenden Virtuosität und vitalen Expressivität wegen erschließen sich die *Notations* – ungeachtet ihres Reichtums an innerer Polyphonie – dem Hörer relativ leicht.

Giselher Klebe

* 28. Juni 1925 in Mannheim

Kompositorische Studien zunächst bei Kurt von Wolfurt am Städtischen Konservatorium Berlin. Nach Kriegsdienst und Gefangenschaft zweite, entscheidende Studienphase bei Josef Rufer, dem ehemaligen Assistenten Arnold Schönbergs, dann – anfänglich am Internationalen Musikinstitut in Zehlendorf, später privat – bei Boris Blacher (1946–51). Während des Studiums auch zeitweilig Mitarbeit beim Berliner Rundfunk (Archiv, Programmgestaltung). Breite Resonanz nach dem Erfolg der Orchestermetamorphose »Die Zwitschermaschine« (Donaueschinger Musiktage 1950). 1955 erste, später jedoch nur peripher weiterentwickelte Erfahrungen mit elektronischer Klangerzeugung (Studio für elektronische Musik des Westdeutschen Rundfunks Köln). Zunehmende Beschäftigung mit den Problemen des Musiktheaters, Zusammenarbeit mit zahlreichen deutschen Bühnen. 1957 Dozentur, 1962 Professur für Tonsatz und Komposition an der Nordwestdeutschen Musikakademie Detmold.

Werke für und mit Orchester (Auswahl): *Die Zwitschermaschine*, Metamorphose nach dem gleichnamigen Bild von P. Klee für Orchester op. 7 (1949/50); *Deux Nocturnes* für Orchester op. 10 (1951); *Sinfonie* für 42 Streicher op. 12 (1951); *Sinfonie* (über das Hauptthema des 1. Satzes aus Mozarts Klavierkonzert c-Moll KV 491) op. 16 (1952/53); *Rhapsodie* für Orchester op. 17 (1953); *Konzert für Violine, Violoncello* und Orchester op. 18 (1953/54); *Moments musicaux* für Orchester op. 19 (1954); (1.) *Cellokonzert* op. 29 (1957); *Adagio und Fuge mit einem Motiv aus Richard Wagners »Walküre«* für Orchester op. 37 (1961); *Fünf Lieder* nach romantischen Texten für mittlere Stimme und Orchester op. 38 (1962); *3. Sinfonie* op. 52 (1966); *Scene und Arie* op. 54 für 16 Instrumente (1968); *Herzschläge. Furcht, Bitte und Hoffnung*, Sinfonische Szene für Beat-Band und Orchester op. 57 (1969); *Das Testament*, Ballettsinfonie nach Balladen von F. Villon op. 61 (= *4. Sinfonie*, 1970/71); *Konzert für Cembalo* und kleines Orchester op. 64 (1971); *Orpheus*, Dramatische Szenen für Orchester op. 73 (1976); *5. Sinfonie* op. 75 (1976/77); *La Tomba di Igor Strawinsky* für Oboe, 14 Streicher und Klavier op. 81 (1978); *Begrüßung – Salutations* für Orchester op. 86 (1981); *Boogie agitato* für Orchester op. 88 (1981); *Klarinettenkonzert* op. 92 (1984); *Lied* für Orchester op. 94 (1985); *Notturno* für Orchester op. 97 (1987); *Harfenkonzert* op. 98 (1988); (2.) *Cellokonzert* in 1 Satz op. 99 (1989).

Zum Mozart-Jubiläumsjahr 1956 war an 12 junge Komponisten, darunter Klebe, der Auftrag ergangen, für die Donaueschinger Musiktage einen Beitrag zu einem gemeinschaftlichen *Divertimento für Mozart* beizusteuern; strukturell sollte von der *Zauberflöten*-Arie »Ein Mädchen oder Weibchen« ausgegangen werden. Klebe nun gab zu seinem Werk vorweg einige knappe, ausschließlich technische Angaben über die Verwandlungsprozeduren, die er darin angewendet hatte. Das klangliche Resultat aber entpuppte sich keineswegs als die dürre Experimentalstudie, die man nach seinen Worten darin vermuten mußte, sondern als lebendige, ja klangsinnliche Metamorphose unter der bezeichnenden Überschrift *Espressioni liriche*, »Lyrische Expressionen«. Der auf das Technische aus-

gerichtete Kompositionsansatz hatte das unmittelbare Ausdrucksbedürfnis des Autors nicht behindern können.
Dieses Beispiel ist kennzeichnend, es läßt Klebes kompositorischen Standort deutlich erkennen. Immer ging es ihm darum, rationale Organisationsprinzipien dem Gesichtspunkt ohrenfälliger Effizienz und eines Zugewinns an musikalischen Charakterisierungsmöglichkeiten unterzuordnen. Und er verdeutlicht selbst: »Es gibt in der Musik unendlich viele Möglichkeiten der Aussage, die nicht unbedingt in strengster Abgeschlossenheit nebeneinander existieren müssen. Im Gegenteil: durch wechselseitiges Durchdringen und Verschmelzen der verschiedensten Elemente bleibt das musikalische Erlebnis vital. Man kann, meiner Ansicht nach, nur auf diesem Wege einer Erstarrung in sterilen Reinkulturen begegnen.«
Auch Klebes Orchesterwerken ist anzumerken, daß die erklärte Neigung des Komponisten der Bühne gehört, für die er über ein Dutzend Werke des Typus »Literaturoper« beisteuerte (z. B. *Die Räuber*, nach Schiller, 1952–56, oder *Die Fastnachtsbeichte*, nach Zuckmayer, 1983).

Adagio und Fuge
mit einem Motiv aus Richard Wagners »Walküre« op. 37

Besetzung: großes Orchester (u. a. mit Baßtrompete, Harfe und Celesta). – Entstanden 1961. UA: 1962 bei den »Tagen der Neuen Musik« des Norddeutschen Rundfunks Hannover. – Aufführungsdauer: ca. 16 Minuten.

Im Kommentar zum unmittelbar benachbarten op. 38 (*Fünf Lieder* für mittlere Stimme und Orchester, uraufgeführt bei den Donaueschinger Musiktagen 1962) hatte Klebe bekannt: »Meine Liebe zu den künstlerischen Ausdrucksformen der Romantik bestimmte die Wahl der Texte.« Auch das Orchesterwerk entwickelt seine Substanz aus einer solchen strukturellen Bindung. Brünnhildes Motiv der Todesverkündigung (*Walküre*, 2. Akt, 4. Szene), mehrmals wörtlich zitiert oder an-

gedeutet, kann zu keinem Zeitpunkt als collageartiges Einsprengsel mißverstanden werden. Ähnlich Alban Berg (besonders in dessen *Violinkonzert* von 1935), sucht Klebe »wieder eine absolute akkordische Dichte [. . .] zu erreichen, und zwar dergestalt, daß sie in den Bereich der Idee der ›Komposition mit den zwölf Tönen‹ gehört, und diesen Bereich mit allen Möglichkeiten der funktionalen Harmonik verbindet, ohne indessen die Gesetze der Funktionalität auf Ereignisse zu übertragen, die ihrem Geist nach nicht diesen Gesetzen gehorchen«. Diese Worte Klebes über sein *2. Streichquartett* kennzeichnen auch die Verfahrensweise von *Adagio und Fuge*. Im Spannungsfeld der doppelt deutbaren, doppelt abgesicherten harmonischen Ereignisse entfaltet der Komponist die polyphonen Verflechtungen einer kunstvollen, wenn auch mit formaler Freizügigkeit verfahrenden Fuge, deren Thema, neben mancherlei Gestaltmetamorphosen, auch die Kombination mit dem Wagner-Motiv und der eigenen Umkehrung gestattet:

Luciano Berio

* 24. Oktober 1925 in Oneglia (= Imperia; Ligurien, Italien)

Stammt aus einer seit Generationen in Oneglia ansässigen Musikerfamilie. Musikstudium am Mailänder Konservatorium Giuseppe Verdi bei Giorgio Federico Ghedini und Giulio Cesare Paribeni (Komposition). Anläßlich eines Kurses am Berkshire Music Center in Tanglewood (Massachusetts, USA) auch vorübergehende Studien bei Luigi Dallapiccola.
1953–59 Leiter des zusammen mit Bruno Maderna ins Leben geru-

fenen elektronischen Experimentalstudios (Studio di Fonologia) des italienischen Rundfunks RAI in Mailand. Zugleich Herausgeber der Zeitschrift »Incontri« und Organisator der gleichnamigen Konzertreihe mit vorwiegend neuer Musik (1956–60).
Ab 1960 meist in den USA lebend und unterrichtend: 1960–64 in Tanglewood, an der Dartington Summer School, und – in jährlichem Wechsel mit Darius Milhaud – am Mills College in Oakland (Kalifornien, USA) sowie an der Harvard University, 1965–71 Kompositionslehrer an der Juilliard School of Music in New York, deren Ensemble für Neue Musik Berio im Rahmen einer sich ausweitenden Dirigiertätigkeit leitete. 1976–80 war er dem von Pierre Boulez geleiteten Pariser »Institut de Recherche et de Coordination Acoustique-Musique« (IRCAM) eng verbunden. Seit den 80er Jahren ständiger Wohnsitz in der Toskana. – Berio war mit der armenisch-amerikanischen Sängerin Cathy Berberian (1928–83) verheiratet und hat eine Reihe von Kompositionen für sie geschrieben.

Werke (Auswahl): *Concertino* für Klarinette, Violine und kleines Orchester (1950, rev. 1970); *Allez-hop!* Mimische Erzählung nach I. Calvino für Mezzosopran, 8 Schauspieler, Ballettcorps und Orchester (1952, 1959); *Variationen* für Kammerorchester (1953/54); *Nones* für Orchester (1954); *Allelujah I* für Orchester (1955/56); *Allelujah II* für 5 Instrumentalgruppen (1957/58); *Serenata* für Flöte und 14 Instrumente (1957); *Tempi concertati* für Flöte, Violine, 2 Klaviere und 7 Instrumente (1958/59); *Circles* für eine Frauenstimme, Harfe und 2 Schlagzeuger nach Texten von E. E. Cummings (1960); *Epifanie* für Orchester und Frauenstimme (1960/61, 1965); *Passaggio*, Messa in scena von L. Berio und E. Sanguineti für Sopran, 2 Chöre und Instrumente (1962/63); *Traces*, Szenisches Oratorium (Text: S. Oyama) für 2 Soli, 2 Chöre, 2 Schauspieler und Instrumente (1963); *Folk Songs*, Transkriptionen für Mezzosopran und 7 Spieler (1964), auch Fassung mit Orchester (1973); *Laborintus II* (Text: E. Sanguineti) für Stimmen, Instrumente und Tonband (1963–65); *Chemins I (su Sequenza II)* für Harfe und Orchester (1964); *Recital I (for Cathy)* für Mezzosopran und 17 Instrumentalisten (1966–72); *Chemins II (su Sequenza VI)* für Viola und 9 Instrumente (1967); *Chemins III (su Chemins II)* für Viola solo, Violine, Violoncello und Orchester (1968); *Sinfonia* für 8 Singstimmen und Orchester (1968/69); *Opera*, Oper in 4 Teilen (1969/70), daraus: *Air* für Sopran und Orchester (Text: A. Striggio, 1969); *Chemins IIb* für Orchester (1970); *Bewegung I/II* für Orchester bzw. Bariton und Orchester (1971/84); *Chemins IIc* für Baßklarinette und Orchester (1971); *Après-Visage*, Ballett von R. van Dantzig für Tonband und Orchester (1972); *Concerto für 2 Klaviere* und großes Orchester (1972/73); *Eindrücke* für Orchester (1973/74);

Points on the Curve to Find ... für Klavier und 22 Instrumente (1973/74); *Chemins IV (su Sequenza VII)* für Oboe und Streicher (1975); *Quattro versioni originali della »Ritirata notturna di Madrid« di L. Boccherini ...* (1975); *Coro* für je 40 Stimmen und Instrumente (1975/76, rev. 1977); *Ritorno degli Snovidenia* für Violoncello und 30 Instrumente (1976/77); *La vera storia*, Oper in 2 Teilen, Text von I. Calvino (1977/78), hieraus u. a.: *Scena da »La vera storia«* für Orchester (1977/78); *Encore* für Orchester (1978/1981); *Siete canciones populares españolas* von M. de Falla, Bearbeitung für Mezzosopran und Orchester von L. Berio (1978); *Corale (su Sequenza - VIII)* für Solo-Violine und Kammerorchester (1980/81); *Accordo* für 4 Bläsergruppen (1981); *Un re in ascolto* (»Ein König horcht«), Musikalische Handlung in 2 Teilen, Text von I. Calvino (1979–84); *Requies* für Kammerorchester (1983–1985); *Voci* (*Folk Songs II*) für Viola solo und 2 Instrumentalgruppen (1984); *Opus 120 Nr. 1* für Klarinette und Orchester nach J. Brahms' Sonate op. 120 Nr. 1 (1986); *Formazioni* für Orchester (1985–88); G. Mahler: *Fünf frühe Lieder* und *Sechs frühe Lieder*, Bearbeitung für Männerstimme und Orchester (1986/87); *Ofanim* (Texte: *Altes Testament*) für Frauenstimme, 2 Kinderchöre, 2 Instrumentalgruppen und Live-Elektronik (1988); *Concerto II (Echoing Curves)* für Klavier und 2 Instrumentalgruppen (1988/89); *Rendering* für Orchester nach F. Schuberts Sinfonie-Fragmenten D 936A (1988–90); *Calmo* (div. Texte) für Mezzosopran und kleines Orchester (1988/89); *Festum* für Orchester (1989); *Continuo* für Orchester (1989/90); G. Verdi: *Otto romanze*, Bearbeitung für Tenor und Orchester (1990); *Chemins V (su Sequenza XI)* für Gitarre und Instrumente (1992); *KOL OD, Chemins VI (su Sequenza X)* für Trompete und Instrumentalensemble (1995/96).

Auffallend an Berios bisheriger Kompositionspraxis ist ein äußeres Merkmal: seine Neigung, abgeschlossene Werke nicht als starre musikalische Substanzen zu betrachten, sondern sich Möglichkeiten zu ihrer klanglichen Umgestaltung, zur formalen Erweiterung oder sogar zur tiefgreifenden Substanzveränderung offenzuhalten. Als typisches Beispiel aus dem rein instrumentalen Bereich kann die – sicherlich auch in dieser Form noch nicht abgeschlossene – Werkgruppe der solistischen *Sequenza*-Kompositionen gelten, die er in einem nachträglichen Arbeitsvorgang zu orchestralen *Chemins* ausgeformt hat. Die Erweiterung des Orchesterwerks *Quaderni* zur Gestalt der *Epifanie* durch vokale Interpolationsteile ist ein zweites Beispiel.

Seit jeher galt Berios Interesse der Bivalenz kompositorischer

Materialien. Vor allem im Mailänder »Studio« hat er die Möglichkeiten geprüft, wie eine Art »osmotischer« Durchlässigkeit zwischen phonetischen und instrumentalen Strukturen erreicht werden kann. Mehrere elektronische Kompositionen, dazu vokal-instrumentale Werke mit oder ohne Tonbandzuspielung bezeugen diese Bemühungen auf eindrucksvolle Weise, z. B. *Tema (Omaggio a Joyce)*, *Différences*, *Circles* oder auch *Sequenza III* und *VII*.

Im weiteren Sinne lassen sich auch die bezugreichen musikalischen und textlichen Zitatfelder oder -ketten in Berios späteren Werken (z. B. *Laborintus II*, *Recital I* oder *Sinfonia*) unter dem Aspekt einer durch Übergänge abgestuften Klangumwandlung begreifen.

In einem Interview (1968) stellte der Komponist seine Arbeit folgendermaßen dar: »Man gewöhnt sich daran, immer denselben Raum zu sehen, immer dieselbe Stimme zu hören. Wir müssen den Hörer auffordern, das zu entdecken, was sich dahinter verbirgt, die Rückseite des Mondes oder – besser noch – eines Gesichtes zu erforschen. Die Erfassung jener Oszillationen und Transformationen zwischen zwei isomorphen Polen stellt, verallgemeinert gesagt, eine der wichtigsten Konstanten des gegenwärtigen Denkens dar: eine Umwandlung der Natur in Kultur und eine Gestaltung der Kultur, als sei sie ›Natur‹. Während der Jahre des ›musikalischen Nullpunktes‹ befand man sich ›*an der Grenze des Fruchtlandes*‹. Jetzt verfolgt man die Route der *Vier Segelschiffe* – so der Titel eines Bildes von Klee, in dem er das Schablonenhafte in der Gestik eines Dirigenten in die Konturen von Segelschiffen umwandelt.« (*An der Grenze des Fruchtlandes* ist ein Bildtitel von Klee, zugleich die Überschrift eines 1955 publizierten Artikels von Boulez über Vielfalt und Grenzen elektronischer Gestaltungsmöglichkeiten.)

Allelujah II

Besetzung: 5 räumlich getrennte Instrumentalgruppen, deren Gesamtbesetzung einem sehr stark besetzten Orchester entspricht: 3–4faches Holz, 4 Saxophone; 8 Hörner, 6 Trompeten, 5 Posaunen, 2 Tuben; reiches Schlagzeug (u. a. mit Skalen von Glocken und Gongs), verteilt auf 7 Spieler; Vibraphon, Marimbaphon, Xylophon, Celesta, Gitarre, 2 Harfen, Klavier und Streicher). – Entstanden 1957/58. UA: 1958 in Rom (Orchester des italienischen Rundfunks RAI, Leitung: der Komponist und Bruno Maderna); deutsche EA: Donaueschinger Musiktage 1959. – Aufführungsdauer: ca. 17 Minuten.

In der Mitte der 50er Jahre hatte die serielle Erfassung musikalischer Komponenten ein Stadium erreicht, in dem auch die räumliche Disposition von Klangquellen diskutiert und erprobt wurde. Werke wie Karlheinz Stockhausens *Gruppen* (1955–57) und *Carré* (1959/60), Pierre Boulez' *Poésie pour pouvoir* (1958), Henri Pousseurs *Rimes* (1959) und Berios zwei *Allelujah*-Kompositionen dokumentieren diese an die venezianische Mehrchörigkeit um 1600 und an einige Experimente von Berlioz (*Grande messe des morts*, *Tedeum*) und Schönberg (*Die Jakobsleiter*) anknüpfende Entwicklung.
Allelujah II ist nach den Worten des Komponisten »für fünf mehr oder weniger unterschiedlich besetzte Instrumentalgruppen komponiert, die auf verschiedene Weise um das Publikum herumgruppiert werden können [. . .]. Wegen der ständigen und raschen Ausbreitung des klanglichen Geschehens und aufgrund der fortgesetzten Umformung aller grundlegenden Elemente (die in den ersten 21 Takten der Komposition aufgestellt werden) kann die formale Struktur des Stückes – das gleichermaßen zeitlich wie räumlich gegliedert ist – eine Gedankenverbindung herstellen zu den biegsamen, ständig wandelbaren Formen des Gregorianischen Chorals.«
Also nicht eine Integration gregorianischer Choralmelodien wurde in diesem flächig bewegten, von vehementen Ausbrüchen akzentuierten Werk angestrebt, sondern deren Strukturprinzip permanenter Variation innerhalb eng bemessener Grenzen deutlich gemacht.
Wieder in der Erläuterung durch Berio selbst: »Tatsächlich muß die fortschreitende akustische Verwandlung dieser Struktur als Herstellung eines *neuen Klangmaterials* im Sinne einer fortwährenden ›jubilatio allelujatica‹ verstanden werden, welche die formale Entwicklung der Komposition selbst bestimmt und unterstützt.«

Epifanie

Besetzung: sehr großes Orchester und Frauenstimme. – 1. Fassung (unter Einbezug von *Quaderni I/II*) entstanden 1960/61. UA: Donaueschinger Musiktage 1961 (Solistin: Cathy Berberian). 2. Fassung (erweitert um *Quaderni III*) entstanden 1965. – Aufführungsdauer: ca. 40 Minuten.

Die Frage, inwieweit und unter welchen Bedingungen Musik innerhalb eines gewissen Spielraums austauschbar sein kann oder improvisatorische Elemente aufzunehmen vermag, stellte sich – wie vielen Komponisten seiner und der nachfolgenden Generation – besonders nachdrücklich auch Luciano Berio. Im Falle der *Epifanie*, der Vokalfassung der *Quaderni*, erwies sich eine besonders kühne formale Konzeption als durchführbar. Eine kompositorische Hauptschicht ist in den *Quaderni* (›Heften‹) vorgegeben, Zyklen von genau notierten Orchesterstücken, die jedoch in einer vom Dirigenten festzulegenden freien Folge aneinandergereiht werden können. Konsequenterweise weist jede dieser Reihungsmöglichkeiten eine nur ihr eigene formale Entwicklung auf. In Gestalt zusätzlicher vokaler Abschnitte treten weitere mobile Faktoren ins Spiel (neuer Titel: *Epifanie*). Denn die vielfältigen, nach einer Idee von Umberto Eco montierten Textzitate (von Proust, Joyce, Montale, Machado, Eliot, Simon u. a.) erhalten in ihrem jeweiligen orchestralen Kontext recht unterschiedliche Beleuchtungen. Nicht selten werden unerwartete Zuordnungen, ja Bedeutungsdissonanzen die durchaus akzeptierte Folge sein. Oder aber können, als weitere Reihungsmöglichkeit, einige dieser Texte »nach Wahl des Interpreten an verschiedenen Stellen mit instrumentalen Entwicklungen synchronisiert werden« (Berio).

Chemins I (su Sequenza II)

Besetzung: Solo-Harfe, großes Orchester. – Entstanden 1965. UA: Donaueschinger Musiktage 1965 (Solist: Francis Pierre). – Aufführungsdauer: ca. 12 Minuten.

Unter dem Titel *Sequenzen* entstand ab 1958 – meist im Auftrag prominenter Interpreten der Musica nova – eine Reihe spieltechnisch ausgeklügelter, kürzerer Solostücke von außerordentlicher instrumentaler bzw. vokaler Wirkung (bisher für Flöte, Harfe, Singstimme, Klavier, Posaune, Viola, Oboe, Violine, Klarinette bzw. Altsaxophon, Trompete, Gitarre, Fagott und Akkordeon).
Wie sich die *Quaderni* zur *Epifanie* erweitern ließen, so hielt Berio auch die Fassungen der *Sequenze* nicht für die einzig möglichen und arbeitete Folgekompositionen unter der Bezeichnung *Chemins* (›Wege‹, ›Straßen‹) aus. »Die *Chemins* verknüpfen Text [Berio meint damit die Musik der *Sequenza II* für Harfe] und Kommentar in ständigem Austausch der Elemente, so wie ein Standbild Licht und Schatten besitzt, durch Licht und Schatten aber sein Wesen verändert [. . .].«

Die Vorstellung des Komponisten von einem sich verästelnden Wegenetz findet ihre strukturelle und formale Entsprechung in einem »Crescendo«, d. h. einer allmählichen Zunahme der Instrumente. Auf das Einleitungssolo der konzertanten Harfe »antworten« zunächst nur die beiden in geringerer und größerer Entfernung plazierten Orchesterharfen sowie die blockartig zusammengefaßten Streicher. Allmählich kommt mit Klavier, Celesta und Cembalo eine weitere homogene Gruppe, die der Tasteninstrumente, ins Spiel. Mit dem Herbeirufen der Holz- und Blechbläser schließlich hat die »weg«bereitende Funktion der Solo-Harfe einen Höhepunkt erreicht, von dem, nach teilweise mobilen Partien von großer instrumentaler Vehemenz, zu einem kontrastreichen Epilog des Soloinstruments zurückgeführt wird.

Chemins II, IIb/c, III (su Sequenza VI)

Chemins II

für Solo-Viola und 9 Instrumente (Flöte, Klarinette, Posaune, elektrische Orgel, Harfe, Marimbaphon/Tamtam, Vibraphon, Viola und Cello). – Entstanden 1967. UA: 1968 in Mailand (Juilliard-Ensemble, Solist: Walter Trampler, Leitung: der Komponist). – Aufführungsdauer: ca. 13 Minuten.

Chemins IIb/c

für kleines Orchester ohne (= IIb) oder mit Solo-Baßklarinette (= IIc). – Entstanden 1970, 1972. UA IIb: 1972 in Graz, Weltmusikfest der IGNM; UA IIc: 1972 in Rotterdam, Holland-Festival. – Aufführungsdauer: ca. 10 Minuten.

Chemins III (su Chemins II)

für Viola solo und Orchester. – Entstanden 1968. UA: 1968 in Paris (Ensemble »Musique vivante« / Orchestre Philharmonique de l'ORTF, Solist: Walter Trampler, Leitung: der Komponist). – Aufführungsdauer: ca. 13 Minuten.

Sequenza VI, ein 1967 für den Bratscher Serge Collot geschriebenes Perpetuum mobile rapide repetierter Mehrklänge und Arpeggien, bildet die Grundlage für bisher 3 Folgekompositionen.

Während in den Walter Trampler gewidmeten *Chemins II* der fast unverändert als Solopart beibehaltene *Sequenza*-Notentext mit einer Aura flirrender und tremolierender Resonanzen umgeben wird, weitet sich in *Chemins IIb* – um 2 Abschnitte verkürzt – die farbliche Palette aus, wobei das konzertant be-

handelte Orchester allerdings den Solopart in seiner Textur aufgehen läßt. Eine völlig neue obligate Solopartie kristallisiert sich bei der sonst identischen Fassung *Chemins IIc* heraus; die (elektrisch dezent zu verstärkende) Baßklarinette hat die Funktion einer Hauptlinie innerhalb eines Bündels von Nebenlinien, ohne deswegen besonders hervorzutreten.
»In *Chemins III* sind der Grundtext und sein Kommentar als Folge eines ständigen Austauschs von Elementen eng miteinander verzahnt. Der eine verhält sich zum andern so wie Figur, Zeichnung oder Modell zu Farbe und Schatten [. . .] wie alles, was wir gestalten, zugleich etwas anderes in sich birgt, darin einer Verästelung von Wegen vergleichbar, die wieder auf neue Wege treffen werden [. . .]« (Berio).

Sinfonia

Besetzung: 8 Solostimmen, großes Orchester (u. a. mit elektronischer Orgel und verstärktem Cembalo). – Entstanden 1968/69. UA der 4sätzigen Fassung: 1968 in New York (Dirigent: der Komponist). UA der 5sätzigen Fassung: Donaueschinger Musiktage 1969 (Dirigent: Ernest Bour). – Aufführungsdauer: ca. 27 bzw. 32 Minuten.
Satz 2 wird auch in einer Bearbeitung des Komponisten unter dem Titel **O King** separat aufgeführt. Besetzung: Mezzosopran, Flöte, Klarinette, Violine, Violoncello, Klavier. – UA: 1970 in Paris.

Die Kritik hat Berios Partitur als »eines der gehaltvollsten, ergiebigsten Orchesterwerke der jüngsten Zeit« eingestuft, als ein Werk, »das die Erfahrungen der ganzen neueren Musikgeschichte zusammenfaßt« (Wolfram Schwinger). Darüber hinaus – ein Sonderfall neuer Musik innerhalb des Konzertbetriebs – ist es Berio bei den zahlreichen Aufführungen des Werkes gelungen, auch breite Publikumskreise unmittelbar zu fesseln. Dabei läßt sich diese nachhaltige Resonanz mit der häufigen solistischen Mitwirkung der publicity-sicheren »Swingle Singers« nur ebenso unvollkommen erklären wie durch die Tatsache, daß der Komponist im 3. Satz opulente Mahlersche Musik (*2. Sinfonie*, 3. Satz) als Vehikel einer überaus geistreichen Collage bemüht und überhaupt den »schönen Klang« des 19. Jh. vielfach mitschwingen läßt.
Sicherlich beruht die Faszination des Werkes nicht zum geringsten Teil in einer empfindlich genauen Balance von Vokal- und Instrumentalklang. Dabei verlangt Berio nie »große Kantilene«; selten exponieren sich die in allen vokalen Schattierungen eingesetzten Stimmen vor dem Orchester. Fast überall

sucht der Komponist jene osmotische Nähe von Musik und Sprachklang, die der *Sinfonia* unverwechselbar eigen ist. Bei unterschiedlichen Graden von direkter Verständlichkeit kumuliert und kombiniert Berio Texte verschiedener Herkunft und Thematik. Zitate einer anthropologischen Abhandlung von Lévi-Strauss über brasilianische Mythen (Sätze 1 und 5) finden ebenso Eingang wie handlungsartig sich verknüpfende Textstellen eines Beckett-Romans (Satz 3). Einzelne Wörter (der Name Martin Luther Kings in Satz 2) oder kurze Textausschnitte (Satz 4) liefern phonetisches Material für konzentrisch kreisende, ausschließlich vom Resonanzprinzip her gestaltete Klangsätze. Besonderes Interesse erweckt die Faktur von Satz 3. »Der Satz stellt eine Huldigung an Gustav Mahler dar, dessen Werk das Gewicht der ganzen Musikgeschichte in sich zu tragen scheint [...]. Das Ergebnis wird zu einer Art ›Voyage à Cithère‹ an Bord des 3. Satzes aus Mahlers 2. Sinfonie. Ich habe den Mahlerschen Satz wie ein Gefäß behandelt, in dessen Wänden eine große Zahl ›musikalischer Mythen‹ und Anspielungen entwickelt, in gegenseitige Beziehung gesetzt und transformiert wird: von Bach, Schönberg, Debussy, Ravel, Richard Strauss, Berlioz, Brahms, Berg, Hindemith, Beethoven und Strawinsky bis zu Boulez, Pousseur, Globokar, Stockhausen, mir selbst und anderen« (Berio). Eine assoziativ besonders dichte Passage findet sich kurz vor Satzmitte: Bruchstücke aus Richard Strauss' *Rosenkavalier-Walzer* fügen sich nur scheinbar stimmig mit Takten aus Ravels ironischer *La Valse* und Mahlers ruhig fließender *Scherzo*-Bewegung zu-

sammen, während gesprochene Beckett-Zitate (aus *L'Innommable*) die Spannung vor einem imaginären Bühnenauftritt zu suggerieren suchen.

Rendering

Besetzung: klassisches Orchester. – Entstanden 1988–90. UA Sätze 1 und 2: 1989 Schubertiade Hohenems (Royal Concertgebouw Orchestra, Dirigent: Nikolaus Harnoncourt). UA Sätze 1–3: 1990 ebenda (gleiches Orchester, Dirigent: Riccardo Chailly). – Aufführungsdauer: ca. 35 Minuten.

1. *Allegro* [*maestoso*] – 2. Ohne Bezeichnung [*Andante*] – 3. Ohne Bezeichnung [*Allegro*].

Im Jahr 1978 publizierte Ernst Hilmar erstmals ein Konvolut Schubertscher Klavierskizzen aus dem Sterbejahr 1828, die auf nicht weniger als 3 Sinfoniewerke in D-Dur schließen lassen (D 615, D 708A, D 936A). Bald lagen Rekonstruktionsversuche vor (Gülke, Newbould, Bartholomée, Moser). Vor allem D 936A bot Anreiz zur Wiedergewinnung für den Konzertsaal.

Auch Berio fühlte sich zu einem *Rendering* (= Interpretation, Vortrag, Wiedergabe, Übersetzung) herausgefordert. Hier der (gekürzte) Wortlaut seines Einführungstextes:

»In den letzten Wochen seines Lebens fertigte Franz Schubert vielerlei Skizzen zu einer *10. Sinfonie in D-Dur* (D 936A) an. Diese Entwürfe sind ziemlich komplex und von vollendeter Schönheit. Es sind dies weitere deutliche Hinweise für Schuberts Entwicklung, welche vom Einfluß Beethovens wegführt. *Rendering* mit seiner zweifachen Autorenschaft soll eine Restaurierung dieser Skizzen sein, keine Vollendung oder Rekonstruktion. Diese Restaurierung folgt den Richtlinien einer modernen Freskorestaurierung, die auf eine Auffrischung der alten Farben abzielt, ohne die durch die Jahrhunderte entstandenen Schäden kaschieren zu wollen, wobei sogar leere Flekken im Gesamtbild zurückbleiben können (wie etwa im Falle Giotto in Assisi).

Gelegentlich finden sich in den Entwürfen, welche hauptsächlich in Form eines Klaviersystems notiert sind, auch Instrumentationshinweise. Diese sind jedoch meist in Kurzschrift geschrieben und mußten, vor allem in den mittleren und unte-

ren Stimmen, ergänzt werden. Die Orchestrierung folgt jener der ›Unvollendeten‹, aber während die offensichtlich Schubertschen Klangfarben erhalten bleiben, zeigen sich in der musikalischen Entwicklung der Komposition Episoden, die sich an Mendelssohn anzunähern scheinen, und die Orchestrierung möchte dies widerspiegeln. Darüber hinaus läßt die Expressivität des 2. Satzes aufhorchen, welchem der Geist Mahlers innezuwohnen scheint.
Die Skizzen sind durch ein sich ständig wandelndes musikalisches Gewebe verbunden, immer ›pianissimo‹ und ›fern‹, untermischt mit Anklängen an das Spätwerk Schuberts (die *Klaviersonate B-Dur*, das *Klaviertrio B-Dur*, usw.) und durchsetzt mit polyphonen Passagen aus Fragmenten derselben Skizzen. Dieser musikalische ›Zement‹ bildet den fehlenden Zusammenhang und füllt die Lücken zwischen den einzelnen Entwürfen. Er wird stets durch Celestaklänge angezeigt und soll ›quasi senza suono‹ und ohne Ausdruck gespielt werden [. . .].«

Morton Feldman

* 12. Januar 1926 in New York
† 3. September 1987 in Buffalo (New York, USA)

Studien in New York bei Wallingford Riegger und Stefan Wolpe, einem Busoni- und Webern-Schüler. Nachhaltige Beeinflussung durch Malerfreunde wie Robert Rauschenberg, Jasper Johns oder Mark Rothko. Schöpferische Neuorientierung durch Begegnungen mit John Cage (ab 1950) und ästhetische Diskussionen mit Christian Wolff und Earle Brown. Starkes Einwirken auf Jüngere dank ausgedehnter Lehrtätigkeit an Universitäten (Buffalo, New York, ab 1973) und bei Kursen (u. a. auch in Darmstadt). Feldmans oft sehr leise und sehr langsame, dabei nicht selten mehrstündige Kompositionen verbreiten sich mehr und mehr dank engagierter Interpreten (z. B. Kronos Quartet, Aki Takahashi, Paul Zukofsky).

Werke (kleine Auswahl): *Structures* (1960–62); *In Search of an Orchestration* (1967); *On Time and the Instrumental* (1969); *Chorus and Orchestra I/II* (1971/72); *Rothko Chapel* für Viola solo und

Orchester (1971); *Cello and Orchestra* (1972); *String Quartet and Orchestra* (1973); *Instruments I/II* für Kammerensemble (1974/75); *Piano and Orchestra* (1975); *Elemental Procedures* (1975); *Oboe and Orchestra* (1976); *Flute and Orchestra* (1977); *Neither* (S. Bekkett), Oper in 1 Akt (1977); *Violin and Orchestra* (1979); *The Turfan Fragments* (1980); *Coptic Light* (1985/86).

Feldmans überragende Bedeutung könnte gerade für europäische Musikkonsumenten darin bestehen, daß er offener, zugleich aber auch genauer mit den Begriffen Zeit bzw. Erleben und Erinnern angesichts fließender Zeit umgeht. Sanft, aber unbeugsam fordert er seine Hörer zur Schärfung ihrer Wahrnehmung auf, indem er seine Werke nicht ereignisreich »erzählen« läßt, sondern sich auf weniges, fast unscheinbares Material konzentriert. (Feldmans scheinbar widersprüchliche These: »Je länger ein Stück werden soll, desto weniger Material braucht man.«) Über lange Zeitstrecken hinweg entfaltet sich dieses Tonmaterial, wobei nicht Wiederholung vorherrscht, sondern das Prinzip, von exakten Wiederholungen stets um eine kaum merkliche Nuance abzuweichen. So wird das Ohr nicht durch auffällige Veränderungen eher unterfordert, sondern durch eine Vielzahl feiner Abweichungen stark und vielseitig beansprucht.
Kompositionen für größere Besetzungen entstanden vor allem in den 70er Jahren. Feldmans Wunsch nach Hörern, die gänzlich unvoreingenommen seiner Musik lauschen sollten, führte oft zu Titelgebungen, die lediglich die ausführenden Instrumente benennen, nicht aber Ideen oder Programme.

Coptic Light

Besetzung: sehr großes Orchester. – Entstanden 1985/86. UA: 1986 in New York (New York Philharmonic Orchestra, Dirigent: Gunther Schuller). – Aufführungsdauer: 23–25 Minuten.

Diese 1sätzige Pianissimo-Studie über »tönendes Licht« reiht 38 zwölftönige, in sich zart bewegte Akkordkomplexe in ruhigem Zeitfluß aneinander. Anregen ließ sich der Komponist und leidenschaftliche Teppichsammler durch Webmuster altägyptischer Teppiche – aus der Ferne von statischer Wirkung, aus der Nähe reich an Ornamenten und Figuren.
»Aus lebhaftem Interesse an allen Arten der geheimnisvollen Webkunst des Mittleren Ostens besichtigte ich kürzlich die erstaunlichen Beispiele früher koptischer Textilien in der

Dauerausstellung im Louvre. An diesen Fragmenten gefärbten Tuches berührte mich, wie sie doch etwas Wesentliches von der Aura jener Kultur vermitteln können, aus der sie stammen. Diesen Gedanken übertrug ich auf die Musik und fragte mich, welche Aspekte für die Aura der Musik seit Monteverdi als bestimmend angesehen werden könnten, wenn diese Musik 2000 Jahre später gehört werden würde. Für mich bestünde die Analogie zu den koptischen Textilien in der instrumentalen Vorstellungswelt der westlichen Musik. Dies waren einige der Gedanken und Vorstellungen, die mich während der Komposition von ›*Coptic Light*‹ beschäftigten und die ihr metaphorisches Substrat bilden.
Ein wichtiger technischer Aspekt der Komposition beruht auf der von Sibelius gemachten Beobachtung, das Orchester unterscheide sich vom Klavier hauptsächlich dadurch, daß es kein Pedal besitzt. Davon ausgehend, machte ich mich daran, ein ›Orchesterpedal‹ zu schaffen, das sich kontinuierlich in Nuancen verändert. Dieses ›Chiaroscuro‹ [›Helldunkel‹] ist als Grundprinzip sowohl für die kompositions- als auch für die instrumentationstechnische Konzeption von ›*Coptic Light*‹ von zentraler Bedeutung« (Morton Feldman, 1986).

Friedrich Cerha

* 17. Februar 1926 in Wien

Breitgefächerte Studien in Wien an der Universität (Germanistik, Musikwissenschaft, Philosophie) und an der Musikakademie (Komposition: Alfred Uhl). Prägende Kontakte zu Mittlern der Wiener Schule um Schönberg: Josef Polnauer, Rudolf Kolisch, Eduard Steuermann. 1958 Mitbegründer des Wiener Ensembles »die reihe«, das sich – mit Cerha als Dirigent – im In- und Ausland engagiert für neue und neueste Musik einsetzte. 1959–87 an der Wiener Musikhochschule lehrend, seit 1976 als Professor für Komposition und Interpretation neuer Musik. Nach jahrelanger Beschäftigung mit den Materialien zu Alban Bergs Oper »Lulu« nahm Cerha eine minuziöse »Herstellung« des unvollendeten 3. Ak-

tes vor, der – im Anschluß an die Pariser Premiere (1979) und nach anfänglichem Zögern der Bühnen – heute zumeist in dieser Fassung erklingt.

Cerhas Entwicklung durchlief typische Nachkriegsstationen der jungen Komponistengeneration. Nach klassizistischen Erstlingswerken in Strawinsky-Nähe blieb Cerha für eine längere Phase der Wiener Schule verpflichtet. Ferner zeigten die Diskussionen der Darmstädter Ferienkurse nachhaltige Wirkung (vgl. Zyklus *Spiegel I–VII*). In der Folgezeit waren es vor allem die szenischen Arbeiten *Netzwerk* (nach *Exercises*), *Baal* (nach Brechts anarchischem Frühwerk) und *Der Rattenfänger* (nach Zuckmayer), die Cerhas musiksprachliches Vokabular reichhaltiger und geschmeidiger werden ließen. Er begann sich stilistisch zu öffnen, setzte sich mit Mikrointervallik und rhythmischen Prozeduren der Ethno-Musik auseinander, verschmähte es aber auch keineswegs, regionale Musikidiome und Wiener Tonfälle anklingen zu lassen.

Werke (kleine Auswahl): *Sinfonia in un movimento* (1949); *Espressioni fondamentali* für Orchester (1956/57); *Relazioni fragili* für Cembalo und Kammerorchester (1956/57); *Intersecazioni* für Violine und großes Orchester (1959, rev. 1973); *Fasce* für großes Orchester (1959, rev. 1975); *Mouvements I–III* für Kammerorchester (1960); *Spiegel I–VII* für großes Orchester und Tonband, auch Bühnenversion mit Bewegungsgruppen, Licht und Objekten (Libretto: F. Cerha, 1960–62); *Exercises* für Sprecher, Bariton und Kammerensemble (1962); *Phantasma 63* für Kammerensemble (1963); *Sinfonien* für Bläser und Pauken (1964); *Catalogue des objets trouvés* für Kammerensemble (1969); *Langegger Nachtmusik I/II* für Orchester (1970/71); *Curriculum* für 13 Bläser (1972); *Doppelkonzerte* mit Orchester: für *Geige und Cello* (1973–76), für *Flöte und Fagott* (1982); *Sinfonie* für Orchester (1975); *Keintaten I/II* für Chansonnier und Ensemble nach Wiener Sprüchen von Ernst Kein (1980–85); *Baal-Gesänge* (B. Brecht) für Bariton und Orchester (1982); *Requiem für Hollensteiner* (T. Bernhard) für Sprecher, Bariton, Chor und Orchester (1983); *Monumentum für Karl Prantl* für Orchester (1987/88); *Phantasiestück in C.s Manier* für Cello und Orchester (1989); *Konzert für Bratsche* und Kammerorchester (1993); *Requiem* für gemischten Chor und Orchester (1994).

György Kurtág

* 19. Februar 1926 in Lugos (Lugoj, Rumänien)

Geboren im Grenzgebiet zwischen dem Banat und Siebenbürgen. Ab 1940 erster Klavier- und Kompositionsunterricht in Temesvár. 1946–55 Studium an der Budapester Franz-Liszt-Akademie: Komposition bei Sándor Veress und Ferenc Farkas. Freundschaft mit dem Landsmann und Kommilitonen György Ligeti (1923). 1948 ungarische Staatsangehörigkeit. 1957/58 Paris-Aufenthalt: Besuch von Messiaens Analysekursen, Studien bei Darius Milhaud. 1967–1986 Professur an der Liszt-Akademie (für Klavier, später für Kammermusik). Große Ausstrahlung während zahlreicher Kurse an ausländischen Institutionen. Gilt spätestens seit den 80er Jahren als eine der maßgeblichen Komponistenpersönlichkeiten.*

Werke (kleine Auswahl): *Konzert für Bratsche* und Orchester (1953/54); *Botschaften des verstorbenen Fräulein R. V. Trussowa* op. 17 (Gedichte: R. Dalos) für Sopran und Ensemble (1976–80); *Szenen aus einem Roman* op. 19 (Gedichte: R. Dalos), Lieder für Sopran und 3 Instrumente (1981/82); *Kafka-Fragmente* op. 24 für Sopran und Violine (1985/86); *... quasi una fantasia ...* op. 27 Nr. 1 für Klavier und Instrumentengruppen (1987/88); *Grabstein für Stephan* op. 15c für Gitarre und Instrumentengruppen (1989); *Doppelkonzert* op. 27 Nr. 2 für Klavier, Violoncello und 2 Kammerensembles (1989/90); *Samuel Beckett: What is the Word?* für Rezitation, Vokal- und Instrumentalensemble (1990/91); *Stele* für Orchester op. 33 (1994); *Songs of Despair and Sorrow* für Chor und Orchester (1995/96).

Altersmäßig ist Kurtág nur vier Jahre von Xenakis, drei Jahre von seinem Weggefährten Ligeti, zwei von Nono und eines von Boulez und Berio getrennt, während Henze gar seinem Jahrgang angehört. Doch hatte der Ungar stets nur wenig gemein mit den Zielsetzungen und Arbeitsmethoden der genannten Avantgardisten. Nach durchaus traditionell gehaltenen Studien nahm sich Kurtág viel Zeit für seine Selbstfindung, arbeitete langsam und äußerst selbstkritisch an seinen (bis heute nur etwa 35) Partituren, die zunächst kleinen Besetzungen vorbehalten blieben und sich oft aus kurzen, aphoristisch knapp formulierten Teilstücken zusammensetzen. Beispielsweise fügt sich das nahezu 1stündige Sopran-Violine-Opus *Kafka-Fragmente* aus nicht weniger als 40 Kurzabschnitten. Erst in späten Jahren, durch seine Aphoristik mit untrüglichem Formsinn ausgestattet, begann Kurtág sich für längere Zeitstrecken und größere Besetzungen zu interessieren. Im Zentrum seines Komponierens steht die mit Bartóks *Mikrokosmos* vergleichbare Sammlung *Játékok* (»Spiele« für Klavier, seit 1973; Hefte I–IV bis 1997 erschienen, V/VI in Vorbereitung), auf deren Gedanken und Gesten sich spätere Arbeiten nicht selten beziehen.

... quasi una fantasia ... op. 27 Nr. 1

Besetzung: Klavier und Instrumentengruppen. – Entstanden 1987/88 im Auftrag der Berliner Festwochen. UA: 1988 in Berlin (Ensemble Modern, Solist: Zoltán Kocsis, Dirigent: Péter Eötvös). – Aufführungsdauer: ca. 9 Minuten.

Doppelkonzert op. 27 Nr. 2

Besetzung: Klavier Violoncello, 2 Kammerensembles. – Entstanden 1989/1990. UA: 1990 in Frankfurt a. M. (Ensemble InterContemporain, Ensemble Modern, Solisten: Zoltán Kocsis, Miklós Perényi, Dirigent: Péter Eötvös). – Aufführungsdauer: ca. 17 Minuten.

Die 4 direkt aneinander anschließenden Sätze von **op. 27 Nr. 1** sind, Kurtágs Neigung gemäß, konzis und knapp gehalten. Und doch wohnt ihnen eine Vielfalt inne, wie sie sich vielleicht am besten mit dem Titel des von Kurtág so geschätzten Bartókschen *Mikrokosmos* umschreiben läßt. Es sind dies kleine, doch keineswegs vereinfachte Klangwelten, die hinsichtlich ihres Tempos, ihrer Dynamik und ihrer Konturierung starke Gegensätze, fast Widersprüche ausprägen.

Die 9 Takte des 1. Satzes (*Introduzione: Largo*) tragen wohl Einleitungscharakter. Doch ist die Musik des 2. Satzes (*Presto minaccioso e lamentoso* – »Wie ein Traumeswirren«, *Molto agitato*), zu dem hingeleitet werden sollte, fürs Ohr kaum faßbar. Zu rasch, zu leise auch stieben diese 44 Takte davon. Im rezitativischen 3. Satz (*Recitativo: Grave, disperato*, 12 Takte) scheint es, als müsse etwas mit Macht zur Sprache kommen; doch bleibt auch dies dann fast unausgesprochen. Der 19taktige 4. und letzte Satz (*Aria – Adagio molto ...*, mit den zusätzlichen Farben von Blockflöte und Mundharmonikas) klingt nur aus weiter Ferne herüber. Ihre Vortragsanweisungen lauten *Lontano, calmo, appena sentito* – »Von ferne, ruhig, kaum fühlbar« – und erinnern an Anton Weberns eben doch nicht nur scherzhaft gemeinten Rat anläßlich einer unendlich leise auszuführenden Figur, der Musiker möge doch spielen *quasi pensato* – »als wärs nur gerade gedacht«. Nicht ein Kla-

vierkonzert legte Kurtág vor, sondern ein Ensemblestück mit einkomponiertem Klavier. Größtmögliche räumliche Trennung fordert ein Partiturvermerk für die einzelnen Gruppen: Klavier / Schlagwerk I; Schlagwerk II; Schlagwerk III (Echo) mit Mallets, Zymbal, Celesta, Harfe, 5 Mundharmonikas; Holzbläser; Blechbläser; Streichquintett.
Unter großem Zeitdruck arbeitete Kurtág am **Doppelkonzert op. 27 Nr. 2** (261 Takte, in sich wiederum 4geteilt). Zu diesem wie auch zum vorausgehenden Opus ließ sich der Komponist durch Beethovens berühmtes gleichnumeriertes Werkpaar von Fantasie-Sonaten op. 27 anregen. Trotz der Eile forderte sich Kurtág eine zweite, spannungsreichere Version des 3. Satzes (»[. . .] das ›Mondscheinsonaten-Presto‹«) ab, als ihm die erste zu regelmäßig erschien: »Es gab ein Hauptthema, ein Seitenthema und einen Schluß, alles ordentlich, jedoch ganz dumm, einfach unmöglich. Ich mußte den Satz nochmals von vorn anfangen [. . .] ich habe in größter Eile, während einer einzigen Nacht, alles umgestellt, auseinandergerissen, bin quasi mit der Heugabel dazwischengefahren. Das Ergebnis hat nun sicherlich viel mehr Sinn [. . .].« Erst jetzt schien dem Komponisten auch der Schlußabschnitt mit seiner »*Adagio*-Ruhe« im Lot, das auf einen früheren Klavier-Choral anspielt und auch die verwandelte Gestalt des Sopran-Klavier-Liedes *Lebewohl* op. 26 Nr. 4 einbezieht; Wortlaut des im Original russischen Gedichts von Rimma Dalos: »Verzeih mir, / Es gibt nichts zu / trauern. / Es gibt nichts zu / hoffen«. (Kurtág-Äußerungen im Programmuch *Ligeti und Kurtág in Salzburg*, Hrsg. Ulrich Dibelius, 1993.)

Hans Werner Henze

* 1. Juli 1926 in Gütersloh

Ein 1943 begonnenes Studium an der Staatsmusikschule Braunschweig (Klavier, Schlagzeug) wurde bereits im Jahr darauf durch Arbeitsdienst, Militär und Gefangenschaft unterbrochen. 1945 als Korrepetitor am Stadttheater Bielefeld. Seit 1946 intensive Kontakte mit neuer Musik: in Heidelberg Kompositionsunterricht bei Wolfgang Fortner und Studium am Kirchenmusikalischen Institut, in

Darmstadt Besuch der Kranichsteiner Ferienkurse und Förderung durch Hermann Scherchen. Anregungen in dodekaphoner Schreibweise durch René Leibowitz und Josef Rufer. 1948–52 Hauskomponist am Deutschen Theater Konstanz bzw. künstlerischer Leiter des Balletts am Staatstheater Wiesbaden. Seit 1953 ohne feste berufliche Bindung mit dauerndem Wohnsitz in Italien (1953 Forio d'Ischia, 1957 Neapel, 1961 Castel Gandolfo, 1966 Marino bei Rom). Zusammenarbeit mit namhaften Librettisten und Bühnen, Dirigier- und Regieverpflichtungen. Zunehmendes politisches Engagement; seit 1969 mehrere Aufenthalte in Kuba. Lehrtätigkeit am Salzburger Mozarteum (1961–65), seit 1980 an der Kölner Musikhochschule. Seit 1976 verschiedentlich Leiter des alljährlichen »Cantiere Internazionale d'Arte« in Montepulciano (Toskana) zur Erprobung neuer Formen einer bevölkerungsnahen Kunstdarbietung.

Werke für und mit Orchester: *Kammerkonzert* für Klavier, Flöte und Streicher (1946); *Concertino* für Klavier und Blasorchester mit Schlagzeug (1947, Ballettfassung 1968); *1. Sinfonie* (1947, Neufassung für Kammerorchester 1963); *1. Violinkonzert* (1947/1948); *2. Sinfonie* für großes Orchester (1948/49); *3. Sinfonie* für großes Orchester (1949/50); *1. Klavierkonzert* (1950); *Ode an den Westwind*, Musik für Violoncello und Orchester (1953); *Quattro poemi* für Orchester (1955); *4. Sinfonie* (in 1 Satz) für großes Orchester (1955, 1963); *Fünf neapolitanische Lieder* auf anonyme Texte des 17. Jh. für mittlere Stimme und Kammerorchester (1956); *Nachtstücke und Arien* nach Gedichten von I. Bachmann für Sopran und großes Orchester (1957); *Sonata per archi* (1957/1958); *Drei Dithyramben* für Kammerorchester (1958); *Antifone* für Orchester (1960); *5. Sinfonie* für großes Orchester (1962); *Novae de infinito laudes*, Oratorium für Soli, Chor und Instrumente nach G. Bruno (1962); *Ariosi* nach Gedichten des T. Tasso für Sopran, Violine und Orchester (1963); *Cantata della fiaba estrema*, Kantate für Sopran, Chor und 13 Instrumente nach E. Morante (1963); *Los Caprichos*, Orchesterfantasie (1963); *In memoriam »Die weiße Rose«* für Kammerorchester (1965); *Musen Siziliens*, Konzert für Chor und Instrumente nach Vergil (1966); *Doppio Concerto* für Oboe, Harfe und Streicher (1966); *Fantasia* für Streicher aus der Filmmusik zu *Der junge Törless* (1966); *Concerto* für Kontrabaß und Orchester (1966); *Telemanniana* für Orchester (1967); *2. Klavierkonzert* (1967); *Das Floß der Medusa*, Oratorio volgare e militare in due parti – per Che Guevara, für Soli, Chor und Orchester, Text: E. Schnabel (1968); *Versuch über Schweine* nach G. Salvatore für Sprechstimme (Bariton) und Kammerorchester (1968); *6. Sinfonie* für 2 Kammerorchester (1969); *Compases para preguntas ensimismadas*, Musik für Viola und

22 Spieler (1970); *2. Violinkonzert* für Sologeiger, Tonband, Baßbariton und 33 Instrumentalisten unter Verwendung des Gedichts »Hommage à Gödel« (H. M. Enzensberger, 1971); *Heliogabalus Imperator*, Allegoria per musica für großes Orchester (1971/72); *Stimmen (Voices)*, eine Sammlung von Liedern für 2 Singstimmen und Instrumentalgruppen (1973); *Tristan*, Préludes für Klavier, Orchester und elektronische Klänge (1973); *Die verlorene Ehre der Katharina Blum*, Musik zum Film von V. Schlöndorff nach H. Böll (1975), hieraus: *Konzertsuite* für Kammerensemble (1975); *Ragtimes and Habaneras*, Sinfonie für Blechbläser (1975); *Jephte*, Oratorium von G. Carissimi, neu realisiert von H. W. Henze (1976); *Wesendonck-Lieder* von R. Wagner, instrumentiert für Altstimme und Kammerorchester (1976); *Aria de la folía española* für Kammerorchester bzw. großes Orchester (1977); *Il Vitalino raddoppiato* für Violine solo und Kammerorchester (1977); *Barcarola* für großes Orchester (1979); *Cinque piccoli concerti* für Orchester (1980–1982); *7. Sinfonie* (1983/84); *Fandango* sopra un basso del Padre Soler für Orchester (1985, rev. 1992); *An eine Äolsharfe*, Musik für konzertierende Gitarre und 15 Soloinstrumente (1985/86); *Requiem, 9 geistliche Konzerte* für Klavier solo, konzertierende Trompete und Kammerorchester (1990–92); *Introduktion, Thema und Variationen* für Violoncello, Harfe und Streichorchester (1992); *8. Sinfonie* (1992/93); *Appassionatamente*, Fantasia sopra *Lo Sdegno del Mare* (»Das verratene Meer«) für großes Orchester (1993/94); *9. Sinfonie* für gemischten Chor und Orchester nach A. Seghers' Roman *Das siebte Kreuz* (1996/97); *3. Violinkonzert* (1996/97).
Schriften: *Undine, Tagebuch eines Balletts* (1959); *Essays* (1964); *Musik und Politik. Schriften und Gespräche 1955–75* (1976), erg. *1955–83* (1984); (Henze, Hrsg.:) *Neue Aspekte der musikalischen Ästhetik, I: Zwischen den Kulturen* (1979), *II: Die Zeichen* (1981); *III: Erziehung in Musik* (1986), *IV: Die Chiffren. Musik und Sprache* (1990); *Die Englische Katze. Ein Arbeitstagebuch 1978–1982* (1983); *Reiselieder mit böhmischen Quinten. Autobiographische Mitteilungen 1926–95* (1996).

Als eine Art »Galionsfigur der jungen deutschen Musik« (Hansjörg Pauli) war Henze in den ersten, von kultureller Hektik erfüllten Nachkriegsjahren apostrophiert worden. Eine nach neuen Zielen und Leitbildern Ausschau haltende Avantgarde verfolgte mit Interesse seinen Weg über die systematische Schule Wolfgang Fortners hin zur Schönbergschen Reihentechnik, in welche ihm René Leibowitz und Josef Rufer im Kranichsteiner Forum erste Einblicke vermittelten. Damals glaubten manche, in der Dodekaphonie nicht nur neue

Materialvorstellungen sehen zu müssen, sondern bereits Garantien für die kompositorischen Resultate selbst; Henze erlag diesem Mißverständnis nicht. Auch als um 1950 die Altersgenossen Karel Goeyvaerts, Pierre Boulez und Karlheinz Stockhausen einer Anregung Olivier Messiaens folgten und Wege einer integralen, d. h. mehr als nur die Tonhöhen erfassenden Reihentechnik einschlugen, reagierte Henze – für viele unerwartet – auf sehr persönliche Weise. In Erkenntnis der Gefahr, die in einer konstruktivistischen Verengung lag, suchte er nach einem zunehmend breiteren Spektrum kompositorischer Gestaltungs- und damit Ausdrucksmöglichkeiten, unter welchen das Reihendenken wohl einen hohen, doch nicht den höchsten Rang einnehmen sollte. Mit tonalen Bezügen arbeitete Henze nun ebenso wie mit Strukturen freier oder reihengebundener Atonalität, Annäherungen an historische Modelle finden sich seitdem ebenso in seinen Werken wie völlig neuartige Satzanlagen.

Wegen einer solchen Vielfalt von persönlichen Mitteln hat man dem Komponisten unkritische Stilvermischung, ja sogar opportunistische Schönfärberei vorgeworfen und ihn restaurativer Bestrebungen bezichtigt. Dabei wurde übersehen, daß Henze an entscheidenden Punkten seiner künstlerischen Entwicklung Ausbruchsversuche aus »gesicherten« Positionen unternommen hat: 1953 flüchtete er aus der Rolle eines schon fast zur Institution gewordenen Avantgardisten in die neubelebende Begegnung mit italienisch-mediterraner Luzidität und Kantabilität; Mitte der 60er Jahre wandte er sich, inzwischen der Gefolgschaft eines großen, sogar bürgerlichen Publikums sicher, immer mehr systemkritischen politischen Aktivitäten zu, für die der Hamburger Skandal 1968, anläßlich der Uraufführung des Oratoriums *Das Floß der Medusa*, nur ein äußerliches Anzeichen war.

In doppelter Hinsicht, als Zeugnisse einer gewissen emotionalen Wahlverwandtschaft und gleichzeitig eines rationalen Distanzierungswillens, besitzt eine 1971 in einem Interview gemachte Äußerung Henzes über sein Traditionsverständnis symptomatische Bedeutung für sein Œuvre insgesamt: »Ich nehme keineswegs Abstand von dem, was ich 1963 in einem Vortrag an der TU Berlin gesagt habe und wo das ›klassische Schönheitsideal‹ in folgendem Zusammenhang erscheint: ›Alte Formen erscheinen mir [...] wie klassische Schönheitsideale, nicht mehr erreichbar, aber doch in großer Ferne sichtbar, Erinnerungen belebend wie Träume, aber der Weg zu ihnen ist von größtem Dunkel des Zeitalters erfüllt, der Weg zu ihnen ist das Schwerste und das Unmöglichste.‹ Allerdings weiß ich heute den Begriff des Schönheitsideals geschichtlich zu verstehen und nicht mehr als Traum von Geborgenheit und Verzicht (und Verstummen).«

Schon früh knüpfte Henze Kontakte zum Musiktheater, zu dem er in der Folge zahlreiche Beiträge leistete. Dabei interessierte ihn die bunte Vielfalt dieser Gattung in all ihren Erscheinungsformen, die Literaturoper (z. B. *Der Prinz von Homburg*, *Der junge Lord*) ebenso wie das Vaudeville (*La Cubana*) oder das halbszenische Rezital (*El Cimarrón*), das Ballett (*Undine*, *Orfeo*) ebenso wie das »imaginäre Theater« (*El Rey de Harlem*) oder die Kinderoper (*Pollicino*).

4. Sinfonie (in einem Satz)

Besetzung: großes Orchester (mit Harfe, Klavier und Celesta). – Entstanden 1955 bzw. 1963. UA: Berliner Festwochen 1963 (Leitung: der Komponist). – Aufführungsdauer: ca. 28 Minuten.

Henzes Oper *König Hirsch* hatte, wie sich bei der fast 5 Stunden dauernden Uraufführung 1956 in Berlin herausstellte, Längen. Deshalb nahm der Komponist in der Kasseler Neufassung unter dem Titel *Il re cervo oder Die Irrfahrten der Wahrheit* 1962 Straffungen vor, denen u. a. die ganze 6. Szene des 2. Aktes, ein Finale, zum Opfer fiel. Da er aber damals auf der Suche nach formalen Lösungen für die ausgedehnten Finali des Textbuches der gestrichenen Szene gerade eine besondere Tragfähigkeit gegeben hatte, indem er sie im Geist des traditionellen sinfonischen Satzzyklus konzipierte, ließ sie sich ohne weiteres als in sich geschlossenes Stück zur 4. Sinfonie verselbständigen. Es bedurfte dazu nur noch der »Instrumentalisierung« der Vokalpartien nach dem Vorbild Alban Bergs und seiner *Lulu-Suite*. (Über weite Strecken bleiben sie auch jetzt noch als bezeichnete Hauptstimmen verfolgbar.)

Angesichts dieser ungewöhnlichen Entstehungsgeschichte mag es von Interesse sein, den formalen Ablauf der Sinfonie einmal vor dem ursprünglichen Zusammenhang mit dem Bühnengeschehen zu betrachten: Vor den Intrigen des Statthalters fliehend, sucht der König Zuflucht im Wald, dem Symbol der Wahrhaftigkeit. In Gestalt eines Hirsches fleht er um Aufnahme: »Wald! Uralte Pforte, öffne dich und laß mich ein!«

(*Satz 1*, *Genesis* = Vorspiel, in dem das thematische Material seine Konturen gewinnt). Ein Jahr verbringt König Hirsch im Wald; äußere und innere Unruhe treibt ihn, seine wahre Bestimmung zu ergründen. Die folgenden 4 Sätze, die eigentliche »Sinfonie«, sind Allegorien der vier Zeiten dieses Jahres. *Satz 2* (*Introduzione e Sonata* mit sonatenähnlicher Entwicklung) stellt den Sommer dar, *Satz 3* (*Variazioni* über ein Kantilenenthema des Englischhorns) den Herbst:

Satz 4 (*Capriccio*, ein Scherzo mit Mittelteil in A – B – A-Form) den Winter und *Satz 5* (*Ricercar*, ein Rondo-Finale) den Frühling. Ein orchestraler Ausbruch von überwältigendem Farbenreichtum am Ende des Ricercars schildert die Erkenntnis des Königs, daß sein wirklicher Platz in der Stadt unter den Menschen ist. Er verläßt den Wald, der sich hinter ihm schließt.

Fünf neapolitanische Lieder

Besetzung: mittlere Singstimme und Kammerorchester (mit Harfe und kleiner Streicherbesetzung ohne Violinen). – Entstanden 1956. UA: 1956 beim Hessischen Rundfunk Frankfurt a. M. (Solist: Dietrich Fischer-Dieskau). – Aufführungsdauer: ca. 15 Minuten.

»Die Texte zu diesen Orchesterliedern, die ich im Frühjahr 1956 schrieb, verdanke ich einem zufälligen Fund auf einer ›bancarella‹. Sie sind anonym, vermutlich aus dem 17. Jahrhundert, und haben einen einfachen, sehr volkstümlichen Schnitt, aus dem plastisch das Neapolitanische heraustritt: das Hirtenhafte, das Gefühlvolle, Ironisches und Naturverbundenheit. Die Komposition enthält keine Anleihen an Volksmelodik; aber Melos und Zeichen sind doch angerührt vom Singen, vom Leben und vom Klima der alten Stadt«, schrieb Henze zur Entstehungsgeschichte.
Diese lockere Folge kurzer, aber sehr farbiger und sängerisch

wirkungsvoller Liebeslieder bedeutet sicher mehr als nur eine Hommage an Neapel, dessen Gastfreundschaft Henze genoß. Sie sind so etwas wie ein Konzentrat der »italianità«, der musischen Kultur des Südens, aus der Sicht eines, der ihre belebende Wirkung erfahren hat. Sein Verzicht auf folkloristische »Anleihen« – allein im kurzen 3. Lied, dem einzigen in bewegtem Zeitmaß, schimmern die Konturen eines Gassenhauers durch – nötigte jedoch zu raffinierten Verschleierungstaktiken. Harmoniefremde Bestandteile spielen herein und verhindern das Dominieren einer bestimmten Tonart, Synkopenbildungen lassen die typischen rhythmischen Kanzonenfloskeln gerade nur erahnen, ausgesuchte instrumentale Tönungen rufen dank ihrer Diskretion die originalen Farbwerte erst ins Bewußtsein.

Eigentliche Kernpunkte bilden die umfangreicheren *Lieder 2* und *4*, deren ausgedehnte Orchestervorspiele das Gestaltungsprinzip der *Nachtstücke und Arien* von 1957 – Wechsel zwischen eigenständigen Instrumental- und Vokalstücken – bereits andeuten.

5. Sinfonie

Besetzung: großes Orchester (Flöten, Oboen, Hörner, Trompeten und Posaunen je in Vierergruppen; ferner je 2 Paukengruppen, Harfen und Klaviere; Streicher). – Entstanden 1962. UA: 1963 in New York in der Eröffnungssaison des Lincoln Center (New Yorker Philharmoniker unter Leonard Bernstein, dem Widmungsträger der Partitur). – Aufführungsdauer: ca. 20 Minuten.

Ähnlich wie *Antifone* und *Novae de infinito laudes* ist die 5. Sinfonie für ein Consort von klangfarblich sich klar abhebenden Gruppen und einen Klanggrund aus Streichern geschrieben. Es besteht also keine Verbindung zu dem auf Mischklänge und Farbverschmelzungen abzielenden romantischen Orchester.

Damit ist bereits die Grundhaltung des Werkes gekennzeichnet: In konzertantem Stil werden die einzelnen Gruppen ins Spiel gerufen und als Figuren einer kontrapunktischen Strategie im Nebeneinander und Gegeneinander geführt. Kontrapunktisch verhalten sich auch die Bewegungsmuster einzelner Abschnitte zueinander, wobei die energiegeladene Vehemenz der Ecksätze (Satz 1: *Movimentato*; Satz 3: *Moto perpetuo*) immer wieder durch mehr farbbetonte, lyrische Einsprengsel aufgehalten wird. Im sehr verhaltenen *Adagio*-Mittelsatz stehen sich flächige Orchesterritornelle und kadenzartige Soli von Altflöte, Viola und Englischhorn gegenüber. Klaus Geitel wies darauf hin, daß Henze diesen Satz unter dem Eindruck von William Blakes Gedicht »O Rose, thou art sick« niedergeschrieben habe.

Daß das rondoartige *Moto perpetuo*-Finale als 32fache Abwandlung der Soli des Mittelsatzes strukturiert ist, bleibt weniger fürs Ohr als fürs Auge nachvollziehbar. Die Intervallgleichheit dreier von verschiedenen Tonstufen ausgehenden Linienanfänge mag diese Materialökonomie verdeutlichen:

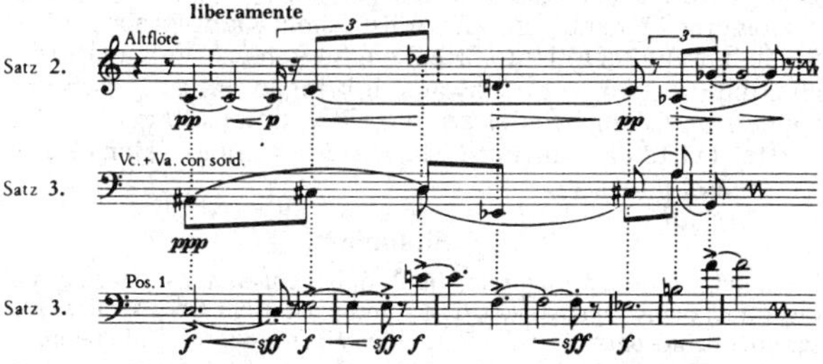

2. Konzert für Klavier und Orchester

Besetzung: großes Orchester (u. a. mit 7 Schlagzeugern). – Entstanden 1967. UA: 1968 in Bielefeld (Solist: Christoph Eschenbach, Dirigent: Bernhard Conz). – Aufführungsdauer: ca. 45 Minuten.

Der Komponist schreibt zu seinem Konzert: »Die Musik versucht, aus der Sprachlosigkeit und Abstraktion auszubrechen, in der eine gewisse Ästhetik sie noch gefangen hält. Sie tröstet nicht, sie ist kein künstlerisches Paradies, sondern sie reflektiert Schmerz und Unglück, so wie sie jeden Menschen in unserer beschädigten Welt befallen und heimsuchen.« Henze verweist ausdrücklich auf Inhalte, die seine Musik »zur Sprache« bringen soll, keinesfalls in programmatischer Abschilderung, sondern mit den spezifischen Mitteln musikalisch umsetzender Reflexion bzw. assoziativer Evokation.

So versucht der *erste* der 3 ineinander übergehenden Teile Reminiszenzen an einen Asien-Aufenthalt durch die Nachempfindung japanischer Gagaku-Musik in einem kontrapunktisch geprägten Satzbild zum Ausdruck zu bringen. *Satz 2* (*Vivace*),

Brennpunkt des Werkes, stellt auf der Basis einer scherzoartigen Anlage eine Reihe profilierter Themen unter jeweils 3 abgewandelten Aspekten dar. Formal ungebundener entfaltet sich der *Schlußteil*. Henze setzt dessen zahlreiche und kontrastbetonte Einzelcharaktere (u. a. *Moderato*, *Vivace*, *Marcia funebre*) in Beziehung zu Shakespeares 129. Sonett (»The expense of spirit in a waste of shame / Is lost in action« – »Wollust, die Tat wird, heißt, den Geist verprassen / In einem Pfuhl der Schmach«), wie überhaupt das ganze Werk der Gedankenwelt dieses Gedichtes verpflichtet ist.
Das Publikum der ersten Aufführungen überhörte nicht eine gesteigerte Dynamik in der Henzeschen Klangsprache. »Das Stück hat apokalyptische Strecken, Stellen wie Vulkanausbrüche, die die Welt zum Schwanken bringen. Es ist lyrisch versonnen und dann wieder wie ein Revolutionsdrama von äußerster Härte und aufrührerischer Besessenheit« (Hans Heinz Stuckenschmidt).

6. Sinfonie

Besetzung: 2 Kammerorchester (je 35 Spieler, u. a. mit verstärkter Gitarre und Banjo, elektrischer Orgel und verstärkter Solo-Violine; Gesamtbesetzung entspricht der Formation eines größeren Sinfonieorchesters). – Entstanden 1969. UA: 1969 in Habana (Kuba) unter der Leitung des Komponisten; deutsche EA: 1970 in Berlin, Philharmonie. – Aufführungsdauer: ca. 40 Minuten.

Nach der resümierenden, eine Zäsur setzenden Schallplattenpublikation der *Sinfonien 1–5* (1966) erschien manchem Beobachter eine spezifisch sinfonische Weiterentwicklung Henzes nicht ohne weiteres vorstellbar: »Eine sechste Symphonie könnte lehren, ob Henze das symphonische Genre von der stilistischen Vielfalt seiner Bühnenmusiken freihalten will. Falls der Komponist auf längere Sicht keine Symphonie mehr schriebe, wäre auch das als eine Antwort auf diese Frage deutbar« (Joachim Matzner).
Die 6. Sinfonie hat Henze bereits 3 Jahre später geschrieben, hingegen neue Bühnenwerke seit den *Bassariden* (1965) zurückstehen lassen. Doch mit Henzes wachsendem gesellschaftspolitischem Engagement mußte auch seine Vorstellung von Gestalt und Aufgabe eines sinfonischen Werkes eine entscheidende Wandlung erfahren: »Dieses Stück ›handelt‹ von allen Ländern der Dritten Welt und von unserem gestörten Verhältnis zu ihnen und ihrer Kultur. Ich baute ein Lied der

Nationalen Befreiungsfront in Vietnam ein, ›Sterne der Nacht‹, ebenso ein Lied von Theodorakis, dem Führer der griechischen Jugendorganisation Lambrakis, das er im Gefängnis komponiert hatte: die Freiheitshymne. Im dritten Teil werden cubanische Nationalrhythmen zitiert. Diese Elemente bestimmen die Struktur des Ganzen, alles bezieht sich auf sie und umkreist sie. Bei einmaligem Hören wird man das kaum erkennen können, vielleicht wird es aber in der Unruhe, in der nervösen Spannung, dem Zustand unaufgelöster Widersprüche, der dem Ganzen anhaftet, spürbar.«

Requiem. Neun geistliche Konzerte

Besetzung: Solo-Klavier, konzertierende Trompete, großes Kammerorchester. – Entstanden 1990–92. UA: 1993 in Köln (Ensemble Modern, Solisten: Ueli Wiget, Hakan Hardenberger, Dirigent: Ingo Metzmacher). – Aufführungsdauer: ca. 70 Minuten.

1. Introitus – 2. Dies irae – 3. Ave verum corpus – 4. Lux aeterna – 5. Rex tremendae – 6. Agnus Dei – 7. Tuba mirum – 8. Lacrimosa – 9. Sanctus.

Nach dem Aids-Tod des Londoner Freundes Michael Vyner schuf Henze dieses »Requiem ohne Worte«. Die starken Bilder und Visionen der liturgisch gebundenen Totenmesse dienten ihm dabei als frei gereihte gestalterische Motive, die er jedoch keinesfalls in sakralem Sinne abzuhandeln beabsichtigte. Dieses Requiem für einen Freund sollte sich inhaltlich öffnen, auch ins Politische (Henze, 1993): »Die neun Instrumentalstücke [. . .] sprechen von den Ängsten und Nöten der Menschen dieser Zeit, von Krankheit und Tod, von der Liebe und von der Einsamkeit, und besonders von dem so überaus lebhaften und leidenschaftlichen Menschen Michael Vyner, seinem Leben und seinem Sterben, und von meiner Trauer über seinen Verlust, der hier auch für den Verlust der vielen anderen steht, die in dieser Zeit tragisch und leidvoll aus unserer Welt gegangen sind.«

Das ausgedehnte Werk birgt nach Material und Idee weitere Werkprojekte in sich. Der *Introitus* ist dem frühen Fragment *Concerto per il Marigny* von 1956 nachgebildet; die Sätze *Dies irae*, *Ave verum corpus* und *Lux aeterna* erhielten gleichzeitig die Gestalt eines Klavierquintetts; als eine Art 3sätziges Trompetenkonzert verstehen sich die Sätze *Rex tremendae*, *Lacrimosa* und *Sanctus*. Dennoch verbinden sich die 9 Musiken zu einem einzigen bewegenden Ganzen. Sie vergegenwärtigen das Stampfen aggressiver Marschmusiken (*Rex tremendae*) ebenso wie die Farb- und Lichteindrücke erlebter und erinnerter Natur (*Lux aeterna*), beschwören Blechbläsergewitter (*Tuba mirum*, mit 2 zusätzlichen Baßtrompeten) ebenso wie unruhig flackernde Trauer (*Lacrimosa*). Hymnische Euphorie (Ausdruck von Hoffnung?) entwickelt abschließend das *Sanctus*, um unvermittelt abzubrechen. In diesem Satz konzertieren die beiden Orchestertrompeter mit ihrem Solistenkollegen von rückwärtigen Emporen aus, so daß – Reverenz vor Gabrieli und Schütz als Ahnvätern des barocken geistlichen Konzerts? – der Raum zu mehrchörigem Musizieren einbezogen wird. Den Protagonisten Klavier und Trompete wies Henze nahezu getrennte Rollen zu. 3 Sätze gehören der mit Oboen- oder Klarinettenbeweglichkeit durch alle Register und Ausdrucksbereiche geführten Trompete, 6 »offiziell« dem Klavier, das neben diesen ausgreifenden Soli aber auch in den restlichen Sätzen umfängliche Aufgaben als Orchesterinstrument versieht.

Franco Donatoni

* 9. Juni 1927 in Verona

Studien in Mailand, Bologna und Rom (hier bei Ildebrando Pizzetti). Prägende Begegnungen mit Goffredo Petrassi und Bruno Maderna. Lehrtätigkeit an mehreren italienischen Konservatorien. Seit 1978 Leiter einer Meisterklasse an der traditionsreichen Accademia di Santa Cecilia in Rom und gesuchter Dozent bei Kursen im In- und Ausland.

Gleich vielen Generationsgenossen seines Landes (z. B. Maderna, Nono, Berio) erlebte Donatoni die Orientierungssuche der Nachkriegsjahre als rasche Abfolge unruhiger, oft experimentell geprägter Phasen. Erst ab Mitte der 60er Jahre fand er zu einem gelösteren, zugleich stärker klanglich kontrollierten Komponieren. Seine Partituren verraten jetzt das Vergnügen an virtuosen Bewegungsabläufen und an generöser Entfaltung instrumentaler Farbspektren. Nicht selten bedient sich Donatoni eines Verfahrens ständiger Variation, wobei die Grundgestalten in einer Flut allmählich sich entfernender Varianten nach und nach ihre Identität verlieren.

Werke (kleine Auswahl): *Puppenspiel I*, Studien zu einer Bühnenmusik für Orchester (1961); *Puppenspiel II* für Flöte und Orchester (1966); *Souvenir*, Kammersinfonie für 15 Instrumente (1967): *Voci* für Orchester (1972/73); *Le Ruisseau sur l'escalier* für Violoncello und 19 Instrumente (1980); *Hot* für Saxophon solo und kleines Ensemble (1989).

Wilhelm Killmayer

* 21. August 1927 in München

In seiner Vaterstadt zunächst Schüler von Hermann von Waltershausen (1945–50: Klavier, Dirigieren, Komposition). Neben musikwissenschaftlichen Studien (1950–53) Weiterbildung als Komponist bei Carl Orff (1953). In den Jahren 1955–58 Lehrer am Trappschen (später: Richard-Strauss-)Konservatorium in München, 1961–64 Ballettkapellmeister der Münchner Staatsoper. Ab 1973, nach Jahren in Frankfurt a. M., Kompositionslehrer an der Münchner Musikhochschule (bis 1991).

Einblicke in die Orffsche Theaterdramaturgie, aber auch Erfahrungen aus eigener Theaterarbeit mögen Killmayer bewogen haben, in seinen Kompositionen unmittelbare Faßlichkeit anzustreben und spontaner Erlebbarkeit den Vorrang gegenüber einer Ästhetik der Verschlüsselung zu geben. Ein Großteil seines Œuvres ist textgebunden oder sogar für die Bühne konzipiert (Opern *La Buffonata*, *Yolimba* oder Ballette *Encores*, *Paradies*) und lebt von der direkten Expressivität und der sinnfälligen Ansprache, deren das vokale Medium fähig ist. Stets hat sich Killmayer auch, in Verbindung mit konziser rhythmischer Gestaltung, der Allgemeinverständlichkeit tonaler Gestaltungsmittel versichert und dabei die Nähe zu einer gelegentlich bizarren und als Simplizität mißzuverstehenden Einfachheit nicht gescheut.

»Ab 1968 [...] schrieb ich tonkarge Stücke als Reaktion auf die mir bewußt werdende Verschleiß-Euphorie [...]. Als sich Mitte der 70er Jahre der Avantgardismus in die Leckerbissen-Ästhetik einer Redakteurs-Kultur stabilisiert hatte [...], begann ich mich für klassische Formen und Besetzungen zu interessieren, biographische Themen mit Identifikationsfiguren [...]. Neueste Arbeiten – *Jugendzeit* und *Überstehen und Hoffen* für Orchester – befassen sich auch nach außen hin unumwunden mit der eigenen Person und ihrer Situation« (Killmayer).
Intensiv beschäftigt sich Killmayer auch mit der »Komponierbarkeit« Hölderlinscher Gedichte (vgl. Hölderlin-Zyklen mit Klavier oder Orchester).

Werke: *Rêveries* (diverse Texte) für Sopran, Klavier und Schlagzeug (1953); *Romanzen* (F. García Lorca) für Sopran, Klavier und Schlagzeug (1954); *Konzert für Klavier* und Orchester in 1 Satz (1955); *Kammermusik* für Jazzinstrumente (1956); *Sappho*, 5 griechische Lieder für Sopran und kleines Orchester (1959/60); *Pas de deux classique* für Orchester (1964); *Une Leçon de français* (»Die Französischstunde«) zusammen mit *Der weiße Hut*, 27 Lektionen in französischer und deutscher Sprache für Sänger und Schauspieler (1964–67); *Tre canti di Leopardi* für Bariton und Orchester (1965); *Pezzi e intermezzi* für Klavier, Cello und Orchester (1968); *1. Sinfonie (»Fogli«*, 1968); *Lauda* (Jacopone da Todi) für 8stimmigen gemischten Doppelchor a cappella oder mit Orchester (1968); *2. Sinfonie (»Ricordanze«)* für 14 Instrumente (1968/69); *Preghiere* (aus *Psalm 68*) für Bariton und Orchester (1969); *Fin al punto* für Streichorchester (1970); *3. Sinfonie (»Menschen-Los«)* für großes Orchester (1973); *Nachtgedanken* für Orchester (1973); *Paradies* für Blasinstrumente, Glockenspiele, 2 Klaviere und elektrische Orgel (1974); *Vier Poèmes symphoniques* für Orchester: Nr. 1 *Jugendzeit* (1977), Nr. 2 *Verschüttete Zeichen* (1978), Nr. 3 *Überstehen und Hoffen* (1977/78), Nr. 4 *Im Freien* (1980); *The Broken Farewell* für D-Trompete und kleines Orchester (1977); *Französisches Liederbuch* für Sopran, Bariton und Instrumente nach französischen Volksliedtexten (1979/80); *Grande Sarabande* für Streichorchester (1980); *Hölderlin-Lieder I–III* für Tenor und Klavier oder Orchester (1982–91); *Huit Poésies de Mallarmé* für Koloratursopran und kleines Orchester (1994/95).

Jean Barraqué

* 17. Januar 1928 in Paris
† 17. August 1973 in Paris

Barraqués »Opus 1«, seine etwa 40minütige *Sonate* für Klavier (1950–52), stellt mit ihrer seriellen Rigorosität eine Art Seitenstück zur *2. Klaviersonate* des nur drei Jahre älteren Pierre Boulez dar. Von der Lektüre von Hermann Brochs Roman *Der Tod des Vergil* fasziniert, plante der hochbegabte Messiaen-Schüler einen riesigen Werkzyklus *La Mort de Vergile*; es gelangten aber lediglich 3 Teile zur Ausführung: *Le Temps restitué* für Sopran, Chor und Orchester (1956–68), *. . . au delà du hasard* für 5 Instrumental- bzw. Vokalgruppen (1958/59) und *Chant après chant* für Stimme, 6 Schlagzeuger und Klavier (1965/66). Ein *Concerto* für Vibraphon, Klarinette und 6 Instrumentalgruppen (1968) ergänzt das schmale, auf anspruchsvollen Form- und Materialprozessen gründende Œuvre eines hochsensiblen, sich selbst überfordernden Einzelgängers.

Karlheinz Stockhausen

* 22. August 1928 in Mödrath (= heute: Kerpen) bei Köln

Schulzeit in Altenberg, Xanten und Köln. 1947–51 Schulmusikstudium in Köln an der Musikhochschule (Theorie bei Hermann Schroeder, Komposition 1950/51 bei Frank Martin) und an der Universität (Germanistik, Musikwissenschaft, Philosophie). 1951, beim erstmaligen Besuch der Darmstädter Ferienkurse, Kontakt u. a. zu Karel Goeyvaerts und Kennenlernen serieller Tendenzen. Besuch von Olivier Messiaens Pariser Analyseklasse für mehr als ein Jahr; Experimentieren mit konkretem und elektronischem Klangmaterial in Pierre Schaeffers »Club d'Essai«; Bekanntschaft u. a. mit Pierre Boulez. Erste Synthese von Klangspektren mit elektronisch erzeugten Sinustönen. Seit Mai 1953 ständiger Mitarbeiter

an dem von Herbert Eimert neugegründeten WDR-Studio für elektronische Musik, zu dessen Leiter Stockhausen 1963 avancierte. In den Zentren neuer Musik zählen Stockhausen-Aufführungen künftig zu vieldiskutierten, immer jedoch stark beachteten Ereignissen.
1954–56 anregende Studien an Werner Meyer-Epplers Bonner »Institut für Phonetik und Kommunikationsforschung«. Seit Mitte der 50er Jahre Betreuer von ausstrahlungsstarken Kompositionsstudios bei den Darmstädter Ferienkursen. 1965–69 auch Leiter der »Kölner Kurse für Neue Musik«. Mit einer variabel besetzten Gruppe von Musikern, ausgerüstet mit elektroakustischem Zubehör, seit 1964 zahlreiche Darbietungen eigener Kompositionen in vielen Ländern. Dabei Erprobung unkonventioneller Konzertformen wie z. B. Simultandarbietungen von kollektiven oder eigenen Kompositionen mit wanderndem Publikum oder Musikern (»Ensemble« und »Musik für ein Haus«, Darmstadt 1968/69; »Musik für die Beethovenhalle«, Bonn 1969), Metacollagen (»Kurzwellen mit Beethoven«, »Opus 1970«, Düsseldorf 1969), Freiluftmusiken (»Unbegrenzt«, St-Paul-de-Vence 1969; »Sternklang«, München 1972) und Grottenkonzerten (in der Grotte von Jeita im Libanon 1969). Ein Höhepunkt in Stockhausens Laufbahn war die Veranstaltungskette in dem von ihm und Fritz Bornemann entwickelten Kugelauditorium der »Expo 1970« in Osaka, als 20 Solisten aus 5 Ländern während 183 Tagen vor über einer Million Zuhörer täglich 5½ Stunden Musik von Stockhausen spielten.
Stockhausen lebt in Kürten bei Köln; 1971–77 war er Kompositionsprofessor an der Kölner Musikhochschule.

Werke in größerer Besetzung (Auswahl): Nr. 1/10 *Drei Lieder* für Altstimme und Kammerorchester (1950); Nr. 1/6 *Formel* für Orchester (1951); Nr. 1/4 *Spiel* für Orchester (1952); Nr. 1/2 *Punkte* für Orchester (1952, Neufassung 1962); Nr. 1 *Kontra-Punkte* für 10 Instrumente (1952/53); Nr. 6 *Gruppen* für 3 Orchester (1955–1957); Nr. 10 *Carré* für 4 Orchester und Chöre (1959/60); Nr. 13 *Momente* für Solo-Sopran, 4 Chorgruppen und 13 Instrumentalisten (1962–64, rev. 1969); Nr. 16 *Mixtur* für Orchester, Sinusgeneratoren und Ringmodulatoren (1964); Nr. 18 *Stop* für Orchester (1965); Nr. 22 2/3 *Hymnen* mit Orchester (1969); Nr. 29 *Fresco* für 4 Orchestergruppen (1969); Nr. 34 *Sternklang*, Parkmusik für 5 Gruppen (1971); Nr. 35 *Trans* für Orchester (1970/71); Nr. 37 *Ylem* für 19 Spieler/Sänger (1972); Nr. 38 *Inori*, Anbetungen für 1 oder 2 Solisten und Orchester (1973/74); Nr. 39 *»Atmen gibt das Leben . . .«*, Chor-Oper mit Orchester oder Tonband (1974–77); Nr. 41 7/8 *Tierkreis* für Kammerorchester (1977); Nr. 45 *Jubiläum* für Orchester (1977).

LICHT. Die sieben Tage der Woche (1977 ff.);
DIENSTAG aus *LICHT*, hieraus: Nr. 47 *Der Jahreslauf* für Ballett, Schauspieler, Orchester bzw. Orchester allein (1977);
DONNERSTAG aus *LICHT*, hieraus: Nr. 48 *Michaels Reise um die Erde* mit Trompete und Orchester (1978); *Michaels Reise*, Solistenversion (1978, 1984); Nr. 50 *Michaels Heimkehr* und *Festival* für Sänger- und Instrumentalsolisten, Mimen, Chor und Orchester (1980);
SAMSTAG aus *LICHT*, hieraus: Nr. 53 *Luzifers Tanz* für Solisten und Harmonie- bzw. Sinfonieorchester (1983);
MONTAG aus *LICHT*, hieraus: Nr. 56 *Evas Erstgeburt* (1987), Nr. 57 *Evas Zweitgeburt* (1984–87), Nr. 58 *Evas Zauber* (1984–86) jeweils für Sänger- und Instrumentalsolisten mit Chören und modernem Orchester;
FREITAG aus *LICHT* (1996).
Schriften: *Texte zur Musik* (verschiedene Herausgeber, ab 1963; bisher 6 Bände).

»Wer den Geist der seriellen Kompositionsweise versteht, weiß, daß dieser Geist etwas ins Bewußtsein gebracht hat, das man nie wieder rückgängig machen kann: eine Gleichberechtigung aller Elemente in einer Komposition zu erreichen und doch das Gesetz der natürlichen Unterschiede zu beachten. Es hat sich ein Mißverständnis ergeben, das man schnell aufklären muß: Die Komposition mit Reihen von Proportionen wendet man schon seit vielen Jahren nicht nur auf einzelne Töne an, auf deren einzelne Eigenschaften, sondern auch auf Gruppen und Kollektive. Ferner ist das Komponieren im Sinne einer qualitativen seriellen Technik immer mehr dazu übergegangen, Wahrnehmungsqualitäten, und nicht nur Quantitäten, seriell zu ordnen. Deshalb erkennen viele heute noch nicht in Werken, die ganz organisch und ›frei‹, ja auch streckenweise ›chaotisch‹ klingen, daß dies alles gerade innerhalb einer viel umfassenderen Konzeption von musikalischen Organisationsformen entsteht. Was einmal das hierarchische Denken in allen Bereichen der Musik gewesen ist, hat sich zum seriellen Denken erweitert und wird nun für viele Jahrhunderte maßgebend sein« (Stockhausen, 1974).
Kaum ein Komponist nach 1945, Boulez vielleicht ausgenommen, hat mit vergleichbarer Intensität und Konsequenz den aktuellen musikalischen Bewußtseinsstand zu erweitern gesucht; kaum ein zweiter Musiker hat zugleich – sei es durch aktives Konzertieren und Kommentieren oder durch Unter-

richten – danach getrachtet, seine künstlerische Absicht in ähnlicher Breite einsichtig zu machen.
Ausgehend von gewissen seriellen Ansätzen im Spätwerk Anton Weberns (u. a. im *Konzert für 9 Instrumente* op. 24, 1934), die sich durch die Erfahrung von Messiaens perspektivenreicher Klavieretüde *Mode de valeurs et d'intensités* (1949) bedeutungsvoll erweiterten, ließ Stockhausen zunehmend größere und komplexere Einheiten durch numerische Proportionen regulieren. Dies bedeutete zugleich die Erschließung immer größerer Spielräume innerhalb rahmenartiger Fixierungen.
Hatten sich Werke wie das *Kreuzspiel* (1951) oder die *Kontra-Punkte* (1952/53) als tönende Spiegelungen einer allseitig wirksamen Materialordnung verstehen lassen, so neigte der Komponist in der Folgezeit eher zur Vorstellung großdimensionierter »Prozeßplanungen«, deren klingende Resultate als »freie Entfaltung in einem gegebenen Rahmen« oft gestische Aktionen rituellen Charakters einbeziehen (z. B. in *»Am Himmel wandre ich . . .«, Inori, Herbstmusik*) oder sich an meditativen Texten von strittiger Qualität orientieren (*Aus den sieben Tagen, Für kommende Zeiten*). Aufführungen der Texte *Aus den sieben Tagen* beispielsweise »bedeuten [. . .] viel mehr als irgendwelche Aufführungen früherer Werke. Es sind tatsächlich Momente der Prüfung, der Selbstentäußerung, vibrierend mit der Bereitschaft der Musiker, möglichst ›rein gestimmte Instrumente‹ der Intuition zu sein, auf daß ES geschehen möge, ES, das Unaussprechliche, zutiefst Berührende, Unanzweifelbare« (Stockhausen, 1969).

Nr. 6 Gruppen

Besetzung: 3 Orchester, räumlich getrennt; die Gesamtbesetzung von 109 Spielern entspricht der Formation eines sehr großen Sinfonieorchesters. – Entstanden 1955–57. UA: 1958 in der Konzertreihe »Musik der Zeit« des Westdeutschen Rundfunks Köln (Dirigenten: Bruno Maderna, Pierre Boulez und der Komponist). – Aufführungsdauer: ca. 25 Minuten.

Nach dem Musikstück befragt, das im Jahre 1958 sein Interesse am meisten geweckt habe, nannte Strawinsky Stockhausens *Gruppen*: »Der Titel stimmt: die Musik besteht tatsächlich aus Gruppen, und jede Gruppe ist bewundernswert zusammengesetzt gemäß dem ihr zugedachten Volumen, ihrer Instrumentation, rhythmischen Form, Tessitura, Dynamik, den verschiedenen Arten von Hoch und Tief [. . .].« Den grundlegenden Unterschied zu seiner eigenen Musik erkannte Strawinsky darin, daß er selbst »Note gegen Note« abwäge, Stockhausen jedoch »Modell und Umriß«, also größere und komplexere Strukturen, kontrapunktiere – »Gruppen von Klängen, Geräuschen und Klanggeräuschen als selbständige Einheiten«, wie Stockhausen selbst erläuterte.

Die zeitliche Unabhängigkeit der in sich geschlossenen, doch häufig sich überlappenden oder gar parallel ablaufenden »Gruppen« wird garantiert durch ihre Verteilung auf 3 halbkreisförmig aufzustellende Orchester mit eigenen Dirigenten. Seit den seinerzeit unbeachtet gebliebenen Werken des Amerikaners Charles Ives hatte es mehrschichtige Kompositionen von solcher Konsequenz nicht mehr gegeben. Auch der »Raumklang« erweist sich als Funktion dieser Mehrschichtigkeit, die mit der mehrchörigen Praxis des 16. Jh. wenig Gemeinsames hat. Die 3 Orchester »rufen sich zu und beantworten sich; das eine gibt des andern Echo; eine Zeitlang hört man Musik nur von links, von vorne oder von rechts; der Klang wandert von einem Orchester zum andern [. . .]« (Stockhausen).

Ihre ideale Verwirklichung fand Stockhausens Vorstellung von »funktioneller Raummusik« in einem von ihm konzipierten Auditorium auf der Weltausstellung »Expo 1970« in Osaka (Japan), einem kugelförmigen Raum, rundum mit Lautsprechern versehen, in dessen Mitte sich das Publikum auf einer schalldurchlässigen Plattform versammelt. »Im Klang zu sitzen, vom Klang umgeben zu sein, die Bewegungen der Klänge, ihre Geschwindigkeiten und Bewegungsformen verfolgen und erleben zu können, schafft tatsächlich eine vollkommen neue Situation des musikalischen Erlebnisses« (Stockhausen).

Nr. 13 Momente

Besetzung: Sopran-Solo, 4 Chorgruppen und 13 Instrumentalisten (2 elektronische Tasteninstrumente, 4 Trompeten, 4 Posaunen und 3 Schlagzeuger). – Entstanden 1962–64, rev. 1969. UA der ersten Gruppe von »Momenten«: 1962 in der Konzertreihe »Musik der Zeit« des Westdeutschen Rundfunks Köln, Aufführungen erweiterter Fassungen: 1965 in Donaueschingen, 1972 in Bonn. – Aufführungsdauer: variabel.

In ihrer formalen Selbständigkeit erweisen sich die einzelnen »Momente« als den Einzelstrukturen der »Gruppen« nicht unähnlich. Doch während die Partitur der *Gruppen* in ihrem Ab-

lauf ein für allemal präzis festgelegt wurde, stellen die *Momente* nach Stockhausens Worten kein abgeschlossenes Werk mit eindeutig festgelegtem Anfang, Formablauf und Ende, sondern eine vieldeutige Komposition selbständiger Ereignisse dar. Dank gemeinsamer struktureller Merkmale lassen sich 3 Gruppen solcher Momente in variabler Anordnung mit vielfachen Verzahnungsmöglichkeiten zusammenfügen.
Stockhausens kompositorisches Interesse gilt vor allem einer »Aufhebung des Dualismus zwischen Vokalmusik und Instrumentalmusik, zwischen Ton und Stille, zwischen Klang und Geräusch – verbunden mit dem Versuch einer Integration und Vermittlung unterschiedlichster Artikulationsmöglichkeiten« (Stockhausen). Die Skala der verfügbaren Klangnuancen führt dabei in breiter Auffächerung vom Phonetisch-Gestischen der Solostimme über die Vokal- und Geräuschaktionen der mit kleinem Instrumentarium versehenen 4 Chorgruppen (Minimum je 12 Sänger) zu den ebenfalls räumlich getrennten Blechbläsern, dem Schlagzeug (Tamtam!) und den für Klangfarbenmodulationen eingesetzten elektronischen Tasteninstrumenten.

Nr. 35 Trans

Besetzung: jeweils 4fach besetzte Holz- und Blechbläser, ferner stark besetzte Streichergruppe; Tonbandzuspielung, Lichtregie. – Entstanden 1970/71. UA: Donaueschinger Musiktage 1971 (Leitung: Ernest Bour). – Aufführungsdauer: ca. 26 Minuten.

»In der Nacht vom 9. auf den 10. Dezember 1970 habe ich TRANS geträumt. Am nächsten Morgen notierte ich in Stichworten, was ich im Traum gehört und gesehen hatte [. . .].«
Fast ohne Unterbrechung erklingt in verhaltenem Pianissimo ein breit gefächertes Schallband sämtlicher Streichinstrumente, gebildet aus »chromatisch geschlossenen Klangaggregaten« (Stockhausen). In unregelmäßigen Abständen, insgesamt über hundertmal, setzt das über Tonband zugespielte und immens verstärkte Klappern eines Webstuhlschiffchens grelle Akzente in der Art des fernöstlichen Nô-Spiels, auf welche das Streicherkorps in starrer Synchronie mit Ton- und Bogenwechsel reagiert. Hinzu tritt das rhapsodisch freie, durch Mixturen vervielfachte Linienspiel der Bläser, das sich, besonders in der zweiten Hälfte, zu nervöser Hektik steigert. Eine dritte Ebene bilden improvisatorisch abgehobene, solistische Interventionen von Schlagzeug, Cello, Violine und Trompete.

Dieses *musikalische* Geschehen von fast ritueller Anspannung verband der Komponist mit einer problematischen *optischen* Komponente: Die befrackten Musiker wurden bei der Uraufführung frontal in langen Reihen hinter einem violett angestrahlten Gazevorhang plaziert, der Schlagzeuger erschien als Landsknechtstrommler, der Trompeter intonierte seine Signale hoch erhoben über dem Podium.
Musikalisches Theater? Cineastische Klangvision? Es bleibt abzuwarten, ob künftige Aufführungen nicht den Verzicht auf das optisch-theatralische Moment nahelegen, um der wesentlich stärkeren musikalischen Schicht zu desto plastischerer, da absoluter Wirkung zu verhelfen.

Nr. 48 Michaels Reise um die Erde mit Trompete und Orchester

Besetzung: 4 Solisten (Trompete, Bassetthorn, 2 Klarinetten), großes Kammerorchester (28 Musiker). – Entstanden 1977/78. UA konzertant: Donaueschinger Musiktage 1978 (Ensemble InterContemporain, Solisten: Markus Stockhausen, Suzanne Stephens, Dirigent: der Komponist). UA szenisch: Teatro alla Scala Mailand 1981. – Aufführungsdauer: ca. 48 Minuten.

Stockhausens groß angelegtes, seit 1977 mit beharrlicher Ausschließlichkeit verfolgtes Projekt *LICHT* wird nach Fertigstellung einen Zyklus von 7 Opern darstellen, dessen Handlung sich nach den 7 Tagen der Woche gliedert. Jedes dieser aufwendigen Bühnenwerke fügt sich gleich einem Mosaik aus Akten und Szenen zusammen, die großenteils bereits *vor* der szenischen Gesamtfassung einmal separat erklangen – teils halbszenisch, teils gänzlich konzertant. Manche dieser Teile behalten im Werkkatalog auch weiterhin den Hinweis auf separate Aufführbarkeit, womit in der Regel ein Erklingen im Konzertsaal gemeint sein dürfte.
Auch *Michaels Reise um die Erde* (= *DONNERSTAG* aus *LICHT*, 2. Akt) erlebte wiederholt konzertante Wiedergaben. Davor hätten bei szenischer Realisation zu erklingen: *Donnerstags-Gruß* (Vorspiel am Theatereingang) und 1. Akt: *Michaels Jugend* (*Kindheit, Mondeva, Examen*); im Anschluß daran 3. Akt: *Michaels Heimkehr* (*Festival, Vision*) und *Donnerstags-Abschied* (Michaels-Signale um den Theaterplatz). Über die szenischen Vorgänge bei *Michaels Reise um die Erde* führt der Komponist aus (vgl. Partitur, 1989):
»Die ›Reise um die Erde‹ ist rein musikalisch interpretiert.

Michaels Instrument ist die Trompete. Das Orchester ist ›die Welt‹.
Um die Erdkugel herum sitzen am Südpol Musiker als Pinguine. Michael erscheint – in Blau und mit Michaels-Zeichen – als Trompeter. Er spielt zum Abschied, steigt in die Erdkugel, die sich ostwärts zu drehen beginnt. In 7 Stationen öffnen sich 7 Fenster (Balkone), aus denen Michael herauslehnt und sich mit den Musikern ›unterhält‹.
Zwei Klarinettisten – eine clowneske Kreuzung aus Schwalbe und Pinguin – schwirren mehrmals spielenderweise durchs Orchester. Bei der 6. Station hört Michael ein Bassetthorn in der Ferne und gibt das Zeichen zur Umkehr. Die Erde dreht sich daraufhin rückwärts. Am Ende der 7. Station hört er wiederum das Bassetthorn, hält die Erde an, steigt aus, ruft vergeblich nach Antwort, wird vom Kontrabaß getröstet. Wieder tönt der Ruf, kommt näher. Es erscheint Eva als eine schöne, verführerische Bassetthorn-Spielerin. Sie spielt mit ihm, bezaubert ihn und nimmt ihn schließlich tanzend mit sich fort.
Die zwei Clowns mit Klarinette und Bassetthorn schleichen währenddessen herein, verspotten das Paar, steigen in die Kugel, spielen auf einem Balkon, werden von den Posaunen angegriffen und in einen heftigen Streit verwickelt.
Man hört von Michael und Eva in der Ferne langgehaltene Töne, die schließlich näher kommen und in eine laut klagende, fallende Melodie münden, die den ganzen Raum füllt, dieweil das Licht langsam erlöscht und alles zum Schweigen kommt.
Im Dunkeln fliegen die Melodien von Trompete und Bassetthorn ruhig am Himmel, von immer spärlicher werdenden Tontropfen des Orchesters begleitet.
Beide vereinigen sich in einem kunstvoll verwickelten, ganz allmählich verlangsamten Triller.«

Edison Denissow

* 6. April 1929 in Tomsk (Sibirien, Rußland)
† 24. November 1996 in Paris

An ein Mathematikstudium (Tomsk, 1946–51) schließt sich, nach ausdrücklicher Befürwortung durch Schostakowitsch, ein Kompositionsstudium an (Moskau 1951–56, bei Wissarion Schebalin und Nikolaj Pejko). Erste Werke stoßen auf heftige offizielle Kritik, ja Verbote. Seit 1956 Lehrtätigkeit am Moskauer Konservatorium. Frühe Resonanz im Ausland, vor allem in Frankreich (hier längere Aufenthalte; Paris 1986: Uraufführung der Oper »L'Ecume des jours«). Seit 1990 hohe Position im russischen Komponistenverband.

Mit Alfred Schnittke (s. S. 1074) und Sofia Gubaidulina (s. S. 1057) zählte Denissow zu den profiliertesten Köpfen der älteren russischen Komponistenszene. Seine in allen musikalischen Gattungen angesiedelten Werke nehmen sich schroff gegensätzlich aus und differieren nach Material und Ästhetik in erstaunlicher Weise. Dodekaphones findet sich ebenso wie Diatonisch-Folkloristisches, rhythmisch Hochkompliziertes neben bewußter Simplizität, emotional Übersteigertes in der Schostakowitsch-Nachfolge ebenso wie kühl Distanziertes. Für Denissow zählt jedoch über alle Materialien und Strömungen hinaus das unverwechselbar Persönliche. Schuberts Liederzyklen wirken deshalb auf ihn »wie Blätter aus einem persönlichen Tagebuch. Viele meiner Werke haben solchen Charakter [...]. Und diese Werke sind mir die teuersten. Überhaupt zeichnet sich mit den Jahren ein Kreis von Werken ab, die mir besonders am Herzen liegen. Es sind das *Requiem*, der Zyklus auf Puschkin-Gedichte [*Ton image charmante*], die *Sinfonie* und das Ballett *Confession*. Das sind die Werke, die am meisten von mir selbst enthalten. Diejenigen, die mich gut kennen und [mit mir] fühlen, werden in ihnen mein ganzes Leben erkennen« (Denissow im Gespräch mit G. Pantijelew, 1989).

Denissow, der zu Frankreich und der französischen Kultur eine große Zuneigung faßte, orchestrierte Debussys frühe Oper *Rodrigue et Chimène* (Lyon 1993) und ergänzte Schuberts Oratorienfragment *Lazarus* D 689 (Stuttgart 1996).

Werke (kleine Auswahl): *Die Sonne der Inka* (G. Mistral) für Sopran, 3 Sprecher und 11 Instrumente (1964); *Peinture* für Orchester (1970); *Requiem* (F. Tanzer) für Soli, Chor und Orchester (1980); *L'Ecume des jours* (»Der Schaum der Tage«, E. Denissow nach Boris Vian), Lyrisches Drama (1981); *Ton image charmante* (A. Puschkin), Zyklus für Gesang und Klavier bzw. Orchester (1980–82); *Confession* (A. de Musset), Ballett (1984); *1. Sinfonie* (1988); *Konzerte* mit Orchester für *Violoncello* (1972), *Klavier* (1973/74), *Flöte* (1975), *Violine* (1976/77), *Flöte und Oboe* (1979), *Viola* (1986), *Oboe* (1986), *Klarinette* (1989), *Flöte und Vibraphon* (1993), *Flöte und Klarinette* (1995); *2. Kammersinfonie* (1994).

Henri Pousseur

* 23. Juni 1929 in Malmédy (Belgien)

Schulmusikstudium an den Konservatorien von Lüttich (1947–51) und Brüssel (1952/53). Bis 1959 im Schuldienst tätig, daneben Organist und Chorleiter. Private kompositorische Studien. Seit 1957 Dozent der Darmstädter Ferienkurse. Praktische Arbeit in den elektronischen Studios in Köln, Mailand und München. 1958 Gründung, in der Folge auch Leitung des Brüsseler Studios »Apelac« des Belgischen Rundfunks. Lehrtätigkeit am Konservatorium und an der Universität Lüttich (ab 1970), hier auch Leiter des »Centre de recherches musicales«.

»Innerhalb jener Komponistengruppe, die zu Beginn der fünfziger Jahre aus der musikalischen Situation nach Webern entschlossene und weitreichende Konsequenzen abzuleiten begann, ist Henri Pousseur der jüngste. Seine satztechnischen und formalen Ideen, seine theoretischen Gedankengänge zeigen mancherlei Analogien zu denen von Pierre Boulez und Karlheinz Stockhausen. Beiden verdankt Pousseur entscheidende Anregungen, die sich oftmals an Struktur, Klang und Formkonzeption abhören und ablesen lassen« (Josef Häusler, 1969).
Häufig arbeitet Pousseur mit dem Schriftsteller Michel Butor (* 1926) zusammen (zentrales Projekt: das aleatorische Opernspiel *Votre Faust*). Mehr und mehr fasziniert ihn die

Vorstellung eines enorm geweiteten Spektrums harmonischer Möglichkeiten, ferner das Einbeziehen von Idiomen älterer Musik (vgl. Werkreihe *Dicté par . . .*).

Werke (Auswahl): *Symphonies* für 15 Instrumentalsolisten (1954/1955); *Quintette à la mémoire de Webern* (1955); *Rimes* für verschiedene Klangquellen (3 Orchestergruppen und Tonband, 1959); *Répons* für 7 Musiker (1960); *Trait* für 15 Streicher (1962); *Votre Faust*, Variables Spiel in der Art einer Oper, zusammen mit M. Butor (1961–68), daraus: *Portail de Votre Faust*, Konzertfassung verschiedener Auszüge für 4 Soli, 12 Instrumentalisten und Tonband; *Couleurs croisées* für Orchester (1967); *Croisées des couleurs croisées* für Frauenstimme, 2–5 Klaviere und 6 Klangquellen (1970); *Icare apprenti* für eine variable Zahl von Instrumenten (1970); *Les Ephémérides d'Icare II* für Klavier und 19 Instrumente (1970); *L'Effacement du prince Igor* für Orchester (1971); *Invitation à l'utopie* (M. Butor) für Sprecher, 2 Frauenstimmen, Chor, Klavier und 19 Instrumente (1971); *Die Erprobung des Petrus Hebraicus*, Musikalisches Kammertheater in 3 Teilen für Sprecher, Sänger und Musiker (1973/74); *Petite Chronique illustrée* für Orchester (1976); *Grande Chronique illustrée* für Bariton und Orchester (1976); *Humeurs du futur quotidien* (H. Heine, M. Butor) für 2 Sprecher und Orchester (1978); *Les Îles déchainées* für Jazzensemble, Live-Elektronik und Orchester (1980); *La seconde apothéose de Rameau* für Kammerorchester (1981); *La Passion selon Guignol* (div. Texte) für Vokalquartett und Orchester (1981); *Trajets dans les arpents du ciel* für 1 Solisten und Orchester (1983); *Nuit des Nuits* (ou la voyante insomnie de Mr. Goldberg) für Orchester (1985); *Déclarations d'orages* (div. Texte) für Sprecher, 2 Soli, 3 Improvisatoren, Orchester und Tonband (1988); *Dichterliebesreigen* (H. Heine) für Klavier, 2 Soli, Chor und Kammerorchester (1990).
Schriften: *Fragments théoriques sur la musique expérimentale* (1970); *Musique – Sémantique – Société* (1972); *Die Apotheose Rameaus*, Versuch zum Problem der Harmonik (1987).

Dieter Schnebel

* 14. März 1930 in Lahr (Baden)

Ab 1949 Studium an der Freiburger Musikhochschule (Klavierlehrerexamen 1952); durch den Studienfreund Heinz-Klaus Metzger Einblicke in die kompositorische Denkweise der Wiener Schule. Anregungen bei den Darmstädter Ferienkursen, analytische Untersuchungen zur frühseriellen Phase, Auseinandersetzung mit den Schriften Theodor W. Adornos.
Fortsetzung des Studiums an der Universität Tübingen: Musikwissenschaft (Promotion 1955 mit der Dissertation »Studien zur Dynamik Arnold Schönbergs«) und evangelische Theologie (Examina 1955). Nach weit zurückreichenden Ansätzen erste kompositorische Resultate, jedoch mit geringer öffentlicher Resonanz.
Praktika und Pfarrdienst in verschiedenen pfälzischen Städten und Gemeinden, zuletzt in Kaiserslautern. Wechsel in den Schuldienst; ab 1968 in Frankfurt a. M., ab 1970 in München als Schulpfarrer und Religionslehrer tätig. Entscheidende Impulse durch das Œuvre Karlheinz Stockhausens, später durch die offene Ästhetik John Cages. Neben der immer stärker beachteten kompositorischen Arbeit musikliterarische Tätigkeit als Autor und Herausgeber. 1972 Gründung einer Arbeitsgemeinschaft Neue Musik, Aufführungen mit Schülern und Studenten. 1976–95 Professor für Experimentelle Musik und Musikwissenschaft an der Berliner Hochschule der Künste.

Werke in größerer Besetzung: *Versuche* I–IV (1953–56, 1964): I *Analysis* für Saiteninstrumente und Schlagzeug, II *Stücke* für Streichquartett oder Streichinstrumente, III *Fragment* für Kammerensemble (Stimme ad lib.), IV *Compositio* für Orchester; *Für Stimmen (. . . missa est)* (1956–69): I *dt 31,6* für 12 Vokalgruppen bzw. großen Chor, II *amn* für 7 Vokalgruppen, III *:!(madrasha II)* für 3 Chorgruppen, Tonband ad lib.; *Glossolalie 61* (= Projekte IV) für Sprecher und Instrumentalisten (1960/61); *Webern-Variationen* (= Re-Visionen I_3) für beliebige Besetzung (1972); *Bach-Contrapuncti* (= Re-Visionen I_1) für räumliche Stimmen (1972–76); *Orchestra*, Sinfonische Musik für mobile Musiker (1974–77); *Drei-Klang* (= Räume 4) für 3 verschiedene und räumlich getrennte Ensembles (1976/77); *Schubert-Phantasie* (= Re-Visionen I_5) für geteiltes großes Orchester (1978, rev. 1989); *Thanatos – Eros* (= Tradition III_1), Sinfonische Variationen für großes Orchester mit Stimmen (1980–82, 1985); *Wagner-Idyll* (= Re-

Visionen I_4) für Singstimme und Kammerensemble (1980); *Jowaegerli* (= Tradition IV_1), Alemannische Worte und Bilder von und nach J. P. Hebel mit vokalen und instrumentalen Klängen und mit Schlagwerk (1982/83); *Fünf geistliche Lieder von Bach* aus Schemellis *Musikalischem Gesangbuch* für Stimme und kleines Orchester (1984); *Sinfonie-Stücke* für Orchester (1984/85); *Missa, Dahlemer Messe* für 4 Soli, 2 gemischte Chöre, Orchester und Orgel (1984–87); *Mahler-Moment* (= Re-Visionen II_4) für Streicher (1985); *Beethoven-Symphonie* (= Re-Visionen I_2) für Kammerensemble (1985); *Metamorphosenmusik* für Stimme und Kammerensemble (1986/87); *Sinfonie X* für großes Orchester, Altstimme und Tonband (1987–92); *Mozart-Moment* (= Re-Visionen II_3) für kleines Orchester (1988/89); *Verdi-Moment* (= Re-Visionen II_5) für Orchester (1989); *Schumann-Moment* (= Re-Visionen II_2) für Stimmen (oder Bläser), Harfe und Schlagzeug (1989); *Chili*, Musik und Bilder zu Kleist für 3 Sprecher, 4 Sänger und Kammerensemble (1989–91); *Janáček-Moment* (= Re-Visionen II_1) für Orchester (1991/92); *Canones* für Orchester (1975–77, 1993/94); *inter* für kleines Orchester (1994); *Totentanz* für 2 Sprecher, 2 Soli, Chor, Orchester und Live-Elektronik (1994); *Ektasis* für Sopran, Schlagzeug und großes Orchester (1997).
Schriften: *Denkbare Musik.* Schriften 1952–1972 (1972); *MO-NO, Musik zum Lesen* (1969); *Anschläge – Ausschläge.* Texte zur Neuen Musik (1993).

Es ist sicher kein Zufall, daß die kenntnisreichste und umfassendste Arbeit über den Komponisten Mauricio Kagel gerade von Dieter Schnebel geschrieben wurde. Denn obwohl sich Schnebels kompositorische Eigenart jedem Einordnungsversuch versperrt, ist sie mit dem Hinweis auf eine gewisse Wahlverwandtschaft mit Kagels »komponierten Aktionen« doch wenigstens andeutbar. Wie Kagel interessiert sich Schnebel für das einer Konzertaufführung eigene »Theater« des Musik-Machens – musikalisches Theater im eigentlichen Sinn also. Die Vieldeutigkeit musikalischer Zeichen und ihr individuelles Befolgen durch die Musiker offenbart bei Schnebel ebenfalls theatralischen Charakter. Schließlich hat das »Komponieren« musikalischer Grafik und die dadurch im Betrachter hervorgerufene imaginäre Musik seine Kreativität in besonderem Maße angeregt.
Zu seinen Arbeiten erklärt Schnebel programmatisch: »Scheints wird hier ein Kult des Häßlichen getrieben. Die umgekehrte Ästhetik der sichtbaren Musik wendet sich dem Bedeutungslosen und Verachteten zu. Nicht freilich, um es zum

Schönen zu verklären. Eher soll dem, was bisher in Musik übersehen oder abgewertet sein Dasein fristete, zu würdigerem Leben verholfen werden, und Tabuiertes mag fürderhin nicht unberührt bleiben müssen. Solche Einbeziehung will Erweiterung des musikalischen Materials, des akustischen wie des optischen, und realisiert so die offenkundige Tendenz, möglichst kein Klingendes mehr von Musik fernzuhalten, damit deren Klangfülle blühe. Die in sie herein- oder aus ihr hervorgeholten häßlichen Elemente aber werden zu ästhetischen gemacht durch die Komposition.«

Schubert-Phantasie (= Re-Visionen I_5)

Besetzung: geteiltes großes Orchester; Orchester I: Sinfonieorchester mit reduzierten Streichern (je 1–2 Pulte), Orchester II (»Blendwerk«): Streicher (9/8/8/4/2). – Entstanden 1978, rev. 1989. UA: 1979 in Frankfurt a. M. (RSO Frankfurt, Dirigent: Juan Pablo Izquierdo). – Aufführungsdauer: 28–30 Minuten.

Schnebels Werkbereich »Re-Visionen« umfaßt Arbeiten, die das scheinbar wohlvertraute Vergangene mit geschärftem Auge erfassen wollen, um es – möglicherweise unter verändertem Blickwinkel – aufs neue ins Blickfeld zu rücken. Werke des sogenannten Konzertsaal-Repertoires von Bach bis Janáček und Mozart bis Webern erfahren eine »Wieder-Betrachtung« dank entschiedener, immer aber respektvoller analytischer Annäherung.
Schnebels Kommentar (Werkkatalog 1984): »Die teils verborgen leuchtende, teils klar ausgeführte Klanggestaltung des ersten Satzes der *Klaviersonate G-Dur* (D 894) wird hier in orchestrale Farben entfaltet. Solistische Bläser und Streicher zeichnen das Farbspiel der Melodien, Klänge und Rhythmen phantasierend nach und aus. Das Streichertutti aber artikuliert als eine eigene Schicht, ja als eine selbständige Komposition mit dem Titel *Blendwerk*, einen schwebenden Klang, welcher der Schubertschen Musik imaginär eigen ist, und der nun in dieser *Schubert-Phantasie* einen irisierenden Hintergrund oder auch verhüllenden Vordergrund für das Linien- und Klangspiel der ›Fantasiesonate‹ erzeugt.«

Sinfonie X
für großes Orchester, Altstimme und Tonband

Besetzung: Altstimme (in den »Sätzen« *Adagio* und *Finale*), großes Orchester, ferner 4 im Raum verteilte Gruppen mit 5–8 Spielern; in *Valse* und *Finale* ist ein 2. Dirigent erforderlich. – Entstanden 1987–92. UA: Donaueschinger Musiktage 1992 (Sinfonieorchester des Südwestfunks Baden-Baden, Alt: Susanne Otto, Dirigenten: Michael Gielen, Carmen-Maria Cârneci). – Aufführungsdauer: ca. 76 und 80 Minuten.

Teil I: »Sätze« *Con moto* und *Scherzo*; Teil II: »Sätze« *Hymnus*, *Valse*, *Adagio* und *Finale alla marcia*. Hinzu kommen: »Environments« (*Stille a*, *b* und *c*); »Signale« (*Fanfaren*), »Klangräume« (*Entstehungen*, *Kreisen*, *Verschwinden*, *Wanderungen*, *Evolutionen – Involutionen*, *Möglichkeiten*) und »Zeitstücke« (*Zeitstücke a*, *b*, *c*, *d*).

Kommentare des Komponisten (1992, Auszüge):
»SINFONIE X ist eine zweiteilige (bzw. mehrteilige) Komposition, wobei die Teile jeweils durch eine Konzertpause getrennt werden. Ebenso ist SINFONIE X ein offenes – ›unvollendetes‹ Werk, das noch weitergeführt werden kann. Es läßt sich auch in Auswahl spielen – z. B. nur Teil I oder Teil II; oder mit Auslassung von Sätzen; oder auch nur die »Sätze« genannten Abschnitte. Die großen Sätze: *Con moto*, *Hymnus*, *Adagio* und *Finale* sind einzeln aufführbar. Auch die *Zeitstücke* bilden einen Zyklus, der rein als Schlagzeugquartett gespielt werden kann.
Die *Stille*-Teile (für Tonband) sind ein Klangenvironment, das vor, zwischen und nach den Großteilen im Saal in den Zugangsräumen (Foyer, Treppen, Flure etc.) unauffällig erklingt – sozusagen als »musique d'ameublement«. Die *Fanfaren* sollten sich möglichst draußen abspielen – z. B. auf Balkonen des Konzertgebäudes oder von Podien davor, und zwar in regelmäßigen Abständen vor Beginn des Konzerts (z. B. 9', 6', 3' davor). Innerhalb des geschlossenen Ablaufs der dann im Saal aufgeführten Großteile sind die *Klangräume* quasi Intermedien: Eingangs-, Zwischen- und Schlußstücke. Die *Zeitstücke* bilden eher Unterbrechungen – auskomponierte Fermaten. Die *Sätze* aber sind im herkömmlichen Sinn eben solche: sinfonische Vorgänge von fester Form und mit klar definierten Materialien.«
»[. . .] ich wollte dieses ›X‹, und zwar in mehrfachem Sinn: die Sinfonie sozusagen als Unbekannte, auch nicht als eine Bestimmte, eine Vierte oder Siebte, sondern eine, die jenseits von solchen Zählungen ist. Für mich ist es die erste und die letzte. Ich werde keine Sinfonie mehr schreiben.«
»Das Stück ist schon Wahnsinn: nach Mahler noch eine Sinfonie zu schreiben, finde ich fast vermessen. Ich könnte auch sagen, nach Ives und Skrjabin, die in ihren sinfonischen Werken

wirklich Utopisches angesteuert haben, ist es ein Wagnis. Aber ich mußte es tun. Es ist der Versuch, die Errungenschaften, die in der Gattung erreicht worden sind, alle einzubeziehen und vielleicht sogar darüber hinaus zu gehen [. . .].«
»Wenn Sie mich nach dem Inhalt des Stückes fragen, würde ich schon sagen, daß es einen gibt, so sehr andererseits die Sätze als absolute Musik gemeint sind. Ich finde es etwas schwierig, über Inhalte zu reden oder über das, was man sich dabei gedacht hat, weil es den Zuhörer leicht in eine bestimmte Richtung lenkt [. . .]. Aber andererseits hört man ja schon in den Environments Konkretes: es fängt mit Verkehr an, also mit der technologischen Welt des Menschen, dann, in der Pause, die kulturelle Welt des Menschen, und am Schluß ist bloß noch Natur. Ich würde sagen, es ist ein Stück, das mit unserer Welt zu tun hat, mit dieser Welt, die extrem gefährdet ist. Und wenn man mich fragen würde, welchen Titel gibst du dem Ding, dann würde ich vielleicht am ehesten sagen, nicht wie bei Mahler: *Lied von der Erde*, sondern *Gesang der Erde*, ein Gesang des geschundenen Planeten selbst.«
Aus einer Uraufführungskritik (Klaus Schweizer, 1992): »[. . .] ein anachronistisches Ungetüm. Hier werden über langen Orgelpunkten, Akkordbändern und Rhythmuspatterns Entwicklungen von zuweilen durchaus unhimmlischen Längen angezettelt, wie man sie in ihrer bohrenden Hartnäckigkeit von Bruckner her kennt. Hier feiern vertraute Satzcharaktere wie Fanfare, Scherzo, Walzer und Marsch fröhliche Urständ – und doch haben sie ihre einstige Unschuld auf immer verloren. Fortwährend sammelt das vielbeschäftigte Ohr Erinnertes auf, ahnt voraus, will sich in halbvertrauter Hörumgebung wohlig einnisten – und wird doch gleich wieder aufgescheucht durch Einbrüche, grelle Attacken oder aufreizende Pfiffe und Signale. Tonal und modal gehaltenes Melodie- und Harmoniegut tönt ständig an – und doch fügt es sich kaum je der alten syntaktischen Logik.«

Cristóbal Halffter

* 24. März 1930 in Madrid

Entstammt einer spanischen Familie deutscher Herkunft, der auch die national bedeutsamen Komponisten Rodolfo und Ernesto Halffter angehören. Studierte am Madrider Konservatorium, später auch in Paris, Rom und Mailand (1956/57). Weitere Kontakte zu ausländischen Komponisten (z. B. Ligeti, Stockhausen) befähigten ihn, die kulturelle Isolation seines vom Franco-Regime beherrschten Landes zu überwinden. Zunächst als Dirigent tätig, übernahm er im Zeichen wachsender Liberalisierung am Madrider Konservatorium eine Kompositionsprofessur (1962), später auch die Leitung dieser Institution (1964–66). Als Komponist längst international renommiert, zog sich Halffter von allen Ämtern zurück, um als Komponist und Dirigent frei disponieren zu können.

»Als Franco tot war, wollte die neue politische Führungsschicht auch neue Künstler, neue Komponisten haben, und dann wirkten wir in den ersten Jahren der neuen Regierung in Spanien deplaziert, wir, die so viel gemacht hatten [. . .]. Inzwischen haben sie gespürt, daß diese Bewegung doch sehr wichtig war, und jetzt sind wir wieder anerkannt [. . .].
[. . .] das war meine Aufgabe am Anfang: mich sehr mit der technischen Welt in der Musik zu beschäftigen. Da kommen diese Titel vor wie *Sequencias* oder *Formantes* oder *Espejos*; diese Stücke sind rein technisch orientiert, um eine eigene Technik zu finden. Als ich dachte, diese Technik zu beherrschen, da kam der Einfluß des Humanitären oder das ›andere‹, das in der Musik zu finden ist, und das ist der Ausdruck, die Kommunikation mit der Musik. Diese kommunikativ-expressiven Elemente wurden in der Entwicklung immer wichtiger für mich.
Zuerst war da der Kampf gegen ein Regime, das uns die Freiheit verbot. Als dieses Regime zu Ende war, blieb die Idee vom Menschen als Gattung; daß der Mensch nicht nur aus physikalischen Elementen besteht, sondern dieselben Elemente hat wie ein Stern oder ein Virus [. . .]. Im Moment müssen wir aufpassen, was wir mit einem Virus oder einem Stern machen, weil wir so weit gegangen sind, daß wir unsere ganze Existenz in Gefahr bringen. Darum habe ich eines meiner letzten Stücke – *Preludio a Nemesis* – geschrieben, in dem ich

die Zuhörer informieren bzw. die Frage stellen will: ›Was machen Sie für die Erhaltung des menschlichen Wesens und der Natur?‹« (Auszüge aus einem Gespräch des Komponisten mit W. Hofer, 1989).

Werke (kleine Auswahl): *Sinfonía* für 3 Instrumentalgruppen (1961–63); *Secuencias* für Orchester (1964); *Líneas y puntos* für 20 Bläser und elektronische Klänge (1966); *Anillos* (»Ringe, Schleifen«) für Orchester (1967–69); *Yes, speak out, yes* für 2 Soli, 2 Chöre und 2 Orchester (1968/69, = UNO-Auftrag zum 20. Jahrestag der Proklamation der Menschenrechte); *Fibonaciana* für Flöte und Orchester (1969); *Llanto por las víctimas de la violencia* (»Klage um die Opfer der Gewalt«) für Kammerensemble und elektronische Klangumwandlung (1970/71); *Requiem por la libertad imaginada* (»Requiem für die imaginierte Freiheit«) für Orchester (1971); *Konzerte für Violoncello* und Orchester *Nr. 1* (1974) und *Nr. 2* (1985); *Elegías a la muerte de tres poetas españoles* für Orchester (1975); *Tiento* für großes Orchester (1980/81); *Fantasia über einen Klang von Händel* für Cellogruppe und Streichorchester (1981); *Doppelkonzert für Violine, Viola* und Orchester (1984); *Dortmunder Variationen* für großes Orchester (1986/87); *Preludio a Nemesis* für großes Orchester (1988/89); *Passacaglia aus dem Escorial* für Streichorchester (1992); *Memento a Dresden*, Vier Episoden für Orchester (1994/95).

Tôru Takemitsu

* 8. Oktober 1930 in Tokio
† 20. Februar 1996 in Tokio

Kompositorisch Autodidakt, lehnte es Takemitsu nach dem 2. Weltkrieg ab, sich mit den kulturellen Traditionen seines als enttäuschend reaktionär empfundenen Landes zu identifizieren. Statt dessen studierte er westliche Vorbilder: die französischen Impressionisten und den Kreis um Schönberg, setzte sich mit Pierre Schaeffers »Musique concrète« und elektronischer Musik auseinander. Erst in späteren Jahren erfolgte die produktive Neubegegnung mit altjapanischer Musiküberlieferung (z. B. der höfischen Gagaku-Musik) und dem für sie typischen Instrumentarium. In den 60er und 70er

Jahren formierten sich Takemitsu und seine Generationsgenossen Toshirô Mayuzumi (1929–97), Kazuo Fukushima (1930), Makoto Shinohara (* 1931) und Maki Ishii (* 1936) zu einer einflußreichen Avantgarde, die auch im Westen Gehör fand. Für die »Expo 1970« in Osaka konzipierte er ein neuartiges »Space Theatre«. Zahlreiche organisatorische Aufgaben ermöglichten ihm eine liberale Öffnung des japanischen Musiklebens.*

»Seit Anfang der 70er Jahre schrieb Takemitsu eine Reihe von Kompositionen mit poetischen Überschriften, die sich auf Naturvorstellungen wie Wasser, Wind, Regen und Sterne oder den Traum – ein weiteres bevorzugtes Thema des Komponisten – beziehen und in denen bestimmte Zahlen und Proportionen und deren mannigfache Ableitungen die verschiedenen Ebenen der Komposition, wie die Modi der Tonhöhen und die formale Struktur, bestimmen [. . .]. Takemitsu hat sich immer wieder darum bemüht, japanische Zeit-, Raum- und Farbvorstellungen auszudrücken, wobei eine gewisse Nähe zu europäischen impressionistischen Klangbildern bemerkbar ist. Das mag ein Grund dafür sein, daß Takemitsus Musik in Deutschland nicht so geschätzt wird wie in Frankreich und auch in England« (Yukiko Sawabe, 1996).

Werke (kleine Auswahl): *Requiem* für Streicher (1957); *The Dorian Horizon* für 17 Streicher (1966); *November Steps I* für Biwa-Laute, Sakuhati-Bambusflöte und Orchester (1967); *Greens* (= *November Steps II*) für Orchester (1967); *Textures* für Orchester (1967); *Gémeaux* für Oboe, Posaune und 2 Orchestergruppen (1971, rev. 1986); *Quatrain* für 4 Instrumentalisten und Orchester (1975); *A Flock Descends into the Pentagonal Garden* (»Ein Schwarm fliegt in den fünfeckigen Garten hinunter«) für Orchester (1977); *In an Autumn Garden* für Gagaku-Orchester (1979); *Far Calls, Coming, Far!* für Violine und Orchester (1980); *Rain Coming* für Kammerorchester (1982); *Riverrun* für Klavier und Orchester (1984); *Orion and Pleiades* für Violoncello und Orchester (1984); *Tree Line* für Kammerorchester (1988); *Visions* für Orchester (1990); *Spirit Garden* für Orchester (1994).

Rudolf Kelterborn

* 3. September 1931 in Basel

Musikstudium am Konservatorium und an der Universität Basel. Ergänzende Studien bei Günter Bialas, Wolfgang Fortner und Igor Markevitch. Zunächst Theorielehrer und Dirigent in seiner Heimatstadt. 1960–68 Kompositionslehrer an der Nordwestdeutschen Musikakademie Detmold, 1968–75 und 1980–83 an der Züricher Musikhochschule. Ab 1974 in Basel Musikabteilungsleiter des Radios DRS. 1980 Professor für Komposition und Musiktheorie an der Staatlichen Hochschule für Musik in Karlsruhe. 1983–94 Direktor der Musik-Akademie der Stadt Basel. Setzt sich auch als Dirigent insbesondere für zeitgenössische Musik ein. Hervorgetreten u. a. mit folgenden Beiträgen für das Musiktheater: »Die Errettung Thebens« (Kelterborn, 1960–62), »Kaiser Jovian« (Herbert Meier, 1964–66), »Ein Engel kommt nach Babylon« (Friedrich Dürrenmatt, 1975/76), »Der Kirschgarten« (nach Tschechow, 1979–81), »Ophelia« (Herbert Meier, 1982/83), »Julia« (David Freeman / Kelterborn, 1989/90).

»In meiner Musik spielen verschiedene Techniken von seriellen Verfahren bis zu einer eng begrenzten Aleatorik eine Rolle. In manchen Werken werden die Ausdrucksbereiche schon durch die Titel angedeutet: *Nachtstücke*, *Phantasmen*, *Traummusik*. Der Bogen spannt sich von oftmals meditativer Verhaltenheit bis zu dramatischer Expressivität, von durch kompositorische Konstruktivität bedingter Distanziertheit bis zu elementarer Direktheit« (Kelterborn, 1974).

Werke: *Mouvements* für Orchester (1957); *Canto appassionato* für Orchester (1958); *1. Kammersinfonie* für Violine und kleines Orchester (1960); *Variationen* für Oboe und Streichorchester (1960); *Metamorphosen* für großes Orchester (1960); *Lamentationes* für Streichorchester (1961); *Scènes fugitives* für F-Blockflöte und Orchester (1961); *Cellokonzert* (1962); *Vier Nachtstücke* für Kammerorchester (1963); *Die Flut*, Oratorium für 4 Soli, Sprecher, Chor und Orchester (1963/64); *Der Traum meines Lebens verdämmert*, Kammerkantate auf japanische Gedichte (Übers. Manfred Hausmann) für Alt und 8 Instrumente (1964); *Musik* für Klarinette und Streichorchester (1965/66); *Miroirs* für Bläser, Harfe, Klavier, Schlagzeug und Kontrabässe (1966); *2. Kammersinfonie* für Streichorchester (1966); *Phantasmen* für großes Orchester (1967); *1. Sinfonie* für großes Orchester (1967); *Fünf Madrigale*

(div. Autoren) für Orchester und 2 Solostimmen (1967/68); *Musica spei* (nach biblischen Texten) für Solo-Sopran, gemischten Chor und Orgel (1968); *2. Sinfonie* für großes Orchester (1969); *Musik* für Klavier und 8 Bläser (1970); *Traummusik*, 6 Stücke für kleines Orchester (1971); *Kommunikationen* für 6 Instrumentalgruppen (1971/72); *Dies unus* (nach biblischen Texten), Fragmentarisches Oratorium (1971/72); *Changements* für großes Orchester (1972/1973); *Nuovi Canti* für Flöte und Kammerorchester (1973); *Tableaux encadrés*, 7 Kompositionen für 13 Solostreicher (1974); *Espansioni, 3. Sinfonie* für großes Orchester, Bariton und Tonband (1974/75); *Erinnerungen an Orpheus*, Musik für Orchester (1977/1978); *Gesänge zur Nacht*, Musik für Sopran und Kammerorchester (I. Bachmann, E. Burkart; 1978); *Visions sonores* für 6 Schlagzeuggruppen und 6 obligate Instrumente (1979); *Chiaroscuro*, Canzoni per orchestra (1979/80); *Musica luminosa* für Orchester (1983/84); *4. Sinfonie* für großes Orchester (1985/86); *Gesänge der Liebe*, Musik für Bariton und Orchester auf Texte aus dem *Hohelied Salomonis* (1987/88); *Ensemble-Buch I* (E. Burkart), Zyklus für Bariton und Instrumente (1990); *Rencontres* für Orchester und Solo-Klavier (1991/92); *»Namenlos«*, 7 Kompositionen für großes Instrumentalensemble und elektronische Klänge (1995/96).
Schriften: *Zum Beispiel Mozart.* Ein Beitrag zur musikalischen Analyse (1981); *Musik im Brennpunkt* (1988); *Analyse und Interpretation* (1993).

Sofia Gubaidulina

* 24. Oktober 1931 in Tschistopol (Tatarstan)

Tochter eines Tataren und einer Russin. Erziehung mit starken religiösen Bindungen. Musikalische Grundausbildung in Kasan, dann – mit Edison Denissow als Kommilitonen – Kompositionsstudium am Moskauer Konservatorium bei Wissarion Schebalin und beim Schostakowitsch-Schüler Nikolaj Pejko (1954–59). Aufführungsmöglichkeiten und Resonanz in russischen Konzertsälen erst nach Auslandserfolgen (Orchesterwerk »Stupeni« in Rom ausgezeichnet). An der Gründung der Experimentalgruppe »Astreja« beteiligt. Aus finanziellen Gründen Verfertigen von Gebrauchsmusik (Film). Durchbruch im Westen, als der Geiger Gidon Kremer zu Beginn der 80er Jahre in zahlreichen Städten ihr Violinkonzert »Offerto-

rium« zur Aufführung bringt. In der Folge zahlreiche Aufträge und starke Wirkung gerade auf westliche Hörer.

Schostakowitsch und Webern bedeuten Gubaidulina viel, Bach gehört zu ihrem täglichen Umgang. Nicht umsonst setzt ihr Erfolgswerk **Offertorium** beim »königlichen Thema« von Bachs *Musikalischem Opfer* an, wobei diese thematische Vorgabe in den 3 Teilen des Werkes seine Gestalt wechselt: »Der *erste* steht im Zeichen des sich auflösenden Themas. Im *zweiten* fehlt eine thematische Bindung überhaupt (›Du kannst nicht wiedergeboren werden, ehe du nicht gestorben bist‹). Der *dritte Teil* beinhaltet das Wachsen des neuen Themas und seine Schlußdurchführung (mit dem Krebsgang von Thema 1)« (Gubaidulina).
Gegenwärtigen Strömungen öffnet sich die eigenwillige Komponistin, die Pärts »klare, ruhige Musik« bewundert, Schnittkes Polystilistik für eine der fesselndsten Suchrichtungen heutiger Musik hält und dabei westliche Komponistenkollegen wie Nono, Kurtág, Lachenmann und auch Maxwell Davies als wesentlich einstuft.
Sofia Gubaidulina gestaltet aus großer innerer Ruhe und Gelassenheit heraus im Bewußtsein eines steten Weiterschreitens: »Ich habe das Gefühl, als würde ich ständig meine Seele durchwandern.« Und: »Ich stelle mir für jedes neue Werk eine konzeptionell neue Aufgabe und versuche, etwas zu finden, das es in der vorherigen Arbeit noch nicht gegeben hat. Und sehr oft stellt das zweite Werk eine Reaktion, eine Ergänzung zum vorigen dar. So habe ich zum Beispiel 1983 *Perception* mit einem konkretisierenden Text von Francisco Tanzer komponiert: Stimmen, Verstummen. Dabei hatte ich ständig das Gefühl, daß dieses Thema noch nicht erschöpft ist, daß es dort noch etwas gibt, worauf ich reagieren muß. Und so entstand als nächstes Werk eine ganze *Sinfonie*, die den Titel trägt *Stimmen ... Verstummen ...* Dies ist bereits eine rein instrumentale Arbeit, die auf völlig andere Weise auf die Frage antwortet, was ich höre und warum diese Stimmen sodann verstummt sind. Auf völlig andere Weise mit einer völlig anderen Konzeption. Manchmal ist es einfach unmöglich, mit einem Werk alle sich bietenden Virtualitäten auszuschöpfen« (Gubaidulina im Gespräch mit J. Makejewa, 1988).

Werke (kleine Auswahl): *Nacht in Memphis*, Kantate für Mezzosopran, Männerchor und Orchester nach Texten altägyptischer

Dichter (1968); *Stupeni* (»Stufen«) für Orchester (1972); *Konzert für Fagott* und tiefe Streicher (1975); *Konzert* für Sinfonieorchester und Jazzband mit Tonband (1976); *Stunde der Seele*, Musik für Schlagzeug, Mezzosopran und großes Orchester nach einem Gedicht von M. Zwetajewa (1976, rev. 1982); *Introitus*, Konzert für Klavier und Kammerorchester (1978); *Te salutant*, Capriccio für großes Unterhaltungsorchester (1978); *Offertorium*, Konzert für Violine und Orchester (1980–82, rev. 1986); *Sjem slow* (»Sieben Worte«) für Violoncello, Bajan und Streicher (1982); *Stimmen . . . Verstummen . . .*, Sinfonie in 12 Sätzen (1986); *Pro et contra* für Orchester (1989); *Alleluja* für Chor, Knabensopran, Orgel, großes Orchester und Farbenklavier ad lib. (1990); *Aus dem Stundenbuch* (Rilke) für Cello, Sprecherin, Männerchor und Orchester (1991); *»Und: Das Fest ist in vollem Gang«* für Cello und Orchester (1993); *Zeitgestalten* für Orchester (1994).

Mauricio Kagel

* 24. Dezember 1931 in Buenos Aires (Argentinien)

Musikalische Ausbildung durch Privatunterricht (Klavier, Violoncello, Klarinette) und Selbststudium (Musiktheorie), dazu Beschäftigung mit Literatur und Philosophie. Ab 1949 erste Kompositionen; Experimente mit konkreter Musik, akustisch-optischer Koordination und Sprachmontagen. 1955–57 in seiner Heimatstadt musikalischer Berater der Universität; Korrepetitor und Dirigent an der Kammeroper des Teatro Colón. Kam 1957 als Stipendiat nach Köln, wo er seither lebt.

Arbeit im elektronischen Studio des WDR, Anregungen in Werner Meyer-Epplers Bonner »Institut für Phonetik und Kommunikationsforschung«. Umfangreiche und vielseitige Tätigkeit als Komponist von meist musikalisch-szenisch konzipierten Werken, als Film- und Hörspielautor, Dirigent, Regisseur und Kommentator eigener und fremder Werke. Seit 1964 Vorträge und Kurse über Fragen der Analyse, der Notation, des instrumentalen Theaters und der elektronischen Klangproduktion bei den Darmstädter Ferienkursen. Seit 1967 Mitarbeit an der Berliner Film- und Fernsehakademie, 1969–1975 Leiter der »Kölner Kurse für Neue Musik«. Ab 1974 an der Kölner Musikhochschule Professur für »Neues Musiktheater«.

Werke (Auswahl): *Heterophonie* für Orchester (1959–61); *Diaphonie I–III* für Chor und/oder Orchester und Projektoren (1964); *Musik (Kammermusik) für Renaissance-Instrumente* für 23 (2–22) Spieler (1965/66); *Staatstheater*, Szenische Komposition (1967–1970); *Acustica I–III* für experimentelle Klangerzeuger und/oder Lautsprecher oder für Instrumentalisten (1968–70); *Ludwig van, Hommage von Beethoven* für beliebige Besetzung (1969); *Klangwehr I/II* für schreitendes Musikkorps bzw. mit agierendem Chor und Live-Fernsehübertragung (1969/70); *Exotica* für außereuropäische Instrumente (1971/72); *Variationen ohne Fuge für großes Orchester über die »Variationen und Fuge über ein Thema von Händel« für Klavier op. 24 von Joh. Brahms* (1971/72); *Zwei-Mann-Orchester* (1971–73); *1898* für Kinderstimmen und Instrumente (1973); *Kantrimiusik*, Pastorale für Stimmen und Instrumente (1973–75); *Chorbuch* für Vokalensemble und Tasteninstrumente (1978); *Zehn Märsche, um den Sieg zu verfehlen* für Bläser und Schlagzeug (1978/79); *Vox Humana?* Kantate für Solo-Lautsprecher, Frauenstimmen und Orchester (1978/79); *Die Erschöpfung der Welt*, Szenische Illusion in 1 Aufzug (M. Kagel) (1976–1980); *Aus Deutschland*, Eine Lieder-Oper (1977/81); *Mitternachtsstük* für Stimmen und Instrumente über 4 Fragmente aus dem Tagebuch Robert Schumanns (1981); *Finale* mit Kammerensemble (1980/81); *Fürst Igor, Strawinsky* (A. Borodin) für Baßstimme und Instrumente (1982); *Szenario* für Streicher und Tonband (1983); *Sankt-Bach-Passion* für Soli, Chöre und großes Orchester (1985); *Ein Brief*, Konzertszene für Mezzosopran und Orchester (1986); *Tantz-Schul*, Ballet d'action, daraus: *Orchestersuite* (1988); *Quodlibet* für eine Frauenstimme und Orchester nach französischen Chansontexten des 15. Jh. (1988); *Musik* für Tasteninstrumente und Orchester (1987/88); *Les Idées fixes*, Rondo für Orchester (1988/89); *Fragende Ode* für Doppelchor, Bläser und Schlagzeug (1989); *Liturgien* für Soli, Doppelchor und großes Orchester (1990); *Opus 1.991*, Konzertstück für Orchester (1991); *»... den 24. XII. 1931«*, Verstümmelte Nachrichten für Bariton und Instrumente (1988–91); *Konzertstück* für Pauken und Orchester (1990–92); *Die Stücke der Windrose*, Zyklus für Salonorchester (= 8 Stücke, 1988–94); *Interview avec D.* pour Monsieur Croche et orchestre (1993/94); *Etüden* für großes Orchester: *Nr. 1–3* (1992, 1995/96).

Ferner: zahlreiche szenische Kompositionen, Hörspiele und Filme.

Schriften: *Tamtam.* Dialoge und Monologe zur Musik (1975); *Das Buch der Hörspiele* (1982); *Das filmische Werk I. 1965–85* (1985).

»Meine Absicht war es immer, in meinen Stücken eine möglichst große Zahl von Situationen miteinander zu verknüpfen. Ich verlange von einem Kunstwerk, daß es unendlich viele Dimensionen ins Spiel bringt [. . .]. Ich will nichts Abgeschlossenes, und ich will vor allem keine Modelle; das ist es: ich hasse Modelle« (Kagel).
Mit der von ihm postulierten Multidimensionalität von Kunstwerken hat Kagel Ernst gemacht. Seine Offenheit gegenüber den verschiedensten Medien erlaubt es ihm, voll schöpferischer Phantasie Bezüge zwischen Materialien konträrer Herkunft herzustellen, sie zu »komponieren«. Musik, Theater und Film stellen sich Kagel keineswegs als isolierte Ausdrucksmöglichkeiten dar. So reizt es ihn, die visuelle Komponente des Musik-Machens ins Bewußtsein zu bringen durch »Instrumentales Theater«, neuen »unerhörten« Klangquellen nachzugehen oder die Bildsequenzen seiner Filme nach musikalischen Gesichtspunkten anzuordnen. Eine extreme Vielfalt von Ausdrucksnuancen resultiert jedoch bei Kagel aus einem mit äußerster Akribie und Strenge vollzogenen Arbeitsprozeß: »Wenn ich schon dem Zwang zu visueller Konkretisierung musikalischer Verläufe nachgebe, dann sollen diese visuellen Konkretisierungen ihrerseits auf höchstem Niveau musikalisiert und mit größter Sorgfalt komponiert werden. Wenn ich schon mit unreinen Mitteln arbeiten soll – und Musik, die sich mit der Szene einläßt, gilt ja merkwürdigerweise unserem Instinkt immer noch als irgendwie verdächtig –, dann will ich diese Mittel mit puristischer Strenge behandeln« (1968).
Kagel, der oft genug eigens zusammengestellte, also nichttraditionelle Formationen und Klangkörper bevorzugte und mit Vorliebe an szenischen Konzepten arbeitete, hat in jüngerer Zeit neue Zuneigung zum klassischen Sinfonieorchester gefaßt. Daß der Rückgriff auf diese traditionsreiche Formation den kritischen Komponisten nicht zugleich auch zum Autor von Sinfonien werden ließ, wurde im Pausengespräch eines Konzerts deutlich, auf dessen Programm u. a. die Orchesterwerke *Les Idées fixes* und *Musik für Tasteninstrumente und Orchester* standen (Stuttgart 1991): »Ich habe mir gar nicht vorgenommen und vorgestellt, daß ich in meinen späten Jahren zu einem verkappten Sinfoniker werde. Ich bin es aber doch geworden – ohne Sinfonien zu schreiben. Ich werde sicherlich nie eine Sinfonie schreiben. Da ist es mir schon lieber, Stücke zu schreiben, die wie Sinfonien klingen und sich mit anderen Titeln begnügen [. . .].«

Variationen ohne Fuge für großes Orchester über die »Variationen und Fuge über ein Thema von Händel« für Klavier op. 24 von Johannes Brahms (1861/62) 1971/72

Besetzung: 1. großes Orchester mit Schlagzeug, Celesta und Cembalo/Klavier; 2. Ripieno-Ensemble, wahlweise bestehend aus a) Geige, Bratsche, Cello und Kontrabaß, oder aus b) Flöte, Oboe, Klarinette, Fagott und Trompete und dem unter a) genannten Streichquartett; 3. ad libitum: 2 Darsteller (1. Sprecherrolle = J. Brahms, 2. stumme Rolle = G. F. Händel). – Entstanden 1971/72. UA: 1973 in Hamburg, anläßlich der Festveranstaltungen zum 140. Geburtstag von Brahms. – Aufführungsdauer (ohne szenischen Einschub): ca. 20 Minuten.

». . . bin in Versuchung, eines Ihrer Werke abzuschreiben, und dabei manche unbedeutende Veränderung vorzunehmen. Es wimmelt nun plötzlich von Dissonanzen . . . Ich versichere Ihnen, daß ich den rhythmischen Verlauf Ihrer Komposition nicht anzutasten gedenke. Lediglich die Reihenfolge der Variationen und die Harmonik möchte ich umstellen – ohne das Wesentliche der Ideen unkenntlich zu machen.«
Hinter dem humorvoll beschwichtigenden Ton dieses fiktiven Briefes des »Bearbeiters« Kagel an den Komponisten Brahms kommt doch auch die Ernsthaftigkeit von Kagels Idee zum Vorschein. Gewiß, daß gegen Ende des Stückes das theatralische Moment durchbricht und der monologisierende Brahms zusammen mit seinem Kollegen Händel in Person das Konzertpodium betritt, kann man als augenzwinkernde Reverenz des Variationen-Variators Kagel entweder schmunzelnd akzeptieren oder verärgert ablehnen. Es ändert nichts daran, daß sich in diesem »umkomponierten« Variationenzyklus Kagels Verlangen nach subjektiver Interpretation einer bestimmten musikhistorischen Situation auf ernst zu nehmende Weise äußert. Mit Anton Weberns Bearbeitung des Bachschen *Ricercars* verbindet ihn die Absicht, diese Interpretation in aller Konsequenz an einem kompositorischen Standort der Gegenwart zu orientieren.
In 14 Variationen (gegenüber 25 bei Brahms) überlagert Kagel den ursprünglichen Text durch zusätzliche Mixturen, frei gesetzte »Gegenschichten«, bricht er seine Geschlossenheit auf durch zeitliche Versetzung, Einblendung, collageartige Umgruppierung und Weiterentfaltung einzelner Elemente. Händels Aria-Thema, zu Beginn unterdrückt, wird am Ende gleichsam als des Rätsels Lösung nachgereicht, klingt aber in reduzierter Gestalt bereits früher schon mehrmals im separa-

ten Ripieno-Ensemble an. Die Schlußfuge schließlich, in der Romantik unabdingbares Finalstück variativer Steigerung, fällt bei Kagel völlig fort. An ihre Stelle tritt eine Briefzitat-Collage des Brahms-Darstellers, die vom nicht gerade ungetrübten Verhältnis des Hamburgers Brahms zu seiner Vaterstadt handelt.

Musik für Tasteninstrumente und Orchester

Besetzung: 2 obligate Klaviere, ferner 2 weitere Klaviere, ad lib. ersetzbar durch ein weiteres Paar von Tasteninstrumenten (z. B. 2 elektrische Orgeln, Synthesizer oder Cembali); klassisch besetztes Sinfonieorchester. – Entstanden 1987/88. UA: 1989 in Köln, Philharmonie (Deutsche Kammerphilharmonie, Dirigent: Dennis Russell Davies). – Aufführungsdauer: ca. 25 Minuten.

»Ich habe hier nicht versucht, die charakteristischen Gesetzmäßigkeiten eines *Konzertes* zu erfüllen. Es fehlen die unerläßlichen Kadenzen der Gattung, die virtuosen Läufe und die idiomatischen Wendungen eines Dialoges zwischen Solisten und Begleitung. Dafür wurde eine möglichst große Kohärenz in der Textur der Tasteninstrumente angestrebt, als wären diese vier Quellen ein einziger Klangkörper« (Kagel, 1989).

Les Idées fixes. Rondo für Orchester

Widmung: »A mes ancêtres.« – Besetzung: mittleres Sinfonieorchester (mit reichem Schlagzeug, Harfe, Celesta, Klavier; Violinen I/II stets zusammen geführt). – Entstanden 1988/89. UA: 1989 in Paris (Ensemble InterContemporain, Dirigent: der Komponist). – Aufführungsdauer: ca. 22 Minuten.

»[. . .] Titel und Untertitel sind häufig der Versuch, ein Kürzel zu finden, um das Wesen der Musik und die für das Stück gewählte Form treffend zu vermitteln. Daß dies nur annähernd gelingen kann, liegt in der Natur der Sache: Musik ist zum Glück weder durch knappe noch durch großzügig bemessene Beschreibungen hörbar zu machen oder approximativ aus der Stille des Papiers zu beleben.
Und zugleich ist jedes Rondo das tönende Dokument einer *idée fixe*, deren Wiederkehr fast beiläufig zur Gliederung des Ablaufs dient. Wenn der formale Aufbau so exponiert ist, wirkt jede unbeabsichtigte Änderung, jede unscheinbare Wiederholung ähnlich wie die sorgfältig plazierten Steine eines lichten Weges. Der Zuhörer schärft seine Wahrnehmung beim Aufspüren der Unterschiede. Die vielfältigen Aspekte und

polyphonen Strukturen, die man einer betont linearen Form wie dem *Rondo* noch heute abgewinnen kann, haben mich bewogen, den Mäander von *Refrains* und *Couplets* weiter zu vermehren. Und oft war ich während der Komposition als Chronist beschäftigt, all jene Verwandlungen, die ich nicht verwerten konnte, als stumme Zeugen zu befragen« (Kagel, 1989).

Krzysztof Penderecki

* 23. November 1933 in Dębica bei Krakau (Polen)

Studierte an der Krakauer Musikhochschule Violine und Komposition bei Artur Malawski, außerdem privat bei Franciszek Skołyszewski. Lehrtätigkeit an dieser Hochschule nach dem Studienabschluß (1958). 1959/60 ungewöhnlich resonanzreiches Debüt im Osten und Westen: dreifacher Preisträger beim Wettbewerb des polnischen Komponistenverbandes 1959, Uraufführung der Stücke »Strophen« (Warschauer Herbst 1959) und »Anaklasis« (Donaueschinger Musiktage 1960). Ein weiterer Höhepunkt war das weltweite Echo der »Lukas-Passion« seit ihrer Uraufführung 1966 im Dom zu Münster. 1966–68 Lehrauftrag an der Folkwang-Hochschule Essen; 1968/69 Berlin-Aufenthalt als Stipendiat des Deutschen Akademischen Austauschdienstes; daran anschließend die Uraufführung von Pendereckis erster Oper »Die Teufel von Loudun« (1968/69), eines Auftragswerkes der Hamburger Staatsoper. (Weitere Bühnenwerke: »Paradise Lost«, 1976–78; »Die schwarze Maske«, 1984–86; »Ubu Rex«, 1990/91.) 1972 Ernennung zum Direktor der Krakauer Musikhochschule. 1973/74 Gastdozent der Yale University (New Haven, USA). Penderecki setzt sich seit Beginn der 70er Jahre auch als Dirigent für seine Werke ein.

Werke: *Epitaph* für Streichorchester und Pauken (1958); *Emanationen* für 2 Streichorchester (1958/59); *Strophen* für Sopran, Sprechstimme und 10 Instrumente (1959); *Anaklasis* für Streicher und Schlagzeuggruppen (1959/60); *Dimensionen der Zeit und der Stille* für 40stimmigen gemischten Chor, Streichorchester und Schlagzeug (1959–61); *Threnos. Den Opfern von Hiroshima* für 52 Streichinstrumente (1959–61); *Fonogrammi* für Flöte und Kammerensemble (1961); *Polymorphia* für 48 Streichinstrumente

(1961); *Fluorescences* für Orchester (1961/62); *Kanon* für 52 Streichinstrumente und Tonband (1962); *Sonata* für Violoncello und Orchester (1964); *Capriccio* für Oboe und 11 Streicher (1964); *Cantata* für 2 gemischte Chöre, Bläser, Schlagzeug, Klavier, Orgel und Kontrabässe (1964); *Passio et mors Domini nostri Iesu Christi secundum Lucam* (*»Lukas-Passion«*, 1964–66); *De natura sonoris (I)* für Orchester (1966); *Dies irae*, Oratorium zum Gedenken an die Ermordeten in Auschwitz (1966/67); *Pittsburgh Ouverture* für großes Blasorchester, Schlagzeug, Harfe und Klavier (1967); *Capriccio* für Violine und Orchester (1967); *Concerto* für Violino grande und Orchester (1966/67); Neufassung als *Concerto* für Violoncello und Orchester (1967–72); *Utrenja* (*»Grablegung und Auferstehung Christi«*, 1969–71); *Kosmogonia* für 3 Soli, Chor und Orchester (1970); *Actions* für Jazzensemble (1970/71); *De natura sonoris II* für Orchester (1971); *Prélude* für Bläser, Schlagzeug und Kontrabässe (1971); *Partita* für Cembalo, Gitarre, Baß, Harfe und Kammerorchester (1971, rev. 1991); *Sinfonie Nr. 1* für großes Orchester (1972/73); *Intermezzo* für 24 Streicher (1973); *Canticum Canticorum Salomonis* für 16stimmigen Chor, Kammerorchester und 2 Tänzer (1974); *Als Jakob erwachte aus dem Schlaf . . .* für Orchester (1974); *Magnificat* für Baß-Solo, Vokalensemble (7 Männerstimmen), 2 gemischte Chöre, Knabenstimmen und Orchester (1973/74); *Konzert für Violine* und Orchester *Nr. 1* (1976/1977); *Adagietto* für Orchester (1979); *Sinfonie Nr. 2* (*»Weihnachtssinfonie«*) für großes Orchester (1979/80); *Tedeum* für Soli, Chor und Orchester (1979/80); *Konzert Nr. 2 für Violoncello* und Orchester (1982); *Konzert für Viola (Violoncello)* und Orchester bzw. Kammerorchester (1983); *Polnisches Requiem* für Soli, Chor und Orchester (1980–84); *Passacaglia* für Orchester (1988); *Sinfonie Nr. 3* für großes Orchester (1988–95); *Adagio, Sinfonie Nr. 4* für großes Orchester (1989); *Sinfonietta* für Streicher (1992); *Sinfonie Nr. 5* für großes Orchester (1991/92); *Konzert für Flöte* und Kammerorchester (1992); *Konzert für Klarinette* und Kammerorchester (1992–95); *Konzert für Violine* und Orchester *Nr. 2* (1992–95); *Die sieben Tore von Jerusalem* für 5 Soli, Sprecher, 3 gemischte Chöre und Orchester (1996).

Nach dem Aufsehen, das die ersten Aufführungen seiner Werke im Westen erregt hatten, galt Penderecki bald als kühl rechnender Experimentator, dessen Klangvorstellungen unmittelbar von der instrumentalen Tonerzeugung ausgingen, die er mit allen unüblichen Varianten zu neuen und daher unverbrauchten Flächen- und Progressionswirkungen nutzte. Wegen der Bündigkeit der klanglichen Einzelereignisse blieb

auch ihre Reihung, Überschneidung oder Schichtung zu einem Formganzen meist relativ leicht durchhörbar und verfolgbar. Von den frühen Werken dieser »experimentellen Phase« prägten sich vor allem *Threnos* und *Anaklasis* ein. Im 3chörigen *Stabat mater* kündigte sich später die Reihe der großdimensionierten liturgischen Kompositionen und zugleich die Bevorzugung vereinfachter Satzstrukturen an (*Lukas-Passion*, *Dies irae*, *Utrenja*). Zwischen diesen Partituren und den früheren Klangexperimenten sieht Penderecki jedoch keinen stilistischen Bruch, nur zwei Erscheinungsformen derselben Substanz:
»Ein Komponist kann, aber muß nicht bei einem Stil bleiben. In der *Passion* sind alle meine Erfahrungen mit Streichinstrumenten enthalten, die ich in *Anaklasis* gemacht habe, alle Erfahrungen mit Blasinstrumenten und Schlagzeug, die ich bei *Fluorescences* gemacht habe. Aber natürlich, das alles dient hier einem ganz anderen Zweck, denn es handelt sich ja um ein geistliches Werk. Und da ist auch der Text sehr wichtig. Ich glaube, daß für mich der Text und die Handlung des Textes das wichtigste waren. Darum [. . .] bin ich hier stellenweise in der [musikalischen] Sprache zurückgegangen. Aber das heißt nicht, daß das Stück ohne Stil geschrieben sei. Die *Passion* ist in meinem Stil geschrieben; vielleicht aber in einer anderen Richtung« (1967).
Mittlerweile hat Penderecki auf kritische Stimmen, die ihm künstlerische Stagnation und allzu bereitwillige Anpassung an den Kulturbetrieb vorwarfen, mit künstlerischen Argumenten geantwortet. Hinter den wohl bewußt traditionell gewählten Titeln der beginnenden 70er Jahre (u. a. *Partita*, *Sinfonie, Konzert*) verbergen sich Kompositionen, in denen die früheren Klangerfahrungen sich formal zwingender, in ihrer Verarbeitung konsequenter artikulieren, deren Ausgewogenheit aber auch zuweilen die wilde Ungezügeltheit der früheren Klanggestik vermissen läßt.
Nach weiter anhaltender Umorientierung in den 80er Jahren wandte sich der stets auch heftig kritisierte Komponist einer neuromantischen Ausdruckswelt mit feierlichen Gesten und ziellos gleitender Chromatik zu (vgl. *Polnisches Requiem*). Gleichzeitig verstärkte sich eher noch sein Interesse an den absoluten, d. h. auf »technische« wie programmatische Titelgebung verzichtende Werkreihen Sinfonie und Konzert.

Anaklasis

Besetzung: 42 Streicher (20 Violinen, 8 Bratschen, 8 Violoncelli, 6 Kontrabässe); Celesta, Harfe, Klavier und Schlagzeug (6 Spieler). – Entstanden 1959/60). UA: Donaueschinger Musiktage 1960 (Dirigent: Hans Rosbaud). – Aufführungsdauer: ca. 9 Minuten.

Dem Sensationserfolg der Uraufführung (in unmittelbarer Nachbarschaft von Messiaens ebenfalls erstmalig erklingender *Chronochromie*) verdankte der Komponist sein sprunghaft gestiegenes Ansehen in westlichen Konzertsälen und Rundfunkstudios. *Anaklasis* steht am Beginn einer Reihe kürzerer, doch groß besetzter Stücke (u. a. *Emanationen*, *Threnos*, *Polymorphia*, *Fluorescences*, *De natura sonoris*), denen eine kompositorische Grundhaltung gemeinsam ist: weitgehende Negation traditioneller Satzprinzipien und Instrumentationspraktiken. Gewöhnliche, mit Vibrato gespielte Streichertöne des Mittelregisters werden z.B. kaum häufiger gefordert als extrem gelegene Vierteltöne, produziert durch Zupfen, Bogenschlagen, Steg- oder Griffbrettspiel, ohne oder mit variablem Vibrato. Weitere Gruppenanweisungen zielen auf breite Streuung innerhalb von Register, Zeitverlauf und Klangfarbe als Ergebnis jeweils individueller Ausführung (unregelmäßige Bogenwechsel, Spiel zwischen Steg und Saitenhalter, Aufsuchen höchstmöglicher Töne) oder auf neue Klangeffekte (z. B. Handschlagen auf die Saiten). Doch darf das Blättern in diesem »Geräuschkursbuch« – so ein Kritiker – nicht mit der Zielsetzung selbst verwechselt werden: unvoreingenommenes Ins-Spiel-Bringen möglichst unterschiedlicher Klangelemente, sei es in flexibel gesteuerter, flächiger Streuung oder in Gestalt konzentrierter Clusterfortschreitungen. In der unbeirrbaren Konsequenz solcher kompositorischer Verläufe liegt die zumindest anfängliche Faszination mancher Penderecki-Stücke begründet.
Der Titel *Anaklasis*, so erläutert der Autor, »ist nach einem Terminus aus der griechischen Metrik gewählt worden, der u. a. das Vertauschen von langen und kurzen Einheiten bezeichnet. Das ordnet auch hier – ins Musikalische übertragen – den rhythmischen Verlauf.«

Threnos. Den Opfern von Hiroshima

Besetzung: 52 Streichinstrumente (24 Violinen, 10 Bratschen, 10 Violoncelli und 8 Kontrabässe). – Entstanden 1959–61. UA: 1961 in Warschau; deutsche EA: 1963 in Darmstadt. – Aufführungsdauer: ca. 9 Minuten.

»8 Minuten 37 Sekunden« wollte Penderecki ursprünglich seine Streicherkomposition überschreiben. Erst der spätere Titel macht die Grundabsicht des Komponisten etwas deutlicher, dem »Klagegesang« die Dauer des verheerenden Luftangriffs auf Hiroshima am 6. August 1945 zugrunde zu legen (in Wirklichkeit hat das Stück – laut Partitur-Zeitangaben – eine Spieldauer von 8 Minuten und 26 Sekunden). Doch wäre es zweifellos grundfalsch, aus diesem Faktum irgendeine Legitimation zu programmatischen Details ableiten zu wollen. »Allenfalls dürfte der Titel als Hinweis auf die allgemeine Expressivität und den hohen Spannungsgrad des Stückes dienen« (Werner Pütz).
Extreme Ausdruckswerte des Repertoires streicherischer Möglichkeiten reihen sich in ununterbrochener Anspannung: Zu Beginn fixieren die einzelnen Gruppen die Extremhöhen ihrer Instrumente in 10fachem Ansatz; die Repetition einer Spielartenreihe, bestehend aus 7 konträren Aktionen, greift dann um sich und erfaßt den gesamten Tonraum; Cluster variieren glissandierend ihre Bandbreite, tangieren einander oder lösen, selbst erlöschend, Fortspinnungen aus. Selbst der aus vielen Einzelimpulsen geformte, präzis notierte Mittelteil, in dem 3 Teilgruppen einander kanonartig folgen, bringt kaum Entspannung. Ein halbminütiger, diminuierender Klangblock des Tuttis, mit einer Dichte von 42 Vierteltönen und maximalem dynamischem Ambitus ein Klangereignis von bestürzender Unmittelbarkeit, schließt jeden Gedanken an ein Weiterklingen aus:

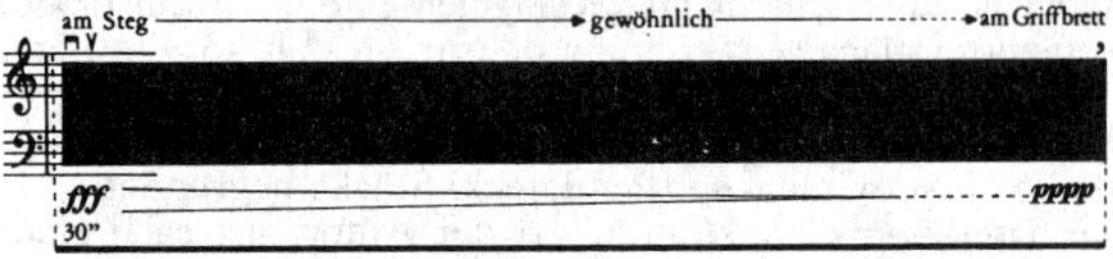

Passio et mors Domini nostri Iesu Christi secundum Lucam

Besetzung: Sopran-Solo, Bariton-Solo (Christus), Baß-Solo, Sprecher (Evangelientexte), Knabenchor, 3 gemischte Chöre (räumlich getrennt), sehr großes Orchester (Holzbläser ohne Oboen, mit 2 Saxophonen; reiches Schlagzeug; Harfe, Klavier, Harmonium, Orgel). – Entstanden 1964–66. UA: 1966 durch den Westdeutschen Rundfunk Köln im Dom zu Münster (Dirigent: Henryk Czyź). – Aufführungsdauer: ca. 80 Minuten.

Fragmente der Kapitel 22 und 23 des *Lukas-Evangeliums* (in der lateinischen Fassung der *Vulgata*) kombinierte Penderecki voll dramatischen Geschicks mit Hymnen, Psalmen und anderen, dem Geschehen der Karwoche zugehörigen liturgischen Texten. In 2 großangelegten Teilen dicht zusammengefügt, verleugnet diese vereinzelt in der Avantgarde dastehende Passionsvertonung keineswegs gewisse Analogien zu den Vorbildern Johann Sebastian Bachs. Dies äußert sich in der Disposition der formalen, nummernartig gereihten »Gewichte« (dramatische Chorszenen, meditative Sologesänge, gesprochener Evangelienbericht, überleitende oder kommentierende Orchesterabschnitte) ebenso wie im Detail, einer dem b–a–c–h-Motiv verwandten Kleinintervall-Melismatik.

Der Komponist hat alle Ausdrucksmittel seines bisherigen Schaffens auch in diesem religiös motivierten Werk ungemildert eingesetzt. Dazu gehören blockartige Clusterwirkungen, ungleichzeitige und verschiedengerichtete Gruppenglissandi, improvisatorisch mit Figurenrepetitionen angefüllte Klangflächen, ferner expressive, intervallisch weitgespannte Solopartien, psalmodierender Sprechgesang und geräuschhafte Chorwirkungen. Berühmtheit erlangte das bereits 1962 fertiggestellte *Stabat mater* für 3 A-cappella-Chöre (gegen Ende von Teil 2), das – wie andere A-cappella-Partien der *Passion* – eine den traditionellen Chorälen vergleichbare Funktion erfüllt. Auch die Abschnitte *Miserere mei* und *In pulverem mortis* erlebten separate Aufführungen.

Hans Heinz Stuckenschmidt schrieb nach der Uraufführung: »Nach Weberns geistlichen Chören und Strawinskys Spätwerken hat Penderecki mit dieser Passionsmusik die wichtigste Brücke zwischen liturgischem Geist und neuer Musik gebaut.«

Thematisch stellt **Utrenja** (»Grablegung und Auferstehung Christi«; entstanden 1969–71, UA 1970 bzw. 1971) eine unmittelbare Weiterführung der *Lukas-Passion* dar. Doch kamen hier neben lyrischen Zwischentexten größere Auszüge aus den griechisch-orthodoxen Morgengottesdiensten am Karsamstag bzw. Ostersonntag zur Vertonung. Die Sprache der Texte ist daher teils das Kirchenslawische, teils das Lateinische.

Dies irae. Oratorium zum Gedenken an die Ermordeten in Auschwitz

Besetzung: Sopran-, Tenor- und Baß-Solo, gemischter Chor und sehr großes Orchester (Holzbläser ohne Klarinetten; reiches Schlagzeug, ferner u. a. Sirene, Harmonium, Klavier; Streicher ohne Violinen und Bratschen). – Entstanden 1966/67. UA: 1967 in Krakau und Auschwitz; deutsche EA: 1968 in Köln, Konzertreihe »Musik der Zeit« des Westdeutschen Rundfunks (Dirigent: Christoph von Dohnányi). – Aufführungsdauer: ca. 22 Minuten.

Anlaß der Entstehung dieses Werkes war die Einweihung einer internationalen Gedenkstätte für die Opfer des Faschismus in Auschwitz-Birkenau. Nicht der feststehende »Dies irae«-Text der Requiem-Liturgie fand Verwendung, sondern eine facettenartige Montage von thematisch eng bezogenen Fragmenten und Satzzitaten verschiedenster Herkunft. Psalmworte und Zitate aus der *Apokalypse* und den *Korintherbriefen* erscheinen darin ebenso wie Textausschnitte von Aischylos, Broniewski, Aragon, Różewicz und Valéry. Während das Aischylos-Zitat im Griechischen belassen wurde, wünschte Penderecki die Übertragung der übrigen Texte ins Lateinische (wie auch Strawinsky Cocteaus Libretto zu *Oedipus Rex* in lateinischer Sprache, nicht im französischen Original, vertont hat). 3 Hauptabschnitte tragen die Überschriften *Lamentatio*, *Apocalypsis* und *Apotheosis*.

Pendereckis Wille, durch den Einsatz geschärfter Klangwerte in oft exzessiver Entfaltung drastische Sinnfälligkeit hervorzurufen, äußert sich in der Auschwitz-Gedenkmusik noch unmittelbarer als in den Passionsmusiken. Starke Wirkungen gehen aus vom Glissando-Sprechgesang und dem stilisierten Psalmodieren der Chöre, den scharf konturierten Melismen der Vokalsolisten und den eruptiven Orchesterinterpolationen, deren Klangbild vom Schlagzeug und den Blechbläsern geprägt wird.

Vinko Globokar

* 7. Juli 1934 in Anderny (Dép. Meurthe-et-Moselle, Frankreich)

Sohn slowenischer Eltern, die nach Lothringen ausgewandert waren, um im dortigen Bergbau ihr Auskommen zu finden. 1949 Studienbeginn am Konservatorium in Ljubljana. Ausbildung zu einem der versiertesten und vielseitigsten Posaunisten am Pariser Conservatoire (1955–59). In der Folge Erprobung erweiterter Spieltechniken, die dem Repertoire starke Impulse vermittelten. Rege Konzerttätigkeit, vor allem in den Zentren der neuen Musik. Kompositorische Unterweisung durch René Leibowitz und Luciano Berio. Im Brennpunkt von Globokars kompositorischen Interessen: Interaktionen Körper/Instrument, Sprache/Musik, Einzelspieler/Ensemble, Improvisation/Notation. Gründung des Ensembles »New Phonic Art« (1969). Mitarbeit am Forschungsinstitut IRCAM, Paris (1975–1979).

»Es war zu Beginn der 70er Jahre, als ich an der Autonomie des Klanges zu zweifeln begann. Bis dahin hatte ich, wie die meisten anderen auch, musikalische Parameter strukturiert, kombiniert und Töne organisiert, habe gewissermaßen kristalline Objekte entworfen. Gerade weil ich in jener Zeit sehr viel am und mit dem Instrument, mit Elektronik und im improvisatorischen Bereich experimentiert habe, bemerkte ich den Identitätsverlust dieser Töne: das Material begann für mich gewissermaßen grau zu werden [. . .]. Das Resultat war die Erkenntnis, daß die Existenz eines Werkes von einem Background geprägt wird, der außerhalb des abstrakten Klanges liegen muß. Seither beziehe ich meine Motivation, Musik zu machen, nach Ideen zu suchen, um weiterarbeiten zu können, nicht mehr aus dem Innermusikalischen, sondern aus Fragen, die den Menschen und die politischen, existentiellen oder sozialen Konflikte der Gesellschaft betreffen; erwähnen möchte ich als Beispiele die Emigration oder den Widerstand [. . .]. Die jeweils gewählte Thematik ist beim Komponieren immer präsent, sie dient mir als Stimulans, diktiert die Auswahl des Materials oder die Erfindung adäquater Techniken und beeinflußt natürlich die Form des Geschehens« (Globokar, 1995).

Werke (kleine Auswahl): *Ausstrahlungen* für einen Solisten und 20 Spieler (1971); *Laboratorium* für 11 Musiker (1973–85); *La Tromba è mobile* für ein oder mehrere Blasorchester und Schlagzeug (1979); *Der Käfig* für ein Orchester von 36 Musikern und einen improvisierenden Solisten (ohne Dirigent, 1980); *Les Emigrés* (»Emigranten«), Musiktheatralisches Stück in 3 Teilen: 1. *Miserere*, 2. *Réalités/Augenblicke*, 3. *Sternbild der Grenze* (Text: P. Handke; 1982–85); *L'Armonia drammatica* (E. Sanguineti) für Orchester, gemischten Chor und 7 Solostimmen (1986–90); *Masse, Macht und Individuum* für Orchester und 4 Instrumentalsolisten (1994/95).

Harrison Birtwistle

* 15. Juli 1934 in Accrington (Lancashire, England)

In Manchester erwarb Birtwistle sein kompositorisches Können bei Richard Hall, in London (Royal Academy of Music) folgte eine Ausbildung zum Klarinettisten. Mit den Studienfreunden Alexander Goehr, Peter Maxwell Davies und John Ogdon – allesamt Musiker von Rang – wurde ein erstes Ensemble formiert. Ein zweites, zusammen mit Peter Maxwell Davies gegründet, erhielt den beziehungsreichen Namen »Pierrot Players«. Mit praktischer Theaterarbeit sah sich Birtwistle seit 1975 als Direktor des neu ins Leben gerufenen National Theatre in der Londoner South Bank konfrontiert. Enge Kontakte ergaben sich zu Pierre Boulez und dem Pariser »Ensemble InterContemporain«. Zeitweise lebte Birtwistle in Frankreich. 1988 wurde er geadelt.

Werke (kleine Auswahl): *Tragoedia* für Kammerensemble (1965); *An Imaginary Landscape* für Blechbläser, Kontrabässe und Schlagzeug (1971); *The Triumph of Time* für Orchester (1971/1972); *Silbury Air* für Kammerensemble (1976/77); *Carmen Arcadiae Mechanicae Perpetuum* für Kammerensemble (1977); *. . . agm . . .* für 16 Stimmen und 3 Instrumentalgruppen (1978/79); *Secret Theatre* für Kammerensemble (1984); *Earth Dances* für großes Orchester (1985/86); *Endless Parade* für Trompete, Vibraphon und Streicher (1986/87); *Antiphonies* für Klavier und Orchester (1992); *Panic* für Saxophon, Schlagzeug und Bläser (1995).

Mittelalterliche Satztechniken regen Birtwistle nicht weniger an als Paul Klees Bildkompositionen oder archaische Mythen. Das Imaginäre, das Theatralische, das Magische oder das Beschwörende üben einen unwiderstehlichen Reiz auf ihn aus.

Oft arbeitet er daher mit rituellen Prozeduren und ostinaten Rhythmen, die ihrem Count-down gemäß unerbittlichen Formeln, oft unter Entfaltung gewaltiger Energien, folgen. Schroffe Klangkonturen herrschen vor, können aber auch verhaltenen Episoden von zartester Klanglichkeit weichen. Mehrfach wandte sich Sir Harrison bereits dem Musiktheater zu (*Gawain*, *The Mask of Orpheus*, *Punch and Judy*, *The Second Mrs Kong*).

Silbury Air

Widmung: Dem Gedächtnis von Sergej und Natalie Kussewitzky. – Besetzung: Kammerensemble (15 Musiker): – Entstanden 1976/77. UA: 1977 in London (London Sinfonietta, Dirigent: Elgar Howarth). – Aufführungsdauer: ca. 16 Minuten.

Bei der Komposition dieses Werkes für die Kammerbesetzung der virtuosen »London Sinfonietta« hatte Birtwistle zunächst keine zyklische Anlage im Sinn. Als aber weitere Aufträge aus London nachfolgten und die Zusammenarbeit mit diesem vorzüglichen Ensemble sich intensivierte, ergab sich ein durchgängiges Konzept: An auffällig kontrastbetonten Elementen sollte erprobt werden, auf welche Weise und wie stark sich diese verbinden und in einen sinnvollen Ablauf einordnen ließen. Dergestalt also bildete sich eine Art Trilogie mit folgenden Teilstücken heraus: *Carmen Arcadiae Mechanicae Perpetuum*, *Silbury Air*, *Secret Theatre*.
Was verbirgt sich hinter dem geheimnisvollen Titel? *Silbury Hill* – so wird eine in Vorzeiten von Menschenhand geschaffene Erhebung im englischen Südwesten bezeichnet, von der seit jeher zahlreiche Sagen handeln. Für Birtwistle sollte dieser geheimnisumwitterte Hügel das Zentrum einer imaginären labyrinthischen Landschaft sein, die seine Hörer durchstreifen konnten, um ein und dasselbe Territorium unter immerfort wechselnden Blickwinkeln zu erleben. Drei solcher »Rundwege« beschreibt die von starken rhythmischen Impulsen geprägte Musik, wobei der dritte Parcours zu keinem Aus- oder Rückweg führt: Die Musik kommt zum Stillstand und erlischt.

Peter Maxwell Davies

* 8. September 1934 in Manchester (England)

Vielseitigkeit ist vielleicht das Hauptmerkmal dieses neben Harrison Birtwistle wohl namhaftesten englischen Komponisten seiner Generation. Als Dirigent (des Kammerensembles »The Fires of London«) und als engagierter Pädagoge erschloß sich Davies, der seit 1970 mit Vorliebe auf der Orkney-Insel Hoy nördlich von Schottland lebt, zusätzliche Tätigkeitsfelder. Ihm fällt es leicht, sehr unterschiedliche, auch weit zurückliegende musikalische Idiome virtuos zu handhaben und zu verschmelzen. Eine Dudelsackmelodie fand Eingang in das für Isaac Stern geschriebene *Violinkonzert* (1985), vielfältige Klänge des Meeres erfüllen die Ensemblestücke *Ave maris stella* (1975) und *Image, Reflection, Shadow* (1982). Auf Zustimmung stießen einige Kinderopern, ebenso die Kammeropern *Eight Songs for a Mad King* (1969), *Miss Donnithorne's Maggot* (1974) und *The Martyrdom of St. Magnus* (1976). Dem farbigen, wirkungsvollen Komponieren für Orchester gehört Sir Peters besondere Neigung. Sie findet ihren Ausdruck u. a. in einer Reihe von großorchestralen *Sinfonien* (seit Nr. 1, 1976) und im Zyklus der anspruchsvollen *Strathclyde Concertos*, deren jedes einem anderen Musiker des Scottish Chamber Orchestra zugedacht ist.

Alfred Schnittke

* 24. November 1934 in Engels (Region Saratow, Zentralrußland)

In der Hauptstadt der ehemaligen Wolgadeutschen Republik geboren als Sohn eines lettischen Journalisten und einer wolgadeutschen Lehrerin. 1946–48 Wien-Aufenthalt der Familie mit nachhaltigen musikalischen Eindrücken. Ab 1948 bei bzw. in Moskau ansässig: Besuch einer Musikfachschule und des Konservatoriums (1953–1958). In der Folge bis 1972 eigene Lehrtätigkeit am traditionsrei-

chen Konservatorium (Fächer: Instrumentation, Komposition), verbunden mit der Verfertigung von Filmmusik. Wachsende Zahl von Aufführungen, auch im Ausland, ab ca. 1965. Seit Ende der 70er Jahre wiederholt Aufenthalte in westlichen Ländern (z. B. in Wien, Berlin). Seit 1985 schwere gesundheitliche Attacken. 1990 Übernahme einer Kompositionsklasse an der Hamburger Musikhochschule. Deutsche Staatsbürgerschaft. Zahlreiche Ehrungen und Aufführungen, auch in Rußland, anläßlich des 60. Geburtstags. 1995 kamen gleich zwei Opern Schnittkes erstmals heraus, nachdem bereits 1992 der Erstling »Das Leben eines Idioten« in Amsterdam uraufgeführt worden war: »Gesualdo« an der Wiener Staatsoper, die »Historia vom D. Johann Fausten« an der Hamburger Staatsoper.

»Schnittke setzt sich immer wieder dem Kräftegeschiebe zwischen radikaler Moderne und historisierendem ›als ob‹ aus. Zum Grenzgängertum gehört für ihn essentiell eben das unbehagliche Sich-nicht-Festsetzen auf einmal erreichten Positionen, das dialektische Wesen steter immanenter Kritik am jeweils Fixierten. Natürlich steht er in der Tradition der sowjetischen Moderne mit der Galionsfigur Schostakowitsch. Doch zu dieser Tradition gehörte auch die Feldüberschreitung hin zur angewandten Musik, zum Film. Selbst diese Praxis hat ihr Ambivalentes: Zunächst gab sie den Komponisten Gelegenheit zum Broterwerb, bot aber auch Nischen für die von der stalinistisch-schdanowschen Ästhetik des ›Sozialistischen Realismus‹ als ›Formalisten‹ Verfemten. Zugleich stand sie für eine genuin realistische Musik seit Mussorgskij, unmittelbar bildhafte Körperlichkeit des Gestischen, ›haptische‹ Präsenz des Klanges.

Gleichwohl kamen, meist über den Umweg des ›Warschauer Herbstes‹, bei dem Schnittke schon 1965 vorgestellt wurde, Partituren und Aufnahmen westlicher Avantgarde nach Rußland. 1963 hatte Schnittke in Moskau Nono kennengelernt, schrieb, angeregt durch diese Begegnung, 1964 sogar streng serielle Stücke. Vier Jahre später indes spürte er Ungenügen an der ›seriellen Mechanik‹ als einer ›Flucht vor Problemen‹: eine ›flache Musik, ohne räumliche Wirkung‹. Seine 1974 in Gorki uraufgeführte *1. Sinfonie* zog daraus Konsequenzen, verließ die Reihen-Hermetik und verschränkte statt dessen virtuos-drastisch die unterschiedlichsten Stilebenen – von Haydn bis zu Jazz und Massenlied. Die Collage-Techniken Bernd Alois Zimmermanns oder Berios *Sinfonia* waren westliche Pendants. Des esoterischen Formalismus konnte man

dieses Werk schwerlich zeihen, doch die musikhistorisch quasi kubistisch-buntscheckige Musik fand auch nicht gerade den Zuspruch der Dogmatiker. Dennoch: Schnittkes Musik setzte sich in Ost wie West durch.
Die folgenden Werke zeigten Schnittke zunehmend als meisterlichen Zitierkünstler, Passacaglia- und Concerto-grosso-Transporteur und *Moz-Art*-Ironiker. Das Lamento-Pathos wie die grelle Groteske ließen immer wieder das bewegende Vorbild Schostakowitschs anklingen, der sich ja selber auf Gustav Mahlers Durcheinanderwerfen nicht nur musikalisch höchst widersprüchlicher Welten berief« (Gerhard R. Koch, 1994).

Werke (kleine Auswahl): *Violinkonzert Nr. 1* (1957, rev. 1962); *Nagasaki*, Oratorium (1958); *Lieder von Krieg und Frieden*, Kantate (1959); *Klavierkonzert* (1960); *Musik für Klavier* und Kammerorchester (1964); *Violinkonzert Nr. 2* in 1 Satz (1966); *Pianissimo ...* für großes Orchester (1967/68); *1. Sinfonie* (1969–72); *Doppelkonzert für Oboe, Harfe* und Kammerorchester (1971); *In memoriam*, Orchesterfassung des Klavierquintetts (1972, 1978); *Concerto grosso Nr. 1* für 2 Violinen, präpariertes Klavier und Streicher (1977); *Violinkonzert Nr. 3* mit Kammerorchester (1978); *Requiem* (1975); *2. Sinfonie* (*»St. Florian«*) für Chor und Orchester (1979); *Konzert für Klavier* und Streicher (1979); *Passacaglia* für großes Orchester (1979/80); *3. Sinfonie* (1981); *Concerto grosso Nr. 2* für Violine, Cello und Orchester (1981/82); *»Seid nüchtern und wachet«*, Kantate (1983); *Violinkonzert Nr. 4* (1984); *4. Sinfonie* für Soli und Kammerorchester bzw. Soli, Chor und Orchester (1984–86); *Ritual* für großes Orchester (1984/85); *Concerto grosso Nr. 3* für 2 Violinen und Kammerorchester (1985); *(K)ein Sommernachtstraum* für großes Orchester (1985); *Violakonzert* (1985); *Cellokonzert Nr. 1* (1985/86); *Concerto grosso Nr. 4/5. Sinfonie* (1988); *Konzert für Klavier (zu 4 Händen)* und Kammerorchester (1988); *Monolog* für Viola und Streicher (1989); *Cellokonzert Nr. 2* (1990); *Concerto grosso Nr. 5* (1991); *Concerto grosso Nr. 6* (1993); *6. Sinfonie* (1993); *Tripelkonzert* für Streichtrio und Streichorchester (1994); *7. Sinfonie* (1993/94); *Sinfonisches Vorspiel* für Orchester (1994); *8. Sinfonie* (1994); *For Liverpool* für Orchester (1995).

Arvo Pärt

* 11. September 1935 in Paide (Estland)

1958–63 Kompositionsstudien bei Heino Eller am Konservatorium in Tallinn, gleichzeitig (bis 1967) auch Tonmeister beim Estnischen Rundfunk. Danach jahrelange Phase der Neuorientierung (1968–1976): Beschäftigung mit alter Musik, Erproben elementarer Materialien, Konzentration auf geistliche Themen. 1980 Ausreise aus Estland (über Israel, Wien), Niederlassung in Berlin (1981 ff.). Erstaunliche Resonanz seines Œuvres bei einer Hörerschaft, die Pärt als eine Art Kultfigur einstuft.

Pärts Komponieren stand in doppeltem Widerspruch zur offiziellen Erwartungshaltung. Seine frühen Arbeiten mißfielen den maßgeblichen Kunstbehörden, da ihre zwölftönige Machart zu progressiv schien. Später widerfuhr den Werken des »neuen« Pärt zunächst dasselbe Geschick, jetzt aber aufgrund ihrer betont retrospektiven Haltung. Nach 1980 jedoch erschloß sich Pärt neue Hörerschichten. Sein bewußter Rückgriff auf tonale bzw. modale Satzmodelle und deren klangvolle Entfaltung im Raum vermochte die Sehnsucht vieler Musikliebhaber nach Vertiefung und Verinnerlichung zu erfüllen. Damit handelte sich der Komponist den Vorwurf ein, er spiegele eine Art musikalischer »Heimat« vor, die unserer Zeit unwiderruflich entrückt sei und einem verbreiteten Wunsch nach Verdrängung der Gegenwart entspreche.
Pärts Musik vereinigt auf sich, wohl stark vergröbernd, solche Schlagworte wie »Meditationsmusik«, »neue Einfachheit« oder »New Age«. Als Schlüsselwerk für Pärts gestalterische Intentionen darf die *Johannes-Passion* von 1982 in ihrer tonsetzerischen Schlichtheit, distanzierten Leidenschaftslosigkeit und mit ihren unüberhörbaren Anklängen an liturgische Gesänge der russisch-orthodoxen Kirche gelten (zentraler Begriff: »Tintinnabuli-«, d. h. »Glöckchen«-Stil, womit musikalische Vorgänge vor glockenartig bewegter Dreiklang-Klangfläche gemeint sind). Hochrangige Interpreten wie der Geiger Gidon Kremer oder das Hilliard-Vokalensemble trugen maßgeblich zur Verbreitung Pärtscher Kompositionen bei.

Werke (kleine Auswahl): *Sinfonien Nr. 1* (1963), *Nr. 2* (1966), *Nr. 3* (1971); *Fratres* (1977) u. a. für Kammerensemble oder

Streichorchester mit Schlagzeug (1977); *Tabula rasa*, Doppelkonzert für 2 Violinen (bzw. Violine und Viola), Streichorchester und präpariertes Klavier (1977); *Passio Domini nostri Jesu Christi secundum Joannem (»Johannes-Passion«)* für Tenor, Baß, Vokalquartett, Chor, 4 Instrumente und Orgel (1982); *Wenn Bach Bienen gezüchtet hätte* für Klavier, Bläserquintett und Streichorchester (1976, rev. 1984); *Te Deum* für 3 Chöre, Klavier, Tonband und Streicher (1984/85, 1986); *Festina lente* für Streichorchester und Harfe ad lib. (1988, rev. 1990); *Berliner Messe* für Chor oder Solisten und Orgel oder Streichorchester (1990/91); *Psalóm* für Streichquartett oder Streichorchester (1985–95); *Litany, Prayers of St. John Chrysostom for Each Hour of the Day and Night* für Soli, Chor und Orchester (1994).

Helmut Lachenmann

* 27. November 1935 in Stuttgart

1955–58 Studium an der Musikhochschule Stuttgart in den Fächern Klavier (Jürgen Uhde) und Musiktheorie/Komposition (Johann Nepomuk David). Ergänzende Studienjahre 1958–60 in Venedig, enger Kontakt zu Luigi Nono. Danach in München lebend, zeitweilige Tätigkeit an der Ulmer Hochschule für Gestaltung. Ab 1966 Theorielehrer an der Stuttgarter Musikhochschule, ab 1970 Musikdozent an der Pädagogischen Hochschule Ludwigsburg. 1972/73 außerdem Leiter eines Kompositionskurses an der Musik-Akademie Basel. 1976 Übernahme einer Kompositionsklasse an der Staatl. Hochschule für Musik und Theater in Hannover. Seit 1981 Kompositions- und Theorielehrer an der Staatl. Hochschule für Musik und darstellende Kunst in Stuttgart; Seminare und Workshops im In- und Ausland (z. B. Darmstadt, Toronto, Buenos Aires, Tokio, Paris).

Werke: *Souvenir* für 41 Instrumente (1959); *Fünf Strophen* für 9 Instrumente (1961); *Consolation I* für 12 Stimmen und 4 Schlagzeuger (1967); *Consolation II* für 16 Stimmen (1968); *Notturno* für kleines Orchester mit Cello solo (1966–68); *Air*, Musik für großes Orchester mit Schlagzeug solo (1968/69, rev. 1994); *Kontrakadenz* für großes Orchester (1970/71); *Klangschatten – mein Saitenspiel*

für 48 Streicher und 3 Konzertflügel (1972); *Fassade* für großes Orchester (1973); *Schwankungen am Rand*, Musik für Blech und Saiten (1974/75); *Accanto*, Musik für einen Solo-Klarinettisten mit Orchester (1975/76); *Les Consolations* für 16 Stimmen mit Orchester (1967/68, 1977/78); *Tanzsuite mit Deutschlandlied*, Musik für Orchester mit Streichquartett (1979/80); *Harmonica*, Musik für großes Orchester mit Tuba solo (1981–83); *Mouvement (– vor der Erstarrung)* für Kammerensemble (1982–84); *Ausklang*, Musik für Klavier mit Orchester (1984/85); *Staub* für Orchester (1985–87); *Tableau* für Orchester (1988/89); *»... Zwei Gefühle ...«, Musik mit Leonardo* für Sprecher und Ensemble (1992); *Das Mädchen mit den Schwefelhölzern*, Musiktheater (1990–96).
Schriften: *Musik als existentielle Erfahrung.* Schriften 1966–1995, hrsg. von J. Häusler (1996).

»Um tonale Musik zu verstehen, ist die Sachkenntnis der tonalen Konventionen vonnöten; um von einem akustischen Ereignis auf den Prozeß seiner Entstehung zurückzuschließen, bedarf es allein der Erfahrung des Alltags. Diese Entmusikalisierung dessen, was hörbar ist, ist eine gewaltlose Profanierung von Kunst. Zugleich aber trifft sie ein ästhetisches und darin ein gesellschaftliches Tabu. Nach der bürgerlichen Ästhetik und Musikerziehung ist Geräusch von Musik wie Arbeit von Kunst auszuschließen. Lachenmann aber zeigt, daß Geräusch und Arbeit schon immer zur Musik gehört haben, der Musik immanent sind. Er komponiert diese der Musik immanenten, als unkünstlerisch denunzierten mechanischen Prozesse. Damit wirkt er in der Tat – was er selbst als sein Ziel bezeichnet – mit ›an der Emanzipation des Geistes und an der Veränderung des gesellschaftlichen Denkens: Kunst als vorweggenommene Freiheit in einer Zeit der Unfreiheit‹« (Ulrich Siegele, 1973).

Tanzsuite mit Deutschlandlied
Musik für Orchester mit Streichquartett

Besetzung: Streichquartett, großes Orchester (4 Schlagzeuger, Harfe, Klavier). – Entstanden 1979/80. UA: Donaueschinger Musiktage 1980 (Berner Streichquartett, SWF-Sinfonieorchester, Dirigent: Sylvain Cambreling). – Aufführungsdauer: ca. 35 Minuten.

1. Einleitung / Walzer / Marsch / Überleitung – 2. Siciliano / Capriccio / Valse lente – 3. Überleitung / Gigue / Tarantella / Überleitung – 4. Aria I / Polka / Aria II – 5. Einleitung / Galopp / Coda (Aria III). Alle 17 Teile gehen ineinander über.

Im Programmheft der Uraufführung führte der Komponist aus: »Mehr als meine früheren Werke ist dieses durchsetzt von metrisch gebundenen Rhythmen und musikantischen Charakteren, die sich ständig umkristallisieren und auf vertraute Situationen hin- oder davon wegtreiben. Vertrautes: das sind tänzerische Gesten und Musizierformeln, aber auch Lieder und in zwei Fällen Bruchstücke Bachscher Musik – spielerisch zusammengetragene Erinnerungen an Eindrücke, in welchen sich mir – bewußt und unbewußt – jene kollektive Geborgenheit verkörpert, in deren Schutz bürgerliches Denken und Empfinden, magisch behütet, heranwachsen und auseinander hervorgehen.
Daß solche Geborgenheit vom kindlichen bis ins Erwachsenen-Stadium hinein ihre Fetische hat, ist bekannt: Heimat, religiöse Bindung, Feiertage, Tradition, Sehnsucht nach der Kindheit – mag auch die Oberflächlichkeit wenig von der Tiefe ahnen, die sich darunter auftut. Keine Frage auch, daß wir von solcher Geborgenheit selbst dann noch geprägt sind, wenn die Widersprüche und die Entfremdung des Daseins uns zwingen, aus ihrem Schutz herauszutreten, uns mit der Wirklichkeit erkennend und handelnd auseinanderzusetzen und uns dabei der Herrschaft solcher inneren Bindungen dort zu widersetzen, wo deren ursprüngliche Wahrheit zur verhängnisvollen Unwahrheit bequemer Illusion, hartnäckig und angstvoll beschworener Idylle und reaktionärer Borniertheit geworden ist.
Meine Musik speist sich aus Gestalten, in denen solche Erinnerungen verkapselt sind. Dabei geht sie mit ihnen nicht viel anders um als wie in anderen Stücken mit den Elementen des traditionellen musikalischen Materialbegriffs, den sie schon von jeher als gesellschaftliches Produkt und Vorwegbestimmung des musikalischen Ausdrucks kompositorisch reflektiert, d. h. in strukturell erweiterten Zusammenhang gerückt und von dort expressiv neu bestimmt hat [. . .].
Die Rolle des Solo-Streichquartetts ist vielfältig, obligat und konzertant, führend und begleitend in sich wandelndem Sinn. Als kammermusikalischer Apparat in einer Orchesterlandschaft angesiedelt, zwingt es dem Orchester immer wieder die eigenen Klangdimensionen auf, muß sich dabei gelegentlich überspielen lassen, nistet sich in die Löcher von Tuttifeldern ein, wirkt als Laus im Pelz, zwingt hinein- und herauszuhören [. . .].«

Staub

Besetzung: großes Orchester, der Besetzung von Beethovens *9. Sinfonie* (ohne Soli und Chor) entsprechend. – Entstanden 1985–87. UA: 1987 in Saarbrücken, zum 50jährigen Bestehen des Sinfonieorchesters des Saarländischen Rundfunks (Dirigent: Myung-Whun Chung). – Aufführungsdauer: ca. 20 Minuten.

Aufführungen von Beethovens *9. Sinfonie* gaben Anlaß zu ganz unterschiedlichen Programmkoppelungen. Zumeist wurden historisch vorgängige »Auftakt«-Kompositionen (Bach, Haydn, Mozart) oder Beethovens themenverwandte *Chorfantasie* op. 80 vorgeschaltet. Gelegentlich kam es auch zur kritischen Kontrapunktierung (z. B. mit Schönbergs Kantate *Ein Überlebender aus Warschau*). Als eigenwilliger Prolog zur *Neunten* versteht sich auch *Staub*. Zur vorgesehenen Lachenmann-Beethoven-Koppelung kam es indessen nicht beim geplanten Anlaß (1986, Festkonzert anläßlich des 40-Jahr-Jubiläums des Sinfonieorchesters des Südwestfunks Baden-Baden), wohl aber – ebenfalls aus festlichem Anlaß – an anderem Ort.

»Staub: Zerfallsprodukt von Geschaffenem, kosmische Materie, als Ablagerung Nachricht von Zeit.

Meine Suche nach einer – musikalisch erfahrbaren – ›Nicht-Musik‹ in einer Situation der schnell verfügbaren Selbstverständlichkeit ›Musik‹ treibt mich weniger vorwärts ins Unbekannte als eher im Kreis, läßt die Erfindung, statt abzuheben in die ›Luft von anderem Planeten‹, eher stolpern über die uns umgebenden expressiven Formeln. Bei ihnen setzt sie an oder landet sie, transformiert so Gestaltbrocken (Beethovens *Neunte* als ehrfürchtig begangener Steinbruch) zu mehr oder weniger unkenntlichen Bestandteilen eines sich dehnenden und zusammenziehenden Wahrnehmungsfeldes: Tonlos behauchte (›staubige‹) Largo-Kantilenen, Pulsation, kahle Intervallstellungen werden als Entleertes zelebriert und so neu transparent für ein Hören, welches seine philharmonische Bindung überwunden, aber nicht vergessen hat« (Lachenmann, 1987).

Jürg Wyttenbach

* 2. Dezember 1935 in Bern

Studierte in Bern (u. a. bei Sándor Veress), Paris (bei Yvonne Lefébure) und Hannover (bei Karl Engel). Seit 1967 lebt er in Basel als Komponist, Dirigent, Pianist und Leiter einer Klasse für die Interpretation zeitgenössischer Musik an der Musik-Akademie. Zahlreiche Ur- und Erstaufführungen als Dirigent (Ives, Scelsi, Huber, Lachenmann, Spahlinger u. a.). Daneben gedankenreich aktualisierte Interpretationen älterer Musik in Gestalt szenischer Collagen: »Beethoven: Sacré – Sacré Beethoven«, 1977; »Die Geschichte vom Strawinsky«, 1982; Ives-»Patchwork von der Wäscheleine«, 1979; »Harlekinade« = Ergänzung und szenische Ausarbeitung des Mozartschen Pantomimen-Fragments KV 446).

Beachtung fanden Wyttenbachs Kompositionen *Divisions* (für Klavier und 9 Solostreicher bzw. großes Streichorchester, 1965) und *De Metalli, Aus den ›Profezie‹ des Leonardo da Vinci* für Bariton und großes Orchester (1965/66, rev. 1979). Bald aber fühlte sich Wyttenbach immer stärker gedrängt, Musik nicht mehr nur als Abfolge wohlgeordneter und wohlklingender Töne zu begreifen, sondern als aufklärerisches Darstellungsmittel zur Bewußtmachung existentieller Zwänge und Anprangerung verfestigter Rituale. Gerne bezieht er Szenisches und Halbszenisches ein und nutzt auf geistreiche, oft auch witzige Weise die Kategorie des »Instrumentalen Theaters«, bei welchem sich das Produzieren von Klängen – Satire und Clownerie inbegriffen – zur theatralischen Aktion weitet.

Werke (kleine Auswahl): *Anrufungen und Ausbruch* für Holz- und Blechbläser (1966); *Exécution ajournée I*, Gesten für 13 Musiker (1970); *Lamentoroso*, Badinerie vocale et instrumentale en forme d'un Grand Double Carillon (Rabelais) für Sängerin und 6 Klarinettisten (1984); *schlagZEITschlag* für 4 Schlagzeuger (1990–92).

Aribert Reimann

* 4. März 1936 in Berlin

Sohn eines Musikerehepaares. Studium an der Berliner Musikhochschule in den Jahren 1955–60: Klavier bei Otto Rausch, Komposition bei Ernst Pepping und Boris Blacher. Ergänzende musikwissenschaftliche Studien an der Wiener Universität. 1963 als Stipendiat in Rom, Villa Massimo. Reimann lebt als gesuchter Klavierpartner namhafter Sänger in Berlin. Er lehrt das Fach Liedinterpretation seit 1975 an der Hochschule für Musik und darstellende Kunst Hamburg, seit 1983 an der Hochschule der Künste Berlin.

»Ich bin nicht jemand, der sich hinsetzt und schreibt und beobachtet, was kommt. Ich muß sehr lange über eine Sache nachdenken, ich muß sie hunderttausendmal in meinem Kopf rotieren lassen. Ich mache keine Skizzen. Dann kommt aber der Moment, da das Stück plötzlich einen ganz anderen Verlauf nimmt, als ich vorausgedacht hatte. Und dann muß ich mich nach den Wegen des Stückes richten. Und das kann mich in große Konflikte bringen. Ich arbeite sehr nach dem Prinzip der Variation. Wenn etwas wiederkommt, muß es anders wiederkommen. Der Begriff der Metamorphose spielt in meinem Komponieren eine große Rolle« (Reimann).
Das klavier- oder orchesterbegleitete Lied blieb in geweitetem Verständnis stets das *eine* Zentrum für Reimanns Schaffen. Das *andere*, dem ersten nah verwandt, liegt auf dem Gebiet des Musiktheaters. Mit mehreren, auch literarisch überaus anspruchsvollen Beiträgen wies sich Reimann als einer der phantasievollsten und innovativsten gegenwärtigen Opernkomponisten aus (*Ein Traumspiel* nach Strindberg, 1964; *Melusine* nach Y. Goll, 1970; *Lear* nach Shakespeare, 1976–78; *Die Gespenstersonate* nach Strindberg, 1982/83; *Troades* nach Euripides/Werfel, 1986; *Das Schloß* nach Kafka, 1991/92).

Werke: *Ein Totentanz*, Suite für Bariton und Kammerorchester (1960); *Konzert für Klavier* und Orchester (1961); *Hölderlin-Fragmente* für Sopran und Orchester (1963); *Verrà la morte* (C. Pavese), Kantate für 3 Soli, 2 gemischte Chöre und Orchester (1966); *Rondes* für Streichorchester (1967); *Nenia* (Anonymus des 16. Jh.) für Sprechstimme und Orchester (1968); *Inane* (M. Thomas), Monolog für Sopran und Orchester (1968); *Loqui* für Orchester

(1969); *Zyklus* (P. Celan) für Bariton und Orchester (1971); *Konzert für Klavier* und 19 Spieler (1972); *Lines* (P. B. Shelley) für Sopran und 14 Streicher (1973); *Wolkenloses Christfest* (O. Büthe), Requiem für Bariton, Solo-Cello und Orchester (1971–74); *Variationen* für Orchester (1975); *Lear-Fragmente* für Bariton und Orchester (1976–78); *Invenzioni* für 12 Spieler (1979); *Drei Lieder* (E. A. Poe) für Sopran und Orchester (1980–82); *Chacun sa chimère* (C. Baudelaire), Poème visuel für eine Tenorstimme und Orchester (1981); *Requiem* für 3 Soli, Chor und Orchester (1981/82); *Ein Apokalyptisches Fragment* für Mezzosopran, Klavier und Orchester (1987); *Gedichte der Maria Stuart* op. 135 von R. Schumann, instr. für Mezzosopran und Kammerensemble (1988); *7 Fragmente* für Orchester in memoriam R. Schumann (1988); *Konzert für Violine, Violoncello* und Orchester (1988/89); *Neun Stücke* für Orchester (1993); *Finite Infinity* (E. Dickinson) für Sopran und Orchester (1994/95).

Steve Reich

* 3. Oktober 1936 in New York

Wie Philip Glass sammelte Reich wesentliche Erkenntnisse für sein Komponieren bei der Arbeit mit dem eigenen Ensemble (»Steve Reich & Musicians«). Einer Offenbarung gleich kam das Studium afrikanischer Trommeltechniken und balinesischer Musiziermuster, die danach in seine Stücke hineinwirkten, z. B. in *Drumming* (1971) und *Music for Eighteen Musicians* (1974–76). *Tehillim* (1981) zeugt von Reichs Auseinandersetzung mit hebräischen Psalmodietechniken. Um 1980 verstärkte sich die Neigung, für traditionelle Formationen wie Chor oder Orchester zu schreiben (*Variations* für Streicher, Bläser und Keyboards [1979]; *The Desert Music* für Chor und Orchester [1984]).

Hans Zender

* 22. November 1936 in Wiesbaden

Musikstudium (Klavier, Dirigieren, Komposition) in den Jahren 1956–59 an den Hochschulen in Frankfurt a. M. und Freiburg/Br., Komposition bei Wolfgang Fortner. Die einzelnen Stationen von Zenders Dirigentenkarriere: 1959–63 Korrepetitor und Kapellmeister an den Städtischen Bühnen Freiburg, 1964–68 Chefdirigent des Theaters der Stadt Bonn, 1969–72 Generalmusikdirektor der Städtischen Bühnen Kiel, seit 1971 Chefdirigent beim Saarländischen Rundfunk Saarbrücken, 1984–87 Generalmusikdirektor der Staatsoper Hamburg. Seit 1988 lehrt Zender Komposition an der Musikhochschule Frankfurt a. M. und leistet als Gastdirigent bedeutsame Vermittlungsarbeit in den Zentren neuer Musik.

Werke: *Vexilla regis*, Kantate für Sopran, Flöte, Trompete, Bläser, Pauken und Orgel (1964); *Canto I* für Flöte, Klavier, 11 Streicher, Schlagzeug, Frauenstimmen und Männer-Sprechchor (1965); *Canto II* (E. Pound) für Sopran, gemischten Chor und Orchester (1967, 1969); *Canto III* für Sopran, Tenor, Bariton, 10 Instrumente und Synthesizer (1969); *Schachspiel* für 2 Orchestergruppen (1969); *Canto IV*, 4 Aspekte auf Texte des *Alten* und *Neuen Testaments*, von M. Luther, Th. Münzer und P. Teilhard de Chardin für je 16 Stimmen und Instrumente (1969/70, Neufassung 1972–73); *Canto V* (*Kontinuum und Fragmente*) für Stimmen (1973/74); *Zeitströme* für Orchester (1974); *Muji No Kyō* (nach einem mittelalterlichen japanischen Gedicht) für Flöte, Violine (Cello), Klavier (mit elektronischer Orgel), Stimme ad lib., Tutti-Instrumente ad lib. (1975); *Happy Band*, 4 Etüden für Orchester (1976); *Lo-Shu I* für 3–9 Instrumente (1978); *Lo-Shu II* (*»Mondschrift«*) für Flöte solo (1978); *Lo-Shu III* für Flöte und 27 Instrumente (1978); *Hölderlin lesen*, Streichquartett mit Sprechstimme ad lib. (1979); *Dialog mit Haydn* für 3 Orchestergruppen (1982, erweiterte Fassung 1983); *Fünf Haiku* (*Lo-Shu IV*) für Flöte und 24 Solostreicher (1982); *Stephen Climax*, Oper in 3 Akten, Texteinrichtung: H. Zender (Acta Sanctorum / J. Joyce; 1979–84), hieraus: *Dubliner Nachtszenen* (= 1. Suite) und *Wüste: Tageszeiten Simeons* (= 2. Suite); *Schubert-Chöre*, Bearbeitung für Chor und Orchester (1986); *Jours de silence* (H. Michaux) für Bariton und großes Orchester (1987/88); *Canto VI* für Baßbariton, gemischten Chor und Tonband ad lib. (nach Psalmtexten; 1988); *Fūrin No Kyō* für Sopran und Ensemble (1988/89); *Don Quijote de la Mancha*, 31 theatrali-

sche Abenteuer (1989–91); Claude Debussy: *Fünf Préludes*, instr. für kleines Orchester (1991); *Schuberts Winterreise*, eine komponierte Interpretation für Tenor und Kammerensemble (1993); *Nanzen No Kyō* (*Canto VII*) für Chor und Orchester (1993); *Shir-ha-shirim* (»Lied der Lieder«, *Canto VIII*) für Sopran, Tenor, Flöte, Posaune, gemischten Chor, großes Orchester und Elektronik (1995/96).
Schriften: *Happy New Ears.* Das Abenteuer, Musik zu hören (1992); *Wir steigen niemals in denselben Fluß.* Wie Musikhören sich wandelt (1996).

Bernd Alois Zimmermann, selbst von einer Konzeption synchroner Text- und musikalischer Zeitschichten ausgehend, hat Zender auf Ezra Pounds lange Reihe beziehungsreich montierter *Cantos* aufmerksam gemacht. Nicht zufällig steht dieser Titel auch über einer zentralen, langfristig wachsenden Gruppe von Werken unterschiedlicher Besetzung, in denen Zender über die Erprobung stilistischer und formaler Aufgabenstellungen hinaus – u. a. Aufstellung und Vermittlung extremer Kontraste (*Canto V*), Nebeneinander mehrerer Texturen (*Zeitströme*), Tragfähigkeit statischer Klangkomplexe – zu zeitgemäßen Möglichkeiten der Textkomposition vorstieß.
»Entscheidend ist immer die Montage voneinander unabhängiger Texte innerhalb eines Stückes. So in *Canto I* ein mittelalterlicher, lateinischer Hymnus und ein Teil des griechischen Matthäus-Evangeliums; in *Canto III* der erste Teil des *Don Quijote* mit einem ironischen spanischen Gedicht von Cervantes [. . .]. Natürlich wird das Nacheinander der Sprachmontage musikalisch zu einem System von Mehrschichtigkeit; auch hier also die Grundbeziehung von Wort und Musik! Diese Art, als Musiker mit Sprache umzugehen, scheint mir die alte Art, Texte zu ›vertonen‹, abzulösen« (Zender).
In den Bühnenwerken *Stephen Climax* und *Don Quijote de la Mancha* versuchte Zender dieses Prinzip eines offeneren, auch spartenübergreifenden Umgangs mit Texten auf die Ebene des aufwendigen Musiktheaters zu übertragen. Ein geweitetes Verständnis der Begriffe »Darstellung« und »Wiedergabe« bezeugte Zender in seiner vielbeachteten »komponierten Interpretation« der Schubertschen *Winterreise*:
»Verfälschung? Ich sage: schöpferische Veränderung [. . .]. Meine ›lecture‹ der *Winterreise* sucht nicht nach einer neuen expressiven Deutung, sondern macht systematisch von den Freiheiten Gebrauch, welche alle Interpreten sich normaler-

weise auf intuitive Weise zubilligen: Dehnung bzw. Raffung des Tempos, Transposition in andere Tonarten, Herausarbeiten charakteristischer farblicher Nuancen. Dazu kommen die Möglichkeiten des ›Lesens‹ von Musik: innerhalb des Textes zu springen, Zeilen mehrfach zu wiederholen, die Kontinuität zu unterbrechen, verschiedene Lesarten der gleichen Stelle zu vergleichen [...]« (Zender, 1993).
Eine Vorstufe zu dieser produktiven Auseinandersetzung mit dem älteren Repertoire stellten schon die Projekte *Hölderlin lesen* und *Dialog mit Haydn* dar, aber auch die Instrumentationen von Schubert-Chören und Debussy-*Préludes*.
Fasziniert zeigt sich der belesene und weitgereiste Komponist seit langem durch altjapanische und -chinesische Dichtungen, bei deren Vermittlung an europäische Hörer er es sich angelegen sein läßt, diese »poetischen Konzentrate« (Zender) auf alle musikalischen Komponenten ausstrahlen zu lassen (z. B. auf Sprachklang, Instrumentalfarbe und auch den formalen Vollzug).

Fūrin No Kyō

Besetzung: Sopran, Klarinette und Kammerensemble. – Entstanden 1988/89. UA: 1989 Graz, »Steirischer Herbst« (Ensemble Modern, Solistin: Nancy Shade, Dirigent: Kasper de Roo). – Aufführungsdauer: ca. 20 Minuten.

»*Fūrin No Kyō* liegt ein Vierzeiler des japanischen Zen-Mönches Ikkyu zugrunde. *Fū* bedeutet Wind, *Rin* Glocke: es ist ein Gedicht über die akustische Wahrnehmung. Die vierteilige Komposition bringt das Gedicht in vier Sprachen: im ersten Teil erscheint der Text in Japanisch, im zweiten Teil in Englisch. Dann folgt eine Kadenz der Instrumente. Der dritte Teil bringt den Text in Deutsch, und im vierten entsteht ein Wirbel durch ineinandergeschobene japanische, englische, deutsche und chinesische Sprachfetzen, die zusammengenommen das gesamte Textmaterial ausbreiten. Jeder der vier Teile hat wiederum eine korrespondierende Beziehung zu den jeweiligen Zeilen des Gedichtes: der erste in seiner betrachtenden Haltung, der zweite im spielerischen Vergleich, der dritte in seinem dramatischen Aspekt, und der letzte in der ekstatischen Vertiefung in die rationale Undurchdringlichkeit des Ganzen« (Zender, 1989).

Philip Glass

* 31. Januar 1937 in Baltimore (Maryland, USA)

Von Ravi Shankar, dem indischen Sitar-Meister, erhielt Glass in Paris entscheidende Impulse zur Ausprägung einer individuellen Minimal Music. Im »Philip Glass Ensemble« folgten immer neue Experimente im Umgang mit fast simpel scheinenden Tonfolgen, die sich ganz allmählich vergrößern oder verkleinern und so rhythmische Verlaufsmuster von faszinierender Komplexität schaffen (*Music in Twelve Parts*, 1971–74; Serie von *Glassworks*). Dennoch erwarb sich Glass seinen klangvollen Namen vor allem durch die Operntrilogie *Einstein on the Beach / Satyagraha / Echnaton* (1976–83) sowie durch die Musik zum Kultfilm *Koyaanisqatsi* (G. Reggio, 1982). Eine überraschende Hinwendung zu traditionelleren Mitteln erfolgte im *Violinkonzert* (1987), im Chor-Orchester-Werk *Itaipu* über indianische Motive (1989) und in einer Gruppe von *Sinfonien* (seit 1994).

Heinz Holliger

* 21. Mai 1939 in Langenthal (Kanton Bern, Schweiz)

Neben der Ausbildung zum Oboisten (ab 1950 in Bern und Paris bei Emile Cassagnaud und Pierre Pierlot) kompositorische Studien ab 1956 bei Sándor Veress in Bern und 1961–63 in den Basler Kursen von Pierre Boulez. Seit den Erfolgen bei internationalen Musikwettbewerben (Genf 1959, München 1961) ausgedehnte Konzertverpflichtungen als einer der führenden Interpreten sowohl alter wie neuer Oboenmusik, auch zusammen mit seiner Frau, der Harfenistin Ursula Holliger. Solo-Oboist in Basel 1959–63. 1966 Berufung an die Musikhochschule in Freiburg/Br.

Eine große Zahl von Komponisten ist durch Holligers erweiterte Spieltechnik und sein Engagement für die Neue Musik zu Oboenstücken angeregt worden, darunter so gegensätzliche Autoren wie etwa Berio, Globokar, Henze, Huber, Jolivet, Krenek, Lutosławski, Martin, Penderecki, Stockhausen, Yun u. a.

Werke (Auswahl): *Drei Liebeslieder* (G. Trakl) für Alt und Orchester (1960); *Elis*, 3 Nachtstücke für Klavier (1961, 1966), Version für Orchester (1963, 1973); *Glühende Rätsel* (N. Sachs) für Alt und 10 Instrumentalisten (1964); *Der magische Tänzer* (N. Sachs), Versuch eines Ausbruchs, 2 Szenen für 2 Menschen und 2 Marionetten (mit Chor und Orchester, 1963–65), konzertante Version für 2 Sänger, Chor und Orchester; *Siebengesang* (G. Trakl) für Oboe, Orchester, Frauenstimmen und Lautsprecher (1966/67); *Pneuma* für 34 Bläser, Orgel, Schlagzeug und Radios (1970), reduzierte Fassung für 17 Bläser, Orgel und Schlagzeug (1971); *Atembogen* für Orchester (1974/75); *Die Jahreszeiten*, dreimal 4 Lieder nach Gedichten von Scardanelli (F. Hölderlin) für gemischten Chor a cappella (1975–79); *Come and go*, Kammeroper nach S. Beckett für 9 Soprane und je 3 Flöten, Bratschen und Klarinetten (1976/77); *Not I*, Monodrama nach S. Beckett für Sopran und Tonband (1978–80); *Turm-Musik* für Solo-Flöte, kleines Orchester und Tonband (1984); *Scardanelli-Zyklus* nach Gedichten von F. Hölderlin, bestehend aus: a) *Die Jahreszeiten*, dreimal 4 Lieder für Chor a cappella (1975–78), b) *Übungen zu Scardanelli* für kleines Orchester (1975–85) = Kommentare, Spiegel, Entgegnungen, Marginalien zu den *Jahreszeiten*, c) *(t)air(e)* für Flöte solo (1978–1983), d) Teile aus *Turm-Musik* für Flöte solo, kleines Orchester und Tonband (1984), e) *Ostinato funebre* für kleines Orchester (1991); *Tonscherben*, Orchester-Fragmente in memoriam David Rokeah (1985); *Zwei Liszt-Transkriptionen* für großes Orchester (1986); *»Gesänge der Frühe«* für Chor, Orchester und Tonband nach Schumann und Hölderlin (1987); *What where* (S. Beckett), Kammeroper (1988); *Alb-Chehr*, Geischter- und Älplermüsig fer d Oberwalliser Spillit, für Sprecher, 8 Musiker und kleinen Chor (1991); *»(S)irató«*, Monodïe für großes Orchester (1992/93); *Zwei Trakl-Lieder* für Alt und großes Orchester (1992/93); *Konzert für Violine* und Orchester, »Hommage à Louis Soutter« (1995); *»Dunkle Spiegel«* (N. Sachs, 1. Korintherbrief, J. v. Tepl, F. Pessoa) für Vokalquintett, Bariton solo und 5 Instrumentalgruppen (1995/96).

Holliger betrachtet sich weder als komponierenden Virtuosen noch als interpretierenden Komponisten. Er verweist auf die gegenseitige Bereicherung und Horizonterweiterung, die sich aus dem Neben- und Miteinander beider künstlerischer Tätigkeiten ergibt. Die Dichtungen von Georg Trakl, Nelly Sachs, Paul Celan, Samuel Beckett, Robert Walser und Hölderlin sowie das frei atonale Œuvre Anton Weberns gaben ihm ästhetische Orientierungspunkte. Auch trugen die strenge Unterweisung Sándor Veress' und die intellektuellen Stimuli Pierre Boulez' maßgeblich zur handwerklichen Vielseitigkeit und stilistischen Bewußtwerdung bei. Seit *Siebengesang* (1966/1967) werden Holligers Arbeiten mehr und mehr Protokolle einer offen eingestandenen schöpferischen Verunsicherung: »unreines« Material, d. h. verwischte Tonhöhenkonturen und geräuschhafte Klänge, dringt ein. Nicht selten führen die sich öffnenden formalen Abläufe in akustische Grenzbereiche, in denen sich Atemlosigkeit, gleichbedeutend mit dem Verstummen von Musik, ankündigt.

Tonscherben
Orchester-Fragmente in memoriam David Rokeah

Besetzung: großes Orchester (mit Harfe, Klavier, 4 Schlagzeugern). – Entstanden 1985. UA: 1985 in Genf (Orchestre de la Suisse Romande, Dirigent: der Komponist). – Aufführungsdauer: ca. 15 Minuten.

Am 22. Mai 1985 hatte der polnisch-israelische Lyriker David Rokeah (* 1916 in Lemberg) noch in Basel aus seinem neuen Gedichtband *Du hörst es immer* gelesen. Kammermusik von Holliger bot der Lesung musikalisches Geleit. Wenige Tage später starb Rokeah in Duisburg. Die Todesnachricht erreichte den Basler Freund bei der Skizzierung seiner 9 Orchester-Fragmente, deren Untertitel »in memoriam David Rokeah« jetzt äußerlich bezeichnete, was an innerer Beziehung wohl zuvor schon im Werk angelegt war. Seiner Orchesterkomposition gab Holliger folgende Worte mit auf den Weg: »Zerbrochene Worte – angebrannte Bilder – verkohlte Erinnerungen – Menschenschatten, in graue Mauern eingebrannt – zersplitterte Klänge von Zimbeln.«
Die Reihung der 9 kurzen Sätze bleibt – Anfang und Ende, sowie einige wenige Satzverbindungen ausgenommen – variabel. Fragmentarisch mögen die Stücke insofern sein, als ihre Struktur und auch ihre Dynamik – meist sehr leise, wenige Male sehr laut, kein Mittelbereich – immer wieder an Grenzbereiche heranführen, wo das Ohr seinen Dienst zu versagen beginnt und das Begonnene sich allenfalls von der Vorstellungskraft weiterdenken läßt. Gesten äußerster Heftigkeit und verletzlicher Zartheit bestimmen die klangliche Erscheinung dieser mobilen Satzgruppe, die nicht zuletzt auch wieder

Holligers instrumentale Erfindungskraft beweist (z. B. 2: Flageolett-Tableau, 4: Streicherflächen mit Becken und antiken Zimbeln, 6: japanische Tempelglocken, 9: *funebre*, Klangreste eines Trauerkondukts).

»Gesänge der Frühe« nach Schumann und Hölderlin

Besetzung: gemischter Chor, großes Orchester (mit Harfe, Klavier, Schlagzeug), Tonband. – Entstanden 1987. UA: 1988 in Köln, Philharmonie (Chor und Orchester des Westdeutschen Rundfunks, Dirigent: Matthias Bamert). – Aufführungsdauer: ca. 28 Minuten.

Wer einmal hören konnte, mit welcher Ausdrucksintensität Holliger als Oboist die Schumannschen *Romanzen* und *Fantasiestücke* bläst, als Dirigent das *Manfred*-Melodram darstellt, wer zudem miterlebte, mit welcher Behutsamkeit und Imaginationskraft derselbe Musiker die Hölderlinsche Traumwelt nachzugestalten suchte (*Scardanelli-Zyklus*), der begreift wohl, daß es nur eine Frage der Zeit sein konnte, bis beide, der Wort- und der Tondichter, sich in einer Holliger-Komposition begegnen würden. Schumann und Hölderlin: zwei Wahlverwandte, entrückt ins weiße Asyl von Endenich und den Tübinger Turm?
Am 15. und 16. Oktober 1853 vermerkt Schumanns *Haushalt-Buch* jeweils: »Diotima«. Unterm 17. ist zu lesen: »Fleissig. – Versuch des Geisterklopfens nicht gelungen.« Unterm 18. aber ist festgehalten: »Die ›Gesänge der Frühe‹ beendigt.« Dieser Zyklus von 5 motivisch eng verzahnten Klavierstücken gab später nicht nur durch seine »ganz eigene Stimmung« (Clara Schumann) Rätsel auf, sondern auch durch seine Titeländerung: »An Diotima / Gesänge der Frühe . . .« wurde modifiziert in »Gesänge der Frühe . . . der hohen Dichterin Bettina zugeeignet«. Die Schriftstellerin Bettina von Arnim ist gemeint, die dem Komponisten in der Endenicher Anstalt noch ihren Besuch abgestattet hatte.
Von »charakteristischen Stücken, [. . .] die die Empfindungen beim Herannahen und Wachsen des Morgens schildern«, hatte Schumann anläßlich seines *op. 133* gesprochen. Das erste, gemessen choralartige erklingt bei Holliger zweimal in ungekürzter Form: gleich eingangs – jetzt aber (vor fast unhörbaren Streicherflächen) mit Hölderlin-Scardanellis Frühlingsgedicht »Die Sonne kehrt zu neuen Freuden wieder« textiert; später dann, im 3. der 4 Sätze, vom Klavier über Tonband,

überlagert vom Holligerschen Chorsatz über Hölderlins *An Diotima*.
Doch bleibt es nicht nur bei Zitaten aus dem Schumann-Zyklus. In Satz 2 klingen Elemente aus dem *Nachtlied* op. 108 durch eine Textur, die weiteren Hölderlin-Worten Raum bietet (»Elysium . . ., Singen möcht ich . . .«), bevor – nach hartem Schnitt – die nüchternen medizinischen Befunde aus Tübingen und Endenich zur Verlesung gelangen. In Satz 4 schließlich verzahnen sich die Klänge von *op. 133 Nr. 5* (jetzt textiert: »Geh unter, schöne Sonne«) mit jenem wundervollen Es-Dur-Thema, das Schumanns letzte kompositorische Äußerung darstellen soll (jetzt zu den Worten »Diotima, O du des Himmels Botin«), und einem ebenfalls in Endenich gefertigten Choralsatz, dem Sterbechoral »Wenn mein Stündlein vorhanden ist«. Überdies sind Fragmente aus den Schlußnummern des *Manfred*-Melodrams hineingewoben in diese dichtgeschichtete Satzanlage, die hohe Expressivität gewinnen will und keinesfalls nur als Anhäufung von disparaten Objets trouvés zu verstehen ist.

Brian Ferneyhough

* 16. Januar 1943 in Coventry (England)

Studien bei Lehrern mit breitgefächerten stilistischen Interessen in Birmingham (Lennox Berkeley), Amsterdam (Ton de Leeuw), Basel und Freiburg/Br. (Klaus Huber). Einflußreiche Lehrtätigkeiten u. a. in Freiburg, Den Haag, Mailand, seit 1987 in San Diego. Koordinatorische Mitwirkung bei den Darmstädter Ferienkursen. Ist mit seinen Arbeiten seit langem in allen wichtigen Zentren zeitgenössischer Musik präsent.

Ferneyhoughs Partituren stellen ihre Interpreten hinsichtlich der Höhe ihrer spieltechnischen Anforderungen und des Ausmaßes ihrer Ereignisdichte und Ausdifferenzierung vor enorme Schwierigkeiten. Oft labyrinthisch geformt und überreich an distinkten Ereignissen, überraschen sie den Hörer durch dichte Bogenspannung und unmittelbare Ansprache. Für Ferneyhough, den brillanten Denker und verfeinerten

Ästheten, besitzt der Begriff »Komplexität« überragende Bedeutung: »Eine komplexe Musik ist eine Musik, deren verschiedene Elemente reich an Verbundsystemen sind.« Souverän gebietet der Komponist über die geweiteten strategischen Möglichkeiten solcher Systeme – nicht zur Demonstration selbstgefälligen Kalküls, sondern im Bemühen um fühlbaren Ausdruck.

Werke (kleine Auswahl): *Epicycle* für 20 Solostreicher (1968); *Time and Motion Studies I–III* (1971–77, 1973–76, 1974); *Transit* für 6 Vokalsoli, 3 Instrumentalsoli und Kammerorchester (1972–1975); *La Terre est un Homme* für großes Orchester (1976–79); *Funérailles I/II* für Kammerensemble (1978–80); *Carceri d'Invenzione* (1981–86) für diverse Besetzungen mit den Teilen: *Superscriptio*, *Carceri d'Invenzione I–III*, *Intermedio alla ciaccona*, *Etudes transcendantales*, *Mnemosyne*; *La Chute d'Icare* für Solo-Klarinette und 7 Instrumente (1988); *Terrain* für Solo-Violine und 8 Instrumente (1992); *Allgebrah* für Oboe und Streicher (1996).

Mathias Spahlinger

* 15. Oktober 1944 in Frankfurt a. M.

Musikalisch zwischen alter und neuer Musik, Klassik und Jazz vielseitig interessiert. Kompositorische Unterweisung durch Konrad Lechner (Darmstadt, 1964–68) und Erhard Karkoschka (Stuttgart, 1973–77). Gastdozent in Berlin (1978–81), danach Professuren für Musiktheorie bzw. Komposition an den Hochschulen in Karlsruhe (ab 1983) und Freiburg/Br. (ab 1990; hier Leiter des Instituts für Neue Musik in der Nachfolge von Wolfgang Fortner und Klaus Huber).

Spahlingers Partituren verfolgen ihre vorgegebene Idee einer kritischen Ordnungsergründung, -zersetzung oder -veränderung mit unerschütterlicher Konsequenz. Zugleich resultiert aus dieser kompositorischen Rigidität ein akustisches Erscheinungsbild, das den Hörer unmittelbar anspricht und in Spannung hält.
So folgte beispielsweise das Publikum der »Donaueschinger

Musiktage« 1990 der verwickelten Dramaturgie des fast 45minütigen, hier uraufgeführten Orchesterwerks **passage/paysage** mit anhaltender Aufmerksamkeit.
»Spahlinger [. . .] hat ein Lehrstück komponiert: Wie sich massige Orchesterklumpen in eine Folie für Einzelfarben verwandeln, wobei die Musik das scharfe Gleißen von Nono annehmen kann. Wie sich die Orchestermaschine verlangsamt und in einem leisen Cluster stehenbleibt, der sich wie bei Feldman flächig wiederholt, sich schließlich in einen Akkord aufklärt und ins Unisono mündet. Wie aus einem Unisono-Klang ein rhythmisches Muster à la Steve Reich entsteht. Wie aus Linien Punkte werden, die sich im Xenakis-artigen Aufschrei zusammenballen. Und wie schließlich aus Punkten Linien werden, die sich selbst verlieren.
Dieser letzte Abschnitt, der allein etwa zehn Minuten dauerte und eine monumentale Pizzikato-Passage beschreibt, sicherte Spahlinger, Michael Gielen und dem massiv geforderten Sinfonie-Orchester des Südwestfunks den Erfolg. Ein unregelmäßig angeschlagenes Pizzikato entwickelt sich allmählich zu einem Kontinuum, indem zunächst einzelne nachklappern, als kämen sie zu spät. Die rhythmischen und melodischen Konturen münden in einen Prasselklang und lösen sich in einer anderen Orchesterfarbe, überwiegend Schlagzeug, wieder auf. Die Lehre, so der Schluß des Stückes, zielt ins Leere. Die Pizzikato-Passage, die mit großer Geste beginnt und im Unterschied zu den exempelhaft vorgeführten Vorgänger-Passagen vielmehr Unmittelbarkeit entwickelt, bleibt letztendlich folgenlos und, wie der Titel des Werks verspricht, selbst nur Durchgang. Das Ziel ist unbestimmt. Ob der versprengte Linke Spahlinger, der die Fahne des Sozialismus noch lange nicht eingerollt hat, hier einer politischen Erfahrung Ausdruck geben wollte?« (Lotte Thaler, 1990.)

Werke (kleine Auswahl): *morendo* für Orchester (1974); *ROU/aGH/iFF (strange?)* für 5 Jazz-Solisten und Orchester (1982); *in dem ganzen ocean von empfindungen eine welle absondern, sie anhalten* für Chorgruppen und Playback (1985); *inter-mezzo, concertato non concertabile tra pianoforte e orchestra* (1986); *passage/paysage* für großes Orchester (1989/90); *furioso* für Ensemble von 14 Spielern (1991); *»und als wir«* für 54 Streicher (1993).

Younghi Pagh-Paan

* 30. November 1945 in Cheongju (Südkorea)

1980 überraschte bei den Donaueschinger Musiktagen das Orchesterstück *Sori* (= ›Stimme‹, ›Klang‹, ›Ruf‹, ›Schrei‹) als eine ausdrucksstarke Musik, reich an sprechenden Tongesten, an subtilen Klangfarben, an reich gegliederter Bewegung. Seither erklingen die Arbeiten der bei Klaus Huber und Brian Ferneyhough in Freiburg/Br. ausgebildeten, heute in Bremen wirkenden Komponistin regelmäßig bei Veranstaltungen mit Gegenwartsmusik. Zu ihrer Musik und dem Thema Ost-West-Kultur sagte die Koreanerin 1993 im Gespräch: »Man kann nur von den eigenen Wurzeln ausgehen, um seine Identität zu finden. Das werde ich auch von Euch nicht gerne annehmen, wenn Ihr Dinge adaptiert, die nicht von Euch kommen. Aber wenn jemand behauptet, daß ich ausschließlich koreanische Musik schreibe, so stimmt das auch nicht. Deutschland ist nicht Heidelberg, und Korea ist nicht so, wie viele sich das vorstellen. Wir leben ja im 20. Jahrhundert, schon an der Schwelle zum 21., in einer Gesellschaft, die immer multikultureller wird. Ich versuche, in meiner Musik meine kulturellen Wurzeln mit dem zu verbinden, was *jetzt* passiert.«

Ensemble- und Orchesterstücke (Auswahl): *Nun* für 5 Sängerinnen und 18 Spieler (1979); *Madi* für 12 Spieler (1981); *Nim* für großes Orchester (1987); *Ta-Ryong II* für 16 Spieler (1987/88); *Ma-um in memoriam Luigi Nono* für Mezzosopran und 12 Spieler in 4 Gruppen (1990).

John Adams

* 15. Februar 1947 in Worcester (Massachusetts, USA)

Er verbreite »das süße Gift einer zweiten, klangschwelgerischen Minimal-Music-Generation«, schrieb Ulrich Dibelius 1988 über Adams. Doch wäre es zu einseitig, den Erfolgreichen lediglich als Nachfahren und Nutznießer der Experimentatoren Reich, Riley und Glass einzustufen. Adams, der Harvard-Absolvent und vielseitige Praktiker (Klarinettist, Dirigent), verfügte stets über ein breites Spektrum stilistischer Möglichkeiten, unter denen sich der auf größtmögliche Ökonomie ausgerichtete Minimalismus als bedeutende, doch keineswegs einzige Tendenz abzeichnete. Wichtige Arbeiten dieser Erfolgsphase sind die Streicherstudie *Shaker Loops* (1978–1983), das poetische Chor-Orchester-Werk *Harmonium* (Texte: J. Donne, E. Dickinson; 1980/81), das sich genüßlich in neu gruppierten Klangformeln ergehende Orchesterstück *Harmonielehre* (1984/85), die Foxtrott-Groteske und Vorstudie zur Erfolgsoper *Nixon in China* (1987), *The Chairman Dances* (1985) sowie ein *Violinkonzert* (1993).

Tristan Murail

* 11. März 1947 in Le Havre (Frankreich)

Anfang der 70er Jahre hatte sich Murail mit Hugues Dufourt (* 1943), Gérard Grisey (* 1946) und Michaël Lévinas (* 1949) – alle, wie er selbst aus Olivier Messiaens Kompositionsklasse am Pariser Conservatoire hervorgegangen – zur Gruppe »L'Itinéraire« zusammengeschlossen. Man war sich einig in der Abkehr von allen von außen an die Musik herangetragenen Vorstellungen und in der Rückbesinnung auf die natürlichen Gegebenheiten des Obertonspektrums, auf die reichen Möglichkeiten seiner Entfaltung und Verwandlung. »Das einzelne Klangobjekt aus Mikrointervallen wird mit dem nächsten verknüpft und ist Teil eines sich unmerklich verändernden Klangteppichs, der gelegentlich auch von Kontrasten abrupt unterbrochen werden kann. In *Vues aériennes* (›Luftansichten‹ oder ›Luftspiegelungen‹, 1986) bezieht sich der Komponist auf Claude Monets Bilder der Kathedrale von Rouen, die der Maler zu verschiedenen Tageszeiten im sich stets verändernden Licht dargestellt hat. Murails Stück besteht aus vier Abschnitten, der dritte ist quasi das Original, während sich die drei anderen durch Verkrümmungen, Verbiegungen der Intervalle auszeichnen [. . .]« (Theo Hirsbrunner, 1995).

Weitere Orchesterwerke Murails, die sich dem Begriff »Spektrale Musik« mehr oder minder zuordnen lassen: *Mémoire-Erosion* (1976), *Les Courants de l'espace* (1979), *Gondwana* (= versunkener Kontinent der indischen Sagenwelt, 1980), *Time and Again* (1985).

Peter Ruzicka

* 3. Juli 1948 in Düsseldorf

Im Werkkatalog Ruzickas fällt eine Vielzahl von Titeln auf, die das gerade nur Skizzierte, Halbfertige, Abgebrochene, kaum Hörbare, nicht das Fertige und Abgeschlossene bezeichnen. Dazu paßt, daß er sich auch als Musikwissenschaftler für Fragmente interessierte (z. B. von Mozart, Bruckner, Mahler). Dieser Neigung entspricht eine Tonsprache, welche die Grenzen des musikalischen Ordnungsgefüges abtastet und der Imagination des Hörers beträchtliche Freiräume eröffnet. Immer wieder trifft fest Erwartetes nicht ein, entpuppt sich kunstvolle Virtuosität als Attitüde, zielen scheinbar unaufhaltsame Verläufe ins Leere. Ruzicka, der sich als Organisator hohes Ansehen erwarb (1979–87 Intendant des Radio-Sinfonieorchesters Berlin, 1988–97 Intendant der Hamburgischen Staatsoper, seit 1997 Leiter der Münchner Biennale), stand zunächst wohl der »Darmstädter Schule« nahe, ließ sich später aber immer stärker vom Geist der Wende um 1900 faszinieren.

Einige Orchesterwerke: *Metastrofe*, Versuch eines Ausbruchs für 87 Instrumentalisten (1971); *Torso*, Materialien für großes Orchester (1973); *Abbrüche*, Neun Phasen für großes Orchester (1977/78); *Annäherung und Stille*, Vier Fragmente über Schumann für Klavier und 42 Streicher (1981); *Fünf Bruchstücke* (1984–87); *. . . das Gesegnete, das Verfluchte*, Vier Orchesterskizzen (1991); *. . . Inseln, randlos . . .*, Musik für Solo-Violine, Kammerchor und Orchester (1994/95).

Manfred Trojahn

* 22. Oktober 1949 in Cremlingen bei Braunschweig

Schnell gehörte Trojahn zu den Erfolgreichen der Musica-Nova-Szene, wurde durch Auszeichnungen geehrt, mit Aufträgen eingedeckt. Vielleicht führten diese Erfolge zum Überdenken der eigenen Position: Der nach vorne sich orientierende alerte Neutöner wandelte sich zum nachdenklich Zurückschauenden. Klanggesten der spätromantischen Sinfoniker fanden Eingang in seine Partituren, eine wahre Sehnsucht nach Pathos beherrschte sie fortan. Rasch waren dann Etikettierungen wie »Neue Einfachheit«, »Neue Tonalität« und »Neoromantik« für seine Musik zur Hand. Dem vor allem in Hamburg, bei Diether de la Motte und György Ligeti, Ausgebildeten ist es aber auf diese Weise gelungen, aus den Elfenbeintürmen der Puristen auszubrechen; seine Kompositionen fanden Eingang in die Programme der Abonnementskonzerte und die Spielpläne der Staatstheater.

Wichtige Werktitel: *Sinfonie Nr. 1 »Makramee«* (1973/74); *Sinfonie Nr. 2* (1978); *Fünf See-Bilder* für Mezzosopran und Orchester auf Gedichte von Georg Heym (1979–83); *Sinfonie Nr. 3* (1984/1985); *Variationen* für Orchester (1987); *Cinq Epigraphes* für großes Orchester (1987); *Enrico*, Oper (nach Pirandello, UA 1991); *Sinfonie Nr. 4* (1992); *... une campagne noire de soleil ...* für Kammerorchester (1982–93).

Wolfgang Rihm

* 13. März 1952 in Karlsruhe

1972, noch im Abitursjahr, Komponistendiplom an der Karlsruher Musikhochschule (dort Schüler von Eugen Werner Velte). 1972/73 Komposition bei Karlheinz Stockhausen in Köln, danach in Freiburg/Br. Komposition bei Klaus Huber und Musikwissenschaft bei Hans Heinrich Eggebrecht. 1973–78 Lehrauftrag, seit 1985 Profes-

sur an der Staatl. Hochschule für Musik Karlsruhe. Aufenthalte in der Villa Massimo, Rom. Zahlreiche Auszeichnungen und Preise. Rege Tätigkeit als Essayist und Vortragender.

Werke: *1. Sinfonie* (1970); *Trakt* für großes Orchester (1971); *Morphonie, Sektor IV* für Streichquartett und großes Orchester (1972); *Magma* für großes Orchester (1973); *DIS-KONTUR* für großes Orchester (1974); *Hervorgedunkelt* (P. Celan), 5 Gedichte für Mezzosopran und Kammerensemble (1974); *SUB-KONTUR* für Orchester (1974/75); *O Notte* für Bariton und kleines Orchester (1975); *2. Sinfonie* (1975); *Konzertarie*, Telepsychogramm für Mezzosopran und großes Orchester (1975); *Lichtzwang*, Musik für Violine und Orchester in memoriam P. Celan (1975/76); *Nachtordnung*, 7 Bruchstücke für 15 Streicher (1976); *Faust und Yorick*, Kammeroper Nr. 1 nach J. Tardieu (1976); *Cuts and Dissolves*, Orchesterskizzen (1976); *3. Sinfonie* (Nietzsche, Rimbaud) für Sopran, Bariton, gemischten Chor und großes Orchester (1976/77); *Hölderlin-Fragmente*, Fassungen für Gesang und Klavier bzw. Gesang und Orchester (1977); *Jakob Lenz*, Kammeroper Nr. 2 nach G. Büchner (1977/78); *La Musique creuse le ciel*, Musik für 2 Klaviere und großes Orchester (1977–79); *Music-Hall-Suite* für Kammerensemble (1979); *Nature morte – still alive*, Skizze für 13 Streicher (1980); *Doppelgesang*, Musik für Viola, Violoncello und Orchester (1980); *Abgesangsszenen I–V* (1979/80); *Tutuguri I–VII*, Poème dansé nach A. Artaud für diverse Besetzungen (1981); *Bratschenkonzert* (1979–83); *Zweiter Doppelgesang* für (Baß-)Klarinette, Violoncello und Orchester (1981–83); *Monodram*, Konzert für Violoncello und Orchester (1982/83); *Gebild* für hohe Trompete, 2 Schlagzeuger und 20 Streicher (1982/83); *Schattenstück*, Tongemälde für Orchester (1982–84); *Die Hamletmaschine*, Musiktheater in 5 Teilen (H. Müller, 1985/86); *Oedipus*, Musiktheater nach Sophokles/Hölderlin, Nietzsche und H. Müller (1986/87); *Schwebende Begegnung* für Orchester (1988); *Départ* (A. Rimbaud) für gemischten Chor, Sprechchor und 22 Spieler (1988); *Frau/Stimme* für Sopran und Orchester mit Sopran, Wörter von H. Müller (1989); *Dunkles Spiel* für kleines Orchester (1988–90); *Ungemaltes Bild* für Orchester (1989/90); *Die Eroberung von Mexico*, Musiktheater nach A. Artaud (1987–91); *Gesungene Zeit*, Musik für Violine und Orchester (1991/92); *Dritte Musik für Violine* und Orchester (1993); *Séraphin*, Musik/Theater (Artaud/Baudelaire, 1994); *Form / Zwei Formen* für 20 Instrumentalisten (1993/1994); *Musik für Oboe* und Orchester (1993/94, rev. 1995); *Vers une symphonie fleuve I–III* (1992–95); *Gejagte Form* für Orchester (1995/96).

Schriften: *Schriften und Gespräche I/II* (1997).

Rihms rascher Aufstieg, seine erstaunliche Produktivität, aber auch seine erklärte Vorliebe für extreme Affektbündelungen von bisweilen surrealistischer Pointierungsschärfe erinnern an den ungestümen Krenek der 20er Jahre. Die Bühnenwerke (*Faust und Yorick*, *Jakob Lenz*, *Die Hamletmaschine*, *Oedipus*, *Die Eroberung von Mexico*, *Séraphin*) und die anderen textgebundenen Werke der letzten Jahre haben gezeigt, mit welcher kompositorischen Empfindlichkeit Rihm auf wahlverwandte Texte eines Tardieu oder Büchner, Müller oder Artaud zu reagieren vermag. Zuvor hatte sich Rihm vor allem das Medium des stark besetzten, farben- und gestenreichen Sinfonieorchesters für breitangelegte, zwischen bekenntnishaftem Monolog und expressionistischer Fülle angesiedelte Stücke gefügig gemacht. Später war es immer wieder die nachlauschende Haltung von späten Nono-Werken, die Rihm faszinierte.

»Meine Arbeitsweise ist oft vegetativ. Das gibt mir die Möglichkeit, meinem Material an Stellen zu folgen, wo es von selbst wächst, und manchmal mehr zu finden, als ich suche. Das *Komponieren* muß offen sein, nicht die Form. Es ist mir wichtig, musikalische *Werke* zu komponieren. Ein Werk, eine Komposition, ist für mich in erster Linie eine Summe von Ausdruckswerten, deren Zusammenfügung aufgrund eines für sich gesehen sekundären formalen Entscheids geschieht. Die Form *ist* selbst ein Ausdruckswert« (Rihm, 1974).

Gesungene Zeit. Musik für Violine und Orchester

Besetzung: größeres Kammerorchester. – Entstanden 1991/92. UA: 1992 in Zürich (Collegium Musicum Zürich, Solistin: Anne-Sophie Mutter, Dirigent: Paul Sacher). – Aufführungsdauer: 24–25 Minuten.

»Gesungen, also nicht ›gespielt‹. Instrumentale Virtuosität ist mir eine gesteigerte Qualität gesanglicher Fähigkeiten. Besonders auf Streichinstrumenten liebe ich den gezogen-vokalen Klang, das Vibrieren des Zeitstrahls. Energie, die sich im Ton sammelt, um den nächsten Ton zu generieren. Zwischen den Tönen scheint – unvorstellbar – auf, was wir ›Musik‹ nennen können. Ein Ton also: die Erwartung von Musik; ein anderer Ton also: die Erinnerung von Musik. Schon beim *Bratschenkonzert* (1979–83) wurde mir ein Wagner-Wort hintergründige Anregung. In verkürzter Paraphrase lautet es: ›. . . den Faden spinnen, bis er ausgesponnen . . .‹

Als Paul Sacher mir im Gespräch Anregung und Auftrag gab, für Anne-Sophie Mutter zu komponieren, memorierte ich blitzartig ungemein energetisch und belebt geführte hohe Töne, die ich von dieser Künstlerin schon vernommen hatte. In ihrem Spiel war mir nie jenes oft virtuosentypische Dünner- und Ärmerwerden des LANGSAMEN Spiels in der Höhenregion begegnet, vielmehr gerade dort: entlegene Fülle und Lebenskraft. Besonders dann, wenn es um die Gestaltung des Entlegenen selbst geht, wünsche ich mir dessen Darstellung als Akt des Lebendigen. Davon sponn ich weiter. Den Faden? Bis er ausgesponnen?
Das Orchester ist klein, doppelgängerisch geführt. Die Violine spricht ihre Nervenlinie in den Klangraum – schreibt sie dort ein. Eigentlich ist dies einstimmige Musik. Und immer Gesang, auch dort, wo Schlag und Puls den Atem kurz fassen, ihn bedrängen.
Die Linie selbst, ist sie ein Ganzes? Alles ist nur Teil, Segment, Bruchstelle; beginn- und beschlußlos ist es unserer Beobachtung anheimgegeben – wir entwerfen hörend auf ein Ganzes hin, das es nicht gibt. Aber dort muß es sein [. . .]« (Rihm, 1992).

Adriana Hölszky

* 30. Juni 1953 in Bukarest (Rumänien)

»Adriana Hölszky schreibt schwierige, widerspenstige Partituren, unangepaßt und alles andere als modisch. Der Hörer wird provoziert, gestört, es wird ihm auf die Nerven gegangen, an die Nieren«, sagte Hans Werner Henze 1989 über sie. Es wäre aber nicht zutreffend, wollte man in der deutschstämmigen, in Bukarest und Stuttgart ausgebildeten Komponistin deshalb eine musikalische Unruhestifterin sehen. Im Gegenteil: ein Werk wie der bei den Donaueschinger Musiktagen 1990 uraufgeführte *Lichtflug* ist zwar von wild sich überkreuzenden, flirrenden Bewegungslinien erfüllt, dabei aber bis ins feinste Detail ausgestaltet und genauestens ausgehört. Gewaltige

Energiepotentiale werden in Klangbewegungen umgesetzt, die allerdings ihre Richtung abrupt ändern oder zeitweilig zu völligem Stillstand kommen können. Offensichtlich ist es dieser allgegenwärtige dramatische Grundimpuls, der Adriana Hölszky befähigt, wirkungsvoll für die Bühne zu schreiben (u. a. *Bremer Freiheit* nach R. W. Fassbinder [1987]; *Die Wände* nach J. Genet [1993–95]).

Einige Werke für Ensemble bzw. Orchester: *Constellation* (1975/76); *Space* (1979/80); *Erehwon* (1984); *Klangwerfer* (1984/1985); *Requisiten* (1985); *An die Nacht* (1994); *Cargo* (1995); *Arena* (1995).

Hans-Jürgen von Bose

* 24. Dezember 1953 in München

»Bose gehört zu einer rebellischen Generation von Komponisten, die sich Anfang der siebziger Jahre gegen den Dogmatismus und Strukturalismus der Musik wendete. Das äußerte sich u. a. in einer Wiederbegegnung mit der Tonalität und einer Wiedererweckung romantischen Gedankenguts, mit dem die Musik gegen ihre Veräußerung in pure Kategorien des ›Materials‹ protestierte. Aber Bose blieb stets Rebell, auch gegen sich selbst, und infolgedessen integrierte er immer wieder neue stilistische Möglichkeiten zeitgenössischer Musik in sein Werk. Mit dem Impetus des Abenteurers sprengte er so Grenzen zwischen Aufbruch und Rückbesinnung, zwischen rigoroser Konstruktivität und aggressiver Freiheit, zwischen romantischem Impuls und kühl berechnender Modernität« (Hans-Christian von Dadelsen, 1993).

Aus Boses Werkkatalog: *Morphogenesis* (1975); *Sinfonie Nr. 1* (1976); *Travesties in a Sad Landscape* (1978); *Musik für ein Haus voll Zeit* (1978); *Die Leiden des jungen Werthers*, Lyrische Szenen (1984); *Die Nacht aus Blei*, Ballett (nach H. H. Jahnn, 1981–88); *63: Dream Palace*, Oper (1989); *Zwei Studien* (1989); *Szene* (1991).

Detlev Müller-Siemens

* 30. Juli 1957 in Hamburg

1970–80 Theorie-, Kompositions- und Dirigierstudium bei Günter Friedrichs, György Ligeti und Klauspeter Seibel. Theatererfahrung sammelte der mehrfach Ausgezeichnete anläßlich der Pariser Einstudierung von Ligetis Oper »Le Grand Macabre« und als Kapellmeister in Freiburg/Br. Heute in Genf lebend, unterrichtet Müller-Siemens seit 1991 an der Basler Musik-Akademie. Sein abendfüllendes Bühnenwerk »Die Menschen« nach dem gleichnamigen Theaterstück des Expressionisten Walter Hasenclever (1890–1940) erlebte stark beachtete Inszenierungen (Mannheim 1990, Basel 1993).

Werke (kleine Auswahl): *Konzert* für 19 Instrumentalisten (1975); *Passacaglia* für Orchester (1978); *1. Sinfonie* (1978–80); *Konzert für Klavier* und Orchester (1980/81); *Under Neonlight* für Kammerorchester (1981); *Konzert für Viola* und Orchester (1983/1984); *Quatre Passages* für Orchester (1988); *Konzert für Horn* und Orchester (1988/89); *Carillon* für Orchester (1990/91); *Enigma* für Kammerensemble (1992); *Konzert für Violine, Viola* und Orchester (1992); *Phoenix* 1–3 für 13 Instrumentalisten (1993 ff.).

Carillon

Besetzung: großes Orchester (mit Klavier). – Entstanden 1990/91 als Auftragswerk zur 750-Jahr-Feier der schleswig-holsteinischen Landeshauptstadt Kiel. UA: 1992 in Kiel (Dirigent: Klauspeter Seibel). – Aufführungsdauer: ca. 15 Minuten.

»*Carillon*, komponiert 1990/91, ist noch stark beeinflußt von meiner Oper *Die Menschen*, sowohl was die Harmonik als auch was die Gestik betrifft. Zwei Ideen standen während der Komposition von *Carillon* im Vordergrund: erstens die Vorstellung, den Glockenklang in viele Teile zu zerlegen und immer wieder anders zusammenzufügen, und zweitens die Vorstellung einer musikalischen Struktur, die wie schwerelos im Raum schwebt und durch äußere Einwirkungen plötzlich einen gerichteten, dynamischen Charakter bekommt« (Müller-Siemens, 1996).

George Benjamin

* 31. Januar 1960 in London

Bereits während der Londoner Schulzeit regelmäßige Reisen nach Paris, um von Olivier Messiaen in Komposition und von Yvonne Loriod in Klavier unterrichtet zu werden (1976–78). Weitere Studienjahre bei Alexander Goehr (King's College, Cambridge: Bachelor of Arts, Bachelor of Music). Auf Einladung von Pierre Boulez Arbeitsaufenthalt am Pariser IRCAM. Seit 1986 hat der immer mehr auch als Dirigent ambitionierte Benjamin eine Professur am Londoner Royal College of Music inne.

Benjamin arbeitet langsam und mit großem Bedacht, gewinnt starke Anfangsimpulse oft genug aus dem Materialdenken früherer Komponisten (z. B. Debussys) und strebt, allen intellektuellen Arbeitsprozeduren zum Trotz, eine Musik von betonter Emotionalität und atmosphärischer Dichte an.
Messiaen äußerte sich enthusiastisch über den Schüler seiner letzten Lehrphase (*Musique et couleur*, 1986): »Er ist derjenige meiner Schüler, den ich am meisten geschätzt habe. [...] Eines seiner Orchesterwerke liebe ich sehr. Es ist dies ein wunderbar ›ausgehörtes‹ Stück, das er auf einen Text von T. S. Eliot schrieb. Der Titel lautet: *Ringed by the Flat Horizon*. Die Klangfarben, die Harmonien, die Rhythmen sind hier mit außerordentlichem Spürsinn gewählt; das Formale wird absolut beherrscht. Ein jüngeres Werk – *At First Light* für Kammerorchester, inspiriert durch ein Turner-Gemälde – zeigt dieselben Qualitäten in noch stärkerem Ausmaß. George Benjamin ist begabt, wie es einst der junge Mozart gewesen sein muß!«

Werke (kleine Auswahl): *Ringed by the Flat Horizon* für Orchester (1979/80); *A Mind of Winter* (W. Stevens) für Sopran und Kammerensemble (1981); *At First Light* für Kammerensemble (1982); *Antara* für Instrumentalensemble mit Computerklängen (1987).

Verzeichnis der Abkürzungen

ad lib.	ad libitum
Bsp.	Notenbeispiel, -zitat
EA	Erstaufführung
erg.	ergänzt
instr.	instrumentiert
Jh.	Jahrhundert
o. Op.	Werk ohne Opuszahl
op.	Opus
op. post.	nachgelassenes Werk
orch.	orchestriert
rev.	revidiert
T.	Takt
UA	Uraufführung
Var.	Variation

Namenregister
mit Verzeichnis der besprochenen Werke

Die Namen von Komponisten mit Einzelartikeln oder größeren Abschnitten in Sammelkapiteln sind durch **fette Schrift** hervorgehoben, ebenso die Seitenzahlen der Hauptstellen.

Handbücher zur Musik

Reclams *Ballettführer.* (H. Regitz, O. F. Regner, H.-L. Schneiders) 749 Seiten. 32 Abbildungen

Reclams *Chormusik- und Oratorienführer.* (W. Oehlmann) 630 Seiten. Rd. 350 Notenbeispiele

Reclams *Jazzführer.* (C. Bohländer, K. H. Holler, C. Pfarr) 551 Seiten. 60 Abbildungen. Mit Notenbeispielen

Reclams *Kammermusikführer.* (A. Werner-Jensen, L. Finscher, W. Ludewig, K. H. Stahmer) 1168 Seiten. 560 Notenbeispiele

Reclams *Klaviermusikführer.* (W. Oehlmann, C. Bernsdorff-Engelbrecht, K. Billing, W. Kaempfer) Bd. 1: Frühzeit, Barock und Klassik. 813 Seiten. Rd. 700 Notenbeispiele. – Bd. 2: Von Franz Schubert bis zur Gegenwart. 1064 Seiten. Rd. 560 Notenbeispiele

Reclams *Konzertführer.* Orchestermusik. (K. Schweizer, A. Werner-Jensen) 1140 Seiten. Rd. 366 Notenbeispiele

Reclams *Liedführer.* (W. Oehlmann) 1024 Seiten. 470 Notenbeispiele

Reclams *Musicalführer.* (C. B. Axton, O. Zehnder) 604 Seiten. 31 Abbildungen. 2 Pläne

Reclams *Musikinstrumentenführer.* Die Instrumente und ihre Akustik. (E. Briner) 699 Seiten. Mit Zeichnungen

Reclams *Opern- und Operettenführer.* (R. Fath, A. Würz) 1166 Seiten. 64 Bildtafeln

Reclams *Orgelmusikführer.* (V. Lukas) 463 Seiten. 635 Notenbeispiele